福建年鉴

2023

中共福建省委　福建省人民政府　主办

福 建 年 鉴 编 纂 委 员 会 编纂

图书在版编目（CIP）数据

福建年鉴．2023/福建年鉴编纂委员会编纂．--福州：福建人民出版社，2023.12

ISBN 978-7-211-09276-5

Ⅰ.①福… Ⅱ.①福… Ⅲ.①福建—2023—年鉴 Ⅳ.①Z525.7

中国国家版本馆 CIP 数据核字（2023）第 253975 号

福建年鉴 2023

FUJIAN NIANJIAN

编　　纂：福建年鉴编纂委员会

责任编辑：何水儿

责任校对：陈　璟

出版发行：福建人民出版社　　**电　　话**：0591-87533169(发行部)

网　　址：http://www.fjpph.com　　**电子邮箱**：fjpph7211@126.com

地　　址：福州市东水路 76 号　　**邮政编码**：350001

经　　销：福建新华发行（集团）有限责任公司

印　　刷：福州德安彩色印刷有限公司

地　　址：福州金山工业区浦上 B 区 42 幢

电　　话：0591-28059365

开　　本：889 毫米×1194 毫米　1/16

印　　张：37.75

字　　数：1417 千字

版　　次：2023 年 12 月第 1 版　　2023 年 12 月第 1 次印刷

书　　号：ISBN 978-7-211-09276-5

定　　价：380.00 元

编制单位：福建省地图出版社　审图号：闽S[2023]291号　资料截至：2022年12月

《福建年鉴 2023》编纂委员会

省委办公厅
省人大常委会办公厅
省政府办公厅
省政协办公厅
省纪委、省监委办公厅

省委组织部
省委宣传部
省委统战部
省委政法委
省委政策研究室
省委改革办
省委国安办
省委网信办
省委编办
省委军民融合办
省委台港澳办
省委省直机关工委
省委巡视办
省委老干局
省委非公企业和社会组织工委
省委党校
省委党史研究和地方志编纂办公室
省档案局（馆）

福建日报社

省社会主义学院

省委保密办

省委机要局

省委文明办

省高级人民法院

省人民检察院

省军区

省发展和改革委员会

省教育厅（省委教育工委）

省科学技术厅

省工业和信息化厅

省民族与宗教事务厅

省公安厅

省民政厅

省司法厅

省财政厅

省人力资源和社会保障厅

省自然资源厅

省生态环境厅

省住房和城乡建设厅

省交通运输厅

省水利厅

省农业农村厅

省商务厅

省文化和旅游厅

省卫生健康委员会

省退役军人事务厅
省应急管理厅
省审计厅
省政府外事办公室
省国资委
省林业局
省海洋与渔业局
省市场监督管理局
省广播电视局
省体育局
省统计局
省人防办
省医疗保障局
省金融监管局
省信访局
省政府新闻办
省机关事务管理局
省数字办
省粮食和物资储备局
省监狱管理局
省文物局
省药品监督管理局
省政府发展研究中心
福建社会科学院
省农业科学院
省供销合作社联合社
省总工会

共青团福建省委

省妇联

省科协

省侨联

省台联

省社科联

省文联

省残联

省贸促会

省中华职教社

省国家安全厅

中国人民银行福州中心支行

省税务局

省通信管理局

中国银保监会福建监管局

中国证监会福建监管局

福州市人民政府

厦门市人民政府

漳州市人民政府

泉州市人民政府

三明市人民政府

莆田市人民政府

南平市人民政府

龙岩市人民政府

宁德市人民政府

平潭综合实验区管委会

福建年鉴编纂委员会办公室

主　　任：刘大可　省委党史方志办主任

副 主 任：王盛泽　省委党史方志办副主任

　　　　　曹宛红　省委党史方志办副主任

　　　　　钟兆云　省委党史方志办副主任

《福建年鉴 2023》编辑人员

主　　编：刘大可

副 主 编：曹宛红

执行副主编：欧长生

责任编辑：卓亦明　郑　菜　林忠玉　雷启伟

编辑说明

一、《福建年鉴》是中共福建省委和省人民政府主办、福建年鉴编纂委员会编纂、福建年鉴社承编、福建人民出版社出版、国内外公开发行的综合性年刊，是对外集中展示福建省年度发展概况的权威性资料文献，具有政府公报性质。

二、《福建年鉴》以马克思列宁主义、毛泽东思想、邓小平理论、“三个代表”重要思想、科学发展观、习近平新时代中国特色社会主义思想为指导。汇集全省2022年度自然、政治、经济、文化、社会、生态等领域发展状况。《福建年鉴》1985年创办，每年出版一卷。2023卷为第39卷。

三、《福建年鉴》的框架结构由类目、分目、条目组成。全书条目统一用黑体加【】表示，下一层次标题用楷体区别。

四、《福建年鉴2023》着重反映2022年福建省的基本情况。全书设数知福建、福建名片、福建要闻、特载、八闽关注、大事记、省情概貌、自然资源管理、生态环境、中国共产党福建省委员会、福建省人民代表大会、福建省人民政府、中国人民政治协商会议福建省委员会、纪检监察、民主党派和工商联、群众团体、法治、军事、外事侨务港澳事务、闽台交流合作、经济管理、市场监督、财政税务、金融、城乡建设、农业农村、工业、民营经济、海洋经济、数字福建、交通邮政、信息业、商贸流通服务业、对外及港澳台经济贸易、中国（福建）自由贸易试验区·福州新区、教育、科学技术、社会科学、文化旅游、卫生体育、社会生活、应急管理、市县概览、人物、统计资料、附录、索引等46个类目，约138万字。

五、《福建年鉴2023》在各个类目中，有侧重、多角度、全方位地展现了福建省各部门学习宣传贯彻党的二十大精神的形式多样、丰富多彩的系列活动。同时，年鉴还在福建要闻中集中展现了新福建建设“非凡十年”的辉煌成就。

六、《福建年鉴2023》所用稿件，由省直各部门，各市、县（区）政府及有关单位提供。引用的统计数字，凡国家有统一规定范围、口径和计算方法的，均按国家统一规定统计，并经省统计局审核。地区生产总值和各产业增加值、工业总产值、农林牧副渔业总产值等指标的绝对值、比重按现价计算，增长速度按可比价格计算；其他价值量指标的绝对值及增长率，一般按当年价格计算。

七、为便于读者查阅，本卷在卷首设有目录，英文目录编至栏目；卷后配有索引，采用内容分析法，内容按汉语拼音字母顺序排列。

数知福建

森林覆盖率65.12%

土地面积12.4万平方千米

年末户籍人口3961.59万人

常住人口4188万人

设区市9个、平潭综合实验区，县（市、区）84个

地区生产总值53109.85亿元

第一产业增加值3076.20亿元

第二产业增加值25078.20亿元

第三产业增加值24955.45亿元

三次产业比重5.8∶47.2∶47.0

人均地区生产总值126829元

社会消费品零售总额21050.12亿元

货物出口总额12140.53亿元

货物进口总额7688.02亿元

实际利用外商直接投资499364万美元

地方一般公共预算收入3339.21亿元

一般公共预算支出5691.22亿元

居民消费价格指数101.9

全社会用电量2899.61亿千瓦小时

货物周转量11344.64亿吨千米

旅客周转量511.82亿人千米

港口货物吞吐量71407.99万吨

航空货运量16.82万吨

铁路货物量4815.00万吨

公路货物量106939.00万吨

国内旅游收入4306.54亿元

国际旅游外汇收入3.14亿美元

城镇居民人均可支配收入53817元

农村居民人均可支配收入24987元

城镇居民人均住房建筑面积44.4平方米

农村居民人均住房建筑面积77.4平方米

普通高等学校学生数116.14万人

粮食种植面积83.76万公顷

粮食产量508.70万吨

福建名片|奋力谱写全面建设社会主义现代化国家福建篇章

■从鼓浪屿日光岩眺望厦门岛（施辰静　摄于2022年3月10日）

山海激荡，非凡十年。

武夷山秀甲东南，而今愈发郁郁葱葱；厦门港海天一色，“大厦之门”越开越宽阔；宁德连抱产业“金娃娃”，东南沿海“黄金断裂带”变身高质量发展新增长极……站在福建看福建，新发展理念指引下的实践图景波澜壮阔。

医改、林改一马当先，生态文明试验区、自由贸易试验区、21世纪海上丝绸之路核心区（简称海丝核心区）等多区叠加……站在全国看福建，胸怀大局的“福建担当”不断彰显，勇担国家使命的先行先试蹄疾步稳。

党的十八大以来，习近平总书记对福建工作的一系列重要指示要求，整体构成福建发展的总遵循、总纲领、总蓝图。八闽儿女牢记习近平总书记的殷切嘱托，把福建发展放在全国大局中谋划推进，围绕建设“机制活、产业优、百姓富、生态美”新福建宏伟蓝图，全方位推进高质量发展超越，奋力谱写全面建设社会主义现代化国家福建篇章。

机制更灵活

推进更深层次改革、更高水平开放

武平，全国“林改第一县”。集体林权制度改革策源于此，20年来不断深化，让绿水青山成了广大林农的“幸福靠山”。

2019年3月10日，在参加十三届全国人大二次会议福建代表团审议时，习近平总书记强调：“要向改革开放要动力，最大限度释放全社会创新创业创造动能，不断增强我国在世界大变局中的影响力、竞争力。”

医改、林改，一大批“闽字号”改革经验走向全国；生态文明试验区、海丝核心区，一大批“国字号”探路使命落地福建。党的十八大以来，福建坚持把自身发展置于全国大局下思考、谋划和推进，立足区位优势和省情特点，善用改革添动力、开新局。

从优化政务服务的“一网通办”，到打破“数据烟囱”的省域治理“一网统管”，福建把“放管服”改革与数字福建建设相结合，全力打造“便利福建”。2021年，福建省“一趟不用跑”“最多跑一趟”事项占比超过98%，办件平均申报材料和平均耗时分别压缩至5年前的1/4和1/10。

位于福建自由贸易试验区厦门片区的元翔空运货站现场，各类单证电子化，人员交流“零接触”。实现了航空货运各环节信息共享的航空电子货运平台，让空运进出口作业效率提高了90%以上。厦门自贸片区，今年7周岁。制度创新的新活力，成就了这片对外开放的新高地：商务部评定的全国自贸试验区61项最佳实践案例中，有5个“厦门样板”入选；全国143项可复制可推广的创新举措中，有30项“厦门经验”获全国推广。

福建既是改革热土，也是开放前沿。充分发挥地理和政策叠加优势，构建国内国际双循环的重要节点、重要通道，福建积极服务和深度融入新发展格局，不断拓展发展新空间。2021年，福建实际使用外资增长6.1%，出口增长27.7%，首次突破1万亿元，货物贸易规模创历史新高。2022年上半年，福建省进出口总额9713.7亿元，比同期增长了12.4%。

动能更强劲

推进产业结构不断优化提升

宁德福鼎市，沙埕湾畔，宁德时代最大的锂离子电池生产单体项目2021年底正式投产。项目年产值超千亿元，从厂房打桩到首条生产线投产，历时不过330余天。“福鼎时代”项目的快速推进，折射出宁德跨越式发展的强劲势头。

宁德，当年的东南沿海“黄金断裂带”，如今已成为世界领先的锂电之都、全球最大的不锈钢基地，锂电新能源、新能源汽车、不锈钢新材料、铜材料等四大主导产业“成色好”、后劲足。2021年，宁德规模以上工业增加值增长32.5%。

龙头引领，产业“裂变”，集群发展。党的十八大以来，福建传承弘扬“晋江经验”，紧紧咬住实体经济不放松，做大做强做优制造业。2021年，福建规上工业增加值增长9.9%、利润总额居全国第六位，营收超百亿元工业企业突破50家，产值超千亿元产业集群达21个。

数字经济既是经济新增长点，也是传统产业的升级支点。早在2000年，习近平同志在福建工作时，就洞察信息科技发展趋势，作出了建设数字福建的部署。2021年3月，习近平总书记在福建考察时叮嘱：“优化提升产业结构，加快推动数字产业化、产业数字化。”

福建深入实施数字经济领跑行动，“双轮驱动”打造数字经济新优势。截至2022年底，福建有超过7.2万家企业“上云”，实施“机器换工”4万多台套；2021年全省数字经济规模突破2.3万亿元，同比增长15%以上。数字经济已成为福建高质量发展的主引擎和新动能。

生活更幸福

推进以人民为中心发展理念落地落实

医改十年，三明一直“在路上”，人民至上、生命至上的初心不改：从最初的治混乱、堵浪费，到“三医联动”“两票制”“年薪制”等，奋力求解“看病贵”“看病难”；近年来组建紧密型医共体、实行医保打包支付等改革，启动实施全民健康管护体系完善等“六大工程”，继续解决“看好病”“治未病”。

民有所盼，政有所向。党的十八大以来，福建坚持以人民为中心的发展思想，切实保障和改善民生。

在福州，58座城市山体绿意葱葱，107条内河澄波澹澹，总长约125千米的慢行步道串山临水，让市民们亲山乐水，福州人直抒胸臆：“七溜八溜，不离虎纠（意：福州）！”

在武夷山，乡村振兴的新期盼鼓荡于丹山碧水间。种生态茶，引智能化生产设备，探索清洁化、标准化、智能化生产……过去一年多，燕子窠茶农杨文春的茶叶优质率和精制率不断提升，“乡村振兴新征程，这片小绿叶定有大作为”！

福建始终把群众的“心头事”列为党委政府的“要紧事”，持续增进民生福祉。2012年以来，每年全省财政支出七成以上投向民生领域，十年间增长了一倍。2021年，福建城乡居民人均可支配收入分别增长8.4%、11.2%，城乡居民人均可支配收入比值为2.20，比上年缩小0.06。

生态更优美

推进建设生态省战略持续深化

莆田木兰溪，漫步滨溪公园，满目皆景。

20多年前，这里水患频仍，当地人谈“溪”色变。习近平同志在福建工作期间亲自推动木兰溪治理，莆田一张蓝图绘到底，“水安全、水生态、水环境、水文化、水治理”系统施策，当年的水患之河，眼下成了莆田人的生态河、幸福河。

福建山海相依，生态优势独特。2000年，时任福建省省长的习近平同志就前瞻性地提出了建设生态省战略构想。福建省一任接着一任干，持续推进生态省战略，“清新福建”的名片愈发亮眼。

生态治理，久久为功——

龙岩长汀，当年的“火焰山”，如今的“花果山”。长汀人“滴水穿石、人一我十”，治山治水写传奇。厦门筼筜湖，昔日污水横流、鱼虾绝迹，而今已蝶变为“城市会客厅”，绘就鹭岛“新名片”。党的十八大以来，福建持续推进蓝天、碧水、碧海、净土工程，统筹山水林田湖草系统治理。2021年，福建全省生态环境质量保持全优，主要流域优良水质比例、城市空气质量优良天数比例位居全国前列，森林覆盖率达66.8%，连续43年居全国首位。

制度创新，勇探新路——

从率先打起“党政同责”大旗，到建立经常性领导干部自然资源资产离任审计制度；从推进武夷山国家公园体制试点，到在山区和沿海分别开展生态产品市场化改革试点，打通“两山”转化通道……作为全国首个生态文明试验区，福建勇探新路，按期取得39项重大改革成果，基本构建起产权清晰、多元参与、激励约束并重、系统完整的生态文明制度体系。

绿色经济，风生水起——

赏丹霞山乡、享心灵静地、探农耕乐园……暑期刚至，三明市泰宁县际溪村已是游客盈门。文旅、康养等产业齐头并进，上年村集体收入超过30万元。产业生态化，生态产业化。党的十八大以来，福建单位GDP能耗持续下降，清洁能源装机比重去年已超50%；森林康养、林下经济等绿色产业蓬勃发展，仅林下经济产值2021年就达736亿元。

（转载自《人民日报》2022年7月23日，蒋升阳）

福建名片|“晋江经验”20年传承与实践观察

图为2022年8月11日，观众参观晋江经验馆（晋江市委党史方志室　供图）

习近平总书记在福建工作期间7次深入晋江，总结并提出“晋江经验”。源自县域改革实践的“晋江经验”，是引领县域经济高质量发展的思想武器和制胜法宝。

2022年是“晋江经验”提出20周年。作为“晋江经验”的发祥地，20年来，特别是党的十八大以来，在“晋江经验”的引领下，晋江市坚定不移发展实体经济，通过创新驱动发展，着力推进产城人融合，走出了一条县域全面发展的典范之路。

“晋江经验”指引下的泉州市，晋江、南安、石狮、惠安、安溪等县域经济突破上行，带动泉州实体经济持续壮大。20年来，泉州市地区生产总值年均增长11.2%，从2002年1081亿元，到2013年突破5000亿元，2020年突破1万亿元，2021年达11304亿元。晋江、石狮、南安、惠安、安溪5个县（市）进入全国百强县行列，其中晋江县域经济基本竞争力位居全国第四。

深耕实体

谱写县域发展新篇章

工业，是现代经济的基石。发展以工业经济为主的民营经济，是泉州、晋江的看家本领。

“习近平总书记当年亲自总结推广的‘晋江经验’，是泉州、晋江民营经济砥砺前行的指路灯塔。”泉州市主要领导表示。

20年来，泉州民营经济乘风破浪、披荆斩棘，发展出纺织鞋服、建材家居、食品饮料等千亿元产业集群，形成超两万亿元制造业大盘，贡献七成税收、八成地区生产总值、九成研发投入、九成城镇就业、九成企业数。

20年来，在“晋江经验”引领下，晋江民营经济、实体经济获得快速、健康发展，涌现出一大批在国内外有影响力的龙头民营企业和品牌企业。晋江，也因此成为闻名海内外的中国品牌之都。

20年来，晋江以传统制造业为主体的工业经济得以快速发展。作为地理面积仅占全省1/200的县级市，晋江的县域经济实力持续稳居“全省第一”和“全国十强”，坐拥中国伞都、中国鞋都、中国食品工业强市、中国陶瓷重镇等14个“国字号”区域产业品牌，建成2个千亿元、5个百亿元产业集群，成为全国县域经济发展的典范、中小城市建设的样板。

20年来，晋江市地区生产总值从277亿元增长至2986亿元，年均增长11.6%；财政总收入从20亿元提高到257亿元，年均增长14.4%，县域经济基本竞争力位居全国四强，引领全省县域经济快速、健康、稳定发展。上半年，晋江克服疫情影响，实现地区生产总值1351.30亿元。

谈到“晋江经验”，晋江休闲服装龙头企业利郎集团总裁王良星侃侃而谈：“正是有了‘晋江经验’的系统性指引，晋江的实体经济才能持续发展，利郎集团得益于此，心无旁骛坚守实业，坚持品牌运营，成为国内休闲男装龙头企业之一。”

与晋江比邻的石狮市，是泉州另一个县域经济强县。在“晋江经验”引领下，当地民营企业也呈现出勃勃的转型生机。

创新驱动

澎湃经济发展新动力

新的经济形势下，企业发展靠什么？“晋江经验”给出的答案是——创新！

作为县级市，晋江深深地意识到，县域高教资源较弱，存在创新能力不强的短板，制约了晋江企业创新能力，必须尽快改变。

说干就干！晋江市加快推进建设高水平国家创新型县（市），着眼于“企业、平台、人才”三大创新主体，每年科技扶持资金占所有政策补助50%以上；实行全市科研平台归口管理，推动三大本硕高校、九大平台形成“基础研究+应用研究”相辅相成的创新平台体系；对接中轻科研板块、北京石墨烯技术研究院等资源，打造集研发、转化、产业化于一体的创新综合体。

20年来，在“晋江经验”的引领下，一大批晋江企业大力推进自主创新，以创新驱动转型，以转型带动行业发展和县域经济跃升。截至目前，晋江全市90%以上企业实现“触网”，有101家企业通过两化融合管理体系贯标，超过1000家企业上云上平台，超过60%的规上工业企业应用“数控一代”智能装备技术。

统计显示，晋江国家高新技术企业保有量从2017年的85家增长到2021年的409家；全社会研发投入从2017年的30.2亿元增长到2021年的56亿元。此外，晋江在全省率先将科技特派员跨界导入工业、服务业，实现科技特派员一、二、三产业全覆盖。

创新驱动下，众多晋江民企走上了依靠创新寻求附加值的高端化发展路线，这为晋江县域经济发展注入强大动力。

产城人融合

踏上全面发展新路径

20年前的晋江，“城不像城，村不像村”。相比已领跑全省4年的经济体量，城市建设已明显跟不上步伐。

2002年，习近平同志在总结“晋江经验”时，前瞻性提出“处理好工业化和城市化的关系”。当时的晋江人埋头发展经济，直到后来一些知名品牌企业不断把总部外迁，才惊觉：积极探索新型城镇化之路，刻不容缓。

2009年以来，晋江坚持“城乡一体、产城融合、以人为本、全面发展”，先后推进九大组团、五大片区、四大新区改造和千万平方米综合产业园区建设，中心城区建成区面积拓展至115平方千米。近10年城镇化率年均提升1个百分点。

2014年，习近平总书记对晋江推进新型城镇化试点工作作出重要批示：眼睛不要只盯在大城市，中国更宜多发展中小城市及城镇。近10年来，晋江以强功能、提品质带动兴业态、聚人气，着力打造国际化创新型品质城市。如今的晋江，新型城镇化的框架进一步拉开，城市空间布局更趋合理、综合承载力不断增强，城市面貌焕然一新，成为中小城市全面发展的样板。

20年来，晋江坚持“以人为本”，推动外来人口市民化、公共服务一体共享，每年把70%以上本级财力投到民生领域，构建就业、教育、医疗、住房、安全、环境和社会保障等7个民生保障体系。

尊重人才，厚遇人才。近年来，晋江实施科创人才聚集、硕博人才倍增、技能人才振兴“三大行动”，共聚集各类高层次人才8675人次，人才资源总量达18.62万名，位居全省县域首位，为产业转型升级提供了有力支撑。

发展新型城镇化，推进产城人融合，在泉州各地也呈现扩散效应——在瓷都德化，当地持续推行大城关战略，将城市配套向进城的农村人口倾斜；在茶乡安溪，当地发展南翼新城，为当地农村人口转移、新兴产业发展打开了发展空间。

20年，华丽蝶变。再出发，振翅高飞。今天，历久弥新的“晋江经验”，仍然具有重大指导意义。展望未来，持续在全方位推进高质量发展超越中扛旗领跑的晋江，正勇毅前行，奋力谱写“晋江经验”新篇章。

（转载自《福建日报》2022年8月17日，何全）

福建名片|“3820”战略工程实施30周年成就展在福州市委党校正式开展

2022年9月23日，福州“3820”成就展在福州市委党校开展。图为9月23日开展当天观众在展板前驻足观看（张永定　摄）

2022年是中国共产党二十大召开之年，是“3820”战略工程实施30周年。7月，“3820”战略工程实施30周年成就展在福州市委党校正式开展。

习近平同志在福州工作期间，亲自主持编制了《福州市20年经济社会发展战略设想》（简称“3820”战略工程），系统谋划了福州3年、8年、20年经济社会发展的目标、步骤、布局、重点等，明确了“建设现代化国际城市”的宏伟目标，为福州擘画了美好蓝图，确立了总纲领、总方略。本次成就展以“3820”战略工程实施30周年为契机，通过图文、影像等形式，全面生动展现“3820”战略工程的精髓要义、深刻内涵，以及引领福州高质量发展取得的历史性成就。

30年来，这一宏伟蓝图引领福州发展，成就斐然。展览以“3820”战略工程为主线，共分战略擘画、重大实践、赓续奋斗三个篇章，聚焦经济、政治、文化、社会、生态文明和党的领导等六大领域35个主题，全方位、多角度展现“3820”战略工程实施30年来福州的发展历程和辉煌成就，充分反映“3820”战略工程的科学性、前瞻性、系统性。展览共使用习近平总书记重要论述155句，其中31句出自当年讲话文稿汇编；使用习近平总书记照片67张，其中8张为首次展出；设置30个多媒体展项，其中6个历史视频为首次公开；展示128件各类实物。

展览融合沉浸式影像空间、大型投影、互动翻书等多媒体、数字化手段，运用声光电等装置，真实还原了林则徐纪念馆、鼓岭老建筑、金沙村民宅等历史场景，让人仿佛置身当年的历史情境，增加展览的可看性、互动性、特色性、教育性。特别是，展览将福州非遗技艺与展陈内容深度结合，展示了漆画、寿山石雕、福州软木画等艺术创作，生动呈现习近平总书记当年在福州的探索实践和感人故事。

走进成就展的序厅，巨幅漆画《闽山闽水物华新》气势恢宏，描绘了福州海滨城市、山水城市的风貌，一轮红日喷薄而出、冉冉升起，榕城大地披满霞光。画面主要呈现了福州“三山两塔一条江”，以及榕树、茉莉花、福橘等特色元素，展现福州迈向现代化国际城市的美好愿景，深情表达了习近平总书记诗词的生动意境。

寿山石组雕《爱我人民爱我军》位于“双拥共建”展区，由《共建双拥模范城》《人民军队人民爱》《爱我人民爱我军》3件寿山石作品构成，共雕刻100多位人物，形象百态、生动逼真，形成了浑然天成的艺术效果。习近平同志在福州工作期间军爱民民拥军、军民鱼水情深的感人场景历历在目、直抵人心。

在“牢记嘱托”展区，大型软木画屏风《闽都古韵》一面篆刻着习近平总书记所写的《〈福州古厝〉序》，一面运用浮雕、圆雕、透雕等技法，刻画了镇海楼、林则徐纪念馆、戚公祠等福州古建筑，雕琢出山城相依、山水环抱的闽都风貌，展现了习近平总书记对历史文化、历史建筑的珍爱珍视。

福建名片|第二十二届中国国际投资贸易洽谈会

■2022年9月8—11日，第二十二届中国投资贸易洽谈会在厦门举行。图为9月8日开幕式后洽谈会现场一角（施辰静　摄）

秋日鹭岛，三角梅相拥成簇。第二十二届中国国际投资贸易洽谈会9月8日至11日在福建厦门举行。

围绕高水平开放和国际投资合作，本届投洽会融合展览展示、项目路演和对接洽谈，持续做优双向投资促进、权威信息发布和投资趋势研讨这三大平台。

传递中国投资好声音

百年变局和世纪疫情交织叠加，国际投资合作不确定、不稳定因素增多，同时也蕴藏新的机遇和潜力。论坛研讨期间，各界人士积极寻求发展方向，推动国际投融资可持续发展。

数字经济增添新动能。“数字经济是全球经济复苏和增长的重要引擎，也是全球发展倡议中的重点合作领域之一。”国际贸易中心执行主任帕梅拉·科克—汉密尔顿提出，近年来，中国深度参与数字经济国际合作，积极参与数字贸易国际规则制定，为经济社会发展增添动力，中国有条件成为数字经济的重要推动者。

莫桑比克共和国驻华大使玛丽亚·古斯塔瓦指出：“数字经济已成为中非合作的重要领域之一，中非之间的技术转让和创新合作网络不断扩大。‘中非数字创新伙伴计划’加强了双方在云计算、大数据、人工智能、物联网等新兴技术的应用合作，支持非洲数字基础设施的发展，推动非洲国家更快融入数字命运共同体之中。”

绿色发展开创新格局。商务部国际贸易经济合作研究院对外投资合作研究所所长武芳认为，全球经济绿色转型实质是经济发展动能的精准转化，绿色产业国际投资合作必将催生出新业态、新模式和新的经济增长点。

拓展国际投资新机遇

一个灯泡大小的零件，操作精度达0.002毫米，可广泛应用于航空航天、物联网等多个领域的智能化控制，这是由重庆继联机电有限公司带来的压力变送器系列零部件。“我们第一次参加投洽会，期待通过投洽会平台，寻求新的合作领域，找到优质的合作伙伴。”公司总工程师潘雪松说。

全球首台全自动胶囊机器人、C919模拟机、无人环保清扫车、树根互联“透明工厂”、分布式碳中和技术……各大展馆中，智能制造、智能应用、绿色产业等领域的成果令人应接不暇。

据统计，本届投洽会举办41场会议论坛研讨活动，50多场投资洽谈及项目对接会，吸引90多个国家和地区、800多个工商经贸团组、4000多家企业、约6万名客商线上线下参展参会，共480多个项目在大会期间达成合作协议，协议总投资额3420亿元。

打造国际投资大平台

“一花独放不是春，百花齐放春满园。”商务部投资促进事务局副局长李勇介绍，投洽会作为最具影响力的国际投资盛会之一，为全球投资合作提供汇聚共识和行动支持的平台，既促进和中国的合作，也促进与其他国家的合作。

本届投洽会期间，发布了《中国外资统计公报2022》《中资企业国别发展报告》《金砖国家投资报告》等权威信息报告。

《中国外资统计公报2022》显示，2021年中国实际使用外资规模稳定增长，全年实际使用外资11975.8亿元，同比增长15.8%。投资行业结构不断优化，高技术产业实际使用外资522亿美元，同比增长22.1%。《中国外商投资报告2022》显示，2021年中国外商投资呈现出引资规模和企业数量“双增长”、高技术产业成为引资新增长点、重点项目支撑作用显著、开放平台引资效应凸显、外资企业在华经营持续向好等五大特点。

商务部部长助理郭婷婷表示，中国将继续增强外贸发展动能，加大吸引外资力度，提升对外投资合作水平，深化“一带一路”经贸合作，提升合作的含新量、含金量和含绿量，为各国企业拓展更大发展空间。

（转载自《人民日报》2022年9月13日，刘晓宇）

福建要闻

2022年11月19日，省委书记周祖翼（前排中）在宁德市寿宁县下党乡鸾峰桥上与基层党员干部、村民代表共同交流学习中共二十大精神心得体会（肖春道　摄）

2022年6月21日，省长赵龙（右二）在龙岩市连城县兰花博览园详细了解兰花栽培管理、技术研发、带动就业等情况（张永定 摄）

福建要闻|喜庆党的二十大

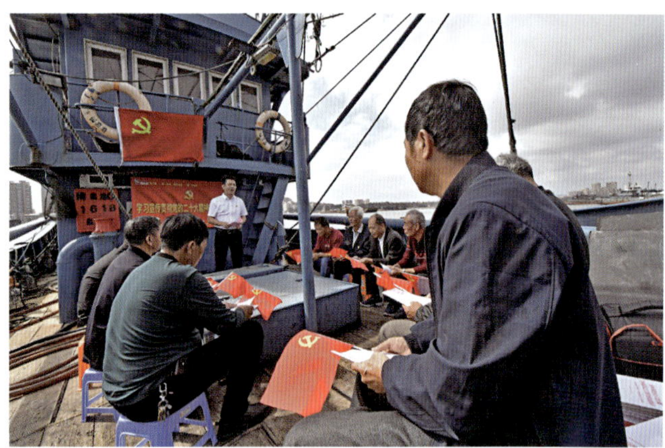

1. 2022年10月16日，中国共产党第二十次全国代表大会在北京召开。图为福建省与会代表步入人民大会堂（肖春道　摄）
2. 2022年10月16日，在罗源县松山镇竹里村畲家红色记忆馆内，畲族党员群众聚在一起收看中共二十大开幕会盛况（刘其焱　摄）
3. 2022年11月10日，泉州市泉港区峰尾镇诚峰国家一级渔港，“福小宣·‘泉’民讲·福传泉港”宣讲员向渔民宣讲中共二十大精神（黄琼芬　摄）

1	4	5
2	6	7
3	8	

4. 2022年9月24日，沙县区大洛镇昌荣村，当地畲族群众展示自己的福文化剪纸作品喜迎中共二十大召开（张凌欣　摄）
5. 2022年国庆期间，福州新华书店鳌峰坊书城设置“阅读新时代　喜迎二十大”主题出版物阅读展台，为中共二十大胜利召开营造良好氛围（董奇珍　摄）
6. 2022年11月8日记者节，《湄洲日报》党员记者到闽中革命摇篮地之一的秀屿区东峤镇珠江村三座厝，结合主题党日活动，与基层群众一道共学中共二十大精神（蔡昊　摄）
7. 2022年11月16日，在南安市国光中学高三一班英语课堂上，师生们在教学互动中共同学习领会中共二十大精神（林劲峰　摄）
8. 2022年12月11日，创吉尼斯世界纪录的微雕大师许通海将中共二十大报告全文刻在寿山石微雕作品上（严洁　摄）

福建要闻|福文化

1. 2022年1月3日，福州闽江两岸福文化主题灯光秀精彩上演（游庆辉　摄）
2. 2022年1月19日，春节临近，漳平市永福推出百福园项目，打造福文化旅游新体验。图为游客在百福园里挂中国结祈福（陈俊毅　摄）
3. 2022年2月1日（正月初一），宁化县新建投用的“福”文化园，市民在“福星高照、福佑中华”景观处观赏游玩，共享“福”气（黄尉峰　摄）

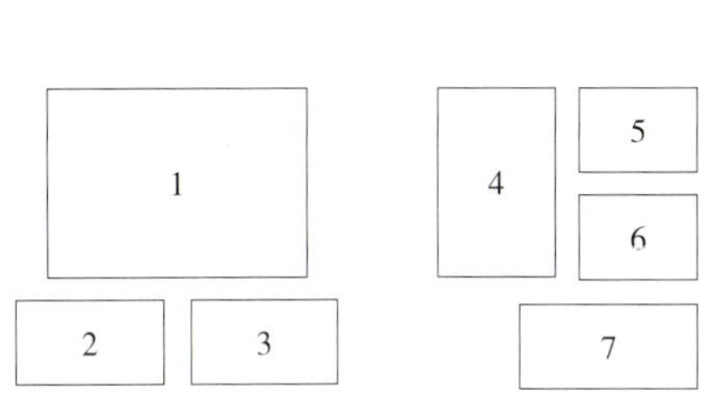

4. 2022年2月10日，天妃故里遗址公园妈祖习俗传习所，游玩的市民梳制湄洲女发髻（游庆辉　摄）
5. 2022年3月3日，惠安县举行“百女绣百福”惠女影雕体验活动，影雕作品将作为福文化长廊实景材料（林辉　摄）
6. 2022年9月10日（中秋节），省级非遗项目饼花制作技艺传承人马树霞向孩子们展示制作步骤（吴鹏　摄）
7. 2022年12月14日，漳州台商投资区石美村东门社的村民与民俗文化爱好者，一同见证世界非物质文化遗产“送王船”仪式（许文彬　摄）

1. 2022年9月8日，第二十二届中国国际投资贸易洽谈会在厦门开幕（林熙　摄）
2. 2022年9月16日，纪念福建省苏维埃政府成立90周年大会在长汀县举行（游庆辉　摄）

3. 2022年12月20日，2022两岸企业家峰会年会在厦门举行（游庆辉　摄）

4. 2022年7月22日，第五届数字中国建设成果展览会在福州举行。图为市民在元宇宙体验馆参观（张斌　摄）

5. 2022年11月12日，第35届中国电影金鸡奖颁奖典礼暨2022年中国金鸡百花电影节在厦门闭幕。图为获奖者与主持人、表演嘉宾们一道在台上向观众与台下嘉宾们挥手致谢（施辰静　摄）

6. 2022年11月27日，福建省第十七届运动会在南平开幕。图为圣火点燃瞬间（张永定　摄）

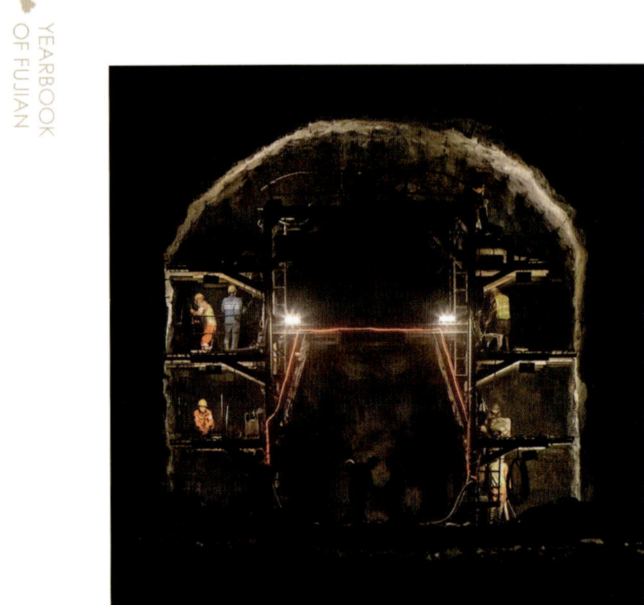

1. 2022年3月15日，省重点民生工程——浦城县城区防洪排涝（高水高排）工程项目的泄洪隧洞施工现场。该项目建成后可有效提升浦城城区的防洪排涝能力（王宏亮　摄）
2. 2022年3月17日，全国首条跨海高铁新建福厦高铁莆田站厦门端施工现场，随着铺轨机顺利铺下全线第一组500米长钢轨，新建福厦高铁进入铺轨工程施工阶段（游庆辉　摄）
3. 2022年5月14日，位于福州高新区南屿镇流洲岛的福耀科技大学项目宣布开工，该项目首期投资约60亿元，基建面积约87万平方米，工期13个月（包华　摄）

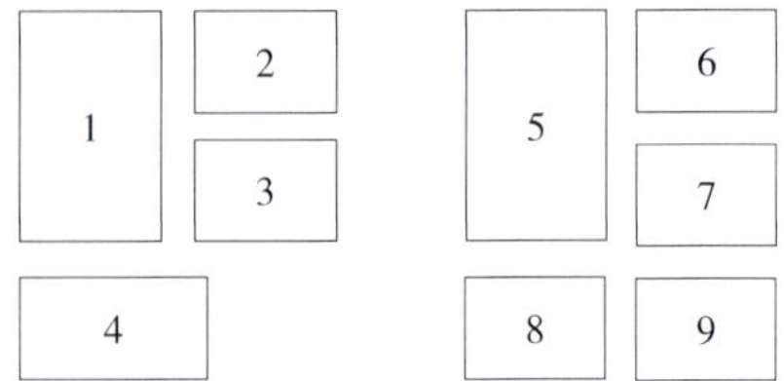

4. 2022年8月23日，中国自主三代核电“华龙一号”批量化工程——中核集团漳州核电2号机组内穹顶吊装成功，标志着该机组从土建施工阶段全面转入设备安装阶段（游斐渊　摄）
5. 2022年8月28日，中国华电福建周宁抽水蓄能电站4号机组正式投入商业运行，标志着中国华电首座、“十四五”期间福建省首个抽水蓄能电站全容量投产发电（姜克红　摄）
6. 2022年8月28日，福州地铁6号线开通初期运营，福州地铁迈入“四线时代”（陈暖　摄）
7. 2022年9月12日，继港珠澳大桥之后国内第二座、福建省首座全桥预制装配化跨海大桥翔安大桥主线成功合龙（黄少毅　摄）
8. 2022年12月18日，“武夷2号”新能源船从南平鸣笛出航，标志着闽江干流正式恢复通航（郑金富　摄）
9. 2022年12月30日，兴泉铁路清泉段的建成开通，标志着兴泉铁路实现全线贯通运营（林辉　摄）

福建要闻|基层治理

■2022年，宁德市将口袋公园建设作为重要民生工程，为群众日常生活提供休闲健身的公共空间。图为摄于8月29日的宁德市区天湖路沈海高速高架桥下口袋公园（张文奎　摄）

■2022年5月13日，莆田市霞林街道九龙小区党支部书记陈伟山在小区党群服务站调解室听取居民诉求，及时排解矛盾纠纷（蔡昊　摄）

■2022年，莆田市湄洲湾北岸忠门镇信访办、镇司法所和忠门派出所开启"联动快办"新模式，通过交流工作方法与经验，依托大数据全方位联动，打造"一站式接待、一条龙办理、一揽子解决"的一站式服务体系。图为12月24日工作人员联合办公（沈琳　摄）

2022年4月1日，三明市沙县区夏茂镇俞邦村召开片区村民座谈会，提高村民参与乡村建设意愿。作为“沙县小吃第一村”的俞邦村联合周边5个村，成立了俞邦片区，带动片区各村共同发展（许琰　摄）

福州市仓山区中天社区是福州首个具有数字化特色的精品社区。图为2022年7月21日，工作人员远程操控机器人“笨小逻”巡检，通过巡检机器人，社区可以实现24小时巡逻（包华　摄）

2022年9月20日，仙游县菜溪乡溪边村的风景——廊桥夜谈。廊桥议事、人人参与，这是溪边村“夜生活”的常态（陈斌　摄）

2022年初，思明区首批“政务服务体验官”上岗，从线上、线下进行办事体验，对思明区的政务服务“把脉问诊”。图为10月19日，厦门市思明区“政务服务体验官”现场体验企业简易注销登记流程（杨珊珊　摄）

2022年10月28日，莆田市公安局东峤派出所实施“敲门扫楼”专项行动，探索“网格+最小单元”治理新模式，创新基层治理新路径，筑牢社会治安防控体系（陈盛钟　摄）

福建要闻|科技创新

2022年1月14日，福州市鼓楼区率先将AI智能无人扫路机应用于市政道路清洁（张旭阳　摄）

2022年2月18日，全省引进的第一台小型胡萝卜机械化采收设备在石狮市投入使用（李荣鑫　摄）

2022年，晋江茂泰（福建）鞋材有限公司成立数字化工厂MES项目后，持续往智能制造方向发展。图为2月22日工作人员在组装调试鞋底自动组合生产线上的机器人手臂（董严军　摄）

2022年，厦门市农作物种子种苗销售额5.2亿元，种子产量150多万千克，蔬菜集约化育苗产量2.5亿多株。图为4月26日，厦门一家蔬菜种子企业的大棚里，工作人员在观察苦瓜长势（张江毅　摄）

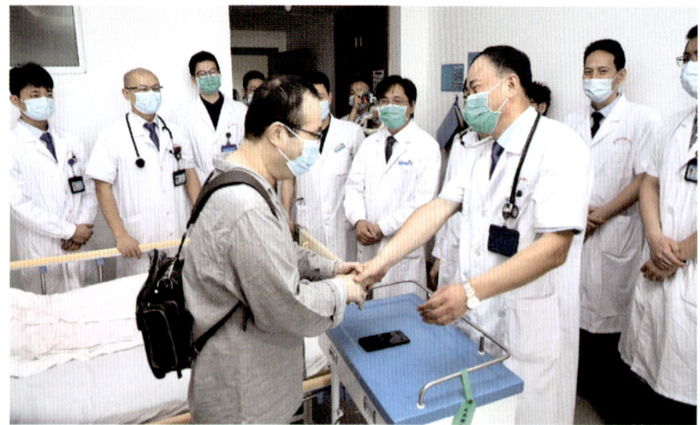

2022年6月1日，厦门市首例植入人工心脏患者从厦门大学附属第一医院出院（陈偲瑶　摄）

2022年，宁德市蕉城区三都澳养殖渔排安装的5G+AI智慧监控系统满足大黄鱼养殖人员安全生产和防盗预警等需求。三都澳完成海域5G站点建设293个，成功打造全国首个5G智慧海洋样板区。图为6月29日拍摄的三都澳大黄鱼养殖样板区（林辉　摄）

2022年9月3日，大田县济阳乡济中村凤阳堡周边，高产水稻新品种“巨型稻”长至1.9米多高。禾下乘凉，成了济阳乡村旅游的热门打卡项目（周志鸿　摄）

2022年9月16日，晋江闽皖辣椒种植农民专业合作社联合社首次引进全自动移栽机。晋江辣椒栽植技术实现由人工向机械的大转变（秦越　摄）

2022年11月23日，16兆瓦海上风电机组在福建三峡海上风电国际产业园下线。该机组是至今为止全球单机容量最大、叶轮直径最大、单位兆瓦重量最轻的风电机组，打破了海上风电机组关键部件的国外垄断（游庆辉　摄）

福建要闻|产业经济

1. 2022年6月29日清晨,来自全国各地的游客、摄影爱好者在霞浦县长春镇北兜沙滩观赏、拍摄日出及渔民模特表演捕鱼拉网（郑培銮 摄）
2. 2022年7月1日晚，“招商伊敦”号从厦门港主航道驶入，这也是新冠疫情发生后乘坐游轮到厦的第一批游客（王火炎 摄）
3. 2022年，福建省认真落实海洋经济强省战略，围绕现代渔业转型升级，不断加大渔业投入，建设高水平“海上粮仓”。图为2022年8月16日，石狮市765艘渔船结束3个半月伏季休渔，如期开渔（李荣鑫 摄）
4. 2022年9月28日，上汽宁德基地一台红色纯电“全球车”MG MULAN从总装车间生产线上驶下，标志着上汽宁德基地第50万台整车顺利下线（张文奎 摄）
5. 2022年11月25日，寿宁县采用“党建+合作社+农户”模式，工厂化生产制作山里“鱼翅”——番薯扣（吴苏梅 摄）
6. 2022年5月13日，游客乘坐小火车穿行稻田间，“杂交水稻制种+乡村旅游发展”成为建宁县特色产业（王毅 摄）
7. 2022年2月8日，北京冬奥吉祥物特许生产商晋江恒盛玩具有限公司赶制新晋“顶流”冰墩墩（陈巧玲 摄）
8. 2022年10月1日，厦门自贸片区发放千万元数字人民币消费券，刺激假期消费市场。图为顾客使用消费券购买商品（黄晓珍 摄）

1 4

2 5 6

3 7 8

福建要闻|乡村振兴

1. 2022年1月5日，永春县花石社区，来自安徽的29岁青年王雪山为实现心中的田园梦，投身乡村振兴实践中，在地发展生态农业，将原本闲置的荒地打造成鸭稻共生的良田。图为王雪山在农场的水塘边管护鸭群（林劲峰　摄）
2. 2022年4月28日，仙游县园庄镇高峰村，90后“新农人”郑美桂与丈夫陈晋龙一起用农机插秧。夫妻俩是仙游县晋龙农机农民专业合作社的负责人，努力探索机械化农业发展新模式（彭丽程　摄）
3. 2022年5月11日，龙岩市永定区2022年第一期高素质农民培训班在湖雷镇上南村开班，吸引该村90名农民参加培训（游庆辉　摄）
4. 2022年，屏南县通过开展“党员干部认领一亩田”活动带动农民种粮积极性。图为5月18日“我在屏南有亩田——第一届插秧节”启动仪式（刘霄鹏　摄）
5. 2022年8月，作为厦门市翔安区乡村振兴的一张亮丽名片，翔安大宅社区的1000多亩火龙果陆续进入收获期。图为农民正收获火龙果（王火炎　摄）

1	4		6
2			7
3	5		8

6. 2022年10月10日，晋江市东石镇潘山村的梓源农场，工人通过播种机将国内自主研发、晋江自有品牌的“禧红202”胡萝卜“芯片”播种到田里（陈巧玲　摄）
7. 2022年9月4日，泉州市洛江区虹山乡彩虹课堂，舞蹈教师带着村里的孩子们翩翩起舞。“关爱留守儿童·乡村守望计划”虹山乡彩虹公益课堂项目于2021年底启动，将艺术带进乡村课堂，让更多留守儿童感受艺术之美（吴嘉晓　摄）
8. 2022年11月29日，平潭大练岛的渔民收获生蚝。图为当地村民利用小岛周边优质海洋资源，探索富有海洋特色的乡村振兴之路（江信恒　摄）

福建要闻|生态福建

2022年，南靖县大力实施“生态立县”发展战略，打造荆江两岸“一江八园”的风景园林格局。图为3月18日拍摄的南靖县山城镇红寨山，黄花风铃木迎春绽放（林辉　摄）

2022年，莆田市南日海洋集团在推动新型塑胶渔排改造升级、治理无序养殖中，将东岱湾海域原来2万多口渔排减少至5000口，实现海域水质改善提升。图为8月2日拍摄的莆田南日岛海域国家级海洋牧场示范区（蔡昊　摄）

2022年8月23日，在泉州湾洛江段，除草机械在滩涂上作业，将成片生长的外来入侵植物互花米草铲除深埋，之后还会进行持续3年的管护，预防互花米草生长蔓延（吴嘉晓　摄）

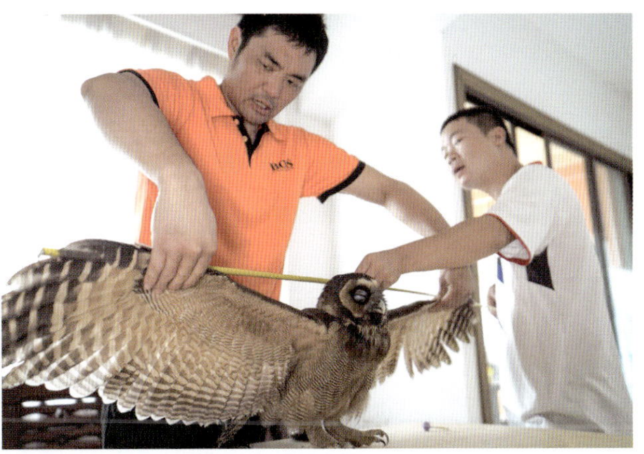

2022年9月3日，建瓯市小松镇，科研人员对一只受伤的褐林鸮进行测量。经过十余天的照料，恢复健康的褐林鸮被放归大自然（魏永青　摄）

2022年，风电逐渐成为福建省绿色发展的新引擎。图为11月13日拍摄的政和县澄源乡的风力发电场（魏永青　摄）

2022年11月23日，国家一级保护野生动物绿海龟误入霞浦县长春镇文岐村海域海参养殖渔排，在渔排上劳作的渔民发现后冒雨救助（郑培銮　摄）

福建要闻|文体生活

1. 2022年6月3日，福州市传统龙舟邀请赛举行。图为福州本土龙舟队在赛后庆祝胜利（林熙 摄）
2. 2022年7月28日，中国汽车场地越野锦标赛平潭站比赛正式鸣枪开赛（念望舒 摄）
3. 2022年9月26日，中国作家围棋邀请赛决赛在福州打响。聂卫平、吴玄组合夺得冠军。此次作家围棋邀请赛采取职业棋手搭档作家选手的方式联棋对决（张旭阳 摄）
4. 2022年2月26日，百台钢琴音乐会在福州三江口生态公园举行，就此拉开“江江好”福州两江四岸音乐旅游节序幕（包华 摄）
5. 2022年6月11日是文化和自然遗产日，在泉州海外交通史博物馆，宋元泉州的静态文物与国家级非遗项目梨园戏奇妙碰撞（吴嘉晓 摄）
6. 2022年7月24日，世遗泉州时尚文化艺术季开幕盛典暨“世遗霓裳”跨界设计秀在泉州大剧院举行，传统木偶戏与现代时尚相遇（陈英杰 摄）
7. 2022年1月，“花朝节传统习俗”入选福建省第七批非物质文化遗产名录。图为3月6日在福州烟台山举行的“中华花朝节”启幕仪式（游庆辉 摄）
8. 2022年3月8日，晋江市梧林传统村落举办“晋江梧林南洋文化节——新加坡娘惹文化季”活动（陈巧玲 摄）

1		4	
2		5	6
3		7	8

偶遇
OH YOU

福建要闻|闽台交流

■2022年2月10日，“妈祖元宵·故里祈福”——两岸敬仰者护驾湄洲妈祖金身回上林故居省亲布福活动在妈祖故里湄洲岛举行（游庆辉　摄）

■2022年5月12日，“同沐中华风·共创人生梦”2022年台青创业就业沙龙首期活动在福州举办（全幸雅　摄）

2022年5月20日，“爱在漳州，一起向未来”漳台百名青年集体婚礼在漳州高新区“三馆”广场举办（严洁　摄）

2022年6月12日，北京、天津、台北、高雄四地4名明盲棋手分别蒙上双眼，通过口述连线福州主赛场，现场32名真人棋子在晋安湖畔215平方米的超大棋盘上，进行中国象棋对弈。“交换视界”蒙目象棋公益系列赛从2017年开始举办，成为两岸青年文化交融的公益品牌（王毅　摄）

2022年6月15日，参加第六届海峡两岸社区治理论坛暨两岸“家”年华活动的台胞走进厦门市湖里区湖里街道东荣社区参观。图为社区美食活动现场（林熙　摄）

2022年7月16日，福州市上下杭景区，来自闽台两地的福州八家将和台北青山八将、电音三太子“阿宝”和福州孩儿弟“阿福”轮番精彩登场，拉开“欢喜斗阵行”闽台青年艺阵表演传承研习营的序幕（游庆辉　摄）

2022年9月3日，闽台匠人匠心交流活动在福州举行，来自海峡两岸服装服饰行业的匠人、企业、专家学者、青年学子代表等近百人开展交流。图为闽台匠人拜师典礼现场（游庆辉　摄）

2022年9月10日，入住福州台湾社区公租房的台胞们举杯欢庆中秋节。自2022年1月18日在榕就业创业台胞首批公共租赁住房选房开始，有135户近200名台胞成为这里的住户（林双伟　摄）

福建要闻|爱心福建

2022年4月22日，在晋江市红十字会，叶国彬、李红艳夫妇替患有癌症的儿子签署遗体捐献志愿书（陈巧玲　摄）

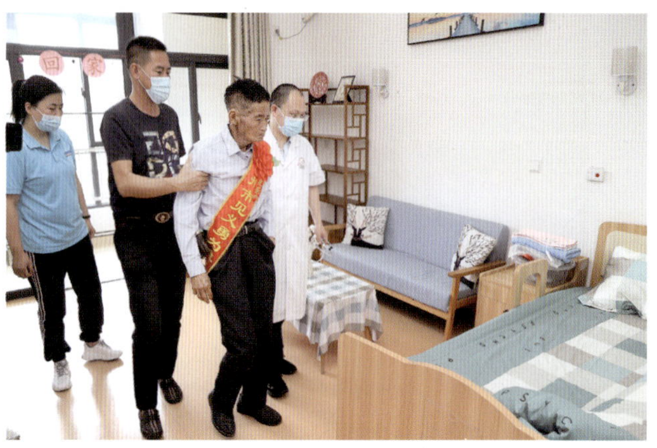

2022年5月7日，在泉州市和石狮市、晋江市两级见义勇为协会的共同努力下，全国见义勇为先进分子、76岁高龄的许谋侨入住晋江市社会福利中心（王柏峰　摄）

2022年5月15日是第32个全国助残日，主题是“促进残疾人就业，保障残疾人权益”。当日，在泉州市残疾人康复中心的残疾人电商孵化基地，电商平台人员指导残疾人进行“泉州特产”的直播带货（陈英杰　摄）

2022年6月19日，建瓯市持续暴雨，2000多名党员干部下沉一线，开展防汛救灾工作。图为救援人员利用橡皮艇转移被困群众（黄杰敏　摄）

平潭综合实验区南海乡共有7个行政村，村中多为孤寡老人、留守儿童。2022年，南海媳妇爱心小分队开办饺子馆，为村民提供美食的同时也定期向村里老人免费提供水饺（念望舒　摄）

2022年8月3日，“七夕”前夕，福鼎市桐城街道天湖社区为9对“金婚”“银婚”老人举办集体婚礼。图为活动现场（谢树渊　摄）

2022年7月31日，政和县老年志愿者们支起多个凉茶摊，为过往市民送去免费凉茶。政和县老年志愿者协会2013年成立，持续开展志愿者活动，队伍从60多人发展到486人（黄杰敏　摄）

2022年9月8日，德化县杨梅乡开展中秋节慰问活动，志愿者们为辖区留守和困难老人进行爱心体检，并一起剪纸送福与品尝中秋月饼，共叙幸福美好生活（许华森　摄）

福建要闻|非凡十年看福建

山海激荡，非凡十年。

新时代的十年，是党和国家事业发展取得历史性成就、发生历史性变革的十年，也是福建牢记嘱托、砥砺前行、跨越发展的十年。

习近平总书记高度重视福建发展，亲自擘画建设机制活、产业优、百姓富、生态美的新福建宏伟蓝图，明确要求在加快建设现代化经济体系上取得更大进步、在服务和融入新发展格局上展现更大作为、在探索海峡两岸融合发展新路上迈出更大步伐、在创造高品质生活上实现更大突破，为福建指明了前进方向、提供了根本遵循。

十年奋斗，十年辉煌。党的十八大以来，福建全省上下坚持以习近平新时代中国特色社会主义思想为指导，坚持以人民为中心，完整、准确、全面贯彻新发展理念，经济社会发展取得新的成绩：全省地区生产总值连跨4个万亿元台阶，年均增长8.1%，2022年突破5万亿元，居全国第8位；全省一般公共预算总收入连跨3个千亿元台阶，年均增长7.4%，2022年达5382亿元，是财政净上缴省份；全省居民人均可支配收入连跨3个万元台阶，年均增长8.5%，2022年达4.31万元，居全国第7位。

武夷山秀甲东南，而今愈发郁郁葱葱；厦门港海天一色，“大厦之门”越开越宽阔；宁德连抱产业“金娃娃”，东南沿海“黄金断裂带”变身高质量发展新增长极……站在福建看福建，新发展理念指引下的实践图景波澜壮阔。

医改、林改一马当先，生态文明试验区、自由贸易试验区、21世纪海上丝绸之路核心区（简称海丝核心区）等多区叠加……站在全国看福建，胸怀大局的“福建担当”不断彰显，勇担国家使命的先行先试蹄疾步稳。

2020年12月26日，平潭海峡公铁两用大桥全面通车。这是世界最长的跨海峡公铁两用大桥，也是中国第一座跨海峡公铁两用大桥，远期规划可延长到台湾，对促进两岸经贸合作和文化交流等具有重要意义（罗京新　摄）

1	3
	4
2	5

1. 2017年，福建全面推行河长制，建立起省市县乡村“五级穿透”、河流湖泊山塘水库“全覆盖”的河湖长组织架构，并连续5年成为全国河湖长制工作获得国家正向激励的唯一省份。《莆田市以木兰溪创建示范河湖引领幸福河湖建设》2021年入选全国全面推行河湖长制工作典型案例。图为摄于2022年4月11日的莆田市木兰溪（蔡昊　摄）
2. 宁德曾是“老、少、边、岛、穷”地区，从“摆脱贫困”到“多抱几个金娃娃”，宁德巨变成为福建跨越式发展的生动缩影。过去10年，宁德时代、青拓集团、上汽宁德基地等一批大项目相继落地，地区生产总值增长近两倍，宁德成为福建经济新增长极。图为宁德锂电新能源小镇（王志凌　摄）
3. 2016年5月18日，福建首条地铁——福州地铁1号线南段正式开通试运营。第二年，厦门地铁1号线开通。福建积极推进福州都市圈建设、厦漳泉一体化发展，全省城镇化率69.7%，高于全国5个百分点（叶义斌　摄）
4. 2018年8月5日，金门“两岸通水见证仪式”在田埔水库举行，现场出席的嘉宾启动阀门（游庆辉　摄）
5. 2022年1月，全国首个传统集装箱码头全流程智能化改造项目在厦门港海润集装箱码头试投产。厦门充分发挥空、海港优势，打通中欧班列、“丝路海运”等国际物流通道（施辰静　摄）

福建要闻|非凡十年看福建

1	2
	3
4 5	6
7	

8	9
10	11

1. 2021年9月7日，第二十届世界商业领袖圆桌会议在厦门国际会展中心举行，这是第21届中国国际投资贸易洽谈会的重要配套平行论坛之一。十年来，福建累计新设外资企业18643家，实际使用外资435.5亿美元；福建实际对外投资244亿美元，年均增长15.6%（林辉　摄）
2. 2015年4月21日，中国（福建）自贸试验区正式挂牌。截至2022年9月，福建自贸试验区累计推出563项创新举措，其中全国首创249项，34项创新成果在全国推广，7项试点经验列入自贸试验区“最佳实践案例”，居全国前列。图为当天福建自贸试验区福州片区综合服务大厅工商服务窗口（游庆辉　摄）

3. 2021年3月24日，三明市第一医院开展“满意在医院”活动。福建省公立医院综合改革绩效连续6年位居全国前列，三明医改经验在全国推广（周志鸿　摄）

4. 2021年5月18日，全国首批林业碳票在三明常口村举行签发。林业碳票是林地林木的碳减排量收益权的凭证，相当于每片林子的固碳功能可以作为资产进行交易的“身份证”。2022年，常口村村民收到了村集体首次碳票交易所得，通过碳票获得经济交换和补偿（陈登达　摄）

5. 2022年，南平市顺昌县大历镇乡村振兴发展中心科技特派员高允旺深入田间地头传授竹荪种植经验。科技特派员制度源起南平，兴于福建，推向全国。福建全省累计选认科技特派员6.2万多人次，创业和技术服务实现乡镇全覆盖、一二三产业全覆盖，有力带动了各地乡村建设和产业振兴（黄杰敏　摄）

6. 2019年11月23日，第32届中国电影金鸡奖颁奖典礼在厦门举行。自2019年起，中国金鸡百花电影节暨中国电影金鸡奖颁奖典礼将连续10年在厦门举办，以节促产、以节促城，“金鸡”的到来为厦门影视文化产业发展、城市营商环境提升以及涵养培植电影文化注入动能（张永定　摄）

7. 十年来，福建全省研发投入增长2.1倍，年均增长15.2%。图为福耀集团不断探索玻璃前沿技术，通过汽车玻璃天线暗室，研发汽车玻璃通信网联功能（毛晨熙　摄）

8. 2013年5月18日，福建首座核电站——宁德核电站一期1号机组正式投入商业运行。十年来，福建清洁能源发电装机容量比重大幅提升，占比从45%提升至58%（张国俊　摄）

9. 2018年7月4日，厦门金龙客车和百度公司合作的全球首款L4级自动驾驶巴士“阿波龙”正式量产下线（姜克红　摄）

10. 十年来，福建传承弘扬“晋江经验”，鼓励、支持、引导民营企业大胆创新、放心创业、放手创造：2021年，全省民营经济增加值3.38万亿元，比2012年增长1.56倍，占地区生产总值比重69%；私营企业和个体工商户662万家，比2012年增长4倍，占市场主体总数的90%以上。图为安踏运动产品展示（董严军　摄）

11. 福建大力推进科技创新，加强创新型省份建设，自主培育的白羽种鸡打破国外肉鸡种源垄断，大黄鱼、鲍鱼等海产品培育养殖技术全国领先。图为圣农集团白羽鸡核心育种场（陈志鸿　摄）

福建要闻|非凡十年看福建

2019年1月14日，宁德市下党乡下党村村民在装饰自家开的幸福茶馆以招徕游客，曾经的赤贫乡村如今已成为网红旅游目的地。到2019年，全省110多万贫困人口全部脱贫，2201个建档立卡贫困村全部退出，23个省级扶贫开发重点县全部摘帽，69个老区苏区县（市、区）全部迈入小康（林辉　摄）

2022年9月1日，晋江实验小学莲屿校区开学，新校区的开办缓解了该校因二孩"入学潮"到来面临的招生压力。十年来，福建全省教育支出年均增长8%，在全国率先实现所有县义务教育发展达到基本均衡要求，2021年高等教育毛入学率59.2%，十年提高25个百分点（董严军　摄）

2022年2月20日，政和县东平镇凤头村的老人们在"长者食堂"用餐。福建积极试点推广居家养老、长者食堂等机制，提升村居养老服务设施水平，切实解决空巢、困难、高龄老人生活问题（郭斯杰　摄）

2018年8月16日，厦门航空有限公司启动创建海峡两岸青年就业创业示范点工作。图为台湾籍空中乘务员杨青跟她的同伴们一起在入职仪式后合影留念。十年来，福建发布225项台胞台企同等待遇清单，闽台往来人数累计超800万人次（魏培全　摄）

长汀曾是南方红壤区水土流失最为严重的县份之一，当地连续多年持续开展水土流失治理，大力推广种植杨梅，既治理了水土流失，又促进了农民增收。十年来，长汀县水土流失率从2011年底的10.26%下降至2021年底的6.68%。2021年，水土流失治理"长汀经验"入选联合国生态修复典型案例，走向世界。图为2014年6月7日，龙岩市长汀县三洲镇果农采摘杨梅（黄海　摄）

2016年，福州市首条城市山水生态休闲健身走廊金牛山福道建成开放，成为福州的“生态名片”。福建是全国首个生态文明试验区，十年来绘就了“清新福建”好山、好水、好空气，不断为人民群众提供优质生态产品（林熙　摄）

十年来，宁德市对无序的海上养殖进行综合整治，并推动海上传统养殖业转型升级成为全国水产养殖绿色高质量发展的典型。图为宁德霞浦养殖场（林熙　摄）

十年来，福建通过乡村“特色产业+旅游”的差异化发展，助力乡村全面振兴。图为2022年2月，游客们在“中国历史文化名村”尤溪县桂峰村观赏雪景（游庆辉　摄）

福建要闻|非凡十年看福建

■2021年10月，武夷山成为首批5个国家公园之一。2022年，福建省城市空气质量优良天数比例99.2%，12条主要流域优良水质比例97.3%，森林覆盖率66.8%、连续43年保持全国第1位（黄海　摄）

目录

福建省人民代表大会

福建省人民政府

中国人民政治协商会议福建省委员会

纪检监察

民主党派和工商联

军　　事

外事　侨务　港澳事务

闽台交流合作

经济管理

市场监督管理

民营经济

海洋经济

数字福建

交通　邮政

社会科学

文化 旅游

卫生　体育

社会生活

应急管理

人　物

统计资料

附　录

索　引

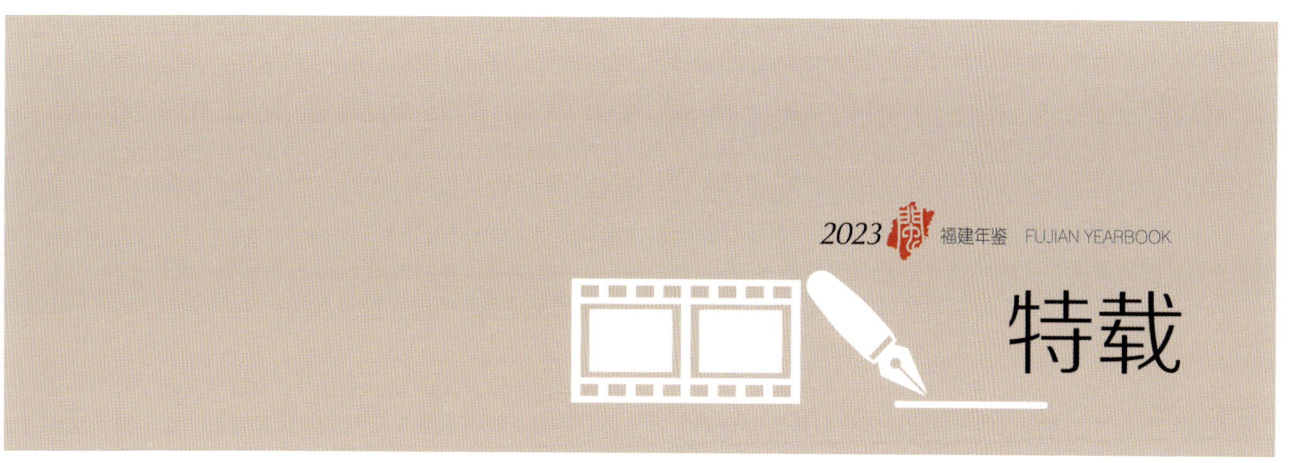

中共中央政治局常委、国务院总理李克强在福建考察

2022 年 7 月 7—8 日，中共中央政治局常委、国务院总理李克强在福建省委书记尹力、省长赵龙陪同下，在福州、泉州考察。他强调，要以习近平新时代中国特色社会主义思想为指导，落实党中央、国务院部署，全面贯彻新发展理念，高效统筹疫情防控和经济社会发展，扎实把稳经济大盘各项政策落到位，坚持发展是解决我国一切问题的基础和关键，更大力度推进改革开放，稳市场主体稳就业保民生，着力巩固经济恢复基础，保持经济运行在合理区间。

李克强听取了福建省稳就业汇报。在博思创业园，负责人说这里孵化了一批科技型企业，带动大量就业，李克强表示赞许。他叮嘱当地负责人，地方政府要拿出资金，帮助降低孵化企业的场地租金等费用。李克强与创客们和今年大学毕业刚入职员工交谈，勉励他们说，推进大众创业万众创新，就是要激发更多人特别是年轻人创业创新热情，靠奋斗实现人生价值、创造财富。爱拼才会赢，祝大家成功。

李克强来到台资企业六和机械公司，鼓励他们靠创新、靠质量赢得更大市场。公司所在园区聚集了几十家台资企业，李克强与一些台资企业负责人交谈。他说，两岸同胞是一家人，我们欢迎你们来大陆投资兴业，依法保护合法权益。前不久出台的稳经济一揽子政策，对包括台资企业在内的各类企业同等对待，希望你们与大陆企业合作共赢。

李克强听取了福建省外贸进出口、吸引外资情况汇报。他来到晋江国际陆港，详细询问货物通关时间等。李克强说，中国坚定扩大对外开放，东南沿海地区是改革开放前沿、中国经济的龙头，要把龙头昂起来。港口是开放的重要窗口、进出口的重要支撑，我国工业增加值的 70%离不开进出口。要持续推进“放管服”改革，进一步优化营商环境，把这个窗口敞开擦亮。物流是市场经济的经脉。要严格落实物流保通保畅工作要求，持续推进通关便利化，提升港口集疏运水平，避免货物积压滞港，以降低企业成本、稳定市场预期、增强国际竞争力。要确保交通主干道畅通，消除微循环堵点，保障经济顺畅运行和民生物资供应。

在安踏集团考察时，李克强鼓励企业勇于竞争高端市场，注重拓展消费潜力巨大的大众市场。他说，你们的公司叫“安踏”，办企业、做事情就是要实事求是、脚踏实地，这样才能行稳致远。公司负责人介绍，作为民营企业，在全国各地吸纳了 30 多万人就业，李克强十分高兴。他说，不少民营企业已发展成大企业，与大量中小微企业、个体工商户密切协作。大企业顶天立地、小企业铺天盖地，形成互促共进的发展格局，这样中国经济更有韧性和活力。要一视同仁支持国企、民企、外企纾困和发展。市场主体在，“青山”就在，经济发展就有未来。

李克强充分肯定福建经济社会发展成就，希望在以习近平同志为核心的党中央坚强领导下，锐意进取，推动发展不断迈上新台阶。

（转载自《福建日报》2022 年 7 月 10 日）

福建龙岩：深化红领行动 建强筑牢革命老区高质量发展组织根基

初夏时节，走进福建省龙岩市新罗区中城街道宝泰社区宝泰小区，映入眼帘的是崭新的沿河彩色步道景观，三三两两老人小孩在此散步锻炼，或者坐在树下纳凉吹风，或者逗弄孩子与邻居拉家常，一派热情洋溢的生活面貌铺开。

建于1995年的宝泰小区共有34栋居民楼793户3150人。由于建成时间较早，小区内基础设施陈旧，再加上管理缺位，严重影响小区居民的生活和出行，过去曾以“脏乱差”“无人管”等问题而“闻名”。

2021年以来，宝泰小区深化开展“红领行动”，大力实施“城市基层治理提升”工程，推行“小区吹哨、党员报到”机制，建立“居民点单、小区党支部派单、党员接单”服务模式，小区党员积极“抢单”解决急难问题，有效推动小区雨水管网系统、污水管网系统、路灯、道路等实现改造提升，彻底旧貌换新颜。

事实上，宝泰小区的蝶变只是龙岩市在基层党建各领域深化“红领行动”，争当“红土先锋”，着力培育打造的一个党建工作示范点。

龙岩市是全国著名革命老区和原中央苏区核心区，红色是闽西大地最根本的底色和厚植于血脉中的基因。在新的历史时期如何更好传承红色基因、赓续红色血脉，是龙岩市必须答好的现实问题。

2021年来，为传承红色基因，赓续红色血脉，建强筑牢“聚力建设革命老区高质量发展示范区”组织根基，龙岩市专门制定了《龙岩市“深化红领行动 争当红土先锋”实施方案》。

“我们希望通过‘深化红领行动，争当红土先锋’这一龙岩市委对加强基层党的建设作出的战略性、全局性、牵引性部署，全面加强各领域基层党组织建设，建强筑牢‘聚力建设革命老区高质量发展示范区’组织根基，以高质量党建保障大局、护航全局。”龙岩市委组织部有关负责人说。

示范带动 夯实基层基础

在龙岩市永定区湖坑镇南江村，只见一座座造型各异的土楼，分布于玉带般的小河两侧；沿溪而建的长长游步道，整洁而舒适。小桥、流水、农民公园、停车场、乡村客栈……传统韵味浓郁的村庄，透出明亮的现代气息。

近年来，南江村坚持抓党建促乡村振兴，大力实施“党建富民强村”工程，按照“党建为引领，文化为纽带，生态为底色”的工作思路，依托资源、产业等优势，走出了一条乡村振兴新路子。该村先后获得全国文明村、全国生态文化村、全国宜居示范村、全国100个特色乡村、全国乡村治理示范村等12块国家级金字招牌。

一枝独秀不是春，百花齐放春满园。南江村在不改变原有行政划分和自治主体的情况下，以地缘、人缘、产业为连接点，通过“1＋N”的方式，与周边5个行政村组建南溪片区党总支，并探索建立成员分工负责、定期联席会议、集中办公轮班、民主议事决定、群众民主监督、协调联动攻坚等6项工作运行机制，有效凝聚发展共识，把党的组织优势转化为发展优势、发展动能。

“我们6个村，在党建引领下，通过组织联建，以强带弱、联合振兴，组建了一个新家。”南溪片区党总支书记、南江村党支部书记江道明表示，通过“跨村联建”，南溪片区党总支充分发挥南江村示范和辐射作用，带领周边村跳出各自为战、分散发展的传统思维，“抱团”实施特色土楼民宿酒店、“十里南溪”景观绿道、“红色小延安”研学基地等13个项目，旅游景点串点连线，“土楼十里长廊”乡村振兴示范带初具规模，形成了整体协同发展的效应。

南溪片区“跨村联建”是龙岩市在实施“深化红领行动，争当红土先锋”过程中，注重示范带动，夯实基层基础的具体体现。

据悉，在“深化红领行动，争当红土先锋”中，龙岩市提出实施“党建富民强村、城市基层治理提升、机关党建先锋、学校党建优师、国企党建乐创、‘两新’组织扩面提质”等“六大工程”，引导各级党建资源向基层一线下沉，高标准培育打造100个党建工作示范点、100个党建工作联系点，串点成线、以点带面，引领带动各领域基层党组织全面进步、全面过硬，筑牢高质量发展超越的组织根基。

思想引导 激励创先争优

“穷怕了！”每谈及几十年来村里发生巨变的原因，龙岩市新罗区小池镇培斜村党支部书记、村委会主任华锦先总会有意强调这三个字。

20世纪90年代，培斜村因山高路远、交通闭塞、发展落后，是省定贫困村，村民们日子过得艰难。1996年起，身为党支部书记的华锦先带领村民一起奋斗，围绕村里资源优势，紧盯市场抢抓机遇，推进产业优化升级，竹茶加工、乡村旅游、电子商务“三大引擎”齐头并进，闯出一条“支部谋发展、党员争示范、群众齐参与”的党建富民强村之路。

经过20多年的发展，培斜村从全村人均年收入在1000元以下、村集体经济收入不足5000元的省定贫困村，发展成为2021年全村竹制品年产值1.7亿元、茶叶年产值1000万元、电商销售额6800万元，村集体经济收入130万元，农民人均年收入3.02万元的乡村振兴试点村，先后被评为全国文明村、中国淘宝村、全国乡村旅游重点村、全国特色产业亿元村等。

培斜村实现华丽蜕变的秘诀是什么？

“村子富不富，关键看支部；支部强不强，关键看头羊。”在不少培斜村的村民看来，正是在村党支部和支部书记华锦先的带领下，培斜村才能够一步步地从做竹凉席开始，慢慢发展茶叶种植、电商淘宝、生态旅游开发，到成立生态旅游合作社，让村民都入股分红，实现了脱贫致富。

为总结经验，提升发展“源动力”，培斜村还依托“红土初心讲堂”，成立了华锦先为组长的宣讲队伍，针对农民党员、企业主、竹加工厂员工、乡村旅游从业者等不同群体需求，创新推出“草根讲堂”“致富讲堂”“匠人讲堂”等形式，通过“党性教育加技能培训”模式，开展就业创业技能、种养大户、农村经纪人等专题培训活动，提高农村党员“双带”能力。

如今，培斜村的蜕变已成为龙岩市对外宣传乡村振兴的一张亮丽名片，也为其他乡村发展提供了可资借鉴的“样本”。

在“深化红领行动，争当红土先锋”中，龙岩市注重思想引导，激励创先争优，提出“着力加强基层一线工作力量、广泛开展党支部‘达标创星’活动、大力推广‘红土初心讲堂’、拓展提升‘闽西党旗红’党建平台、定期开展‘红土先锋’评选活动、持续开展‘我为群众办实事’实践活动”等“六项措施”，突出在政治上、思想上、组织上、作风上加强引导，营造浓厚氛围、凝聚奋进力量，激励全市基层党组织和广大党员干部共谋发展、共担使命，推动龙岩市委中心工作在基层终端得到有力落实。

融合发展　增强工作实效

“我刚搬来不久时，没有认识的邻居，想找个玩伴唠唠嗑都难。现在好了，一出家门口就可以到社区活动。”66岁的龙岩市武平县城厢镇香樟社区居民方如泉由衷感慨道。

得益于居家养老服务照料中心，现在，方如泉的生活丰富了许多——上午送完孙子上学就来社区报到，量量血压、血糖，再锻炼锻炼身体，然后大家下棋、打牌、按摩，这里还提供养生茶。

不少像方如泉一样的老人也在这个居家养老服务照料中心找到了乐趣，大家都邀着来。如今，在这里，每天传来阵阵欢声笑语，老人们开心地与社区工作人员交谈、拉家常。

近年来，香樟社区坚持以“红领行动·红耀武平”党建品牌为统领，依托社区党群服务中心和“1＋4＋N”新时代文明志愿服务队，不断拓展“党建＋”服务模式，努力探索解决社区养老服务难题，创新“居民出题、我来答题、居民评题”方式，精准对接居民需求，充分发挥共建单位资源优势，健全完善社区居家养老服务体系，打造文化滋养、舒心医养、运动健养、美食膳养、智慧乐养“五养融合”的社区宜家养老新模式。

“我们目前已形成社区党支部牵头、社会组织支撑、志愿队伍协助的养老服务合力，能够向辖区老人提供更加垂直、更加细致的服务。”香樟社区党支部书记、居委会主任刘小春介绍，香樟社区抓牢党建引领这条主线，采用“专业＋志愿”的模式，发挥社区共建单位资源优势，发挥社区党员的先锋模范作用，号召辖区有专业特长、有意愿的热心党员、居民成立志愿服务队伍，为辖区居家老人提供日间生活料理、餐饮服务、精神关怀、义诊评估等组织化、规范化、专业化精准服务。

香樟社区通过党建引领推进居家养老服务发展是龙岩市在抓党建过程中注重融合发展，增强工作实效的有力体现。

依托“深化红领行动，争当红土先锋”，龙岩市树牢“党建＋”系统思维，积极探索村党组织领办合作社，大力推行“红色物业”“两新”组织党群服务综合矩阵等模式，推动党建工作与乡村振兴、基层治理、产业发展等中心工作有机融合、互促互进，切实把组织优势转化为发展优势，以高质量党建保障大局、护航全局。

（转载自人民网，2022年5月27日，林东晓）

非凡十年｜感恩奋进，有福之州福气多

习近平同志在福州工作期间，领导实施了“3820”战略工程，勾画了福州现代化建设宏伟蓝图。去年3月，习近平总书记在福州考察时强调，要把菜篮子、人居环境、城市空间等工作切实抓好，把这座海滨城市、山水城市建设得更加美好，更好造福人民群众。

党的十八大以来，福州牢记殷切嘱托，加快建设现代化国际城市，持续提升城市品质，推动经济发展和人民生活大步前进。

十年感恩奋进，十年硕果累累。这10年，福州的经济实力达到全新的历史高度。2016年以来，福州市经济总量连续跨越四个千亿元级大关，2020年突破万亿元关口。2021年，福州市地区生产总值跻身全国城市20强，人均地区生产总值位居全国省会第五。

这10年，福州的城市建设实现跨越式品质提升。按照习近平总书记擘画的“山水城市、海滨城市”宏伟蓝图，福州实施了一系列城市品质提升工程，成功举办第44届世界遗产

大会等重大国际活动，赢得中国十大幸福城市、中国宜居宜业城市、中国十大“大美之城”等称号。

这10年，福州的民生事业保持加速度发展势头。党的十八大以来，福州民生支出年均增长10.7%，占比稳定在77%以上。新改扩建公办幼儿园159所、中小学226所，每千人医疗机构床位数从4.15张提高到5.35张……有福之州，充分造福于民。

聚焦产业发展，经济实力大跃升

7月中旬，福州长乐区纺织化纤产业的龙头——恒申集团，完成了收购德国安科罗旗下高端工程塑料业务的股权交割。这是恒申集团在四年之内完成的第三次跨国收购，标志着该企业在己内酰胺下游应用领域从纺织材料到高端工程塑料的突破。

从“草根工业”起步的恒申集团，能屡屡向跨国企业发起收购计划，源于近10年来的跨越式发展。2013年，恒申控股集团投资400亿元，建设己内酰胺生产基地。2017年7月，该项目一期投产，使恒申集团成为全球领先的己内酰胺生产商。“我们正以年产100万吨己内酰胺项目为中心，持续做强产业链。”恒申集团董事长陈建龙表示。

企业强则产业强，产业强则区域经济强。在恒申集团等龙头企业带动下，长乐区纺织化纤产业加快转型升级。党的十八大以来，长乐区地区生产总值从436.9亿元跃上千亿元台阶，达到1143.9亿元，年均增长9.5%，连续入选全国综合实力百强（县）区。

长乐区经济实力的突飞猛进，是福州市加快构建现代化经济体系、全面提升省会城市经济实力的缩影。近年来，福州市坚持“3820”战略工程思想精髓，重点建设滨海新城、大学城、东南汽车城、丝路海港城、国际航空城、现代物流城等六个城，打响海上福州、数字福州、新型材料、海港空港、闽都文化等五大国际品牌，实施九大专项行动，城市能级在全国不断提档进位。

园区是产业的载体，是经济发展的主战场。福州大力实施工业（产业）园区标准化建设，已形成4个千亿园区、4个500亿园区，培育形成1个国家级、4个省级战略性新兴产业集群。福州工业（产业）园区标准化建设经验获评全省唯一的“中国改革2021年度案例”。

创新驱动的核心引擎作用，愈加彰显。2021年，福州高新技术企业净增710家。随着近年福州R&D稳增计划的深入实施，去年经费投入总量达225.5亿元，总量连续5年保持全省第一。2021年，福州市数字经济规模超5400亿元，占GDP比重接近50%。

榕城大地，数字经济、海洋经济、绿色经济、文旅经济不断做大做强。今年上半年，福州实现地区生产总值5442.68亿元，同比增长5.4%。“总体来看，上半年全市经济运行呈现稳中加固、恢复有力、动能增强的良好态势。”福州市统计局有关负责人介绍。

持续提升品质，城市迈向国际化

8月4日是农历七夕节。以“福州江来 夕望是你”为主题的一场浪漫风暴，在当下福州最热门的打卡地——“闽江之心”举行。美妙绝伦的灯光秀、热情洋溢的音乐表演……当晚，情投意合的男女青年齐聚“闽江之心”，度过了难忘的七夕之夜。

频频举办公共文化活动的“闽江之心”，是福州闽江、乌龙江“两江四岸”景观带的核心段，已经成为充满国际范和闽都韵的福州“最美滨江会客厅”。打造“闽江之心”，是福州建设山水城市、造福人民群众的具体举措，体现了福州大力开展城市品质提升工作的最新成就。

党的十八大以来，福州市全方位推进城市品质提升，实施城区水系综合治理工程，把城区荒山建成郊野公园，让最美的江岸成为市民公共空间，将古厝活化利用为文化场所……绵绵发力，久久为功，用年复一年的点滴之变，绘就福州建设现代化国际城市的壮丽图景。

2016年以来，福州市创新采用PPP模式，将城区河道按流域划分为7个水系治理项目包开展综合治理，全面消除城区44条黑臭水体，净化美化115条内河，实现了“水清、河畅、岸绿、景美”目标。

绿满榕城，是福州人的幸福感、自豪感来源。自2012年至2021年，福州累计建成1400余个公园，被誉为“千园之城”，人均公园绿地面积从11.32平方米提升至14.82平方米。2021年，福州上榜中国十大“大美之城”榜单，老百姓最满意的就是福州的公园绿地，满意度高出全国平均值11个百分点。此外，福州还建成福道、揽城栈道、闽江两岸休闲道等各类绿道1404.6千米，让群众出门即“享绿”。

文化遗产保护的稳步推进，让福州打响闽都文化国际品牌。近年来，福州保护修复了“三山两塔”、上下杭、烟台山等一批历史风貌区，建成开放一批特色历史文化街区、传统老街巷，修缮各类古建筑、历史建筑1300多处。2021年7月，福州迎来了全球瞩目的高光时刻——第44届世界遗产大会在这里举办。

“我们将持续放大‘后世遗’效应，擦亮福州古厝、温泉之都等特色名片。”福州市文化和旅游局负责人介绍，2021年10月，仓山区历史风貌区申报世界遗产工作正式开启，迈出了闽都文化走向世界的新步伐。

发力改善民生，人民更有幸福感

盛夏时节，在台江区苍霞新城的嘉华苑、嘉盛苑两个小区，施工人员正热火朝天地忙碌着，争取尽早完成苍霞新城改造提升项目二期工程。“二期包括4个小区，主要公共设施配套完善、小区绿化美化、停车泊位优化等，提升老旧小区人居环境和居民幸福感。”苍霞新城社区党委书记、居委会主任王露露介绍。

2000年，福州市首次启动苍霞棚屋区改造工程，短短一年内，41栋住宅楼拔地而起，3441户居民喜迁新居。如今，当年的新楼房又变成了老旧小区，福州市、台江区对苍霞新城开展新一轮的改造提升，全部完工后将为居民带来焕然一新的居住环境。

居住条件差，曾经是许多福州市民心头之痛——整座城市过去被称为“纸褙福州城”。党的十八大以来，福州市改造城区连片旧屋区562个、整治老旧小区1587个，惠及群众近70万户，彻底告别了“纸褙福州城”的历史。

从“住有所居”到“住有优居”的改变，彰显福州对发展民生事业、造福人民群众的矢志追求。近年来，福州坚持“以人民为中心”的发展理念，把人民对美好生活的向往作为奋斗目标，深入实施温暖榕城等行动，聚焦卫生、教育、养老等民生工程，不断增投入、补短板、兜底线、促公平，让老百姓感受到真真切切的幸福。

在医疗卫生服务方面，党的十八大以来，福州组建了8个医联体、12个专科联盟、1个城市医疗集团和10个县域医共体，引进华山医院、浙大附属第一医院合作共建国家区域医疗中心，新增医疗机构床位1.3万张，增长46.8%，大大缓解了“看病难”问题。

“一老一少”的幸福感，与日俱增。10年来，福州新建、改扩建公办幼儿园159所、中小学226所，引进清华附中等名校合作办学，实现优质教育均衡发展。此外，新建海峡文化艺术中心等70个标志性公共文化场馆和1.3万个体育场地，社区居家养老服务照料中心、市县社会福利中心实现全覆盖。

一个App畅享城市服务——按照这一理念打造的“e福州”App，整合了全市政务和公共服务资源。“e福州”自助服务终端，实现公积金提取、不动产登记等78个高频事项自助办理，给市民带来办事更便利、生活更舒心的幸福新体验。

（转载自《福建日报》2022年8月8日，卞军凯）

深化合作，共建数字经济共同体

作为重组全球要素资源、重塑全球经济结构、改变全球竞争格局的重要力量，数字经济方兴未艾。疫情延宕反复的形势下，数字经济在实现全球经济复苏中正发挥重要作用。

深化数字领域国际合作，共享全球发展数字机遇——2022年的投洽会，与会代表不约而同把目光瞄准数字经济。本着共建数字经济共同体目标，投洽会上，谋求数字经济国际合作成为嘉宾们的共同愿望，也传递出中国致力在新发展格局下与各方加强数字经济领域合作、促进创新和可持续发展的好声音。

世界共识：缔结数字经济多边贸易协定

不久前，中国加入《数字经济伙伴关系协定》（DEPA）工作组正式成立，开始全面推进加入DEPA谈判。

DEPA，是由新加坡、新西兰和智利于2020年6月签署的数字贸易协定。这是全球第一份专门针对数字经济、数字贸易合作的国际协定，旨在加强彼此之间的数字贸易合作并建立相关规范。

当前，数字经济在全球范围蓬勃发展，国际合作方兴未艾。越是重要的经济合作，越需要建立公平、透明、开放和包容的新型经济秩序。数据显示，全球已有近百个区域和双边贸易协定中包含数字贸易或电子商务规则。通过构建“朋友圈”，数字经济跨国合作中可能面临的制度、规则、安全等多重风险可以得到化解。

本届投洽会上，来自多国的政企嘉宾，共同传递构建适合数字经济发展多边协定的积极信号。

数字化创新，是金砖国家合作框架内的重要元素之一。数字经济为包括金砖成员在内的新兴市场和发展中国家实现跨越式发展提供了重要抓手。今年6月23日，金砖国家领导人第十四次会晤批准了《金砖国家数字经济伙伴关系框架》，为深化和拓展金砖国家数字经济伙伴关系规划了合作方向。

“金砖国家正在从不断增长的数字经济中获益。在框架内，金砖国家在数字基础设施建设、数字技术和数字化服务等领域的合作将迈向新高度。”俄罗斯驻华大使安德烈·杰尼索夫表示。

东盟中有发达经济体，也有欠发达国家，但东盟国家政府都高度重视发展数字经济。今年1—7月，中国与东盟贸易额达5449亿美元，同比增长13.1%，占中国外贸进出口总额的比重提升到15%。

“中国与东盟成为全球最大的贸易合作伙伴，在相当大程度上得益于数字贸易。”中国东盟商务理事会执行理事长许宁宁说，中国和东盟成员国面对疫情带来的产业链问题，积极推动数字经济合作。

意大利是欧盟第二大制造商，也是传统制造业持续数字化、自动化转型之旅的探路者。意大利对外贸易委员会北京办事处首席代表张保龙·布鲁诺表示，“抓住数字化转型的契机，我们要借鉴数字化工具，带动私营部门、民间社会和公共部门一起建立广泛的合作网，积极开展国际合作，专注推动数字化转型，帮助各国提高生产力。”

今年生效的RCEP是全球最大的自由贸易区。在RCEP协定中，电子商务专章共有17项条款，是亚太地区首次达成电子商务有关的规则。

各国对发展数字经济的重视，为中国围绕数字经济开展科技、市场、人才、投资领域合作提供了巨大空间。

中国成就：有条件成为数字经济体的最大推动者

8日，在商务部投资促进事务局主办的数字经济国际合作论坛上，“数字经济产业跨境投资促进平台”正式发布。平台将展示各国数字经济投资环境、政策以及产业趋势，推动境内外数字经济产业集群的精准对接。

这是我国主导的又一个数字经济国际合作平台。

近年来，中国致力数字经济全球化，主张以开放、包容、建设性的方式开展数字经济国际合作。2016年9月，G20杭州峰会达成共识，决定通过创新、结构性改革、新工业革命、数字经济等方式为世界经济开辟新道路、拓展新边界。2017年5月召开的“一带一路”国际合作峰会上，中国又提出“21世纪数字丝绸之路”的新倡议。而后，中国申请加入《数字经济伙伴关系协定》，并且和美国等67个世贸组织成员方签署了服务贸易协议。

数据显示，从2017年到2021年，我国数字经济规模从27万亿元增长到超45万亿元，稳居世界第二，年复合增长率达13.6%。数字经济在整个GDP中的比重从33%升至39.8%，中国成为世界第二大数字经济体和潜力巨大的数字贸易体。

“中国已进入数据驱动、深化应用、规范发展、普惠共享的数字经济发展新阶段。中国数字经济相关领域的发展完善，将为全球数字经济发展作出重要贡献。”国家信息中心原常务副主任杜平认为。

非洲数字经济发展迅速，移动网络和宽带连接增长居全球第一。多家组织预测，到2025年，数字经济有望为非洲大陆贡献约2000亿美元的地区生产总值，接近南非GDP的一半。在此背景下，去年11月中非合作论坛第八届部长级会议通过了达喀尔行动计划（2022—2024），其中明确强调数字将作为中非合作未来三年最主要的领域之一。

“中国向我们树立了一个绝佳典范，将引领世界构筑一个面向未来的全球数字经济共同体。”莫桑比克驻华大使玛丽亚·古斯塔瓦说，数字经济已成为中非合作的重要领域之一，通过制定和实施“中非数字创新伙伴计划”，将推动非洲国家更快融入全球数字经济共同体之中。

研究、投资并促进非洲数字经济发展，中国恰逢其时。中非发展基金投资一部负责人刘剑男介绍，设立于2007年的中非发展基金已累计对37个非洲国家决策投资近60亿美元，撬动中国企业对非投融资270亿美元。“基础设施、产业是非洲数字经济急需，也是我们聚焦的重点。我们先后参与非洲多国电力、航空、海运、港口、园区等项目，取得良好投资成效。”

数字经济是一个不可逆转、不受地缘政治影响的真正的全球化经济，而中国有条件成为新数字经济的最大推动者，并有可能建立一个最大的、最有活力的、最有创造性的数字经济体。

福建贡献：数字经济国际合作大有可为

翻开福建数字企业“出海”版图，成绩可圈可点。

扎根于福州的网龙，以数字教育为基石，加快数字经济国际合作的步伐。目前，网龙已与俄罗斯、埃及、尼日利亚、肯尼亚、哈萨克斯坦、马来西亚、新加坡等20多个“一带一路”共建国家开展深度合作并收获良好口碑，成为中国数字教育企业的“出海”样本。

亚太第一、全球第二的POS机具供应商，全球第三、国内第一的行业OEM二维码扫描引擎供应商，国内唯一、全球仅有四家掌握二维码识读核心技术的企业……“牢牢扭住占领国际市场”的新大陆，如今业务已遍布全球100多个国家和地区，2021年创下海外业绩历史新高。

福建是数字中国建设的思想源头和实践起点。20多年来，数字福建建设涌现出一批实力雄厚的数字企业。2021年，全省数字经济增加值达2.3万亿元，同比增长15%，占地区生产总值比重约47%。

以投洽会为桥梁，福建的数字企业正与世界各国共享数字发展机遇，深化数字领域国际合作。

区块链综合服务平台星火·链网（厦门）超级节点，是8个金砖创新基地赋能平台之一，目前已在马来西亚应用。厦门天卫科技有限公司董事长游琴介绍，通过投洽会，平台已对接了巴西和俄罗斯的客商，希望在商业航天领域开展合作。

数字经济国际合作，福建正展现广泛的发展前景。福建率先开行的“丝路海运”，联盟成员达259家，86条命名航线联通29个国家102个港口，完成8700多个航次，集装箱吞吐量达980多万标箱。今年，福建启动建设“丝路海运”信息化平台，汇聚“关－港－航－贸”等多维度数据资源，不仅将推动港口间数据互联，还将推出更多航运指数和数据产品，不断提高航运物流效率。

不久前发布的《闽商蓝皮书·闽商发展报告（2022）》显示，海外闽商虽因疫情在传统领域遭受一定损失，但通过拥抱数字化、把握大宗商品上涨及中国发展机遇，实现了商道变迁、持续发展。

当前，福建正全面部署推进做大做强做优数字经济，高起点培育经济新动能，努力建成数字经济新高地和数字中国样板区。持续推进更高水平对外开放，福建正把握机遇，拥抱数字经济国际合作的广阔前景。

（转载自《福建日报》2022年9月11日，方全春、游笑春）

厦门持续深化“放管服”改革　营商环境“优”无止境

不久前，随着厦门天马光电子有限公司完成注册登记并顺利拿到营业执照，总投资330亿元的天马第8.6代新型显示项目进入建设实施阶段。

此前，厦门天马第6代柔性AMOLED生产线项目——这一“国内最大、全球最先进”的柔性AMOLED单体工厂仅用12个月就实现主厂房封顶、16个月核心设备搬入、18个月项目建设全面封顶、21个月正式投产，刷新了同行业、同规模面板厂房建设速度。

快，是政企合力攻坚的成果。因看好厦门良好的营商环境，厦门天马落地11年来，累计在厦投资1000亿元，连续4年保持低温多晶硅智能机面板出货市占率全球第一，带来了超50家的上下游企业，推动平板显示千亿元产业链的形成。

为企业营造最优良的发展环境、让群众办事更加便利——自2015年在全国率先探索提升营商环境建设以来，厦门对标世行标准和国际先进经济体，聚焦企业、群众在政务服务中反映的痛点堵点，持续推进营商环境的优化提升。2019—2021年，厦门连续三年在全国营商环境评价中名列前茅，营商环境全部18个一级指标均获评“全国标杆”，14个指标进入全国前十。仅过去一年，厦门就推进实施262项营商环境提升重点任务。

再提速，98%的事项“一趟不用跑”

“为厦门的企业开办审批效率点赞！现在我们新分店的手续已基本齐全，就等着场地条件成熟正式开张了。”4日，厦门鹭燕大药房有限公司副总经理林清梅告诉记者。

作为厦门本地知名的药店品牌，厦门鹭燕日前已布局108家店面，近期正准备在自贸片区和高林布局两家新店，因药店涉及保健食品经营，按规定需取得食品经营备案。“上月12日，我们的办事人员登录厦门市商事主体开办一网通平台，按平台流程提示提交相关材料，当天就通过了营业执照和食品经营备案办理。”林清梅说，以前企业销售保健食品需要办理食品经营许可，在办理营业执照后才能递交申请材料，并等待有关部门到企业审核查看通过后才算完成。“从分开提交两套材料到一套材料搞定，从一周以上时间到一天办成，现在开办企业真的很方便！”

今年1月，厦门市市场监督管理局依托自建系统在全省率先将“食品经营备案（仅销售预包装食品）”纳入“多证合一”范围，实行“一套材料、一表登记、一窗受理”工作模式。经营者无需到窗口申请，无需提交纸质材料，“一趟不用跑”即可办理营业执照和食品经营备案。该局注册审批处二级主任科员翁桂华告诉记者，今年该部门已受理食品经营备案（仅销售预包装食品）全程网办2707件。

近年来，以集成服务为手段，厦门市市场监管局推行证照同步办理，将营业执照与食品、药品、医疗器械、特种设备等许可证相关业务进行整合，推行“一件事”集成套餐服务，涵盖企业设立、变更、注销等四大类60个事项的高频登记审批需求。目前，企业开办时限由2.5天压缩至1个工作日以内，其中设立登记办理时限不超过0.5天，公章刻制、发票申领并联即时办理，各环节办理耗时以小时乃至分钟计算，不断刷新“厦门速度”。

在“放管服”改革不断深化下，如今，在厦门98%的事项实现“一趟不用跑”，超90%的事项全程网办，117项可跨省通办，113项“秒批秒办”。

便利化政务服务不断激发市场主体活力。今年1至7月，全市累计新增各类市场主体98963户，同比增长16.04%；截至7月31日，全市实有市场主体81.62万户，同比增长9.7%。存量市场主体在户数上和资本规模上，均呈现稳步增长态势。

对标一流，自加压力，更多助力营商环境优化的创新举措在厦门不断尝试——在同安区，有关部门利用“全馨办”帮办服务助推工程审批提速增效，不仅率先在全市实现了7个工作日内“交地即交证”的服务目标，还创造了从摘牌到取得施工许可39天的同安审批新速度，为企业快速投产抢得先机；思明区拓宽政务服务监督渠道，创新向社会招募热心人士担任“政务服务体验官”，以“线上体验＋线下明察暗访”结合的形式把脉政务服务，今年已收集意见建议28条，基本已由相关部门整改提升。

再创新，高质量发展平台拔节生长

9月1日晚，夜幕中的厦门海沧国际货柜码头，依然有货车载着集装箱往返忙碌。20时许，一辆来自三明市的货车进入码头，海关系统在收到码头的抵运信息后触发转关自动核销，实现舱单自动放行，至此，该批货物的通关流程结束。等货轮靠岸，这批货物就将开启海上旅程，远销澳大利亚等国。

“现在的通关时间比以前节约了近8个小时！”三明市林通贸易有限公司出口部经理韩国松介绍，当天下午3点，载有建筑材料指接板的集装箱从企业出发前往三明陆地港报关，接着赶往厦门，在厦门海沧海关完成通关，整个过程不到6个小时。

让企业深感便利的流程变化，来自厦门海关和福州海关联合主动谋划的属地型海关出口转关智慧监管新模式——陆地港出口转关直通业务。近日，厦门自贸片区的这一模式在由省自贸办发布的福建自贸试验区第19批创新举措评估结果中，被评为全国首创。

该模式对通关作业流程进行创新和升级。“以前，货物在当地海关放行并办理转关手续后，三明海关还要对集装箱施加物理关锁，货物抵达厦门后，我们要实地进行关锁核对、解锁、人工操作转关单核销等手续。现在，转关货物不仅全程通过电子关锁实现在途监管，还在口岸海关实现海关智能锁自动解封、转关单自动核销、舱单自动放行，基本不需要人工干预。”厦门海沧海关物流监管二科副科长杨希婧介绍。

“现在，我们一个集装箱可节省成本300至500元，一年能省下二三十万元。”韩国松说，得益于通关效率提升，企业将进一步拓展业务、扩大贸易。

作为福建省重点口岸之一，多年来，厦门围绕18个重点领域，推动全领域、全链条精简优化，加强简政放权的协同配套，实现改革创新从典型突破到系统集成，一批批全国率先、首创事项从厦门走向全国。仅厦门自贸片区就累计推出521项创新举措，其中126项为全国首创，“一照一码”等30个改革试点经验被国务院发文向全国复制推广。

改革向深走，产业动能足。如今，厦门自贸片区“苗圃”内，航空维修、融资租赁、跨境电商、进口酒等14个高质量发展重点平台拔节生长，厦门成为全国最大二手飞机融资租赁集聚区、全国最大毛燕进口口岸、全国第二大进口酒口岸、全国重要航空维修基地……

再智能，群众办事像网购一样方便

8月底，厦门正式上线“出生一件事”集成套餐服务。新生儿父母可通过线上申请办理新生儿出生医学证明、社保卡申领等六大事项，不出家门就能实现“出生一件事”一次通办。

“我们看了网上的报道后，就随手登录‘闽政通’App试了试，不到10分钟，宝宝的出生医学证明、户口登记、社保卡申领等就办好了，真的很快！”刚完成二胎分娩的连女士说，她还记得办理大女儿的相关手续时，要先到医院办理出生证，落完户还要去银行办社保卡，现在全部改“网办”，相关证明还可以邮寄到家，确实方便多了。

多年来，厦门始终坚持以人民为中心的发展思想，深化“放管服”改革，提升政务服务的智能化、便捷化水平，让群众有更多获得感。

如今，400余个“e政务”便民服务站遍布厦门全市的24小时社区便利店、企业园区、大型酒店等人流密集场所，将便利送到群众身边。2017年，厦门创新设立“e政务”，在全国率先构建跨部门、跨层级、跨区域的“e政务”一体化自助服务终端体系，在全国首创“刷脸”自助办事模式，把“24小时不打烊随处办”的政务服务送到群众身边，到目前已先后整合公安、社保、公积金等22部门277项高频事项，成功对接国家、省、市近30个政务平台。2021年来，厦门“e政务”共办理超254万件“全市通办”事项；涉及厦门的“省内通办”“跨省通办”办理量约4万件。2020年，“e政务”被国务院办公厅列为全国深化“放管服”改革优化营商环境典型案例。

“教育一件事”“就医一件事”“毕业一件事”“社保一件事”……对厦门人来说，有事就用手机登录“i厦门”一站式信息惠民平台，已成为一种习惯。从百姓需求出发，厦门以获批国家信息惠民试点城市为契机，持续统筹各方资源优化集成化网上办事平台。如今，厦门已实现公安、人社、教育、卫健、住房等惠民便企事项“掌上办”，户政、社保、医保、企业登记、公积金、交通运输等高频事项50%以上办件量“全程网办”，借力智慧政务，让企业和群众办事像网购一样方便。

（转载自《福建日报》2022年9月5日，杨珊珊、林丽明）

从“全面建立”走向“全面见效”，福建林长制撬动“绿色指挥棒”

2020年12月29日，中共中央办公厅、国务院办公厅印发《关于全面推行林长制的意见》，明确地方各级党委和政府是推行林长制的责任主体，确保到2022年6月全面建立林长制。随后，福建省委办公厅、省政府办公厅印发实施意见，要求确保到2021年年底全面建立林长制，并基本建立配套制度。去年9月，福建省已全面建立省、市、县、乡、村五级林长责任体系，共设立五级林长3.3万名，并确定了各自责任区域。

在传统印象中，种树护林只是林业部门的责任。而在现实中，光靠林业部门单打独斗，管不了，也管不好。

林长制解决的正是这个问题。它以党政领导负责制为核心，让每一片森林有了责任人，让每一位地方主官有了“责任山”，构建了无形的“绿色指挥棒”。

告别“小马拉大车”

王泰宗的手机里保存着两张照片。

第一张拍摄于2016年，画面中，莆永高速感德段两侧的茶山，茶树低矮，黄土裸露，乍一看，宛若“秃头山”。第二张是今年的新图，展现的是同一片茶园的不同景观：茶树高了，树冠大了，梯壁百草丰茂，乡土阔叶树呈带状分布其间，绿意盎然。

“秃头山”蜕变为生态茶园，驱动力源自林长制的前身——山长制。

“我女儿第一次见到这片‘秃头山’时，戏称这里堪比黄土高坡，是安溪的‘西北坡’。”王焘宗是安溪县林业局现任局长。2016年，他刚刚履新安溪县感德镇镇长。画面中的茶山，就在他的辖区。

位于安溪西北山区的感德镇，是铁观音的核心产区。20世纪90年代，安溪铁观音市场开始进入黄金期。利益驱使下，毁林种茶、过度开垦、粗放管理等问题随之出现。

“为了获得更高产量，茶农普遍实行高密度种植。”感德镇岐阳村村委会主任王树林说，由于密度过高，茶树生长空间受限，茶农只好矮化栽培茶树，“结果是茶树树冠小、根系不够发达，植被覆盖率低，茶山土表裸露，引发水土流失，茶叶品质也受影响”。

2013年底通车的莆永高速穿镇而过，第一次把感德并入全省高速网络，也让“秃头山”暴露无遗。

为改变这一局面，当地请来农业林业水利专家，制定了一套生态修复方案。方法不难，无外乎退茶还林，间种阔叶树，套种草本植物，提升茶树高度，保留梯壁杂草等。但操作起来举步维艰。

“今天种下去，明天茶农要么偷偷拔了，要么就给你摇死了，最后种树不见树。”王焘宗说，因为责任不明晰，镇村干部推进茶山治理的动力不足。“反正是林业部门的责任，板子打不到自己身上，何苦还要去得罪人呢?”

王焘宗道出了林业管理的无奈。

“长期以来，林业部门承担着森林资源保护发展的‘全责’。”省林业局林长处处长杨细明说，林地林木资源保护、森林防灭火、松材线虫病防治、野生动植物保护等工作还未提升到由地方党政负总责。“林业部门‘小马拉大车’‘单打独斗’的结果是，管不好，也管不了。”

与此同时，林业部门长期依赖的一些行政管理手段正在弱化，不少地方的乡镇林业站人员老化、力量不足，森林公安从林业系统转隶至公安系统，林业执法队伍不够健全。

“管好森林资源，林业部门应切实担负起责任，但首要责任应当在地方党委政府。”杨细明认为，要推动责任主体转变，明确地方党政领导保护发展森林资源的目标责任。

王焘宗也是这么想的。2016年，他借鉴河长制的经验，在感德镇的35座茶山引入山长制。2018年，安溪县在全县推广这一做法。

“县长是县级山长，镇长是镇级山长，村里还有村级山长。管好了有激励，管不好要问责。”王焘宗举例说，村级山长若未尽责，将不能在下一届村两委换届选举中获得提名。板子打到了山长身上后，茶山治理立竿见影。数据显示，感德镇水土流失率从最高时的34.9%，降低到了去年的6.57%。

事实上，不仅仅是安溪，福建省福安市、厦门市海沧区等地，也相继试水山长制。去年开始，山长们有了另一个统一的名字——林长。

2021年，福建省委办公厅、省政府办公厅印发《关于全面推行林长制的实施意见》，要求确保到2021年年底全面建立林长制，并基本建立配套制度，比中央要求提前半年。去年9月，3.3万名林长到岗履职。

让林长制长出“牙齿”

今年1月，省林长办公室向全省九市一区发出了一份林长制考核结果通报。通报列明了过去一年各地林长制工作得分与排名，以及对应的等次，同时附上了一份问题清单。

对林长进行量化考核，事关着党政领导干部的政绩。

“省级设立总林长，由省委书记和省长担任，设立副总林长，由省委省政府分管领导担任；市、县、乡同时设立林长和副林长；村设立林长。”杨细明说，林长制的核心是党政领导负责制，“将各级林长明确为地方党委政府主要负责同志，使保护发展森林资源的责任由林业部门提升到党委政府、落实到党政领导”。

如何让责任真正得到落实？关键在于让制度长出“牙齿”。

“我们将各地党委政府列为考核对象，考核内容共14项，考核结果分优秀、良好、合格、不合格4个等次。”杨细明说，考核结果抄送省委组织部、省效能办、省审计厅，作为各地年度工作绩效考评的重要依据，同时作为党政领导干部综合考核评价和自然资源资产离任审计的重要依据。

“绿色指挥棒”下，山有人管，林有人护，责有人担，许多困扰已久的林业顽疾得以根治。

林业案件执行难题，曾让王焘宗很头疼。“对于违法占用林地等林业行政案件，林业部门查处容易，执行困难。”他说，基层林业部门一共就几条“枪”，大部分是专业技术人员。由于执法力量薄弱，许多案件裁定后难以执行，最终成为“历史遗留问题”。

林长制直击痛点。随着决策层级提高，调动各方力量变得更加容易。今年6月，在乡镇等各方力量协助下，安溪县在一个月内完成了对43个违法违规图斑的处置，并开展复绿补植。不仅如此，在林长制加持下，林业部门在面对项目违法违规占用林地问题时，也更有底气说“不”。

“绿色指挥棒”下，森林资源得到了更精细的管护。

目前，全省森林资源共划分1.9万个网格，并配齐护林员，实现全覆盖监管。与此同时，各地加强基层林业站标准化与服务能力建设，整合基层执法力量，建设森林资源监测管理系统，开发护林员巡护平台，构建全省林业无人机应用管理体系，为全省800多万公顷森林提供天空地全天候守护。

每天早上8点，43岁的游真祥便要骑上摩托车，从永安市洪田镇小[illegible]村的家里出发，开启一天的巡护之旅。

作为永安市金盾森林资源管护有限公司的专职巡护员，他担负着4个村庄近2.5万亩山场的管护责任。游真祥随身携带的智能终端，实时记录着他的巡护轨迹。一旦发现火情或盗伐乱象，游真祥将第一时间与后台联动。

为提高护林效率，永安组建了全省首家专业化森林资源管护企业——永安市金盾森林资源管护有限公司，探索森林资源物业化管理。

“我们采取‘谁出资、谁受益’的企业化运作模式，设立10个巡防中队，划分102个管护网格，队员就是网格内的森林管家，中队长相当于小区的物业经理，业主对管护服务的满意度是绩效考核的核心指标。”公司负责人李霖说，得益于规模化、专业化的管护，永安集体林场的管护成本降低了50%，效率也变得更高，“50亩以内的一般性火情，基本能在15分钟之内赶赴现场、30分钟之内完成扑救”。

同唱护林“一台戏”

最近，龙岩市新罗区人民法院审结一起盗伐林木案。

被告人陈某华在未办理林木采伐许可证情况下，私自采伐雁石镇新竹坑头山场的30多立方米杉木，因而获刑8个月，缓刑一年，并被处罚金3000元。鉴于主动投案且认罪认罚，并自愿缴纳生态修复履约金和森林碳汇补偿金共22966.99元，陈某华获从宽处理。

“滥伐林木不仅破坏了森林资源，还造成了森林碳汇的损失。”省林业局造林处副处长杨子清说，福建正探索在涉林刑事案件中引入林业碳汇损失补偿，并将其作为被告人认罪认罚的考量情节。本月5日，由省林业局、省高级人民法院共同制定的《刑事司法林业碳汇计量方法（试行）》通过专家评审。这也就意味着，刑事案件中的林业碳汇补偿，将有全省统一的计量标准。

这是林长制下，林业与司法力量深度互动的一个缩影。

“全面推行林长制后，我们形成了党委政府主办主抓，各级各部门各负其责，人民群众积极参与的‘同唱一台戏’的良好格局。”杨细明说，全省各地纷纷探索建立了“林长+警长”“林长+法院院长”“林长+检察长”等工作机制，汇聚起了护林合力。省高级人民法院、省人民检察院、省公安厅要求，2022年全面落实省、市、县“林长+法院院长”“林长+检察长”“林长+警长”工作机制，在同级林长办设立工作联络室，目前已基本实现。福州则构建了“一林一长一警一员”模式，确保每块林地都有林长、公安民警和护林员负责管理。

社会力量也被动员了起来。

连城人沈清智如今多了一重身份——民间林长。去年9月，连城县面向社会招募民间林长，首批共选聘5名县级民间林长、54名乡镇民间林长，任期3年。“县林长办不定期向我们通报情况，我们则要履行监督职责，督促各级林长与护林员履职尽责。”沈清智说。

王焘宗则期待山河联动。

“山水林田湖草是一个生命共同体，山头绿不绿，河湖清不清，是一荣俱荣一损俱损的关系。”他说，当前我国已全面推行林长制与河湖长制，双方应当加强联动，建立健全信息共享、信息通报等制度，推进生态环境系统治理。

眼下，福建省林长制已从“全面建立”走向“全面见效”。去年，全省完成造林绿化107.43万亩，林业产业总产值突破7000亿元，林业行政案件数量明显下降，森林灾害得到有效控制，森林火灾持续控制在低位；松材线虫病疫情面积下降5.4个百分点，减少1个乡镇疫点。

（转载自《福建日报》2022年8月25日，张辉）

爱拼敢赢，泉州智造动力足

作为“晋江经验”发祥地，泉州市致力发展实体经济，形成了纺织服装、鞋业、食品、建材等9个千亿元产业集群。统计显示，10年来，泉州地区生产总值从2012年的4814亿元迈入2020年的1万亿元，2021年达1.13万亿元；工业总产值跃上2万亿元台阶，工业增加值居全国前十位；首批入围创建全国民营经济示范城市，跻身国家创新型城市行列。

2019年3月，习近平总书记在参加十三届全国人大二次会议福建代表团审议时指出：“‘晋江经验’现在仍然有指导意义。”2021年3月，习近平总书记来闽考察时要求，“在加快建设现代化经济体系上取得更大进步”。

牢记总书记殷切嘱托，泉州站在新时代的历史坐标点上，发扬爱拼敢赢精神，奋楫扬帆，乘风破浪。“今年是‘晋江经验’提出20周年，泉州坚定不移沿着习近平总书记指引的方向感恩奋进，坚持‘立足本地优势和选择符合自身条件的最佳方式加快经济发展’，充分发挥民营经济发达、世界文化遗产城市历史厚重、在外泉商和侨港澳台资源丰富等‘三大比较优势’，做好新型工业化和新型城镇化‘两篇文章’，实施‘强产业、兴城市’双轮驱动，当好全方位推进高质量发展超越主力军。”省委常委、泉州市委书记刘建洋表示。

创新驱动，制造大市迈向制造强市

作为我国民生制造业重地，泉州市一直将创新作为发展的重点，发挥龙头企业的引领作用，推动制造大市迈向制造强市。

在今年北京冬奥会短道速滑项目上，中国队以0.016秒的优势夺得首金。这成功的背后，有“泉州制造”——安踏设计制造的比赛服送出的“神助攻”。

“这款被称为‘冰上鲨鱼皮’的比赛服，相较普通滑冰服，减阻力提升5%～10%，可以让运动员在发令枪响后，像风一样飞驰。”安踏副总裁朱晨晔说。

“在泉州，民营经济的活力，不仅来自民企的自我创新，更来自当地政府不遗余力地推动产业转型升级。”业内人士指出。

10年来，泉州市委、市政府高度重视科技创新，绘就19个重点产业转型升级路线图，加大研发投入，突出工业企业链条化创新体系建设，赋能产业升级。仅晋江市，今明两年内计划安排30亿元奖励扶持资金推动科技创新，促进产业转型。

借力外脑，补强科技创新短板。近年来，泉州实施“大院大所大平台”计划，共与中科系、大学系、企业系等18家大院大所合作，累计服务企业近2000家，为企业解决技术难题近千项，一大批传统制造业企业得以更新迭代。这些平台已覆盖泉州智能装备、电子信息、纺织鞋服、新材料、陶瓷建材等新老领域。

在多重科技创新政策叠加下，泉州的产业能级大大提升，效应显现。10年来，泉州全市工业总产值从2012年的9500亿元跃升至2021年的2.4万亿元，工业总量约占全省1/3；泉州亿元工业企业从2012年的1704家增至2021年的3091家。

当下泉州，高新技术产业正成为高质量发展的新引擎。

今年4月底，长征十一号运载火箭将“安溪铁观音二号”卫星送入预定轨道，发射获得成功。这颗由安溪县政府与中科星桥和长光卫星共同合作研制的卫星，是目前我国民用和商用领域最高分辨率的光学遥感卫星之一。

“安溪铁观音二号”与此前发射的“安溪铁观音一号”一起对地组网进行观测，收集空天数据，这些空天大数据将为福建省及全球客户提供自然资源监测、城市精细化管理、数字茶园建设等服务。

在泉州，类似中科星桥这样的科技“小巨人”还有很多。上月初，2022年福建省科技“小巨人”企业名单公布，全省970家入围企业中，泉州占了175家。

随着半导体、新能源、数字产业等一批龙头企业和大项目的崛起，泉州高新技术产业呈现勃兴态势。截至2021年底，泉州市国家高新技术企业保有量达1630家。今年上半年，泉州市规模以上工业高新技术产业增加值同比增长13.5%。

数字赋能，产业发展重塑新优势

近日，在九牧永春5G智慧制造产业园，记者见到，各式智能设备开足马力，加速马桶自动化生产。只见马桶成品下线后，系统会自动呼叫AGV小车，后者自动识别路线，高效、准确完成产品运输，精准地将成品入库。

“这边4台AGV小车，能减少9个人工，还能实现24小时运转。”九牧价值链IT中心总经理叶火龙说，正是因为全流程数字化分析和监控，如今工厂生产效率提升35%。

为应对用工成本提高，泉州主动应变，率先在纺织服装、鞋业、石材、建材等劳动密集型产业实施大规模“机器换工”，推广“数控一代”，缓解用工难题，促进产业转型升级。

放眼泉州大地，一座座智能化工厂拔地而起。数据显示，目前全市已有近2000家规模以上企业使用新型智能装备，规模以上企业装备数控化率超50%，平均减少劳动用工40%。

“我们分类引导企业建设数字生产线、智能车间和‘灯塔工厂’，加大招商引资、技术攻关、金融支撑，带动全产业全链条协作配套。”泉州市工信局局长曾钟远表示。

今年5月，位于晋江市内坑镇的恒安智能生产基地二期建设项目正式启动。这个总投资50亿元的项目，将通过延伸上下游价值链，高标准建设集上游原材料、智能生产、智慧仓储、智能分拣及其他配套于一体的现代化卫生用品产业园。

“搭上‘数字快车’，我们公司实现流程再造、管理变革，推动企业数字化转型。”恒安集团总裁许清流向记者表示，得益于数字化转型，其旗下的卫生巾、生活用纸、纸尿裤等主导产品的占有率在国内市场保持前列。

目前，泉州已培育出九牧厨卫、百宏聚纤、柒牌等国家级智能制造项目13个，打造智能制造试点示范企业（工厂）67家、智能车间148个、智能化生产线超千条，推动企业上云上平台3500家以上。

“培育工业互联网平台，在产业集群发展中重塑竞争新优势。”泉州市数字办有关负责人介绍，近年来，泉州建成“鞋创云”“泛家居”“爱陶瓷”等行业级工业互联网平台，带动产业全链条全流程升级。比如，辅城供应链平台已吸引20多万家鞋服、面辅料企业入驻，实现集约采购、降低成本。

如今，数字经济已成为泉州高质量发展的新引擎。数据显示，2021年泉州产业数字化规模达4833.9亿元，2019年至2021年产业数字化规模连续三年居全省第一。

深化改革，激发区域经济新活力

在传统产业加快转型的背景下，泉州加快盘活闲置土地，腾笼换鸟，引入优质企业，促进产业延链固链补链。

去年以来，泉州加快推进14个工业（产业）园区标准化建设试点项目，打造产业综合体和创新综合体，推动企业入园发展、产业转型升级。泉州的每个县（市、区）重点抓一个试点园区，推动一个园区试点集聚一个产业，通过龙头企业牵引，形成一个产业链配套，打造一批工业园区标准化试点新标杆。

泉州芯谷安溪分园区是泉州工业园区标准化建设试点项目之一。当地成立产业政策咨询专家委员会，服务产业招商，并在湖头镇设立县行政服务中心第二中心，打造“一站式”服务。安溪全面推行产业链“链长制”，即由县领导担任全县8条产业链“链长”，让政府部门靠前服务，协调解决问题。

“优化营商环境，需要政府部门进行刀刃向内的‘自我革命’。”有专家指出。

近年来，泉州开展“局长走基层”“万名干部挂万企”“一企一策促发展”等活动，深化市、县、乡镇三级挂钩服务机制，加大困难协调解决力度，推动工业经济发展大提速。

在中国纺织服装名城石狮市，为破解中小微企业从事国际贸易难瓶颈，2018年11月，石狮服装城国家级市场采购贸易方式试点工作启动。作为全省首个国家级市场采购贸易方式试点区域，石狮服装城成为推动福建省中小民营企业积极“入场”国际市场、参与全球竞争的重要桥头堡，大量中小企业由此得以进入国际贸易环节。

石狮市商务局局长苏金发告诉记者，通过市场采购贸易方式，石狮培育10240家新兴市场主体。仅2022年上半年，石狮市场采购贸易全平台出口262.6亿元，同比增长70.34%。

10年来，泉州改革多领域纵深推进，市级统筹推进超500项重点突破改革事项。各县域特色改革纷呈，承担了超百项国家、省级试点任务。比如，晋江“产城人”融合集成改革、石狮传统商贸口岸转型、泉港产城融合等制度性创新，极大激发了县域产业经济活力。10年来，泉州市场主体从26.2万户增至今年6月末的132.64万户，总量全省第一，带动新增就业134.2万人。

（转载自《福建日报》2022年8月11日，李向娟、何金）

福建打造“水上高速路”，闽江“黄金水道”迎新生

作为福建省内最大的河流，闽江流域面积超过6万平方千米，历史上曾经是船舶往来十分活跃的“黄金水道”。十几年来，受水口水电站等闸坝建设、河床水位下切等因素影响，闽江基本处于无法正常通航状态，两岸原有码头逐渐荒废，内河航运业发展停滞，“断航之痛”成为闽江航运发展的沉疴。

2021年8月，福建省人民政府印发《福建省“十四五”现代综合交通运输体系专项规划》，把“全面振兴闽江航运”纳入福建“打造一流港口、建设海洋强省”的重要组成部分，提出了加快推进闽江航运开发、复苏闽江的实施路径。如今，福建正打造“水上高速路”，闽江水口航运枢纽日前迎来首次临时性通航，闽江沙溪口至三明台江航道整治工程第一标段今年上半年完工，国有企业运输船队建设提速……

闽江涛声起，潮涌新动能。闽江“黄金水道”迎来新的发展春天。

“水上高速路”抓紧贯通，江海联运体系呼之欲出

春节过后，闽江水口坝下工程船闸陆续有船舶通过。“闽福州货3062”的船员老刘回忆起1月26日，依然十分兴奋。

这一天，是闽江水口航运枢纽迎来首次临时性通航的日子。当船舶徐徐通过船闸，在驾驶台掌舵的老刘打心眼里高兴：“20分钟就可以通过北溪一线船闸，越来越顺畅，对我们闽江内河航运来说，真的是大喜事！”老刘口中的北溪一线船闸，就是水口坝下工程一线船闸。当天共有5艘货船分别通过一线船闸驶向上下游，“闽福州货3062”是首艘过闸的船舶。

作为国家规划的内河高等级航道，闽江口外沙—南平延福门段278千米航道经过整治，闽江干流现已具备恢复通航的条件：1000吨级船舶可通航至水口水电站坝下，500吨级船舶可直达南平延福门。

“我们正在开展水口水电站船闸通航1000吨级船舶论证工作，论证通过后，1000吨级船舶可直达南平延福门。此外，闽江沙溪口至三明台江航道整治正在加速推进，预计第一标段今年上半年完工。”福建省交通运输厅港航事业发展中心副总工程师林跃16日表示，“届时，从三明到福州马尾的‘水上高速路’将全线贯通，500吨级船舶可从福州马尾通航至三明沙县。”

闽江沙溪口至三明台江航道整治工程于2020年9月开工，其中第一标段正在建设的沙溪口至沙县城区航道长42千米，计划今年上半年建成。

16日，记者在施工现场看到，该项目已完成船闸技改、航道水下破碎、航标布设及锚地停泊区建设等，正抓紧进行船闸实船调试及官蟹至沙溪口航段清礁断面扫测验收，为该段航道如期通航打下基础。

伴随着航道贯通的步伐，闽江沿线的码头也在紧锣密鼓建设中。据了解，闽江流域规划福州市内河港、南平港、三明港3个内河港口共10个货运港区及若干个客运码头。

作为闽江航运的关键节点，南平市立足沿江产业开发，将建设闽江南平港、发展江海联运摆在了重要位置。南平港延平新城港区洋坑作业区2个500吨级（结构1000吨级）泊位主体工程预计将于2022年下半年建成，投产运营后将对加快闽江内河航运复苏、促进闽北产业布局和经济发展发挥重要作用。

三明港青州作业区1～3号泊位工程工可已核准，将建设3个500吨级（结构1000吨级）泊位；福州闽清港区和三明尤溪港区西滨作业区码头等也已启动前期工作。

"未来，三明、南平、宁德、福州的干流、支流相互连通，并与福州港闽江口内港区、罗源湾可门港区、福清湾江阴港区组成江海联运体系，那么闽江航运的优势也将得到进一步发挥。"林跃表示。

锻造"发展先行军"，国企船队建设提速

2021年11月12日，由南平市武夷集团所属交通建设投资开发有限公司出资组建的福建南平闽江航运发展有限公司（以下简称闽江航运发展公司）正式揭牌成立。

国有企业主动融入闽江航运产业经济链，率先建设、发展闽江运输船队，为闽江航运点燃了发展"引擎"。

闽江上游三明、南平是福建省煤炭、粮食、水泥、钢材等主要产区，闽清的电瓷业、尤溪的纺织业等产业发展也十分迅速。以三明为例，2020年三明市水泥产量超过3000万吨，生铁、钢及成品钢材产量近2000万吨，这些产业迅速发展的背后，是迫切的运输需求。而水路运输具有运量大、成本低的优势，通过闽江，三明、南平以及福州闽清等内陆地区的集装箱和散杂货将通江达海，实现"山海协作"，有利于充分发挥闽江口"金三角经济圈"对闽东北协同发展的引领作用，进一步促进周边地区产业发展、打造沿江工业经济新格局。

然而，受闽江长期滞航影响，内河航运业萎缩已久。2008—2020年，全省内河航运企业从50家减少至19家，货运船舶从669艘、19.6万载重吨减少到257艘、17.8万载重吨。现有船舶主要为散货船运输砂石、水泥、建材等，船型老旧，运输货种单一，企业规模小、实力弱、资金缺乏，难以发挥振兴闽江航运产业经济的龙头引领作用。

"充分发挥国有资本的带动力和影响力，支持、鼓励社会资本积极参与闽江航运开发，有利于加快培育闽江内河航运市场主体，进一步提升闽江内河运力和航运服务能力，激发闽江航运经济活力，从而促进闽江航运规模化、集约化发展。"南平市地方海事发展中心主任谢世金表示。

瞄准时机，把握先机。南平市武夷集团在组建闽江航运发展公司的同时，充分调研闽江航道与航运现状、通航设施条件、标准化船型以及航运物流货源等情况，着手筹建闽江船队。

"我们计划设计建造一艘柴油动力和一艘增程式（油电混动）船舶，预计今年上半年完成建造，8月份有望投入运营。"闽江航运发展公司总经理贾春永告诉记者。

福州市近年出台了一系列真金白银的扶持政策鼓励闽江航运发展，推动船舶运力明显提升，船型更加优化。据福州市水路运输事业发展中心统计，2021年底福州市内河货运企业合计拥有经营性货船190艘、21.09万载重吨，船舶运力较2017年的16.12万载重吨增长了35.9%，平均吨位提升32.2%。

布局"水上旅游带"，水运观光两相宜

航路通畅，也为闽江旅游客运发展提供了新的契机。

据福州船东协会秘书长郑锵介绍，在历史上，"闽江游两岸"曾是福州重要的景观。明清时期，江运和海运的船只，从闽江北港进入内河水系，上下杭、苍霞航运码头成为福州的商业中心。

2020年9月16日，游船"闽江之春"顺利通过水口电站船闸，成功停靠南平市延福门广场码头。这意味着"闽江游"航线延伸至闽江上游的延平湖区域的愿景将可成为现实。

"闽清水口坝下至闽江口内港区马尾实现了1000吨级船舶江海直达，航道环境改善，进一步增强我们优化闽江水上旅游布局、开发利用闽江水上旅游资源的信心。"福建八方海上客运有限公司董事长陈清介绍，2020年10月，公司新购的首艘电动高端内河游船"闽江之星"在台江码头成功首航，开启闽江全域旅游绿色发展的序幕。

开发闽江，让这一湾碧水焕发新活力。福州市紧锣密鼓推出"两江四岸"整治提升计划，在原先闽江北岸台江码头的基础上，考虑增设江心公园停靠点和烟台山码头，届时将实现闽江两岸的台江、仓山对渡。

不仅于此，2021年11月，《福州市"两江四岸"码头专项规划》印发实施，将闽江游船游艇码头建设提上发展日程。"目前，台江旅游码头、马尾船政旅游码头、缤纷园码头、九龙壁码头已完成治理提升，会展岛码头完成一期50个游艇泊位建设，苍霞、烟台山、江心岛、兴顺、下洋5处码头建设也在稳步推进中。"福州市水路运输事业发展中心安全服务科科长林郑峰说，福州内河港总体规划已完成初稿，待获批实施后，闽江将进一步发挥水运通道和旅游观光作用，服务福州城市发展。

（转载自《福建日报》2022年2月18日，张颖）

纪念福建省苏维埃政府成立90周年大会举行

2022年9月16日，纪念福建省苏维埃政府成立90周年大会在龙岩长汀举行。省委书记尹力出席大会并讲话，强调要以习近平新时代中国特色社会主义思想为指导，发扬伟大建党精神、苏区精神，传承红色基因、赓续红色血脉，不忘初心、牢记使命，以史为鉴、开创未来，坚定走好新的赶考之路，奋力谱写全面建设社会主义现代化国家福建篇章，以实际行动迎接党的二十大胜利召开。省委副书记、省长赵龙主持大会。省政协主席崔玉英出席。

尹力指出，90年前，福建省苏维埃政府在长汀成立，这是福建历史上第一个全省性的工农民主政权，开创了福建土地革命战争新局面。90年风雨兼程，90载砥砺前行，福建人民在党的领导下，浴血奋战、百折不挠，自力更生、发愤图强，解放思想、锐意进取，自信自强、守正创新，付出了艰辛努力，作出了巨大牺牲，取得了辉煌成就。尹力说，我们党对革命先烈先辈的敬仰缅怀始终如一，对老区苏区人民的关心关怀始终如一。习近平总书记在福建工作期间，经常深入老区苏区调查研究，关心支持老区苏区发展，倾力改善老区苏区民生。党的十八大以来，习近平总书记作出一系列重要指示，为我们弘扬革命传统、做好老区苏区工作指明了方向。我们要认真学习、深刻领会，永远铭记福建苏区的历史功绩，把党的光荣革命传统一代一代传承下去。

尹力强调，回顾福建省苏维埃政府成立90周年的光辉历程，无数先辈用鲜血和生命探索革命道路，创建、捍卫和发展红色政权，积累了宝贵经验，践行了伟大建党精神，铸就了苏区精神。我们要从福建苏区创建和发展的生动实践中汲取智慧和力量，把老一辈无产阶级革命家开创的伟大事业不断推向前进。要汲取坚定理想信念的力量，坚定拥护“两个确立”、坚决做到“两个维护”。始终牢记革命理想高于天，坚定对马克思主义的信仰，对社会主义、共产主义的信念，对实现中华民族伟大复兴的信心，发挥福建优势、深学细照笃行习近平新时代中国特色社会主义思想，不断提高政治判断力、政治领悟力、政治执行力。要汲取加强经济建设的力量，扎扎实实推动高质量发展。始终扭住发展第一要务不放松，立足新发展阶段，完整、准确、全面贯彻新发展理念，积极服务和融入新发展格局，统筹疫情防控和经济社会发展，统筹发展和安全。坚决扛起加快老区苏区发展的历史责任，巩固拓展脱贫攻坚成果，衔接推进乡村振兴，确保老区苏区在现代化进程中一个都不掉队。要汲取坚守为民初心的力量，着力提高人民生活水平。始终坚持以人民为中心，站稳人民立场、走好群众路线，增进民生福祉，着力解决好群众急难愁盼问题，努力在创造高品质生活上实现更大突破，使全省人民朝着共同富裕的目标扎实迈进。要汲取发扬优良作风的力量，巩固拓展良好政治生态。始终秉承苏区干部好作风，传承弘扬“四下基层”“四个万家”“马上就办、真抓实干”等优良传统，一以贯之推进党的建设和全面从严治党，让新风正气成为福建名片。

尹力要求，全省各级党委政府要加强组织领导，用好红色资源、讲好红色故事，进一步激发新福建建设的精神动力。要加强红色遗址遗迹遗物的保护开发，实现与文旅经济发展、乡村振兴等深度融合。要大力宣传红色历史，深化研究阐释苏区精神，让更多人了解苏区历史、感悟革命精神，在全社会营造传承弘扬苏区精神的良好氛围，形成社会各界参与老区苏区振兴发展的强大合力。

会上，中央党史和文献研究院学术和编审委员会主任王均伟，龙岩市委书记余红胜，烈士后代代表钟振华，苏区县代表、宁化县县长吴茂生在现场或线上作了发言。

省领导罗东川、李仰哲、邢善萍、郭宁宁、吴偕林、梁建勇、康涛，驻闽部队领导出席。中央国家部委及央企有关负责人，老革命子女代表，省直有关部门主要负责人，各设区市和平潭综合实验区有关负责人等参加。

省委宣传部追授陈炜“八闽楷模”称号

2022年4月29日，由省委宣传部、省委教育工委、省教育厅主办的“八闽楷模”陈炜先进事迹发布仪式在福州举行。为深入学习贯彻党的十九届六中全会精神和习近平总书记来闽考察重要讲话精神，大力宣传弘扬陈炜同志的先进事迹和崇高精神，省委宣传部决定追授陈炜同志“八闽楷模”称号，号召广大党员干部群众向他学习。省委常委、宣传部部长张彦，省政府副省长李德金出席发布仪式，颁发证书、奖杯，并慰问陈炜同志亲属。

陈炜于1968年12月在福建长乐出生，中共党员，1990年福建师范大学毕业后进入福州二中工作，曾任福州屏东中学党总支书记、党委书记，福州八中校长兼鳌峰初中校长，生前系福州三中校长、党委副书记。2010年9月，陈炜被查出来罹患舌癌后，他继续坚守教育工作岗位。2021年12月5日，陈炜同志因病医治无效逝世，年仅53岁。2022年1月，省委省政府追授陈炜同志“福建省杰出人民教师”称号。追授决定认为：“陈炜同志从教30余年，始终坚持贯彻党的教育方针，忠实践行人民教师和教育工作者为党育人、为国育才的初心使命，把全部心血倾注于培养德智体美劳全面发展的社会主义建设者和接班人。他师德高尚、言传身教，捧着一颗心来，不带半根草去，是践行习近平总书记‘四有好老师’‘四个引路人’‘四个相统一’重要要求的典范。他干净担当、敬业奉献，夙夜在公谋划学校教育教学改革，不遗余力推进事业发展，是新时代好校长的楷模表率。”

省委宣传部授予林占熺“八闽楷模”称号

2022年9月，由省委宣传部、省委教育工委、省教育厅共同主办的“八闽楷模”林占熺先进事迹发布仪式在福州举行。为深入学习贯彻习近平总书记关于社会主义精神文明建设的重要论述，大力宣传弘扬林占熺的先进事迹和崇高精神，省委宣传部决定授予他“八闽楷模”称号，号召广大党员干部群众向他学习，踔厉奋发、勇毅前行、团结奋斗，奋力谱写全面建设社会主义现代化国家福建篇章，以实际行动迎接党的二十大胜利召开。省委常委、宣传部部长张彦出席发布仪式并为林占熺颁奖。

林占熺现任福建农林大学国家菌草工程技术研究中心首席科学家，他于1986年发明的菌草技术解决了“菌林矛盾”这一世界难题。30多年来，林占熺一直活跃在菌草研发和推广一线，不仅帮助数以千万计的农民种菇脱贫，还在减少水土流失、保护生态环境等方面作出了巨大贡献。如今，菌草技术已被推广至全球106个国家，在13个国家和地区建立示范基地，并被联合国列为“和平发展基金项目”重点项目向全球推广。

第五届数字中国建设峰会在福州举行

2022年7月23—24日，第五届数字中国建设峰会在福州举行。峰会继续坚持四个平台定位，聚焦“创新驱动新变革 数字引领新格局”主题，通过论坛、政策发布、成果展览、创新大赛、云生态大会等活动，凝聚共识，推动创新，助力各方在数字化发展浪潮中把握新机遇、应对新挑战、塑造新优势。数据显示，本届峰会共签约数字经济项目565个，总投资2990亿元。

峰会发布了一批有关信息化发展的权威报告。国家网信办发布的《数字中国发展报告（2021年）》显示，2017年到2021年，我国数字经济规模总量稳居世界第二，年均复合增长率达13.6%，占GDP的比重从32.9%提升到39.8%，成为推动经济增长的主要引擎之一。峰会发布的《全民数字素养与技能发展研究报告》显示，我国数字技术专业人员规模庞大。2021年，全国软件业从业人员平均人数809万人，同比增长7.4%。峰会还发布《国家数据资源调查报告（2021）》、《全国卫生健康信息化发展指数（2022）》、《6G典型场景和关键能力》白皮书、《国有企业数字技术典型成果》等。

峰会在数字中国建设最新成果展示方面，布设超过8.5

万平方米的实体展厅，吸引近500家展商现场展示数字科技新成果，首展率超过50%。峰会成果展设置十二大板块，除数字政府、数字经济、数字文化、数字社会等展区外，特别设置“数字中国建设成就巡礼”，展示党的十九大以来数字中国的建设足迹。经过遴选，峰会产生“十大硬核科技”“十佳解决方案”“十佳首展成果”三大类奖项共30项优秀成果。其中，“十大硬核科技”涵盖高端芯片、操作系统、人工智能关键算法、传感器等技术领域；“十佳解决方案”专注以数字化方案驱动生产方式、生活方式和治理方式变革的应用；“十佳首展成果”聚焦数字化转型标杆的创新技术。

峰会举办的第五届数字中国创新大赛，设置数字城市设计、大数据、数字医疗等10个赛道，吸引一大批年轻人在数字中国建设领域创新创业，推动数字技术创新应用和数字产业发展。

峰会在理论经验和实践交流方面，在继续设置数字经济、数字丝路、大数据、工业互联网等分论坛之外，紧跟数字中国建设前沿和热点领域，新增新技术、5G应用及6G愿景、跨越数字鸿沟、数据法治、数字人民币产业发展等7个分论坛，吸引百位院士专家、百位数字产业领军人参会演讲，中央企业、民营企业、外资企业、跨国企业等千余家国内外企业现场参会参展。峰会还举办数字经济创新合作发展大会、数据要素与数字生态大会、数字经济国际合作交流会和电信“云生态大会”等4场重要数字领域专业大会，深入开展数字技术和数字项目对接洽谈，全力服务促进数字生态交流合作、数字经济发展壮大。

第三艘航母“福建舰”下水

2022年6月17日，中国第三艘航空母舰“福建舰”举行下水命名仪式。至此，中国海军进入三航母时代。经中央军委批准，中国第三艘航空母舰命名为“中国人民解放军海军福建舰”，舷号为“18”。“福建舰”是国内完全自主设计建造的首艘弹射型航空母舰，采用平直通长飞行甲板，配置电磁弹射和阻拦装置，满载排水量8万余吨。

郑成功收复台湾360周年纪念活动举办

2022年6月14日，以“弘扬郑成功爱国主义精神，维护国家统一，捍卫民族尊严”为主题的纪念郑成功收复台湾360周年大会在郑成功故里——福建省南安市举行。海峡两岸各界500余人在南安市主会场和台湾嘉义县分会场出席大会。纪念大会后，由两岸26家民间机构共同举办的郑成功陵园民间拜谒活动在南安市和嘉义县同时举行。福建省委副书记罗东川，中共中央台办、国务院台办副主任龙明彪及两岸各界民众近600人参加现场活动。

第七届世界闽商大会在福州开幕

2022年6月18日，第七届世界闽商大会、第二十届中国·海峡创新项目成果交易会和第十二届福建省民营企业产业项目洽谈会在福州开幕。海内外1600多位闽商代表和各界人士在主会场以及印度尼西亚、马来西亚、菲律宾、澳大利亚和中国香港等地视频参会，共同传承弘扬、创新发展“晋江经验”，同心向未来，建功新时代，建设新福建。

全国政协副主席、全国工商联主席高云龙出席开幕式并讲话。省委副书记、省长赵龙，中央统战部副部长许又声讲话，省政协主席崔玉英出席，省委常委、统战部部长王永礼主持。海内外闽商代表张锦雄、李贤义、陈明金、曾毓群等分享创新发展的心路历程，表达心系祖国、回报家乡的拳拳之心，表示将坚定信心、坚守实业，传承新时代闽商精神，发挥好桥梁纽带作用，为新发展阶段新福建建设和中华民族伟大复兴贡献更多智慧和力量。

会上，50个重大产业项目进行现场签约，总投资超1700亿元，涉及高新技术材料、新能源、生物医药、智能制造等领域，数字经济、海洋经济、绿色经济、文旅经济项目占比达80%。会议还表彰福建省非公有制经济优秀建设者，推介福建省高质量发展情况。

编辑：林忠玉

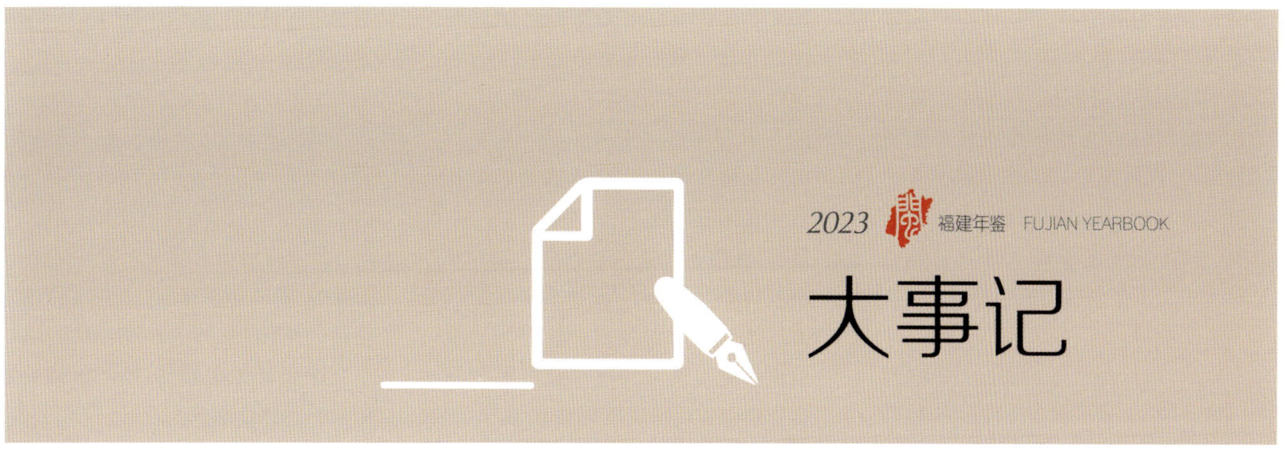

大事记

1月

1日 国务院联防联控机制第八督查组进驻福建，开展元旦春节期间新冠疫情防控工作综合督查。

1日 福建连江县依托全国首个海洋碳汇交易平台——厦门产权交易中心（厦门市碳和排污权交易中心），完成1.5万吨海水养殖渔业海洋碳汇交易项目，交易额12万元，成为全国首宗海洋渔业碳汇交易。

6—7日 全国市域社会治理现代化“政治引领”试点创新第一届研讨会在厦门召开。

7日 福建省党史学习教育总结会在福州召开。中共福建省委书记尹力出席并讲话。省委副书记、代省长赵龙主持会议。党史学习教育中央第六指导组副组长何瑞到会指导。省委常委、宣传部部长张彦传达习近平总书记重要指示和中央党史学习教育总结会议精神。省委领导罗东川、邢善萍、林宝金、崔永辉、吴偕林、刘建洋，党史学习教育中央第六指导组成员等出席。会议以视频形式召开，各设区市和平潭综合实验区设分会场。

10日 中国民间文艺家协会中国造像艺术委员会在福州授牌成立。

11日 福建省招标采购集团控股企业福建省招标股份有限公司在深交所创业板上市，是福建省首家在创业板上市的省属企业控股公司。

13日 首届中国—东盟网红大会暨“福建品牌海丝行”在福州举行。

14日 “圆梦小康· 乡村振兴”第十五届小康电视节目工程推选暨新时代小康纪实影像征集典藏活动荣誉揭晓盛典在宁德举行。

16日 国家“十三五”重点建设项目、新建福厦铁路木兰溪特大桥斜拉桥主梁实现合龙。

16日 由中国道教协会主办、福建省道教协会承办的“2022海峡两岸道教界迎春联谊会”以线上线下相结合的方式在福州举行。

17日 由福建省总工会主办、福州市总工会承办的福建省首届数字工匠技能大赛启动仪式在福州市工人文化宫举行。

18日 福建省与中国船舶集团有限公司以视频连线形式举行产业发展合作框架协议签约仪式。

18日 首趟中欧班列（泉州—莫斯科）开通，标志继厦门、武夷山之后福建省第三条中欧班列开通。

18日 中共福建省委常委、常务副省长郭宁宁会见乌拉圭驻华大使费尔南多·卢格里斯、乌拉圭驻广州总领事马文朗一行。

20日 国家林业和草原局公布第三批国家林木种质资源库名单，福建省的建宁县无患子国家林木种质资源库、沙县水南国有林场油茶国家林木种质资源库入选。

21—24日 中国人民政治协商会议第十二届福建省委员会第五次会议在福州举行。会议应出席委员558人，实到委员496人。会议通过《中国人民政治协商会议第十二届福建省委员会第五次会议政治决议》，听取省政协十二届五次会议提案审查情况的报告。大会收到提案871件，经审查立案689件。

22—25日 福建省第十三届人民代表大会第六次会议在福州举行。代省长赵龙代表省人民政府向大会作政府工作报告。大会审查福建省2021年国民经济和社会发展计划执行情况及2022年国民经济和社会发展计划草案的报告、2022年国民经济和社会发展计划草案；福建省2021年预算执行情况及2022年预算草案的报告、2022年预算草案。大会首次邀请来自海外各国的19名闽籍华侨列席并参加大会全体会议和各代表团的分组审议。

1月 福建省择优增补10家金融机构进入政府债券承销团，首次将外资银行和两岸合资证券纳入政府债券承销团。

1月 福建省体育局决定，命名明溪县、永春县、晋江市、南安市、晋安区、海沧区、上杭县、仙游县和沙县区等9个县（市、区）为第一届（2019—2021年）福建省全民运动健身模范县（市、区）。福建省成为全国首个命名省级全民运动健身模范县（市、区）的省份。

1月 福建省政府出台《完善职工基本医疗保险门诊共济保障机制的实施意见》，在福建省既有职工医保普通门诊统筹和门诊特殊病种政策基础上，改革职工医保个人账户，探索增强职工医保门诊保障途径。

2月

7日 中共福建省委、省政府在福州召开民营企业家座谈会。

7日 中共福建省委、省政府举办第一季度重大项目视频连线集中开工活动，开工重大项目230个，总投资2398亿元。

11日 福建省习近平新时代中国特色社会主义思想研究中心主任会议在福州召开。

17日 福建省海洋经济项目融资对接会在福州举行。福建省投资集团、省船舶集团、省旅发集团等多家企业与金融机构进行产融合作项目对接签约，涉及项目13个，签约总额超200亿元。

18日 福建省幸福河湖促进会在福州成立，成为全国首个幸福河湖促进会。

22日 迪拜世博会中国馆福建活动日在福州和迪拜通过连线方式开幕。福建省委常委、常务副省长郭宁宁出席开幕式并致辞。阿联酋驻华大使阿里·扎希里，迪拜世博会中国馆政府总代表、中国贸促会副会长张慎峰，中国驻迪拜代总领事孙旭东，迪拜世博局执行董事纳吉布·阿里线上出席开幕式。

22日 福建省首个水权交易平台成立暨首批水权交易项目签约仪式在厦门产权交易中心举行。

22日 福建省文物局公布2021年度“最美文物守护人”名单，三明市尤溪县自由职业者吴锡孝、福州市永泰县同安镇爱荆庄保护与发展理事会党支部书记鲍道文、厦门市思明区文物保护中心卓海蓉等11人获评2021年度“最美文物守护人”，为福建省首次评选“最美文物守护人”。

25日 中国作协“深入生活，扎根人民”主题实践经验交流暨创联工作会议在厦门举行。

27日 “厦门·天卫科技壹号”先导星搭载长征八号遥二运载火箭在中国文昌航天发射场发射。该卫星是厦门市政府与厦门天卫科技有限公司合作的全省首颗城市定制卫星。

2月 福建省在福建省三钢（集团）有限责任公司、青拓集团有限公司、福建绿雪芽茶业有限公司、日春股份公司等职业技能等级认定企业率先开展特级技师评聘试点，评选出11名高技能人才为福建省首批特级技师，享受正高级工程师待遇。

2月 工信部、教育部联合发布“2021年‘5G＋智慧教育’应用试点项目公示名单”，福州大学的“5G＋智慧校园”项目入围5G＋智慧校园大类，华侨大学的“5G＋中华优秀传统文化传承与创新”项目入围其他自选方向大类。

2月 工信部、国家发展改革委、财政部、国家市场监管总局联合发布《2021年度智能制造试点示范工厂揭榜单位和优秀场景名单》，福建省3家企业入围“智能制造试点示范工厂揭榜单位”，2家企业的智能制造场景入围“智能制造优秀场景”。

2月 农业农村部公布第三批9个国家农业科技创新联盟名单，福建省农业科技创新联盟入选。

2月 科技部中国科技信息研究所发布《国家创新型城市创新能力评价报告2021》，对全国78个创新型城市的创新能力进行综合评价。厦门市（第12位）、福州市（第28位）上榜30强。

2月 工信部评审确定10个市（州）入选“2021年度工业稳增长和转型升级成效明显市（州）”名单、10个市（州）入选“2021年度建设信息基础设施和推进产业数字化成效明显市（州）”名单，厦门市、福州市分别入围。

3月

1日 福建省启动退役军人和其他优抚对象优待证申领发放，涉及荣誉、生活、养老、医疗、住房、教育、文化交通和其他优待等8个方面153项，比国家目录多37项。

1日 国家艺术基金（一般项目）2022年度资助项目名单公示，厦门市南乐团创排的跨界融合作品——史诗南音《文姬归汉》上榜，成为首个入选国家艺术基金项目的福建南音舞台剧。

3日 国务院国资委公布新一批调整后的“双百企业”名单，福建省11家企业入选，入选数量仅次于广东省，居全国第二。

4日 由福建省企业与企业家联合会、福建省品牌建设促进会共同主办的首届福建省品牌价值评价工作会议在福州召开。福建在全国率先启动省级品牌价值评价工作。

9日 福建省与乌拉圭卡内洛内斯省结好意向书签字仪式通过连线方式举行。福建省委常委、常务副省长郭宁宁在福州出席签字仪式并致辞。卡内洛内斯省省长雅曼都·奥西、乌拉圭驻华大使费尔南多·卢格里斯、中国驻乌拉圭大使王刚线上出席签字仪式并致辞。郭宁宁与雅曼都·奥西签署两省结好意向书。

9日 平潭综合实验区人民检察院与自然资源部海岛研究中心共建的涉海洋公益诉讼检察研究基地揭牌，成为福建省首个由检察机关与中央部委直属科研机构共同发起的公益诉讼理论研究基地。

10日 福建能化集团与全球石化巨头沙特基础工业公司（SABIC）的合资企业——福建中沙石化有限公司注册成立，中沙古雷乙烯项目建设启动。该项目成为福建省一次性投资最大的中外合资项目和全省最大的乙烯项目。

12日 由闽江师范高等专科学校、福建省闽剧艺术研究会、福建省闽剧艺术发展联盟理事会等联合举办的“闽剧文化日系列活动”，在闽江师范高等专科学校闽剧实训基地（文创孵化基地）闽剧大观园举行，福建省首个“地方剧种”资源数据库——闽剧数字博物馆上线。

15日 国务院印发《关于同意建设赣州、闽西革命老区高质量发展示范区的批复》，同意建设闽西革命老区高质量发展示范区。

16日 福建省首个联合核酸检测方舱中心在泉州海峡体育中心启动。

16日 “福建省职工眼健康公益行”专项活动在福州东南眼科医院（金山新院）启动，成为全国首个服务职工及职工家庭成员的大型眼健康公益项目。

17日 交通运输部、应急管理部、中华全国总工会联合公布2018—2020年度公路水运建设“平安工程”名单，福建省4个公路水运工程项目获评2020年度公路水运建设“平安工程”，数量居全国第一。

18日 厦门奥德生物科技有限公司新型冠状病毒（2019－nCoV）抗原检测试剂盒（胶体金法）获国家药监局注册批准上市。

21日 福建省科技厅联合科技部农村中心、南平市政府共同举办全国茶产业骨干科技特派员专题培训班云开班、全国骨干科技特派员（南平）培训基地签约暨2022年福建省科技特派员出征等系列仪式活动。系列活动上，省科技厅联合南平市政府共同举办科技特派员金融对接会。

24日 福州—厦门、驻马店—武汉1000千伏特高压交流工程开工。

24日 福建省洋口国有林场杉木育种科研团队完成全国第一个杉木第四代种子园嫁接工作。

25日 新冠病毒抗原检测临时纳入福建省医保支付范围。

25日 中国自主三代核电“华龙一号”示范工程第二台机组——中核集团福清核电6号机组具备商运条件，中核集团“华龙一号”示范工程建成并投入运营。

26日 龙龙铁路福建段首座3000米以上长大隧道——普陀山隧道贯通。

28日 第五届“全国中青年德艺双馨文艺工作者”评选表彰活动结果揭晓，评选表彰44人，福建省国家级非遗项目莆田木雕代表性传承人郑春辉和福建省实验闽剧院院长、一级演员周虹等2人入选。

30日 福建省习近平新时代中国特色社会主义思想研究中心在福州为首批研究基地、实践基地、宣传基地，以及福建省习近平新时代中国特色社会主义思想大学生研习社授牌，并召开座谈会。

3月 全国妇联决定授予10人“全国三八红旗手标兵”称号、300人“全国三八红旗手称号”、200个单位“全国三八红旗集体”称号，其中福建9人获“全国三八红旗手”称号、6个集体获“全国三八红旗集体”称号。

3月 德勤发布2022年全球零售250强榜单。14家中国企业上榜，永辉超市成为唯一入围的福建省企业，名列榜单第84位，比上年上升8位。

3月 中共福建省委统战部、省民族宗教厅会同省网信办、省教育厅、团省委等单位联合发文，将每年3月确定为全省“铸牢中华民族共同体意识主题月”。

3月 福建省2家临床医学研究中心被国家临床医学研究中心认定为分中心建设单位。

3月 由金砖国家工商理事会俄方技能组主办的“2022金砖国家及亚太地区专业教师远程国际赛”举行，来自中国、俄罗斯、印度、伊朗、马来西亚、白俄罗斯等6个国家的62支团队选手参与远程线上竞赛。中方11支参赛团队全部来自福建厦门。

3月 工信部发布2021年国家新型数据中心典型案例名单，数字福建云计算数据中心成为全省唯一入围的数据中心。

3月 中华一家亲·2022海峡两岸各民族欢度“三月三”暨福建省第九届“三月三”畲族文化节，以线上方式在南平顺昌举行。

4月

1日 福建省与国家能源集团以视频连线形式举行产业发展合作框架协议签约仪式。

4日 福建组织10万份生活物资驰援上海。该批物资重770吨，分装打包成生活包，每个生活包含9种福建产商品。

4日 福建省人民政府关于《福建省积极应对疫情影响进一步帮助市场主体纾困解难若干措施》印发实施，从实施普惠性扶持措施、支持工业企业恢复发展、加大服务业纾困力度、帮助企业稳定用工、优化涉企服务等5个方面，提出政策举措33条。

6日 新建福厦高铁安海湾特大桥合龙，大桥无砟轨道铺设施工全面展开。

6日 海洋负排放（ONCE）国际大科学计划总部启用仪式在厦门大学以线上线下相结合形式举行。

7日 由123个医疗卫生机构抽调1730人组成的福建援沪医疗队赴上海驰援抗击新冠疫情。中共福建省委书记尹力参加出征仪式并为医疗队授旗，省长赵龙作动员讲话，省政协主席崔玉英出席。

7日 由中国贸促会、新加坡律政部、国际商事争端预防与解决组织共同主办的第二届中国—新加坡国际商事争议解决论坛，以“线上＋线下”的形式在福建厦门、北京与新加坡同时举行。

8日 福建省与西希腊大区视频交流会召开，双方商谈深化合作事宜。

10—11日 中共福建省委书记尹力到宁德市蕉城区实地察看七都镇某封控区，检查指导新冠疫情防控工作，并与市领导班子座谈。11日晚，省、市疫情防控视频会召开，会商研判疫情形势，研究部署下一步重点工作。尹力出席并讲话。省长赵龙参加10日活动并主持视频会。

12日 福建省巡视巡察工作会议暨十一届省委第一轮巡视动员部署会在福州召开。

12日 各民主党派福建省委会、省工商联、无党派人士对各设区市、平潭综合实验区的发展定位开展专项民主监督工作启动会在福州召开。

12日 2022中国茶叶区域公用品牌价值评估核心成果公布，福鼎白茶以52.22亿元的品牌价值居“2022中国茶叶区域公用品牌价值十强”第五位，并居最具品牌带动力的三大品牌之首。

16日 全国首张统一格式、全国互认的重点物资运输车辆通行证在福安市发放。

18日 习近平生态文明思想理论与实践研讨会在三明市举行。

19日 福建省季度经济会议暨第二季度重大项目视频连线集中开工活动在福州举行。第二季度集中开工重大项目253个，总投资1941亿元，年度计划投资477亿元。

21日 由数字中国建设峰会组委会主办的2022数字中国创新大赛数字低碳赛道决赛在福建省南平市举行。36支队伍从全国各地566个低碳创新应用领域表现突出的企业与团队中脱颖而出参加决赛。

21日 福建省政府新闻办举行“深入学习贯彻习近平法治思想，着力打造法治强省”新闻发布会，通报福建省打造法治强省相关进展情况，介绍《福建省法治社会建设实施方案（2021—2025年）》《关于加强社会主义法治文化建设的实施方案》《关于推进法治强省宣传工作的方案》《福建省法治政府建设实施方案（2021—2025年）》的出台背景、主要内容等，公布第一批全省法治政府建设示范地区和项目。

22日 全国首个台企上市服务联盟在福建厦门集美区成立。该联盟由集美区财政局（上市办）、集美区委人才办、集美区台港澳办、集美区税务局联合发起。

23日 世界读书日当天，福建省全民阅读工作组委会发布《福建省青少年分级阅读推荐书目》（2022年版）。

23—24日 中共福建省委书记、省人大常委会主任尹力率福建党政代表团赴新疆昌吉州实地考察。23日，新疆维吾尔自治区党委书记马兴瑞在昌吉州与代表团一行进行座谈并陪同考察。自治区主席艾尔肯·吐尼亚孜，自治区党委副书记何忠友参加座谈。

24日 福建省平安建设领导小组公布第四轮第二批、第三批平安县（市、区）和省直平安单位评定结果。全省29个县（市、区）获评第四轮第二批平安县（市、区），41家单位获评第四轮第二批省直平安单位；23个县（市、区）获评第四轮第三批平安县（市、区），30家单位获评第四轮第三批省直平安单位。

25—26日 中共福建省委书记、省人大常委会主任尹力率福建党政代表团赴西藏昌都市实地考察。25日，西藏自治区党委书记王君正陪同考察，并与代表团一行座谈。

25—28日 全国政协副主席、党组副书记张庆黎率调研组到福建，就“加强全民国防教育”进行专题调研，并在福州召开座谈会。中共福建省委书记尹力出席座谈会并讲话。省长赵龙出席有关活动。省政协主席崔玉英陪同调研并主持座谈会。

28日 2021年福建软件与信息技术服务业50强发布，这是福建省首次开展软件企业竞争力评价活动。全省50家企业上榜，其中厦门27家、福州22家、泉州1家，涵盖行业应用软件、大数据、集成电路设计、工业互联网、移动互联网、信息通信、大数据、数字文创等领域。

29日 “八闽楷模”陈炜先进事迹发布仪式在福州举行。

29日起 “福建八闽健康码”升级为“福建健康码”，实现全省“一码通行”。

29日 闽江河口湿地保护20年实践系列活动暨2022年福建省湿地保护宣传周启动。

30日 11时30分，“安溪铁观音二号”卫星搭载长征十一号运载火箭在中国东海海域的海上发射平台发射升空。该卫星由安溪县政府与中科星桥和长光卫星共同合作研制，是全省首颗分辨率达到0.5米的光学商业遥感卫星和全国民用和商用领域最高分辨率的光学遥感卫星之一。

4月 国际摄影测量与遥感学会（ISPRS）授予厦门大学信息学院人工智能系副教授温程璐奥托·冯·格鲁贝尔奖（Otto von Gruber Award）。温程璐是全国首名该奖项获得者。

4月 工信部公示2021年物联网示范项目，福建省11个项目入围，入围项目数仅次于北京，排名全国第二。

4月 福建省成为全国完成首个数字人民币高速公路全场景应用的省份。

4月 中国科协青少年科技中心公布首批“全国英才计划培养基地”名单，认定全国39所高校为英才计划高校学科培养基地，39所中学为2022—2024年度英才计划中学培养基地。福建省2所高校和4所中学入选。

4月 福建省印发《福建省新能源汽车产业发展规划（2022—2025年）》，规划打造世界级新能源汽车动力电池及材料先进制造业中心、万亿元级产业集群。

4月 全球最大的高性能膜材项目——福建长塑高性能膜材项目在福建泉州泉惠工业区开工建设。该项目由中仑新材集团旗下的福建长塑公司投建，为2022年福建省重点项目，规划占地面积约12万平方米，总投资超30亿元。

4月 福建德尔科技股份有限公司“国内唯一高端半导体电子级三氟化氯产业化项目”获得首届全国颠覆性技术创新大赛总决赛优胜奖，成为全省唯一获得该奖项的项目。

4月 首届“福建慈善奖”评选工作启动。“福建慈善奖”是经中央批准设立的福建慈善领域最高奖项，由福建省人民政府主办，福建省民政厅承办，每三年举办一届。

4月 教育部公布135个全国义务教育优质均衡先行创建县（市、区、旗）名单，福州市鼓楼区、晋安区，厦门市思明区、湖里区，三明市三元区上榜。

5月

5日 全国首个农业碳汇交易平台在厦门落地。全国首批农业碳票现场发放，首批农业碳汇交易项目签约。

5日 工信部发布《2022年新增跨行业跨领域工业互联网平台清单公示》，14家跨行业跨领域工业互联网平台入选。摩尔云工业互联网平台入选，成为福建省首个国家级“双跨”工业互联网平台。

8日 江西兴国至福建泉州的兴泉铁路全线贯通。

13日 福建省总工会在福州举办“2021八闽工匠年度人物”发布仪式。福建福光股份有限公司总工程师肖维军、福建青拓特钢技术研究有限公司首席工程师周小明、福建柒牌时装科技股份有限公司高级技师侯国建、紫金矿业集团股份有限公司紫金山金铜矿选矿车间副主任华建彬、莆田藏云堂艺术品有限公司艺术总监林建军、大通互惠集团有限公司铸造总工程师曾瑞宏、福建棉花滩水电开发有限公司安环部主任方春生、福建佳友茶叶机械智能科技股份有限公司首席高级技师陈加友、惠安县大千雕刻工艺社艺术总监许为民、南平市曜变陶瓷研究院高级工艺美术师陆金喜等10人获评“2021八闽工匠年度人物”。

16日 福建省首条跨城跨岛海上旅游线路——“平潭至莆田湄洲岛”海上旅游航线从平潭首航。

16日 第九届福建文创奖暨朱子文化创意设计大赛启动仪式在武夷山市朱熹园举行。

16—19日 全国人大常委会副委员长沈跃跃率执法检查组到福建开展《中华人民共和国环境保护法》实施情况执法检查。省委书记、省人大常委会主任尹力，省长赵龙参加有关活动。

17日 “福建省2022年全国防灾减灾日宣传活动暨安全文化公园开园仪式”在福州市牛岗山公园启动。

17—18日 国务院安委会综合检查组第五组到福建开展安全生产大检查综合督查及2021年度安全生产和消防工作考核巡查。18日，综合督查和考核巡查汇报会在福州召开。

18日 由福建省政府外事办联合省内5所高校共同主办的福建省首届中非青年共话友好活动在福州举行。

19日 福建省重大水利工程集中开工视频动员会举行，开工重大项目11个，总投资105.87亿元。

19日 “中国·福建水土保持科教园”在福州动工建设，为全国首个部省共建的国家级水土保持科教园区，由水利部太湖流域管理局与福建省水利厅共同负责组织建设。

20日 莆炎高速公路大田广平至三元莘口段通车运营，标志莆炎高速公路全线通车。

20日 联合国粮食及农业组织（FAO）网站公布，“中国福建安溪铁观音茶文化系统”被认定为全球重要农业文化遗产（GIAHS）。

22日 “3820”战略工程与习近平新时代中国特色社会主义思想理论研讨会、“3820”战略工程思想精髓和实践启示高端论坛在福州市举行。

23日 国务委员王勇在厦门出席金砖国家工业互联网与数字制造发展论坛开幕式并致辞。南非、俄罗斯、印度等国工业主管部门负责人，巴西驻华大使，国际电信联盟、金砖新开发银行、联合国工业发展组织的负责人等在现场或通过视频在开幕式上作发言。中共福建省委常委、厦门市委书记崔永辉主持，副省长康涛出席。

23日 福建省与瑞士施维茨州举行视频交流会，探讨两省州结好及扩大经贸、文旅等领域合作事宜。

23日 中国首个海洋领域国家基础科学中心——海洋碳汇与生物地球化学过程基础科学中心在厦门启动。

24日 中国企业联合会、中国企业家协会发布2022年第一批信用企业名单，福建省8家企业获评最高等级AAA级。

25日 全国公安系统英雄模范立功集体表彰大会在北京召开。会议表彰全国公安系统982个先进集体和1485名先进个人，福建省公安系统33个集体和42名个人受到表彰。

25日 福建援沪医疗队整建制接管的上海世博展览馆方舱医院休舱。

25日 由国家林业和草原局华东调查规划设计院编制完成的《湄洲碳中和岛林业碳汇本底调查与固碳潜力评估报告》通过专家评审。该项目为全国首个海岛全域森林碳汇计量与潜力评估案例。

26日 国务院稳增长稳市场主体保就业专项督查第五督查组到福建开展实地督查。

29日 福建技术师范学院中职基地校福建理工学校签约揭牌仪式举行，成为全省首个本科院校中职基地校。

30日 北京大学新农村发展研究院、阿里研究院数字乡村项目组联合在线上发布“县域数字乡村指数报告2020”。根据该报告，福建的县域数字乡村指数69分，仅次于浙江（83分）、江苏（70分），居全国第三；福建14个县域进入数字乡村指数“百强县”，仅次于浙江（32个）、河北（19个），居全国第三。

5月 中国气象服务协会公布全国首批15个“天气气候景观观赏地”，福建省平潭北港蓝眼泪（海洋生物物候景观）、德化县九仙山云海（云海景观）、霞浦县三沙日出日落（海上日出日落景观）上榜。

5月 工信部批复同意建设厦门国际互联网数据专用通道。该专用通道是福建省首条通达中国国际通信出入口局的直连高速通道，并首次以“1+2+N”模式［市级区域统一申报、以中国（福建）自由贸易试验区厦门片区和厦门国家火炬高新区为核心，覆盖所辖多个园区］进行建设。

5月 福建省泰普生物科学（中国）有限公司“2019新型冠状病毒（2019－nCOV）核酸检测试剂盒（RT－PCR荧光探针法）”和厦门宝太生物科技股份有限公司“新型冠状病毒（2019－nCOV）抗原检测试剂盒（胶体金法）”2个产品获得国家药监局注册批准。

5月 “时代楷模”孙丽美先进事迹报告会在福建省广播影视集团举行。

5月 在财政部、住建部、水利部联合开展的全国第二批系统化全域推进海绵城市建设示范城市竞争性选拔中，漳州市排名第十，成为全国第二批25个海绵城市建设示范城市之一，3年可获得中央财政资金补助9亿元。

5月 工信部公布2021年度电信基础设施共建共享典型案例，福建省有3个项目上榜，分别是福建联通申报“福建省福州市大数据智能运营5G共建共享案例”、福建铁塔申报的“福建省福州市平潭海峡公铁大桥通信设施共建共享案例”以及国网福建电力申报的“构建‘电信+电网’基础设施共建共享合作新模式案例”。

5月 连江县人民法院以认罚程序审结全国首例适用海洋碳汇进行海洋生态修复的司法案件。

5月 福建省出台《关于贯彻落实扎实稳住经济一揽子政策措施的实施方案》，从加大市场主体纾困解难力度、保产业链供应链稳定、更大力度保就业等8个方面出台措施48项。

6月

6日 连江县召开金融助力海洋经济发展大会暨海洋经济产业项目集中签约会，成为全国首次由海洋碳汇实现碳中和的“零碳”会议。

7日 国家发展改革委印发《革命老区重点城市对口合作工作方案》，明确20个革命老区重点城市与发达地区部分城市建立对口合作关系，对口合作工作期限为2022—2030年。福建省龙岩与广州、三明与上海建立对口合作关系。

8日 福建省首家政校企合作退役军人教育学院——“漳州市退役军人教育学院”在漳州职业技术学院揭牌启用。

8日 福建省与越南广宁省结好5周年线上庆祝活动举行。

10日 中国古陶瓷学会磁灶窑研究中心揭牌仪式在世界遗产点磁灶窑址（金交椅山窑址）举行，标志福建首个、全国第三个地方窑口研究中心落户晋江磁灶。

14日 福建省在中央国债登记结算有限公司发行新增政府债券697.21亿元，2022年财政部下达福建省的新增政府债务限额1640亿元全部发行完毕。福建省成为全国首个完成全年新增政府债券发行任务的省份。

14日 纪念郑成功收复台湾360周年大会在郑成功故里泉州南安市举行。

16日 国家水下文化遗产保护福建（平潭）基地暨福建水下考古（平潭）基地揭牌仪式在平潭举行。

16日 中共福建省委决定追授李翀“全省优秀共产党员”称号，并在全省党员、干部中开展向李翀学习活动。

17日 全国政协副主席、中华全国工商业联合会主席高云龙在福州与参加第七届世界闽商大会的部分闽商代表座谈交流。中共福建省委书记尹力出席并讲话，省长赵龙主持，中央统战部副部长许又声、省政协主席崔玉英出席。

18日 第七届世界闽商大会、第二十届中国·海峡创新项目成果交易会和第十二届福建省民营企业产业项目洽谈会在福州开幕。海内外1600多名闽商代表和各界人士在主会场及印度尼西亚、马来西亚、菲律宾、澳大利亚等国家和中国香港以视频方式参会。全国政协副主席、全国工商联主席高云龙出席开幕式并讲话。中共福建省委副书记、省长赵龙，中央统战部副部长许又声讲话，福建省政协主席崔玉英出席，省委常委、统战部部长王永礼主持。

20日 全国乡村建设工作会议在三明市召开。中共中央政治局委员、国务院副总理胡春华出席会议并讲话。会前，胡春华到龙岩上杭县、三明永安市进行实地调研。国务院副秘书长郭玮，中央农办副主任、国家乡村振兴局局长刘焕鑫出席会议并陪同调研。中共福建省委书记尹力、省长赵龙，以及省领导罗东川、吴偕林、康涛分别参加有关活动。

20日 福建省出台高校学科联盟建设工作方案，提出建设数学、物理学、化学、生物种业、基础医学、马克思主义理论、中国语言文学等7个基础学科联盟和数字经济、海洋经济、绿色经济、文旅经济等4个应用学科联盟。

23日 中国共产党福建省代表会议在福州举行。会议由省委常委会主持。中共福建省委书记尹力作讲话，省委领导赵龙、罗东川、张彦、李仰哲、邢善萍、林宝金、崔永辉、郭宁宁、吴偕林、王永礼、刘建洋出席会议。会议选举产生福建省出席中国共产党第二十次全国代表大会代表41人。

23—24日 纪念郑成功收复台湾360周年学术研讨会在厦门举行。

24日 福建省社会科学界联合会第八次代表大会在福州召开。大会宣读关于颁发福建省第十四届社会科学优秀成果奖的决定，并为获奖代表颁奖。

27日至7月1日 全国政协常委、经济委员会主任尚福林率调研组到福建，就“支持中小微企业和个体工商户稳定发展增加就业”开展专题调研，并举行调研座谈会听取情况介绍。

27日 中共福建省委召开各民主党派省委会新老班子成员座谈会。

28日 福建省林业改革发展会议暨省级总林长会议在福州召开。

28日 福建省文学艺术界联合会第八次代表大会在福州召开。大会给全省文联系统先进集体和先进工作者进行颁奖，并为省新时代特色文艺示范基地授牌。

28日 福建省与俄罗斯卡累利阿自治共和国结好5周年视频交流会暨经贸对接会召开。会上，福建省与卡累利阿自治共和国签署丝路伙伴关系谅解备忘录。

28日 福建省菌草科学与技术研究院授牌仪式暨福建农林大学菌草科学技术成果发布会举行。

28日 “银税携手·闽捷创新”印花税“闽捷办”签约启动仪式在平潭举行，印花税“闽捷办”自然人印花税代征直缴模式在平潭上线，标志福建省税银共治在全国率先实现自然人印花税代征直缴新模式。

29日 平安福建建设表彰大会暨更高水平的平安福建建设工作会议在福州召开。会议宣读福建省获评平安中国建设示范市、县和平安中国建设表彰先进集体、先进个人名单，并对平安福建建设先进集体和个人代表等进行颁奖。

29日 金砖国家可持续发展高层论坛在福州开幕。

30日 科技部发布《关于公布2021年度国家备案众创空间的通知》，确定350家机构为国家备案众创空间，福建省9家入选。

6月 全国打击整治养老诈骗专项行动第14督导组开始对福建省开展督导。10日，督导组以视频形式对福建省打击整治养老诈骗专项行动工作情况开展第一次督导。

6月 普华永道（PwC）根据全球上市公司2022年3月31日的股票市值，发布“2022全球市值100强上市公司”排行榜，宁德时代排名第62位，成为唯一入围的福建省企业。

6月 全国人大常委会副委员长郝明金率调研组就人民法院涉外审判工作情况和人民检察院未成年人检察工作情况在福建省开展调研。

6月 亚洲—大洋洲地球科学学会（Asia Oceania Geosciences Society，AOGS）公布“艾克斯福特奖”（Axford Medal）2022年度获奖人选，厦门大学近海海洋环境科学国家重点实验室、海洋与地球学院教授戴民汉获奖，成为首名获该奖项的海洋学家。

6月 南方省份粮食生产座谈会在福建省三明市召开。中共中央政治局委员、国务院副总理胡春华出席会议并讲话。在福建期间，胡春华先后到龙岩市、三明市、南平市实地调研粮食生产情况。

6月 国家林业和草原局、国家统计局联合印发通知，决定在福建等5省区开展森林资源价值核算试点。

7月

1日 首届全国林草碳汇高峰论坛在三明举行。

3日 海峡两岸乡建乡创发展研究院成立大会在福州召开。

5日 《习近平谈治国理政》第四卷中英文版在福建首发。

5日 《摆脱贫困》出版30周年暨乡村振兴理论研讨会在福州召开，《摆脱贫困》出版30周年暨乡村振兴理论研讨会主旨报告同日举行。

5日 福建省定制型商业医疗保险“惠闽宝”上线发布会在福州举行。

6日 “福州江阴港—安徽郑蒲港”江海直达航线首航仪式在举行。

7日 中共中央政治局常委、国务院总理李克强在福建主持召开东南沿海省份政府主要负责人座谈会，分析经济形势，对做好下一步经济工作提出要求。会上，中共福建省委书记尹力、省长赵龙分别发言，上海市市长龚正、江苏省省长许昆林、浙江省省长王浩、广东省省长王伟中通过视频发言。肖捷、何立峰参加。

7—8日 中共中央政治局常委、国务院总理李克强在福建省委书记尹力、省长赵龙陪同下，在福州、泉州考察。肖捷、何立峰陪同。

8日 纪念“晋江经验”提出20周年企业家座谈会在福州召开。

8日 第十九届福建省优秀企业家表彰大会在福州举行。134名企业经营管理者获颁福建省优秀企业家奖杯、奖牌和证书。大会通过以第十九届福建省优秀企业家全体成员名义，向全省广大企业家提出大学习、大讨论《闽山闽水物华新——习近平福建足迹》的倡议。

10日 福建省疫情防控工作视频会议在福州召开，听取九市一区疫情防控工作情况汇报，分析研判疫情防控形势，部署福建省疫情防控重点工作。

10—12日 宁夏回族自治区党政代表团到福建考察交流。中共福建省委书记、省人大常委会主任尹力，宁夏回族自治区党委书记、人大常委会主任梁言顺，福建省委副书记、省长赵龙，自治区党委副书记、自治区主席张雨浦，福建省委副书记、政法委书记罗东川，自治区党委副书记陈雍参加有关活动。11日，两省区领导在福州进行座谈。

11日 交通运输部海事局大型海事巡逻船交接暨列编仪式在平潭举行，台湾海峡首艘大型巡航救助船——“海巡06”轮列编福建海事局。

11—12日 11日，习近平总书记给参加海峡青年论坛的台湾青年回信。12日，在第二十届海峡青年论坛开幕式上，共青团中央书记处书记、中华全国青年联合会副主席傅振邦宣读回信，并代表共青团中央向论坛举行表示祝贺。中共福建省委书记、省人大常委会主任尹力出席活动并致辞。中共中央台办、国务院台办副主任龙明彪，福建省委常委、常务副省长郭宁宁出席。中国国民党青工总会会长廖怡琇、台湾中华青年交流协会理事长黄荣护通过视频致辞。开幕式上举行《两岸青年交流研究报告》编撰工作启动仪式。

12日 安踏体育用品有限公司2022年度第一期绿色中期票据发行，成为全国首单民营企业绿色熊猫债券和市场首单体育行业绿色债券。该笔债券由兴业银行牵头主承销，发行金额5亿元，期限3年，票面利率2.8%，认购倍数2.38。

13日 中共中央政治局常委、全国政协主席汪洋在厦门出席第十四届海峡论坛大会并致辞。全国政协副主席、台盟中央主席苏辉，十届全国人大常委会副委员长、中国关工委主任顾秀莲，刘结一、张志军等中央和国家部委领导，尹力、赵龙、崔玉英等福建省领导，新党主席吴成典、中国统一联盟党主席戚嘉林等来自台湾各界的嘉宾代表出席论坛大会。论坛采取线上与线下、集中与分散相结合方式开展各项交流活动，主会场设在厦门，福建省有关设区市和平潭综合实验区分别举办相关活动。

13日 “国际友城+”系列活动之“中国（福建）—德国数字与绿色经济合作对接会”以视频连线方式举行，9家德国企业和经济促进机构代表与福建省宁德时代、龙净环保等8家绿色和数字企业代表在会上推介交流。

13日 由中国天辰工程有限公司、福建能化集团、漳州九龙江集团共同投资的高端聚酰胺系列项目投资协议签约。项目位于古雷石化基地，总投资约232亿元。

14日 福建省第十批援藏干部人才欢送座谈会在福州召开。

14日 福建省人类精子库在省妇幼保健院揭牌并投入试运行。

14日 总部位于福州市长乐区的恒申控股集团旗下福建恒申工程塑料有限公司，与德国Feddersen集团旗下AKRO－PLASTICGmbH（简称“安科罗”）完成股权交割，收购安科罗工程塑料（常州）有限公司51%股份。

15日 第十七届“中国青年女科学家奖”颁奖典礼在北京举行。20人、5个团队分获第十七届中国青年女科学家奖和团队奖，厦门大学生命科学学院教授陈兰芬获“中国青年女科学家奖”。

16日 福建省集成电路产教融合创新发展联盟成立大会暨“产教融合·创新发展”论坛在厦门大学举行。

17—19日 西藏自治区党政代表团到福建考察交流。中共福建省委书记、省人大常委会主任尹力，福建省委副书记、省长赵龙，自治区党委副书记、自治区主席严金海，福建省政协主席崔玉英参加有关活动。18日，两省区领导在福州进行座谈交流。

17—20日 全国人大常委会副委员长王东明率全国人大常委会执法检查组到福建省开展外商投资法执法检查。全国人大常委会委员、财经委主任委员徐绍史等参加检查。中共福建省委书记、省人大常委会主任尹力参加有关活动。

20日 中国—太平洋岛国减贫与发展合作中心启用仪式在福州举行。

20—29日 中央依法治国办第四督察组到福建省开展市县法治建设实地督察。并于12月28日在福州举行督察反馈会。

21日 福建省数据要素与数字生态大会在福州数字中国会展中心举行，福建大数据交易所在会上揭牌。

22日 福建省召开数字经济创新发展大会。第十二届全国政协副主席王钦敏、中共福建省委书记尹力出席开幕式并致辞，福建省省长赵龙主持。

22—24日 云南省代表团作为主宾省参加第五届数字中国建设峰会，并在福建省考察。中共福建省委书记、省人大常委会主任尹力，福建省委副书记、省长赵龙，云南省委副书记、省长王予波参加有关活动。24日，两省领导在福州座谈交流。

23日 第五届数字中国建设峰会主论坛在福州举行，中国科学院院士徐冠华，福建省领导罗东川、张彦、王永礼、刘建洋，以及来自中央和各地的政府部门领导、知名专家学者、领军企业代表负责人出席。主论坛由国家网信办副主任盛荣华和福建省委常委、常务副省长郭宁宁共同主持。福建省委常委、福州市委书记林宝金致辞，中国科学院院士梅宏、河北省副省长胡启生、湖北省副省长赵海山、黑龙江省政协副主席郝会龙发言。

23日 中国企业评价协会发布2021中国新经济企业500强榜单。腾讯、阿里巴巴、字节跳动、华为和宁德时代位列前五，福建省15家企业入围榜单。

23—24日 第五届数字中国建设峰会在福州举行。中共中央政治局委员、中宣部部长黄坤明以视频方式出席开幕式并发表主旨演讲。峰会包括开幕式、主论坛、政策发布、分论坛、成果展览会、数字产品博览会、创新大赛、云生态大会8个部分，举办“有福之州·对话未来”“闽江夜话”等特色活动30多场；峰会签约数字经济项目565个，总投资2990亿元；峰会期间举办第五届数字中国创新大赛。

24日 第五届数字中国建设峰会·云生态大会在福州海峡国际会展中心举行。

29日 福建省双拥模范城（县）命名大会在福州举行。省委、省政府、省军区命名 77 个福建省双拥模范城（县）。省双拥共建工作领导小组表彰 50 个双拥工作先进单位和 99 名双拥工作先进个人。

7 月 台湾专线快递业务在福建省对台数字化综合服务平台“台陆通”上线。

7 月 公安部第八督察组组长赵炜率队到福建开展夏季治安打击整治“百日行动”专项督察。

7 月 厦门海关所属东山海关向通过 AEO（经认证的经营者）高级认证的中港（福建）水产食品有限公司颁发海关 AEO 高级认证企业证书，标志福建省水产行业高级认证企业实现零的突破。

8月

1 日 中国科协公布 2022 年“科创中国”创新基地认定结果，首批 194 个“科创中国”创新基地入选，福建省有 4 个基地获认定。

3 日 工信部公示 2022 年度智能制造标准应用试点项目名单。全国 59 个项目入选名单，福建入选 2 个，分别是厦门金龙旅行车有限公司和中汽研汽车工业工程（天津）有限公司联合申报的客车制造供应链协同智能制造标准应用试点、金牌厨柜家居科技股份有限公司申报的家居行业大规模个性化定制标准应用试点。

4 日 中国铁建大桥局承建的全国高铁首座无砟轨道跨海斜拉桥——新建福厦铁路安海湾特大桥完成无砟轨道施工。

4 日 福建数字经济发展院士专家恳谈会在福州召开。

10 日 第三届中国短视频大会在福州数字中国会展中心开幕。

10 日 农业农村部对第一批 72 个国家级农作物种质资源库（圃）、19 个国家级农业微生物种质资源库予以公示。福建省国家龙眼枇杷种质资源圃（福州）、国家红萍种质资源圃（福州）、国家闽台特色作物种质资源圃（漳州）等 3 个种质资源圃入选。

10 日 《“科技小院”建设与管理指南》（T/MNJX 001—2022）团体标准在全国团体标准信息平台发布，为全国首创。该标准以福建省创建的 33 个“科技小院”建设与管理经验为基础，适用于福建省“科技小院”建设与管理。

10 日 中国轻工业联合会发布 2021 年度轻工业 200 强企业，福建省 11 家企业入围。

11 日 由福建投资集团投资建设的 2022 年度省重中之重项目——永泰抽水蓄能电站首台机组投产发电，福建投资集团成为全省首家具备自主建设和自主运营抽水蓄能电站能力的省属国有企业。

11 日 农业农村部、国家发展改革委、科技部等 8 部门公布第三批 49 个国家农业绿色发展先行区创建名单。福建省长汀县、建宁县入选。

18—19 日 全国政协副主席梁振英到福建考察调研，并在福州召开闽港合作工作座谈会。中共福建省委书记尹力出席座谈会并讲话，省长赵龙主持座谈会，省政协主席崔玉英出席并陪同调研。

19 日 福建省弘扬“晋江经验”促进民营经济高质量发展大会举行，大会在福州设主会场、在泉州晋江设分会场。

19 日 “晋江经验”与习近平经济思想理论研讨会在福州召开。

23 日 福建省分别与 9 家金融机构签署战略合作协议，重点支持合作领域和项目涉及现代产业体系建设、基础设施建设、普惠金融、乡村振兴等方面。

24 日 2022 年金融资本服务实体经济福建创新发展大会在福州开幕。33 个合作协议、融资项目进行签约，总规模约 705 亿元。

30 日 科技部公布首批创新型县（市）验收通过名单，47 个创新型县（市）通过全国首批验收。福建省晋江市、福清市入选，建设主题为“科技支撑产业发展”。

30 日 中共福建省委“中国这十年·福建”主题新闻发布会在福州举行。境内外近 40 家媒体、50 余名记者参加发布会。

8 月 国家知识产权局印发《关于确定国家知识产权强市建设试点示范城市的通知》，福建省福州、厦门入选首批国家知识产权强市建设示范城市，泉州、漳州、龙岩入选首批国家知识产权强市建设试点城市，试点示范时限自 2022 年 7 月至 2025 年 6 月。

8 月 中共福建省委、福建省人民政府印发《关于完整准确全面贯彻新发展理念做好碳达峰碳中和工作的实施意见》。

8 月 全国绿化委员会、人力资源和社会保障部、国家林业和草原局授予 298 个单位“全国绿化先进集体”称号、147 人“全国绿化劳动模范”称号、146 人“全国绿化先进工作者”称号。福建省 8 个单位被授予“全国绿化先进集体”称号、4 人被授予“全国绿化劳动模范”称号、4 人被授予“全国绿化先进工作者”称号、1 人被追授为“全国绿化先进工作者”。

8 月 根据国务院第九次大督查的统一安排，国务院第七督查组对福建省开展实地督查。

8 月 根据国务院统一部署，国务院稳住经济大盘督导和服务工作组到福建开展督导服务。

9月

1 日 “福影耀八闽，喜迎二十大”优秀展映影片《因为有了你》（原名《谷文昌》）福建首映式在福州举行。

3—4 日 中共福建省委书记尹力、省长赵龙率领福建党政代表团赴宁夏回族自治区学习考察并召开闽宁协作第二十六次联席会议。宁夏回族自治区党委书记梁言顺、自治区主席张雨浦、自治区政协主席崔波参加有关活动。

6日 中国企业联合会、中国企业家协会发布“2022中国企业500强”榜单，福建省有19家企业入围。

7日 由国家中医药管理局、中华中医药学会、福建省中医药管理局、厦门市卫生健康委等共同举办的《国家糖尿病基层中医防治管理指南》发布会在厦门大学附属第一医院举行。该指南是全国首部基层糖尿病中医防治管理指南。

7日 2022金砖国家新工业革命伙伴关系论坛在福建厦门开幕。

7日 第二届海丝中央法务区论坛在福建厦门开幕。

8日 国家自然科学基金委员会公布2022年度国家自然科学基金集中申报期项目评审结果，由福州大学申报的“氨能源催化工程”入选，是福建省省属高校首次获批国家自然科学基金创新研究群体项目。

8日 2022“丝路海运”国际合作论坛在厦门开幕。“丝路海运”联盟成员近260家，命名航线86条，联通29个国家、102个港口。

8—11日 第二十二届中国国际投资贸易洽谈会在福建厦门举行，全国人大常委会副委员长张春贤出席开幕式并发表主旨演讲，中共福建省委书记尹力致辞。其间举办41场会议论坛研讨活动，联合国工发组织及48个国家和地区的使领馆、商协会和投资促进机构参展，国内的26个省、自治区、直辖市参展；首次发布中国投资热点城市报告，18个投资热点城市（区域）入围；《中国外资统计公报2022》《中国外商投资报告2022》《中国外商投资指引（2022版）》《中资企业国别发展报告》《金砖国家投资报告》发布；480多个项目在大会期间达成合作协议，协议总投资额3420亿元。

9日 《美好福建图片展》在瑞典斯德哥尔摩中国文化中心开幕。

15日 由福建省莆仙戏剧院演出的莆仙戏《踏伞行》获第十三届中国艺术节暨第十七届“文华大奖”，是福建省时隔15年再获该奖项。

15日 全国推动“四好农村路”高质量发展视频会议召开。会议以福建省宁德市为视频观摩点。

16日 纪念福建省苏维埃政府成立90周年大会在龙岩长汀举行。

20日 2022金砖国家友好城市暨地方政府合作论坛以视频方式举行，在北京设主会场，在福建省政府、厦门市设分会场。全国人大常委会副委员长沈跃跃、福建省省长赵龙、中国人民对外友好协会会长林松添出席开幕式并致辞。福建省委常委、常务副省长郭宁宁参加。俄罗斯国家杜马第一副主席梅利尼科夫、南非联合执政和传统事务部部长恩科萨扎娜·德拉米尼—祖马、巴西州议会全国联盟主席利迪奥·洛佩斯等视频致辞。有关国家驻华使节及123个地方政府和8个友好组织代表以线上线下方式与会。

22日 2022年首届中国（福建）—新加坡国际高新企业合作发展峰会在福州举行。

22—27日 “喜迎二十大·振兴我乡村”——福建省首届农民书画展在福州画院举行。

23日 “喜迎党的二十大”福建省主题书法、美术、传统工艺、红色文化联展开幕式在福州举行。

26日 “喜迎二十大·奋进新征程——首届福建省国防动员‘最美人物’颁奖仪式”在福州举行。

26—30日 国务院安委会综合督导检查组第五组对福建省安全生产大检查进行综合督导检查“回头看”。

27日 福建省与国家电力投资集团有限公司以视频连线形式举行深化产业发展合作协议签订仪式。

28日 工信部、国家发展改革委、财政部、生态环境部、交通运输部联合发布《关于加快内河船舶绿色智能发展的实施意见》，福建省被列入内河船舶绿色智能发展先行先试地区，闽江被列为示范应用流域。

28日 2022年院士专家八闽行——全国海洋经济高峰论坛暨连江县海洋渔业碳汇建设体系发布会在连江贵安举行。会上发布全国首个海洋渔业碳汇建设体系，全国首笔数字人民币海洋碳汇融资签约落地。

29日 福建省与日本长崎县结好40周年庆祝活动举行。

29日 “闽山闽水物华新——迎接党的二十大主题成就展”在福建省革命历史纪念馆开幕。

30日 福建省、福州市在福州文林山革命烈士陵园举办向革命烈士敬献花篮仪式。

30日 位于福州市江阴工业园区的220千伏盛华输变电工程投产送电，成为全国单体容量最大的220千伏变电站。

9月 中共中央宣传部、教育部发布2022年“最美教师”先进事迹。福建省福州三中原校长陈炜获评全国“最美教师”。

9月 由福建省主导研制的乌龙茶国际标准ISO 20716：2022《乌龙茶—定义和基本要求》（Oolong tea—Definition and basic requirements）在全球发布。

9月 福建省4家企业入围由工信部主导、中国质量协会具体组织的2022年全国质量标杆。其中，福建宁德核电有限公司的“设备可靠性管理体系在核电运维质量管控中的应用经验”、科华数据股份有限公司的“构建基于精益生产管理体系的智能供应链经验”入围工业企业质量管理体系升级方向典型经验，福建闽威实业股份有限公司的“实施海洋食品产业链精准协同质量管控经验”入围工业企业过程控制方向典型经验，国网福建省电力有限公司厦门供电公司“通过构建‘115全业务、全流程质量管控模式’提升供电可靠性的经验”入围服务业方向典型经验。

10月

7日 泉州师范学院—匹克（中国）有限公司共建先进功能面料实验室签约揭牌，全球先进功能面料创新联合体同步签约，成为福建省第一个以民营企业和高校、科研院共同牵头的创新联合体。

8日 农业农村部、国家乡村振兴局公示2022年国家乡村振兴示范县创建名单，福建省古田县、浦城县和上杭县上榜。

9—12日 纪念朱子诞辰892周年系列活动在尤溪举行。

10日 中央依法治国办命名第二批全国法治政府建设示范地区60个和示范项目59个，福建省6个市、县获得命名。

17日 “宁德锂电小镇光储充检智能超充站”建成投入运营，成为全国首座采用全直流微网技术把充电桩、储能、光伏电池及电池检测集成为一体的标准化设计的智能充电站。

10月 福建福州闽江夜游航线、厦门“学习号”红色航线和平潭“福往福来”海上游航线等3条航线上榜全国水路旅游客运精品航线试点单位名单。

11月

2日 福建省朱子文化品牌建设联席会议召开。

2日 中国互联网协会和厦门市政府联合主办的中国互联网企业综合实力指数（2022）发布会暨百家企业高峰论坛在厦门召开。会议发布《中国互联网企业综合实力指数报告（2022）》，并公布2022年中国互联网企业综合实力前百家企业、成长型前20家企业和数据安全服务前10家企业名单，福建省分别有5家、6家、2家企业进入前述3个榜单。

3日 财政部、国家税务总局印发《关于个人养老金有关个人所得税政策的公告》，明确自2022年1月1日起，在福建省、上海市、苏州工业园区对个人养老金实施递延纳税优惠政策。福建省成为全国首批在全省范围内对个人养老金实施递延纳税优惠政策地区。

3日 商务部对外公布，商务部、国家发展改革委、财政部等8部门决定在全国增设29个国家进口贸易促进创新示范区，福建晋江成为全省唯一获批地区。

4日 2022金砖国家职业技能大赛决赛和2022金砖国家技能发展与技术创新大赛厦门国际赛同时在福建厦门开赛。

5日 《国家公园》纪念邮票首发仪式在武夷山国家公园举行。该邮票由中国邮政发行，一套5枚，图案名称分别为三江源国家公园、大熊猫国家公园、东北虎豹国家公园、海南热带雨林国家公园和武夷山国家公园。

8日 学习贯彻中共二十大精神中央宣讲团报告会在福州举行。

8日 龙岩市“119”消防宣传月启动暨“无人机大队”揭牌仪式在龙岩人民广场举行，标志福建省首支消防救援无人机大队成立。

9日 侨连五洲·华侨华人助力金砖国家发展论坛在福建厦门开幕。

9日 全国首创核蓄一体化项目——福建云霄抽水蓄能电站工程在云霄县火田镇开工。

9日 全球首个漂浮式风电与网箱养殖融合示范项目——国家能源集团龙源电力福建公司漂浮式海上风电融合深海养殖关键技术研发与工程示范项目半潜式浮体平台开工建造。

9—10日 由自然资源部和福建省政府主办的中国—岛屿国家海洋合作高级别论坛在平潭召开。

10日 福建省科学技术厅出台《福建省国家高新技术产业开发区晋位奖励实施办法》，是福建首份对高新区实施奖励的规范性文件。

10—12日 2022年中国金鸡百花电影节暨第35届中国电影金鸡奖在厦门举行，其间举办八大类共23项主要活动。11日，2022中国（厦门）数字影视产业高峰论坛暨影视文化产业项目签约仪式在厦门举行。12日，第35届中国电影金鸡奖颁奖典礼暨2022年中国金鸡百花电影节闭幕式在厦门海峡大剧院举行。

11日 2022全球减贫伙伴研讨会以线上线下相结合的形式在北京举行。会上发布第三届全球减贫案例征集活动104个获奖案例，其中福建省10个案例入选。

13日 福建省召开全省领导干部会议，中共中央政治局委员尹力主持会议并讲话。中央组织部部长陈希出席会议并宣布中央决定：尹力不再兼任中共福建省委书记、常委、委员职务，周祖翼任中共福建省委委员、常委、书记。省委书记周祖翼出席会议并讲话。省委副书记、省长赵龙在会上发言。省政协主席崔玉英，中央组织部部务委员兼干部二局局长张光军出席会议。

14日 福州新区与香港再出发大联盟举行闽港合作咨询委员会备忘录签署仪式，福建省卫健委与共享基金会举办援塞内加尔“消除白内障致盲项目”合作备忘录签约仪式。

15日 福建省在中央国债登记结算有限责任公司利用限额空间发行新增专项债券36.18亿元。

19日 在江西南昌召开的第十届中国生态文明论坛上，福建省厦门市，厦门市同安区、翔安区，南平市，福州市马尾区、闽侯县，泉州市洛江区、惠安县，宁德市古田县等9个市县获评第六批国家生态文明建设示范区；莆田市木兰溪流域、南平市邵武市被命名为“绿水青山就是金山银山”实践创新基地。厦门市成为继深圳市之后全国第二个全域及其各区均为示范区的副省级城市，木兰溪流域成为全国唯一以流域命名的实践创新基地。

21日 全球最大的丙烷丙烯分离塔在位于福清江阴中景石化科技园的中景石化二期年产100万吨丙烷脱氢项目工地完成吊装。

23日 2022年度福建省县域经济实力“十强”县（市）、经济发展“十佳”县（市）和城市发展“十优”区评价结果发布。经济实力“十强”县（市）排名依次为：晋江市、福清市、石狮市、闽侯县、南安市、惠安县、上杭县、福安市、连江县、永安市。经济发展“十佳”县（市）排名依次为：霞浦县、德化县、闽清县、宁化县、连城县、安溪县、长汀县、周宁县、永春县、华安县。城市发展“十优”区排名依次为：思明区、鼓楼区、海沧区、蕉城区、长乐区、湖里区、长泰区、马尾区、台江区、龙文区。

23日 全球单机容量最大、叶轮直径最大、单位兆瓦重量最轻的风电机组——16兆瓦海上风电机组在福建三峡海上风电国际产业园下线。

24日 国务院发布《关于同意在廊坊等33个城市和地区设立跨境电子商务综合试验区的批复》，南平、宁德获批设立国家跨境电子商务综合试验区。

25日 中国共产党福建省第十一届委员会第三次全体会议在福州举行。全会听取和讨论周祖翼受省委常委会委托所作的工作报告，审议通过《中共福建省委关于深入学习宣传贯彻党的二十大精神，奋力谱写全面建设社会主义现代化国家福建篇章的决定》。

25日 福建省与日本冲绳县结好25周年庆祝活动举行。

26日 福建省管干部学习贯彻中共二十大精神专题研讨班在福州开班。中共福建省委书记周祖翼出席开班式并作主题报告。省长赵龙主持，省政协主席崔玉英出席。

27日 福建省第十七届运动会在南平开幕。该届省运会设置青少年部、社会俱乐部、群众部、行业部、大学生部等5个部，共80个大项、1307个小项。

29日 中国社会科学院财经战略研究院发布“2022年全国综合竞争力百强县（市）”榜单，福建省上杭县位列百强榜第96位，成为全国97个原中央苏区县中第一个百强县（市）。

29日 在摩洛哥王国拉巴特召开的联合国教科文组织保护非物质文化遗产政府间委员会第17届常会宣布，将“中国传统制茶技艺及其相关习俗”列入人类非物质文化遗产代表作名录，其中包括福建省武夷岩茶（大红袍）制作技艺、铁观音制作技艺、福鼎白茶制作技艺、福州茉莉花茶窨制工艺、坦洋工夫茶制作技艺、漳平水仙茶制作技艺等6个国家级非物质文化遗产代表性项目。

30日 福建省市域社会治理现代化试点创新研讨会在福州召开。福建省市域社会治理研究中心成立。

11月 住建部印发《设计下乡可复制经验清单（第一批）的通知》，全国有14个省份的设计下乡经验做法列入首批可复制经验清单，福建有4项入选，入选数量与江苏、山东并列全国第二。

11月 宁德师范学院的国家社科基金项目《畲族语言与口头文化有声数据库建设及利用研究》通过专家评审并结项，成为全国首个畲族语言与口头文化有声数据库。

12月

1日 首届侯官论坛在福建师范大学举行。

1日 福建省科技特派员工作联席会议办公室下发《省级科技特派员利益共同体备案登记和收入报告工作规程》，在全省范围内启动实施科技特派员利益共同体备案登记和收入报告制度。该项制度系全国首创。

1—2日 由中国食品土畜进出口商会、国际茶叶委员会主办的2022国际白茶论坛在福鼎举行。国际茶叶委员会决定授予福鼎市“世界白茶发源地”称号，中国食品土畜进出口商会决定授予福鼎市“世界白茶文化产业科技中心”称号。

2日 由福建省科技厅立项支持的疫情防控应急科研攻关成果——鼻喷流感病毒载体新冠肺炎疫苗获批准在中国国内紧急使用，成为全球首个获批进入临床试验的“鼻喷疫苗”。

2日 由国务院台湾事务办公室、中华全国青年联合会、福建省人民政府共同主办的第十届海峡青年节峰会在福州开幕。峰会期间举办海峡青年节峰会、两岸青年文化交流周、“走进政协·台湾青年说”、海峡气象青年汇、闽台人才协作论坛、海峡乡创生活节等系列活动。

2—3日 国务院稳住经济大盘督导和服务工作组到福建开展督导“回头看”。

7日 由莆田市政府、省企业与企业家联合会、省广播影视集团、省社科院共同举办的2022福建企业100强发布大会在莆田举行，会上发布“2022福建企业100强”“2022福建制造业企业100强”“2022福建服务业企业100强”“2022福建战略性新兴产业企业100强”4个榜单。

8日 福建省根据国务院联防联控机制综合组《关于进一步优化落实新冠肺炎疫情防控措施的通知》精神，出台福建省13条具体贯彻意见。

8日 中景石化集团年产120万吨多元共聚聚丙烯装置在福州江阴中景石化科技园投产，该装置为全球最大的共聚聚丙烯装置。

8日 由浙、皖、闽、赣四省文旅部门及南平市政府联合主办的2022年浙皖闽赣国家生态旅游协作区线上推进会在福州召开。四省联合发布“浙皖闽赣惠游季”活动和《“95联盟风景道”建设倡议书》。

13日 联合国《生物多样性公约》第15次缔约方大会（COP15）在高级别会议期间发布首批十大“世界生

态恢复旗舰项目”，“中国山水工程”项目获评。“中国山水工程”项目包含福建闽江、九龙江流域2个项目。

13日 福建省首届“福”文化论坛在福州举行。

14日 “福建话剧70年”系列活动在福州启动。

15日 《八闽文库·福建民间契约文书》新书发布会在福州召开。

16日 东方电气股份有限公司、东方电气（福建）创新研究院有限公司与深圳大学、四川大学谢和平院士团队共同签署“海水无淡化原位直接电解制氢原创技术中试和产业化推广应用”四方合作协议。该项目落地福州。

17日 福建省首个纪检监察学院在福建师范大学旗山校区揭牌。

18日 第七届世界妈祖文化论坛暨第二十四届中国·莆田湄洲妈祖文化旅游节在莆田湄洲岛举行。

19日 海峡两岸规模最大的石化合作项目——总投资278亿元的福建漳州古雷炼化一体化项目投入商业运营。

20日 2022两岸企业家峰会年会在厦门市举行。

20日 2022年数字政府评估大会暨第二十一届政府网站绩效评估结果发布会在北京举行。福建省人民政府门户网站排名全国第一，福建省数字政府服务能力为“优秀级”。

20日 工信部通报2022年千兆城市建设情况。厦门入围国家2022年千兆城市名单，成为省内首个国家千兆城市。

23日 福建省品牌建设标准化技术委员会成立大会在泉州召开。

25—28日 第二十二届中国（南安）水头国际石博会暨石设计周在南安水头举行。

25—31日 2022年华人新闻界艺术创作联展在厦门市文联艺术展览馆举行。

26日 “2022年度国家水土保持示范名单”公布，福建省7处上榜。

27—31日 由福建省人社厅、中国海峡人才市场联合主办的2022年中国福建人才创业周活动举行。

28日 福建省法院同世界知识产权组织仲裁与调解中心签署《加强知识产权领域替代性争议解决交流与合作协议》。其间，发布省法院关于同世界知识产权组织仲裁与调解上海中心诉调对接的工作办法、委托调解首批案件，并为“福建省涉外知识产权诉调对接办公室”揭牌。

29日 国家文物局公布第四批国家考古遗址公园评定结果，武夷山市兴田镇城村汉城考古遗址公园入选国家考古遗址公园。

30日 2022年闽东北协同发展区暨福州都市圈（宁德）联席会议以视频形式召开。会议审议通过《关于深入学习贯彻党的二十大精神，推动福州都市圈高质量发展的意见》《关于携手打造“电动闽东北”协作示范区的意见》，“四市一区”签订“携手打造美丽闽江”等12份区域协同发展协议。

30日 全长464千米的兴泉铁路全线通车，结束江西宁都、石城和福建宁化、清流、明溪、大田、德化、永春等8个革命老区县不通铁路的历史。

12月 中共中央宣传部印发表彰决定，对第十六届精神文明建设“五个一工程”组织工作先进单位和优秀作品进行表彰。福建10部作品获奖，福建省委宣传部获“组织工作奖”。

12月 10个九龙江流域山水林田湖草沙一体化保护和修复项目通过省级备案，入选精品示范工程，获省级财政奖补资金3亿元。 （*石 云*）

编辑：林忠玉

省情概貌

自然地理

【位置面积】 福建省位于中国东南沿海，介于北纬23°32′～28°19′、东经115°51′～120°52′之间。东隔台湾海峡与台湾相望。陆地平面形状似一斜长方形，东西最大间距约480千米，南北最大间距约530千米。全省大部分属中亚热带，闽东南部分地区属南亚热带。全省土地总面积12.4万平方千米，海域面积13.6万平方千米。

【地形地貌】 福建省境内峰岭耸峙，丘陵连绵，河谷、盆地穿插其间，山地、丘陵占全省总面积的80%以上，素有“八山一水一分田”之称。地势总体上西北高东南低，横断面略呈马鞍形。因受新华夏构造控制，在西部和中部形成北（北）东向斜贯全省的闽西大山带和闽中大山带。两大山带之间为互不贯通的河谷、盆地，东部沿海为丘陵、台地和滨海平原。

闽西大山带以武夷山脉为主体，长约530千米，宽度不一，最宽处达100余千米。北段以中低山为主，海拔大都在1200米以上；南段以低山丘陵为主，海拔600～1000米。位于闽赣边界的主峰黄岗山海拔2158米，是中国大陆东南部的最高峰。整个山带，尤其是北段，山体两坡明显不对称：西坡陡，多断崖；东坡缓，层状地貌发育。山间盆地和河谷盆地中有红色砂岩和石灰岩分布，构成瑰丽的丹霞地貌和独特的喀斯特地貌景观。

闽中大山带由鹫峰山、戴云山、博平岭等山脉构成，长约550千米，以中低山为主。北段鹫峰山长100余千米，宽60～100千米，平均海拔超过1000米；中段戴云山为山带的主体，长约300千米，宽60～180千米，海拔1200米以上的山峰连绵不绝，主峰戴云山海拔1856米；南段博平岭长约150千米，宽40～80千米，以低山丘陵为主，海拔700～900米。整个山带两坡不对称：西坡较陡，多断崖；东坡较缓，层状地貌较发育。山地中有许多山间盆地。

东部沿海海拔在500米以下。闽江口以北以花岗岩高丘陵为主，多直逼海岸。戴云山、博平岭东延余脉遍布花岗岩丘陵。福清至诏安沿海广泛分布红土台地。滨海平原多为河口冲积海积平原，这些平原面积不大，且为丘陵所分割，呈不连续状。闽东南沿海和海坛岛等岛屿风积地貌发育。

陆地海岸线3751.5千米，以侵蚀海岸为主，堆积海岸为次，岸线曲折。潮间带滩涂面积约20万公顷，底质以泥、泥沙或沙泥为主。港湾众多，自北向南有沙埕港、三都澳、罗源湾、湄洲湾、厦门港和东山湾等六大深水港湾。岛屿星罗棋布，有岛屿2214个，海坛岛为全省第一大岛，原厦门岛、东山岛等岛屿已筑有海堤与陆地相连而形成半岛。（黄继富）

【气候】 2022年，福建省主要天气气候特点：气温起伏大，降水分布不均，极端天气气候事件频发；雨季雨多涝重，夏秋季温高雨少极端性强，气象干旱发展迅速，台风影响轻。全年全省年平均气温20.2℃，偏高0.4℃；日最高气温42.8℃（7月23日，福安），日最低气温－4.9℃（12月19日，屏南和寿宁）；降水量1660.4毫米，偏少10.4毫米（1%）；日照时数1829.2小时，偏多128.6小时。

气温。全省年平均气温20.2℃，较常年偏高0.4℃。武夷山、建阳和建瓯年平均气温为当地1961年以来历史第二高。除福清、仙游、德化和南安外，其余各县（市）平均气温均较常年偏高，超半数县（市）偏高0.5℃以上。各季节特征：全省平均气温冬季正常，雨季异常偏低，其余季节均为显著偏高至异常偏高。

降水。全省年平均降水量1660.4毫米，较常年偏少10.4毫米。空间分布上总体呈内陆多、沿海少的分布特征。各季节降水差异大，早春、夏季降水偏少，其余季节均偏多。夏季全省平均降水量为历史同期最少，上杭、长乐和连江等26个县（市）夏季降水量为当地同期最少。秋季降水时间分布极端不均，10月为历史同期第三少，11月为历史同期第二多，建瓯秋季降水量刷新当地历史同期最多纪录。

日照。全省年平均日照时数1829.2小时，较常年偏多128.6小时。空间分布上总体呈现北部偏少、中南部偏多的特征。各季节特征：除早春、夏季异常偏多外，其余各季日照正常或偏少。早春季全省日照时数为历史同期第三多，25个县（市）日照时数为历史同期前三位，其中闽清、顺昌和仙游等8个县（市）日照时数破当地历史同期纪录。夏季日照时数为历史同期最多，连江、罗源和闽清等21个县（市）日照时数为当地历史同期最多。

【自然灾害】 2022年，福建省经历10次冷空气、7次高温、11场强对流、16场暴雨过程、6个台风影响，夏秋季出现气象干旱。全省气象灾害以冬季低温冰冻、雨季暴雨洪涝和夏秋气象干旱为主，损失主要集中在南平、三明和龙岩地区；出现风雹和雷电等灾害，综合气候年景一般。

冷空气。经历10次冷空气过程，其中11月30日至12月3日、12月18—20日过程达全省型寒潮标准。

强对流。经历11次强对流过程，其中4月22—24日过程范围广、强度强、致灾重。

暴雨。经历16场暴雨过程，以5月31日至6月20日过程为最强。

台风。有6个台风影响福建省，少于常年（7个），为2003年以来首次无登陆台风年。6个影响台风分别为3号台风“暹芭”、9号台风“马鞍”、11号台风“轩岚诺”、12号台风“梅花”、20号台风“纳沙”和22号台风“尼格”。

高温。高温频发，范围广、时间长、极值屡破纪录，高温日数56天为历史最多。春夏秋季皆出现高温过程，共7次，其中2次过程强度位于历史前十，以8月9—31日过程为最强，7月20日至8月2日过程次之。

气象干旱。气象干旱以夏秋连旱为重，综合评估等级达到特强。由于入夏后持续高温少雨湿度小，8月下旬气象干旱由福州、宁德、三明向南部沿海和西部内陆迅速发展，最严重时全省超九成县（市）出现重度以上气象干旱。11月中旬多轮降水使旱情由西北向东南沿海陆续解除。 （陈筱涵）

【水文】 2022年，福建省遭遇16场致灾性暴雨、11个强对流天气、6个影响台风和阶段性干旱，水文呈现降水总量总体偏少、时空分布不均、来水前丰后枯、局地洪涝严重4个特点。

雨情。全省平均降雨量1660.4毫米，较常年偏少1%。时间上，11月偏多最多、较常年多238%，9月份偏少最少、较常年少91%。空间上，南平市最多，达1928毫米；福州市最少，为1301毫米。

水情。45条河流发生超警戒以上洪水125站次；其中闽江支流松溪、建溪、沙溪，三明梅列文川溪，汀江支流黄潭河5条河流发生超保证以上洪水。主要江河干流控制站实测年总径流量799.38亿立方米，较常年偏少3%，较上年偏少61%。

风情。经历6个影响台风，少于常年（7个），对全省影响总体较轻。

潮情。受天文大潮影响，福建沿海出现3次高潮位超过蓝色警戒潮位过程，其中福鼎前岐、长门，福安白马港和泉港峰尾4个潮位站最大高潮位超蓝色警戒潮位分别为6厘米、16厘米、12厘米和1厘米。

旱情。出现7次高温天气过程。全年全省平均气温20.2℃，较常年同期偏高0.4℃，武夷山、建阳和建瓯年平均气温为当地1961年以来历史第一高。8月下旬，气象干旱由福州、宁德、三明向南部沿海和西部内陆迅速发展，最严重时超九成县（市）出现重度以上气象干旱。11月中旬多轮降水，旱情陆续解除。

灾情。暴雨台风灾害导致全省9个设区市和平潭综合实验区水利设施发生损毁，损坏堤防1431处102.517千米、护岸5057处、水闸106座、塘坝701座、灌溉设施8274处、水文测站236个、机电井9眼、机电泵站28座、小型水电站214座、其他设施3798处，直接经济损失30.7亿元。

汛末水库蓄水状况。全省水库蓄水总量较常年同期偏少6%。其中，21座大型水库蓄水76.13亿立方米，占正常高蓄水总量72%，较常年同期偏少5%；121座中型水库蓄水16.19亿立方米，占正常高蓄水总量58%，较常年同期偏少9%。 （陈布泽）

自然资源

【土地资源】 截至2022年底，福建省土地总面积12.4万平方千米，占全国土地总面积的1.3%，其中包括耕地920272.99公顷、园地926679.59公顷、林地8792292.82公顷、草地72233.78公顷、湿地187239.68公顷、城镇村及工矿用地719239.42公顷、交通运输用地151057.33公顷、水域及水利设施用地374061.06公顷。

【矿产资源】 截至2022年底，福建省发现矿产138种，探明储量矿产122种，其中能源矿产1种（煤）、金属矿产28种，其余为非金属矿产。列入福建省矿产资源储量统计数据库矿区总数1848个；按矿产资源储量规模划分，大型矿区95个、中型矿区230个，其余为小型矿区。

【海洋资源】 福建自古以来就有“闽在海中”的说法，海域面积13.6万平方千米，比陆域面积大10.3%，为中国的海洋大省之一。海岸线漫长曲折，北起福鼎沙埕港，南至诏安宫口港，总长3751.5千米，居全国第二位；直线长度535千米，海岸线曲折率1∶7.01，为全国之最。由于海岸曲折，岛屿众多，形成许多港湾。全省有大小港湾125个，其中深水港湾22处。自北而南较大的港湾有沙埕港、三沙湾、罗源湾、福清湾、兴化湾、湄洲湾、泉州湾、深沪湾、厦门湾、旧镇湾、东山湾、诏安湾等，其中能直接满足5万吨级以上船舶自由进出港的天然深水良港有厦门湾、沙埕港、湄洲湾、兴化湾、罗源湾、三沙湾、东山湾等7处，占全国1/6多。纳入港口规划的岸线467.1千米，其中深水岸线210.9千米，可开发建设

20万吨级以上的大型深水港岸线总长47千米，共23处，可建设20万吨级以上深水港口泊位80个。

沿海岛屿星罗棋布，全省有海岛2214个，其中面积大于500平方米的1321个，位居全国第二；沿海岛屿总面积1155.8平方千米，总岸线长度2503.8千米，有居民岛屿100个（含台湾地区管辖的10个）。沿海滩涂广布，浅海滩涂可利用养殖面积1500平方千米。近海生物种类3000多种，贝、藻、鱼、虾种类数量居全国前列。可作业渔场面积12.51万平方千米，有闽东、闽中、闽南、闽外和台湾浅滩五大渔场。

海洋矿产资源种类多，海岸带和近海发现60多种矿产，有工业利用价值的20余种。全省山多海阔，山海兼容，优越的亚热带海洋性气候，多种多样的海岸类型，景色秀丽的岛屿，千姿百态的海蚀景观，与沿海众多富有宗教、文化、军事、历史内涵的名胜古迹和新兴的港口城市，构成理想的观光度假胜地，其中被列为国家重点风景名胜区的有鼓浪屿、清源山、太姥山、海坛岛，还有国家旅游度假区湄洲岛以及“海上绿洲”东山岛等。沿海地热梯度较大，地热资源丰富，具有开采价值的热水区域较多。沿海风能资源丰富，可利用时数7000～8000小时。沿海可利用潮汐发电的海水面积3000平方千米，潮汐能理论装机容量3425万千瓦，可开发装机容量1033万千瓦，占全国的49.2%，居全国首位。（黄　静）

【水资源】 2022年，福建省水资源总量1174.68亿立方米，其中地表水1173.05亿立方米、地下水和地表水不重复量1.63亿立方米；人均水资源量2805立方米。行政分区中，地表水资源量最多的是南平市（312.63亿立方米），最少的是平潭综合实验区（2.29亿立方米），分别占全省地表水资源量的26.7%、0.2%。地表水资源量中，闽江618.42亿立方米、九龙江126.06亿立方米、汀江85.72亿立方米、晋江43.78亿立方米、交溪55.97亿立方米、木兰溪12.7亿立方米，其中闽江最多，占全省主要江河水资源总量的65.6%。全年外省入境水量23.23亿立方米，福建省出境水量115.87亿立方米。全省入海水量965.90亿立方米（不含过境水量）。（陈布泽）

【生物资源】 野生动物资源。根据动物地理区划，福建省属于东洋界华中区丘陵平原亚区和华南区闽广沿海亚区交错地带，省内野生动物多数属于东洋界种类。自然分布有脊椎动物1733种，其中哺乳类143种、鸟类592种、爬行类125种、两栖类53种、鱼类820种，昆虫1万多种。全省分布国家重点保护野生动物291种，其中国家一级保护野生动物65种、国家二级保护野生动物226种。

野生植物资源。植物种类以亚热带成分为主，区系成分较复杂，种类繁多。自然分布有高等植物5550种，其中被子植物4251种、裸子植物70种、蕨类植物382种、苔藓361种、真菌486种。国家重点保护野生植物130种及变种，其中国家一级保护野生植物9种及变种、国家二级保护野生植物121种及变种。

【森林资源】 根据国家林业和草原局发布的《2021中国林草资源及生态状况》，福建省森林资源主要指标数据：森林覆盖率65.12%，居全国第一位；林地面积881.14万公顷，森林面积807.72万公顷，居全国第13位；活立木蓄积量90884.95万立方米，居全国第八位；森林蓄积量80713.3万立方米，居全国第八位；乔木林每公顷蓄积量121.64立方米，居全国第三位；天然林面积395.48万公顷，居全国第12位；人工林面积412.24万公顷，居全国第八位。（刘建波　郭　洁）

环境质量

【大气环境质量】 2022年，福建省环境空气质量保持优良并持续位居全国前列，9个设区市城市空气质量优良天数比例97.6%，环境空气质量综合指数范围2.27～2.85，首要污染物为臭氧。空气质量自优开始排名，依次为南平市、龙岩市、福州市、莆田市、宁德市、厦门市、泉州市、三明市、漳州市；平潭综合实验区环境空气质量综合指数1.78，首要污染物为臭氧。全国168个重点城市环境空气质量排名中，福州市排名第五位、厦门市排名第九位。全省降水pH年平均值5.37，比上年下降0.13个pH单位；酸雨频率28%，上升2个百分点。

【水环境质量】 2022年，福建省水环境质量保持优良，主要流域水质总体为优，集中式生活饮用水水源水质和主要湖泊水库水质均为优良。全省主要流域Ⅰ～Ⅲ类水质比例98.7%，比上年提升1.4个百分点；小流域Ⅰ～Ⅲ类水质比例95.5%，提升2.2个百分点。全省县级以上集中式生活饮用水水源达标率100%，与上年持平。全省19个淡水湖泊水库Ⅰ～Ⅲ类水质比例94.7%，与上年持平。

【声环境质量】 2022年，福建省城市声环境质量稳中有升，区域环境噪声、道路交通噪声有所下降。全省24个城市区域环境噪声昼间平均等效声级55.7分贝，比上年下降0.2分贝。其中，城市区域昼间声环境质量为二级的城市13个，占54.2%；三级的城市11个，占45.8%。全省24个城市道路交通噪声昼间平均等效声级67.5分贝，比上年下降0.4分贝。其中，城市交通噪声达一级城市16个，占66.6%；二级城市7个，占29.2%；三级城市1个，占4.2%。（陈必文）

建置　区划

【建置沿革】 古近代时期。“闽”最早出现在周朝，西周时福建称闽越，《周礼·夏官》称七闽。战国末，无诸据有福建及其毗邻的浙南、赣东、粤东地区，自称闽越王，建都于治（今福州），此为福建有政权之始。秦时平百越，削去无诸王号。秦始皇三十三年（前214年），设置闽中郡，治东冶（今福州），福建为闽中郡辖区一部分。从此，福建作为一个行政区划出现在中国版图上。汉高祖立无诸为闽越王，都东冶。西汉昭帝始元二年（前85年）立为冶县（后复名东冶），东汉改为东候官。汉建安八年（203年），析东候官置建安县，此时福建有候官、建安、南平、汉兴和建平5个县。三国吴永安三年（260年）设置建安郡，治建安（今福建建瓯），辖建安、南平、将乐、建平、东平、昭武、吴兴、候官、东安7个县。西晋太康三年（282年）设置晋安郡，治原丰，属扬州。南朝梁天监年间析晋安郡置南安郡，治南安；陈永定年间析晋安郡置闽州，改晋安郡为丰州。隋开皇元年（581年）废郡，改丰州为泉州，大业元年（605年）更名为闽州，大业三年（607年）又废州改设为建安郡。唐武德元年（618年）改建安郡为建州，治闽县（今福州）；武德五年设置丰州，治南安，武德六年分置泉州，治闽县；贞观初年丰州并入泉州；垂拱二年（686年）析出泉州南部设置漳州，治漳浦（今云霄）；圣历二年（699年）泉州析地设置武荣州，治南安；景云二年（711年）武荣州更名为泉州，治晋江，后改泉州为闽州，治闽县（今福州）；开元十三年（725年）闽州更名为福州；开元二十一年设置福建经略使，“福建”之称由此始；天宝元年（742年）改属江南东道，改福建经略使为长乐经略使；乾元元年（758年）以长乐郡为福州都督府，经略使改为都防御使；上元元年（760年）升格为节度使；大历六年（771年）置都团练观察处置使；乾宁三年（896年）置威武军节度使，治福州。五代后梁开平三年（909年）封王审知为闽王，贞明六年（920年）在福州设立大都督府；后唐长兴四年（933年）福州升为长乐府；后晋开运二年（945年）改长乐府为东都。宋雍熙二年（985年）设福建路，下辖福、泉、建、汀、漳、南剑六州和邵武、兴化两军，时全省有42县。元至元十四年（1277年）在泉州设立行宣慰司，第二年改为行中书省，后行省迁回福州。明代改设福建布政使司，治福州，辖8府1州60县。清承明制，省辖府、县两级，省府之间设道；康熙二十三年（1684年）福建省增设台湾府；光绪十一年（1885年）台湾从福建析出设立台湾省。清末，全省行政区划为宁福、兴泉永、汀漳龙、延建邵4道，福州、福宁、兴化、泉州、汀州、漳州、延平、建宁、邵武9府，永春、龙岩2州，58县、6厅。

民国时期。福建省行政区划废府、州、厅，实行省、道、县三级制。1912年，全省划分为东路、南路、西路、北路4道。1914年，以原辖区改为闽海道（闽东）、厦门道（闽南）、汀漳道（闽西）、建安道（闽北）4道。合并闽县、侯官（清代以后候官多称为侯官）为闽侯县；建安、瓯宁为建瓯县；改永春、龙岩2州为永春、龙岩2县；同安县析厦门岛设置思明县，析浯州岛（金门岛）和大嶝、小嶝岛置金门县；改永福县为永泰县；全省4道、61县。1915年，诏安县析铜山岛和漳浦县的古雷岛设置东山县。1925年，废除道制，实行省、县两级制。1928年，设置华安县。1933年，十九路军在福州发动“福建事变”，成立中华共和国人民革命政府，定福州为首都，将福建划为闽海、延平、兴泉、龙汀4个省和福州、厦门两个特别市，辖64个县。1934年，人民革命政府解散，又成立福建省政府，7月实行行政督察专员公署制度，将全省划分为10个行政督察区公署，辖64个县。8月，光泽县划归江西省管辖。1935年，设立厦门市，撤销思明县。1938年，福建省政府迁往永安，全省行政区划为7个行政督察区、1个市、62个县、7个特区。1940年，建瓯析出部分行政区域设置水吉县，沙县、永安和明溪析出部分行政区域设置三元县。1941年，福州沦陷，第一区专署迁往福安。1943年，全省行政区划调整为8个行政督察区、2个市、64县、2个特区。1944年，闽侯县更名为林森县。1945年9月，设置周宁县，10月，设置柘荣县，11月，省政府迁回福州。1946年，福州市正式成立，全省行政区划调整为9个行政督察区、2个市、66个县。1947年，全省行政区划调整为7个行政督察区、2个市（福州、厦门）、67个县。1947年，光泽县由江西省划归福建省管辖。

中华人民共和国时期。1949年8月24日，福建省人民政府成立；9月，省人民政府公布福建省行政区划通令，将全省行政区域分为福州、厦门2个市，8个行政督察专区和67个县。1950年3月，8个专区依次更名为建瓯、南平、福安、闽侯、泉州、漳州、永安、龙岩专区；9月，泉州专区更名为晋江专区，漳州专区更名为龙溪专区，建瓯专区更名为建阳专区，德化县由永安专区划归晋江专区，林森县复名为闽侯县；11月，设立泉州市、漳州市（县级）。县以下的行政区划，仍维持旧政权时的区划。1951年，福州市设立鼓楼、大根、小桥、台江、仓山、水上、盖山、鼓山、洪山9个区。1952年，福州市设立新店区，厦门市设立开元、思明、鼓浪屿3个区。1954年，厦门市设立禾山区。1955年，撤销福州市盖山、鼓山、洪山、新店4个区。1956年，撤销建阳专区，所辖各县划归南平地区；撤销闽侯专区，所辖闽侯县划归省直辖；长乐、连江、罗源3县划归福安专区；永泰、福清、平潭3县划归晋江专区；撤销永安专区，所辖三元、明溪2县划归南平专区，大田划归晋江专区，永安、清流、宁化、宁洋4县划归龙岩专区；撤销水吉县，其行政区域分别并入建阳、建瓯和浦城县；撤销宁洋县，其行政区域分别并入漳平、永安和龙岩县；撤销柘荣县，其行政区域并入福鼎县；福州市撤销大根、小桥、水上3个区，其行政区域分别并入鼓楼区、台江区和仓山区；三元、明溪2个县合并为三明县；析南平县城区，设立南平市（县级）。1957年，全省辖2个地级市、5个专区、3个县级市、7个市辖区、63个县、337个区、4223个乡。

1958年，中国基层政权改制为政社合一的人民公社，全省共建656个人民公社；撤销厦门市禾山区，闽侯县划归福州市，同安县由晋江专区划归厦门市。1959年，恢复闽侯专区，辖原福州市的闽侯县，原南平市的闽清县，原福安专区的长乐、连江2县和原晋江专区的永泰、福清、平潭3个县，专署驻闽侯县；原南平专区的松溪、政和2县划归福安专区。1960年，设立三明市（地级），以三明县城区为三明市行政区域，南平专区的三明县归三明市管辖；清流、宁化2县合并设立清宁县，清宁县驻原宁化县政府驻地，原清流县部分行政区域分别并入永安、连城2县；松溪、政和2县合并设立松政县，松政县驻原松溪县政府驻地；龙溪、海澄2县合并设立龙海县，龙海县驻石码镇；撤销南平县并入南平市（县级）；福州市设立马尾区。1961年，恢复柘荣县；撤销清宁县，恢复清流县、宁化县。1962年，撤销松政县，恢复松溪县和政和县；连江县、罗源县分别从闽侯专区和福安专区划归福州市；龙岩专区的永安、清流、宁化3县划归三明市。1963年，设立三明专区，三明市改为县级市，三明专区辖三明市和三明、永安、清流、宁化4个县；福州市撤销马尾区；福州市的连江、罗源2县和南平专区的古田、屏南2县划归闽侯专区；晋江专区的大田县划归三明专区。1964年，以南平市、建瓯县、顺昌县的部分行政区域析出设置建西县；三明县更名为明溪县。1965年，全省共辖2个地级市、7个专区、6个市辖区、4个县级市、63个县、1258个人民公社。

1966年，厦门市开元区更名为东风区，思明区更名为向阳区。1968年，福州市鼓楼区更名为红卫区，台江区更名为赤卫区，仓山区更名为朝阳区；福州市、厦门市均设立郊区。1970年，撤销建西县，其行政区域并入顺昌县；撤销柘荣县，其行政区域分别并入福安、福鼎2县；撤销松溪、政和2县，合并设立松政县；福州市撤销郊区，设立马江区和北峰区；福安专区的松政县划归南平专区；闽侯专区的古田、屏南、连江、罗源4个县划归福安专区；晋江专区的莆田、仙游2个县划归闽侯专区；厦门市的同安县划归晋江专区；南平专区的尤溪、沙县、将乐、泰宁、建宁5个县划归三明专区；南平专区驻地由南平市迁驻建阳县；福安专区驻地由福安县迁驻宁德县；闽侯专区驻地由闽侯县迁驻莆田县。1971年，各专区更名为地区；南平地区更名为建阳地区；福安地区更名为宁德地区；闽侯地区更名为莆田地区。1973年，莆田地区的闽侯县划归福州市；晋江地区的同安县划归厦门市。1974年，恢复柘荣县；撤销松政县，恢复松溪县和政和县。1975年，福州市撤销北峰区设立郊区。1976年，全省共辖2个地级市、7个专区、9个市辖区、4个县级市、62个县、835个人民公社、129个镇（街人民公社）。

1978年，厦门市设立杏林区；福州市设立环城区，撤销马江区；福州市红卫、赤卫、朝阳3个区分别更名为鼓楼区、台江区、仓山区。1979年，厦门市东风、向阳2区分别更名为开元区和思明区。1981年，撤销龙岩县，设立龙岩市（县级）。1982年，福州市设立马尾区，撤销环城区。1983年，撤销三明地区，设立三明市（地级），三明市设立梅列区和三元区；撤销莆田地区，所属闽清、永泰、长乐、福清、平潭5个县划归福州市管辖；设立莆田市（地级），辖莆田、仙游2个县，并增设城厢区和涵江区；撤销邵武县，设立邵武市（县级）；宁德地区的连江、罗源2个县划归福州市。1984年，撤销人民公社，设立乡镇建制；撤销永安县，设立永安市（县级）；全省共辖4个地级市、5个专区、14个市辖区、6个县级市、59个县、189个镇，1076个乡、18个民族乡。

1985年，撤销晋江地区，设立泉州市（地级），泉州市设立鲤城区；撤销龙溪地区，设立漳州市（地级），原县级漳州市改设芗城区。1987年，厦门市设立湖里区，郊区更名为集美区；晋江县析出石狮市（县级）。1988年，建阳地区驻地从建阳县迁驻南平市（县级），并更名为南平地区；撤销宁德县，设立宁德市（县级）。1989年，撤销崇安县，设立武夷山市（县级）；撤销福安县，设立福安市（县级）。1990年，撤销福清县，设立福清市（县级）；撤销漳平县，设立漳平市（县级）。1992年，撤销晋江县，设立晋江市（县级）；撤销建瓯县，设立建瓯市（县级）。1993年，撤销南安县，设立南安市（县级）；撤销龙海县，设立龙海市（县级）。1994年，撤销南平地区，设立南平市（地级），原县级南平市改设延平区；撤销长乐县，设立长乐市（县级）；撤销建阳县，设立建阳市（县级）。1995年，福州市调整5个市辖区行政区域，同时将郊区更名为晋安区；撤销福鼎县，设立福鼎市（县级）。1996年，撤销同安县，设立厦门市同安区；漳州市析出芗城区和龙海市部分行政区域，设立龙文区；撤销龙岩地区，设立龙岩市（地级），原县级龙岩市改设新罗区。1997年，泉州市析出鲤城区部分行政区域，设立丰泽区和洛江区。1999年，撤销宁德地区，设立宁德市（地级），原宁德市改设蕉城区。2000年，泉州市析出惠安县部分行政区域，设立泉港区。2002年，莆田市撤销莆田县，设立荔城区和秀屿区，同时调整城厢区和涵江区行政区域。2003年，厦门市撤销开元区、鼓浪屿区，其行政区域并入思明区，同安区析出东部5镇设立翔安区，杏林区划出1街道和1镇归集美区管辖，杏林区政府迁驻海沧镇，并更名为海沧区。2014年，南平市撤销建阳市（县级），设立建阳区；南平市政府驻地由延平区迁驻建阳区；龙岩市撤销永定县，设立永定区。2017年，福州市撤销长乐市（县级），设立长乐区。2021年，漳州市撤销龙海市（县级），设立龙海区；撤销长泰县，设立长泰区；三明市撤销三元区、梅列区，设立新的三元区；撤销沙县，设立沙县区。截至2022年底，全省辖9个设区市、31个市辖区、11个县级市、42个县、203个街道、653个镇、252个乡（含19个民族乡）。

【行政区划】 2022年，福建省无县级

行政区划调整。乡级行政区划变更情况：2月11日，福建省政府同意撤销同安区新民镇、西柯镇，设立同安区新民街道、西柯街道；2月23日，南平市政府同意将建阳区潭城、童游两个街道析置为潭城、宝山、童游、崇阳、崇泰等5个街道；4月8日，厦门市政府同意将同安区祥平、新民、西柯3个街道析置为祥平、祥和、新民、新美、西柯、美林6个街道。

2022年福建省行政区划一览表

设区市	市政府所在区	县（市、区）
福州市	鼓楼区	鼓楼区 台江区 仓山区 马尾区 晋安区 长乐区 闽侯县 连江县 罗源县 闽清县 永泰县 平潭县 福清市
厦门市	思明区	思明区 海沧区 湖里区 集美区 同安区 翔安区
莆田市	城厢区	城厢区 涵江区 荔城区 秀屿区 仙游县
三明市	三元区	三元区 沙县区 明溪县 清流县 宁化县 大田县 尤溪县 将乐县 泰宁县 建宁县 永安市
泉州市	丰泽区	鲤城区 丰泽区 洛江区 泉港区 惠安县 安溪县 永春县 德化县 石狮市 晋江市 南安市 金门县
漳州市	芗城区	芗城区 龙文区 龙海区 长泰区 云霄县 漳浦县 诏安县 东山县 南靖县 平和县 华安县
南平市	建阳区	延平区 建阳区 顺昌县 浦城县 光泽县 松溪县 政和县 邵武市 武夷山市 建瓯市
龙岩市	新罗区	新罗区 永定区 长汀县 上杭县 武平县 连城县 漳平市
宁德市	蕉城区	蕉城区 霞浦县 古田县 屏南县 寿宁县 周宁县 柘荣县 福安市 福鼎市

2022年福建省行政区划统计表

级别 数量 地市	县级				乡级					说　明
	区	市	县	小计	街道	镇	乡	民族乡	小计	
福州市	6	1	6	13	45	97	37	2	181	含马祖乡
厦门市	6			6	37	8			45	
莆田市	4		1	5	8	40	6		54	
三明市	2	1	8	11	13	78	48	2	141	
泉州市	4	3	5	12	30	110	22	1	163	含金门县
漳州市	4	0	7	11	15	85	20	3	123	
南平市	2	3	5	10	27	72	43		142	
龙岩市	2	1	4	7	14	94	23	2	133	
宁德市	1	2	6	9	14	69	34	9	126	
合计	31	11	42	84	203	653	233	19	1108	含金门县、马祖乡

（江树跃）

人口　语言　华侨

【人口发展】　2022年，福建省人口总量保持相对稳定，年末常住人口4188万人，比上年末增加1万人，增长0.02%。常住人口中男性人口2168万人，占总人口的51.77%；女性人口2020万人，占总人口的48.23%；总人口性别比为107.33（以女性人口为100），比上年下降0.15个百分点，性别比保持相对稳定。

【人口自然增长】　2022年，福建省在生育意愿下降、疫情导致生育推迟等多重因素影响下，全省常住人口出生率继续走低。全省人口出生率7.07‰，比上年下降1.19个千分点；出生人口29.6万人，减少4.9万人。受人口老龄化程度加深影响，人口死亡率有所上升。全省人口死亡率6.52‰，比上年上升0.24个千分点；死亡人口27.3万人，增加1.1万人。人口出生率和死亡率一降一升导致人口自然增长率继续呈现下降态势，人口自然增长率0.55‰，比上年下降1.43个千分点。

【人口城镇化水平】　2022年末，福建省城镇人口2937万人，比上年增加19万人，增长0.65%；乡村常住人口1251万人，减少18万人，下降1.42%。全省常住人口城镇化率首次超70%，达到70.11%，比上年提高0.41个百分点，城镇化水平稳步提升。

【人口年龄结构】　2022年，福建省常住人口中，0～14岁人口770万人，占总人口的18.39%，比上年减少21万人，占比下降0.50个百分点；15～64岁人口2907万人，占总人口的69.41%，减少6万人，占比下降0.16个百分点；65岁及以上人口511万人，占总人口的12.20%，增加28万人，占比提高0.66个百分点。全省社会总抚养负担开始加重，全省社会总抚养系数

44.07%，比上年提高0.34个百分点。其中，少儿抚养系数26.49%，比上年下降0.66个百分点；老年抚养系数17.58%，提高1个百分点。（邹宾宇）

【语言概况】 福建是汉语方言最复杂的省份之一，全国各大方言区中，福建占有5种。闽方言和客家方言都有在区外相互穿插分布。闽南话在闽中、闽北、闽东都有方言岛。客家话在闽北、闽东也有不少小方言岛。在武平县的中山镇通行的“军家话”是比较接近赣方言的方言岛。

【闽方言】 福建分布最广的是闽方言，境内的闽方言分为5个区。闽东方言区，分布在闽江下游的福州、闽侯、长乐、福清、平潭、永泰、闽清、连江、罗源、古田、屏南等11个县（市、区）的是南片，以福州话为代表；分布在福安、宁德、周宁、寿宁、柘荣、霞浦、福鼎等7个县市的是北片，以福安话为代表。莆仙方言区，分布在莆田、仙游、涵江3个县（区），以莆田话为代表。闽南方言区，分布在泉州、厦门、漳州3个设区市，包括厦门、金门、泉州、晋江、南安、惠安、永春、德化、安溪、同安、大田、漳州、龙海、长泰、华安、南靖、平和、漳浦、云霄、东山、诏安以及龙岩市的新罗、漳平等地，以厦门话为代表；泉州、漳州、龙岩3种口音都有些差异。闽中方言区，分布在永安、沙县、三元等市（区），以永安话为代表。闽北方言区，分布在建瓯、松溪、政和、南平、顺昌（东南部）、建阳、崇安、浦城（南部），以建瓯话为代表。

【客家方言】 福建客家方言分布在闽西的宁化、清流、长汀、连城、上杭、永定、武平以及闽南的平和、南靖、诏安的西沿，以长汀话为代表。在闽、客、赣3种方言之间，明溪、将乐、顺昌一带是过渡区，其方言兼有闽、客、赣3种方言的特点。

【吴方言】 福建省吴方言分布在浦城县的中北部和浙江省连界，当地的语言是和浙江方言相近的吴方言。

【官话方言岛】 福建省的官话方言岛主要在南平市区和西芹一带以及长乐区的琴江村，浦城的临江镇。这3个地方为官话方言岛。

【畲语】 福建省畲语主要指居住在闽东的福安、罗源、宁德等地，闽北的建瓯、建阳、顺昌等地，以及闽中的永安、漳平等地的畲族同胞所讲的方言，它是一种保留着一些畲族语言特色，并和客家话相近，又吸收一些当地闽方言成分的带有混合性质的语言，通常也称为畲语。（李如龙）

【华侨华人】 福建省是全国第二大侨乡，有华侨华人1580万人（其中华侨约占15%，华人约占85%；新侨约占15%，老侨约占85%，呈现“两多两少”特点），分布在188个国家和地区，其中在东南亚国家的数量约占80%。长期以来，闽籍华侨华人凭借艰苦奋斗，逐渐在居住国各个领域崭露头角，取得不凡业绩，在政治、经济、科技等领域都有杰出代表。闽籍侨胞发挥资金、智力、技术、人脉等优势，为家乡建设发展作出重要贡献。主要特点：人数众多、分布广泛，闽籍侨胞约占全球华侨华人总数的1/4，遍布全球五大洲；人才辈出、实力雄厚，闽籍侨胞中有许多政治上有地位、经济上有实力、学术上有造诣、社会上有影响的“四有人士”；爱国爱乡、贡献突出，闽籍侨胞素有念祖爱乡、造福桑梓的优良传统；社团众多、作用独特，海外侨团在联络亲情乡谊、维护侨胞利益、讲好中国故事、促进中外交流合作等方面发挥积极作用。（彭 辉）

民族 宗教

【民族】 福建省是少数民族散居省份，56个民族成份齐全。根据2020年第七次全国人口普查数据，全省少数民族人口112.15万人，约占全省总人口的2.70%。世居的少数民族有畲族、回族、满族、蒙古族等。其中，畲族人口全国最多，共37.47万人，约占全国畲族人口的50.20%、全省少数民族人口的33.41%；回族人口12.86万人，约占全省少数民族人口的11.47%，是全国回族发祥地之一；高山族人口417人，约占大陆高山族人口的11.99%。全省有民族乡19个（其中畲族乡18个、回族乡1个）、省级民族经济开发区1个（福安畲族经济开发区）和民族村（社区）571个。

【宗教】 福建省有佛教、道教、伊斯兰教、天主教、基督教五大宗教。2022年，全省经依法登记的宗教活动场所有6962处，其中佛教3598座、道教1087座、伊斯兰教5座、天主教163座、基督教2109座。全省10平方米以上有人管理的民间信仰活动场所33510处，省级民间信仰活动场所联系点290处，备案登记的民间信仰活动场所174处。有宗教院校4所（福建佛学院、福建神学院、闽南佛学院、海峡道教学院），宗教院校学生1020人。

（郑 铤 钟锦荣）

经济社会发展

【概况】 2022年，福建省统筹疫情防控和经济社会发展，集中力量打好重点地区疫情歼灭战。加快科技创新，持续优化产业结构、壮大新动能，“四大经济”发展势头良好。加强扩消费促投资，进一步释放内需潜力。全面实施乡村振兴战略，推动城乡区域协调发展。深化改革优化环境，激发市场主体活力。

【新冠疫情防控】 2022年，福建省做好常态化新冠疫情防控，按照统一部署要求调整优化；打赢泉州、宁德、福州等地聚集性疫情歼灭战，保障人民生命安全和身体健康；做好新阶段疫情防控重点任务，推动平稳有序“压峰”转段。推进新冠病毒疫苗接种，截至年底，全省累计接种10337万人次，全过程接种覆盖率超94.2%。强化疫情防控能力，建成福建省疫情防控一体化服务平台，全面升级“福建健康码”功能，实现疫情防控全业务、全流程信息化覆盖。加强重点人群健康管理和重点场所疫情防控，全面提升核酸检测能力。发挥福建省重点产业链供应链“白名单”企业省级联系服务保障机制和福建省物流保通保畅工作机制作用，持续畅通交通物流，保障产业链供应链安全稳定。

【稳增长政策措施】 2022年，福建省推动稳市场主体、保就业，出台实施政策措施5批次，提前制定实施2022年一季度“开门红”工作方案，省级出台稳投资、促生产、保用工、促消费等政策文件36份；3—4月，应对新冠疫情冲击影响，率先制定帮扶市场主体政策措施33条及工业稳增长政策措施68条；5月，全面顶格落实国务院稳经济一揽子政策，出台福建省贯彻措施48条；9月，落实国务院稳经济一揽子政策接续措施，出台福建省贯彻措施21条；12月，出台进一步帮助市场主体纾困解难补充措施14条。对福州、泉州、宁德等受疫情冲击影响较大地区，研究出台专项扶持政策。推动政策“闭环落实”，上线运行福建省疫情防控惠企政策平台，对营商环境惠企政策、稳增长政策落实等开展专题“飞行检查”，开展政策实施效果评估。全年全省退减降缓税费1150亿元。新增4期共400亿元中小微企业纾困增产增效贷款，新设各50亿元制造业中小微企业融资支持专项贷款和纺织鞋服产业纾困专项贷款，惠及企业1.83万家。全面落实各项援企稳岗政策，各项稳就业政策支出24亿元，惠及企业38.5万家、职工640.1万人。落实住房公积金阶段性缓缴政策，全省缓交金额11726万元，惠及职工1.95万余人。落实国有房屋租金减免政策，减免房屋租金23.6亿元，减免户数7.8万余户。建成全省经济社会运行和高质量发展监测与绩效管理平台，强化数字化监测分析调度。

【科技创新】 2022年，福建省获批国家企业技术中心8家，数量居全国前列。新增省级工程研究中心8家，省级以上工程研究中心（工程实验室）累计128家。推动光电信息、能源材料等6家省创新实验室加快建设。举办第二十届中国·海峡创新项目成果交易会。5个设区市入选首批国家知识产权强市建设试点示范城市，晋江、福清通过全国首批创新型县（市）验收，首个“全国骨干科特派培训基地”落地南平。国家高新技术企业突破1万家。30项专利获评中国专利奖，创历年新高。

【产业结构优化】 2022年，福建省制造业竞争优势进一步增强。全省规模以上工业增加值比上年增长5.7%，其中高技术产业增加值增长17.1%。设立石化—化纤—纺织—鞋服、集成电路、新能源汽车、锂电新能源新材料、生物医药等5个省级重点产业专项协调小组，建立“一产业一专班”专项协调工作机制，出台实施湄洲湾（泉港、泉惠）石化基地总体发展规划（2020—2030年），制定促进石化化工高质量发展加快打造万亿支柱产业、支持漳州古雷石化基地加快开发建设、加快生物医药产业高质量发展、氢能产业发展三年行动计划等政策。梯次培育战略性新兴产业集群，厦门市战略性新兴产业集群获国务院督查激励。宁德市动力电池集群列入国家先进制造业集群。21家企业入围“2022中国制造业企业500强”榜单，新认定省级专精特新中小企业384家，新增国家专精特新“小巨人”企业132家，新培育国家级制造业单项冠军企业（产品）10个、认定省级制造业单项冠军企业（产品）52个。“电动福建”三年行动计划完成，累计推广应用新能源汽车标准车62.9万辆，福建省被列入全国电动船舶产业发展重点地区先行先试。

现代服务业发展水平提升。加快构建现代运输体系，新开通外贸集装箱班轮航线7条，3家试点企业在4条线路上实现公水联运“一单制”模式。泉州入选2022年国家物流枢纽建设名单。出台福建省贯彻“十四五”冷链物流发展规划实施方案，推进现代冷链物流体系建设。至年末，全省金融机构本外币各项存、贷款余额分别比上年末增长17.5%、11%，优质金融资源加快集聚，新增上市和过会企业20家。福州、厦门、平潭获批全国数字人民币试点城市。举办全国电子竞技大赛。

农业农村现代化基础夯实。全省实现粮食总产量508.7万吨。新增高标准农田8.6万公顷。全省农作物良种覆盖率98.7%。实施特色现代农业高质量发展“3212”工程，创建闽西禽蛋国家优势特色产业集群，创建漳平市和永春县2个国家现代农业产业园及7个国家农业产业强镇。全省有乡村特色产业全产业链产值超百亿元强县12个、超10亿元强镇103个、亿元强村206个。新认证“三品一标”农产品573个。

【数字经济】 2022年，福建省高标准建设国家数字经济创新发展试验区，全省数字经济增加值2.6万亿元，对经济增长贡献率提高。举办第五届数字中国建设峰会、数字经济创新发展大会等系列活动。实施“上云用数赋智”行动，纵深推进制造业数字化转型，形成国家级平台6个、省级工业互联网示范平台27个、标杆企业222家。优化提升网络基础设施，“千兆到户”实现县级以上区域全覆盖，5G网络实现所有乡镇全覆盖。制定实施公共数据资源开放开发管理办法，上线公共数据资源开发服务平台，推进公共数据资源化价值化进程。

【海洋经济】 2022年，福建省实施加快建设“海上福建”推进海洋经济高质量发展行动。海洋生产总值超1.2万亿元，继续位居全国前列。339个海洋经济重点项目年度投资超900亿元。深海装备养殖、海工装备、海洋生物医药、海洋新能源等海洋新兴产业取得新进展，全球单机容量最大的16兆瓦海上风电机组建成下线，全国首台套渔旅融合深海养殖装备“闽投1号”建成投产。

【绿色经济】 2022年，福建省印发实施生态省建设专项规划，出台绿色经济发展行动计划，总规模200亿元的绿色产业发展基金设立运行。持续构建绿色制造体系，推进节能减排十大重点工程，实施绿色产业指导目录。新增省级绿色工厂、绿色园区、绿色供应链138个。完善支持绿色发展的金融、投资等政策，推动绿色电力参与市场交易，累计交易电量3.21亿千瓦时，达成“绿证”（可再生能源绿色电力证书）1.7万张。

【文旅经济】 2022年，福建省实施文旅经济高质量发展行动计划，接待国内游客3.8亿人次，实现国内旅游收入4160亿元。举办各类群众文化活动2.9万余场。全省新增AAAA级景区12个，露营游、乡村游、研学游、红色游、美食游成为游客新选择。拓展省内游精品路线，开通“平潭—莆田湄洲岛”航线。

【消费市场】 2022年，福建省持续打响“全闽乐购”品牌，推出“福见商旅”“万企百日惠福品”系列促消费活动，发放消费券4亿元，带动居民消费。打造“福茶”“福酒”“万福”“闽菜馆”等公共消费品牌，举办首届福品博览会。培育新兴消费，鼓励发展预制菜等新业态，推进夜间经济、露营经济、网红经济、直播经济等，限额以上网络零售额比上年增长21%。支持扩大新能源汽车、绿色智能家电消费。以福州、厦门为重点培育建设国际消费中心城市，推进商圈、步行街、一刻钟便民生活圈建设。福州入选全国供应链创新与应用示范城市。加快发展农村电商，农村网络零售额规模居全国第三位。

【投资结构优化】 2022年，福建省固定资产投资总量突破2万亿元。组建福建省推进有效投资重要项目协调机制，推动政策性开发性金融工具相关工作，落实基础设施投资基金项目105个、总投资3113亿元。全年争取新增地方政府专项债务限额1472亿元、利用专项债务限额空间发行新增专项债券额度359亿元、争取中央预算内投资98.2亿元支持项目建设，发挥政府投资引导带动作用。国内首批、福建首单保障性租赁住房“中金厦门安居REIT”上市。省级预算内投资重点投向重大基础设施、民生社会事业、数字福建等领域，支持重大项目加快实施。1587个省重点项目完成投资7250亿元，超额完成年度计划。

【招商引资】 2022年，福建省建立全省重大活动集中签约项目联合推进工作机制和招商项目全生命周期管理机制，省政府与中国船舶集团、东方电气集团、国家能源投资集团等15家央企签订合作协议，签约央企数量为历年最多。在数字中国建设峰会、中国国际投资贸易洽谈会、闽商大会、央企深化合作座谈会、金融资本福建创新发展大会等重大招商活动集中签约项目866个，投资额9175亿元。

【乡村振兴】 2022年，福建省推进乡村振兴“十大行动”重点任务116项，打造乡村振兴试点示范“串点连线成片”精品线路100条，宁德古田县、南平浦城县、龙岩上杭县入选2022年国家乡村振兴示范县创建名单。建设农村供水管网8487千米、乡镇污水配套管网1287千米、安全生态水系300千米。推进500个村庄开展农村生活污水治理，80%以上行政村成为“绿盈乡村”；新建改造农村公路2447千米；新改建农村卫生厕所10709户；村庄规划编制累计批复6398个。加强脱贫攻坚后续帮扶，以工代赈专项支持实施61个农村产业配套及基础设施项目建设。

【区域协作】 2022年，福建省深化新时代山海协作，研究制定进一步做深做实新时代山海协作推动区域协调发展意见。推进闽东北、闽西南协同发展区建设，深化公共资源共享、产业配套协作、生态保护协同、社会治理联动，推进423个区域协作项目建设。实施福州都市圈高质量发展行动计划，落实强省会战略，推进福州新区和平潭综合实验区联动发展。支持厦门加快建设高质量发展引领示范区、漳州建设古雷世界一流石化产业基地、泉州建设21世纪“海丝名城”。推动三明、龙岩革命老区高质量发展示范区建设。支持莆田践行木兰溪治理理念推进绿色高质量发展、武夷新区建设加快南平全方位绿色高质量发展、宁德打造新能源新材料产业重要增长极。加强跨省区域合作，与云南省签订全面深化区域合作框架协议。

【新型城镇化建设】 2022年，福建省出台促进人口增长与经济社会发展良性互动若干措施，统筹优化人口和公共资源空间布局。推行身份证首次申领“全国通办”试点等便民服务事项，在全省范围开展出生申报、婚姻变更项目登记及迁移户口登记“一件事”套餐，推动厦门市优化户口迁移政策。全省吸纳农业转移人口落户49.8万人，比上年增长36.4%；下达农业转移人口市民化奖励14.35亿元，增长12.2%。推进城市更新，开工棚户区改造5万套，开工保障性租赁住房12.9万套，超额完成年度目标任务。福建省生活垃圾分类工作成果居全国前列。漳州市获评全国第二批系统化全域推进海绵城市建设示范城市。

【老区苏区振兴】 2022年，国家发展改革委印发实施闽西革命老区高质量发展示范区建设方案，支持三明、龙岩打造新时代革命老区振兴发展样板。福建省出台革命老区振兴发展实施方案、老区苏区振兴发展专项规划、闽西革命老区高质量发展示范区建设发展规划等系列政策文件。全省所有老区苏区县全部成为全国义务教育发展基本均衡县，全部实现低保、特困供养、临时救助等标准城乡一体化。举办纪念福建省苏维埃政府成立90周年活动。支持三明与上海、龙岩与广州对口合作。

【生态文明建设】 2022年，福建省出台推进生态环境治理项目产业化、促进绿水青山转化为金山银山若干措施，举办生态环境项目成果发布会。莆田木兰溪绶溪片区、三明市沙溪流域、漳州市南靖县3个生态环境导向的开发模式项目（EOD）入选国家试点项目。举办习近平生态文明思想理论与实践研讨会。组织实施综合性生态保护补偿方案，39项改革成果入选《建设美丽中国的探索实践》，数量居全国首位。厦门、南平等9个市（县）获评国家生态文明建设示范区，莆田市木兰溪流域、南平市邵武市被命名为“绿水青山就是金山银山”实践创新基地。按照耕地和永久基本农田、生态保护红线、城镇开发边界优先序，统筹划定落实3条控制线。鼓励和支持社会资本参与生态保护修复，推进自然资源资产产权制度改革，探索全民所有自然资源资产所有权委托代理机制试点，印发试点实施总体方案和自然资源清单。河湖长制工作成果居全国前列，福建成为全国唯一连续5年获得国家督查激励省份。

推进碳达峰碳中和工作。出台福建省碳达峰碳中和工作实施意见和碳达峰实施方案，加快完善“1＋N”政策体系。“双碳”综合管理平台上线运行。加快重点领域节能降碳改造升级，规模以上工业万元增加值能耗比上年下降1.9%。深化资源环境权益交易机制，碳排放权累计成交3997.8万吨，成交金额10.6亿元，其中林业碳汇成交量与成交额均居全国前列。厦门市打造全国首个农业、海洋碳汇交易平台，连江县发布全国首个海洋渔业碳汇建设体系，三明市入选首批国家气候投融资试点名单。三明、龙岩、南平入选国家林业碳汇试点市。执行首例运用林业碳汇赔偿机制的刑事案件、首例渔业领域“蓝碳”赔偿案。

深化污染防治攻坚战。一体推进两轮中央生态环境保护督察整改，完成第二轮省级督察全覆盖。出台《福建省深入打好污染防治攻坚战实施方案》《深化生态省建设打造美丽福建行动纲要（2021—2035年）》，实施蓝天、碧水、碧海、净土“四大工程”，聚焦钢铁、水泥、锅炉炉窑等十大重点领域推进氮氧化物和挥发性有机物协同减排、精准治理；组织实施41个闽江、九龙江流域山水林田湖草沙保护修复水污染治理项目和6个矿山及周边环境生态保护修复项目，加快打造一批美丽河湖；“一湾一策”实施重点海湾水质提升工程，深化入海排污口分类治理、海漂垃圾综合治理，重点岸段海漂垃圾密度比整治前下降57%；开展土壤环境先行调查试点，推动4.77万公顷受污染耕地落实安全利用和管控措施；推进福州、莆田“无废城市”建设，全省医疗废物和危险废物集中处置能力分别提升至238吨/日、201万吨/年。主要流域国控断面Ⅰ～Ⅲ类水质比例98.1%，市县饮用水源地水质均达标；9个设区市城市空气质量优良天数比例97.6%，PM2.5浓度为19微克/立方米；近岸海域优良水质比例85.8%，生态环境质量保持优良并持续居全国前列。

【深化改革】 2022年，福建省推进重点领域改革，全面完成国企改革三年行动重点任务，福建省大数据集团、金投公司、能化集团、水投集团等组建运营。推进林业改革，出台持续推进林业改革发展的意见。深化“三医联动”改革，常态化推进药品耗材集中带量采购，九市一区实现医保支付方式改革全覆盖。全面推进要素市场化配置改革，省级将土地征收成片开发方案和中心城区以外的批次用地报件授权或委托福州市、厦门市政府审批；龙岩、宁德、晋江、厦门入选中央财政支持普惠金融发展示范区；全面建成省、市两级公共数据汇聚共享平台，挂牌成立福建省大数据交易所。全面落实《市场准入负面清单（2022年版）》，开展市场准入效能评估试点。推进增量配电业务改革。

推进营商环境优化。实施《福建省优化营商环境条例》，将优化营商环境工作纳入法治化规范化轨道。出台实施营商环境创新改革行动计划，创新实施营商环境数字化监测督导机制。全年新登记市场主体114万户，实有市场主体总数近712万户。推进社会信用体系建设法治化规范化，持续开展信用措施清理规范。加强信用信息共享应用，建设全国中小微企业融资信用综合服务平台省级节点，累计发放贷款近5000亿元，其中信用贷款超2800亿元。聚焦交通物流、水电气等领域开展涉企违规收费专项整治行动，减轻企业负担。

深化“放管服”改革。印发全省行政许可事项清单（2022年版），发布行政许可事项705项。修订印发全省定价目录。出台加快推进政务服务标准化规范化便利化实施方案，提升政务服务“马上就办”成效。在国家公布的评估报告中福建省省级政府一体化政务服务能力水平达到“非常高”，全省全程网办事项超83%；157项高频政务服务事项实现“跨省通办”；全省“好差评”数据量1.25亿条，满意率99.2%。

增强民营经济活力，传承弘扬“晋江经验”。举办弘扬“晋江经验”促进民营经济高质量发展大会、“晋江经验”与习近平经济思想理论研讨会，制定支持泉州建设21世纪“海丝名城”指导意见，出台推动民营经济创新发展若干措施。15家民营企业入选“2022中国民营企业500强”榜单。

【对外经贸】 2022年，福建省外贸外资量稳质升。全年进出口总额1.98万亿元，比上年增长7.6%。其中出口1.21万亿元，增长12.3%。举办第二届中国跨境电商交易会，成为国内规模最大的跨境电商行业国家级品牌展会，跨境电商海外仓总面积超180万平方米，居全国前列。南平、宁德获批设立国家跨境电商综合试验区。石狮、晋江市场采购贸易试点实现全省共享。易货贸易首票通关。福建省纺织服装、服饰业获评国家首批外经贸提质增效示范项目，晋江获批国家进口贸易促进创新示范区，新认定5家省级外贸转型升级基地。推进自贸试验区改革，推出创新举措48项，其中全国首创28项；推动海关特殊监管区域与自贸试验区统筹发展。漳州中沙古雷乙烯项目通过国家“储转规”并开工建设，成为全省一次性投资最大的中外合资项目。举办第二十二届中国国际投资贸易洽谈会。境外投资重大项目成效凸显，累计备案对外投资项目316个，中方协议投资额26.7亿美元，比上年增长44.5%。推进中印尼、中菲“两国双园”建设。

服务双循环重要通道持续畅通。“丝路海运”影响力扩大，举办第四届“丝路海运”国际合作论坛，联盟成员单位271家，命名航线94条，新开通RCEP航线和“丝路海运”电商快线，建设“丝路海运”国际航运综合服务平台。新开行福州、泉州、龙岩中欧班列，首次开通“台湾—厦门—圣彼得堡”海铁联运线路，跨越台湾海峡、横跨欧亚的铁水联运物流新通道逐步构建。制定“丝路投资”支持政策，引导支持实力较强的企业拓展海外布局，参与国际产业链供应链合作。海丝中央法务区加快建设，国际商事争端预防与解决组织全球首个代表处运营，知识产权CBD揭牌。举办金砖国家工业互联网与数字制造发展论坛、金砖国家新工业革命伙伴关系论坛、金砖国家可持续发展论坛等活动。

【闽台融合发展】 2022年，福建省探索推动海峡两岸融合发展。推动国亨化学有限公司丙烷脱氢等项目加快建设，奇美化工等一批大项目增资扩产，古雷石化一期项目全面竣工投产。畅通两岸贸易往来，闽台贸易额1036.7亿元。组织实施“台企快服贷”，筹备设立台商基金、闽台产业发展基金。推出两岸标准共通试点项目25个，发布两岸共通标准62项。落实同等待遇，开展台湾地区计量技术人员职业资格直接采认工作。海峡两岸乡村融合发展试验区在三明设立。举办第十四届海峡论坛、第十届海峡青年节、郑成功收复台湾360周年纪念活动、两岸企业家峰会年会等，开展“迁台记忆”文献档案征集活动。

【闽港澳及闽侨合作交流】 2022年，福建省开展“福建品牌港澳行”等活动，携手港澳拓展“一带一路”等海外市场。加强与香港贸发局、香港（地区）商会等机构协作，举办闽港产业对接交流等精准招商活动，推动生成一批投资合作项目。澳门继续成为福建省第一大（关）境外劳务合作市场。支持福建企业赴港澳上市发债融资。深化与澳门贸促局合作，共同创新发展新模式新平台。加强闽侨合作交流，实施引进侨资侨智侨力工程，鼓励和支持侨胞到闽投资兴业、创新创业、交流合作。

【民生保障】 2022年，福建省城乡居民收入稳步增长。实施“四大群体”增收计划，建立居民增收工作调度保障机制，深化企业工资收入分配制度改革，增加一线劳动者劳动报酬，促进技能人才技能与待遇“双提升”。最低工资标准各档平均值调增至1865元/月。完善国有企业市场化薪酬分配机制，发布2022年福建省企业工资指导线和省属企业工资指导线。

就业形势总体稳定。建立重点企业用工调度保障机制，搭建人力资源供需对接平台。加大高校毕业生、就业困难人员、退役军人等重点群体帮扶和就业服务力度。持续开展技能提升行动，提升劳动者职业技能水平和就业创业能力。城镇新增就业51.97万人，失业人员再就业13.19万人，就业困难人员实现就业3.5万人，在闽务工的省内外农民工、脱贫劳动力就业规模保持稳定，高校毕业生毕业去向落实率超90%。

公共服务保障水平提升。民生投入持续加大，全省民生支出4343.3亿元，比上年增长10.1%，占一般公共预算支出76.2%，25件省委省政府为民办实事项目全面完成。实施福建省基本公共服务标准，推动公共服务普惠均等发展。推进公办幼儿园和义务教育薄弱环节改善与能力提升项目建设。持续开展“双减”工作，规范课后服务管理，义务教育管理标准化学校占比超70%。推进纳入中央“十四五”教育强国院校项目建设，每10万人口高等教育平均在校生数3150人。国家区域医疗中心累计开展新技术、新项目、新服务192项，其中国内首次5项，医院转外就医患者数比上年减少36.3%。职工医保门诊共济保障全面实施，医学检查检验结果互认实现二级以上公立医院全覆盖，免费为28万名适龄女性接种HPV（人乳头瘤病毒）疫苗。调整完善生育政策，出台三孩生育配套支持政策。实施市级“一老一小”整体解决方案。福州市列入国家儿童友好城市建设试点。城乡全民健身场地设施明显改善，人均体育场地面积2.58平方米。启动建设福建省革命军事馆。落实住房保障政策，支持住房租赁企业专业化、规模化运营。

落实粮食安全党政同责制度，严格耕地保护和粮食安全责任制考核。出台实施《福建省地方政府储备粮安全管理办法》。提升粮食储备能力，规划新建65万吨省级粮库，推动落实50万吨粮食增储计划。推进全省地方储备粮承储库点（含代储库点）智能化升级改造。推进优质粮食工程，拓展粮食产销合作渠道，举办第十八届福建粮洽会。

强化能源供应保障。适度超前推进重大能源项目规划建设。全年全省电力装机7526万千瓦，发电量比上年增长4.9%。电网网架稳定性增强，闽粤联网项目投产实现跨区域余缺互济。天然气基础设施持续完善。加快完善海上风电资源配置制度体系，推动深远海风电资源开发。

做好保供稳价、安全生产、风险防范等工作。阶段性调整社会救助和保障标准与物价上涨挂钩联动机制，加大对困难群众物价补贴力度。启动平价商店，减轻群众“米袋子”“菜篮子”负担。深化安全生产大检查，开展“百日行动”，巩固提升“三年行动”，安全生产和消防工作在国家考核中获优秀。各类安全生产事故起数、死亡人数分别比上年下降38%、32.3%，未发生重大以上事故。应对暴雨、洪涝、台风、干旱、森林火灾等自然灾害，维护人民群众生命财产安全。做好保交楼稳民生工作，防范化解优质头部房企风险。守住不发生系统性金融风险底线，全省不良贷款率低于全国平均水平。建设“食品放心工程”，连续3年获评国家食品安全评议考核A级，厦门获评国家食品安全示范城市。常态化推进扫黑除恶专项斗争，遏制电信网络诈骗、跨境赌博、养老诈骗等违法犯罪，化解各类矛盾纠纷和风险隐患，提升人民群众安全感。

（戴全吉）

经济体制改革

【概况】 2022年，福建省持续推进经济体制改革，加快数字政府建设，深化“放管服”改革。完善现代产业发展促进机制、金融支持实体经济体制机制，激发市场主体活力，发展“四大经济”。持续推动扩内需、稳就业，强化社会保障体系建设，推动科技教育卫生等领域改革深化。

【“放管服”改革】 2022年，福建省持续推进简政放权，印发福建省行政许可事项清单（2022版），明确省级行政许可705项，推动市县加快编制并公布本地区行政许可事项清单；规范政务服务事项审批权限调整程序，推动39项省级权限事项下放福州、厦门。创新监管模式，印发实施进一步提高政府监管效能推动高质量发展实施方案；全国率先实现企业信用风险分类管理，组织全省跨部门双随机抽查2710件，涉及企业387852家；落实食品生产经营企业专业领域风险分级管理体系；健全税收监管机制，强化事前事后监管，制定全省工业重点税源景气指数，加强税源变化规律把握和异常预警。推进政务服务标准化规范化便利化，提升政务服务集成化，推出“一件事”集成套餐服务事项5152个，审批环节精简64.72%，时限压缩50.04%，材料减少32.64%以上，相关做法获国务院总理李克强批示；持续推动跨省通办、省内通办，完成国家层面136项事项跨省通办，推动省内37项事项线下异地通办。持续提升跨境贸易便利化，推广实施“提前申报”等便利化通关作业模式，实施口岸收费清单管理和公示制度。打造“闽捷办”智慧税务平台，作为国务院第九次大督查发现的典型经验做法，获国务院办公厅发文通报表扬。

【数字政府建设】 2022年，福建省加快数字政府整体协同建设，编制《福建省数字政府改革和建设总体方案》；大数据集团组建实施方案经省委常委会审议通过；按照“一张网、一朵云、三大一体化平台、一个综合门户”“1131”数字政府体系，开展政务网络整合优化、政务云、一体化应用支撑平台等建设。拓展数字政府典型应用，建成全省“12345”一体化平台，实现全省“12345”热线统一呼叫、统一受理、统一调度；政府运行“一网协同”，围绕“对内好办公”和无纸化办公要求，建设省级一体化协同办公平台，实现省级66个部门单位的办公业务协同和移动办公。优化新冠疫情防控一体化平台，建成以健康码为基础标识的全省疫情防控一体化平台，实现全省疫情相关系统全流程闭环管理和数据共享，优化健康码服务功能，提升数字政府公共卫生事件应急处置能力。

【科技体制机制】 2022年，福建省推动科技创新平台提能增效，加速建设福厦泉科学城，印发实施全国首个国家高新区晋位奖励实施办法；高效运转6家省创新实验室，认定建设41家省重点实验室，加快筹建集成电路、海洋领域省创新实验室。强化企业创新动力，实施研发经费投入分段补助，5207家企业通过审核，核实企业投入研发总经费483.73亿元，补助金额22.61亿元；推进新一轮“科技贷”工作，发放总金额63.85亿元，惠及科技型企业931家。全省国家高新技术企业超9500家，入库登记科技型中小企业约6200家，全省科技“小巨人”企业2425家。推进产学研用深度融合，修订《福建省技术转移机构管理办法》等政策，全省技术合同成交额237.90亿元，比上年增长45.32%；福州大学首创研制常压低温氨分解催化剂，并发出“氨—氢”燃料电池系统，成为国际领先的颠覆性技术并获企业投资推广应用。激发科技人才活力，全年新增国家“杰青”10人、“优青”15人，福建省在国家区域联合基金立项数量排名第七，32家单位获2022年度国家自然科学基金各类项目立项940个，资助经费超6亿元。推动11家单位开展职务科技成果赋权改革试点。

【现代产业发展促进机制】 2022年，福建省促进产业高质量发展。印发《关于促进石化化工高质量发展，加快打造万亿支柱产业的实施意见》，提出福建省拟重点发展化工型石油加工、低碳轻烃、工程塑料等10个重点领域产业链。推动“电动福建”建设，福建省被列入全国电动船舶产业发展重点地区先行先试，宁德市动力电池集群在工信部组织的先进制造业集群竞赛中被评为决赛优胜者。出台推进工业数字化转型九条措施，激发企业数字化转型主动性。制订工业数字领航行动计划，培育国家级工业互联网平台6个、省级工业互联网示范平台27个、典型标杆企业222家。完善省级工业稳增长协调工作机制，落实新增纳统奖励政策。至10月底，全省规模以上工业企业20704家，比上年同期增加1542家。全年发布4批次193家工业龙头企业、643家龙头培育企业。

支持做强海洋经济。贯彻落实海洋经济发展示范区建设总体实施方案，福州、厦门两市推进示范区年度重点项目218个、总投资4871亿元。金融支持海洋产业发展，福建专精一号创业投资子基金（首期规模1.1亿元）完成基金业协会备案工作，完成对厦门睿云联和福州云众动力2笔投资；碳中和产业投资基金（首期规模计划5亿元）进入募资阶段。海洋碳汇取得多项突破，连江县、秀屿区完成海水养殖、双壳贝类碳汇交易，实现全国海洋渔业碳汇交易领域“零的突破”。开展碳汇在司法领域先行先试，全国首例渔业领域“蓝碳”赔偿案在福州执行。

创新旅游与其他产业跨界融合、协同发展机制。推进“旅游+”“+旅游”融合发展，突出新业态，培育新增长点。发展滨海旅游，成立福建滨海旅游联盟，打造“福往福来”海上游项目，首航开通“平潭—莆田湄洲岛”航线。新推出一批沉浸式主题演艺项目，打造音乐产业园区。激发文创产业活力，举办福文化创意设计大赛。

推进交通运输现代服务业发展。编制《福建省贯彻“十四五”冷链物流发展规划实施方案》，加快推进厦门港口型国家物流枢纽及福州、泉州商贸服务型国家物流枢纽建设。在全国率先策划培育交通运输现代服务业，1—10月完成投资232.3亿元，超序时4.7个百分点，新对接生成快递服务、货运枢纽、多式联运等项目36个。在全国率先推行专项中转接驳站机制，盘活货运物流场站及高速公路服务区、收费站等存量土地资源，储备建设中转接驳站118个，平时商业化运营，发生较大疫情时转作应急物资中转接驳，相关经验做法获国务院保通保畅办转发全国推广。

【市场主体活力激发】 2022年，福建省做强做优做大国有资本和国有企业，基本完成国企改革三年行动各项改革任务，进度超全国平均水平；系统性重塑国有资本布局结构，省国资委与各地持股平台完成港口集团股权下划，全省港口资源整合第二阶段工作收官；组建完成省能化集团，在石化、新能源等领域项目投资布局；推动省属企业加快清理退出不具备优势的非主辅业务和低效无效资产，“一企一策”完成重点亏损子企业治理80户，完成率均100%。激发民营企业活力和创造力，传承弘扬“晋江经验”，推动民营经济加快转型升级、高质量发展，印发《关于传承弘扬“晋江经验”支持泉州建设21世纪“海丝名城”的意见》《关于推动民营经济创新发展的若干措施》。健全优质中小企业梯度培育机制，实施专精特新提升工程，新认定省专精特新中小企业364家，培育专精特新“小巨人”企业132家和重点“小巨人”企业11家。服务企业发展，出台《福建省优化营商环境条例》，解决企业用工难、融资难、政务数据共享难、惠企政策落实难等问题；提升市场主体准入退出便利度，全省企业开办时间压缩至1个工作日，简易注销公告时间压缩至20日；完善“一照多址”改革，同一县级行政区划内允许一个市场主体办理多个营业场所登记，免于办理分支机构设立登记。

【金融支持实体经济体制机制】 2022年，福建省推进普惠金融改革，加快宁德、龙岩国家级普惠金融改革试验区建设，推广3批共17项可复制创新成果；厦门、龙岩、宁德、晋江入选2022年中央财政支持普惠金融发展示范区，获奖补资金6000万元。截至9月末，全省普惠小微贷款余额11332亿元，比上年同期增长23.93%；普惠小微贷款利率4.61%，下降0.38%。深化绿色金融创新，推进三明、南平省级绿色金融改革试验区建设，支持厦门市争创国家绿色金融改革创新试验区，推广3批共21项可复制创新成果。推动科技和数字金融发展，开设快服贷专区、乡村振兴专区、碳金融专区等10余个专区，至10月末，平台累计解决融资需求5.41万笔，超98%为普惠小微贷款，融资金额1844亿元。推进数字人民币试点工作，至10月末，全省数字人民币交易金额342.82亿元。推动金融资源向小微企业倾斜，发挥财政金融协同作用，全省设立4期共400亿元规模的中小微企业纾困专项贷款，第五至第七期纾困专项贷款全部投放完毕，惠及中小微企业超1.2万家，第八期纾困贷投放138笔、金额2.67亿元。

【扩大内需工作机制】 2022年，福建省畅通产业链供应链，开展“三品”消费季活动；升级省工业企业供需对接平台，入驻企业超1.3万家。完善房地产市场调控机制，研究制定42条政策工具箱，各市实施房地产调控，稳定市场。加快发展保障性租赁住房，截至10月底，全省开工筹集保障性租赁住房项目12.9万套；围绕“保交房、清欠薪”目标，逐一督促制定落实“三保”方案。建立重大产业项目招商机制，截至10月底，纳入省级跟踪的全省重大招商项目420个（不含金融类项目），累计开工276个，完成投资1469.5亿元。省政府与中国五矿集团、中国石化集团、国家能源投资集团等15家央企签订框架合作协议，年度签约央企家数为近10年最多。培育壮大新型消费模式，推进福州、厦门、三明等5个国家文化和旅游消费试点城市建设，11家国家级夜间文化和旅游消费集聚区打造城市特色夜游品牌。截至10月上旬，全省发放文化和旅游消费券近1.2亿元，直接拉动文旅消费超20亿元，间接带动消费超100亿元。

【城乡协调发展机制】 2022年，福建省推动城乡建设品质提升，全省城市建设品质提升年度投资目标4500亿元，截至10月底，累计完成投资4516.8亿元。乡村建设超序时推进，截至10月底，累计完成投资281.2亿元，占年度计划投资133.9%。推动老区苏区振兴发展，印发实施《福建省“十四五”老区苏区振兴发展专项规划》；明确各单位任务分工，推动闽西革命老区高质量发展示范区建设；省委常委会研究审定示范区发展规划。完善挂钩帮扶机制，32个经济较发达县（市、区）于上半年全部完成每个县不少于1200万元对口帮扶资金拨付任务，共计到位帮扶资金5.02亿元，帮扶项目1253个。截至年底，共建产业园区新开发建设面积80.33公顷，投资额184.42亿元，23个经济较发达县（市、区）帮助重点县共同引进34家企业落地。构建省内“211”交通圈，编制《福建省综合立体交通网规划纲要》。

【社会保障制度】 2022年，福建省完善就业机制，建立保障灵活就业人员基本权益、促进灵活就业政策制度。截至10月，全省城镇新增就业人数51.42万人，完成全年目标任务102.84%；失业人员实现再就业人数11.03万人，完成全年目标任务110.3%。拓宽居民收入增收渠道，4月起，调整全省最低工资标准，各档平均值调增至1865元/月，增幅14.59%。做好全省事业单位工作人员和机关工勤人员基本工资标准调整工作；开展县以下事业单位管理岗位职员等级晋升工资调整工作；完善国有企业科技人才薪酬分配激励机制。构建幸福养老服务体系，出台《福建省贯彻〈中共中央、国务院关于加强新时代老龄工作的意见〉实施方案》《福建省“十四五”老龄事业发展和养老服务体系规划》。增加养老服务有效供给，至10月底，全省建设农村区域性养老服务中心82所，建成长者食堂（助餐点）367个。引导社会资本参与养老服务发展，全省养老机构和设施总数1.8万个，每千名老年人拥有养老床位数超39张。完善分层分类社会救助体系，按照新执行的最低工资标准的44%提高低保标准，全省城乡低保年平均标准9960元，占最低工资标准的45.3%，比上年底增长16%；全省有城乡低保对象55.72万人、支出低保金27.95亿元，有特困人员6.65万人、支出特困供养金10.54亿元，10.62万人纳入低保边缘家庭保障范围，全年实施临时救助18.43万人次、支出2.83亿元。

【教育改革】 2022年，福建省完善义务教育管理，落实“双减”工作。探索推进全省中小学幼儿园教师公开招聘制度改革；推进义务教育“小片区管理”“集团化办学”等办学模式改革。截至年底，全省创建紧密型城乡教育共同体1190个，涵盖乡村学校2596所，占比达93.3%；全省义务教育办学集团214个，集团化办学内成员学校789所。增强教育服务经济社会发展能力，深化产教融合校企合作，实施职业教育产教融合建设计划，建立应用技术协同创新中心和技能大师工作室751个，组建现代农业、现代林业等农林类省级职业教育集团5个。推进高等教育内涵发展，推进福州地区大学城高质量发展，推进6所省属普通本科高校管理体制改革；实施一流本科专业、课程“双万计划”，发展新工科、新医科、新农科、新文科，建设高校学科联盟11个；加快推进公办普通高校人员控制总量管理，破解高校教职工编制紧缺问题。

【医药卫生体制改革】 2022年，福建省制定实施《福建省“十四五”深化医药卫生体制改革专项规划》《福建省公立医院高质量发展实施方案》《关于进一步推进分级诊疗有关重点工作的通知》等政策文件，从总体部署到专项改革，推动全省深化医改。福建中医药管理局挂牌成立，助力中医药事业发展。加快补齐县域医疗短板，基本建成县域医学检验等“六大中心”，基层辐射率均超85%，34家县级医院纳入国家“千县工程”项目建设。深化薪酬改革，县级医院全员目标年薪制试点扩大至全省约1/3县域。推动医改工作长效发展，推进“三医一张网”等信息化建设，完善药品零售行业智慧管理模式和精准监管体制，提高药品、医疗器械监管效率。推行全省检查检验共享互认，基本实现二级以上医疗卫生机构全覆盖，累计互认项目12668.40万项次，金额累计60.61亿元，覆盖6846.07万人次。 （李江城）

精神文明建设

【概况】 2022年，福建省精神文明建设战线开展学习宣传贯彻习近平新时代中国特色社会主义思想、党的二十大精神系列活动，强化思想引领、立德铸魂、文明创建等工作。发挥“新时代宣讲师”作用，开展思想理论宣讲活动。创新推动福文化宣传推广融入精神文明建设，推广“孝老爱亲是福、诚实守信有福、助人为乐添福、文明出行积福、爱岗敬业造福”等文明理念，培育“文明有福”社会新风尚。

【思想理论宣讲】 2022年，福建省精神文明建设战线将学习贯彻习近平总书记关于社会主义精神文明建设的重要论述与学习贯彻习近平总书记对福建工作的重要讲话重要指示精神相结合，举办《习近平关于社会主义精神文明建设论述摘编》学习座谈会，开展《习近平谈治国理政》第四卷、《习近平在福建》系列采访实录、《闽山闽水物华新——习近平福建足迹》等著作学习宣传。依托新时代文明实践中心（所、站），特别是《闽山闽水物华新——习近平福建足迹》等书中故事发生地的中心（所、站），邀请亲历者、见证者开展宣讲。全年开展学习座谈、线下讲堂、文艺汇演、文明实践等活动超2万场次。

【新时代文明实践中心建设】 2022年，福建省出台新时代文明实践中心评估标准和办法，建成县级实践中心88个、实践所1110个、实践站17044个，中心、所、站实现全省全覆盖，基本形成“一县一中心、一乡一所、一村一站”

“中心带所、以所带站、以站联点”建设格局；推动党群服务中心、综合文化服务中心、村民活动中心等重要阵地融入文明实践阵地，在公园景区、窗口单位、农村集市等新建实践点、示范基地11435个。全省组建志愿服务队伍6万多支，全年常态化开展各类文明实践活动近30万场次；党的二十大召开后，各文明实践中心（所、站）组织宣讲队伍深入街头巷尾、村落院坝、田间地头、文化广场、工厂车间等，通过专题讲座、学习座谈、云端宣讲等方式，开展党的二十大精神宣讲。

2022年5月14日，南平市建阳区举办“弘扬家庭美德 传承文明家风”家庭教育宣传周活动
（省委文明办 供图）

【公民道德建设】 2022年，中共福建省委文明办连续第13年组织开展“我推荐我评议身边好人”活动，发动网友和基层干部群众推荐评议助人为乐、见义勇为、诚实守信、敬业奉献、孝老爱亲五类身边好人好事。持续开展道德模范、身边好人选树宣传和礼遇帮扶，19人入选“中国好人榜”，评选“福建好人”65人，在元旦春节期间组织走访慰问生活困难道德模范，并出台系列奖励帮扶举措。实施公民道德建设工程，开展各类群众性主题教育，举办“全闽共舞·喜迎二十大”第五届福建省广场舞展演、“德耀八闽·喜迎二十大”道德模范身边好人故事汇等活动，累计观看参与超50万人次。深化有针对性精神文明教育，统筹推进文明餐桌、文明旅游、文明交通等行动，开展“清静车厢”创建活动。

【志愿服务】 2022年，福建省健全完善志愿服务协调工作机制，举办全省新时代文明实践志愿服务项目大赛，开展全省学雷锋志愿服务“五个最美”先进典型宣传推选和第六批五星级志愿者认定工作。截至年底，全省有实名注册志愿者674万人，注册志愿服务团体7.5万个，累计开展志愿服务项目100.3万个、时长1.87亿小时。2020—2022年，全省超1000万人次志愿者参与新冠疫情防控、复工复产等工作。

【群众性精神文明创建活动】 2022年，中共福建省委文明办以文明城市创建为统领，以加强县级文明城市创建为切入点，以深化文明村镇创建为重点，推动提升城乡环境面貌、群众精神面貌和生活品质。

文明城市创建方面，探索“智慧+文明城市”督查模式，在不定期暗访基础上，通过调取“天网”、智慧城管系统等平台数据，查看城市某一时段或即时数据信息，持续推动创建工作常态化；聚焦农贸市场创建工作，推出首批20个福建省“星级文明集市”。文明村镇创建方面，深化文明乡风联系点建设，加强乡村人居环境整治和农村思想道德建设，整治农村大操大办、厚葬薄养等不良习俗。文明单位创建方面，把治“四风”树新风融入文明创建全过程，巩固深化新风正气福建“名片”打造，开展“岗位践新风”实践活动、“践行‘名片’大家谈”采访活动。文明家庭创建方面，推进良好家风宣传。未成年人思想道德建设和文明校园建设方面，持续深化“扣好人生第一粒扣子”主题教育实践，开展“新时代好少年”学习宣传和红色研学；推进未成年人心理健康辅导站、乡村学校少年宫和全国“复兴少年宫”试点县建设，推动乡村“复兴少年宫”建设由试点探索向深化拓展延伸。

【福文化宣传推广】 2022年，中共福建省委文明办将福文化与党的二十大精神等主题宣讲有机结合，推动各地开展福文化传承创新工作。推动福文化融入社会宣传，组织制作“文明有福”系列公益广告，利用宣传矩阵制定刊播福文化标识和各类宣传标语。将福文化融入新时代文明实践，开展各类实践活动14.3万场，服务群众超510万人次。以“我们的节日·精神的家园”为主题，将福文化元素融入春节等传统节日的群众性主题活动，开展各类文化惠民活动1万多场；组织开展“德者有福”礼遇帮扶活动，省、市慰问道德模范和身边好人1298人，发放慰问金292.56万元，并组织30名全省道德模范、身边好人拍摄新春视频网络拜年送“福”。将福文化融入群众性精神文明创建活动，推动春节期间福文化标识和“福兔呈祥·福满乾坤”宣传海报进文明城市、文明村镇、文明单位、文明校园和文明实践中心（所、站）。

（省委文明办）

编辑：林忠玉

自然资源管理

综　述

【概况】　2022年，福建省自然资源厅印发《关于加强自然资源法治建设的实施意见》，全面部署下一阶段全省自然资源系统法治建设。开展省自然资源厅2022年度行政执法资格考试。《福建省土地管理条例》《福建省矿产资源监督管理办法》颁发实施，统筹推进5件地方性法规和政府规章修订。完成第三批规范性文件清理工作，对6件规范性文件予以废止。对13份规范性文件开展合法性审查。办理复议应诉等各类案件138件。印发《福建省自然资源系统开展法治宣传教育的第八个五年规划（2021—2025年）》，对全省自然资源系统开展法治宣传教育进行系统部署。

制定落实《2022年“放管服”改革工作行动方案》，明确22项改革任务。梳理完善省自然资源厅行政审批和公共服务事项共68项，办理行政审批服务事项3168件。梳理75个主项及181个末项，完善自然资源部门标准化目录事项清单。推进试行分阶段整合“多测合一”改革工作，完成编制福建省自然资源行政许可事项目录清单和监管事项清单。取消海域使用权的审核审批事项中“省级组织的勘测及专家评审环节”。完成省证照中心增加生成项目立项文件及编码信息和测绘资质审批系统调用电子证照对接工作。加快推进城乡规划编制单位乙级资质认定事项入驻省网上办事大厅。

【生态修复】　2022年，福建省自然资源厅组织和指导市县推进专项规划编制工作。贯彻落实《国务院办公厅关于鼓励和支持社会资本参与生态保护修复的意见》精神，研究出台13条贯彻措施，鼓励和支持社会资本参与福建省生态保护修复项目建设。组织开展全省历史遗留矿山图斑核查工作，建立全省历史遗留矿山数据库，涉及图斑6998个，面积1.22万公顷。推进实施国土空间生态保护修复项目，完成闽江流域山水林田湖草生态保护修复试点项目省级验收并报财政部、自然资源部、生态环境部备案，推进九龙江流域山水林田湖草沙一体化保护和修复工程。申报矿山生态修复国家示范工程，龙岩市永定区历史遗留矿山生态修复示范工程获3亿元中央资金支持。持续推进2021年度中央财政支持的厦门、泉州、漳州、平潭等4个海洋生态保护修复项目建设。指导福州、厦门、莆田、宁德市等4个海洋生态保护修复项目列入2023年度中央资金支持范围。加强矿山地质环境治理恢复工作监管，对全省580个在采矿山治理恢复情况开展GNSS巡查，落实矿业权人治理恢复责任。年度修复历史遗留矿山733.33公顷，种植红树林43.6公顷，整治互花米草25.54公顷，修复岸线14.7千米。

【自然资源科技】　2022年，福建省自然资源厅制订、修订2个地方标准项目，完成13套业务系统与省汇聚共享平台对接工作，与福建农林大学、厦门大学经济学院建立框架合作，用途管制创新团队、青年科技人才4人入选自然资源部高层次科技创新人才工程（国土空间规划行业）。深化科技创新平台建设，自然资源部东南沿海海洋信息智能感知与应用重点实验室建设运行方案通过自然资源部审查认定，获国家知识产权局专利授权1项；自然资源部丘陵山地地质灾害防治重点实验室获省水利科学技术二等奖，授权国外发明专利1项、国内发明专利12项，参编标准2项，自主研发普适型地质灾害监测预警仪器，支撑地方政府开展防灾减灾工作；推进省级卫星应用技术中心建设，为新冠疫情防控指挥、《太空看福建》专题栏目等提供卫星遥感数据及技术支持。

【自然资源执法监察】　2022年，福建省自然资源厅推进农村乱占耕地建房问题专项整治，处置新增农村乱占耕地建房问题。全省累计提取23批589个疑似新增农村乱占耕地建房问题图斑，确认新增问题39宗，处置39宗。持续开展“天地网”动态执法，累计监测陆域面积50.3万平方千米，81%的乡镇实现4轮以上全覆盖。全年发现违法问题2.1万宗，比上年下降51%；涉及耕地面积1066.67公顷，减少38%。向违法用地较严重的10个市县政府发出13份自然资源违法预警函。每个月以“点对点”方式向县（市、区）政府函告辖区内违法用地用矿图斑数量及查处整改进展情况，督促各地加大查处整改力度。全年全省查处整改1.2万宗，复耕面积800公顷。（黄 静）

自然资源产权管理

【概况】 2022年，福建省强化产权管理，推进自然资源和不动产确权登记，推进全民所有自然资源资产管理试点工作，加强海域海岛管理。强化项目用地用海要素保障，全年审批建设用地面积1.17万公顷。

【自然资源和不动产确权登记】 2022年，福建省自然资源厅开展武夷山国家公园自然资源确权登记前期的勘界、补充调查工作，完成莆田、平潭、长乐、福清40个无居民海岛内外业调查。全省办理不动产登记251万宗。推进“二手房转移登记一件事”集成套餐服务改革，国务院推转办《政府职能转变和“放管服”改革简报》（第179期）刊登福建省做法，得到国务院主要领导、省委省政府主要领导批示肯定。全省不动产登记发证平均用时0.23天，办理时效位居全国前列。强化不动产登记“零接触”服务，网上申请办理占比83%，群众满意率97%。

【自然资源资产管理】 2022年，福建省自然资源厅报自然资源部审核备案并经省政府同意印发实施《福建省全民所有自然资源资产所有权委托代理机制试点实施总体方案》《福建省人民政府代理履行全民所有自然资源资产所有者职责的自然资源清单》。在全国率先完成委托代理实现机制及具体形式、监督考核、收益分配等6项专题研究。完成全民所有自然资源资产清查试点工作，向自然资源部报送第二批试点成果。推进南平市自然资源领域生态产品价值实现机制试点工作，推荐武夷山国家公园生态产品价值实现样板纳入自然资源部第四批典型案例。编制《2021年度全民所有自然资源资产管理工作报告》。

【海域海岛管理】 2022年，福建省审批用海144宗，总面积9546.67公顷（其中历史遗留围填海项目8宗，面积160公顷）；完成填海项目竣工验收18宗，面积424.4公顷；办理公益性项目海域使用金免缴审查手续28宗，免缴金额1.1亿元。宁德时代、漳湾铁路、漳州核电二期3宗重大用海项目完成组卷并报送自然资源部；漳汕高铁项目取得自然资源部用海预审意见；获自然资源部批准备案历史遗留围填海片区和项目13个，面积826.67公顷。新一轮海岸线修测成果获省政府批准并启用。完成全省养殖用海调查和围海养殖圈围海岸线调查统计，组织开展岸线监视监测，落实自然岸线监管工作。组织编写《海域海岛管理政策知识100问》。

【自然资源要素保障】 2022年，福建省审批建设用地面积1.17万公顷，比上年增长37.2%。其中省级及以上重点项目用地面积5920公顷，增长47%。福州长乐机场二期、白濑水库、双龙铁路、宁上高速、朝阳水库等13宗重大项目用地获国务院批准，项目用地面积共3400公顷，比上年增长184%。继续深化“一清单三保障”工作机制，对重大项目实施清单管理、挂图作战，保障各类项目新增建设用地计划指标需求，全年由国家配置新增建设用地计划指标2293.33公顷，通过“增存挂钩”确保未纳入重点保障项目新增建设用地计划指标5860公顷；推出《关于进一步强化自然资源要素保障促进经济发展“开门红”的通知》《关于进一步深化用地用海要素保障全力稳经济大盘的通知》等5项政策措施，为项目用地用海提供要素保障；厅班子成员全年带队深入基层完成四轮覆盖全省九市一区的现场办公，协调解决各地提出的用地用海等问题约400个。（黄 静）

国土资源管理

【概况】 2022年，福建省自然资源厅开展国土调查监测评价，组织开展国土变更调查2021年度工作和2022年度准备工作，组织发布第三次全国国土调查福建省主要数据。推进国土空间规划工作，超额完成村庄规划年度编制任务。优化土地要素市场化配置，开展批而未供和闲置土地处置专项行动，助力实体经济发展。

【调查监测评价】 2022年，福建省自然资源厅根据自然资源部部署，组织开展2021年度国土变更调查，全省84个县级调查成果全部通过国家核查，部署和指导市县开展2022年度国土变更调查准备工作。组织福州市、厦门市完成2022年城市国土空间监测，并通过国家核查。选取福清市为试点区，组织开展季度国土变更调查探索，完成全省12个县新增耕地日常变更的省级核查工作，完善日常变更机制。组织完成全省设区市第三次全国国土调查（简称“三调”）主要数据发布，开展“三调”及年度变更调查成果共享应用，推进“三调”共享平台建设，提供林业、农业部门开展专项调查工作，统筹推进全省自然资源调查监测工作。全省6个单位和6名个人分别被评为全国“三调”先进单位和先进工作者。

【国土空间规划】 2022年，福建省级国土空间规划成果报国务院审批，其余市县开展报批。593个乡镇开展规划编制工作，占全省应编乡镇总数的

92.08%。7437个村庄规划获批，福州市四级联动村镇责任规划师制度得到自然资源部肯定，宁德市村庄规划经验入选全国推荐案例。完成“三区三线”划定并通过自然资源部审查，成果纳入国土空间规划“一张图”，作为建设项目用地用海组卷报批依据。创新规划帮扶模式，邀请省内专家学者赴政和县开展规划会诊。建设完善国土空间规划“一张图”实施监督信息系统，汇总形成五大类108个小类的数据体系，获自然资源部公众号和“学习强国”等媒体报道推广。开发“阳光规划”手机客户端，编制形成“招商一张图”，公开规划成果数据10952个，总访问量超13万次。提升行业管理水平，发布《关于开展城乡规划编制单位乙级资质认定工作的通知》，明确申请条件，规范申报流程，启动城乡规划编制单位乙级资质认定工作。

【土地开发利用】 2022年，福建省自然资源厅提请省政府办公厅印发《关于推行工业用地“标准地”改革的指导意见》，明确工业用地“标准地”改革的总体要求、重点任务和保障措施。优化国有土地配置。全年全省国有建设用地配置总面积2.06万公顷，其中包括住宅用地配置1953.33公顷、工业用地配置5266.67公顷、商服用地配置493.33公顷、交通能源水利等基础设施用地配置1.28万公顷。

推进节约集约用地。开展批而未供和闲置土地处置专项行动，据自然资源部通报，全省处置批而未供土地6340公顷，处置率29.36%；处置闲置土地2366.67公顷，处置率42.99%。组织开展2022年度全省国家级和省级开发区土地集约利用全面评价工作。仓山区、华安县、晋江市、德化县、明溪县、武平县、长汀县、周宁县8个县（市、区）被认定为首批自然资源节约集约示范县（市），创建示范期为2023—2025年。

【耕地保护】 2022年，福建省自然资源厅印发建设占用耕地耕作层土壤剥离再利用的指导意见。开展土地整治专项资金使用情况检查，督促加快预算执行。开展耕地后备资源调查评价和引入社会资本参与补充耕地试点工作。加强补充耕地监管，实地抽查21个县（市、区）115个项目。开展设施农业用地上图入库8088宗，截至年末，用地规模1.11万公顷。完成永久基本农田划定，全省纳入耕地保护目标的耕地面积89.47万公顷，划定永久基本农田81.01万公顷，完成国家下达的任务。全年补充耕地2100公顷，连续23年实现耕地占补平衡。遏制耕地“非农化”“非粮化”，严格耕地卫片监督，省政府办公厅下发《关于全面落实2021年度耕地“进出平衡”有关工作的通知》；经省政府同意，省自然资源厅、农业农村厅、林业局、海洋与渔业局印发《耕地流出问题排查整改工作方案》；加强部门分工协作，推进耕地流出问题整改，落实年度耕地进出平衡。

（黄　静）

地质勘查与灾害防治

【概况】 2022年，福建省自然资源厅开展区域地质调查、矿产地质调查及战略性矿产勘查。印发《地质调查成果报告普及本编制指南》，促进“产、学、研、用”有机结合。加强地质灾害防治，开展地质灾害风险调查评价，推进地灾监测预警实验点建设。

【地质勘查管理】 2022年，福建省省级财政出资开展公益性基础性地质调查项目17个，部署开展1∶5万区域地质调查面积6437平方千米，全省累计部署1∶5万区域地质调查11.35万平方千米，覆盖全省陆域面积的91.5%；部署开展1∶5万矿产地质调查面积1759平方千米，累计部署1∶5万矿产地质调查4.72万平方千米，覆盖全省陆域面积的38.1%；部署开展战略性矿产勘查项目5个，涉及锡、钴、晶质石墨、钨、钽铌等战略性矿产。提交4处潜在资源量达中型及以上稀土矿产地相关资料；提交1∶5万农业地质调查报告13份，实现1∶5万农业地质调查评价全省耕地全覆盖。

【地质灾害防治】 2022年，福建省83个县（市、区）1∶5万地质灾害风险调查评价，开展“天上看、地上查、动态管”地灾隐患排查。汛期发布全省地质灾害气象风险预警984期，发送预警短信超780万条。在全省39个县（市、区）建成1644处群专结合地灾监测预

2022年5月20日，福建省地质灾害应急技术演练暨现场观摩会在安溪县举行

（省自然资源厅　供图）

警实验点，安装设备11613台套，直接受益群众4.6万多人。累计下达中央和省级财政补助资金3.07亿元，整治省级地灾隐患点61处，排危除险工程107个，地灾避险搬迁143户，惠及群众2.2万多人。（黄　静）

矿产资源管理

【概况】 2022年，福建省自然资源厅完成《福建省矿产资源总体规划（2021—2025年）》报批公布。全省各级办理压覆矿查询服务424次，服务北电南送、上白石水利枢纽工程、永安抽水蓄能等国家、省重点项目。

【矿业权管理】 截至2022年底，福建省探矿权总数646个，按勘查矿种分类，能源矿产41个（其中煤矿25个）、水气矿产（矿泉水）5个、金属矿产488个、非金属矿产112个。全省采矿权总数1001个，其中煤矿44个、铁矿57个、铅锌矿50个、金矿17个、银矿8个、铜矿13个、锰矿12个、锡矿3个。全省办理采矿权登记项目54个，办理探矿权登记项目80个。

【矿产资源监督】 2022年，福建省自然资源厅印发《关于严厉打击盗采矿产资源违法活动和矿山严重违法违规生产建设行为工作实施方案》，组织实施《福建省矿产资源监督管理办法》，加强源头管控。建立厅际联席会议制度，同步部署推进“洗洞”盗采金矿专项行动与打击盗采矿产资源违法活动和矿山严重违法违规生产建设行为等专项整治行动；完成500台套“互联网＋”远程视频监控设备建设；持续开展证照逾期矿山、关停矿山、非法采矿点每天打卡巡查，应巡点由4040个降至731个，实现非法违法采矿全闭合全链条管理；完成部省疑似违法用矿图斑卫片核查判定，核查率100%，违法用矿案件立案42件、结案28件，梳理复核历史遗留的疑似违法用矿图斑，转交地方查处；调查处理5条群众举报的非法违法采矿行为线索。（黄　静）

测绘工作

【概况】 2022年，福建省连续4年实现中、高分辨率遥感影像全省年度覆盖，提高测绘保障和测绘成果审批服务水平。深化工程建设项目“多测合一”改革。全年审批办结测绘资质事项933件。截至年底，全省测绘资质单位570家，其中甲级62家、乙级508家。

【测绘保障】 2022年，福建省实施1：1万数字正射影像（DOM）全省更新、1：1万数字线划图（DLG）重要元素全省更新，推进福建省卫星导航定位基准服务系统（FJCORS）北斗3号改造；完成诏安、漳平、霞浦等10个数字县域地理空间框架建设。推进基础测绘转型升级，开展实景三维福建建设。加强测绘行业监管，开展全省测绘行业安全生产专项检查；完成测绘资质巡查30家、测绘成果质量监督抽查100家、测绘成果保密检查51家。

【测绘成果审批服务】 2022年，福建省自然资源厅办理测绘成果行政审批320批次，向112家单位免费提供测绘成果分发服务，数据价值超1.7亿元。提升地理信息在线服务能力，地理信息公共服务平台（“天地图·福建”）为全省600余个应用系统提供支撑服务，地图服务访问量日均1380万次，连续9年获自然资源部“五星级”评估，为数字中国、数字经济、数字政府、数字社会提供统一的时空数据基础。服务乡村振兴，继续实施“一乡一图”工程，完成顺昌等15个县（市、区）的185个乡镇（街道）地图编制工作。建立健全应急测绘保障体系，印发《福建省自然资源厅应急测绘保障预案》。提升测量标志信息化管理水平，完成全省2827个国家级、省级测量标志普查与保护工作，成果数据完成录入全国测量标志管理信息系统。落实公开版地图安全监管，省级核发地图审图号269个，审查政府信息公开地图515幅，抽检批后地图产品20件，常态化监管重点网站300个，检定地图4080张；保障数字中国建设峰会等重大展会活动规范使用地图，检定地图600张，指导修改问题地图100张。（黄　静）

编辑：林忠玉

生态环境

综　　述

【概况】　2022年，福建省环境状况继续保持全国领先。水环境质量总体保持优良水平，主要流域水质总体为优，集中式生活饮用水水源水质优良，主要湖泊水库水质优良、与上年持平。全省城市环境空气质量以优良为主，城市声环境质量继续保持稳定。全省九市一区除厦门市和平潭综合实验区生态环境状况等级为“良”外，其他地区生态环境状况等级均为“优”。全省氮氧化物、挥发性有机物、化学需氧量和氨氮4项主要污染物重点工程累计减排量均完成国家下达的任务数。

【美丽福建建设】　2022年，福建省人民政府出台《深化生态省建设，打造美丽福建行动纲要（2021—2035年）》，围绕打造美丽中国示范省目标，系统推进美丽城市、美丽乡村、美丽河湖、美丽海湾、美丽园区建设，打造“清新福建·人间福地”。霍童溪、福州滨海新城岸段分别入选全国美丽河湖、美丽海湾优秀案例。

【碳达峰碳中和】　2022年，福建省生态环境厅等6部门联合印发《福建省减污降碳协同增效实施方案》，推进福建碳排放权交易市场建设。截至年底，市场覆盖电力、石化、化工、建材、钢铁、有色、造纸、航空、陶瓷9个工业行业296家企业，全年碳排放权成交807万吨、金额1.97亿元，发放上年度碳排放配额总量1.317亿吨，应清缴配额总量1.318亿吨，全部重点排放单位按时足额完成配额清缴，履约率100%。

（陈必文）

生态保护修复

【概况】　2022年，福建省围绕“山更好、水更清、林更优、田更洁、天更蓝、海更净、业更兴、村更美”等8个方面目标，梯次推进“绿盈乡村”建设，累计有80%以上乡村建成“绿盈乡村”。9个市、县获“国家生态文明建设示范区”称号，莆田市木兰溪流域、南平市邵武市被命名为“绿水青山就是金山银山”实践创新基地。厦门市成为全国第二个全域及其下辖各区均为示范区的副省级城市。至年底，全省共有39个市、县获“国家生态文明建设示范区”称号，7个地区被命名为“绿水青山就是金山银山”实践创新基地。

【生态环境治理】　2022年，中共福建省委、福建省人民政府出台《福建省深入打好污染防治攻坚战实施方案》，落实精准治污、科学治污、依法治污，污染防治攻坚战国家考核保持优秀。推进攻坚蓝天工程，推进氮氧化物和挥发性有机物协同减排，聚焦钢铁等十大重点行业领域，实施完成111个省级大气污染治理重点项目、1000个基层治理项目；福建碳市场第六个履约周期收官，碳排放权累计成交金额突破10亿元。推进攻坚碧水工程，持续实施闽江、九龙江流域山水林田湖草沙生态保护修复工程，深化入河排污口排查整治，加强工业排污、生活污染、畜禽养殖和鳗鱼等淡水养殖业污染整治和监管，改善流域水质。推进攻坚碧海工程，“一湾一策”实施重点海湾水质提升工程，重点岸段海漂垃圾密度比上年下降57.3%。推进攻坚净土工程，推进受污染耕地落实安全利用和严格管控，实施农村生活污水治理为民办实事项目，加快福州、莆田“无废城市”建设。

【环境安全建设】　2022年，福建省开展环境安全隐患大排查大整治，完成2354家（次）企业环境应急预案线上备案、14条河流（河段）应急响应“一河一策一图”编制，全年未发生较大及以上级别突发环境事件。省生态环境厅联合龙岩市政府开展跨界河流突发环境事件应急演练，其他省生态环境部门组织各类型应急演练111次；应对处置突发

2022年12月21日，福建省突发环境事件应急演练——黄潭河突发水污染环境事件应急演练在龙岩市上杭县蛟洋工业区举行　（省生态环境厅　供图）

环境事件3起，其中因生产安全事故引发突发环境事件2起、因交通事故引发突发环境事件1起。　（陈必文）

环境综合整治

【概况】　2022年，福建省强化环境综合整治，持续推进土壤污染防治、水环境整治、大气污染整治、海洋环境治理，加强危险废物管理，落实核安全管理。全年完成国家下达的受污染耕地利用与管控任务，全省115个国控水功能区达标率98.3%，福建省近岸海域生态环境状况总体良好，近岸海域优良水质（一、二类）面积比例85.8%。

【土壤污染防治】　2022年，福建省生态环境厅持续开展农用地土壤镉等重金属污染源头防治行动，摸排建立整治清单企业34家并督促整改，推进4个历史遗留废渣治理项目。组织实施土壤污染源头管控项目，完成钢铁、电镀、化工等42家重点监管单位土壤污染隐患排查“回头看”试点。在福州、厦门、泉州等开发用地较集中的地市，推行土壤污染状况先行调查试点，更新《2022年度建设用地土壤污染风险管控和修复名录》。推进农用地土壤分类管控，全面完成国家下达的4.77万公顷受污染耕地安全利用与严格管控任务。全省重点建设用地安全利用有效保障，受污染耕地安全利用率93.76%。

【水环境整治】　2022年，福建省生态环境厅推进水功能区划编制，推动水功能区划与重点流域断面考核相衔接，开展区域性、行业性、流域性生态环境问题整治，提升水功能区环境质量。加强排污口设置管理，印发《加强入河入海排污口监督管理工作方案》，坚持“依法取缔一批、清理合并一批、规范整治一批”，分批次推进全省入河排污口排查整治，完成闽江流域3241个入河排污口排查整治。

【流域水环境保护】　2022年，福建省生态环境厅等4部门联合印发实施《福建省“十四五”重点流域水生态环境保护规划》，推进山水林田湖草沙系统治理。实施“十百千”碧水攻坚年度项目，以流域系统治理、水源地保护、美丽河湖建设为重点，谋划生成188个项目进入储备库，计划总投资超350亿元。莆田市入选全国首批区域再生水循环利用试点城市，宁德市地表水国考断面水质状况、漳州市地表水国考断面水质改善情况排名均进入全国前30名。

【大气污染整治】　2022年，福建省生态环境厅等4部门联合印发《福建省“十四五”空气质量改善规划》。强化工业治污减排，持续推进29家钢铁企业实施超低排放改造，推动6家水泥企业、6台35蒸吨及以上燃煤锅炉超低排放试点。聚焦石化、化工、制鞋、印刷、涂装等重点行业，加快实施挥发性有机物“源头—过程—末端”全过程治理，完成低（无）挥发性有机物含量原辅材料源头替代103个、挥发性有机物综合治理项目279个。加强排放检验机构规范化运营、非道路移动机械和机动车监管，推动车辆、机械达标排放。针对臭氧污染高发时段，强化区域联防联控和污染天气应对，减少污染天数。

【海洋环境治理】　2022年，福建省近岸海域生态环境状况总体良好，近岸海域优良水质（一、二类）面积比例85.8%，优于全国平均水平3.9个百分点。海漂垃圾综合治理连续3年纳入省委省政府为民办实事项目，全年全省清理海漂垃圾12.14万吨。按照“查、测、溯、治、管”要求，持续推进全省入海排污口取缔、合并和规范，截至年底，入海排污口总体整治率46.8%。重点打造厦门东南部海域、漳州东山湾、莆田湄洲岛等湾区参评国家美丽海湾优秀案例，“一湾一策”项目化推进沙埕港、安海湾、诏安湾等重点海域污染治理和生态修复，实施漳州八尺门退堤还海和厦门海沧、福州滨海新城海岸带修复等30多个治理项目，推进超规划养殖清退和海上养殖绿色转型升级，带动全省美丽海湾建设进程。

【危险废物管理】　2022年，福建省有危险废物持证单位155家，总核准利用处置能力201万吨/年；有涉危废单位1.2万家，全年危险废物产生量182.3万吨（不含医疗废物），利用处置量182.7万吨（含上年度贮存量），跨省转移危险废物24.4万吨，累计运行电子

2022年5月21日，福建省第一届辐射环境保护技能竞赛在福州举行。图为闭幕式 (伊世洲 摄)

联单14.1万余份。全省医疗废物集中处置单位12家，处置能力238吨/日，全年收集处置医疗废物、涉疫垃圾8.4万吨（其中涉疫垃圾4.4万吨）。持续开展危险废物专项整治三年行动集中攻坚，组织对1113家涉危险废物单位开展专项排查，依法立案查处涉危废企业26家次、处罚金额378.5万元，移送涉嫌刑事犯罪案件2件、行政拘留1件。持续推进废铅蓄电池集中收集和跨区域转运、小微企业危废集中收集、农药包装废弃物收集等试点工作，收集处置废铅蓄电池8.47万吨、小微企业危险废物0.6万吨、农药包装废弃物1200吨。

【核安全管理】 2022年，福建省政府办公厅修订印发《福建省核应急预案（2022年修订版）》，制定《福建省“十四五”核安全与辐射污染防治规划》。举办首届福建省辐射环境保护技能竞赛，组织全省辐射安全监督员培训，完成持续3年的全省核与辐射安全隐患排查，组织“福宁－2022”全省第四次核应急演习，推动厦门、三明等地开展辐射事故应急综合演习，提升安全管理和应急处置能力，全年未发生辐射事故和涉核“邻避”问题。开展核安全公众沟通工作，联合华东监督站和宁德、漳州、福清核电厂开展系列宣介活动，核安全电视宣传专区刊载视频151部、合计时长58小时、年度点播数71.4万余次，原创动画微视频《谈核不必色变，我们共同守护》被省委国安办、团省委评为“创意微视频大赛一等奖”。 （陈必文）

生态环境执法监管

【概况】 2022年，福建省开展生态环境保护执法大练兵，省生态环境厅被生态环境部评为省级表现突出单位、排名全国第二，10个单位获评市、县级表现突出集体，7人获评表现突出个人。出台生态环保综合执法“十条禁令”，打击生态环境违法行为，办理环境行政处罚案件2833件、处罚金额2.17亿元，办理《中华人民共和国环境保护法》4个配套办法案件624件，移送涉嫌环境犯罪案件59件。落实执法机构规范化、装备现代化、队伍专业化、管理制度化建设，推选年度规范化示范单位5个和年度规范化达标单位10个。

【生态环境督察】 2022年，中共福建省委书记、福建省省长与各设区市、平潭综合实验区党政一把手签订年度生态环境保护目标责任书，完善目标责任书考核评分细则，优化考核方式，健全日常调度、分析、提醒、促进机制，压紧压实责任。全面推动两轮中央生态环境保护督察问题整改，并开展验收；对福州、厦门、泉州、莆田等4个设区市开展第二轮省生态环境保护例行督察，实现第二轮省级生态环境保护督察全覆盖。

【“静夜守护”点题整治】 2022年，福建省生态环境厅会同住建等5部门开展“静夜守护”点题整治，建立城市夜间噪声管控等3项机制。全年全省行政处罚噪声污染行为3900起，责令整改3.9万起，噪声投诉量比上年下降12%，群众满意率99.2%。 （陈必文）

编辑：林忠玉

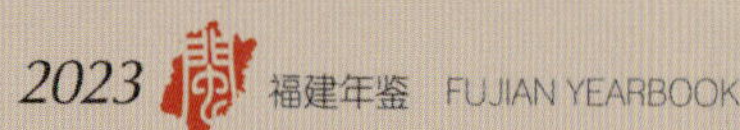

中国共产党福建省委员会

综　　述

【党的二十大精神学习宣传贯彻】　2022年，中共福建省委坚持以习近平新时代中国特色社会主义思想为指导，围绕迎接党的二十大召开和学习宣传贯彻党的二十大精神，组织主题宣传活动，召开“中国这十年·福建”新闻发布会。完成福建省党的二十大代表选举工作，基层党组织推荐参与率100%、党员参与率99.3%。党的二十大闭幕后，召开省委常委会会议、理论学习中心组学习会等会议传达学习贯彻，省委主要领导带头赴基层宣讲，举办省管干部专题研讨班等，带动各级党组织开展学习宣传活动。召开省委十一届三次全会，出台《关于深入学习宣传贯彻党的二十大精神，奋力谱写全面建设社会主义现代化国家福建篇章的决定》，部署贯彻落实措施。

【习近平新时代中国特色社会主义思想学习贯彻】　2022年，中共福建省委坚持“第一议题”制度，跟进学习习近平总书记重要讲话重要指示批示精神。组织编写出版、学习研讨《闽山闽水物华新——习近平福建足迹》。推进习近平新时代中国特色社会主义思想研究中心建设，举办习近平生态文明思想理论和实践、“3820”战略工程与习近平新时代中国特色社会主义思想、《摆脱贫困》出版30周年暨乡村振兴、“晋江经验”与习近平经济思想等理论研讨会，实施习近平新时代中国特色社会主义思想探源计划。

【中央决策部署落实】　2022年，中共福建省委以习近平总书记来闽考察一周年为契机，对贯彻落实情况进行阶段性总结，并研究谋划贯彻落实的深化措施，推动走深走实。开展贯彻落实习近平总书记重要指示批示精神“回头看”，完善工作台账，确保抓细抓实抓成效。实施“提高效率、提升效能、提增效益”行动，开展省委省政府工作检查暨“稳增长、稳市场主体、保就业、防风险”督查活动。建立经济社会运行和高质量发展监测与绩效管理平台，强化科学决策和及时调度，推动提高工作质效。

【经济发展】　2022年，福建省强化经济运行分析调度，推动经济运行保持在合理区间。全省地区生产总值5.3万亿元，比上年增长4.7%；地方一般公共预算收入扣除留抵退税因素后增长5.5%；固定资产投资增长7.5%；社会消费品零售总额增长3.3%；出口增长12.3%；全体居民人均可支配收入增长6%；城镇调查失业率5.1%；居民消费价格上涨1.9%。

顶格落实国家稳经济政策，出台实施48条一揽子政策和21条接续政策，全年退减降缓税费1150亿元。新增400亿元中小微企业纾困基金，惠及企业1.83万家。用好用足政策性开发性金融工具，发行地方政府专项债券1831亿元。举办第七届世界闽商大会、弘扬“晋江经验”促进民营经济高质量发展大会等活动；新对接民企产业项目2137个，总投资7604亿元。深化“全闽乐购”活动，举办首届福品博览会。出台新一轮稳外贸15条、稳外资9条政策措施，全省一次性投资最大的中外合资项目——中沙古雷乙烯项目落地建设。

【新冠疫情防控】　2022年，福建省执行国家各项新冠疫情防控措施，并及时调整优化，保护人民生命安全和身体健康，减少疫情对经济社会发展的影响。打赢泉州、宁德、福州等地聚集性疫情歼灭战，落实常态化疫情防控，建成全省疫情防控一体化服务平台，解决企业群众合理诉求。加快推进新冠试剂、药物和疫苗研发。支援上海、海南、贵州、昌都、北京等地抗击疫情。落实新阶段疫情防控各项举措，做好实施“乙类乙管”各项工作，做好思想准备、物资准备和人员准备，全面“保健康、防重症”，推动平稳有序“压峰”转段。

【重大风险防范化解】　2022年，福建省完善稳粮惠农政策，按季节分品种压茬推进粮食生产，全年粮食播种面积超额完成国家下达的任务数，粮食实现增产丰收。开展十一届省委第一轮意识形态专项检查，筑牢高校等重点领域意识形态安全防线。防范化解民营房企债务风险，压实“保交楼、保民生、保稳定”责任，“一楼一策”化解问题楼盘。全省不良贷款率低于全国平均水平，政府债务风险总体可控。加强社会治安防控，群众安全感率超99%，平安建设绩效保持全国前列。加强安全生产，全省各类安全事故起数、死亡人数分别比上年下降37%、31%。落实防汛、防台风工作，应对60年一遇强降雨。

【现代化经济体系建设】 2022年，福建省实施高水平科创平台建设行动，全社会研发投入比上年增长15%。在全国首设科技成果转化奖，实施高新技术企业“双倍增”行动，全省有国家高新技术企业8941家，全年规模以上工业高技术产业增加值比上年增长17.1%。实施数字信息基础设施强基等八大行动，举办第五届数字中国建设峰会，全年数字经济增加值2.6万亿元。实施海洋经济高质量发展三年行动，全年海洋经济重点项目完成投资突破900亿元。出台推进绿色经济发展行动计划，单位地区生产总值能耗、碳排放强度明显下降。实施文旅经济高质量发展行动计划，布局建设滨海风景道、生态休闲道项目，加快建设全域生态旅游省。

【新发展格局服务和融入】 2022年，福建省深化“放管服”改革，施行《福建省优化营商环境条例》，推出“一件事一次办”改革事项8125个。落实“全国一张清单”模式，率先开展市场准入效能评估。推广三明医改经验，公立医院综合改革绩效连续7年位居全国前列。深化集体林权制度改革，全省林业总产值继续保持全国前列。举办第22届中国国际投资贸易洽谈会、金砖国家新工业革命伙伴关系论坛等重大活动。加快金砖国家厦门创新基地建设。持续推进中欧班列运行，“丝路海运”联盟成员超270家，与“一带一路”共建国家贸易额比上年增长10%。自贸试验区新推出首创举措28项。

【海峡两岸融合发展】 2022年，福建省坚持以通促融，对台贸易增长比上年增长20%以上，新设台资企业户数、实际利用台资金额均居大陆首位，推出两岸标准共通试点项目25个，海峡两岸最大的石化合作项目古雷炼化一体化一期投入商业运营，每天向金门供水2.1万吨、约占金门日常用水的四分之三。坚持以惠促融，成立大陆首个台胞职业资格一体化服务中心，首创面向港澳台同胞的省级定制医疗保险“八闽保”。坚持以情促融，开展两岸特色交流活动200多场，举办第十四届海峡论坛、郑成功收复台湾360周年纪念活动、两岸企业家峰会年会等，三明获批海峡两岸乡村融合发展试验区。

【高品质生活创造】 2022年，福建省城镇居民、农村居民人均可支配收入分别比上年增长5.2%、7.6%，25件省委省政府为民办实事任务全面完成。就业政策提质加力，开展职业技能提升行动，重点群体就业稳定，城镇新增就业51.97万人。强化社会保障，城镇职工退休人员基本养老金比上年增长4%，城乡低保年均标准提高至9999元。新建农村区域性养老服务中心86个，新开工保障性安居工程住房18.6万套。新增公办学前教育学位6.7万个、义务教育学位13万个。新增医疗床位6000个，全面实施职工医保门诊共济保障，28万名适龄女性免费接种HPV疫苗。6项茶制作技艺列入联合国教科文组织人类非物质文化遗产代表作名录，第十六届精神文明建设“五个一工程”获奖项目数全国第一。举办中国金鸡电影节、丝绸之路国际电影节。打好蓝天、碧水、碧海、净土保卫战，协同推进降碳、减污、扩绿、增长，9个设区城市空气优良天数比例保持稳定，主要流域优良水质比例98.7%，森林覆盖率连续44年保持全国第一。

【社会主义民主政治】 2022年，中共福建省委坚持和发展全过程人民民主。召开省委人大工作会议，出台进一步加强和改进新时代人大工作的若干措施，省人大常委会做好立法、监督、决定、任免和代表工作，制定法规16项，修改法规7项，废止法规2项。支持省政协加强专门协商机构建设，提高政协党的建设质量，开展协商议政活动45场。召开省委统战工作会议，打造“同心五福”“同心·半月座谈”等品牌，完成各民主党派省级组织、省工商联换届工作。

打造法治强省，出台法治政府、法治社会、法治人才、法治文化等系列规划。建设海丝中央法务区，落地合作项目57个，打造国内外知名法治创新聚集区和法律服务高地。优化知识产权保护格局，获批国家知识产权强市建设示范试点5个。加强“八五”普法工作，开展法治进基层活动。

【从严治党】 2022年，中共福建省委制定《关于坚决维护党中央集中统一领导的若干规定》，压紧压实党的建设主体责任。完善推动党中央重大决策部署落实机制，坚持分地域分领域分层级分阶段，推进政治监督具体化、精准化、常态化。完成十一届省委第一轮对28个省属企业和省直单位巡视。

建设高素质专业化干部队伍。实施领导干部政治素质考察办法，落实《党政领导干部选拔任用分析研判和动议办法》等“5个办法”。2022年“一报告两评议”干部选拔任用工作满意度排名居全国前列。推进年轻干部全链条梯次培养工程，选派干部赴中央国家机关、西藏、宁夏和基层一线等挂职锻炼。召开省委人才工作会议，制定《关于实施新时代人才强省战略的意见》，推进人才重大计划、重大工程。

增强党组织政治功能和组织功能。推进抓党建促乡村振兴促共同富裕，选派优秀干部驻村担任第一书记。推进城市基层党建引领基层治理，探索推行近邻党建，实行“支部建在小区上”，建立小区党支部1万个，覆盖率99.4%。加强新业态、新就业群体党建工作，非公企业、社会组织党组织覆盖率分别达91%、89%，居全国前列。

推进党风廉政建设和反腐败斗争。巩固深化提升“点题整治”，推进乡村振兴资金、工程领域招投标等在线监管平台建设，整治群众身边“微腐败”。坚持不敢腐、不能腐、不想腐一体推进，深化国企、粮食购销、金融等领域反腐败工作，加强对“关键少数”的监督。（林丽丽）

重要会议

【省委十一届二次全会】 2022年6月2日，中国共产党福建省第十一届委员会第二次全体会议在福州召开。省委委员75人、省委候补委员16人出席会议。省委常委会主持会议。省委书记尹力，省委副书记赵龙、罗东川，省委常委张彦、李仰哲、邢善萍、林宝金、崔永辉、郭宁宁、吴偕林、宋鸿喜、王永礼、刘建洋出席会议。

全会以无记名投票方式确定福建省出席党的二十大代表候选人预备人选名单；审议通过《关于召开中国共产党福建省代表会议的决议》，决定于2022年6月在福州召开中国共产党福建省代表会议，选举产生福建省出席党的二十大代表。

会议号召，全省各级党组织和全体共产党员要高举习近平新时代中国特色社会主义思想伟大旗帜，深入学习贯彻习近平总书记对福建工作的重要讲话重要指示精神，全面贯彻落实党中央决策部署，忠诚拥护“两个确立”、坚决做到“两个维护”，立足新发展阶段，完整、准确、全面贯彻新发展理念，高效统筹疫情防控和经济社会发展，统筹发展和安全，努力在加快建设现代化经济体系上取得更大进步，在服务和融入新发展格局上展现更大作为，在探索海峡两岸融合发展新路上迈出更大步伐，在创造高品质生活上实现更大突破，持续建设机制活、产业优、百姓富、生态美的新福建，全方位推进高质量发展超越，奋力谱写全面建设社会主义现代化国家福建篇章，为实现党的第二个百年奋斗目标和中华民族伟大复兴的中国梦而不懈奋斗，以实际行动迎接中国共产党第二十次全国代表大会的胜利召开。

【中国共产党福建省代表会议】 2022年6月23日，中国共产党福建省代表会议在福州举行。会议应到代表538人，实到506人，符合规定人数。会议由省委常委会主持。省委书记尹力讲话。省委领导赵龙、罗东川、张彦、李仰哲、邢善萍、林宝金、崔永辉、郭宁宁、吴偕林、王永礼、刘建洋在主席台前排就座。会议以无记名投票方式选举产生福建省出席中国共产党第二十次全国代表大会代表。

尹力在讲话中强调，全省各级党组织和广大党员要深入学习贯彻习近平总书记重要讲话重要指示精神，认真贯彻落实党中央关于“疫情要防住、经济要稳住、发展要安全”重大决策部署，扎扎实实做好各项工作，为全党全国大局作出应有贡献。要旗帜鲜明讲政治。深刻领会“两个确立”的决定性意义，充分发挥福建特色优势，坚持不懈学懂弄通做实习近平新时代中国特色社会主义思想，以实际行动增强“四个意识”、坚定“四个自信”、做到“两个维护”。围绕喜迎党的二十大深入开展宣传教育，浓墨重彩宣传新时代伟大成就，用心用情鼓舞新征程奋进力量。要一心一意抓发展。紧扣“四个更大”重要要求，高效统筹疫情防控和经济社会发展，统筹发展和安全，科学精准做好常态化疫情防控工作，切实做好稳增长、稳市场主体、保就业、防风险等重点工作，全力以赴扩投资、促消费、稳出口，做大做强做优数字经济、海洋经济、绿色经济、文旅经济，推动高质量发展，确保全省经济运行在合理区间，努力完成全年目标任务。要千方百计惠民生。始终坚持以人民为中心，认真解决群众关心的就业、收入、社会保障、教育、医疗卫生、养老等问题，加快数字福建建设，推进精神文明和文化强省建设，深化生态省建设，把老百姓的事一件一件办好，不断提高人民群众生活品质。要未雨绸缪防风险。贯彻落实总体国家安全观，树牢底线思维、增强忧患意识，深入细致做好金融风险防范工作，抓紧抓实安全生产、防汛防台风、信访维稳等工作，着力把风险隐患化解在源头、解决在萌芽状态，确保社会大局和谐稳定。要持之以恒强党建。以党的政治建设为统领，以制度建设为重点，突出迎接学习宣传贯彻党的二十大这条主线，推进党的各方面建设。持续抓基层打基础，完善上下贯通、执行有力的组织体系，把各领域基层党组织建设成为坚强战斗堡垒。一体推进不敢腐、不能腐、不想腐，巩固风清气正政治生态。各级党员领导干部要发挥先锋模范作用，着力提高效率、提升效能、提增效益，推动各项工作落到实处、取得实效。

尹力说，福建省出席党的二十大代表，肩负着全省230万名党员和各级党组织的重托。希望大家珍惜这一光荣使命，以强烈的政治责任感和历史使命感，认真履职尽责、兑现庄严承诺。要立足岗位、勤政为民，时时处处以更高标准要求自己，充分发挥党代表的引领示范作用，树立先进形象，带动更多党员、群众比学赶超，争创一流业绩。

尹力要求，全省上下要在以习近平同志为核心的党中央坚强领导下，高举习近平新时代中国特色社会主义思想伟大旗帜，团结带领全省人民，奋力拼搏，笃行不怠，全方位推进高质量发展超越，加快新发展阶段新福建建设，以实际行动迎接党的二十大胜利召开。

【省委十一届三次全会】 2022年11月

25日，中国共产党福建省第十一届委员会第三次全体会议在福州举行。出席会议的省委委员71人，省委候补委员14人。省纪委常委和有关方面负责人、党的二十大代表中的部分基层代表、省第十一次党代会代表中的部分基层代表等列席会议。全会由省委常委会主持，省委书记周祖翼讲话。

全会听取和讨论周祖翼受省委常委会委托作的工作报告，审议通过《中共福建省委关于深入学习宣传贯彻党的二十大精神，奋力谱写全面建设社会主义现代化国家福建篇章的决定》。周祖翼就《决定（讨论稿）》向全会作说明。

全会充分肯定省第十一次党代会以来省委常委会工作。一致认为，省委常委会坚持以习近平新时代中国特色社会主义思想为指导，深入学习贯彻习近平总书记对福建工作的重要讲话重要指示精神，推动全省上下做好迎接党的二十大召开和学习宣传贯彻党的二十大精神各项工作，坚定拥护“两个确立”、坚决做到“两个维护”，坚决落实疫情要防住、经济要稳住、发展要安全重要要求，坚持稳中求进工作总基调，高效统筹疫情防控和经济社会发展，统筹发展和安全，扎实做好新冠疫情防控工作，全力以赴稳住经济大盘，全方位推进高质量发展，着力防范化解重大风险，大力加强民主法治建设和宣传思想文化工作，弘扬伟大建党精神、深入推进党的建设和全面从严治党，不断提高效率、提升效能、提增效益，推动福建各项事业发展取得新成效。

全会指出，党的二十大是在全党全国各族人民迈上全面建设社会主义现代化国家新征程、向第二个百年奋斗目标进军的关键时刻召开的一次十分重要的大会，是一次高举旗帜、凝聚力量、团结奋进的大会。习近平同志代表十九届中央委员会所作的报告，是党团结带领全国各族人民夺取中国特色社会主义新胜利的政治宣言和行动纲领，是马克思主义的纲领性文献。党的二十届一中全会选举产生以习近平同志为核心的新一届中央领导集体，充分体现全党共同意志，充分反映亿万人民共同心愿，充分展现中国共产党朝气蓬勃、兴旺发达、奋发有为。要从国家战略全局充分认识党的二十大的里程碑意义，强化学习宣传贯彻的政治自觉、思想自觉、行动自觉。

全会强调，深刻领会党的二十大精神实质和丰富内涵，对照“五个牢牢把握”重要要求，深刻领会和把握大会主题，深刻领会和把握过去五年工作和新时代十年伟大变革的重大意义，深刻领会和把握习近平新时代中国特色社会主义思想的世界观和方法论，深刻领会和把握以中国式现代化推进中华民族伟大复兴的使命任务，深刻领会和把握今后一个时期党和国家事业发展的重大举措，深刻领会和把握以伟大自我革命引领伟大社会革命的重要要求，深刻领会和把握团结奋斗的时代要求，学思践悟蕴含其中的重要思想、重要观点、重大战略、重大举措，务必不忘初心、牢记使命，务必谦虚谨慎、艰苦奋斗，务必敢于斗争、善于斗争，始终沿着以习近平同志为核心的党中央指引的方向阔步前进。

全会强调，紧密结合福建实际贯彻落实党的二十大战略部署，与贯彻落实习近平总书记对福建工作的重要讲话重要指示精神紧密结合起来，与贯彻落实省第十一次党代会、省“十四五”规划部署要求紧密结合起来，牢牢把握总目标、总方向、总要求，将其贯穿于福建工作全过程各方面，对各项目标任务进行细化，针对性、创造性研究提出贯彻落实的具体措施，以新发展阶段新福建建设的实效检验贯彻落实成效。

全会强调，“两个确立”是党在新时代取得的最重大的政治成果、最重要的历史经验，是时代的呼唤、历史的选择、人民的期盼，是全党全军全国各族人民的高度共识和共同意志，是党应对一切不确定性的最大确定性、最大底气、最大保证。福建是习近平新时代中国特色社会主义思想的重要孕育地和实践地，必须满腔赤诚、满怀深情，把坚定拥护“两个确立”、坚决做到“两个维护”作为最高政治原则和根本政治责任落到实处，不断提高政治判断力、政治领悟力、政治执行力，坚决维护以习近平同志为核心的党中央权威和集中统一领导，深学细照笃行习近平新时代中国特色社会主义思想，严明党的政治纪律和政治规矩，切实把对习近平总书记的深厚爱戴之情转化为干事创业的强大动力。

全会提出，深刻把握新时代新征程党的使命任务，深刻领会中国式现代化的中国特色、本质要求和重大原则，紧紧围绕党的二十大对全面建成社会主义现代化强国分两步走战略安排作出的宏观展望，把福建工作放在全国大局中谋划和推进，努力在中国式现代化中彰显福建担当、展现福建作为。把握总体要求，以习近平新时代中国特色社会主义思想为指导，深入落实习近平总书记对福建工作重要讲话重要指示精神，加强党的全面领导，弘扬伟大建党精神，围绕统筹推进“五位一体”总体布局、协调推进“四个全面”战略布局，立足新发展阶段、贯彻新发展理念、服务和融入新发展格局，紧扣“四个更大”重要要求，突出强化科技创新、优化产业结构、增加居民收入，突出深化具有福建特点的改革、打造海上丝绸之路核心区，突出加快乡村振兴、老区苏区发展，突出加强数字福建、海上福建和生态省建设，突出探索海峡两岸融合发展新路，全方位推进高质量发展，奋力谱写全面建设社会主义现代化国家福建篇章。明确目标安排，到2035年，福建省基本实现社会主义现代化，基本实现全方位推进高质量发展战略目标，新福建建设展现崭新局面；从2035年到本世纪中叶，在建设富强民主文明和谐美丽的社会主义现代化强国中走在前列，成为展示中国特色社会主义制度优越性、展示中国式现代化实践成果的重要窗口。完整、准确、全面贯彻新发展理念，将其作为指挥棒、红绿灯，贯穿福建现代化建设的全过程和各领域，努力实现更高质量、更有效率、更加公平、更可持续、更为安全的发展。

全会提出，积极服务和融入新发展格局，着力推动高质量发展，全面提升实体经济竞争力，大力发展数字经济、海洋经济、绿色经济、文旅经济，弘扬“晋江经验”、促进民营经济发展壮大，纵深推进经济体制改革，走具有福建特色的乡村振兴之路，扎实推进区域协调发展，积极推动高水平对外开放，推动经济实现质的有效提升和量的合理增长。

全会提出，坚持科技是第一生产力、人才是第一资源、创新是第一动力，全面推进科教兴省，强化现代化建设人才支撑，着力加快建设教育强省、完善科技创新体系、实施创新驱动发展战略、实施新时代人才强省战略，不断塑造发展新动能新优势。

全会提出，发展全过程人民民主，加强人民当家作主制度保障，推进协商民主广泛多层制度化发展，完善大统战工作格局，巩固和发展生动活泼、安定团结的政治局面，凝聚团结奋斗的强大力量。

全会提出，全面推进依法治省，坚持走中国特色社会主义法治道路，加强立法工作，深入推进依法行政，不断提高司法公信力，加快建设法治社会，全面推进全省各方面工作法治化，着力打造法治强省。

全会提出，践行以人民为中心的发展思想，解决好人民群众急难愁盼问题，多渠道增加居民收入，促进高质量充分就业，提升社会保障水平，推进健康福建建设，加快建设文化强省，扎实推进共同富裕，切实提高人民生活品质，不断实现人民对美好生活的向往。

全会提出，牢固树立和践行绿水青山就是金山银山理念，持续深化生态省建设，加快推动绿色低碳转型，深入打好污染防治攻坚战，着力提高生态系统质量，促进人与自然和谐共生，让绿水青山永远成为福建的骄傲。

全会提出，贯彻总体国家安全观，围绕推进国家安全体系和治理能力现代化，把维护国家安全贯穿工作各方面全过程，加强和创新社会治理，提高公共安全治理水平，建设更高水平的平安福建。

全会提出，坚持贯彻新时代党解决台湾问题总体方略，充分发挥福建对台独特优势，深化闽台交流合作，强化合作纽带，造福台湾同胞，促进心灵契合，在探索海峡两岸融合发展新路上迈出更大步伐，加快建设海峡两岸融合发展示范区，促进祖国统一大业。

全会提出，弘扬伟大建党精神，落实新时代党的建设总要求和新时代党的组织路线，健全全面从严治党体系，深入推进新时代党的建设新的伟大工程，加强思想政治建设，强化自我革命制度保障，建设高素质干部队伍，全面增强基层党组织政治功能和组织功能，以严的基调正风肃纪反腐，巩固发展良好的政治生态。

全会要求，全省各级党组织和广大党员干部要把学习宣传贯彻党的二十大精神作为当前和今后一个时期的首要政治任务，在全面学习、全面把握、全面落实上下功夫，坚定自觉统一思想、统一意志、统一行动，扎扎实实办好福建的事情，推动党的二十大精神落地生根、开花结果。要全面做好当前工作，强化“时时放心不下”的责任感，全面落实疫情要防住、经济要稳住、发展要安全重要要求，高效统筹疫情防控和经济社会发展，统筹发展和安全，不断提高效率、提升效能、提增效益。要坚定不移坚持人民至上、生命至上，坚定不移落实“外防输入、内防反弹”总策略，坚定不移贯彻“动态清零”总方针，全面落实国家优化防控二十条措施，完善常态化疫情防控机制，坚决守住不发生规模性疫情的底线，最大程度保护人民生命安全和身体健康，最大限度减少疫情对经济社会发展的影响。要加强对经济运行的跟踪调度，深入落实稳经济一揽子政策和接续措施，全力以赴稳增长、稳市场主体、保就业，保持经济运行在合理区间，努力完成全年目标任务。要压实安全生产责任，防范化解好重点领域风险，强化综治信访维稳工作，确保社会大局安定稳定。

全会号召，全省上下要在以习近平同志为核心的党中央坚强领导下，以习近平新时代中国特色社会主义思想为指导，自信自强、守正创新，踔厉奋发、勇毅前行，全方位推进高质量发展，奋力谱写全面建设社会主义现代化国家福建篇章，为全面推进中华民族伟大复兴作出更大贡献！（林丽丽）

深化改革

【概况】 2022年，中共福建省委全面深化改革委员会对标党中央改革全局谋划推动改革，学习贯彻党的二十大精神，领会把握重要改革思想、重大改革战略、重点改革部署；传达学习习近平总书记在中央深改委会议上重要讲话精神，完善中央深改委会议审议事项对接贯彻落实机制。应对国内外形势变局谋划推动改革，省委主要负责人坚持“一把手领衔抓改革”，统筹疫情防控和经济社会发展、统筹发展和安全，全年主持召开省委深改委会议4次，研究重要民生商品价格调控、种业振兴行动、工业用地“标准地”改革、打好污染防治攻坚战、数字政府改革和建设等重要改革文件，听取传承弘扬“林改经验”、深化科技体制改革、推进省以下财政体制改革等重点改革工作汇报。加强成员单位衔接联动，推出稳增长“48条”等一批能稳住经济大盘、增强产业链供应链韧性和安全性、优化营商环境激发市场主体活力、促进培育完整内需体系、兜牢民生底线的改革举措。聚焦新福建发展大局谋划推动改革，紧扣“四个更大”重要要求，全面落实省第十一次党代会决策部署，谋划实施年度7个方面重大改革举措。围绕党的二十大重大改革战略，落实中央经济工作会议精神和省委十一届三次全会部署，坚持以推动高质量发展为主题，把实施扩大内需战略同深化供给侧结构性改革有机结合，聚焦加快建设现代化经济体系、提高全要素生产率、推进城乡融合和区域协调发展、构建国内国际双循环的重要节点重要通道等，谋划新一轮全面深化改革。

【“晋江经验”传承弘扬】 2022年，福建省举办“晋江经验”与习近平经济思想理论研讨会，出台传承弘扬“晋江经验”支持泉州建设21世纪“海丝名城”意见和推动民营经济创新发展“19条”，谋划“新时代民营经济强省”战略。举办世界闽商大会、民营经济高质量发展大会，创新打造“党企新时空·政企直通车”平台，构建亲清新型政商关系。健全优质中小企业梯度培育机制，完善金融有效支持实体经济体制机制，厦门、龙岩、宁德、晋江入选中央财政支持普惠金融发展示范区，民营经济增加值比上年增长5%。

【林业改革经验深化拓展】 2022年，福建省举办林业改革20周年系列活动，出台持续推进林业改革意见，接续实施林业“八大工程”，“林长+”工作成果居全国前列。出台支持三明全国林业改革发展综合试点市建设若干措施，推进三明、南平、龙岩全国林业改革发展综合试点。深化重点生态区位商品林赎买等改革，打造覆盖全省的林权交易服务平台，鼓励林地经营权流转整合，加快新型林业经营主体标准化建设，全省林业总产值继续保持全国前列。深化林业碳汇交易和林业碳中和试点，林业碳汇交易额居全国首位。出台持续优化林业金融服务指导意见，“闽林通”系列贷款受益农户4.12万户、累计9.7万户。

【医疗改革居全国前列】 2022年，福建省优化党政主导医疗改革（简称“医改”）推进机制，出台省“十四五”深化医改专项规划、公立医院高质量发展实施方案等政策文件，打出深化医改“组合拳”。推进“三医联动”（医疗、医保、医药改革联动）集成改革，集采覆盖396个药品和19类医用耗材，按病种收付费病种数1406个，DRG/DIP改革覆盖全省，医保基金运行绩效名列全国前茅，公立医院综合改革评价连续7年居全国前列。统筹区域医疗中心、医疗“创双高”、县域医共体等建设，启动“移动医院”巡诊、千名医生下基层等项目，加快推进“三医一张网”信息化建设。在全国率先揭牌运行省级疾控局，深化省级疾控中心综合改革，“三公（工）一大”（公安、公卫、工信和大数据部门）融合协同机制等在全国复制推广。“福建中医药管理局”挂牌，助力中医药事业高质量发展。

【科技特派员制度】 2022年，福建省总结科技特派员制度的精髓要义和实践经验，举办学习贯彻习近平总书记关于科技特派员制度重要论述理论研讨会。出台深入推进科技特派员制度服务乡村振兴若干措施，成立首个全国骨干科技特派员培训基地。建立科技特派员助力产业融合发展示范点及助力产业转型示范点，科技特派员和技术服务实现乡镇全覆盖、产业全覆盖。举办全省首次科技特派员金融对接会，全国首创推出“政银担科特贷”“科特c贷”等金融产品，在全省开展金融科技特派员选认工作。

【数字政府建设】 2022年，福建省出台数字政府改革和建设总体方案，加快现代政府建设。建成全省经济社会运行和高质量发展监测与绩效管理平台，强化科学决策和及时调度。以信息化为支撑深化“放管服”改革，推出“一件事一次办”改革事项8125个，精简审批环节67.6%，“e政务”自助服务模式在全国推广，一体化政务服务能力位居全国第六位。推动出台优化营商环境条例，实施创新改革事项94个，推出营商环境数字化监测督导机制，实行以承诺制为核心的极简审批，建立行业综合许可和综合监管制度，探索“一照多址”“一证多址”改革，推动“一业一证”改革向全省覆盖。

【基层特色集成改革先行路径探索】 2022年，福建省各设区市及平潭综合实验区立足区位特点、发挥比较优势，培塑特色改革品牌。福州系统集成推进园区标准化建设和党建引领乡村振兴等，加快建设现代化国际城市。厦门探索开展综合改革，推进一批重大改革和授权事项。漳州深化全国市域社会治理现代化试点，首创“春蕾安全员”机制并向全国推广。泉州探索产城融合双轮驱动机制，打造全国民营经济示范城市。三明打响重点改革攻坚战，深化提升新时代医疗改革、林业改革、教育改革成效。莆田探索“三重一赋能”（组织重构、资源重整、力量重合、数字赋能）党建引领基层治理新模式，推动“全市一张图、全域数字化”。南平加快环武夷山国家公园保护发展带建设，推动“好风景”走向“好经济”、迈向“好生活”。龙岩探索数字普惠金融可持续发展新模式，建设全国水土保持高质量发展先行区。宁德健全主导产业培育发展机制，创新守护粮食安全“宁德路径”。平潭探索台胞职业资格一体化服务新模式，推动两岸标准共通。福清、集美、晋江、沙县县域集成改革试点任务基本完成，福州居家社区养老服务集成改革获国务院正向激励，南平绿色发展集成改革试点稳步推进，初步探索各具特色的集成改革先行路径。

【现代化经济体系构建】 2022年，福建省实施新时代人才强省战略，以人才引领创新型省份建设。完善促进各类创新要素向产业和企业集聚机制，实施“五大行动”（全社会研发投入提升行动、创新平台建设行动、创新主体孵化行动、体制机制创新行动、创新人才培育行动），在全国首设科技成果转化奖，全社会研发投入比上年增长15%，国家高新技术企业超1万家。健全现代产业发展促进机制，实施数字信息基础设施“强基”等“八大行动”，迭代实施海洋经济高质量发展三年行动，推进绿色低碳循环发展经济体系建设，实施文旅经济高质量发展“十大行动”，加快培育“四大经济”（数字经济、海洋经济、绿色经济、文旅经济）。国企改革三年行动主体任务基本完成。完善区域协调发展机制，实施强省会战略，推动福州都市圈建设、厦漳泉一体化发展，《闽西革命老区高质量发展示范区建设方案》获国务院批复。

【新发展格局体制机制】 2022年，福建省加快高标准市场体系建设，推动福厦泉要素市场化配置综合改革试点，开展100万千瓦海上风电市场化竞争配置试点，推进工业用地“标准地”改革。在全国率先策划培育交通运输现代服务业、推行“平战结合”中转接驳站机制，支持厦福泉国家综合货运枢纽建设。加快培育完整内需体系，建立重大产业项目招商机制，完善房地产市场调控机制，推动福品闽货销全国，卖全球，固定资产投资比上年增长7.5%，社会消费品零售总额增长3.3%。加快建设开放型经济新体制，推出稳外贸15条、稳外资9条政策措施，出台高质量实施RCEP（区域全面经济伙伴关系协定）32条措施，推进厦门金砖国家新工业革命伙伴关系创新基地建设，福建自贸试验区新推出28项全国首创举措；深化中印尼、中菲等“两国双园”建设，与“一带一路”共建国家贸易额比上年增长13.8%，全省出口额增长12.3%。

【乡村振兴制度体系】 2022年，福建省完善巩固拓展脱贫攻坚成果同乡村振兴有效衔接机制，全省未发生规模性返贫。深化农村集体产权制度改革，省级农村产权流转交易信息平台上线运行，集体资产管理不规范问题得到有效治理。推进乡村振兴“十大行动”，持续实施农村建设品质提升行动，推进美丽乡村建设。健全粮食稳产保供制度，实施种业振兴行动，创新开展“认领一亩田”活动，探索农村党组织领办复耕、农文旅融合发展带动复耕等撂荒地利用新模式，耕地“非农化”“非粮化”倾向有效遏制，实现粮食播种面积、产量、单产“三增长”。实施特色现代农业高质量发展“3212”工程，打造“福农优品”区域公用品牌，十大乡村特色产业全产业链总产值超2.3万亿元。

【生态文明建设体系】 2022年，福建省深化生态文明重点领域改革，打好蓝天、碧水、碧海、净土保卫战，全省空气质量优良天数比例97.1%，主要流域优良水质比例98.7%。闽江河口湿地列入世界遗产预备清单。2021年度污染防治攻坚战成效考核优秀。

【民生社会事业改革】 2022年，福建省完善稳就业保就业支持政策体系，城镇新增就业51.97万人，城镇失业人员再就业13.19万人。探索一线职工增收新路径，完善国有企业科技人才薪酬分配激励机制，城镇居民、农村居民人均可支配收入分别比上年增长5.2%、7.6%。出台实施优化生育政策，促进人口长期均衡发展实施方案，全方位构建幸福养老服务体系，发展普惠托育服务，完善分层分类社会救助制度。深化教育体制改革，落实“双减”政策，建立中小学校党组织领导的校长负责制，深化国家级产教融合改革试点，加快高校“双一流”建设。完善公共文化服务体系，深化大型国有文化集团和媒体深度融合改革，健全文物和文化遗产保护利用机制，推动福文化创造性转化、创新性发展。深化工会、共青团、妇联等群团组织改革，发挥桥梁纽带作用。

【社会治理体制机制】 2022年，福建省建立省领导带头下基层接访机制，上线运行省政法跨部门大数据办案平台，开展公共安全大整治等“四大专项行动”，在全国率先开展景区和非景区景点安全隐患整治，群众安全感率达99%以上，平安建设绩效保持全国前列。持续建设“食品放心工程”，食品安全工作评议考核连续3年获评A级。出台法治建设系列规划，深化重点领域、新兴领域和“小切口”立法。推进海丝中央法务区建设，从厦门试点建设扩容新增福州、泉州2个片区，累计引进法务和泛法务机构255个，举办第二届海丝中央法务区论坛、中国—新加坡国际商事争议解决论坛等高规格活动，打造国内外知名法治创新聚集区和法律服务高地。优化知识产权保护格局，获批国家知识产权强市建设示范试点5个。

【党建制度体系】 2022年，福建省深化习近平新时代中国特色社会主义思想研究中心建设，建成“3820”战略工程实施30周年成就展等新思想教育实践基地，开展贯彻落实习近平总书记重要讲话重要指示精神“回头看”。实施新时代干部能力提升和基层干部激励计划，深化年轻干部全链条梯次培养工程。实施建强基层党组织战斗堡垒行动计划，推进抓党建促乡村振兴，强化城市党建引领基层治理，完善村干部特别是“一肩挑”人员管理监督机制，打响“近邻党建”品牌。坚持不敢腐、不能腐、不想腐一体推进，分地域分领域分层级纠“四风”树新风，巩固提升“点题整治”，推进乡村振兴资金、工程领域招投标等在线监管平台建设，深化国企、粮食购销、金融等重点领域反腐败工作，完成十一届省委第一轮对28个省属企业、省直单位的巡视。

【改革机制健全】 2022年，福建省按照“完善提升一批、创新推进一批、复制推广一批”改革思路，健全机制，推动改革落实，确保党中央改革决策部署在福建落地见效。

健全改革决策咨询机制。设立11个全省改革联系点，发挥改革“观察哨”作用。持续开展“基层议改革”，致信全省县（市、区）委书记，征求“发展所需基层所盼的一项改革事项”，有针对性地纳入省委深改委年度工作要点。优化改革创新协同研究模式，整合省内各方资源开展重大课题研究，一批研究成果直接转化为政策举措。

健全改革推进落实机制。构建改革任务全程跟踪体系，细化分解全年155项改革举措，实行“半年一通报、年终盘总账”。对标习近平总书记来闽考察时对福建改革的重要要求，实行重大改革事项统筹协调、定期盘点制度，推动重点改革任务纳入政治监督的重要内容，深化具有福建特点的改革成果。

健全改革复制推广机制。制定改革典型复制推广工作方案，鼓励移植式、嫁接式、创新式推广运用。开展2022年全省改革品牌、改革试点成果评选活动，打造10个特色改革品牌、15个差异化改革试点典型。推出《福建改革创新案例》手册，主题式宣传推介各地各部门创新做法，图文并茂绘制改革路径，逐一点评推广价值，引导全省在学习中借鉴、在比较中复制。

健全改革宣传引导机制。紧扣习近平总书记来闽考察一周年和林业改革20周年、“晋江经验”20周年、“3820”战略工程30周年等重大改革时间节点，讲好福建改革故事、扩大福建改革影响。在全国率先开展“喜迎二十大”改革宣传系列报道活动，系统宣传党的十八大以来全省及各地全面深化改革成就。

【省委全面深化改革委员会会议】 2022年，中共福建省委全面深化改革委员会召开会议4次，审议重要改革文件8个，听取重点改革汇报6个。

十一届省委全面深化改革委员会第二次会议于2月23日在福州召开。会议审议《中共福建省委全面深化改革委员会2021年工作总结报告》《中共福建省委全面深化改革委员会2022年工作要点》，听取武平县传承弘扬“林改经验”努力创造高品质生活的汇报，审议《福建省完善重要民生商品价格调控机制实施方案》《关于推进种业振兴行动的若干措施》。

十一届省委全面深化改革委员会第三次会议于4月22日在福州召开。会议学习贯彻习近平总书记在中央全面深化改革委员会第二十五次会议上的重要讲话精神，研究部署福建省加强数字政府建设、数字赋能基层社会治理和进一步推进省以下财政体制改革工作，审议《福建省深入打好污染防治攻坚战实施方案》。

十一届省委全面深化改革委员会第四次会议于8月22日在福州召开。会议学习贯彻习近平总书记在中央全面深化改革委员会第二十六次会议上的重要讲话精神，研究部署福建省深化科技体制改革和推动福文化传承创新工作，审议《关于推行工业用地“标准地”改革的指导意见》《关于建立中小学校党组织领导的校长负责制的实施方案》。

十一届省委全面深化改革委员会第五次会议于12月1日在福州召开。会议学习贯彻党的二十大精神，落实中央全面深化改革委员会第二十七次会议部署，审议《福建省数字政府改革和建设总体方案》《关于让文物活起来、扩大中华文化国际影响力的实施方案》《关于更加有效发挥统计监督职能作用的实施意见》。（刘登禄）

组织工作

【概况】 2022年，中共福建省委组织部坚持以习近平新时代中国特色社会主义思想为指导，围绕迎接和学习宣传贯彻党的二十大主线，弘扬伟大建党精神，贯彻新时代党的建设总要求和新时代党的组织路线。落实“第一议题”学习制度，部务会召开中心组学习、理论学习24次。开展“三提三效”（提高效率、提升效能、提增效益）行动，针对重点难点问题，召开系列专题会。执行中央八项规定及其实施细则精神，加强干部日常管理。加强信息化建设、富闽基金会管理、交流干部服务保障、干部人事档案、机关事务管理、服务老干部等工作。

【党的二十大精神学习宣传贯彻】 2022年，福建省围绕党的二十大开展迎接和学习宣传贯彻工作。做好福建省出席党的二十大代表选举工作，选举产生41名出席党的二十大代表。省委成立党的二十大代表选举工作领导小组，省委常委会先后6次专题研究；省委组织部成立工作专班。全省基层党组织参与率100%，党员参与率99.3%。

开展学习宣传贯彻党的二十大精神系列活动。把学习宣传贯彻党的二十大精神作为首要政治任务，举办4期省管干部学习贯彻党的二十大精神专题研讨班，指导各地各部门开展县处级领导干部集中轮训，分期分批对各级干部、公务员进行系统培训。印发深入推动全省基层党组织认真学习宣传贯彻党的二十大精神的若干措施，指导各地以县（市、区）为单位专门制定全体党员学习教育计划，推动各基层党组织讲好一堂党课、开好一场组织生活会、开展好一次主题党日。发挥“党员e家”、远程教育等平台作用，深化“党课开讲啦”等活动，提升党的二十大精神学习教育覆盖面和实效性。

【思想政治教育】 2022年，福建省实施习近平新时代中国特色社会主义思想教育培训工程。全覆盖开展党的十九届六中全会精神学习培训，通过举办各类培训班、研讨班、报告会等形式，6月底前完成对县处级以上党员领导干部的全员轮训。在省委党校举办习近平新时代中国特色社会主义思想厅级干部进修班、中青年干部培训班等49个主体班次，培训学员2733人次。坚持线上与线下学习培训相融合，在福建干部网络学院开办班次426个，培训61.37万人次。发挥福建省作为习近平新时代中国特色社会主义思想重要孕育地和实践地的独特优势，用好《闽山闽水物华新——习近平福建足迹》等特色教材，教育引导党员干部加强理论学习。紧扣“寻足迹、悟思想、筑忠魂、担使命”，从全省600多个现场教学点中优选打造33个现场教学示范点、5个团组、8条精品线路。常态化长效化开展党史学习教育。贯彻中共中央办公厅《关于推动党史学习教育常态化长效化的意见》及福建省实施方案，发挥福建省党史事件多、红色资源多、革命先辈多优势，充实党史学习教育课程，丰富党史学习教育形式。

【换届工作】 2022年，中共福建省委研究制定《中共福建省委关于认真做好2023年省人大、政府、政协换届工作的意见》，分别召开福建省换届工作座谈会和省政协委员安排工作会议，对换届工作进行部署落实。服务保障中组部干部考察组开展换届考察工作，会同有关部门研究提出全国人大代表、全国政协委员和省人大常委会组成人员、省政协常委会组成人员及省人大代表、省政协委员等人事安排初步建议方案。组织大会选举，严明换届纪律，确保大会选举成功。

【干部教育培训】 2022年，中共福建省委组织部落实领导干部政治素质考察办法，从严把好政治关、廉洁关。按照中共中央办公厅《关于加强新时代市县党政正职队伍建设的意见》，研究提出福建省贯彻落实的24条具体措施。着眼提高干部队伍推进现代化建设能力，持续举办新福建大讲堂，深化“十个专题”培训，围绕发展“四大经济”（数字经济、海洋经济、绿色经济、文旅经济）、实施乡村振兴战略等开展专业化培训。分级分类举办新冠疫情防控知识专题培训班，各市、县（区）党政正职、分管领导及一线工作人员等共7万多名干部参与培训。实施新时代基层干部主题培训行动计划，9月底前完成基层干部全面培训。实施年轻干部全链条梯次培养工程，深化优秀年轻干部跟踪调研，优秀年轻干部队伍的学历、专业、经历等结构进一步优化。

【干部管理监督】 2022年，中共福建省委组织部聚焦“两个确立”“两个维护”开展政治监督，推进政治监督具体化、精准化、常态化，增强对“一把手”和领导班子监督实效。强化对干部全方位管理和经常性监督，进一步规范领导干部配偶、子女及其配偶违规经商办企业行为，加强个人有关事项报告工作，省管干部个人有关事项填报如实率连续3年呈上升趋势。落实中组部《关于开展集中化解涉组涉干信访积案工作的通知》要求，全省纳入集中化解范围的信访事项全部提前完成化解。结合十一届省委第一轮巡视，先后派出5个检查组，对28个单位开展选人用人专项检查，督促整改落实工作。

【公务员管理】 2022年，福建省推进公务员分类改革，制定省贯彻实施法官、检察官单独职务序列规定意见，持续发挥公务员职务与职级并行制度优势，建立健全晋升非省管二级巡视员等职级（单独职务）审核会商机制。优化公务员队伍结构，全年全省考录公务员5116人，其中应届高校毕业生2361人，“互联网＋考录”、考录服务“保就业”等做法得到中组部肯定。组织实施公务员初任、任职、在职、专门业务等4类培训，举办调训示范班13期。组织开展向孙丽美、潘东升、李翀等“时代楷模”“优秀共产党员”学习活动。深化拓展“人民满意的公务员”活动，全省10名个人、5个集体分别获评全国“人民满意的公务员”和“人民满意的公务员集体”。

【基层党组织建设】 2022年，中共福建省委组织部调度推进基层党建重点任务落实。对照中组部会议部署，细化全省基层党建工作重点任务清单，研究提出20项具体任务、80条工作措施，并逐一明确时间节点和责任分工，挂图作战、序时推进。建立基层党建工作定期调度机制，先后2次召开调度会，跟进了解重点任务落实情况，分析研究解决难点堵点问题。围绕党建引领乡村治理、农村基层党建“整乡推进、整县提升”等重点任务，确定19个县（市、区）开展试点，以点带面推进工作。

组织动员基层党组织和党员干部参与新冠疫情防控。先后4次印发关于发挥各级党组织和广大党员干部作用打赢疫情防控歼灭战的通知和工作提示等，推动全省各地先后选派7万余名机关企事业单位党员干部下沉镇（街道）、村（社区），组建7559支党员先锋队、突击队。深化在职党员报到双向工作机制，推行在职党员“回家日”制度，推动在职党员到居住社区、小区参与疫情防控等各类服务82.2万人次。福建援沪医疗队坚持党建引领坚决打赢疫情防控攻坚战的相关做法，得到中组部主要领导的批示肯定。

统筹各领域基层党建工作。实施党建民心工程和建强基层党组织战斗堡垒专项行动。深化抓党建促乡村振兴、促共同富裕，加强对“一肩挑”村党组织书记监督，发展壮大村集体经济，实现全省村级经营性收入10万元以上。推进城市基层党建引领基层治理，全面推行近邻党建，建强网格党组织，全省建立小区党支部1.02万个。深化“党建强企”联合行动，加强新经济组织、新社会组织、新就业群体党的建设，全省非公企业、社会组织党组织覆盖率分别达91.1%、88.9%，持续居全国前列。深化达标创星活动，常态化整顿软弱涣散基层党组织，提升党支部规范化建设水平。严把党员发展入口关，开展农村发展党员违规违纪问题排查整顿，加强和改进党员教育管理，指导加强流动党员管理试点工作。

【人才强省战略实施】 2022年，福建省实施新时代人才强省战略，打造人才荟萃的东南高地。调整充实省委人才工作领导小组，领导小组组长、第一副组长分别由省委书记、省长担任，成员单位增加至30家。出台省委人才工作领导小组工作规则、办公室工作细则，进一步规范和优化请示、报告、通报、督查等各项制度和程序。召开省委人才工作会议，出台《关于实施新时代人才强省战略的意见》，研究编制福建省“十四五”期间人才发展规划，系统谋划部署新时代全省人才工作。融入国家“3＋N”人才战略布局，福州、厦门等城市创建国家级人才集聚平台。出台2022年度人才工作目标责任制考核实施办法。

人才计划优化整合。将30多项省级人才计划优化整合为2项计划，构建简洁明晰、层次分明、育引并重的人才政策体系。推动省委编办研究出台《福建省人才周转编制管理办法（试行）》，专项保障引进急需人才、紧缺人才等重点用编需求。以省创新实验室为试点开展人才发展体制机制综合改革，推出“设立编制池、自主确定用编条件”等政策举措，全年协调落实首批30个编制专项用于省创新实验室引进知名高校优秀博士。优化省级高层次人才评价认定，全年新认定1360名省级高层次人才。探索实行特级人才“一事一议”支持方式。

紧缺人才培养引进。遴选第三批特级后备人才、产业领军团队、“雏鹰计划”青年拔尖人才、“创业之星”和“创新之星”人才、卫生健康高层次人才共117人（团队）。全年选拔引进高校毕业生248人，比上年增长12.2%。开展新时代山海人才协作，选派148名干部（人才）赴原省级扶贫开发工作重点县、平潭、武夷新区挂职服务，选派27名医疗人才、36名教育人才“组团式”帮扶宁夏5个国家乡村振兴重点帮扶县的5所医院、10所高中。

（省委组织部）

宣传工作

【概况】 2022年，中共福建省委宣传部围绕迎接和学习宣传贯彻党的二十大工作主线，推动宣传思想工作取得新进展新成效。落实“第一议题”制度，开展“忠诚在心、岗位奉献”对党忠诚教育。推进省直宣传文化系统全面从严治党，开展警示教育，加强日常监督。落实中央八项规定及其实施细则，加强挂钩联系松溪县工作。实施宣传思想工作创新行动，推出工作创新项目。实施干部能力提升工程，加强年轻干部培养。

【思想宣传教育】 2022年，中共福建省委宣传部开展学习宣传贯彻习近平新时代中国特色社会主义思想和党的二十大精神系列活动，组织学习贯彻党的十九届六中全会精神，学好用好《习近平谈治国理政》第四卷，编写出版《闽山闽水物华新——习近平福建足迹》，会同统战部门推出长篇通讯《广纳万川入海　画好同心大圆——习近平同志在福建工作期间关于统战工作的探索与实践》。推动各级党委（党组）理论学习中心组把学习党的二十大精神作为重中之重，加强学习调度和巡听旁听，开展全覆盖学习培训。配合完成中央宣讲团来闽宣讲活动，组建省委宣讲团开展示范性宣讲70多场、“福小宣”等各类宣讲队伍赴基层宣讲6万多场。组织“奋进新征程·建功新时代”“新时代新征程新伟业”系列主题宣传，举办“中国这十年·福建”“牢记使命·奋斗为民”主题新闻发布会，完成“奋进新时代”主题成就展福建展区策划布展。党的二十大期间，福建相关新闻报道、媒体关注、网上传播等均创新高，福建代表团新闻发言人参加集体采访活动引起关注。建设福建省习近平新时代中国特色社会主义思想研究中心，实施“探源计划”，推进“习近平新时代中国特色社会主义思想在福建的孕育与实践”等重大课题研究，设置“党的二十大精神研究阐释”重大专项，全年国家社科基金立项205个、创历史新高。召开习近平生态文明思想理论和实践、“3820”战略工程与习近平新时代中国特色社会主义思想、《摆脱贫困》出版30周年暨乡村振兴、“晋江经验”和习近平经济思想、习近平总书记关于科技特派员制度的重要论述等高层次理论研讨会，推出一批原创性、有分量的研究成果。

【重大主题宣传】 2022年，中共福建省委宣传部开展中央经济工作会议、全国两会、北京冬奥会和冬残奥会、数字中国建设峰会等重要会议、活动宣传。围绕习近平总书记来闽考察一周年，组织“春天的回响”等主题采访、电视宣讲等活动。加强法治宣传，助力法治福建建设。开展统筹新冠疫情防控和经济社会发展宣传引导，一体推进宣传报道、政策解读、信息发布和科普教育，宣传阐释中央政策精神。加强和改进经济宣传，推出“坚定信心　攻坚克难”等系列报道。加快媒体融合发展，推进省主要媒体融媒体生产基地建设，实施县级融媒体中心提质增效工程，打造“中央媒体策划季谈会”等平台，全省12件新闻作品获第32届中国新闻奖。

【精神文明创建】 2022年，中共福建省委宣传部弘扬社会主义核心价值观，推出“八闽楷模”陈炜、林占熺等重大典型。开展“强国复兴有我”群众性主题宣传教育，组织“强国有我·青年说”主题宣讲活动。新时代文明实践中心建设实现全覆盖，超600万名文明志愿者参与各类志愿服务。

【福建特色文化品牌】 2022年，福建省加强文化遗产保护利用，包含福建6个项目的“中国传统制茶技艺及其相关习俗”申遗成功。推动福文化传承创新，举办福文化主题春晚，开展福文化标识体系建设，组织首届福品博览会和福品发展论坛，建设福州“福街”和福文化博物馆。建设长征国家文化公园福建段，提高中央红色交通线旧址保护水平。推进朱子文化传承研究工程、《八闽文库》全媒体出版工程，举办侯官论坛，推出海洋文化精品节目，开展“闽人智慧”系列主题传播。

【文化事业产业】 2022年，福建省实施文艺精品创作工程，10部作品获第十六届精神文明建设“五个一工程”奖，数量居全国前列，一批作品获“文华大奖”、中国电视金鹰奖、飞天奖。落实国家文化数字化战略，实施国有文化企业深化改革加快发展、文旅经济高质量发展、文化产业高质量发展超越等行动计划，出台百余项文旅惠民措施，209个重点在建文旅项目加快推进。举办2022中国金鸡百花电影节，初步形成全省电影拍摄基地集群。

【宣传交流】 2022年，福建省发挥福建“侨”“台”“海丝”优势，做好《摆脱贫困》《闽山闽水物华新——习近平福建足迹》等重要书目对外宣介，推动《中国正在说》政论节目海外传播。建设国际传播矩阵，提升国际传播效能。实施海丝文化交流工程，扩大海丝华文媒体发展论坛、海丝国际茶文化论坛、世界妈祖文化论坛的国际影响力。举办对台文化交流活动200多场。

（李慧宏）

统战工作

【概况】 2022年，中共福建省委统战部开展“忠诚在心、岗位奉献”对党忠诚教育，完善部务会落实全面从严治党主体责任年度任务安排、部直属机关党委书记抓党建责任等“6份清单”，召开部直属机关第八次党员代表大会。实施“提高效率、提升效能、提增效益”行动，开展“强基提升年”活动。制定《福建省统一战线培训计划》《省委统战部机关培训计划》，举办各民主党派、无党派人士进修班和全省职教社系统骨干培训班、欧美同学会培训班、新阶人士联谊会省市县会长培训班等省级党外代表人士培训班9期，培训279人次；全省民族宗教工作培训班和县（市、区）委统战部部长培训班2期，培训282人次。新建仙游县党外干部实践锻炼基地，选派20名党外干部分别到南平市政和县、莆田市仙游县挂职锻炼。

【统战工作体制机制】 2022年，中共福建省委统战部推动完善大统战工作格局，落实统战工作主体责任。发挥党委统战工作领导小组办公室职责职能，加强统筹协调、督促检查，探索建立统战工作责任制。召开省委统战工作会议，制定11份统战工作领导小组文件。加强对《中国共产党统一战线工作条例》及省委实施意见贯彻落实情况的调研检查，推动统战工作纳入省委全面从严治党主体责任检查范畴，列入模范机关创建考评、党建工作年度述职评议等内容，推动中央统战工作会议部署和省委工作要求落实。修订统战工作领导小组工作规则及办公室工作细则，健全省委统战工作领导小组全体会议统领、专题会议支撑、工作专班攻坚的“1＋N＋X”运行机制，推动调整充实成员单位。深化基层统战平台建设，推动高校、科研院所、国有企业等加强统战工作力量配备。

【思想政治引领】 2022年，福建省统一战线系统开展“喜迎二十大、同心谱新篇”主题宣传教育，组织“统一战线这十年”主题采访，加强统一战线防范化解风险隐患，支持统战各领域开展“矢志不渝跟党走、携手奋进新时代”“爱国拥党”等主题教育活动，港澳台同乡社团举办学习座谈、分享会近200场，向144个海外社团、华文媒体和华文学校赠阅《习近平谈治国理政》系列丛书8500余册。举办福建省各民主党派、工商联等党外人士学习宣传贯彻党的二十大精神座谈会，组建“闽商讲师团”，开展“侨说二十大”主题宣传，组织统一战线“五个一”宣传宣讲活动，构建“同心福”融媒体矩阵。“同心福建”微信公众号影响力居全国同类新媒体前列，“共享同心福·我来讲故事——福建统一战线礼赞新时代”短视频大赛网络访问量超1000万次。参与实施“探源计划”，组织专家学者深化理论研究阐释，组织专门力量采写长篇通讯《广纳万川入海 画好同心大圆——习近平同志在福建工作期间关于统战工作的探索与实践》，在《人民日报》等中央主流媒体头版刊发。省委统战部联合中央社会主义学院，研究形成《习近平同志在闽工作期间关于统一战线工作的理论与实践》初步集成化成果。

【建言咨政】 2022年，中共福建省委统战部创办“同心·半月座谈”，举办

2022年11月23日，福建省民营经济人士学习宣传贯彻党的二十大精神培训班开班式暨“闽商讲师团”成立动员部署会议在福州举行

（省委统战部 供图）

2022 年 8 月 25 日，中共福建省委统战部举办第八期“同心·半月座谈”
（省委统战部　供图）

主题座谈 16 期，聚焦高质量发展的重大问题、群众关注的民生问题和统战领域重点难点问题，邀请党外代表人士交流讨论、征求意见建议。探索“民主监督＋考察调研＋政党协商”新模式，支持福建省各民主党派、工商联、无党派人士，围绕省第十一次党代会对各设区市、平潭综合实验区的发展定位开展专项民主监督，形成调研报告 20 篇，向各地反馈意见建议 218 条。深化“同心携手话改革”、建言献策论坛品牌，各民主党派全年形成调研报告 576 篇，上报社情民意信息 4857 件次。

【经济社会发展服务】 2022 年，省委统战部组织动员统战成员参与新冠疫情防控和经济社会发展。全省 3800 多名民主党派成员参与疫情防控，统战领域捐赠款物超 5.7 亿元。支持帮助港澳闽籍社团和海外乡亲防疫抗疫，搭建“闽帮帮”服务平台，全省各级海联会、闽籍企业向香港同乡社团捐赠资金物资超 1 亿元。克服疫情影响，举办第七届世界闽商大会，征集签约项目 198 个，计划投资 3586 亿元。开展“引侨资、聚侨力、汇侨智”行动，建立“海归创客中心”，举办 2022 海外华商投资中国峰会、第二届 RCEP 青年侨商创新创业峰会，签约侨商“回归”工程重点投资及“走出去”产能合作项目 24 个，总投资 72.73 亿元。疫情政策优化调整后，组织 11 个民营企业组团出境参展抢订单，达成意向成交额超 4 亿美元；支持晋江等侨乡开展“千企万品”出海行动，建设“晋江侨商贸促优配云平台”，入驻及链接企业、侨商 2196 家，涉及 13 个国家和地区。

【光彩行动】 2022 年，省委统战部设立 5 亿元“共同富裕光彩基金”，实施“万企兴万村”行动，全省有 1450 家民营企业和商会组织帮扶乡村 1628 个，实施“兴村”项目 1864 个。推进统战系统与群团组织联合实施“福见如愿”关爱新就业形态劳动者、“百校万岗·同心就业”等行动，组织 718 家非公企业提供超 1.7 万个用工岗位，并与 50 所以上民办院校毕业生实现就业对接。

【多党合作制度】 2022 年，省委统战部健全完善民主党派思想政治工作长效机制，支持驻部纪检监察组开展规范民主党派省级组织非公职人员政治安排监督检查，协助完善内部监督机制。制定加强新时代无党派人士培养使用和加强自由职业人员统战工作的具体举措，成立省新阶联创投分会，组建“同心·正义福”法律服务团，开展“寻美福建”“八闽同心行”等活动，新建 4 个省级新阶人士实践创新基地，实现省、市、县（区）三级新阶联和省、市知联会组织全覆盖。召开高校统战工作座谈会，加强出国和归国留学人员统战工作。

【民族宗教工作】 2022 年，福建省贯彻中央民族工作会议精神，成立福建省民族团结进步协会，开展“铸牢中华民族共同体意识主题月”活动，打造“福籽同心爱中华”等工作品牌，举办中华一家亲·2022 海峡两岸各民族欢度“三月三”文化节，将“坂中样本”打造成民族团结融合发展典范。召开全省宗教工作会议，制定进一步推进福建省宗教中国化工作安排，依法加强宗教事务管理，举办闽台佛教与民族复兴论坛，推进宗教中国化福建实践。福建宗教界 11 个先进集体和 5 名先进个人受全国表彰。

【民营经济统战工作】 2022 年，福建省举办纪念“晋江经验”20 周年相关活动，召开年轻一代企业家学习座谈会，推动发出《弘扬践行“晋江经验”，担当“两个健康”时代先锋》倡议书。加强对民营经济代表人士的思想政治引领，实施“青年闽商接力工程”，在厦门陈嘉庚纪念馆挂牌设立全国民营经济人士理想信念教育基地，表彰 100 名“非公有制经济优秀建设者”。实施“百名干部进百企·同心赋能促发展”行动，开展投资 10 亿元以上民企重大签约项目大调研，引导民营企业与国投高新、五矿集团等央企开展合作，与福州大学、福建工程学院、国家技术转移海峡中心等高校院所开展产学研用合作，形成《当前我省民营房地产业突出问题及建议》调研成果报省委、省政府。

【台港澳统战工作】 2022 年，福建省以福建海联讲坛为依托，持续推动海联青年大学习、大讨论，在晋江成立全省首个港澳青年同心交流基地，开展“我的福建故事、我的港澳台故事”海联青年系列“微讲谈”活动。举办 2022 年港澳台闽籍中青年代表人士国情研修班，完成 2022 年“黄廷方奖学金”颁发工作。香港福建社团联会、澳门福建同乡总会完成换届工作。省委统战部联合省台联、省档案馆开展“迁台记忆”档案文献抢救保护工作，举办第十四届海峡百姓论坛、“同名村·心连心”、两岸传统技艺（非遗项目）展演等活动；指导省台联完成换届工作。

【海外统战和侨务工作】 2022年，中共福建省委统战部创新“云上会客厅”等海外闽籍乡亲联系平台，与600多个海外重点侨团、1000多个重点侨领及近百个重点家族保持常态化联谊联络。推进“寻根工程”，深化“丝路华教”品牌，举办世界福建同乡恳亲大会、海外闽籍华商“一带一路”研修班，支持推动世界福建青年联合总会换届。加强和改进侨务工作，制定《关于进一步优化涉侨服务工作的若干措施》等措施。加强华裔新生代工作，深化“闽侨青年精英海丝情”等活动，持续开展“暖侨行动”。

（省委统战部）

政策研究

【概况】 2022年，中共福建省委政策研究室学习贯彻党的二十大精神和省第十一次党代会精神，围绕省委中心工作，推进文稿服务、调查研究、决策咨询、智库建设等工作。全年起草综合文稿300多篇，审核把关新闻稿330多篇，开展省重点课题和专题调研42个。通过《政研专报》《调研文稿》《智库专报》《调研内参》等，向省领导报送调研成果和政策建议227份，获省领导批示220篇次，其中省委主要领导批示38篇。

【政治建设】 2022年，省委政研室深化政治机关意识教育和对党忠诚教育，组织重温习近平总书记“5·8”重要讲话精神，开展“忠诚在心、岗位奉献”学习活动，常态化推进“讲政治、重规矩”学习教育。落实“第一议题”制度，推行支部“每周一学”，全年召开中心组学习会17次，举办“屏山正言”讲坛9期。落实意识形态工作责任制，加强对主办的刊物和会议等阵地管控。开展节前廉政谈话和风险自查，组织参观省党风廉政警示教育馆，开展“重家教、立家训、传家风”主题教育。

【综合文稿服务】 2022年，省委政研室开展迎接和学习宣传贯彻党的二十大精神相关文稿服务保障，全过程参与党的二十大福建省代表团文稿等服务保障；做好党的二十大报告会前征集建议、征求意见稿反馈等工作；在党的二十大召开期间，组织人员赴京靠前服务，完成相关文稿起草和简报编发任务；聚焦党的二十大提出的重要思想、重要观点、重大战略、重大举措，结合福建实际，分专题加强理论研究阐释，在内刊平台推出“学习贯彻党的二十大精神系列”研究成果63篇。加强综合文稿服务，起草省委十一届二次、三次全会、经济工作会议等重要文稿；做好省委主要领导在省委常委会会议、省委理论学习中心组学习会、省委专题会议等系列重要会议活动讲话参阅材料；参与起草全省疫情防控工作视频会议、省委统战工作会议、纪念福建省苏维埃政府成立90周年大会、省社科联代表大会、省文联代表大会等重要文稿；起草《关于深入学习宣传贯彻党的二十大精神　奋力谱写全面建设社会主义现代化国家福建篇章的决定》等重要文件。

【课题调研】 2022年，省委政研室组织实施17个省重点课题调研，加大跟踪督促力度，推动有关单位开展相关课题研究。组织开展2021年省重点课题调研成果评审。省委政研室确定25个调研课题开展自主调研，建立清单化管理机制，坚持“每月一汇总、每季一督促”，有计划有步骤推进落实，推动调研成果转化为省委、省政府决策和有关部门工作部署。其中，《深挖我省产业发展潜力促进经济增长和财税增收——基于南平茶产业发展调研的思考》《从摆脱贫困走向乡村振兴的下党实践》等调研报告获省委主要领导在内的多名省领导肯定；围绕“晋江经验”提出20周年，深入晋江开展现场调研，剖析民营经济发展的“晋江样本”，为召开福建省弘扬“晋江经验”促进民营经济高质量发展大会提供参考。

【决策咨询服务】 2022年，省委政研室推进智库建设，以立项课题形式推动智库融入决策、服务决策。全年立项省新型智库重大课题11项、重点课题33项。以《智库专报》为载体，一批政策建议被吸纳进省委、省政府文件文稿。其中，紧扣关系福建未来的传统产业转型、维护产业链安全等主题，研究福建省纺织鞋服产业协同发展问题，为做强产业链群建言献策；开展加快培育发展防疫应急物资产业研究，针对福建省相关产业基础、条件、短板等提出建议，推动防疫物资供应保障。加强智库经费使用、课题管理等规范化建设。全年编发《政研专报》40期、《调研文稿》80期、《智库专报》96期、《调研内参》月刊12期。

【政策解读】 2022年，省委政研室组织撰写解读、评论和体会文章35篇。年初，省委部署实施“提高效率、提升效能、提增效益”行动后，组织力量撰写系列评论员文章，在《福建日报》头版连续刊发《提高效率，提升效能，提增效益》《抓工作要提高效率》《优服务要提升效能》《促发展要提增效益》；行动开展半年后，跟进撰写刊发《效字为要》《稳字当头》《干在实处》。

（谢鸿晖）

机构编制

【概况】 2022年，中共福建省委机构编制委员会办公室持续深化体制机制改革创新，加强和规范机构编制管理。研究制定学习宣传党的二十大精神工作方案，组织开展学习、研讨、宣传、培训、调研、落实“六大行动”。3次省委编委会议议定的28项机构编制事项全部落实到位。设立“五高讲坛”，编印《党员学习活页》。省委编办在全省体制机制创新优秀案例评选中获二等奖两项、三等奖1项，编办机关获“优秀组织奖”。举办全省市县新任编办主任和省直单位干部人事处长业务培训班。编印《机构编制简报》，开通运行编办微信公众号。机构编制统计年报工作获中央编办通报表扬。开展“进部门、下地市、到乡村”活动，了解部门和基层意见建议。全年办理省领导批示件82件，各类业务性来文786件。

【编制服务保障】 2022年，省委编办服务保障经济高质量发展。聚焦助推“四大经济”（数字经济、海洋经济、绿色经济、文旅经济）等中心工作，利用3个月时间组织开展八大课题研究，提出27项意见建议，落实20项。争取在省商务厅加挂省招商局牌子，研究批复三明、南平等地整合设置招商服务机构。推动福州新区与自贸试验区福州片区管理机构整合，调整优化自贸试验区厦门片区组织架构和部分特殊区域机构设置。围绕海丝中央法务区建设，向上争取将《中央法务区体制机制探索研究》列为重点课题，调整厦门、泉州等地法院内设机构设置。

服务保障教育科技事业。在全省范围内跨部门、跨区域、跨层级统筹调剂40933名事业编制，提前实现以县级为单位依标足额核定公办中小学编制目标，受到中央编办肯定。会同省教育厅等部门研究拟订《福建省公办普通高校人员控制总量管理办法》。做好泉州师范学院等6所市属高校管理体制调整有关工作。核定省属中小学、中职学校和幼儿园党组织领导职数。支持登记设立海峡创新实验室等事业单位，指导新型研发机构探索构建高效灵活的运行机制。

服务保障卫生文化事业。争取中央编办批复省卫健委加挂“省中医药管理局”牌子。会同省卫健委修改完善省疾病预防控制局“三定”规定，批复各设区市和平潭综合实验区疾控机构挂牌，指导市县按要求核增疾控中心事业编制1650名。加强部分省属公立医院领导力量，调整优化省立医院、医大附属协和医院相关院区管理体制。加强全省文物保护和考古、文物督察工作力量，强化泉州等重点地区文物保护机构建设。

【机构职责体系建设】 2022年，省委编办巩固拓展机构改革成果。持续跟踪改革后省直部门机构运行和履职情况，对14个省直部门“三定”规定执行情况开展“回头看”，研究提出20条调整优化建议。调研乡镇（街道）机构改革落实情况。动态调整省直部门权责清单事项456项。重新制定省委国安办、省海洋与渔业执法总队“三定”规定。

事业单位改革。赴山东、江苏、江西等地调研学习深化事业单位改革试点经验，主动对接、提前谋划福建省事业单位改革试点工作。调整优化相关事业单位结构布局。继续推动生产经营类事业单位改革，全年撤销事业单位13个，收回事业编制739名。办理事业单位法人登记赋码585个，在全省范围清理规范事业单位登记事项5601项。

综合执法改革。推进市县应急管理领域综合执法改革，调整7个设区市应急管理综合执法机构规格。开展生态环境保护等六大领域综合行政执法效能评估，其中生态环境领域相关经验做法得到生态环境部肯定推广。会同相关部门编制印发文化市场领域执法事项目录160项。指导福州、晋江两地制定规范地方行政执法队伍人员编制管理试点工作。推进乡（镇）、街道“一支队伍管执法”改革，提请省政府印发《关于赋予乡镇人民政府、街道办事处部分行政处罚权的决定》，联合司法厅制定赋权目录，指导各地落实赋权工作。

其他重点领域改革。2022年12月底前，省、市、县三级国防动员办公室全部挂牌，完成省级国防动员机构设置及机构编制调整工作。推进行政复议体制改革，指导各地完成编制划转及备案工作。会同省林业局研究起草武夷山国家公园管理机构设置方案。推进经济发达镇行政体制改革，建立省级协调工作小组，开展实地调研评估，落实动态调整机制，将上杭县古田镇纳入改革范围。

【机构编制资源使用效益】 2022年，省委编办加强《中国共产党机构编制工作条例》及其配套法规制度的学习宣传。修订《福建省机构编制规范性文件备案审查办法》。加强相关法规、规章和规范性文件草案审核把关。开展机构编制执行情况和使用效益评估试点工作。编印《机构编制监督检查50问》宣传手册，利用主流媒体报刊、公众号等推送相关信息。严格执行机构编制报告制度，加大监督检查力度，对1033个单位机构编制纪律和实名制管理情况开展专项督查。全年审查事业单位年度报告942个，“双随机、一公开”抽查事业单位74个。收回省直相关部门事业空编1000名，设立省级“人才编制周转池”。制定印发《福建省人才周转编制管理办法（试行）》，指导各地规范开展编制周转工作。下达各类用编计划5367名，核增全省法院、检察院系统第三批聘用制书记员控制数744名，核准各类用编申请5000余名。2021—2022年，指导设区市、县（市、区）向乡镇（街道）下沉各类编制1600余名。

（翁石禹）

老干部工作

【概况】 2022年，中共福建省委老干部局坚持局务会议“第一议题”和理论学习中心组学习制度，全年召开局务会议36次、理论学习中心组学习会14次。实施“提高效率、提升效能、提增效益”行动，制定贯彻落实若干措施，建立工作台账，推动工作落实。开展政策业务和技能培训，举办全省老干部工作调研成果交流会、调研信息宣传和政策业务培训班等，采取线上线下相结合方式培训500多人次。会同省委组织部、省人社厅，评选表彰全省老干部工作先进集体38个、先进工作者75人。

【老干部政治建设】 2022年，省委老

干局突出迎接和学习宣传贯彻党的二十大主题主线，在全省离退休干部中开展“建言二十大”专题调研访谈、“奋进新时代”主题宣讲、“喜迎二十大、永远跟党走”八闽离退休干部文艺汇演、“学示范，做先锋，跟党走”微视频征集展示等活动。11月4日，省委老干部局、省委离退休干部工委印发《关于认真学习宣传贯彻党的二十大精神的通知》，推动全省各级老干部工作部门和离退休干部加强学习宣传贯彻党的二十大精神。11月17日，通过线上线下相结合方式，组织举办学习贯彻党的二十大精神省委宣讲团宣讲报告会，全省1.7万多人次收看。组织完成每年2次的省委和省政府工作通报，以及每年1次的纪检监察工作、组织工作通报。举办全省离退休干部线上学习报告会10场，收听收看10万人次。

【老干部待遇保障】 2022年1月4日，省委老干部局通过视频方式召开省委老干部工作领导小组会议暨全省老干部局长会议，省委常委、组织部部长邢善萍出席会议并讲话。省、设区市老干部工作领导小组成员，各级老干部工作部门负责人等500多人参加。全省各级老干部工作部门采取向党委（党组）汇报、召开局务会议、举办中心组学习会等方式推动贯彻落实。落实离休干部“一人一策”制度，健全特困帮扶、走访慰问等机制，全年省级财政帮扶困难离休干部及遗偶1026人次、292万元。7月，会同省委组织部、省卫健委将795名省直单位解放战争时期参加革命工作的离休干部全部列入医疗二级保健对象。依托老年大学开展“反诈防骗·幸福养老”专题宣传月活动，开展各类反诈宣传活动1208场次，36万人次老年人受到教育，受到省委领导两次批示肯定。5月，投资近3亿元的省重点项目福建老年大学扩建项目动工。

【老干部社会服务】 2022年，省委老干局印发《关于进一步建强用好银发人才库的通知》，挖掘党建党务、科教文卫、基层治理、体育艺术、法律法规、农业农村等方面的银发人才资源。新设立全省“离退休干部党员传承红色基因学习教育基地”35个，全年开展宣讲710场，受教育近2.1万人次。联合省老科协、省卫健委等单位，赴平和县开展大型义诊活动，共接诊2000多人次、培训500多人次。依托各级关工委深入开展“大手牵小手、永远跟党走”“关爱成长微心愿”等活动，关心关爱青少年成长，受到中国关工委主任顾秀莲5次肯定批示。

【离退休干部党建工作】 2022年，省委老干局贯彻落实中央办公厅《关于加强新时代离退休干部党的建设工作的意见》，以省委党建工作领导小组名义印发《关于加强新时代离退休干部党的建设工作的若干措施》。会同省委组织部、省人社厅印发《关于做好干部荣誉退休工作的通知》，建立干部荣誉退休制度。提升离退休干部党建工作质量，命名第三批“省级离退休干部示范党支部”359个，建立老党员工作室686个，培育离退休干部党员在近邻党建中发挥作用的试点社区（小区）21个，组织举办全省离退休干部党组织书记示范培训班2期。继续办好《福建老年报》，发挥微信公众号、App（应用程序）等信息化平台宣传引领作用，“福建离退休干部”微信公众号、“福建老干部”App关注和激活量分别达17.6万人、27.8万人。

（省委老干局）

2022年6月14日，由省委老干局、省公安厅、人民银行福州中心支行、福建银监局、福建证监局等部门联合开展的“反诈防骗·幸福养老”专题宣传月活动启动仪式在福建老年大学举行 （省委老干部局 供图）

党校（行政学院）工作

【概况】 2022年，中共福建省委党校、福建行政学院以迎接和学习宣传贯彻党的二十大精神为主线，统筹推进新冠疫情防控和办学治校工作。落实校委会会议“第一议题”制度和校委理论学习中心组学习制度，全年开展校委会专题学习19次、校委理论学习中心组学习16次。校院被确定为省习近平新时代中国特色社会主义思想研究中心重要成员单位和首批研究基地；在中央党校（国家行政学院）对省级党委党校（行政学院）办学质量评估中，福建省委党校（行政学院）评估成绩名列前茅。校院连续第五届获评科研和决策咨询工作先进单位，校委领导班子连续第3年被省委考核确定为年度优秀等次，校院图书馆获“全国三八红旗集体”称号，一批集体和个人被授予“福建省五一先锋号”“五一劳动奖章”“三八红旗手”“最美志愿者”等称号。

【党的二十大精神学习宣传】 2022年，中共福建省委党校、福建行政学院突出主题主线，做好迎接和学习宣传贯彻党的二十大精神各项工作。学习贯彻党的十九届六中全会精神、习近平总书记在省部级主要领导干部专题研讨班上的重要讲话精神，设置“学习集萃”专栏，宣传党的二十大精神，集中展示习近平新时代中国特色社会主义思想和习近平总书记在福建工作期间的重要理念重大实践。推进“寻足迹、悟思想，铸忠魂、担使命”新思想学习基地建设，形成“福州—宁德”“福州—厦门”等若干条精品教学线路，打造全国中青年干部学习新思想的重要基地；制定下发校院《认真学习宣传贯彻党的二十大精神的通知》，召开全省党校（行政学院）系统教学工作会议、校院研究基地建设推进会，推进新思想在福建的孕育和实践主题教育馆建设各项工作。举办省管干部学习党的二十大精神专题研讨班4期，培训轮训省管干部1558人次。调整教学布局，在各主体班设置党的二十大精神教学单元。承接省研究中心两项约稿任务，设立22项研究课题和35项后期资助课题，5个课题研究成果在《福建日报》等刊发。开展新思想探源研究，继续承担中宣部和中央党校（国家行政学院）重点调研课题等重大课题研究项目。开展《听习近平总书记讲福建故事》专题研究。两名校院领导参加省委宣讲活动，深入设区市、省直机关、“两新”组织等宣讲党的二十大精神。组建老教授理论宣讲团和青年博士理论宣讲团，面向社会面向基层开展义务宣讲。

【党校教育培训】 2022年，中共福建省委党校、福建行政学院聚焦主责主业，线下举办各类培训班87个，培训学员7143人次。其中，主体班次60个，培训学员4849人次；外培班次27个，培训学员2294人次。举办线上培训班476个，培训学员90万余人次。开设“习近平新时代中国特色社会主义思想在福建的孕育与实践”教学单元，打造特色品牌。2门课程入选中组部好课程，1门教材入选中组部好教材。举办全省校院系统精品课比赛，推出优秀专题课程和案例课程。挖掘打造党史现场教学点8个。聚焦习近平总书记来闽考察提出的“一个篇章”总目标和“四个更大”重要要求、4项重点任务，对标“七种能力”要求，举办“十个专题班”5期，培训轮训241人次。全年7名省领导到校院作报告，邀请24名省直部门负责人为学员授课，举办新福建大讲堂、全校大讲座9场次。

【党校科研和智库建设】 2022年，中共福建省委党校、福建行政学院获国家社科基金项目立项9个，位居全国地方党校（行政学院）系统第二名；获省级项目立项21个，省级委托课题立项5个。校院获评全国党校（行政学院）第十四届科研和决策咨询工作先进单位，1项科研成果获优秀科研成果奖一等奖、两项获三等奖，两项决策咨询成果获优秀决策咨询成果奖三等奖。校院与福建农林大学签订战略合作协议，持续深化习近平生态文明思想研究，完成一批高质量研究成果。承接2022年省重点课题4项。聚焦省委中心工作，组织教师、学员撰写发表决策咨询成果60篇，获省部级以上领导批示27件次。邀请知名专家学者到校开展学术交流等18场，组织参加高层次学术会议7人次，15篇理论文章在《学习时报》等刊发。

【党校教学】 2022年，中共福建省委党校、福建行政学院坚持开放办学、系统办学。全年完成398名在职研究生、14名硕士研究生招生工作。会同省委组织部调研并制定下发《推进全省县级党校（行政学院）分类建设的实施方案》；推进市县校院办学质量评估，完成线上评估76所、实地考察47所；举办全省校院系统师资培训；选送53名骨干教师、119门优质课送教下基层，帮助基层党校提升教学质量；组织省市县三级党校力量，编写出版《保护文化遗产，传承历史根脉——福建省三明市万寿岩现场教学》等教材；省市党校联合组成课题组，深入总结莆田抗疫等经验，形成咨政报告。

【党校师资队伍建设】 2022年，中共福建省委党校、福建行政学院实施“人才强校”战略。开展两批教研岗位招聘，10名博士受聘入职；遴选1名博士选调生、5名参公人员，公开招聘9名事业编制工作人员。推荐4名教研人员获批省级高层次现有人才（C类）、2名教研人员获批省级高层次引进人才（C类）。完成全省党校系统教师高级职称评审工作，1人获评教授任职资格，2人获评副教授任职资格。

【党校后勤保障与管理】 2022年，中共福建省委党校、福建行政学院推进老校区资产移交和新校区资产入库等工作；做好各类班次服务保障，学员及教职工满意度95%以上。完成新校区信息化工程竣工验收，健全网络与数据安全体系。离退休干部工作相关经验和做法在全省老干部局长会议上作典型交流发言。推进全面从严治校。召开全面从严治党工作会议，落实省委主体责任检查和驻部纪检监察组调研督导反馈问题整改。制定校院《关于进一步加强从严治校的若干规定（试行）》，提出22条措施严格教学、科研、管理要求，中央党校（国家行政学院）在办学质量评估反馈意见中给予肯定。出台《合同管理办法（试行）》等制度，明确79个业务流程；完成财务内控制度建设，编制《校院内部控制管理手册》。召开机关第三次党员代表大会，完成机关党委、机关纪委和24个党支部换届工作。修订《校院党支部达标创星考评办法》，制定《校院关于创建模范机关先进单位的工作方案》等。 （彭李艺）

党史和地方志工作

【概况】 2022年，中共福建省委党史研究和地方志编纂办公室（简称中共福建省委党史方志办）挖掘福建党史方志资源，深化党史和地方史文化研究和宣传推介。借助科研院所、高校等研究机构构建研究平台，与福建农林大学共建中共党史党建研究院，聚焦中国共产党“三农”思想与实践，联合开展《中国特色共同富裕——福建从摆脱贫困到共同富裕的理论经纬与实践探索》课题研究；与相关单位合作，开展福建优秀传统文化资源的挖掘、整理和宣传。加强“中国纪念馆”“福建省革命历史纪念馆”“福建省方志馆”等微信公众号及福建省党史方志网站群维护，编纂出版《福建党史月刊》《福建史志》期刊；全省第二轮修志任务基本完成，2022卷福建省、市、县三级地方综合年鉴全部开编；落实审编稿工作制度，审看《血战松毛岭》《那年的我》等影视作品，审核《闽西红色文集》《红色福建》等涉及党史题材作品。

【党的二十大精神学习宣传贯彻】 2022年，中共福建省委党史方志办把学习宣传贯彻党的二十大精神与贯彻落实“四个更大”重要要求相结合，理论学习中心组坚持“一周一研讨”，各支部坚持“一周一次集中学习”；室领导分批参加福建省省管干部学习贯彻党的二十大精神专题研讨班；室机关举办党务干部深入学习贯彻党的二十大精神暨业务培训班。协助省委宣传部、省发改委做好“奋进新时代”迎接党的二十大胜利召开主题成就展福建展区工作，负责陈列方案拟定、陈列大纲撰写送审、图片征集等。省革命历史纪念馆围绕“建功新时代、喜迎二十大”主题，推出原创展览《从一大到二十大——中国共产党代表大会主题展》，完成党的二十大成就展福建展厅模拟展相关工作；与共建单位合作推出“迎接党的二十大胜利召开暨歌颂祖国云诗歌朗诵会”32期。

【思想研究与宣传】 2022年，中共福建省委党史方志办加强习近平新时代中国特色社会主义思想的研究阐释。做好福建省习近平新时代中国特色社会主义思想研究中心研究基地工作，在《人民日报》6月7日理论版刊发理论文章《增强自觉贯彻落实党的创新理论的坚定性》，在《福建日报》10月25日理论版刊发理论文章《以中国式现代化全面推进中华民族伟大复兴》。承担福建省习近平新时代中国特色社会主义思想研究中心委托课题“为全面推进中华民族伟大复兴而团结奋斗”，完成初稿《团结才能胜利、奋斗才会成功——奋力谱写为全面推进中华民族伟大复兴而团结奋斗的福建篇章》。抽调业务骨干力量参加省委研究工作专班工作。

【党史学习教育常态化长效化】 2022年，中共福建省委党史方志办落实中心组学习、“三会一课”、主题党日等制度，利用“学习强国”平台、干部网络学院和“党员e家”App等学习平台开展个人自学。室务会议理论学习中心组先后组织51次学习；为党员干部购置《习近平谈治国理政》第四卷、《闽山闽水物华新——习近平福建足迹》等教材，组织开展“不负总书记殷切希望·勇挑新时代历史重担”青年理论学习研讨交流会、党史学习教育和“忠诚在心，岗位奉献”对党忠诚教育。省革命历史纪念馆与共建单位合作推出开展“福”印在我心中——青少年红色主题印文篆刻活动、“追寻红色记忆·乐享六一时光”红领巾志愿者红色研学活动、福建苏区金融史少年暑期研学、“红色历史永流传·红船精神记我心”研学活动、“向海图强——福建船政与‘福建舰’”红色研学等系列活动。

【党史和地方志事业发展纲要】 2022年，中共福建省委党史方志办开展福建省党史研究和地方志事业高质量发展纲要制定工作。室务会议组织工作专班，深入基层和兄弟省市调研，并向中央党史和文献研究院、中国地方志指导小组的领导、专家请教，形成发展纲要初稿。经室务会议讨论研究、组织修改、补充完善，并向全省市、县（市、区）党史方志部门和省直有关部门征求意见后，进一步充实。8月25日，发展纲要呈报省委省政府分管领导审定；8月31日，省委分管领导批示要求，发展纲要待中央党史和文献研究院、中国地方志指导小组“十四五”规划下发后，进一步修改完善，再报审下发。

【党史专题研究】 2022年，中共福建省委党史方志办完成《中国共产党福建历史（1949—1978）》修订工作。完成国家社科基金重大项目《松毛岭战役研究》、国家社科出版基金项目《红色交通线研究丛书》，完成省社科基金项目《基于福建红色资源保护与红色旅游开发联动发展的对策研究》《福建保护红色资源、传承红色基因、弘扬革命传统的新实践》。出版《福建中央红军村》第一辑。开展《福建红色文旅》资料征集，完成初稿撰写；完成《中共福建省委执政纪事（2014年、2015年、2021年）》、《中共福建省委执政纪事（2022年第一季度）》、《福建抗疫纪事（2022年第一季度）》编辑任务。完成中央党史和文献研究院下达党的十八大以来利用红色资源对外讲好中国故事生动案例之“三进下党”篇；完成《风展红旗——福建历次党代会纪略》修订工作。

【资政研究】 2022年，中共福建省委党史方志办加强资政课题选题定项，突出重点、难点、敏感点，推动精细研究。全年刊发“蓝色福建”“发展高地”等系列资政报告15期，其中专报件《全国部分省市革命军事纪念馆规划建设概况》获省委主要领导批示肯定。组织编纂《蓝色福建·向海图强》丛书，包括“航海福建”（重点记述福建经略海洋的大事要事等）、“海上福建”（重点记述福建海洋自然、地理、生物、文物、民俗、旅游、宗教文化等）、“蓝海福建”（重点记述国内外海洋经济、海洋发展的战略和规划等）。年内完成书稿编纂工作，与相关单位协商出版事宜。

【志书编修】 2022年，中共福建省委党史方志办推动全省第二轮修志任务基本完成；组织开展第三轮修志的前期准备工作，拟定《第三轮省志分志编修的若干思考与建议》，指导市、县（市、区）开展第三轮修志的前期资料准备工作。完成《全面建成小康社会福建大事记》编纂及出版工作。完成《长汀水土保持志》审定出版，指导推动福建省申报中国名镇志、名村志文化工程——《元坑镇志》《古田镇志》的出版审校工作；《福建茶志》通过专家审定验收，《福建寿山石志》交付出版。

【年鉴编纂】 2022年，中共福建省委党史方志办落实《福建年鉴（2021）》交付出版印刷；启动《福建年鉴（2022）》编纂，截至年底，完成出版社审核并审签付印。落实全省年鉴编纂“两全”目标任务，2022卷福建省、市、县（市、区）三级地方综合年鉴全部开编，并将公开出版工作列入年度预算。其中，省级综合年鉴1部、设区市级综合年鉴9部、县（市、区）级综合年鉴83部。截至年底，推进2022卷全省三级地方综合年鉴整体编纂进度，全部进入出版审校阶段，部分年鉴完成公开出版；2021卷全省三级地方综合年鉴100%完成公开出版。

打造福建年鉴精品品牌。组织到泉州、漳州、厦门市等地开展“精品年鉴品读季”专题调研，督促推动安溪县做好全国精品年鉴参评工作，指导修正《安溪年鉴》的框架结构和内容记述各方面编纂问题；到宁德、三明等地座谈了解疫情期间各地编纂进展与存在困难。启动2022年福建省年鉴精品工程，14家单位申报；经过4月篇目审查、7月部分稿件点评和11月样书评稿，10家单位进入总评阶段。指导《宁德年鉴（2022）》《安溪年鉴（2022）》进入中国精品年鉴第二轮孵化。年内，厦门市全域精品工程试点项目验收通过，泉州市启动全域精品工程试点建设。

开展对全省年鉴质量的检查评审，增加对专业年鉴的质量评审，2022年全省年鉴质量评审结果：特等年鉴为《宁德年鉴（2021）》《同安年鉴（2021）》《泉州年鉴（2021）》3部；一等年鉴为《惠安年鉴（2021）》《福州年鉴（2021）》《集美年鉴（2021）》《漳州年鉴（2021）》《晋江年鉴（2021）》《福建退役军人事务年鉴（2021）》6部；二等年鉴为《三明年鉴（2021）》《龙岩年鉴（2021）》《周宁年鉴（2021）》《宁化年鉴（2021）》《长泰年鉴（2021）》《福建教育年鉴（2020）》6部；三等年鉴为《长乐年鉴（2021）》《福清年鉴（2021）》《永定年鉴（2021）》《仙游年鉴（2021）》《尤溪年鉴（2021）》《浦城年鉴（2021）》《涵江年鉴（2021）》《新罗年鉴（2021）》《福建财政年鉴（2021）》《福建税务年鉴（2021）》10部。

加强年鉴业务培训。5月，在永泰县举办《福建年鉴（2022）》全省撰稿人培训班，省直有关单位、各市县（区）《福建年鉴》撰稿人、省委党史方志办相关业务人员近100人参加培训；8月，在泰宁举办福建年鉴主编培训班，全省各地年鉴主编80余人参加培训；组织近500名全省年鉴工作者通过网络参加为期一周的全国第七届主编“云端”培训班、全国精品年鉴研讨会和中国精品年鉴品读季活动。

【红色资源保护利用】 2022年，中共福建省委党史方志办完成2022年省重点课题《以时代精神引领构建福建文化标识体系研究》子课题《打造福建红色文化标识的研究》，获省领导批示。推进中央红色交通线的资政建言工作。配合市县做好纪念福建省苏维埃政府成立90周年、新泉整训、才溪乡调查、红军北上抗日先遣队等理论研讨会筹备工作。审核中央苏区福建主题陈列等。启动“光泽革命遗址修复保护及展陈设计项目”，对光泽16处重要革命遗址给予展陈设计支持。完成“九龙江畔红旗颂——闽南（漳州）革命历史展览”“闽赣赤焰——中央苏区闽赣省历史陈列”“更喜岷山千里雪——中央红军在岷州（甘肃）”等20余个国内策展工作。完成《八闽战旗——福建革命军事馆基本陈列》大纲的编写，获中央军委国防动员部肯定。

【福建省革命历史纪念馆】 2022年，福建省革命历史纪念馆加强红色教育阵地建设，持续做好“红色福建”“中央苏区——福建”两大基本陈列和“紧急时期的艰难探索——中国共产党第五次全国代表大会历史陈列”的日常展览工作，全年接待超21万人次。全年征集文物资料6件（套）；加强馆藏文物保管，完善馆藏文物保管制度、健全文物档案，完成馆藏11914件文物资料、书刊的盘点核对与清点交接；加大文物保护力度，申报可移动文物数字化保护利用项目及可移动文物预防性保护项目。福建省革命历史纪念馆微信公众号推送图文消息1000余条，推出“策展那些事”“云诗歌朗诵会作品展播”“红色展馆推介”“二十大代表风采录”“红星广播站国庆特辑”等系列栏目。“红色福建：新时代新福建”展览入选国家文物局2022年度“弘扬中华优秀传统文化、培育社会主义核心价值观”主题展览20个重点推介项目之一，省革命历史纪念馆入选教育部办公厅、国家文物局办公室联合设立的中华优秀传统文化、革命文化、社会主义先进文化专题实践教学基地名单。

【福建省方志馆】 2022年，福建省方志馆推动省情展示与教育、地情文献收藏与服务。加强基本展陈建设与服务，全年接待省部级领导参观2人次、团体参观41批次。启动馆藏文献数字化建设，完成“闽台方志数据库”2022年度建设项目（数据库系统搭建和19万拍旧志数字化加工）政府采购招标工作。新增入库地情书籍近1万册（部）。完成厦门市图书馆“方志文献馆”、永安市史志馆、政和朱子书院等部门的赠书配送工作。6月，新开通“福建省方志馆”微信公众号，坚持开发利用方志资源，结合时事热点，宣传省情、地情，其中《从昙石山到“福建舰”，福建的海洋步伐》《绿色——福建最美的底色》《红色——福建最深厚的基因》《看方志·赏民俗》系列推文获良好社会反响。

【福建革命军事馆筹建】 2022年，中共福建省委党史方志办成立福建革命军事馆代业主工作小组，建立联络员制度，分别由省军区保障局、省发改委社会处、省财政厅政法处、省住建厅建筑业处和福州市政府办公厅规划处相关人员担任联络员。制定并优化军事馆建设立项开工阶段的工作计划进度，与省军区保障局签订军事馆建设业主与代业主委托协议，完成相关程序选定招标代理公司，办理完成项目建设编码（赋码）申报，按程序申报军事馆项目建设资金“专户”，完成“全过程工程咨询服务”招标工作。加强工作小组党的建设和制度建设，成立筹建办临时党支部，制定相关制度三大类16项。配合省军区保障局编制军事馆概念性设计，拟制送审《福建革命军事馆建设方案》。

（省委党史方志办）

信访工作

【概况】 2022年，福建省信访系统学习贯彻党的二十大精神和习近平总书记关于加强和改进人民信访工作重要思想，宣传贯彻《信访工作条例》，推动化解信访突出问题，维护群众合法权益，全省信访总量持续下降，信访态势持续平稳，群众对信访工作满意率持续提升。坚持“首议必学”，省信访局召开局党组会议41次，在南平市举办全省信访局长培训班，跟进学习贯彻习近平总书记重要讲话重要指示批示精神；开展“提高效率、提升效能、提增效益”行动，对贯彻情况“一月一跟进、一季一督查、一年一考核”。强化信访队伍建设，深化信访干部思想淬炼、政治历练、实践锻炼、专业训练。霞浦县、连城县信访局获评全国信访系统先进集体，全省20名信访干部获全国信访系统先进、优秀表彰，涌现出一批全国普法先进个人和全省“五一劳动奖章”“扫黑除恶先进工作者”等先进典型。

【信访工作部署】 2022年，中共福建省委、福建省人民政府组织学习贯彻习近平总书记关于加强和改进人民信访工作的重要思想和《信访工作条例》。省委于2月7日、4月15日、6月13日、9月5日召开省委常委会会议，7月21日召开专题会议，研究部署信访工作。1月25日，省第十三届人民代表大会第六次会议通过的《福建省人民政府工作报告》在部署2022年工作中强调“创新发展新时代‘枫桥经验’，推行‘最多投一次’阳光信访工作机制”。11月25日，省委十一届三次全会通过的《中共福建省委关于深入学习宣传贯彻党的二十大精神，奋力谱写全面建设社会主义现代化国家福建篇章的决定》中强调，“加强和改进人民信访工作，扎实推进‘四门四访’‘四访四通’‘信访评理’，畅通和规范群众诉求表达、利益协调、权益保障通道，及时把矛盾风险化解在基层、解决在萌芽状态”。

【信访机制创新】 2022年，福建省信访系统推进“信访云”和信访大数据平台建设，优化“最多投一次”机制，专人“12小时受理、24小时办理”涉疫信访事项，及时就地解决群众合理合法诉求。加强信访源头治理，闽清县、厦门市集美区、清流县、将乐县、漳州市长泰区、光泽县、寿宁县等7个县（市、区）获评2022年全国信访工作示范县。完善乡（镇）、街道信访工作联席会议机制，开展信访评理，吸纳“两代表一委员”、法律工作者、行业专家、群众代表等第三方社会力量参与信访工作。涉疫信访事项快速办理、社会力量广泛参与评理化解等经验做法在《人民日报》《法治日报》及人民网刊发推广。

【信访突出问题化解】 2022年，福建省深化“四门四访”，各级领导干部开门接访、进门约访、登门走访、上门回访，推动解决群众操心事、烦心事、揪心事，在第九次全国信访工作会议上作题为《传承弘扬‘四下基层’优良传统，切实履行信访工作职责使命》的经验交流发言。开展治理重复信访、化解信访积案专项工作，化解群众关注、积压时间较长的“钉子案”“骨头案”。

【信访普法宣传】 2022年，福建省加强《信访工作条例》（简称《条例》）宣传贯彻。省委常委会会议、省政府常务会议和法治讲座带头学习宣讲《条例》，推动将《条例》纳入各级各部门党委（党组）理论学习中心组学习内容和党校（行政学院）教学内容。省信访局规范配套措施，完善修订来信、来访、网上信访和复查复核等规程，提升工作标准化规范化水平；开展《条例》集中宣传月活动，局领导带头进机关、进学校、进基层宣讲，开展线上线下多渠道多形式普法宣传。 （郭文伟）

保密工作

【概况】 2022年，福建省保密系统以服务和保障党的二十大为重点，统筹新冠疫情防控和保密管理。健全党委保密委员会组织体系，推动保密工作纳入巡视巡察。依托省保密教育平台、“保密观”App和中国保密在线网站培训系统开展线上保密培训、保密宣传教育，举办“2022福建省专兼职保密干部培训班”。

【保密体制机制】 2022年，福建省健全完善党管保密体制机制，加强对保密工作重点的具体部署。加强省委保密委员会建设，配备省委保密委专职副主任1人（正厅长级），调整保密局领导班子成员，增强省委保密委的决策职能。推动设区市保密委专职副主任配备，将贯彻落实中央保密委关于加强地方党委保密委员会建设意见和要求纳入检查内容，督促各地党委保密委员会健全完善组织体系。建立巡视协调机制，省保密局与省委巡视办下发文件，将保密工作纳入巡视内容，推动各设区市（含平潭）建立相应协调配合机制。

【保密服务保障筹建】 2022年，福建省保密局围绕党的二十大安保工作部署，要求各地、各单位加强保密宣教、检查、督导和管理。省委保密委制发专门通知，建立联络员保密管理机制，推行“周会商”“月汇总”制度；部署落实保密授课、签订保密承诺书、即时专项保密提示等措施。制定专门工作方案，要求参会人员遵守“五个严禁”。落实新闻报道及其他信息公开前保密审查制度；组织开展保密自查和检查，排查保密安全隐患；会同网信、公安部门建立网络保密协同监管机制，筛查涉密敏感信息；健全微信保密管理长效机制，开展常态化监管，处置保密严重违规行为和泄密案件；配合有关部门做好涉密会议、场所设施设备安全保密检查，消除安全风险隐患。组织全局业务骨干参加中央保密办（国家保密局）学习、宣传党的二十大精神视频会，参加在线学习、互动交流，加强理论阐释。

【保密宣传教育】 2022年，福建省保密局开展全省党代表和工作人员党的二十大行前集中保密教育培训，开展重点行业领域数据、政府招标采购等新领域保密风险防范专题教育。向150名新提任省管干部报送保密提醒，召开2期400多人次参加的省部级领导人身边工作人员保密专题学习会。依托省保密教育平台对领导干部、机关工作人员及涉密资质（资格）单位人员开展90期3308人次的培训。开展融媒体保密宣传教育，利用新媒体“保密观”App和中国保密在线网站培训系统开展线上培训，在福建综合频道、福建广电网络等17家媒体平台滚动播放保密公益宣传片，开展分众式、互动式保密宣传教育。年内，省保密局被评为《保密工作》杂志订刊学刊用刊工作先进通联单位。

【保密管理】 2022年，福建省保密局实施微信专项整顿行动，督促指导6000多家机关、单位进行自查，涉及微信群30多万个、微信小程序6万多个；完成图文识别微信小程序清查工作，查办保密违法违规案件50多起。开展进驻式保密检查，根据中央保密委和省委保密委部署安排，9—10月，对3家单位开展首批进驻式保密检查，督导整改问题50多个。提升“放管服”质效，通过举办资质审查业务培训，优化工作流程，深化“放管服”改革，推动涉密资质（资格）审查事权下放；加大保密资质（资格）“双随机”抽查力度，全年完成72家涉密资质单位审查工作。

【保密科技】 2022年，福建省保密局强化保密技术保障，加强网络安全保密监管，做好党的二十大相关涉密和敏感信息检测，加强人工分析研判，核查攻击窃密事件和涉密计算机违规外联事件。做好省内重要会议活动保密服务保障。开展分级保护，加强技术管控，下发专门通知，要求严格涉密信息系统运维保密管理；强化新领域、新业态保密技术研究，进行防范提醒；推进涉密领域国产化替代，指导机关、单位开展涉密信息系统分级保护；全面启用测评管理系统，实现测评数据全流程信息化管理，完成测评任务109个。落实保密销毁，克服新冠疫情不利影响，为省直、福州市的机关、单位及省内驻军共400多家单位提供涉密载体销毁服务，累计销毁纸介质1447吨、磁介质140吨、硬盘3万多块、计算机及外部设备1.6万台、光盘近29万片。（卢如一）

机关党建

【概况】 2022年，中共福建省直机关各级党组织以习近平新时代中国特色社会主义思想为指导，以迎接党的二十大和学习宣传贯彻党的二十大精神为主线，提升机关党建水平。省直机关工委指导健全完善督促党组（党委）落实机关党建责任措施办法，对14个省直单位党组（党委）2022年全面从严治党主体责任落实情况开展集中检查。组织106家省直单位党组（党委）书记抓机关党建述职评议考核。探索建立机关党委书记一次任职谈话、一份责任清单、一项联系渠道“三个一”机制，推动党员领导干部挂钩联系党支部1096个。建立省直机关党建档案，动态掌握省直机关党建工作情况。

【党的二十大精神学习宣传贯彻】 2022年，中共福建省直机关工委在党的二十大召开前，完成省直机关党的二十大代表候选人初步人选推荐工作；组织开展“喜迎二十大、奋进新征程”主题

2022年10月11日，由中共福建省直机关工委主办的“闽山闽水物华新”省直机关主题艺术党课在福州举行。图为党课节目　（省直机关工委　供图）

实践、红色故事宣讲会系列活动；举办喜迎二十大网络电视歌咏比赛，省直机关108家单位3000余名党员参加；创新举办“闽山闽水物华新——省直机关喜迎党的二十大主题艺术党课”，创省内电视直播收视率历史新高，被中组部“共产党员网”、中宣部“学习强国”总平台推广。党的二十大召开后，组织学习、研讨、宣讲、培训、调研、落实党的二十大精神“六大行动”，组建专家宣讲团和青年理论宣讲实践团，开展“七进”宣讲活动近1000场。选送104件作品参加“让青春绽放绚丽之花”福建青年宣讲党的二十大精神比赛，举办以“党的二十大金句”为内容的网络书法展，开展主题党日、理论征文、微党课等活动。

【理论学习】 2022年，中共福建省直机关工委推动省直各单位建立并落实党组织会议“第一议题”、中心组学习“第一主题”、青年干部理论学习“第一任务”、教育培训“第一课程”、理论研究阐释“第一要事”的“五个一”学习机制。推动加强党组（党委）理论学习中心组学习，派员列席旁听指导省直单位党组（党委）中心组学习会272场。出台《福建省直机关青年理论学习小组学习规则》，搭建并举办“省直青年学习讲堂”14期，省直机关10万余名青年干部职工加入青年理论学习小组。组织省直机关党校各类主体班次等培训21期，培训机关学员3679人。

【机关党员志愿服务】 2022年，中共福建省直机关工委聚焦“四个更大”和疫情要防住、经济要稳住、发展要安全重要要求，在省直机关部署开展“党旗在飘扬”系列活动，推动机关党建提高效率、提升效能、提增效益。省直机关组建1689支党员突击队、服务队，27202名党员支持支援重点地区统筹新冠疫情防控和经济社会发展；发放12批次4000多万个口罩等防疫物资，完成省直单位赴厦门、泉州、宁德和上海、重庆、西藏等地6批2303名抗疫支援人员返程休整和健康管理。建立闽宁、闽藏、闽昌机关党建协作互助机制，双方互派干部学习交流、联办党务干部培训等，助力新时代山海协作。评选第五届“推进机制活、建设新福建”全省机关体制机制创新优秀案例136个。倡议并带动全省各级机关开展“我在乡间有亩田”党员志愿服务活动，认筹认种抛荒地近2000公顷。

【模范机关创建】 2022年，中共福建省直机关工委部署开展“忠诚在心、岗位奉献”对党忠诚主题教育；省委主要领导在中央和国家机关工委《机关党建研究》杂志上发表署名文章，就全省机关学习贯彻《习近平谈治国理政》第四卷、加强机关政治建设提出要求。筹建省直机关网络政治生活馆，开展干部职工思想状况问卷调查；印发福建省创建模范机关先进单位考评办法和细则，召开创建工作推进会，推动省、市、县三级机关联创，福建省创建“六型”模范机关做法得到肯定推广。

【清廉机关建设】 2022年，中共福建省直机关工委在省直机关开展“八闽新风、清廉机关”廉洁文化教育活动和家风家训家教主题宣传教育，累计组织267场9198人次参观省党风廉政警示教育馆、2万多人次参观廉政教育点，举办廉政微党课5600多堂，编印《警示教育读本——省直单位党员干部违纪违法典型案例》。建立“廉政微党课”制度、廉洁文化建设等做法受到《人民日报》、新华社、《中国纪检监察报》等媒体关注、推广。构建全面从严治党制度体系，完善机关纪委建设规章制度，推动机关纪委精准、有效履职。

【和谐机关创建】 2022年，中共福建省直机关工委深化拓展机关统战和群团工作，在全国省级机关率先出台加强机关统战工作具体措施，成立省直机关知联会，建立领导干部与党外代表人士联谊交友制度，实施“同心”服务基层行动。组织“学习新思想、坚定跟党走”专题宣传，组织庆祝建团100周年系列活动，开展“八闽巾帼心向党·同心喜迎二十大”群众性宣传教育，深化五一劳动奖、青年文明号、巾帼文明岗创建。印发《在省直机关广泛开展讲家风家训家教故事工作指引》，开展重家教立家训传家风主题活动。加强机关精神文明建设，深化文明单位、五一劳动奖、青年文明号、巾帼文明岗创建，开展劳动和技能竞赛、志愿服务等活动。落实关心关爱干部职工服务，举办第十届省直机关全民健身运动会、职工子女暑托示范班3期、青年干部职工素质拓展训练营3期。

【基层党组织建设】 2022年，中共福建省直机关工委传承弘扬机关党建“新、活、实”重要理念和重大实践，组织专题调研，探索形成工作机制。实施多种形式“党建+”，推动省直机关建设党员政治生活馆，强化50个主题党日活动基地建设。推进省直机关“数智党建”综合管理应用平台建设，推广应用“省直党费e家”，提升机关党建信息化、智能化水平。加强分类指导，实施《关于加强省直机关所属事业单位党的建设的意见》，调研起草《关于加强省直机关国有企业党的建设若干措施》，开展流动党员管理试点工作。持续深化党支部“达标创星”活动，全省2799个基层党组织按期换届，培训党员干部和党员发展对象5240人。

（省直机关工委）

编辑：林忠玉

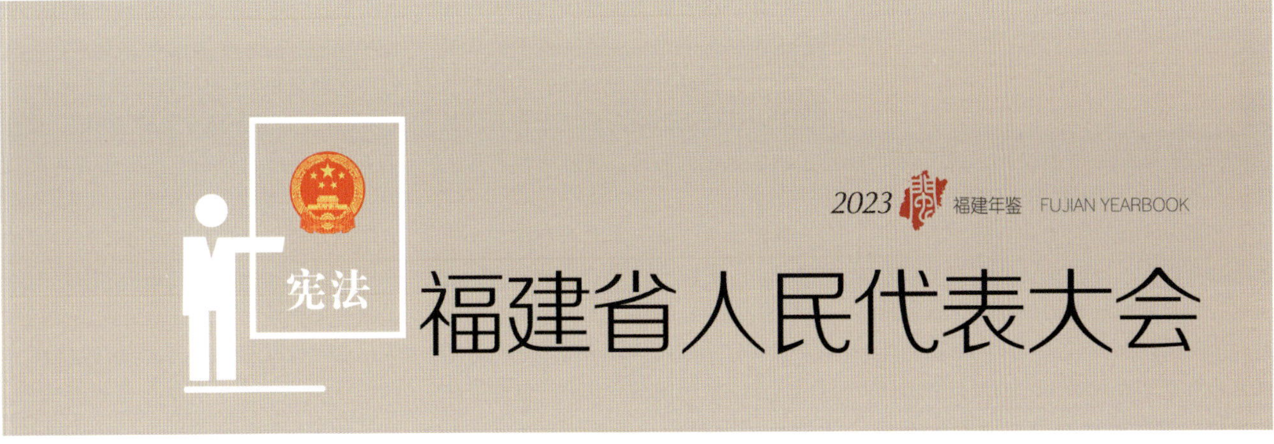

福建省人民代表大会

综　述

【人大履职】　2022年，福建省人大常委会践行全过程人民民主，履行立法、监督、决定、任免等法定职责，全年审议法规草案26项，通过16项，修改7项，批准设区市法规15项，审查规章和规范性文件58件；听取和审议“一府一委两院”工作报告19项，开展9部法律法规执法检查，作出决议决定8项。按照省委“提高效率、提升效能、提增效益”行动要求，编制五年立法规划和2023年立法、监督、代表等工作计划；沿着习近平总书记到闽考察足迹，开展“牢记嘱托、感恩奋进”学习调研；组织开展数字经济、海洋经济、绿色经济、文旅经济专题调研，开展传承弘扬“晋江经验”学习调研和古厝古建筑文化遗产保护利用专项工作。配合省委出台关于进一步加强和改进新时代人大工作的若干措施。

【思想政治建设】　2022年，福建省人大常委会深入学习贯彻习近平新时代中国特色社会主义思想，强化习近平法治思想、习近平总书记关于坚持和完善人民代表大会制度的重要思想学习领会。常委会党组会议、理论学习中心组学习会组织传达学习党的二十大精神；省人大常委会会议把学习贯彻党的二十大精神作为第一议题，邀请省委宣讲团成员作辅导讲座，组织常委会组成人员交流学习体会；党组成员赴基层面向五级人大代表进行宣讲，组织参观“3820”战略工程成就展、省宪法宣传教育馆。跟进学习习近平总书记重要讲话重要指示精神，组织学习《习近平谈治国理政》《闽山闽水物华新——习近平福建足迹》《习近平书信选集》及《习近平在福建》系列采访实录等。

发挥常委会党组领学促学作用，健全党组理论学习中心组学习、常委会专题讲座制度，常委会党组书记向常委会组成人员作《闽山闽水物华新——习近平福建足迹》学习辅导报告。落实意识形态工作责任制，召开意识形态工作汇报会，分析意识形态形势，研究部署相关工作。推进党史学习教育常态化长效化，组织“忠诚在心、岗位奉献”等喜迎党的二十大系列主题活动。建立完善年初谋划部署、全年狠抓落实、年终考核评估的党建工作机制，推进支部创星达标评比工作。

【人大制度机制完善】　2022年，福建省人大常委会贯彻实施新修订的地方组织法，修改省人民代表大会议事规则、省人大常委会任免条例，健全完善人大组织制度、会议制度、工作程序、运行机制，将全过程人民民主重大理念转化为法规制度，保障人民知情权、参与权、表达权、监督权。健全吸纳民意、汇集民智工作机制，建设基层立法联系点、代表联系群众活动室等民主民意表达平台载体，设立10个侨台民宗工作基层联系点，推进华侨和港澳地区闽籍全国人大代表列席省人代会，改进调研、座谈、论证、咨询等方式。开展“发展全过程人民民主与坚持和完善人民代表大会制度”课题调研，并召开专题研讨会。推动完善人大及其常委会机构设置，加强对市县乡人大工作指导和联系。开展人大制度理论和工作研究，推动“数字人大”建设。推进党风廉政建设和反腐败工作，落实中央及省委巡视反馈问题整改。

【重大事项决定】　2022年，福建省人大常委会针对事关全局性、根本性、长远性重大问题，行使重大事项决定权，作出决议决定8项，推动中央和省委重大决策部署贯彻落实。作出关于批准“十四五”生态省建设专项规划决议，推进“双碳”工作，推动美丽中国福建示范区建设。作出关于批准2021年省级决算决议、关于批准2022年省级预算调整方案的决议，加强预决算审查。作出关于福建省第十四届人民代表大会代表名额分配和选举问题的决定，保障省人大代表换届选举进行。作出关于重新确定各设区市人民代表大会常务委员会组成人员名额的决定，增加设区市人大常委会组成人员名额，落实新修改的地方组织法及相关决定。常委会还作出关于办理省十三届人大六次会议主席团交付审议的代表议案的决定、关于召开福建省第十四届人民代表大会第一次会议的决定、关于福建省第十四届人民代表大会第一次会议列席人员安排原则的决定。　（胡冰午）

重要会议

【省十三届人大六次会议】 2022年1月22—25日，福建省第十三届人民代表大会第六次会议在福州召开。会议审议和批准省人民代表大会常务委员会工作报告、省人民政府工作报告、省高级人民法院工作报告、省人民检察院工作报告；审查和批准福建省2021年国民经济和社会发展计划执行情况及2022年国民经济和社会发展计划草案的报告，批准福建省2022年国民经济和社会发展计划；审查和批准福建省2021年预算执行情况及2022年预算草案的报告，批准福建省2022年省级预算，审议通过《福建省人民代表大会议事规则》。会议选举赵龙为省人民政府省长，周联清、庄稼汉为省十三届人大常委会副主任，金银墙为省法院院长，黄新銮为省十三届人大常委会秘书长。会议选举部分省十三届人大常委会委员，表决通过省十三届人大财经委、社会委主任委员。经大会主席团会议审议，决定将23件议案交省人大常委会办理并提出办理情况报告。大会收到代表建议752件，交有关部门办理。

【省人大常委会会议】 2022年，福建省人大常委会举行6次会议，即福建省十三届人大常委会第三十一次至第三十六次会议。

福建省十三届人大常委会第三十一次会议。1月20日在福州召开。会议审议通过《福建省第十三届人民代表大会第六次会议主席团和秘书长名单（草案）》，决定提请省十三届人大六次会议预备会议选举；审议通过《福建省第十三届人民代表大会第六次会议议程（草案）》，决定提请省十三届人大六次会议预备会议表决；审议通过《福建省人民代表大会常务委员会关于福建省第十三届人民代表大会第六次会议列席人员安排原则的决定》；审议通过《福建省人民代表大会常务委员会工作报告（稿）》，决定提请省十三届人大六次会议审议；听取和审议《省十三届人大常委会代表资格审查委员会关于个别代表的代表资格的报告》。会议经审议和表决，决定任命林文斌为福建省人民政府副省长，任命金银墙为福建省高级人民法院副院长、代院长，通过其他有关人事事项。

福建省十三届人大常委会第三十二次会议。3月29—30日在福州召开。会议传达学习十三届全国人大五次会议及省委常委会（扩大）会议精神；审议通过《福建省全民健身条例》《福建省生态环境保护条例》《福建省司法鉴定管理条例》《福建省优化营商环境条例》《福建省人民代表大会常务委员会关于废止〈福建省流动人口计划生育管理办法〉〈福建省禁止非医学需要鉴定胎儿性别和选择性别终止妊娠条例〉的决定》《福建省人民代表大会常务委员会关于修改〈福建省人民代表大会常务委员会任免国家机关工作人员条例〉的决定》《福建省人民代表大会常务委员会关于修改〈福建省人口与计划生育条例〉的决定》，审查批准《南平市文明行为促进条例》；审议省人民政府关于2021年环境状况和环境目标完成情况的报告；审议通过《关于办理省十三届人大六次会议主席团交付审议的代表议案的决定》；听取和审议关于2021年规章和规范性文件备案审查工作情况的报告；审查和批准福建省“十四五”生态省建设专项规划。审议通过《福建省人民代表大会常务委员会关于罢免陈家东第十三届全国人民代表大会代表职务的决定》，因涉嫌严重违纪违法，会议决定，罢免陈家东的第十三届全国人民代表大会代表职务，报第十三届全国人民代表大会常务委员会备案、公告；审议通过《福建省第十三届人民代表大会常务委员会代表资格审查委员会关于个别代表的代表资格罢免的报告》，陈某东、张某洲因涉嫌严重违纪违法，福建省十三届人大代表的代表资格终止。会议经审议和表决，决定任命李建成为省人民政府副省长，任命黄新銮为福建省第十三届人民代表大会常务委员会代表资格审查委员会副主任委员，通过其他有关人事事项。

福建省十三届人大常委会第三十三次会议。5月26—27日在福州召开。会议审议通过《福建省邮政条例》《福建省中医药条例》《福建省土地管理条例》《福建省地方金融监督管理条例》《福建省土壤污染防治条例》《福建省人民代表大会常务委员会关于修改〈福建省气象条例〉等三项涉及“放管服”改革的地方性法规的决定》；听取和审议省人民政府关于养老服务体系建设情况的报告；审查和批准省人民政府2022年省级预算调整方案。会议经审议和表决，通过有关人事事项。

福建省十三届人大常委会第三十四次会议。7月27—29日在福州召开。会议审议通过《福建省实施〈中华人民共和国反恐怖主义法〉办法》《福建省动物防疫条例》《福建省禁止中小学幼儿园学生携带手机进入课堂的规定》，审查批准《宁德市电动自行车管理条例》；听取和审议省人民政府关于2021年体育专项资金管理使用情况的报告、省高级人民法院关于审判监督工作情况的报告、省人民检察院关于办理控告申诉案件工作情况的报告、省人大常委会执法检查组关于检查《中华人民共和国妇女权益保障法》及《福建省实施〈中华人民共和国妇女权益保障法〉办法》实施情况的报告、关于检查《中华人民共和国森林法》及《福建省森林条例》实施情况的报告、关于检查《中华人民共和国科学技术普及法》及《福建省科学技术普及条例》实施情况的报告、关于检查《中华人民共和国环境保护法》实施情况的报告；听取和审议省人民政府关于研究处理《省人大常委会关于〈中华人民共和国消防法〉及〈福建省消防条例〉执法检查报告的审议意见》情况的报告并开展满意度测评；听取和审议省人民政府关于2022年上半年国民经济和社会发展计划执行情况的报告、关于福建省2021年省级决算和2022年上半年预算执行情况的报告、关于2021年省级预算执行和其他财政收支审计工作的报告，审查和批准2021年省级决算；审议省人大部分委员会关于省十三届人大六次会议相关议案办理情况的报告。会议经审议和表决，通过有关人事事项。

福建省十三届人大常委会第三十五

次会议。9 月 27—28 日在福州召开。会议学习贯彻习近平总书记在省部级主要领导干部“学习习近平总书记重要讲话精神，迎接党的二十大”专题研讨班上的重要讲话精神；审议通过《福建省人民代表大会常务委员会关于福建省第十四届人民代表大会代表名额分配和选举问题的决定》《福建省人民代表大会常务委员会关于重新确定各设区的市人民代表大会常务委员会组成人员名额的决定》《福建省养老服务条例》，审查批准福州、泉州、三明、莆田、南平、龙岩、宁德市人民代表大会常务委员会关于加强闽江流域水生态环境协同保护的决定、《龙岩市农村人居环境治理条例》；听取和审议省人民政府关于就业工作情况的报告、关于福建省乡村振兴工作情况的报告、关于以铸牢中华民族共同体意识为主线推进新时代福建省民族工作高质量发展情况的报告，省人大常委会执法检查组关于检查《中华人民共和国社区矫正法》实施情况的报告、关于检查《中华人民共和国长江保护法》实施情况的报告；审查和批准省人民政府 2022 年省级预算调整方案；审议省人大部分专门委员会及常委会部分工作委员会关于省十三届人大六次会议相关议案办理情况的报告。会议经审议和表决，通过有关人事事项。

福建省十三届人大常委会第三十六次会议。11 月 22—24 日在福州召开。会议认真学习贯彻党的二十大精神；审议通过《福建省人民代表大会常务委员会关于召开福建省第十四届人民代表大会第一次会议的决定》《福建省公安机关警务辅助人员管理条例》《福建省湿地保护条例》《福建省海上搜寻救助条例》《福建省红色文化遗存保护条例》，审查批准《福州市闽江河口湿地自然保护区管理办法》《漳州市政务服务条例》《泉州市文化旅游发展促进条例》《莆田市城市园林绿化管理条例》《龙岩市客家文化保护条例》。听取省人民政府关于福建省国土空间规划（2021—2035）（草案）说明，审议规划草案。听取和审议省人民政府关于进一步减轻义务教育阶段学生作业负担和校外培训负担工作情况的报告、关于福建省燃气管理工作情况的报告、关于 2021 年度省级预算执行和其他财政收支审计查出问题整改落实情况的报告，听取和审议省人民政府关于 2021 年度国有资产管理情况的综合报告并开展专题询问；审议《福建省第十三届人民代表大会常务委员会关于省十三届人大六次会议主席团交付审议的代表议案审议结果的报告》，审议通过《福建省第十三届人民代表大会常务委员会代表资格审查委员会关于个别代表的代表资格的报告》；听取和审议省人民政府关于省十三届人大六次会议代表建议、批评和意见办理情况的报告，省高级人民法院关于省十三届人大六次会议代表建议、批评和意见办理情况的报告，省人民检察院关于省十三届人大六次会议代表建议、批评和意见办理情况的报告。会议经审议和表决，决定：接受李仰哲辞去福建省监察委员会主任职务的请求，任命迟耀云为福建省监察委员会副主任、代理主任，通过其他有关人事事项。（卢洪珍）

人大立法

【概况】 2022 年，福建省人大常委会审议省级地方性法规草案 28 项，通过 25 项；对 9 个设区市人大常委会提请报批的 15 项法规进行审议并批准；审查规章和规范性文件 61 件。推动创新立法，持续推进“小切口”立法和区域协同立法。加强备案审查，实现报告备案审查年度工作情况常态化。

【立法实践创新】 2022 年，福建省人大常委会创新开展“小切口”立法，继餐饮服务从业人员佩戴口罩规定、儿童乘坐机动车使用安全座椅规定两部“小切口”立法后，7 月，法工委自主起草的《福建省禁止中小学幼儿园学生携带手机进入课堂的规定》由福建省人大常委会第三十四次会议通过，是全国首个规范学生在校使用手机的“小切口”专项立法，入围“2022 年度福建省十大法治事件”，得到中央电视台、央广网、人民网、光明网等媒体关注，省内中小学校据此出台配套规定。推进区域协同立法，在九龙江流域协同立法基础上，推进闽江流域水生态环境保护协同立法，福州、泉州、三明、莆田、南平、龙岩、宁德沟通合作，实现立法文本协商起草、立法程序同步推进、立法成果共同运用，着力打造福建省协同立法新样板，9 月，7 个设区市分别起草的《关于加强闽江流域水生态环境协同保护的决定》经省人大常委会会议审议批准。

【备案审查】 2022 年，福建省各设区市均将备案审查工作报告纳入人大常委会年度工作计划，实现向本级人大常委会报告备案审查年度工作情况常态化；全省各设区市人大常委会均实现地方备案审查信息平台联网运行，县级人大常委会推进平台并网运行工作。年内，省人大常委会加快推进福建省法规规章规范性文件数据库建设进程。（高　源）

人大监督

【概况】 2022 年，福建省人大常委会强化监督针对性和实效性，加强经济发展、社会民生、社会治安、生态环境建设等领域监督检查，推动党中央决策部署和省委工作要求贯彻落实。

【经济发展监督】 2022 年，福建省人大常委会听取和审议国民经济和社会发展计划执行情况报告，推动稳住全省经济大盘。审议国有资产管理情况综合报告，并开展专题询问，摸清全省国有资产“家底”。开展海丝中央法务区建设专题调研，维护市场主体合法权益。开展科学技术普及法及福建省条例执法检查，推动塑造发展新动能新优势。组织省、市、县三级人大就全省乡村振兴工作情况开展联动监督。

【社会民生监督】 2022 年，福建省人大常委会听取和审议体育专项资金管理使用情况报告，开展《关于加强公共卫生工作、确保人民生命健康安全的决定》实施情况专题调研，推进实施健康福建战略。听取和审议就业工作情况报告，推动实施就业优先战略。应对人口老龄化，听取和审议养老服务体系建设情况报告。听取和审议进一步减轻义务教育阶段学生作业负担和校外培训负担工作情况报告，并组织省、市、县三级人大开展联动监督。开展妇女权益保障法执法检查，维护妇女儿童权益。听取和审议推动新时代福建省民族工作高质量发展情况的报告，组织省、市、县三级人大开展联动监督，促进民族地区共同富裕。

【社会安定稳定监督】 2022 年，福建省人大常委会开展全国人大重复信访治理，推动平安福建建设。听取和审议燃气管理工作情况报告，对《中华人民共和国消防法》执法检查报告审议意见研究处理情况进行满意度测评，督促防范化解重大风险。开展《中华人民共和国社区矫正法》执法检查，听取和审议省法院关于审判监督工作情况、省检察院关于办理控告申诉案件工作情况的报告。

【美丽福建建设监督】 2022 年，福建省人大常委会开展《中华人民共和国环境保护法》执法检查，助力打好污染防治攻坚战。开展《中华人民共和国长江保护法》执法检查，督促相关地方政府和生态环境部门加大流域水环境保护力度。开展《中华人民共和国森林法》及《福建省森林条例》执法检查，加强森林资源保护。审议福建省国土空间规划草案、年度环境状况和环境保护目标完成情况报告，助力建设美丽中国福建示范区。 （胡冰午）

代表工作

【概况】 2022 年，福建省人大常委会开展省人大代表换届选举，优化人大代表履职服务保障。省十三届人大六次会议期间，省人大代表提出议案 23 件，均在规定时限内办结；提出建议 760 件，分解为 1880 件次，均按时办结并答复代表。加强闭会期间代表活动开展，组织福建省全国人大代表赴泉州、三明、莆田、龙岩开展专题调研活动，组织代表集中视察和专题调研，加强和改进代表学习培训。

【省人大代表换届选举】 2022 年，福建省人大常委会组织起草关于做好省人民代表大会换届选举工作的意见，报请省委研究转发各地执行。作出相关决定，设立省人大换届选举工作办公室，同省委组织部、统战部加强沟通联系，指导各地开展代表选举工作。向省委报告省人大代表候选人人选推荐情况，按照省委常委会会议部署，要求各选举单位依法组织选举。

【代表调研与视察】 2022 年 3—11 月，福建省人大常委会组织省人大代表开展专题调研和集中视察活动。各设区市人大常委会、平潭综合实验区人大工委组织 235 名省人大代表参加专题调研，形成专题调研报告 12 篇。福州、厦门、漳州等市人大常委会加强部署，突出主题和重点；泉州、南平、龙岩等市人大常委会结合地方产业特色，了解产业发展情况，助推地方产业集聚发展；三明、莆田、宁德、平潭等地组织代表跨原选举单位开展专题调研，了解兄弟市经济社会发展情况，学习交流经验做法。

7 月 4—8 日，省人大常委会组织福建省全国人大代表赴泉州、三明、莆田、龙岩开展专题调研活动。专题调研主题是学习贯彻习近平总书记关于坚持和完善人民代表大会制度的重要思想和中央人大工作会议精神，践行全过程人民民主要求，围绕福建省第十一次党代会提出的“做大做强做优数字经济、海洋经济、绿色经济、文旅经济”，结合全国人大常委会开展的《中华人民共和国环境保护法》《中华人民共和国乡村振兴促进法》执法检查工作，组织全国人大代表分两组开展专题调研和集中视察：其中，第一组赴三明、龙岩调研绿色经济、文旅经济和乡村振兴情况，第二组赴泉州、莆田调研数字经济、海洋经济和环境保护情况。调研组阅读各市提供的工作情况书面报告，深入村庄社区、田间地头、企业车间、项目现场，了解各地发展“四大经济”经验做法，以及环境保护、乡村振兴工作情况，对福建省取得的新进展新成效给予肯定，并就推动福建省“四大经济”发展和环境保护、乡村振兴工作提出意见建议。调研报告被全国人大执法检查组作为参阅材料。

【建议议案办理】 2022 年，福建省人大常委会完善代表议案建议办理机制，加强和改进代表议案建议办理工作，回应社会关切。

省十三届人大六次会议期间，省人大代表提出议案 23 件，其中涉及制定法规 18 件，修改法规 5 件。大会主席团决定将议案交由省人大常委会审议，审议结果向省人民代表大会报告。省人大相关专门委员会、常委会工作机构将议案办理与立法、监督、调研等工作有机结合，强化与省政府及其职能部门、省法院、省检察院的联系，论证代表议案所提立法项目必要性、可行性，协调政府相关部门与代表共同会商研究，推动常委会审议通过。23 件议案均在规定时限内办结，分别提交省十三届人大常委会第三十四、三十五次会议审议通过。议案所提立法项目，3 件经常委会会议审议通过并颁布施行；1 件启动立法程序；1 件列入常委会 2022 年立法工作计划预备项目；6 件列入下一届省人大常委会立法规划；1 件待上位法制定出台后，再适时启动立法程序；10 件先行开展立法调研，再视情或适时启动立法程序；1 件暂不列入省人大常委会立法工作计划。

省十三届人大六次会议期间，省人大代表提出建议 760 件（其中大会建议 752 件，闭会建议 8 件）。建议分解为 1880 件次，交由 91 家承办单位办理，均按时办结并答复代表，建议所提问题的行文答复类别为已经解决或列入规划逐步解决的 1771 件次，占 94.2%。省人大常委会确定“进一步推进乡村民主法治建设”“促进我省‘数字经济’发展”“加强产业工人队伍建设”“加大力度扶持和完善婴幼儿托育服务”“大力发展我省绿色经济率先实现‘双碳’目标”“全面推进乡村振兴”和“加强培育我省蓝色碳汇产业发展”7 件代表建议由常委会副主任分别领衔督办，推动建议办理取得成效。 （方 力）

编辑：林忠玉

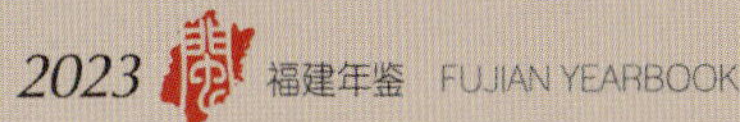

福建省人民政府

综　述

【综合发展】　2022年，福建省人民政府统筹新冠疫情防控和经济社会发展，统筹发展和安全，全力以赴稳增长、促消费、扩投资、稳外贸、防风险。全省地区生产总值5.3万亿元，比上年增长4.7%；一般公共预算总收入5382.3亿元，地方一般公共预算收入3339亿元，分别比上年增长1.9%、5.5%；固定资产投资、社会消费品零售总额分别比上年增长7.5%、3.3%，出口比上年增长12.3%；城镇居民、农村居民人均可支配收入分别比上年增长5.2%、7.6%；城镇调查失业率5.1%；居民消费价格比上年上涨1.9%。

【新冠疫情防控】　2022年，福建省打赢泉州、宁德、福州等地聚集性疫情歼灭战，恢复正常生产生活秩序。因时因势优化调整疫情防控措施，制定实施进一步优化疫情防控的29条和13条措施，着力保健康、防重症，推动平稳有序“压峰”转段、度过流行期。发挥全省疫情防控一体化服务平台作用，解决群众合理诉求，保障群众生活需求。

【经济稳增长】　2022年，福建省落实国家稳经济政策，出台实施48条一揽子政策和21条接续政策，全年退减降缓税费1150亿元，纾困专项贷款和融资支持专项政策惠及企业1.83万家。发行地方政府专项债券1831亿元，福厦高铁全线贯通，兴泉铁路、靖永高速建成通车，周宁、永泰抽水蓄能电站建成投用。开展“全闽乐购”，发放消费券4亿元，撬动汽车、家电等大宗消费回升，新能源汽车销售量比上年增长78.7%。加强运行分析调度，建成全省经济社会运行和高质量发展监测与绩效管理平台，创新日监测、旬调度、月分析机制，实现一季度开门红、二季度结果好、三季度态势稳、四季度冲劲足，主要指标位居全国前列。

【科技创新】　2022年，福建省实施创新驱动发展战略，全社会研发投入比上年增长15%，10家国家重点实验室、6家省创新实验室运转有序。获批国家企业技术中心8家。5个设区市入选首批国家知识产权强市建设试点示范城市，晋江、福清通过全国首批创新型县（市）验收。在全国首设科技成果转化奖，全球首个鼻喷新冠疫苗获批在国内紧急使用。

【现代化产业体系】　2022年，福建省发展新材料、新能源、生物与新医药等战略性新兴产业，实施省重点技改项目1442个，加快推动传统产业数字化转型、智能化改造。做强做优做大“四大经济”（数字经济、海洋经济、绿色经济、文旅经济），实施数字信息基础设施“强基”等八大行动，举办第五届数字中国建设峰会，数字经济增加值2.6万亿元；迭代实施海洋经济高质量发展三年行动，海洋经济规模1.2万亿元，保持全国前列；出台推进绿色经济发展行动计划、福建省碳达峰实施方案，完成“电动福建”三年行动计划，清洁能源装机比重58%；实施文旅经济高质量发展行动计划，打响福文化品牌，推进全域生态旅游省建设。进一步传承弘扬“晋江经验”，出台实施民营经济创新发展若干措施，民营经济增加值比上年增长5%。

【重点领域改革】　2022年，福建省深化“放管服”改革，施行《福建省优化营商环境条例》，推出“一件事一次办”改革事项8125个、精简审批环节67.6%。加快推进要素市场化配置改革，实施工业用地“标准地”改革，建成省市两级公共数据汇聚共享平台。公立医院综合改革效果评价连续7年位居全国前列，九市一区完成医保支付方式改革全覆盖。接续实施林业“八大工程”，“林长+”工作成果居全国前列。推进普惠金融改革，普惠型小微企业贷款比上年增长27%。国企改革三年行动收官，组建运营省大数据集团、金投公司。

【对外开放】 2022年，福建省举办第22届投洽会、金砖国家新工业革命伙伴关系论坛等重大活动。出台高质量实施RCEP的32条措施，签发原产地证书2.57万份、货值103.7亿元。推进海丝中央法务区建设，中欧班列开行113趟，“丝路海运”联盟成员超270家，与“一带一路”共建国家贸易额比上年增长13.8%。深化闽港、闽澳合作，发挥侨界资源优势，推进国际友城合作。

【闽台融合发展】 2022年，福建省坚持以通促融，对台贸易比上年增长22.9%，新设台资企业户数、实际利用台资金额均居全国首位，海峡两岸最大的石化合作项目古雷炼化一体化一期投入商业运营，推出两岸标准共通试点项目25个。坚持以惠促融，成立全国首个台胞职业资格一体化服务中心，首创面向台港澳同胞的省级定制医疗保险“八闽保”，在全省推广台胞医保服务中心，创新开展台胞数字人民币缴税业务。坚持以情促融，开展特色交流活动200多场，举办第十四届海峡论坛、第十届海峡青年节、郑成功收复台湾360周年纪念活动、两岸企业家峰会年会等活动。

【城乡建设】 2022年，福建省提升城乡功能品质，整治裸房15.3万栋，新建改造提升城市道路870千米、农村公路2600千米，5G网络实现重点乡镇以上区域全覆盖，市县生活污水处理率97.9%，全面建成乡村生活垃圾转运系统。

【社会民生】 2022年，福建省持续加大民生投入，25件省委省政府为民办实事全面完成。坚持就业优先战略，开展职业技能提升行动，全省城镇新增就业51.97万人。办好人民满意的教育，新增公办学前教育学位6.7万个、义务教育学位13万个，高等教育毛入学率61%。加快建设健康福建，新增医疗床位数6000个，全面实施职工医保门诊共济保障，居民主要健康指标保持全国前列。提高社会保障水平，城镇职工退休人员基本养老金比上年增长4%，城乡居民基础养老金最低标准提高至140元，城乡低保年均标准提高至9999元。加大住房保障力度，新开工保障性安居工程18.6万套、老旧小区改造19.9万户。持续建设“食品放心工程”，食品安全评议考核连续3年获评A级。繁荣发展文化体育事业，《踏伞行》《山海情》等文艺作品获国家级奖项，举办第35届中国金鸡电影节、第17届省运会和第11届老健会等活动。

【生态省建设】 2022年，福建省推进生态省、国家生态文明试验区建设，科学划定“三区三线”（农业空间、生态空间、城镇空间三种类型空间，以及分别对应划定的永久基本农田保护红线、生态保护红线、城镇开发边界3条控制线），将27.5%的国土面积划入生态保护红线。打好污染防治攻坚战，9个设区市城市空气质量优良天数比例97.6%，主要流域优良水质比例98.7%，近岸海域优良水质比例85.8%。加强生态保护修复，系统推进闽江、九龙江等流域山水林田湖草沙生态保护修复工程，完成互花米草除治9000公顷，提升生态系统的多样性、稳定性、持续性。开展造林绿化和城市公园建设，新建公园绿地1136公顷、口袋公园577个，城市建成区绿化覆盖率40.8%，80%以上行政村成为“绿盈乡村”，森林覆盖率65.12%、连续44年居全国第一。

【社会安全】 2022年，福建省开展安全生产大检查，推进危险化学品、燃气、自建房、消防、道路交通等重点领域整治，全省安全生产事故起数、死亡人数分别比上年下降37%、31%。守住守牢粮食能源安全底线，实现粮食总产量508.7万吨，煤油气供应平稳有序。防范化解重点领域风险，一楼一策化解问题楼盘，防范和处置非法集资工作居全国第一档，政府债务风险总体可控。加强社会治理，创新发展新时代“枫桥经验”，推广“近邻”党建模式，深化“四门四访”“双包双挂”制度，常态化推进扫黑除恶专项斗争，遏制电信网络诈骗、跨境赌博、养老诈骗等违法犯罪，群众安全感率99%以上。

【为民办实事项目】 2022年，福建省各级各有关部门按照省委和省政府工作计划，克服新冠疫情影响，省级财政下达项目资金123.91亿元，保障25项为民办实事项目全面完成。

2022年福建省委、省政府为民办实事项目完成情况表

序号	项目内容	完成情况
1	新增公办幼儿园学位4万个，新增义务教育公办学校学位6万个，改造近视防控教室照明2万间	省级财政补助资金下达12.01亿元，完成年度计划的102.09%。（一）新建、改扩建公办幼儿园，全省218个项目全部开工，投用后新增学位6.7万个。（二）实施义务教育薄弱环节改善与能力提升项目，全省规划建设校舍面积96.43万平方米全部开工，投用后预计新增学位13万个。（三）实施近视防控教室照明改造工程，省定改造教室任务（不含厦门）完成22483间，完成年度计划的112.4%；厦门市定改造教室1.1万间全部完成。

续表

序号	项目内容	完成情况
2	首批630所学校体育场试点向社会开放，福州、厦门60家公共文化场馆试点延时错时开放	省级财政补助资金下达6050万元，完成年度计划的100%。（一）福州、厦门、泉州等地首批654所试点学校均已“一校一策”制定方案并完成改造，向社会开放体育场地。（二）福州、厦门两地60家试点场馆均落实有关要求，实施错时延时开放，全年全部试点单位共计接待民众（含文化服务惠及人次）1844.35万人次。
3	将人均基本公共卫生服务项目政府补助标准提高6.3%，将低保对象、特困人员和低保边缘家庭成员等困难群体高血压、糖尿病门诊指定用药报销比例提高至100%	省级财政补助资金下达21.99亿元，完成年度计划的100%。（一）基本公共卫生服务项目政府补助标准提高至每人每年84元，该项提标工作完成，并对补助资金到位情况实行季报制度。（二）低保对象、特困人员和低保边缘家庭成员等困难群体高血压、糖尿病门诊指定用药报销比例提高至100%，已于3月15日在全省范围实施。
4	实施13～14周岁半女性人乳头瘤病毒（HPV）疫苗免费接种项目试点	省级财政补助资金下达6421万元，完成年度计划的100%。全省各地均开展HPV疫苗免费接种项目，按照“应接尽接、自愿接种”原则，共接种28.5万剂。
5	投资12亿元建设2个全省重大疫情救治基地（2022年计划完成投资2.5亿元），在公共场所配置2000台自动体外除颤器（AED），培训救护员20万人次	省级财政补助资金下达2.5776亿元，完成年度计划的100%。（一）省立医院金山院二期项目、福建医科大学附属协和医院西院二期项目均完成主体结构施工，进入装饰装修阶段。（二）在公共场所配置AED，全省完成采购安装2275台（含社会资金采购），完成年度计划的113.75%；组织群众性应急救护公益培训，全省完成培训获证救护员221152人，完成年度计划的110.58%。
6	抽调1000名中高级职称医师下基层服务	全年安排1605名中高级职称医师下基层服务24003人次，诊疗群众209039人次，开展业务培训34390人次。
7	建成200个普惠性托育园，新增15000个普惠性托位	省级财政补助资金下达1.31亿元，完成年度计划的100.46%。全省新建成237个普惠托育机构，完成年度计划的118.5%；可提供普惠托位20561个。
8	开展各类补贴性职业技能培训15万人次，新增培训高素质农民10万人次，对符合条件的在校生和大中专毕业生创业项目择优给予3万～10万元资助等	省级财政补助资金下达9.91亿元，完成年度计划的111.37%。（一）全省城镇新增就业51.97万人，完成年度计划的109.4%。（二）全省开展各类补贴性职业技能培训64.46万人次，完成年度计划的429.73%。（三）全省新增高素质农民培训12.8万人次，完成年度计划的128%；新增培养中专学历以上高素质农民1.66万人，完成年度计划的166%；开展农村实用技术远程培训123.3万人次，完成年度计划的123.3%。（四）评审确定110个2022年全省大中专毕业生创业省级资助项目，并按标准资助。（五）全省完成“三支一扶”招募982人、大学生志愿服务欠发达地区招募300人、服务社区招募300人等任务。
9	提高城乡居民基本养老保险基础养老金标准	省级财政补助资金下达7.6亿元，完成年度计划的100%。全省各市、县（区）均提高城乡居民基本养老保险基础养老金标准并从2022年1月起补发到位。
10	新增70所农村区域性养老服务中心和300个长者食堂（助餐点）	省级财政补助资金下达1.15亿元，完成年度计划的100%。（一）全省新建成农村区域性养老服务中心86所（含地方自建项目）。（二）全省新建成长者食堂（助餐点）488个（含地方自建项目）。
11	将困难残疾人生活补贴标准提高7.6%，将生活困难的重度残疾人一级护理补贴标准提高3.5%、二级护理补贴标准提高7.6%，打造250个无障碍设施示范样板项目和10个无障碍示范区	省级财政补助资金下达6.11亿元，完成年度计划的100.15%。（一）全省统一提高困难残疾人生活补贴标准、生活困难的重度残疾人护理补贴标准，各地均按照或高于省定调整标准发放补贴，困难残疾人生活补贴标准提高至每人每月99元；生活困难的重度残疾人一级护理补贴标准提高至每人每月119元，二级护理补贴标准提高至每人每月99元。（二）全省完成264个无障碍设施改造提升示范样板项目、10个无障碍示范区打造。
12	新建20个智慧体育公园和30个游泳池，在全省各地开展全民健身赛事活动	省级财政补助资金下达1.03亿元，完成年度计划的100%。（一）30个游泳池建设任务全部完成，20个智慧体育公园建设（实施周期两年）有序推进。（二）全省各地开展线上线下全民健身赛事活动超3200场，超过160万人次参与。

续表

序号	项目内容	完成情况
13	治理“餐桌污染”、建设“食品放心工程”	省级财政补助资金下达2.19亿元，完成年度计划的122.81%。全年全省主要农产品抽检总体合格率99%、加工食品抽检总体合格率98.86%，食品安全状况稳中向好，未发生较大及以上级别的食品安全事故。（一）开展上述专项整治行动，全省各级行政监管部门查处违法行为11023起，查获不合格食品163.44吨；公安机关破获涉食品安全犯罪案件1107件，抓获犯罪嫌疑人1339人；捣毁各类“黑作坊”“黑窝点”312个。（二）开展食品安全示范创建，全年新认证“三品一标”农产品573个，新评定“福建十大农产品区域公用品牌”10个、“福建名牌农产品”32个，完成2条省级食品安全示范街和200家“明厨亮灶”示范单位创建。（三）开展全省“一品一码”全过程追溯体系建设，全年23.66万家食品生产经营主体在“一品一码”追溯平台上注册，备案食品信息4609.2万种，累计上传追溯数据15.56亿条。（四）在全部县（市、区）开展食品污染物及食品中有害因素监测等，全年完成监测样品6.77万份；设置食源性疾病监测医疗机构1155家，全年报告食源性疾病病例6.5万例。
14	新扩建生活垃圾分类屋（亭）1000座	省级财政补助资金下达5700万元，完成年度计划的100%。全省完成新扩建生活垃圾分类屋（亭）1762座（含地方策划项目）、创建生活垃圾分类示范区11个；推进有害垃圾处理设施建设，全省危险废物年利用处置能力201万吨/年，共收集和规范处置有害垃圾306.81吨；35家企业入选工信部再生资源行业规范企业名单（其中2022年新入选8家）；支持和引导省内企业规范建设回收网络，全省再生资源回收企业在商务部备案5553家，全年全省再生资源回收总量404.14万吨。
15	常态化清理海漂垃圾，完善海上环卫建设，保障海湾水清滩净	省级财政补助资金下达4375万元，完成年度计划的100%。将海漂垃圾综合治理工作列入年度党政领导生态环保目标责任书考核和省级环保督察内容，2次召开省级部门联席会议协调推进该项工作，沿海各地市（含平潭）全部实现海上环卫队伍全覆盖，形成常态化、网格化海漂垃圾清理保洁机制，全省清理海漂垃圾12.14万吨，重点岸段海漂垃圾平均分布密度370平方米/千米，比整治前下降57.3%，岸滩可见垃圾明显下降。
16	新建改造修复城市和县城生活污水管网750千米，启动实施500个村庄农村生活污水提升治理	省级财政补助资金下达5.9亿元，完成年度计划的113.46%。（一）全省完成新建改造修复城市和县城生活污水管网1220千米，完成年度计划的162.67%。（二）全省开工新建524个村庄生活污水治理设施，完成年度计划的104.8%；完工475个，实现“完成200个以上村庄”目标。
17	新增保障性租赁住房2万套，开工棚户区改造2.5万套以上，开工城镇老旧小区改造10万户，改造更新老旧燃气管道100千米	省级财政补助资金下达15.04亿元，完成年度计划的119.48%。（一）全省新增租赁住房4.9万套，完成年度计划的245%；新开工棚户区改造5万套，实现“改造2.5万套以上”目标。（二）全省城镇老旧小区开工改造10万户，完成年度计划的100%。（三）全省改造更新老旧燃气管道117.16千米，完成年度计划的117.16%。
18	新建和改造提升福道500千米（包括城乡绿道、森林步道、登山步道、自行车道等）	省级财政补助资金下达9600万元，完成年度计划的100%。全年全省新建和改造提升福道733千米，完成年度计划的146.6%。
19	整治和改善提升10个历史文化街区（传统街巷）、10个历史文化名镇、50个历史文化名村（传统村落）	省级财政补助资金下达3.38亿元，完成年度计划的112.65%。全年全省完成整治和改善提升10个历史文化街区（传统街巷）、10个历史文化名镇、50个历史文化名村（传统村落）。
20	建设100个应急避灾示范点、应急物资储备站、微型消防站、安全文化主题公园、安全宣教体验场所	省级财政补助资金下达7652万元，完成年度计划的100%。全省“五个一百”安全应急保障提升工程项目全部完成，共建成100个应急避灾示范点、配强100个应急物资储备站、设置100个微型消防站、打造100个安全文化主题公园、提升100个安全宣教体验场所，均投入运行。
21	建设与改造农村公路1500千米，改造危桥150座，提升农村公路安保800千米，集中整治重点道路交通安全隐患391处	省级财政补助资金下达19.43亿元，完成年度计划的179.88%。（一）全省建设与改造农村公路2647千米，完成年度计划的176.5%；改造危桥208座，完成年度计划的138.7%；提升农村公路安保1831千米，完成年度计划的228.9%。（二）391处重点道路交通安全隐患整治任务全部完成。

续表

序号	项目内容	完成情况
22	建设农村规模化水厂 60 处，铺设管网 1000 千米	省级财政补助资金下达 6.71 亿元，完成年度计划的 121.97%。农村供水保障工程受益人口 62.91 万人，完成年度计划的 114.38%；新开工建设农村规模化水厂 65 处，完成年度计划的 108.3%；铺设管网 1572.75 千米，完成年度计划的 157.28%。
23	开展水土流失综合治理 5 万公顷，治理河长 200 千米	省级财政补助资金下达 3.6 亿元，完成年度计划的 100%。（一）全省完成水土流失综合治理面积 6.7 万公顷，完成年度计划的 134%。（二）全省完成治理河长 300.98 千米，完成年度计划的 150.49%。
24	完成 150 个以上老旧小区供配电设施升级改造，完成 380 万只以上智能电表安装，建成 25 个“零计划停电示范区”，新建改造 3000 个以上农村配电网台区，新建电动汽车公共充电桩 2000 个	全年全省完成老旧小区供配电设施升级改造 155 个、智能电表安装 503 万只；与 3321 个社区（村委会）共建融合，方便群众家门口办电；新建成 25 个“零计划停电示范区”，新建改造农村配电网台区 4244 个，推动新建成充电桩 4663 个。
25	新建 5G 基站 2 万个	全年全省新建成 5G 基站 2.1 万个，实现所有乡镇和 68%以上行政村 5G 网络覆盖。

（储新兴）

重要会议

【省政府全体会议】 2022 年 1 月 25 日，福建省政府第一次全体会议召开，省长赵龙主持。会议部署各级政府各部门 2022 年工作，强调深入学习贯彻习近平总书记对福建工作的重要讲话重要指示批示精神，贯彻落实党的十九届六中全会、中央经济工作会议精神及省第十一次党代会、省委经济工作会议、省两会部署，进一步提高效率、提升效能、提增效益，推动各项工作落实，确保实现全年目标任务，并对年初经济工作和春节期间新冠疫情防控、安全生产、信访维稳、市场保供稳价、保道路畅通、文旅假日市场、困难群众关爱、值班值守等工作作出部署。

【省政府常务会议】 2022 年，福建省政府召开 22 次常务会议。

1 月 4 日，福建省政府第 101 次常务会议召开。

1 月 26 日，福建省政府第 102 次常务会议召开。会议学习贯彻党的十九届六中全会精神，贯彻落实省第十一次党代会、省委经济工作会议和省两会精神，听取省发改委孟芊关于 2022 年度省重点项目安排方案汇报，省司法厅林玫瑰关于涉及计划生育内容的地方性法规清理情况汇报，省科技厅陈秋立关于 2020 年度省科学技术奖评选有关情况汇报，省水利厅刘琳关于《切实加强水库除险加固和运行管护工作的通知》（送审稿）起草情况和主要内容汇报。

2 月 8 日，福建省政府第 103 次常务会议召开。会议邀请湖北省高级人民法院党组书记、院长游劝荣作《深入学习贯彻习近平法治思想 推进法治政府建设》法治讲座；听取省农业农村厅陈明旺关于《福建省农村人居环境整治提升五年行动实施方案》（送审稿）起草情况和主要内容汇报，省体育局董劲松关于《福建省全民健身实施计划（2021—2025 年）》（送审稿）起草情况和主要内容汇报，省发改委孟芊关于《福建省定价目录》（送审稿）修订情况和主要内容汇报，省司法厅林玫瑰关于《〈福建省气象条例〉等三项涉及“放管服”改革的地方性法规修正案（草案）》（送审稿）主要内容汇报。

2 月 24 日，福建省政府第 104 次常务会议召开。会议听取省司法厅林玫瑰关于《福建省法治政府建设实施方案（2021—2025 年）》（送审稿）、《福建省价格争议调解处理办法（草案）》（送审稿）、《福建省标准化管理办法（修订草案）》（送审稿）和《福建省科学技术奖励办法（修订草案）》（送审稿）起草情况和主要内容汇报，省发改委孟芊关于《福建省关于加快生物医药产业高质量发展实施方案》（送审稿）起草情况和主要内容汇报，省生态环境厅（核应急办）许碧瑞关于《福建省核应急预案》（修订送审稿）、《宁德核电厂场外核事故应急预案》（修订送审稿）和《福清核电厂场外核事故应急预案》（修订送审稿）起草情况和主要内容汇报。

4 月 7 日，福建省政府第 105 次常务会议召开。

4 月 29 日，福建省政府第 106 次常务会议召开。

5 月 25 日，福建省政府第 107 次常务会议召开。

6 月 1 日，福建省政府第 108 次常务会议召开。

6 月 10 日，福建省政府第 109 次常务会议召开。会议听取省发改委孟芊关于《福建省营商环境创新改革行动计划》（送审稿）起草情况和主要内容、全省营商环境数字化监测督导机制实施情况汇报（同时作为福建省优化营商环境工作推进小组会议），省自然资源厅叶敏关于《进一步推进工业用地提质增效促进工业经济高质量发展的通知》（送审稿）起草情况和主要内容汇报，省委统战部李家荣关于福建省非公有制经济优秀建设者表彰推荐人选事宜汇报。

6 月 28 日，福建省政府第 110 次常务会议召开。

7月14日，福建省政府第111次常务会议召开。

7月20日，福建省政府第112次常务会议召开。

8月9日，福建省政府第113次常务会议召开。会议听取省自然资源厅陈永共关于《推行工业用地“标准地”改革的指导意见》（送审稿）和《福建省“三区三线”划定方案》（送审稿）起草情况和主要内容汇报。

8月18日，福建省政府第114次常务会议召开。会议听取省生态环境厅许碧瑞关于《深化生态省建设 打造美丽福建行动纲要（2021—2035年）》（送审稿）起草情况和主要内容汇报，省交通运输厅李兴湖关于《福建省综合立体交通网规划纲要》（送审稿）起草情况和主要内容汇报，省市场监管局黄培惠关于《福建省政府质量奖管理办法（修订草案）》（送审稿）和2021年福建省专利奖评奖工作情况汇报，省文旅厅王金福关于《福建省文化市场综合行政执法事项指导目录（2022年版）》（送审稿）起草情况和主要内容汇报。

9月1日，福建省政府第115次常务会议召开。会议听取省发改委孟芊关于《福建省加快推进政务服务标准化规范化便利化的实施方案》（送审稿）和中海福建天然气有限责任公司天然气价格调整方案起草情况和主要内容汇报，厦门市政府庄荣良、省商务厅黄河明关于第二十二届中国国际投资贸易洽谈会筹备工作情况汇报，省司法厅林玫瑰关于《福建省公安机关警务辅助人员管理条例（草案）》（送审稿）和《福建省地方政府储备粮安全管理办法（草案）》（送审稿）起草情况和主要内容汇报。

9月14日，福建省政府第116次常务会议召开。

9月26日，福建省政府第117次常务会议召开。会议部署2023年省政府工作报告起草工作；听取省发改委孟芊关于《进一步做深做实新时代山海协作推动区域协调发展的实施意见》（送审稿）起草情况和主要内容汇报，省财政厅余军关于2022年省级预算调整方案和《福建省综合性生态保护补偿实施方案》（送审稿）起草情况和主要内容汇报，省林业局王智桢关于《福建省互花米草除治攻坚行动方案》（送审稿）起草情况和主要内容汇报。

10月25日，福建省政府第118次常务会议召开。会议深入学习贯彻党的二十大精神；听取省发改委孟芊关于《福建省数字政府改革和建设总体方案》（送审稿）、《闽西革命老区高质量发展示范区建设发展规划》（送审稿）、《福建省贯彻“十四五”冷链物流发展规划实施方案》（送审稿）起草情况和主要内容汇报，省残联曾智勇关于《福建省贯彻〈促进残疾人就业三年行动方案（2022—2024年）〉的实施意见》（送审稿）起草情况和主要内容汇报，省公安厅杜清森关于福建省见义勇为模范评选表彰有关情况汇报。

11月2日，福建省政府第119次常务会议召开。

11月18日，福建省政府第120次常务会议召开。

12月2日，福建省政府第121次常务会议召开。

12月22日，福建省政府第122次常务会议召开。会议深入学习贯彻党的二十大精神，学习贯彻中央经济工作会议精神；听取省科技厅叶碧海关于2021年度省科学技术奖有关事项、厦门海洋高新产业园申请设立省级高新技术产业园区有关事项汇报，省司法厅林玫瑰关于《福建省治理货物运输车辆超限超载条例（草案）》（送审稿）、《福建省献血条例（修订草案）》（送审稿）起草情况和主要内容汇报。

【省政府专题会议】 2022年1月3日，副省长、省应对疫情工作指挥部副指挥长李德金主持召开省应对疫情工作指挥部专题会议，分析研判疫情形势，研究部署国务院联防联控机制督查组反馈问题整改和“两节”疫情防控工作。

1月12日，省委常委、常务副省长郭宁宁主持召开省政府专题会议，听取省发改委（双碳办）关于福建省碳达峰、碳中和工作情况汇报，研究审议有关文件，协调部署下一步工作。

1月13日，副省长、省应对疫情工作指挥部副指挥长李德金主持召开省应对疫情工作指挥部专题会议，研判疫情形势，对春节期间疫情防控工作再部署再落实再督促。

1月17日，省政府党组成员林文斌主持召开省政府专题会议，听取省交通运输厅及有关单位关于2022年春运交通运输疫情防控工作、春运运输服务保障和安全生产工作情况汇报，研究部署下一阶段工作。

1月18日，省政府党组成员林文斌主持召开省政府专题会议，听取省住建厅关于加强施工安全、燃气安全、房屋安全管理有关工作情况汇报，研究部署下一阶段工作。

1月19日，省委常委、常务副省长郭宁宁主持召开省政府专题会议，研究第五届数字中国建设峰会筹备有关工作。会议听取省发改委、省数字办、省委网信办、福州市政府、省大数据公司等单位关于第五届数字中国建设峰会筹备工作进展情况汇报，研究推动下一步工作。

1月21日，副省长、省应对疫情工作指挥部副指挥长李德金主持召开省应对疫情工作指挥部专题会议，贯彻1月18日省委专题会议精神，研究落实春节期间疫情防控具体工作。

1月26日，省长、省征兵领导小组组长赵龙主持召开省征兵领导小组会议暨省政府专题会议，听取省征兵办公室关于2021年征兵工作情况汇报，研究部署2022年“一年两征”工作。省征兵领导小组成员单位负责人参加会议。

1月27日，副省长、省应对疫情工作指挥部副指挥长李德金主持召开省应对疫情工作指挥部专题会议，贯彻落实1月25日副总理孙春兰主持召开的国务院联防联控机制专题会议精神，以及省委书记尹力和省长赵龙批示要求，对春节期间疫情防控工作再部署再落实。

2月7日，副省长、省应对疫情工

作指挥部副指挥长李德金主持召开省应对疫情工作指挥部专题会议，对节后疫情防控工作进行细化部署。

2月14日，省委常委、常务副省长郭宁宁主持召开省政府专题会议，听取人民银行福州中心支行关于数字人民币试点工作准备情况汇报，研究部署下一阶段工作。

2月25日，副省长李德金主持召开省政府专题会议，研究加快推进医疗、医保、医药“三医一张网”建设具体工作。会议听取省卫健委、医保局、药监局、数字办、大数据公司等单位关于“三医一张网”工作进展及下一步工作计划等情况汇报，对下一阶段推进整合工作提出要求。

3月1日，省委常委、常务副省长郭宁宁主持召开全省“开门红”工作调度会议，听取省发改委等省直有关部门及九市一区关于一季度“开门红”工作推进情况汇报，研究部署下一步工作。

3月4日，省委常委、常务副省长郭宁宁主持召开省政府专题会议，听取省金融监管局和有关设区市关于数字、台商、闽台、海丝、绿色、海洋6支产业基金设立推进情况汇报，研究部署下一步工作。

3月7日，省委常委、常务副省长郭宁宁主持召开省政府专题会议，研究第五届数字中国建设峰会筹备有关工作。会议传达3月3日省委、省政府主要领导赴京拜访中央网信办领导会谈精神，听取省发改委、数字办、省委网信办、福州市政府、省大数据公司等单位筹备工作情况汇报，研究协调有关问题。

3月11日，省委常委、常务副省长郭宁宁主持召开省政府专题会议，听取省发改委、漳州市政府、省能化集团关于古雷石化基地及中沙古雷乙烯项目等有关情况汇报，研究推动下一步工作。

3月12日，副省长李德金主持召开省政府专题会议，研究支持福建省新冠病毒抗原检测试剂研发和注册申报具体工作。会议传达省委和省政府主要领导关于支持新冠病毒抗原检测试剂研发的工作要求，省药监局汇报福建省新冠病毒抗原检测试剂研发和注册申报情况。

3月21日，省委常委、常务副省长郭宁宁主持召开省政府专题会议，听取省发改委关于支持泉州市应对新冠疫情影响有关政策措施汇报，研究部署有关工作。

3月21日，省委常委、常务副省长郭宁宁主持召开省政府专题会议，听取省商务厅关于重点地区生活物资保障情况汇报，研究部署下一步工作。

3月22日，省委常委、常务副省长郭宁宁主持召开省政府专题会议，听取省发改委及三明市、龙岩市政府关于闽西革命老区高质量发展示范区建设有关情况汇报，研究部署下一步工作。

3月24日，省委常委、常务副省长郭宁宁和副省长林文斌主持召开省政府专题会议，听取省商务厅、工信厅、交通运输厅关于重点疫情地区生活物资、医疗物资及企业生产物资运输保障、外贸进出口物流情况汇报，研究部署下一步工作。

3月25日，省委常委、常务副省长郭宁宁主持召开省政府专题会议，听取峰会组委会秘书处及省直有关部门关于第五届数字中国建设峰会筹备工作情况汇报，研究协调有关事项。

3月26日，副省长、省应对疫情工作指挥部副指挥长李德金主持召开专题会议，研究部署泉州市涉疫垃圾和污水处理有关工作。

3月28日，副省长、省应对疫情工作指挥部副指挥长李德金主持召开专题会议，研究部署泉州市核酸检测、集中隔离、方舱医院建设等有关工作。

3月30日，副省长、省应对疫情工作指挥部副指挥长李德金在泉州市第一医院城东院区主持召开专题会议，研究新冠肺炎患者定点医院、方舱医院有关工作，听取国家工作组专家意见，部署下一步医疗救治工作。

3月30日，省委常委、常务副省长郭宁宁，副省长康涛主持召开全省“开门红”工作调度会议，听取省发改委等省直有关部门及九市一区关于一季度经济运行和“开门红”工作推进情况的汇报，研究部署下一步工作。

3月30日，省委常委、常务副省长郭宁宁主持召开省政府专题会议，听取省发改委及主要能源企业关于近期全省煤电油气运保障工作情况汇报，协调解决能源保供中存在困难问题，研究部署下一步工作。

3月30日，副省长郑建闽主持召开省政府专题会议，听取省生态环境厅等部门关于水电站生态流量监管工作情况汇报，研究部署下一步工作。

4月1日，副省长、省应对疫情工作指挥部副指挥长李德金主持召开专题会议，研究进一步完善信息化支撑疫情防控具体工作。会议听取省数字办、通信管理局、公安厅、卫健委、大数据公司等单位关于做好疫情防控信息化建设工作进展及下一步工作计划等情况汇报，对下一阶段推进信息化建设助力疫情防控等工作提出要求。

4月1日，副省长康涛主持召开省政府专题会议，听取省海洋与渔业局等部门关于2022年全省渔业安全生产工作情况汇报，研究部署下一阶段重点工作。

4月2日，省长赵龙主持召开省政府专题会议，听取省发改委、工信厅、商务厅等关于全省疫情防控医疗物资、生活物资保障和粮食储备情况汇报，研究部署下一步工作。

4月8日，省委常委、常务副省长郭宁宁主持召开省政府专题会议，听取人民银行福州中心支行、福州市政府、厦门市政府、平潭综合实验区管委会、中国银行省分行、建设银行省分行、兴业银行关于数字人民币试点工作推进情况汇报，研究部署下一阶段工作。

4月8日，副省长林文斌主持召开省政府专题会议，听取省自然资源厅、住建厅、交通运输厅关于自然资源、住建、交通运输领域安全生产工作情况汇报，研究部署下一阶段工作。

4月12日，省委常委、常务副省长郭宁宁主持召开省政府专题会议，听取省发改委关于挂钩推进的重大项目情况汇报，研究协调有关问题，部署推进下一阶段工作。

4月18日，省委常委、常务副省长郭宁宁主持召开省政府专题会议，听取省发改委等部门关于全省铁路规划、建设、运营等有关情况的汇报，研究协调有关问题，部署推进下一阶段工作。

4月19日，省委常委、常务副省长郭宁宁主持召开省政府专题会议，听取福州市关于第五届21世纪海上丝绸之路博览会暨第二十四届海峡两岸经贸交易会筹备工作情况汇报，研究下一阶段工作。

4月20日，省委常委、常务副省长郭宁宁主持召开省政府专题会议，听取金融领域一季度“开门红”工作推进情况汇报，研究部署下一阶段工作。

4月20日，省长赵龙主持召开省政府专题会议，研究部署统筹疫情防控和促消费促旅游相关工作。

4月20日，省委常委、常务副省长郭宁宁主持召开省政府专题会议，听取省招标采购集团、发改委等关于第二十届中国·海峡创新项目成果交易会筹备工作等情况汇报，研究部署下一步工作，协调解决有关问题。

4月25日，副省长李德金主持召开省政府专题会议，听取省医保局关于调整公立医院专家门诊诊查费有关事项汇报，以及有关部门、部分省属公立医院意见，研究部署有关工作。

4月26日，省委常委、常务副省长郭宁宁主持召开第五届数字中国建设峰会第10次筹备会，听取峰会组委会秘书处、省直有关部门及省大数据公司关于第五届数字中国建设峰会筹备工作情况汇报，研究协调有关问题。

4月26日，副省长李德金主持召开专题会议，听取省教育考试院关于2022年福建省普通高考工作情况汇报，研究部署2022年福建省高考有关工作。

4月26日，副省长李德金主持召开省政府专题会议，听取省直相关部门、福州市和三明市关于2022年教育、卫健、市场监管、体育、医保等领域省委省政府为民办实事项目和省领导挂钩推进重大项目建设进展情况的汇报，研究安排下一步工作措施。

4月26日，副省长李德金主持召开专题会议，听取省教育厅关于福建教育学院老校区改造和福建技术师范学院校区建设有关工作的汇报，并就推动两所学校校区建设进行研究。

4月28日，副省长、省应对疫情工作指挥部副指挥长李德金主持召开省指挥部专题会议，贯彻落实4月27日省委书记尹力主持召开的省委专题会议精神及省长赵龙指示要求，听取省卫健委、交通运输厅、文旅厅有关工作情况汇报，研究部署“五一”期间疫情防控工作。

4月28日，受省长赵龙委托，省委常委、常务副省长郭宁宁主持召开福州新区、平潭综合实验区工作联席会议第二次会议，听取省发改委及福州新区、平潭综合实验区等关于联席会议第一次会议以来工作推进落实情况汇报，研究协调有关问题，部署下一步工作。

5月5日，副省长李德金主持召开省政府专题会议，听取省体育局等部门关于贵安游泳训练基地扩建项目有关情况的汇报，研究协调有关问题，部署推进下一阶段工作。

5月6日、7日，副省长林文斌主持召开省政府专题会议，分别听取省住建厅、交通运输厅关于住建、交通运输领域2022年省委和省政府为民办实事项目进展情况及省发改委等相关牵头推进单位关于挂钩推进的相关重大项目进展情况汇报，研究部署下一阶段工作。

5月9日，副省长郑建闽主持召开省政府专题会议，研究推进福建美术馆项目建设，对下一步项目工作安排提出要求。

5月9日，副省长李德金主持召开省政府专题会议，研究加快推进“三医一张网”建设具体工作。会议听取省数字办、卫健委、医保局、药监局、大数据公司等单位关于“三医一张网”项目实施进展情况及下一步工作计划等情况汇报，对下一阶段工作提出要求。

5月13日、17日，省长赵龙先后两次主持召开省政府专题会议，深入学习中央政治局常委会会议精神，听取省发改委等省直有关部门汇报，针对福建省经济运行情况，分析形势，查找问题，部署推动稳增长、稳市场主体、保就业有关工作。省委常委、常务副省长郭宁宁参加会议。

5月18日，副省长、省应对疫情工作指挥部副指挥长李德金主持召开省应对疫情工作指挥部专题会议，研究部署下一阶段疫情防控工作。

5月19日，副省长李德金主持召开省政府专题会议，听取福建省长期护理保险制度试点、职工医保基金省级统筹调剂等工作汇报，研究部署下一步工作。

5月20日，副省长李德金主持召开省政府专题会议，听取省市场监管局关于福建省贯彻落实国务院《计量发展规划（2021—2035年）》实施意见和服务市场主体发展工作情况、省药监局关于近期药品安全和产业促进工作情况汇报，研究部署下一步工作。

5月20日，省委常委、常务副省长郭宁宁主持召开省政府专题会议，听取省发改委关于加快内河船舶油品质量升级实现“三油并轨”、省市场监管局关于加强成品油质量管控两个专项整改工作进展情况汇报，研究下一阶段整改工作。

5月28—29日，省长赵龙主持召开多场省政府专题分析调度会议，分别听取福州、厦门、漳州、泉州、莆田、宁德、平潭及所辖经济总量靠前的32个县（市、区）经济运行情况汇报，书面听取三明、南平、龙岩及所辖10个县（市、区）情况汇报，一地一分析、一市一调度，面对面了解情况、分析困难、研究对策、解决问题。

5月31日，省委常委、常务副省长郭宁宁主持召开全省经济运行调度视频会议，听取省直有关部门及九市一区关于贯彻落实全国稳住经济大盘电视电话会议精神，稳增长、稳市场主体、保就业、防风险有关情况汇报，研究部署下一步工作。

6月1日，省长赵龙主持召开省政府专题会议，听取省高速公路集团关于创新高速公路投资建设模式有关工作情况汇报，研究部署下一步工作。

6月1日，省委常委、常务副省长郭宁宁主持召开省政府专题会议，听取省发改委、工信厅等部门关于推进石化、化纤、纺织、鞋服及锂电新能源新材料等产业发展有关工作情况汇报，协调解决有关问题，研究部署下一步工作。

6月9日，省委常委、常务副省长郭宁宁主持召开省政府专题会议，听取省委网信办和福州市政府、省民政厅、海峡出版发行集团、国投福建城市资源循环利用有限公司等单位关于区块链创新应用试点工作情况汇报，协调解决有关问题，研究部署下一步工作。

6月9日，省委常委、常务副省长郭宁宁主持召开专题会议，听取中印尼、中菲“两国双园”建设进展情况，研究部署下一阶段工作。

6月13日，副省长、省应对疫情工作指挥部副指挥长李德金主持召开省应对疫情工作指挥部专题会议，贯彻落实6月13日省委常委会会议和6月9日省委专题会议精神，研究部署下一阶段疫情防控工作。

6月16日，省委常委、常务副省长郭宁宁主持召开全省经济运行调度会议，听取省直有关部门及九市一区关于当前经济运行情况汇报，研究部署下一步工作。

6月20日，省委常委、常务副省长郭宁宁主持召开省政府专题会议，贯彻落实省委、省政府主要领导部署要求，听取省发改委、财政厅、交通运输厅、商务厅、金融监管局等部门关于全省进出口、财政收支、用电量、货运量、金融等领域运行情况汇报，研究部署下一步工作。

6月21日，省委常委、常务副省长郭宁宁主持召开省政府专题会议，听取省发改委、数字办、大数据公司等单位关于“福建省经济社会运行和高质量发展监测与绩效管理平台”数据汇聚和“政务云”建设工作进展情况汇报，协调解决有关问题，研究部署下一步工作。

6月23日，副省长、省应对疫情工作指挥部副指挥长李德金主持召开省政府专题会议，贯彻落实6月22日省委专题会议精神，研究部署下一阶段流感防控工作。

6月29日，副省长、省应对疫情工作指挥部副指挥长李德金主持召开专题会议，贯彻落实6月28日全国疫情防控电视电话会议精神，研究部署下一阶段疫情防控工作。

6月29日，副省长林文斌主持召开省政府专题会议，听取省自然资源厅、林业局关于中央生态环境保护督察反馈的滨海湿地保护有关问题整改工作情况汇报，研究下一阶段整改工作。

7月11日下午，副省长、省应对疫情工作指挥部副指挥长李德金主持召开专题会议，贯彻落实7月10日省委常委会会议和全省疫情防控工作视频会议精神，分析研判疫情防控形势，研究部署下一阶段疫情防控重点工作。

7月11日，省委常委、常务副省长郭宁宁主持召开省政府专题会议，听取省直有关部门和相关金融机构关于2022年基础设施投资基金项目梳理、申报前期准备工作等情况汇报，研究部署下一步工作。

7月12日，副省长林文斌主持召开省政府专题会议，听取省自然资源厅关于福建省地质灾害防治工作情况及2022年典型地质灾害灾情小结汇报，研究下一阶段工作。

7月15日，省委常委、常务副省长郭宁宁主持召开省政府专题会议，听取省政府办公厅（省效能办）、发改委、数字办、大数据公司等单位关于省公共数据汇聚共享平台数据汇聚和省经济社会运行和高质量发展监测与绩效管理平台建设工作进展情况汇报，研究部署下一步工作。

7月19日，副省长李建成主持召开省政府专题会议，研究第二十二届中国国际投资贸易洽谈会筹备工作，听取组委会会务部、省商务厅、省直有关部门和各设区市、平潭综合实验区关于筹备工作进展情况汇报，研究推进下一步工作。

7月19日，省委常委、常务副省长郭宁宁，副省长康涛主持召开专题会议，听取省发改委关于石化产业规划发展情况、省应急厅关于危化品安全监管工作情况、省工信厅关于化工园区发展情况等汇报，研究部署加强福建省石化产业安全发展有关工作。

7月25日，副省长林文斌主持召开省政府专题会议，听取省住建厅、交通运输厅关于住建、交通运输领域安全生产工作情况的汇报，研究部署下一阶段工作。

7月29日，副省长、省应对疫情工作指挥部副指挥长李德金主持召开专题会议，分析研判疫情防控形势，研究部署下一阶段疫情防控工作。

7月29日，省委常委、常务副省长郭宁宁主持召开全省经济运行分析会议，听取省直有关部门及九市一区关于经济运行情况汇报，研究部署下一步工作。

8月1日，省长、省食安委主任赵龙主持召开全省食品安全委员会全体（扩大）会议，听取省市场监管局（省食安办）和福州市政府、省公安厅、农业农村厅、海洋与渔业局关于2022年全省食品安全工作情况汇报，研究部署食品安全相关工作。

8月2—4日，省长赵龙主持召开多场省政府专题分析会议，分别听取九个设区市关于下半年经济工作汇报，一市一分析、一市一要求，面对面了解情况、分析困难、研究对策、部署工作。

8月2日，省长赵龙主持召开省政府专题会议，听取省林业局等部门和福州市、宁德市政府关于互花米草除治工作情况汇报，研究部署下一阶段工作。

8月6日，省长赵龙主持召开专题会议，传达省委书记尹力的要求，分析研判福建省疫情防控形势，研究部署下一阶段疫情防控工作和支援海南核酸采样人员及检测力量事宜。

8月9日，副省长、省应对疫情工作指挥部副指挥长李德金主持召开专题会议，分析研判疫情防控形势，研究部署下一阶段疫情防控工作。

8月10日，省委常委、常务副省长郭宁宁主持召开推进有效投资重要项目协调机制会议，听取省直有关部门、相关金融机构及九市一区关于推进有效投资重要项目协调机制运行情况和2022年基础设施投资基金项目申报、对接投放等情况汇报，研究部署下一步工作。

8月11日，副省长、省打击侵权假冒工作领导小组组长李德金主持召开2022年全省打击侵权假冒工作会议，听取省市场监管局（省打击侵权假冒工作领导小组办公室）、公安厅、农业农村厅以及厦门、龙岩市政府关于打击侵权假冒工作情况汇报，研究部署下一阶段重点任务。

8月12日，省委常委、常务副省长郭宁宁主持召开省政府专题会议，听取省发改委关于抽水蓄能电站规划建设情况汇报，研究部署下一步工作。

8月15日，省委常委、常务副省长郭宁宁主持召开省政府专题会议，听取人民银行福州中心支行、有关试点地区政府和运营机构关于福建省数字人民币试点推进情况汇报，研究部署下一阶段工作。

8月15日，省委常委、常务副省长郭宁宁主持召开分管部门8月工作碰头会议，听取省发改委、财政厅、应急厅、外办、统计局、金融监管局、税务局等部门月度工作汇报，研究部署下一阶段工作。

8月22日，副省长康涛主持召开专题会议，听取省工信厅关于工信领域安全生产工作落实情况汇报，研究部署下一阶段重点工作。

8月23日，省长赵龙主持召开省政府专题会议，深入学习贯彻习近平生态文明思想，听取省生态环境厅、水利厅（河长办）、工信厅等部门关于第二轮中央生态环保督察问题整改进展情况，听取省领导包案暨闽江流域综合治理工作汇报，分析存在问题，部署下一步工作。

8月23日，副省长李建成主持召开全省外贸外资（稳价保供）协调机制电视电话会议，传达贯彻全国稳外贸稳外资扩消费电视电话会议精神，听取省商务厅、发改委、财政厅、贸促会、福州海关、厦门海关及九市一区关于稳外贸稳外资扩消费工作情况汇报，研究部署下一阶段重点工作。

8月23日，副省长李德金带领省直相关部门负责人赴宁德市现场检查推动中央生态环境保护督察反馈问题整改落实工作，实地察看贵岐山污水处理厂、南大塘中央中融首府段黑臭水体整治等进展情况，听取省住建厅、生态环境厅等省直有关部门和宁德市政府关于城市黑臭水体治理情况汇报，研究部署下一步工作。

8月24日，副省长、省应对疫情工作指挥部副指挥长李德金主持召开专题会议，贯彻落实省委、省政府部署要求，分析研判疫情防控形势，研究部署下一阶段疫情防控工作。

8月25日，副省长、省应对疫情工作指挥部副指挥长李德金带领省直有关部门负责人赴福州市疫情防控指挥部，召开省市疫情会商会，落实省委、省政府部署要求，对连江本土疫情处置工作进行会商，听取专家意见，并与连江县视频连线，研究部署下一步疫情处置工作。

8月29日，省委常委、常务副省长郭宁宁主持召开省政府专题会议，听取省数字办、省委网信办等省直有关部门关于《数字中国发展报告（2021年）》福建省评估情况及数字基础设施建设、网络安全等发展情况汇报，研究部署提升数字福建建设水平工作。

8月30日，副省长李德金主持召开省政府专题会议，听取省教育厅、卫健委、市场监管局、体育局、医保局、药监局等部门有关工作情况汇报，研究部署下一阶段工作。

8月31日，省委常委、常务副省长郭宁宁主持召开福州新区、平潭综合实验区工作联席会议第三次会议，听取省发改委及福州新区、平潭综合实验区关于联席会议第一次会议以来工作推进落实情况汇报，研究协调有关问题，部署下一步工作。

9月1日，省委常委、常务副省长郭宁宁主持召开全省经济运行分析会议，听取省直有关部门及九市一区关于当前经济运行、基础设施投资基金项目推进情况汇报，研究部署下一步工作。

9月6日，副省长林文斌主持召开省政府专题会议，听取省住建厅关于全省城镇老旧小区改造工作情况汇报，研究部署下一步工作。

9月9日，副省长林文斌带领省直有关部门负责人赴福州市疫情防控指挥部，召开省市疫情会商会，落实省委、省政府部署要求，对福州马尾区本土疫情处置工作进行会商，听取专家意见，并与马尾区视频连线，研究部署下一步疫情处置工作。

9月14日，省长赵龙主持召开省政府专题会议，听取省发改委关于福建省港口铁路支线及后方铁路通道建设有关情况汇报，研究部署下一步工作。

9月23日，省委常委、常务副省长郭宁宁主持召开全省经济运行分析会议，听取省直有关部门及九市一区关于经济运行和全年预测及基础设施投资基金项目推进情况的汇报，研究部署下一步工作。

9月28日，省长赵龙主持召开省政府专题会议，听取省政府办公厅（省效能办）、发改委、数字办、省大数据集团等单位关于省公共数据汇聚共享平台（政务云）、福建省经济社会运行和高质量发展监测与绩效平台建设工作进展情况的汇报，研究部署下一步工作。

10月9日，副省长李建成主持召开省政府专题会议，听取省直有关部门和九市一区关于参加第五届中国国际进口博览会筹备工作情况汇报，研究部署下一步工作。

10月9日，省委常委、常务副省长郭宁宁主持召开省政府专题会议，听取省委网信办、省数字办和省直相关单位关于《数字中国发展报告》应评工作协调机制、改进提升工作方案和九市一区数字化发展评价等情况汇报，研究部署提升福建省数字化发展水平工作。

10月25日，省长赵龙主持召开省政府专题会议，分析研判疫情形势，研究部署下一步疫情防控工作。

10月26日，省长赵龙主持召开全省疫情防控工作视频调度会议，与各设区市政府、平潭综合实验区管委会及各地疫情防控指挥部负责人分析研判疫情防控形势，部署疫情防控重点工作。

10月28日，省长赵龙主持召开省政府专题会议和省应对疫情防控工作指挥部会议，听取福州市及省直有关部门汇报，专题研判福州疫情形势，对福州市下一阶段疫情防控重点工作进行部署。

10月30日，省长赵龙前往福州市应对新冠疫情工作指挥部，逐一听取福州市疫情防控大数据、核酸检测、追阳流调、社区管控、阳性转运和隔离酒店等专班工作汇报，研究会商近期疫情形势，对福州市下一阶段疫情防控重点工作进行部署。

11月2日，省委常委、常务副省长郭宁宁主持召开全省经济运行分析视频会议，听取省直有关部门及九市一区关于经济运行、全年预测和下一步工作安排汇报，研究部署下一步工作。

11月4日，省长赵龙率省直有关部门负责人到福州市晋安、仓山区，现场检查中高风险区防控、隔离酒店管理和流调等工作，并前往福州市疫情防控工作指挥部，与国务院联防联控机制福建工作组共同听取福州市工作汇报，会商研判形势，对福州市下一阶段疫情防控重点工作进行部署。

11月8日，省长赵龙前往福州市疫情防控指挥部，听取福州市和重点区疫情防控工作汇报，与国务院联防联控机制福建工作组共同研究会商形势，对福州下一阶段疫情防控相关工作进行再部署再推动。

11月11日，副省长、省应对疫情工作指挥部副指挥长李德金主持召开专题会议，听取省教育厅、卫健委、福州市仓山区关于学校疫情防控工作汇报，研究部署下一阶段福建省教育系统疫情防控工作。

11月10日、13日，副省长、省应对疫情工作指挥部副指挥长李德金和副省长林文斌两次召开全省疫情防控工作视频会议，贯彻落实全国疫情防控工作电视电话会议精神，分析研判形势，对落实国家“二十条”优化措施、打赢福州疫情攻坚战及防范疫情输入等重点工作进行研究部署。

11月13日，省长赵龙主持召开专题会议，听取省卫健委有关疫情防控工作情况的汇报，分析研判疫情防控形势，对进一步贯彻落实习近平总书记重要讲话重要指示批示精神，按照国务院联防联控机制二十条措施要求进一步做好常态化疫情防控工作，特别是外防输入工作进行研究部署。

11月16日，省长赵龙主持召开省政府专题会议，听取省发改委、工信厅、财政厅、商务厅、统计局等关于2022年经济运行情况汇报，研究部署下一阶段工作。

11月18日、21日，省委常委、常务副省长郭宁宁主持召开省政府专题会议，研究部署2022年扩大有效投资重大项目推进工作，会商调度基础设施投资基金项目推进工作。

11月22日，省委常委、常务副省长郭宁宁主持召开全省经济运行旬分析会议，听取省直有关单位关于11月以来经济运行先行指标监测情况汇报，研究部署下一步工作。

11月23日，副省长李建成主持召开省政府专题会议，听取省商务厅和福州、厦门、泉州市政府及福州海关、厦门海关等单位关于2021年度福建省综合保税区发展绩效评估情况的汇报，研究部署下一阶段工作。

11月26日，副省长、省应对疫情工作指挥部副指挥长李德金召开省指挥部专题会议，分析研判疫情形势，对做好近期疫情防控工作进行研究部署。

11月30日，省长赵龙主持召开省政府专题会议，听取省发改委等单位关于全省新型基础设施建设情况汇报，部署下一步工作。

12月1日，副省长、省应对疫情工作指挥部副指挥长李德金召开省应对疫情工作指挥部专题会议，听取福州市政府、省卫健委疫情防控工作有关情况汇报，分析研判疫情形势，对做好近期疫情防控工作进行研究部署。

12月1日，省长赵龙主持召开省政府专题会议，听取省自然资源厅等部门关于部省市共建自然资源部第三海洋研究所有关事宜的汇报，研究部署下一步工作。

12月5日，省委常委、常务副省长郭宁宁主持召开全省经济运行分析会议，听取省直有关部门及九市一区关于11月经济运行监测情况、当前存在的突出问题和12月工作措施安排汇报，研究部署下一步工作。

12月6日，省委常委、常务副省长郭宁宁，副省长林文斌主持召开省政府专题会，听取省金融监管局、住建厅关于金融支持房地产市场平稳健康发展工作情况汇报，研究部署下一阶段工作。

12月7日，省长赵龙主持召开专题会议，听取省卫健委关于疫情防控工作情况汇报，分析研判疫情防控形势，对进一步优化落实疫情防控措施进行研究部署。

12月7日，副省长林文斌主持召开省政府专题会议，听取省交通运输厅等单位关于2022年福建省交通运输工作情况汇报，研究部署下一阶段工作。

12月9日，副省长、省应对疫情工作指挥部副指挥长李德金和副省长林文斌主持召开全省疫情防控工作视频会议，贯彻落实全国疫情防控工作电视电话会议和省应对疫情工作领导小组会议精神，分析研判形势，对落实国家十条优化措施进行研究部署。

12月14日，副省长、省应对疫情工作指挥部副指挥长李德金主持召开省指挥部专题会议，分析研判形势，对做好医疗救治准备、加快老年人疫苗接种等重点工作进行研究部署。

12月16日，省委常委、常务副省

长郭宁宁主持召开全省经济运行旬分析会议，听取省直有关部门关于12月以来经济运行情况的汇报，研究部署下一步工作。

12月19日，副省长、省应对疫情工作指挥部副指挥长李德金主持召开省指挥部专题会议，贯彻落实国家疫情防控领导小组会议精神和省委省政府工作要求，分析研判疫情形势，对医疗资源准备、医疗机构药品供应、核酸策略优化、重点人群保护等重点工作进行研究部署。

12月21日，省委常委、常务副省长郭宁宁主持召开福州新区、平潭综合实验区工作联席会议第四次会议，听取省发改委及福州新区、平潭综合实验区关于联席会议第一次会议以来工作推进落实情况汇报，研究协调有关问题，部署下一步工作。

12月26日，省委常委、常务副省长郭宁宁主持召开省政府专题会议，听取省发改委及三明市、龙岩市关于对口合作相关情况汇报，研究部署下一步重点工作。

12月28日，省委常委、常务副省长郭宁宁主持召开全年经济工作收官暨2023年一季度“开门稳”工作部署视频会议，听取省直有关部门及九市一区关于12月经济运行情况、全年收官工作情况及2023年一季度工作安排汇报，研究部署年终收官和2023年一季度“开门稳”工作。（储新兴）

机关效能建设

【概况】 2022年，福建省全面落实中共中央、国务院和省委、省政府的重大决策部署，围绕打造效能政府，建设“福建省经济社会运行和高质量发展监测与绩效管理平台”，开展专项督查、调研督办，激发干部干事创业精气神。优化“12345”热线服务，建设全省“一张网”系统，全省各级“12345”热线平台受理诉求1487.69万件。

【绩效管理】 2022年，福建省推动机关效能建设向网上拓展、向数字转型，与数字政府建设相促相融、双向赋能，利用公共数据资源，创新经济社会运行监测调度和高质量发展绩效管理方式，开发建设“福建省经济社会运行和高质量发展监测与绩效管理平台”，加强全省经济社会运行情况动态跟踪、分析研判、绩效考评。围绕落实党中央、国务院重大决策部署和省委、省政府确定重点目标任务，从推动高质量发展、深化高标准改革、扩大高水平开放、创造高品质生活、实现高效能治理等方面加强考核评价，实行季度考核、领导评价，引导各级各部门完成年度目标任务，全方位推进高质量发展。

【效能督查】 2022年，福建省机关效能建设围绕稳经济一揽子政策措施、省委省政府为民办实事、省政府工作主要任务落实等内容开展年度综合性督查，围绕统筹服务发展和安全开展专项督查，围绕全面深化改革开放、数字福建建设、历史文化遗产保护和传承、教育高质量均衡发展、推进乡村振兴等开展调研督办，增强效能督查督办综合效应。加强与国务院“互联网＋督查”平台、省级“12345”便民服务平台、政企直通车、政府门户网站等协调联动，办理企业和群众对机关效能问题投诉。

【“12345”热线】 2022年，福建省优化提升“12345”热线服务水平，建设全省“一张网”系统，构建一体化工作格局。福建省在第六届“12345”政务服务便民热线大会中，获“服务精进典范”奖项；在《2022年全国政务热线数字发展研究报告》发布会暨政务热线数字发展交流研讨会中，获评“2022年度政务热线数字发展优秀单位”。全省各级“12345”热线平台受理诉求1487.69万件，群众满意率99.88％。（储新兴）

参事文史

【概况】 2022年，福建省政府参事室、福建省文史研究馆落实“地方参事室文史研究馆建设年”要求，组织开展参政咨询、民主监督、崇文鉴史、统战联谊等工作。开展学习宣传贯彻党的二十大精神系列活动，组织参事馆员参加国务院参事室、中央文史研究馆系列主题征文活动。组织起草9项履职保障制度及相关工作规范；首次聘任参事20人，聘任馆员58人，另有28名馆员转为资深馆员；按研究领域划设11个参事馆员工作小组开展工作。

2021年8月，福建省人民政府参事室成立，在福建省人民政府办公厅加挂牌子；福建省文史研究馆由原来的委托省政协代管调整为由福建省人民政府管理，与福建省人民政府参事室合署办公。

【资政建言】 2022年，福建省政府参事室、福建省文史研究馆探索完善建言资政工作机制，增强参事馆员履职成效。确定数字经济、乡村振兴、教育医疗等16个参政咨询重点，探索“室馆＋厅局＋高校”“省＋市”“小组＋小组”“参事＋馆员”等模式开展调研，形成参政咨询建议61篇。结合实际创设《福建参事馆员建议》《参事馆员建议（直报件）》，建立“直通车”机制，搭建参事馆员建言资政平台，全年编印14期，刊载建议18篇。

【文史交流】 2022年，福建省政府参事室、福建省文史研究馆挖掘福建特色文化，开展文化交流活动。组织举办“喜迎二十大·八闽翰墨香”诗书画主题展。参与主办第十四届海峡论坛·第十三届海峡两岸船政文化研讨会，深化两岸文化交流融合。参与主办“林则徐与福州”论坛，传承弘扬爱国主义精神。创设“参事馆员讲坛”，围绕党史侨史、朱子文化等主题举办活动2期。参与全国文史研究馆建设年专题片录制，组织开展《红色记忆·革命老区巡礼系列丛书（福建篇）》编撰工作。编辑出版《福建文史》刊物6期、近40万字。（储新兴）

编辑：林忠玉

中国人民政治协商会议福建省委员会

综　述

【政协履职】　2022年，中国人民政治协商会议福建省委员会及其常委会组织学习宣传贯彻党的二十大精神，聚焦省第十一次党代会和省委十一届三次全会确定的目标任务，围绕13个专题开展集中学习研讨109场，举办重要协商活动45场，组织3000多人次委员深入基层开展调查研究、2000多人次委员参加各类重点协商活动，向省委、省政府提交协商建议案7件、调研考察报告26件、重点提案督办报告和民主监督报告12件、社情民意信息专报件1500多件。党的二十大闭幕后，制定省政协学习宣传贯彻党的二十大精神实施方案，召开常委会会议专题学习贯彻并作出政治决议，在全体省政协委员和机关干部中开展为期一个月的党的二十大精神主题读书活动，交流学习心得10万余条，在全省政协系统开展主题宣讲，省政协党组和主席会议成员带头深入基层宣讲25场，组织100余人次政协委员面向各界别群众举办专题宣讲230余场。

【参政议政】　2022年，福建省政协常委会加强与党派团体在课题调研、活动开展、资源共享等方面的协作，有关专委会与省各民主党派、工商联联合开展"打造鹭峰山文旅品牌，将'闽东之光'发扬光大""推进我省饮用水水源地建设与保护""加快建设乡村物流体系推进乡村振兴"等课题调研；联合举办"同心杯"两岸青年乡村振兴研修营、"同心·健康服务"义诊等"我为群众办实事"实践活动，推动屏南县前汾溪村中国美院社会美育综合实践基地获批"福建省对台交流基地""福建省中小学研学实践教育基地"；联合推进"加强我省优质中药品牌保护利用和发展""强化零工经济就业群体就业服务"等协商议政活动。省各民主党派、工商联和无党派人士通过政协组织提交大会发言105份、社情民意信息4268条，分别占总数的61%和36.3%。

【提案办理】　2022年，福建省政协常委会收到提案937件，经审查立案731件、立案率75.1%，交办1845件次，91个承办单位全部办复。提案所提问题已解决或基本解决579件次，正在解决或纳入计划1228件次，留作工作参考38件次。收到1389份提案者反馈意见，均表示满意或基本满意。评选2022年度好提案45件，予以通报表扬。呈报《重要提案摘报》23期，省领导批示51件次。省政协主席、副主席会同省政府副省长共同督办重点提案10件，形成10份重点提案督办调研报告报送省委、省政府，得到省领导批示12件次。组织开展十二届省政协优秀提案和先进承办单位评选表彰工作，对《关于推动福建茶产业向更高标准的农业4.0迈进的建议》等100件优秀提案、省纪委监委等15个先进承办单位予以表彰。

（熊　坚）

重要会议及活动

【省政协十二届五次会议】　2022年1月21—24日，福建省政协十二届五次会议在福州召开。会议应出席委员558人，实到委员496人。会议审议通过崔玉英代表政协第十二届福建省委员会常务委员会所作工作报告，审议通过薛卫民所作提案工作情况报告，听取关于省政协十二届五次会议提案审查情况报告，完成选举事项。与会委员列席省十三届人大六次会议，听取并讨论代省长赵龙所作的政府工作报告，听取并讨论省法院、省检察院工作报告，表示赞同并提出意见建议。十二届省政协各专门委员会向大会提交书面工作报告。

【省政协常委会会议】　2022年，福建省政协常委会举行6次会议，即福建省十二届政协常委会第二十四次至第二十九次会议。

十二届省政协常委会第二十四次会议。1月20日在福州召开。会议应出席102人，实到89人。会议听取省政协十二届五次会议选举办法（草案）、选举工作总监票人和监票人名单（草案）说明；审议通过政协第十二届福建省委员会增补委员名单；审议通过政协第十二届福建省委员会常务委员候选人建议人选名单（草案），政协第十二届福建省委员会第五次会议选举办法、选举工作总监票人和监票人名单（草案），决定提交省政协十二届五次会议分组审议。

十二届省政协常委会第二十五次会议。1月23日在福州召开。会议应出席102人，实到87人。会议听取各组讨论情况；审议通过政协第十二届福建省委员会常务委员候选人名单，决定提交省政协十二届五次会议第三次全体会议选举；审议通过政协第十二届福建省委员会第五次会议选举办法（草案）、选举工作总监票人和监票人名单（草案），决定提交省政协十二届五次会议第三次全体会议通过；审议通过政协第十二届福建省委员会第五次会议政治决议（草案），决定提交省政协十二届五次会议闭幕会通过。

十二届省政协常委会第二十六次会议。6月17日在福州召开，在香港设分会场。应到常委会组成人员112人，主会场和香港分会场共实到80人。会议围绕“加快培育我省文旅经济产业”进行协商议政，省委副书记、省长赵龙出席会议并讲话。审议通过《加快培育我省文旅经济产业的建议案》，以及有关人事事项；邀请福建社科院副院长李鸿阶作题为“两岸融合发展与福建全方位高质量发展超越”辅导报告。

十二届省政协常委会第二十七次会议。8月18日在福州召开，在香港设分会场。应到常委会组成人员107人，主会场和香港分会场共实到85人。会议围绕“提升福建制造数字化水平，加快制造强省建设”进行协商议政，省委书记尹力出席会议并讲话。审议通过《提升福建制造数字化水平，加快制造强省建设的建议案》，以及有关人事事项；邀请省政府发展研究中心朱四海博士作“数字时代建设新福建政策分析”专题讲座。

十二届省政协常委会第二十八次会议。12月2日在福州召开，在香港、澳门设分会场。会议应出席105人，实到80人。会议学习贯彻党的二十大精神，学习贯彻全国政协十三届常委会第二十四次会议精神和中共福建省委十一届三次全会精神；审议通过《政协第十二届福建省委员会常务委员会关于学习宣传贯彻中国共产党第二十次全国代表大会精神的决议》；表彰十二届省政协优秀提案和先进承办单位，通报表扬2022年度履职优秀委员和优秀等次界别；审议通过有关人事事项，追认关于撤销陈武第十二届福建省政协委员资格的决定；邀请中共福建省委党校马克思主义研究院院长李海星作学习贯彻党的二十大精神专题辅导讲座。

十二届省政协常委会第二十九次会议。12月30日在福州召开，在香港、澳门设分会场。会议应出席105人，实到92人。会议审议通过关于召开政协第十三届福建省委员会第一次会议的决定和会议议程（草案）、日程（草案），决定将草案提请省政协十三届一次会议预备会议审议；协商决定政协第十三届福建省委员会界别设置、委员名额和委员人选名单；审议通过政协第十二届福建省委员会常务委员会工作报告、关于提案工作情况的报告，决定将报告提请省政协十三届一次会议审议；审议通过关于授权主席会议审议政协第十二届福建省委员会常务委员会第二十九次会议未尽事宜的决定；书面通报省政府关于省政协十二届五次会议以来提案办理情况，书面审议十二届省政协主席会议关于2022年工作情况的报告和各专门委员会工作总结。

【第五届两岸基层治理论坛】 2022年7月13日，第十四届海峡论坛·第五届两岸基层治理论坛在厦门举行。论坛由全国政协港澳台侨委员会和福建省政协主办，来自海峡两岸的200余名基层民意代表和相关界别代表人士围绕“繁荣发展乡村文旅经济”主题开展交流。全国政协副主席、台盟中央主席苏辉出席开幕式并致辞，中国国民党前主席、中华青雁和平教育基金会董事长洪秀柱发表视频致辞，全国政协港澳台侨委员会主任朱小丹主持开幕式，福建省政协主席崔玉英出席并致辞。中共中央台办、国务院台办副主任龙明彪，全国政协港澳台侨委员会驻会副主任邓小清，福建省政协副主席刘献祥、林钟乐，福建省文化经济交流中心理事长陈桦、常务副理事长倪英达出席会议。

【两岸民间宫庙叙缘交流会】 2022年7月13日，第十四届海峡论坛·两岸民间宫庙叙缘交流会在厦门开幕，主会场设在福建厦门，台湾台南设分会场，并首次通过视频连线方式联合举行。交流会以“缘起一脉·福泽两岸”为主题，由全国政协民族和宗教委员会、福建省政协、福建省委统战部、福建省民族与宗教事务厅指导，福建省道教协会主办，厦门市土地公庙承办，台湾中华道教联合总会、福建省道教协会书院、福建省海峡翰蓝书画研究院、福建省汉服文化促进会、福州归云美术馆协办。活动前夕，福建省道教协会和台湾中华道教联合总会联合主办海峡两岸“圆梦祛疫祈福法会”。活动现场，举办神明羽衣——中华传统服饰秀，发表《两岸千家宫庙宣言》，举行道教与民间宫庙文化展演、两岸宫庙摄影展、两岸宫庙书画文化交流会等文化展示活动。两岸201家民间宫庙、217名代表参加活动。福建省政协副主席洪捷序出席开幕式并致辞。福建省政协常委、民族和宗教委员会主任杨江帆，福建省民族与宗教事务厅厅长兰明尚等出席开幕式。

【市县政协主席工作座谈会暨专委会工作会议】 2022年9月23日，福建省市县政协主席工作座谈会暨专委会工作会议在福州召开。省政协主席崔玉英主持会议并讲话。会议学习贯彻习近平总书记关于加强和改进人民政协工作的重要思想，就贯彻落实中央及省委政协工作会议精神进展情况开展“回头看”；学习贯彻中共中央办公厅印发的《关于加强和改进新时代市县政协工作的意见》和全国政协专门委员会工作会议精神，研究部署进一步加强和改进市县政协工作和专委会工作；通报全省政协系统贯彻落实中央及省委政协工作会议精神情况。省政协各专门委员会、各设区市政协、省政协平潭综合实验区工委及部分县级政协负责人等参加会议，20人在会上作交流发言。（熊　坚）

民主协商

【概况】 2022年，福建省政协常委会落实省委制定的年度协商计划，围绕“提升福建制造数字化水平，加快制造强省建设”和“加快培育我省文旅经济产业”召开2场专题议政性常委会会议，就“多措并举确保我省粮食安全”“加快推进我省市域社会治理现代化”“深化闽台乡建乡创融合发展”和“深化我省医改工作，推动‘三医联动’深入发展”开展4场专题协商会，聚焦“防止返贫监测帮扶机制落实情况”和

“提升我省红色文化遗产保护利用水平”开展2场协商式民主监督，围绕“抓住RCEP实施契机，加强‘一带一路’国际合作示范区建设”开展网络议政远程协商。全年组织开展重点协商和调研活动45场，省委、省政府领导出席政协协商活动20余场，主要领导专门点题、带头出席，推动协商成果转化为省委、省政府有关政策举措。

【专题议政性常委会会议协商】 2022年，福建省政协常委会围绕文旅经济产业和制造数字化主题，召开专题议政性常委会会议协商2场。

“加快培育我省文旅经济产业”专题议政性常委会会议协商。6月17日，福建省政协常委会在福州召开“加快培育我省文旅经济产业”专题议政性常委会会议协商。省委副书记、省长赵龙出席并讲话，省政协主席崔玉英主持。省政协副主席张兆民代表课题调研组作主旨发言，21名政协委员、专家学者、企业界人士代表以“现场＋视频”协商方式在主会场及台湾嘉义、云南丽江和福建厦门、武夷山等地视频连线发言，省委宣传部、省发改委等部门负责人对委员和各界人士的意见建议作回应。

“提升福建制造数字化水平，加快制造强省建设”专题议政性常委会会议协商。8月18日，省政协常委会在福州召开“提升福建制造数字化水平，加快制造强省建设”专题议政性常委会会议协商。省委书记尹力出席并讲话，省政协主席崔玉英主持。省政协副主席洪捷序代表课题组作主旨发言，中国工程院院士、国家制造强国建设战略咨询委员会主任周济，全国政协经济委员会委员、国务院发展研究中心原副主任王一鸣通过视频发言并提出指导意见。15名政协委员、专家学者、企业代表，分别在主会场或通过视频连线建言献策。省发改委、工信厅、科技厅、教育厅、金融监管局等部门主要负责人作现场回应。

【专题协商会】 2022年，福建省政协常委会围绕粮食安全、市域社会治理、闽台乡建乡创及医改工作等主题，召开专题协商会4场。

“多措并举确保我省粮食安全”专题协商会。5月30日，福建省政协常委会在福州召开“多措并举确保我省粮食安全”专题协商会。省政协主席崔玉英主持，省委副书记罗东川，省委常委、常务副省长郭宁宁出席并讲话。省政协副主席许维泽代表课题调研组作主旨发言，杂交水稻育种专家、中国科学院院士谢华安应邀作重点发言，15名政协委员、专家学者、基层代表在主会场和屏南、武平、连江、三明等地的户外连线点建言，省农业农村厅、粮食和物资储备局、自然资源厅等部门负责人现场回应。

“加快推进我省市域社会治理现代化”专题协商会。6月10日，省政协常委会在福州召开“加快推进我省市域社会治理现代化”专题协商会。省政协主席崔玉英主持，中央政法委副秘书长王洪祥作视频致辞，省委副书记、政法委书记罗东川出席并讲话。省政协副主席薛卫民代表课题调研组作主旨发言，百名政协委员、专家学者、街道社区基层代表与有关部门共商市域社会治理对策。

“深化闽台乡建乡创融合发展”专题协商会。7月26日，省政协常委会在福州召开“深化闽台乡建乡创融合发展”专题协商会。省政协主席崔玉英主持，省委常委、常务副省长郭宁宁，全国台湾研究会副会长王在希出席并讲话。省政协副主席杜源生代表课题调研组作主旨发言，19名与会人员“线上＋线下”建言献策，省委台港澳办、省住建厅、农业农村厅等部门负责人回应。

“深化我省医改工作，推动‘三医联动’深入发展”专题协商会。9月6日，省政协常委会在福州召开“深化我省医改工作，推动‘三医联动’深入发展”专题协商会。省政协主席崔玉英主持，副省长郑建闽出席并讲话。省政协副主席阮诗玮代表课题调研组作主旨发言。国家卫健委、国家医保局有关司局负责人专程到会并讲话，14名委员和医患代表分别在主会场或通过视频连线建言献策，省卫健委、医保局、药监局等部门负责人作回应发言，共谋福建省医药领域改革发展对策。

【远程协商会】 2022年7月28日，福建省政协常委会在福州召开“抓住RCEP实施契机，加强‘一带一路’国际合作示范区建设”远程协商会。省政协主席崔玉英主持，商务部党组副书记、国际贸易谈判代表（正部长级）兼副部长王受文作视频讲话，副省长李建成出席并讲话。省政协副主席林钟乐代表课题调研组作主旨发言，14名与会人员在主会场和厦门、莆田、福清、广州、香港及RCEP各成员国的视频连线点建言，40名委员通过智能化终端远程实时连线交流，省发改委、商务厅、工信厅等部门负责人现场回应。（熊　坚）

民主监督

【概况】 2022年，福建省政协常委会推荐123名委员担任各类民主监督员，参加政风行风评议、讨论座谈等民主监督活动。

【协商式民主监督会议】 2022年，福建省政协常委会围绕红色文化遗产保护利用和返贫监测帮扶主题，召开协商式民主监督会议2场。

“提升我省红色文化遗产保护利用水平”协商式民主监督会议。9月5日，福建省政协常委会在福州召开“提升我省红色文化遗产保护利用水平”协商式民主监督会议。省政协副主席阮诗玮出席会议并讲话。省政协课题调研组汇报协商式民主监督情况。省直有关部门与部分民主党派省委会负责人、政协委员、专家学者协商对话，共议进一步推进福建省红色文化遗产保护利用工作重点和思路举措。

“防止返贫监测帮扶机制落实情况”协商式民主监督会议。9月9日，省政协常委会在福州召开“防止返贫监测帮扶机制落实情况”协商式民主监督会议。省政协副主席洪捷序出席会议并讲话。省政协课题组汇报协商式民主监督情况。省直有关部门与政协委员、党派团体负责人协商对话，共议加强防止返贫动态监测和帮扶工作，巩固拓展脱贫攻坚成果同乡村振兴有效衔接。

（熊　坚）

编辑：林忠玉

纪检监察

综　　述

【思想政治建设】 2022年，福建省纪检监察机关学习贯彻党的二十大精神，落实中共中央决策部署及中央纪委国家监委、省委工作要求，推进全面从严治党、党风廉政建设和反腐败斗争，推动监督下沉、巡视巡察、政治生态分析等工作得到中央、中央纪委国家监委和省委领导的批示肯定。坚持理论武装，同常态化长效化开展党史学习教育相结合，强化党的创新理论武装，省纪委常委会坚持集体学习制度，跟进学习习近平总书记重要讲话重要指示精神，贯通学习《习近平谈治国理政》第四卷和前三卷、《闽山闽水物华新——习近平福建足迹》。深学细悟党的二十大精神，按照"五个牢牢把握""三个全面"重要要求，制定方案、印发通知，组织全省纪检监察系统开展学习活动。省纪委常委会通过召开常委会（扩大）会议、理论学习中心组学习会等，发挥好领学促学作用。委班子成员带头抓学习、谈体会、作宣讲，组织研讨交流、参观"3820"战略工程实施30周年成就展、深入基层宣讲、参加省委宣讲团宣讲。委主要领导结合学习贯彻党的二十大精神，主持召开各设区市纪委书记、省直派驻纪检监察组组长和部分乡镇纪委书记等多场工作研讨会；委班子成员牵头开展14项重点课题调研，总结经验、掌握规律、破解难题。

【省纪委十一届二次全会】 2022年1月26日，中共福建省纪委十一届二次全会在福州市召开，出席会议的省纪委委员45人。省委书记尹力出席会议并讲话，省委常委、省纪委书记、省监委主任李仰哲主持会议并代表省纪委常委会作题为《以史为鉴开创纪检监察工作新局面，为新发展阶段新福建建设提供坚强保障》的工作报告。省领导、省法院院长、省检察院检察长，在闽的全国人大常委会委员、在闽的全国人大政协专委会成员、省级领导干部出席第一次大会。

【巡视巡察】 2022年，福建省纪检监察机关推进巡视巡察工作，协助省委编制巡视工作五年规划，制定提升巡视精准发现问题能力27条措施和加强巡视巡察上下联动20条措施，建立巡前专门协商、巡中专项调研、巡后专题分析"三专"机制，增强巡视监督质效。完成十一届省委第一轮对28个省属企业、省直单位的巡视，发现问题1085个，移交涉及省管干部问题线索84件。发挥巡视巡察系统优势和综合监督作用，出台加强对县（市、区）巡察工作指导督导意见，指导市县和省直单位运用"常专"结合、"提级＋交叉"等方式，开展环武夷山国家公园保护发展带生态环境问题等专项巡察、传承弘扬"晋江经验"等提级巡察、木兰溪流域巡察整改情况"回头看"等。健全巡视巡察与纪检监察、组织、宣传、审计等各类监督统筹衔接、协调协作机制，创新纪检监察室与巡视组信息共享和工作会商"室组联动"模式，安排纪检监察干部全员分批参与巡视，建立巡视人才库。加强巡视整改和成果运用，总结十九届中央巡视福建以来整改落实情况，制定巩固深化巡视整改成果7条措施。研发运用省委巡视整改实时跟踪系统，建立"一巡一分析"机制，查找周期性出现、反复发生问题的背后成因，构建巡视监督闭环。

【纪检监察体制改革】 2022年，福建省纪检监察机关深化纪检监察体制改革。制定进一步加强纪律监督、监察监督、派驻监督、巡视监督统筹衔接的工作方案，完善监督力量整合、措施运用、成果共享等机制。健全"室组"联动监督、"室组地"联合办案等机制，促进全系统条块结合、上下联动。制定加强派驻机构工作指导和联系的6条措施，探索实践"正面清单＋负面清单"

评价机制，加强省管企业、高校纪检监察工作。完成省一级监察官等级确定工作，指导市县监委向本级人大常委会报告专项工作。

【纪检监察队伍建设】 2022年，福建省纪检监察机关始终牢记“三个务必”，坚持打铁必须自身硬，以更高标准、更严纪律要求自己，努力锻造高素质专业化纪检监察铁军。突出政治引领，省纪委常委会落实党建工作责任制、意识形态工作责任制，把理论武装同理想信念教育、党史学习教育相结合，开展“喜迎二十大，奋进新征程”主题党日活动。突出能力建设，坚持省级统筹、上下联动、分级负责，利用仿真模拟系统等培训平台，举办方正讲坛、市县纪委监委领导能力建设专题研讨班，线上线下结合开展全员培训。强化实战实训，选派干部到基层一线挂职锻炼，抽调干部参与审查调查、巡视巡察等专项工作。突出严管厚爱，加强对干部全方位管理和经常性监督。剖析近3年全省年轻纪检监察干部违规违纪违法案例，制定深化干部监督工作9条举措，检视“灯下黑”问题，通报2起典型问题。关心基层一线干部，评选表彰全省纪检监察系统先进集体和先进工作者。全省纪检监察系统涌现出全国纪检监察系统先进集体、全国纪检监察系统先进工作者、省五一先锋号、省青年五四奖章等先进集体和个人。（詹贤杰）

纪检监督

【概况】 2022年，福建省纪检监察机关以党内监督为主导，加强政治监督、日常监督、专项监督、基层监督。推动“两个责任”贯通协同。坚持履行协助职责和监督责任有机结合，完善“分级分类、责任到人”监督网络，协助省委制定《关于加强对“一把手”和领导班子监督的实施意见》，督促“关键少数”严于律己、严负其责、严管所辖，构建同题共答、同频共振、同向发力的管党治党责任格局。全省实施问责725起，问责党员领导干部、监察对象1000人。

【政治监督】 2022年，福建省纪检监察机关建立“知”“督”“促”工作机制，具体化、精准化、常态化加强政治监督，保障党中央决策部署和省委工作要求落实落地。围绕“三新一高”重大战略、“四个更大”重要要求，将粮食安全、稳增长、保障和改善民生、林改医改、“便利福建”等政策落实情况纳入监督重点，通过“室组”联动、一组一专项、“组组”协同等做法，列出监督清单、建立监督台账、构建监督闭环。坚持“点面结合”开展监督，“面”上综合检视落实机制运转情况和部署要求贯彻情况，“点”上通过看态度、看措施、看落实、看效果、看举一反三，精准促落实、纠偏差、防风险。严明政治纪律和政治规矩。健全贯彻落实习近平总书记重要指示精神和党中央重大决策部署督查问责机制，组织开展落实情况“回头看”，推动抓实抓到位。制定党风廉政意见回复工作指引，针对党的二十大代表选举等重点环节，加强选人用人、评先评优等党风廉政意见回复工作，严把政治关和廉洁关。坚决防止和治理“七个有之”问题，全省立案审查调查存在违反政治纪律行为的案件138件，处分181人。

【日常监督】 2022年，福建省纪检监察机关落实“三个区分开来”，推动纪法情理贯通融合，全省运用“四种形态”批评教育帮助和处理41067人次，第一至第四种形态分别占比74.6%、17.8%、2.7%、4.9%。组织对各地政治生态状况进行深入分析，精准“画像”、找准问题，推动各地政治生态修复改善、巩固提升。利用“周、月、季、年”信访举报综合分析、报告、通报机制，针对越级信访等突出问题，及时约谈提醒、发函预警。运用“制度+科技”手段，推动完善工程领域招投标在线监管平台，压减权力寻租空间。

【新冠疫情防控监督】 2022年，福建省纪检监察机关建立群众诉求快速收集、问题督促整改、重要事项核查等工作机制，加强对高效统筹新冠疫情防控和经济社会发展情况的监督，督促各地各部门领会党中央确定的疫情防控政策，科学精准抓好落实。10月22日，福建本土疫情发生后，委主要领导多次主持召开省纪委常委会（扩大）会议、专题工作会议，研究部署防疫监督工作，并到留置场所检查指导疫情防控。

【监督下沉】 2022年，福建省纪检监察机关加强基层监督工作，通过委班子成员挂钩指导、组建讲师团送教下乡、开展履职交流活动、挑选优秀乡镇纪委书记到省纪委机关跟班锻炼等方式，加强对乡镇纪委工作的具体指导，督促乡镇纪委干部发现、解决群众反映强烈的问题，打通全面从严治党“最后一公里”。

（詹贤杰）

反腐败与作风建设

【概况】 2022年，福建省纪检监察机关推动消除存量、遏制增量、把握变量，保持惩治腐败高压态势。全省立案审查调查10011件，处分10038人，移送检察机关366人；其中省纪委监委立案31件，处分41人，查处省管干部严重违纪违法案件。

【重点领域腐败查处】 2022年，福建

省纪检监察机关开展粮食购销领域腐败问题专项整治，打击“粮耗子”，维护粮食安全。持续整治国有企业腐败，严查严处“靠企吃企”、关联交易等行为。一体推进金融领域惩治腐败和防控风险工作，严惩严治信贷环节谋取私利等问题，保障金融安全。持续深化“天网行动”，全省追回外逃人员67人，其中党员和国家工作人员2人，追回赃款4499万元。在高压震慑和政策感召下，全省有135人向纪检监察机关主动投案。

【民生领域腐败查处】 2022年，福建省纪检监察机关加强对惠民利民、安民富民政策落实情况的监督检查，推动乡村振兴（扶贫惠民）资金在线监管平台提质扩面增效，实现48项、超440亿元资金的全流程监管。常态化、机制化“打伞破网”，深化“四访”活动，推进“多年、多层、多头”重复举报治理，组织开展“双化解双促进”专项行动。全省查处群众身边腐败和作风问题1732个，批评教育帮助和处理2603人，处分1689人。

【“三不腐”贯通融合】 2022年，福建省纪检监察机关树牢“全周期管理”意识，将监督检查、审查调查与发现问题、指导督促紧密衔接、相互促进，全省提出纪检监察建议1802份，推动健全制度、堵塞漏洞。加强廉洁文化建设，建成省党风廉政警示教育馆，评选第一批18家省级廉洁文化示范基地并启动授牌，编印党员干部交友不慎典型案例警示录，推进廉洁文化建设“五廉工程”，实现惩治震慑、制度约束和提高觉悟一体发力，提高不敢腐、不能腐、不想腐的综合功效。

【纠“四风”树新风】 2022年，福建省纪检监察机关出台纠“四风”树新风六项工作措施，实施节前教育提醒、节中监督检查、节后严查快处“组合拳”，深挖细查隐形变异、风腐一体问题。紧盯关键节点，聚焦高价月饼、蟹卡蟹券等背后“四风”问题，开展专项检查、随机抽查。全省查处违反中央八项规定精神问题1660起，批评教育帮助和处理2457人，处分1481人；省纪委监委通报曝光典型案例3批9起。

深化整治形式主义、官僚主义顽瘴痼疾，纠治影响中共中央决策部署贯彻落实、漠视侵害群众利益、加重基层负担的形式主义、官僚主义，靶向整治不担当、不作为、乱作为等问题。加强市县基层党政机关、企事业单位、村（社区）作风“前哨岗”建设，以下看上，重点查找“表现在基层、根子在上面”的突出问题。全省查处形式主义、官僚主义问题840起，批评教育帮助和处理1388人，处分753人。

完善作风建设长效机制。推进“一县一清单”，聚焦违规发放津贴补贴或福利、违规吃喝、违规配备使用公车等易发多发问题，选准“小切口”深化治理。开展作风建设配套制度“回头看”，督促职能部门发挥监管作用，补短板、堵漏洞，推动完善办公用房和公务用车管理办法等制度。推动政法、医疗、窗口服务单位等重点行业领域，开展“岗位践新风、人人是名片”活动，打造新风正气福建名片。

【“点题整治”机制健全】 2022年，福建省纪检监察机关开展整治成果“回头看”，对可结题完成的项目推动建章立制、巩固成果，对需深化推进的项目继续深抓实做、提升质效，并新增“整治边远地区和特殊人群‘看病难’”问题项目。健全“点题整治”工作机制，开展“点题整治·一图读懂”“厅说福建·点题整治系列谈”，逐项推介宣传、专题会商。（詹贤杰）

编辑：林忠玉

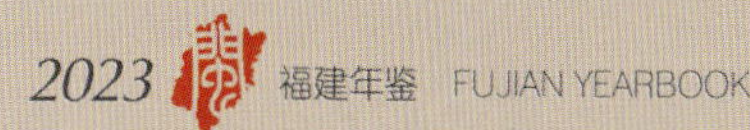

民主党派和工商联

中国国民党革命委员会福建省委员会

【概况】 2022年，中国国民党革命委员会福建省委员会（简称民革福建省委）有地方组织12个，其中省级组织1个、设区市级组织9个、县级市委会2个；有基层组织278个，其中基层委员会4个、总支委员会28个、支部246个。有民革党员6186人，其中各级人大代表111人（8人担任各级人大常务委员会副主任）、各级政协委员421人（20人担任各级政协副主席）。民革福建省委全年以“民革履职能力建设年”为抓手，落实“提高效率、提升效能、提增效益”工作要求，深化政治交接，提升参政履职能力。

【思想政治建设】 2022年，民革福建省委运用“云宣讲、云研讨”等模式，通过主委会会议、专题宣讲、座谈研讨等学习活动，引导民革党员学习贯彻中共二十大精神。组织开展“矢志不渝跟党走、携手奋进新时代”政治交接主题教育，省委会深入省、市、支部开展学习活动36场，1500余人次参加；全省各级组织开展学习活动486场，7500余人次参加，实现全覆盖。利用微信公众号、福建民革网站、《福建民革》刊物、机关宣传栏等载体打造福建民革“一微一网一刊一栏”宣传矩阵，全年发布微信公众号文章398篇、网站文章105篇，编印《福建民革》6期；在《人民日报》、新华社等省级以上新闻媒体刊发信息120多篇次，被“学习强国”平台选刊5篇次。

【参政履职】 2022年，民革福建省委聚焦经济社会发展全局性、战略性、前瞻性问题，多渠道加快调研成果转化，为中共福建省委、省政府重大战略决策提供科学咨询，为全面建设社会主义现代化国家凝心聚力。围绕“加快推进福建省文旅经济高质量发展”等课题开展调研，完成调研报告60余篇；选送3篇调研成果、5篇建议摘要、2篇专项民主监督考察调研文章参加“2022年福建统一战线专项民主监督成果汇报会暨第十八届建言献策论坛”；报送17篇理论文章到省政协、省委统战部参加论文评选，5篇论文入选莫干山乡村振兴论坛大会文集。在福建省政协十二届五次会议上，民革福建省委提交《关于提升我省文化企业原创核心技术研发能力的建议》等大会发言10份、《关于新发展格局下助力台企本地化发展的建议》等单位提案10件，其中《关于加快建设乡村物流体系推进乡村振兴的建议》《关于强化零工经济就业群体就业服务的建议》2件单位提案入选省政协重要提案摘报；提交《关于推进商用户外低压安全供电线路改造的建议》等民革界别提案2件；推荐《做优做强我省“蓝色种业”推动海洋强省建设》等大会信息15篇，其中《稳步推进闽台金融融合发展》《加快完善我省野生动物肇事补偿机制以缓解人畜冲突》2篇大会信息被省政协大会快报采用；民革党员中的省政协委员提交委员个人提案34件。在省政协各类专题议政性常委会会议和专题协商中，5人次代表作发言，22篇材料入选会议材料汇编；《关于培育文旅融合新业态，推动研学旅行产业化的建议》等5件民革团体（个人）提案获评十二届福建省政协优秀提案；民革界别被评为2022年度考核评价优秀等次界别，3名民革界别委员被评为2022年度履职优秀省政协委员。向民革中央、省委办公厅、省政协、省委统战部报送社情民意信息491篇，被中共中央办公厅采用2篇、中央统战部采用2篇、全国政协采用62篇、民革中央采用205篇、中共福建省委办公厅采用38篇、省政协采用268篇。

【社会服务】 2022年，民革福建省委做好福建省欠发达地区及贵州省纳雍县对口帮扶工作，资助上杭县上早康村文明乡风载体建设10万元；捐赠50万元支持贵州省纳雍县昆寨乡中心学校基础设施建设，捐赠10万元资助政和县熊山街道低收入家庭大学生。开展“博爱·牵手”活动，组织民革党员医疗专家团队与省乡村振兴“两会”（促进会、基金会）联合赴周宁县玛坑乡开展“送医送药”义诊活动，接诊患者200多人次，赠送药品价值约3万元。推动加强文化交流，指导省逸仙艺苑举办“喜迎

2022年6月8日，中国国民党革命委员会福建省第十五次代表大会在福州召开 （陈劲羽 摄）

中共二十大书画笔会”；与民革山西省委会联合举办的“海峡两岸关公文化与中华文明”书画展，10名民革党员画家创作作品参加民革中央与中国美协联合举办的第三届“香凝如故”全国美术作品展。

【组织建设】 2022年，民革福建省委落实《中共中央关于加强中国特色社会主义参政党建设的意见》及组织建设“三个文件”“五个纪要”精神，规范做好组织发展各项工作。召开中国国民党革命委员会福建省第十五次代表大会，选举产生民革福建省第十四届委员会，完成民革福建省委会领导班子新老交替政治交接。民革福建省第十四届委员会有主委1人、副主委8人、常委27人、委员74人。加强民革党员队伍建设，发展民革党员203人。其中，具备民革特色党员147人，占72.4%；具有高级职称民革党员30人、中级职称46人；中上层人士88人，其中包括高层次人才2人。在厦门大学举办优秀基层组织负责人暨参政议政骨干培训班和省市中青年骨干民革党员培训班，培训民革党员干部133人次。

【两岸融合发展助力】 2022年，民革福建省委举办第十四届海峡论坛·两岸乡村农田水利建设交流会，共同探讨海岛水资源、水生态、水环境、水安全系统治理创新。与省政协农业和农村委员会共同主办“同心杯”两岸青年乡村振兴研修营活动，举办“两岸红茶文化节”“两岸慢食文化节”等主题活动，以产业活化带动乡村活化，促进闽台乡村产业深度融合，获全国主流媒体报道近100篇次；与民革山西省委联合主办海峡两岸关公文化节活动。完成中共福建省委重点课题子课题《新形势下助力在闽石化台企台商融入双循环发展格局研究》调研任务。全年刊印《台情简报》4期。 （卓 越）

中国民主同盟福建省委员会

【概况】 2022年，中国民主同盟福建省委员会（简称民盟福建省委）发展盟员334人，发展率2.5%，净增率2%，新盟员平均年龄38.5岁。截至2022年底，全省民盟盟员总数13733人，盟员平均年龄55.2岁；中上层人士11363人，占总数82.7%；重点分工领域8300人，占总数60.4%。民盟福建省委组织学习贯彻中共二十大精神，开展政治交接主题教育，加强课题研究、社情民意报送，动员盟员和盟员企业参与新冠疫情防控和社会公益事业。

【思想政治建设】 2022年，民盟福建省委制定《民盟福建省委会关于学习宣传贯彻中共二十大精神的通知》《民盟福建省委会学习宣传贯彻中共二十大精神将“矢志不渝跟党走、携手奋进新时代”政治交接主题教育引向深入任务清单》，修订《民盟福建省委会理论学习中心组学习制度》。领导班子成员、各设区市民盟组织、省直基层组织通过撰写心得体会、学习会、寄语、座谈、走访等方式学习贯彻中共二十大精神。形成学习长效机制，出台《民盟福建省委会关于进一步加强思想政治建设工作的实施意见》；打造“书香民盟”“书香机关”学习品牌，每季度举办“闽盟大讲堂”“青年沙龙”。

组织开展舆情宣传工作自查自纠，出台《加强新闻报道工作的管理办法》《三审三校工作制度》《网络舆情应急处置预案》《关于盟务微信工作群管理规定（暂行）》等相关制度和办法，审核讲座课件6篇。官方微信公众号全年阅读47万余人次，累计发布文章630余篇，订阅人数增至5062人，比上年增长16%，内容涵盖时事热点、盟务干部和盟员代表心得体会、抗疫有我、政治交接主题教育·学习专栏、寄语祝福福建民盟组织成立75周年、“喜迎二十大·同心谱新篇”等20个专题。网站累计发布文章620余篇。《福建盟讯》出版3期专刊、1期普刊。《福建乡土》出版4期。

【参政履职】 2022年，民盟福建省委承办民盟中央重点课题1个、合作课题2个，承办省委统战部和省深改办课题各1个。在生物安全、文旅经济、数字制造、教育、医疗、社会保障等领域开展课题调研38个。向民盟中央报送信息203件，向省政协报送信息477件，向省委统战部报送信息355件；4件次被全国政协采用，232件次被中央统战部、省政协、省委办公厅等省级以上单位采用，7件次获省领导批示。

【社会服务】 2022年，民盟福建省委向福建中医药大学捐赠盟员画家创作的巨幅长卷《精正大医图》。开展抗疫物资捐赠活动10余场，向基层一线捐赠抗疫款物价值30余万元。协调盟员企业向霞浦县捐赠矿泉水价值24万余元。继续开展民盟中央“守护天使工程”及福建民盟“闽盟守护天使工程”，帮助漳州市、永泰县基层医疗机构购买CT机3台、B超4台、DR机4台，节约资金1000余万元，赠送5G RSA 8套，价值160万元。捐建周宁县第十中学“同舟运动场”、狮城第三小学“同盟林”，总投资205万元；向南平松溪县教育局捐赠幼教产品价值12万元；向莆田平海清洋小学全体教师捐赠教师节慰问金、第三课堂补助费用4.5万元；通过“闽盟烛光行动”“圆梦工程”向抑郁症儿童、基层中小学、民族地区大学生等捐款捐物价值10余万元。

【组织建设】 2022年，民盟福建省第十五次代表大会选举产生民盟福建省第十四届委员会及福建省出席民盟第十三次全国代表大会代表。完成民盟第十三届中央委员福建人选推荐工作。组建民盟福建省委专门委员会16个，选拔专委会委员488人。 （洪帅楚）

中国民主建国会福建省委员会

【概况】 2022年，中国民主建国会福建省委员会（简称民建福建省委）有市级组织9个，分别为福州、厦门、泉州、漳州、南平、三明、莆田、宁德、龙岩9个市委会；县级市组织3个，分别为晋江、福清、南安市委会；1个省直工委会。有基层委员会23个、总支部15个、支部274个，有会员8976人。会员平均年龄50.47岁；其中大专以上占88.32%，有各种专业技术职称的占53.88%；经济界人士占79.29%；有各级人大代表148人、各级政协委员425人、各级人大常委会委员和政协常委会委员148人，担任各级人大常委会副主任或政协副主委26人。年内，民建福建省委社会服务工作再获民建中央一等奖，“思源·闽善公益专项基金”获评2022年度民建中央定点帮扶工作先进单位，3名会员获评民建中央定点帮扶工作先进个人。

【思想政治建设】 2022年，民建福建省委召开省委会机关理论学习中心组、全省民建专题学习会、省委会理论学习中心组学习会，学习贯彻中共二十大精神，学习《中国共产党政治协商工作条例》《闽山闽水物华新——习近平福建足迹》，组织省委会领导班子成员撰写学习“五个必由之路”“五个有力条件”心得体会。组织省委会领导班子成员到基层巡回宣讲中共二十大精神，开展中共二十大相关报道，收集发布会员感想、心得近300篇。联合民建中央画院策划举办“翰墨著同心·一起向未来”中共二十大金句书画作品邀请巡回展。开展“矢志不渝跟党走、携手奋进新时代”政治交接主题教育。深化会章学习，召开民建省、市理论研究委员会章程修改研讨会，收集汇总领导班子成员、骨干会员对民建会章修改的具体意见和建议，活动成效被民建中央肯定，在民建中央会章修改交流会上做经验交流。

【参政履职】 2022年，民建福建省委参加中共福建省委、省政府召开的党外人士座谈会、政党协商活动。围绕省际交界地区协同发展、在构建“福州都市圈”中导入“海港城市群”概念性规划等领域建言献策。《关于尽快恢复房地产业信心，稳住我省经济大盘的建议》等意见建议获省委领导批示并得到落实。在2022年全国两会上提出《畅通省际边界节点，加快接壤县域经济发展》，被全国政协采纳。向省政协十二届五次大会提交团体提案10件、大会发言10件，《加快推进平潭综合实验区综合改革，打造台湾同胞“第二生活圈”》获省领导批示，《关于培育壮大我省新材料产业的建议》等提案获评省政协2022年度好提案，《关于加快推进普惠性学前教育的建议》等7件提案获评十二届福建省政协优秀提案。《推进工业互联网平台建设 加速赋能中小企业数字化转型的建议》等20篇调研文章入选会议材料汇编。5名民建界别政协委员获评省政协优秀委员。

开展调查研究100余场，形成调研成果90余篇。《加强我省民营企业品牌建设》专题协商课题调研报告获省领导批示。参加福建统一战线专项民主监督成果汇报会暨第十八届建言献策论坛，提交调研报告3篇、政策建议5篇。开展对口联系平潭综合实验区民主监督，形成信息6篇，并向中共福建省委及民建中央报送，得到省有关部门反馈。

全年收到社情民意信息1200余篇。其中6篇被中共中央办公厅采用，18篇被全国政协采用，25篇被全国政协《每日社情》采用，136篇被民建中央采用，13篇被中共福建省委办公厅采用，340篇被福建省政协采用；2篇被党和国家领导人批示，8篇被省领导批示。民建福建省委会获民建中央2022年度参政议政和反映社情民意工作一等奖。

【社会服务】 2022年，民建福建省委在对口帮扶、抗击疫情、帮困助学、慈善公益等方面捐款捐物5.33亿元。创新帮扶模式，注入100万元设立“外屯乡农户信贷服务基金”，为政和县外屯乡生态农业种植户提供信贷服务金、免息贷款，帮助农户解决贷款难、无发展资金、缺少流动周转资金等问题。加大“家门口”就业帮扶力度，开展专项行动，在丰宁县举办“2022年丰宁县互联网营销师培训班”，为全县各乡镇培养学员400多人。全省各级民建组织和会员捐资助学帮扶12077人，捐赠助学金376.92万元。“爱心书包·扶志益智”工程公益项目向乡村小学捐赠“爱心书包”400个，内含精选小学生优秀读物6000余册。其中，向丰宁县杨木栅子乡中心小学和天桥中心小学捐赠“爱心书包”260个，价值10万余元。“思源·扬帆班”首次在福建政和三中落地，资助50名农村经济困难家庭应届小学毕业生到县城的中学就读。持续在宁化第三实验学校开办“思源·大丰班”。2个“思源·佑华教育移民班”参加中考，班级总平均分数均列居所在县第一名。

开展弘扬中华优秀传统文化公益项目，向仙游县、宁德市230所乡村小学校的小学生赠送总价值92万元的“故宫小书包”。民建福建省委、市委领导全年走访会员企业317次，了解企业具体困难问题104个。举办各类讲座、论坛33场，培训会员1976人次。组织会员企业参与2022中国（广西）非公论坛招商引资工作、黔西招商组在闽招商工作，促成（广西）非公论坛与福建省航钛公司签约，投资10亿元钛金属项目落地防城港。

【组织建设】 2022年，民建福建省委贯彻落实中国特色社会主义参政党建设“三个文件”精神，发展有代表性、有影响力的优秀人士入会，完成换届任务。民建福建省第十届委员会成立后，修订完善民建福建省委领导班子制度10项，明确新一届领导班子成员履职要求。推进“基层组织五个优化”和支部“4211111”多维度量化考核体系建设，建立基层组织活动记录本，先进支部带动后进支部。完善内部监督制度，选举产生民建福建省第十届监督委员会，成立民建福州、南平、宁德市委内部监督委员会。 （吴秀丽）

中国民主促进会福建省委员会

【概况】 2022年，中国民主促进会福建省委员会（简称民进福建省委）以迎接中共二十大、民进十三大召开和学习宣传贯彻中共二十大、民进十三大精神为重点，加强思想政治建设、组织建设、履职能力建设、作风建设和制度建设。开展信息化建设主题年工作，建成视频会议系统，筹划数字会史馆建设，推动会员信息、参政议政、社会服务、宣传教育等6个数据库研发，“会员信息更新系统”获评民进中央信息化建设典型案例。民进福建省委获评民进省级组织参政议政、社会服务、新闻宣传工作先进单位。

【思想政治建设】 2022年，民进福建省委开展“喜迎二十大，永远跟党走”系列活动，举办“同心谋福·民进会员心声”短视频展播和手机摄影作品展。采取组织收听收看开幕式、撰写交流心得体会、一线理论宣讲等形式，学习宣传贯彻中共二十大精神。领导班子成员深入市委会和基层组织开展中共二十大精神宣讲13场次；领导班子成员和常委撰写学习体会文章35篇，其中《宏伟蓝图鼓舞人心，复兴号角催人奋进》等5篇文章在《团结报》《福建日报》和《民主》杂志等媒体上刊发。制定“矢志不渝跟党走、携手奋进新时代”政治交接主题教育方案，建立每月梳理工作清单、每月通报工作动态等制度。探索省、市和基层三级组织“联学联践”教育模式，开展经验交流，组织现场教学，提升主题教育质效。注重发挥领导班子成员“关键少数”领学示范作用，民进福建省委会九届领导班子第一次集体学习会上，开展《习近平谈治国理政》第四卷学习体会交流，赴福建革命历史纪念馆和长乐郑振铎纪念馆、冰心文学馆等参观学习。全年在《人民日报》和人民网、新华网等主流媒体报道福建民进界人大代表、政协委员履职风采124次；宣传报道会员先进事迹56人次，刊发会员学习感言、主题征文等稿件73篇。修订民进省委会网络舆情工作办法。开展会史研究和会史教育，举办“郑振铎主题图片”巡回展览，助力福州外语外贸学院郑振铎文学馆建设，推动长乐郑振铎纪念馆入选民进中央第二批会史教育基地。

【参政履职】 2022年，民进福建省委统筹民进中央、中共福建省委重点任务，统筹政党协商、政协协商重点议题，遴选立项年度调研课题80个。采取线上和线下相结合的办法开展调研活动，2篇调研成果被省政协议政性常委会或专题协商会采用，22篇转化为省政协大会发言和集体提案，5篇转化为福建统一战线建言献策论坛“对策建议”，26件参政议政成果获民进中央表彰。发挥福建民进智库作用，整合会内外专家骨干力量，完成民进中央《参政党在全过程人民民主中的地位和作用研究》和中共福建省委宣传部《打造福建历史文化标识的研究》、中共福建省委深改办《我省人口老龄化和养老工作现状分析》等课题调研任务。创新“一周一重点选题、一月一统计分析、一季一通报排名”工作方式，提升信息报送采用率。全年编报社情民意信息201件，7件得到省领导批示，被中共中央办公厅、全国政协、中央统战部、民进中央、省委办公厅和省政协采用361件次，采用率超70%，信息工作排名继续保持在民进中央、省政协、省委统战部前3名。民进界别人大代表、政协委员带头报送社情民意信息，通过人大和政协履职平台做好信息成果转化。5名会员获评省政协2022年度履职优秀委员，民进界获评省政协2022年度考核评价优秀等次，3件提案获评省政协2022年度好提案，主委严可仕《关于进一步完善健康扶贫工作机制的建议》获评十三届全国政协优秀提案。首次对口龙岩市开展专项民主监督和考察调研工作，成立工作领导小组和工作专班，开展学习研究、制定工作方案、建立任务台账。坚持每月至少1名领导班子成员带队，围绕15个方面，突出1～2个专题，运用6种方式，先后8次深入实地调研，行程覆盖龙岩市所有县（市、区），整理形成4个方面21条意见建议。2次召开龙岩市提请解决问题工作协调会。邀请8名高校、科研机构专家学者和省直有关单位领导全程参与，开展“我为龙岩献一策”活动，发动会员为龙岩市落实“发展定位”建言献策。

【社会服务】 2022年，民进福建省委组织福建企业家会员和厦门民进教育界名师深入贵州金沙县开展产业帮扶和名师送教活动，助力贵州安龙县扩大农产品产销平台，帮助销售食用菌等特色农产品3600多万元。深入南平政和、建瓯帮扶慰问困难群众17户，捐资2万元修缮提升澄源乡新康村卫生所就医环境。开明慈善基金会福建星空基金为福建师范大学、武夷学院200名师生发放助学金40万元，向泉州、南平等地医院、学校捐赠总价值53万元的消毒设备160台。进一步打造“目浴阳光·睛彩华厦”社会服务品牌，赴福州永泰、南平延平等地进村入校筛查义诊近万人次，免费救助患者230多例。开展“春联万家·推动共同富裕”活动，惠及群众1000多人次。

【组织建设】 2022年，民进福建省委研究制定《2022年民进省委会换届工作方案》等4项工作方案。首次对民进八届省委会委员、专委会主任、省直基层组织主委和符合九届省委会委员提名条件的人选进行全面考核，听取考察对象所在单位中共党组织和民进基层组织意见。先后14次召开换届工作领导小组会议，研究酝酿推荐新一届民进福建省委会委员、常委和领导班子组成人选，与民进中央和中共福建省委统战部加强沟通协商。结合省委会新一届领导班子实际，研究制定民进省委会委员工作规则，举办民进福建省委会新任委员培训班。召开民进福建省委会九届领导班子成员民主生活会和述职评议会，组织对领导班子和班子成员进行民主评议，满意度100%。注重加强基层组织指导帮带，建立民进福建省委会领导班子成员“一对一”联系制度，4个省直基层组织完成换届，新建会员之家11个。全年发展会员206人，其中主界别会员136人，青年会员178人，中高级职称会员109人。开展“送温暖”活动，全年慰问老会员86人次，资助困难会员4人次。举办民进福建九届省委会新任委员和市级组织新任主（副）委、基层组织负责人、参政议政骨干和新会员等3期培训班，选派16名会员参加民进中央和省社会主义学院集中培训。搭建代表人士履职平台，遴选2名会员到地方挂职锻炼，推荐30名会员担任全国和省人大代表、政协委员，5名会员担任省政府参事和省文史馆馆员。5名青年会员担任九届省委会委员和常委，2名青年会员担任专委会主任和副主任。创新会内监督形式，畅通与民进中央内部监委会、驻部纪检监察组联系联络渠道，建立信息联通共享机制，提升会内监督工作针对性。采取内部监委会成员“分工负责、定人定事”办法，加强会内规章制度贯彻落实、政治交接主题教育等重点工作的监督检查。编印《民进规章制度学习读本》，4次举办规章制度宣讲辅导，推动全会学制度、懂制度、守制度形成常态。 （吴晨林）

中国农工党福建省委员会

【概况】 2022年，中国农工党福建省委员会（简称农工党福建省委）聚焦健康福建、美丽福建建设开展建言资政。召开农工党福建省第十三次代表大会，300余名代表参加会议。主委刘献祥代表十二届委员会作题为《携手奋进新征程，同心筑梦向未来》的工作报告。大会通过无记名投票方式选举75名农工党福建省第十三届委员会委员，选举32人为福建省出席农工党第十七次全国代表大会代表。大会通过关于十二届委员会工作报告的决议。在十三届一次全委会上，刘献祥当选农工党福建省第十三届委员会主任委员，8人当选副主任委员，27人当选常务委员。截至年底，全省有农工党员11443人。20名农工党员和15个组织被农工党中央授予先进个人、先进集体称号。

【思想政治建设】 2022年，农工党福建省委推动思想政治学习常态化长效化，以宣传贯彻中共二十大精神为主线、农工党十七大精神为重点，开展“矢志不渝跟党走、携手奋进新时代”政治交接主题教育，巩固拓展中共党史学习教育成果。召开理论学习中心组学习会8次；制定下发《关于认真学习宣传贯彻中共二十大精神实施方案》，全省举办各类宣讲报告会54场，征集机关干部心得体会文章27篇。推进政治交接主题教育，省委会开展主题教育系列活动18场次，各设区市委会开展主题教育系列活动179场次；运用“学习强国”平台、网络微课堂、青年读书会等新形式新载体强化机关干部学习，举办“农工思政大讲堂”和机关学习会等各类活动18场；开展参政党理论研究，完成省政协理论征文3篇、省委统战部理论研究文章12篇。紧扣中共二十大和农工党十七大胜利召开重要时间节点，提升宣传教育引领的时效性影响力。重点宣传贯彻中共二十大精神，在微信公众号、网站开设“学习二十大精神”专栏，报道各级农工党组织和党员的学习活动成效，刊发心得体会60余篇，并在福建统战公众号发表主要领导署名文章《学思践悟·凝心聚力》。宣传报道党内重要会议和活动，省委会网站更新动态信息104条；全年微信公众号推文229期892余篇稿件，阅读量超80万人次；在省级以上媒体刊发文章超100篇。编印《农工闽讯》4期，向省委统战部报送政治交接主题教育简报材料8期。规范自有媒体平台管理制度，加强舆情监测和风险预警机制。

【参政履职】 2022年，农工党福建省委开展“巩固提升‘三明医改’经验，推动‘三医联动’创新发展”及“关于进一步推进三明文旅产业发展的建议”民主监督调研；围绕做好“六稳”工作、全面落实“六保”任务、解决民生问题短板、助力新福建建设等中心工作。农工党福建省委收到调研论文68篇，评出调研论文一等奖10篇、二等奖15篇。参与专题议政性常委会会议协商、专题协商、网络远程协商、界别协商及提案办理协商等20余场次。向省政协十三届一次会议提交提案10件、大会发言10篇。向第十八届建言献策论坛提交调研论文3篇、建议案5篇、民主监督报告2篇、民主监督工作总结1篇。向农工党中央报送全国两会提案5件，通过全国人大代表和全国政协委员报送全国两会大会信息36篇，1件提案被采用，1件信息被采用。推动社情民意信息提质增效，农工党福建省委健全参政议政工作机制，研判分析经济社会热点、全省工作重点、政策举措，提升社情民意信息的精准度和可行性。全年编报《福建农工信息》1020期，其中，被全国政协采用107篇、农工党中央采用309篇、省政协采用481篇、省委办公厅采用42篇，被国家领导人批示1篇，获省部级以上领导批示8篇。社情民意信息工作继续在8个民主党派中名列第一。举办参政议政和社情民意信息骨干培训班2期。

【社会服务】 2022年，农工党福建省委打造社会服务同心品牌。依托福州东南眼科医院，开展“同心光明行”活动132场次，为3960名群众检查眼疾，为300名贫困患者开展救助手术。组织医疗专家开展“同心义诊行”活动，全省各级组织开展152场次，服务群众近3.4万人次，捐赠药品近29万元。开展“同心戒毒行”活动，联合福州司法强制隔离戒毒所举办心理咨询活动，邀请农工党员心理咨询师作心理专题培训讲座。实施“同心助学行”活动，组织省直工委基层组织向南平市岭腰乡37名贫困中小学生捐赠助学金8.5万元。开展“同心乡村行”活动，协调省有关厅局支持岭腰乡水利救灾专项资金45万元，做好灾后水毁修复；组织省妇幼保健院妇产科专家组在华安县开展精准医疗帮扶活动。联合社区开展“同心法律行”活动，邀请农工党员律师作普法宣传和宪法知识专题讲座。推进社会服务基地建设。联合宁德市委会在“星·同心”关爱中心成立第一个省级“社会服务基地”；推动福州市晋安区华煦养老院列入农工党中央首批社会服务基地；持续推进“同心全科医生特岗人才项目”。开展海峡两岸中医药合作交流。组建论坛组委会及工作机构，收集论文及学术交流材料，筹备第十四届海峡两岸中医药学术交流论坛。巩固拓展脱贫攻坚成果。召开助推贵州大方绿塘乡乡村振兴座谈会，协助当地延长魔芋产业链，开拓省内外市场。组织协调农工党福州、泉州市委会及省直工委爱心党员向大方同心圆乡村振兴项目注入生计金41万元。组织全省各级组织参与“我为大方下一单”活动，购买大方农产品4.1万元。

动员农工党省直工委各级组织和党员参与“我在乡间有亩田”认耕认种及志愿服务活动。开展“最美家庭”“最美志愿者”评选和推荐；开展“五福临门、福建福见”“福”文化文明实践和宣传推广活动；开展“全民阅读”“全民健身”活动；开展爱国卫生运动和无偿献血活动。深化省、市共建，组织开展各类文明实践和志愿活动30余场次，机关志愿服务队获评2022年度省直机关“最佳志愿服务组织”。

【组织建设】 2022年，农工党福建省委落实政治交接，优化组织架构。参与农工党中央换届工作，完成有关人选条件测算和推荐，开展谈心动员活动，成立疫情防控专班，完成福建代表团参与农工党十七大工作。全年召开主委办公会议11次、主委会议13次、常委会会议6次、中心组学习会8次。召开2022年度领导班子民主生活会、述职述廉和民主评议会，对领导班子人选进行民主推荐。举办新农工党员培训班，调训25名农工党员参加上级举办的各类培训。加强专委会建设，完成新一届专委会人员配备，新设老龄专委会。深化基层组织创优、创建“星级支部”及创建“农工党党员之家”工作，全省有“农工党党员之家”56个，其中新建12个；全省评选产生五星级支部21个、四星级支部18个、三星级支部12个。推进党内监督，组织观看专题片《零容忍》，开展“民主党派省委会机关公职人员遵规守法情况抽查”和“分级谈心谈话”等工作。 （兰　凡）

中国致公党福建省委员会

【概况】 2022年，中国致公党福建省委员会（简称致公党福建省委）新发展致公党员240人，在省第十次代表大会上集中表彰先进集体8个和先进个人228人，选派7名机关干部赴基层挂职锻炼。编印《福建致公》杂志6期；推送微信公众号图文信息290多条，其中20多篇入选团结报团结网榜单，4篇位列首位。全省7个集体、8名致公党员获致公党中央宣传思想工作表彰，3个集体、2个品牌、10名致公党员获致公党中央社会服务工作相关表彰。修订完善省委会工作制度和机关管理制度，开展植树添绿、无偿献血、我在乡间有亩田等机关志愿者活动，联合省委统战部主办2022年省直统战系统“同心杯”羽毛球团体赛，省委会机关代表队获得二等奖。

【思想政治建设】 2022年，致公党福建省委策划实施喜迎中共二十大“十项行动”，组织班子成员深入基层开展宣讲活动，省委会和全省各级组织开展中共二十大精神专题学习会、报告会、宣讲会等270余场次。深化政治交接主题教育，召开主委会12次、常委会9次、全委会2次、理论学习中心组学习会8场次，深化学习《习近平谈治国理政》等政治理论，邀请专家学者开展主题讲座、专题讲座10多场次。与中共福建省委讲师团等单位联合打造“海外侨胞看中国”专题宣讲片，依托政协致公党界别委员联络站、调研合作基地、中国传统文化研习基地开展各类主题教育60多场次。

【参政履职】 2022年，致公党福建省委向省政协大会提交集体提案10件、界别提案2件、发言材料15篇，其中《关于发挥福建侨海优势，助力打造人才荟萃的东南高地的建议》入选《重要提案摘报》，获得省领导批示2件次，并被列为重点提案。参加省政协专题会议7场次，作专题发言4次，入选书面发言38篇。向致公党中央提供提案发言素材30多篇，8篇成果被全国政协采用，其中《加快推进新能源汽车推广应用，促进碳达峰、碳中和的建议》被列为重点督办提案。由班子成员领衔完成

"大调研"课题9个；立项完成致公党福建省委会重点调研课题10个、一般课题31个，调研成果《推进我省民营经济高质量发展的思考》被中共福建省委政研室《调研文稿》刊载；致公党福建省委会领导带队开展专项民主监督考察调研5次，组织专家在莆田开设"数字经济与数据要素"等专题辅导讲座3场，形成有关调研工作报告2篇。编报《情况反映》540多篇，被全国政协、中央统战部、致公党中央累计采用141篇，省委办公厅、省政协办公厅采用184篇，3篇信息获省级以上领导批示，全省24件成果被致公党中央评为参政议政优秀成果，3件集体和委员提案被省政协评为2022年度好提案，4名委员被评为履职优秀委员，致公党界获评年度优秀界别；7件集体和委员提案获评十二届省政协优秀提案。

【社会服务】 2022年，致公党福建省委围绕新冠疫情防控、巩固拓展脱贫攻坚成果同乡村振兴有效衔接工作主题，组织致公党员、机关干部下沉抗疫一线1万多人次，动员致公党员企业家、海外侨胞侨领捐款、捐物总额1000多万元。选派30多名信息技术、医卫领域致公党员支援泉州、福州、上海开展疫情防控工作。在全省统战系统率先建立首批50名致公党员"福建致公乡村振兴指导员"队伍，赴三明宁化等地开展指导服务20多场次，并在福州永泰挂牌设立乡村振兴指导站。落实东西部教育帮扶专项资金220万元，录取22名定西籍高中毕业生免费就读大学。立足致公党员企业览悦白茶三产融合项目，下沉4批次60多人次进行指导服务。开展"致福·送诊"行动、"致福·送技"行动，组织4批次医卫界别致公党员到仙游、政和、宁德等地开展义诊、送药、送技活动，组织35批次20多名致公乡村振兴员、党员科技特派员、党员企业家深入仙游、政和、永春、闽清等项目一线，开展农业帮扶、电商销售等。开展"我和弱势群体结对子""我为群众办实事"，发放慰问金、爱心物资总价值超15万元。全省3个集体、2个品牌、10名致公党员获致公党中央社会服务工作相关表彰。

【组织建设】 2022年，致公党福建省第十次代表大会召开，完成致公党福建省委会换届工作；完成致公党福建第十届省委会内部监督委员会换届工作。致公党十六大期间，全省9人当选中央委员、1人当选中央常委、1人当选中央监督委委员。开展"主委走基层"活动，实现7个设区市委会走访调研全覆盖。全年新增"党员之家"2个，致公党福建省委会"党员之家"建设的实践与思考在《中国统一战线》刊物上发表，福州晋安二支部创建"书香支部"经验做法入选致公党中央工作简报，位于厦门湖里区的政协致公党界别委员联络站被确定为十二届省政协委员联系点。

【交流联谊】 2022年，致公党福建省委深化"一月一侨事"机制，组织45名习近平新时代中国特色社会主义思想海外宣讲员在海外开展宣讲活动20多场次。聘请35名冬奥会疫情防控宣讲志愿者，在西班牙、意大利等欧洲多国开展20多场冬奥会宣讲活动。持续与海外侨社、东南网美国站共同举办"点亮中国红"送福系列活动；继续举办"追梦中华福建行"2022年华侨（裔）子弟寻根之旅（线上）夏令营，新增德国、日本、乌克兰3个国家参与；承办第十四届海峡论坛·两岸社区服务恳谈会，150多人参加，致公党福建省委会承办海峡论坛·两岸社区服务恳谈会经验做法获得致公党中央主席万钢批示肯定。与省总工会联合举办第二届"第一家园杯"闽台职工运动交流赛，配合致公党中央举办"感悟特色文化，促进心灵契合"中华文化研修活动，邀请20多名港澳台代表人士参加活动。

（陈　嘉）

九三学社福建省委员会

【概况】 2022年，九三学社福建省委员会（简称九三学社福建省委）组织开展学习贯彻中共二十大精神系列活动，开展政治交接主题教育、推进参政议政、社情民意报送、宣传交流工作，九三学社福建省委网站首次被评为九三学社"全国十佳网站"。助力乡村振兴，开展公益讲座、健康服务、助学等系列活动。

【思想政治建设】 2022年，九三学社福建省委学习贯彻中共二十大精神，组织班子成员、常委深入基层开展学习宣讲、撰写心得体会，开设专刊专栏。开展"矢志不渝跟党走、携手奋进新时代"政治交接主题教育，赴全省9个设区市开展政治交接主题教育及社务工作调研。组织编撰《同心奋进新时代》工作画册，参与社中央"非凡十年"征文、"九三楷模"评选、庆祝中共二十大召开书画作品线上展等活动，选送征文近20篇、书画作品近70幅。发行6期《福建九三》刊物，微信公众号推送信息708篇，九三学社福建省委网站发布稿件529篇。九三学社福建省委网站被评为九三学社"全国十佳网站"，九三学社福建省委微信公众号第三次获评九三学社"全国十佳微信公众号"，《福建九三》刊物第二次获评九三学社"全国十佳期刊"，4篇新闻作品获评九三学社"全国优秀新闻作品"二等奖。开展理论和社史研究，1个课题中标社中央参政党理论研究委托课题。

【参政履职】 2022年，九三学社福建省委立项课题41个，完成调研报告42篇。2篇被社中央第十七届"九三论坛"采用，1篇被《福建改革财经情况》采用并获省领导批示；13篇调研成果被省政协议政性常委会、专题协商会采用收录汇编，2篇入选专题发言；与省政协人资环委联合开展"加强我省饮用水水源地建设与保护"界别协商活动，调研报告以省政协专报件形式呈省委、省政府领导参阅。向省政协十二届五次会议提交党派集体提案11件、大会发言10篇，获省领导批示3件次，1件被确定为省政协2022年重点督办调研提案，3

2022年6月15日，九三学社福建省第九次代表大会在福州召开
（张玉智 摄）

件被确定为2022年度好提案，九三学社界别被确定为2022年度考核评价优秀等次界别，3件集体提案被表彰为十二届省政协优秀提案。对口宁德市开展专项民主监督，围绕“做大做强锂电新能源产业”和“推进海洋科技创新与海洋经济高质量发展”2个课题开展考察调研，举办九三学社福建省2022（宁德）科技论坛。轮值承办“2022年福建统一战线专项民主监督成果汇报会暨第十八届建言献策论坛”，发言汇编获中共福建省委主要领导批示；报送论坛的调研成果2篇获特别奖、1篇获一等奖、2篇获二等奖。报送社情民意信息387件，被采用110件次，获省领导批示2件。九三学社福建省委被社中央评为信息工作三等奖。

【社会服务】 2022年，九三学社福建省委赴政和县东平镇调研指导现代农业、白茶产业和特色酿造小镇建设。申报对接社中央多党合作乡村振兴示范项目甜柿产业落地将乐县常口联村，带动建立甜柿基地8公顷。举办“九三学社中央专家福建苏区行”活动，邀请社中央专家分别在永定、上杭作乡村振兴和储能技术专题讲座。举办2场“同心·健康服务”活动，服务老区村群众300多人次，举办4场社内健康咨询服务活动，服务社员120多人次。赴三明、政和、将乐等地举办公益讲学、科普讲座、助学系列活动，资助36名家庭困难学生，捐建2个“九三学社同心科普图书室”。“九三农林—海欣助学助创基金”向58名在校困难家庭大学生及创业大学生发放助学助创金14.6万元。九三学社福建省委被社中央评为“2021—2022年社会服务先进集体”。

【组织建设】 2022年，九三学社福建省委召开主委会议12次、常委会会议5次，召开2022年度民主生活会。发展新社员214人，截至年底全省社员共5514人，其中高级职称54.48%，中级职称31.83%。建立九三学社福建省委代表人士数据库、市级组织代表人士库、副处级及以上干部人士库。组织线上线下各类培训600多人次。召开九三学社福建省第九次代表大会，选举产生新一届社省委领导机构，内部监督委员会换届工作同步完成。完成九三学社福建省委青年工作委员会、各专（工）委的换届。1名社员当选新一届社中央常委、3名社员当选社中央委员，6名社员担任新一届省人大代表（其中常委会委员2人）、17名社员担任新一届省政协委员（其中常委5人）。做好省委会非公职人士安排工作。 （郑　捷）

台湾民主自治同盟福建省委员会

【概况】 2022年，台湾民主自治同盟福建省委员会（简称台盟福建省委）学习贯彻落实中共二十大和台盟十一大精神，开展政治交接主题教育，推进参政履职。《漳台融合青年路，“抱团”跑出“加速度”》获全国政协副主席、台盟中央主席苏辉批示。台盟福建省委获评台盟中央2022年省级组织参政议政先进集体，南平、泉州、厦门市委会获评设区市级参政议政先进集体，骆沙鸣等11人次获评参政议政先进个人和社情民意信息工作先进个人。

【参政履职】 2022年，全国两会期间，台盟福建省委向台盟中央提交提案及大会发言素材54篇，6件被全国政协采用作为台盟中央党派提案和书面发言，其中《关于促进台湾青年参与大陆乡建乡创事业》提案获评全国政协重点提案。在省两会期间，向大会提交集体提案10件、界别提案2件、大会发言15件、大会快报5件，其中大会发言《促进我省台资企业加快融入新发展格局》、界别提案《关于促进培育银发经济高质量发展的建议》、大会快报《关于打造闽台“族谱”宗亲交流数字平台的建议》均获省领导批示。《关于推进闽台产业合作转型升级的政策建议》等5件提案获评省政协十二届优秀提案。《关于根治我省沿海互花米草修复海域生态的建议》等3篇获评福建省政协2022年度好提案。

【社会服务】 2022年，台盟福建省委参与贵州赫章县脱贫攻坚和省内定点帮扶工作，协调盟员企业家向赫章县捐赠资金30万元，助推赫章县平山镇乡村振兴。加强省内挂钩帮扶工作，选派机关干部赴连城县挂职，开展向贫困女童和困难学生捐资捐物。开展中共福建省委赋予台盟福建省委对漳州市的民主监督工作，完成调研报告3篇。

【组织建设】 2022年，台盟福建省委完成换届工作，选举产生台盟福建省第十一届委员会领导班子、领导机构和参加全盟代表大会的58名正式代表。组织、参与台盟十一大各项工作，全省9名盟员被选为台盟第十一届中央委员会委员，其中常委3人、副主席1人。

【交流联谊】 2022年，台盟福建省委助力两岸融合发展，主办以“向海图强，携手圆梦”为主题的第十四届海峡论坛·第十三届海峡两岸船政文化研讨会，台盟中央主席苏辉出席会议并致辞。100多名两岸船政后裔、专家学者、文史爱好者应邀参会，共同挖掘弘扬两岸共同历史文化遗产。组织台商台青开展各类联谊交流活动，组织在榕台胞代表共同收看中共二十大开幕会并组织研讨，加强思想引领。 （陈志清）

2022年8月2日，全国民营经济人士理想信念教育基地挂牌仪式在陈嘉庚纪念馆举行 （省工商联 供图）

福建省工商业联合会

【概况】 2022年，福建省工商业联合会（简称福建省工商联）学习贯彻中共二十大精神，贯彻落实中央统战工作会议、中央经济工作会议和中国工商联第十三次全国代表大会精神，按照中共福建省第十一次代表大会和中共福建省委经济工作会议部署，促进民营经济高质量发展和民营经济人士高素质成长，系统推进工商联事业改革创新，在全国工商联工作评价中位居第二。至年底，全省有市级工商联10个、县级工商联82个；全省工商联会员近32万个；所属商会2204个，其中行业商会479个、镇街商会1031个；有异地闽籍商会888个。年内，79个所属商会、106个异地闽籍商会被认定为全国工商联“四好商会”。

【民营经济人士政治引领】 2022年，福建省工商联加强民营经济人士政治引领。学习宣传贯彻中共二十大精神。组建“闽商讲师团”，搭建“闽商讲堂”网络学习平台，举办“学习宣传贯彻党的二十大精神，促进企业高质量发展”等培训班3期，邀请中共二十大代表、圣农集团傅光明宣讲中共二十大精神，组织文艺汇演、征文评选等活动，指导省民营企业商会召开“民企心向党·奋进新征程”座谈会、省青年闽商联合会举办“向榜样学习，争做时代楷模”培训班。深化理想信念教育。推动陈嘉庚纪念馆升格为全国民营经济人士理想信念教育基地，发挥“2＋3＋N”理想信念教育基地作用，全年组织企业家接受世情国情党情教育2.8万人次。细化落实谈心交心制度，开展民营经济人士思想状况调研。关注青年企业家成长，组织参加“喜迎二十大，强国复兴有我”年轻一代企业家理想信念报告会。注重形势政策宣讲。面对新冠疫情冲击和国内国际形势波动，突出正面舆论和正确预期引导，引导民营企业家稳预期、增信心、促发展。开展“下基层、进企业、入商会八闽宣讲行”，配合全国工商联第二联系调研组赴漳州、三明、莆田3个市20个县（市、区）宣讲调研，召开政策宣讲会20场、座谈会42场。

【民营经济发展服务】 2022年，福建省工商联搭建民营企业服务平台，与省科协签署推进民营企业科技创新合作协议，共同开展创新型企业调研，组织企业家与科学家面对面交流，促进62家民营企业与西北工业大学、南方科技大学、武汉纺织大学进行科技成果对接。推动银企对接，促成工商银行为18家企业发放科技创新再贷款6.27亿元、网商银行为50万余家小微企业发放贷款294亿元。与省税务局开展助力小微市场主体发展“春雨润苗”行动，全年通过银税互动开展政策培训辅导108场，辅导企业4715户次。联合福建信保为200家外贸企业提供增信保额近160亿元，为外贸企业理赔417.3万美元。推动国投高新、五矿集团等国有资本与民营企业交流合作。推动营商环境持续优化，落实常态化政企沟通机制，参与筹备省委、省政府召开的民营企业家座谈会，组织12名民营企业家围绕“四大经济”（数字经济、海洋经济、绿色经济、文旅经济）提出意见建议。配合省委统战部召开“同心优化营商环境，助力闽商回归”异地商会座谈会。开展每季度民营企业运行状况分析调查。对口泉州开展民主监督考察调研，围绕做强做优民营经济、加快推动民营企业数字化转型提出9个方面38条建议。在省政协大会上发言7次，《关于传承创新“晋江经验”，建设民营经济强省的建议》作为重点提案督办。调研成果获省级以上表彰20篇次、省领导批示11件次。民企诉求、社情民意等信息被采用155件次。在2022年全国工商联“万家民营企业评营商环境”调查中，福建省位列全国第十，其中政务环境、诚信环境等位居前列。实施“联百会引商引智入八闽”行动，健全异地闽籍商会回归办、“回归联络专员”机制，促进闽商回归提质增效。全年全省工商联系统收集项目线索206条、投资额2080亿元。与省委统战部联合开展“百名干部进百企，同心赋能促发展”行动，形成调研报告，推动解决项目落地中遇到的困难问题，促进民企重大签约项目落地。助力防范化解民营经济领域风险，完善民营经济领域舆情会商研判和应对处置机制，制定省工商联关于防范化解促进“两个健康”工作领域风险隐患工作措施，加强重点企业风险排查和运行状况跟踪。召开民营房地产企业座谈会，收集12家企业反映的6个方面突出问题及意见建议，专报省政府并推动相关部门办理落实。推进涉案企业合规改革试点工作，市县两级工作机构实现全覆盖，办理各类案件79件，帮助145家涉案企业平稳过渡。

【企业及企业家社会责任】 2022年，福建省工商联召开全省“万企兴万村”行动推进会，全省有1450家民营企业和商会组织参与“兴村”1628个，实施项目1846个，认定省市县实验项目633个。助力仙游县、建阳区乡村振兴。开展“百家闽商塞上行”，组织102家闽企对接宁夏“六新六特六优”产业。落实就业优先政策，会同有关部门举办线上线下招聘活动622场，1.5万家民营企业提供14万个招聘岗位。引导全省民营企业捐资助学助教1.63亿元，资助学生1.52万人。近千家民营企业和商会组织助力八闽抗疫，捐款4.78亿元。安踏体育、大东海实业、鸿星尔克等企业及曹德旺、许世辉、黄涛、王文默等企业家获第十二届中华慈善奖。安踏体育、海斯福化工、奥佳华集团获评全国就业与社会保障先进民营企业，吴荣照、江风阁分别获评全国关爱员工优秀企业家、全国热爱企业优秀员工。在首届“福建慈善奖”表彰中，曹德旺、丁和木、傅光明、陈建龙等企业家获爱心慈善楷模奖，达利食品、源昌集团、旭辉集团、紫金矿业、恒兴集团、三棵树涂料、盼盼食品、宁德时代新能源、龙翔实业等企业获爱心捐赠企业奖，林国镜、许清流、洪忠信、吴华新、吕联选、许明金、苏国川、傅天龙、陈文彪、杜锦祥等企业家获爱心捐赠个人奖，省光彩会、三明市光彩会获优秀慈善组织奖。

2022年8月15日，福建省工商业联合会（总商会）第十二次代表大会在福州开幕
（省工商联　供图）

【组织建设】 2022年8月15—17日，福建省工商业联合会（总商会）第十二次代表大会在福州召开，597名代表出席大会，会议选举产生新一届领导班子。十二届执委会有执委473人，其中常委158人，专职主席、副主席（副会长）、秘书长7人，兼职副主席20人，兼职副会长32人。大会表彰先进集体和个人，21个单位获“全省工商联系统先进集体”称号，38人获“全省工商联系统先进工作者”称号。（江　锋）

编辑：林忠玉

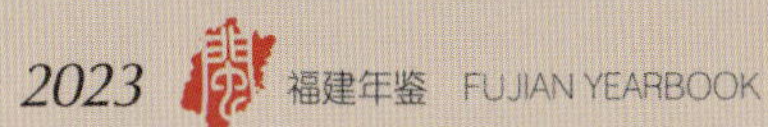

群众团体

福建省总工会

【概况】 2022年，福建省总工会着力“提高效率、提升效能、提增效益”，推进工会工作改革创新，创新工会工作载体，拓宽工会工作路径，推进全省工会改革创新项目库建设，打造具有“闽工”特色的工作品牌。开展党的二十大精神宣讲活动，分层次、多形式、广覆盖组织学习培训。推进职工职业技能提升，举办各类劳动和技能竞赛，加强职工就业促进，助力稳岗稳就业，实施2022年省总工会为职工办实事项目。

【职工思想政治引领】 2022年，福建省总工会开展“中国梦·劳动美”“牢记嘱托、感恩奋进”“悦读新思想·建功新福建”等主题宣传教育，举办庆祝省总工会成立90周年活动、“2021八闽工匠年度人物”发布仪式、“红五月”系列活动。部署全省工会系统学习宣传贯彻党的二十大精神，开展理论学习中心组学习、辅导报告、座谈交流等活动。开展“党的二十大精神在身边”全省千名劳模工匠千场“微宣讲”“共话二十大、‘驿’起向未来”等活动，推动宣讲活动进基层、进企业、进车间、进班组。运用工会各类宣传阵地和新媒体，策划专题宣传教育和新闻报道。全年在《工人日报》、《福建日报》、“学习强国”平台、“新福建”App、中工网等媒体推送全省工会系统各类报道2307篇，“八闽工会人”微信公众号发布信息839条。

【职工技能提升】 2022年，福建省总工会开展“建功‘十四五’、奋进新征程”主题劳动和技能竞赛、职工“五小”创新大赛，组织省级职工技能竞赛72场，百万职工“五小”创新大赛涌现创新项目14000多个、表彰创新成果2000项。开展首届全省数字工匠技能大赛，各级工会举办BIM、无人机、焊接机器人等子项目竞赛210多场次，建设数字领域劳模工作室和工匠工作室98家，选树福建数字工匠500多人，承办“全国职工数字化应用技术技能大赛”，成立全国首家省级数字经济产业工会，推动4663家数字经济企业建会，在闽7家全国互联网百强企业全部建会。推进产业工人队伍建设改革，福建省“产改工作”在全国考核评价中获得“优秀”等次。推动民营企业“产改工作”向纵深发展，在19家企业开展省级试点、78家企业开展市级试点，确定117个职工技能培训点，农民工“求学圆梦行动”新招收10732名学员。

【职工就业促进】 2022年，福建省总工会出台助力疫情防控与经济社会发展20条措施，在全国首创小微企业工会经费返还“免申即享”，全年向9.3万家（次）小微企业返还经费超3.43亿元，分别比上年增长257%、114%。全省各级工会筹集抗疫专项资金5000多万元，慰问抗疫一线、保供一线职工27.53万人次。实施“返岗回流加速行动”，帮

2022年5月26日，全国首家省级数字经济产业工会在福州成立
（省总工会　供图）

2022年1月17日，由福建省总工会主办、福州市总工会承办的福建省首届数字工匠技能大赛启动仪式在福州工人文化宫举行 （省总工会 供图）

助3万多名外来务工人员加速返岗，开展500多场线上线下招聘活动，提供岗位40多万个，助力企业复工复产。

【劳模表彰】 2022年，福建省选树全国五一劳动奖状6个，22人获全国五一劳动奖章，21个集体获评全国工人先锋号。表彰福建省五一劳动奖状80个，230人获得福建省五一劳动奖章，230个集体获评福建省工人先锋号（五一先锋号）。发布“2021八闽工匠年度人物”，10人入选。

【职工权益维护】 2022年，福建省总工会创新常态化送温暖机制，“两节”期间各级工会筹集资金1.12亿元，走访企业2824家，慰问职工47.34万人。在新冠疫情防控常态化背景下，全省工会系统投入资金2亿元，组织20多万人次参加疗休养，覆盖面比上年增长40%。开展“喜迎二十大·工会温暖行”、省级劳模全覆盖健康体检等活动。实施2022年省总工会为职工办实事项目，组织3万名环卫行业职工参加专属医疗互助活动、万名青年职工“四季恋歌”交友活动、万名职工子女暑托服务，开展“课后服务、工会有爱”行动，为在闽台胞职工和环卫清洁职工实现微心愿等，投入资金1.9亿元。在全省工会系统开展“暖医”“暖新”“暖冬”“暖春”专项行动，助力疫情平稳转段。推动职工法律服务“园区枫桥”机制扩面提质，省级工业园区全部参与建设，建成52家；累计调处劳动纠纷3344件，惠及职工5653人，入选“2022年度福建省十大法治事件”。常态化开展职工队伍稳定风险隐患排查化解工作，福建省在全国总工会2022年度劳动领域维护政治安全工作考核评价中获得“优秀”等次。推行“五三一”工作法学习宣传新工会法，推动福建省实施工会法办法（修订）列入省人大2022年立法工作计划，并提交省人大常委会进行第一次审议。

【新就业形态劳动者服务】 2022年，福建省总工会加快推进户外劳动者站点提质扩面，累计建设“爱心驿站”等户外劳动者服务站点2675个，服务户外劳动者近200万人次。开展建会入会集中行动，全年全省新增新就业形态企业建会1074家、入会7.4万人，新就业形态企业累计建会5883家、职工入会约33.1万人。联合省委统战部等部门开展“福来福见·福见如愿”新就业形态劳动者关爱行动，帮助10464人实现“微心愿”。开展新就业形态劳动者温暖行动，慰问一线新就业形态劳动者4.16万人，为10.28万名新就业形态劳动者购买人身意外伤害保险，建立法律服务工作站108个。在全国率先开展7×24小时关爱货车司机服务活动，建设200家“共享司机之家”。

【工会组织建设】 2022年，福建省总工会出台省总工会党组关于加强政治建设的实施意见，深化党支部达标创星、“一支部一品牌”等创建活动。实施年轻干部“琢璞工程”，加强干部队伍建设。推进“县级工会加强年”建设，开展达标镇街（园区）工会建设“回头看”，推进省级以上模范职工之家与民营企业工会结对共建，新建150家共享职工之家，命名第二批28家省级共享职工之家。开展机关干部赴基层蹲点工作和进民企活动，省、市、县三级工会选派209个蹲点工作组、617名蹲点干部，组织1695名干部联系走访民营企

2022年7月30日，福建省工会第十四次代表大会在福州开幕 （省总工会 供图）

业 2129 家。

【福建省工会第十四次代表大会】 2022 年 7 月 30—31 日，福建省工会第十四次代表大会在福州召开。省委书记尹力出席大会开幕式并讲话，省长赵龙作经济形势报告，省政协主席崔玉英出席会议，全国总工会副主席、书记处书记、党组成员马璐致辞；省委、省人大常委会、省政府、省政协分管联系领导先后出席开（闭）幕式。省人大常委会党组副书记、副主任，省总工会主席周联清代表省总工会第十三届委员会作题为《高举旗帜，牢记嘱托，团结动员全省职工为谱写全面建设社会主义现代化国家福建篇章而奋斗》的报告。大会选举产生省总工会第十四届委员会、经费审查委员会和省总工会新一届领导班子，表彰 2022 年全国五一劳动奖章和工人先锋号的先进集体、先进个人。

（张花妹）

共青团福建省委员会

【概况】 2022 年，共青团福建省委员会（简称共青团福建省委）学习贯彻党的二十大精神，着力提升共青团引领力、组织力、服务力和大局贡献度。强化青少年思想政治引领，推动青年就业创业、人才培养，组织开展青年志愿服务，推进闽台青年融合发展。年内，习近平总书记给参加海峡青年论坛的台湾青年回信，省委主要领导对全省共青团工作作批示肯定，团中央主要领导对海峡青年论坛、海峡青年节作批示肯定。

【青少年思想政治引领】 2022 年，共青团福建省委以习近平总书记建团百年庆祝大会重要讲话精神和主题教育实践为主线，强化青少年思想政治引领。开展“青年大学习”行动，围绕学习党的二十大精神、习近平总书记建团百年庆祝大会重要讲话精神等，开展“十个百”特色活动，组织动员全省 10.5 万个基层团组织、180 余万名团员参与学习。推进“青马工程”（青年马克思主义者培养工程），落实“青马工程规划”，推动 62 所高校出台“青马工程”文件，举办高校、国企、农村“青马班”，全年培养青年政治骨干 1 万人。实施“青年讲师团”计划，组建省、市两级青年讲师团队伍，深入学校、企业、农村、社区、机关等，宣讲党的创新理论 6000 余场、覆盖青少年 100 万余人次。发挥“青春福建”融媒体矩阵作用，以 17 个省级团属新媒体平台、93 个团属微信公众号、78 个团属微博号为依托，实施产品化战略，编创网络文化产品 481 组，161 篇推文阅读量超 10 万次，总阅读量 4.3 亿人次。

【青年就业创业】 2022 年，共青团福建省委以“青春建功行动”为抓手，组织动员青年投身新发展阶段新福建建设。助力青年创新创业创优，围绕做大做优做强“四大经济”（数字经济、海洋经济、绿色经济、文旅经济），扩大“创青春”“挑战杯”“创业之星”等青年创新创业赛事参与面，吸引 73 所院校、1.05 万个项目作品、3 万余名青年大学生参与；举办“数字青年聚福州”等交流活动，对 100 家青企协、青商会会员企业进行跟踪服务。助力推进乡村振兴，实施“银团合作”项目，培训创业青年 2194 人、高素质青年农民 8406 人；“青耘福建”直播帮助销售农产品 1844.1 万元。

【青年志愿服务】 2022 年，共青团福建省委选派 416 名青年志愿者服务西部及福建省欠发达县区，组建 6536 支“三下乡”实践团队深入农村开展服务。开展植绿增绿、垃圾分类等主题环保活动 2504 场，动员 15.31 万名青少年助力美丽福建建设。助力常态化疫情防控，构建志愿服务应急体系，组建青年突击队 2234 支，招募志愿者 29 万余人，提供防疫志愿服务 152 万人次、时长 467 万小时。

【闽台青年融合发展】 2022 年，福建省举办第二十届海峡青年论坛、第十届海峡青年节，创新举办海峡华服节，来自海峡两岸的 3300 多名青年参加活动，全网传播量超 6.8 亿人次。围绕贯彻习近平总书记重要回信精神，从 5 个方面细化落实举措。持续开展福建“101 台湾青年创业扶持计划”“台湾青年创业之星”评选，常态化联系台青台企，服务台青就业创业 1112 人次。

【青年人才培养】 2022 年，共青团福建省委以实施中长期青年发展规划为统揽，服务青少年成长发展。推进中长期青年发展规划实施，召开省青年工作联席会议第三次全体会议，开展规划实施中期评估，启动青年发展型城市建设试点工作，确定 3 个设区市和 12 个县（市、区）作为省级试点。加大青年人才培养力度，完善省外闽籍学子信息

2022 年 7 月 12 日，第二十届海峡青年论坛在厦门开幕 （团省委　供图）

库，成立武汉、西安福建青年人才工作联络处，举办“引才进企”活动 766 场；实施“福腾 200”优秀青年人才成长计划，对 1149 名闽籍优秀高中毕业生进行跟踪培养；持续开展引进台湾高层次人才“百人计划”，遴选 3 批次 69 名台湾高层次人才。服务大学生实习就业，开展大学毕业生就业专项调研，实施促进大学生就业“5＋X”计划，帮助 1853 名一般院校低收入家庭学生实现精准就业；“扬帆计划”征集实习岗位 9.2 万个、推动 3.1 万名大学生上岗实习；举办“千校万岗就业有位来”招聘活动 43 场，征集岗位 15.01 万个；“筑梦基层”行动吸引 3783 名毕业生到基层就业。关爱特殊困难青少年群体，“希望工程”筹集捐款 3284 万元，帮扶困难学生 1.1 万余人次；“12355”青少年服务台提供心理疏导等服务 61.2 万人次。

【共青团改革】 2022 年，共青团福建省委以强化团的自身建设为目标，推进共青团改革攻坚、全面从严治团。夯实团的基层基础，依托“智慧团建”系统，部署团员报到攻坚行动，完善“星级团组织＋星级团员”评定体系，评定星级团支部 5.17 万个、星级团员 170.75 万人；加强两新组织和行业系统团建，新增社会领域团组织位居全团前列；开展社区青春行动，覆盖试点社区 64 个、对接社工机构 47 家、青少年志愿服务队 80 支。深化基层团组织改革，联合省委组织部出台全省基层党建带团建意见，全面铺开县域共青团基层组织改革，开展城市基层团组织改革试点，推动共青团基层改革纳入全省全面深化改革总体布局。统筹推进青联、学联、少先队改革，开展“青联组织服务千村”活动 177 场、新建青年社会组织团组织 1376 个；统筹线上线下“两个阵地”，发挥学联组织作用，参与维护高校政治安全稳定工作；推动省委首次出台《关于全面加强新时代少先队工作的实施意见》，由省委分管领导担任省少工委名誉主任，创新打造“红领巾先锋少年宫”等实践阵地。全面推进从严治团，实施“提高效率、提升效能、提增效益”行动，制订年度任务清单、问题化解清单、风险防范清单等“三张清单”，强化工作落实。

（共青团福建省委）

福建省妇女联合会

【概况】 2022 年，福建省妇女联合会（简称福建省妇联）将习近平总书记重要讲话精神作为学习的“第一议题”、研究的核心专题，加强妇女思想政治引领。开展八闽巾帼科技创新行动、八闽巾帼岗位建功行动、八闽巾帼乡村振兴行动等专项行动，推动巾帼志愿服务，强化两岸妇联融合发展。做好省委全面从严治党主体责任检查问题整改，巩固巡视、审计整改成果，开展廉政警示教育。擦亮“巾帼心向党”机关党建品牌，推进模范机关创建、绩效管理、文明创建。

【妇女思想政治引领】 2022 年，福建省妇联学习贯彻习近平总书记关于妇女儿童和家庭以及妇联工作的重要论述，挖掘研究、传承弘扬习近平总书记在福建期间关于妇女工作重要理念及其时代价值，跟进学习党中央、福建省委和全国妇联重要会议、文件精神，结合妇联实际研究贯彻落实举措。学习把握落实党的二十大精神，通过召开党组会、理论学习中心组学习会、系统学习贯彻会，印发学习贯彻通知、宣传宣讲方案、责任落实清单，举办省委宣讲团报告会，以及省妇联执委、各级妇联主席、骨干巾帼宣讲员培训班等推动学习传达。各兼职副主席、常委、执委深入社区农村、企业学校，面向妇女儿童示范宣讲。各地妇联发动党的二十大代表、三八红旗手、最美家庭、巾帼志愿者开展宣讲活动。召开省妇女第十三次代表大会，选举产生新一届省妇联领导班子。党的二十大召开前，以“八闽巾帼心向党·同心喜迎二十大”为主题，推出典型选树、阵地建设、学习体验等 11 项主题活动、49 条具体举措，组织开展“跟党奋进新征程·巾帼建功新时代”八闽巾帼红十百千万大宣讲暨全国三八红旗手“四进”示范宣讲 513 场，“致敬八闽巾帼力量”“我奋斗·家国美”故事汇和短视频访问量超 152.5 万次。党的二十大召开后，启动“八闽巾帼心向党·团结奋进新征程”学习教育活动，组织各级妇联干部开展“百场宣讲进基层、千场活动聚人心、万名巾帼话奋进”系列活动，开设“巾帼大学习”“直通二十大女代表”等专栏，推出代表讲述、系列评论、专家解读、知识普及等融媒体产品。各地开展各具特色的“茉莉姐姐”“土楼红妹子”等宣讲 1.8 万场，受众 300.3 万人次。强化典型引领，开展“巾帼美·发现身边的榜样”典型选树、“八闽十佳巾帼好网民故事”评选，推出 71 名优秀返乡入乡女大学生、62 个巾帼好网民故事，50 万人推荐点赞；全省有各级三八红旗手（集体）2091 个。提升福建巾帼馆展陈，全年接待 60 批次 1200 余人。制作第四季《悦读·家》亲子阅读节目，全网传播量 2.1 亿次，获评省全民阅读优秀项目。省妇联全媒体矩阵联动推文 1.4 万篇，阅读量 7920.2 万次，20 篇文章被“全国妇联女性之声”转载。“闽姐姐”微信公众号获评中央网信办走好网上群众路线百个成绩突出账号，抖音号连续 3 年蝉联全国省级妇联传播指数第一。

【巾帼志愿服务】 2022 年，福建省妇联联动开展“学习宣传贯彻党的二十大精神·巾帼志愿者在行动”，持续推进“巾帼进万家·爱心敲敲门”“执委在身边·服务零距离”关爱服务，首创“六个三”志愿服务工作机制，发动各级妇联干部、执委、巾帼志愿者办理好事实事 51.9 万件，实施“法爱同行·护航成长”儿童安全守护、“大手牵小手”家庭文明实践等 5 项行动。在率先实现巾帼志愿服务基层组织全覆盖基础上，在全省 1564 支广场舞队伍、近 3 万名“广场舞大妈”中建立巾帼志愿服务组织，发动 313 万名巾帼志愿者融入思想政治引领、新时代文明实践、基层社会治理，相关经验做法被全国妇联发文宣传推广、省委领导批示肯定。

【八闽巾帼科技创新行动】 2022 年，福建省妇联深化八闽巾帼科技创新行动，助力数字经济发展。通过人才带头、活动带动、服务推动，联合省科技厅等 9 个部门共同落实支持女性科技人才 17 条举措，创新开展“八闽巾帼数创未来”行动，举办数字经济与女性创业就业论坛，在闽江学院设立数字经济与女性发展研究中心，省妇女儿童活动中心被中央网信办等 13 个部委联合评为全国妇联系统唯一的全民数字素养与技能培训基地。深化“碳汇科技助农巾帼行”，扩大“碳汇＋女科技特派员联盟”队伍，全省 731 名女科特派结对服务 1358 个农林基地。联合省科协选树宣传 10 名全省最美女科技工作者。

【八闽巾帼岗位建功行动】 2022 年，福建省妇联深化八闽巾帼岗位建功行动，助力“两稳一保一防”（稳增长、稳市场主体，保就业，防风险）。紧跟新冠疫情形势变化，指导基层妇联优化细化防控措施，组织动员 45.7 万人次妇联干部、执委、巾帼志愿者投身疫情防控，通过发倡议、开网课、通热线等方式，帮助孕产妇、婴幼儿等特殊群体解决所急所需，为一线医务人员家庭提供精准服务，带动各级妇联紧急筹措慰问金和物资价值 4163.7 万元。服务稳增长、稳就业，创新启动福建省女性就业创业促进计划，开展女大学生就业创业、女企业家发展促进、宝妈灵活就业、顶梁柱母亲帮扶 4 项行动。持续举办海峡两岸女大学生创新创业大赛，来自厦门大学等 120 多所高校 1653 个女大学生创新创业项目参赛，30 余个项目落地孵化。开展“福你前行·爱拼会赢”助企纾困活动，召开省女企业家座谈会，联合省农信社等发放“巧妇贷”“巾帼创业贷”20.8 亿元，惠及 8.2 万户。线上线下举办女性专场招聘会 481 场，服务妇女 17.5 万人次。

【八闽巾帼乡村振兴行动】 2022 年，福建省妇联深化八闽巾帼乡村振兴行动，助力绿色经济、文旅经济发展。围绕产业振兴，争取省政府专项资金 200 万元，扶持 38 个省级巾帼示范基地建设，培育乡村振兴女带头人；联动开展 236 场“福见乐购·姐妹乡助”等巾帼直播带货，总销售额 1700 多万元，举办巾帼电商、民宿女能人赋能提升等培训 1000 余场，培训妇女 4.3 万人。围绕生态振兴，首次会同省农业农村厅开展“美户美家·福进万家”活动，将“福文化”、移风易俗、兴粮节粮融入其中，创新积分制、星级制等长效激励机制，5.6 万户家庭创建省市县级美丽庭院示范户，培育 121 条美丽庭院示范带（线）。“美丽庭院”工作被纳入农村人居环境整治提升五年行动方案。围绕巩固拓展脱贫攻坚成果，联合省民政厅推动将低收入妇女纳入救助重点对象。深化闽宁两省妇联新一轮交流协作，联合福州外语外贸学院实施“闽宁芬芳·筑梦未来”对口协作项目，45 名困境女童到福州免费参加夏令营、接受大学教育；协调福建乔丹体育基金会向宁夏贫困儿童捐助 1.1 万件衣物。

【八闽巾帼两岸融合行动】 2022 年，福建省妇联深化八闽巾帼两岸融合行动，助力妇女交流融合。以“福佑中华·情融两岸”为主题举办海峡妇女论坛，350 多万名网友参与，国台办简报刊载肯定论坛成效；“为家而歌”原创歌曲活动入选国台办对台重点交流项目。举办两岸七夕返亲节和家庭文化论坛、婚姻家庭联谊交流、闽台亲子互动交流等活动，助力打造“第一家园”。深化港澳海外妇女交流活动，厚植家国情怀。

【家教家风建设】 2022 年，福建省妇联围绕培育社会主义核心价值观，加强家庭家教家风建设。以先进典型引领文明新风尚，与省纪委监委联合开展“家风润心田·福见千万家”家风家教主题宣传，持续推进“清风传家·福到万家”家庭助廉行动，深化寻找最美家庭、评选五好家庭、推荐文明家庭活动，全省有各级各类家庭典型 6.4 万户，全国最美家庭——诏安县陈晓冬家庭纳入中宣部最美人物系列，首次参加全国妇联在央视举办的“闪亮的名字”发布仪式，省级绿色家庭揭晓首次纳入“六五”环境日福建主场活动。联合省农业农村厅等 8 个部门共同开展高价彩礼、大操大办等农村移风易俗重点领域突出问题专项整治，推动武夷山、晋江纳入全国妇联移风易俗试点县。以立德树人构建家教新格局，在全国率先印发《贯彻落实家庭教育“一法一条例”职责清单》，获全国妇联主要领导批示肯定。省政府召开全省贯彻落实《中华人民共和国家庭教育促进法》工作推进视频会议、全省家庭教育工作推进会，联合省委文明办等 11 个部门出台新一轮家庭教育五年规划。联合省教育厅启动“家教伴成长·福见千万家”家庭教育宣传周活动，开展“亲子共沐书香·福进福见万家”宣传实践活动，举办“家教公益大讲堂”1.5 万场，受益家长 460 多万人次。开展家庭亲子阅读公开课、红色经典活动 3076 场，培育亲子阅读体验基地 319 个，亲子阅读“有声书屋”实现全省社区（村）家长学校 100％全覆盖。实施家庭教育社区强基工程，指导 29 个市、县（区）建立联席会议制度，66 个市、县（区）建立综合性指导服务中心，完善家长学校、家庭教育指导服务机构 2 万个。联合省委宣传部、省教育厅举办“永远跟党走·奋斗新征程”第 29 届青少年爱国主义读书教育活动，184.7 万名中小学生参与。以特色公益做精家庭新实事，联合省总工会、团省委、省旅发集团持续开展“青春同行·缘启之旅”青年职工交友等活动 280 场，1.5 万名青年参与，牵手成功 1035 对。联合省卫健委、人社厅、总工会开展三孩生育意愿、女性平等就业等专题调研，联合省计生协为 10 万户低收入家庭开展营养改善与科学养育促进服务。指导各地开展早教指导师专项培训，推动新的生育政策落地落实。推进“闽姐姐”巾帼家政服务提质扩容，联合省商务厅等举办家政服务职业技能竞赛。深化“春蕾计划—梦想未来”行动，为5241名春蕾女童发放助学金1112.8万元。实施“困境儿童重大疾病救治”项目，为55名困难家庭患儿提供医疗补助250万元。开展“把爱带回家——暖童心护成长”寒暑期儿童关爱服务活动9946场，走访慰问4.4万人次。会同省总工会等部门引导170多家社会组织为新就业形态劳动者提供“福来福见·福见如愿”暑期子女公益托管班963个，受益儿童2.6万人次。

【妇女儿童权益维护】 2022年，福建省妇联加大妇女儿童源头维权关爱力度，配合省人大常委会开展妇女权益保障“一法一办法”执法检查、召开省维护妇女儿童合法权益联席会议，从源头上完善保障妇女就业、妇幼健康、农村妇女集体经济成员资格认定等方面制度机制。完成新一周期妇女发展纲要和儿童发展纲要（“两纲”）编制颁布，新“两纲”首次提交省委常委会议研究审定，首次以省政府名义召开新“两纲”新闻发布会。完善新一周期“两纲”目标责任分工和统计监测指标体系，开展“两纲”示范创建，推进三级纲要体系建设。首次联合省委组织部、宣传部等9个部门出台推进男女平等基本国策教育培训进党校实施意见，对11部法规政策开展性别平等评估，进一步促进性别平等意识纳入决策主流。联合省民政厅在全国率先实现全省村（社区）村（居）民委员会中妇女和儿童工作委员会全覆盖，其中40%以上由村（社区）“一肩挑”主干担任主任。会同省发改委、住建厅等部门制定福建省建设儿童友好城市方案，推动福州市列入第一批建设国家儿童友好城市，指导厦门、泉州、三明申报第二批试点。加大实事维权关爱精度，走访摸排需重点关注的困难妇女和家庭9958人（户），联合农业农村部门帮助665名疑似“两头空”农村妇女认定集体经济成员资格并领取股权证。助力落实“适龄女性HPV疫苗免费接种”为民办实事项目，惠及28.5万名适龄女性，全国妇联和省委、省政府主要领导给予肯定。举办“为爱奔跑·母亲健康1+1”公益活动，发放救助金1496.2万元，救助低收入“两癌”妇女2815人，获评福建省十大网络公益项目。开展“健康中国·母亲行动”宣传月活动，为6万多名女性提供义诊、健康知识普及，促成32.3万名妇女投保“女性安康险”。加大普法维权关爱广度，深化建设法治福建巾帼行动，举办“巾帼暖人心·普法在身边”“法律明白人”普法宣讲近2000场次。全年接待化解信访件5207件。常态化排查婚姻家庭纠纷风险隐患2522件，化解率88.6%，配合各地公安机关开展打拐专项行动，向省检察院移交困难妇女司法救助线索72条，并做好跟踪帮扶。联合省检察院、民政厅上线“春蕾安全员”主题馆，春蕾安全员项目获评“2022年度福建省十大法治事件”。

【妇联组织建设】 2022年，福建省妇联推进妇联组织改革建设。实施妇联组织“强基增效”工程，制定下发《关于持续深化妇联组织改革和建设的通知》，构建“两家三联四带动”工作体系，在女性从业密集领域、行政垂管机关、数字经济龙头企业、外卖快递公司创建妇联组织，在广场舞大妈、“碳汇+女科技特派员联盟”等群体中新建妇女微家1512个，在新业态、新就业群体新建妇联组织、妇女微家、微家联盟214个。首次开展“做有温度的娘家·创有深度的品牌”改革创新案例和品牌妇女微家展评活动，寻访品牌妇女微家100个。福建省妇联组织改革“破难”成效被新华社《国内动态清样》刊载，福建省在全国妇联举办的省区市妇联培训班上作改革破难典型经验分享。配合省委组织部、省民政厅共同推进全省村“两委”女性正职占比跃升至11%，村“两委”女性成员占比29.6%，均高于全国平均水平。联合省委组织部举办处级女干部政治能力提升班，开展女干部全方位常态化培养工作课题调研，组织评选“三百五有”基层妇联组织、优秀妇联主席600个；开展寻找百名“最美基层妇联执委”活动，55.1万人参与推荐选树。实施基层领头雁培训和行动计划，创新打造基层妇联组织“12337”履职机制，推广“三访三讲四送到家”工作法，出台机关年轻干部和新录用干部到信访窗口接访意见。启动“智慧妇联”建设工程，推动妇联组织、人才、服务、项目、活动数字化、云端化。

（王舒婷）

福建省科学技术协会

【概况】 2022年，福建省科学技术协会（简称福建省科协）组织各级科协学习宣传贯彻习近平新时代中国特色社会主义思想和党的二十大精神。推动印发《福建省“十四五”全民科学素质行动规划纲要实施方案》，提出到2025年福建省公民具备科学素质的比例超过16%。出台《关于进一步加强和规范科技社团组织建设有关事项的通知》，开展省级学会综合能力评价，评选出五星学会10个、四星学会18个、三星学会49个。制定实施《福建省科技馆分馆认定与管理办法》，总分馆制经验做法入选中国科协10年优秀工作案例。出台《关于进一步加强科协科技小院建设管理有关事项的通知》，制定发布全国首个科技小院团体标准《“科技小院”建设与管理指南》，获评2021年度全国科协系统助力乡村振兴工作优秀单位。

至年底，全省有省科协业务主管的省级学会155个、设区市科协9个、平潭综合实验区科协1个、县级科协84个、乡镇（街道）科协组织1089个、企业科协1871个、高校科协59个，免费开放科技馆17座、省科技馆分馆28家。

【科技工作者服务】 2022年，福建省科协举办全国科技工作者日系列活动，省委书记尹力、省长赵龙看望慰问科技

2022年9月14日，2022年全国科普日福建省主场活动在福州举行。图为中国科学院院士谢华安、厦门大学教授侯旭和青少年代表共同朗诵诗歌《科普火炬 点亮未来》 （省科协 供图）

工作者，邀请中国科学家精神宣讲团到福建宣讲，举办“众心向党，自立自强——党领导下的科学家主题展”全省巡展，发布首批5家福建省“科学家精神教育基地”，并全部入选“全国科学家精神教育基地”，开展“最美科技工作者”“最美女科技工作者”集中学习宣传活动。推荐1人获第二十四届中国科协求是杰出青年成果转化奖提名奖、1人获第十七届中国青年科技奖、4人获第一届青年科技论坛奖项。

【创新驱动发展服务】 2022年，福建省科协开展“院士专家八闽行”活动9场，省长赵龙，省委常委、统战部部长王永礼，副省长康涛等出席院士专家恳谈会。举办“海智专家科技服务团福建行”活动，11个国家的23名海智专家参加活动。与省工商联签署战略合作协议，围绕科学家与企业家对话交流、创新型民营企业百强榜单发布、科学家进民营企业等9个方面开展合作。与福汽集团等6家省属国有企业达成战略合作。依托挂靠在省科协的中国工程科技发展战略福建研究院，累计与省内175家民营企业签订战略合作协议，开展院士与民营企业精准对接活动。认定省级院士工作站19家，遴选省级示范院士工作站10家。新建科技小院11家，累计建设33家，2家科技小院获评2022年中国农技协“最美科技小院”。举办海峡科技专家论坛、海峡两岸管理论坛，1900多名两岸代表参加，促成两岸签订科技合作项目10个。

【科学技术普及】 2022年，福建省科协举办全国科普日福建省主场活动，全省开展科普活动2000多项，27个单位、25个项目受中国科协表彰。举办第十五届海峡两岸科普论坛，200多名两岸科技专家参会。开展科普示范县创建工作，15个县（市、区）被认定为2021—2025年度第二批全国科普示范县（市、区）。印发《关于加强分类指导协同推进科普教育基地建设的通知》，遴选2022年优秀科普教育基地建设项目33个，下达资金1000万元。举办青少年科技竞赛11项，获中学生5项学科竞赛全国决赛金牌10枚、银牌51枚、铜牌15枚，4人入选国家集训队。全省科技馆年接待公众近600万人次，流动科技馆巡展16个站点、科普大篷车开展活动340场次、受益群众近59万人次。全省科普信息员注册人数累计11.8万多人，科普信息传播量超1443.2万次。“福建科普”微信公众号关注6.4万人次，年度阅读量超100万次。制作播出电视栏目《乡约科普》120期、《科学大探秘》20集，制作福建科普“微讲坛”70期。

【科学决策服务】 2022年，福建省科协举办以“科技赋能·创新引领——助力打造福州高质量发展新引擎”为主题的第二十二届省科协年会，开展“1+6+N”项活动。举办“东南科技论坛”4期。发挥中国工程科技发展战略福建研究院作用，邀请60名院士组建团队围绕8个产业发展战略问题开展咨询研究。联合省科技厅实施创新战略研究计划联合项目研究40个，开展省科协科技创新智库项目研究40个。相关学术活动、课题研究形成决策建议，向省委、省政府报送院士建议5份，以集体形式向福建省政协提交政协提案5份，向福建省新型智库建设领导小组办公室报送对策建议5份，其中3份院士建议得到省领导批示。 （陈 婷）

2022年8月25日，第二十二届福建省科协年会开幕式暨主旨报告会在福州举行 （省科协 供图）

福建省社会科学界联合会

【概况】 2022年，福建省社会科学界联合会（简称福建省社科联）围绕迎接和学习宣传贯彻党的二十大，实施省委“提高效率、提升效能、提增效益”行动和宣传思想工作创新行动，召开省社科联第八次代表大会，推动理论武装、社科研究、社科普及、社团管理、社科评奖、社科期刊、组织建设等工作。

【思想政治建设】 2022年，福建省社科联跟进学习习近平总书记重要讲话重要指示和中央、省委重要会议与文件精神，学习《闽山闽水物华新——习近平福建足迹》等重要著作，召开党组理论学习中心组学习会17场，党组会安排学习议题18次，举办全省社科联系统干部培训班、机关党员干部培训班、社会组织负责人培训班等。“习近平新时代中国特色社会主义思想在福建的孕育与实践”特别委托重大项目课题研究结项，形成12本专著书稿。围绕迎接和学习宣传贯彻党的二十大精神主线，召开全省社科界学习座谈会、全省高校社科联、全省社科研究基地理论研讨会；开展“研究阐释党的二十大精神”重大专项研究，《东南学术》开设专题，刊发8篇高水平学术论文；举办全省社科普及宣传周、百场社科专题报告会、网上竞答等活动。

【社科研究】 2022年，福建省社科联召开省哲学社会科学规划领导小组会议，统筹谋划推进全省哲学社会科学事业发展，省委常委、宣传部部长、省社科联主席、省哲学社会科学规划领导小组组长张彦出席并讲话。国家社科基金各类项目立项251个，资助经费6100万元，其中厦门大学立项总数连续第三年位列全国高校第一。省社科基金各类项目立项633个，资助经费1803万元，涵盖45个单位。推进研究成果转化应用，编纂《省社科基金项目成果要报》，为省委、省政府提供决策参考37篇，获得省部级以上领导批示13次。加强29个省社科研究基地建设，立项117个基地重大项目。

【社科学术社团】 2022年，福建省社科联加强学术社团的年检、换届、活动审批等日常管理工作，指导11个学术社团完成换届、118家学术社团完成年报年检工作，抽查部分学术社团专项经费使用情况。举办以“奋进新征程，建功新时代”为主题的2022年福建社科界学术年会，资助举办33个分论坛、青年博士论坛、社科普及论坛和35个特色科普活动，增强学术活力。

【社科普及】 2022年，福建省社科联举办“学习贯彻二十大，砥砺奋进新征程”2022年福建省社科普及宣传周活动、百场社科专题报告会、“东南周末讲坛”讲座和第18、19期网上竞答等活动。出版《福建历史文化名人丛书》（第五辑）、《东南周末讲坛选粹12》等社科普及读物14种，累计发行近6万册。立项“中国式现代化面面观”等30个出版资助项目。

【社科评奖】 2022年，福建省社科联重新修订《福建省社会科学优秀成果奖励办法》，明确评审标准，优化评审程序，增设青年佳作奖。加大福建省社科优秀成果宣传推介力度，推出《述学·咨政——第14届福建省社会科学优秀成果奖展播》系列宣传片，通过“学习强国”平台、《福建日报》、东南网、海峡网等平台宣传推介，推出10期，浏览量30多万次。

【《东南学术》编纂刊发】 2022年，《东南学术》刊发6期145篇论文，43篇次被《新华文摘》《中国社会科学文摘》《人大复印报刊资料》等重要文摘转载。国家社科基金资助期刊年度考核获优秀等次。继续办好“新时代新思想研究”专栏，专栏第4次获评“福建省报刊十大名栏目”。开设“青年学人论丛”专栏，设置前沿议题，推出6篇以博士研究生为主的青年学人论文。东南学术杂志社被确定为福建省习近平新时代中国特色社会主义思想研究中心宣传基地。聘任新一届编委会，并召开编委会会议。

【社科联组织建设】 2022年，福建省社会科学界联合会第八次代表大会召开，省委主要领导出席大会并讲话，大会选举产生新一届领导班子，选举张彦为第八届委员会主席，选举15名第八届委员会副主席。落实新时代党的建设总要求和新时代党的组织路线，压紧压实全面从严治党主体责任，选拔任用、职级晋升和遴选新进一批优秀干部。召开两次意识形态工作专题会暨意识形态分析研判会，开展机关网络意识形态风险应对和处置培训、机关舆情事件应对处置模拟演练，加强对所属意识形态阵地的管理。注重加强和提升基层社科联能力建设，组织开展专题调研，宣传推介基层社科联工作经验和创新做法。

（林　诺）

福建省文学艺术界联合会

【概况】 2022年，福建省文学艺术界联合会（简称福建省文联）学习宣传贯彻党的二十大精神和习近平总书记关于文艺工作重要论述、重要指示批示精神，实施“提高效率、提升效能、提增效益”行动，开展重大主题宣传，培育文艺精品与文艺人才。年内，省文联完成换届工作。至年底，省文联有33个团体会员、9个设区市文联、平潭综合实验区文联、8个行业系统文联、2个高校文联，主管40家文学艺术类社会组织。

【思想政治引领】 2022年，福建省文联以“艺心永向党”党建品牌为抓手，学习宣传贯彻党的二十大等重要会议精神和习近平总书记重要讲话重要指示精神，开展“大学习、大宣讲、大创作”

活动。举办全省文联系统干部学习宣传贯彻党的二十大精神培训班等各类培训50余场次，组织联学联建20余场次。通过文联系统网媒矩阵开设“学习宣传贯彻党的二十大精神”等学习专栏，推送理论学习、热评热议文章300余篇。

【重大主题宣传】 2022年，福建省文联围绕迎接庆祝宣传党的二十大主线，举办《习近平书信选集》主题书法精品展、“守正开新，匠心载福”——福建省工艺美术精品展等主题性展演展览展示活动近1000场次，组织“喜迎二十大，主播说乡村·我为乡村献首诗”等采风创作活动近100场次，推动“福壶佑华夏”——中国福字福壶巡回展等福文化宣传100余场次，开展中国·长乐三溪乡村摄影文化节等乡村振兴主题文艺活动100余场次，承办首届中国·霞浦海洋诗会暨新时代海洋诗歌论坛等海洋文化主题活动100余场次，参与“记录小康工程”丛书工程，编撰《中国历史文化名城·名镇·名村系列丛书》等多部专著。

【文艺精品与文艺人才】 2022年，福建省文联实施文艺作品质量提升工程，启动“新时代福建山乡巨变”等福建本土重点题材原创长篇文学作品扶持项目，落实中国文联、中国作协重点扶持作品等21个项目近100件作品，开展本土重点创作评论研讨交流活动30余场次，组织全省性文艺赛事20余项，开展各类作品征集60余项，创作打磨文艺精品近千件。推动实施“文艺英才”培养计划，举办白描艺术精研班等线上线下业务培训30余场，受训2000余人次。吸收“文艺两新”会员近千人，推动文艺行风和文艺生态建设。

【文艺志愿服务】 2022年，福建省文联开展“欢乐常相逢”——新时代文艺惠民八闽万村行、“我们的节日”等主题实践，组织“写春联·送万福·进万家”等惠民活动2000余场次，开展“红色文艺轻骑兵”宣讲党的二十大等500余场次、“文艺进校园”60余场次、“文艺公益讲座”100余场次。拓展所属文艺院馆窗口功能，组织全民阅读春风行动等惠民、宣教活动40余场次，受益群众100万人次。建设首批全省57个特色文艺示范基地和31个“文艺两新”实践聚集地，依托基地开展公益文艺活动600余场次。

【文艺交流】 2022年，福建省文联开展海峡两岸曲艺欢乐汇等4项国台办重点交流项目和2022年两岸青年文学之旅等两岸交流品牌项目10余场次；举办“一带一路”沿线华人艺术家书画联展等对外交流活动20余场次；助力文化润疆、推动闽宁协作、加强闽港交流，举办“山海情”经典诗文朗诵交流会、闽粤新三省区文艺批评学术交流等省际交流活动20余场次。

【文联换届工作】 2022年6月28日，福建省文联第八次代表大会召开，省委书记尹力、省长赵龙、省政协主席崔玉英及省委常委、宣传部部长张彦等省领导出席大会开幕式，中国文联党组成员、副主席董耀鹏到会指导。大会审议通过省文联第七届委员会所作的题为《勇担新使命，奋进新征程，为谱写社会主义现代化国家福建篇章贡献文艺力量》的工作报告，以及《福建省文学艺术界联合会章程（修改草案）》；选举产生120名福建省文联第八届委员会委员和13名主席团成员；聘请23名老艺术家和文艺界老领导担任顾问。

（高晓峰　林蔚然）

福建省归国华侨联合会

【概况】 2022年，福建省归国华侨联合会（简称福建省侨联）学习宣传贯彻党的二十大精神，组织召开机关党员大会、党组扩大学习会、党组理论学习中心组学习会、青年理论学习小组学习会等专题学习，组织收听收看省委宣讲团报告会，参观“奋进新时代”主题成就展、“闽山闽水物华新——迎接党的二十大主题成就展”等。开展“忠诚在心、岗位奉献”主题教育，下发《关于推进党史学习教育常态化，深入学习贯彻党的二十大精神的通知》，党组班子成员带头学习研讨、带头调查研究、带头上专题党课。推进“理论大学习”，全年党组理论学习中心组开展集中学习研讨14次，机关各党支部组织学习70多次，撰写学习心得50多篇，青年理论学习小组开展学习讲堂4次。厦门市侨联组织“习近平总书记致厦门经济特区建设40周年贺信重要精神”大学习、大讨论，漳州市侨联举办“政治引领，服务大局”暨“书香侨联”读书研讨班等。完成为民办实事项目。推进省贫困侨救助专项工作，全年下拨省级贫困侨救助资金210万元；启动“福建职（技）校工科学生助学计划”，发动侨捐20万元，用于帮扶连江县职业技术学校和闽北职业技术学院100名困难学生；帮助省华侨塑料有限责任公司、永春北硿华侨农场解决实际困难；持续开展“侨爱心·光明行”眼健康诊疗公益项目。

【思想政治引领】 2022年，福建省侨联号召全省各级侨联组织学习贯彻党的二十大精神，引导推动海外侨团、侨领收听收看党的二十大开幕会。30多个海外侨团侨领发来感想体会。开展宣讲活动。成立省侨联二十大精神宣讲团，由党组班子成员分别带队赴基层，各党支部到“双联双帮”挂钩点，青年理论学习小组进社区等，开展多层次、多形式宣讲活动，推动党的二十大精神进侨乡、进侨企、进侨团、进侨校。组织“侨心向党”系列活动。以“党旗在飘扬，侨界新贡献”为抓手，举办“赤子情怀——闽籍侨胞百年爱国故事主题展”进京展览和省内巡展、《同向，同心，同行——陈嘉庚与中国共产党》主题展、“庆祝二十大，侨心永向党”摄影展，协助福建电视台开展《海外乡亲国际友人关注二十大》宣传等，福州市侨联举办“闽江之心”华侨文化系列活动、厦门市侨联举办“侨心向党喜迎二十大”侨界新春音乐会。

【华侨文化宣传】 2022年，福建省侨联推动侨史学习研讨。贯彻落实习近平总书记关于侨务工作的重要论述，召开福建省华侨历史学会第八次会员代表大会，完成换届工作；举办“南侨总会与陈嘉庚”学术研讨会，首次高规格研讨“南侨总会”重大历史事件，征集论文45篇；举办著名侨领黄乃裳《诗巫风云》电影首映式和“家国情怀，饮水思源”林辉源博士著传发布会。完善福建华侨主题馆建设，全年接待参观4万人次。龙岩市侨联举办“百年荣光”侨史巡展，漳州市侨联协助打造华侨抗日女英雄李林事迹的芗剧现代戏《李林》等。

【疫情防控助力】 2022年，福建省侨联落实常态化新冠疫情防控措施。10—11月，针对福州出现的疫情情况，制定下发《关于助力打赢疫情防控歼灭战的通知》，第一时间组建“侨心志愿服务队”奔赴挂钩社区开展支援。全年全省各级侨联参与疫情防控，市县侨联组织力量下沉一线抗疫，到口岸或隔离点、村镇（社区）基层一线开展抗疫人数超过1000人次。2020—2022年，省侨联机关先后派出22名干部分阶段赴北京、上海、内蒙古支援抗疫工作。引导侨界力量助力抗疫，动员省侨商会筹集50万元援助泉州开展疫情防控工作；引导省侨联参与扶持的顺昌县金祥粮食农民专业合作社捐赠20吨大米驰援泉州丰泽区；福州市侨联筹集侨捐资金170多万元，泉州市侨联发动侨界捐赠款物近100万元，平潭综合实验区侨联引导香港平潭社团联会主席林官贵捐赠10座价值85万元的智能科技核酸采样屋。根据海外疫情发展态势，多措并举实施“暖侨行动”。跟进了解海外乡亲动态，提供精准服务，累计采购3万包清肺排毒汤驰援海外，支援香港4万剂新冠抗原快速检测试纸。发挥“惠侨通”医疗服务平台作用，持续开展网上健康服务、人文关怀工作，开通线上咨询科室23个。联合省医务志愿者协会，组建尼日利亚闽侨应急医疗志愿服务队，为在尼侨胞特别是急重症患者提供线上诊疗咨询和应急医疗服务。7月13日《人民日报》海外版刊登的《让为侨服务更专业更贴心》，介绍“惠侨通”作用。

【引侨工程】 2022年，福建省侨联开展中国侨商投资（福建）大会签约项目的后续跟踪服务。2021年大会物色158个项目，其中上台签约的30个较大型项目，纳入福建省重大活动集中签约项目督察机制，省、市、县侨联“挂牌服务”，按要求对进度情况每月一汇总、上报。截至年底，开工项目19个，完成投资38亿元。深化侨界人才工作，引进侨智侨力，开展中国（福建）侨界人才交流系列活动，省委常委、统战部部长王永礼主持召开“同心·半月座谈”第14期——侨界人才服务生物医药产业专题座谈会，由省人社厅发布福建省高层次和紧缺急需人才信息，福州市开展人才及产业政策推介，举行“福建省侨联新侨创新创业基地”“侨专之家”授牌仪式，达成16个初步对接意向等。围绕福建省“十四五”培育壮大的五大新兴产业，召开福建省新侨人才联谊会理事会，成立6个行业专业委员会，筛选组建由1000人组成的“侨专数据库”，开展“海外人才分布和发展的初步调查分析”。举办侨连五洲·华侨华人助力金砖国家发展论坛，中国侨联主席万立骏、副主席程学源，省领导崔玉英、崔永辉、王永礼等及中央、省、市相关部门领导、金砖国家侨商侨领代表等150多人参加。组织参与“9·8”投洽会系列活动，与省农业农村厅共同举办现代农业项目对接洽谈活动，参与主办2022绿碳产业高峰论坛和第八届（中国）海峡两岸新能源产业创新创业大赛。举办服务侨企系列活动，开展“侨智沙龙”活动，与中国银行福建分行签订合作协议，共同举办服务侨企跨境金融政策解读活动；联合兴业银行、中国出口信用保险公司福建分公司举办“RCEP政策解读”等主题沙龙活动。开展5批“侨界专家走基层活动”，围绕智能装备、合成制药技术、干细胞治疗研发等开展技术对接交流。全年全省侨联、侨商会组织联系侨企侨商436家，实地走访、调研255次，征求问题165条，帮助解决问题90条，征集意见建议201条。泉州领SHOW天地文化创意产业园入选第八批“中国侨联新侨创新创业基地”。

【乡村振兴助力】 2022年，福建省侨联建立“双联双帮”下沉服务机制。机关每个党支部联系乡村或华侨农场的党支部，业务部室与村委会或华侨农场结对子，通过党建、业务相融合、双带动，形成“双联双帮”机制，打造“党建聚侨心、侨力促振兴”服务新模式。省侨联7个机关支部分别与福州市、泉州市、南平市、宁德市、龙岩市有关村或华侨农场建立“双联双帮”协作关系，累计筹措帮扶资金近200万元，在党建帮扶、产业帮扶、公益帮扶、医疗帮扶、科技帮扶、文化帮扶6个方面取得初步成效。

举办首届“侨家乐·福建省华侨美食风情文化节”。以重大节日为时间节点，由省侨联统一部署、统一品牌，在华侨农场、重点侨乡分批推进举办美食消费和文化活动，并向经营良好、富有“侨”味特色的餐饮店和文化场所授予“侨家乐”品牌。全年全省8个设区市举办8场美食消费和文化活动，设立美食和特产摊位350个，累计吸引游客41.53万人次，实现小吃和特产销售900多万元。支持金门华侨协会在金门举办美食嘉年华专场活动。

开展“闽宁对口协作”。组织省侨青会等赴宁夏开展捐赠帮扶、慰问助学等活动，捐赠帮扶资金30万元及价值近27万元物资。组织侨商开展商务考察，深化对口协作内涵。开展挂钩帮扶和仁善基金帮扶工作。下拨省侨联公益基金100万元支持松溪县竹蔗保护发展，上半年针对南平发生特大洪涝灾害，组织发动侨界为松溪县爱心捐款捐物 200 多万元。下拨武夷山星村镇黎源村挂钩帮扶资金 70 多万元，实施华侨书屋建设、机耕道路灯亮化工程等项目。用好香港仁善扶贫基金会帮扶资金，实施产业帮扶，助力乡村振兴。

【侨界交流联谊】 2022 年，福建省侨联完善海外侨情数据收集整理。制定《关于“一国一册”侨情数据库操作流程规范》，突出重点国家开展海外侨情调查，完善 126 个国家和地区的“一国一册”侨情资料库，并实行动态管理实时更新。配合省委统战部、省工商联共邀请 88 个国家和地区的近 200 名海外知名侨商侨胞参加第七届世界闽商大会，并举办 2 场以“聚侨心、叙乡情、促发展”为主题的美洲和欧非专场视频座谈会。邀请 27 名海外侨领参加省政协举办的 2022 年“闽籍侨领故乡行”——漳州考察活动，支持漳州市与菲律宾“两国双园”建设。福建海外杰出女性联谊会支持香港《镜报》社举办第二届“闽港澳青少年社会责任推广大使”评选活动。举办 2022 年国台办对台重点交流项目——第五届海峡汉服文化节。引导各级侨联香港、澳门委员和侨界社团支持香港、澳门特区政府依法施政。指导协调乌克兰撤侨。俄乌冲突发生后，省侨联指导和协调乌克兰周边国家的闽籍侨团成立志愿服务队，协助完成在乌侨胞和留学生的撤离、转运工作，驻摩尔多瓦大使馆、乌克兰中国商贸商会专门向省侨联致感谢信。

【侨界文化交流】 2022 年，福建省侨联深化智库交流合作，与中国华侨历史学会、福建社会科学院联合召开“海外侨胞与平潭国际旅游岛建设”学术研讨会。配合中国侨联（以中国华侨华人研究所名义）在福州大学设立“中国侨乡（福建）研究中心”，推动侨乡课题研究和侨乡文化对外交流。参与全国两会福建代表团提案工作，突出支持“南洋华裔族群寻根谒祖综合服务平台”建设。启动“福茶驿站”公益文化交流平台建设。持续推进海外华文教育。开展中国国际文化交流基地的考察和申报工作，烟台山历史文化风貌区等 4 家单位被中国侨联授予第十批“中国华侨国际文化交流基地”。

【“福茶驿站”活动】 2022 年，福建省侨联启动“福茶驿站”海外推进活动，以“福润五洲，茶和天下”为主题，推动福建茶叶融进海外家庭、进餐厅、进会馆、进社（街）区。首批 25 个海外茶空间“福茶驿站”于 5 月 19 日启动，成为推广茶文化和福建乡土文化的公益平台，被省委宣传部列为海丝文化交流典型项目。与福建电视台合作拍摄的哥斯达黎加“福茶驿站”寻址新闻特写——《当咖啡花遇上茉莉花》，被省广电影视集团选为党的二十大《中国梦》特别报道，获国家广电总局 2022 年第三季度优秀广播电视新闻作品。

【海外华文教育】 2022 年，福建省侨联继续举办“亲情中华 · 为你讲故事”网上令营活动，全省侨联系统举办 7 期 40 个营，来自菲律宾、马来西亚、印度尼西亚等 18 个国家 4584 人次海外华裔青少年参加。举办 7 期福文化主题营，增强华裔青少年对福侨文化、福茶文化、福建非遗文化等的认识。推进海外华文师资研修教育，举办澳大利亚、菲律宾、马来西亚和柬埔寨等 4 期 200 多人的海外华文师资培训班。

【侨益维护】 2022 年，福建省侨联开展新时代维护侨益调查研究。配合中国侨联专家组赴泉州、福州、宁德开展调研，征求华侨权益保护修改意见，并对侨资企业资金安全问题进行调查研究。省侨联法顾委开展“新时代国内侨界群众维权需求及权益保护现状”专题调研，提出意见建议。配合省人大常委会开展《中华人民共和国归侨侨眷权益保护法》及福建省实施办法、《福建省华侨权益保护条例》执法检查。推进“全面维权、合力维权”品牌建设，与省检察院联合发文《关于加强新时代涉侨检察工作依法保护归侨侨眷和海外侨胞合法权益的意见》，完善检侨合作常态化联络机制，细化实化惠侨制度安排和服务措施，在中国侨联召开的全国侨联系统维权工作暨法顾委经验交流会上作经验交流发言。完善涉侨纠纷多元化解机制，参与社会治理。持续与省法院联合推动互联网法庭建设，规范涉侨诉求程序。加强对人大归侨代表、政协侨联界委员的联系和服务。全年省侨联办理省人大议案 5 件、省政协提案 14 件，办理涉侨诉求 60 件次。

【侨联组织建设】 2022 年，福建省侨联强化基层侨联组织建设。推进基层侨联统一社会信用代码赋码工作，指导基层侨联“侨胞之家”提档升级，新评选省级“侨胞之家”35 个，新增全国侨联系统优秀“侨胞之家”18 个。落实“两项机制”，扩大组织覆盖，推动莆田学院、黎明职业大学成立侨联组织及在省中外企业家联谊会“两新组织”中成立侨联组织。指导基层侨联工作。重新修订出台《省侨联团体会员申请使用华侨事务预算专项经费的管理实施办法》，指导各地侨联管好用好华侨事务专项经费，加强分类指导。推进市、县侨联领导班子建设和换届指导工作，鼓励支持基层侨联因地制宜创新开展特色工作，厦门市侨联完善海外华侨华人社团厦门联络总部建设；三明市侨联推进“明侨通”上线“e 三明”平台；龙岩市侨联聚焦工作难点、堵点问题，开展“一县一主题”活动等。 （李立明）

福建省台湾同胞联谊会

【概况】 2022 年，福建省台湾同胞联谊会（简称福建省台联）推动深化闽台交流合作，服务台胞高质量发展。加强宣传调研，运营“福建台胞之家”网站和微信公众号；《福建省志 · 台湾同胞联谊会志》出版发行，全面记载福建省台联事业发展历程，成为全国台联系统第一部公开出版的地方台联志书。提交省政协十二届五次会议提案《关于促进台湾青年投身乡建乡创的建议》得到省领导批示重视，《关于协同加强我国闽台地区古厝文化保护暨传承发展创新的建议》被评为十二届福建省政协优秀提案。

【闽台交流合作】 2022年，福建省台联坚持以通促融、以惠促融、以情促融，推进闽台交流合作，吸引台胞台企融入新福建建设。挖掘迁台记忆，举办以“笺同墨”为主题的第十届“同名村·心连心”联谊活动；面向全省公开征集“迁台记忆”档案文献，2022年全省台联系统征集涉台档案文献5000余件。推进文化交流活动，挖掘“福”文化，举办“书香两岸迎新春”“福山福水·福缘两岸”闽台福文化交流和“两岸同心福·喜迎二十大”闽台福文化书画展观展活动；举办“科举制度在台湾——台湾进士专题展”，增进两岸同胞情感与文化认同。深化联谊交流，联动全省台联系统，在中华传统节日举办“乡亲相爱一家人”系列活动，开展民俗游园会、乡村振兴参访、台胞子女冬令营等活动；举办福建省台胞青年夏令营暨福建省台联第十四期两岸台胞青年电子商务研习营，举办研习电商、红色教育及传统文化研学等活动。

【台胞服务】 2022年，福建省台联开展“服务台企进千家”活动，深化“我为台胞办实事”实践活动，赴各设区市开展台胞服务和惠台政策宣讲，帮助台胞解决急难愁盼问题。服务台胞就业创业，举办“第一家园”分享会等活动，搭建在闽台胞联谊交流平台。服务台胞扶贫济困，完善福建省定居台胞扶贫济困工作机制，全年发放老龄台胞和困难台胞补助资金740余万元，在春节等中国传统节假日开展慰问。

【台联组织建设】 2022年，福建省台联推进各级台联队伍建设。完成省台联理事会换届，选举产生省台联第九届理事会会长1人、副会长7人、常务理事18人、理事57人，聘任特邀理事16人。加强各级台联基层党建，完善“机关党支部+台胞服务部”机制，开展无偿献血、植树造林、爱心慈善、社区共建等活动。（卓高翔）

福建省金门同胞联谊会

【概况】 2022年，福建省金门同胞联谊会（简称福建省金门联）加强海内外金马同胞交流联络，通过公众号汇集两岸金马同胞热议党的二十大精神、《台湾问题与新时代中国统一事业》白皮书的感言，助力两岸经济文化交流合作，助推两岸融合发展。发挥建言献策作用，全省各级金门籍人大代表及政协委员提交省市级人大建议及政协提案19件，包括《关于进一步调整落实台湾地区金门同胞身份认定政策的建议》《关于鼓励支持金门青年到厦门新机场就业创业，进一步做好来闽金门乡亲服务工作的建议》等涉及金胞福祉、文化交流、落实同等待遇、两岸融合方面内容。

【两岸融合发展探索】 2022年，福建省金门联持续开展课题调研，委托福建社会科学院开展省重点课题子课题《金门、马祖扩大参与两岸融合发展示范区建设研究》调研相关工作，课题获2022年度全省统战理论政策研究创新成果一等奖。举办台湾青年创业辅导营，50名台湾青年参加线上线下同步辅导，其中3名台湾青年与大陆用人公司签订劳动合同并入职工作，7人达成实习意向。

【两岸文化交流活动】 2022年6月1日，福建省金门联在连江县“马祖同胞同心驿站”举办“书香两岸·福融金马”福文化主题活动，组织来自两岸的10余名书画艺术家参加，并围绕“福融金马”主题展出两岸优秀摄影作品，展现海峡两岸的自然风光、民俗风情、人文景观等内容。7月14日，在厦门集美嘉庚书房举办海峡论坛子项目“福临浯洲”活动，台湾金门同乡会总会在总会长杨维居的带领下专程组团参加活动，省海外联谊会副会长李文慎、台湾新党主席吴成典、旅台及常住大陆金马乡亲代表、全省各级金门联代表等来自两岸近百名同胞参加现场活动。

【金马同胞交流联谊】 2022年，福建省金门联举办海内外金门同乡会年会、中秋联谊等活动，邀请台湾金门同乡会总会参加海峡论坛活动，加强与金马同胞交流联谊。

7月1—7日，省金门联在福州、三明、南平等地举办“第八届海内外金门同乡会年会活动”。7月6日下午，年会闭幕式采用线下线上相结合方式，在福州、台湾北中南部及6家东南亚金门同乡会设立会场。来自大陆各地、台湾以及东南亚的44家金门同乡会参加闭幕式活动，并共同签署持续为乡亲服务、推动“小三通”复航、助力“小四通”、加强青少年交流、推动金门特产列入福建特产等5项年会决议。年会期间组织两岸嘉宾代表赴三明、南平等地参访。

邀请台湾金门同乡会总会到福建参加海峡论坛活动并赴各地参访。台湾金门同乡会总会代表团作为2020年以来首个岛内金门同乡会参访团，由总会长杨维居带领监事主席蔡少雄、副总会长陈复宝、陈进源到福建参加第十四届海峡论坛活动并赴各地参访，加强两岸交流交往、融合发展。

举办中秋联谊活动。9月17日，“两岸金门、马祖乡亲国庆、中秋联谊活动”在漳州举行。近百名金门、马祖同胞参加活动。

【金马同胞服务】 2022年，福建省金门联加强金马同胞服务工作，做好“两补”及奖学金的发放工作。全年全省金门联落实发放老龄金胞专项资金429.72万元，惠及金门同胞1753人；发放困难金门同胞扶贫济困专项资金10.48万元，惠及金门同胞45人；发放奖学金0.87万元，惠及金门同胞及金门同胞子女29人。

【金门联组织建设】 2022年，福建省金门联通过在省社会主义学院举办“全省金门联骨干培训班”，面向全省金马同胞举办“学习贯彻十九届六中全会精神，坚定不移推进党风廉政建设”和“中国式现代化让世界文明天地更加开阔”2场专题辅导讲座，强化思想政治引领。推进各级金门联组织建设，晋江市金门联于7月9日召开第二次会员大会进行换届，南安市金门联于12月10日成立并召开第一次会员大会。

（魏中超）

福建省残疾人联合会

【概况】 2022年，福建省残疾人联合会（简称福建省残联）全面实施《福建省“十四五”残疾人保障和发展规划》，统筹推进新冠疫情防控和残疾人工作，全省残疾人就业、康复、无障碍建设，以及“爱心助残驿站”试点、残联干部队伍建设等工作提质增效、创新突破，在全国树立先进典型。全省城镇、农村新增残疾人就业人数和城乡培训残疾人数均超额完成中国残联下达的任务数，福建省残疾人各项就业指标保持位居全国前列。

【残疾人社会保障】 2022年，福建省残联落实防止返贫致贫动态监测和帮扶机制，坚持排查重度及困难残疾人，全省未发生残疾人规模性返贫致贫情况。落实残疾人“两项补贴”动态调整提标等工作，为全省78.24万人次残疾人发放“两项补贴”近12亿元。全省23.18万名残疾人纳入低保和特困人员救助供养，70.22万名残疾人参加城乡居民基本养老保险，基本实现应保尽保、应救尽救。协调青山慈善基金会联合为全省受灾的18个老区县（市、区）的141户残疾人家庭补助50多万元，帮助重建（修缮）住房。落实残联新冠疫情防控行业主体责任，全省残疾人服务机构未发生规模性感染等事件。

【残疾人关爱服务】 2022年，福建省残联为32.2万名残疾人提供康复服务，基本康复服务率和辅具适配率均达100%，居全国前列。率先出台《福建省残联“十四五”高危残疾儿童早期干预试点工作实施方案》，每年将为70名0～3岁高危残疾儿童提供康复早期干预。福建省残疾人家庭医生签约工作经验被列为全国典型。推广新就业形态就业，与福建圆通速递合力打造“残疾人就业+快递+商贸”产业助残模式，联合省广播电视集团在全国首创福建省“2022电商主播大赛——阳光赛道”。全省城镇、农村新增残疾人就业27478人，城乡培训残疾人19034人，均超额完成中国残联下达的任务数。残疾人家庭无障碍改造提标扩面，并创新“整镇推进”模式，实施改造5638户。首次开展覆盖全省的无障碍环境体验督导，福建省做法在全国会议上作典型发言。推进141家“爱心助残驿站”试点建设，服务4390名残疾人，解决残疾人吃饭、就医、康复等问题。

【扶残助残】 2022年，福建省残联举办庆祝第三十二次全国助残日暨第十二届福建省残疾人文化周活动，7名省级领导出席现场活动，网络观摩点击量近84.7万人次。举办第十四届海峡论坛·2022两岸残障人士交流嘉年华，首次邀请粤港澳大湾区嘉宾同台交流残障事业，推进闽澳残疾人协会社团合作。福建籍残疾人、北京队运动员郑鹏参加冬残奥会获金牌2项、银牌2项，省委、省政府发贺电。在福建省集训的中国盲人足球队获2022年亚大盲人足球锦标赛冠军以及巴黎残奥会参赛资格。发布《福建残疾人事业这十年》专题宣传片，福建省成为首个在中国残联官媒刊用“非凡十年”综述的省份。“福建残联”微信公众号49次进入全国省级残联微信公众号传播指数十佳榜；新开设运营“福建残联”视频号、抖音号，浏览量超120万人次。

【残联组织建设】 2022年，福建省1.7万多个村（社区）实现残协组织全覆盖，负责残疾人工作的村（社区）委员会成员均兼任村（社区）残疾人联络员。全省1113个乡镇、83个县级残联全部完成换届工作。指导省盲人协会、省同人助残志愿者服务中心等4家组织获评2022年度全省性社会组织AAAAA等级。推动残疾人参政议政工作取得新突破，全省优秀残疾人、残疾人亲友和残疾人工作者担任各级人大代表和政协委员共982人，比上届增加856人，其中王永澄当选第十四届全国人大代表，是福建省残联系统首名全国人大代表、全国残联首名盲人全国人大代表。

（陈淮洁）

中国国际贸易促进委员会福建省委员会

【概况】 2022年，中国国际贸易促进委员会福建省委员会（简称福建省贸促会）学习宣传贯彻党的二十大精神，贯彻落实习近平总书记在庆祝中国贸促会建会70周年大会暨全球贸易投资促进峰会上发表重要视频致辞精神，开展“提高效率、提升效能、提增效益”活动。支持企业应对新冠疫情影响，全年出具不可抗力事实性证明59份，合同金额约2.03亿美元；公布法律咨询热线及时为企业答疑解惑；开展商事调解工作，促进经贸纠纷化解。推进全省贸促系统深化改革，新成立3个县级贸促会（国际商会），指导福州、漳州、龙岩、宁德等设区市贸促会做好换届筹备，做好省国际商会换届备案登记、社团名字变更、法人变更等工作。

【思想政治引领】 2022年，福建省贸促会组织集中收听收看党的二十大开幕会。研究制定党的二十大精神宣讲方案，深入基层和企业一线开展调研和宣讲活动。把学习宣传贯彻党的二十大精神与习近平总书记在庆祝中国贸促会建会70周年大会暨全球贸易投资促进峰会上发表重要视频致辞精神紧密结合，组织开展专题研讨交流，并向全省贸促系统发出深化学习宣传贯彻工作的通知。部署开展推进党史学习教育常态化、长效化活动，组织理论学习中心组学习 12 次、线上学习 2 次，重点开展习近平总书记重要讲话重要指示批示精神和《习近平书信选集》《闽山闽水物华新——习近平福建足迹》等特色教材的学习。学习宣传党的十九大以来党和国家新创造新成就新经验，组织开展“忠诚在心、岗位奉献”“喜迎二十大、奋进新征程”岗位建功活动和模范机关创建活动。做好 2022 年度落实全面从严治党主体责任检查，推动反馈问题整改落实工作。

【外资企业服务】 2022 年，福建省贸促会成立服务外资企业专班，研究制定工作方案，建立协调沟通，外资企业诉求收集反馈，信息统计、汇总、分析、报送、处置及跟踪回访等四大工作机制，全面开展专班工作。省政府办公厅向各设区市政府及各省直单位转发工作方案，提出福建省贯彻意见，推动工作落实。全省各级服务外资企业专班召开外资企业座谈会 27 次，调研外资企业 283 家，收集汇总外资企业诉求和问题建议 47 条，大部分协调办结，其中福建省专班跟踪解决的嘉吉饲料（漳州）有限公司物流运输困难诉求件，得到中国贸促会肯定并作为典型案例报国务院。

【经贸交流活动】 2022 年，福建省出台《福建省贸促会关于推动高质量实施〈区域全面经济伙伴关系协定〉（RCEP）的工作意见》，开展“RCEP 优惠政策进万企”“各类经贸活动设立 RCEP 专区”系列活动，举办线下培训 5 场、线上培训 6 场，帮助企业了解 RCEP 下的关税减让安排和原产地规则等，优化产业布局，提高国际竞争力。

促进会展经济发展。举办第十七届中国会展经济国际合作论坛（CEFCO 2022），国内会展企业、研究机构代表等约 500 人线下参会，22 个国家和地区近 2 万名代表线上参会，国务院转发论坛总结报告，省政府主要领导给予肯定。举办“第八届中国（泉州）海上丝绸之路国际品牌博览会暨第二届 RCEP 青年侨商创新创业峰会”。举办“出国展览知识产权及开拓多元化市场培训（厦门）班”，邀请商务部及中国贸促会专家辅导。

组织“福建活动日”。2 月 22 日，在迪拜和福州分设会场以连线、双语全球直播的方式，举办 2020 年迪拜世博会中国馆福建活动日，利用迪拜世博会大平台向世界宣介福建营商环境、优势产业、人文旅游等。举办“数字经济国际合作交流会”，是第五届数字中国建设峰会期间举办的重要活动之一，由省政府主办，省贸促会、商务厅、工信厅、省政府外事办、数字办、福州市政府共同承办。省委常委、常务副省长郭宁宁，中国贸促会副会长陈建安，英国驻华贸易代使节路睿出席交流会并致辞，近百家福建参会企业与境外参会企业进行约 50 场“一对一”对接交流洽谈。举办“2022 福建—RCEP 国家经贸合作对接会”，作为第二十二届投洽会的重要活动之一，邀请菲律宾、印度尼西亚、新加坡、马来西亚、泰国、越南等 RCEP 国家的 30 多名使领馆官员及商协会代表与全省 60 多家钟表、家居企业参加对接会。参与承办丝路海运国际合作交流会，省贸促会作为该活动的承办单位之一，邀请汉堡驻中国联络处、英国剑维软件、英国中怡保险等机构的嘉宾出席交流会。

【联络平台拓展】 2022 年，经中国国际商会批准，福建省贸促会设立东亚商务理事会福建联络办公室，助力福建企业更好运用 RCEP 协议相关政策。在中国贸促会支持下，完成丝绸之路商务理事会福建联络办公室更名工作，设立 4 个工作站，调动基层贸促会和行业协会资源，发挥平台资源，帮助福建企业开拓“一带一路”共建国家市场。克服新冠疫情影响，通过线上线下相结合方式加强与境外商协会及贸易促进机构交流合作。全年接待来自泰国、英国、坦桑尼亚、奥地利、智利、美国、芬兰、新加坡、加拿大、阿联酋、韩国、德国、菲律宾、印度尼西亚、越南等国家以及中国香港、澳门、台湾地区的经贸代表团 26 批次 130 人次。

【涉外商事法律服务】 2022 年，福建省贸促会推进搭建“福建省涉外商事法律服务专家库”“诉调对接平台”“仲调对接平台”“涉外知识产权保护平台”（“一库三平台”）国际商事纠纷解决机制。组织专家开展培训辅导 11 场，为企业解析 RCEP 项下优惠原产地规则、知识产权保护等相关内容，为企业提供商事法律咨询约 280 人次。利用与法院的诉调对接平台，调解商事纠纷及知识产权纠纷 19 起，案件总标的额约 3.4 亿元，结案 9 件。利用涉外知识产权服务平台，线下为福建省企业提供 RCEP 涉外知识产权培训和专项展会服务 4 场。全年全省出具各类证书约 16.63 万份，其中原产地证书约 15 万份，出口货物值约 135.2 亿美元；签发协定成员国优惠原产地证书 1923 份，出口货物货值约 1.09 亿美元，主要出口国家为日本、韩国、越南、泰国。

【经贸摩擦应对】 2022 年，福建省贸促会发布《经贸摩擦预警信息快报》54 期共 1682 条。举办“疫情下企业妥善运用法律条款减少其合同损失”专题辅导和 3 场“俄乌冲突对中国企业的影响系列培训”，帮助企业克服影响、减少损失。联合中国贸促会商法中心，组织涉美专利诉讼应对辅导四方视频会议，指导福建省瑞芯微电子股份有限公司应对美企在美国法院提起的专利权诉讼，邀请美国执业律师为企业分析案情，提供应对策略，帮助企业应诉维权。

强化企业合规建设。参与福建省涉案企业合规第三方监督评估机制建设，遴选推荐专家组建省涉案企业合规第三方监督评估机制专业人员名录库，参与涉案企业合规评估考察工作；与中国贸促会对接，筹备企业国际化经营合规风险排查活动，拟合作开展“企业合规师”培训。

参与海丝中央法务区建设。履行海丝中央法务区领导小组成员单位职责，参与筹办第二届海丝中央法务区论坛，邀请中国贸促会副会长柯良栋出席致辞，并为国际商事争端预防与解决组织（厦门）代表处揭牌；参与筹办第二届中国—新加坡国际商事争议解决论坛；协调推进 2022 年国际调解高峰论坛筹备工作；参与制定《海丝中央法务区建设管理办法（试行）》。（朱红艳）

福建省中华职业教育社

【概况】 2022 年，福建省中华职业教育社（简称福建省中华职教社）学习贯彻党的二十大精神，贯彻新修订的《中华人民共和国职业教育法》，落实省第十一次党代会部署，开展“提高效率、提升效能、提增效益”行动，把任务落实情况与干部平时考核、评优评先、选拔任用挂钩，激励干部比学赶超。实施队伍素质提升工程，举办全省中华职教社系统骨干暨宣传信息干部培训班、省社干部综合能力素质提升培训班，联合省委统战部机关工会开展干部综合能力提升联学活动等。出台省社社员发展管理细则、“社员建家”基本要求、联谊交友工作制度和纪律制度、信息发布管理办法等；开展机关规范化建设，实施档案信息化建设项目，建设标准化档案室；推进“数字机关”建设，完成省社线上会议系统设备提升和线路改造，加快实现无纸化办公。

【思想政治引领】 2022 年，福建省中华职教社把迎接和宣传贯彻党的二十大作为全年工作主线，开展“喜迎二十大·职教同心谱新篇”主题教育和系列活动。省社联合省文联、省摄影家协会等举办“匠心共筑梦·喜迎二十大”福建省职业院校摄影大赛。创新“1＋1＋N”党建工作模式，组织开展政治理论联学、优势资源联享、实践活动联办、党建队伍联建、中心工作联促“五联”活动，社领导带队深入职业院校、企业等社员单位上党课、送宣讲。培育“乐业福”特色青年工作品牌，组建青年理论学习小组吸收地方社青年干部和职业院校青年教师参加。完成《中华职业教育》改版复刊工作，其中党的二十大精神主题宣传栏目获新闻出版监测中心认可。

【产教融合】 2022 年，福建省中华职教社探索服务“四大经济”（数字经济、海洋经济、绿色经济、文旅经济），推动职教实践。打造职教立体宣法贯彻矩阵，省中华职教社率先在全国中华职教社系统举办线上新《中华人民共和国职业教育法》学习座谈会，线上启动“福建中华职业教育大讲堂”首场报告会，邀请教育部原副部长、中国职业技术教育学会会长鲁昕作主题报告。创新拓展职教同心献智平台，联合省委统战部举办首期“同心·半月座谈——共谋民办职教发展，同心助力‘四大经济’”座谈会，省委常委、统战部部长王永礼出席并讲话。率先在全国中华职教社系统举办第一届黄炎培职业教育思想研究规划课题省级开题会，2 个开题项目组在黄炎培职业教育思想研究会 2022 学术年会上作典型发言。省中华职教社《“四大经济”视野下的民办职业教育专业设置与课程设计研究》获 2022 年度全省统战理论政策研究创新成果一等奖、《坚持大统战工作格局推进福建民办职业教育高质量发展》经验交流文章被《福建统一战线》刊登。启动实施职教稳岗拓岗计划。联合省委统战部、团省委、省工商联带动全省中华职教社实施“百校万岗·同心就业”行动，共开展线上就业招聘会 8 场、线下招聘会 1 场，提供就业岗位 2.8 万余个，吸引 1.5 万余名职业院校毕业生参与。持续擦亮职教多维实践品牌，继续联合省教育厅、人社厅等举办省职业院校技能大赛、省“互联网＋”大学生创新创业大赛职教赛道暨第六届黄炎培海峡职业教育创新创业大赛，联合省工信厅等实施第十二届海峡两岸信息服务创新大赛暨福建省第十六届计算机软件设计大赛。

【社会服务】 2022 年，福建省中华职教社拓展温暖工程服务乡村振兴公益品牌。省社联合省温暖工程促进会实施“金饭碗”送培下乡计划，在仙游钟山镇等地开展“福建省温暖工程助力乡村振兴——直播人才技能培训”活动；继续实施温暖工程助学项目，专资 16 万元资助仙游 2 所职校困难学生 80 人；在福建水利电力职业技术学院开办温暖工程助学班，专资 10 万元资助 50 名困难学生。实施“同心党建·结对互促”党支部挂钩结对村共建项目，机关党支部在仙游县南兴村开展“我在乡间有亩田”等共建活动，认领农田 9.2 公顷。推动省温暖工程促进会通过社会组织 AAA 级别评估，设立福建首个民办职业教育专项基金“同心·天马”民办职业教育基金，专资 1000 万元用于民办职业教育奖教、奖学。深化闽台港澳职教交流。省中华职教社联合中华职教社、台湾海峡两岸教育交流促进协会举办“第十四届海峡论坛·海峡两岸职业教育论坛”。拓宽国际职教合作渠道，联合省侨办、省海外联谊会举办第五期福建省海外中餐繁荣负责人研讨班；参与“华文＋职业教育”行动，推动福建省特色职业院校列入华文教育基地开展活动；依托“鲁班工坊”、中非职教合作联盟等平台，推动福建省职业院校建立与“一带一路”共建国家职业教育对话与合作新窗口，社员龙岩华侨职业中专学校入选全国首批 31 家中非职教合作联盟培养单位。（程章浩）

福建省红十字会

【概况】 2022 年，福建省红十字会开展“提高效率、提升效能、提增效益”行动，推动红十字会工作提速增效，应急救护、宣传筹资、器官捐献等多项核心业务工作受到中国红十字会总会（简称总会）通报表扬。截至年底，全省红

2022 年 9 月 7 日，福建省红十字会举办“世界急救日”主题宣传活动
（省红十字会 供图）

十字会有基层组织 2440 个、会员 872227 人、注册志愿者 64057 人。

【应急救护】 2022 年，福建省将“在公共场所设置 AED+群众性应急救护公益培训”首次纳入省委省政府为民办实事项目，在全国红十字系统首创将应急救护培训服务规范纳入地方标准，组织参加全国红十字应急救护大赛，举办省直机关应急救护大赛，全省红十字系统培训红十字救护员 221924 人，普及急救知识 50 多万人次，在公共场所设置 AED 机（自动体外除颤器）2237 台，超计划完成为民办实事年度目标任务。相关情况在红十字总会工作通报专题推广，获得省委、省政府主要领导批示肯定。省红十字会应急救护培训基地被总会确定为全国示范基地。

【人道救助】 2022 年，福建省红十字会落实常态化新冠疫情防控工作，接收疫情捐赠款物 2.2 亿元。组织发动 2.5 万名红十字志愿者深入基层一线，助力联防联控。开展“红十字博爱送万家”活动，全省筹集爱心款物价值 1688 万元，慰问救助 3 万多户困难家庭。支持挂钩帮扶的乡村振兴项目建设，举办南丁格尔护理奖学基金 2022 年度颁奖仪式。开展红十字少儿大病救助工作，筹集发放救助款 767 万元，救助患儿 269 人。落实对口支援工作，援助宁夏、西藏、新疆等地区人道救助款物价值 3000 多万元。加快建设福建省红十字会“红博云”智慧应用平台，初步实现省市县三级红十字会业务贯通、数据共享。信息公开透明度指数位居全国红十字系统前列，受到总会通报表扬。全年全省红十字系统筹集款物价值 5.6 亿元，“99 公益日”全省动员 89.1 万人次参与捐款、筹得善款 1934.9 万元，动员捐赠人次和筹款金额分别位居全国红十字系统第三、四名。

【生命关爱】 2022 年，福建省红十字会参与无偿献血宣传动员，保证临床用血需求；完成国家总库下达的造血干细胞血样采集入库 4500 人份任务，建立容量 9 万人份的造血干细胞捐献者资料库，43 名志愿者实现捐献。登记人体器官捐献志愿者 29091 人，实现器官捐献 140 例。福建省人体器官捐献中心被国家器官捐献中心评为全国先进集体。

【两岸红十字组织交流】 2022 年，福建省红十字会采用线下线上相结合的方式，承办第十一届海峡两岸红十字博爱论坛，论坛纳入第十四届海峡论坛两岸基层交流活动，来自红十字总会、香港特别行政区红十字会、台湾红十字组织和部分省市红十字会，大陆台企台胞代表及专家学者等参加，拓宽与台湾其他民间公益团体、基层红十字组织及红十字青少年的交流合作。承办全国红十字系统对台工作座谈会，福建省在会上作工作经验交流。发挥福建省红十字会对台工作优势、支持在平潭建立海峡两岸红十字水上救生基地等多项举措写入总会促进对台工作政策。

【红十字组织建设】 2022 年，福建省红十字会按专业、分领域壮大志愿者队伍。首次组建省红十字会应急救护救援总队，加强与社会应急力量联动，优化应急物流体系，提高红十字应急反应能力。深化红十字志愿服务，实施项目化运行，培育打造志愿服务品牌，成立省红十字会爱在始终生命关怀服务中心，组织开展“最美红十字志愿者”“最美红十字志愿服务组织”推选工作。推进红十字进校园工作，举办省部属高校教职员工红十字应急救护大赛，开展第四届全省红十字青少年文化节。全省红十字系统 13 个单位被评为全国红十字模范单位，33 名会员被评为中国红十字会“会员之星”。 （赵凌峰）

编辑：林忠玉

立　法

【概况】　2022年，福建省人大常委会审议省级地方性法规草案28项，通过25项，其中制定16项、修改7项、废止两项；对9个设区市人大常委会提请报批的15项法规进行审议并批准；审查规章和规范性文件61件。

【发展立法】　2022年，福建省人大常委会围绕省委决策部署，推进改革发展。审议通过优化营商环境条例，加大市场主体权益保护力度，提升办事服务效率，激发创新创业创造活力。审议通过《福建省土地管理条例》，加强建设用地管理，保护和合理开发利用土地资源。审议通过《福建省地方金融监督管理条例》，规范地方金融组织及其活动，防范和化解地方金融风险，服务实体经济发展。

【民生立法】　2022年，福建省人大常委会聚焦民生关切，审议通过《福建省养老服务条例》，应对人口老龄化，在全国率先将"为老年从业人员单独办理工伤保险"写入地方性法规，并对配建养老服务设施作出刚性规定，对存量资源建设养老服务设施的消防验收作出创制性规定。审议通过《福建省全民健身条例》，加大全民健身设施供给，完善全民健身公共服务体系建设。审议通过《福建省邮政条例》，强化从业人员权益保障，促进福建省邮政业发展；在全国率先对新建小区配建智能信包箱作出规定。审议修改《福建省人口与计划生育条例》，适应人口形势新变化，落实三孩生育政策，加强计划生育服务，完善积极生育支持措施。

【生态立法】　2022年，福建省人大常委会落实生态省建设战略，审议通过《福建省生态环境保护条例》，突出该条例作为全省环保法规"总纲"作用。审议通过《福建省土壤污染防治条例》，以保护和改善土壤环境质量为核心，以保障农产品质量和人居环境安全为出发点，倡导农业绿色生产，严格建设用地准入管理，推动土壤资源永续利用。审议通过《福建省湿地保护条例》，将习近平总书记在《湿地公约》第十四届缔约方大会开幕式讲话中"减少人类活动的干扰破坏""加强原真性和完整性保护"作为立法原则写入法规，细化红树林保护内容，增加政府防治"互花米草"职责。

【文化立法】　2022年，福建省人大常委会审议通过《福建省中医药条例》，挖掘具有本土特色的中医药文化精华，促进传承创新发展，增强中医药医疗品质。审议通过《福建省红色文化遗存保护条例》，加强对红色文化遗存保护和利用，推动对红色文化遗存内涵和革命历史价值的发掘和弘扬传承。

【社会治理立法】　2022年，福建省人大常委会健全共建共治共享的社会治理制度，提升社会治理效能。审议通过《福建省动物防疫条例》，加强动物防疫数字化管理，建立人畜共患传染病防治协作机制并完善防治措施，规定设区市应当加强犬只、散养动物防疫管理配套制度和数字化登记管理系统建设。审议通过《福建省司法鉴定管理条例》，规范鉴定活动，加强行业自律管理。审议通过反恐怖主义法实施办法，统筹协调安全和发展，推进反恐维稳工作法治化、常态化，在全国首创关于同城快送的安全防范规定。审议通过《福建省公安机关警务辅助人员管理条例》，吸纳辅警制度改革成果，规定辅警的招聘、职责、管理、保障和监督等内容。审议通过《福建省海上搜寻救助条例》，规范和加强全省海上搜救工作。

【人大制度立法】　2022年，福建省人大常委会衔接上位法，审议通过省人民代表大会议事规则，聚焦实际工作中面临的新情况新问题，提升议事质量和效率。审议修改省人民代表大会常务委员会任免国家机关工作人员条例，进一步规范常委会任免工作。（高　源）

政法委及综治

【概况】　2022年，福建省政法机关把学习宣传贯彻党的二十大精神作为首要政治任务，省委政法委第一时间下发《关于认真学习宣传贯彻党的二十大精神的通知》，举办全省政法系统党的二十大精神学习会，在“福建政法委清朗天空”微信公众号、福建长安网和《福建法治报》开设“学习宣传贯彻党的二十大精神”专栏。贯彻落实《中国共产党政法工作条例》，修订完善《中共福建省委政法委员会工作规则》、政法单位党组（党委）会议议事规则等规定，福建省贯彻落实《中国共产党政法工作条例》经验做法在中央政法委第八次新时代政法工作创新交流会上推广。三明市创新乡镇（街道）政法委员“四个一”工程，以工作清单方式推动“党管政法”落地见效。出台《关于进一步加强党委政法委执法监督制度机制建设的若干意见》，探索建立政法干警政治档案，执行重大事项请示报告制度，健全党领导政法工作体系。实施“提高效率、提升效能、提增效益”行动，制定全省政法系统落实行动实施方案，推进为民办实事项目落地落实。2022年全省群众安全感率、扫黑除恶好评率、执法工作满意率分别达99%、98%、97%以上，2021年度全省平安建设绩效位居全国第二。

2022年12月8日，2022年度福建省十大法治人物和十大法治事件颁奖典礼在福建司法警察训练总队礼堂举行　　（省委政法委　供图）

【国家安全和社会稳定维护】 2022年，福建省政法机关深入践行总体国家安全观，完成党的二十大、北京冬奥会和冬残奥会、全国和全省两会、数字中国建设峰会、海峡论坛等重大活动期间全省维稳安保任务。常态化开展房地产、金融等重点行业领域涉稳风险集中排查。举办全省政法系统“三同步”专题培训班，建立健全常态监测、信息通报、联合会商、联动处置等机制，守护清朗网络空间。

【法治强省建设】 2022年，福建省委政法委深化习近平法治思想学习宣传研究阐释，举办全省党委政法系统“学习贯彻习近平法治思想”专题研讨班，召开“深入学习贯彻习近平法治思想，着力打造法治强省”新闻发布会和法治强省宣传工作动员部署会。围绕“两稳一保一防”要求，省委政法委统筹省直政法部门共同开展营商环境数字化监测督导。推进海丝中央法务区建设，制定下发《海丝中央法务区总体建设方案》，举办第二届海丝中央法务区论坛，在全国率先将法务区建设写入省级地方性法规。加强知识产权保护力度，省法院和世界知识产权组织仲裁与调解中心建立合作关系。推动法治福建、法治政府、法治社会、法治文化、法治人才等系列5年规划落地落实。组织开展全国全省法治政府示范创建活动，数量位居全国第一方阵。开展党政主要负责人年终述法，全面开展“八五”普法工作；在全国首创“蒲公英”普法志愿联盟品牌，经验做法受到司法部肯定并向全国推广。开展2022年度福建省十大法治人物和十大法治事件评选。推进红色法治文化带建设，6件闽西法治事件入选《中国共产党百年法治大事记》。探索创新生态司法修复模式，南平市在全国首创林业碳汇损失计量及赔偿机制。深化涉台司法创新，平潭综合实验区深化运用“一网三联”涉台司法服务。

【平安福建建设】 2022年，福建省委、省政府制定出台《“十四五”平安福建建设规划》，省委书记和省长连续24年与设区市党政主要领导签订平安建设责任书。出台《关于推进市域社会治理现代化的实施意见（试行）》，组织九市一区因地制宜认领11个大类15个项目，漳州、宁德市分别在全国试点工作交流会作典型发言。设立省市域社会治理研究中心。经省委批准成立省综治中心，初步构建贯穿五级的综治中心工作体系。开展网格治理助力疫情防控，全省17030个城乡社区（村）划分61779个网格，配备91119名专兼职网格员，福建省数字网格治理经验做法被中央政法委向全国推广。福州市实施“红色领航工程”，厦门市承办全国市域社会治理现代化“政治引领”试点创新第一届研讨会。开展矛盾纠纷大排查、基层基础大提升等“四大专项攻坚行动”，以夏季治安打击整治“百日行动”为抓手，保持对跨境赌博、养老诈骗、拐卖妇女儿童等突出犯罪严打态势，全省社会治安呈现“三降一升”态势（违法犯罪警情数、刑事警情数、治安警情数分别比上年下降5.9%、34%、3.6%，刑事案件破获率上升9.9%），打击涉拐犯罪成效保持全国前列。福建省将扫黑除恶斗争长效机制建设列为“十四五”平安福建建设能力提升项目，加强电信网络诈骗违法犯罪综合治理，行动成果居全国第一位。泉州、龙岩市高位常态研究推进打击治理工作，有关成效和做法得到国务院联席办肯定并向全国推广。

【政法改革】 2022年，福建省委政法委组织开展党的十九大以来全省政法领域全面深化改革评估，工作质效得到中

2022 年 6 月 29 日，福建省政法跨部门大数据办案平台开通上线

（省委政法委　供稿）

央政法委肯定。出台《关于加强新时代检察机关法律监督工作的实施意见》，推动全省刑事诉讼涉案财物集中管理试点工作。省法学会探索推行首席法律咨询专家制度。组织开展全省涉法涉诉信访全面排查集中评查推动实质性化解专项活动。开展案件评查提升执法监督效能，相关经验做法在全国全面深化政法改革推进会上推广。依托第五届数字中国建设峰会优势，以“数字赋能共治共享，创新驱动政法发展”为主题举办数字政法分论坛。政法跨部门大数据办案平台开通上线全省试运行，实现全省域政法机关网上业务协同一体化历史性突破。福建省“雪亮工程”2018—2020 重点支持城市项目建设通过国家验收评估。莆田市打造“全市一张图、全域数字化”，被全国社区建设部际联席会议推广。开展群众家门口的“一站式”公安综合服务窗口建设，推出“跨省通办”，推广轻微道路交通事故线上快处快赔“121”工作机制等便民服务措施。实施“不忘初心、牢记嘱托，打造新时代福建‘148’品牌”三年行动，培育“148”（谐音“要司法”）系列便民惠民利民项目。推进远程提审、远程庭审、远程送达系统和刑事执行检察智能监督系统建设。

【政法队伍建设】　2022 年，福建省委政法委举办全省政法领导干部加强政治建设专题研讨班。健全党史学习教育常态化长效化机制，组织开展“忠诚在心·岗位奉献”活动。落实法官检察官警官律师同堂培训机制。出台巩固政法队伍教育整顿成果实施方案，制定常态化开展执法司法顽瘴痼疾排查整治工作机制，将顽疾整治情况纳入党风廉政建设责任制和平安建设考评体系，推动执法司法权规范有序运行。组织编撰《全省政法队伍教育整顿期间违纪违法典型案例汇编》，每季度通报违反干预司法“三个规定”典型案例。健全英模选树宣传常态化机制，深化“双百政法英模”学习活动，举办全省公安英模事迹报告会、云报告等系列活动，厦门市公安局思明分局莲前派出所、福州车站派出所获评“全国模范公安单位”称号，全省政法系统 4 名个人和 1 个集体获全国“人民满意的公务员”和“人民满意的公务员集体”表彰。（张　晓）

法治政府建设

【概况】　2022 年，福建省把党的领导贯穿于法治政府建设全过程和各方面，省政府主要领导落实推进法治建设第一责任人职责，多次召开省政府党组会议、省政府常务会议，研究行政立法、规范行政执法、营造法治化营商环境等工作，推动制定福建省法治政府建设、法治社会建设等规划方案，解决全局性体制性问题。压实各级领导干部法治政府建设工作责任，把法治政府建设成效作为衡量干部实绩重要内容。推进学习习近平法治思想常态化制度化，省、市、县三级年终述法实现全覆盖。举办省管干部学习贯彻党的二十大精神专题研讨班 4 期，以及政法系统领导干部学习贯彻习近平法治思想专题培训班。全省全年办理行政复议案件 7279 件，复议纠错率 13.09%。推进“数字信访”建设，6.3 万余件初信初访事项纳入“最多投一次”机制，一次性化解率 91.12%。

【法治政府示范典型培育】　2022 年，福建省加强全国第二批法治政府建设示范创建工作，6 个地区和项目获命名，数量位居全国第一方阵。建立法治督察与纪检监察协作配合 4 项机制，推动将法治建设有关工作纳入党委巡视（巡察）内容。接受中央依法治国办开展市县法治建设实地督察，组织全省法治政府建设督察，列出 64 项问题清单，督促开展整改工作。三明市“完善生态法治体系，推进生态文明建设”典型经验做法被中央依法治国办向全国推广。

【依法行政制度建设】　2022 年，福建省提请审议《福建省湿地保护条例》等地方性法规 13 项，出台《福建省地方政府储备粮安全管理办法》等政府规章 7 件。加强协同立法，7 个设区市协同开展闽江流域水生态环境保护立法，闽赣铁路安全管理协同立法经验在全国推广交流。落实《重大行政决策程序暂行条例》，修订《福建省人民政府工作规则》，对全面正确履行政府职能、坚持依法行政、健全监督制度等方面作出明确规定。全年全省“12345”政务服务便民热线平台受理诉求 1487.69 万件，群众满意率 99.88%。全省办理省人大代表建议 760 件、省政协提案 703 件，办结率均为 100%。

【行政诉讼与行政复议】　2022 年，福建省推进行政复议体制改革，出台行政复议工作指导意见，制定行政复议案卷评查标准与办案手册，省、市、县三级同步实现“一级政府只保留一个行政复议机关”。各级行政机关参与应诉的一审行政应诉案件7776件，负责人出庭5142次。办理行政复议案件7279件、行政诉讼案件7082件。实质性化解历经10年的福州民生银行闲置土地复议案。深化政务公开，发布政策解读4200余条。

【规范性文件管理】 2022年，福建省司法厅完善规章和规范性文件事后监管机制，出台行政规范性文件备案审查示范格式。在全国率先成立备案审查专家委员会和专家库，聘请专家协审文件150件。全年完成省、市两级规范性文件备案审查2935件，提出修改意见108件；其中完成省级地方性法规规章初审22件，备案审查规章12件、规范性文件2833件。

【行政执法】 2022年，福建省加强重点领域执法。连续22年治理“餐桌污染”，在全国率先推行工业产品质量安全信用风险“四全四化”管理；推进燃气、自建房、消防、道路交通等重点领域安全整治，全省安全生产事故起数、死亡人数分别比上年下降37%、31%；常态化推进扫黑除恶专项斗争，开展电信网络诈骗、养老诈骗等专项打击整治行动，一体化打击治理工作机制经验在全国推广，群众安全感率达99%以上。创新行政执法方式，在省级层面制定涉及公安、交通运输、市场监管等14个领域的包容审慎监管执法“四张清单”282项。落实行政执法“三项制度”，组织4.1万人参加行政执法资格考试，累计换发行政执法证件8万余本。深化行政执法改革。打造省域一体化数字执法平台；调整优化省级海洋渔业、生态环境保护、高速与港口交通等重点领域综合行政执法机构，完成市县应急管理综合行政执法机构队伍整合和职责调整；推进乡镇（街道）“一支队伍管执法”改革，确定赋权事项477项。

【法治服务保障】 2022年，福建省深化“放管服”改革。推进“证照分离”改革全覆盖，完成523项涉企经营许可事项分类改革。健全“双随机、一公开”监管机制，实现企业信用风险分类结果常态化运用。完善“五级十五同”标准动态调整机制，推进跨域办理政务服务事项1300多个；推出“一件事一次办”改革事项8125个，审批环节比上年精简67.6%。福州市数字政府服务能力在全国重点城市中获评“优秀级”。

法治化营商环境优化。2022年，福建省出台实施法治领域支持稳住经济大盘政策措施，施行《福建省优化营商环境条例》《福建省地方金融监督管理条例》等法规。推进海丝中央法务区建设，厦门市仲裁委被最高人民法院纳入“一站式”国际商事纠纷多元化解决机制仲裁机构名单。设立113家外资企业投诉工作机构，省、市、县三级实现全覆盖。三明市优化法治化营商环境“136”工作法入选全国中小企业发展典型案例。

突发事件应对水平提高。2022年，福建省完善突发事件应对制度，印发福建省森林火灾、防汛抗旱防台风应急预案，在12个县（市、区）开展预案体系建设试点，建设覆盖约1.67万家企业的危险化学品、烟花爆竹等重点行业领域监管执法对象基础台账库。

（马　莉）

公　安

【概况】 2022年，福建省公安机关以“提高效率、提升效能、提增效益”行动为牵引，实行全警动员，确保全省社会大局持续安定稳定。一体推进政治安全保卫战、涉稳风险化解攻坚战、治安突出问题整治战、安全隐患治理战“四大战役”，攻坚推进重点支撑项目49个，开展夏季治安打击整治“百日行动”，全天候运转情报信息、网络舆情、社会面管控等7个专班，日清日结情报线索，完成53个重大活动和36个重要节点保卫任务。侦破“1989·11·9”命案积案等大案要案，景区和非景区景点安全整治等经验在全国推广；全年刑事立案数比上年下降14.9%，破案率提升4.6个百分点、达69.1%，群众安全感率99.03%；刑侦工作总绩效位居全国第一。全省公安系统有9个重大典型被中共中央、国务院、中央军委授予荣誉称号（“漳州110”、晋江刑警大队、石狮凤里派出所、漳州强制戒毒所、宁德三都边防派出所、厦门出入境管理支队、上杭古田派出所、厦门莲前派出所、福州铁路公安处福州车站派出所）。

【夏季治安打击整治“百日行动”】 2022年6月14日至9月25日，福建省公安机关在全国率先开展夏季治安打击整治“百日行动”，快侦快破现行案件2.9万件、抓获逃犯1万人，部省两级204起集群战役、111件挂账督办案件全部收网，“两抢一盗”、寻衅滋事发案数月均降幅20.2%，行动成果得到公安部和省委、省政府肯定。

【新冠疫情防控助力】 2022年，福建省公安机关保持“三公（工）一大”防疫专班高效运作，精准支撑流调溯源，加强社区管控、人员摸排、海上疫情防输入等工作，助力打赢多轮次本土疫情歼灭战。疫情防控措施调整转段后，加强医疗机构秩序维护、涉疫矛盾纠纷排查化解、涉疫违法犯罪打击整治；加强监所防疫工作，108个在用公安监所在全部纳入属地联防联控机制基础上，进一步纳入属地救治体系。

【刑事犯罪侦查】 2022年，福建省公安机关以常态化扫黑除恶斗争为牵引，加大对电信网络诈骗、跨境赌博、养老诈骗等突出违法犯罪打击力度。打击诈骗犯罪呈现“三降两升”态势（警情数、立案数、财损数分别比上年下降23.1%、19.2%、34.5%，抓获数、破案率分别提升79.9%、0.2个百分点），工作绩效居全国第三。侦破涉跨境赌博案件3868件，抓获1.8万人，成效居全国前列。查处涉海偷渡、走私、涉海砂刑事案件558件2608人，分别比上年增长78.3%、176.6%。破获涉枪涉爆、黄赌毒、食药环等部省督办案件694件，连续4年实现部督枪爆案件办结率和在逃人员缉捕率“两个100%”。

2022年1月10日，福建省公安厅和漳州市公安局在“漳州110”基地举行庆祝2022年中国人民警察节系列活动。图为活动当天举办的“爱民一条街”“漳州110”主题摄影展　　　　（杜勇　摄）

【经济犯罪侦查】　2022年，福建省公安机关破获经济犯罪案件6487件，抓获犯罪嫌疑人7366人。推进打击地下钱庄“歼击2022”行动，破获地下钱庄类案件257件，专项战果全国第一。推进境外追逃“猎狐2022”行动，从25个国家和地区追回逃犯111人，缉捕成效居全国第五。严打金融财税领域经济犯罪，破获银行卡、信贷、保险、证券期货、假币等金融类案件532件；破获危害税收征管秩序案件371件，比上年增长27.5%。严打涉众养老等领域经济犯罪，破获非法集资、传销等涉众型经济犯罪案件612件，比上年增长43.7%。严打假冒知名品牌、闽企商标及影响创新发展的侵犯商业秘密等犯罪，破案655件。打击侵企犯罪，破获合同诈骗、职务侵占、挪用资金等经济犯罪案件1348件。

【禁毒工作】　2022年，福建省组织实施全民禁毒工程，健全省、市、县、乡、村“五级书记抓禁毒”机制，禁毒工作综合考评连续5年位居全国前列。常态化开展“平安关爱”行动，戒断3年未复吸人数从2017年的49318人增加至2022年的121716人、增长146.8%。省公安厅组织开展“清源断流”暨“飓风肃毒2022”会战行动，破获毒品犯罪案件811件，破获制贩毒团伙77个，抓获毒品犯罪嫌疑人1517人，缴获各类毒品3.8吨、制毒物品903.7吨。推进禁毒“十百千万”工程，建成禁毒教育基地65个、禁毒品牌村（社区）108个、禁毒宣教室2626个，新发现吸毒人数从2017年的11548人下降至1329人、下降88.5%。福建省禁毒工作群众满意度98.6%，排名全国第四。全年先后获国家禁毒委、公安部贺电、嘉奖令、通报表扬10件次。

2022年6月24日，福建省禁毒委员会在福州市林则徐纪念馆举行全国禁毒宣传教育基地揭牌仪式　　　　（游伟　摄）

【治安防范管理】　2022年，福建省推进社会治安防控体系建设示范城市创建活动，建成智慧安防小区9548个，6712个村（社区）实现刑事案件“零发案”。全省公安机关传承弘扬新时代“漳州110”精神，完善“四警四化”警务新机制，全面落实武装巡逻“四项机制”和“1、3、5”分钟快速反应机制，常态部署动中备勤警组213个，建成智慧街面警务站147个，日均投入警力1.5万人次，发动群防群治力量共同参与巡逻防范，全省三类可防性案件数量实现持续下降。开展矛盾纠纷大起底大化解行动，全省未发生规模群体性事件。建立典型案件全复盘全检视机制，完善个人极端暴力犯罪防范措施，消除一批问题隐患。深化公安信访积案攻坚，落实领导包案、带案下访等措施，办结化解部省两级交办信访件7823件，整体化解率99.9%。加强大型活动安全监管，确保各项大型群众性活动安全有序。

【公共区域涉险隐患排查促改】　2022年，福建省公安机关坚持“预防警务”理念，深化公共区域涉险隐患排查促改工作，设立景区和非景区景点警务室（执勤点）3234个，配备民（辅）警20205人，新建、整合联网各类公共安全视频监控资源108.23万路，排查整改风险隐患12285处，挂牌整治2017

2022 年 6 月 29 日，福建省高速公路特长隧道危化品运输车辆事故应急演练在甬莞高速福建省泉州段石鼓山隧道举行　　　　（省公安厅交警总队　供图）

处。全省接报溺水、坠崖、踩踏等警情数比上年下降 21.6%，死亡人数下降 11.8%。

【出入境及往来台港澳管理】　2022 年，福建省公安机关出入境管理部门批准公民出入境证件申请 248607 人次。其中，签发普通护照 51028 人次，批准内地居民往来香港地区 12620 人次、内地居民往来澳门地区 97374 人次、公民前往香港定居 2480 人次、公民前往澳门定居 210 人次、大陆居民往来台湾地区 7394 人次，签发台胞证 52388 人次，办理外国人签证证件 25113 人次（签证 6722 人次、居留证件 18391 人次）。

【公安“放管服”改革】　2022 年，福建省公安机关推动 386 项公安行政审批服务事项全部入驻省网上办事大厅，其中“最多跑一趟”事项占比 96.11%。41 个派出所试点建设“一站式”综合服务窗口，办理新增业务 2 万笔。推动户政业务“省内通办”“跨省通办”，办结“省内通办”户政业务 62657 件、跨省迁移业务 17406 件。全省推广建立道路交通事故线上快处快赔工作机制，全年线上快处 15.2 万起，快赔 6.3 万起，赔付金额 1.72 亿元。完善新冠疫情期间在闽台胞初次逾期居留不予处罚等政策，助力建设“台胞台企登陆第一家园”。

【法治公安建设】　2022 年，福建省制定出台《福建省实施〈中华人民共和国反恐怖主义法〉办法》和《福建省公安机关警务辅助人员管理条例》。省公安厅深化执法规范化建设，研发全省执法办案管理中心管控平台。落实“少拘慎押”宽严相济刑事政策，制定公安行政管理 88 种事项审慎包容监管“四张清单”。全年全省适用非羁押性强制措施人员占被采取刑事强制措施嫌疑人数的 49.73%。

【智慧公安建设】　2022 年，福建省公安机关实施智慧公安三年行动提升工程，全面完成省、市公安大数据平台建设并实现级联互通。完成新一代警综平台建设第一阶段攻坚任务，支撑政法跨部门协同办案。深化“雪亮工程”建设，升级完善视频图像信息综合应用平台，实现全省所有行政村、重点公共区域视频监控全覆盖，初步建成省市一体的“平安家园·智能天网”综合应用体系。在全国公安基层技术革新大赛中，福建省参赛项目获奖率 80%，排名全国第二。

（林　程）

检　　察

【概况】　2022 年，福建省检察机关聚焦学习宣传贯彻党的二十大精神首要政治任务，建立党组“第一议题学”、支部“第一主题学”、干警“第一任务学”机制，融合开展对党忠诚教育和“提高效率、提升效能、提增效益”行动；统筹新冠疫情防控和经济社会发展，统筹发展和安全，服务全方位推进高质量发展。全省检察机关履行刑事、民事、行政、公益诉讼“四大检察”职能，办理各类案件 180506 件，43 个案件入选全国检察机关指导性案例、典型案例。批准逮捕各类刑事犯罪 19286 人，提起公诉 58618 人。常态化推进扫黑除恶专项斗争，落实省、市检察院统一把关制度，起诉涉黑涉恶犯罪 973 人。参与反腐败斗争，加强监察执法与刑事司法衔接，受理各级监委移送职务犯罪 485 人，起诉 388 人。落实新冠“乙类乙管”要求，突出惩治哄抬物价、制假售假等涉疫犯罪。统筹适用少捕慎诉慎押刑事司法政策和认罪认罚从宽制度，不捕率、不诉率和诉前羁押率均呈向好态势，认罪认罚从宽制度适用率稳定保持在 85%以上。强化闽台融合法治保障，加强对台司法互助二级窗口建设，深化“司法服务＋司法保障＋司法交流”涉台检察工作模式，连续 7 年举办海峡两岸检察制度研讨会，创新“检察监督＋台胞认领＋社会共管”涉台文物保护模式。

【刑事检察监督】　2022 年，福建省检察机关健全完善刑事检察监督机制，加大对刑事立案、侦查、审判、执行活动的监督力度。落实最高人民检察院、公安部侦查监督与协助配合机制，会同省公安厅制定实施意见，在市、县两级全覆盖设立侦查监督与协作配合办公室，监督立案 706 件、监督撤案 1143 件。加强刑事审判活动监督，对认为确有错误的刑事裁判提出抗诉 182 件。同步审查减刑、假释、暂予监外执行，提出书面纠正监督意见 2868 人。推进监狱、看守所、社区矫正巡回检察监督，发现和纠正监管执法和检察履职突出问题。加强公民个人信息司法保护，起诉侵犯公民个人信息犯罪 160 人。协同开展打击整治养老诈骗专项行动，起诉养老诈骗犯罪410人，追赃挽损4460万余元，结合办案推动涉诈领域综合治理。

【民事检察监督】 2022年，福建省检察机关坚持权力监督与权利救济相结合、监督纠错与维护裁判权威相统一，办理民事检察案件5701件。对认为确有错误的民事生效裁判和调解书提出抗诉和再审检察建议301件。持续监督解决消极执行、明显超标的查封等问题，办理民事执行监督案件1934件。与省法院加强民事执行监督协作配合，连续3年开展民事行政执行案件评查。根据省人大常委会部署，首次开展民商事信访案件评查活动。联合公安、法院深化虚假诉讼活动监督，以抗诉或检察建议纠正“假官司”595件，起诉虚假诉讼犯罪94人。连续5年开展“根治欠薪”专项监督活动，帮助3183人追讨欠薪7000余万元。

【行政检察监督】 2022年，福建省检察机关办理行政诉讼监督案件4979件。开展“全面深化行政检察监督，依法护航民生民利”专项活动，办理民生民利专项监督案件2437件。开展诉讼活动涉行政处罚监督，结合诉讼向行政机关提出监督意见816件。深化行政强制隔离戒毒监督，办理监督案件254件。常态化推进土地执法查处领域非诉执行监督，与省自然资源厅建立衔接机制，办理监督案件442件。将行政争议实质性化解贯穿办案全过程，实质性化解行政争议554件。

【公益诉讼检察】 2022年，福建省检察机关加强办理生态环境和资源保护、国有土地使用权出让等传统法定领域公益诉讼案件和《中华人民共和国英雄烈士保护法》《中华人民共和国个人信息保护法》《中华人民共和国反垄断法》等确定的新领域案件，拓展公益诉讼范围，办理各类案件4914件。深化“专业化法律监督＋恢复性司法实践＋社会化综合治理”生态检察工作模式，制定服务保障海洋强省建设“18条意见”，起诉破坏环境资源犯罪1147人，办理公益诉讼案件2405件。以磋商、诉前检察建议等方式督促行政机关履职，推动99.5%公益损害问题在诉前得到解决。福建省检察机关首创的公益诉讼诉前圆桌会议机制被最高人民检察院推广，获评“2022年度福建省十大法治事件”。

【营商领域检察监督】 2022年，福建省检察院制定检察机关依法能动履职优化营商环境“16条意见”。在全国率先开展营商环境领域行政违法行为专项监督，办理涉营商环境行政违法监督案件158件。开展涉案企业合规改革试点，会同工商联等部门办理企业合规案件99件，对整改合格的涉案企业责任人依法不起诉，对未通过整改的企业相关责任人依法追诉。参与防范化解经济金融风险，协同有关部门参与打击治理洗钱违法犯罪三年行动，起诉非法集资、洗钱等金融犯罪809人。

【知识产权检察】 2022年，福建省检察院出台工作意见，深化知识产权检察职能集中统一履行，省、市两级检察院全部成立知识产权检察办公室。全省起诉侵犯知识产权犯罪896人，办理民事、行政、公益诉讼案件29件，福建省办理的案件连续10年入选全国检察机关保护知识产权典型案例。

【检察信访工作】 2022年，福建省检察机关落实“群众信访件件有回复”制度，以“领导包案＋公开听证＋司法救助”推动信访积案化解。压实首办责任和属地责任，对1034件首次到检察机关信访的案件，全部由市、县两级院领导包案办理。检察机关信访总量和到省检察院信访量分别比上年减少16%、18.7%，省检察院等10个单位获评全国检察机关文明接待室。省人大常委会专题听取控告申诉检察工作情况报告。

【未成年人综合司法保护】 2022年，福建省检察机关推行未成年人检察业务集中统一办理，以检察履职融合家庭、学校、社会、网络、政府、司法“六大保护”。严厉惩治性侵、拐卖等侵害未成年人犯罪2045人。最大限度教育挽救涉罪未成年人，不捕率、不诉率分别高出整体刑事犯罪33个、37个百分点。针对严重监护失职、未成年人遭受家庭暴力等问题，在全国首创并推广“督促监护令”制度，制发1520份。

【检察队伍建设】 2022年，福建省检察院接受最高人民检察院巡视“回头看”和省委政法委政治督察，全省三级院一体整改落实。常态化开展全面从严治党专题会商，配合开展“一组一专项”“一季一主题”“室组”联动监督。开展违纪违法案件倒查和上下联动印证排查。分级分类开展教育培训，深化检察业务专家和人才库建设，组织全省优秀公诉人竞赛、公益诉讼检察业务竞赛等岗位练兵。推进检察官与法官、警察、律师等同堂培训，聘请472名行政机关专业人员兼任检察官助理。深化司法体制综合配套改革，完善检察官单独职务序列管理。开展检察人员平时考核、检察业务态势分析研判、重点任务提醒督办等工作。全省检察机关188个集体和个人获省级以上表彰，其中潘进格、周永东分别获评“全国人民满意的公务员”和“福建省十大法治人物”。制定薄弱院与先进院结对共建实施办法，同步推进3个新入列薄弱院帮扶工作。实施数字检察战略，主导推进省级政法跨部门大数据办案平台建设，实现刑事案件网上流转办理，推进远程提审、远程庭审、远程送达、律师互联网阅卷等系统建设和运用。 （董利炜）

法　院

【概况】 2022年，福建省各级法院受理各类案件101.37万件，办结案件96.80万件，结案率位居全国第四，创历史最好成绩，未结数创10年最低；法官人均办案数从2017年的186.5件增至235.05件。完善疫情防控领导机制，根据“新十条”“乙类乙管”等各阶段疫情防控要求，制定疫情防控6批46条举措，统筹新冠疫情防控和审判执行工作，依法审理、执行因疫情引发的合同、劳动争议等纠纷，采取“放水养鱼”方式服务“两稳一保一防”。全年网上立案16.79万件，网上调解26.4万次，网上开庭约3万次。

【刑事审判】 2022年，福建省各级法院一审审结刑事案件4.4万件，判处罪犯6.4万人。开展打击整治养老诈骗、电信网络诈骗、拐卖妇女儿童犯罪三项行动，聚焦打击整治重点，出台工作指引，建立专项工作机制。落实常态化扫黑除恶“十件实事”，依法严惩涉黑恶犯罪174件667人。依法惩治腐败犯罪，一审审结贪污、贿赂等案件223件242人。建成全国首个“刑事案款跨域便民缴纳系统”，方便刑事案件财产性判项案款缴纳。

【民商事审判】 2022年，福建省各级法院落实福建省优化营商环境行动方案和营商环境创新改革行动计划，融入法治化营商环境示范区建设。一审审结民商事案件45.93万件。出台司法保障创新型民营企业发展的24条措施，精准服务创新型省份建设。加强保交楼、保民生、保稳定相关工作，避免楼盘烂尾带来金融风险和社会矛盾。运用“执破直通”“预重整”等机制盘活资金、挽救企业，推动实达集团用时36天高效重整。举办首届厦门金融司法协同论坛。

【行政审判】 2022年，福建省各级法院一审审结行政诉讼案件7791件，办结行政非诉执行案件7835件。深化司法与行政良性互动，完善府院联席会议制度，运用“五位一体”以庭代训常态化机制，促进行政效率和公信力提高。连续12年发布行政审判白皮书，促进行政执法水平提升。在全省法院推广设立行政争议多元调处中心，推广泉州“地域化”、宁德“项目化”模式，促进行政争议实质性化解。

【知识产权司法保障】 2022年，福建省各级法院一审审结各类知识产权案件2.28万件。形成以省法院为牵引，福州、厦门、泉州知识产权法庭为示范，6个中级法院和27个基层法院为基础的知识产权三级法院联动保护格局。省法院与省知识产权局共同建立覆盖省、市、县的协同保护机制，入选福建省深化“放管服”改革典型经验。加大对“卡脖子”关键核心技术、战略性新兴产业的保护力度。省法院成为全国第二家与世界知识产权组织仲裁与调解中心签署合作协议的高级人民法院，促进涉外知识产权纠纷多元高效解决。

【民生司法保障】 2022年，福建省各级法院加强教育、医疗、养老、育幼、社会保障等民生案件审理。审理全国首例由残联代为申请人身安全保护令的创新做法，被人身安全保护令司法解释所吸纳。参与“园区枫桥”机制建设，联合出台《关于加强职工法律服务“园区枫桥”机制建设的意见》，加强对新业态劳动群体的权利保护。审结司法救助案件793件，发放司法救助款2812万元。出台服务保障乡村振兴17项重点举措，开展“枫桥式人民法庭”创建和寻找“最美法庭”活动，“海岛模式”“背包法庭”“茶乡法庭”等5项经验做法入选全国新时代人民法庭建设案例。

【生态司法保障】 2022年，福建省各级法院一审审结各类环境资源案件3425件。“生态司法＋保险”机制、“海丝蓝屏”保护行动等6项工作写入最高人民法院发布的《中国生物多样性司法保护》报告。服务“双碳”目标，与省林业局联合制定工作指引，在全国首创林业碳汇损失计量及赔偿机制，破解林业碳汇司法鉴定难题，修复受损森林资源。加强文化和自然遗产一体保护，加强对红色文化遗存、古厝、廊桥等司法保护。

【审判改革创新】 2022年，福建省各级法院融入海丝中央法务区建设，设立厦门、泉州国际商事法庭和厦门涉外海事法庭、省法院海丝中央法务区巡回审判点，“三庭一点”打造国际商事海事争端解决优选地。审结章公祖师肉身佛像追索案，成为全国通过司法渠道跨国追索文物开创性案例；创设“中国版”国际司法裁判规则，入选“新时代推动法治进程2022年度十大案件”。全国人大常委会、最高人民法院、中央部委到闽调研，对福建省涉外、涉侨审判工作给予肯定。推进涉台司法创新发展，办结涉台案件980件、司法互助案件4678

2022年12月28日，福建省高级人民法院与世界知识产权组织仲裁与调解中心签署合作协议 （张亮 摄）

2022年7月19日，福建省高级人民法院民四庭开庭宣判章公祖师肉身佛像追索案　（何凡　摄）

件，连续举办14届海峡两岸司法实务研讨会。

【案件执行】　2022年，福建省各级法院部署开展“千名执行干警进千企”“春雷行动”“公正执行在身边”等“两调研三行动”，全年执结案件42.67万件，执行到位金额935.61亿元。推出发挥执行职能助力中小微企业发展10条措施，为76家企业缓解生产经营压力，挽救经营危机企业18家。在全省推广党政机关“零强制”执行机制，促进自动履行生效判决。全省多家法院建立执行服务中心。各地建立涉执困难群众发现救助、农民工工资案件联调联处等一批救困扶困执行联动机制。

【法院信访工作】　2022年，福建省各级法院加强人民法院网上申诉信访平台应用，推进“治重化积”专项行动，办结率99.67%，涉诉信访总量持续下降。开展涉诉信访维稳工作督导，开展人民法庭安全管理工作专项整治和全省法院安全管理工作隐患大排查，落实完善“全员·能动·快速”安保机制。

【矛盾纠纷调解】　2022年，福建省各级法院完善一站式多元纠纷解决和诉讼服务体系，落实非诉讼纠纷解决机制，加强诉源治理、诉非联动，利用在线调解平台，推进源头、前端、多元解纷。开展10个重点行业领域矛盾纠纷大化解，金融、住建等多个行业新收案件数量均比上年减少。开展长期未结、久押不决案件专项清理，长期未结案件数量比上年减少60.82%，创历史最好成绩。完善跨域诉讼服务3.0版，拓展服务功能、主体、事项、领域、层级，将86个事项纳入服务范围，为群众提供家门口的诉讼服务。运用福建法院网上诉讼服务中心、人民法院调解平台、“12368”诉讼服务平台、人民法院在线服务（福建）等13个平台，提供在线立案、在线缴费、在线调解、在线庭审等全时空全流程诉讼服务。

【司法改革】　2022年，福建省各级法院落实政法领域全面深化改革等意见和人民法院“五五改革纲要”，运用改革创新成果为司法赋能。完善权责清单，推进1400余个审判团队规范运行。深化司法权力运行机制改革，发挥专业法官会议、审判委员会制度作用，全面推行类案检索，推进“闽法同判”，统一司法尺度。健全“四类案件”识别监管机制，明确院庭长12项审判监管职责。融入“数字福建”“智慧政法”，建设人民法院信息化4.0版，加快智慧办案办公系统建设，配合推进省级政法跨部门大数据办案平台建设和运用。

【法院队伍建设】　2022年，福建省法院建立党建教育实践基地，坚持集中教育与日常学习、组织培训和个人自学、专家辅导和参观见学等相结合，运用“学习强国”“网络学院”“闽法问道”等平台，加强理论学习的针对性和实效性。深化青年理论学习小组建设，组织开展省法院机关青年理论学习暨习近平法治思想研习活动，召开庆祝共青团成立100周年青年干警座谈会。完成对全省9个中院、厦门海事法院和平潭法院的政治督察和第三轮司法巡查全覆盖。加强高层次审判人才和年轻干部培养，评选108名福建省审判业务专家，落实“选育管用”12项措施，促进年轻干部成长成才。涵养“红”“福”“拼”的福建审判文化，以“一地一品牌一特色”为牵引，打造“一书三馆两基地一长廊一百集”法魂文化精品项目。厦门中院“七星法治文化街区”和泉州中院“法映刺桐”宋元法律文化展馆入选“全国法院文化建设特色项目”。深化党风廉政建设和反腐败斗争，巩固深化教育整顿成果，全省法院查处违纪违法人员47人。发挥廉政风险防控“清风”系统作用，聚焦审判执行全流程89个廉政风险点开展精准监督。　（刘琼渝）

司法行政

【概况】　2022年，福建省司法行政系统开展“忠诚在心·岗位奉献”对党忠诚教育，分级分类开展政治轮训162场1.6万人次。省司法厅制定印发学习宣传贯彻党的二十大精神专门文件，开展集中学习、交流研讨、专家辅导等学习宣传活动。开展习近平总书记重要指示批示精神贯彻落实情况“回头看”，健全贯彻落实中央决策部署闭环机制。省司法厅全年请示报告重大事项230件；制定厅党委巡察工作5年规划和工作办法、工作规则等配套制度，启动6个监所单位巡察工作。组织开展司法行政系统全面从严治党暨党风廉政建设和反腐败工作会议。福建省限减罪犯教育、律师行业党建等7项经验做法被全国推广，普法动态智能管理、“复议为民促和谐”专项行动等8项工作获全国表彰。

【法治强省建设】 2022年，福建省司法厅落实法治强省建设要求，牵头制定法治政府、法治社会、法治人才、法治文化等实施方案，组织开展2022年度福建省十大法治人物和十大法治事件评选，3个市、县（福州市、晋江市、武平县）和3个单项（漳州新时代110警务机制改革创新、三明打造水生态环境治理新样本、南平厚植法治护绿根基赋能生态文明建设）获评全国法治政府建设示范地区和项目。组织行政执法资格考试4.1万人次。开展中央依法治国办关于市县法治和福建省法治政府建设督察整改和跟踪问效，督促指导16家省直行政执法机关完成行政裁量权基准调整，2个案例入选全国行政执法典型案例并获评司法部执法案例优秀奖。

【公共法律服务】 2022年，福建省司法厅制定出台助力“两稳一保一防”12条措施；全省司法行政系统对接省、市、县年度重点项目1587个。推进海丝中央法务区建设。实施“不忘初心、牢记嘱托，打造新时代福建‘148’品牌”三年行动，培育律师“148”、青年“148”等系列惠民利民项目；“12348”热线群众满意率99.7%，位居全国前列。开展“法援惠民生”“公证服务质量提升年”“尊法守法，携手筑梦”和农民工公益法律服务行动等活动，全年办理公证49万件、司法鉴定12.4万件、行政审批事项5214件；办理法律援助8.4万件，为受援人挽回经济损失6.5亿元。

【海丝中央法务区建设】 2022年，福建省司法厅推动省、市、区三级联建海丝中央法务区，建成海丝中央法务区公共法律服务中心、国际法务运营平台和3个国家级知识产权保护中心。联合厦门大学法学院挂牌成立福建律师学院，引进27家境内外知名律所落户；推动8家律所入选面向金砖国家法律服务机构首批名录、5个机构入选全国海外远程视频公证试点单位。厦门仲裁委被最高人民法院纳入第二批“一站式”国际商事纠纷多元化解决机制的国际商事仲裁机构名单。

【社会治安维护】 2022年，福建省司法行政系统开展“忠诚保平安、护航二十大”“严执法、强管理、清隐患、保安全”等活动，排查整治监狱戒毒场所、社区矫正和安置帮教工作风险隐患904个、整改率100%，完成重大活动、重要节点期间全省安保维稳任务。开展罪犯身份证、驾驶证换补领和为临刑释人员代购手机等工作，监狱单位静置物品无接触式搬运管理和戒毒场所强化物资闭环管理、“三微”视频等经验做法被司法部表彰推广。创新和发展新时代“枫桥经验”，打造“海上枫桥”“边界枫桥”“民间枫桥”“园区枫桥”等10个调解品牌，全年化解矛盾纠纷31万多件，比上年增长50.04%；漳州市设立全国首个台胞调解组织。

【社区矫正与安置帮教】 2022年，福建省司法厅制定社区矫正志愿服务、档案管理、应急处置和社会工作服务等4项配套制度。开展刑满释放人员安置帮教“强弱项、建机制”专项行动，全年全省接收社区矫正对象2.58万人，安置帮教刑释解矫人员18.5万余人，重新犯罪率分别为0.16%和0.41%。

【律师工作】 2022年，福建省开展“两公”律师改革试点，完善港澳与内地律师事务所合伙联营、聘请外籍律师担任法律顾问等制度。553家律师事务所与627家商会建立合作机制。深化刑事案件律师辩护全覆盖，指派值班律师提供法律帮助3.05万件。制定律师行业联合党支部工作指引，出台加强律师队伍教育管理“20条措施”和律师执业活动投诉处理办法。连续19年实现国家统一法律职业资格考试考务工作“零差错”。

【普法宣传】 2022年，福建省加强普法宣传，实施“八五”普法规划，开展第五个“宪法宣传周”活动，省司法厅出台政务新媒体信息发布审核“十条规范”。在全国首创“蒲公英”普法志愿者联盟，发展志愿者7.3万余人，普法服务对象2000万人次，获评第三届“全国普法依法治理创新案例”和“2022年度福建省十大法治事件”；开展“蒲公英在八闽”等系列法治宣传活动，创建30个全国民主法治示范村（社区），6件法治事件入选《中国共产党百年法治大事记》。福建省宪法宣传教育馆获评第四批全国法治宣传教育基地；厦门翔安区“谁执法谁普法”动态智能管理平台获第六届“中国法治政府奖”，并在全国普法工作会议上作经验交流。

【司法体制改革】 2022年，福建省司法厅会同省纪委监委建立法治督察与纪检监察监督协作配合4项机制，配合省发改委建立营商环境数字化监测督导机制指标体系，推动与省高级人民法院“五位一体”以庭代训常态化制度化，会同省检察院、省工商联推进涉案企业合规改革试点和第三方监督评估机制建设。推进跨领域跨部门综合执法和基层“一支队伍管执法”，实现执法联动响应和协作。推进监狱罪犯劳动改造“四项机制”试点工作，修订减刑、假释立案工作指导意见，联合民政、教育、工青妇等10个部门出台《关于进一步加强福建省服刑在押和强制隔离戒毒人员未成年子女关爱保护工作的意见》。

【司法队伍建设】 2022年，福建省司法行政系统巩固深化政法队伍教育整顿，制定干警“八小时以外”监督管理、严禁违规饮酒、主要领导出差请休假管理等规定，《加强监狱单位“一把手”监督管理办法》《防止干预司法“三个规定”实施细则》等制度被全国教育整顿办肯定推广，司法行政系统酒驾醉驾专项警示教育活动获省委领导批示肯定。健全完善竞赛比武、考核评比等“四个一”工作机制，“一学三比”

活动做法多次在全国全省会议上作经验介绍，被列入福建省政法队伍教育整顿重点推广实践成果。组织开展全省司法行政系统“双先”等评选表彰活动，19个集体、28名个人获评省部级以上表彰，其中郑武进被授予全国“人民满意的公务员”，童亮获评2022年度“全国十大法治人物”。（马　莉）

仲　裁

【概况】 2022年，福建省仲裁行业受理仲裁案件16512件，比上年增长31%；受案总标的额230.06亿元，比上年下降9.6%。全省仲裁行业将学习宣传贯彻党的二十大精神作为首要政治任务，坚持把党的领导贯穿于仲裁内部治理全过程。厦门仲裁委开展“习近平总书记致厦门经济特区建设40周年贺信重要精神”大学习大讨论活动，加强党风廉政建设和反腐败工作，加强梳理查找履行职责、行使权力过程中的廉政风险点。漳州仲裁委将党建工作与提升创新能力、队伍建设深度融合，形成党建与业务“一盘棋”，开展“我为群众办实事”实践活动，为群众提供法律咨询、节假日立案、周末开庭等便民服务。

【仲裁监督】 2022年，福建省仲裁行业强化内部监督，加大监督检查力度。福州仲裁委通过“智慧仲裁”系统指定仲裁员，构建以老带新、相互促进的仲裁员队伍，全年369名仲裁员参与案件审理，仲裁员参审率72.21%。泉州仲裁委建立重大疑难案件专家咨询制度和仲裁委员会主任会议监督制度，全年未发生被人民法院撤销或被裁定不予执行案件。厦门仲裁委制定《厦门仲裁委员会纪检监察信访举报工作程序》，明确党组织的政治把关和监督职责及办理信访举报案件的流程。漳州仲裁委在组庭程序中落实仲裁员信息披露制度和仲裁员回避制度。

【矛盾纠纷化解】 2022年，福建省仲裁行业推动构建多元纠纷解决机制，探索仲裁、调解协调机制建设，建立仲裁、诉讼协调机制建设。福州仲裁委将调解工作贯穿案件审理全过程，对庭前、庭审中、庭后的调解工作作出明确指引，全年处理诉调案件984件，调解成功197件，标的额11696万元；与自贸试验区福州片区管委会、福州市中级人民法院共同建立涉自贸区民商事纠纷诉调仲执一体化机制，作为全国首创项目，入选福建自贸试验区第19批创新举措。厦门仲裁委与厦门法院系统建立“诉（讼）（仲）裁对接”机制，参加厦门市诉非联动相关活动，与厦门市中级人民法院、厦门海事法院、厦门市司法局、厦门市海丝商事海事调解中心五方签署《关于构建商事海事纠纷多元化解机制的合作框架协议》，推进商事、海事审判、仲裁、调解建立对接机制，构建多元解纷平台，提供一站式、一体化商事海事纠纷解决服务，推进构建全链条的国际商事海事纠纷解决体系；全年以调解方式结案191件，占全年结案量的12.5%。漳州仲裁委加强与政府部门、企事业单位合作，推动市属国有企业采用仲裁方式解决纠纷，“送法上门”为企业合同规范管理提供帮助；加入漳州市中级人民法院和龙文区人民法院的诉前调解平台以及漳州市金融纠纷多元化解中心等平台，强化诉仲对接，助力诉源治理；以龙文区人民法院为试点，推行诉调结合，派遣仲裁员参与诉前调解工作。

【涉外仲裁服务】 2022年，福建省仲裁行业创新涉外仲裁业务，加强对外交流合作。厦门仲裁委围绕海丝中央法务区建设目标，推进涉外商事海事仲裁工作，与“丝路海运”签订《关于促进“丝路海运”仲裁法律服务战略合作协议》，建立联合调研、法治交流、规则制定、法治宣传、人才队伍建设等5个方面合作机制；与中国人民大学、西南政法大学和厦门大学签订国际商事仲裁硕士联合培养协议；被最高人民法院纳入最高人民法院“一站式”国际商事纠纷多元化解决机制的国际商事仲裁机构名单。

【涉台仲裁服务】 2022年，福建省仲裁行业加强与台湾地区仲裁机构和仲裁员交流合作，探索服务台胞台企工作机制，与台湾中华仲裁协会共同促进两岸仲裁事业融合发展。漳州仲裁委组建涉台仲裁员队伍，优化仲裁程序，引导台胞采用仲裁方式解决纠纷，助力推动海峡两岸经贸合作发展。（马　莉）

编辑：林忠玉

福建省军区

【概况】 2022年，福建省军区强化政治引领，建强“东南前哨”新媒体矩阵，开展首届福建省国防动员“最美人物”评选活动，针对性开展中美战略博弈必胜信念、“净化网络空间、严守保密纪律”、涉酒等专题教育。完成新兵征集任务，大学毕业生比例再创新高，征兵工作位列全国第六。组织开展基层武装机构“评星挂牌”活动，推进民兵整组。组织“四个秩序”建设集训和考评，开展安全大检查，统筹疫情防控；推动资产可视化建设，加强停偿资产移交等工作；福建省安全稳定量化排名位列国防动员系统第八。召开基层建设座谈会，落实挂钩帮带、住部蹲所工作，推进人武部迁建（整修）、干休所综合整治和民兵训练基地建设。组织军分区（警备区）党委第一书记党管武装工作述职，实现党管武装工作纳入设区市绩效考评、列入省级军地联合表彰“两项突破”。开展“四严四整”专题教育整顿，召开民主生活会和专题组织生活会对照剖析，制定全面从严治党责任50条清单，深化后装重点行业领域整肃治理。

【思想政治建设】 2022年，福建省军区强化政治引领，中心组第一时间跟进学习习近平总书记重要讲话精神，带动三级机关理论学习，组织中校以上军官理论培训；召开民兵思想政治教育试点推进会，建强“东南前哨”新媒体矩阵，开展首届福建省国防动员“最美人物”评选活动，针对性开展中美战略博弈必胜信念、“净化网络空间、严守保密纪律”、涉酒等专题教育。12月12—16日，通过视频会议系统组织省军区中校以上军官理论集训暨二十大精神专题学习，省军区全体人员参加。通过走实动员辅导、外请授课、个人自学、录像辅导、体会交流等步骤，加强党的二十大精神学习贯彻。

【“守初心、严纪律、葆本色”专题教育活动】 2022年，福建省军区在全区离退休干部中开展“守初心、严纪律、葆本色”专题教育活动，按照上半年、7月至党的二十大召开、二十大召开后3个阶段，组织实施“提高政治站位、凝聚思想共识”“拥护‘两个确立’、永葆政治本色”“赞颂伟大成就、回望革命初心”“学习贯彻二十大、奋进复兴新征程”4个专题。

【省委议军会议与党管武装述职报告会】 2022年9月5日，中共福建省委议军会议暨军分区（警备区）党委第一书记党管武装工作述职报告会召开。组织4名第一书记大会述职，讲评部署党管武装工作，研究解决驻闽部队建设重大问题；推进军地联合表彰项目“福建省党管武装工作先进单位和个人”；组织3个军分区党委第一书记任职宣布。

【征兵领导小组会议和征兵工作电视电话会议】 2022年1月26日，福建省征兵领导小组组长、省长赵龙主持召开省征兵领导小组会议，省征兵领导小组成员参加。会议听取省征兵办公室主任2022年征兵工作情况汇报和“一年两征”初步安排，集中研究分析一年两次征兵工作特点和全省征兵工作形势，制定新年度征兵工作的措施办法。召开全省征兵工作电视电话会议，总结部署全省2022年“一年两征”工作，明确相关工作要求。

【征兵宣传暨大学生征兵工作网络启动】 2022年7月17日，2022年下半年福建省征兵宣传暨大学生征兵工作网络启动仪式在黎明职业大学举行。省军区少将司令员王宏宇出席仪式并讲话。活动采取网络在线直播方式举行。全省各级党政有关领导、各高校征兵工作人员、各高校师生和热心群众通过直播平台在线参与活动。其间开展军旅特色表演、优秀退役大学生士兵代表发言、视频采访守卫边疆的福建籍战士等活动。启动仪式结束后，全省高校同步开展征兵宣传系列活动。

【省领导检查征兵体检站】 2022年8月2日，福建省征兵领导小组组长、省长赵龙带省征兵领导小组相关人员到福州市台江区征兵体检站检查指导征兵体检工作，军地领导现场检查征兵体检站设置和体检组织情况，看望参加体检的应征青年和医务人员。省长赵龙对上半年征兵工作给予肯定，并对下半年征兵工作提出要求。

【福建省暨福州市2022年新兵欢送仪式】 2022年9月19日，2022年福建省暨福州市新兵欢送仪式在福州火车站举行。省征兵领导小组副组长、省政府副省长李建成，省征兵领导小组副组长、省军区少将副司令员郑福源，省征兵领导小组副组长、省军区少将副政治委员史建国及福州市征兵领导小组、接兵部队领导和部分新兵家长参加。副省长李建成作讲话。

【民兵思想政治教育试点推进会】 2022年5月13—14日，福建省军区民兵思想政治教育试点推进会在泉州召开，省军区少将政治委员宋鸿喜出席会议并讲话；各军分区（警备区）政委通过视频会议系统参加会议，政治工作处主任、人武部政委在主会场参加会议。会议通过观看试点做法汇报片，观摩式教育、访谈式教育，参观泉州军分区教育成果展和军史文化长廊等，推动解决好民兵人员难集中、教育时间难落实、教育效果难持续、军地合力难形成等问题，试点形成7项静态成果，演示推广8种教育方法。

【民兵防空分队实弹射击】 2022年7月18—30日，福建省军区以联合作战背景下民兵防空分队担负的使命和任务为牵引，按照“受领任务、紧急出动、占领阵地、临战训练”一个过程，组织民兵分队在闽南某海域展开野外驻训和实弹射击。通过组织跨昼夜连贯实弹射击，检验装备的实战技术性能，提升民兵防空分队遂行作战任务能力。

【警备纠察】 2022年，福建省军区开展“守护戎装”专项行动。开展军地联合检查22次，查处劳保店铺27家、网络平台16个、假冒军人6人次，依法没收伪造军官证件10本、涉军照片39张、涉军文件资料70份，收缴各类仿制军服、迷彩鞋等1091件。赴泉州打击“假冒中将”行动被《人民日报》等央媒报道，全网点击量超1000万次。

【首届福建省国防动员“最美人物”评选】 2022年6—8月，福建省军区在“东南前哨”微信公众号开设专栏对“最美人物”开展宣传报道。8月1日，邀请军地评委评选福建省国防动员“最美人物”候选人，确定12名“最美人物”。9月26日，在省军区礼堂组织福建省国防动员“最美人物”颁奖仪式，运用视频推介、情景朗诵、人物访谈、歌舞礼赞等形式，展现“最美人物”人事迹。

【学生军训】 2022年，福建省军地联合下发新年度学生军事训练工作要点、学生军训专项整顿通知、年度高校军训工作通知、进一步加强学生军训工作的通知等文件。省、市两级多次召开军训准备协调会，在固化“上下对应、三级衔接、职责明确”军训组织领导体系的基础上，发挥教导员、指导员兼具教师和教官的双重身份优势，协调安排驻军部队、省军区系统完成全省71所高校27.2万余名学生军训任务。

【全国中小学国防教育示范校创建】 2022年1—11月，福建省军区会同省教育厅开展全国中小学国防教育示范校创建活动，福建27所中小学被新命名为“全国国防教育示范学校”，75所原命名学校均通过复核。（王求基　邹亚平）

人民防空

【概况】 2022年，福建省各级人民防空系统履行“战时防空、平时服务、应急支援”职能，完成国家人民防空办公室下达目标任务，推进组织指挥、人员防护、目标防护、支撑保障体系建设。落实国防动员体制改革部署，12月15日，以福建省人民防空办公室为基础组建的福建省国防动员办公室挂牌成立；全省9个设区市国防动员办公室全部单独设立并完成挂牌，83个县（市、区）级国动办均完成挂牌。

【人防组织指挥体系建设】 2022年，福建省各级人防系统推进指挥场所建设。省级完成基本指挥所、预备指挥所及人员紧急疏散场所维修改造。厦门思明、湖里完成机动指挥所建设；漳州完成市级预备指挥大厅和漳州港开发区基本指挥所建设；泉州石狮、晋江、南安和惠安完成机动指挥信息系统建设工作；莆田仙游、荔城、涵江、秀屿人防机动指挥所交付使用；宁德福安，龙岩

2022年12月7日，福建省人防工程平战转换暨专业队应急抢险救援训练观摩在漳州东山举行。图为演练现场　（省国动办　供图）

长汀、连城、上杭、武平、新罗人防地面应急指挥中心投入使用。开展省市两级人防方案编修。推进防空警报系统升级改造和城市人防警报补盲建设，常态化落实警报设施的维护管理。采取省带市集中演训和示范观摩，在漳州东山开展全省人防工程平战转换综合训练。建立省直机关人防工作“五个一”机制（一个人防组织机构、一名人防联络员、一套人防防护方案、每年一次集中训练、一套日常维护机制），会同省机关事务管理局结合“4·21”福州市防空警报试鸣，指导福建工程学院、国网福建省电力有限公司开展防空袭紧急疏散演练。福州、厦门牵头围绕中心城市人口疏散和防护救援力量支援课题，开展研究性训练演练。

2022年10月19—21日，福建省人防办在宁德组织“宁盾—2022”演练观摩暨全省人防系统业务训练。图为10月20日演练现场 （宁德市国动办 供图）

【人防人员防护体系建设】 2022年，福建省人民防空办公室推进专项规划编制，在新一轮国土空间规划（2021—2035年）修编中增补构建人民防空城市防护体系相关内容。加强城市新区组团人防工程建设，推动莆田市新区等地开发建设增补地下空间开发兼顾人防需求内容，配建人防功能设施。落实人防工程配建指标，实现人防工程新增使用面积与城市人口同步增长。加强人防工程动工建设。莆田市开展人防医疗救护工程建设试点。持续开展人防工程维护管理质量评估，建立人防工程数据库，出台《福建省人民防空工程标牌设置技术规定》。推行人防工程安全生产“四检”（日检、月检、季检和临检）制度和“六防”（防火、防烟、防塌、防涝、防挤、防伤）措施。

【人防目标防护体系建设】 2022年，福建省人民防空办公室创新重要经济目标防护理念，建立“隐、扰、撤、停、救”策略和机制，推动宁德市开展大型新能源重点企业目标防护课题训练研究，福州长乐区开展重要经济目标防护和消除空袭后果演练。推动重要经济目标关键数据地下冗灾备份中心试点建设，会同国网福建电力开展国网福建备用电力调度中心试点建设。漳州龙海区连续6年组织重要经济目标防护救援演练，南平市人民防空办公室联合市住建局、建阳区政府和燃气企业组织开展“潭盾—2022”重要经济目标（燃气）防护救护课题研究训练。

【人防支撑保障体系建设】 2022年，福建省人民防空办公室推行重点工作任务项目化、项目清单化、清单具体化制度，实施任务项目清单动态管理。分析梳理人防核心能力建设存在的短板弱项，推动人民防空核心能力建设补短板工作，推动九市一区人防系统加大补短板比学赶帮超力度。开展模范机关创建，打造“铸盾护民”“家访谈心”“近邻党建”“青年理论学习”“红色人防”等党建品牌，组织编修《福建红色人防综述》并在《福建党史》刊登。以厦门、漳州为试点示范，在全省推动在城市政务服务移动客户端开设应急避难场所引路导航功能，实现防空掩蔽、应急避险、社区公益、双创实践、停车服务、避暑纳凉、近邻党建、文明创建等数据融合和功能叠加。强化人防宣传教育，按照“扩面、上线、入户”工作思路，组织制作人防宣传海报、人防科普知识短视频。拍摄“新时代·新人防”专题宣传片。选址建设省级人防宣教基地。推进《福建省人民防空工程维护管理和使用保护办法》修订工作。制定出台《不予处罚事项清单（试行）》《从轻处罚事项清单（试行）》，助力营商环境优化。 （黄培峰）

退役军人事务

【概况】 2022年，福建省退役军人事务系统以退役军人工作高质量发展为主题，以“让退役军人获得感成色更足”为主线，以“喜迎二十大、奋进立新功”实践活动为载体，推进办实事、抓落实、创特色、促提升，推动退役军人工作创新发展。年内，省委和省政府召开22次会议研究退役军人工作，其中省委常委会会议5次（含3次省委退役军人事务工作领导小组会议）；省领导作出批示117次。福建省退役军人事务工作保持“1个全国唯一”（全国唯一所有设区市连续五届获评双拥模范城的省份），实现“4个全国首创”（首创烈士纪念设施“两分一统”长效管护机制，首创“古田军号”思想政治工作法，首创在高速公路服务区设立军人驿站，首家出台拥军支前实施意见），在全国双拥办主任会议等7次全国会议上作典型交流。开展“最美退役军人”学习宣传活动；深化“军民情·连心桥”主题活动，打造省级退役军人思想政治教育实践基地1个。完善系统政务新媒体矩阵、新闻宣传媒体传播矩阵，加强融合传播，构建思想政治“大宣传”格局。9月27日，全省首个退役军人思想政治研究中心——泉州市退役军人思想政治研究中心在泉州海洋学院成立，同时在该校建成全省首个民办高校退役军人服务站，并成立退役军人志愿服务队，开展军训教育和研学活动。

【双拥共建】 2022年，福建省退役军人事务厅初步完成“习近平同志关于双拥工作重要论述福建探源”课题研究，上报退役军人事务部（全国双拥办）。完成省委交办的海军第三艘航母命名争取任务，并创新推进省舰共建工作。完成全省军供保障专题调研，从省级、厅级、市级3个层面提出加强军供保障14条措施。结合全国双拥模范城（县）中期评估，开展新一届省级双拥创模考评。7月29日，福建省双拥模范城（县）命名大会在福州举行，省委、省政府、省军区命名新一届福建省双拥模范城（县）77个，省双拥共建工作领导小组表彰双拥工作先进单位50个、双拥工作先进个人99人。省退役军人事务厅联合省委军民融合办出台高质量服务部队备战打仗8条措施，会同省军区、教育厅联合出台进一步做好军人子女优待工作的实施意见。打造拥军惠兵“政策＋协调”的“福建模式”，协调解决随军家属随调安置，帮助随军家属就业，为军人子女办理入学。落实退役军人部统一安排，推进模范城与戍边基层连队结对共建，对现役边海防官兵家庭进行全覆盖走访慰问，帮助解决家庭实际困难。

【退役军人服务保障】 2022年，福建省推进“我为老兵办实事”实践活动，省委退役军人事务工作领导小组12个成员单位确定9件年度办实事重点项目。推进“军人退役一件事”改革，将涉及8个部门的12件事集成为“一窗办、一起办、一次办”，被评为2022年度省直公共数据应用“十佳”优秀案例。省退役军人事务厅与多家省属国有企业和社会组织联合开展拥军优属活动，全省各级在各行业、各系统、各类社会团体中建设新型军人驿站（退役军人服务站）超300家，织密拥军优属社会化服务网。7月14日，全国首个高速服务区军人驿站（退役军人服务站）——福建高速公路常山服务区军人驿站（退役军人服务站）揭牌运行，至8月，福建高速集团首批建设的7个服务区军人驿站（退役军人服务站）投入运行，主要功能包括优惠服务、应急援助、共建共享等功能，服务站内设置休息区、宣传区和读书区，提供军人优惠、应急援助及其他配套服务。

省退役军人事务厅定期对困难退役军人摸底排查与动态更新，全省困难退役军人帮扶援助系统人数落实帮扶率超96.5%。结合元旦、春节、八一等重要时点，组织开展“情暖老兵、关爱帮扶”公益行动，对生活困难企业军转干部、部分优抚对象、军休干部等坚持常态化联系、经常性走访慰问，落实慰问帮扶资金，全年办实事5300余项。组织省荣军医院等单位联合开展巡诊活动，为近2000名残疾军人和在乡老复员军人等优抚对象进行免费诊疗。

加强退役军人移交安置和就业创业，开展退役军人就业创业培训、退役军人专场招聘、“送政策进军营”活动，为军创企业搭建学习、交流、对接平台，帮助退役军人企业家提升管理企业能力、开拓创业思路、提高风险防范意识和抵抗能力，营造退役军人就业创业氛围和示范带动效应。坚持“与贡献匹配、与实绩挂钩”的安置导向，完成中央下达福建省政府安排工作退役士兵（包括退出消防员）、军转干部相关任务。下达福建省军休干部“三年移交”年度安置任务，连续3年均提前超额完成任务。省退役军人事务厅制定出台《进一步促进退役军人就业创业十条措施》《福建省退役军人创业创新大赛组织实施细则（试行）》，探索退役军人教育培训合作，厦门、漳州、龙岩、福州成立退役军人（教育）学院。参加全国退役军人创业创新大赛，福建省3个项目参赛获三等奖1个、优胜奖2个，省退役军人事务厅获优秀组织奖。举办退役军人就业创业培训示范班，全省80名退役军人企业家（企业创始人、董事长、高层管理人员）参加。常态化举办面向退役军人专场招聘、“送政策进军营”活动，全年各级举办招聘、送政策进军营活动超300场，9851家企业为退役军人提供用人岗位。

【优抚褒扬纪念】 2022年，福建省退役军人事务厅持续开展“为烈士寻亲、为烈士立传”活动，为291名烈士找到亲属；1982年以来首次重新编印《福建烈士英名录》；举办首届八闽英烈讲解员大赛。实施社会优抚工作“质量提升年”活动，联合28个部门，推出具有福建特色的优待项目153个，比全国目录多37个。做好优待证申请办理，全省累计申请71万人，审核通过67万人，制卡65万张。发挥福建省党史事件多、红色资源多、革命先辈多的优势，持续开展烈士纪念设施整修提升，深化“两分一统”（分类整修、分级负责、统一数字化管理）和“六个一”（每个烈士集中安葬区均落实一个醒目标示、一份事迹简介、一座规范墓碑、一个保护边界、一份管理制度、一条通行道路）长效管护机制。全年全省新成立烈士纪念设施保护管理机构49个，迁移并集中管护零散烈士墓1209座。

【“最美退役军人”和国防动员“最美人物”评选】 2022年，福建省开展2022年度福建省“最美退役军人”和首届福建省国防动员“最美人物”评选活动。7月31日，由省委宣传部、省退役军人事务厅、省军区政治工作局联合主办的“喜迎二十大，永远跟党走”庆祝建军95周年暨2022年度福建省“最美退役军人”发布仪式在省广播影视集团演播厅举行，发布2022年度福建省“最美退役军人”名单共10人。9月26日，“喜迎二十大·奋进新征程——首届福建省国防动员‘最美人物’颁奖仪式”在福州举行，发布首届福建省国防动员“最美人物”名单共12人。

（省退役军人事务厅）

编辑：林忠玉

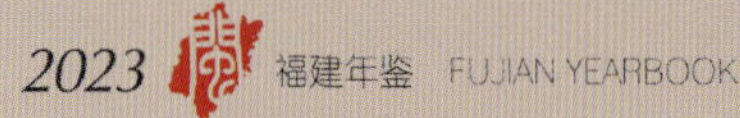

外事 侨务 港澳事务

外 事

【概况】 2022年，福建省推进各地区各领域对外合作交流，服务保障国家重大外交议程，推动福建高水平开放高质量发展，创新开展公共对外交往和民间对外交往。联合俄罗斯卡累利阿自治共和国举办庆祝结好5周年视频交流会，推动福建省企业与俄方签署总金额10亿元的面粉、铝锭采购协议；配合外交部做好杨洁篪、郭声琨在福建南平分别与俄罗斯联邦安全会议秘书帕特鲁舍夫主持召开的中俄第十七轮战略安全磋商、中俄执法安全合作机制第七次会议服务保障工作。深化岛国合作，发布《福建省与太平洋岛国合作成果清单》，梳理总结10年来福建与太平洋岛国合作成果；启用中国—太平洋岛国减贫与发展合作中心，并为6国35人举办首期线上培训；邀请部分岛国驻华使节参加在平潭举行的“中国—岛屿国家海洋合作高级别论坛”，推动福建省援建巴布亚新几内亚东高地省多媒体教育中心项目。贯彻落实外交部为福建制定的外事工作意见，一体推进编制实施规划。福建省相关做法得到外交部肯定，并在《外事管理》专刊向全国介绍。

服务福建经济社会发展。2022年，福建省外事部门畅通对外交往渠道，推动厦门市与以色列内坦亚市、福州市鼓楼区与日本和歌山县高野町结为国际友好城市，全省友城总数累计121对。实施“丝路伙伴”计划，新增尼日利亚卡诺州、乌拉圭卡内洛内斯省等7对友好交流关系或意向友城；与俄罗斯卡累利阿自治共和国、巴西塞阿腊州、巴布亚新几内亚东高地省等3个友城签署建立丝路伙伴关系备忘录；联合日本长崎县、冲绳县，越南广宁省等友城举办8场结好周年庆活动；联合澳大利亚塔斯马尼亚州举办合作发展混合委员会第三次会议；邀请外国驻华使节到福建参加中国国际投资贸易洽谈会、21世纪海上丝绸之路博览会等重要经贸展会和人文交流等活动。利用金砖“中国年”契机，加强与金砖国家友城和有关地方的对接交流，联合全国对外友协举办金砖友城论坛和对话会；推动中印尼、中菲“两国双园”建设，中印尼“两国双园”纳入中国与印度尼西亚政府间共建“一带一路”合作规划。提升服务质量，举办APEC商务旅行卡宣传推介活动，推出海外远程视频公证服务，核发到福建从事经贸、科技等活动的外籍人士邀请函，为厦门航空等公司出具国际客运包机支持函；开展境外企业滞留员工接返工作，并深化与央企合作，召开项目合作座谈会，现场签约项目11个、总投资168.2亿元；自接返工作开展后，达成签约项目20个、总投资898.3亿元。

加强国际传播能力建设。2022年，福建省外事部门配合中联部举办以“共享发展红利、共话美好未来”为主题的周边国家地方政商界人士网络研修班，特邀林占熺、项忠红等党的二十大代表和知名专家学者，为印度尼西亚中爪哇省、巴布亚新几内亚东高地省等国际友城领导介绍中国式现代化、福建“四大经济”（数字经济、海洋经济、绿色经济、文旅经济）、菌草产业国际合作等专题内容；举办中国—太平洋岛国减贫与发展合作中心太平洋岛国农业农村可持续发展线上培训班，向参训学员宣介中共二十大的重要成果和深远意义。强化实践引领，统筹安排来自非洲、拉美和加勒比地区的28个国家32名媒体记者参访厦门、三明、南平等地；举办“国际友人感知福建”“国际友人行走福建”“日资企业福建行”等活动。继续做大做强“菌草佳话”“鼓岭故事”“摆脱贫困”“生态福建”“黄檗文化”“富闽情谊”等品牌。联合拉美和加勒比地区有关方面举办5场菌草技术研讨会或对接会。举办中美友城对话、中国—俄勒冈州气候变化与可持续发展论坛等活动，多渠道讲述“鼓岭故事”。

健全完善外事管理体制机制。2022年，福建省加强对涉外工作的统筹协调和归口管理，提升外事领域治理体系和治理能力现代化。落实新冠疫情防控，履行省外事组工作职责，与卫健、交通、公安、海关、边检等部门和各地指挥部协同配合，落实“外防输入”各项工作；做好向友城捐赠防疫物资工作。强化涉外管理，实施“丝路平安”工程，举办“领事保护宣传月”活动，加大预防性领保宣传力度，开展重点境外企业（项目）安保巡查，推动企业设立安保总监；处置境外涉闽突发案（事）件，加强在乌克兰人员联络与撤离工作。加强“党管外事”工作，省委召开专题会议暨外事工作委员会第一次会议，省政府召开全省外事重点专项工作会议；组织开展“外事业务走基层”巡回培训；加强外事协作交流，召开闽西南协同发展区外事工作第三次会议，与宁夏外办建立友好协作关系。

【友好往来】　2022 年，福建省接待国外使团和客人到访的主要活动有：

1 月 14—25 日，乌拉圭驻华大使费尔南多·卢格里斯一行 6 人访问福建福州、厦门、泉州、漳州等地。省委常委、常务副省长郭宁宁会见客人一行，探讨推进闽乌经贸、友城、教育、文化等领域合作。在福建期间，卢格里斯拜会福州、厦门等市领导，与省农业农村厅、省海洋与渔业局、厦门市贸促会等部门座谈交流，走访机械、食品、渔业等本地代表性企业和福建农林大学等有关高校，参观泉州海外交通史博物馆、非物质文化遗产馆及福州鼓岭等地。

3 月 9 日，省委常委、常务副省长郭宁宁与乌拉圭卡内洛内斯省省长雅曼都·奥西在线共同签署《中华人民共和国福建省和乌拉圭东岸共和国卡内洛内斯省建立友好省关系意向书》。中国驻乌拉圭大使王刚、乌拉圭驻华大使费尔南多·卢格里斯、乌拉圭驻广州总领事马文朗，以及乌拉圭国际合作署，两省外事、经贸、文旅等有关部门领导参会。

3 月 30 日，福建省与巴西塞阿腊州举行深化合作线上签字仪式。驻巴西累西腓总领事严宇清、塞阿腊州国际关系厅厅长塞萨尔·里贝罗、科学技术和高等教育厅厅长卡洛斯·德西莫等两省州政府和高校有关领导出席。会上签署《中华人民共和国福建省与巴西联邦共和国塞阿腊州建立丝路伙伴关系备忘录》，福建师范大学与塞阿腊州联邦大学、福建技术师范学院与塞阿腊州立大学、厦门海洋职业技术学院与塞阿腊联邦大学分别签署校际合作协议。

6 月 8 日，福建省省长赵龙与越南广宁省人民委员会主席阮祥文通过视频连线共同出席福建省与越南广宁省结好 5 周年庆祝活动。中国驻越南大使熊波、越南驻华大使范星梅、福建省常务副省长郭宁宁、越南广宁省人民委员会副主席裴文康等嘉宾出席活动。

6 月 27—30 日，斯里兰卡、日本、新加坡、老挝、伊朗、德国、菲律宾、坦桑尼亚、泰国、韩国等 10 个国家驻华使领馆官员访问福建，出席在宁德福鼎市举办的第三届海丝国际茶文化论坛。省委常委、宣传部部长张彦在福州会见各国驻华使节和代表，斯里兰卡驻华大使帕利塔·科霍纳、日本驻华使馆公使贵岛善子作为使节代表在国际茶文化论坛开幕式上致辞。

6 月 28 日，福建省与俄罗斯卡累利阿自治共和国庆祝结好 5 周年视频交流会以视频连线的方式在福州和彼得罗扎沃茨克举行。省委常委、常务副省长郭宁宁，卡累利阿自治共和国副行政长官季莫费耶夫出席会议并致辞，卡累利阿自治共和国经济发展及工业部部长叶尔玛拉耶夫、卡累利阿自治共和国驻俄联邦总统副代表库兹明娜及双方政府相关部门领导和企业代表共 32 人连线参会。会上签署《中华人民共和国福建省与俄罗斯联邦卡累利阿自治共和国建立丝路伙伴关系谅解备忘录》，双方企业签署产品采购协议并展开对口交流洽谈。

7 月 20 日，中国—太平洋岛国减贫与发展合作中心启用仪式在福州举行。省委书记尹力在仪式上致辞，省长赵龙出席。外交部副部长谢锋，国家乡村振兴局副局长夏更生，斐济议会副议长、妇女儿童和减贫事务部助理部长巴特纳格尔，所罗门群岛驻华大使约翰·傅桂分别在现场或通过视频致辞。仪式上签署《中华人民共和国福建省与巴布亚新几内亚独立国东高地省建立丝路伙伴关系备忘录》，福建农林大学、福建商学院分别与巴布亚新几内亚的科技大学、戈罗卡大学签署合作备忘录。

7 月 23 日，省委副书记罗东川在福州会见约旦驻华大使侯赛尼、阿尔及利亚驻华大使拉贝希、委内瑞拉驻华大使约夫雷达等 21 名出席第五届数字中国建设峰会的驻华使节。

8 月 8—11 日，阿根廷驻华大使牛望道一行 5 人访问福建，省委常委、常务副省长郭宁宁会见客人一行，就落实两国领导人深化中阿全面战略伙伴关系共识、挖掘福建与阿根廷合作机遇、增进两地交流交往进行交流。在福建期间，牛望道拜会福州市市长吴贤德，走访福建南美商会、海峡基金等。

8 月 30 日，由中联部、中国驻尼日利亚使馆，福建省外办、省商务厅和尼日利亚卡诺州政府共同主办的“中国—尼日利亚工商界视频对话会”在北京、福建和尼日利亚多地以线上线下结合方式举行。中联部副部长沈蓓莉，福建省委常委、常务副省长郭宁宁，中国驻尼日利亚大使崔建春，尼日利亚执政党全体进步大会全国书记奥米索，卡诺州州长甘杜杰，工贸投部部长阿德巴约等双方领导出席活动并致辞。省委常委、常务副省长郭宁宁与卡诺州州长甘杜杰共同签署《中华人民共和国福建省与尼日利亚联邦共和国卡诺州建立友好省州关系意向书》。

9 月 1 日，福建省和塔斯马尼亚州合作发展混合委员会第三次会议以视频连线方式召开。省委常委、常务副省长郭宁宁和塔州内阁成员、州发展部部长盖·巴内特出席并致辞。混委会双方成员单位领导，以及两省州市级友城福州市和霍巴特市、莆田市和朗塞斯顿市代表参加会议。会上，福建省教育厅、农业农村厅、商务厅、文旅厅、林业局、海洋渔业局与塔州政府相关部门就教育、商务、农林渔、文旅等领域的合作进行交流探讨。

9 月 7 日，省长赵龙在厦门会见到福建出席第 22 届中国国际投资贸易洽谈会的驻华使节代表，介绍福建经济社会发展和开展对外交流合作等情况。韩国、阿联酋、厄瓜多尔、莫桑比克、印度尼西亚、毛里塔尼亚、捷克、津巴布韦、所罗门群岛、科摩罗、阿尔及利亚、塞尔维亚、菲律宾、马耳他、埃塞俄比亚等国驻华使节参加会见。

9月7日，2022金砖国家新工业革命伙伴关系论坛在厦门开幕。开幕式上，举行金砖创新基地赋能平台上线和产业创新联盟成立仪式，产业合作、能力建设等29个合作项目进行签约。俄罗斯驻华商务代表阿列克谢·达赫诺夫斯基，中联部研究室主任金鑫、外交部国际经济司副司长黄映扬等出席系列活动并在主论坛上致辞。

9月19日，中央政治局委员、中央外事工作委员会办公室主任杨洁篪，中央政治局委员、中央书记处书记、中央政法委书记郭声琨在南平市分别与俄罗斯联邦安全会议秘书帕特鲁舍夫举行中俄第十七轮战略安全磋商、中俄执法安全合作机制第七次会议。福建省配合完成会议各项外事服务保障工作。

9月20日，由中国人民对外友好协会、中国国际友好城市联合会、福建省政府共同主办的“2022金砖国家友好城市暨地方政府合作论坛”举行。金砖五国123个省市政府、8个友好组织代表、有关国家驻华使节及各界代表等约250人以线上或线下方式与会。论坛在北京钓鱼台国宾馆设主会场，在福州和厦门设分会场。全国人大常委会副委员长沈跃跃，中国人民对外友好协会会长林松添，省长赵龙，省委常委、常务副省长郭宁宁分别在北京会场和福州会场线下出席，俄罗斯国家杜马第一副主席梅利尼科夫、南非联合执政和传统事务部部长恩科萨扎娜·德拉米尼一祖马、巴西州议会全国联盟主席利迪奥·洛佩斯、南非驻华大使谢胜文、联合国驻华协调员常启德等出席论坛开幕式并致辞。福建省友城政府代表巴西塞阿腊州国际关系厅厅长塞萨尔·里贝罗、南非夸纳省国际关系部部长理查德应邀参会并发言。

9月20日，由中国人民对外友好协会、中国国际友好城市联合会、福建省人民政府联合主办，厦门市人民政府协办的“中国同新兴市场国家和发展中国家地方政府对话会”以线上线下相结合方式举行。来自五大洲18个国家的138个省市政府、14个友好组织代表约280人参会。会议围绕“团结合作 共同发展”主题，就促进地方互利合作、深化人文交流互鉴、促进共同发展进行交流。中国人民对外友好协会会长林松添，省委常委、常务副省长郭宁宁，阿联酋驻华大使扎希里，南非驻华大使谢胜文等出席对话会开幕式并致辞。墨西哥哈里斯科州州长恩里克·拉米雷斯、福建省友城印度尼西亚中爪哇省副省长塔吉·雅信等新兴市场和发展中国家地方政府领导应邀在线参会并发言。

9月29日，省长赵龙与日本长崎县知事大石贤吾、议长中岛广义通过视频连线共同出席福建省与日本长崎县结好40周年庆祝活动。省委常委、常务副省长郭宁宁出席，中国驻日本大使孔铉佑、日本驻华大使垂秀夫发表视频致辞。

11月9—10日，由自然资源部和福建省政府共同主办的中国—岛屿国家海洋合作高级别论坛在平潭举行。自然资源部副部长、国家海洋局局长王宏，副省长林文斌出席论坛开幕式并致辞。安提瓜和巴布达、斯里兰卡、基里巴斯、萨摩亚、瓦努阿图等岛屿国家部级官员、驻华使节及联合国教科文组织等国际组织代表通过线上或线下方式出席。论坛以“生态海岛，蓝色发展”为主题，聚焦气候变化、蓝色经济、绿色能源发展、人力资源开发等问题深入研讨，并通过《海岛可持续发展倡议》。

11月25日，福建省与日本冲绳县共同举办结好25周年庆祝活动，省长赵龙、日本冲绳县知事玉城丹尼通过视频连线出席活动并致辞。中国驻日本大使孔铉佑发来贺信，中国驻福冈总领事律桂军、日本驻广州总领事龟井启次视频致辞。省委常委、常务副省长郭宁宁，省人大常委会副主任袁毅，冲绳县副议长照屋守之出席活动。

12月2日，由中联部与福建省政府联合举办的“周边国家地方政商界人士网络研修班”通过线上线下相结合形式举行。省委常委、常务副省长郭宁宁，中联办部长助理朱锐出席开班式并致辞，印度尼西亚中爪哇省副省长塔吉·雅信、菲律宾宿务市副市长雷蒙德·加西亚、巴布亚新几内亚东高地省办公厅主任皮特·伽尔等国际友城领导，以及来自印度尼西亚廖内群岛省、马来西亚沙捞越州、斐济的政商界人士和在福建的外专、外教、留学生代表以线上或线下方式出席活动。北京和福建省专家为研修班作关于中国式现代化、福建经济社会发展和“四大经济”发展新篇章、菌草产业国际合作、RCEP给亚太和全球经济增长带来新动力等专题讲座。

12月17—19日，由福建省政府、文化和旅游部、自然资源部、中国社会科学院等共同主办的第七届世界妈祖文化论坛暨第二十四届中国·莆田湄洲妈祖文化旅游节在莆田市湄洲岛举行。论坛邀请摩尔多瓦驻华大使杜米特鲁·贝拉基什、尼泊尔驻华大使比什努·普斯卡·施雷斯塔、莱索托驻华大使肯尼思·拉巴莱、柬埔寨驻华大使馆代办萨达罗、厄瓜多尔驻华公使克里斯蒂安·曼切诺、斐济共和国驻上海总领事兼贸易总监陈玉茹、泰国驻厦门副总领事冰忆莲等多国驻华使节代表线下参加，加纳共和国新爱国党主席斯蒂芬·恩蒂姆等外国政要发来祝贺视频，联合国教科文组织驻华代表夏泽翰发表视频主旨演讲。

【教育对外交流合作】 2022年，福建省推进中外合作办学发展，全省有泉州信息工程学院乌克兰艺术学院1家中外合作办学机构；天津大学与新加坡国立大学合作举办的化学、化工、物理硕士研究生教育项目，福州外语外贸学院与意大利锡拉库萨“罗萨里奥·嘉里亚迪”美术学院合作举办服装与服饰设计本科教育项目，福建中医药大学与西班牙巴里亚多利德大学合作举办护理学本科教育项目等5个合作项目获教育部审批。深化国际交流合作，举办中巴、中澳友好省州视频交流会；“海丝”国际产学研用合作专业由4个增至6个；加强国际教育学术交流，全年举办各类国际会议28场次；服务学科建设，全省高校新增与“一带一路”沿线国家高校共建联合实验室25个。推进国际人才培养，做好双向留学工作，支持高校学科和科研骨干、优秀学生申报国家留学基金访问学者、高水平研究生、青年骨干教师研修等项目；推进到福建留学工作，新增具备招收留学生资格高校3所，全年招收外国留学生1537人；举办外国留学生入境返校培训班。开展中外人文交流，加强孔子学院建设，承担21所孔子学院和56个孔子课堂的汉语教师志愿者选拔、推荐工作，全年选派汉语教师130人；推进海外华文教育工作，新增海外华文教育基地7个，举办汉语教师在线培训和后疫情时代东南亚中文教育发展论坛；开展“中外人文交流小使者”展示、中外青少年绿色创新等活动，厦门双十中学等11所学校入选中美“千校携手”项目，福州教育学院附属中学被教育部列为2018年以来参与元首教育外交的中小学校。

【科技对外交流合作】　2022年，福建省推动海洋负排放国际大科学计划（ONCE）申报工作，由厦门大学牵头联合22个国家的38所高校及科研院所共同发起的全球海洋负排放计划获联合国教科文组织等政府间海洋学委员会评审通过，并纳入“联合国海洋科学促进可持续发展十年”行动大科学计划。深化与“一带一路”沿线国家和地区科技交流合作，以线上线下结合＋全球双语直播方式举办“2020年迪拜世博会中国馆福建活动日”活动，国内外观展人数超150万人次；依托福建技术师范学院举办福建省“一带一路”对外合作科技创新平台“福建省—印尼海洋食品联合研发中心”揭牌仪式，加强与印度尼西亚高校在海洋经济产业方面的合作；支持福建海洋研究所实施“发展中国家海洋生物技术及海洋生物多样性培训班”等线上援外培训项目12期，为18个发展中国家近520名科技管理人员完成相关培训任务；支持举办第七届金砖国家青年科学家论坛、2022年金砖国家可持续发展高层论坛、第四届金砖国家新工业革命伙伴关系论坛等活动，推进与金砖国家科技合作交流。实施国际科技合作项目与活动交流，组织实施一批省级国际科技合作项目，与巴基斯坦、日本、匈牙利、德国、澳大利亚、比利时、马来西亚、意大利、巴西、芬兰等国家和地区开展新材料、人工智能、医疗、环保、机械制造等领域的科技合作项目23个；争取科技部重点研发计划支持，组织推荐国家重点研发计划专项9个，获科技部立项3个；向科技部推荐2022年度中日青少年科技交流计划1项和2022年度科技援外培训项目6个。组织福建省企事业单位近300名科研人员参加科技部举办的国家重点研发计划“政府间国际科技创新合作”等重点专项指南申报线上政策宣讲会3场；组织福建省企事业单位参加“中芬绿色园区论坛暨第四届中芬高技术领域对接会”“2022年第十二届中意创新合作周”“中意碳中和与绿色发展培训班”“2022年中国—东盟创新创业大赛”等双边、多边国际科技交流活动。

【文化旅游对外交流合作】　2022年，福建省推进文化旅游对外交流与合作。举办福建2022年全球新年线上交响音乐会，在音乐会中融入福文化、海丝、非遗、世遗、华侨、海峡两岸等福建文化元素，在9个福建文化海外驿站、9个福建旅游推广中心所在国家及福建省在海外100多个友好城市播放；中国驻法国大使馆在其官方微信公众号推荐福建新年音乐会，全球点播观看量2065万次。举办“一脉传承　花开两邦”——纪念中日邦交正常化50周年黄檗文化展，6月30日至7月18日在省美术馆举行，日本驻华公使贵岛善子出席开幕式并致辞，展览展出书法、绘画作品70余件。落实部省合作文化项目，与瑞典斯德哥尔摩中国文化中心开展部省合作，举办“欢乐春节”——2022年福建新春歌舞晚会，作为文化和旅游部2022年“欢乐春节”品牌活动之一，晚会全球点播观看量3719万次。推进海外宣传阵地建设，依托9个福建文化海外驿站开展写“福”字、拜年、吃月饼等活动；以“云展览”形式在海外线上平台举办《格物致道——福建非遗传统美术、传统技艺类作品展》；在海外新媒体和社交平台开展“大美中国”视频展播活动、发布传播冬奥宣传片和短视频等；依托9个福建旅游海外合作推广中心，持续深化对外文旅合作。加强中美民间文化交流，依托福建省漳州市布袋木偶传承保护中心，面向美国马里兰州社区民众、学生等举办3次布袋木偶艺术线上展演活动。

【卫生对外交流合作】　2022年，福建省推进医疗援外各项工作，第16批援博医疗队、第19批援塞医疗队全年诊治病人69775人次，其中门诊患者29203人次、收治住院患者12880人次、开展手术4567台次、抢救危重患者1869人次、为华侨华人提供医疗咨询555人次。8月，中国驻塞内加尔大使肖晗赠予第19批援塞内加尔医疗队锦旗；9月，博茨瓦纳卫生部为第16批援博茨瓦纳医疗队全体46名队员颁发荣誉证书；10月，中国驻博茨瓦纳大使馆向国家卫健委和福建省政府发来感谢信。深化中非卫生健康合作，在派遣中国医疗队基础上，充实合作内容，创新合作形式，推动中非对口医院合作机制建设，分别举行中国—塞内加尔对口医院合作机制视频会议、中国　博茨瓦纳对口医院合作机制视频会议，确定重点学科建设方向和合作内容；举办省级专家评审会，对口医院合作机制项目联合建议书获省级评审专家一致通过并上报审批，其中中塞对口医院合作机制项目联合建议书于11月获国家评审通过；11月，福建省与香港共享基金会签署“消除白内障致盲项目”合作备忘录，共同支持在塞内加尔开展白内障超声乳化复明手术。推动福建中医药“走出去”，支持漳州水仙药业等福建中药企业加强与葡语系国家交流合作，推动在莫桑比克、东帝汶等国开展风油精、无极膏等药品经销和产品注册工作；支持漳州水仙药业与珠海粤澳中医药科技产业园深化合作，重点围绕“一带一路”沿线国家，推广福建中医药产品。

【环境保护对外交流合作】 2022年，福建省推进国际友城环保交流，实施福建省重点国际合作项目，加强国际友城环保“云交流”。福建省与日本长崎县县民生活环境部通过视频连线方式共同举办“2022年福建省—长崎县生态环境交流会”，围绕“积极应对气候变化，促进减污降碳”主题开展应对气候挑战、蓝碳及环境健康、固废资源化等多领域“云交流”，推进深化生态环境友好合作关系。拓宽生态环保国际视野，组织技术管理人员参加线上中国—东盟环境合作论坛、亚信绿色低碳城市建设研讨会等，学习交流绿色低碳发展模式和绿色低碳技术；组织优秀环保企业代表参加中德友城论坛、“中国（福建）—德国数字与绿色经济合作对接会”等国际会议并作主题发言交流。

【海丝核心区建设】 2022年，福建省推进“丝路海运”建设提速，“丝路海运”联盟成员单位294家，命名航线94条，通达31个国家和地区的108座港口，完成集装箱吞吐量1157.41万标箱；新开通RCEP航线和“丝路海运”电商快线，“丝路海运”国际航运综合服务平台建设完成，第四届“丝路海运”国际合作论坛举行。中欧（亚）班列“多点开花”，福州、龙岩新开行中欧班列，全省开通“中欧班列”城市5个，开行班列113趟。“丝路飞翔”持续深化，福州长乐国际机场二期扩建工程迈入实质性建设阶段、厦门新机场飞行区工程初步设计获批，泉州晋江机场扩能改造工程开工建设。“数字丝路”成果初显，发射“海丝一号”“海丝二号”系列遥感卫星。经贸合作载体提质增效，“一带一路”沿线国家和地区对福建投资比上年增长153%，东盟地区增长129.6%，RCEP成员国增长52.7%。总投资额420.7亿元的福建古雷150万吨/年乙烯及下游深加工联合体项目——中沙古雷乙烯项目落地，成为全省一次性投资最大的中外合资项目。海丝中央法务区加快建设，国际商事争端预防与解决组织全球首个代表处在厦门启用，知识产权CBD揭牌，全年吸引落地法务泛法务机构77个、受理国际商事海事案件821件。

【友好城市】 截至2022年底，福建省与46个国家的省、市建立121对友城关系，其中省级33对，福州市19对、厦门市20对、泉州市10对、漳州市6对、莆田市5对、南平市3对、三明市2对、龙岩市3对、宁德市4对，石狮市2对、武夷山市2对、南安市2对、福鼎市1对、晋江市2对、福清市1对、上杭县1对、泰宁县1对、福州市鼓楼区1对、厦门市思明区1对、福州市长乐区1对、泉州市鲤城区1对。

2022年福建省与国外友城关系一览表

省市	友好省州/城市	结好时间	签字地点
福建省 （33对）	澳大利亚塔斯马尼亚州 Tasmania，Australia	1981.3.5	霍巴特市 Hobart
	日本长崎县 Nagasaki，Japan	1982.10.16	长崎市 Nagasaki
	美国俄勒冈州 Oregon，U.S.A.	1984.9.25	福州市 Fuzhou
	比利时列日省 Liege，Belgium	1986.2.27	福州市 Fuzhou
	德国莱法州 Rheinland-Pfalz，Germany	1989.5.24	美茵兹市 Mainz
	法国诺曼底大区 Normandy，France	1990.12.6	卡昂市 Caen
	日本冲绳县 Okinawa，Japan	1997.9.4	福州市 Fuzhou
	意大利那不勒斯省 Naples，Italy	1998.6.12	那不勒斯市 Naples
	巴布亚新几内亚东高地省 Eastern Highlands，Papua New Guinea	2000.5.16	福州市 Fuzhou
	巴西塞阿腊州 Ceara，Brazil	2001.3.6	福塔莱萨市 Fortaleza
	乌克兰敖德萨州 Odessa，Ukraine	2002.7.11	敖德萨市 Odessa
	印度尼西亚中爪哇省 Central Java，Indonesia	2003.12.6	三宝垄市 Semarang

续表

省市	友好省州/城市	结好时间	签字地点
福建省（33对）	美国弗吉尼亚州 Virginia，U. S. A.	2004. 6. 8	北京市 Beijing
	南非夸祖鲁—纳塔尔省 KwaZulu-Natal，South Africa	2006. 12. 13	福州市 Fuzhou
	阿根廷米西奥内斯省 Misiones，Argentina	2007. 6. 27	伊瓜苏港 Puerto Iguazu
	西班牙坎塔布里亚自治区 Cantabria，Spain	2009. 6. 23	桑坦德市 Santander
	美国宾夕法尼亚州 Pennsylvania，U. S. A.	2009. 10. 23	哈里斯堡市 Harrisburg
	瑞典维姆兰省 Varmland，Sweden	2010. 6. 16	福州市 Fuzhou
	塔吉克斯坦索格特州 Sughd，Tajikistan	2012. 6. 2	厦门市 Xiamen
	波兰奥波莱省 Opole Voivodeship，Poland	2012. 9. 9	厦门市 Xiamen
	泰国孔敬府 Khon Kaen，Thailand	2015. 5. 22	孔敬市 Khon Kaen City
	加纳大阿克拉省 Greater Accra，Ghana	2015. 9. 7	厦门市 Xiamen
	马来西亚沙捞越州 Sarawak，Malaysia	2016. 10. 25	古晋市 Kuching
	越南广宁省 Quang Nam，Vietnam	2017. 5. 13	福州市 Fuzhou
	俄罗斯卡累利阿自治共和国 Republic of Karelia，Russia	2017. 11. 1	北京市 Beijing
	捷克奥洛穆茨州 The Olomouc Region，Czech Republic	2017. 12. 14	福州市 Fuzhou
	菲律宾宿务省 Cebu，Philippines	2018. 9. 12	宿务市 Cebu
	老挝琅勃拉邦省 Luang Prabang，Laos	2019. 4. 28	福州市 Fuzhou
	塞尔维亚伏伊伏丁那省 Autonomous Province of Vojvodina	2020. 6. 19	福州市、诺维萨德市 Fuzhou，Novi Sad
	罗马尼亚阿拉德省 Arad County，Romania	2020. 11. 17	福州市、阿拉德市 Fuzhou，Arad
	加拿大新斯科舍省 Nova Scotia，Canada	2020. 12. 21	福州市、哈利法克斯市 Fuzhou，Halifax
	埃塞俄比亚亚的斯亚贝巴 Addis Ababa City，Ethiopia	2021. 9. 2	北京市 Beijing
	柬埔寨金边市 Phnom Penh，Cambodia	2021. 9. 17	福州市、金边市 Fuzhou，Phnom Penh
	日本长崎县长崎市 Nagasaki，Nagasaki，Japan	1980. 10. 20	长崎市 Nagasaki
	日本冲绳县那霸市 Naha，Okinawa，Japan	1981. 6. 20	那霸市 Naha
	美国纽约州锡拉丘兹市 Syracuse，New York，U. S. A.	1991. 8. 25	锡拉丘兹市 Syracuse

续表

省市	友好省州/城市	结好时间	签字地点
福州市 （19 对）	美国华盛顿州塔科马市 Tacoma，Washington，U. S. A.	1994. 11. 16	福州市 Fuzhou
	巴西圣保罗州坎皮纳斯市 Campinas，Sao Paolo，Brazil	1996. 11. 8	福州市 Fuzhou
	澳大利亚新南威尔士州肖尔黑文市 Shoalhaven，New South Wales，Australia	2003. 10. 15	福州市 Fuzhou
	圭亚那乔治顿市 Georgetown，Guyana	2006. 5. 17	福州市 Fuzhou
	波兰科沙林省科沙林市 Koszalin，Koszalin，Poland	2007. 5. 19	福州市 Fuzhou
	肯尼亚蒙巴萨市 Mombasa，Kenya	2008. 5. 19	福州市 Fuzhou
	阿根廷里奥加耶戈斯市 Rio Gallegos，Argentina	2014. 11. 12	奥加耶戈斯市 Rio Gallegos
	俄罗斯鄂木斯克市 Omsk，Russia	2015. 5. 18	福州市 Fuzhou
	印度尼西亚中爪哇省三宝垄市 Central Java，Semarangng，Indonesia	2016. 6. 2	福州市 Fuzhou
	澳大利亚霍巴特市 Hobart，Australia	2017. 1. 4	福州市 Fuzhou
	菲律宾马尼拉市 Manila，Philippines	2017. 12. 1	福州市 Fuzhou
	比利时列日省列日市 Liege，Belgium	2018. 3. 9	福州市 Fuzhou
	毛里塔尼亚努瓦迪布市 Nouadhibou，Mauritania	2018. 9. 8	福州市 Fuzhou
	柬埔寨暹粒市 Siem Reap，Cambodia	2019. 5. 18	福州市 Fuzhou
	越南下龙市 Ha Long，Vietnam	2021. 7. 18	福州市、下龙市 Fuzhou，Ha Long
	美国檀香山市 Honolulu，Hawaii，U. S. A	2021. 10. 21	福州市、檀香山市 Fuzhou，Honolulu
厦门市 （20 对）	英国威尔士加的夫郡 Cardiff，Wales，U. K.	1983. 3. 31	厦门市 Xiamen
	日本长崎县佐世保市 Saseho，Nagasaki，Japan	1983. 10. 28	佐世保市 Saseho
	菲律宾宿务省宿务市 Cebu，Cebu，Philippines	1984. 10. 26	宿务市 Cebu
	美国马里兰州巴尔的摩市 Baltimore，Maryland，U. S. A.	1985. 11. 7	厦门市 Xiamen
	新西兰惠灵顿市 Wellington，New Zealand	1987. 6. 23	惠灵顿市 Wellington
	马来西亚槟榔屿州槟岛市 Penang Island，Penang，Malaysia	1993. 11. 10	槟岛市 Penang Island
	澳大利亚昆士兰州马卢奇郡 Maroochydore，Queensland，Australia	1999. 9. 28	厦门市 Xiamen
	立陶宛考纳斯省考纳斯市 Kaunas，Kaunas，Lithuania	2001. 3. 11	厦门市 Xiamen

续表

省市	友好省州/城市	结好时间	签字地点
	墨西哥哈里斯科州瓜达拉哈拉市 Guadalajara，Jalisco，Mexico	2003.8.15	瓜达拉哈拉市 Guadalajara
	荷兰南荷兰省祖特梅尔市 Zoetermeer，South Holland，Netherlands	2005.7.14	祖特梅尔市 Zoetermeer
	印度尼西亚东爪哇省泗水市 Surabaya，East Java，Indonesia	2006.6.24	泗水市 Surabaya
	韩国全罗南道省木浦市 Mokpo，South Jeolla，Korea	2007.7.25	木浦市 Mokpo
	希腊马拉松市 Marathon，Greece	2009.1.4	厦门市 Xiamen
	德国莱法州特里尔市 Trier，Rheinland－Pfalz，Germany	2010.11.11	特里尔市 Trier
	加拿大不列颠哥伦比亚省列治文市 Richmond，British Columbia，Canada	2012.4.27	厦门市 Xiamen
	塔吉克斯坦杜尚别市 Dushanbe，Tajikistan	2013.6.20	杜尚别市 Dushanbe
	法国普罗旺斯—阿尔卑斯—蓝色海岸大区尼斯市 Nice，Provence－Alpes－Cote d’ Azur，France	2014.5.22	厦门市 Xiamen
	泰国普吉市 Phuket Province，Kingdom of Thailand	2017.5.11	厦门市 Xiamen
	土耳其共和国伊兹密尔市 Izmir，Republic of Turkey	2018.1.18	伊兹密尔市 Izmir
	以色列内坦亚市 Netanya City，Sharon District，Israel	2022.1.18	厦门市、内坦亚市 Xiamen，Netanya
漳州市 （6对）	日本长崎县谏早市 Isahaya，Nagasaki，Japan	1991.4.15	漳州市 Zhangzhou
	印度尼西亚南苏门答腊省巨港市 Palembang，South Sumatra，Indonesia	2002.9.16	巨港市 Palembang
	荷兰瓦格宁根市 Wageningen，Netherlands	2009.5.12	漳州市 Zhangzhou
	日本北海道伊达市 Date，Hokkaido，Japan	2010.4.7	漳州市 Zhangzhou
	匈牙利格德勒市 Godollo，Hungary	2013.8.19	格德勒 Godollo
	美国夏威夷州檀香山市 Honolulu，Hawaii，U.S.A	2013.9.20	檀香山市 Honolulu
泉州市 （10对）	日本冲绳县浦添市 Urasoe，Okinawa，Japan	1988.9.23	浦添市 Urasoe
	美国加利福尼亚州蒙特利公园市 Monterey Park，California，U.S.A.	1994.2.24	蒙特利公园市 Monterey Park
	德国莱法州诺伊斯塔特市 Neustadt，Rheinland－Pfalz，Germany	1995.11.2	泉州市 Quanzhou
	土耳其梅尔辛省梅尔辛伊尼赛市 Yenisehir Mersin，Mersin，Turkey	2002.4.17	泉州市 Quanzhou
	美国加利福尼亚州圣迭戈郡 San Diego，California，U.S.A.	2006.11.6	泉州市 Quanzhou
	法国埃罗省蒙彼利埃 Herault，Montpellier，France	2010.2.28	泉州市 Quanzhou

续表

省市	友好省州/城市	结好时间	签字地点
	丹麦霍尔拜克自治市 Holbaek，Denmark	2016. 9. 10	霍尔拜克市 Holbaek
	马来西亚古晋南市 Kuching South City，Sarawak，Malaysia	2017. 10. 19	泉州市 Quanzhou
	俄罗斯迈科普市 Maykop，Russia	2018. 7. 12	迈科普市 Maykop
	菲律宾怡朗市 Iloilo City，Philippines	2020. 9. 16	福州市、怡朗市 Fuzhou，Iloilo
三明市 （2 对）	美国密歇根州兰辛市 Lansing，Michigan，U. S. A.	1997. 9. 10	三明市 Sanming
	匈牙利布达佩斯十五区 XV kerület，Budapest，Hungary	2009. 12. 22	三明市 Sanming
莆田市 （5 对）	美国阿肯色州贝茨维尔市 Batesville，Arkansas，U. S. A.	2007. 9. 17	贝茨维尔市 Batesville
	加拿大大不列颠哥伦比亚省坎伯兰市 Cumberland，British Columbia，Canada	2007. 9. 24	坎伯兰市 Cumberland
	马来西亚砂拉越州诗巫市 Sibu，Sarawak，Malaysia	2012. 11. 26	诗巫市 Sibu
	澳大利亚新南威尔士州帕拉玛塔市 Parramatta，Commonwealth，Australia	2015. 1. 27	帕拉玛塔 Parramatta
	澳大利亚朗塞斯顿市 City ofLaunceston，Australia	2017. 8. 23	朗塞斯顿市 Launceston
南平市 （3 对）	美国康涅狄格州史丹福市 Stamford，Connecticut，U. S. A.	1993. 7. 2	史丹福市 Stamford
	澳大利亚新南威尔士州奥尔伯里市 Albury，New South Wales，Australia	2003. 9. 6	南平市 Nanping
	韩国密阳市 Miryang City，South Korea	2019. 8. 23	密阳市 Miryang
龙岩市 （3 对）	澳大利亚新南威尔士州伍龙岗市 Wollongong，New South Wales，Australia	2000. 11. 19	龙岩市 Longyan
	法国安第尔省普松西市 Buzancais，Indre，France	2008. 10. 27	普松西市 Buzancais
	瑞典韦姆兰省菲利普斯塔德市 Filipstad，Sweden	2016. 4. 26	菲利普斯塔德市 Filipstad
宁德市 （4 对）	马来西亚砂拉越州诗巫市 Sibu，Sarawak，Malaysia	2009. 3. 19	宁德市 Ningde
	美国印第安纳州哥伦布市 Columbus，Indiana，U. S. A.	2010. 10. 22	宁德市 Ningde
	德国莱法州沃尔姆斯市 Worms，RheinlandPfalz，Germany	2012. 12. 7	宁德市 Ningde
	德国莱法州施佩尔市 Speyer，RheinlandPfalz，Germany	2012. 12. 7	宁德市 Ningde
福清市 （1 对）	印尼玛琅市 Malang，Indonesia	2018. 3. 30	玛琅市 Malang
晋江市 （2 对）	意大利皮埃蒙特大区库内奥省 Province ofCueno，Piedmont，Italy	2017. 7. 27	晋江市 Jinjiang
	菲律宾达沃市 Davao，Philippines	2018. 11. 13	晋江市 Jinjiang

续表

省市	友好省州/城市	结好时间	签字地点
石狮市 （2对）	菲律宾南甘马林省那牙市 Naga，Camarines Sur，Philippines	2000.3.1	那牙市 Naga
	澳大利亚南澳洲伦马克帕林加市 Renmark Paringa，South Australia，Australia	2005.10.19	石狮市 Shishi
南安市 （2对）	日本长崎县平户市 Hirado，Nagasaki，Japan	1995.10.20	平户市 Hirado
	菲律宾曼达韦市 Mandaue City，Philippines	2020.9.16	福州市、曼达韦市 Fuzhou，Mandaue
武夷山市 （2对）	美国夏威夷火奴鲁鲁市 Honolulu，Hawaii，U.S.A.	2005.7.12	火奴鲁鲁市 Honolulu
	澳大利亚新南威尔士州兰山市 Blue mountains，New South Wales，Australia	2009.6.30	兰山市 Blue mountains
福鼎市 （1对）	斯洛伐克特尔纳瓦州特尔纳瓦市 Trnava，Trnava，Slovakia	1998.4.29	福鼎市 Fuding
泰宁县 （1对）	比利时列日省艾瓦耶市 Aywaille，Liege，Belgium	2018.6.9	艾瓦耶市 Aywaille
上杭县 （1对）	塔吉克斯坦索格特州彭吉肯特市 Penjikent，Sughd，Tajikistan	2013.8.5	彭吉肯特市 Penjikent
福州市 长乐区（1对）	美国华盛顿州得梅因市 Des Moines，Washington，U.S.A.	2012.1.16	福州市长乐区 Changle
厦门市 思明区（1对）	美国佛罗里达州萨拉索市 Sarasota，Florida，U.S.A.	2007.11.9	萨拉索市 Sarasota
泉州市 鲤城区（1对）	斯里兰卡科特市 Kotte City，Sri Lanka	2020.6.25	泉州市、科特市 Quanzhou，Kotte
福州市 鼓楼区（1对）	日本和歌山县高野町 Koya-machi，Wakayama-Ken，Japan	2022.12.23	福州市、高野町 Fuzhou，Koya－machi

（省外事办）

侨　务

【概况】 2022年，福建省打造“云上会客厅”统战工作品牌，持续开展“同心·半月座谈”，举办2022海丝华文媒体发展论坛等交流联谊活动，配合完成涉侨司法线上专题调研。华侨大学研制推出首款华文教育机器人，内含菲律宾华语1～12册课本的教学内容，设有语言学习应用模块和人机互动功能模块等；12月19日，福建省政府侨务办公室向菲律宾华教中心捐赠“华文教育机器人”400台。

【2022海丝华文媒体发展论坛暨华媒福建行】 2022年2月18—22日，福建省政府新闻办公室、福建省政府侨务办公室、福建省互联网信息办公室、福建省广播电视局在福州联合举办“2022海丝华文媒体发展论坛暨华媒福建行”活动，来自34个国家和地区的海外华文媒体、国内各主流媒体等共83家近100名代表，以线上线下相结合方式参加活动，通过主旨演讲、云端对话等形式进行讨论交流。论坛大会后开展华媒福建

2022年2月18日，“2022海丝华文媒体发展论坛暨华媒福建行”活动在福州启动。图为论坛主旨演讲　　（省委统战部　供图）

行采访活动，组织海外华媒代表走访福州、三明等地，集中展示新时代新福建建设成就。

【“第四期闽侨青年精英海丝情”活动】 2022年5月24—27日，由中共福建省委统战部主办、厦门市委统战部承办的“第四期闽侨青年精英海丝情”活动在厦门举行，来自40个国家和地区的100余名闽籍青年侨胞、海外留学生代表参加。活动以“传承嘉庚精神·共书家国情怀”为主题，主要包含闽侨青年精英海丝行——走近陈嘉庚、2022闽侨青年精英海丝交流会、“颂嘉庚·心向党——闽侨青年精英喜迎二十大”厦门专场音乐会、闽侨青年精英海丝行——招商推介、闽侨青年精英海丝行——走进福文化等活动。活动设立泰国、新加坡、菲律宾、马来西亚、日本、南非、意大利、德国、英国、新西兰等海外分会场近20个，并借助“华人头条”开通线上视频、图片直播，联动多家媒体宣传，新闻总点击量超1000万次，其中图片直播累计点击量120万次、“2022闽侨青年精英海丝交流会”视频直播累计点击量510万次、“颂嘉庚·心向党——闽侨青年精英喜迎二十大”厦门专场音乐会视频直播累计点击量207万次。联动海外主流网络媒体对外推送活动新闻，宣传覆盖美国、加拿大、澳大利亚、印度等国家，提高活动在全球范围的曝光度和在Google、Bing、Yahoo等全球主要搜索引擎收录率。

【“同心·福”福建福文化主题展】 2022年6月18日，“同心·福”福建福文化主题展于第七届世界闽商大会期间在福州海峡会展中心主馆开幕。展览分为图片展和福文化创意设计大赛获奖作品展，其中图片展分为拼搏福、海丝福、超越福、生态福、大爱福5个展区，获奖作品展选取展示福文化创意设计大赛“福潮”“福艺”两个类别的一、二、三等奖共12件作品。

【涉侨司法线上专题调研】 2022年6月22日，中央统战部会同最高人民法院、全国人大华侨委和司法部就福建省涉侨司法工作开展线上专题调研。省委统战部副部长李文慎、省高院副院长苏建平在会上分别向调研组介绍福建省华侨权益保护、涉侨审判、跨境纠纷多元化解工作和司法护侨等方面工作经验，并就涉侨司法工作提出意见建议。调研组肯定福建省侨务部门和法院、司法系统在维护华侨权益、开展涉侨审判、涉侨纠纷多元化解、司法为侨服务等方面的经验做法。

【海外闽籍华商“一带一路”暨RCEP协定研修班】 2022年6月27日至7月1日，2022年海外闽籍华商“一带一路”暨RCEP协定研修班开班仪式在莆田市举行。来自26个国家的34名华商学员在莆田参加为期5天的名师授课、现场教学和考察活动。

【线上欧洲园第一期开园】 2022年6月28日至7月8日，由国务院侨务办公室主办，福建省侨办、福建省海联会承办，黎明职业大学具体执行的2022线上中华文化大乐园欧洲园第一期在黎明职业大学举行。来自欧洲8个国家的547名华裔青少年参加为期10天的线上课程，学习包括书法、曲艺、茶道、陶瓷、编织及海丝泉州的渔女服饰、闽派建筑、闽菜等内容在内的17门课程。

【《致海内外的有福之人》短视频发布】 2022年9月10日，由福建省海外联谊会和福建省广播影视集团卫视中心联合推出的《致海内外的有福之人》中英双语“家书”，在东南卫视、海峡卫视新媒体平台上线。“家书”以“手绘场景+现场声还原”及“福建航拍+福文化特写混剪”等形式，汇成给海内外福建乡亲的中秋慰问信，展示“福建人的中秋”。全网超177个平台同步上线，总传播量超8800万次。

【“同心·半月座谈”】 2022年10月9日，中共福建省委统战部在福州举办第11期“同心·半月座谈”。来自美国、法国、菲律宾、澳大利亚、南非、巴西、尼日利亚、肯尼亚等国家的10名侨领围绕“传播福建好声音 同心共筑中国梦”会议主题交流发言。会上举行中央统战工作会议精神宣传稿法语、西班牙语、俄语、阿拉伯语、英语新闻稿海外宣传推广仪式，通过华人头条海外站点发布，向海外侨胞提供多语种宣传资料。

12月21日，省委统战部在晋江市举办第16期“同心·半月座谈”，邀请部分在闽海外重点侨领及侨团、侨企代表和省、市、县侨务工作者代表，以“知侨为侨·团结聚力”为主题开展座

2022年6月28日，2022线上中华文化大乐园欧洲园第一期开园仪式在黎明职业大学举行 （省委统战部 供图）

谈交流，并对拟制定出台的进一步优化涉侨服务措施等 2 份文件提出修改意见和建议。

【第二届 RCEP 青年侨商创新创业峰会论坛】 2022 年 11 月 25 日，福建省侨办、省商务厅、省贸促会、泉州市政府在泉州联合举办第二届 RCEP 青年侨商创新创业峰会论坛。论坛以“携手新时代·合作促发展·同心创未来”为主题，邀请中国—东盟商务理事会、商务部研究院、厦门大学专家学者解读 RCEP 协定政策与商机，省电子商务促进会、LAZADA 电商平台负责人介绍市场前景，福州、泉州、漳州、石狮就国家级市场采购贸易试点平台、“两国双园”建设进行招商推介，省商务厅、省税务局、人行福州中心支行（外汇管理局）、泉州海关及泉州市中级人民法院等单位现场回应线上线下海内外侨商提出的问题。

【第十届世界福建同乡恳亲大会暨福建文化展】 2022 年 11 月 25 日，第十届世界福建同乡恳亲大会暨福建文化展在菲律宾马尼拉开幕。马来西亚代表团、柬埔寨代表团、菲华社会各主要社团侨领代表近 1000 人参加开幕活动。柬埔寨、印度尼西亚、英国、意大利、美国 5 个分会场的闽籍乡亲代表通过云端连线方式参加活动。由福建省侨办、福建省对外文化交流协会和菲华各界联合会主办，福建省出版对外贸易有限责任公司和福建人民出版社承办的福建文化展同期开幕，展览以福建主题书籍、“福建见福”图片展和福建非遗文化产品为主要内容。其中，《闽山闽水物华新——习近平福建足迹》系列主题读物、《脱贫奔小康的福建经验》《福：中国传统的福文化》等福建图书展现新时代新征程福建人民所取得的辉煌成就；“福建见福”图片展以福建福文化为索引，通过山水聚福、家园纳福、文化兴福、匠心筑福、生活享福、发展谋福六大篇幅，打造“邮览福见”视觉体验；并展示剪纸、闽南木偶、脱胎漆器、软木画、油纸伞和德化瓷器等福建地方非遗文化产品。

2022 年 12 月 15 日，第四期“感知中国·探秘武夷”海外华裔青少年线上专题营在武夷山启动　　（省委统战部　供图）

2022 年 11 月 25 日，第十届世界福建同乡恳亲大会暨福建文化展在菲律宾马尼拉开幕。图为福建文化展现场　　（省委统战部　供图）

【第四期“感知中国·探秘武夷”海外华裔青少年线上专题营】 2022 年 12 月 15—21 日，由福建省侨办主办，武夷学院、非洲华文教育基金会承办的第四期“感知中国·探秘武夷”海外华裔青少年线上专题营在武夷学院举行。来自南非、毛里求斯、博茨瓦纳、塔吉克等 14 个国家的 236 名华裔学生参加。专题营以武夷文化为主要课程，采取线上直播模式，线上展示世遗文化九曲溪、朱子故里五夫、非遗美食岚谷熏鹅的制作工艺，开设中国象棋、武夷茶歌舞、武夷茶艺、趣味汉字等线上课程。

【2022 年“和谐侨社”海外侨领研修班】 2022 年 12 月 19—25 日，由福建省侨办、福建省海外联谊会主办，福建师范大学协办的 2022 年“和谐侨社”海外侨领研修班在福州、宁德两地举行，邀请来自菲律宾、印度尼西亚、柬埔寨、缅甸、阿联酋等 24 个国家和地区的 34 名海外中青年侨领参加。研修班设置实地参访、授课学习、沉浸体验等内容。

【“云上会客厅”统战工作品牌】 2022 年 10 月 10 日，福建省侨办在福州举办首场“云上会客厅·共话闽侨情”线上活动暨马来西亚闽籍社团视频座谈会，围绕传承海外侨团优良传统、推动构建和谐侨社建设、汇聚侨团侨胞力量、促进中外民间交往、服务和融入新福建发展格局、助推新福建高质量发展等问题，听取海外侨团负责人、海外各界代表人士对海外统战工作的意见建议。11月29日，第二期海内外闽籍青年共话发展交流座谈举行，在25个国家和地区同步开设分会场，150名海内外青年代表通过云端齐聚“云上会客厅”，会上宣读福建省青年联合会、世界福建青年联合总会共同发布的倡议书《凝心聚力，团结奋斗，为奋力谱写全面建设社会主义现代化国家福建篇章贡献青春力量》。12月19日，第三期海外华文教育视频座谈举行，菲律宾华教中心、马来西亚华校教师总会、泰国华文教师公会等7个国家相关华教组织、华校负责人齐聚“云端”，共同探讨“中文热”下海外华文教育发展的机遇与挑战。

【海外华裔青少年北京冬奥会主题绘画大赛】 2022年，由福建省侨办、福建省海外联谊会指导，“华人头条”主办的“激情冰雪，相约冬奥”——海外华裔青少年北京冬奥会主题绘画大赛暨海外侨团及国际友人祝福冬奥视频展播活动在福州启动，海外闽籍侨领、华文媒体代表和华文学校代表等近70人参加启动仪式。大赛分设6岁到11岁组、12岁到18岁组，面向全球征集华裔青少年绘画作品。大赛收到来自35个国家和地区华裔青少年投稿的数百幅作品。通过专家投票和网络投票，评选出200幅优秀作品和祝福语在北京冬奥会期间进行网络展示。 （董丹雯）

港澳事务

【概况】 2022年，福建省领导多次线上线下出席涉港澳重要活动，紧密闽港闽澳合作关系；各有关部门注重机制牵引，拓展闽港澳合作渠道，深化经贸、金融、科创、人文等领域合作交流，共筑防疫抗疫安全线。加强在闽港澳同胞服务，落实便利化措施。举办庆祝香港回归25周年系列活动。

【闽港合作渠道】 2022年，福建省领导与全国政协副主席梁振英共同出席“强化闽港合作”座谈会，在线出席见证“福州新区闽港合作咨询委员会”备忘录签署，推动福州新区与香港再出发大联盟拓展合作渠道，在数字经济、金融、贸易、航空港口及物流、生物医药和文创旅游6个方面设立专项工作小组，探讨研究合作项目。

【闽港澳经贸合作】 2022年，福建省推动闽港澳企业“并船出海”、开拓国际市场。省商务厅联合香港贸发局、澳门贸促局在厦门共同举办2022年闽港澳经贸交流对接会，联合香港特区政府驻粤办在福州共同主办闽港商务午餐交流会；省贸促会联合香港贸发局举办2022亚洲物流航运及空运会议福建专场暨闽港供应链协作出海线上交流会。全年全省通过“9·8”投洽会、第四届数字中国建设峰会等招商平台，推动形成合作项目。

【闽港澳金融合作】 2022年，福建省深化闽港澳金融机构融合发展。鼓励闽籍企业赴港上市发债，支持闽企赴港发债融资；推动厦门国际银行、澳门国际银行、集友银行与中华（澳门）金融资产交易股份有限公司签署支持闽籍企业跨境融资战略合作协议，推动闽籍企业赴澳融资。推动兴业银行在香港设立兴银国际金控公司，香港集友银行在武汉、济南、重庆等地设立分支机构。

【闽港澳科创人文合作】 2022年，福建省新布局建设省级闽港澳科技合作基地5家，合作开展纳米材料应用、视知觉与运动控制能力精准评估等科研项目。加强港澳人才智力交流合作，鼓励有条件的港资澳资企业在闽建设高水平创新平台、创新应用工业互联网。省卫健委与香港再出发大联盟签署援塞内加尔“消除白内障致盲项目”合作备忘录；闽港共同创作大型经典歌剧《波西米亚人》等文化艺术精品项目，推动文化项目合作。

【闽港澳青少年交流交往】 2022年，福建省组织开展“互联网＋青年红色筑梦之旅”创新创业实践、“2022校园培力漂鸟计划”社区营造实习等活动，引导港澳青年共同参与乡村振兴事业。举办第二届“闽港澳青少年社会责任推广大使”评选活动、第五届“八闽文化之旅”港澳台大学生走朱子之路研习营等各类研学活动，开展国情教育、文化教育。

【香港回归庆祝活动】 2022年，福建省举办学习习近平总书记在庆祝香港回归祖国25周年大会上的重要讲话精神系列活动，支持香港特区政府、福建省香港商会在闽举办庆祝回归25周年图片展、香港优势对接座谈会、香港回归知识竞猜游戏、经典音乐会等系列活动，集中展示香港发展成就、闽港合作成果及新机遇。 （周清英）

编辑：林忠玉

闽台交流合作

综　述

【闽台工青妇交流】　2022年，福建省举办海峡职工论坛、闽台匠人匠心交流活动、第二届“第一家园”闽台职工运动交流赛、在闽台胞职工子女夏令营等活动，打造两岸职工交流品牌。举办第十届海峡青年节、第十三届海峡两岸少儿美术大展、海峡两岸青年阅读季、两岸小围炉——海峡两岸少儿春晚、阳光海峡两岸快乐小天使活动营、“文化拓展研学——坊巷课堂”活动、两岸青年乡村振兴研修营、闽台青年朱子文化研学营、两岸青年中华文化（闽都文化）研学体验营活动、第九届海峡两岸大学生创意文化节等闽台青少年交流活动50多场。以“福佑中华　情融两岸”为主题，举办海峡妇女论坛，两岸各界妇女代表近200人参加；举办2022年海峡两岸女大学生创新创业大赛，开展20场“福见乐购·姐妹乡助”巾帼直播带货活动，搭建两岸妇女就业创业平台；举办闽台女雕刻家艺术作品展、第七届海峡两岸（晋江金井·围头）七夕返亲节、两岸婚姻家庭联谊交流、两岸家庭文化论坛、闽台亲子互动交流等20多场活动，邀请在闽台胞及两岸婚姻家庭代表近800人次参加，深化闽台婚姻家庭交流。

【闽台科教文卫交流】　2022年，福建省举办2022海峡科技专家论坛，搭建多学科、多领域、多行业两岸科技交流平台。采用“云辩论”方式，举办第二十一届海峡两岸大学生辩论赛，首次实现两岸连线互动颁奖。拓宽对台招生渠道，龙岩学院等10所高校获批对台招生资格，全省对台港澳特殊渠道招生资格院校共36所；厦门大学、华侨大学等21所省内本科院校开展2022年依据台湾学测成绩招收台湾学生工作；闽南师范大学、福建工程学院等19所高校在全国试点开展依据台湾“统测”成绩招收台湾学生；全省共录取台湾学生441人。举办世界闽南语金曲颁奖盛典暨海峡两岸闽南语音乐大奖赛、“第六届海峡两岸书院论坛”、第十六届两岸金门书展，“非遗进校园——2022年闽台艺术家南音音乐会”、2022年两岸（福州）艺术青年钢琴音乐节活动，举办音乐剧《富春璧合》交响音乐会演出，两岸艺术家共同创排话剧《门禁社区》；组建“福州海峡交响乐团”，搭建两岸音乐人交流平台。闽台历史文化研究院联合中侨佳信文化集团有限公司推出纪录片《郑成功》；系列纪录片《我家的两岸故事》首季在东南卫视、海峡卫视黄金时间段播出，并同步在抖音、微信视频号、哔哩哔哩等新媒体平台推出。打造闽台历史文化数字中心，“闽台族谱体验系统”运行。福建师范大学与台湾中华文化教育学会合作编写的语文教材《高中国文》在台湾出版，被台北、台中、高雄等20多所中学推广使用。

【闽台新闻交流】　2022年，福建省开展党的二十大精神对台宣传，组织全省各地台胞观看党的二十大开幕会，引导省内涉台媒体开展党的二十大精神宣传报道。

开展重大涉台活动宣传。围绕纪念郑成功收复台湾360周年、第十四届海峡论坛、第十届海青节及2022年两岸企业家峰会年会等重大对台活动，协调组织中央驻闽媒体、省内主流媒体及台湾驻点媒体等开展宣传报道。围绕春节、端午、中秋等中华民族传统节日，引导媒体宣传报道“2022海峡两岸春节焰火晚会”、厦门2022方特新春夜游赏灯、莆田“同谒妈祖，共享太平”两岸线上线下新春祈年典礼、“龙腾虎跃”2022海峡两岸龙舟赛等活动，报道台胞留闽过年共庆新春、共度佳节情况。

推进台胞融合发展宣传。聚焦扎根福建从事闽台乡建乡创、助力乡村振兴台湾青年群体，组织《人民日报》《海峡瞭望》记者赴厦门海沧青礁村院前社、三明梅列区小焦村等地采访报道；组织赴厦门海沧采访海峡城乡发展基金会，展示闽台乡建乡创成果。

加强重要政策措施的宣传。围绕“农林22条”发布实施一周年主题，组织新华社、中央电视台、《人民日报》等中央媒体驻闽机构及省内主流媒体赴漳州、龙岩等地台创园开展联合采访。中央电视台4套《海峡两岸》栏目以《“大陆阿里山”——福建漳平打造台湾农民创业园》为题，对漳平台创园对台农业产业集聚发展情况进行深度报道。围绕国务院出台的《扎实稳住经济的一揽子政策措施》及全国台企联汇编的《近年来国务院及有关部门出台的主要惠企政策》开展宣传报道，向台商台企宣传各项惠企纾困政策措施。

【闽台民间基层交流】 2022年，福建省接待台胞15.44万人次，比上年下降13%；应邀赴台交流91批次、164人次；开展“线上+线下”两岸交流活动超200多场次。福建省举办纪念郑成功收复台湾360周年大会及相关活动，开展“迁台记忆”档案文献征集活动，推进闽台族谱宗亲交流数字平台建设。开展福文化系列活动，举办“两岸气象·福泽绵长”第十届海峡两岸民生气象论坛、“福泽东方”第七届海峡两岸中青年篆刻作品展、“寻福闽都　情系两岸”两岸青年中华文化（闽都文化）研习体验营等活动，展现福文化特色。举办两马同春闹元宵、海峡两岸（白礁）保生大帝“云谒祖”数字文化交流活动、海峡两岸汉字节、“龙腾虎跃”海峡两岸赛龙舟等交流活动。龙岩漳平市奇和洞遗址设立海峡两岸南岛语族考古教学实习基地工作站，漳州东山关帝庙、云霄开漳圣王祖地被列为海峡两岸交流基地。

【闽台人才交流】 2022年，福建省加快引进台湾全职教师，全省新聘用台湾教师95人，共聘用672人，持续开展台湾职业技能等级认定，采取“跨境考”方式组织开展线上远程考试，为台胞提供“定制式”考试服务，全年开展11场职业技能等级考试，106名台湾同胞在台湾通过线上考试获得健康管理师、婚姻家庭师等职业技能等级证书。举办第九届海峡两岸暨港澳大学生职业技能大赛及创新创业成果展、2022年台湾青年创业就业沙龙、两岸青年创业就业研习营、在闽台湾人才历史文化研习营等活动，助力台湾青年在闽创业就业。

【台湾青年在闽就业创业】 2022年，福建省推进台湾青年融入全省乡村振兴战略，新增来闽实习就业创业台湾青年近3000人。省委台港澳办会同有关部门出台《关于深化闽台乡建乡创融合发展若干措施的补充通知》《福建省闽台乡建乡创合作办法》，完善台湾团队、台湾青年参与闽台乡建乡创路径。截至年底，全省总入库闽台乡建乡创合作项目505个，其中244个获省级财政补助，105支台湾团队、340余名台湾同胞（台湾青年90余人）参与闽台乡建乡创合作项目。加强两岸乡建乡创领域高端智库和融合实践平台建设，海峡两岸乡建乡创发展研究院挂牌成立。借助海峡青年节、海峡两岸人才对接合作等平台，征集发布适合台湾青年就业岗位2187个。

【台胞台商台企服务】 2022年，福建省重点加强涉台信访纠纷排查化解力度，防范处置涉台风险隐患，全省受理台胞台商投诉求助事办结率连续10年保持在90%以上。规范涉台信访工作，开展《信访工作条例》宣传月活动，制定《福建省台胞台企信访工作实施办法》并于9月1日起在全省试行，畅通和规范台胞台企信访诉求工作渠道。

构建联调联动机制。省台办牵头召开台胞权益保障联席会议成员单位联络员会议，打造“两室两员”涉台司法服务团队，为台胞台企提供司法服务和保障。联合省高院持续推动“总对总”涉台纠纷在线诉调对接机制，推动符合条件的涉台调解组织和调解员入驻平台，并推进平台操作运用，中央电视台4套《海峡两岸》节目进行相关报道。联合省检察院持续推动涉台检察联络室建设，全省设立涉台检察联络室（站、点）61个，邀请台胞联络员参与涉台案件办案家访、公开听证等检察活动。

帮助台商台企在新冠疫情期间纾难解困，助力融入新发展格局。组织台商400余人次、台企210多家（次）参与“5·18”大陆台企成果展、海峡两岸农产品采购订货会及其他省份举办的“赣台会”“台商台青走晋来”“川台农业合作”等活动，其中全省232家台商台企参展海峡两岸农产品采购订货会，现场销售4160余万元。邀请全国台企联组团参加福建省“9·8”投洽会和福州、漳州等专场活动，推动对接招商。组织50名在闽台商参加第七届世界闽商大会，推荐厦门市台协会会长作为在闽台商代表在世界闽商大会座谈会上发言，推荐台商代表参与“福建省非公有制经济优秀建设者”评选，5名台商获得省政府表彰。

【第十四届海峡论坛】 2022年7月12日，第十四届海峡论坛在福建开幕。习近平总书记给参加海峡青年论坛的台湾青年回信，中共中央政治局常委、全国政协主席汪洋出席论坛大会并发表讲话。中国国民党副主席夏立言在论坛大会上视频致辞，新党主席吴成典等100多名台胞到闽参会。两岸各界人士约2万人次线上线下参加活动，其中2000余名台湾工青妇、科技教育、文化公益、乡镇村里、民间信俗、农渔水利等界别代表在闽参加论坛活动。两岸主流媒体报道约750篇次，论坛信息全网总阅读量约10亿次。

论坛采用线上线下结合、集中与分散结合形式，举办大会活动及青年交流、基层交流、文化交流、经济交流四大板块活动，新增两岸开启交流35周年系列活动、“单车天使”第一家园骑行之旅、海峡少年说暨青少年语言艺术展演等活动。论坛期间，大陆首个台企金融服务联盟成立；集中签约优质台企投资项目13个，金额119.7亿元；现场签约闽台乡村与产业发展合作重点项目10个、数字经济人才项目30个、两岸科技人才项目7个；向台胞提供1300个就业岗位，80%以上岗位月薪超万元；两岸千家宫庙共同签署《两岸千家宫庙宣言》。

【第十届海峡青年节】 2022年12月1—5日，第十届海峡青年节在福州举行，以“一个核心、两大板块”形式，打造品牌活动10项。核心活动海峡青年节峰会通过十届海青节举办者、亲历者、见证者、受益者的故事，回顾海青节10年成就，并邀请两岸专家学者对青年热点问题进行探讨，约3000名台湾青年参加。64家两岸媒体及香港媒体共300多名记者参与活动，报道4620多篇（条），阅读量1.5亿次。海峡青年节峰会通过共青团中央、东南卫视、海峡卫视、今日海峡、海峡青年、华人头条等新媒体账号在微博、头条、抖音、快手、Facebook、Youtube等境内外多家平台同步直播，全网传播量超6250万次。

【郑成功收复台湾360周年纪念活动】 2022年6月14日，福建省纪念郑成功收复台湾360周年大会在郑成功故里泉州南安市举行，两岸各界人士和奉祀郑成功宫庙代表、郑氏宗亲代表等500余人出席南安主会场和台湾嘉义分会场活动；26家两岸民间机构在南安市和嘉义县共同举行郑成功陵园民间拜谒活动，各界民众约600人参加。（周清英）

闽台经贸合作

【概况】 2022年，福建省新设台资项目1448个；合同台资44.32亿美元，比上年增长44.1%；实际利用台资2.06亿美元，比上年增长3%。闽台贸易额1036.7亿元；其中对台输出635.8亿元、比上年增长22.9%，台湾输入400.09亿元、比上年下降24%。全省新设台资项目数、实际利用台资金额均位于大陆首位。福建自贸试验区对台跨境电商输出发货量超1700万票，货值超100亿元，占大陆对台跨境电商输出总额的70%。全省电子信息、石油化工、机械装备三大主导产业及农业、金融业对台合作持续位于全国前列。

【闽台农业合作】 2022年，福建省新批台资农业项目81个、合同利用台资1.32亿美元，累计批办台资农业项目2948个、合同利用台资44.67亿美元，利用台资数量和规模继续保持大陆第一。全省6个国家级台湾农民创业园在2021年度综合考核中连续第五年包揽前六名。福建省探索两岸农业融合发展新路的经验做法，在农业农村部简报上刊登并向全国复制推广。

【闽台工业合作】 2022年，福建省电子信息、石油化工、机械装备三大主导产业对台合作持续走在全国前列。

电子信息产业。加快海峡两岸集成电路产业合作试验区“一带双核多园”格局建设，重点推动厦门联芯、宸展光电等台企扩大产能、提升效率。厦门联芯增资35亿元扩产，产能提升至2.7万片/月，建成省内首条12英寸晶圆全自动化生产线，28纳米制程芯片规模化量产；宸展光电深耕智能交互显示设备研发与生产；天甫年产36万吨半导体级电子材料生产项目投产。

石油化工产业。吸引石化中下游企业落户，加快重点项目建设，延伸完善产业链，海峡两岸规模最大的石化合作项目——总投资278亿元的古雷炼化一体化项目投入商业运营，古雷石化打通台湾地区乙烯销售全流程。台达化学等10余家台资企业落户古雷石化园区，园区上中下游完整的两岸石化产业合作体系逐步建立。

先进装备制造及其他产业。重点加快南靖精密机械产业园建设，产业园年产值超100亿元，入驻台资工业企业55家。推进两岸电子信息、生物科技、医疗健康、影视文化等产业合作发展，吸引两家台资融资租赁机构落地自贸试验区，台企丽宝生医入驻厦门国际健康驿站。

【闽台金融合作】 2022年，福建省金融服务云平台创设“台企快服贷”专属金融产品，对接服务台企融资需求，自3月底设立后，帮助42家中小台企获得银行贷款6157.81万元。争取国台办支持福建省优质台企厦门星宸科技有限公司IPO上市、厦门灿坤B转A上市工作。福建自贸试验区推进台胞台企信用报告查询业务，在全省拓宽“台商台胞金融信用证书”应用场景，支持台资企业开展离岸贸易业务、贸易外汇收支便利化试点、委外加工跨境结算等业务。

【闽台经贸平台建设】 2022年，福建省推动创建国家级园区2个，三明获国台办、农业农村部、国家林业和草原局、国家乡村振兴局4部门联合批复设立海峡两岸乡村融合发展试验区；漳平台湾农民创业园成功申报创建“国家现代农业产业园”。实施两岸行业标准共通试点项目25个，涉及茶产业、林业、建筑、社会治理、文化交流、新能源等28个领域，中央台办对台工作简报刊发宣传推介福建省开展两岸行业标准共通理论研究、搭建信息服务平台、探索工作机制、多领域拓展实践的做法、成效和经验。

【两岸企业家峰会年会】 2022年12月，两岸企业家峰会年会在厦门举行，300多名两岸企业家、工商团体负责人和专家学者参会，超1500名两岸工商界人士通过线上直播参与互动。该次年会是党的二十大闭幕后两岸企业家峰会举办的首场高规格经贸交流活动，是新冠疫情发生后首次在线下举办的峰会年会，也是刘兆玄接任峰会台湾方面理事长后首次率团到大陆主办的年会。年会期间，省委书记周祖翼出席开幕式并致辞，会见刘兆玄一行；在漳州举办古雷炼化一体化项目投入商业运营仪式；厦门市在峰会主题演讲环节开展营商环境推介；峰会多个产业合作小组明确加强闽台数字经济、文旅经济、金融产业等对接合作，助力海峡两岸融合发展示范区建设。（周清英）

闽台区域合作

【福建自贸试验区对台交流合作】 2022年，福建自贸试验区福州片区推进琅岐对台码头建设和“两马航线”复航。开通第二条跨境电商榕台海运专线，吸引更多两岸（或经台）跨境电商物品从福州中转。推动两岸中医药融合标准共通试点项目纳入福建省两岸标准共通试点项目（一类）。推进涉台数字人民币应用，为台资企业办理对公数字人民币钱包，落地首笔台胞数字人民币缴税业务。在全国首创面向台湾同胞的省级定制医疗保险“八闽保”。建立全市首个台企职工共享之家，为台企职工提供体育、休闲、娱乐和心理疏导等共建共享服务。

福建自贸试验区厦门片区有台资企业924家，注册资本137.78亿元。全年连续落地仲信国际、台骏国际和日盛3家台资融资租赁公司分公司。推动贸易外汇收支便利化试点扩大到厦门市18家台资企业，占厦门市贸易外汇便利化企业总数的37.5%。推动台湾企业、青年创业团队、青年创业项目落地，片区内累计注册企业2465家，其中台企296家，累计吸引台湾青年524人。打通厦门—金门—高雄跨境电商“次日达”物流通道，新增海天港、海沧港综保区跨境厦金航线，打造象屿金门海外仓，布局菜鸟对台集货仓，“厦金”包船每周15航次。两岸海运快件实现快件专区双向运营，创造性开展对台海运快件拼箱和海铁联运拼箱业务。全年对台海运邮快件 6975 个标箱 643.04 万件。支持台资企业累计办理离岸贸易外汇收支结算 3.7 亿美元。落地全省首笔台胞通过台湾手机号开通数字人民币四类账户，为短期到厦门商务交流旅游的台胞提供安全便捷高效支付手段。协助大嶝对台小额商品交易市场台商开通数字人民币商户钱包，发展作为自贸试验区数字人民币红包挂钩采购商户。推动丽宝生医入驻厦门国际健康驿站。

福建自贸试验区平潭片区畅通对台货物贸易，新开通平潭作为母港直航台湾货运航线，构建“平潭—台湾—全球”海空联运物流新通道；实现对台主要港口货运航线全覆盖，对台“海运成本，空运速度”口岸品牌初步形成；持续创新对台海运快件“分组查验、同步装载、同步放行”等覆盖申报、查验、放行全流程的对台通关便利化措施。拓宽台胞就业渠道，推动省人社厅与平潭综合实验区管委会共同设立福建省（平潭）台胞职业资格一体化服务中心，打造全省统一的职业资格采认标准，集成对台职业资格“采信＋考证＋培训＋就业”综合性服务，该项目被写入 2022 年福建省政府工作报告；发放 1150 本对台职业资格采信采认证书，帮助 215 名台胞通过云面试到福建就业。创新涉台司法服务，在全国首创聘任台胞担任涉台检察事务助理、司法辅助人员等，建立完善的招录、考核、管理机制；在全国首创“三调三进”涉台解纷新模式，建立进社区、进企业、进网格机制，设立涉台法官工作室（联系点）。创新台胞服务示范。建设两岸家园数字身份公共服务平台，将数字身份二维码应用于包括台湾同胞在内的两岸居民政务办事、旅游住宿、交通出行等生活场景，实现政务办理、医保购药等 7 类服务场景“一码通”线上服务。

（林仕锋　郭立群　杨腊梅）

【平潭综合实验区对台经贸合作】 2022 年，平潭综合实验区完善提升台湾创业园、台湾小镇、“台陆通”等两岸“三创”基地的营商环境，新增注册台资企业 100 家。推进对台货运物流通道建设，率先启用对台跨境电商集运仓，实施两岸物流“仓到仓”一条龙一站式收费模式。投用“华航 3”集装箱船舶和“鲁丰”号集装箱货轮，岚台货运航线船舶增至 16 艘，实现每周往来航次 13 个。开展台湾青年就业创业引领计划、台湾青年实习实训等活动，130 多名台湾青年到平潭就业创业，160 多名台湾青年到平潭进行实习培训。建立台胞台企挂钩联系“三单式”服务模式，走访联系在平潭的台胞台企，协调解决各类诉求。开通涉台政策线上宣传专栏专页，集中发布相关惠台政策文件，方便台胞查询了解。全年发放在平潭台胞个税减免补助 48 人，完成台胞就业创业补助申请 154 件，为 10 名困难台胞发放应急救助金 4.2 万元，受理 9 名台胞公租房申请。

推进对台文化交流。采用“线上＋线下”方式开展合作交流，举办第十一届共同家园论坛、第六届两岸村里长交流会等品牌活动。举办民间信仰、姓氏宗亲、国学文化、文体赛事等两岸交流活动 60 多场次，参与活动台胞超 1300 人次。开展两岸国学大讲堂、“香飘海峡、情浓两岸”岚台咖啡文化节活动、“主播看平潭”等线上活动 15 批次，两岸同胞在线互动累计超 130 万人次。新招聘台胞担任社区营造师 20 多人，组织两岸社区营造师业务培训 12 场次。推进光楼村文创工坊、海峡音乐梦工厂、岚台生态农业园、洋山门自然教育驿站等重点项目建设，打造基层交流融合品牌。

（周清英）

【福州新区对台交流合作】 2022 年，福州推动两岸中医药融合标准共通试点项目纳入福建省两岸标准共通试点项目（一类），在全国首创面向台湾同胞的省级定制医疗保险“八闽保”。举办第五届“海青杯”两岸青年慢垒邀请赛、首届海峡两岸（福州）传统武术展演大会，商务印书馆福州分馆举办第八届海峡读者节、两岸青年“五四”座谈会等活动。

（万　粒）

闽台基础设施联通

【概况】 2022 年，福建省强化“以通促融”，做好闽台海上直航和空中直航相关工作，推动闽台“小三通”复航，扩大“小四通”融合效应。

【闽台海空直航】 2022 年，福建省推进闽台海上直航和空中直航。全年闽台集装箱运营 2752 航次，运载集装箱 63.67 万标准箱，分别比上年增长 10.12%、6.05%；散杂货运营 1229 航次，运载货物 679.56 万吨，分别增长 20.75%、172.24%。全年闽台空中直航客运厦门航点运营 2014 航次，运载旅客 160420 人次，分别比上年增长 7.41%、126.64%；闽台空中直航货运运送货物 41087.2 吨，增长 12.09%。

【闽台“小四通”】 2022 年，福建省推进与金门、马祖的通水、通电、通气、通桥福建侧项目建设，扩大“小四通”融合效应。

通水项目建设。福建向金门供水工程暨两岸通水交流中心获批福建省对台交流基地，完成龙湖水库配套截污工程、龙湖环湖电子围墙工程，实现金门供水水源封闭式管理。截至 2022 年底，累计向金门供水 1610 天 2468 万吨，日均供水 1.53 万吨。

通电项目建设。在实现金门电力联网工程、马祖电力联网工程的福建侧换流站和配套输变电工程核准基础上，厦门望嶝 220 千伏输变电工程开工，迎宾 220 千伏输变电工程完成初步设计和批复。推动金门电力联网工程金门侧前期工作。

通气项目建设。实施完成总投资 1700 余万元的秀屿一号码头技改工程，取得 LNG 罐箱作业资质；完成选定的“晓江轮”船舶运输 LNG 罐箱改造设计和设计图纸审查，签订用船初步协议；完成船运 LNG 涉及的港口作业、船舶运输、罐箱作业论证，福建侧已具备船运供气条件。加快开展金门管道通气工程前期工作，中石油下属的海峡能源公司委托中石油规划总院开展金门管道通气工程预可行性研究报告编制，提出管道路由初步方案。

通桥项目建设。编制完成金门、马祖通桥项目规划方案和工程技术方案，交通运输部开展咨询论证并赞同福建省线位推荐方案。

（周清英）

编辑：林忠玉

经济管理

宏观经济管理

【概况】 2022年，福建省统筹新冠疫情防控和经济社会发展。慎终如始抓好疫情防控，全面升级福建健康码，建成福建省区域核酸检测系统、福建省疫情防控一体化服务平台等，运用信息化手段支撑疫情防控。组织信息化小分队前往泉州、宁德、莆田、厦门、福州等抗疫一线，助力本土疫情快速高效处置。落实公共卫生应急管理体系建设行动计划，开展集中隔离点资源核查，加快建设福建省疾病预防控制中心、重大疫情救治基地等项目，推动福州等地方舱医院建设。加强疫情期间保供稳价。

经济运行保持在合理区间。出台实施5批稳增长政策举措，强化稳增长稳市场主体保就业。超前制定2022年一季度“开门红”工作方案，应对疫情冲击影响，率先制定帮扶市场主体33条政策，顶格落实国务院稳住经济一揽子政策48条落实举措，贯彻落实接续政策制定21条措施，出台帮助市场主体纾困解难补充措施14条。出台工业稳增长、服务业纾困解难及支持泉州、宁德、福州等地政策举措，一系列稳增长政策相互衔接、系统推进，推动经济运行回升向好。

政策跟踪落实。围绕政策出台、媒体宣传、督导落实、实施效果评估、反馈问题解决等环节，建立政策“闭环落实”机制。组建政策落实专班，建立政策周跟踪机制，开展阶段性政策实施效果评估。深入一线协调服务，创新开展政策落实“飞行检查”，重点检查稳经济政策实施情况及政策落实的难点堵点，调研服务千家企业，实现全省各县（市、区）全覆盖，推动政策效能加快释放，确保政策应落尽落，市场主体应享尽享。

经济运行监测调度。省发改委推动建设福建省经济社会运行和高质量发展监测与绩效管理平台，实行周监测、旬调度、月分析。在全国率先开展周经济监测分析，动态反映全省经济社会运行情况，得到国家发展改革委肯定。按照省委、省政府工作部署，加密经济运行调度频次，定期组织全省有关单位、设区市发改部门召开经济形势分析会，每旬、每半月报告全省经济运行情况，研究提出政策建议，保持经济平稳运行。

【投资增长与项目建设】 2022年，福建省加强有效投资，省发改委牵头组建福建省推进有效投资重要项目协调机制工作专班，全省争取基础设施投资基金项目105个、投放基金211.2亿元，带动总投资3113亿元，项目开工率100%。争取中央预算内投资98.22亿元、地方政府专项债券1831亿元，安排省级预算内投资31.03亿元，实现高质量发展专项融资850亿元，支持一批重大项目建设。国内首批、全省首单保障性租赁住房“中金厦门安居REIT”上市。加强项目全生命周期管理，健全项目清单共享、人员互派、难题共解的跨部门要素协调保障机制，建立全员抓项目促投资长效机制，接续部署开展季度项目调度服务活动，拉动投资增长。

推动央企合作促进产业高位嫁接。建立福建省级重大活动集中签约项目联合推进工作机制，实施招商项目全生命周期管理机制，持续深化央企对接合作。纳入省级跟踪管理重大招商项目420个（除重大金融类项目外），总投资11157.8亿元，累计开工率78.6%，累计完成投资1834.6亿元。省政府与中国五矿集团、中国石化集团、国家能源投资集团等15家央企签订框架合作协议，2022年签约央企家数为历年最多。

重点项目建设。全年全省审批（核准、备案）项目投资额、工程领域招投标项目交易额、新开工施工项目数呈快速增长态势。1587个省重点项目累计完成投资7250亿元、占年度计划的117.6%，超额完成年度投资任务。建成兴泉铁路、福清核电6号机组、闽粤联网工程、漳州LNG接收站等项目，开工建设厦门新机场飞行区、福州港口后方铁路等项目；漳州核电3号、4号机组项目及中石油福建LNG接收站项目获国家核准，推进产业重大项目建设，总投资421亿元的中沙古雷乙烯项目开工建设，是全省一次性投资最大的中外合资项目。省政府与中国石化签订深化产业合作协议，明确共同加快推进古雷炼化一体化工程二期项目。宁德时代湖西锂离子动力电池生产基地、福清正太新材二氧化钛、中景石化聚丙烯热塑性弹性体等项目建成或部分建成投产，中创新航厦门三期、万华化学年产80万吨PVC、福鼎时代锂离子电池生产基地四期等项目开工建设。

【产业结构优化升级】 2022年，福建省强化创新驱动，支持产业创新平台建设，金石能源牵头组建的高效太阳电池装备与技术国家工程研究中心加快建设。福建省在新一代信息技术、新材料、新能源等重点领域推动设立省级及以上工程研究中心（工程实验室）128家（其中国家级6个、国地联合31个、省级91个）、国家企业技术中心71家，形成布局合理、动态调整、高质量发展的创新平台体系。推动以宁德时代为代表的龙头企业开展创新链精准攻关，相关成果应用于福建晋江储能电站试点项目一期30兆瓦/108兆瓦时储能电站，成为全球百兆瓦时级储能电站新标杆。举办第20届中国·海峡创新项目成果交易会，签约项目415个，签约总额超2700亿元。

产业高质量发展。建立产业高质量发展专项协调机制，设立石化—化纤—纺织—鞋服、集成电路、新能源汽车、锂电新能源新材料、生物医药5个省级重点产业专项协调小组，帮助协调产业园区建设、龙头企业发展、重点项目实施中的困难问题。出台推动工业高质量发展系列政策举措，出台进一步支持漳州古雷石化基地加快开发建设、促进石化化工高质量发展加快打造万亿元支柱产业的实施意见，出台加快生物医药产业高质量发展的实施方案，制定推动锂电新能源新材料产业高质量发展、氢能产业发展行动计划（2022—2025年）等政策文件，批复实施湄洲湾（泉港、泉惠）石化基地总体发展规划（2020—2030年），促进石油化工、电子信息、新能源新材料等产业链条延伸完善、集聚发展。厦门市培育战略性新兴产业集群工作获国务院督查激励。探索现代服务业与先进制造业融合发展新路，推动宁德东侨经济技术开发区夯实产业服务链条打造“世界锂电之都核心区”，发展经验被国家发展改革委宣传推广，入选第二批国家两业融合发展试点；泉州市获批商贸服务型国家物流枢纽承载城市。

【“四大经济”发展】 2022年，福建省做大做强做优“四大经济”（数字经济、海洋经济、绿色经济、文旅经济）。数字经济保持快速发展。制定实施做大做强做优数字经济行动，建设国家数字经济创新发展试验区，福建省数字经济增加值突破2.6万亿元，集成电路和光电、计算机和网络通信千亿元产业集群做强做优，大数据、物联网产业进入全国第一梯队。举办第五届数字中国建设峰会、数字经济创新发展大会等系列活动，签约数字经济项目565个，总投资2990亿元，发布数字技术创新应用场景248项。实施优质数字经济龙头企业培优扶强工程，遴选数字经济核心产业领域创新企业316家，培育省级数字经济核心产业集聚区5个。出台实施福建省公共数据资源开发开放管理办法，建成省市两级公共数据汇聚共享平台，基本实现应汇尽汇、按需共享。新建5G基站2.1万个，“千兆到户”实现县级以上区域全覆盖，厦门国际互联网数据专用通道开通，福建人工智能计算中心、泉州先进计算中心等落地建设。推动福建省大数据集团实质运作。

海洋经济新空间拓展。实施海洋经济高质量发展三年行动，2022年全省海洋生产总值超1.2万亿元，位居全国前列；以福州、厦门两个国家级海洋经济发展示范区为核心的“一带两核六湾多岛”发展格局基本形成。全国首创租赁新模式试点首台套渔旅融合深海养殖装备“闽投1号”投产运营。福建海上风电场工程规划获批，规划规模1510万千瓦，在已获批各省中位居第一。全球单机容量最大的16兆瓦海上风电机组在福清下线，完成首批100万千瓦海上风电竞争配置试点工作，中化泉州地下水封洞库储油项目加快建设，在全国率先开展渔船“插卡式”设备研发及试点应用。

绿色经济发展。出台绿色经济发展行动计划（2022—2025年），推动福建省人民政府与清华大学签署“实验地球”项目合作备忘录，共同建设国家大科学装置，一批与碳中和、应对气候变化等相关研究项目落户福建省。探索完善生态产品价值实现机制。福州市、厦门市、泉州市列入国家废旧物资循环利用体系建设重点城市名单。实施绿色产业指导目录，培育壮大节能环保产业、清洁能源产业等新兴绿色产业。完善支持绿色发展的金融、投资等政策，落实推动绿色金融发展的若干措施，推动绿色电力参与市场交易，“绿电”供需市场初步形成。

文旅经济新品牌构建。落实《长征国家文化公园（福建段）建设保护规划》，推动一批长征国家文化公园（福建段）项目加快建设。推进《武夷山国家公园总体规划》等相关专项规划修编，推动建立以国家公园为主体的自然保护地体系。支持以“宋元中国·海丝泉州”、南平朱子文化为主题的地方特色文旅融合项目建设。提升重点旅游景区公共服务设施和智慧管理设施，助力文化、自然遗迹等文旅资源综合利用、系统保护和对外交流。

【改革开放深化】 2022年，福建省提升政务服务效能，持续深化“放管服”改革，出台加快推进政务服务标准化规范化便利化实施方案，制定福建省行政许可事项清单（2022年版），发布行政许可事项705项，39项省级权限事项下放福州、厦门。以信息化为支撑，建设一张网、一朵云、三大一体化平台、一个综合门户的“1131”数字政府体系，打造能办事、快办事、办成事的“便利福建”，全省全程网办事项超83%，一趟不用跑事项超89.3%，在国家公布的评估报告中福建省省级政府一体化政务服务能力水平达到“非常高”。推进“一件事”集成套餐服务改革，获国务院总理李克强批示肯定。在餐饮、超市、药店等行业开展“一业一证”改革，建成上线省级集成化办理平台。实现15个省市1300多项政务服务事项跨域办理，157项高频政务服务事项“跨省通办”。

营商环境优化。推动成立福建省优化营商环境工作推进小组，推动出台福建省优化营商环境条例、营商环境创新改革行动计划、降低市场主体制度性交易成本的实施意见，复制推广营商环境创新试点改革措施。实施营商环境数字化监测督导机制，开展营商环境共同优化提升行动。推进社会信用体系建设法治化规范化，持续开展信用措施清理规范。建设全国中小微企业融资信用综合服务平台省级节点，加强信用信息共享应用。聚焦交通物流、水电气等领域开展涉企违规收费专项整治行动，减轻企业负担。传承弘扬“晋江经验”，举办弘扬“晋江经验”促进民营经济高质量发展大会、第七届世界闽商大会，推动出台促进民营经济创新发展若干措施，增强民营经济活力。

价格改革。完善政府定价机制，修订印发《福建省定价目录》，修订后定价项目包括输配电、油气管道运输和燃气等12个大类，修订印发定价听证目录、定价成本监审目录、行使县级人民政府管理权限的定价部门名单等配套政策。深化能源价格改革，完善峰谷分时电价机制，落实差别电价政策，建立健全电网企业代理购电价格机制，开展第三监管周期输配电价核定前期工作。合理调整中海福建天然气有限公司印度尼西亚合同天然气价格，健全完善天然气终端销售价格联动机制。健全促进绿色发展价格机制，印发实施福建省农业水价综合改革工作验收方案，推进落实城镇供水价格调整机制。健全城镇生活垃圾处理收费机制，推行计量收费，探索建立分类计价、差别化收费机制。建立价格争议调解机制，出台福建省价格争议调解处理办法，规范价格争议调解处理行为。

加快推进“海丝”核心区建设。推进“一带一路”建设工作领导小组办公室出台支持福建高质量建设“海丝”核心区实施方案，举办2022“丝路海运”国际合作论坛，新发布命名“丝路海运”航线8条，累计命名航线94条，通达31个国家和地区的108座港口，“丝路海运”信息化平台投入运营。推进“陆丝”与“海丝”无缝对接，新开行福州、泉州、龙岩中欧班列，全省开通“中欧班列”城市共5个。首次开通“台湾—厦门—圣彼得堡”海铁联运线路，构建跨越台湾海峡、横跨欧亚的铁水联运物流新通道。推动双向投资提质增效，用好用足外资鼓励政策，推动厦门联芯纳入第五批国家重大外资项目。引导支持实力较强企业海外布局，紫金矿业海外铜金矿项目进展顺利、收购阿根廷世界级锂盐湖项目，宁德时代印尼动力电池全产业链项目启动，厦门象盛镍业印尼不锈钢产业园项目一期投产。推进中印度尼西亚、中菲“两国双园”建设。

闽台融合发展。推动闽台基础设施“应通尽通”，加快东南沿海大通道和连接中部地区通道的重大项目建设，推动构建台湾沿福建向内陆地区延伸的经济发展轴。开展台海通道路线方案和桥隧工程研究，实质性完成地质调查。推进“小四通”（通水、通电、通气、通桥），全年日均向金门供水2.1万吨，与金马通电项目福建侧工程开工建设，福建侧基本具备向金马船运供气条件。打造闽台产业融合新优势，结合台湾产业特色和福建省资源禀赋，持续推动两岸优势产业互补发展，推动古雷石化园区、两岸集成电路产业合作示范区重大项目建设。全省有国家级涉台经济园区17个，产业集聚效应提升。

【区域协调发展】 2022年，福建省发改委研究起草进一步做深做实新时代山海协作推动区域协调发展意见，推进闽东北、闽西南协同发展区建设，持续深化公共资源共享、产业配套协作、生态保护协同、社会治理联动，推进423个区域协作项目。出台传承弘扬“晋江经验”支持泉州建设21世纪“海丝名城”的意见，落实支持福州建设发展、厦门建设高质量发展引领示范区及福州新区和平潭一体化发展联席会议机制。支持莆田围绕“四水四定”（以水定城、以水定地、以水定人、以水定产）践行木兰溪治理理念推进绿色高质量发展、武夷新区建设加快南平全方位绿色高质量发展、漳州建设古雷世界一流石化产业基地、宁德打造新能源新材料产业重要增长极。

老区苏区振兴。国家发展改革委印发实施闽西革命老区高质量发展示范区建设方案，利用支持赣南等原中央苏区部际联席会议平台，争取国家更大支持，引导资源向老区苏区集聚。完成闽西革命老区高质量示范区发展规划，推动三明与上海、龙岩与广州开展对口合作。省发改委开展福建省委纪念福建省苏维埃政府成立90周年活动相关工作，牵头办好福建苏区振兴发展座谈会。

新型城镇化建设。省发改委牵头推进福建省新型城镇化和城乡融合发展工作，开展推进新型城镇化工作政策研究，出台关于促进人口增长和经济社会发展良性互动的若干措施。推进以县城为重要载体的城镇化建设，提升县城发展质量。推动实施福州都市圈高质量发展行动计划，开展厦漳泉都市圈规划研究编制。开展城乡融合发展体制机制和政策体系阶段性评估，实现城乡融合体制机制初步建立的阶段性目标。

跨省区域合作。密切与粤港澳大湾区、长三角的经济联系，福建省与云南省签订全面深化区域合作框架协议，与四川省、江西省政府起草框架合作协议，与黑龙江省签订粮食合作协议。实施东西部协作，推进援藏、援疆、援重庆万州等对口支援工作，实施项目156个，省发改委牵头研究加强援藏干部人才医疗保障建议，福建省获国家“十三五”援藏、援疆绩效考核评价“先进典型”。推动闽宁协作。

【绿色发展】 2022年，福建省落实碳达峰碳中和战略，出台福建省碳达峰碳中和工作实施意见和碳达峰实施方案，完善“1+N”政策体系。加快重点领域节能降碳改造升级，遏制高耗能高排放低水平项目盲目发展。全国首个海洋领域国家基础科学中心——海洋碳汇与生物地球化学过程基础科学中心在厦门启动。完善资源环境权益交易机制，林业碳汇成交量、成交额均居全国前列。厦门市打造全国首个农业、海洋碳汇交易平台，连江县发布全国首个海洋渔业碳汇建设体系。三明市入选首批国家气候投融资试点名单，20 个试点县（市、区）、国有林场林业碳中和试点加快建设，“双碳”综合管理平台上线运行。

创新生态文明机制，印发实施“十四五”生态省建设专项规划，系统推进山水林田湖草沙及海洋生态系统保护修复。出台推进生态环境治理项目产业化、促进绿水青山转化为金山银山若干措施，举办生态环境项目成果发布会。莆田木兰溪绶溪片区、三明市沙溪流域、漳州市南靖县 3 个生态环境导向的开发模式项目（EOD）入选国家试点项目。举办习近平生态文明思想理论与实践研讨会，组织实施综合性生态保护补偿方案，39 项改革成果在全国推广。福建作为全国首个国家生态文明试验区，以占全国约 1.3%的土地、2.9%的能源消费，创造占全国约 4.27%的生产总值，生态文明指数居全国第一，生态产品价值实现路径拓宽。

【民生保障】 2022 年，福建省提升公共服务保障水平，聚焦群众关心关注的教育、医疗、养老、托育等急难愁盼问题，组织实施普惠学前教育扩容、优质高效医疗卫生服务体系建设、应对人口老龄化和托育服务、社会服务设施兜底线等工程，实施福建省基本公共服务标准，推动公共服务普惠均等发展。落实省委、省政府 2022 年为民办实事任务，支持学前教育、义务教育、高等教育、产教融合等项目建设。扩容提质优质医疗资源，厦门市中医院列入第三批国家区域医疗中心试点，试点数量增至 7 个，居全国前列；国家区域医疗中心累计开展新技术、新项目、新服务 66 项，其中国内首次 3 项，转外就医患者数比上年减少 36%。实施市级“一老一小”整体解决方案。福州市列入国家儿童友好城市建设试点。改善城乡全民健身场地设施条件，人均体育场地面积 2.48 平方米。支持公共实训基地建设，提升职业技能培训基础能力。推动出台《福建省价格争议协调处理办法》，福建成为全国第四个以地方规章形式出台相关办法的省份。

确保重要民生商品供应充足、价格稳定，完善重要民生商品价格调控机制，统筹促进产、购、储、加、销全链条顺畅运行，推动物价水平运行在合理区间。启动平价商店，销售平价商品近 2.65 万吨，政府补贴（让利）3150 万元。落实社会救助和保障标准与物价上涨挂钩联动机制，阶段性扩大保障范围，全年发放价格临时补贴 2.16 亿元，惠及困难群众超 433 万人次。

【发展与安全统筹】 2022 年，福建省落实粮食安全党政同责，粮食安全省长责任制考核成绩优秀。提升粮食储备能力，推进建宁、南安、长汀、长乐、漳浦、泉州、仙游 7 个省级粮库项目建设。落实 50 万吨粮食增储计划。加强粮食应急保障体系建设，修订粮食应急预案。推进优质粮食工程，拓展粮食产销合作渠道，举办第十八届福建粮洽会。推进福建省地方储备粮承储库点（含代储库点）智能化改造升级。

提升能源安全保障能力，适度超前规划建设重大能源项目，增强能源供应保障能力，全省电力装机 7525 万千瓦。加快抽水蓄能电站建设，年度投产装机 120 万千瓦，总装机 300 万千瓦，提升系统顶峰能力。加强电力运行管理，研究制定年度电力迎峰度夏、度冬保障工作实施方案、有序用电方案、电力需求响应实施方案，应对 2022 年夏季全省用电负荷高峰，未发生限电情况。加强煤炭稳产稳供，健全电厂存煤监测预警机制，形成政府可调度煤炭储备能力 350 万吨。推进长输油气管道保护工作，研究制定天然气应急保供预案，推动落实中海油和中石油 2022 年天然气长协气源，确保天然气供应安全平稳有序。

维护产业链供应链安全稳定，建立健全产业链供应链风险动态监测长效机制，筛选 200 多家重点监测企业，形成全面覆盖福建省内重要产业和重点企业的监测网络，提升产业链供应链风险监测、研判和处置能力。6 家企业、2 个园区纳入国家保持产业链供应链安全稳定重点企业和重点园区名单。

加强政务网络、应用系统和数据安全保障。推进网络安全工作模式创新，完善安全基础资源建设，推动关键信息基础设施安全保卫平台建设。建立健全省市各级政务数据安全责任制和技术规范，保障福建省级政务云平台安全稳定运行。（戴全吉）

固定资产投资

【概况】 2022 年，福建省固定资产投资比上年增长 7.5%；全省各设区市和平潭综合实验区固定资产投资增速依次为泉州市增长 10.3%、厦门市增长 10.2%、漳州市增长 10.1%、三明市增长 9.4%、龙岩市增长 9%、福州市增长 6.3%、莆田市增长 6.2%、南平市增长 5.1%、宁德市下降 1.9%、平潭综合实验区下降 4.2%。全年投资资金来源比上年增长 2.9%，其中国家预算资金增长 71.5%、国内贷款下降 7.6%、利用外资增长 860.7%、自筹资金增长 4.4%、其他资金下降 22%。

全年全省固定资产投资主要呈现工业投资力度加大、基础设施投资提升、房地产开发投资增速回落 3 个特点。工业投资力度持续加大，全省工业投资 7231.01 亿元，比上年增长 16.9%，增速提升 5.3 个百分点，其中制造业投资 6372.3 亿元、增长 19.7%。基础设施投资稳步提升，全省基础设施投资 5231.8 亿元，比上年增长 15%，增速回升 12.6 个百分点；其中水利、环境和公共设施管理业投资增长 24.9%，交通运输、仓储和邮政业投资增长 5%。

房地产开发投资增速回落，全省房地产开发投资5515.45亿元，比上年下降11%，增速回落13.8个百分点；房屋施工面积31734.98万平方米，下降8.5%，其中住宅施工面积21402.88万平方米，下降8.8%；房屋竣工面积4063.38万平方米，增长0.5%，其中住宅竣工面积2848.15万平方米，增长5.5%。

【固定资产投资结构】 2022年，福建省固定资产投资中，第一产业投资比上年增长10.4%，第二产业投资增长17%，第三产业投资增长2.7%。第二产业中，工业投资比上年增长16.9%，其中制造业投资增长19.7%，电力、热力、燃气及水生产和供应业投资增长4.4%，采矿业投资减少40.8%。第三产业中，与民生相关的领域投资增长较快，其中租赁和商务服务业投资比上年增长58.2%，教育投资增长10.5%，文化、体育和娱乐业投资增长8.4%，公共管理、社会保障和社会组织投资增长2.5%。

【固定资产投资项目】 2022年，福建省建设项目计划总投资比上年增长7.4%；全省施工项目数增长12.3%，其中年度新开工项目数增长29.8%，年度全部建成投产项目数增长2.1%。从行业情况看，农林水利项目完成年度计划的114.6%，交通项目完成年度计划的113.7%，能源项目完成年度计划的103.1%，城建环保项目完成年度计划的122.6%，工业项目完成年度计划的120.6%，服务业项目完成年度计划的112.0%，社会事业项目完成年度计划的118.2%。全年建成或部分建成项目335个，包括兴泉铁路（福建段）、莆炎高速、靖永高速、龙岩东环线全线、福州港牛头湾作业区12号和13号泊位工程、福清核电6号机组、闽粤联网工程、福建天然气管网德化支线、漳州LNG接收站一期、福州市轨道交通5号线首通段及6号线、四川大学华西厦门医院、莆田第一中学新度校区建设工程等项目。全年新开工项目410个，包括福州港口后方铁路通道杜坞至樟林至透堡段、国高网武宁高速宁德至古田段、北电南送特高压工程、华电可门电厂三期、中沙古雷乙烯、万华化学年产80万吨PVC、福鼎时代锂离子电池生产基地四期、福耀科技大学等项目。

（林　静）

重点项目

【概况】 2022年，福建省安排省级重点项目1587个，其中在建项目1354个、预备项目233个。重点项目年度计划投资6168亿元，全年实际完成投资7250亿元，占年度计划的117.5%，超额完成年度投资计划目标任务。全年实现335个重点项目建成或部分建成投产，410个重点项目开工。推动一批高质量发展的项目交付投用，一批影响力、带动性强的项目落地建设，一批重大项目前期取得突破。至年底，全省高速公路通车里程6156千米，密度居全国前列；港口吞吐量7.14亿吨；电力装机容量7531万千瓦。重点项目建设发挥稳增长促投资支撑作用。

【交通重点项目】 2022年，福建省在建交通行业重点项目91个，预备重点项目36个，全年计划投资679.71亿元，实际完成投资772.58亿元，占年度计划的113.7%。铁路方面，兴泉铁路（福建段）建成通车，福厦客专、龙岩至龙川铁路龙岩至武平段等项目加快建设，福州市港口后方铁路通道项目（杜坞至樟林至透堡段）开工建设，漳汕高铁初步设计完成预审及配套工程开工建设，温福高铁、温武吉铁路、新建龙岩至龙川铁路武平至梅州段（福建段）等项目前期工作加快推进。高速公路方面，莆炎高速、厦蓉高速龙岩东联络线（龙岩高速公路东环线）、漳武线南靖至永定高速公路南靖段等项目建成通车；厦门第二东通道工程、国高网宁上高速霞浦至福安段、福州机场第二高速公路工程等项目加快建设；国高网福银联络线沙南高速、武宁高速宁德至古田段等开工建设。港口方面，湄洲湾港肖厝港区鲤鱼尾作业区4号泊位工程、福州港牛头湾作业区12～13号泊位工程等项目建成；福州港江阴港区13A～C号泊位工程等项目开工建设；湄洲湾港秀屿港区石门澳作业区6号、9号、11号泊位工程，泉州围头湾港区石井作业区16～19号码头等在建项目加快推进。机场方面，福州长乐国际机场二期扩建工程、泉州晋江机场扩能改造工程等在建项目加快推进，新开工厦门翔安新机场飞行区工程，武夷山机场迁建项目建议书获国家受理，龙岩新机场完成有关协议签订。

【能源重点项目】 2022年，福建省在建能源行业重点项目37个，预备重点项目6个，全年计划投资546.31亿元，实际完成投资563.24亿元，占年度计划的103.1%。福清核电6号机组、闽粤联网工程建成投用，福建天然气管网德化支线投产运营，漳州LNG接收站一期建成，霞浦核电建设有序推进，厦门、云霄、永泰抽水蓄能电站等项目加快建设。北电南送特高压工程、华电可门电厂三期等项目开工建设。推动漳州核电3～4号机组，莆田哈纳斯LNG接收站、中石油福清LNG接收站等项目获国家核准。

【工业重点项目】 2022年，福建省在建工业行业重点项目626个，预备重点项目104个，全年计划投资2698.71亿元，实际完成投资3253.3亿元，占年度计划的120.6%。中沙古雷乙烯项目通过国家“储转规”，中创新航厦门三期、万华化学年产80万吨PVC、福鼎时代锂离子电池生产基地四期、上杭新安科技磷系阻燃剂生产等项目开工建设。古雷炼化一体化工程二期项目加快推进，宁德时代西湖锂离子动力电池生产基地、福清正太新材二氧化钛等项目建成或部分建成，三峡集团、金峰科技合作研制的全球单机容量最大的16兆瓦海上风电机组下线。

【农林水利重点项目】 2022年，福建省在建农林水利行业重点项目95个，预备重点项目12个，全年计划投资207.77亿元，实际完成投资238.09亿元，占年度计划的114.6%。泉州白濑水利枢纽及一批中型水库、平潭防洪防潮工程、“五江一溪”防洪等在建项目加快推进，金门供水水源保障工程、宁德上白石水利枢纽和一批中心（一级）渔港等项目加快前期工作，福州地区大学新校区旗山湖工程（二期）、厦门环东海域新城埭头溪（下游段）综合治理工程、北溪引水主干渠改造工程（马銮湾新城段）等项目竣工。

【城建环保重点项目】 2022年，福建省在建城建环保行业重点项目234个，预备重点项目23个，全年计划投资1147.91亿元，实际完成投资1406.84亿元，占年度计划的122.6%。厦门马銮湾道路工程竣工，福州市轨道交通5号线首通段、福州市轨道交通6号线建成通车，闽侯二桥、泉港高铁站前广场等项目建成。福州市轨道交通2号线东延线一期、厦门市轨道交通3号线南延段、厦门市轨道交通6号线集美至同安段等项目开工。福州市轨道交通4号线一期、厦门市轨道交通3号线（蔡厝至翔安机场段）等项目加快建设。

【服务业重点项目】 2022年，福建省在建服务业重点项目158个，预备重点项目28个，全年计划投资529.35亿元，实际完成投资593.03亿元，占年度计划的112.0%。厦门现代服务业基地（丙洲片区）统建区一期工程、福建丰大元洪国际食品展示交易中心（一期）、海峡电子商务产业基地三期、平潭国际演艺中心等项目建成。厦门绿发新时代广场、连江民天国际商贸物流中心（一期）项目、石狮市文创园、八闽（漳州）不夜城项目等开工。一批现代物流、旅游、电子商务、健康养老等在建重点项目继续实施。

【社会事业重点项目】 2022年，福建省在建社会事业重点项目113个，预备重点项目24个，全年计划投资358.16亿元，实际完成投资423.34亿元，占年度计划的118.2%。四川大学华西厦门医院、莆田第一中学新度校区建设工程、平潭综合实验区海洋科技文化中心等项目建成。福耀科技大学、宁德东侨开发区医院、东山县谷文昌干部学院二期等一批重点社会事业民生项目开工建设。福州天大国际校区、省立医院金山院区二期、宁德时代创新实验室建设二期等项目加快建设。

【重要开工项目】 2022年，福建省重要开工项目有福州港口后方铁路通道杜坞至樟林至透堡段工程、福建北电南送特高压工程、福鼎时代锂离子电池生产基地四期工程。

福州港口后方铁路通道杜坞至樟林至透堡段工程。该项目是“十四五”开局以来福建省开工的首条铁路项目，也是福州首条自建铁路项目。线路西起杜坞站，连通向莆、峰福铁路；东接福州枢纽樟林站，连通福厦高铁；向东北接入透堡站，连接温福铁路。项目全长72千米，概算总投资84.7亿元。

福建北电南送特高压工程。该工程是福建省第二条特高压线路工程，起于1000千伏榕城变电站，止于拟建的长泰1000千伏变电站，新建双回1000千伏输电线路238千米，全线位于福建省境内。工程采用中国自主研发、国际领先的特高压输电技术，是特高压工程的“升级版”。

福鼎时代锂离子电池生产基地四期工程。福鼎时代锂离子电池生产基地是宁德时代全球布局的最大单体项目，规划产能120千兆瓦时，产值超千亿元。其中，福鼎时代锂离子电池生产基地四期工程总投资50亿元，总建筑面积约57.2万平方米。项目建成后可新增锂离子电池产能25千兆瓦时，达产产值200多亿元，对促进福鼎经济发展和宁德市锂电新能源产业发展具有重要意义。

【重要竣工项目】 2022年，福建省重要竣工项目有兴泉铁路（福建段）、莆炎高速公路福建段、福清核电6号机组、福建16兆瓦海上风电机组生产项目、四川大学华西厦门医院。

兴泉铁路（福建段）。兴泉铁路全线贯通，结束江西宁都、石城，福建宁化、清流、明溪、大田、德化、永春8个革命老区县不通铁路的历史，并增加一条以“货运为主，兼顾客运”往东出海的铁路运输通道，促进赣南和闽西革命老区加快振兴。作为主要服务闽赣两省革命老区的客货运铁路，兴泉铁路完善赣南和闽西地区路网结构，畅通东南沿海与中西南地区的铁路往来，推动闽赣两省旅游、经济发展。

莆炎高速公路福建段。莆炎高速公路是国家高速公路网南北方向主干线沈海高速公路联络线之一，起于福建省莆田市，止于湖南省炎陵县，路线全长706千米。其中，福建段东起莆田市埭头镇，止于三明市建宁县与江西省交界处，全长393千米。莆炎高速通车后，对完善国家高速公路网络，促进内陆地区与沿海地区的联系，推动闽西北苏区老区经济社会发展具有重要意义。

福清核电6号机组。该机组是中国第二台建成投产的“华龙一号”机组，标志中国三代核电“华龙一号”示范项目全面建成投产。福清核电“华龙一号”示范工程（两台机组）总装机232.2万千瓦，每年可发电近200亿千瓦时，该机组投用每年可减少标准煤消耗624万吨、减少二氧化碳排放1632万吨，相当于植树造林超1.4亿棵。

福建16兆瓦海上风电机组生产项目。该机组是全球单机容量最大、叶片最长的海上风电机组，其发电机、叶片、数字化控制系统等主要部件完全实现国产化，标志中国海上风电装备制造产业发展从“跟跑”“并跑”到新发展阶段的“领跑”地位。该机组下线，也成为福建省谋划海上风电原创技术策源地、打造海上风电装备产业基地的又一里程碑。

四川大学华西厦门医院。该院总投

资25.9亿元，定位为国内一流的集医疗、教学和科研于一体的三级甲等综合性医院，重点针对厦门市医疗短板部分，发展呼吸科、内外科、神经内外科、消化内外科、口腔科、骨科及妇女儿童疾病中心等15个中心，结合华西医院自身的学科优势，将打造成具有高水平、高质量、高服务的区域性医疗高地和疑难重症诊疗中心。（陈可祖）

国有资产管理

【概况】 2022年，福建省国资系统落实中央稳住经济大盘决策部署，实施“提高效率、提升效能、提增效益”行动，推动国资国企改革发展。截至年底，福建省人民政府国有资产监督管理委员会（简称省国资委）所出资企业资产总额22814.1亿元，全年实现营业收入5436.44亿元，利润总额66.98亿元，上交税费206.65亿元，省港口集团、能化集团、三钢集团、电子集团、厦门港务5家省属企业入围中国500强。

【国企改革】 2022年，福建省国资系统国企改革主体任务全面完成，国企改革三年行动收官，整体完成率100%，完成质量获国务院国资委肯定。推进战略性重组和专业化整合，省港口集团完成股权下划，省能化集团加快布局重大石化项目，省水投集团完成水务资产划转，省大数据集团组建方案获批实施，省船舶集团加快脱困转型，东南汽车、新龙马汽车推进资产重组。开展国企改革专项工程，实施“双百行动”“科改示范行动”，在国务院国资委组织的科改示范行动专项评估中，福建省位居全国第二名。开展对标世界一流企业等专项行动，厦门钨业被国务院国资委评为国有企业公司治理示范企业，三钢集团被选树为管理提升标杆企业，省港口集团“大法务”管理模式被评为标杆项目。创新开展“八闽国企综合改革专项行动”，推进32家试点企业改革工作，培育改革样板。推进国有资本证券化，省属企业权属上市公司增至21家，竞争性业务资本证券化率86.42%；上市后备梯队持续扩容，20家省属企业成为省重点上市后备企业。

【国企发展】 2022年，福建省国资委抓项目促投资，所监管企业连续3年投资超1000亿元，实现逆势增长，新兴产业投资年均增速超30%。加快项目建设，贯彻落实习近平总书记关于“实施好福建古雷乙烯等大型能源合作项目”重要指示精神，省能化集团和沙特基础工业公司总投资421多亿元的中沙古雷乙烯项目获批建设；福厦高铁、兴泉铁路铺轨全线贯通；“闽投1号”深远海养殖平台下水；永泰抽水蓄能电站建成投产。省市国资委建立联动工作机制，协调解决项目实施中的困难和问题，促进一批重大项目早开工、早建成。深化项目对接，举办省国资系统与泉州产业合作对接会，参与闽商大会、数字峰会、海交会、投洽会等重大招商活动，现场签约项目25个，总投资689亿元。加强项目储备，建立涵盖100家央企、100家省市地方国企的项目库，入库项目80个，推动接续发展。

【国企社会责任履行】 2022年，福建省属企业在基础设施建设、物流保通保畅、能源保供、疫情防控等方面履行社会责任。交通服务保障方面，建成高速公路通车总里程6156千米，路网密度居全国第三位；形成铁路运营总里程4381千米，路网密度是全国平均水平2倍；优化全省沿海港口建设运营布局，集装箱吞吐量占全省75%。能源保供稳价方面，累计建成天然气管网1027千米，年供气53.45亿立方米，保障全省80%以上的天然气供应；承担电煤价格上涨压力，年发电超220亿千瓦时，保障全省电力能源供应。水利建设服务方面，牵头推进34个县城乡供水一体化建设，建成水务管网8500千米，占全省70%；做好与金门通水，累计向金门供水超2340万吨，日均供水2.14万吨，占金门民生及工业需水量的3/4。稳就业惠民生方面，坚持做好稳岗就业，新冠疫情期间不减员不降薪，年新增就业人数近3万人；推进乡村振兴，挂钩帮扶联系点52个，产业帮扶项目32个，累计投资212.27亿元。疫情防控服务保障方面，率先建设以福建健康码为基础标识的省疫情防控一体化服务平台，其做法被《新闻联播》推广，全国五省市到闽学习；在防疫物资供应、防疫车辆保障、方舱医院建设、居民生活必需品保供等方面发挥主力军作用，累计为中小微企业和个体工商户减免租金16.31亿元、惠及租户5万户。

【国资监管】 2022年，福建省国资委完善国资监管体制，优化监管方式手段，推进监管专业化、体系化、法治化。优化监管手段方式，对照十一届省委第一轮巡视反馈的国资监管难点问题，省国资系统坚持上下联动、同向发力，既解决具体问题，又解决体制机制问题，加强业务监督、综合监督、监督追责“三位一体”监督体系建设；研究出台所出资企业“三重一大”决策、重大经营风险事件报告、内部审计监督等国资监督制度，增强监督系统性；调整优化考核机制，突出分类考核，提升对企业考核的针对性、有效性。推进法治国企建设，在全国率先制定出台《关于进一步深化法治国企建设的意见》，获国务院国资委肯定；印发《所出资企业合规管理办法》，打造全覆盖全链条合规管理体系；加强企业法律风险管理，健全法治工作组织体系。防控重点领域风险，落实金融业务报告制度，推动严格规范经营，完善企业债务风险动态监测预警机制，筑牢企业债务风险“防火墙”；优化资产交易评估流程，加强对重大投资、收购民企、协议转让事项的审核；开展担保事项管理、会计信息质量真实性等专项审计，强化对商贸业务日常监督。年内，省国资委下发监管提示函12份，对违反非主业投资决策审核程序、投资项目风险等情形，及时提示风险、压实责任。（吴竞东）

审 计

【概况】 2022年，福建省审计机关完成审计项目2383个，其中审计2186个、专项审计调查197个。出具审计报告和专项审计调查报告3325篇，被批示、采用249篇次。审计促进整改落实有关问题资金201.84亿元；审计促进拨付资金到位91.56亿元；审计后挽回（避免）损失4.85亿元。审计提出建议7039条，被采纳6428条；推动被审计单位制定整改措施566项；促进被审计单位建立健全规章制度1035项；提交审计信息3879篇，被批示、采用1560篇次。向社会公告审计结果30篇。

【政策落实跟踪审计】 2022年，福建省审计机关聚焦省委、省政府贯彻落实党中央、国务院重大决策部署的具体措施，重点对稳增长稳市场主体保就业防风险、乡村振兴、为民办实事、重点项目建设推进等方面政策措施落实情况实施审计。全年抽查省、市、县三级434个单位1777个项目，走访555家企业。每季度向省政府报送全省重大政策措施落实情况跟踪审计报告，获省主要领导批示。全省整改问题583个，促进被审计单位出台制度规定41项，审计建议被相关部门采纳。

【财政审计】 2022年，福建省审计机关完成预算执行审计项目400个、财政决算审计项目27个，延伸审计单位453个。构建财政审计大格局，组织开展全省2021年度预算执行和决算草案审计，审计重点关注深化预算管理制度改革情况，加大对重点民生资金和项目的审计力度；以大数据分析为抓手，对280家省一级预算单位实现财政财务数据分析全覆盖，向近百家单位出具提示函；推动建章立制112项，推进健全完善市县财力分档。防范地方政府债务风险，对地方政府债务情况进行大数据分析和综合研判，向8个设区市财政局和平潭综合实验区财政金融局发送预警提示函；开展地方政府债券与隐性债务专题审计，抽查2个市本级和9个县（市、区）。专项审计服务疫情防控工作，组织省市县150个审计组、350名审计人员开展2022年新冠疫情防控财政资金和物资审计，促进加快发放纾困贷款，审计成果得到省主要领导批示。年内，向福建省十三届人大常委会第三十四次会议作审计工作报告，省审计厅向福建省十三届人大常委会第三十六次会议报告2021年度省级预算执行和其他财政收支审计查出问题整改落实情况。

【国有企业审计】 2022年，福建省审计机关对17家省属国企权属的2052家公司境内外资产管理及优化布局状况开展专项审计调查，重点揭示国企改革过程出现的产业布局同质化等12个典型问题。每季度采集分析省国资委所出资17家企业经济风险预警相关数据，督促省国资委向相关企业发出监管提示函11份，推动省国资委出台风险防控相关制度2项。对省国资委所出资的17家企业运营及经济风险管控情况开展专项审计调查，查出购销类业务风险引发法律诉讼等22个问题。

【金融审计】 2022年，福建省审计机关开展福建省农村信用社联合社系统2021年度信贷投放和风险防控情况的专项审计调查，发现34类195个问题，提出加大信贷业务风险防范和管控等建议3条。开展福建省2021年度绿色金融体系建设情况专项审计调查，审计对象为南平市、三明市政府及兴业银行、厦门国际银行、省农村信用社联合社等5家部门和单位，发现绿色金融体系建设4个方面16点不足和困难，提出绿色金融应统一标准体系等建议4条。

【农业农村审计】 2022年，福建省审计机关对全省21个县开展人居环境整治和乡村振兴重点县相关政策落实和资金审计，审计抽查项目2507个，抽查单位127个、企业167个、乡镇120个、行政村442个，入户调查875户，揭示各类问题374个。通过督促整改，促进政策落实49项。向各级党委政府报送乡村振兴审计要情、审计专报6篇，各级党委、政府领导批示10篇次，建立完善制度26项，向相关部门移送案件线索5件，促进追责问责23人。

【资源环境审计】 2022年，福建省审计机关开展领导干部自然资源资产离任（任中）审计项目126个，涉及234人（其中省审计厅直接审计项目9个，涉及28人）。组织实施全省自然资源部门涉及的生态环境保护科目资金专项审计，提高项目运营绩效。组织开展《领导干部自然资源资产离任审计评价指标体系》使用试点，健全完善评价指标体系。构建“总体分析、发现疑点、分散核实、系统研究”审计大数据审计方法，形成“地理信息+”审计服务模式，实现精确识别、精准审计。

【民生审计】 2022年，福建省审计机关对省本级和3个设区市及其所属部分县（市、区）开展困难群众救助补助资金专项审计，对省本级和2个设区市开展医疗保险基金和“三医联动”改革专项审计调查。审计促进及时发放、归还、追回困难群众救助补助相关资金555.49万元，167名困难群众得到临时救助或有效安置，768名符合条件困难群众纳入救助补助范围，对161名不符合条件人员停发残疾人两项补贴。

【经济责任审计】 2022年，福建省审计机关完成领导干部经济责任审计项目800个，涉及领导干部1083人。深化经济责任审计“1+N”组织模式，强化双回路双向闭环式审计质量控制体系，邀请市委书记、省直部门主官、审计署业务处骨干处长授课，组成中期调研组，采取“现场调研+非现场调研”方式，提前把控审计方向、方案执行等内容，履行内部检讨机制，把握审计报告质量。组织召开经济责任审计工作联席会议，开展2018—2020年经济责任审计发现问题整改“回头看”，整改率由85%提升至94.81%，完善审计联合整改工作机制，整改工作得到省政府主要领导肯定。

【涉外审计】 2022年，福建省审计厅对国际援款中国莆田SOS儿童村项目、世界银行贷款福建渔港项目、世界银行贷款中国（福建）卫生医疗改革促进项目、亚洲开发银行贷款福建农地资源可持续利用示范项目、新开发银行贷款福建莆田平海湾海上风电项目5个国外贷援款项目的2022年度财务收支和项目执行情况审计，以及以色列政府贷款龙岩人民医院购置医疗设备项目绩效情况开审计，涉及省、市、县三级部门和基层企事业单位近300个，出具无保留意见中英文审计报告5份、中文报告1份。其中，中国（福建）卫生医疗改革促进结果导向型项目财务收支和项目执行情况审计被审计署通报表扬。

【大数据审计应用】 2022年，福建省审计厅组织开展全省网络安全和信息化建设审计。强化审计业务数据支撑，全年为18个审计项目提供数据分析服务，涉及分析结果82万条，完成对省、市、县三级6809家财政一级预算单位财务电子账套数据的采集和标准化工作。累计建立各行业审计数据分析模型304个，向全省各级审计机关提供财务数据分析模型41个，汇编共享大数据审计典型案例和企业大数据审计参考。

【审计问题整改】 2022年，福建省审计机关执行《福建省审计厅审计结果整改落实情况跟踪检查管理办法》，落实审计整改记账销账制度。组织完成2021年度中央、省级预算执行和其他财政收支审计整改跟踪检查，推动出台规章制度35个大项112个小项。加强审计监督与纪检监察监督贯通协同，联合驻审计厅纪检组开展审计整改专项监督检查，对2017—2020年133个未整改到位问题开展专项监督检查。

【审计法治建设】 2022年，福建省审计厅制定《福建省审计机关法治建设具体措施（2021—2025）》《福建省审计机关开展法治宣传教育的第八个五年规划（2021—2025）实施方案》。制定《福建省审计厅行政规范性文件报备和管理规定》，完善规范性文件合法性审核机制。修订《福建省审计机关行政处罚裁量权基准》《福建省审计机关行政处罚裁量权基准适用指导规则》，健全审计行政自由裁量权基准。加强大数据审计制度建设，出台《福建省审计厅业务处室大数据审计情况考核办法（试行）》《福建省审计厅电子数据审计证据规定（试行）》《福建省审计厅审计业务电子数据安全管理规定（试行）》。

（杨　铮）

统　计

【概况】 2022年，福建省统计局加强调查普查工作，做好常规统计调查和专项调查，推进全省做好第七次全国人口普查后续工作、第五次全国经济普查前期准备。持续推动统计改革，健全全省统计体系。加强统计监督，开展统计法治宣传；推动统计服务，编印各类统计资料，为党政部门和社会公众提供统计数据服务。

【调查普查】 2022年，福建省统计局统筹新冠疫情防控和各项统计调查任务，组织实施国家统计方法制度，组织完成农业、工业、建筑业、服务业等国民经济行业及消费、投资、人口、劳动工资、能源、社会科技等领域常规统计调查。开展统计专项调查，完成绩效管理公众评议、生态环境满意度等社情民意调查及其他专项调查。推进第七次全国人口普查（简称“七人普”）资料开发运用，出版《福建省人口普查年鉴—2020》，编印《“七人普”主要文件选编》《“七人普”课题汇编》，开展《新时代中国人口——福建卷》编写工作；通报表扬“七人普”突出贡献集体和突出贡献个人。开展第五次全国经济普查（简称“五经普”）福建省前期准备，组建全省“五经普”筹备领导小组及办公室，制定下发年度工作安排和责任分工；承接国家统计局智能编码专项试点和完善行业智能编码词库工作，在福州、厦门、南平开展专项试点；开展基本单位名录库清理和“五经普”专项调研工作；完成“五经普”投入产出调查选点工作；启动“五经普”宣传网站及预算编制等前期准备工作。

【统计改革】 2022年，福建省出台《福建省人民政府办公厅关于进一步完善我省统计体系的若干意见》，健全全省统计体系；经省政府同意，制定印发《福建省统计局关于进一步做好我省高质量纳统工作的通知》，推动各部门共同做好企业培育和纳统工作。省统计局推进地区生产总值统一核算改革，实现全省数和设区市汇总数进一步衔接；推动自然资源资产负债表编制工作从试点、探索，逐步向常态化落实。推进国家重点领域改革任务，完成对固定资产投资历史数据修订，完善规模以上工业战略性新兴产业测算，承担国家统计局生产过程碳排放调查试点工作，开展重点电子商务交易平台统计试点工作。推进民营经济、“三新”经济、文化产业等重点领域和数字经济核心产业增加值核算研究工作。

【统计监督】 2022年，福建省落实国家统计督察整改工作，压紧压实整改责任，组织制定具体整改方案，推进整改落实工作，国家统计督察反馈问题均按序时进度完成整改。完成国家统计局移交的问题线索核查，提出并完善处分处理建议。开展统计造假不收手不收敛问题专项纠治工作。开展统计法治宣传，落实全省统计“八五”普法规划，制定《2022年全省统计法治宣传工作要点》，举办以“深入学习贯彻党的二十大精神，开启依法统计依法治统新征程”为主题的统计法治宣传日活动。省委深改委印发《福建省关于更加有效发挥统计监督职能作用的实施意见》，推动建立上下贯通的监督体系，加强统计监督工作，提升统计监督效能。加大统计执法检查力度，发挥统计监督职能作用。

【统计服务】 2022年，福建省统计局加强宏观经济形势分析和预警预判，定期开展经济形势分析，向省“两办”和国家统计局报送统计分析、专报、信息，信息工作位居政府系统省直部门第四名；制定印发《加强统计分析研究工作实施方案（试行）》，下发《2022年度专题分析和重点调研题目》，围绕省委、省政府中心工作和经济社会民生热点、难点，组织开展专题研究分析和重点调研，发挥决策咨询作用。加强统计新闻宣传，以迎接、宣传党的二十大为主线，编印《“喜迎二十大”福建经济社会发展成就》，展现2012年以来福建经济社会发展成就。开展统计法规、统计制度、统计知识等宣传，在“福建统计”微信公众号上发布“统计科普微课堂”和“统计指标那些事儿”。加强统计数据发布和解读，编印《2021年度福建省国民经济和社会发展统计公报》《福建统计年鉴—2022》《福建统计摘要—2022》《福建统计月报》等统计资料。

（涂云花）

口岸综合管理

【概况】 截至2022年底，福建省有经国务院批准对外开放口岸11个。其中，空运口岸4个，分别是福州空运口岸（长乐国际机场）、厦门空运口岸（高崎国际机场）、泉州空运口岸（晋江国际机场）和武夷山空运口岸（武夷山机场）；水运口岸7个，分别是福州水运（海港）口岸、厦门水运（海港）口岸、泉州水运（海港）口岸、漳州水运（海港）口岸、莆田水运（海港）口岸、宁德水运（海港）口岸、平潭水运（海港）口岸。

全年全省水运口岸外贸货物吞吐量25766.46万吨，比上年下降0.7%。其中，出口7763.33万吨，增长8.24%；进口18003.12万吨，下降4.18%。外贸集装箱吞吐量1106.57万标箱，比上年增长4.2%。其中，出口549.05万标箱，增长2.8%；进口557.52万标箱，增长5.67%。

全年全省航空口岸出入境货运完成16.39万吨，比上年下降25.88%，其中进口4.24万吨、出口12.15万吨。出入境旅客完成62.80万人次，比上年增长54.80%，其中出境旅客33.32万人次、入境旅客29.48万人次。

【口岸开放】 2022年，福建省推动口岸开放，宁德港口岸三都澳港区漳湾作业区由交通运输部海事局公告对外开放。漳湾作业区毗邻的临港工业区投产运行上汽宁德基地、宁德时代、中铝东南铜业等先进制造业项目，大量产品、原料需要通过海运完成进出口，该作业区的对外开放，对助推闽东北临港产业集群发展、服务周边省份外向型经济均有重大作用。

泉州港口岸泉州湾港区锦尚作业区完成市级验收，组织通过省级验收，并上报申请国家级验收。该作业区开放后将形成与厦门港优势互补、错位发展的港口发展局面，并通过泉州厦门“组合港”共享厦门港国际航线资源，降低企业组货拼柜和航运成本，为“买全国、卖全球”市场采购贸易方式和泉州外向型经济发展提供海上航运通道。

福州港口岸罗源湾港区环下屿岛作业区获国务院批复扩大开放。该作业区服务福州千亿元级新材料产业集群，其中申远新材料建设完成全球最大的己内酰胺生产基地，原辅材料进口将依靠环下屿岛作业区泊位。

漳州港口岸东山港区城垵作业区完成征求意见工作并上报申请列入年度开放审理计划。临港腹地已有旗滨玻璃、光伏及玻璃新材料产业园、海峡两岸（东山）水产品加工集散基地等大项目，其中漳州旗滨玻璃项目为省重点项目，年纳税额6亿元。

漳州港口岸后石港区隆教作业区按照有关部门意见完成方案调整，并继续推动征求意见工作。该作业区主要服务漳州LNG项目，对优化国家能源结构和布局、确保供气安全、促进闽台经济社会融合、推动金门“新四通”目标实现具有重大意义。

开展新建改建码头泊位省级验收。闽江口内港区军航码头和马尾造船厂2号泊位、后石港区3号泊位、嵩屿港区海通码头4～6号泊位、古雷港区南15～19号泊位对外开放通过省级验收。推进临时开放，保障罗源湾港区环下屿作业区1～4号泊位延期临时开放，服务全球最大己内酰胺生产基地；上报申请黄岐港区对台客运码头临时开放，助力两岸经贸人文交往。

【口岸运行管理】 2022年，福建省商务厅实现对全省口岸特别是重点港区、重点码头泊位运行情况监测，为口岸工作提供数据参考。支持配合福建省新冠疫情防控各专班工作，参与外事组口岸防控专班和交通检疫组、冷链防控专班，牵头和参与全省防疫督导5次。

【口岸营商环境优化】 2022年，福建省商务厅协调推进优化通关全链条全流程，福厦跨关区一体化由通关环节拓展至海关全业务领域，实现省内大宗散装进口矿产品分港卸货、跨境电商货物转关等多项合作成效，三明陆地港直通全省各口岸。全省各相关部门加强指导，协调各地口岸创造落地条件，推进“抵港直装”“船边直提”试点，加快推进进境农产品“两段准入”和“附条件提离”改革、海关进境动植物检疫审批改革。在海关总署、国家口岸办指导支持下，厦门市列入2022年度“促进跨境贸易便利化专项行动”试点城市，带动全省口岸营商环境持续创先创优。2022年福建省进口、出口整体通关时间分别为26.77小时、1.19小时，进口、出口整体通关效率在前七大外贸省市中分别居第三位、第四位。

【单一窗口功能服务】 2022年，福建省商务厅举办“稳外贸口岸通关便利化政策宣贯”暨单一窗口报关技能竞赛活动。上线邮递物品综合服务系统，邮快件进出境作业信息化、系统化、可控化，通关“管得住、管得好、通得快”。推进建设RCEP（《区域全面经济伙伴关系协定》）智能服务系统，帮助企业用好用足RCEP关税减让红利。服务支持跨境电商新业态，加强“6·18”“双11”等大促销时间节点运维保障，确保业务“峰值期”系统安全平稳运行，商品快速通关、货物零滞留。新对接厦门国际银行、海峡银行相关线上金融产品，助力企业融资。组织参展第五届数字中国建设峰会，组织多场应用培训、用户孵化沙龙、入户协助，安排人员驻点邮局海关办事窗口。全年新增企业注册用户超1500家、个人用户超1.7万人，客服咨询超1.9万次，业务量超

6000万票。

【中欧班列物流通道拓展】 2022年，福建省商务厅协调驻地海关做好中欧班列通关服务，支持服务外贸货物进出口，构建陆运重要通道、重要节点。继厦门、南平武夷山之后，泉州、龙岩、福州新开行中欧（中亚、中老）班列，省内始发地增至5地。（省商务厅）

【海关监管】 2022年，福州海关、厦门海关深化业务改革“五项创新”，福州海关、厦门海关全业务领域一体化改革30项措施落地。福州海关推进智慧海关建设，智慧企管应用项目、旅检VR物联网系统等智慧项目建成，H2018新一代通关系统完成全面切换，在全国首创自主研发CT智能审图“筹码”识别算法。

福州海关　2022年，福州海关监管进出口货物3839.9亿元，比上年增长6.6%；征收关税和进口环节税入库261.86亿元，增长10%，再创历史新高。稽核查补税7.49亿元，比上年增长52.3%。

疫情防控。2022年，福州海关统筹关区新冠疫情防控，制订口岸疫情防控方案，优化指挥工作机制，召开指挥部会议41次。坚持“人、物、环境”同防、海陆空同防，全年检出人员核酸阳性812例，比上年增长3.6倍；检出进口冷链货物阳性样本63个，专项考核成绩位居全国海关前列；处置入境船舶聚集性感染情事8起。因时因势优化疫情防控措施，确保新冠病毒感染“乙类乙管”政策平稳有序实施。强化国门实际监管，开展“国门绿盾2022”和“跨境电商寄递‘异宠’综合治理”专项行动，全国首次截获有害生物10种（属）。

打击走私。2022年，福州海关强化打私综合治理和立体防控，形成打击走私总体合力。开展“国门利剑2022”“蓝天”“护卫”等专项行动，连续破获大案要案10件。实施缉私部门夏季治安打击整治“百日行动”，查办涉枪涉毒案件28件，立案侦办关区首件涉嫌妨害国境卫生检疫案，查办固废案件7件、濒危物种案件59件，查获违禁印刷品及音像制品12.9万件。

营商环境优化。2022年，福州海关出台促进外贸保稳提质20条措施、支持福州市应对疫情推动经济回稳向上10条措施。健全政策评估、业务运行监测等工作机制，确保政策措施落地见效。推出“问题清零”机制，协调处置企业疑难问题432个；建立两级关领导挂钩帮扶企业机制，对口帮扶重点企业87家；快速解决冷链集装箱滞港、松木通关等急难事项；推广“锂电包装‘产品线’合格评定模式”，助力福建锂电新能源产品出口。提出11项税政调研建议被国务院采纳，RCEP自贸协定落地生效，全年关区减、免、退税41.32亿元。新增自贸创新举措全国首创3项，获海关总署备案发布1项。12月进出口整体通关时间较2017年分别压缩83.9%、94.6%，其中出口实现“五连降”。“全力保障冷链水产品进口企稳回升”入选全国海关和福建省典型案例、做法，并在全国海关和福建省复制推广。

助力打造对外开放新高地。2022年，福州海关支持福州新区、平潭综合实验区融合发展，指导中国和印度尼西亚“两国双园”加快建设，推动福州长乐国际机场综保区申建，福州江阴港综保区通过海关总署验收。特殊监管区域一线进出口253.7亿元，比上年增长61.1%。融入“一带一路”建设，新增AEO（经认证的经营者）高级认证企业6家，首票易货贸易通关，服务保障中欧、中老班列开行22趟次。

厦门海关　2022年，厦门海关推进“更有效率海关”建设，协助海关总署举办金砖海关署长会、能力建设战略研讨会等系列中方主场外交活动，合作成果写入《金砖国家领导人第十四次会晤北京宣言》。推进海关业务改革创新，落实海关总署稳外贸部署，在全国海关率先出台保稳提质16条细化措施；建立“关企直通车”机制；出台22项保通保畅细化措施促进跨境贸易便利化。厦门关区口岸检验检疫确保精准高效，落实新冠疫情防控“7×24小时”应急值守，全关1968人次参与封闭管理专班工作，在全国海关首先检出奥密克戎BA.4变异株；在全国海关第一个建成国门生物安全展厅；在全国海关首次检出进口牛肉蓝舌病病毒阳性；助力厦门市获评“国家食品安全示范城市”；开展“口岸危险品综合治理”百日专项行动，危险品通关时间压缩50%以上。推动厦门关区口岸营商环境持续优化，关区新增4条中欧班列新线路；厦门海关支持开通国内首条“丝路海运”电商快线，厦门跨境电商综试区位列商务部评估第一档；强化正面监管，优化集装箱国际转运流程，每箱作业时效由2～3小时压缩至5分钟以内；助力厦门港综合效率居全国口岸前列，连续4年获评“中国十大海运集装箱口岸营商环境测评”最高等级；实施企业培育认证，厦门关区AEO企业数量累计超100家；厦门海关推荐的AEO企业案例入选商务部主办的“诚信兴商典型案例”；厦门关区内2项自贸试验区海关监管制度创新举措获评全国首创；“航空维修改革举措”入选全国自贸试验区生态环保典型案例；厦门海关查获的侵权案件连续5年入选中国海关知识产权保护十大典型案例。（李庆云　许炯锋）

【海事监管】 2022年，福建海事局保障55.83万艘次船舶、8.61亿吨货物安全进出港，分别比上年下降6.22%、增长14.93%；保障海上旅客安全出行1630.94万人次，比上年下降41.79%。办理各类船舶登记3469件次，比上年下降19.1%；截至年底，福建船籍港登记在册船舶3227艘，比上年增长4.47%。全年组织海船船员适任考试46497人次，培训合格证考试112133人次，分别比上年增长47.3%、78.1%；全省注册海船船员88376人，比上年增长7.8%；协调船员省内换班878艘次9591人次，其中外国籍船员换班14艘次96人次。全年实施行政强制16件，行政处罚4027件，罚款1.06亿元。

2022年，省海事局建立辖区重大风险“五个清单”、问题隐患和制度措施“两个清单”制度，对74个安全风险实施有效管控、410个安全隐患全部完成整改销号。在全国率先建立省、市、县三级水上安全议事协调机制，建立基层海事处和海警工作站快速反应机制，实现重特大水上交通事故零发生。全年辖区一般等级以上水上交通事故件8起、死亡失踪8人、沉船3艘、直接经济损失1964万元，分别比上年下降55.6%、63.6%、75%、55.1%。全年组织海上搜救行动152次，成功救助遇险人员921人、遇险船舶80艘，人命、船舶救助成功率分别为96.54%、90.91%。试点运行全要素水上“大交管”管理机制，推进四大智控体系和多维感知体系建设。开展沿海水域交通资源普查，修订实施厦门水域船舶定线制，完成9艘沉船打捞，17起事故调查结案。修订印发新版《海上搜救预案》《防台风工作预案》，出台《福建省海上搜寻救助条例》。6月28日，福建沿海海上危险化学品货物泄漏综合应急演练在福清江阴水域举行，为首次省级危化品货物泄漏应急演练，检验危化品事故应急处置能力。

水上交通安全治理。2022年7月11日，台湾海峡首艘大型巡航救助船“海巡06”轮列编，全年执行重大巡航执法任务39次。7月31日至8月6日，“海巡06”轮开展首次巡航执法活动，自平潭海事监管基地码头出发，对漳州、厦门、泉州等福建南部海域、台湾海峡开展“巡回式”巡航执法及海空一体化应急演练。活动期间，中央人民广播电视总台随船开展宣传报道。围绕三年行动巩固提升年、安全生产强化年、安全生产大检查“3条主线”，一体推进常态化打击非法采运砂等7个专项检查活动，三级海事机构形成“一揽子”165项水上安全监管长效机制和制度性成果。全链条治理非法采运砂船，联合16家单位印发《全省常态化整治海上非法采运海砂工作实施方案》，开展非法采砂“百日攻坚”等行动，全年查处非法“两船”285艘，推动拆解违法船舶22艘，司法移送11艘。系统治理化解商渔矛盾，联合渔业部门出台“商渔共治长效工作机制”，划定首批10处“商渔船碰撞高风险警示区”，降低商渔船碰撞事故风险。发布全国首部水工项目船舶交通流分析技术指南，为海上工程建设提供专业指导。编制《高温天气船载危险货物安全监管工作指南》，优化提升货主（码头）高质量选船机制，安全技术状况较好等级以上的到港液货船占比99.6%。发挥保通保畅、船员换班2个工作专班协调保障作用，实现重点物资运输船舶“即报即审即通行”，确保船员换班和伤病救助“应换尽换”“应救尽救”。全年全省保障国际航行船舶船员换班878艘次9591人次，处置涉疫船舶51艘，转运涉疫船员181人，保障3.8亿吨重要生产、民生及防疫物资安全运输。

服务经济社会发展。2022年，省海事局助力宁德港漳湾作业区通过国家级验收开放，完成福州、厦门、漳州港口岸11个泊位对外开放省级验收。推进以厦门港和福州港为枢纽的国际航运中心建设，新开通14条集装箱班轮、客运航线。落实涉水工程重点项目挂钩联系机制，实施“一企一策”精准对接，为海上风电、海上光伏、海洋牧场等8个海洋经济高质量发展重点项目规划提供选址参考和通航安全保障建议，服务厦门新机场、漳州核电线路工程项目等55个省重大项目开工建设。破解宁德时代集装箱式储能系统、闽西老区企业化工货种海运出口难题，保障全省制造业对外贸易。支持邮轮产业疫后复苏，服务首艘五星旗邮轮“招商伊顿”往来厦门港。助力乡村振兴，对口帮扶云霄县19名青年参加“三免一包”船员培训并就业，减免费用30余万元。继续实施国家“浪花计划”，指导船员培训机构招收199名退役军人参加船员培训。拓宽船员招录培养渠道，在福建船员培训院校试点推行全国首创高职教育“二元制”人才培养模式，首批招收登记学员217名。在海事系统首推“办不成事”兜底服务机制，试行“政务服务全流程评查工作机制”，游艇操作人员适任证书签发、海员证核发等业务实现“全城通办”。专用航标行政许可优化等3个项目被认定为福建自贸试验区第19批全国首创项目，航运公司综合服务平台等2个项目入选福建自贸试验区第九批可复制创新成果。（朱　升）

【边防检查】　2022年，厦门边检总站聚焦“三提三效”，探索“边检+”协同作战模式，“百日行动”“獴猎”“三非”突出问题整治等专项行动战果丰硕；支持8个码头通过口岸开放验收。参与省市8个新冠疫情防控专项组工作，发挥疫情防控“三提前三共享”机制作用；研究出台福建边检首部五年发展规划，完成厦门“一地多站”改革试点任务。8名省部级领导12次批示肯定总站工作成效，21项经验做法被上级推介交流，21个单位（个人）致信（锦旗）感谢，25个集体、27名个人获集体一等功、“全国优秀人民警察”等省部级以上表彰奖励。

落实中国边检和福建省“十四五”规划，深化边检机关促进服务航运企业发展十六项措施和便利企业生产经营活动若干举措落地运用，支持全省相关海港口岸扩大开放，配合福州、厦门机场“海丝”门户航空枢纽建设和厦门国际航运中心、邮轮母港等建设，服务福建更高水平开放。“国际航行船舶人员精准管理”举措入选福建自贸试验区第19批创新举措，“12367”服务平台多项关键指标位居全国前列。全年向广西三江侗族自治县投入帮扶资金128.4万元，引进资金181.5万元，采购农产品213.7万元，帮销农产品499.5万元，10项便民工程陆续竣工并交付使用。

发挥总站对台工作十五条措施作用，研究提出7条关于支持两岸融合发展的意见建议，服务两岸融合发展。推动台湾渔船、小额贸易商船停泊点优化整合工作落地，加强停泊点管理职责和对台工作。深化与厦门大学台湾研究院合作，开展涉台课题研究，加强台海方向出入境管理的政策理论和动态研究，助推海峡两岸融合发展新路的探索。创优“12367”闽南语方言话务品牌，完成海峡论坛、海峡青年节、海峡两岸文博会、台交会等福建省主场涉台经济文化交流活动通关保障。（吴李鑫）

编辑：林忠玉

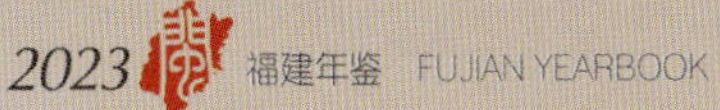

市场监督管理

综　述

【综合管理】 2022年，福建省市场监督管理局加快建立健全食品安全“两个责任”工作机制，治理“餐桌污染”、建设“食品放心工程”，开展加强食品安全监管工作迎接党的二十大胜利召开等专项行动，食品安全评议考核连续3年获评A级，“一品一码”追溯体系继续保持全国前列，厦门创建国家食品安全示范城市。排查治理食品、特种设备、工业产品等重点领域风险隐患，全省未发生重特大事故，在全国率先创新推行工业企业产品质量安全信用风险“四全四化”管理，连续6年被省政府授予完成安全生产目标责任优秀单位。完成进口冷链食品疫情防控工作，确保进口冷链食品未造成输入性疫情；成立市场秩序维护专班，加强防疫物资等重点领域价格监管，应对连花清瘟等防疫药品价格波动问题。

【市场营商环境优化】 2022年，福建省市场监督管理局出台服务市场主体纾困解难12条措施、促进新兴产业发展实施包容审慎监管指导意见。加快推进“证照分离”改革全覆盖，开展歇业备案试点，将市场监管领域“一业一证”改革试点扩大至7个设区市、覆盖7个行业，将简易注销登记适用范围拓展至各类市场主体。开展涉企违规收费专项整治行动，为企业减负5200万元。实施知识产权质押融资入园惠企行动，全省专利质押金额83亿元。加强“小个专”（小微企业、个体工商户、专业市场）党建工作，与142个“小个专”党组织开展结对共建活动。

【市场重点领域监管】 2022年，福建省市场监督管理局会同省发改委制定方案，推进落实加快建设全国统一大市场23项分工任务。开展公平竞争审查举报处理、第三方独立审查试点，组织清理妨碍统一市场和公平竞争的政策措施，查处垄断案件5件、不正当竞争案件146件。开展民生领域查办案件“铁拳行动”，推进网络餐饮、校外培训机构等“点题整治”工作，突出加强教育收费、重要节假日市场价格等重点领域监管。持续净化网络市场秩序，加强广告、直销、计量、认证等领域监管，开展打击整治养老诈骗专项行动，加强消费者权益保护，查办相关案件3万余件，“双打”工作考评以满分成绩继续位居全国第一档次。统筹推进法治监管、信用监管、智慧监管，出台行政执法裁量4张清单，建设智慧监管指挥中心，建立涵盖市场监管业务领域的一体化业务应用体系，推动信用风险分类和“双随机、一公开”监管有机融合，全省随机抽查企业6万余户，问题发现率29%。　（白　亮）

市场主体监管

【概况】 2022年，福建省新登记市场主体114.02万户，比上年下降45.43%。其中，全省新登记企业29.32万家，下降12.84%；新登记个体工商户84.36万户，下降51.81%；新登记农民专业合作社0.34万户，增长39.06%。全省注（吊）销市场主体78.69万户，比上年增长3.08%。其中，注（吊）销企业18.22万家，增长22.24%；注（吊）销个体工商户60.21万户，下降1.63%；注（吊）销农民专业合作社0.25万户，增长13.87%。

截至2022年底，全省实有市场主体711.95万户，比上年增长5.21%。其中，实有企业184.01万家，增长6.41%；实有个体工商户523.54万户，增长4.82%；实有农民专业合作社4.40万户，增长2.12%。

【国有企业稳增长扩投资】 2022年，福建省国有企业的新登记数量增速在各类企业中保持领先，新登记数量比上年增长42.14%。在统筹新冠疫情防控与经济发展的过程中，福建省国有企业落实稳经济政策措施，实现提质增效稳增长，发挥扩投资、稳增长作用。同时，深化国有企业改革，推动国企合并重组，在福建省传统优势产业领域合并同类项，实现资源优化整合，打造一流企业；加快抢占发展制高点，组建新的省属企业集团，推动国有资本加快向前瞻性战略性新兴产业集中。

【民营经济恢复发展】 2022年，福建省民营经济（由个体工商户和私营企业构成）市场主体在全省市场主体数量占比超97%。全年新登记市场主体中，绝大部分是民营经济市场主体，其中个体工商户数量占比73.99%、私营企业数量占比24.66%。受新冠疫情影响，1—7月，全省新登记私营企业16.40万家，比上年同期下降8.98%；新登记个体工商户49.76万户，下降57.11%。7月后，同比降幅逐步收窄，显示民营经济市场主体的投资信心逐步恢复。

【外商投资企业引资水平提升】 2022年，福建省印发《关于进一步推进利用外资保稳促优若干措施的通知》，利用《区域全面经济伙伴关系协定》（RCEP）生效契机，助推外商投资企业发展。全省外商投资重点从劳动密集型行业转向高技术领域，大项目累计到资千万美元以上的企业超100家。厦门、泉州、福州发挥区位优势和产业链优势，吸引全省总量79.61%新登记外商投资企业。截至年末，全省新登记外商投资企业数量比上年减少，且全省实有外商投资企业76.18%聚集在厦门、泉州、福州。

【都市圈集聚效应】 2022年，从福建省实有市场主体总量和新登记市场主体总量看，福州、厦门和泉州体现带动力和吸引力。截至2022年底，福州、厦门和泉州集聚全省总量45.69%的市场主体、66.46%的企业，50.42%的新登记市场主体、60.96%的新登记企业落户福州、厦门和泉州。在中心城市带动下，三明新登记企业数量比上年增长8.74%，宁德、南平、漳州新登记外商投资企业数量增长均超10%。

【“四大经济”发展】 2022年，福建省“四大经济”（数字经济、海洋经济、绿色经济、文旅经济）领域的企业在新冠疫情冲击、经济下行大环境下，仍然保持较强活跃度，企业总量在全省占比26.78%，新登记企业数量在全省占32.43%。在“四大经济”引领下，全省高技术产业、新兴产业、新兴业态保持较快发展。至年底，福建省科学研究和技术服务业的市场主体数量比上年增长19%，在各行业中的增速最快；租赁和商务服务业、信息传输、软件和信息服务业的市场主体均保持正增长。在新登记市场主体中，文化、体育和娱乐业、科学研究和技术服务业的新登记市场主体比上年增长均超10%。（白　亮）

商事制度改革

【概况】 2022年，福建省市场监督管理局推进市场监管领域“一业一证”改革试点，在总结厦门试点经验基础上，将试点工作地域范围扩大至福州、漳州、泉州、莆田、南平、龙岩等7个设区市，覆盖超市、饭店、药店等7个行业。开展“个体工商户全程智能化登记”“住所申报承诺制”“一照多址”及企业政务服务“一件事”套餐服务等改革事项。省市场监督管理局指导福州市被国务院评为2021年度深化商事制度改革真抓实干典型地方，参与编写《中华人民共和国市场主体登记管理条例解读》。

【市场准入退出改革】 2022年，福建省市场监督管理局持续优化企业开办服务，进一步将医保登记、住房公积金企业缴存登记等业务纳入平台覆盖范围。5月20日，福建省市场监督管理局智慧一体化平台登记注册模块和新版企业开办“一网通办”平台（2.0版本）上线运行。全省企业开办时间压缩至1个工作日内，简易注销公告时间压缩至20日。在平潭、泉州（安溪、石狮）、福州全域部署开展歇业备案试点，为经营困难而暂时无法开展经营活动的市场主体歇业提供制度保障。

【市场行政审批服务改革】 2022年，福建省市场监督管理局推进“证照分离”改革全覆盖，规范落实经营范围登记规范化和“双告知”工作。牵头组织50余家省直单位和中央驻闽机构开展福建省“证照分离”改革自评估，撰写福建省“证照分离”改革整体情况报告和调查问卷。推进省级审批权限下放（委托）工作，下放省级许可事项审批权限至福州（4项）和厦门（7项），并制定《关于印发向福州市、厦门市下放部分省级许可事项工作方案》。梳理福建省市场监管系统各级地方性法规、地方性政府规章设立的行政许可事项，汇总形成《福建省行政许可事项清单》（2022年版）。承接市场监管总局下放的一级注册计量师注册管理工作。举办2022年全省计量标准二级考评员网络培训班和2022年新考录的福建省级检验检测机构资质认定评审员培训班，充实全省行政许可技术专家队伍。

【个体工商户服务改革】 2022年，福建省发挥扶持个体工商户发展联席会议制度成员单位和各级市场监管部门作用。9月，开展“全国个体工商户服务月”活动，推动各部门从财税、金融、社保、就业、市场准入等多方面共同发力，帮助个体工商户纾困解难、健康发展。

（白　亮）

市场监管执法

【概况】 2022年，福建省市场监督管理局推进重点领域市场监管，打击市场违法违规行为。开展野生动植物市场监管，联合省林业局等部门开展“2022清风行动”“网盾行动”等行动，打击非法野生动植物交易行为；开展野生蚯蚓保护工作，改善土壤生态环境；查处野生动植物案件18件。贯彻福建省政府关于促进旅游业高质量发展的部署，查处旅游市场违法违规行为。协同文物等部门，重点查处虚假宣传、消费欺诈等文物市场违法行为，立案8件。加强与商务等部门沟通协作，打击恶意串通等拍卖违法行为，查处吊销营业执照案件2件。围绕清明节等重要节点，配合民政部门开展殡葬市场监管，检查商户546户次。指导漳州市市场监督管理局、平和县市场监督管理局推进花山溪水环境风险问题整改，加强平和县农资市场监管，禁止重金属含量超标的化肥销售，组织化肥质量抽检 4633 批次，立案 41 件。

【信用监管】 2022 年，福建省市场监督管理局推进信用信息归集公示，建成一体化平台信用监管 16 个子系统，升级协同监管平台，推进相关部门涉企信用信息统一归集公示。在全国率先实现省域数据统一共享公示、信用修复结果共认、“总对总”与人社部门联合惩戒信息化对接。全省（不含试点泉州）企业 2021 年度年报数 1169238 家，年报率 95.39%。梳理完成市场监督管理总局下发公示数据 191.7 万条。组织参与公示系统（福建）信息归集的省市县 4612 个部门、逾 2.1 亿条信息归于企业名下；协同法院公示股权冻结信息 46385 条，全年提示拦截失信被执行人 90987 人次。

信用修复等机制保障。5 月，印发《关于进一步推进信用修复管理助企纾困的通知》，明确“免申即享”信用修复情形及可以向作出行政决定的各级市场监管部门申请提前移出严重违法失信企业名单的 2 种情形，率先实现各项信用修复流程信息化，增强信用修复机制。组织 2022 年度全省市场监管系统信用监管岗位大练兵实施方案，推进依托信用修复等举措依法激发市场活力。至年底，全省依法移出经营异常名录 27986 户，取消个体户经营异常状态标注 142760 户，移出严重违法失信名单 1513 户。

【“双随机、一公开”监管】 2022 年，福建省将优化“双随机、一公开”监管和差异化监管机制、完善跨部门联合监管工作被列入 2022 年省政府重点工作任务并全面完成。实现全省市场监管领域联合“双随机、一公开”监管常态化，2022 年省级联席会议 26 个成员单位、各设区市 215 个部门开展跨部门联合抽查。建立覆盖“双随机”联席会议各监管部门问题实时反馈排障、共性问题每周分析会商工作机制。

【企业信用风险分类管理】 2022 年，福建省在全国率先实现企业信用风险分类管理、信用修复工作纳入省级营商环境监测督导机制。省市场监督管理局建立“智慧＋通用＋专业”企业信用风险分类管理模型、系统、机制，实现自动分类、更新。至年底，全省企业数量中 A 类占比 21.89%、B 类 67.77%、C 类 5.47%、D 类 4.86%。立足对全省 183 万多户企业、全行业 20 个大类、各小类行业的四类风险的全景式扫描分析，作为全省市场监管部门优化监管资源配置的重要依据，推动企业信用风险分类管理向重点领域拓展。

【网络交易监管】 2022 年，福建省市场监督管理局推进网络商品交易监管，净化网络交易环境。重点落实省纪委监委“整治脏乱差店家入驻外卖平台问题，强化外卖商家审核监管”点题整治，立案查处 2315 件，罚没款 245.5 万元，外卖平台内商家线上监测合规经营率由 2020 年的不足 90% 提升至 2022 年的 99.7%。召开福建省网络市场监管工作厅际联席会议联络员会议，部署网络市场监管专项行动，查处案件 754 件，并开展“百家电商平台点亮”行动。开展利用空包网站刷单违法线索查处工作，立案 8 件，并配合开展网络禁限售商品监管及“清朗”专项行动。以“双 11”等网络大型集中促销活动为重点时间节点，强化监测监管。指导福州对照全国网络市场监管与服务示范区创建评估指标体系进行创建自评，推进漳州在线电子取证试点工作。制定《关于进一步加强指导网络餐饮服务第三方平台落实主体责任的通知》，出台《关于建立网络餐饮服务食品安全监管长效机制的指导意见》，印发《关于促进新兴产业发展实施包容审慎监管的指导意见》，探索建立网络餐饮外卖智慧监管等机制。

【合同监管】 2022 年，福建省市场监督管理局组织开展不公平格式条款整治，查处合同案件 51 件。配合开展整治校外教育培训机构不规范问题减轻中小学生课外负担行动，立案 12 件。配合住建厅开展整治物业服务企业侵占业主公共收益、收入及分配不公开等问题，立案 29 件。指导全省各设区市及平潭综合实验区市场监管局开展并公示“2020—2021 年度守合同重信用”企业 5204 家。

【市场领域扫黑除恶专项斗争】 2022 年，福建省市场监督管理局制定下发市场领域扫黑除恶专项斗争年度工作要点，开展全国扫黑办第 13 特派督导组督导迎检工作。推进线索摸排、行业整治、长效机制建设、宣传引导等常态化扫黑除恶斗争，推进“三书一函”（监察建议书、司法建议书、检察建议书、公安提示函）跟踪督办。重点部署开展市场流通领域行业专项整治工作，印发工作方案，进一步清除食品、药品、重点工业产品和特种设备等“三品一特”风险隐患。推进《中华人民共和国反有组织犯罪法》宣传贯彻，制定宣贯工作方案。全年全省市场监督管理系统摸排移送涉黑涉恶线索 15 条，查处治乱案件 30667 件，罚没款 2.64 亿元；接收“三书一函”208 份，办结 187 份；组织编印《福建省市场监管领域扫黑除恶典型案例汇编》2800 册。

【反垄断和反不正当竞争】 2022 年，福建省市场监督管理局组织贯彻落实中办国办《关于强化反垄断深入推进公平竞争政策实施的意见》，推动公平竞争政策在福州、厦门、平潭自贸片区内先行先试。打造竞争合规指导“四进”（进机关、进企业、进协会、进平台）工作品牌，全省开展“百场宣讲”线上线下活动 100 多场次。探索制度集成创新取得实质性进展，形成《福建省促进公平竞争条例》草案初稿并作为地方性法规审议项目纳入省政府 2023 年立法计划。

强化对医药、原材料、公用事业等重点行业和领域的反垄断执法，纠正滥用行政权力排除限制竞争行政行为。完成市场监督管理总局交办案件及投诉举报件核查调查工作，核查反垄断线索 31 件，涉及调查对象企业 157 家，立案垄断案件 5 件。全年全省立案不正当竞争案件189件，罚没2176.84万元，比上年增长9.6%。发布反不正当竞争典型案例3批26件。开展打击网络传销专项执法行动，每月开展全省网络传销监测，排查处置涉传行为动态16次，全省立案传销案件20件，罚没金额143.1万元。强化直销企业的日常监管和行政指导，组织开展直销舆情动态监测12期。

将公平竞争审查工作纳入省委法治政府建设示范创建指标考核和省政府绩效考评体系。在福州开展公平竞争审查举报处理试点，在厦门开展第三方独立审查试点。部署全省各级各部门开展妨碍统一市场和公平竞争政策措施清理工作，排查清理政策措施5971份，废止348份，修改54份。委托第三方机构对福州、厦门、平潭3个自贸片区有关政策措施开展评估。开展2022年省内设区市之间政策措施交叉抽查工作。指导市县市场监督管理局对政策措施进行增量审查、存量清理，督促各地对督查、抽查发现问题的政策措施进行整改，遏制市县层面地方保护、指定交易、市场壁垒等行政性垄断行为易发态势。

组织开展全省商业秘密保护示范基地建设，厦门市海沧区入选第一批全国20个商业秘密保护创新试点地区。推进商业秘密保护机制建设，组织反不正当竞争联席会议成员单位研讨拟定《福建省侵犯商业秘密行政案件办案指南》和《福建省商业秘密保护协作机制》。开展商业秘密保护法律及创新工作宣贯会、商业秘密保护体系建设暨标杆企业建设宣讲会等活动。

【广告监管】 2022年，福建省市场监督管理局开展整治借重大活动从事违法违规商业广告宣传工作，开展整治借党的二十大进行违法违规商业广告宣传，立案查处相关案件40件，罚款295.1万元。全年监测广告4720万条次，发现涉嫌违法11705条次，总体违法率0.02%，继续保持在较低位运行，且远低于全国平均水平。

重点领域广告监管。牵头或配合推进医疗美容、文娱领域、校外培训等事关人民群众切身利益领域的多个重要专项行动，查处案件数超1800件，罚没款近1500万元，公开曝光典型案件3批次42件，移送、督导各类案件线索及群众举报件109件，办理咨询5件。强化“三品一械”广告审查，审查审批广告1778件，比上年增加481件。

智慧监管能力建设。将广告监测制度改革纳入2022年省市场监督管理局贯彻落实省委“三提三效”行动重要内容，初步建成省局、各相关市局广告监测合理架构，与市场监督管理总局监测有效互补。全年广告监测4720万条次，比上年增加3452万条次。下发规范和加强广告监测文件，开展广告专项监测13个。

提请将“建设‘福文化’公益广告创新研究基地”项目纳入市场监督管理总局与省政府战略合作框架协议内容，鼓励开展福文化公益广告学术研讨和发展研究。会同省委宣传部建立福建省广告业履行社会责任评价指标体系，完成156家广告企业评价工作。主创《擦亮双眼、谨防虚假违法广告》等公益广告短视频6个。

整治虚假广告。发挥全省各级整治虚假违法广告联席会议机制作用，下发联席会议工作要点，召开全省广告联席会议。全年组织开展联席会商2次、现场调研活动8批次38人次，约谈5次。每季度对福建省自主监测情况进行分析，形成分析报告并发至联席会议各成员单位。部署开展全省广告监管岗位大练兵活动，组织开展120人参加的全省广告业务培训班；利用互联网开展线上培训3场，1500多家企业、4000人次参与。

【消费者权益保护】 2022年，福建省市场监督管理局打造“放心消费在福建”创建共治模式，推进“12315”“12345”“双号并行”，共接收咨询投诉举报159.36万件，为消费者挽回经济损失1.91亿元；通过ODR机制处理消费纠纷33786件，参与线下无理由退货承诺实体店数量2379家，实现线下无理由退货27.78万件，达成退货金额2391.61万余元。开发上线消保业务“一诉一码”智慧监管平台。完成福建省“12315”旅游投诉服务平台建设项目终验移交省文旅厅。推进消费环节经营者首问和赔偿先付制度在基层落地，平潭在全省率先打造“先行垫付、代位追偿”旅游消费实验区，福建省消委会推出家装行业“福装保”、美容化妆品行业“美信保”项目。围绕“共促消费公平，创造高品质生活”福建“3·15”宣传年主题，开展系列宣传活动35场。制作的《你好，咱爸咱妈》“3·15”活动系列短片参评第三届全国市场监管微电影微视频微动漫征集展示活动并获评年度金质作品。厦门市市场监督管理局“12315”投诉举报处理指挥中心被表彰为全国“人民满意的公务员集体”。

【流通领域商品质量监管】 2022年，福建省市场监督管理局将涉及公共安全、与群众衣食住用行密切相关产品作为年度监管重点，开展省级监督抽查。全年开展流通领域抽检产品113种、4187批次。加大质量帮扶力度，选取电子产品、服装和学生用品等社会关注度高的产品，在商超、社区、学校开展质量帮扶活动3场，现场宣讲产品质量安全要求和真假产品识别、产品选购要点等内容。对投诉集中和民生产品，制作消费警示和选购要点，在省市场监督管理局网站、微信公众号等媒体平台发布相关产品介绍和宣传。

【成品油抽检】 2022年，福建省市场监督管理局组织开展成品油抽检1400批次，重点对交通干线、城乡接合部加油站点及销售量大、消费者投诉举报集中的加油站点进行抽检。探索开展成品油快检机制，在厦门等地率先启动成品油快检250批次，发现不合格产品并快速移交相关部门处理，解决传统抽检中存在的周期长、取证难的监管弊端。按照福建省环保督察办要求，组织各设区市和联席办各成员单位，开展“成品油质量管控不严问题”整改销号工作。

【市场执法稽查】 2022年，福建省市场监督管理局深化“铁拳”行动，突出大要案件查办，全省市场监管系统查处各类违法案件41685件，罚没款41553.34万元，其中查处食品安全案件23919件，罚没款13815.72万元，在全系统查办案件中占比最高。

推进民生领域案件查办“铁拳”行动，结合实际部署34类违法行为作为查办重点，全省市场监督管理系统查处案件12384件。其中，漳州市南靖县市场监管局查处旺兴食品（漳州）有限公司生产“无底线营销”食品案等3件案件列入市场监管总局挂牌督办案件，漳州市东山县市场监管局查处福建博康药业有限公司生产有毒有害减肥果冻案等5件案件被市场监管总局列为典型案例，漳州市市场监管局查处绿优品（福建）实业发展有限公司生产非法添加的食品案得到市场监管总局贺信表扬。

组织专项执法。开展整治非法制售口罩等防护产品专项行动，查处口罩等防护产品制售假冒伪劣、质量违法、哄抬物价等违法行为，全省市场监管系统出动执法人员37147人次，检查经营者24083户（人）。查办案件58件，罚没款66.54万元，查获医用口罩4.91万只、非医用口罩0.27万只、其他防护产品2790件，移送公安机关案件1件。开展商品过度包装、“天价”月饼和蟹卡蟹券等问题集中整治行动。下发《福建省市场监督管理局关于集中整治商品过度包装、“天价”月饼和蟹卡券等问题的通知》与工作提示，督促指导各地市场监管部门加大执法力度，一体推进线索核查、执法检查、日常监管、法规宣贯等工作，全省检查各类生产经营者1万余户次，责令整改82家次，立案查处13件，2件案件入选市场监管总局典型案例。

【市场监管执法规范化】 2022年，福建省市场监督管理局制定出台《福建省市场监管领域重大违法行为举报奖励工作规范（试行）》《福建省市场监督管理系统跨区域执法协作制度》《福建省食品安全执法联动工作规范》《福建省市场监督管理系统行政处罚大要案件挂牌督办制度》。省市场监督管理局与省人社厅、省总工会联合举办2022年全省市场监管系统执法稽查职业技能竞赛，将竞赛考核范围从电子数据取证扩展为涵盖理论知识考试、执法办案技能、电子数据取证三大项内容，全省88支队伍281人参加竞赛预赛，800余人参加各层级、各领域业务培训。推进案件管理系统建设，上线“福建省市场监管综合执法案件管理系统”，推进福建省市场监管法律法规颗粒化数据服务项目建设，全面梳理市场监管法律法规，为市场监管执法提供法律法规依据。

【市场监管政策法规】 2022年，福建省市场监督管理局推进《福建省实施〈中华人民共和国反不正当竞争法〉办法（修改）》等3个地方性法规规章项目的起草、调研、论证等工作。组织清理行政规范性文件，废止与法律法规不相适应的行政规范性文件38件。对现有权责清单事项进行再梳理再协调再优化，公布《福建省市场监督管理局权责清单（2022版）》。出台《福建省市场监管局关于印发服务市场主体纾困解难十二条措施的通知》，并宣讲惠企政策，助力企业复工复产。出台《福建省市场监管领域行政执法裁量四张清单（2022年版）》，对行政处罚裁量规则和基准进行修订完善，规范行政处罚自由裁量权。举办全省市场监管系统行政执法案卷集中评查会，集中对全省系统抽取的58个案卷进行交叉互评，推荐10个典型案例进行现场展示。出台《福建省市场监督管理机关实施〈市场监督管理执法监督暂行规定〉办法》。全年办理行政诉讼案件6件，被复议案件2件，办理食品违法、反垄断等行政处罚案件审核18件；答复法律咨询3件，出具合同法律意见书8份。

【市场监管普法】 2022年，福建省市场监督管理局出台《全省市场监管部门法治宣传第八个五年规划（2021—2025年）》，召开“八五”普法部署推进视频会，表彰“七五”普法期间获得全国、全省普法表彰的先进单位和先进个人。创新普法宣传形式，开展法治动漫微视频征集评比活动，征集法治动漫微视频作品35件，向市场监管总局和省司法厅推荐报送优秀法治动漫微视频作品29件。举办全省市场监管系统行政执法资格专业法律知识考试，全省市场监管部门531名干部参加考试。举办全省市场监管系统法制工作培训班，制定《关于加快推进公职律师工作若干措施》。

（白　亮）

价格管理

【概况】 2022年，福建省开展重点领域价格改革，深化重要公用事业公共服务成本监审调查，补齐民生社会事业短板。服务乡村振兴战略，全力做好农产品成本调查。开展专题飞行检查、涉企违规收费专项整治行动，促进营商环境优化，推动经济稳定增长。省发改委开展重点领域成本监审调查，服务重点领域价格改革；开展水利工程供水成本监审，完成沙县双溪水库、宁德官场水库等小水电定价成本监审判定，组织开展对平潭及闽江口水资源配置“一闸三线”工程水价定价成本调查。

【自然垄断环节成本监审调查】 2022年，福建省发改委组织第三监管周期输配电定价成本监审实地审核，根据国家统一部署，依托输配电“智慧监审”系统，按照监审办法和操作规程要求，完成全省新一轮输配电成本监审任务，为推进输配电价改革、理顺输配电价格结构提供基本依据。

【天然气成本监审】 2022年，福建省发改委按照福建省天然气价格管理有关规定，组织开展中海福建天然气管道二期

（福州—长乐段）工程定价成本监审、漳州液化天然气接收站气化服务成本调查。结合福建省油气体制改革推进情况，对中海福建天然气有限责任公司2019—2021年管输价格、气化服务价格开展成本监审；对国家管网集团福建省管网有限公司互联互通漳州联络线、漳州LNG外输管道等10条支线管道管输定价成本开展成本调查。

【教育领域成本监审调查】 2022年，福建省发改委完成福建省实验幼儿园、福建省直机关幼儿园等11所省属公办幼儿园保教费成本监审，推动省属公办幼儿园建设发展。开展相关高校学费成本监审调查，完成对厦门大学创意与创新学院、福建师范大学中外合作体育教育专业本科项目2020—2021年学费定价成本和福建师范大学协和学院2019—2021年学费定价成本的审核，对厦门大学嘉庚学院2021年学费定价成本进行审核；对福建师范大学中外合作美术领域艺术硕士研究生教育项目、福州大学至诚学院2021年学费成本进行审核。对天津大学与新加坡国立大学合作举办的化学工程、化学、物理学3个专业硕士研究生教育项目开展学费定价成本调查。

【农产品成本调查】 2022年，福建省发改委编制《福建省主要农产品生产成本收益情况汇编（2016—2021）》。完成2021年粮、油、烟、茶、柑、橘、香蕉、莲子、猪、蛋、奶等常规成本调查审核汇总上报，并配合国家级调查审核。完成农户种植意向、农户存售粮情况、农户农资购买情况、月度生猪应急成本调查及生猪生产情况周报。完成每周四全省农户原粮、生猪报表上报。推荐2019—2021年全国农产品成本调查工作先进集体和先进个人的福建省参评人选。

【营商环境专题检查】 2022年，福建省发改委推动营商环境优化，组织开展专题飞行检查4个。其中，暗访三明、宁德部分行政服务中心，开展政务服务飞行检查；分赴漳州、莆田等5个设区市，选取105家中小微企业开展“百家访谈”，并暗访上述相关市、县（区）行政服务中心，开展营商环境惠企政策落实飞行检查；分赴全省九个设区市，随机抽取123家涉粮企业开展粮食储备情况检查；赴全省九市一区，对717家企业开展为期一个月的调研服务，共上报汇报材料4期、典型案例9个，完成“点对点”通报21份。

【涉企违规收费专项整治行动】 2022年，福建省开展涉企违规收费专项整治行动。6—11月，省发改委印发实施涉企违规收费专项整治行动方案，成立专项整治行动工作小组，召开涉企违规收费专项整治行动全省电视电话会议，赴省直单位和设区市开展实地联合检查，核实涉企违规收费问题线索，向国家反馈进展情况，配合国家联合检查组到福建省开展检查，总结反馈全省行动成效等措施，水电气等领域相关经验在国家发展改革委公众号交流发布。

省市场监督管理局强化线索征集，部署省直各有关部门、驻榕一级银行机构开展涉企违规收费自查自纠，推动20家银行机构整改清退收取1640家企业不合理费用2997.55万元。开展联合检查，聚焦五大领域，检查收费主体2894家，处理案件51件，实施经济制裁2933.63万元，为企业减负5260.22万元。协助国家联合检查组完成工作任务，组织召开省、市专项整治工作情况汇报会，配合国家检查组开展企业座谈和实地走访，完成国家检查组移交的6个问题线索核查工作。

【政府定价机制优化】 2022年，福建省政府印发《福建省定价目录》，修订后的定价项目包括输配电、油气管道运输和燃气、供水、交通运输、教育、医疗服务、养老服务、殡葬、环境保护、文化旅游、保障性住房及物业服务、重要专业服务等12大项。省发改委根据修订后的《福建省定价目录》，对2018版《福建省定价成本监审目录》、《福建省定价听证目录》、《关于公布行使县人民政府价格管理权限的区人民政府名单》进行修订，并经审核通过后印发执行。开展政府定价经营服务性收费目录清单公布工作，梳理公布福建省2023版政府定价经营服务性收费目录清单，明确2023年福建省实行政府定价经营服务性收费目录清单共计3类13项，其中涉企经营服务性收费项目10项。

【交通物流收费降低】 2022年，福建省实施高速公路差异化收费，全年高速公路通行费减免41.38亿元。在继续执行各类通行费减免政策基础上，落实国家阶段性减免收费公路货车通行费政策，10—12月，对货车通行费再减免10%，全年减免货车通行费金额共2.71亿元。落实国家4—12月减并港口收费、定向降低引航费收费标准政策，全省减免引航费1480万元。落实国家阶段性降低货物港务费收费标准等政策，10—12月，将实行政府定价的货物港务收费标准降低20%，全省减免货物港务费2500万元。

【水电气领域价格管理】 2022年，福建省发改委推进农业水价综合改革，印发实施福建省农业水价综合改革工作验收方案，完成农业水价综合改革任务；推进落实城镇供水价格调整机制，促进城镇供水价格改革。按照国家和福建省关于清理规范城镇供水供电供气供暖行业收费促进行业高质量发展的工作部署，省发改委召开半年度和年度清理规范工作专班会议，分管领导带队赴漳州市和龙海区开展清理规范收费工作调研，系统规范水电气领域收费，推动减轻企业不合理负担1404.92万元。开展供电企业接入工程收费检查调研，赴三明、南平两地开展供电接入工程收费情况检查调研，重点分析存在问题，形成调研报告提出意见建议。

【民生消费价格监管】 2022年，福建省发改委牵头开展“天价”月饼整治行动，整治明码标价、违规搭售、过度包装、使用高档原料等违规问题，累计开展各类执法检查2614次，检查各类经营主体1824家，对发现的问题责令整改、立案查处，工作成效和总结以《驻省发改委纪检监察组：靶向发力纠治节点四风》文章的形式刊登在省纪委监委门户网站。促进建立健全城镇生活垃圾处理收费机制，推行计量收费，研究探索建立分类计价、差别化收费机制。强化景区门票价格管理，下放景区管理权限，印发实施《关于进一步规范景区门票价格管理的通知》，明确将景区门票价格及景区内配套交通运输服务价格管理权限分别下放至设区市政府和县（市、区）政府，并做好政策衔接和加强事中事后监管。开展保障性限价房定价工作，在做好福建省人才公寓和省直单位限价商品住房二期项目价格制定前期工作基础上，通过实地查看、走访省房地产业协会、召开专家论证会、与省机关事务管理局当面沟通、研究制定“二期项目”配售价格定价原则等，并报请省政府批准。

2022年，省市场监督管理局部署开展元旦期间“天价茶”和片仔癀市场价格明察暗访、端午节期间高价粽子监督检查、中秋国庆集中整治商品过度包装、“天价”月饼和蟹卡蟹券等问题。开展粮食专项整治，全省市场监管系统出动9562人次，检查国有粮食企业、基层粮库、收购点等2128家，立案查处价格、计量、食品、商标等领域行政违法案件147件，处罚金额225.07万元，研究下发强化全省粮食价格监管等规章制度，推动建立常态化长效监管机制。稳定重要民生商品和防疫物资价格，建立疫情、突发事件等重要时期迅速响应、靠前指挥、深入一线的工作机制，加大市场检查巡查力度，全省市场监管系统出动执法人员16.46万人次，检查各类市场主体14.99万家次，处理价格投诉举报6303件，立案查处价格违法案件78件，2个案例入选市场监管总局发布的全国典型案例。处置网络价格舆情热点，保障市场价格稳定有序。

【教育领域价格监管】 2022年，福建省发改委落实加强学科类校外培训收费监管政策，增设课后服务性收费项目，纳入政府定价管理。完成省属公办幼儿园保育教育费收费标准政策评估工作，为省属公办幼儿园保育教育收费标准调整提供参考。推进独立学院等高校收费管理，召开由省教育厅及至诚学院、协和学院等独立学院参加的座谈会，探讨教育资源使用费合理纳入成本等问题。制定厦门大学等高校中外合作办学相关专业、福州大学至诚学院等独立学院相关专业学费收费标准。省市场监督管理局开展教育收费专项检查，全省市场监管系统检查教育收费单位3321家，立案查处价格违法违规案件108件，实施经济制裁828.98万元。

（骆培元　宋青峰　白　亮）

食品安全监督管理

【概况】 2022年，福建省市场监督管理局推动食品安全示范创建工作，厦门市获评国家食品安全示范城市，莆田市、漳州市、泉州市申报创建国家食品安全示范城市。组织开展食品安全工作年度考评，省食品安全委员会（简称省食安委）印发《福建省食品安全工作约谈暂行办法》《福建省食品安全重大事项督促落实办法》，组织开展对九市一区食品安全工作考评，从食品安全满意率、工作措施落实情况2个方面进行考评，考评结果向各设区市人民政府及平潭综合实验区管委会通报，并对存在问题督促整改。

【“餐桌污染”治理与“食品放心工程”建设】 2022年，福建省连续第22年将治理“餐桌污染”、建设“食品放心工程”项目列为省委、省政府为民办实事项目。省食安委印发《2022年全省治理“餐桌污染”建设“食品放心工程”工作方案》，部署全省食品安全工作。全省各级行政监管部门查处食品安全违法行为11023起，查获不合格食品163.44吨；公安机关破获涉食品安全犯罪案件1107件，捣毁各类“黑作坊”“黑窝点”312个。全年全省食品安全各项抽检指标达到年度计划目标要求，其中主要农产品抽检总体合格率99%、加工食品抽检总体合格率98.86%，食品安全状况稳中向好，未发生较大及以上级别的食品安全事故。福建省连续3年（2019—2021年）在国家食品安全考评中获评A级，得到国务院食安委通报表扬。

食品安全主体责任落实。省食安委办公室组织各地构建分层分级精准防控工作机制，确定获证包保主体53.86万家、包保干部5.98万人，全面落实包保主体底数摸排、包保实施方案出台、数据采集填报、承诺书签订、包保督导等工作。

食品安全宣传周活动。9月5—11日，在全省范围内组织2022年食品安全宣传周活动，普及食品安全法律法规知识及科普常识。全省各级各有关部门出动人员4.67万人次，组织专项宣传活动693场次，发放宣传材料97.2万份，开展现场咨询活动4900场次。

【食品生产安全监管】 2022年，福建省市场监管系统检查食品生产主体15876家次，发现问题食品生产主体2327家次，下达责令整改通知书1096份，下达责令停产通知书19份，责任约谈企业1665家。省市场监督管理局组织第三方专业机构对15家大型高风险食品生产企业开展体系检查。对食用植物油生产企业、“两超一非”及抽检不合格等32家问题企业实施飞行检查；飞行检查食用植物油生产企业457家次，印发《食用植物油生产企业监督检查指南》，同步举办工作视频培训会。组织开展生产含金银箔粉食品、糕点等专项整治。

食品生产安全风险排查。2022年，省市场监督管理局连续第九年组织开展食品生产安全风险排查整治。探索引入食品生产安全第三方风险评价工作机制，对乳制品、肉制品、蜂产品、糕点及大型食品生产等240家企业开展风险评价，排查问题项目2839个次。运用评估成果，组织风险研判研讨会，梳理七大类当前亟待解决的风险点，提出针对性治理措施和监管对策。

企业落实主体责任。2022年，省市场监督管理局指导全省463家大中型企业和10592家小微企业配备食品安全总监及食品安全员，组织近百家大中型企业食品安全总监进行线上公开集体承诺。连续第五年组织召开问题食品生产企业质量安全集体责任约谈。组织食品生产安全管理人员开展监督抽查考核，全省参加食安抽考企业9904家次，抽查考核覆盖率100%。

食品质量安全提升。2022年，福建省修订出台《福建省食品生产加工小作坊登记管理办法》，建立小作坊监管档案3679家。开展2021年省级食品小作坊集中加工区试点建设工作复核，同步推进2022年省级食品小作坊集中加工区试点建设工作。实施乳制品、肉制品质量安全提升行动，印发《福建省乳制品专项风险排查整治工作方案》，对全省乳制品生产企业进行全覆盖飞行检查，检验合格率100%。开展肉制品质量安全专项抽检监测工作，全省组织510批次针对瘦肉精及动物源性成分的监督抽检。筛选37家企业列入市场监管总局“千企万坊”帮扶行动计划；选取45家食品生产企业纳入小微企业质量管理体系认证提升行动帮扶范畴。

【食品流通安全监管】 2022年，福建省市场监督管理局牵头省进口冷链食品疫情防控专班，构建智防、物防、人防、技防“四防体系”，指导全省各地建立集中监管仓50个，检测消毒进口冷链食品73.78万吨，处置涉阳性进口冷链食品354起7471.96吨，完成全省进口冷链食品疫情防控工作，实现疫情由物传人“零发生”。

食品安全信息化追溯建设。打造“一品一码”追溯体系继续保持在全国领先，入选省直机关工委“乡村振兴金点子”汇编。截至2022年底，省追溯平台注册食品生产经营主体23.68万家，累计上传追溯数据15.59亿条，备案食品信息超4620.67万种。

修订《福建省食品安全风险分级管理工作规范（试行）》，在全国率先实现食品安全风险分级管理引入信用等级结果；率先出台省级无人售货商店食品销售监管工作指南，服务新业态发展。完善仅销售预包装食品“取消许可改备案”工作，经营者需提供材料减少50%以上，办理时间由5～7天缩短至当天即办。至年底，全省取得食品销售许可证经营者30.27万家，完成备案12.23万家。

开展畜禽产品安全、食品安全“守底线，查隐患，保安全”、食用农产品“治违禁，控药残，促提升”等行动，食用农产品监管工作在全国会议上作典型经验交流。牵头6个部门完成农村假冒伪劣食品整治三年行动，宣传视频作品被评为全国市场监管系统2022年平安中国“三微”大赛优秀作品，并被推荐为中央政法委第七届平安中国“三微”作品。

【餐饮安全监管】 2022年，福建省市场监督管理局加强餐饮服务食品安全日常监管，全省市场监管系统出动执法人员46.9万人次，检查餐饮单位36.1万家次，查处餐饮单位违法违规案件6676件，罚没金额1011.67万元，对全省148家重大活动保障接待单位、集体用餐配送单位等重点餐饮服务单位开展食品安全风险评价，及时发现对餐饮食品安全有重大影响的生物、化学、物理的危害风险隐患。

疫情防控和食品安全监管。联合教育、卫健、公安等部门，通过联合督导、专项检查、排查治理等手段，督促指导各地统筹校园疫情防控和食品安全监管。全省检查学校（含幼儿园）食堂43793家次，排查食品安全风险问题4145个，下达责令整改通知书2497份，立案查处食品安全违法案件518件。推进省纪委监委“整治脏乱差店家入驻外卖平台问题，强化外卖商家审核监管”点题整治工作，全省市场监管系统检查网络餐饮服务第三方平台和入网餐饮服务提供者103982户次，办结问题线索7182条，处理投诉举报1751件，立案查处2120件，罚没款197.57万元，连续2次受到省纪委监委书面通报表扬。

“明厨亮灶”建设。2022年，福建省开展省级食品安全示范街和“互联网＋明厨亮灶”示范单位创建活动，推进“明厨亮灶”建设提质扩面。创建省级食品安全示范街（区）2条、省级“互联网＋明厨亮灶”示范单位200家；全省实施“明厨亮灶”餐饮服务单位20.05万家，实现全省学校“明厨亮灶”全覆盖，其中实施“互联网＋明厨亮灶”学校食堂10936家，占全省学校食堂总数的95.69%。

【特殊食品监管】 2022年，福建省特殊食品生产企业包括保健食品生产企业37家、婴幼儿配方乳粉生产企业3家、特殊医学用途配方食品生产企业1家。全省特殊食品经营主体87551家，包括保健食品经营主体72795家、婴幼儿配方乳粉经营主体19225家、特殊医学用途配方食品经营主体60265家。全年全省发放保健食品产品备案凭证42个，其中备案取消3个、有效凭证39个。

生产经营企业风险分级管理。2022年，省市场监督管理局修订完善《福建省食品安全风险分级管理工作规范（试行）》中特殊食品监管有关内容，对全省特殊食品生产经营企业由低到高风险划分为ABCD等级，指导各地确定监管对象风险等级和监管频次，并实施不同程度的监督检查。加强婴幼儿配方乳粉生产企业可视化监管系统建设，指导福州、莆田、三明市市场监管局在前期国家、省、市、县实时共享监管信息基础上，进一步完善辖区婴幼儿配方乳粉生产企业可视化监管系统。组织开展特殊食品生产企业体系检查，7—9月，派出检查组12个，抽调专家和检查员72人，对福建省部分保健食品、婴幼儿配方乳粉、特殊医学用途配方食品生产企业开展体系检查，检查发现问题171个，其中现场纠正45个、移交属地监管部门督促整改126个。

养老诈骗等专项整治行动。2022年，省市场监督管理局组织开展特食生产企业落实食品安全主体责任情况、自查情况的摸底调查，保健食品生产企业许可证、注册和备案品种、生产检验能力摸底调查，婴幼儿配方乳粉生产企业生产情况、供应情况、生产检验能力、食品安全责任人、各级监管部门食品安全责任人情况的摸底调查；组织对以灵芝及孢粉为主要原料的保健食品开展潜在风险排查；开展对涉嫌违法分装销售特殊食品行为的排查，通过排查对发现以“试用装”“小包装”等方式销售婴幼儿配方乳粉线索，指导属地及时处置、控制风险。配合开展涉老诈骗专项整治，聚焦经营环节“虚假夸大宣传、专区专柜和消费提示”落实不到位等问题，打击违法违规行为，强化宣传发动，增强老年群众防骗反诈意识，知晓投诉举报方式。开展“守底线、查隐患、保安全”专项行动，各地加强对特殊食品生产流通环节的监督检查。至年底，全省市场监管系统出动131980人次，检查企业83931家次，发现风险问题1526个并全部完成处置。

企业主体责任落实。2022年，省市场监督管理局督促特殊食品生产经营企业食品安全管理员100%参加法律法规培训。督促生产环节按规定开展管理体系自查，严把原料进货关、生产过程关；督促销售环节落实专区专柜销售、消费提示要求，查处保健食品标签标识不规范、虚假宣传等违法违规行为。

2022年，省市场监督管理局助力建宁革命老区建设，帮助明一生态营养品有限公司获得市场监管总局3个配方系列9种产品配方的注册批件，年内生产线投入生产。

【食品抽检】 2022年，福建省市场监督管理局聚焦靶向抽检，落实年度食品安全抽检监测任务。全省市场监管系统完成食品抽检监测25万批次，实现每千人食品抽检6.29批次，比上年增加0.59批次，检出不合格（问题）食品5270批次，合格率97.89%。

不合格食品核查处置。建立省、市、县食用农产品和进口重点冷链食品抽样联络员制度，建立每月多批次不合格食品生产经营企业监测、通报和预警制度，协同食品生产监管部门召开多批次不合格食品生产企业集体约谈会。全省市场监管系统完成不合格（问题）食品核查处置任务6476件，不合格食品核查处置完成率100%。督促食品生产经营者下架、封存、召回不合格（问题）食品2.7万千克，立案5393件，移送公安部门立案查处54件，罚没5154.47万元。

食品抽检监测。印发《关于进一步加强食品安全抽检数据抽查考核工作的通知》《食品安全抽检数据抽查考核实施细则》等，编制《食品安全抽检监测数据质量情况分析报告》，全年抽查抽检数据37458批次，抽查率16.2%，数据问题发生率5%，比上年下降4个百分点。

食品安全风险预警交流与协作。组织召开省级部门食品安全风险预警交流会商会议，编制《2021年度食品抽检监测白皮书》，强化食品安全风险分析研判，编印《食品安全舆情信息》7期，依托省市场监督管理局网站等新媒体发布食品安全科普及消费提示40余期。印发《关于推进食品安全“你点我检”“你送我检”服务活动常态化规范化的通知》，组织全省市场监管系统开展“你点我检”3800批次、“你送我检”近52000批次。出台《福建省食品抽检样品合理利用和处置暂行办法》，指导全省系统开展抽检合格样品利用，与慈善总会、福利机构、救助机构、残联等单位或社会组织签订捐赠协议，全省系统捐赠合格备份样品价值122.01万元。（白　亮）

药品安全监督管理

【概况】 2022年，福建省药品监督管理局完成4个新组建技术机构内部运行体系建设，挂牌运行3个区域性药品核查分中心，成立1个药品审评监测分中心，实现省级药品审评监测机构增编64%；省级医疗器械检验能力与资质新增2351项，比上年提升3倍，形成鼻喷新冠疫苗批签发检验能力。出台实施《福建省关于推进市县药品监管能力标准化建设的实施方案》，在各市县召开监管能力标准化建设座谈会8场次，选定10个县（区）级市场监管局作为监管能力标准化建设第一批重点培育单位，下达200万元预算支持重点培育单位先行先试，推进探索相对集中的县级药品监管模式，带动基层药品监管能力创新提升。

【防疫药械保障与监管】 2022年，福建省药品监督管理局推动新冠病毒防治产品上市，牵头成立福建省支持新冠病毒抗原检测试剂研制工作专班，为省内19家申报企业提供技术指导66家次，向国家药监局推荐9个产品列入优先审评，助力省内4个抗原、1个核酸、2个抗体检测试剂产品快速获批；指导厦门大学牵头研发的鼻喷流感病毒载体新冠疫苗列入紧急使用，省内新冠口服小分子化学药品进入Ⅲ期临床、人干扰素α2b喷雾剂（生物制品）取得临床批件。保障防疫药械供应，适应新阶段疫情防控需要，出台防疫药械促产保质“十项举措”，指导重点品种生产企业扩产增产，引导药械经营企业加强供应保障，推动全省布洛芬、对乙酰氨基酚片（胶囊）等退热镇痛药品和抗原检测试剂产品日产能分别增至950万片（粒）和1200万人份。将防疫药械作为监管重点，召开防疫药械质量安全监管视频会，开展专项抽检和检查，组织企业签订质量保证承诺书，省药品监督管理局检查防疫药械生产企业200多家次，责令10家药械生产企业停产整改，全省巡查药品零售企业3万多家次。

【药品安全整治】 2022年，福建省、市、县三级全部建立药品安全和产业促进领导小组，并融入集中打击整治危害药品安全违法犯罪工作机制，建立健全会议、文件、报告和督查督办、联合执法、考核评价等9个方面制度机制，强化全省集中打击整治危害药品安全违法犯罪工作的组织领导和统筹协调。省药品监督管理局联合公安、医保等四部门在全省开展药品安全专项整治行动，将专项整治行动纳入省纪委“室组联动”专项督查；与公安部门共同召开“打击假冒药品案件线索衔接会”，互通药品违法线索184条；分别与公安、卫健、医保等部门联合开展医美、新冠检测试剂等专项检查（督查）和重点案件督办行动。全年全省查办“两品一械”案件3379件，罚没金额8806万元，向国家药监局报送大案要案45件，查处重点领域案件78件，移送公安机关案件53件，在漳州查获涉案2.1亿元网络销售假冒化妆品特大案件，在厦门查获涉案4100万元无证生产经营药品案件，2次获国家药监局通报表扬。

【药品安全风险防控】 2022年，福建省巡查检查“两品一械”企业（单位）6万多家次，消除各类风险隐患3114个，完成国抽省抽9650批次，收集不良反应（事件）报告6.9万份，审核排查风险预警信号4834条；实施药品零售企业分级分类管理，实现日常监管有效覆盖；药品不良反应监测、抽样检验组织等工作获国家药监局通报表扬。省药品监督管理局完善药品网络监测和违法线索处置工作机制，开展防疫药械、问题牙膏、儿童彩妆、彩色隐形眼镜等专项网络销售监测，组织核查处置国家网络监管平台移交线索729条、省本级网络监测线索270个。深化“三医联动”，推进“三医一张网”融合，拓展药品信息化追溯，探索开展中药饮片信息化追溯试点，全省药品重点品种生产企业平台入驻率100%、流通企业平台入驻率94.36%，推进三类医疗器械实施唯一标识（UDI），药品追溯和医疗器械UDI工作继续走在全国前列。

【医药产业管理服务】 2022年，福建省被列为全国10个医疗器械审评重点前移试点区域，国家药品监督管理局医疗器械技术审评中心在福建省药品监督管理局设立医疗器械创新福建服务站；省药品监督管理局增设药品审评监测厦门分中心，就地实现省级药品监管事权“全链条、一站式”服务；省内二类医疗器械审评全周期比上年提速29.9%；省药品监督管理局办理行政审批（备案）2.04万件，行政相对人均评价“非常满意”。推动中药传承创新发展，出台《中药材产地趁鲜加工指导意见》《中药配方颗粒管理实施细则》等中药传承创新举措，公布181个配方颗粒品种标准，完成中药配方颗粒跨省销售备案5377个品种，确定74个医院制剂品种在部分地区调剂使用，2次在国家药监局组织的全国性会议上作经验交流发言。加快省内新冠防治药械等重点品种研发上市，全省新增20个药品品规通过一致性评价、41个三类医疗器械产品注册上市；深化重点产业园区发展联席帮扶机制，助力厦门生物医药港在全国生物医药产业园中综合竞争力排名第十，推动闽西医疗器械产业园、闽东药城等重点园区加速发展。（陈　涛）

质量技术监督管理

【概况】 2022年，福建省委、省政府出台质量强省建设纲要、关于全面实施标准化战略意见等文件，将质量强省工作联席会议升格为质量强省工作领导小组。在全国率先开展两岸标准共通试点25个，在全省范围内直接采认台湾地区计量技术人员证书。全省主导和参与制修订国际标准12项、国家标准689项、团体标准188项，主导研制的乌龙茶国际标准《乌龙茶—定义和基本要求》发布。成立碳计量技术委员会，新建社会公用计量标准82项，筹建海洋高端装备、生物医药省级产业计量测试中心。

【质量发展工作】 2022年，福建省推进质量强省建设，省政府成立由省长赵龙任组长的质量强省工作领导小组，成员单位由32个充实至38个；省委、省政府印发实施《福建省质量强省建设纲要》。省市场监督管理局牵头制定印发《2022年福建省质量强省工作要点》，部署开展71项工作；委托第三方机构开展2022年度各设区市政府质量工作及重点服务业社会满意度测评工作。落实企业首席质量官制度，全年全省开展首席质量官公益培训12期，培训企业质量负责人995人次，全省累计培训8051人次。

省政府质量奖励制度。2022年9月14日，省政府修订印发《福建省政府质量奖管理办法》。开展第七届省政府质量奖10家获奖企业经验分享活动，参加企业300多家。启动第八届福建省政府质量奖申报工作，组织开展申报动员会，参与企业3000家次。组织修订《福建省政府质量奖评审管理细则》和《福建省政府质量奖评审员管理办法》。开展政府质量考核工作。对市场监管总局2021年省级政府质量工作考核结果和对福建省政府质量工作考核的反馈意见进行分析，制定整改措施。部署2022年国家考核迎检工作。完成对各设区市政府2021年度质量考核工作，并向社会公告。制定《2022年度各设区市人民政府质量工作考核方案》。

开展质量基础设施“一站式”服务。2022年，省市场监督管理局会同省工商联等五部门印发《关于进一步发挥质量基础设施支撑引领民营企业提质增效升级作用的实施意见》。印发《关于开展质量基础设施助力纾困中小微企业和个体工商户专项行动的通知》，提出实施意见12条。推进缺陷消费品召回工作。收集福建省产品不合格信息450条、“12315”

消费者投诉信息3957条，筛查发现涉及人身伤害或疑似存在缺陷产品信息424条，召回28批次57158件缺陷产品。开展召回工作宣传，筹建福建省缺陷消费品召回展示厅，收集缺陷消费品39件，涵盖儿童服装、文具、电子电器、食品相关产品等常见消费品。

【计量工作】 2022年，福建省政府出台《福建省贯彻落实国务院计量发展规划（2021—2035年）的实施意见》，明确2021—2035年全省计量工作总体要求、重点任务和保障措施。省市场监督管理局推动开展台湾地区计量技术人员资格采认工作，为台湾地区计量技术人员来闽就业创业提供便利条件。全省新建社会公用计量标准82项，累计建标2269项。检定强检计量器具197.7万台件，减免检定费用1.5亿元。加强疫情防控计量保障，免费检定疫情防控计量器具6万多台件。批准发布《稳定土厂拌设备电子（称重式）计量系统校准规范》等9项福建省地方计量技术规范。开展水表、电流互感器全省计量比对工作，参比实验室114家。推进计量服务实体经济“两个百千”三年行动，全省组建计量技术服务队125个，帮扶企业1083家，解决计量技术问题246个，形成年度典型优秀案例19个。国家平板显示产业计量测试中心（厦门）的科研项目《面向显示屏的多光谱智能检测关键技术及应用》获省科技进步三等奖。国家光伏产业计量测试中心获评中国光伏行业协会年度先进单位。批准筹建福建省海洋高端装备产业计量测试中心、福建省生物医药产业计量测试中心。持续推进能源计量工作，完成155家重点用能单位能源计量审查。成立福建省碳计量技术委员会。组织开展医疗卫生、贸易结算等重点领域计量器具监督检查，检查医疗卫生机构1279家、使用贸易结算的单位1375家、使用安全防护计量器具的单位1873家，强检计量器具46213台件。对145家计量器具型式批准获证企业建立“一企一档”监管模式。开展定量包装商品净含量监督检查，抽查企业437家、商品781批次，净含量检验合格748批次，合格率95.8%。开展能效水效标识监督检查，检查生产销售企业1192家、产品2090批次。完成监督检查法定计量检定机构15家、建标单位10家，法定计量单位使用情况单位157家，检查产品2340件，合格率97.6%。全省培育诚信计量自我承诺单位4710家。以“数字时代的计量”为主题，开展“世界计量日”系列宣传活动，有奖知识竞答吸引全国近10万人次网民参与。《度量历史的距离》获福建省优秀科普作品评选活动科普视频类一等奖。

【标准化工作】 至2022年底，福建省主导或参与国际标准73项、国家标准3437项，现行有效省地方标准1285项、国家级标准化试点示范项目（工业、农业、服务业、社会事业）203个、福建省级标准化试点示范项目（农业、服务业、社会事业）420个、中国标准贡献奖获奖项目36个、福建省标准贡献奖获奖项目233个，落户福建的全国专业标准化技术委员会67家、福建省级专业标准化技术委员会26家，在全国团体标准信息服务平台注册团体265家、公开团体标准779项，共有10771家福建企业在全国企业标准信息服务平台公开企业标准77613项。

推进两岸标准共通。2022年，省市场监督管理局开展理论研究、优化完善“四共同三采用”工作机制、多领域拓展两岸行业标准共同实践基础，形成“市场导向、民间组织、标准比对、成果共享”的实践路径。至年底，在工业、农业、服务业、社会事业全领域累计发布两岸共通标准62项，并在人工智能、新能源、乡村振兴、养老、社会治理等领域开展两岸标准共通试点25个；收集26个行业台湾地区原版标准21758项，其中现行标准12210项，居全国第一。升级打造两岸标准共通信息和服务平台，为两岸企业和行业组织提供标准化政策资讯和研究开发服务。两岸共通典型做法和成效被中央台办呈报中央领导。

探索标准化与专利融合。2022年，省市场监督管理局从课题研究、试点建设两个方面开展标准化助力专利产业化有效机制研究，推动企业“技术专利化、专利标准化、标准产业化”全链条发展。课题研究方面，开展“科研、专利、标准、产业协同发展”“知识产权服务标准体系”“知识产权服务平台标准化”省级课题研究3项；试点建设方面，省市场监督管理局批复福州经济技术开发区管理委员会开展“福建省专利与标准融合机制创新试点”工作，坚持省、市、县三级联动，马尾区委、区政府和福州、马尾市场监管局出台政策和资金扶持机制，实现标准化和知识产权相互协作，帮扶12家试点企业将131项必要专利融入25项标准中，初步构建“政企二元转”专利标准融合创新机制。

农业国际标准取得重大突破。9月，福建省主导研制的乌龙茶国际标准ISO 20716：2022《乌龙茶—定义和基本要求》（Oolong tea — Definition and basic requirements）实现全球发布，该标准围绕“三茶”融合发展，助力福建茶产业高质量发展，推动全球乌龙茶经贸往来和标准共通。在全国率先研制“科技特派员”相关标准，主导制定《农业社会化服务，科技特派员服务规范》国家标准，实现由团体标准向地方标准再到国家标准的跃升。工业标准化成果巩固。在电动汽车领域，宁德时代主导和参与全球各类标准170余项，引领中国动力电池进入国际供应链体系，并实现集体超越。“福建省七匹狼实业股份有限公司”“肯拓（泉州）户外用品有限公司”7项产品获评国家企业标准“领跑者”称号。

标准化试点示范成效显现。2022年，厦门见福连锁管理有限公司入选国家级服务业标准化试点（商贸流通专项）、三明沙县富民产业管理和服务标准化试点项目入选国家第八批社会管理和公共服务综合标准化试点项目。福州市政府制定出台《福州茉莉花茶国家级消费品标准化试点项目建设实施方案》，推动第二批国家级消费品标准化试点项目（茉莉花茶）全产业链各级各类标准制修订实施建设。标准化工作基础夯实。省政府发布《福建省关于全面实施标准化战略的意见》，颁布实施《福建省标准化管理办法》。福建省级标准化一体化平台启用，包含省地方标准、省标准化专项补助资金、省标准化贡献奖子平台3个，全年申报项目530个。

【认证检测工作】 2022年，福建省市场监督管理局强化检验检测机构监管，对省内253家涉及疫情防控医疗器械防护用品等六大领域检验检测机构开展专项整治；联合省生态环境厅、省公安厅交警总队对553家检验检测机构开展“双随机、一公开”监督抽查，对存在轻微问题的304家机构提醒纠正或责令限期改正，对33家存在严重问题的机构移交属地监管部门调查处理。推进认证领域监督管理，组织开展有机认证产品风险监测246批次，合格率98.8%；组织开展全省认证“双随机、一公开”监督检查，完成市场监管总局抽查的自愿性认证证书125张、省市场监督管理局抽查的强制性认证证书60张，监督检查省内认证机构4家、指定实验室1家，对存在较多问题的3家认证机构进一步调查。联合省商务厅开展汽车流通领域跨部门“双随机、一公开”联合抽查，检查汽车经销企业10家；配合省生态环境厅开展福州、三明地区通信基站电磁辐射环境监测。下发道路交通安全整治年度工作要求，牵头组织工作组深入三明、龙岩实地进行检查指导，完成督导工作任务。

2022年，省市场监督管理局依托“省、市、县三级联动，政府、机构、企业三方参与，技术、人才、资金三项保障”工作机制，组织开展全省398家小微企业认证质量提升行动，制定“一企一策”帮扶措施；指导申报全省首个“国家检验检测认证公共服务平台示范区（厦门）”；指导沙县获批全国唯一食品产业区域试点——“三明市沙县区小吃产业小微企业质量管理体系认证提升行动示范区”。组织622家次检验检测机构开展鱼肉中抗生素含量测定、乳粉中沙门氏菌定性检测、水中氨氮含量和COD等项目能力验证，平均满意率94.03%。指导支持福州、龙岩申报2022年度政府采购支持绿色建材促进建筑品质提升试点城市；与省住建厅、省工信厅共同举办近3000家企业参加的绿色建材产品认证培训，并联合出台建筑行业绿色建材产品下乡活动文件；对304家出口企业开展“三同”认证问卷调查，并针对鞋服、箱包行业等出口企业关注的问题开展“三同”专题培训，参训企业2700家。以“6·9”世界认可日为契机，在全省开展主题宣传活动，全省现场设置咨询服务点26个，张贴“世界认可日”宣传标语2750条、印发宣传材料1.4万余份、接受群众咨询1200余人次。全省各地市场监管局举办线上、线下各类专题培训班8场，参训人员7000余人次。

【特种设备安全监管】 至2022年底，福建省特种设备总量64.57万台（套），压力管道2.55万千米，气瓶1132.68万只。全年检验特种设备48.41万台（套）、压力管道10426.52千米、气瓶195.13万只；检查特种设备生产、使用单位3.4万家，发出安全监察指令书3078份，立案488件，结案422件，罚没款1110.72万元。全省发生特种设备一般事故2起，死亡1人，受伤1人，特种设备安全形势总体平稳。省市场监督管理局连续6年被省政府授予完成安全生产目标责任优秀单位，压力管道整治工作经验做法被省政府安全生产委员会办公室推荐入选全国安全生产专项整治三年行动创新探索典型案例。

安全风险防控。2022年，省市场监督管理局推进城镇燃气安全排查整治，消除问题隐患1432处，对92家企业违法违规行为处罚183.93万元，取缔非法燃气充装企业1家。开展“铁拳”行动和“黑气瓶”整治巩固提升行动，对36家企业违法违规行为处罚165万元。加大移动式压力容器充装单位安全检查力度，抽查充装站125家次，消除隐患119处。加强暑期汛期重点特种设备安全检查，对景区和非景区景点在用的12条客运索道、611台大型游乐设施、801台非公路用旅游观光车进行针对性监督抽查。开展超期未检专项整治行动，检查设备3.5万台（套），消除隐患12.3万处。开展电梯质量安全提升行动，整治鼓式制动器安全隐患电梯5.3万台，排查非金属材质反绳轮安全隐患电梯25.5万台，推动3000多台电梯实施按需维保，完成25家电梯检测机构检测的告知和公示，重新修订既有住宅加装电梯政策。开展起重机械安装（加装）双限位装置专项整治，4.9万台起重机械全部完成安装（加装）“双限位”装置。加强重要活动、重要会议和节假日特种设备安全保障，实现设备故障和设备事故“双零”目标。

安全监管效能提升。2022年，省市场监督管理局加快电梯智慧监管系统运用，“96196”电梯应急救援服务平台覆盖全省90%以上电梯，质量安全追溯系统覆盖33万台，电梯远程监测系统覆盖7万台。推动建成省、市两级气瓶质量安全追溯体系，现有1家气瓶制造单位、220家燃气气瓶充装单位均建立气瓶充装信息追溯平台。探索建设安全阀安全追溯系统，在泉州取得试点成果。出台电梯维保质量安全信用管理办法，推动该项工作进一步规范化。联合住建部门出台加强电梯使用安全指导意见。常态化开展全省特种设备安全形势分析。加强特种设备双重预防机制建设。

服务经济发展大局。2022年，省市场监督管理局强化疫情防控保障，加强涉疫场所特种设备安全监管，减半收取餐饮企业电梯、锅炉、锅炉水（介）质等检验费用。服务重点项目重点工程建设，完成大型石化、核电、地铁等工程项目检验任务，建立漳州古雷检验中心，加大对大型石化项目的检验检测服务供给。保障省政府为民办实事项目推进，完成福州、三明两地老旧燃气管道改造监督检验任务。推动“双碳”目标实现，完成工业锅炉能效测试1965台，配合生态环保等部门推进锅炉淘汰工作。

基层监管队伍建设。2022年，省市场监督管理局开展安全监察员教育培训，举办取证培训班2期，新增B类安全监察员160人。提升技术机构支撑能力，建立检验检测人员资格考试管理制度。规范作业人员考试机构管理，加强作业人员考试机构“三库”（考试机构备选库、考试题库和考评人员库）建设。通过现场交叉检查、作业技能竞赛等形式，开展岗位大练兵活动。

【产品质量安全监管】 2022年，福建省保持产品质量安全形势平稳有序，监督抽查、质量技术帮扶、工业企业产品质量安全信用风险管理等工作得到市场监管总局和省委、省政府肯定，并在2022年全国产品质量安全监管工作视频会议上作创新抽查工作机制的典型经验发言；分级分类管理和质量技术帮扶工作分别被《中国质量报》头版头条报道2次，被市场监管总局《市场监管信息交流》专栏刊发2期，被省委改革办《福建改革情况》专刊刊发。

产品质量安全保障。2022年，省市场监督管理局以“防风险、保安全、迎二十大”为主线，下发4份文件部署工业产品质量安全工作，在市场监管总局部署10类重点产品质量安全排查治理专项行动基础上，增列童鞋童装、农机肥料、塑料制品、燃气“灶管阀”4类产品，全省排查生产企业645家，发现并督促整改问题企业140家。风险监控协作“一张网”新增站点12个，总数达40个。组织完成661家企业34种802批次重点产品风险监测，发现20种167批次产品风险177个，收集有效风险信息425条。组织对5054家生产企业开展省级监督抽查5472批次，发现不合格产品209批次，问题发现率3.82%，发布省抽结果公告155份，工业产品质量省抽合格率持续保持95%以上。加强工业产品生产许可证获证企业监管，组织省级督查28家，发现的84个问题全部整改到位。

质量技术帮扶。2022年，省市场监督管理局组织开展全省质量技术帮扶“提质强企”行动和“八闽行”集中帮扶活动，组织省级专家服务团队，深入产业集聚区开展集中“巡回问诊”。全省组织86家次技术机构1639人次专家参与帮扶，举办纺织服装、水暖卫浴、电线电缆等质量帮扶会、风险分析会、技术培训会293场次，帮扶产业集聚区73个、生产企业3074家，解决质量问题1176个。

监管机制改革创新。2022年，省市场监督管理局在全省创新推行工业产品质量安全信用风险“四全四化”分级分类管理机制，实行产品、企业、区域风险“三位一体”管理，依据分类结果实行差异化监管，先后2次应邀参加市场监管总局线上研讨会交流经验。基本建成智慧抽查、工许证后监管子系统并上线运行。南平市市场监管局指导太阳电缆股份有限公司等龙头企业建立电线电缆产品质量追溯体系。（白　亮）

知识产权管理

【概况】 2022年，福建省强化知识产权管理，推动创新驱动发展。省委召开知识产权专题工作会议，成立加快建设知识产权强省领导小组。建立行刑衔接机制、纠纷诉调对接和司法确认机制，入选全国第一批数据知识产权工作地方试点、知识产权纠纷快速处理试点，福州、厦门创建国家知识产权保护示范区进入第二轮评审。成立海外知识产权纠纷应对指导中心，推动在印度尼西亚挂牌成立工作站。福建省入选国家专利转化专项计划奖补省份，获奖补资金1亿元；5个设区级市、10个县（市、区）和2个园区入选首批国家知识产权强国建设示范试点；30项专利获评中国专利奖。新增有效注册商标32万多件，有效注册商标、地理标志商标、马德里国际注册商标数量分别位居全国第七位、第二位和第五位。

【专利申请与授权】 2022年，福建省专利授权141536万件，其中发明专利16213件、比上年增长29.1%，实用新型专利93033件，外观设计专利32290件。至年底，福建省发明专利累计拥有量75064件。全年全省专利纠纷案件立案2604件，结案2584件；查处假冒专利案件立案5069件，结案6305件，均比上年大幅提升。

【知识产权运用】 2022年，福建省推进知识产权强省建设，推荐并入选首批国家知识产权强国建设试点示范城市（县域、园区）17家，省市场监督管理局与福州市、厦门市政府分别签署共建知识产权强市合作备忘录。培育知识产权优势示范企业和专利密集型产业，全省完成专利密集型产品备案2399项，入选国家知识产权示范企业和优势企业222家、福建省知识产权优势企业224家，安排省级奖励经费1540万元。制定出台福建省贯彻知识产权强国建设纲要实施方案及“十四五”知识产权保护和运用规划，牵头制定《关于知识产权政策实施提速增效，助力经济平稳健康发展的通知》《2022年推动知识产权高质量发展任务清单》，提高知识产权运用促进综合效力。全年全省专利授权141536件，其中发明专利16213件，比上年增长29.1%；高价值发明专利27905件；每万人口高价值发明专利拥有量6.66件，增长22.2%；PCT国际专利申请3055件，增长72.8%。

知识产权转化运用。福建省入选2022年国家专利转化专项计划奖补省份，获中央财政奖补资金1亿元。省市场监督管理局组织开展中国及福建省专利奖推荐评选，44项专利获2021年度福建省专利奖，30项专利获第二十三届中国专利及外观设计优秀奖，获奖项目数创历年新高，共发放奖金1540万元；评审推荐34个项目参评第二十四届中国专利奖。制定印发试点工作方案和受理业务办理指引，推动45家高校院所及大型企业参与试点，征集开放许可专利信息450条，集中发布373条，并通过平台匹配推送给中小微企业1658家次，达成许可意向265件（次），实现专利开放许可交易254件（次）、涉及专利99件。实施知识产权质押融资入园惠企行动，全省专利质押金额83.11亿元，比上年增长31.8%，涉及项目556个。联合省银保监局组织开展专利权质押贷款贴息，金额1379万元，惠及企业185家。

知识产权公共服务体系建设。2022年，福建省开展知识产权服务“万里行”活动，制定出台知识产权公共服务事项清单，收集梳理创新主体对知识产权服务资源需求，协同开展营商环境评价知识产权指标相关工作。构建以“知创福建”知识产权公共服务平台为核心、九市一区分平台为枢纽、区域工作站为结点的多级协作公共服务网络，设立分平台10个、区域平台2个、工作站41个。新增省级知识产权信息公共服务网点32家、备案国家网点2家，获批首批国家级专利导航服务基地3家。组织开展2022年专利调查，调查对象涉及专利1250件、专利权人461个（人）。组织福建省技术与创新支持中心（TISC）、国家高校信息中心及信息公共服务网点等283家次、1000余人次参加3批次国家知识产权信息服务优秀案例线上分享活动，福建省2篇案例入选全国2022年知识产权信息服务优秀案例。组织11个单位20名选手参加首届全国知识产权公共服务机构专利检索分析大赛，省知识产权保护中心参赛选手获三等奖。组织完成省知识产权优势企业等6套管理系统接入市场监管智慧应用一体化项目平台，推进知识产权工作信息化建设。

【知识产权保护】 2022年，福建省加强知识产权组织领导，成立中共福建省委加快建设知识产权强省领导小组，省委书记周祖翼担任组长，省长赵龙担任第一副组长。出台贯彻落实知识产权强国建设纲要实施方案和福建省“十四五”知识产权保护和运用规划。探索建设覆盖省、市、县三级知识产权保护中心体系，有国家级知识产权保护中心3家、知识产权快速维权中心2家，成立宁德锂电新能源等省级产业集聚区知识产权运营保护中心6个。福建省是全国支撑型知识产权强省建设试点省、全国第二批专利侵权纠纷行政裁决示范建设工作试点省、全国第一批数据知识产权工作地方试点。

2022年，福建省发挥5家国家级保护中心、快速维权中心和纠纷快速处理中心作用，省知识产权局与省公安厅、省检察院、省法院、海关建立行政保护与刑事司法衔接机制，构建省、市、县三级联动，司法与行政有机衔接的知识产权快速协同保护体系。推行专利行政执法省、市、县三级联动办案机制，健全专家、技术调查官支撑机制，建设近千人专家智库。率先开展知识产权保护社会满意度调查，提升执法办案针对性。指导工作基础较好的城市申报国家知识产权保护示范区，经国家知识产权局初评确定20家城市进入二轮评审，福州、厦门通过初评并参加二轮答辩。加强知识产权海外维权，成立海外知识产权纠纷应对指导中心，推动在印度尼西亚挂牌成立工作站，针对商标海外维权组织网络系列研讨会。

【知识产权执法】 2022年，福建省行政机关查处侵权假冒案件8559件，罚没款12927.27万元，移送公安机关212件；福州海关、厦门海关查获涉嫌侵权假冒商品5624批次，查扣涉案商品536.26万件，涉案货值1073万元；公安机关立案查处侵权假冒案件2831件，抓获犯罪嫌疑人2047人，涉案金额48.11亿元；全省检察机关批捕侵权假冒犯罪案件231件387人，提起公诉602件1179人；全省审判机关受理案件942件，审结案件789件，判决1322人。12月，在漳州设立全省侵权假冒商品销毁活动主会场，集中销毁侵权假冒商品20个大类100多个品种，货值1000多万元。

【商标管理】 2022年，福建省新增有效注册商标288405件，有效注册商标数2277564件，居全国第七位；新增地理标志商标41件，地理标志商标数630件，居全国第二位。省知识产权局指导全省7个商标受理窗口和新设立的综合受理窗口结合社会需求，拓展业务职能，延伸服务链条。探索建立各具特色的商标品牌指导站，面向企业、产业和基层开展商标品牌建设指导和服务。全省各地设立商标品牌指导站105个，服务各类主体9809次。配合国家知识产权局、市场监管总局、农业农村部开展相关立法调研。组织开展全省商标与地理标志行政执法业务培训。全年办理商标违法案件2137件，案值2579.39万元，罚没款4935.95万元。

地理标志专用标志使用核准改革试点。2022年初，福建省通过第一批地理标志专用标志使用核准改革试点验收；6月，福建省获批延续开展改革试点，全年新核准4家企业使用地理标志专用标志，获得地理标志产品保护。推动国家地理标志保护示范区建设，打造区域地理标志保护样板。对已列入国家知识产权局地理标志运用促进重点联系指导名录的4个地理标志，建立完善联系指导机制。配合国家知识产权局开展中欧地理标志保护协定第二批清单材料准备工作。 （白　亮）

编辑：林忠玉

财政 税务

财　政

【概况】　2022年，福建省一般公共预算总收入5382.3亿元，剔除增值税留抵退税因素后，比上年同口径增长1.9%。其中地方一般公共预算收入3339.21亿元，剔除增值税留抵退税因素后，比上年同口径增长5.5%。全年全省获中央财政补助1802亿元，比上年增长13.2%。全省一般公共预算支出完成5691.22亿元，比上年增长9.6%，其中省级一般公共预算支出完成591.38亿元，增长3.3%。

全省政府性基金预算收入2631.32亿元，比上年下降21.3%；国有资本经营预算收入173.3亿元，比上年增长55%；社会保险基金预算收入2362.79亿元，比上年增长6.9%。全省政府性基金预算支出完成4206.52亿元，比上年增长1.2%；国有资本经营预算支出完成108.11亿元，比上年下降19%；社会保险基金预算支出完成2099.91亿元，比上年增长7.8%。

全年全省新增政府债务额度1999亿元，比上年增加350亿元，增长21.2%，主要用于市政和产业园区、交通、社会事业、保障性安居工程、农林水利、生态环保等公益性项目建设。年末全省政府债务余额11901.72亿元，严格控制在中央核定的限额12857.2亿元之内。

2022年，福建省财政人才工作领导小组成立，推进财政系统“一库两池一室”（财政人才库、专家人才池和复合人才池、专家工作室）建设，建立9个领域人才库。组织开展“福建财政非凡十年”系列报道和主题宣讲比赛，全省财政系统开展理论宣讲38场、重点课题调研20项。

【组合式税费支持政策】　2022年，福建省根据中央出台的小微企业和制造业等13类行业留抵退税、缓缴制造业中小微企业税费等政策，顶格出台减免小微企业“六税两费”（资源税、城市维护建设税、房产税、城镇土地使用税、印花税、耕地占用税和教育费附加、地方教育附加）、给予退役士兵等重点群体创业就业税收优惠等5项地方举措，形成政策叠加效应。全年减税降费及退税缓税缓费规模约1146亿元，其中完成增值税留抵退税约705亿元。在实现省定涉企行政事业性收费项目“零收费”的基础上，实行收费清单“一张网”管理，组织开展涉企乱收费整治，确保各项税费支持政策落地见效。

【财政助企纾困措施】　2022年，福建省新增4期共400亿元规模的中小微企业纾困增产增效专项贷款，加大对泉州市、福州市等受新冠疫情影响地区支持力度，省财政给予1%贴息支持，共惠及企业1.7万多家，平均贷款利率约3.2%。全省设立各50亿元额度的制造业中小微企业融资支持专项贷款、纺织鞋服产业纾困专项贷款。加大政府采购对中小微企业的支持力度，中小微企业获采购合同金额占比超60%。对符合条件的市场主体承租行政事业单位国有房屋阶段性减免租金5.99亿元。支持稳岗促就业，提高失业保险稳岗返还比例，发放一次性留工培训和扩岗补助，将阶段性缓缴养老等3项保险费政策实施范围由5个特困行业扩大至22个行业。厦门市综合运用“财政政策+金融工具”纾解企业流动性困难，获国务院办公厅通报表扬；龙岩市、厦门市、宁德市、晋江市获评中央财政支持普惠金融发展示范区。

【项目建设投资】　2022年，福建省发行新增专项债券资金1831亿元，比上年增长25.7%，支持项目建设1317个，优先保障水利、教育、卫生、养老等重点领域项目融资需求。多渠道筹措资金146.46亿元，加快推进铁路、公路、港口、民航机场等交通基础设施建设。厦门市、福州市、泉州市入围2022年国家综合货运枢纽补链强链首批城市。统筹预算内投资119.64亿元，支持重大基础设施、自然灾害防治、公共管理等领域重大项目建设。全年全省落地PPP项目14个，总投资114.71亿元。

【外贸外资和对台消费】　2022年，福建省对符合条件的企业领取“单一窗口+出口信保”保单予以全额补助，保费费率降幅超30%。加强出口和对台信贷扶持，通过“商贸贷”“外贸贷”，创新推出“台企快服贷”。加大汇率避险工具推广运用力度，惠及企业1469家，比上年增长61.8%。泉州市纺织服装产业外经贸提质增效示范项目获中央财政资金奖补，福建省成为全国8个试点省份之一。落实外资到资奖励政策，重点支持引进先进制造业、高新技术企业、技术先进型服务企业。推进对外财经合作交流，福建省仙游县木兰溪流域生态环境综合治理及提升项目获亚洲开发银行贷款支持，贷款金额1.9亿欧元。支持发放“全闽乐购·福见商旅”活动消费券，鼓励扩大汽车消费，支持推进县域商业体系建设。

【“四大经济”资金投入】 2022年，福建省加大对“四大经济”（数字经济、海洋经济、绿色经济、文旅经济）财政资金投入力度，支持数字经济核心产业集聚区、数字政府建设，推动渔港建设、海上养殖设施升级改造、水产品加工和远洋渔业发展，加大电动船舶和新能源汽车产业、林业经济、循环经济试点示范等领域支持力度，支持文旅行业纾困、促进文旅经济高质量发展。运用100亿元规模省级政府投资母基金，推动数字、绿色等产业基金启动组建，加大基金云平台推广运用力度，引导社会资本投向“四大经济”。

【乡村振兴资金投入】 2022年，福建省支持优势特色现代农业加快发展，新增打造乡村产业振兴示范村108个。推进乡村建设行动，华安综合性改革试点试验项目、武平水系连通及水美乡村建设试点项目、永春和漳平现代农业产业园等15个项目获中央竞争性资金奖补8.8亿元。加强粮食等领域稳产保供工作，推进省级储备粮库建设。乡村振兴（扶贫惠民）资金在线监管平台监管项目从40个增至48个，累计监管资金超442亿元，惠及群众812.8万人次，实现乡村振兴重点领域资金监管全覆盖。在全国2021年衔接推进乡村振兴补助资金绩效评价中，福建省获A级等次、居东部地区首位。持续推进闽宁协作和援藏援疆援三峡工作。

【科技创新资金投入】 2022年，福建省财政投资支持省创新研究院和6家省创新实验室高标准建设，推动集成电路、海洋领域省创新实验室加快筹建。落实科技小巨人领军企业研发奖励、专精特新企业奖补、企业技改项目融资贷款贴息等政策，加大基础研究支持力度。深化财政科技管理体制改革，启动实施省级科技计划项目经费“包干制”，推进“揭榜挂帅”“赛马”攻关机制。支持实施人才强省战略，省级人才专项资金规模10亿元，比上年增长25%。

【民生保障资金投入】 2022年，福建省强化民生投入保障机制，支持提高公共服务水平，全省民生支出4343.28亿元，比上年增长10.1%，占一般公共预算支出的比重为76.2%。落实省委和省政府25项为民办实事项目资金保障，省财政下达相关资金123.91亿元，完成年初计划总额的113.8%。全年全省支持新建、改扩建公办幼儿园216所，实施城区义务教育学位增补和高中质量提升计划，推进职业教育“双高计划”和产教融合，加快“双一流”和应用型高校建设，将6所市属本科高校财政投入保障体制调整为以省为主。加强新冠疫情防控资金保障，支持开展疫苗购置及接种、核酸检测等工作，推动省级重大疫情救治基地建设。支持推进国家区域医疗中心建设和新一轮医疗“创双高”，推动省属医疗卫生机构、县域医共体能力提升项目建设，加强卫生健康高层次人才、基层卫生人才队伍培养，将基本公共卫生人均财政补助标准从79元提高至84元。三明市公立医院改革与高质量发展示范项目进入中央财政支持范围。多渠道加大财政投入，支持推进城乡建设品质提升工程。漳州市入选全国第二批系统化全域推进海绵城市建设示范城市，3年将获9亿元中央财政资金支持。支持省美术馆项目建设、省图书馆新馆布馆。支持南平市承办福建省第十七届运动会。

社会保障水平提升。2022年，福建省企业和机关事业单位退休人员养老金水平提高4%，城乡居民基础养老金省定标准从每人每月130元提高至140元，城乡居民医保年人均财政补助标准从580元提高至610元，省定低保最低标准从4400元提高至4750元。职工医保省级统筹调剂集中比例从30%提高至50%，工伤保险省级调剂金比例从3%提高至30%，失业保险实现省级统收统支。落实困难群众救助补助资金保障，阶段性将领取失业补助金人员和低保边缘人口新增纳入价格补贴联动机制保障范围。落实残疾人两项补贴动态调整机制。连续第21次提高部分优抚对象抚恤和生活补助标准。支持开展养老及救助工作政府购买服务，推动农村区域性养老服务中心、长者食堂等项目建设。

【生态建设资金投入】 2022年，福建省推动闽江流域山水林田湖草生态保护修复工程试点在全国率先完成项目整体验收，推进九龙江流域山水林田湖草沙一体化保护和修复工程建设。支持国家公园连片系统建设，实施环武夷山国家公园生态保护修复治理。完善国家生态文明试验区补助资金管理，支持推进重大生态项目建设。扩大综合性生态保护补偿政策受益县区，强化激励约束机制。支持沿海市县开展互花米草除治和生态修复。南平市国土绿化试点示范项目、永定区历史遗留废弃矿山生态修复示范工程、漳州市黑臭水体治理项目和福州市、厦门市、宁德市、莆田市海洋生态保护修复工程项目共获中央竞争性分配资金支持21亿元。出台财政支持做好碳达峰碳中和工作的实施意见。

【财政管理改革】 2022年，福建省财政厅开展“宪法宣传周”“民法典主题宣传月”等普法宣传教育活动，实施重大执法决定法制审核制度，健全规范性文件管理和备案审查制度。落实省人大及其常委会关于福建省2022年预算和省级预算调整方案等决议，依法报告预算执行、决算、地方政府债务管理、国有资产管理等情况。以强化事前、事中风险防控为导向，建设并试运行财政内控管理系统，深化财政内控相关做法在全国地方内控视频工作会议上作经验交流发言。

财税体制改革。2022 年，福建省健全转移支付评估机制，调整完善市县财力状况分档，提高对人均财力相对较低市县的补助比例，加大对财力薄弱地区、重点生态功能地区及原中央苏区核心区的倾斜支持力度，提高区域间均衡度和转移支付精准度。首次对所有省级专项资金实施事中绩效评价并加大结果应用力度，推进财政支出标准化体系建设，省、市、县三级基本建成全方位、全过程、全覆盖预算绩效管理体系。福建省 2021 年度县级财政管理绩效综合评价得分居全国第八位，14 个县进入全国前 200 名，其中周宁县居全国首位。完善财政资金直达机制，资金规模 839.67 亿元，比上年增长 42.4%。提升财政信息化管理水平，预算管理一体化系统全面上线运行，政府采购活动实现供应商无纸化投标、远程参与开标和专家异地评审，非税收入收缴电子化和财政电子票据管理改革实现全区域、全票种、全领域 3 个“全覆盖”，改革案例获全省机关体制机制创新优秀案例二等奖。推进注册会计师和资产评估业务线上办理、电子凭证会计数据标准试点、智慧财审系统建设等工作，平潭县“两电”管理改革（区级非税收入收缴电子化和财政电子票据管理改革）进度居全省前列。全省部门所属单位预决算公开实现应公开尽公开。出台国防领域省与市县财政事权和支出责任划分改革实施方案。首次编制全省合并行政区划政府综合财务报告。完善国有金融资本管理制度，组建省金融投资有限责任公司。

【基层财政运行】 2022 年，福建省健全县级财政“三保”（保基本民生、保工资、保运转支出）预算审核机制，将全省所有县区纳入“三保”审核范围。加强基层“三保”动态监测预警和研判分析，统筹库款调度，完善应急处置机制。加大财力下沉，针对各地落实减税降费政策及经济下行压力等因素形成的减收，省财政厅下达 4 批次支持基层落实退税减税降费和重点民生等转移支付资金 357.63 亿元，并分批次对财政较为困难县（市、区）给予一次性财力补助 19.51 亿元，筑牢兜实基层“三保”底线。加强政府债务管理，建立健全政府债券穿透式监测、支出进度通报预警、违规使用处理处罚等机制。加大再融资债券支持力度，全省到期债务本息全部按期足额偿还，政府债务余额严格控制在中央核定的限额之内。对重点地区实行清单化管理，化解隐性债务存量，其中南平市多渠道筹集偿债资金，降低债务风险指标。（郑儒钧）

税　务

【概况】 2022 年，福建省税务系统（不含厦门，下同）组织税费收入 5977.71 亿元。其中，税收收入 2928.84 亿元，比上年下降 17.4%，扣除留抵退税因素后，下降 6.9%；社保费 1238.81 亿元，增长 9%；非税收入 1800.37 亿元，下降 22.9%。同期办理出口退税 519.92 亿元，办理免抵调库 145.01 亿元，分别比上年增长 14.6%、22.3%。

【退税减税】 2022 年，福建省税务系统开展政策效应分析，推动政策红利直达快享，为市场主体减轻税费负担和增加现金流 875 亿元。其中留抵退税 545 亿元，新增减税降费 167 亿元，缓税缓费 163 亿元。国务院专项督查、第九次大督查均未反馈福建在落实退税减税政策方面的问题，有关工作获省委省政府领导肯定。退税减税工作报道入选中宣部“奋进新时代”主题成就展，被央视新闻联播等媒体多次刊播。

【税收经济分析】 2022 年，福建省税务局加快建设福建数字税务大数据中心，推广应用税务总局开发的“税郡通”“税比析”系统，挖掘特色分析功能；开展年度税收调查，获财政部、税务总局表扬。组织全省税收经济分析“揭榜挂帅”实战化练兵；加强与省委政研室等智库合作，聚焦党政领导关注点、改革发展前沿点，打造“税眼看经济礼赞二十大”等系列分析产品，12 篇分析报告获省部级领导批示，绿色经济分析入选全国税收经济分析拳头产品；税电指数纳入福建省经济社会运行监测平台。

【办税缴费服务】 2022 年，福建省税务局推进智慧办税、便民办税，连续第九年开展“便民办税春风行动”，落实福建省《优化营商环境条例》，开展领导干部走流程、问需求、优服务等活动，细化“学税定制”“智能导税”“智能享惠”等便民措施 163 项，“非接触式”办理事项增至 266 个，主要办税缴费事项 100%全程网上办，网上申报率 99.5%，进厅办理业务比率较 3 年前下降 55%。建设“闽捷办”智慧税务平台、打造全天候“不打烊”网上办税服务厅，作为国务院第九次大督查发现的典型经验做法，获国务院办公厅通报表扬，在省委省政府绩效创新项目评审中获第一名。

融入“数字福建”“便利福建”建设，搭建福建省政务汇聚共享平台税务节点，上线非税收入信息互联互通平台；推广不动产交易登记办税互联系统，融入“闽政通”APP；将 10 项高频涉税事项纳入省级政务“一件事”集成改革；升级“八闽办税码”为“八闽政务码”，在全省机关体制机制创新优秀案例评选活动中获评一等奖，省政府将该举措作为自贸区创新成果在全省推广，并获税务总局定名为“税信码”在全国推广。推进银税互动，帮助 6.03 万家小微企业获取纳税信用贷款 625.69 亿元；在全国率先推出印花税“总对总”税银数据共享代征直缴新模式。

【税务助力纾困解难】 2022年，福建省税务系统落实保交楼等新政，推出助力稳外贸10条措施，落实稳外资政策促进境外再投资比上年增长67%，配合地方出台帮助市场主体纾困解难政策文件7份。省税务局联合省委组织部、省两新工委通过“党企新时空·政企直通车”平台举办税务惠企政策对接会；联合省工商联、省工信厅开展“春雨润苗”、中小企业服务月等活动，宣传辅导市场主体超1260万户次。运用“全国纳税人供应链查询”功能为156家原材料短缺企业匹配供应商1503家，成交金额近3亿元。

【税收征管改革】 2022年，福建省税务系统完成中共中央办公厅、国务院办公厅《关于进一步深化税收征管改革的意见》和福建省工作方案确定任务109项，持续推进96项，并滚动升级；在基层税务局培育可复制、可推广的创新措施45项。推进税收征管数字化升级和智能化改造，开展信息化专项整治；推出全省工业重点税源景气指数，加强对税源变化规律的把握和异常预警；推广全面数字化电子化发票暨“一户式”改革试点，上线金税三期社保费征管信息系统（标准版），试点土地增值税管理模块。制定《社保费征管业务规范》《非税收入征管风险防控工作指导意见》，统一社保费征收模式；承接国有土地出让金等4项非税项目征收职能划转；开征电子烟消费税。

【税费监管】 2022年，福建省税务系统开展征管质量“5C＋5R”5C即税款征收、纳税服务、风险管控、税务检查、自我纠正法律救济服务，5R即发票领用、纳税申报、税款缴纳、税款退还、税收筹划监控评价。推送风险任务，完善风险应对闭环，入库税款6.12亿元；推进成品油专项整治，挽回税款损失3000余万元；构建个人合伙企业股权转让风险模型。加强平潭综合实验区企业所得税优惠政策管理，防范利用区域税收优惠政策偷逃税行为；试点出口退（免）税风险防控工作指引，风险防控精准度位居全国前列；健全“总对总”“系统对集团”“网络对网络”大企业税收治理新格局。完善六部门常态化打击虚开骗税合作机制，查处涉税违法案件3466件，查补38.29亿元。

【税务执法监督】 2022年，福建省税务系统加强税务执法监督，认定税收执法过错1505个，责任追究854人次。设立全省首个税收法律服务中心，帮助市场主体依法应对税收法律问题。推进涉税中介机构协同治理。在各级办税服务厅建设“税悦工作室”91个，第一时间调解争议，被省营商办在全省推广。

【税务文化宣传】 2022年，福建省税务系统推进新时代福建税务文化建设2021—2022年行动计划，省税务局联合省委宣传部评选福建“最美税务人”10人并召开发布会；组建先进典型工作室10个，成立青年党员先锋队165支，全省税务系统新获省部级（含）以上荣誉28项，全国三八红旗手、全国青年文明号等省部级荣誉数量居省内行业首位。

（侯树仁）

【厦门税务】 2022年，国家税务总局厦门市税务局完成各项税收收入1466.16亿元（含海关代征增值税、消费税，未扣减出口退税），比上年下降2.9%。其中，税务部门组织税收收入1244.71亿元，减收62.32亿元，下降4.8%；办理出口退税313.5亿元，增收17.5亿元，增长5.9%。海关代征税收221.45亿元，比上年增收19.33亿元，增长9.6%。社保费、非税收入及其他收入比重首次超过50%；推动市政府牵头组建退税减税工作落实机制，全年释放政策红利272亿元，留抵退税资金及时退付率99.9%，办理出口退（免）税403.6亿元。

落实税费政策。4月1日至12月31日，办理大规模留抵退税新政退库146.8亿元，惠及纳税人2.9万户次；组合式税费政策全年免征增值税30.44亿元，惠及纳税人31.02万户次；享受减征部分乘用车车购税政策及延续新能源汽车免征车购税政策的车辆5.17万辆，减征车购税3.72亿元，新能源汽车免征车购税超8.55亿元（4.95万辆）；增值税加计抵减、快递收派服务、公共交通运输服务免税等增值税优惠政策，减免增值税10.46亿元；申报享受研发费用加计扣除政策的企业4730家，加计扣除额共174.87亿元，户数、金额分别比上年增长21.72%、30.53%；第三次个人所得税汇算清缴实际申报138.9万人，总体申报率98.78%，在全国36个省级税务局中位列第一；减免各项财产和行为税51.09亿元，比上年增加8.12亿元，增长18.9%；全市企业减免医疗保险费14.92亿元，失业保险费14.34亿元；全面落实非税收入“六税两费”扩围、增值税留抵退税配套政策、制造业中小微企业缓税、水土保持补偿费缓缴等新的组合式税费支持政策，减免非税收入21.77亿元，缓缴非税收入1.05亿元。

社会保险费和非税收入。全年组织入库各项社会保险费（含职业年金）505.62亿元，比上年增收99.82亿元，增长24.6%，其中企业职工基本养老保险费增收71亿元，增长28.6%，占全部增收额的比重超70%。工伤保险比上年增收1.85亿元，增长26.7%。央属机关事业单位职业年金贡献收入15.93亿元，比上年增收7.33亿元，增长85.1%。组织非税收入入库1123.42亿元（含工会经费），比上年减少77.36亿元，下降6.44%，占厦门市税务局税费总收入的39.09%。

税种管理。落实落细增值税发票风险全链条快速反应工作机制，通过下发风险管理意见书对取得异常凭证金额较大、享受优惠金额较大企业进项存疑等进行风险提示，督促整改。加强消费税风险识别应对，按月对企业开票数据进行监控分析。研发贵重珠宝首饰、酒类等7类消费税品目数据比对预警指标。开展机动车企业开票软件升级工作，防范违规开具机动车发票风险。新办增值税电子专用发票纳税人2.3万户，开具电子专票46万份，开具电子专票总金额855亿元。净增800家企业认定为高新技术企业，优化企业所得税申报要素预填功能，新增校验、控制等功能约20项；内嵌“税收政策风险提示服务”功能，自动对年度申报数据进行风险扫描并推送提示信息；开展文娱领域风险筛查和整改，加强对高收入人群个人所得税服务和监管。财产和行为税合计入库239.18亿元（包括土地增值税、契税、房产税、城镇土地使用税、印花税、城市维护建设税），比上年增收9.07亿元，增长3.94%，占厦门市税务局税收收入的19.22%；1768件存量房交易补缴土地出让金12268万元，土地契税印花税约374万元。

涉台税收。2022年，厦门市国税地税合并后，首例台资企业预约定价安排签署，入库税款及利息2.23亿元，为企业在厦增资2.04亿美元提供税收保障。全年转让定价调查和预约定价安排追溯调整入库税款及利息2.96亿元。

办税缴费服务。打造台胞台企登陆第一家园第一站“第一税务专席”；在自助办税终端推出数字人民币缴税功能；建设厦门首家“智慧办税服务厅”，入选2022年度厦门市“十佳”营商创新举措和厦门市改革创新成果，获2021年福建省首次数字化营商环境监测纳税指标第一名（标杆单位）；上线金税四期征纳互动服务平台；完成41万家企业2021年度纳税信用评价，对6.43万家次企业进行信用动态管理。开发新版“银税互动”平台，与27家银行签署战略合作协议，全年为6.19万户次守信纳税人提供427.2亿元贷款。

税收征管改革。推动电子税务局和税企互动平台、移动办税APP的协同办理；推动税费办理“智慧化”升级；推出员工入职（离职）一件事、大学生参保制卡一件事等创新服务；深化税警协作、行刑衔接、跨部门完税核验等协作机制；“4321出口退税管理工作机制”“零窗智慧办税厅”两项改革措施入选国家税务总局创新复制推广举措。

征收管理。负责征收管理64.45万户（包括正常户、非正常户、停业户）纳税人，比上年增长9.09%。其中，企业纳税人44.39万户，增长6.99%，占68.88%；个体经营19.56万户，增长14.32%，占比30.35%；其他类型0.5万户，增长2.0%，占比0.77%。千户集团总部企业41家，成员企业3488家，全年贡献税收收入513.52亿元，占全市同期税收收入的41.26%。

税务稽查。审结税收违法案件2201件（其中虚开骗税案件1730件），查补总额45.32亿元，入库总额7.79亿元，查办“虎啸1号”“虎啸2号”等特大团伙案件。检查留抵退税风险企业120家，查结率100%，查实率97.46%，挽损总额1.4亿元。累计清理积案4082件。查办文娱领域、高收入个人逃避税等税收秩序规范案件8件，查补金额3349.34万元。加强税收大数据和风险管理。构筑留抵退税十大类64个风险指标的全链条动态风控体系，留抵退税风险应对获全国第三名。加强风险任务闭环管理，下发风险任务1.26万户次，入库税款18.55亿元。开展团伙虚开发票等重点行业风控，移送稽查风险疑点纳税人407户，涉及金额10.28亿元。制订高风险线索移送稽查规程。参与全国出口退（免）税风控工作指引试点。

税收科研。立项并完成税务总局税收科研课题3项，厦门市税务局重点课题60项；在2019—2020年度全国税务系统优秀税收科研成果评选中，获全国税务系统优秀科研成果一、二、三等奖4项；《厦门特区税务》首次获评福建省“2022年度优秀连续性内部资料性出版物”。

2022年福建税务（含厦门）各项税费收入完成情况表

收入	入库税额（万元）	比上年同期	
		增加额（万元）	增长（%）
一、税收收入	41735527	－6775464	－14.0
1. 国内增值税	13626350	－4767043	－25.9
2. 国内消费税	4246406	787202	22.8
3. 企业所得税	11307777	－162265	－1.4
4. 个人所得税	3504387	－1793601	－33.9
5. 资源税	100480	1882	1.9
6. 城镇土地使用税	346045	－22205	－6.0
7. 城市维护建设税	1294141	－171622	－11.7
8. 印花税	542800	－12823	－2.3
9. 土地增值税	2398040	－155063	－6.1
10. 房产税	1018403	81963	8.8

续表

收入	入库税额（万元）	比上年同期	
		增加额（万元）	增长（%）
11. 车船税	301177	21373	7.6
12. 车辆购置税	693218	—246375	—26.2
13. 烟叶税	84093	16776	24.9
14. 耕地占用税	152805	41449	37.2
15. 契税	2077315	—384126	—15.6
16. 环境保护税	33448	4085	13.9
17. 其他税收	8642	—15071	—63.6
二、社会保险费收入	17444232	2021613	13.1
三、非税收入	29188996	—6116771	—17.3
四、其他收入	145785	10492	7.8
合计	88514540	—10860130	—10.9

2022 年福建税务（含厦门）税收收入分地区完成情况表

征收单位	入库税额（万元）	比上年增长（%）	扣除增值税留抵退税因素后增长（%）
全省	41735527	—14.0	—4.0
厦门	12447101	—4.8	3.7
全省（不含厦门）	29288426	—17.4	—6.9
福州	9367194	—20.2	—10.1
漳州	2561467	—21.6	—0.9
泉州	7831798	—10.6	—6.2
三明	1192852	—27.7	—15.6
莆田	1631500	—24.3	—6.1
南平	1027114	—20.0	—6.6
龙岩	3055185	—5.5	3.1
宁德	2233892	—6.1	7.6
平潭	387424	—59.9	—53.7

（徐于平）

编辑：林忠玉

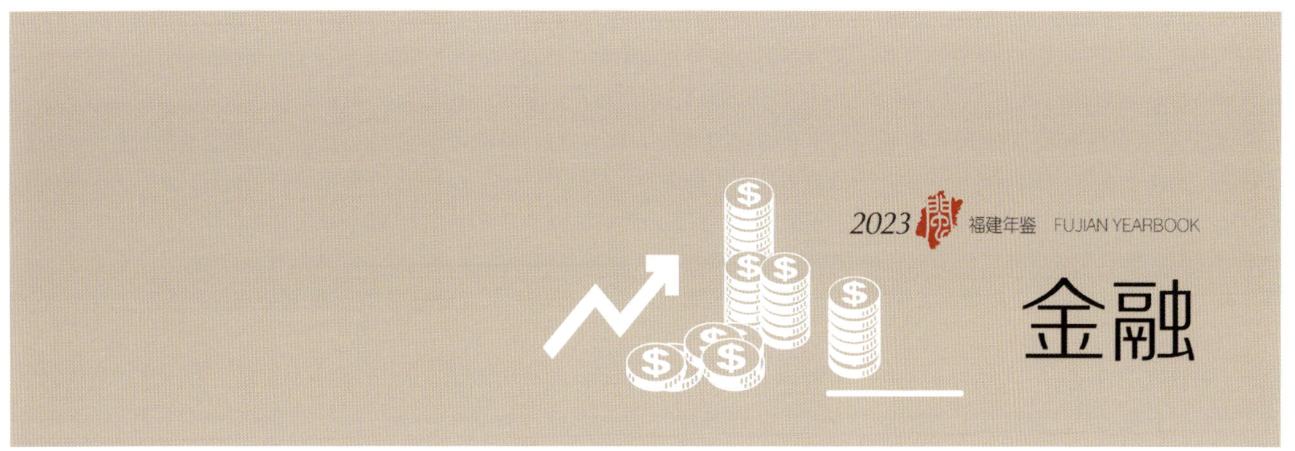

金融

综　述

【金融运行】 2022年，福建省金融机构各项存款持续快速增长。年末金融机构本外币各项存款余额比上年增长17.45%，增速创2010年以来新高并居全国首位，比上年提高7.4个百分点，比全国平均增速高6.6个百分点。全年新增存款10800亿元，比上年多增5131.79亿元。其中，非金融企业存款余额比上年增长13.2%，增速比上年末提高4个百分点。

贷款保持合理增长。2022年末，全省金融机构本外币各项贷款余额比上年增长11.02%，增速比上年末降低2.42个百分点；全年新增贷款7479.0亿元，比上年少增555.9亿元。年末普惠小微贷款余额比上年增长24.5%，普惠小微贷款户数增加9.2万户，全年普惠小微贷款加权平均利率下降35个基点。

人民币贷款利率创新低。2022年，全省市场利率定价自律机制高效运行，人民币贷款利率总体下行。全年人民币贷款加权平均利率4.8%，比上年下降40个基点，创2008年以来新低，其中企业贷款加权平均利率3.9%，下降41个基点，创2015年以来新低。落实存款利率市场化调整机制，引导金融机构存款利率跟随市场利率变动，全年人民币定期存款加权平均利率2.29%，比上年下降6个基点。年末银行业金融机构存贷比103.4%，比全国平均水平高20.5个百分点。

不良贷款率略有反弹，拨备水平明显下滑。2022年末，银行业金融机构不良贷款率较年初上升0.07个百分点，平均拨备覆盖率下降61.4个百分点。全年银行业金融机构实现净利润比上年增长54.47%；税后资本利润率9.11%，比年初上升0.28个百分点。地方法人银行加大拨备和资本计提，信贷风险总体可控，平均账面不良贷款率比上年下降0.03个百分点。

资本市场有序发展。2022年，全省直接融资规模扩大，资本市场服务实体经济能力增强，全年实现境内债券融资（不含同业存单）5845.71亿元，比上年增长37.46%。其中银行间市场发债融资4223.88亿元、交易所市场融资1621.83亿元。全年上市公司实现直接融资2697.27亿元（含证券公司发行次级债），比上年增长25.28%；其中9家（次）公司实现首发融资119.79亿元，16家（次）上市公司通过增发配股等方式实现股权再融资731.93亿元，其他通过发行公司债、短期融资券、中期票据、证监会主管ABS等实现债券融资1845.55亿元。年末全省有在全国中小企业股份转让系统（“新三板”）挂牌的企业220家，其中创新层55家、基础层165家，23家（次）基础层挂牌企业通过定向增发实现股权融资7.87亿元。2家区域性股权市场运营机构（海峡股权交易中心、厦门两岸股权交易中心）累计挂牌展示企业1.37万家，托管企业1202家，全年通过私募股权、股权质押、定向增发等方式累计帮助企

2022年4月27日，中国人民银行福州中心支行、泉州市政府联合召开省级金融机构支持泉州复工复产专场政银企对接现场会　（人行福州中心支行　供图）

业实现融资225.1亿元，比上年增长30.88%。

保险市场规模持续扩大。2022年，全省保险业实现保费收入比上年增长6.19%，保险密度3282.4元/人，增加171.39元/人，保险深度2.59%，比上年略有下滑。保险服务实体经济质效提升，基本实现农村基础设施服务全覆盖，创新产品对接乡村振兴保险需求，提供保险保障43.9亿元，支付赔款756万元；承保福耀玻璃、福建百宏、紫金矿业等企业海外投资项目，实现保险金额15.9亿美元，比上年增长38.89%；970款人身险产品在不加收保费的情况下将新冠病毒感染纳入保障范围，覆盖4.7万家企业，并发放保单质押贷款，年末余额281.4亿元（不含厦门）。全年保险业提供风险保障总额163.53万亿元，比上年增长39.01%，为保费收入增速的6.3倍；各项赔付支出446.89亿元，比上年增长3.98%。保险机构（本段内容及数据均不含厦门）参与第三支柱养老保险体系建设，为520.3万人次提供商业养老保险保障14000亿元；为486万名60周岁以上老年人提供意外、健康保险保障48000亿元；为客户管理养老保障资金规模约20.7亿元；落地个人专属商业养老保险试点和个人养老金试点，开立个人养老金账户67.17万个，缴费4323.35万元；健全多层次医疗保障体系，各设区市职工补充医疗保险与城乡居民大病保险覆盖3365.8万人，赔付金额23.8亿元；推出全省统一定制型商业医疗保险“惠闽保”，首期承保近250万人；扩大台胞台企风险保障，为台胞台企提供风险保障合计738.8亿元，比上年增长120%。

金融市场高效运行，社会融资规模增量创历史新高。2022年，全省银行间同业拆借、债券回购、现券交易3项成交总额比上年增长26.5%，累计净融入资金111800亿元。票据市场增长提速，票据融资总量（含承兑、贴现、转贴现）比上年增长46.85%，增幅上升14.31个百分点，票据贴现加权平均利率下降88个基点，转贴现加权平均利率下降92个基点。外汇收支运行平稳有序，跨境收支和结售汇总额分别比上年增长14%和1.2%，规模均创历史新高，但差额呈现“一顺一逆”，跨境收支顺差438.1亿美元，增长85.6%；结售汇逆差15.1亿美元，为近7年来首次逆差，主要源自货物贸易顺差收窄。全年跨境人民币收付金额8853.5亿元，创历史新高，比上年增长96.1%，其中经常项下收付金额增长68.9%、资本项下收付金额增长114%。黄金市场交易有升有降，银行业金融机构（不含兴业银行）代理上海黄金交易所黄金交易比上年下降78.6%，其他黄金交易品种（账户金、实物金、黄金租赁、黄金远期、黄金期权等）合计交易下降39.32%，上海黄金交易所的主要9家会员单位（兴业银行、紫金矿业集团股份有限公司、福州福辉珠宝有限公司、厦门银行、厦门国际银行、海峡金服、兴业信托、珠光宝气、福建金德尚）在上海黄金交易所成交额（不含个人业务）9679.73亿元，增长35.45%。全年社会融资规模新增11400亿元，创历史新高，比上年增长14.6%，其中新增人民币贷款7995.7亿元，增量占比69.7%；表外融资下降402.8亿元；企业直接融资力度显著增强，地方政府债发行力度继续加大。

【外汇管理】 2022年，福建省加强外汇管理服务实体经济工作，银行机构通过跨境金融服务平台为321家企业办理出口贸易融资4039笔、金额151亿元，中小微企业融资笔数占比72%；创新开展跨境金融服务平台市场采购应用场景设计，指导兴业银行开发全省首个面向外贸小微企业的纯信用线上金融产品“跨境E贷”。开展中小微企业外汇套保首办拓户专项行动，推动2329家企业办理外汇衍生业务，首办户占比61%，银行办理外汇衍生产品签约金额比上年增长27.8%，签约率提升6.83个百分点；帮助1494家外贸企业获1694万元避险奖励资金，中小微企业占比近八成；为企业减免保证金支出1211万元，推动银行为中小微企业办理衍生产品业务减费让利1.04亿元；深化“汇率避险公共保证金池”等企业汇率风险管理试点，降低中小微企业外汇套保成本。

外汇便利化改革。2022年，福建省优质企业贸易外汇收支便利化试点扩面增量，24家试点银行、193家试点企业累计办理试点业务3.63万笔、金额248.67亿美元，新增试点银行13家、试点企业172家。支持贸易新业态发展，新型离岸国际贸易、跨境电商收支规模比上年增长47.7%，在全国率先推出市场采购贸易跨境收汇“总量匹配”管理模式，提升资金结算效率，全年市场采购出口增长16%。指导银行灵活运用个人经常项目特殊外汇业务处置制度，办理“不常见、难判断”的个人真实合法外汇业务；规范办理个人经常项下境外就医、跨境保险等结售汇业务，满足个人多样化、个性化、复杂化用汇实需。推动资本项目外汇收支便利化政策落地，为219家企业办理资本项目收入支付便利化业务3921笔。推进资本项目管理数字化服务试点，支持试点银行“不碰面、零跑动”，为市场主体办理资金入账、结汇使用等资本项下外汇业务。至年末，试点银行累计办理试点业务近3.1亿美元，业务办理时间节省近70%。引导企业通过线上申请方式办理外债登记业务，签约（变更）笔数比上年增长22倍，创历史新高，为国内首单县域级赴澳门市场发行的美元债券办结线上外债登记。

跨境资金流动风险防范。2022年，福建省对174家企业开展货物贸易外汇现场核查，降级79家企业，注销42家企业名录，向有关部门通报116家异常企业。加强服务贸易收支非现场监测分析，组织对2020年以来服务贸易外汇监测系统提示指标预警但未核查的数据开展集中核查，按周上报核查情况。调整定期监测预警指标，提高定期预警指标精准性。开展个人大额结售汇、外币现钞存取业务监测，对以分拆方式规避便利化额度管理及真实性管理的个人实施分类管理，确定发布合计184名“关注名单”和“预关注”个人。开展银行外汇业务合规与审慎经营评估，督促银行强化合规经营。开展银行结售汇和银行卡境外交易非现场核查，督导银行机构强化境外交易数据排查，规范银行卡境外交易行为。开展福建省建行系统“以案倒查”专项检查，在全国首创探索研究对银行 SWIFT（国际资金清算系统）报文数据分析与应用，以及发现全国首例未经国家外汇管理局认可的5262和6540两类MCC码跨境消费业务。深化涉汇案件线索“纵向中心＋横向中心”联合研判模式，将非现场分析贯穿于线索案件查办各个环节。开展地下钱庄（含骗税型）专题分析、资本金收结汇资金、“外转中”股权转让、大额境外消费业务等监测分析，发现疑似地下钱庄经营和资本金收结汇异常线索等12条。（王　勉）

银　行　业

【概况】　截至2022年末，福建省有银行业金融机构12大类190家，包括政策性银行3家、大型商业银行6家（含邮政储蓄银行）、股份制银行12家、城市商业银行6家、农村中小银行机构126家（包括农信社41家、农商银行27家、村镇银行58家）、外资银行19家、信托公司2家、金融资产管理公司4家、财务公司7家、消费金融公司2家、金融租赁公司2家、民营银行1家，共有营业网点6435个，从业人员12.63万余人。

资产规模增长。截至2022年末，福建省银行业金融机构本外币资产134200亿元，比年初增长8.79%；本外币负债123800亿元，增长8.54%。按银行业金融机构市场份额划分，资产规模占比排序为：股份制银行44.83%（其中兴业银行38.29%）、大型商业银行（含邮政储蓄银行）28%、城市商业银行9.39%、农村中小银行机构9.15%、政策性银行6.49%、非银行金融机构1.35%、外资银行0.59%、民营银行0.19%。

信用风险总体可控。截至2022年末，全省银行业金融机构不良贷款率1.11%，较年初上升0.07个百分点。风险抵补能力维持较高水平。全省法人银行业金融机构资本充足率、拨备覆盖率等主要监管指标均符合监管要求，其中法人城市商业银行资本充足率12.3%、拨备覆盖率214.96%，法人农村中小银行机构资本充足率17.75%、拨备覆盖率401.06%。（唐福来）

【厦门银行业】　截至2022年末，厦门市有各类银行业金融机构48家。其中法人银行机构6家，法人非银行机构5家；中资银行分支机构21家，外资（国）银行分行及代表处16家。全市有银行业机构网点637个，从业人员2.23万人。全市银行业资产总额23864亿元，较年初增长7.9%；负债总额22508亿元，本外币各项存款余额16167亿元，各项贷款余额17319亿元，分别比年初增长7.8%、9.5%、13.1%；不良贷款余额125.91亿元，比年初减少27.9%；不良贷款率0.73%，比年初下降0.41个百分点。全年利润226.33亿元，比上年增长34.6%。

金融机构稳企纾困。2022年，厦门市落实稳住经济一揽子政策措施，住宿和餐饮业、交通运输业、零售业、旅游业等受新冠疫情影响较大的行业贷款均实现增长；小微企业无还本续贷余额比上年增长61.61%。完善监测指标体系，出台金融支持制造业、专精特新、供应链和外贸发展等系列政策措施，支持重点领域设备更新改造；中国银保监会厦门监管局辖内贷款占总资产的比重为72.57%，制造业中长期贷款占比50.38%；科技型企业贷款余额比上年增长22.84%，产业链核心企业信贷余额增长16.01%；外贸信贷业务发生额增长10.6%，与“一带一路”和RCEP国家投资贸易往来信贷发生额分别增长60%和15%。

金融惠民。2022年，厦门市实现小微企业金融服务增量、扩面、降本、提质，提前一年完成新型农业经营主体信用建档评级，保持全市村镇基础金融服务全覆盖。联合12个部门出台加强新市民金融服务若干措施，新市民相关贷款余额1673.58亿元，提供风险保障金额9654.17亿元。

金融风险防范。2022年，厦门市开展法人机构风险全面排查，向地方政府报告风险情况；制定法人机构差异化风险处置方案和综合监管治理方案，做好农商行及村镇银行风险排查和应急处置预案；超额完成辖内银行业不良资产处置年度计划；印发流动性风险处置预案；健全常态化房地产融资风险监测，支持保交楼、稳民生。（熊　兴）

【中国人民银行福州中心支行】　2022年，中国人民银行福州中心支行落实稳经济一揽子政策和接续政策，发挥结构性货币政策工具引导作用，推动金融助企纾困。用好用足长期性工具，加大对普惠小微领域支持力度，推进“央行资金＋”多维模式，加强与财政、产业政策协同配合，实施福建特色优惠贷款政策，加快投放福建特色政策性优惠贷款。运用政策性、开发性金融工具，为重点领域新型基础设施建设项目补充资本金，年末碳减排支持工具及支持煤炭清洁高效利用再贷款、科技创新再贷款、交通物流再贷款等专项再贷款所支持的相关领域贷款610.5亿元（不含厦门，下同），再贴现余额中涉农、民营、小微三类票据占比91.67%。普惠小微贷款支持工具提供激励金18.1亿元，撬动地方法人金融机构普惠小微贷款余额新增999亿元。落实制造业、基础设施、乡村振兴、科技创新、房地产等重点行业重点领域信贷政策，引导和督促金融机构发挥贷款市场报价利率（LPR）形成机制改革效能。全省社会融资规模比上年增加1463.87亿元，社会融资增量创历史新高；年末本外币各项存、贷款余额均突破7万亿元，本外币存款增速创2010年以来新高并居全国首位，比全国平均增速高6.6个百分点。全年运用长期性和阶段性政策工具规模均突破1000亿元，均创历史新高。普惠小微、中长期制造业贷款实现快速增长。绿色贷款比上年增长近50%，房地产融资环境明显边际优化。新发放企业贷款加权平均利率下降41个基点，创历史新低。

服务实体经济发展。制定出台“新形势新阶段金融支持疫情防控医疗和生活物资生产保供10条”等政策举措，配合出台“扎实稳住经济一揽子政策措施48条”等政策举措，为全省经济大盘回稳向上提供金融保障。合理搭配各项结构性货币政策工具，发挥金融部门逆周期调节作用。全年发放再贷款再贴现1564.1亿元，惠及市场主体近10万户，年末再贷款再贴现余额1086.9亿元，创历史新高，比上年增长20.51%；全年全省金融机构运用碳减排支持工具支持项目321个，发放贷款189亿元；运用支持煤炭清洁高效利用专项再贷款支持项目63个，发放贷款13.2亿元；运用科技创新再贷款支持企业2299家，发放贷款310亿元；运用设备更新改造专项再贷款支持项目105个，发放贷款54.77亿元。全面落实普惠小微贷款阶段性减息政策，推动金融机构为85万户普惠小微企业减免贷款利息15.9亿元。加强货币政策与财政政策、产业政策协调联动，创新推出“央行资金＋财政配套政策”“央行资金＋乡村振兴示范点”等多维模式，推进再贷款再贴现政策与省级政策性优惠利率贷款和相关产业政策深度融合，引导金融机构创设再贷款专属信贷产品，至年末累计投放纾困贷、技改贷、制造业小微贴息贷、科技贷、乡村振兴贷、文旅专项贷、纺织鞋服贷等福建特色政策性优惠利率贷款1278.6亿元，惠及企业2.3万家。用足政策性、开发性金融工具，通过“基础设施基金”为省内105个重点领域新型基础设施建设项目补充资本金211.2亿元。创新开展“一县一品，贷动‘闽’生”专项行动，支持县域经济高质量发展，打造一批福建特色县域信贷品牌。至年末，全省62个专项行动项目贷款余额合计2611.2亿元，比行动启动时增加507.4亿元；加权平均利率4.61%，比行动启动时降低68个基点；政府性融资担保放大倍数4.3倍，较年初提高1.1倍。落实金融支持房地产16条措施，优化贷款集中度管理，推动民营房企运用民营企业债券融资支持工具发行中期票据27亿元。

重点行业信贷政策落实。至2022年末，全省制造业贷款余额比上年增长16.38%，增速比上年提高4.59个百分点。其中制造业中长期贷款余额增速39.3%，高于全省中长期贷款平均增速18.66个百分点。基础设施类贷款余额比年初增长8.8%。房地产业融资边际改善，全年大中型银行机构新增房企授信超4200亿元，地方法人银行在优化集中度管理后，新增房贷投放额度400亿元，至年末，房地产业贷款余额2690.82亿元，扭转上年下跌态势，全年增加2.9亿元。

重点领域信贷政策落实。至2022年末，全省普惠小微贷款余额比上年增长24.5%，小微经营主体授信户数增加16.18万户。联合推出4期、金额合计500亿元的纾困增产增效专项资金贷款，倾斜支持受疫情影响严重行业的中小微企业。全年金融机构累计发放纾困贷款406.73亿元，加权平均利率3.15%，支持中小制造企业1.8万家。联合印发《福建省加强信用信息共享应用促进中小微企业融资工作方案》，至年末，金服云平台解决融资需求6.13万笔、金额超2100亿元，普惠小微贷款占比超95%。涉农贷款余额按可比口径计算比上年末增长12.4%，其中农户贷款余额增长11.3%。绿色产业贷款余额比上年末增长48.3%，增速提高7.8个百分点，全年绿色贷款增加786.89亿元。满足科技创新企业融资需求，年末专精特新“小巨人”企业贷款余额231.98亿元，企业获贷率58.62%，贷款合同平均利率比年初下降0.35个百分点。

企业银行间市场发债量增面扩价降。2022年，全省90家企业发行债务融资工具403期、金额2806.15亿元，发行金额比上年增速高于全国5.9个百分点；企业发债加权平均利率2.90%，创历史新低，比上年下降0.53个百分点。债券品种持续创新，17家企业创新运用绿色债券、乡村振兴债券、科创票据、房地产并购债券和民营企业债券融资支持工具等募集资金145.38亿元，全国银行间债券市场首单民营企业绿色熊猫债、首单锂电行业绿色债券在福建发行。全年全省金融机构发行金融债券1305亿元，比上年增加302.5亿元。

跨境人民币业务拓展。梳理省内贸易、直接投资等重点企业名单，引导银行机构“一对一”推广跨境人民币结算便利化业务，带动产业链上下游企业的人民币跨境使用。跨境人民币结算量排名前30家外经贸企业跨境人民币业务比上年增长75.1%，占所有企业业务总量的56.5%。全年新增4560家企业开办跨境人民币业务，合计金额471.1亿元，占全部跨境人民币业务量的10.4%。指导福建省银行外汇与跨境人民币业务自律机制出台并优化《福建省优质企业跨境人民币业务便利化实施方案》，全省优质企业名单由首批918家扩大至1033家，全年办理业务2.7万笔、金额2814.2亿元，占同期全省跨境人民币业务总量的31.8%。

金融安全维护。推动建立福建省金融风险化解委员会，协调出台重大金融风险问责办法。强化监管协调机制一、机制二联动，探索跨区域监管协作机制，提示房地产风险及其他省份经验做法。推进制定省农信联社履职正负面清单，全省继续保持无高风险金融机构的良好态势。参与人民银行总行硬约束早纠机制研究试点，探索地方主导、部门联动的早纠机制。创新开展地方法人银行专项压力测试，处置河南村镇银行事件外溢影响；化解外债偿付风险，支持中资房企汇出偿债资金8.54亿美元；推进房企公开市场债务化险保交楼和信贷调控，促成“阳光系”4支、本息合计9.39亿元到期银行间债券展期，缓释中高风险房企流动性风险，引导金融机构适当下调房贷利率，支持个人住房贷款延期还本付息，超九成“保交楼”重点项目复工，8个风险楼盘“销号”。

电信诈骗和跨境网络赌博“资金链”治理。2022年，福建省涉诈个人银行账户数排名由全国前列大幅下降至第12名。对1481家反洗钱义务机构开展年度分类评级，开展监管走访201次、约见谈话73次，发出监管意见书50份、监管提示函8份、典型履职问题通报13份；对12家机构实施反洗钱行政处罚905.1万元。推动全省165家法人机构完成第一轮洗钱风险自评估，实现辖内法人洗钱风险自评估全覆盖。开展打击洗钱犯罪及扫黑除恶等专项行动，推动洗钱罪判决83起，判例数为上年的2.5倍，其中涉黑洗钱罪判决3起。全链条打击地下钱庄、虚开骗税等涉汇违法犯罪，联合公安部门查办的“税剑1号”专案获六部门打击虚开骗税领导小组办公室致信祝贺。整顿非银行支付市场秩序，推进3家支付机构分别完成优化重组、终止业务和主动退出。推进“征信修复”专项治理“百日行动”，清理一批扰乱市场秩序平台机构。作为全国5家分支行之一，连续3年承担人民银行总行综合执法检查任务，制定新时期法治央行建设任务清单，实施行政处罚。推动资管业务转型，不合规资管产品规模与资产规模分别比上年末下降58.64%和52.72%，现金管理类产品整改完成，年末净值化资管产品占比93.88%，比上年末提高8.42个百分点，理财产品期限结构不断改善，长期限产品（90天以上含封闭及定开）占比48.37%，提高1.22个百分点。

2022年9月23日，福建省首家乡村金融教育基地授牌仪式在福州市长乐区青山村举行　　（人行福州中心支行　供图）

金融服务与管理。2022年，全省（不含厦门）云闪付用户数突破2060万户，用户渗透率56.62%，连续5年居全国首位。全省县域移动支付笔数突破6000万笔，月均移动支付活跃商户数26万户。引导银行机构推出具有福建特色的支付手续费减费让利举措，在原优惠基础上近六成银行机构加大8个规定项目让利幅度，超五成银行机构增设32个自主减费项目，近95%的银行机构扩大降费让利对象范围，自2019年9月30日政策实施以来，推动银行机构累计降费规模11.1亿元，惠及289万户小微企业和个体工商户。全年支付清算系统可用率100%，银行机构通过支付清算系统处理业务11.77亿笔，金额385.93万亿元，比上年增长11.63%。本外币合一银行结算账户体系试点范围扩大，由首批“一地三行”共40个银行营业网点增加至“五地五行”共123个银行营业网点。至年末，累计开立本外币合一银行账户2.19万户，为576家企业平均减少开立账户1.4个，收付人民币资金1.67万亿元，收付外币资金54.58亿美元。

2022年7月4日，由中国人民银行福州中心支行、国家外汇管理局福建省分局、福建省商务厅联合出台的《关于金融支持福建省全面对接〈区域全面经济伙伴关系协定〉的指导意见》在福建金融对接RCEP经贸合作发展促进会议上发布。图为发布仪式　　（人行福州中心支行　供图）

省级地方征信平台建设。2022年，福建省级地方征信平台累计解决融资需求逾2100亿元。联合开展金融信用村、信用乡（镇）、信用县评选活动。全年评出金融信用村1884个、金融信用乡（镇）39个。累计为722万户农户建立信用档案，其中398万户累计获得贷款近1.7万亿元。推广应用中征应收账款融资服务平台（以下简称“中征平台”）及动产融资统一登记公示系统，市场主体在统一登记公示系统登记担保业务38.3万笔，并创新推出林业碳汇、生猪活体、财政奖励款权利抵（质）押等业务。重点推动中征平台在线供应链融资业务，至年末，引导20家核心企业、3家地方法人银行与中征平台系统对接，促进市场主体在中征平台成交

1.2万笔、融资3263亿元。推进跨境信用信息互通，推动福建品尚征信有限公司（以下简称“品尚征信”）上线海上丝绸之路沿线国家（地区）及《区域全面经济伙伴关系协定》（RCEP）国家企业的信用报告产品，查询范围覆盖215个国家（地区）。至年末，累计为国内金融机构及征信机构等提供境外企业信用报告查询4679笔，帮助国内企业降低跨境交易和投资风险。

大规模增值税留抵退税等政策落实。全年办理增值税留抵退税705亿元，退税资金直达市场主体，乡镇国债销售额比上年增长186.59%，4个村镇实现国债销售“零的突破”。开展金融统计源数据治理，实现金融统计数据报送连续10年“零差错”，地方金融组织统计实现全覆盖，统计机构数量比年初增长1.03倍。

金融消费者合法权益保障。全年全省各级人民银行受理金融消费者投诉3300笔，咨询5909件，办结率98.5%。持续完善金融纠纷多元化解机制建设，至年末，累计建立各级金融纠纷调解组织57家，全年完成案件调解1.45万件。推进“总对总”在线诉调对接机制。以金融广告监测管理信息系统、“金融广告随手拍”微信小程序两大平台为依托，全年处置违法违规金融广告线索52条。实施福建乡村金融素养提升工程，推动创建3家省级金融教育示范基地，6家社区金融教育服务站实施“金社工程”。

金融改革开放。指导福建省市场利率定价自律机制（下称“利率自律机制”）建立存款利率市场化调整机制，利率自律机制成员银行可结合自身实际，参考以10年期国债收益率为代表的债券市场利率和以1年期贷款市场报价利率（LPR）为代表的贷款市场利率，调整存款挂牌利率，在市场利率总体下行背景下，稳定银行机构负债成本，推动降低企业综合融资成本。全年共78家地方法人金融机构下调存款挂牌利率，降低负债端成本，将落实存款利率合意调整幅度情况纳入地方法人金融机构定价行为评估。加强存款市场管理与监督，禁止金融机构开展靠档计息、周期付息型存款产品，严禁地方法人金融机构开展异地存款业务。持续监测、严格禁止互联网存款违规产品，维护存款市场竞争秩序。

区域金融改革。指导宁德、龙岩入选中央财政支持普惠金融发展示范区，宁德、龙岩国家级普惠金融改革试验区建设取得积极成效，形成一批有特色、可持续、易推广的创新成果。至年末，宁德、龙岩普惠小微贷款余额分别比上年末增长29.5%、30.5%，居全省第四位、第三位；涉农贷款余额分别增长20.7%、20.7%，居全省第一位、第二位。“宁德市农村生产要素流转融资服务机制”“龙岩数字普惠金融服务平台”等5个金融创新项目、“上杭县稳企纾困服务实体经济金融模式”“金融干部挂职乡镇与乡村振兴融资能力提升工程”等6个金融创新项目，分别入选福建省第三、四批普惠金融改革试验可复制创新成果，并在全省范围复制推广。配合厦门申报国家级绿色金融改革创新试验区，以纪念福建林业改革20周年为契机，发布优化林业金融服务18条意见，林业中长期贷款、林权抵押贷款余额均呈现大幅增长，绿色信贷余额增速创近年新高。30个金融科技赋能乡村振兴示范工程项目投产，其中1项入选人民银行总行“金融数字化转型优秀项目”。

福建自贸试验区金融开放创新。建立贸易、直接投资、涉东盟、对台等领域重点企业名单，引导银行“一对一”推广跨境人民币结算便利化业务，全年跨境人民币业务量前30位的涉外企业合计金额占比28.9%。引导银行业机构研发促进跨境资金流动的结算产品、配套产品，推动银行机构挖掘自贸试验区潜在客户群体，全年福建自贸试验区办理人民币跨境业务993.5亿元，比上年增长135.0%，占同期全省跨境人民币业务总量的11.2%。提升跨境贸易便利化水平，鼓励贸易外汇收支便利化试点银行优先将自贸试验区内优质企业纳入试点范围，享受办理经常项目外汇业务时，业务免审单据、特殊退汇事前免登记、进口报关单免核验等便利措施，推进自贸试验区内优质企业贸易外汇收支便利化试点扩面，全年福建自贸试验区（不含厦门片区）新增10家便利化试点企业，办理便利化试点业务615笔、金额1.53亿美元。推动新型离岸国际贸易新规落实，引导银行结合福建实际，支持全球采购、委托境外加工、承包工程境外购买货物等新型离岸国际贸易。全年福建自贸试验区（不含厦门片区）新型离岸国际贸易收支4.3亿美元。深化跨境投融资便利化改革，推进福建自贸试验区6项资本项目便利化试点举措落实落细落深，自试点升级（2019年7月）至2022年末，福建自贸试验区（不含厦门片区）共26家企业办理275笔资本项目试点业务，金额7.72亿美元。支持区内企业用足跨国公司跨境资金集中运营管理政策，集中管理境内外成员企业外汇资金，集中外债和对外放款额度，开展经常项目集中收付汇和轧差净额结算，降低跨国公司整体结算及汇兑成本，至年末，福建自贸试验区内共10家企业备案开展跨境资金集中运营管理业务，集中外债额度58.42亿美元，集中境外放款额度10.24亿美元。支持平潭综合实验区开展合格境外有限合伙人（QFLP）政策试点，便利境外资本开展境内股权投资，吸引具有国际影响力的成熟股权投资基金及其管理机构在平潭综合实验区集聚发展，至年末，实验区共6家企业参与QFLP试点，其中试点企业平潭启惠益通股权投资合伙企业（有限合伙）到资13亿元；支持福建自贸试验区福州片区开展QFLP试点业务，指导辖内做好QFLP试点落地外汇环节衔接工作，吸引境外合格投资者参与境内股权投资。完善自贸试验区跨境资金监测和金融风险防控机制，加强与区内其他金融监管部门沟通协调和信息共享，要求片区内金融机构强化落实重大风险事项报告制度，完善应急处置机制；打击外汇违法违规行为，防范非法资金跨境、跨区流动。

简化外债账户管理要求。允许企业多笔外债共用一个外债账户，便利企业开展跨境融资，有18家企业享有该项政策红利（不含厦门）。引导企业通过数字外管“互联网+”政务平台，实现外债登记业务“网上办”，全年线上办理企业外债登记69笔（不含厦门），创历史新高。开展跨国公司跨境资金集中运营管理改革，集中管理境内外成员企业资金，集中外债和对外放款额度，开展经常项目集中收付汇和轧差净额结算，降低跨国公司整体结算及汇兑成本。至年末，有16家企业备案开展跨国公司跨境资金集中运营管理业务（不含厦门），集中境外放款额度102.18亿美元，集中外债额度686.09亿美元。推进资本项目数字化服务，引导银行依托网银渠道搭建数字化服务平台，方便企业通过网银线上办理资本项目外汇账户开立、直接投资货币出资入账登记等业务，至年末，试点银行办理试点业务2.09亿美元（不含厦门）；推动兴业银行扩大资本项目数字化服务覆盖面，业务场景涵盖直接投资外汇登记、外债注销登记等24项业务。支持境内银行通过内保外贷方式为符合要求的境外企业境外融资提供增信。全年银行内保外贷项下融资性担保新签约额合计折1.96亿美元；规范境内银行业金融机构境外贷款业务，为境外企业融资提供金融支持，为集友银行福州分行办理银行境外贷款业务备案。引导各银行机构为全球采购、委托境外加工、承包工程境外购买货物等新型离岸国际贸易提供结算服务，全年新型离岸国际贸易收支合计175.76亿美元，比上年增长44.8%。推动企业使用人民币进行直接投资，全年发生对外直接投资人民币结算724.07亿元，比上年增长84.4%；发生外商直接投资人民币结算586.97亿元。支持境内非金融机构开展人民币境外放款结算业务。推动跨境征信信息互通，实现RCEP成员国及海上丝绸之路沿线国家（地区）企业信用信息跨境流动，至年末，品尚征信累计为国内金融机构及征信机构等提供境外企业信用信息查询4672笔，帮助国内企业降低跨境交易和投资风险；推动品尚征信运用区块链技术衔接珠三角征信链，上线海丝沿线国家及RCEP国家企业的信用报告产品，查询范围辐射200多个国家和地区，拓宽跨境征信产品的查询服务应用。

数字人民币试点。自2022年3月31日福州、厦门加入数字人民币全国第三批试点至年末，全省开通数字人民币支付商户门店16.03万个，开立钱包486.18万个（其中个人钱包467.35万个、对公钱包18.83万个）；完成数字人民币交易（含兑换、转账、消费）2754.46万笔、金额1544.06亿元，发放数币红包、数币消费券超6000万元。全年5场大型数币促消费活动拉动消费逾亿元。实现零售商超、民生缴费、交通出行、文旅医疗等通用类小额高频场景全覆盖，开通对公缴税、土地拍卖、供应链金融等大额支付领域数字人民币结算，落地纾困贷款、农业碳汇、榕台融合消费、体育彩票销售等多个全国首创和特色类场景，形成一批涵盖线上线下、可复制可推广的模式。

跨境金融服务配套支持国家开放战略取得新突破。以企业需求为导向，重点推进“一带一路”、RCEP等重点区域人民币跨境使用，支持福建省“走出去”企业使用人民币开展投资、并购等，指导各银行机构在信贷结算等方面给予一定价格让利，全年与“一带一路”沿线国家（地区）跨境人民币业务金额比上年增长63.7%，其中贸易项下业务金额增长105.9%。与RCEP成员国跨境人民币业务金额增长34.1%，其中贸易项下业务金额增长163.4%。与海合会国家贸易跨境人民币结算金额增长1.64倍。原油、铁矿石、铜、大豆等大宗商品贸易跨境人民币结算金额增长130.5%。联合出台福建省高质量实施RCEP的16条金融配套支持措施，全年实现与RCEP成员国跨境收支总额932亿美元，涉及企业1.7万家，分别比上年增长11%和3%。

闽台金融融合发展。扩大惠台跨境人民币业务政策覆盖面，指导省级银行外汇与跨境人民币业务自律机制制定对台贸易投资便利化措施，建立省内银行机构对台工作辅导机制。至年末，全省112家台资优质企业享受贸易投资结算更高水平的便利化服务，闽台跨境人民币收付金额301.83亿元，比上年增长11.26%，其中贸易项下244.28亿元，增长15.92%。

“台商台胞金融信用证书”推广。落实落细金融领域台胞台企同等待遇，全年共373名台胞、232家台企获颁金融信用证书，持证台企台胞数量比上年末增长21.73%；持证台企台胞获授信130亿元，比上年增长16.48%。拓展金融信用证书内涵和应用场景，推动平潭依托金融信用证书创设“台胞诚信闪贷”，让台胞享受仅2.5%财政贴息贷款利率；推动全国首家获证台企系统对接中征应收账款融资服务平台，助力供应链上下游小微企业融资发展。

对台征信产品和服务。推动品尚征信与国内多家市场化征信机构开展业务合作，对台征信服务范围逐步辐射全国。指导品尚征信运用区块链技术衔接珠三角征信链，上线两大类6品种对台征信查询服务产品。品尚征信全年为省内外市场主体提供台湾地区信用信息查询4.1万笔，其中省内77家金融机构查询台企台胞在台信用信息1225笔，累计发放贷款28.67亿元。

台胞台企账户服务。指导商业银行推出台胞专属银行卡，简化台胞开户证明材料和开卡流程，并叠加免收或少收跨行手续费、年费及新台币存取、兑换服务费等专属权益。指导厦门银行上线全国首个台胞专属线上两岸薪资汇款产品“薪速汇”，台胞通过手机银行可随时完成线上薪资汇款，至年末，完成交易笔数2791笔、金额2.03亿元。率先推动福建银联在云闪付小程序上线首个台胞服务应用场景——跨海峡服务平台“台陆通”，为台胞提供委托办理银行账户证件更新、线上预约申请开户、一键预约办理台胞专属权益信用卡等多项便捷支付结算服务。提升台企台胞支付便利化水平，推动漳州台商投资区建成龙池台胞生活商圈，推动南靖闽台精密机械产业园创建台胞便民支付示范区。

台资企业资本项目管理便利化试点3.0版政策。至2022年末，累计有57家台资企业办理662笔试点业务（不含厦门），金额4.14亿美元。3.0版试点举措中的“多笔外债共用一个外债专用账户”被纳入中国人民银行、国家外汇管理局出台的惠企利民纾困23条金融政策，推广覆盖至全国非金融企业。

（王　勉）

【中国人民银行厦门市中心支行】 2022年，中国人民银行厦门市中心支行推动金融支持稳经济一揽子政策和接续政策措施落地见效，深化区域金融改革创新，提升金融服务管理水平，防范化解金融风险。全年全市社会融资规模比上年增加2584亿元，多增334亿元；本外币贷款增加2003亿元，多增111亿元。至年末，厦门市本外币贷款余额17319亿元，比上年末增长13.1%，增速分别高于全国、福建省平均增速2.7、2.1个百分点。普惠小微贷款余额3323亿元，比上年末增长28.1%，增速快于本外币贷款余额增速15个百分点；普惠小微贷款增加735亿元，创历史新高，多增233亿元。绿色贷款余额1328亿元，比上年末增长54.7%，增速快于本外币贷款余额增速41.6个百分点；绿色贷款增加470亿元，创历史新高，多增222亿元。制造业中长期贷款余额894亿元，比上年末增长19.8%，增速快于本外币贷款余额增速6.7个百分点；制造业中长期贷款增加140亿元。涉农贷款余额679亿元，比上年末增长10.8%；涉农贷款增加76亿元，多增22亿元。本外币存款余额16167亿元，比上年末增长9.5%；本外币存款增加1400亿元。人民币一般贷款加权平均利率4.32%，比上年下降0.47个百分点，其中普惠小微企业贷款加权平均利率4.38%，比上年下降0.37个百分点，均低于全国、福建省平均水平。

2022年，中国人民银行厦门市中心支行投放再贷款再贴现705亿元，比上年增长6.9%，重点投向小微、民营、涉农企业。推动创建“再贷款支持乡村振兴示范点”，做大“再贷款+”“再贴现+绿票通”“再贴现+科票通”等央行资金专属产品规模。全年发放“再贷款+”10.2亿元、“科票通”14.2亿元、“绿票通”7.37亿元；发放普惠小微贷款支持工具6.93亿元，撬动法人银行普惠小微企业贷款比上年增加369亿元。

（詹若楚）

【中国农业发展银行福建省分行】 2022年，中国农业发展银行福建省分行聚焦“三农”发展和乡村振兴，在服务稳住经济大盘、保障粮食安全、支持农业农村基础设施建设等方面加大信贷支持力度。全年投放贷款714.5亿元，比上年增加190亿元，为上年的1.36倍。年末各项贷款余额1815.1亿元，增加260.2亿元，增幅16.7%。年末对公存款余额293亿元、日均余额287亿元，分别比上年增加44亿元、34.8亿元。

2022年，中国农业发展银行福建省分行支持宁德市寿宁县下党红色旅游开发。图为下党红色旅游景区项目　　（农发行福建省分行　供图）

稳住经济大盘助力。在全国农发行系统率先推动基础设施建设基金、“保交楼”专项借款、制造业和设备更新改造贷款等政策落实落地。投放基金60.14亿元，拉动总投资规模约611.19亿元；投放1.32亿元，支持设备更新改造和制造业中长期贷款项目4个。

保障福建粮食安全。统筹支持政策性收储和市场化收购，投放粮油贷款154.18亿元；粮油市场供应份额86.04%；服务“藏粮于地、藏粮于技”战略，投放农地类贷款116.11亿元、农业科技贷款28.58亿元、种业贷款1.39亿元。

助力地方乡村振兴。农发行福建省分行聚焦“六大领域”（生态循环农业、林业产业、绿色养殖、节能减碳、新能源产业、绿色生活），支持“四大经济”建设，获“福建省乡村振兴金融服务星级机构”称号。支持农业产业现代化，投放392.62亿元支持现代农业高质量发展“3212”工程（30个重点现代农业产业园、20个重点优势特色产业集群、100个农业产业强镇和2000个“一村一品”示范村建设）、“一县一品”建设。支持城乡一体化发展和民生基础设施补短板，投放农业农村基础设施项目贷款321.88亿元。支持生态文明建设，扩大绿色金融供给，投放绿色信贷金额216.16亿元。

巩固拓展脱贫攻坚成果，聚焦产业帮扶、易地扶贫搬迁后续扶持，投放精准帮扶贷款81.48亿元。支持参与“万企兴万村”行动企业56家，投放贷款36.13亿元。落实闽宁协作工作要求，投放东西部协作贷款18.83亿元。

强农惠农。让利于实体经济，推动贷款利率稳中有降。投放普惠小微贷款8亿元，为中小微企业纾难解困。

服务新路径探索。探索“基础设施+”

模式，利用“自身收益＋关联收益＋注入收益”方式，推广“EOD”“福路贷”等业务，创新支持永安市贡川镇乡村振兴示范路综合提升改造工程、莆田泗华郊野公园等项目。做强“两权”抵押贷款，农村土地经营权抵押贷款净增4.66亿元。林权抵押贷款净增74.58亿元。

（许　晶）

【国家开发银行福建省分行】 2022年，国家开发银行福建省分行为实体经济提供融资支持1155亿元，其中发放人民币贷款845亿元。至年末，国开行福建省分行管理资产4898亿元，其中表内贷款余额3791亿元；不良贷款率为零。联合国开行厦门市分行提前一年超额完成福建省与国开行总行“十四五”期间首批3000亿元融资合作目标。

助力稳定经济大盘。银政合作展现新成效，与地方政府及重点企业签订合作协议15份，涉及金额6000亿元。与省发改委联合设立的高质量发展融资专项合作全年实现融资总量850亿元，计划完成率140%。与省水利厅开展规划贷款合作，创新“专项贷款＋贴息”模式，激励地方加快水利重点项目前期工作。与省委军民融合办建立军工专项合作，投放量领跑金融同业。支持重大项目取得新成果，成立28个重大项目开发评审小组，实现漳汕高铁、漳州核电、漳州高新发展、九龙江调水等基础设施项目人民币中长期授信超1500亿元，授信额创历年新高。

满足项目资金需求。2022年，国开行福建省分行发放交通能源水利等基础设施贷款365亿元，实现国开基础设施基金项目授信近180亿元并投放超110亿元，拉动投资规模超1000亿元，并“投贷联动”实现基金项目配套授信750亿元；发放能源保供专项贷款44亿元。聚焦制造强国战略，支持实体经济发展，设立5类信贷专项产品，发放制造业贷款114亿元，历史上首次突破百亿元，其中中长期贷款占比85%，组合运用技改贷款、制造业专项贷款等行内外优惠政策，为紫金矿业、宁德时代等产业链龙头企业提供低息贷款。聚焦绿色发展战略，发放绿色产业贷款177亿元，达历史最高水平，获省内绿色银行评价“优秀”档；聚焦重点领域，落地全省首单轨道交通绿色债券，运用碳减排、煤炭清洁高效利用等人行货币政策工具推动清洁能源产业贷款发放64亿元，支持“华龙一号”福清核电并网发电。聚焦乡村振兴战略，发放乡村振兴贷款151亿元，持续做好县（区）域垃圾污水处理“百县千亿”专项金融服务［选取100个县（区），每个县（区）10亿元，支持建成覆盖县（区）域、辐射农村的高标准垃圾、污水处理设施］，发放贷款超25亿元，创历史新高；打造三明开发性金融乡村振兴服务区，在全国创新构建“储备林＋碳汇”生态产品价值实现机制，支持三明国家储备林建设。聚焦“一带一路”倡议，用好稳外贸、“一带一路”等专项政策，全年实现外汇评审承诺12亿美元，开发马来亚银行50亿元境外人民币项目，助力人民币国际化。

截至2022年末，国家开发银行福建省分行计为福清核电投放贷款超300亿元。图为福清核电6号机组　　（国开行福建省分行　供图）

助力民生改善与助企纾困。助力新冠疫情防控，组建应急贷款突击队，启动“快审快批快贷”应急响应机制，为福州、泉州、漳州等地疫情防控提供应急贷款授信34亿元，实现贷款发放23亿元。支持实体经济，各领域基础设施项目最长贷款期限在原基础上延长5～10年，水利、交通类重大工程期限最长延至45年。持续引导合作银行运用转贷款加大对小微企业信贷支持力度，全年发放转贷款213亿元，惠及超8万户小微企业及个体经营户，扩大普惠金融服务覆盖面。推动减费让利，设立支持重点产业发展、专精特新、垃圾污水“百县千亿”等20余项专项贷款产品，给予差异化信贷政策，当年发放企业贷款平均利率创历年新低。（郭　昕）

【中国工商银行福建省分行】 截至2022年末，中国工商银行福建省分行本外币存款余额5806亿元，较年初增加597亿元；本外币贷款余额5945亿元，较年初增加659亿元，增量创历史新高。落实中央巡视整改率100%；开展违反中央八项规定精神典型问题、“逃逸式辞职”和政商“旋转门”、廉洁风险三大重点领域、“虚列支出套取费用”等专项整治；制定并常态化开展年度“十件大事”、员工“十件实事”，推进省分行二线部门“三服务”工作。

服务实体经济。助力稳住经济大盘，在监管服务实体经济质效评价中连续3年排名第一。加大信贷投放力度，全年投放各类贷款2817亿元，比上年增加378亿元，增长15%。为客户提供“贷债股代租顾”六位一体全口径投融资服务，非信贷融资比上年增加324亿元，多增114亿元。重点支持设备更新改造、政策性开发性金融工具支持项

2022年7月14日，福建省商务厅与中国农业银行福建省分行联合举办“全闽乐购·数惠闽都”数字人民币主题推广活动 （农行福建省分行 供图）

目、地方建设项目、民营、战略新兴、普惠、绿色金融、制造业等稳经济领域。推动减费让利，新发放贷款平均利率较年初下降66个基点，公司贷款利率下降62个基点，新发放普惠贷款平均利率较年初降低28个基点，累计减费让利12亿元。

防控金融风险。突出主动预防、全面管控，提升防范化解金融风险水平。守住资产质量底线，对内持续把好贷款新增准入、存量管控、不良处置“三道口”，多管齐下加强信用风险管理，不良率控制在系统平均值以下；对外落实助企纾困、保交楼等政策要求，发放小微企业纾困专项资金贷款24亿元，为超7900户客户贷款提供延期还本付息、调整还款计划等支持。守住内控案防底线，深化省银保监局“风险管理及内控有效性”整改等工作，探索“六查五改”等分行特色化内控案防管理方式，开展“价值提升年”活动，实施员工异常行为网格化智能化管控，防范案件风险、操作风险、洗钱风险、涉敏风险。

优化民生服务。提升个人金融服务水平，多维推进对新市民、个体工商户、农民工等群体的精准服务，全量个人客户、私银客户数均实现增长，个人养老金账户开户数、三代社保卡新增发卡量、退役军人优待证申请数均领跑市场，发放全省首笔带押过户贷款。提升客户权益保护水平，建立健全消费者权益保护工作机制，落实各级机构“一把手”消保管理第一责任，组建二级分行投诉处置办公室，完善客户投诉的响应、处理、反馈机制，强化客户投诉治理力度，投诉数量比上年下降。提升乡村振兴支持水平，推动“一县一品、贷动‘闽’生”业务落地，推广工银“兴农通”品牌，组织兴农撮合活动，创新推出“福建乡村振兴贷”产品及“红茶贷”等山海经济涉农信贷产品，涉农贷款明显增加。提升网点渠道建设水平，推进网点效能提升、布局优化、新标准装修、旗舰和标杆网点建设。（冯骏翔）

【中国农业银行福建省分行】 截至2022年末，中国农业银行福建省分行本外币各项存款余额5875亿元，比年初增加893亿元，增长17.9%；各项存款日均增加502.9亿元，多增88.3亿元。各项贷款余额5473亿元，比年初增加520亿元，增长10.5%。实现营业收入182.9亿元，比年初增长7.5%；拨备前利润126.2亿元，增长8.8%。

服务实体经济。推动省政府与农总行金融战略合作协议落地，加大稳经济重点领域信贷投放，共对接协议清单内项目425个，新增投放1804亿元，全面完成年度投放计划。与省国资委及18家省属国企建立全面战略合作关系，出台服务省属国有企业12条政策措施，支持省级重点项目125个，贷款比年初增加111亿元，增长68.6%。做好政策性、开发性金融工具支持重大项目配套融资，实现投放金额24亿元。助力民营企业和制造业发展，民营企业贷款比年初增加79.3亿元，制造业贷款增加155.7亿元，战略性新兴产业贷款增加75.1亿元，绿色信贷增加121.8亿元。发展普惠金融，普惠型小微企业贷款户数9.8万户，比年初增加2.5万户；普惠型小微企业贷款增加176亿元，增长26.1%，高于全行贷款增速15.6个百分点，存量、增量均居同业首位；新发放普惠贷款加权利率比上年下降24个基点，实现“增量、扩面、降价”监管要求。

金融服务乡村振兴。加大县域投放力度，重点加大对特色现代农业、粮食安全、乡村建设、民生工程等领域的支

2022年9月21日，福州市政府与中国工商银行福建省分行、中国进出口银行福建省分行签署战略合作框架协议。图为签约仪式 （工行福建省分行 供图）

持力度。县域贷款比年初增加 333 亿元，增长 11%；涉农贷款增加 305 亿元，增长 13%，余额占比居全国农行第一；农业贷款、粮食安全领域贷款分别增长 12.4%、14.1%。持续推动“惠农 e 贷”扩面提质，“惠农 e 贷”总量 543 亿元，比年初增加 95 亿元，“绿色金融＋绿盈乡村”服务模式获评“省金融十大创新项目”。支持农业产业融合发展，农业产业化龙头企业贷款比年初增加 26.5 亿元，增长 21.3%。支持全省林业改革发展，林业产业贷款比年初增加 5.5 亿元，增长 21.4%。深化闽台农业融合发展金融服务，为全省台农台企授信 77.7 亿元，用信 30.8 亿元，发放全国首笔台农林下经济产业贷款，在国台办新闻发布会上专门作介绍。助力农村基础设施建设，乡村建设贷款增加 37.6 亿元，比年初增长 6.2%。推进数字乡村工程，在 71 个县（区）上线“三资”管理平台，启用县（区）新增 33 个，启用率 85.9%。加快推动惠农通工程优化升级，建成标准型惠农通服务点 1941 个，乡镇覆盖率 78.8%。

助力促消费稳增长。与省商务厅联合举办“全闽乐购·数惠闽都”活动，发布“稳经济、促消费”10 项政策措施，持续做优做强消费金融服务，新增投放个人消费贷款 140 亿元，大额专项分期 79 亿元，信用卡消费额 899 亿元。加强数字人民币应用场景建设，上线全省首个数字人民币钱包快付项目、首笔数字人民币土地出让金、首批高校数字人民币场景搭建等应用场景，拓展数字人民币个人钱包 39.4 万户，拓展对公钱包 1.2 万户，开通数字人民币功能商户数 1.4 万户，交易 287 万笔、92 亿元。

维护金融稳定大局。在全行开展案件防控行动，持续强化内部管理基础，出台进一步全面从严治行、严防案件的 18 条措施，加强案防专项督导检查，实施案防管理直通监测试点。开展“合规教育年”活动，开展案例集中学习 360 余次、合规宣讲 340 场、警示教育 150 次。加强资产质量管控，持续加大不良贷款处置力度，风险化解客户比年初减少 28 户、风险贷款减少 16.6%。累计清收处置不良贷款本息 44 亿元，腾出的资产规模全部用于支持服务实体经济。加强账户风险管控和反洗钱工作，电信网络诈骗涉案账户数比上年下降，对公涉案账户总体出清；全行未发生洗钱及制裁合规风险事件，人行反洗钱分类评级保持最高等级。外汇合规与审慎经营评估连续 7 年获评 A 类行。安全评估连续四轮居四行第一。消费者权益保护工作被人行、银保监局评为最高等级，考评排名全国农行系统首位。

（洪流浩）

【中国银行福建省分行】 截至 2022 年末，中国银行福建省分行推进分行“十四五”发展规划，主要业务指标发展态势良好，全行资产总额 4387 亿元，负债总额 4341 亿元，本外币各项存款余额 4137 亿元、贷款余额 3674 亿元，实现不良余额、不良率双降。

服务实体经济。支持绿色金融、普惠金融、战略性新兴产业和民营企业等领域，被授予“服务福建经济四星银行机构”奖牌。绿色信贷占比及占比提升列四大行第一，在福建银保监局“2021 年度绿色银行评价”中获评“优秀”，获总行“2022 年度中国银行绿色金融示范机构”称号。债券业务持续领先，境内债承销规模与境外债承销规模市场份额均保持当地同业第一；实现福建首单绿色非金融企业境外债、全国首笔中欧《可持续金融共同分类目录》主题绿色债、福建省非金融企业首单可持续债券等多项突破。发挥外汇业务优势，全年国际结算量、跨境人民币结算量市场份额均保持同业第一。

服务渠道建设。推动“十四五”渠道运营子规划实施，巩固深化智慧运营与网点转型。完成省内唯一空白县域中国银行柘荣支行设立及其网点装修建设，实现省内县域网点全覆盖。推动网点形象升级，累计建成 43 家 V5.0 网点，组织辖内宁德分行营业部入围中银协百佳示范单位创建全国评选，带动全辖网点服务质效提升。深化网点差异化建设，建成“八大金融”“四大场景”等特色网点 267 家，激发网点差异化竞争优势。参与数字中国建设峰会，布展数字化转型展厅和“云上峰会”线上展厅，展示在加快推进全面数字化转型和持续创新数字金融服务等领域实践成果。开展数字人民币特色系统建设，在智能身份核验系统投产个人数字人民币客户营销功能。投产对公钱包国库代缴税特色项目，确保按政府要求开展数字人民币对公钱包税费缴交业务。数字人民币重点考核指标实现同期同业排名“保二争一”，与永辉超市展开项目合作与营销活动，实现首个全国性大型生鲜连锁商超线上线下数字人民币支付能力。

推进全面风险管理。深化体制改革，制定分行全面风险管理 2.0 方案。持续加大不良资产清收化解力度，组织开展不良资产清收化解攻坚战，全行不良贷款余额和不良率实现双降，不良贷款余额 24.34 亿元，为四大行最低，较年初减少 1.54 亿元；不良率 0.66%，较年初下降 0.08 个百分点。开展内控案防政治工作，持续推进“护航”行动。

（叶敏梅）

【中国建设银行福建省分行】 2022 年，中国建设银行福建省分行落实福建省政府与建行总行签署的“十四五”战略合作协议，提供综合融资 6981.4 亿元，比上年增长 9.2%；为实体经济减费让利 21.6 亿元，增长 73%。至年底，一般性存款余额 7248 亿元，各项贷款余额 6709 亿元，主要经营指标连续 19 年保持四大国有银行首位。融入创建“平安福建”，获省“平安单位”创建新一轮考核免检资格。坚持与暂时困难企业共克时艰；落实金融支持房地产市场“16 条”，助力保交楼、保民生、保稳定；多年安全生产无事故，安保工作在全国建行系统考核位居第一。

服务实体经济。加强引资入闽，发挥集团全牌照、多功能经营优势，加大信贷资源倾斜，并通过设立产业基金、市场化债转股、资产管理等渠道，提供“融资＋融智＋融商＋融技”一体化综合金融服务。创新“绿色＋基建”的投融资模式，引入保险资金为福州新区滨海新城规划核心CBD输配环区域项目，注册全省首笔绿色保债投资计划16亿元，并实现首笔8亿元资金投放；建信信托为福建上市企业合力泰提供信托贷款2.3亿元。紧扣福建建设先进制造业强省、交通强省等重点战略，聚焦重点领域，出台“建行23条”等一揽子支持政策，对重点项目建立专属团队、实行专属授权、配置专属资源、创新专属产品、给予专属定价。全年79%的对公贷款新增投向重点领域，其中先进制造业贷款比上年增长135%，基础设施贷款新增超120亿元。支持民营企业，对接福建建设民营经济强省战略，出台“支持闽商创业十条”，与省工商联签署战略合作协议，联合各级工商联、商会举办民营企业发展论坛，开展“普万企，兴百业”活动；民营企业贷款突破1000亿元，贷款余额占对公贷款比重超48%。下沉服务重心，提升小企业、个体户及中低收入群体金融服务的可得性、适配性与精准性。运用“金融＋场景＋渠道”，加快与各地市政务数据对接，创新上线商户云贷（银联版）、减税云贷、厂房快贷等产品，全辖所有网点均可受理普惠业务。普惠贷款客户在同业中首家突破10万户，服务客户数、贷款余额分别比上年增长45.8%和36.8%。2020—2022年，普惠贷款累计投放超4000亿元，累计下调贷款利率1.02个百分点。

服务特色经济。加强科创支持，为科创企业提供“金融＋孵化＋产业＋辅导”一站式综合服务；创新实施“技术流”评价体系；科技贷居同业首位，高新技术企业贷款、战略性新兴产业贷款增幅均超60%。赋能数字经济，连续3届承建数字中国“云上峰会”；落实数字人民币试点，数字人民币客户突破百万户、累计交易额超210亿元。发展绿色金融，围绕绿色、海洋经济，落地系统首笔“基础设施绿色保险债权投资计划”、同业首笔蓝碳贷款、绿电贷款等，创新绿色建筑前置认定模式，绿色信贷比上年增长45%。服务对外开放，出台“助力外贸15条”，先行先试跨境及外汇便利化业务10余项，支持稳外资、稳外贸。创新支持跨境电商、市场采购、国际班列等外贸新业态，落地建行系统首笔“海外仓跨境直贷通”、省内同业首笔鞋纺市场“采购贷”及国际班列电子提单业务等；依托“全球撮合家”平台，联通6个国家举办14场数字展会及线上撮合活动；支持中沙古雷乙烯等重大外资项目建设。深化银保合作，拓宽企业融资渠道，2020—2022年累计投放出口信保融资超28亿元，居同业前列。深化闽台融合，为平潭台企办理同业首笔新台币跨境新型支付业务；打造全省首个台胞数字人民币乡村振兴示范场景；开立同业银行结算账户，提供新台币现钞领缴款出入账及结售汇服务，助力闽台贸易畅通和资金融通。

服务民生保障。保障安居优居，支持居民刚需及改善型住房需求。打造“要买房到建行”“要租房到建行”双品牌，个人住房按揭贷款余额在四大行的占比为37.6%，成为个人住房贷款第一大银行，支持超167万户家庭实现安居；同业中率先实施住房租赁战略，设立建信住房服务福建分公司，率先运营“CCB建融家园”长租社区，服务“新市民”安居，支持建设保障性租赁住房超过2.7万套；服务福建公积金系统运维，助力实现“网上办”“全省办”“智慧办”领先全国。助力共同富裕，促进城乡协调发展，构建“省、市、县、乡”四级联动机制，与近一半的省级及以上农业产业化龙头企业开展合作，涉农贷款超1200亿元。支持建设福建农村产权流转交易信息平台，促进各类农村产权入市阳光交易，助力发展新型农村集体经济、增加农民财产权益。打造“裕农通”平台，打通农村金融服务“最后一公里”。赋能社会治理，把全辖网点打造成“百姓身边的政务大厅”，上线43个单位233项政务服务事项，累计服务居民466万人次；开放全辖470多个网点建设“劳动者港湾”，为户外劳动者免费提供歇脚、充电、热饭、饮水、上洗手间等服务，累计服务超1000万人次。支持消费升级，打造“建行生活”平台，为商户免费增效引流，投放优惠超亿元，参与“全闽乐购”“八闽美食嘉年华”等活动，增配费用贴补。下半年全额减免个体工商户收单手续费超7万户，让利手续费1.9亿元。

（叶儒文）

【兴业银行】 截至2022年末，兴业银行集团总资产9.27万亿元，较年初增长7.77%；总负债85100亿元，增长7.66%；营业收入2223.74亿元，增长0.51%；归属于母公司股东的净利润913.77亿元，增长10.52%。资产质量持续向好，不良贷款率1.09%，拨备覆盖率236.44%，继续保持行业较高水平。首批获得个人养老保险企业业务开办资格，成为第十家数字人民币运营机构，居国内系统重要性银行第三组，在中国银行业协会稳健发展能力评价结果中位居第六位，在英国《银行家》全球榜单中按一级资本排名第16位，连续4年保持明晟ESG评级A级；年内获评“服务福建经济五星银行机构”称号，连续3年获评“福建服务民营企业和中小微企业突出贡献银行”第一名。

实体经济服务。落实金融支持疫情防控和经济社会发展23条措施，支持经济大盘稳定。加大信贷资源投入，各项贷款余额50200亿元，较年初增长12.01%，增量和增速均位居股份制银行前列。优化信贷结构，制造业中长期贷款2780.85亿元，较年初增长76.65%；普惠小微贷款余额4305.83亿元，增长38.31%；涉农贷款余额5809.82亿元，增长22.01%。让利实体经济，新投放人民币贷款利率较年初下降33个基点。扩大客户规模，企金客户数123.72万户，较年初增长14.3%；零售客户数9175.21万户，增长15.82%；数字人民币钱包开通83.57万个；个人养老金资金账户开户

229.16 万户，开户数位居市场第三。

转型发展。打造绿色银行、财富银行、投资银行。绿色银行聚焦“双碳”目标，绿色融资余额 1.63 万亿元，较年初增长 17.61%；绿色贷款余额 6368.13 亿元，增长 41.89%，继续保持同类型股份制银行第一位。财富银行服务共同富裕，零售日均 AUM（资产管理规模）27300 亿元，增加 2360.64 亿元；理财规模 20900 亿元，增加 3072.83 亿元，跃居银行业第三位。投资银行顺应直融发展趋势，非金融企业债务融资工具承销 6860.83 亿元，保持市场第二位；并购融资规模 1621.35 亿元，增长 77.01%；资本市场融资规模 277.72 亿元，增长 83.06%。加快布局普惠金融、科创金融、能源金融、汽车金融、园区金融“五大新赛道”，普惠金融依托“兴业普惠”平台，企金普惠贷款余额 1403.08 亿元，较年初增加 387.29 亿元，余额和增量均位居同类型股份制银行第一位；科创金融运用“技术流”评价体系，贷款余额 3436.59 亿元，增长 56.58%，专精特新、科技型中小企业贷款位居同类型股份制银行前列；能源金融聚焦风光水电、储能、新能源装备制造领域实现快速增长，融资余额 4301.93 亿元，增长 19.54%，贷款余额 2270.43 亿元，增长 36.01%；汽车金融强化公私联动，融资余额 2997.05 亿元，增长 28.37%，贷款余额 1065.98 亿元，增长 30.97%；园区金融推动园区数字化、绿色化发展，金融资产 17200 亿元，增长 22.36%。加快数字化转型步伐，全年科技投入 82.51 亿元，较年初增长 27.97%，科技人才占比 11.4%，上升 5 个百分点；设立金融科技研究院，确定场景金融、智慧金融、云金融、安全金融、数字货币五大研究方向；优化关键基础设施，升级扩容核心业务系统，启动福州长乐、贵阳贵安新型数据中心建设，推进分布式核心工程，自主掌控系统比例上升至 77.34%。

服务福建发展。成立福建管理部，加强对省内 9 家一级分行的协调管理。全年在省内纳税 188.96 亿元，年末省内各项存贷款合计 26400 亿元，较年初增长 25.6%，存量、增量均居市场第一。服务实体经济发展，全年为省内客户提供各类融资支持超 7300 亿元，其中“四大经济”重点领域贷款余额 1630.53 亿元，较年初增长 24.97%，省内民营企业贷款余额 1827.88 亿元，制造业贷款余额 1036.06 亿元。推出服务福建稳增长、稳市场主体、保就业系列举措，为各类受疫情影响的市场主体办理延期还本付息超 120 亿元。9 月 27 日，兴业银行与闽江学院联合组建的兴业数字金融人才定制班开班，首期培训学员 57 人，开辟“应用科技＋高端金融＋兴业实践”人才培养新模式。创新服务模式，参与厦门争创国家级绿色金改试验区工作，助力三明入选全国气候投融资试点地区，推进晋江“共富金融”创新改革，与福州合作打造数字人民币应用领先城市。打造安全生态，化解泰禾集团漳州白塘湾项目风险，以海峡银行为新起点向全省中小金融机构输出风险管理技术、系统、人才。

（张昱洋）

2022 年 9 月 27 日，兴业银行与闽江学院联合组建的兴业数字金融人才定制班在闽江学院开班。图为开班仪式　（兴业银行　供图）

【光大银行福州分行】 至 2022 年末，光大银行福州分行民营企业贷款余额 177 亿元，较年初增加 14 亿元，增长 8%；累计发放利率 3.84%，下降 42 个基点。制造业贷款余额 155 亿元，增加 38 亿元，增长 33%；制造业中长期贷款余额 49 亿元，增加 14 亿元，增长 42%，全年任务完成率 120%。绿色贷款余额 20 亿元，增加 12 亿元，增长 148%，全年任务完成率 233%。普惠贷款总额 139 亿元，增加 8 亿元，监管任务完成率 127%，其中对公普惠贷款余额 22 亿元，增加 5 亿元，总行任务完成率 103%。企业年金新增年金户 24 户，新增年金有效户 8 户，完成率为 267%，排名全行前列。投行业务方面，为 9 家发行人承销发行各类债务融资工具 9 期，金额合计 57 亿元，其中分行份额 36 亿元；首次作为牵头主承为福建冶控注册 DFI（债务融资工具）储架发行。金融市场业务方面，金融同业业务在债券及 ABS（资产支持证券）市场累计投放 37 亿元，推进资产证券化业务。

零售金融业务发展。以客户需求为导向提供资产配置，多渠道服务客户，财富管理转型加速。至年末，零售 AUM（资产管理规模）时点余额 761.52 亿元，较年初增加 83.58 亿元，增长 12.3%。推进净值化转型，零售理财规模 283.11 亿元，其中净值型产品规模占 95%；代理业务持续优化结构，强化资产配置，盈利贡献提升。拓展零售金融项目渠道，全年个人养老金开户

7000户，开户数排名总行第二；与省退役军人事务厅合作签约，举办首届“光大杯”八闽英烈讲解员大赛，开展拥军优抚系列活动，创办退役军人特色服务网点，驻点各街道、社区服务站，协助开展优待证申领工作，优待证通过审核并制卡2.2万张，激活有效户1.1万户，有效户排名总行第八。

强化科技支撑。互联网贷款优势显现，截至年末，联合贷款实现净营收8.34亿元，比上年增加3.39亿元。场景生态圈逐步形成，构建多层次“金融+”服务体系，深化场景营销，拓宽获客渠道。科技赋能项目落地，纳入分行创新项目12个、总行创新项目2个。

防范金融风险。贯彻落实总行从不良资产处置中要效益的批示要求，直接负责参与重大不良资产化解处置；加强资产质量防控，部署开展资产质量保卫攻坚战，将总行管控的还原不良额、关注额和逾期欠息额3个指标纳入分行制定的平衡记分卡大表，强调目标导向，将分行管控压力逐级传导。截至年末，累计处置不良资产32.52亿元，其中现金清收8.13亿元。引领风险条线构建“123”风险管理体系，推进“人才培育、科技赋能”两大工程，推行贷款“三查”精细化管理，引导分行信贷结构优化，多措并举。 （赵丽琼）

【福建省农村信用社联合社】 2022年，福建省农信系统以“三提三效”行动为抓手，对接服务乡村振兴、“四大经济”、稳住经济大盘等重点领域，深耕“三农”小微主责主业。截至年末，总资产11817.18亿元，较年初增长10.39%；各项存款9389.19亿元，增长11.5%；各项贷款6442.41亿元，增长12.87%；净利润105.30亿元，增长5.07%；实现入库税收52.23亿元，减费让利超45亿元。

党建引领。创新推出“十个一”活动方案，打造“党建+金融助理+多社融合”“全国红色农信诞生地”“背包银行”等特色党建品牌。开展“我为群众办实事”实践活动，与省总工会联合建设“劳动者驿站”300家。推广青年创业贷款4.15万户、余额46.74亿元，推广“巧妇贷”51.67万户、余额103.05亿元。开展“忠诚在心、岗位奉献”对党忠诚教育活动。

持续创新赋能。助力绿色经济，融入绿色金融改革试验区建设，与省林业局及三明、南平等地市政府签署战略合作协议，创建绿色银行，成立全国首个农业碳汇服务驿站，绿色经济贷款余额超400亿元，较年初增长39.47%。服务产品“创新”，落实“一县一品，贷动‘闽’生”专项行动，推出福茶贷、绿碳贷、小吃创业卡、“民族同心卡”等专项特色产品，贷款余额超570亿元，较行动初增长19.13%；推出涵盖“新市民”创业、就业、住房等20条举措和“一卡一贷一存单”（新市民卡、新市民贷、新市民礼仪存单）专属产品，“新市民贷”授信40.61亿元。服务平台“创新”，创新推出产权制度改革管理系统等六大系统，62家行社与政府部门签订战略合作协议，新农主体系统实现67家行社全覆盖；依托福农e政平台发放财政性资金60多亿元，服务1400多万人次，并入选2012—2022年福建金融业20件大事；福农综合服务平台在“2022中国数字经济创新发展大会”入选数字化转型百项优秀案例（农业类），是全国仅有的2项农业类优秀案例之一。

2022年，福建省农信系统打造“党建+金融助理+多社融合”特色党建品牌。图为农信金融助理为小微企业提供金融服务 （省农村信用社联合社 供图）

服务实体经济。落实稳经济大盘各项政策，涉农贷款、普惠型小微企业贷款排名全省首位，涉农贷款余额4153.78亿元，较年初增长8.94%，占全省银行业的23.03%；普惠型小微企业贷款2816.98亿元，增长26.79%，增幅高于各项贷款14.72个百分点，余额占全省银行业的29.23%。“金服云”平台、纾困贷款排名全省首位，累计通过“金服云”平台解决企业融资需求4.15万笔、金额550多亿元，笔数、金额分别占全省银行业的67.75%、26.62%；办理纾困贷、乡村振兴贷等政策性贷款309亿元，纾困贷发放笔数和金额均居全省银行业首位。支农支小再贷款排名全省首位，运用支农支小再贷款余额320亿元，余额占全省银行业的44.41%，其中支农再贷款占比90.35%。脱贫人口小额信贷排名全省首位，脱贫人口小额信贷余额4.46亿元，较年初增长86.53%，余额占全省银行业超95%。信用工程建设排名全省首位，全省评定首批金融信用示范村中由农信主办的示范村、乡镇占比超90%。

深化改革。按照“成熟一家、改制一家”原则，推动平和农商银行挂牌开业，指导长汀、永春等联社加快改制准备；省农信联社改革取得阶段性进展，持续优化省农信联社组织架构，规范法人行社机关职能部门及专营部门设置。

向50家法人行社试点派驻非职工监事或外部监事，完善绩效考核、薪酬管理、市场营销、尽职免责等管理机制。

共建共享。推广“党建+金融助理+多社融合”模式，创新性提出“乡村振兴市场共同体”理念。推进战略“融合”，与9个设区市政府、主要涉农部门在内的60多家涉农涉企单位建立战略合作关系，与福建农林大学、龙岩学院等高校开展乡村振兴课题研究、人才培养、队伍共建。推进机构“融合”，打造集政务、金融、电商、物流、民生“五位一体”的福农驿站150家，并推出线上福农驿站，与省农业农村厅联合在泉州地区开展“益农信息社”和“农村普惠金融服务点”联合运营试点。推进人才“融合”，培育乡村振兴人才，泉州、漳州、南平、福州、莆田等地明确金融助理受聘为乡村振兴金融指导员；向1.5万个行政村（社区）派驻金融助理6382人，并推动3848名金融助理受聘为乡村振兴指导员。

维护金融稳定。调整农信系统新冠疫情防控方案，制定“落实落细疫情防控十二项措施”。开展安全防范专项行动，统筹防疫防汛防台风等工作，实现全年无重大安全事故。压实各方责任，督促机构化解存量、严控新增，拓宽市场化处置渠道；指导福安、福州、泉州等3家行社规范运用地方政府专项债资金。实现主发起行党委对村镇银行党组织的垂直管理，推进主发起行51%以上控股工作，初步制订村镇银行“一行一策”改革方案建议，推进村镇银行改革。

（杨　琳）

【外资银行】　截至2022年末，福建省有外资银行19家，从业人员953人。全省外资银行资产总额790.8亿元，比年初增加124.02亿元，增长18.6%，高于全省银行业增幅9.81个百分点。各项贷款余额365.61亿元，比年初增加14.35亿元，增长4.09%，其中制造业贷款余额增长24.16%，占各项贷款比重上升4.84个百分点，服务实体经济质效提升。各项存款余额368.89亿元，比年初增加34.73亿元，增长10.39%，单位存款、个人存款分别占91.23%、8.58%。资产质量有所下降，不良贷款率1.44%，比年初上升1.25个百分点。

（唐福来）

证　券

【概况】　2022年，福建证监局辖区（不含厦门市，下同）资本市场总体平稳有序运行，上市公司质量提升，证券期货经营机构规范发展，场外市场建设持续推进。至年底，福建辖区有上市公司106家、新三板挂牌企业131家、证券公司2家、期货公司3家、证券投资咨询公司2家、证券子公司4家、证券基金分支机构433家、期货分支机构76家。

直接融资增长。2022年，福建辖区企业通过资本市场实现直接融资2853.69亿元。其中，6家公司实现首发上市，首发融资58.09亿元；6家（次）上市公司通过定向增发、配股等方式实现股权再融资575.69亿元；9家挂牌公司通过增发等方式实现股权再融资5.38亿元；44家（次）上市公司实现债券、短期融资券及中期票据融资1332.75亿元；120家（次）非上市公司通过债券融资881.78亿元。至年底，辖区4家企业已过会待发行（待注册），4家企业向证监会申报IPO（首次公开募股）。

上市公司质量提升。截至2022年底，福建辖区有境内上市公司106家，总股本1459.97亿股，总市值25116.29亿元；资产总额116729.91亿元，净资产13788.94亿元。106家境内上市公司营业收入13883.03亿元、净利润1364.32亿元；平均每股收益0.93元，平均净资产收益率10.52%。全年有2家（次）上市公司公告开展重大资产重组，涉及金额16.93亿元，实现化解过剩产能、优化产业布局、助力供给侧结构性改革。

证券期货经营机构规范发展。2022年，福建辖区2家证券公司营业收入87.16亿元，利润总额26.71亿元，净利润26.06亿元。辖区365家证券分支机构累计代理买卖证券总额192800亿元，营业收入46.43亿元，利润总额11.89亿元，净利润11.10亿元。辖区3家期货公司营业收入5.71亿元，利润总额2.38亿元，净利润1.77亿元。辖区76家期货分支机构保证金118.65亿元，代理成交金额8.12万亿元，亏损3596.93万元。私募投资基金呈现较好发展趋势，全年辖区完成登记的私募基金管理人245家，备案私募基金（含投资顾问管理型）1852只，管理资金规模1679.26亿元，成为直接融资新渠道。

场外市场建设持续推进。截至2022年底，海峡股权交易中心新增挂牌企业128家，新增企业融资40.98亿元。

市场整体运行平稳有序。2022年，福建证监局牵头组织召开福建省打击证券违法活动联席会议第一次全体成员会议，印发联席会议工作制度和打击证券违法活动工作流程。全年处理涉非举报、信访240件次，曝光并协调关闭28个涉非网站及APP，指导辖区五地市公安机关调查涉嫌非法证券期货案件11件，侦破2件涉非案件获公安部电贺。配合福建省地方金融局对全省914家可能涉金交所业务的市场主体开展风险排查。

（魏　婧）

【兴业证券股份有限公司】　2022年，兴业证券实现营业收入106.6亿元，净利润33.43亿元，归属母公司股东的净利润26.37亿元。至年末，集团资产总额2458.59亿元，较上年末增长13.06%；净资产568.37亿元，归属母公司的净资产522.65亿元，分别比上年增长25.32%、26.89%。全年完成百亿级配股融资；在“双轮驱动”业务体系建设成果基础上进阶升级，推动双轮联动和数智化转型，加快推进自有资金投资交易业务“三增三降”综合化转型。

财富管理业务。客户规模进一步增长，代销金融产品领域保持行业领先，公

2022年1月11日，兴业证券保荐主承的福建招标股份在深交所上市。图为上市仪式 （兴业证券 供图）

司股票＋混合公募基金保有规模在证券公司中名列前茅，家族财富办公室机制建设推进，券商交易结算领域保持先发优势；推进机构经纪业务，高价值机构经纪客户数量和占比提升；产品生态持续丰富，公募基金管理规模保持增长。至年末，子公司兴证全球基金资产管理总规模6495.4亿元，其中公募基金规模5863.17亿元，新发公募产品8只，在同类基金中单只产品发行规模名列前茅；兴证资管完成券商资管公募化改造。

机构综合服务。大投行业务保持行业领先，股权融资额和债券融资额排名均实现提升。股权融资业务方面，全年主承销金额276.54亿元，行业排名第11位，其中再融资主承销金额行业排名第7位。债权融资业务方面，企业债券承销143.02亿元，排名行业第7位，ABS管理人口径发行总额299.25亿元，排名行业第8位；研究业务创收创誉继续维持行业第一梯队，公司在第二十届新财富最佳分析师评选中获“本土最佳研究团队”第4名，连续第七届名列该奖项前五，在新设“最佳ESG实践研究机构”奖项中获第2名，并在产业研究、智库服务和绿色金融等领域拓展；资产托管外包业务保持增长，全年公司新增服务私募证券投资基金数量同业排名第6位。截至年末，公司期末存续托管证券类私募投资基金产品数量5496只，同业排名第5位；布局场外衍生品业务，业务规模保持提升。

自营业务发展。债券自营投资收益率在可比基金中名列前茅，权益自营投资收益率跑赢指数并排名可比基金前列，另类投资业务结构持续优化，自有资金投资一级股权项目成功IPO项目数量创新高。 （陈德强）

保　险

【概况】 截至2022年末，福建省有保险公司主体64家（保险法人机构3家），其中财产险公司27家、人身险公司37家。各级保险公司机构网点2386家。保险专业中介机构主体188家，各级保险专业中介机构网点403家。保险从业人员22.6万人，其中代理制销售人员19万人。

经营运行平稳。截至2022年末，福建省保险公司总资产4389.68亿元，比上年增长11.52%。全年保险业实现保费收入（指原保险保费收入，下同）1374.67亿元，比上年增长6.19%，保费规模居全国第14位。其中，财产险保费358.8亿元，增长9.37%；人身险保费1015.87亿元，增长5.11%。财产险中，车险保费收入244.94亿元，比上年增长6.36%。人身险中，人寿保险保费收入704.59亿元，比上年增长6.25%；健康保险保费收入279.21亿元，增长4.82%；意外保险保费收入32.07亿元，下降13.07%。

风险保障水平提升。2022年，福建省保险业承担风险总额1635300亿元，比上年增长39.01%；赔付支出446.89亿元，比上年增长4.18%。其中，财产险赔付支出223.77亿元，增长3.55%；人身险赔付支出223.13亿元，4.82%。全省保险深度2.59%，保险密度3283元/人。 （唐福来）

【厦门保险业】 截至2022年末，厦门市有保险公司39家，其中财产保险公司21家、人身保险公司18家。有保险专业中介机构80家。从业人员约3.7万人。保险业资产规模849.46亿元，比上年增长11.6%。全年实现保费收入270.45亿元，比上年增长11.4%。开展打击整治养老诈骗专项行动，常态化开展金融领域扫黑除恶，协助公安破获涉案金额近500万元的保险诈骗案。持续推进车险风险减量管理，高危领域安责险工作落实落地，“惠厦保”投入市场。建立市、区两级台胞台企金融服务体系，全年开展驻点服务56次。

（熊 兴）

【中国人民财产保险有限公司福建省分公司】 2022年，中国人民财产保险福建省分公司实现保费收入159.65亿元，比上年增长9.71%。开办险种涵盖机动车险、企财险、家财险、工程险、责任险、信用险、保证险、船舶险、货运险、农业险、意外险、健康险、特险13类险种，全年为334.55万个客户提供风险保障金额28.8万亿元。处理各类赔案304.5万笔，支付各类赔款109.52亿元；缴纳各项税金15亿元。推出的“过渡期脱贫人口产业帮扶保险”项目获福建省金融创新项目二等奖（保险类最高奖项）；获评“2021年度服务福建经济五星保险机构”称号；辖内机构获评“全国金融先锋号”“第20届全国青年文明号”“一星级全国青年文明号”“福建省五四红旗团支部”“省级青年文明号”“福州市文明岗”等称号。

涉农风险保障。加强政策性业务，推动创新型险种发展，构建涵盖农村住房、森林综合、水稻种植等领域的农业保险“立体保障网”。全年开办涉农险种超130个，提供涉农风险保障4769.05亿元。

商业健康保险。对接健康福建政策

2022 年，人保财险福建分公司构建农业保险“立体保障网”。图为人保财险工作人员在田间与农户交流　　（人保财险福建分公司　供图）

需求，创新推出定制化补充医疗保险，完善商业健康保险布局。构建“大病保险＋精准扶贫＋医疗救助＋意外医疗＋补充医疗”一体化保障体系。推进财险社保业务专业化建设，构建“大病保险＋精准扶贫＋医疗救助＋意外医疗＋补充医疗”一体化保障体系，为全省 3325.87 万人次提供保障。推出“福惠保”“三明普惠医联保”“惠闽宝”项目，为 255.76 万人次提供风险保障。

智慧交通保险。战略性发展新能源汽车保险，承保新能源车 9.52 万辆，提供风险保障 2603 亿元，赔付支出 2.93 亿元。创新鲜活农产品物流保障，为活牲畜、活水产、活家禽运输和鲜果蔬菜配送等鲜活农产品物流提供风险保障 97 亿元。

绿色环保保险。在全国首创珊瑚礁保险、九龙江生态指数保险等，在泉州落地全省行业首单绿色建筑性能责任保险，环境污染责任保险累计提供保险保障 50.67 亿元。

科技创新保险。提供科技类和知识产权类保险风险保障超 4 亿元，为 563 家专精特新企业提供风险保障 531 亿元。开展保证金替代类保险业务帮助企业纾困解难，累计为 18.84 万家（次）企业释放保证金 409.5 亿元，带动银行放款 9.6 亿元。

民生及社会服务。为全省“新市民”、老年人、残疾人、精神病人及低保户、建档立卡贫困户、脱贫人员等提供民生类意外健康风险保障 1183 亿元。聚焦医疗卫生、食品安全等领域，提供责任保险风险保障 11000 亿元。探索支持文旅经济新途径，为多个国保、省保不可移动文物提供风险保障 1.69 亿元。为全省 2000 栋房屋提供“房屋保险＋设备监测＋人工巡查＋预警处置”创新服务。　（葛　琳）

【中国平安财产保险有限公司福建分公司】 2022 年，中国平安财产保险福建分公司实现保费收入 66.5 亿元，支付赔款逾 44.9 亿元，纳税贡献超 8.3 亿元。推动政策性农业保险“提标、扩面、增品”，在漳州、福州、莆田等地创新落地青梅价格指数保险、李果价格指数保险、枇杷病虫害保险，服务农企农户 952 户，保障金额超 1384 万元。以“平安心安”系列新市民务工意外专属保障产品为抓手，加强新市民金融服务。分公司在全省各设区市设立 8 个新市民服务窗口（试点），为 312 名从事家政、外卖、网约车服务的新市民提供相关保险保障，总保障额 26082 万元。分公司作为福建省定制型商业医疗保险“惠闽宝”共保方之一，协助政府完善多层级民生保障体系。

“保险＋”活动。2022 年，平安财险福建分公司在全省（除厦门外）开展“乡风文明 100 行动”6 场次，建立党建共建点 6 个，提供数字党建设备及农机设施 20 套，开展主题党日交流 5 场，看望慰问老党员、高龄老人及特殊群体 265 人，为当地村部提供特色产业支持、民生保险等惠民举措 6 项，提供各类保障 16237.81 万元，协销惠及村民超 7900 人次。借助平安好车主 App 平台，助力福鼎白茶、平和蜜柚、永泰梅肉等 12 个品类共 39 个福建优质农产品销往全国。其中，6 月帮助三明市尤溪县新阳镇林尾村“支部门面店”进行直播带货，1 小时成交 1057 笔，成交金额 6.6 万余元；7 月帮助永泰地方企业进行直播带货，1 小时成交 487 笔，成交金额 2.5 万余元；10 月，帮助寿宁地方企业

2022 年 6 月 29 日，平安产险福建分公司在尤溪县新阳镇开展“乡风文明 100 行动”，帮助“支部门面店”通过平安好车主 App 进行带货直播　　（平安产险福建分公司　供图）

直播带货，1小时成交110笔，成交金额0.35万余元。

科技赋能保险服务。完善互联网科技平台，平安好车主APP作为平安产险客户服务核心载体，优化迭代车保险服务，通过大数据算法模型精细化客户画像，为客户智能推荐个性化车险方案，客户仅需5分钟即可在线完成车险投保；为客户及家庭智能推荐非车产品，促进健康险、意外险、家财险等产品组合销售；结合客户服务偏好模型智能推送周边优惠服务，初步实现千人千面平台运营策略。平安好车主APP全年注册用户超413万人，绑车用户突破290万人次。

客户服务举措升级。2022年，处理理赔案件37.2万余件，最高一笔赔付金额817万元，最快一笔案件处理时效7分钟；处理三者直赔案件4.3万余件，优惠修车6500余笔，专属理赔经理客户问题处理率100%；上线“先赔后治”暖心服务，为1426起交通事故伤者提供先赔后治疗金额1429万元。深化警保联动，开展节日护航行动。开展各类消费者权益保护、金融知识普及活动629场次。

产品与服务创新。3月18日，在福州日报社举办的“诚信金融，共筑美好”评选活动中，平安财险福建分公司获“2021—2022年金融消费者权益保护先进机构”称号。9月28日，在《福州日报》主办的第九届“金榕奖”评选中，蝉联“消费者信赖保险品牌”称号。11月11日，被省金融办、省财政厅通报表扬为“2021年度服务福建经济四星保险机构”。12月20日，在海峡都市报社主办的年度福建“金碑奖金融评选”活动中，获“年度消费权益保护奖”。分公司连续6年在监管非现场理赔服务质量评价中，得分位居前五大主体中第一；平安产险福州中心支公司客服理赔部被省总工会授予“省工人先锋号”。（王映薇）

【中国平安人寿保险有限公司福建分公司】 2022年，中国平安人寿保险福建分公司在福建（含厦门）设有福建分公司、厦门分公司，下辖中心支公司8家、支公司16家、营业部1家及营销服务部152家。全年总保费收入205亿元，其中个人代理渠道总保费收入182亿元、银行邮政代理渠道总保费收入11亿元、其他业务渠道总保费收入11亿元；缴纳税金1.9亿元；赔付支出36.7亿元，各项主要经营指标居福建人身险市场前列。

风险防控。通过合规制度建设、合规文化教育、合规业务监测、合规行为控制、合规风险处置五大体系全面控制合规风险，强化“一道防线”作用。前置合规防控，夯实业务条线合规基础管理，防范和打击违法违规行为。

深化科技应用，打造数字寿险新模式。提升渠道经营数字化运营能力，通过对经营预测进行预警、有效追踪、及时干预，构建先知、先觉、先行的管控平台。聚焦增优、绩优，打造“三好五星”部课评价体系，以数字化赋能代理人队伍精细化经营。

提升客户服务水平。实现保全业务办理、核保等流程智能化升级，智慧客服和空中客服等在线服务平台为客户办理业务，提升业务办理的准确性和有效性。

“场景＋产品＋服务”销售模式。依托集团医疗健康生态圈，落实“场景＋产品＋服务”销售模式，扩大客户覆盖面及服务范围。产品体系方面，打造以“守护百分百”“盛世福”等产品为基础重疾保险保障体系，以“e生保”“e无忧”为主体百万医疗保障体系，以“安心百分百”“安悦定寿”为平台的意外保障体系，以“御享金瑞”“盛世金越”“御享财富”等产品为核心的财富规划。医疗服务方面，推出健康增值服务，覆盖“健康、慢病、医疗”3个方面专业健康管理服务。居家养老方面，9月中国平安发布“平安管家”，打造“生活管家、智能管家、医生管家”三位一体居家养老一站式服务平台，在福州、厦门、泉州三地开通服务。

公司社会责任。在龙岩市上杭县梅溪平安希望小学开展“书香声自远，翰墨伴前行”经典诵读活动，捐赠爱心古诗词字帖1200本、课外读物500册；在三明沙县高砂平安希望小学开展爱心维护活动，捐赠价值2.3万元的保安亭一间。以“喜迎二十大，热血献真情”为主题，开展献血活动，献血总量超17600毫升。组织公司志愿者及工会共同出资3000余元，购买防疫物资，支持漳州市龙文区融信社区抗击新冠疫情；出资4900元参与由行业协会统一组织的联合抗疫捐款，助力宁德抗疫；参加金融局社区志愿活动，获泉州地方金融监督管理局、丰泽区政府、丰泽街道办事处颁发的“金融助力战疫　彰显责任担当”牌匾。

普及金融知识。联合鳌峰派出所、鳌峰街道福人社区、阳光凡尔赛宫举办大型保险知识进社区公益活动，普及保险金融知识；结合重大全国保险公众宣传日、消费者权益保护教育宣传周、新市民金融服务宣传周等节点，运用户外广告、门户网站、报纸、电视等多种形式开展金融知识宣传。（高昕涛）

地方金融监管

【概况】 2022年，福建省地方金融监督管理局加强地方金融组织的设立审批、监管、服务及风险防范处置；完成网贷机构整治目标，559家网贷机构全部退出市场；遏制交易场所违法违规行为，相关经验在全国推广。至年末，全省有小额贷款公司114家、融资担保机构（含分支机构）217家、区域性股权市场运营机构2家、典当行288家、融资租赁企业1365家、地方资产管理公司3家。

【小额贷款】 2022年，省地方金融监管局推进全省小额贷款公司管理规定修订，促进小额贷款行业服务发展，强化小额贷款行业监督管理，防控市场风险，引导小额贷款公司坚守小额分散原则，提升对中小微企业、“三农”主体、城镇低收入人群等普惠金融重点对象的服务水平。至年末，全省有小额贷款公司114家，注册资本总额305.90亿元，总资产349.30亿元，贷款余额313.49亿元，投放贷款775.19亿元，全行业实现利润总额10.96亿元，净利润8.02亿元，缴纳各项税金约4.13亿元。

【融资担保】 2022年，省地方金融监管局引导融资担保行业开发个性化、差异化、定制化金融产品，为实体经济领域提供多层次、广覆盖的金融服务，完善普惠金融支持服务体系，用好融资担保发展专项资金等政策性工具，提升融资担保机构服务水平。完善政府性融资担保体系建设，引导机构聚焦支小支农，做大政府性融资担保机构支持小微企业和“三农”发展业务规模。加大银担合作力度，推广国融担版和地方版“总对总”批量担保业务，推动各级政府性融资担保机构对“总对总”批量担保业务实行“见贷即保”，简化担保审批流程，并取消反担保措施。引导政府性融资担保机构将担保费率保持在1%左右，提升政府性融资担保放大倍数至4.25倍。截至年末，全省有融资担保机构（含分支机构）217家，在保余额2042.7亿元，比上年增长43.44%，新增担保金额3624.92亿元，其中政府性融资担保机构90家，注册资本总额135.58亿元，在保余额802.66亿元，实现担保总额1294.26亿元，为17.63万户（次）小微企业和“三农”主体提供融资担保服务。

【区域性股权市场】 2022年，省地方金融监管局加强与福建证监局、厦门证监局监管联动，发挥监管合力，共同促进区域性股权市场规范发展。海峡股权交易中心探索建立“股权交易＋金融资产交易＋海峡基金港＋福建省上市后备企业培育孵化基地”业务模式，完善服务中小微企业资本生态圈。至年末，全省区域性股权市场运营机构2家（海峡股权交易中心、厦门两岸股权交易中心），累计挂牌展示企业13767家，其中展示企业12885家，挂牌企业882家，累计为企业融资225.1亿元。

【典当行】 2022年，省地方金融监管局引导典当行回归民品典当本源，提升服务实体经济能力。严把市场准入关口，优化行政审批服务，持续完善“一次提交、限时办结”新型行政审批服务模式。通过年审、“双随机”、非现场监管、加强行业培训等手段，促进行业提质增效，防范化解行业风险。至年末，全省有典当行288家，分支机构7家，注册资本60.86亿元；全年发生典当业务5.98万笔，实现典当总额175.39亿元，年末典当余额50.99亿元。

【融资租赁】 2022年，省地方金融监管局引导融资租赁企业发挥融资与融物相结合优势，加大对实体经济金融支持力度，持续增强对产业链、供应链上下游带动能力，助推设备更新换代、企业转型升级。印发《福建省融资租赁公司监督管理实施细则（试行）》，建立健全审慎、统一的融资租赁业务监管规则。截至年末，全省有市场监管部门注册的融资租赁企业1365家（分公司85家），其中内资融资租赁企业844家，外资融资租赁企业521家。在全国融资租赁行业信息管理系统上报送报表的融资租赁企业101家，注册资本合计244.94亿元，融资租赁投放额212.45亿元，融资租赁业务收入32.06亿元，缴纳税金25.09亿元。

【商业保理】 2022年，省地方金融监管局支持商业保理公司服务产业链供应链完整稳定，提高中小微企业应收账款融资效率。出台《福建省商业保理公司监督管理工作指引》，填补行业管理规范空白，强化商业保理公司监督管理，防范控制行业风险。至年末，全省有市场监管部门注册的商业保理企业278家（分公司2家），在全国商业保理行业管理信息系统激活账号的商业保理企业51家。上报月度数据的42家企业，注册资本69.56亿元，净资产48.32亿元，实现保理营业收入7.81亿元，融资保理业务收入7.22亿元。

【地方资产管理】 2022年，省地方金融监管局开展单户对公不良贷款转让和个人不良贷款批量转让试点工作，全省3家地方资产管理公司均有资格进行对公不良贷款转让和个人不良贷款批量转让。至年末，全省有地方资产管理公司3家（闽投资产管理有限公司、兴业资产管理有限公司和厦门资产管理有限公司），资产总额331.56亿元，负债总额247.94亿元。全年3家公司收购不良资产总额（含本金和利息，下同）171.22亿元，处置不良资产总额202.52亿元，存量不良资产总额844.44亿元；实现营业收入19.99亿元，净利润6.63亿元。

【网贷机构】 2022年，省地方金融监管局统筹协调、分类施策、精准拆弹，推动全省559家网贷机构于6月全部退出市场，正常退出类网贷机构存量风险清零，比国家要求的时限提前半年完成整治目标。

【交易场所】 2022年，省地方金融监管局推动落地福建大数据交易所，搭建助力福建省数字经济要素集聚的重要平台。截至年末，全省纳入监管范围的交易场所14家，有效遏制交易场所违法违规行为，行业发展良性有序。福建省防范交易场所违规开展NFT（数字藏品）交易的做法和交易场所清理整顿工作经验在全国交流推广。（陈瑞裕）

编辑：林忠玉

城乡建设

城市建设

【概况】 2022年，福建省住房和城乡建设厅贯彻落实省委、省政府关于城市建设品质提升工作部署，保障《全方位推动住房和城乡建设高质量发展超越行动计划》和《福建省"十四五"城乡基础设施建设专项规划》实施，省城市、农村建设品质提升工作组联合印发《2022年全省城乡建设品质提升实施方案》，城市建设品质提升重点工作推进城市更新、新区拓展、生态连绵、交通通达、安全韧性等"五大工程"、12类96项省级样板工程。全省实施各类项目7239项，完成投资5129亿元，比上年增长25.4%。先后制定2022年城乡建设品质提升考核验收和正向激励奖励标准，编制2021年优秀样板工程案例分析、2022年样板工程设计与建设指引等技术规范。在上杭县召开全省城市建设品质提升工作暨县城品质提升现场会。

【城市道路建设】 2022年，福建省新改扩建城市道路870千米，新增公共停车泊位3.01万个，完成LED路灯改造3.6万盏。推动福州、厦门地铁建设，全省轨道交通运营里程213千米，福州地铁5号线首通段和6号线开通试运营，福州2号线东延伸线一期、6号线东调段、厦门6号线同安集美段开工建设。优化城市道路功能和路网结构，畅通微循环；强化提升重要节点、走廊夜景照明品位，实施城区道路路灯节能化改造工程，更新主干道路灯杆1万根。

【老旧小区改造】 2022年，福建省推进实施城镇老旧小区改造工程，强化基础类改造，突出补齐功能性设施短板。全年开工老旧小区改造项目1623个，惠及20.11万户。累计争取中央财政补助资金6.75亿元。省住建厅联合省发改委、财政厅印发《关于进一步明确城镇老旧小区改造工作要求的通知》，明确2022年改造工作重点及要求。印发《关于进一步加强全省老旧小区改造工作的通知》《福建省老旧小区改造工作指南》，强化全省老旧小区改造相关要求。组织专家赴各设区市开展3轮调研督导，指导各地优化老旧小区改造方案，年底赴各设区市开展包含老旧小区改造在内的年度综合考核。指导各地建立健全老旧小区改造机制，其中福州被住建部列为2022年度全国城镇老旧小区改造、棚户区改造和发展保障性租赁住房工作拟激励支持对象。

【城市园林绿化】 2022年，福建省持续推动城市公园绿地建设，省住建厅编印《福建省2022年推动"口袋公园"建设实施方案》《福建省郊野公园建设指引》《福建省城市精品公园建设指引》等技术指引，新建和改造提升福道列入省委和省政府为民办实事项目，全年新建和改造提升公园绿地面积1136公顷、福道1114千米，建设郊野公园26.5平方千米，完成口袋公园577处，立体绿化535处，打造精品公园29个。加大城市古树名木保护，对城市古树名木资源进行摸底核实，全省有城市古树名木7694株。印发《福建省城市绿地外来入侵物种普查实施方案》，组织九市一区启动城市绿地外来入侵物种普查工作。省住建厅城建处被福建省委、省政府授予"全省造林绿化工作先进集体"，漳州市园林绿化中心高宝生被全国绿化委、人社部、国家林草局表彰为"全国绿化劳动模范"。

城市管理

【概况】 2022年，福建省住建厅推进城市精细化管理，推动数字化城市管理。加强垃圾分类管理，推进水环境综合治理。开展城管队伍"强基础、转作风、树形象"专项行动，3支城管队伍和3名城管队员分获住建部"强转树"表现突出单位和个人称号。福建省城市精细化管理研究培训中心在三明市委党校挂牌成立，厦门市城管局联合厦门大学公共事务学院成立"厦门城市综合管理研究中心"。全年全省举办各类城市管理业务培训819场次，培训干部3.46万余人次。

【城市精细化管理】 2022年，福建省城市精细化管理工作形成点面结合、全域推进格局，省住建厅启动《福建省城市管理条例》立法调研工作，九市一区出台具体实施方案，创建示范街区36

条。数字化城市管理平台覆盖至除寿宁县外的所有市县，城市运行管理服务平台加快建设，福州、厦门两市平台基本建成，长汀县基本完成县级“一网统管”试点。市容秩序整治持续推进，排查户外广告和招牌设施近14万处，整治问题1万多个，创建专项整治示范街区29条。全省规范设置“摊规点”2500多个，提供摊位2.6万多个，厦门市开展“适度出店经营”试点。福州、厦门等地进一步优化共享单车治理模式。新普查窨井盖150多万个，整治问题2万多个，启动编制窨井盖技术标准，福州市开展新型井盖应用试点，厦门市完成窨井盖智能管理系统建设，各地进一步健全落实道路“即损即补”机制。

【垃圾分类管理】 2022年，福建省生活垃圾分类工作由点到面、逐步启动、态势初显。福建省在第三季度住建部生活垃圾分类工作评估中位列全国3个一档省份之一，厦门市在全国城市排名中持续领先，福州、龙岩进入第一档城市（成效显著），泉州、漳州、莆田进入第二档城市（成效逐步显现）。成立以省长为组长的省级生活垃圾分类工作领导小组，建立27个省直相关部门生活垃圾分类工作责任清单，按季度定期召开联络员会议协调推进垃圾分类工作。将生活垃圾分类纳入省委和省政府为民办实事项目、各地党政领导生态环境保护目标责任书考核等内容，委托第三方开展常态化暗访评估。全省各设区市全部出台生活垃圾分类管理办法或条例。6月，省住建厅举办福建省生活垃圾分类高峰论坛，对厨余垃圾处理、低值可回收物等生活垃圾分类重点、难点进行指导。全年全省处罚不分类行为近3.7万起，处罚罚金近400万元。全省四类生活垃圾分类投放、分类收集、分类运输、分类处理体系基本建立，基本实现城市建成区垃圾分类全覆盖。全省配置垃圾分类屋（亭）近1.6万座，分类专用运输车2366辆，投用分类转运站474座，采购分类垃圾桶24万组，保障分类收运有效衔接。终端处理设施满足分类需求，各设区市均建成厨余垃圾、有害垃圾、大件垃圾处理厂，全省生活垃圾回收利用率42.81%、资源化利用率86.62%。选择11个区整体开展垃圾分类示范区创建，并选择8个县（市）开展垃圾分类试点。

【水环境综合治理】 2022年，福建省加强供水安全与节水工作，完成供水管网新建改造835千米，供水管网漏损率控制在8.5%以下，新增日供水能力36万吨。优化供水服务，出台实施供水“欠费不停供”政策，缓解小微企业及个体工商户在疫情期间资金压力，全省享受水费缓缴政策小微企业和个体工商户1.86万户，缓缴金额6448万元，减免违约金101万元。出台供水便民服务省级标准。组织开展城市节水宣传周活动，泉州13家单位获评省级节水型单位（企业）。完成厦门市国家节水型城市复评，指导福州、晋江、石狮开展国家节水型城市预评估。推进内涝防治与海绵城市建设，新建改造雨水管网822千米。完成57个易涝点整治，排查内涝风险隐患3771处，完成整改3766处，清淤疏浚管道3498千米，补齐检查井盖1.3万个，安装防坠落措施2.6万个。指导漳州市成功申报首批国家系统化全域推进海绵城市建设示范城市，争取中央补助资金9亿元。推进城市污水处理提质增效与黑臭水体治理，新建改造市县生活污水管网1220千米，12座污水处理厂通水试运行，新增日污水处理能力37.2万吨；设区市城市污水集中收集率、污水厂进水BOD（生化需氧量）浓度比上年均有提升；全省各设区市87条城市建成区黑臭水体持续巩固治理成效，县级市6条城市建成区黑臭水体完成消除40%黑臭水体目标。

村镇建设

【概况】 2022年，福建省住建厅深化乡建乡创闽台融合发展，全省推动100个乡建乡创合作项目。继续推进一批省级村镇住宅小区建设试点，公布省级村镇住宅小区建设试点52个。加强新建农房建筑风貌管控和质量安全技术指导，完成既有裸房整治15.33万栋。加快推进污水配套管网新建改造，全年新建乡镇污水管网1287千米。

【农房安全管理】 2022年，福建省住建厅落实省政府办公厅《关于进一步强化农村建房安全管理的通知》要求，督促各县（市、区）完善农村建房安全管理配套制度。出台《关于强化农村自建房（三层及以下）施工关键节点和竣工验收到场巡查指导的通知》，推动各县（市、区）通过购买服务企业或技术人员服务、干部调配、劳务派遣、与企业结对等方式。会同省农业农村厅、省自然资源厅印发施行《福建省农村村民自建房质量安全和建筑风貌管理规定》。全覆盖轮训农村工匠和镇、村干部10.2万人次，创建完成样板县7个、数字化管理试点1个、“房长制”试点1个。下达中央财政补助资金750万元，为436户农村低收入群体等六类重点对象解决危房问题。

【农房风貌管控】 2022年，福建省住建厅修订并公布“崇尚集约建房”建设及集镇环境整治成效要素，组织专家组深入现场，指导各地开展工作；委托第三方开展数据采集。全年全省计划完成10万幢裸房整治，实际完工15.33万栋，超出年度任务52%，完成投资50.42亿元，超出年度计划投资48.9%。全省县级共84栋年度建设任务，全年完工103栋，占年度任务122.6%。全省创建“崇尚集约建房”建设样板10个，完成投资5.25亿元，占年度计划投资121.3%；28个集镇环境整治样板全部开工，完成投资6.04亿元，占年度计划投资141.9%。

【乡村环境治理】 2022年，福建省住建厅出台《关于扎实推进“十四五”乡镇生活污水治理工作的通知》，督导县（市、区）编制“十四五”乡镇生活污水处理设施建设运维实施方案和污水负荷率低于50%的乡镇开展整改。印发《关于加快推进以县域为单位乡镇生活污水农村生活垃圾治理市场化等工作的通知》，指导推动市场化工作。全年新建乡镇生活污水管网长1287千米，完成率151.4%，以县域为单位乡镇生活污水处理打捆打包市场化的县（市、区）年度任务数21个，全年新增21个，完成率100%；以县域为单位农村垃圾打捆打包市场化的县（市、区）年度任务数9个，全年新增10个，完成率111%；73个乡镇完成全镇域落实垃圾分类机制。

【闽台乡建乡创合作】 2022年，福建省住建厅出台《关于深化闽台乡建乡创融合发展若干措施的补充通知》，整合制定《福建省闽台乡建乡创合作管理规定》，深化闽台乡建乡创合作。新引入台湾地区团队28支，收集对接闽台乡建乡创合作项目需求345个，促成签约落地项目221个。安排5000万元补助资金支持100个闽台乡建乡创项目。常态化组织分享交流和宣传推介活动。全省累计引入100多支台湾团队、340多名台湾专才入闽驻村陪护式服务，覆盖全省80%以上县（市、区），培育一批促进乡村振兴的合作样板项目。相关做法由住建部向全国宣传推广，并获选第三届“全球减贫案例征集活动”最佳案例，被浙江、江西、宁夏等省区借鉴实践。

建筑业

【概况】 2022年，福建省完成建筑行业年产值17100亿元，排名保持全国第七位，产值比上年增长8.3%，比全国高1.8个百分点；全省特一级企业完成建筑业产值10669亿元，占比超62%；全省完成省外产值8299亿元，比上年增长11%，占全省建筑业产值的48.4%；建筑业增加值5519亿元，比上年增长7.3%，占全省地区生产总值的10.4%，巩固支柱产业地位。全省新签施工合同额合计16681亿元，比上年增长6.2%。

【建筑业高质量发展】 2022年，福建省实施龙头企业发展策略，省住建厅印发龙头企业实施方案，公布50家建筑业龙头企业名单，支持企业参与基础设施投资建设。出台《关于支持建筑业中小企业发展的通知》，引导中小企业做专做精；繁荣专业承包市场，指导行业协会公布装修专业龙头企业名单。开展建筑业招商，全年落户优势央国企12家。拓展省外市场，服务企业“走出去”发展，在江苏、广东等重点区域设立服务网点，加强与闽商合作，提升省外市场份额。

【新型建造方式和组织方式】 2022年，福建省住建厅持续推广装配式建造发展，新开工装配式建筑1833万平方米，约占新建建筑比例26.7%，确定竖向构件预制化试点项目6个。组织装配式装修观摩会，公布装配式建筑典型案例5个。制定出台装配式建筑生产基地评价标准，将智能化生产要求纳入评价。组织修订装配式建筑评价标准，将涉及智能建造的BIM（建筑信息模型）等相关指标纳入评价。在工程总承包项目引导使用全过程BIM技术。支持申报国家级智能建造试点城市，厦门市入选全国首批智能建造试点城市。组织开展智能建造课题研究，赴广东等地观摩建筑机器人应用。在政府投资项目推行集设计、施工于一体的工程总承包模式，全年全省110个房建市政工程项目实施工程总承包模式；推行全过程咨询，99个房建市政项目实施全过程工程咨询模式。

【工程招投标监管】 2022年，福建省住建厅印发《关于加强房屋建筑和市政基础设施工程招标投标活动管理的通知》，全面推行招投标主体签署承诺函制度。完善串通投标查处机制，将电子投标文件软硬件雷同信息认定机制拓展适用至勘察设计、监理、货物、全过程咨询领域。严格投标报价管理，禁止向投标人提供包含组价信息的清单，强化对计价软件公司的管理。印发标准施工招标文件（2022年版），进一步规范招投标监管力度。

【信用评价体系完善】 2022年，福建省住建厅组织编制合同履约行为评价细则，将实名制管理指标纳入信用评价。调整招标代理机构事中事后监管文件和造价咨询企业信用评价办法部分条款。修订建筑施工企业信用通常行为评价标准，起草造价咨询企业信用评价办法。

【建筑市场秩序规范】 2022年，福建省住建厅持续开展常态化扫黑除恶专项斗争，打击恶意竞标、强揽工程等违法违规行为，组织开展招投标“双随机、一公开”检查，查处串通投标案件38件，向公安机关移送涉嫌串通投标罪线索3条，将286家串通投标企业列为招投标重点监管对象，对161家违法企业实施信用扣分，公布6家“黑名单”企业。加强建筑市场监管，开展全省建筑市场交叉检查。打击建筑市场违法行为，查处转包、违法分包、挂靠等违法行为案件312件。

【农民工权益保障】 2022年，福建省住建厅会同人社部门深化推进欠薪欠款“点题整治”工作，推进问题线索化解。全省收集欠款线索278条，为施工企业追讨工程款21.36亿元，为1.3万名农民工追发工资1.41亿元。开展施工过程结算试点，全省安排公布试点项目126个；起草工程款支付担保管理办法，建立防欠长效机制；组织开发工程款监控预警系统，推动工程款支付全过程信息化监管。开展根治欠薪雷霆行动，就房地产企业项目拖欠农民工工资问题，开展拖欠工程款和拖欠农民工工资排查清理。

房地产业和住房保障

【概况】 2022年，福建省完善住房保障体系，持续推进棚户区改造，加大保障性租赁住房、公租房建设和供应力度。全年新开工棚改项目5.06万套，基本建成4.61万套；开工筹集保障性租赁住房12.9万套，累计开工筹集保租房14.7万套；新增公租房保障对象1.5万户。

【棚户区改造】 2022年，福建省住建厅结合城市更新和品质提升，推进保障性安居工程建设。组织各地开展“十四五”存量棚户区改造情况摸底，建立滚动接续项目储备机制。继续将棚户区改造纳入年度省委和省政府为民办实事项目，全年新开工棚改项目5.06万套、基本建成4.61万套。省住建厅会同省财政厅出台《福建省城镇老旧小区改造、棚户区改造和发展保障性租赁住房工作激励方案（试行）》，从2022年起，省级保障性安居工程专项补助资金中安排20%用于激励先进市县，首次评选确定受正向激励设区市4个、县（市、区）10个。

【保租房和公租房】 2022年，福建省住建厅推动建立多主体供给、多渠道保障、租购并举的住房制度，缓解新市民、青年人阶段性住房困难，印发《关于加快发展保障性租赁住房的实施意见》，确定“十四五”建设保租房36.5万套目标和福州、厦门、泉州3个城市为发展保租房重点城市，并支持晋江、石狮、南安、惠安、德化5个民营经济发达、新市民聚集的县（市）列入省级发展保租房重点城市。全省开工筹集保障性租赁住房12.9万套，累计开工筹集保租房14.7万套。省住建厅等15个部门联合印发《福建省公共租赁住房分配工作实施细则》，统一全省运行使用系统、网上办理流程、权力监督规则、信息公开目录，明确推动数据共享的要求，进一步加强对公租房保障资格申请、受理、审核、配租全过程权力运行全周期监督，全年新增公租房保障对象1.5万户，实施保障家庭28万户。

住房公积金管理

【概况】 2022年，福建省围绕业务发展、服务创新、风险防控等方面加强住房公积金管理，发挥住房公积金对住房消费的支持作用，更好地满足缴存职工购房贷款需求。全年全省缴存住房公积金908亿元，提取住房公积金664亿元，发放公积金个人贷款7.53万笔382亿元，分别比上年增长9.86%、8.26%和10.12%。至年底，全省住房公积金实缴人数408万人、实缴单位14.22万个；缴存总额7265亿元，提取总额4895亿元，缴存余额2369亿元；个贷总额4009亿元，个贷余额2084亿元，个贷使用率87.94%，逾期率0.203‰。

【住房公积金助企纾困】 2022年，福建省落实党中央、国务院及省委省政府关于高效统筹新冠疫情防控和经济社会发展决策部署，出台住房公积金助企纾困政策，帮助受疫情影响的企业和缴存人共渡难关。全年有390家企业申请缓缴公积金，涉及职工1.95万人、缓缴金额1.17亿元；1501名受疫情影响无法正常还款的公积金贷款人申请不作逾期处理，不作逾期处理的应还未还贷款本金341.2万元。

【房屋合理消费】 2022年，福建省住建厅优化购房提取流程，推出购房提取住房公积金支付首付款政策，即缴存职工在符合提取条件前提下，可授权公积金中心将公积金账户余额直接划归开发商冲抵购房首付款，缓解购房首付款筹款压力。4月1日至12月31日期间，全省办理提取公积金支付首付款2.4万笔27.9亿元，支持购房1.73万套、购房金额295.6亿元，共1086个开发企业1196个楼盘参加首付款新政实施。支持租房提取，九市一区均提高职工租赁住房提取公积金额度，29.4万租房职工受益。

【住房公积金服务创新】 2022年，福建省推进灵活就业人员参加住房公积金制度，除福州、泉州、平潭外，全省各地均出台灵活就业人员缴存使用住房公积金政策。截至12月底，全省共3.16万名灵活就业人员缴存住房公积金。推出“省内跨中心冲还贷”业务，该业务于9月26日在福州、省直、莆田3个公积金中心同时开通受理，全年有400多名职工申请该项业务。新增3个住房公积金“跨省通办”服务事项（提前部分还贷、汇缴、补缴），并均实现全程网办，福建省5个公积金中心“跨省通办”窗口获住建部“表现突出窗口”表扬。福州、省直、漳州推出二手房公积金贷款“带押过户”。厦门发放全国首笔住房公积金数字人民币贷款。莆田市成为全省首个完成人民银行征信信息互联共享的城市。

【住房公积金资金监管】 2022年，福建省住建厅组织6个设区市针对审计整改、纾困政策落实等问题开展交叉调研（部分设区市因为疫情未前往），并对风险楼盘进行实地调研、对策研究，梳理排查问题楼盘9个。重视资金流动性风险，指导各地加强资金运行情况分析，继续做好个贷使用率稳控工作，全省个贷使用率从年初的90.47%下降至87.94%，下降2.53个百分点。重视贷款逾期风险，指导各中心加强贷前、贷中和贷后管理，防范个贷违约风险，个贷逾期率低于全国平均水平。全年征信共享对接，实现100%上线征信信息查询；9个中心申请贷款征信数据报送测试，接入率82%；1个中心实现贷款征信数据报送上线，上线率9%。指导福州公积金中心推进分支机构调整，福州市政府分别于12月2日、12月29日与中国铁路南昌局集团有限公司、福建能源石化集团有限责任公司签订公积金管理及机构移交协议；福州公积金中心于2022年12月30日发布《福州住房公积金中心关于整合福州住房公积金中心铁路、能源分中心的公告》，福州住房公积金中心将对福州住房公积金中心福州铁路分中心、福州住房公积金中心福建能源集团分中心进行整合。（李丹青）

编辑：林忠玉

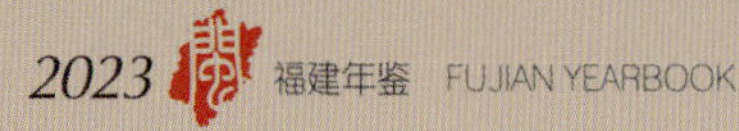

农业 农村

综　述

【概况】　2022年，福建省农林牧渔业总产值5502.87亿元，农民人均可支配收入24987元，分别比上年增长3.9%、7.6%。2022年2月16日，福建省农业农村厅根据省委一号文件印发《关于落实省委和省政府2022年全面推进乡村振兴重点工作部署的实施意见》，全面开展粮食生产和重要农产品供给，强化现代农业基础支撑，守住不发生规模性返贫底线，推进特色现代农业高质量发展，实施乡村建设行动，提高乡村治理实效，深化农业农村重点改革，加大政策保障力度，坚持和加强党对“三农”工作的全面领导。农业农村工作保持稳中有进态势，为全省发展大局提供保障。

【粮食和重要农产品保障】　2022年，福建省落实粮食安全党政同责，省委和省政府成立省贯彻落实粮食安全责任制领导小组，市、县两级建立相应领导小组。全年粮食播种面积83.76万公顷，超出国家任务2466.67公顷；粮食产量508.7万吨，比上年增长0.5%。

【脱贫攻坚成果巩固拓展】　2022年，福建省农业农村厅坚持“四个不摘”（摘帽不摘责任、摘帽不摘政策、摘帽不摘帮扶和摘帽不摘监管），落实防止返贫监测帮扶机制，发挥“一键报贫”等平台作用，每月组织进村入户走访排查，开展行业部门专项筛查，巩固提升脱贫人口“三保障”（保障其义务教育、基本医疗和住房安全）和饮水安全保障成果。

【特色现代农业】　2022年，福建省实施特色现代农业高质量发展“3212”工程（“3”是指30个重点现代农业产业园，“2”是20个重点优势特色产业集群，“1”是100个农业产业强镇，“2”是2000个“一村一品”专业村），新创建闽西禽蛋国家优势特色产业集群，龙岩漳平市、泉州市永春县2个县（市）入选现代农业产业园国家创建名单，福州市马尾区琅岐镇、漳浦县六鳌镇等7个乡（镇）入选国家农业产业强镇。推进593个“一村一品”专业村建设，打造“福农优品”福建优质农产品区域公用品牌，全年全省茶叶、水产、水果、蔬菜、畜禽、食用菌、林竹等十大乡村特色产业全产业链总产值超2.3万亿元。

【农田整治】　2022年，福建省实施新一轮高标准农田建设规划，全年批复农田建设项目6.04万公顷，投资18.02亿元，新建高标准农田8.6万公顷，超额完成年度任务。推进大中型灌区标准化规范化建设，完成年度中型灌区节水配套改造，改善灌溉面积2.82万公顷，新增恢复灌溉面积4733.33公顷。66个县推广应用“数字农田”管理模式，13个县开展农田设施灾损保险试点。

【农业安全生产】　2022年11月，福建省农业农村厅召开全省农业农村系统安全生产工作部署视频会。12月，福建省农业农村厅发布2022年农产品质量安全监管执法典型案例，涉及生产、销售不符合农产品质量安全标准的农产品案，使用禁用的农药、销售的农产品含有国家禁止使用的农药案，销售含有重金属物质不符合农产品质量安全标准的农产品案等类型的案例5个。全年全省无发生非洲猪瘟、高致病性禽流感、口蹄疫、草地贪夜蛾、红火蚁等重大动植物疫情，农机、农药、饲料、沼气、屠宰等领域未发生重特大事故。

【农垦】　2022年，福建省农垦系统有国有农场112个，土地总面积8.11万公顷。农垦总人口18.86万人，从业人员6.36万人。完成生产总值40.51亿元。农场小城镇13个，占地面积12859.47万平方米。

【农业现代化装备提升】　2022年，福建省农业农村厅推进种业振兴行动，建设省级农业生物种质资源库，育成223个农作物新品种，4个县入选国家杂交水稻制种大县。全省农作物和畜禽良种覆盖率达98.6%。新建高标准农田8.6万公顷，新增设施农业0.58万公顷，主要农作物综合机械化率提高到73.5%。

（张　翔）

乡村振兴

【防止返贫监测帮扶机制】　2022年，福建省乡村振兴局发布《关于印发2022年防止返贫监测帮扶第二轮排查工作方案的通知》，福建省农业农村厅每月组织乡村干部走访排查、行业部门专项筛查，核实认定易致贫返贫人口43户133人，并对这些人口进行单列管理、重点帮扶，没有发现新增致贫返贫现象。

【产业就业帮扶】　2022年，福建省农业农村厅安排省级以上衔接资金19.8亿元，支持9.2万户脱贫户和监测对象发展生产，推动16.7万名脱贫劳动力稳岗就业，脱贫人口家庭人均纯收入20394元，比上年增长14.1%，增幅继续高于全省农民平均水平。

【农村人居环境整治提升五年行动】　2022年4月，福建省委办公厅、省政府办公厅印发《福建省农村人居环境整治提升行动实施方案》，目标到2025年，福建农村卫生厕所全面普及，厕所粪污得到有效处理或资源化利用；农村生活污水治理率达到65%以上，基本消除较大面积农村黑臭水体；农村生活垃圾基本实现无害化处理，农村有机垃圾生态处理机制基本建立；新建改造农村公路5000千米；农村自来水普及率达到90%以上。长效管护机制全面建立，建成一批美丽宜居村庄。2022年，福建省农村建设品质提升5类工程20项重点项目，完成投资355.6亿元，占年度计划的168.5%。创新开展美丽乡村庭院、美丽乡村微景观、美丽乡村小公园（小广场）、美丽田园、美丽乡村休闲旅游点等乡村“五个美丽”建设。

【闽宁对口协作】　2022年，福建省农业农村厅落实财政援宁资金6.25亿元，落实社会帮扶资金1153万元，实施产业帮扶项目168个，引进96家企业落地宁夏，完成投资38.5亿元，销售宁夏特色农产品23.4亿元，帮助宁夏2.84万名农村劳动力、1.59万名脱贫人口实现稳定就业。（张　翔）

农村经济管理

【农村承包地改革与管理】　2022年，福建省农业农村厅推进农村土地“三权分置”（即农村土地集体所有权、农户承包权、土地经营权“三权”分置并行），健全土地流转服务体系，推广使用土地经营权流转合同示范文本，推动社会资本通过流转取得土地经营权资格审查、项目审核和风险防范制度落地落实，引导土地经营权规范有序流转。全年全省土地流转面积37.93万公顷，流转率36%。

【农村宅基地管理与改革】　2021年1月30日，福建省人民政府印发《关于进一步加强农村宅基地和村民住宅建设管理的若干意见（试行）》，明确要求加强农村宅基地和村民住宅建设管理，保障农村村民合法居住需求，有效改善提升农村人居环境。为贯彻落实文件精神，进一步加强农村宅基地审批管理，强化宅基地审批全程闭环监督，建立健全审批管理长效机制，福建省农业农村厅结合工作实际，对宅基地审批管理相关政策规定进行梳理，提出了加强宅基地审批日常管理与批后监管的12条意见。2022年，福建省农业农村厅制定出台《关于进一步加强农村宅基地审批管理的意见》，推动宅基地全程闭环监督。

【农村集体资产管理】　2022年，福建省农业农村厅建设“福建省农村集体资产线上监督平台”，推进集体资产管理不规范问题专项整治，新收回集体资金、资产7239.2万元，收回土地等资源性资产412.9公顷，新增租金收入1702.6万元。探索推进集体资产收益权抵押担保试点，全省试点县43个，贷款额6.38亿元。

【农村产权流转交易市场建设】　2022年，福建省农业农村厅上线运行省级农村产权流转交易信息平台，确定三明、厦门等2个市和永泰、晋江等10个县（市、区）为首批省级农村产权流转交易市场建设试点。

【农业农村体制机制改革】　2022年，福建省农业农村厅推动三明市、晋江市申报全国农村改革试验区，指导泉州市永春县、宁德市屏南县申报拓展试验任务，批复三明市宁化县、泉州市德化县和龙岩市永定区等承担备案制改革试验任务。

【农业新型经营主体培育】　2022年，福建省农业产业化省级以上重点龙头企业发展到1049家。其中，国家级77家，省级972家。农民合作社、家庭农场2类主要经营主体16.4万家。引导龙头企业与农民合作社、家庭农场、农户形成稳定利益共同体，带动小农户融入现代农业发展轨道。

【农业机械化】　2022年，福建省农机总动力1296万千瓦，主要农作物、水稻耕种收综合机械化率分别达到73.5%、80.4%，均比上年增长1个百分点。全省农机专业合作社754个，作业服务面积45.33万公顷。全年下达农机购置中央补贴资金20642万元、省级补贴资金7000万元，补贴购置农机具12.29万台（套），受益农户6.86万户。（张　翔）

种植业

【粮食生产】　2022年，福建省农业农村厅加大惠农扶粮政策力度，兑付12.1亿元耕地地力保护补贴、3.3亿元实际种粮农民一次性补贴等中央惠粮资金。发展双季稻种植，推广再生稻超过7300公顷，60个县（市、区）开展“一亩田”认领耕地2266.67公顷，安排专项资金推进山垅田复耕2000公顷以上。

开展粮食产能区增产模式攻关、粮食绿色高质高效创建，实施优质粮食工程，推进大面积均衡增产。早稻单产6022.86千克/公顷，在全国10个生产早稻的省区中位列第一。

【特色优势产业】 2022年，福建省茶叶产量52.08万吨、水果产量865万吨、蔬菜产量1599.77万吨、食用菌产量153.13万吨，分别比上年增长6.7%、6.8%、3.9%、4.9%。

【新品种展示示范推广】 2022年12月8日，福州市闽清县农业农村局组织相关专家，对闽清县种子服务中心承担的福州市高产优质绿色新品种展示示范推广项目（鲜食型甘薯新品种展示）开展现场测产验收。项目位于闽清县云龙乡际上村，展示种植面积0.13公顷，展示福薯604、福薯806、龙薯24号、龙薯34号、莆薯12、金薯20、龙紫9号、龙紫4号、龙紫12号、广薯87、湘薯75—55等11个新品种。经测产验收和现场蒸煮品鉴，专家一致认为，展示田管理科学，长势良好，各品种性状尽显，利于筛选比较；福薯604、广薯87、福薯806、龙紫9号等新品种外观、产量、品质及商品性等综合性状表现较好，可进一步示范推广。

【优良品种推广】 2022年11月23日，龙岩市上杭县在中都镇聚胜家庭农场举办第三届优质稻品种米质鉴评活动。参加鉴评的20个品种是近年来上杭县主推及在各省市获奖的高档优质稻品种，所有品种在临城镇采用烟后稻种植技术进行统一种植管理、统一收获、统一加工成大米后，用统一的电饭锅进行现场蒸煮。农技人员、农民代表、粮食加工企业代表等近50人组成大众评委，对20个品种进行现场品尝鉴定，通过对米饭外观、香味、口感等进行逐一评分，最终评出一等奖1名、二等奖2名、三等奖5名。

10月28日，南平市政和县农业农村局在政和县金穗果蔬专业合作社开展2022年福建省甜玉米新品种展示与示范现场观摩活动，并组织专家进行测产验收及品质鉴评。政和县农业农村局相关站所、东平镇农技站和部分玉米种植大户参加活动。2022年政和县甜玉米新品种展示与示范项目展示甜玉米新品种15个，示范甜玉米品种2个，展示示范面积14公顷。通过田间对展示品种的株型、穗型、穗重、抗病性、抗倒性等情况进行现场随机取样考种和现场品质鉴评，广良甜27、泰鲜甜1号、斯达甜231等3个品种综合性状优良，具有商品性好、产量高、甜度高、抗性好等特点，可在政和县推广种植。

2022年，宁德市柘荣县农业农村局根据柘荣县特色绿叶蔬菜产业发展情况和市场消费需求，在省种子总站的支持下，依托柘荣县良种繁育场蔬菜大棚基地展示平台，组织开展2022年特色绿叶蔬菜品种展示示范。示范点相继开展土壤改良、品种收集、育苗、定植、田间管理等工作，展示示范面积13.3公顷，展示特色绿叶蔬菜品种16个，其中快菜品种5个、青梗菜品种11个。经有关专家现场调查、评测各品种田间长势、抗病性、丰产性和商品性等，筛选出综合性状较好的3个蔬菜品种，分别为改良金品28、金品535、夏浪F1。

【福建省种子认证试点示范现场观摩会在建宁县召开】 2022年8月2日，福建省种子认证试点示范现场观摩会在建宁县召开。省种子总站、三明市农业农村局、国家级制种基地县种子站和部分水稻种业企业负责人参加活动。与会代表现场观摩建宁县里心镇上黎村认证种子田，开展种子认证田间检验检查，并交流总结优化认证方案和程序。

（张　翔）

畜　牧　业

【概况】 2022年，福建省肉蛋奶总产量379.15万吨，比上年增长4.34%。肉类产量296.3万吨，增长3.41%。其中，猪肉产量128.07万吨，增长3%；主要禽肉产量158.64万吨，增长3.8%；牛肉产量2.69万吨，增长5.2%；羊肉产量2.33万吨，增长1.3%。主要禽蛋产量59.83万吨，增长7%。奶类产量22.05万吨，增长10.42%。

【畜禽良种繁育体系建设】 2022年，福建省农业农村厅建成国家生猪核心育种场、国家肉鸡良种扩繁推广基地1个，建设国家畜禽遗传资源保种场7个、晋江马国家保护区1个、国家水禽基因库（福建）1个，全省种畜禽场321个。

【畜禽粪污资源化利用】 2022年，福建省农业农村厅组织55个县实施整县推进和提升工程项目63个，中央和省级财政补助资金9.1亿元，支持区域性粪污集中处理中心、种养结合基地建设。畜禽粪污综合利用率93%，规模养殖场粪污处理设施装备配套率100%。

（张　翔）

闽台农业合作

【概况】 2022年，福建省新批农业台资项目81个、合同利用台资1.32亿美元，累计批办农业台资项目2948个、合同利用台资44.67亿美元，农业利用台资数量和规模继续保持全国第一。

【园区建设】 2022年，福建省农业农村厅建设台湾农民创业园6个和闽台农业融合发展产业园9个。6个国家级台湾农民创业园在全国年度综合考评中包揽前六名，累计有712家台资农业企业入园创业，引进台资12.8亿美元。9个闽台农业融合发展产业园全年引进台资农业项目33个，合同利用台资5100万美元。

【闽台农业科技合作】 2022年，福建省农业农村厅加大闽台农业“五新”

（新品种、新技术、新肥料、新农药、新机具）示范推广力度，推动10个闽台农业融合发展推广县和43个闽台农业融合发展示范基地建设，全省引进推广台湾农业良种145个、先进实用技术52项。

【闽台农业交流】 2022年，福建省农业农村厅举办第十四届海峡论坛·两岸特色乡镇对接暨乡村融合发展论坛。组织开展“海峡两岸青年·共叙漳台情谊”“闽台丰收喜悦”等主题闽台农业交流活动。邀请120批在大陆的台湾农业团组1300多人次到闽参访交流。

（张 翔）

2022年，泉州市惠安县新增造林绿化533公顷，形成以林区森林为“面”，以基干林带、绿色廊道、溪岸林带、农田林网为“线”，以城乡绿化为“点”的森林生态网络体系。图为惠安县沿海防护林基干林带 （省林业局 供稿）

林业草场

【概况】 2022年，福建省林业开展“持续推进林业改革发展”系列活动，先后召开全省林业改革发展会议暨省级总林长会议、集体林权制度改革20年座谈会，出台《关于持续推进林业改革发展的意见》。推进三明、南平、龙岩3个国家级和15个省级林业改革发展综合试点。南平市加快推广“森林生态银行”合作经营模式，漳州市在全国率先探索推行林业“地票”［林业地票是指村集体经济组织或者村民委员会（以下简称村集体）以提供林地方式入股参与国有企事业单位从事合作造林或经营现有林，并由国有企事业单位按村集体所提供的林地折算投资份额制发的股权收益凭证］改革试点。国家公园建设、集体林权制度改革和林长制、森林防火、有害生物防控、法治建设、林草科技和林业工作站及信息化等6个方面工作得到国家林业和草原局表彰。

【互花米草除治】 2022年，福建省在全国率先打响互花米草除治攻坚战，加强督促指导和质量监管，下达省级补助资金。全省除治互花米草8988.4公顷，超过年度除治任务的53.89%，占除治总任务的98.69%。

2022年，福建省开展互花米草除治攻坚行动，维护湿地生态安全。图为福清湾互花米草除治现场 （省林业局 供图）

【林业服务平台建设】 2022年，福建省林业局搭建覆盖全省的林权交易平台，全省流转林权13.58万公顷、累计流转141.38万公顷。推进新型林业经营主体标准化建设，带动培育新型林业经营主体329家、累计11190家。联合7部门出台《关于持续优化林业金融服务的指导意见》，依托“金融云”平台，设立“福建省林业金融服务专区”，全省新增发放“闽林通”系列贷款18.95亿元，累计117.71亿元，受益农户9.94万户。

【林长制工作】 2022年，福建省推动林长制从全面建立向全面见效转变，三明市获得2022年度国务院林长制督察激励。全省省、市、县、乡、村五级林长保有量32618名，划定责任区域23614个，保持省、市、县、乡、村五级林长体系及其责任区域全覆盖。全省区划森林资源巡护网格约1.8万个，全面配齐专业护林员，出台护林员管理办法、护林巡护网上考核办法。采取分级培训方式，对县、乡、村三级林长开展培训，举办林长制工作培训319场、参训23930人次，确保每个县、乡、村级单位有1名以上林长接受培训。发挥省级林长制协作单位作用，协同推进林长制实施。探索创新“林长＋”工作机制，省、市、县三级“林长＋法院院长”“林长＋检察长”“林长＋警长”机制全面建立。联合省高院、省人民检察院将林业碳汇损失赔偿引入涉林刑事案件并制定计量方法。

【造林绿化】 2022年，福建省林业局推动造林绿化落地上图，全省完成植树造林8.51万公顷，占年度任务的127.6%；完成森林抚育23.19万公顷，占年度任务的116%；完成封山育林7.33万公顷，占年度任务的110%；培育造林绿化苗木2.1亿株。启动实施森林质量精准提升和重点区域林相改善工作，2项工作分别完成23.42万公顷和0.39万公顷，分别占年度任务的111.9%和116.2%。完成国家储备林建设1.35万公顷，完成沿海防护林建设0.68万公顷，完成珍贵用材树种造林1.03万公顷。龙岩、南平超额完成中央财政国土绿化试点示范项目建设年度任务。

【林业生态价值】 2022年，福建省逐步建立林业生态产品价值实现机制，拓宽“绿水青山”向“金山银山”转化通道。培育壮大木材加工、竹业、花卉苗木、林下经济、森林旅游等五大林业产业，提供优质林业产品。出台《关于加快推进福建林业生态文化体系建设实施方案》，弘扬林业生态文化，发挥自然保护地功能作用，提供优质林业生态服务。南平、三明、龙岩被国家林业和草原局列为全国林业碳汇试点市。组织20个林业碳中和试点，建设碳中和林6.82万公顷。在全国首创林业碳汇损失计量及赔偿机制。累计完成福建林业碳汇交易和再交易391.13万吨、5890.43万元。将省级以上自然保护区内林权所有者补助政策适用范围扩大到省级以上各类自然保护地。督促各地加强森林生态效益补偿和天然林停伐管护直达资金监管。完成重点生态区位商品林赎买0.34万公顷、累计3.26万公顷。

【生态保护】 2022年，福建省林业局强化对重点地区专项督导，全省疫情发生面积比上年减少1.52万公顷，乡镇疫点数量减少8个，病死松树减少2.72万株，连续2年实现“三下降”。推动修订出台《福建省湿地保护条例》。闽江河口湿地列入世界自然遗产预备清单，新建成福清兴化湾水鸟省级自然保护区。高质量建设武夷山国家公园，推进管理机构设置、总体规划编制、勘界定标等重点改革任务。在全国率先编制出台《福建省自然保护地总体布局和发展规划（2022—2035年）》，4个省级风景名胜区总体规划获得省政府批复实施，武夷山编制并实施全国首个“双世遗”保护管理规划。2013—2021年查处整改总到位率从2022年7月初的32.31%提高到年底的100%。建立森林防火组织、责任、管理、保障四大体系，落实高森林火险预警响应、火情报告、火灾处置、队伍建设、隐患排查、物资管理6项制度，组织开展森林火灾隐患排查整治百日攻坚，未发生重特大森林火灾和林业生产安全责任事故。

【林业服务保障】 2022年，福建省林业局编制林地审核流程“一张图”，常态化下派“小分队”深入基层一线服务，成立G228国道涉林审批服务小组，协调解决用林问题，全省审核使用林地项目2987个、林地面积5953.42公顷。加快实施智慧林业“123”（即建设一个林业大数据中心，建设公务和便民两大服务应用平台，建设资源监管、业务应用、政务服务三大应用体系）一期工程——林长制管理暨无人机应用管理公共平台建设，完成85个县（市、区）林长制指挥中心建设。加快构建“供需融合、用管贯通、人机匹配、前后衔接、绩效挂钩”的林业无人机应用管理体系，搭建集卫星遥感、无人机监测、视频监控、护林员网格巡查为一体的“天空地”感知体系。制定落实《关于着力推进福建林业科技创新的实施方案》，推进“揭榜挂帅”科技攻关，竹产业发展、高碳汇林业、森林资源智慧监测等列入重点攻关项目，10项新成果获2021年度省科学技术进步奖，其中一等奖1项、二等奖4项、三等奖5项，选派705名林业科技特派员深入基层开展服务。 （刘建波 郭 洁）

福建最美古树群——霞浦县牙城镇渡头村榕树古树群。2022年9月摄（省林业局 供图）

水土保持

【概况】 2022年，福建省水利厅推进水土流失攻坚治理，水土保持率增至92.79%，保持全国领先；3个典型县（区）、3个生态清洁小流域、1个生产建设项目获评国家水土保持示范称号，创建数量全国领先；6个单位、12名个人获评全国水土保持先进称号。全省完成水土流失综合治理13.36万公顷，建成水土保持生态清洁小流域164.64千米。

【水土保持监督管理】 2022年，福建省水利厅落实水土保持“三同时”制度

（即生产建设项目的水土保持措施与主体工程同时设计、同时施工、同时投入使用），全省审批生产建设项目水土保持方案2707个，防治责任范围5.15万公顷。验收报备项目1194个，依法检查4006项次，征缴入库水土保持补偿费2.62亿元。

【中国·福建水土保持科教园】 2022年5月，中国·福建水土保持科教园动工兴建，该园由水利部、福建省共建，位于福州市东三环，占地约2.5万平方米。在全国首创水保普法卡通形象——“水保保”与“土保保”，推出首集动画宣传片“水土保保来啦”。卡通形象以“青山绿水”为原型，结合福建秀美山川、蓝天碧水、省树省花等特色元素。

（张智杰）

水　　利

【概况】 2022年，福建大水网推进成型，“一闸三线”（一闸为大樟溪莒口水闸；三线为闽江竹岐至大樟溪引水线路，大樟溪至福州市区、闽侯、长乐输水线路和大樟溪至福清、平潭输水线路）、罗源霍口、泉州白濑、闽西南水资源配置等一批重大工程建设有序推进，城乡供水一体化年度投资首次突破百亿元。整合搭建福建水平台，数字水利“一平台”内外网试运行，首个部省共建的水土保持科教园开工建设。闽江、九龙江流域在内的“中国山水工程”入选联合国首批十大“世界生态恢复旗舰项目”，木兰溪获评全国“绿水青山就是金山银山”实践创新基地，漳州九十九湾成为全国首批7条幸福河湖试点之一；首批全国数字孪生试点中期评估优秀；水利项目“1＋N”审批入选全省首批优化营商环境典型案例。金门供水日均供水量增至2.09万吨，全年供水764.47万吨，约占金门供水总量的73％。

【水利投资】 2022年，福建省完成水利投资563.28亿元，比上年增加147亿元，增长35.3％。全年到位省级以上资金84.78亿元，其中中央预算内资金16.08亿元、中央财政资金38.15亿元、省级预算内资金0.05亿元、省级财政资金30.5亿元。

【水利规划】 2022年，福建省水利厅完成全省及9个设区市、平潭综合实验区水安全保障思路报告和建设布局“一张图”，完成《福建省水网建设规划》《闽江口城市群水资源配置提质增效工程总体方案》《闽东水资源配置工程总体方案》。全面梳理“一河一网一平台”（一河即持续打造福建幸福河，一网指接续建设福建大水网，一平台指搭建福建水平台）建设项目，重点推进八大任务、19类1021个项目，总投资3092亿元，“十四五”时期规划完成投资1087亿元。年内，安排编制“福建省流域综合规划”、“入海河口整治规划”，论证闽江北水南调（尤溪调水）工程方案。

【水利基础建设】 2022年，福建省新开工重大水利项目196个，超年计划的70.4％；建成或部分建成项目97个，超年计划的29.3％。5月，福建11项重大水利工程集中开工，涉及总投资105.87亿元，至年底完成投资24.6亿元。国家“172”项目“一闸三线”霍口水库主体完工，白濑水利枢纽大江截流。国家“150”项目闽西南水资源配置工程指挥部正式成立，先行工程试验段全线贯通；闽东水资源配置先行工程动工建设；宁德上白石水利枢纽、泉州金门供水水源保障、推进闽江干流防洪提升工程前期工作。金门供水日均量增至2.09万吨，全年供水764.47万吨，约占金门供水总量的73％。水土流失综合治理、农村供水保障和安全生态水系建设等3项为民办实事项目均超额完成，治理水土流失面积6.7万公顷，建成安全生态水系300.98千米，新增农村供水受益人口62.91万人，分别超额58.85％、49.52％、23.57％。

【农村水利水电】 2022年，福建省城乡供水一体化建设加速推进，全省71个县（市、区）开工建设，完成投资127亿元；启动建设农村规模化供水工程73个，铺设管网9287千米；规模化供水覆盖农村人口比例提升至63.3％，高于全国平均水平7.3个百分点；农村自来水普及率增至89.1％，高于全国平均水平2.1个百分点。9个大中型灌区节水配套改造基本完成，新增恢复灌溉面积0.27万公顷，改善灌溉面积1.34万公顷，新增节水能力2315万立方米。全省新增安全生产标准化达标水电站77座，累计创建405座；新增获水利部绿色小水电示范电站称号水电站6座，累计创建34座。实行集约化管理小水电站300多座，退出200千瓦以下老旧水电站781座，有水电的64个县（市、区）水电站清理整治行动均通过验收并销号，生态流量执行合格率达99.9％。

【乡村振兴水利助力】 2022年，福建省水利厅安排老区苏区46.39万名移民直补资金2.78亿元，安排7.07亿元实施水库移民后期扶持项目469个。制定《2022年度省水利厅挂钩帮扶光泽县工作计划》，向光泽县下达省级以上水利专项资金3760.22万元。第二批20个省级大中型水库移民后期扶持示范项目全部完工，第三批14个省级后期扶持示范区和25个县级后扶示范区项目按序时推进。

【安全生态水系治理】 2022年，福建省生态水系治理完成投资3.14亿元，占年计划的149.55％；建成安全生态水系300.98千米，占年计划的150.49％。坚持山水林田湖草沙生命共同体，推进“五江一溪”（即闽江、九龙江、晋江、汀江、赛江、木兰溪）防洪工程建设、中小河流治理，分别完成投资16.66亿元、11.71亿元，共治理河长387千米。三明建宁、泉州南安、莆田秀屿（含湄洲岛）等3个全国第一批水系连通及水美乡村建设试点县实施情况获评全国优秀。三明泰宁、宁德寿宁纳入全国第四批安全生态水系建设试点县。

【河湖长制工作】 2022年，福建省有6886名河湖长、1182个河长办、9828名河道专管员以及265名河道法官、检察官和1908名河道警长。继续实施闽江流域生态环境综合治理、九龙江流域山水林田湖草沙一体化保护和修复、敖江流域水源保护示范区建设、木兰溪下游水生态修复与治理。全年排查整治妨碍河道行洪突出问题821个、农村水源环境问题94个、较大面积农村黑臭水体36条，完成村庄污水治理3279个。连续4年对全省179条流域面积200平方千米以上河流进行健康评价，年内首次开展评星定级；划定2.6万平方千米河湖管理范围，实现“一河（湖）一档一策”。在全国率先成立省级幸福河湖促进会，提出“安全、健康、生态、美丽、和谐”5个方面的幸福河湖内涵，建立由4名院士、64名不同学科专家组成的智库。

【水利管理】 2022年，福建省3616座水库防汛“三个责任人”（防汛行政责任人、防汛技术责任人、防汛巡查责任人）和“三个重点环节”［水雨情预测报、水库调度运用方案、水库大坝安全管理（防汛）应急预案］及2325条堤防、1438座水闸“三个责任人”全面落实到位。省水利厅制定《福建省水库安全管理规定》《福建省水闸安全管理规定》。完成457座水库大坝、189座水闸的安全鉴定以及实施16座病险水库除险加固，消除4467个水库、水闸及堤防安全隐患。完成760座小型水库雨水情测报设施、579座小型水库安全监测设施建设。

【水资源管理】 2022年，福建省水利厅编制完成《福建省地下水管控指标确定方案》以及3条省界河流、12条省内河流生态流量保障实施方案。有任务的59个县（市、区）、7个设区市全部完成水资源配置规划编制，省级水资源配置规划有序推进。完成“十四五”时期水资源消耗总量和强度双控目标分解与4条跨设区市、16条跨县流域水量分配方案。至年底，全省“三条红线”（确立水资源开发利用控制红线、确立用水效率控制红线、确立水功能区限制纳污红线）控制目标全面完成，用水总量控制在167.9亿立方米以内，万元工业增加值、万元国内生产总值用水量分别下降40%、13.5%，农田灌溉水有效利用系数提高到0.565；非常规水源利用量较上年增加1.5亿立方米，占全部用水总量的3%。全省累计建成县域节水型社会43个，提前3年完成水利部下达的任务；创建节水型高校30所，建成率34%，超额完成国家目标要求的30%。年内，福建省首次跻身全国最严格水资源管理制度考核优秀行列。

节约用水。印发实施《福建省节水型社会建设“十四五”规划》，全省新增县域节水型社会17个；新创建节水型高校11所，其中黎明职业大学、福建中医药大学入选全国节水型高校典型案例；69个水利行业所属单位全部建成节水型单位。推广绿色金融“节水贷”，投放2.99亿元支持节水项目。厦门、平潭水资源集约节约利用先行示范区创建方案完成编制，湄洲岛列入国家再生水利用配置试点城市，“青春相作伴，节水八闽行”青年志愿专项行动启动实施，福州大学城片区高校节水联盟成立。

取水用水监管。全省核查取水项目16611个。其中，131个退出类项目全部制定退出计划，1840个整改类项目全部完成整改。完善水资源监控体系，全省设置取水在线监测站点1590个，年许可地表水量50万立方米以上、地下水量5万立方米以上的重点取水单位基本覆盖，纳入取水许可管理的非农河道外取水单位基本实现计量“全覆盖”。

【依法治水】 2022年，《福建省水土保持条例》（修正案）颁布实施，《福建省闽江、九龙江流域保护管理条例》《福建省水利工程管理条例》完成草案论证。福建省水利厅修订《福建省水利建设市场主体信用评价管理办法》，制订《福建省水利工程标准化管理实施方案》《福建省水利工程标准化管理评价细则》《福建省城乡供水一体化工程建设导则（试行）》《福建省城乡供水一体化工程运行管理规程（试行）》《福建省大中型灌区标准化管理实施细则》《福建省农村供水项目建设和资金使用管理实施细则》。将部分水利工程省级审批权限下放给福州、厦门；简化城区房地产开发项目水土保持方案审批。

【科技兴水】 2022年，福建省2个水利项目获2022年度省科技进步奖。其中，“基于北斗系统的大坝安全实时监测与智能预警关键技术与应用”获二等奖，“福建省中小河流安全生态治理关键技术与应用”获三等奖；《气候变化条件下福建旱情监测预警与水资源适应性调控研究》《南方红壤区典型侵蚀退化地同治理措施碳汇效应与计量技术研究与示范》《非接触式多维感知水利巡检与监测智能机器人研发》《南方花岗岩崩岗生态治理技术研发与示范》等入选水利部重大科技项目。省水动力与水工程重点实验室通过省科技厅验收，成为福建省水利领域首个省级重点实验室。发布推广先进适用（技术）产品52项，在防灾减灾、城乡供水等领域应用。6个项目纳入2022年省地方标准制修订计划，《DB35/T2085—2022水资源取用水（水量）监测技术要求》《DB35/T2095—2022独流入海型河流生态建设指南》《DB35/T2096—2022河湖（库）健康评价规范》《DB35/T2097—2022水利工程质量检测工地试验室设置导则》《DB35/T2098—2022分子筛水处理系统技术规程》等5项标准发布实施。

【幸福河湖促进会建设】 2022年2月18日，福建省在全国率先成立省级幸福河湖促进会。提出“安全、健康、生态、美丽、和谐”的幸福河湖内涵，启动幸福河湖评价体系研究，发布一批“星级”幸福河流，总结一批幸福河湖优秀案例。年内，福州、柘荣等20个市、县相继成立幸福河湖促进会。

【水利投融资改革】 2022年，福建省通过申请中央资金支持、落实本级财政预算安排、组织申报地方政府债券，到位省级以上资金84.78亿元。申请银行贷款96.9亿元，比上年增长86.7%；争取地方债券96.8亿元，增长309.3%。争取国家政策性开发性金融工具（基金）额度42.9亿元，占全省总额的10.7%。与国开行落实5亿元“规划合作贷款”，解决水利项目前期经费不足难题。

（张智杰）

编辑：郑 苿

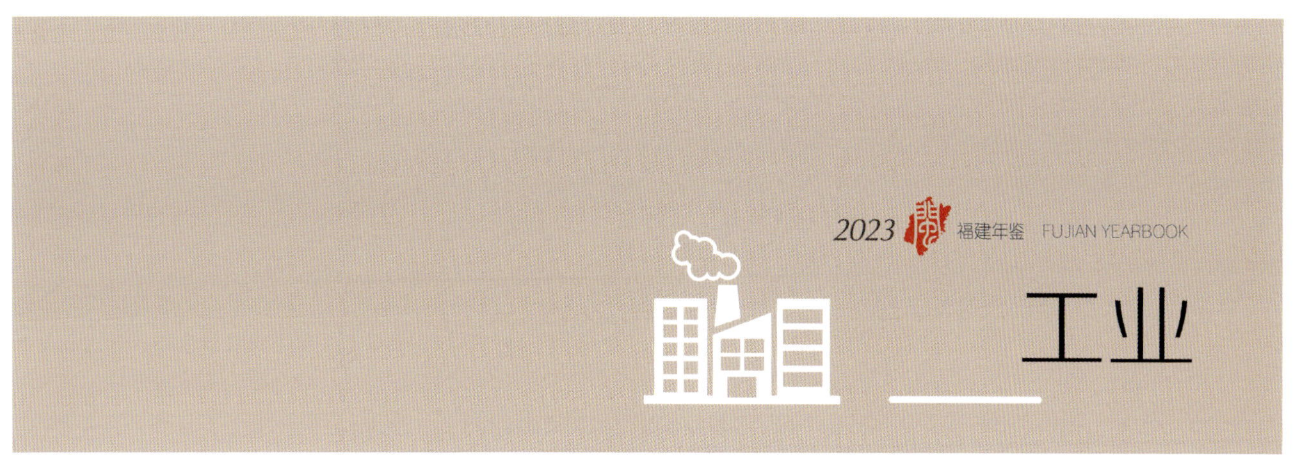

工业

综　述

【工业运行情况】　2022年，福建省工业运行稳中向好，结构调整持续推进，发展动能显著增强。全年全部工业增加值19628.8亿元，比上年增长4.9%，总量居全国第五位；其中规模以上工业增加值增长5.7%，高于全国平均2.1个百分点，增速居东部地区第一位。

企业生产经营总体平稳，近一半企业增长10%以上。全省规模以上工业企业中有59.7%的企业产值比上年有所增长或持平，其中46.5%的企业比上年增长10%以上。从经济类型上看，全省规模以上股份制企业、集体企业增加值分别比上年增长9.2%、8.5%，分别高于全省平均3.5个、2.8个百分点；国有企业、外商及港澳台投资企业、股份合作企业增加值分别比上年增长－7.8%、－3.5%、2.7%。

多数行业继续增长，60%的工业产品产量增长。全省轻、重工业增加值分别比上年增长6.6%、4.9%。从行业看，38个大类行业中有24个行业实现正增长，占比63.2%，有11个行业增速超10%，其中电气机械行业增长40.6%、化学原料行业增长19.7%、铁路船舶设备行业增长16.7%、服装服饰行业增长10.9%。全省规模以上高技术产业增加值占比16.7%、比上年增长17.1%，高于全省平均11.4个百分点。从工业产品看，列入统计的447种产品中，有195种产量实现增长，占比43.6%，其中化学药品原药产量增长85.2%、新能源汽车增长43.7%、太阳能电池增长28.7%、医用口罩增长19.9%、合成橡胶增长13.3%。

区域工业运行平稳，九市一区全部实现增长。其中，宁德、漳州分别增长23.6%、10.2%，居全省前两位，分别高于全省平均17.9个百分点、4.5个百分点。龙岩、平潭、南平、厦门、莆田、泉州、福州、三明分别增长5.5%、5.1%、4.4%、4.3%、4.2%、3.9%、3.8%、3.3%。

产销总体保持衔接，近60%的行业出口增长。全省规模以上工业累计销售产值增长6.5%，工业品产销率95.6%。全省规模以上工业出口交货值增长4.8%，32个出口行业中有19个行业实现正增长，行业占比59.4%，其中石油加工行业增长80.9%、有色金属行业增长65%、电气机械行业增长57.1%。企业“两项资金”（应收账款和产成品）合计9261.5亿元，占同期流动资产的33.6%，两金占用比上年减少0.6个百分点。

营业收入稳定增长，超40%的行业利润增长。全省规模以上工业企业实现营业收入70367.5亿元，总量居全国第五位，比上年增长7%。全年实现利润总额4071.3亿元，总量居全国第七位，38个工业大类行业中有17个行业利润保持增长，占行业数的44.7%，其中电气机械（增长70.3%）、电力热力（69.6%）、农副食品（13.2%）、酒饮料和精制茶（11.8%）等10个行业增长10%以上。　（庄　伟）

【工业投资】　2022年，福建省工业投资完成7231亿元，比上年增长16.9%，比全社会固定资产投资增速高出9.4个百分点，比全国平均增速高出6.6个百分点。全省工业技改投资完成4922.4亿元，增长17.3%；制造业完成投资6372.3亿元，增长19.7%；电力、热力、燃气及水的生产和供应业完成投资805.4亿元，增长4.4%；采矿业完成投资53.3亿元，增长－40.8%。

分地区看。漳州、厦门、龙岩、泉州工业投资分别比上年增长29.7%、28.0%、27.8%和21.6%，增速均高于全省平均水平；南平、三明、福州、宁德、莆田工业投资分别比上年增长14.3%、13.8%、11.0%、11.7%和0.8%，增速均低于全省平均水平。漳州、龙岩、宁德、泉州的技改投资分别比上年增长53.3%、27.4%、26.1%和24.7%，均保持快速增长，南平、厦门、福州、三明技改投资也分别比上年增长7.6%、18%、14.7%和8.3%，莆田则下降2.7%。

制造业31个子行业中，26个工业投资与上年相比保持正增长。其中，仪器仪表制造业增长633.5%，纺织服装和服饰业增长84.9%，有色金属冶炼和压延加工业增长74.5%，烟草制品业增长63.3%，印刷业和记录媒介复制业增长52.2%，均呈高速增长态势；食品制造业增长47%，纺织业增长43.3%，金属制品业增长43.2%，文教体育用品制造业增长40.8%，皮革和毛皮羽毛(绒)及其制品业增长38.5%，橡胶和塑料制品业增长31.3%，均实现较快增长；铁路、船舶、航空航天等制造业下降30.4%，医药制造业下降19.7%，家具制造业下降1.1%，其他制造业下降29.9%，出现不同程度回落。

(郑玉辉)

石化工业

【概况】 2022年，福建省1055家规模以上石化企业累计实现营业收入6198.9亿元，比上年增长14.1%；销售产值增长13.1%；工业增加值下降2.4%；出口交货值增长42.7%；产销率92.0%，下降1.7%；利润总额154.9亿元，下降51.4%。亏损企业103家，亏损面9.8%；亏损企业亏损额140.5亿元，增亏350.0%。

【主要石化产品产量】 2022年，福建省重点产品累计产量增长的有：聚丙烯树脂产量244.9万吨，比上年增长10.2%；合成纤维单体产量789.85万吨，增长2.3%；聚酯(PET)产量75.5万吨，增长1.8%；磷酸产量(含量85%)31.6万吨，增长3.0%；硫酸产量(折100%)356.6万吨，增长7.3%；乙二醇35.67万吨，增长17.8%。

重点石化产品产量比上年下降的有：原油加工量2579.5万吨，比上年下降9.1%；乙烯产量189.6万吨，下降10.5%；高密度聚乙烯树脂产量54.9万吨，下降17.2%；烧碱(折100%)产量26.1万吨，下降31.1%；对二甲苯(PX)产量176.5万吨、下降9.1%，其中精对苯二甲酸(PTA)产量557.7万吨，下降6.2%；浓硝酸(折100%)产量3.7万吨，下降55.2%；橡胶轮胎外胎产量2903.0万条、下降9.1%，其中子午线轮胎外胎2152.3万条，下降10.5%；磷肥(折五氧化二磷100%)12.0万吨，下降1.5%；盐酸(氯化氢，含量31%)产量15.8万吨，下降16.8%；纯碱19.0万吨，下降21.1%。

【分行业营业收入】 2022年，福建省石化行业各主要门类大多比上年有所增长。其中，精炼石油产品制造业实现营业收入1732.4亿元，增长4.1%；基础化学原料制造业实现营业收入1388.3亿元，增长36.9%；肥料制造业实现营业收入118.4亿元，增长15.6%；合成材料制造业实现营业收入1323.9亿元，增长19.6%；专用化学品制造业实现营业收入644.2亿元，增长14.1%；橡胶制品业实现营业收入372.7亿元，增长1.2%；涂料、油墨、颜料及类似产品制造业实现营业收入245.9亿元，下降11.4%；农药制造业实现营业收入8.8亿元，下降1.6%。

【石化重点项目】 2022年1月，泉港中海油服项目和申马新材料20万吨/年环己酮项目投产。4月，正太新材料20万吨/年二氧化钛项目和三棵树高新材料综合产业园一期项目投产。6月，中化泉州26万吨/年丙烯腈项目开工建设。8月，凯欣电解液一期项目和宁德国泰华荣电解液二期项目投产。9月，中景石化120万吨/年热塑性弹性体项目和天甫电子9000吨/年电子级氢氟酸项目投产。11月，东南电化二期30万吨/年烧碱项目投产。12月，万华化学(福建)40万吨/年MDI项目投产。

【化工建设工程质量监管】 2022年，福建省有53家监控化学品企业，全部完成宣布系统填报，达到宣布阈值厂区48个，核查阈值厂区44个。2月16日，福建省工业和信息化厅印发《关于进一步做好化工建设工程工业安装质量监督管理工作的通知》。开展化工建设工业安装工程质量监管培训，培训近百人次。12月30日，获“全国履行禁止化学武器公约工作先进集体”称号。

(郑　琼)

机械工业

【概况】 2022年，福建省机械行业规模以上企业工业增加值累计比上年增长16.7%，对全省工业增加值增长的贡献率为48.7%；销售产值和出口交货值分别增长15.1%、27.5%。实现营业收入12832.8亿元，利润总额914.8亿元，分别比上年增长18.4%和增长29.1%。2022年底，全省机械装备行业规模以上企业4434家，其中大型企业474家，总资产12379.3亿元，从业人员77.9万人。

【机械企业技术创新】 2022年，福建省新认定省首台(套)重大技术装备和智能装备35台(套)，涵盖数控机床、纺织机械、工程机械、高技术船舶、环保装备等领域，其中中国机械总院集团海西(福建)分院有限公司UPG7160高精度数控卧轴矩台平面磨床被认定为国内首套重大技术装备。2022年，全省机械装备工业列入省重点技术改造项目102项，总投资约296.6亿元，主要有时代一汽年产20吉瓦时动力电池生产线扩建、福建新龙马汽车股份有限公司新能源乘用车装备升级改造、福建龙净环保股份有限公司智慧环保产品生产、龙工(福建)铸锻有限公司精密铸造二期、云度新能源汽车有限公司新车型及技术设备改造、福建恒而达新材料股份有限公司智能装备与新材料工业园等项目。

【机械装备重点企业再升级】 2022年，福建工业龙头企业中机械装备企业25家，其中汽车7家、船舶和海工装备4家、输配电设备5家、工程机械2家、专用设备2家、机械基础件4家、仪器仪表1家。工业龙头培育企业中机械装备企业100家，其中输配电设备9家、电机及发电机组 9 家、工程机械 7 家、数控机床 6 家、智能专用设备 10 家、专用设备 10 家、机械基础件 22 家、仪器仪表 8 家、船舶和海工装备 7 家、汽车制造（含零部件）12 家。龙净环保位列 2022 年中国机械百强企业第 44 位、中国环境企业 50 强榜单第 8 位。太阳电缆位列 2022 年中国机械百强企业第 45 位。龙工控股入选 2022 年世界工程机械 50 强。

福建盛达机器股份公司、泛科轴承集团有限公司、福建东亚机械有限公司、三明市毅君机械铸造有限公司等 30 家机械装备企业被工业和信息化部认定为第四批专精特新“小巨人”企业。福建福光股份有限公司安防监控镜头被工业和信息化部认定为第六批制造业单项冠军产品，科华数据股份有限公司集中式逆变器［不间断供电电源（UPS）］被工业和信息化部认定为第七批制造业单项冠军产品。上汽汽车集团股份有限公司乘用车福建分公司、福建奔驰汽车有限公司、福建泉工股份有限公司、福龙马集团股份有限公司、福建金凤科技有限公司、龙合智能装备制造有限公司等 7 家企业被列入工业和信息化部 2022 年绿色制造名单。厦门金龙联合汽车工业有限公司、福建福光股份有限公司、福建龙净环保股份有限公司被列入 2022 年国家技术创新示范企业复核名单。

厦门兴全龙机械有限公司、红相股份有限公司、厦门微亚智能科技有限公司、三达膜科技（厦门）有限公司等 4 家企业被省工信厅认定为福建省第六批制造业单项冠军企业。福州泰全工业有限公司 EPS 永磁无刷马达、厦门宏发开关设备有限公司暖通交流接触器、厦门航天思尔特机器人系统股份公司中厚板机器人焊接系统等 14 家机械装备企业产品被省工信厅认定为福建省第六批制造业单项冠军产品。珠峰动力机械（宁德）有限公司技术中心列入第三十四批省企业技术中心名单，福建中网电气有限公司技术中心、宁德思客琦智能装备有限公司技术中心列入第三十五批省企业技术中心名单，福建森达电气股份有限公司技术中心、福州德塔电源技术有限公司技术中心列入第三十六批省企业技术中心名单。福建省威诺数控有限公司工业设计中心被认定为第九批福建省省级工业设计中心。

施耐德电气（厦门）开关设备有限公司列入国家智能制造示范工厂揭榜单位，华安正兴车轮有限公司“在线运行监测、质量精准追溯”列入国家智能制造优秀场景。厦船重工全球最节能环保的 2800 客位邮轮型客滚船获“Shippax 2022 年度滚装船最佳内装设计奖”。

（郑燕娄）

汽车工业

【概况】 截至 2022 年底，福建省拥有规模以上汽车及汽车零部件生产企业 417 家，从业人员 10.1 万人。其中，汽车整车制造企业 10 家，专用车生产企业 45 家（已准入），整车生产能力约 85 万辆，基本涵盖所有类别的汽车产品，初步形成福莆宁（乘用车）、厦漳（客车）和闽西北（载货车和物流车）三大汽车产业集群。

全省汽车制造业工业增加值比上年增长 5.4%，销售产值增长 6.6%，出口交货值增长 25.4%，产销率 94.8%。实现营业收入 1637.3 亿元，增长 7.5%；利润总额 83.8 亿元，增长 10.7%。

福建省生产汽车 338863 辆，比上年增长 6.7%。其中，生产轿车 144771 辆，累计增速 2.7%；多功能乘用车（MPV）33754 辆，下降 14.3%；运动型多用途乘用车（SUV）63746 辆，增长 100.6%。客车累计产量 40721 辆，下降 20.8%。其中新能源汽车产量累计 97885 辆，增长 43.7%，占比为 28.89%。

【汽车品牌建设】 2022 年，世界品牌实验室（World Brand Lab）发布的 2022 年《中国 500 最具价值品牌》中，福建省的金龙客车以 686.97 亿元的品牌价值位列第 115 位；金旅客车以 383.56 亿元的品牌价值位列第 219 位。宁德时代省内生产基地动力电池出货量 208 吉瓦时，国内市场占有率为 48%，全球市场占有率为 37%；出货量 2017—2022 年连续 6 年保持全球第一，位列“2022 中国企业 500 强”榜单 196 位。福龙马集团股份有限公司位列 2022 年中国环境企业 50 强榜单第 23 位。

【汽车科技创新】 2022 年，金旅客车联合厦门大学共同完成的“智能网联电动汽车底盘一体化集成与协同控制技术产业化”项目获 2021 年福建省科学技术进步奖二等奖，该成果应用于金旅最新开发的星辰、驰睿、北极星等多款自动驾驶客车中，实现基于车、路、云融合信息的自动驾驶客车底盘系统协同优化控制，并获得国家发明专利 25 项、实用新型专利 3 项；2022 年被国家知识产权局评为 2022 年国家知识产权优势企业，《客车制造供应链协同类智能制造标准应用试点》项目入选国家 2022 年度智能制造标准应用试点项目名单。

2022 年，龙岩市海德馨汽车有限公司 HDX5251XDYC6DFC0 电源车、厦门金龙联合汽车工业有限公司智慧校园巴士（XMQW43BEVS2、4.3 米）、漳州科晖专用汽车制造有限公司平推式垃圾中转设备（KHHY100）被认定为 2022 年省内首台重大技术装备。

2022 年，全国首台光储充检智能超充站正式在宁德投用，是全国首个采用全直流微网技术，把充电桩、储能等集成为一体化的标准化智能充电站，搭载时代星云 1000 千瓦/1032 千瓦时液冷储能系统配合 20 台 160～180 千瓦高功率充电桩，可同时为 20 台电动汽车在 7～8 分钟内补充 200 多千米的续航电能，也可在 30 分钟以内为大部分电动汽车补电 80%，可有效解决城市中心充电基础设施电力增容扩容、快速安全充电、电池健康检测等问题。

2022 年，福龙马集团股份有限公司“智慧环卫工业互联网云平台”列入工业和信息化部“大数据产业发展试点示范项目”和“新一代信息技术与制造业融合发展试点示范名单”，是福建省唯一列入工业和信息化部面向重点行业的特色型工业互联网平台领域的项目。

2022年，金龙客车发布MTV整车电池一体化技术暨行业首款MTV整车电池一体化客车成功下线。金龙MTV技术将电池模组与整车深度集成，将整车其他零部件如空调、热管理机组等与整车实现深度集成的技术，具有高集成、高比能、高安全、高效率的优点，让车身与电池结构互补，效率显著提高，整车空间利用率提升45%，减重200千克以上，电池系统能量密度达到175瓦时/千克，成组效率超90%；电池全顶置设计，避开涉水风险，减少碰撞概率，提高安全性，同时结合电池全生命周期安全监控与云端安全诊断，保障整车安全可靠。（郑燕娈）

2022年8月10日，福宁重工为南平闽江航运发展有限公司建造的58米内河集散两用增程式电动货船“武夷2号”下水（邱丹丹　摄）

船舶工业

【概况】 2022年，福建省规模以上船舶工业企业完成工业总产值109.1亿元，比上年下降15.2%；出口产值35.2亿元，增长17.5%；主营业务收入108亿元，增长20%。全年造船完工船舶74.9万载重吨，完工量下降21.9%；修船产值20.14亿元，下降38.2%；新承接订单203艘/108.68万载重吨，手持订单243艘/186.52万载重吨，分别比上年下降19.85%、11.2%。

【产业布局】 2022年，福建省造修船产值分布为：福船集团船舶板块完成工业总产值47.8亿元，比上年增长21.3%；福州地区船舶工业完成工业总产值15.2亿元，比上年下降2.2%；宁德市完成工业总产值21.4亿元，下降48.7%；漳州龙海地区完成工业总产值7.68亿元，下降53.2%；军工企业民品船舶完成工业总产值3.8亿元，增长19.3%。

【创新转型】 2022年，福建省船舶工业集团有限公司权属福建省马尾造船股份有限公司建造“闽投1号”深海养殖装备，该装备长92米、宽36米、高27米，拥有智慧渔业、深海养殖、休闲旅游、产学研基地等4个功能。“闽投1号”具有良好的抗风浪能力，搭载水文监测、气象监测系统以及包括光伏发电、波浪能发电、柴油发电的三套发电系统，是福建省内首台渔旅结合的养殖平台。

2022年9月21日，福建省首台（套）渔旅结合的养殖平台“闽投1号”在连江正式落户（叶翠　摄）

2022年，福船集团权属福建福宁船舶重工有限公司建造58米内河集散两用增程式电动货船“武夷2号”，该货船长58米，宽10.50米，型深2.65米，设计吃水1.85米，设计容量1540千万时，设计续航80千米，装箱量21箱，载货量可达765吨。“武夷2号”采用宁德时代动力电池、中船赛思亿电控系统，具备绿色经济的优势，是福建省第一艘电动推进船。

【内河船舶绿色智能发展】 2022年9月，工业和信息化部等5部委发布《关于加快内河船舶绿色智能发展的实施意见》，将福建列入内河船舶绿色智能发展先行先试地区，将闽江列为示范应用流域。全省首艘电动推进货船“武夷2号”、闽江首座电动船舶公共充电站、全省电动船舶信息管理平台于2022年12月投用，闽江流域首个电动船舶示范应用场景开启先行先试。《2030型福建省绿色智能船舶关键技术研究及示范》于2022年12月获工业和信息化高技术船舶科研计划批准立项，为福建省近5年首个获该计划支持项目。马尾造船厂、东南造船厂电动船舶相关项目分别获得省级科技立项支持。（郑燕娈）

冶金工业

【概况】 2022年，福建省拥有规模以上冶金工业企业456家。其中，国有控股企业41家，营业收入占比33.3%；营业收入10亿元以上企业32家，营业收入占比85%以上。钢铁、铝、铜、钨等基本形成以龙头企业带动产业发展的格局。2022年全省冶金行业营业收入7349.9亿元，比上年增长6.3%（其中钢铁工业3087.4亿元，下降1.5%；有色工业4262.5亿元，增长12.8%）；实现利润126.6亿元，下降59.1%（其中钢铁工业13.8亿元，下降92.7%；有色工业112.9亿元，下降5.9%）。

【主要冶金产品产量】 2022年，福建省冶金工业优势产品产量在国内占有重要地位，不锈钢、钨加工材产量全国第一，其中不锈钢产量约占全国30%，灯用钨丝市场占有率70%，锂电正极材料居全国前三位。全省冷轧薄钢板、涂镀层钢板、不锈钢板带、IT产品用铝型材、铝PS印刷板基、高档硬质合金、高性能稀土材料等高附加值产品产值占冶金产值的40%左右，超细晶硬质合金棒材、双零铝箔、高性能稀土磁性材料等产品质量达到国际先进水平。全年全省铁成品矿产能1000万吨，生铁产能1771万吨；生产粗钢3651万吨，黄金238.7吨（含合质金、重熔金），单一稀土金属2245吨，铜材16.1万吨，电解铜87.2万吨，分别比上年增长7.7%、19.3%、9%、4.6%和6.1%；生产电解铝7.1万吨，铝材145万吨，分别比上年下降1.1%和10.9%。

【重点冶金企业】 2022年，福建省冶金龙头企业各具优势。三钢集团、厦门钨业、南平铝业、紫金矿业、长汀金龙稀土等企业在产品档次和技术研发水平方面达到国内或国际先进水平。紫金矿业是全国最大的矿山企业，居全球黄金企业第一位，黄金产量占全国10%，拥有中国黄金行业唯一的国家重点实验室，以及国家级企业技术中心、院士工作站等高层次科研平台。厦门钨业钨品出口、三元正极材料产量全国第一，是国家首批创新型企业，拥有国家钨材料工程技术研究中心、国家级企业技术中心和3个博士后科研工作站等。青拓集团的红土镍矿高炉利用低品位红土镍矿冶炼镍铁的回转窑—矿热炉（RKEF）工艺技术在全国领先，独创的“RKEF与AOD炉双联法”冶炼不锈钢工艺为国际先进水平，在节能、环保、生产成本等方面具有明显竞争优势，产品占国内市场的15%以上。三钢集团位列2022年度“中国制造业企业500强”第172位、“中国企业500强”第220位，主要技术经济指标居于同类型企业先进水平，利润水平居全国钢铁行业前列，精细化水平高，企业在技术、人才、产品实物等方面拥有较强的竞争力。三钢集团“高效节能焦炉上升管荒煤气余热回收技术的研发和应用”“再生钢铁原料国家标准的研究和应用”项目被中国钢铁工业协会、中国金属学会分别授予“2022年冶金科学技术奖”一等奖和三等奖。福建省长汀金龙稀土有限公司入选国家创建世界一流专精特新示范企业名单。

【绿色冶金行业发展】 2022年，福建省工业和信息化厅出台《福建省钢铁工业高质量发展实施意见》《福建省钢铁行业差别电价资金使用规定》《福建省重点新材料首批次生产应用支持参考目录（2022年版）》等政策文件，打造行业领先、产业优化、竞争力强的现代绿色冶金工业体系。推动新材料产业创新发展，对2021年度符合条件的9个重点新材料产品生产企业给予1800万元奖励；落实工业和信息化部重点新材料首批次保险补偿工作政策，对2021年度符合条件的3家生产企业给予1186万元保险金额补助；对2021年度符合条件的11家稀土及关联产品、重点新材料生产应用企业给予3599.6万元奖励。开展钢铁产能置换工作，完成福建大东海实业集团有限公司产能置换公告。完成全年国家下达福建省的粗钢产量压减目标任务。开展严防“地条钢”死灰复燃工作，对违规新增产能行为和“地条钢”死灰复燃行为保持零容忍的高压态势。

【行业准入规范申报】 2022年，福建省工业和信息化厅继续开展行业准入规范条件申报和动态调整，2022年将福州吴航钢铁有限公司、福建福华新材料集团有限公司、福建三山（集团）南平市钢铁有限公司、中铜东南铜业有限公司纳入工业和信息化部《钢铁行业规范条件》《铜冶炼行业规范条件》公告。截至2022年底，全省冶金行业有41家企业获得工业和信息化部规范（准入）公告。（杨乐彪）

建材工业

【概况】 2022年，福建省建材工业以建筑卫生陶瓷、建筑饰面石材、水泥、平板玻璃及深加工工业等为主。全省规模以上建材企业2258家，实现营业收入5907亿元，利润总额359亿元，税金总额100亿元，全行业资产总额3138亿元，从业人员33.5万人；销售产值比上年增长5.8%，工业增加值增长5.9%。主要产品产量：水泥9657万吨、平板玻璃5439万重量箱、陶瓷砖产量29.9亿平方米、建筑石板材1.8亿平方米。

【主要细分行业】 2022年，福建省石材工业产值、产量、出口交货值均居全国首位，主要分布在泉州，形成以南安为主的规模大、专业化程度高、产业特色明显、在国内外市场有影响力的南安石材产业集群，是全国最大的石材生产和出口基地，已成为辐射全球的世界级石材中心，拥有溪石、华辉、万里石、南星大理石等骨干企业。全年全省规模以上石材工业企业535家，产量1.8亿平方米，全行业资产总额557亿元，实现营业收入1230亿元，利润总额89亿元，税金总额17.6亿元。

建筑卫生陶瓷行业。全省规模以上建筑卫生陶瓷企业255家，资产总额530亿元，实现营业收入1115亿元，利润总额83.2亿元，缴纳税金19.5亿元。陶瓷砖产量29.9亿平方米，居全国第一位，卫生陶瓷2712万件。福建卫生陶瓷企业主要分布在泉州晋江和南安、福州闽清及漳州长泰、平和、南靖和华安等地，形成原料、生产、市场、物流、机械模具制造及维修和产品检测等较完整的产业链。泉州陶瓷产业规模约占全省的75%，拥有九牧、铭盛、华泰、宝达、豪山、品质等一批骨干企业。

水泥行业。全省规模以上水泥企业生产水泥9657万吨，产量居全国第12位，资产总额383亿元，实现营业收入456亿元，产销率93.3%，利润总额4.7亿元，缴纳税金5.5亿元。全省水泥企业主要分布在龙岩、三明，其中龙岩产量占全省的50%以上，三明产量占全省的38%左右。主要有福建水泥、华润水泥、金牛水泥、红狮水泥、龙麟水泥、塔牌水泥等龙头企业。

平板玻璃行业。全省有8家平板玻璃生产企业，产量5439万重量箱，实现营业收入98.7亿元，利润总额16.9亿元，缴纳税金2.8亿元。福建平板玻璃生产企业主要分布在福州、漳州，形成漳州光伏玻璃产业基地，拥有福耀、旗滨等龙头企业。高档汽车安全玻璃产量居全国第一位，夹层玻璃产量居全国第二位，平板玻璃产量居全国第六位。

【主要建材企业】 2022年，福建省规模以上建材企业2258家，其中营业收入50亿元以上的企业2家（福耀、九牧）。有龙头企业6家，其中水泥及水泥制品1家、平板玻璃2家、建筑饰面石材1家、建筑卫生陶瓷1家、新型墙体材料1家。工业龙头培育企业35家，其中水泥及水泥制品8家、平板玻璃4家、建筑饰面石材9家、建筑卫生陶瓷10家、新型墙体材料4家。主要企业有福建水泥、华润水泥、金牛水泥、红狮水泥、龙麟水泥、九牧集团、福耀玻璃、漳州旗滨、宝达建材、溪石股份等。

【绿色产业发展】 2022年，福建省夯实建材产业绿色发展基础，推进行业绿色低碳转型。2022年，福建省在全国率先全部淘汰落后的机立窑水泥生产线，新型干法水泥生产比例达到100%。

福建省应用新技术、新工艺、新装备实施技术改造，提高企业装备技术水平，水泥行业装备技术水平达到国内先进。建筑卫生陶瓷行业应用宽体窑、激光3D喷墨印花等先进装备提升行业装备技术水平，应用新一代信息技术实现智能生产。新型墙体材料行业应用新技术，以粉煤灰、煤矸石、石粉等废渣为主要原料，开发生产具有轻质、利废、保温、隔热等功能的节能型新型墙体材料。平板玻璃行业引进和消化具有国际先进水平的工艺和装备，生产的LOW－E玻璃、光伏玻璃、汽车玻璃等产品处于国内领先地位，有的达到国际先进水平。

福建省水泥行业按照国家要求实施错峰生产，全省31家熟料企业44条水泥熟料生产线全年实际停窑时间约138天。

全省新型干法水泥旋窑企业水泥单位产品可比综合电耗均达到《水泥单位产品能源消耗限额标准》（GB16780－2012），大部分达到国家标准先进值。企业余热发电、脱硫脱硝除尘技术得到广泛应用，全省新型干法水泥熟料生产线均利用生产过程排放的废气余热配套建设纯低温余热发电站，年内全部安装脱硝装置并投入运行。进一步推进水泥窑协同处置工业固体废物、危险废物、生活垃圾。推广应用建材窑炉烟气脱硫脱硝除尘、清洁能源以及建材智能制造、资源综合利用等共性技术，推广使用LNG（液化天然气）替代煤气作为烧成燃料，促进建筑陶瓷产业节能减排和转型提升。年内泉州市全面完成建筑陶瓷企业“煤改气”替代工程，闽清县建筑陶瓷企业的釉烧窑改用天然气。

（林丽卿）

能源工业

【概况】 2022年，福建省规模以上采矿业企业增加值比上年增长3.9%；电力、热力、燃气及水生产和供应业增长9.3%，其中电力、热力生产和供应业增长11.5%。从固定资产投资情况看，采矿业投资53.32亿元，比上年下降40.8%；电力、热力、燃气及水生产和供应业投资805.39亿元，增长4.4%。

【能源产品产量】 2022年，福建省原煤产量443万吨，比上年下降18.1%。发电量3073.96亿千瓦时、增长4.9%，其中火电1585.96亿千瓦时、水电386.95亿千瓦时、核电831.94亿千瓦时、风电230.63亿千瓦时、光伏38.15亿千瓦时。

【重点保供项目】 2022年，福建省新增一批能源重要基础设施。电源项目方面：福清核电6号机组（115万千瓦）1月成功并网，国能连江电厂2号机组（100万千瓦）4月正式投产发电，周宁抽蓄（4×30万千瓦）8月全容量投产，永泰白云抽蓄投产3台机组（3×30万千瓦）和霞浦国网时代100兆瓦电化学储能电站（10万千瓦/20万千瓦时）11月开始送电。电网工程方面：闽粤联网工程9月竣工投产，周宁抽水蓄能电站500千伏送出工程、永泰抽水蓄能电站500千伏送出工程等电源送出工程及洋荷（南安）500千伏输变电工程、棠园500千伏输变电工程等输变电工程投产运行。天然气管道方面：海西天然气管网德化支线工程、漳州LNG联络线工程建成投产，海西天然气管网二期工程长乐—福鼎段、漳州—诏安段、漳州—龙岩段等天然气管道项目先后完工。能源储备项目方面：华电可门卸煤系统和储煤场地扩建工程、神华罗源湾储煤工程、漳州LNG接收站2座储罐及相关配套设施建成。

【能源科技装备】 2022年3月，“华龙一号”全球示范工程全面建成投运。单机容量13兆瓦、13.6兆瓦、16兆瓦的海上风电机组先后在福建三峡海上风电产业园下线，其中亚洲地区单机容量最大、叶轮直径最大的13兆瓦抗台风型海上风电机组2月下线，全球叶轮直径最大、亚太地区单机容量最大的13.6兆瓦海上风电机组10月下线，全球单机容量最大、叶轮直径最大、单位兆瓦重量最轻的16兆瓦海上风电机组11月下线。全国首座标准化设计“光储充检智能超充站”宁德锂电小镇光储充检智能超充站10月在宁德投入使用。

【能源科技进展】 2022年6月，宁德时代发布第二代麒麟电池，电池包体积利用率从55%提升到72%，电池系统能量密度可达255瓦时/千克，磷酸铁锂体系可达瓦时/千克。中国科学院物构所研发出具有长循环寿命的高安全电解液组装成锂对称电池，并攻克新一代的石墨烯基铅碳超级电池的产业化关键技术。福州大学化肥催化剂国家工程研究中心研发团队首创常压低温氨分解催化剂，攻克“氨一氢”能源循环的关键技术瓶颈。金石能源高效微晶异质结组件转换效率连续3次刷新世界纪录，截至2022年底转换效率24.46%。东方电气引进海水无淡化原位制氢技术。

【电网建设】 2022年1月，中国自主三代核电华龙一号第三台机组和福清核电6号机组（115万千瓦）并网成功，标志着“华龙一号”示范工程全面投入运行。9月，国家电网与南方电网之间网对网互联的第一条线路——闽粤联网工程竣工投产，福建和广东电网首次实现互联互通。11月，全球单机容量最大的16兆瓦海上风电机组在福建三峡海上风电产业园下线。 （省发改委）

纺织工业

【概况】 2022年，福建省锦纶、化纤纱等产量居全国第一位，涤纶、印染布产量居全国第三位。规模以上纺织服装企业营业收入8820亿元，比上年增长6.1%；工业增加值、销售产值、出口交货值分别增长4.8%、4.8%、1.7%。其中，化纤制造业、纺织业、服装服饰业增加值分别增长5.4%、－2.9%、10.9%，销售产值分别增长10.2%、4.9%、1.3%，出口交货值分别增长23.1%、5.6%、－0.8%。2022年，全省服装、纱、化纤产量分别为72亿件、572万吨、1031万吨，分别比上年增长4.8%、1.6%、0.9%。

【产业布局】 2022年，福建纺织工业主要分布在泉州、福州、莆田、三明、厦门、龙岩等地区，发展形成各具特色的产业集群，其中泉州、福州两大产业集群产值规模达2000亿元。泉州产业链完整，有品牌企业众多，有安踏、特步、361°、匹克等运动服装企业，以及九牧王、柒牌、七匹狼、利郎、卡宾等在国内具有较高知名度的闽派休闲男装企业，其中安踏作为北京冬奥会和冬残奥会官方合作伙伴，为中国代表团提供比赛服、颁奖服等装备。百宏、百川等化纤企业，凤竹、海天、向兴等染整企业，兴泰、冠泓等产业用纺织品企业，佶龙、佰源等纺织服装机械企业，为泉州纺织全产业链发展提供支撑。晋江鞋纺城、石狮服装城等专业市场是全国乃至亚太地区最大的鞋服原辅料采购中心、交易平台，年交易额均超过300亿元。

2022年，作为全国最大的锦纶民用丝、化纤混纺纱生产基地，福州拥有一批在行业内具有较大影响力的企业，恒申、永荣是全国前两大锦纶生产企业，金纶高纤、山力化纤、经纬新纤等涤纶企业在全国具有较强竞争力；新华源、长源、金源等大型棉纺企业加快非棉化纤、混纺纱线开发；宏港、宁邦、东龙等经编、染整企业及尚飞、春晖、顺邦等工装制服企业朝中高端方向发展。

其他地区加大龙头重点企业培育，如莆田赛得利、华峰、才子，三明鑫森、宝华林、顺源等，厦门翔鹭化纤、华懋、欣贺、世纪宝姿，龙岩亿来、华平、天守纺织，南平福能南纺等。

【纺织行业细分】 化纤新材料。2022年，福建省以福州长乐、连江等为重点，发展新型纤维素纤维、功能性纤维、差别化纤维等高技术纤维产品，推进化学纤维原液着色、低温染色、高性能纤维品种开发应用，加大开发循环再生纤维。

棉纺织造。福建省以福州长乐、泉州晋江等为重点，扩大纺纱生产数字化智能化规模，推广高性能智能织机（针织、机织）及整浆、后处理配套设备应用。加强新型纤维、多组分非棉纱线、坯布研发，加快新工艺、高品质、多品种纱线、坯布开发应用。加快推进优质、高端纺纱、织造产业链协同发展。

印染。福建省推进晋江、石狮、长乐、尤溪、连江可门等印染集聚区产业转型升级，推广高效、优质、短流程、节能、低耗、低排放、安全可靠的绿色印染技术装备，加强数字化智能化染色、印花、后整理等技术装备和加工技术运用。推进上下游产业链协同发展，加大高端印染、后整理产品的开发应用。

服装家纺。福建省推动云计算、大数据、人工智能、5G等新技术应用，促进服装产业以时尚创意为特色、以科技创新为动力、以智能制造为基础，加快向价值链中高端攀升，提高产品附加值。以晋江、石狮等为重点，突出运动服、休闲服、创意服等特色品类，做强闽派服装品牌。

产业用纺织品。福建省加快高性能纤维材料研发，促进非织造、机织、针织及立体成型编织等共性关键技术开发应用，强化科技创新引领，促进高端替代应用，加大医疗健康、应急救援、安全防护、海洋经济、环境保护等领域拓展应用。

【纺织企业技术升级】 2022年，全省7家纺织企业入选工业和信息化部“2022年度智能制造示范工厂揭榜单位和优秀场景”，占全国同行业入选企业的70%。省7家企业通过2022年工业和信息化部印染行业规范公告，居全国首位，通过企业总数升至全国第二。4家企业入围2022年中国印染企业30强，企业数居全国第三。中国皮革制鞋研究院晋江院牵头创建省级高端绿色鞋服制造业创新中心，重点开展高端绿色鞋服新材料、三维数字化大数据、设计开发、高端装备及智能制造等领域关键技术研发，推动技术成果转化落地。

【纺织产品品牌升级】 2022年，福建省9家企业产品获中国纺联“2022年度科学技术奖”，其中厦门当盛为全国唯一获得“技术发明奖”一等奖的企业；10家企业产品获评“全国纺织创新产品”，数量历年最高。品牌培育深化，8家企业入选工业和信息化部“重点培育纺织服装百家品牌”，12家企业获全国首批“国潮品牌”称号。

【纺织产品促销】 2022年，福建省深化实施增品质、提品质、创品牌“三品”行动，举办“爱泉州·大乐购”石狮专场、长乐·晋江化纤面料服装“手拉手”等拓市场、促消费活动30多场，推动上下游供需对接、产销衔接，带动消费超百亿元。

【纺织企业纾困解难】 2022年，福建省在全国率先设立50亿元规模的纺织鞋服产业纾困贷，惠及企业281家，为企业纾困解难，降低融资成本，保障产业链、供应链稳定。（郑　成）

食品工业

【概况】 2022年，福建省规模以上食品工业企业2465家，实现营业收入6882.9亿元、比上年增长2.4%，占全省规模以上工业企业营业收入的9.8%。其中，农副食品加工业3738.6亿元，增长5.9%；食品制造业1707.6亿元，比上年下降1.8%；酒、饮料和精制茶制造业1061.9亿元，下降5%；烟草制品业374.8亿元，增长11.1%。全省规模以上食品工业企业实现利润总额474.5亿元，比上年增长4.5%，占全省规模以上工业企业利润总额的11.7%。其中，农副食品加工业202.2亿元，增长12%；食品制造业144.5亿元，下降4.3%；酒、饮料和精制茶制造业110.5亿元，增长12.7%；烟草制品业17.3亿元，下降18.5%。

【主要加工食品产量】 2022年，福建省主要加工食品的产量为：鲜、冷藏肉184万吨，膨化食品12.29万吨，卷烟899.87亿支，饮料995.1万千升，分别比上年增长15.1%、14.3%、8.5%和0.5%；精制食用植物油174.13万吨、成品糖30.75万吨、冷冻水产品177.14万吨、糖果69.5万吨、速冻食品57.3万吨、罐头245.6万吨、饮料酒188.5万千升、啤酒160.7万千升、精制茶23.09万吨，分别比上年下降13.9%、13.9%、18.9%、19%、4.2%、9.5%、4.1%、3.2%和11.2%。

【食品企业创新发展】 2022年，素天下食品、燕京惠泉啤酒、闽威实业、红太阳精品、康之味食品等企业技术中心被评为省企业技术中心。光阳蛋业、御冠食品、益斯麦食品、璞真食品、青岛啤酒（厦门）、燕之屋丝浓食品、升隆食品、八马茶业、科宏生物、明一生态营养品、百威雪津啤酒等企业被评为福建省第五批绿色工厂。百威雪津啤酒、福州统一企业被评为2022年度省级能效“领跑者”标杆企业；福建海兴保健食品有限公司的海洋绿藻加工提取制备多糖工艺、达利食品集团有限公司的豆本豆豆奶全豆工艺技术、福建亚明食品有限公司的速冻面制品品质提升关键技术创新与应用获得2021中国食品工业协会科学技术奖奖励项目特等奖。圣农集团白羽鸡种源项目获“2022年度科技成果转化贡献奖”，燕之初丝浓食品有限公司获得国家级高新技术企业证书。

【食品品牌提升】 2022年，达利食品、安井食品、圣农食品、金达威入选“2022胡润中国食品行业百强榜”，燕之屋获“2022国民消费·影响力品牌”，紫山集团获2022年度“大国好货·年度品牌企业”称号，方家铺子获第十一届中国食品健康七星奖·年度新秀奖，达利食品、傲农生物、圣农发展、天马科技、中绿食品、御冠食品、春伦集团、兆华水产、海欣食品、闽榕茶业、东华冷冻、闽威实业等企业进入“2022中国农牧企业500强”，安井食品、圣农、绿进、亚明等企业进入中国预制菜百强企业。

【食品企业诚信建设】 2022年，福建省召开全省食品工业企业诚信管理体系暨数字化转型培训视频会，推动食品工业企业落实食品工业企业诚信管理体系国家标准，推进食品工业机械化、智能化、数字化转型。全省食品产业高质量发展，顶津食品、中港水产、方家铺子、汀江酒业等32家企业通过食品工业企业诚信管理体系评价。（王　帅）

森林工业

【概况】 2022年，福建一产林业产值430亿元，比上年增长5%；全省林业产业总产值7400亿元，增长5.5%。全省森林面积806.7万公顷，森林覆盖率65.12%，居全国首位；全省森林蓄积量8.07亿立方米，居全国第八位；乔木林亩均蓄积量8.1立方米，居全国第三位。全省九市一区全部获评国家森林城市，所有县（市）全部获评省级森林城市。

福建省林业局联合10部门下发《关于加快推进竹产业高质量发展的通知》，编制下发《福建省林业产业发展指南（2021—2035年）》《福建省林下经济发展指南（2021—2030）》。省林业局搭建平台，推动总投资221.8亿元的99个招商引资项目落地落实。推进7个竹产业一二三产融合发展重点县、13个笋竹精深加工示范县项目实施。开展2022年度省级名牌农产品（林业品牌）评选认定工作，共评选认定区域公共品牌2个、名牌农产品9个。

福建省林业局以实施林产工业工程为重点，助力乡村振兴，重点扶持10个林产工业重点县和10个林产工业特色县发展。年内，福建省林业局协调政和竹制品商会开展亚马逊等跨境电商推广、示范工作；邵武“E知竹网”和永安“竹师傅”等互联网平台日渐兴起；组织150多家企业参加福州及厦门跨境电商交易会、中国义乌国际森林产品博览会等，达成合作意向360多项，签订合同金额1.5亿元。

【闽台森工合作】　2022年，福建省林业局引进6家花卉苗木、生态休闲观光等涉林台资企业，总投资0.53亿元。“森林康养”“蝴蝶兰种苗和鲜切花生产技术”“花卉文化交流”等3个项目入选两岸标准共通试点。漳平牛樟王农业发展有限公司台湾牛樟芝融合产业项目在漳平市林业苗圃培育台湾牛樟苗木3万株。三明市引进台湾艾、地桃花、迷迭香、洋桔梗、野荞花等新品种10个，自动控温系统、自动给水系统等新技术2项，示范推广20公顷。

【花卉苗木产业】　2022年，福建省花卉苗木全产业链总产值1233.4亿元，比上年增长5.9%。推进省级财政花卉产业发展项目建设，新建花卉温室大棚27.36万平方米。10个属88个花卉品种获国家植物新品种权，完成三角梅、绣球、仙人掌和石斛属植物等4个省级花卉种质资源库评审认定，收集保存种质资源1722份，完成登记671份。

【竹业】　2022年，福建省林业局、省发改委等10部门《关于加快推进竹产业高质量发展的通知》，推动丰产竹林示范建设，加强2021年度7个竹业重点县、2022年度10个竹业重点县加快项目建设进度。省级财政资金增加到2200万元。开展竹林机械使用情况调研，重点调查竹林生产经营、笋竹运输、产品加工等3类机械设备的推广应用情况。

【油茶】　2022年，福建省林业局将支持油茶产业发展作为提高油料综合保障能力和助力乡村振兴的重要内容，编制印发《福建省油茶生产三年行动方案（2023—2025年）》，组织基层林业部门、油茶企业、专业合作社等1344人参加全国油茶生产实用技术网络培训，下达油茶示范基地建设补助资金2616.5万元，全省完成油茶示范基地建设4766公顷。

【林下经济】　2022年，福建省林下经济利用面积209.8万公顷，产值750亿元，扶持林下经济重点县27个，创建省级林下经济重点乡镇7个。开展省级林下经济重点县、重点乡镇（2022—2024）认定工作，重点扶持光泽七叶一枝花、邵武黄精、泰宁崖壁铁皮石斛、清流岗梅、宁化三叶青、武平紫灵芝、长汀茯苓、上杭骨碎补、连城铁皮石斛、平和牛大力等品种。总结推广邵武市片仔癀——润身中药产业科技示范园“定制药园”生产模式和“大型药企＋基地（国有林场）＋林农”的林下中草药发展模式，设立道地药材检测中心和智慧生长数据监控中心，对林下中草药标准化种植进行检测监控，保障产品质量。总结推广邵武市在全省首创发放“林下经济经营权证”做法，探索破解林下经济作物无法作为抵押物的难题。

【森林旅游】　2022年，福建省林业局落实“百园千道”生态产品共享工程项目建设任务，完成森林公园改造提升25个、森林步道建设358千米，超额完成2022年“百园千道”建设任务。联合省卫健委、民政厅等部门在福州植物园举办“福建省森林康养品牌LOGO发布仪式暨森林养生城市、森林康养小镇、森林康养基地授牌仪式”。联合省卫健委、民政厅等部门，完成2022年森林养生城市、康养小镇、森林康养基地评定任务，确定武夷山等5个城市为省级森林养生城市、永安青水畲族乡等14个乡镇为省级森林康养小镇、连城莒和谷等38个康养基地为省级森林康养基地。联合中国林学会森林疗养分会举办森林康养师培训班，参训学员70多人全部通过考核并取得中国林学会森林疗养师专业技能证书。

【林产品安全生产】　2022年，福建省林业局开展林产品质量安全监测工作，对2094批次木质林产品、林化产品、花卉和竹笋、油茶、锥栗及其产地土壤等林产品开展质量监测；加强对设区市食用林产品安全考核，实行一季一报一分析，做好即知即改，守住食用林产品安全底线。福建省食用林产品安全信息追溯管理平台竣工验收，平台注册主体用户700家，基本实现食用林产品产区全覆盖。省林科院（省林产品检验中心）参加全国林产品检验检测能力验证，实现全项满意，成为全国117家中7家全项满意单位之一。

（刘建波　郭　浩）

医药工业

【概况】　2022年，福建省形成化学原料药及其中间体、化学药品制剂、生物制药、中成药、中药饮片、医疗器械等门类较为齐全的医药工业体系。完成营业收入837.5亿元，比上年下降7.1个百分点；利润总额187.89亿元，下降28.9%；工业增加值增长0.4%，销售产值下降7.1%，出口交货值下降45.3%。

【医药产业布局】　2022年，福建省基本形成以厦门、福州、漳州、三明为主要支撑，重点区域协同推进的医药工业产业发展格局。厦门生物医药港培育发展以生物医药为核心的生物与新医药战略性新兴产业，是全国有影响力的医药产业集聚区之一，2021年入围全国生物医药产业园区综合竞争力前十；福州市有福州江阴工业园、仓山生物医药产业园等，福州江阴工业园高端抗生素原料药在行业中具有较强竞争力；三明市有三明生物医药产业园、明溪药谷等，其含氟医药及中间体、紫杉醇提取加工等产业特色明显；龙岩长汀医疗器械产业园积聚一批医疗器械企业；宁德柘荣海西药城是全国重要的太子参生产基地；泉州市有泉州（永春）生物医药产业园、石狮海洋生物科技园等；漳州市有东山海洋生物科技园、诏安海洋生物高新技术产业园等。

【细分医药行业】 生物制药。福建省生物制药行业主要分布在厦门、福州等地，2022年，全省生物制药行业营业收入249亿元，比上年下降23.5%，重点企业有厦门万泰沧海、特宝生物等。厦门万泰沧海生物二价宫颈癌疫苗市场供不应求，2022年实现营业收入84.3亿元，增长133.3%；特宝生物一类创新药“派格宾”全年实现营业收入15.3亿元，增长34.9%。

化学原料药。福建省化学原料药行业主要集中在福州、三明等地，2022年，营业收入139.5亿元，比上年增长20.9%，重点企业有福抗药业、丽珠福兴医药、南方制药。福抗药业是国内重要的抗生素原料药生产企业，2022年营业收入17.1亿元；丽珠福兴医药是全球独家卡那霉素原料生产商，是国内米尔贝肟原料第一大生产商，2022年营业收入9.6亿元，比上年增长36.1%；南方制药是全球重要的紫杉醇、多西他赛等产品供应商之一，紫杉烷类原料药产品约占全国市场的60%，2022年营业收入1.6亿元，比上年增长33.3%。

化学药品制剂。福建省化学药品制剂行业主要集中在福州、厦门、三明等地，2022年，营业收入93.7亿元，比上年增长3.2%，重点企业有海王福药、广生堂药业、闽东力捷迅药业、力品药业等。其中，海王福药拥有17个中西药制剂、剂型、480多个药品批文号，2022年实现营业收入6.1亿元，比上年增长21.5%；广生堂拉米夫定、阿德福韦酯、恩替卡韦三大抗乙肝病毒一线用药全面投产，增长较快；力捷迅药业注射用苯巴比妥钠的市场占有率较高，2022年营业收入4.8亿元，比上年增长9.9%。

中药（包括中成药和中药饮片）。福建省中药饮片行业主要分布在福州、宁德、南平等地，2022年，营业收入150.6亿元，比上年增长0.56%，重点企业有同仁堂（福州）健康药业、天人药业、仙芝楼科技等；中成药行业主要分布在福州、漳州、厦门等地，重点企业有片仔癀、厦门中药厂、同溢堂药业、厦门金日制药等。其中，片仔癀药业研发实力位居中国中药研发实力前10强，拳头产品“片仔癀”为国家中药一级保护品种；同溢堂药业益安宁丸、金凤丸等产品稳步增长，2022年营业收入9.2亿元，比上年增长8.1%；厦门中药厂八宝丹产量进一步提升，营业收入6.2亿元，增长14.8%；

医疗器械。福建省医疗器械行业主要分布在厦门、福州等地，2022年，营业收入167.8亿元，比上年下降5.9%。重点企业有厦门艾德生物、厦门大博医疗、福州迈新生物、瑞声达听力等。其中，大博医疗骨科创伤类及神经外科植入耗材的市场份额居国产品牌第二，覆盖全国4000多家医院；瑞声达听力是国际知名的高技术助听器和听力诊断仪器品牌，是全球最大的助听器和听力诊断仪器供应基地，全年营业收入8.3亿元，比上年增长6.9%；艾德生物在国内肿瘤精准治疗细分市场占有率超过70%，产品销往全球60多个国家；迈新生物是全国肿瘤病例免疫组化诊断试剂的领先者，全年营业收入6.4亿元，比上年增长7.2%。

【医药业创新发展】 2022年，力品药业的来氟米特片和盐酸可乐定缓释片、东瑞制药盐酸二甲双胍缓释片等3个三类新药，泰普生物新冠病毒核酸检测试剂、大博医疗的半月板缝合系统、厦门优迈科核酸扩增检测分析仪等42个三类医疗器械获国内注册，130多个二类医疗器械获批并逐步产业化；厦门大学牵头研制的鼻喷流感病毒载体新冠疫苗获批紧急使用，被列为国家第二剂次加强免疫接种可选疫苗。全省有30多个一类创新药获临床批件，其中特宝生物的预防中性粒细胞减少症的Ⅰ类创新药“珮金”实施申报国内注册认证，重组人生长激素注射液开展Ⅲ临床试验；广生堂中霖广谱抗新冠病毒口服小分子药“泰中定”、厦门万泰沧海生物九价宫颈癌疫苗进入Ⅲ临床试验等。 （李燕婷）

烟草工业

【概况】 截至2022年底，福建中烟工业有限责任公司拥有总资产255.25亿元，其中流动资产184.47亿元、非流动资产70.79亿元。全年实现工业总产值324.48亿元，比上年增加24.97亿元，增长8.34%；工业增加值268.75亿元，比上年增加23.76亿元，增长9.7%。全年卷烟工业内销销量905.75亿支（181.15万箱），比上年下降1.00%。其中，一类烟193.70亿支（38.74万箱），增长16.59%；二类烟335.01亿支（67万箱），增长6.29%；三类烟368.38亿支（73.68万箱），下降11.88%；四类烟8.66亿支（1.73万箱），下降44.19%。出口卷烟销售2.39亿支（0.48万箱），增长8.23%。实现卷烟工业销售收入350.36亿元，增长5.98%。实现税利267.05亿元，增长7.45%。

【主要卷烟产品】 2022年，福建中烟工业有限责任公司生产的卷烟品牌有“七匹狼”“金桥”“古田”“石狮”等，其中“七匹狼”被列为全国重点品牌，

“金桥”视同重点品牌。获许可生产“万宝路”品牌卷烟。

2022年，“七匹狼”卷烟实现工业销量871.80亿支（174.36万箱），比上年下降0.21%。其中，省内实现工业销量526.02亿支（105.20万箱），增长0.25%；省外实现工业销量345.78亿支（69.16万箱），下降0.91%。“七匹狼”卷烟工业销售收入337.53亿元，增长6.53%。

2022年，“金桥”卷烟实现工业销量12.83亿支（2.57万箱），比上年增长1.05%。其中，省内实现工业销量2.58亿支（0.52万箱），下降7.70%；省外实现工业销量10.26亿支（2.05万箱），增长3.52%。“金桥”卷烟工业销售收入5.54亿元，增长7.56%。

【卷烟品牌建设】 2022年，福建中烟工业有限责任公司坚持以“七匹狼”品牌为主体的品牌发展体系，完善“山海系”“山系”“海系”产品体系设计，推出“七匹狼”古田成功中支、“七匹狼”银细支等新产品。推进营销数字化转型，面向零售客户和消费者开展线上、线下主题营销活动。“七匹狼”品牌一、二类卷烟全年销售首次达到百万箱规模，达101.43万箱；“七匹狼”品牌中支烟销售32.76万箱，排名行业中支品类产品销量第一位；七匹狼（纯境）销售21.40万箱，排名行业中支品类产品销量第一位；七匹狼（古田金中支）销售1.09万箱，成为福建中烟首个突破万箱规模的高端产品。

【烟草企业技术创新】 2022年，福建中烟工业有限责任公司推进关键核心技术攻关，加大科技创新投入和创新激励力度。完成“七匹狼（古田成功细支）”“七匹狼（金砖御魁）”“七匹狼（星辰大海细支）”“七匹狼（古田金中支）”“七匹狼（大通仙）”的开发工作。全年开展公司级以上级别科技项目研究224项，其中省部级科技项目17项；取得公司级以上级别科技成果55项，获得公司级以上级别科技奖励26项；参与制修订行业标准11项。全年申请专利335件，其中发明专利166件；获得专利授权248件，其中发明专利93件。截至2022年底，拥有授权专利1446件，其中发明专利540件。2022年卷烟焦油量加权平均值9.93毫克/支，一、二类烟焦油量加权平均值9.96毫克/支。

【数字化转型】 2022年，福建中烟工业有限责任公司聚焦“云＋中台＋应用”建设模式，推进企业数字化转型。截至2022年底，业务中台上线运行，数据中台完成试点分析场景开发，双中台支撑作用基本形成；基于中台架构开发的卷烟销售与成品物流功能模块以及企业移动门户、营销洞察分析等先行应用交付使用。参与行业卷烟二维码统一应用、行业烟叶平台等项目试点工作，在行业试点单位中率先完成相关试点验证任务。

（王瑞安）

电力工业

【概况】 截至2022年底，福建省发电装机容量7531万千瓦，比上年底547.67万千瓦，增长7.8%。其中，水电装机1538.31万千瓦，火电装机3681.44万千瓦（其中燃煤装机2989.81万千瓦），核电装机1101.20万千瓦，其他能源发电装机1210.05万千瓦（风电装机742.02万千瓦、光伏发电装机464.93万千瓦、储能装机3.10万千瓦）。全省清洁能源装机、发电量占比分别达60.3%、54.5%，分别比上年提高2.3个、6个百分点。

【电力生产】 2022年，福建省发电量完成3073.96亿千瓦时，比上年增长4.9%；发电最高负荷5222.3万千瓦（发生在2022年7月22日），上升10.8%；福建电网向华东网送电最高负荷469.9万千瓦。其中，水电完成发电386.95亿千瓦时，增长41.1%；火电完成发电1585.96亿千瓦时（其中燃煤发电1398.83亿千瓦时），减少6.9%；核电发电831.94亿千瓦时，风电230.63亿千瓦时，光伏发电38.15亿千瓦时，分别比上年增长7%、51.9%和52.4%。其中，清洁能源发电量占比54.5%，比上年提高6.0个百分点。发电设备平均利用小时为4235小时，比上年减少199小时。其中，火电设备利用小时4368小时，减少506小时；核电设备利用小时7700小时，减少196小时。

【电力供应】 2022年，福建省用电最

2022年11月，霞浦西洋岛“风光储”微电网示范项目建成投产，该项目是全省首个具备零碳示范运行能力的海岛微电网，支撑宁德地区后续渔排和离网型海岛新型电力系统建设，为全国海岛的绿色供电提供“福建经验”。图为3台2000千瓦风力发电机

（郑廷裕　摄）

高负荷4881.8万千瓦（发生在2022年8月23日），比上年增长3.8%。全社会累计用电2899.6亿千瓦时，增长2.2%。产业用电情况：第一产业用电49.54亿千瓦时，增长9.6%；第二产业用电1824.64亿千瓦时，增长0.7%；第三产业用电466.08亿千瓦时，增长4.0%；城乡居民生活用电559.35亿千瓦时，增长5.4%；一、二、三产业和城乡居民生活用电分别拉动全省用电增长0.2个百分点、0.4个百分点、0.6个百分点、1.0个百分点。

工业用电情况。全省工业用电1795.4亿千瓦时，增长1.0%，占全社会用电的比重为61.9%；全省工业制造业十二大主要用电行业增加较快的是造纸和纸制品业（30.4%）。

各地区用电情况。宁德地区用电保持两位数增长（12.7%）；漳州、南平、厦门、福州地区用电平稳增长（分别增长6.2%、2.5%、2.4%、2.0%）；龙岩、莆田、泉州、三明地区用电负增长（分别增长－0.2%、－0.7%、－1.2%、－1.4%）。

向省外送电。福建省与外省交换送出电量179.55亿千瓦时，比上年增长78.3%。其中，国网福建省电力有限公司与外省交换电量177.59亿千瓦时（向浙江省送电173.36亿千瓦时，向广东省送电4.23亿千瓦时）；宁德地方水电向浙江温州送电1.80亿千瓦时；龙岩地方水电向广东送电0.15亿千瓦时。

2022年9月30日，由国家电网有限公司和中国南方电网有限责任公司共同投资建设，通过两回500千伏交流线路向东接入福建电网500千伏东林变电站，向西接入广东电网500千伏嘉应变电站，输送容量200万千瓦，线路全长303千米的闽粤电力联网工程投运（宋俊岭 摄）

【电网建设】 2022年，福建省全面推进新型电力系统省级示范区建设，截至2022年底，福建电网通过两路1000千伏浙北—福州特高压输电线路和两路500千伏输电线路与华东电网相连，通过闽粤联网直流换流站及两路500千伏输电线路与广东电网相连，福建省内形成“全省环网、沿海双廊”500千伏主干网架。年内福建电网拥有1000千伏特高压变电站1座、容量600万千伏安，输电线路342千米；500千伏变电站28座、容量5581万千伏安（含水口升压站），输电线路6055千米；220千伏公用变电站227座、容量8169万千伏安，输电线路14739千米；110千伏变电站822座、容量7534万千伏安，输电线路20445千米；35千伏变电站530座、容量695万千伏安，输电线路12643千米。2022年3月24日，福建北电南送1000千伏特高压交流输变电工程开工，福建电网跨越发展迈出关键一步。2022年9月30日，闽粤电力联网工程竣工投产，打通跨省联网新通道。

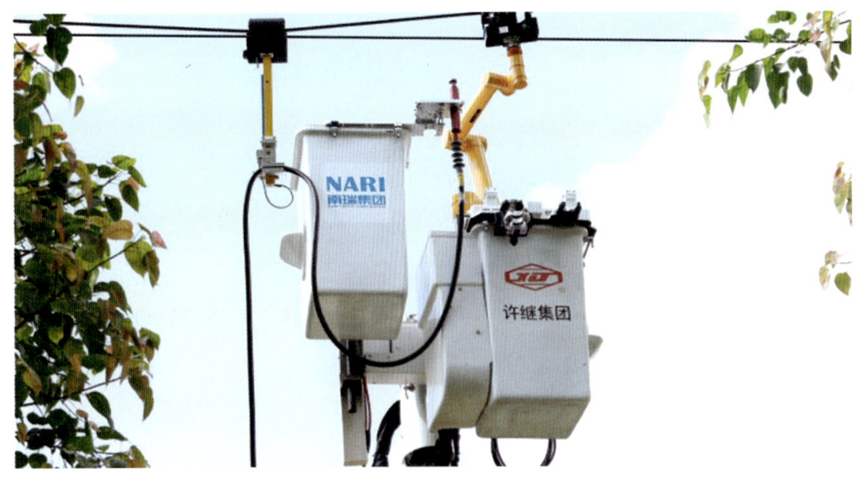

2022年6月28日，在厦门市同安区西柯镇，国网厦门供电公司应用单臂配网带电作业机器人，完成带电搭接旁路电缆引流线作业。此次作业是配网带电作业机器人首次试点复杂带电作业项目，在全国属首例（陈泉峰 摄）

【电力改革创新】 2022年，国家级海上风电研究与试验检测基地项目开工建设。首次开展绿电、绿证、需求侧响应交易，福建省内交易电量1897亿千瓦时，比上年增长57%。国网福建省电力有限公司承办第五届数字中国建设峰会智慧能源分论坛，首次主办能源大数据赛道。“湄洲湾零碳岛”项目获联合国可持续发展目标企业最佳实践；厦门提升供电可靠性经验获全国质量标杆；“防御电力系统次生灾害的继电保护技术”获福建省科技进步奖一等奖。投运省级智慧数据中心，系统云化率80%；推广流程机器人场景2000余个，平均缩短作业时长60%；220千伏及以上输电线路适航区无人机自主巡检率100%。

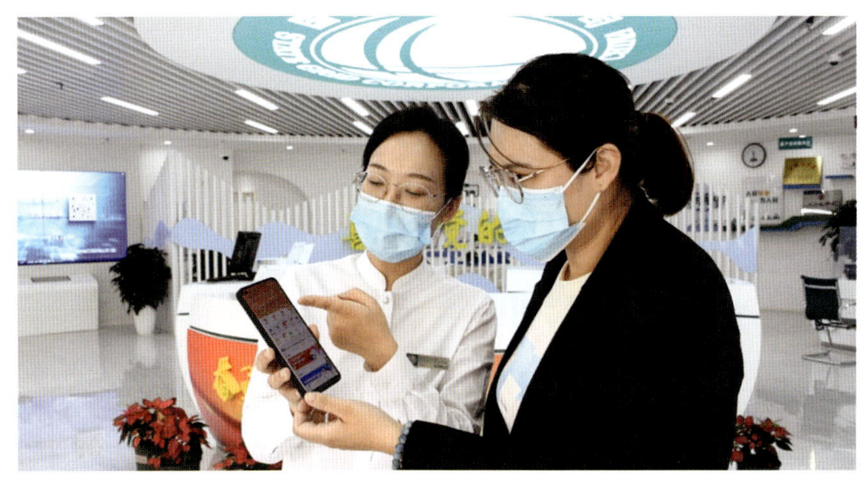

2022年4月，国网福州供电公司全面应用“一键下单，现场办结”服务新模式开展低压办电服务。图为国网福州供电公司营业厅工作人员向客户讲解应用“一键下单，现场办结”服务新模式　（陈德钧　摄）

【供电服务】　2022年，国网福建省电力有限公司实施的新时代电力“双满意”工程连续两年纳入福建省委、省政府为民办实事项目。全年国网福建电力完成为民办实事项目投资36亿元，完成率133.3%。其中，完成老旧小区供配电设施升级改造155个，完成率103.3%，惠及居民27.2万户；完成智能电表安装503万只，完成率132.4%；与3321个村（社区）共建融合，完成率100.6%，方便群众家门口办电；新建成“零计划停电示范区”25个，完成率100%，惠及用户34.6万户；新建改造农村配电网台区4244个，完成率141.5%，惠及用户76.6万户；推动新建成充电桩4663个，完成率233.2%，实现高速服务区充电桩全覆盖，形成区、县城区3000米服务圈。（刘丹青）

其他传统工业

【造纸业】　2022年，福建省规模以上造纸和纸制品企业503家，其中纸浆制造企业1家、造纸企业131家、纸制品企业371家，实现营业收入1339.3亿元，利润总额93.6亿元、分别比上年下降3.7%、13.9%。全省完成纸浆产量45.8万吨，增长7.9%；机制纸及纸板产量935.3万吨，增长－6.2%，产量继续居全国第五位。全省拥有产能100万吨以上造纸企业2家、50万吨以上造纸企业3家、20万吨以上造纸企业6家、10万吨以上造纸企业9家。造纸产量居全省前列的企业主要有联盛纸业（龙海）有限公司、玖龙纸业（泉州）有限公司、山鹰华南纸业有限公司、恒安（中国）纸业有限公司、福建省青山纸业股份有限公司等。

2022年，福建省青山纸业股份有限公司获福建省第五批绿色工厂认证及2022年度第一批省级重点用能行业“能效领跑者”标杆企业；联盛纸业（龙海）有限公司获第二批2022年省级重点用能行业“能效领跑者”标杆企业；福建省祥安纸业有限公司、三明市三洋造纸机械设备有限公司、福建顺昌蓝海轻工机械设备有限公司、福建利树股份有限公司、福建金百利纸品有限责任公司、玖龙纸业（泉州）有限公司、福建省尤溪永丰茂纸业有限公司和三明市缘福生物质科技有限公司等公司通过或复审通过福建省认定管理机构认定的国家高新技术企业。（陈德强）

【制鞋业】　2022年，福建省规模以上制鞋企业1199家，实现营业收入3816亿元，利润271亿元，鞋产量48亿双，分别比上年增长5.7%、10.4%和7.8%。福建省制鞋业主要分布在泉州、莆田和福州。其中，泉州产业集聚区形成以晋江市和泉州开发区为主的旅游鞋、运动鞋生产基地，以南安市为主的童鞋生产基地，以泉州台商投资区为主的鞋底、鞋材生产基地，以晋江市安海镇、安东开发区为主的真皮制造基地。中国·莆田鞋业服装城是闽东南最大的鞋服专业市场。福州以加工生产人字拖鞋和海滩拖鞋为主，产品多出口东南亚、非洲等地。

2022年，福建制鞋业继续保持较快发展态势，福建鞋产量连续12年保持全国同行业第一位，全球每5双运动鞋就有1双“福建造”，泉州运动品牌领跑全国。安踏、特步、乔丹、361°、匹克等运动品牌获评“中国名牌”“中国驰名商标”，其中安踏是国内市值第一的运动品牌，2022年为北京冬奥会和冬残奥会中国代表团提供颁奖、比赛等鞋服装备。莆田鞋业技术工艺精湛，“莆田鞋”图形集体商标获国家知识产权局批准，拥有华峰、双驰、鑫龙等一批龙头重点企业。2022年，举办的莆田泉州鞋业“手拉手”供需对接活动促成两地鞋企产能对接、原料集采，达成鞋加工合作订单650多万双，总金额约3亿元。（郑　成）

【工艺美术业】　2022年，福建省工艺美术规模以上工业企业766家，实现营业收入1823亿元，比上年增长4.5%，规模居全国前三位。《福建省传统工艺美术保护和发展办法》经省人民政府第101次常务会议通过，于2022年3月1日起施行。福建省工信厅会同省教育厅、科技厅、财政厅、商务厅、文旅厅、市场监管局等部门联合印发《关于支持“中国白·德化瓷”产业高质量发展若干措施的通知》，做大日用瓷、做强工艺瓷、做精大师瓷，从壮大龙头企业、推进企业创新发展、提升工业设计水平、加快数字化改造、铸造品牌拓展市场、培育引进高端专业人才、推动文旅融合发展、强化政策要素保障、加强行业引导服务等方面提出具体举措，推动“中国白·德化瓷”产业高质量发展。

2022年，全省有11人获评“中国

工艺美术大师”，入选人数与江苏省、浙江省并列全国各省（区、市）第一位；全省累计获评人数增至60人，居全国前列。开展第六届福建省工艺美术大师评选工作，评选省工艺美术大师300人。组织工艺美术大师和企业参加第二届中国工艺美术博览会，获“百鹤金鼎奖”作品20件、“百鹤奖”作品31件、“百鹤新锐奖”作品19件，获得“百花奖”金奖作品10件、银奖作品6件、铜奖作品3件，参评作品规模和获奖数量远超上届。举办第十六届中国（莆田）海峡工艺品博览会和第二届中国（莆田）香文化产业大会，搭建线上线下公共服务平台，为工艺美术发展构建产业链和生态圈，使之成为国内具有影响力的以海峡两岸为中心的工艺美术专业展会。（刘慧川）

【家具行业】 2022年，福建省家具工业规模以上企业465家，实现营业收入646.37亿元，比上年增长－5.5%，占全省规模以上工业企业营业收入的2.0%。其中，木制家具制造业营业收入374.6亿元，增长－13.8%；竹、藤家具制造业营业收入2.4亿元，增长89%；金属家具制造业营业收入155.8亿元，增长5.6%；塑料家具制造业营业收入19.8亿元，增长13.4%；其他家具制造业营业收入93.8亿元、增长12.9%。全省规模以上家具工业企业实现利润总额38.2亿元，增长－2.1%，占全省规模以上工业企业利润总额的1.7%。其中，木制家具制造18.8亿元，增长－22.8%；竹、藤家具制造0.16亿元，增长77.8%；金属家具制造10.9亿元，增长17.5%；塑料家具制造1.3亿元，增长27.5%；其他家具制造7.0亿元，增长64.9%。家具年产量1.9亿件，比上年下降4.7%。其中，木制家具0.31亿件，下降19.0%；金属家具1.4亿件，下降1.3%；软体家具0.006亿件，下降25.4%。

2022年，漳州家具制造业规模以上企业133家，实现产值166亿元，比上年增长0.5%。产品90%以上出口，主要销往美国、欧盟、日本、加拿大、东南亚等国家和地区。产业基地主要集中在长泰经济开发区、金峰开发区、台商投资区，拥有华森、明劲家居等龙头企业。莆田市仙游县古典家具制造业规模以上企业132家，实现产值360亿元，增长17%。其中古典工艺家具占全国高端市场份额的70%以上，拥有大东方、三福、鲁艺、凯丰里等龙头企业。

（吴　俐）

【日用陶瓷行业】 2022年，福建省日用陶瓷制造业主要集中在德化县，产品主要包括餐具、茶具和花盆等，全年产值约115亿元，陶瓷出口额占全县出口额的69%左右。主要龙头企业有陆升集团、同鑫陶瓷、华夏金刚、五洲陶瓷等。德化是全国最大的陶瓷茶具和花盆生产基地，陶瓷茶具占全国市场份额的80%以上，德化茶具城累计入驻企业400多家，形成国内唯一的陶瓷茶具专业市场及茶器文化交流聚集地。年内，日用陶瓷制造业实施产业转型升级，加快建链补链强链，与高科技陶瓷、卫浴陶瓷、建筑陶瓷、工艺瓷、大师瓷一道，形成德化县陶瓷发展“六大板块”，逐步形成“大陶瓷”产业发展格局。德化注重工业数字化发展，部分日用陶瓷企业逐步实现“机器换工”，全县推广全自动、半自动生产线490多台套，同鑫陶瓷公司还建设全球花盆智慧制造产业园。依托国家陶瓷行业工业设计研究院，集中打造品牌、设计、渠道、咨询等共享平台，服务多家日用陶瓷企业，全县规模以上陶瓷企业基本配有产品开发设计部门，以陆升集团为代表的陶瓷餐具被香格里拉、星巴克等国内外知名企业采用，五洲陶瓷公司设计的御瓷产品多次登上外交国宴。（王　帅）

编辑：郑　莱

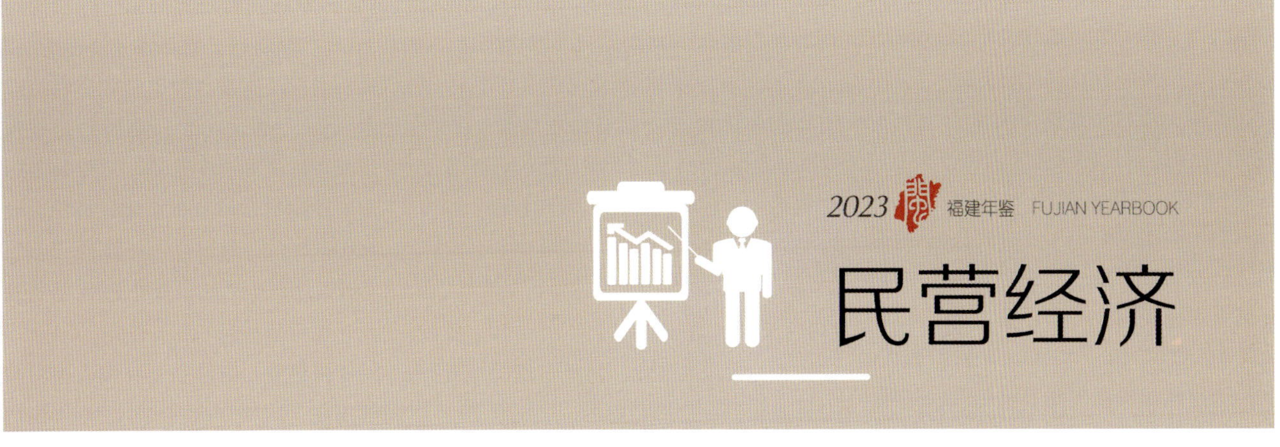

管理与服务

【政治引领】 2022年，福建省工商联组建“闽商讲师团”，搭建“闽商讲堂”网络学习平台，举办“学习宣传贯彻党的二十大精神，促进企业高质量发展”等3期培训班，邀请党的二十大代表、圣农集团傅光明宣讲党的二十大精神，组织文艺汇演、征文评选等活动，指导省民营企业商会召开“民企心向党·奋进新征程”座谈会、省青年闽商联合会举办“向榜样学习·争做时代楷模”培训班。推动陈嘉庚纪念馆升格为全国民营经济人士理想信念教育基地，发挥“2+3+N”理想信念教育基地作用，全年组织企业家接受世情国情党情教育2.8万人次。细化落实谈心交心制度，开展民营经济人士思想状况调研。关注青年企业家成长，组织参加“喜迎二十大·强国复兴有我”年轻一代企业家理想信念报告会。开展“下基层、进企业、入商会八闽宣讲行”，配合全国工商联第二联系调研组赴漳州、三明、莆田3市及20个县（市、区）宣讲调研，召开政策宣讲会20场、座谈会42场。

【搭建民营企业服务平台】 2022年，福建省工商联与省科协签署推进民营企业科技创新合作协议，共同开展创新型企业调研，组织企业家与科学家面对面交流，促进62家民营企业与西北工业大学、南方科技大学、武汉纺织大学进行科技成果对接。推动银企对接，促成工商银行为18家企业发放科技创新再贷款6.27亿元，网商银行为50万余家小微企业发放贷款294亿元。与省税务局开展助力小微市场主体发展“春雨润苗”行动，全年通过银税互动开展政策培训辅导108场，辅导企业4715户次。联合福建信保为200家外贸企业提供增信保额近160亿元，为外贸企业理赔417.3万美元。推动国投高新、五矿集团等国有资本与民营企业交流合作。

【优化营商环境】 2022年，福建省工商联落实常态化政企沟通机制，参与筹备省委、省政府召开的民营企业家座谈会，组织民营企业家12人围绕数字经济、海洋经济、绿色经济、文旅经济提出意见建议。配合省委统战部召开“同心优化营商环境，助力闽商回归”异地商会座谈会。开展每季度开展民营企业运行状况分析调查。对口泉州开展民主监督考察调研，围绕做强做优民营经济、加快推动民营企业数字化转型提出9方面38条建议。在省政协全会上就民营企业发展作7次发言，其中《关于传承创新“晋江经验”建设民营经济强省的建议》被作为重点提案督办。民企诉求、社情民意等信息被采用155件次。在2022年全国工商联“万家民营企业评营商环境”调查中，福建省位列全国第十，其中政务环境、诚信环境等位居前列。

【防范化解企业风险】 2022年，福建省工商联完善民营经济领域舆情会商研判和应对处置机制，制定《省工商联关于防范化解促进“两个健康”工作领域风险隐患工作措施》，实施重点企业风险排查和运行状况跟踪。召开民营房地产企业座谈会，收集12家企业反映的6个方面突出问题及意见建议，专报省政府并推动相关部门办理落实。推进涉案企业合规改革试点工作，市、县两级工作机构实现全覆盖，办理各类案件79件，帮助145家涉案企业平稳过渡。

【闽商回归行动】 2022年，福建省工商联健全异地闽籍商会回归办、“回归联络专员”机制，促进闽商回归提质增效。全年全省工商联系统收集项目线索206个，投资总额2080亿元。与省委统战部联合开展“百名干部进百企，同心赋能促发展”行动，形成调研报告，推动解决项目落地中遇到的困难问题，促进民企重大签约项目落地。

【第七届世界闽商大会】 2022年6月18日，第七届世界闽商大会在福州召开。大会以“同心向未来、建设新福建”为主题，突出传承“晋江经验”、弘扬“闽商精神”，宣传新时代新福建建设的历史机遇、强劲势头，引领海内外闽商主动服务和融入新发展格局，推动更多高端要素汇聚福建、更多福建产品和服务走向世界。全国政协副主席、全国工商联主席高云龙，中央统战部副部长许又声，以及88个国家和地区的1600余名闽商代表和各界人士在福州主会场及5个视频分会场参加会议。50个代表性重大项目在现场集中签约，计划投资1731亿元，数字经济、海洋经济、绿色经济、文旅经济等领域的占比达80%以上。丁思泉等100位非公有制经济人士获省政府授予“福建省非公有制经济优秀建设者”称号。省工商联牵头举办以“数字融合实体，绿色引领发展”为主题的闽商发展高峰论坛。三棵树涂料股份有限公司、九牧厨卫股份有限公司等民营企业分别捐资1亿元，成立“共同富裕光彩基金”。

民营经济效益

【民企服务社会】 2022年，福建省工商联组织召开全省“万企兴万村”行动推进会，在成功实践“千企帮千村”行动之后，升级行动规模和助力领域，全省有1450家民营企业和商会组织参与“兴村”1628个，实施项目1846个，认定省、市、县实验项目633个。助力莆田市仙游县、南平市建阳区乡村振兴。开展“百家闽商塞上行”活动，组织102家闽企对接宁夏“六新六特六优”产业。落实就业优先政策，会同有关部门举办线上线下招聘活动622场，1.5万家民营企业提供招聘岗位14万个。引导全省民营企业捐资助学助教1.63亿元，资助学生1.52万人次。近千家民营企业和商会组织助力八闽抗疫，捐款4.78亿元。

【民企及个人获奖获誉】 2022年，安踏体育、大东海实业、鸿星尔克等企业及曹德旺、许世辉、黄涛、王文默等企业家获第十二届中华慈善奖。安踏体育、海斯福化工、奥佳华集团获评全国就业与社会保障先进民营企业，吴荣照、江风阁分别获评全国关爱员工优秀企业家、全国热爱企业优秀员工。在首届“福建慈善奖”表彰中，曹德旺、丁和木、傅光明、陈建龙等企业家获爱心慈善楷模奖，达利食品、源昌集团、旭辉集团、紫金矿业、恒兴集团、三棵树涂料、盼盼食品、宁德时代新能源、龙翔实业等企业获爱心捐赠企业奖，林国镜、许清流、洪忠信、吴华新、吕联选、许明金、苏国川、傅天龙、陈文彪、杜锦祥等企业家获爱心捐赠个人奖，省光彩会、三明市光彩会获优秀慈善组织奖。

【民营企业百强榜单发布】 2022年9月26日，福建省工商联发布2022福建省民营企业100强、2022福建省制造业民营企业50强、2022福建省创新型民营企业100强等3个榜单。这是福建省工商联连续第五年发布福建省民营企业100强榜单。民营企业100强的营业收入总额1.85万亿元，资产总额2.3万亿元，税后净利润999.4亿元。

从榜单看，民营企业百强入围门槛持续提高，2022年入围民营企业百强门槛43亿元，比上年增加7.6亿元；制造业民营企业50强入围门槛44.8亿元，比上年增加14亿元；此次入围100强榜单的民营企业平均销售净利率6.77%，比上年增加1.21个百分点；平均资产净利率4.34%，比上年增加0.46个百分点，人均利润为15.1万元。人均利润超过200万元的企业有6家，超过100万元的有12家，超过50万元的有20家。其中，青拓集团有限公司（1606.1亿元）、宁德时代新能源科技股份有限公司（1303.6亿元）、福建大东海实业集团有限公司（1012.3亿元）等3家100强企业营业收入超过1000亿元。

（江　锋）

编辑：郑　莱

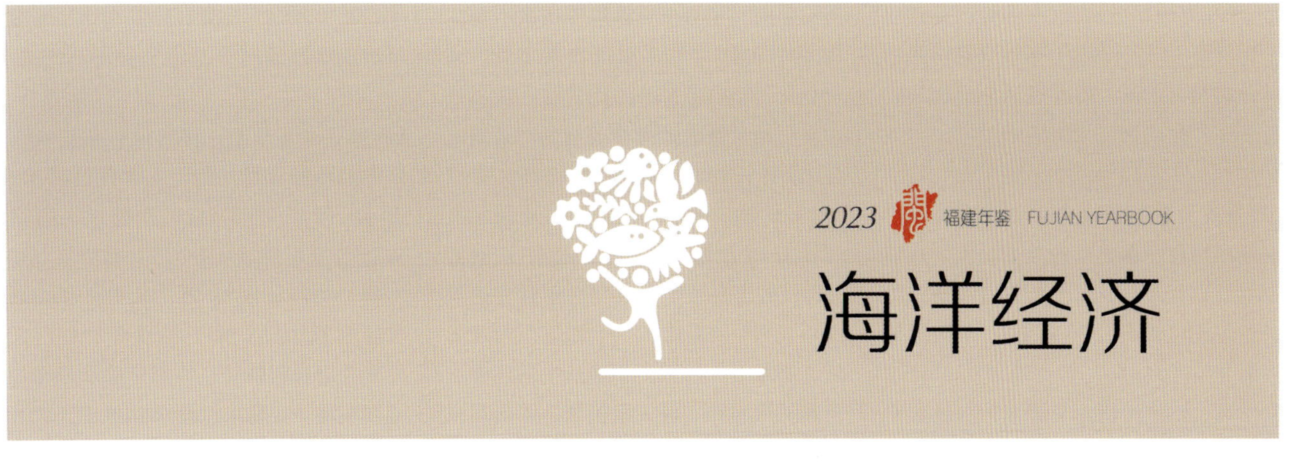

海洋经济

综　述

【海洋经济规模】　2022年，福建省海洋经济呈现稳中有进、稳中向好的发展态势。全省海洋生产总值超1.2万亿元，海洋经济规模继续保持全国前列。渔业经济产值3625.3亿元，比上年增长5%。水产品总产量862.3万吨，增长1.1%。其中，海水养殖产量547.8万吨，增长0.7%；海洋捕捞产量153.1万吨，与上年持平；远洋渔业产量62.5万吨，增长3.0%。渔民人均可支配收入2.67万元，增长6.7%。

【产业发展法律政策规划】　2022年，福建省海洋与渔业局印发实施《福建省“十四五”渔业发展专项规划》，明确“十四五”期间福建渔业发展的总体要求、空间布局、重点任务和保障措施。制定《福建省海洋渔业资源养护补贴政策实施方案》《福建省海洋与渔业局、福建省财政厅关于海洋渔业资源养护补贴政策调整的补充通知》，加大海洋渔业资源养护力度，养护和科学合理利用海洋渔业资源。出台《关于推进水产种业高质量发展八条措施》，推动福建省水产种业高质量发展。编制实施《福建省养殖水域滩涂规划（2021—2030年）》，促进水产养殖业绿色低碳、持续健康发展，深化渔业供给侧结构性改革。编制《福建省“十四五”海洋新兴产业行动方案（2023—2025年）》，提出推动海洋新兴产业发展的总体思路和具体举措。推进《福建省海洋经济促进条例》立法前期工作。

【投资项目建设】　2022年，福建省聚焦海洋信息产业、海上牧场建设、港口物流产业等方面，实施海洋经济高质量发展重点项目339个，总投资额超9300亿元。推进新一轮渔港项目建设，将渔港建设纳入各地海洋经济发展指数绩效考评并提高考核分值，全年新开工渔港32个，完成年度投资额14.5亿元。推进国家渔港经济区建设，厦门和连江2个国家级渔港经济区通过农业农村部渔业渔政管理局组织的中期验收，新策划晋江、东山等2个渔港经济区，以中心渔港为依托，建设综合型现代化渔业港口，促进港城联动，助力乡村振兴发展。协调推进连江渔港经济区建设项目、霞浦渔港经济区建设项目、福鼎环沙埕渔港经济区建设项目、福鼎俞山渔业农旅小镇乡村振兴项目、宁德海洋生命智能孵化专项项目和宁德三都澳海洋牧场开发建设项目等6个涉渔地方专项债项目，合计金额5.85亿元。加快智慧海洋建设，实施海洋观测网迭代工程，全省130多套设施稳定运行，新增3套重点水域海洋观测设施，提升海洋预警预报精细化水平；全省6100多艘大中型渔船实现“插卡式AIS”设备全覆盖；实施“宽带入海”工程，3000多艘渔船配备卫星通信终端；推动近海5G网络覆盖，在宁德率先建设5G海域示范网。完成全省第一次海洋灾害风险普查，国家审核数据通过率100%。

【福建省海洋生物增养殖与高值化利用重点实验室学术委员会会议】　2022年11月18日，福建省海洋生物增养殖与高值化利用重点实验室在省水产研究所召开2022年度实验室学术委员会会议。会议由实验室学术委员会副主任、省水产研究所所长林琪主持。会议总结2022年度实验室在科研工作、学科建设、人才培养、交流合作、社会服务等方面的工作情况，肯定实验室取得的建设进展和科研成果，提出加强对外科研合作、促进学术交流、开展海洋水产种业特色研究、争取国家级科研项目、推进科研成果转化等意见和建议。学术委员会通过线上会议，对2022年度重点实验室开放课题进行立项评审。会议收集到来自河南师范大学、上海海洋大学、厦门医学院、泉州师范学院、汕头大学等9个单位11位科研人员的开放课题申请11项，涉及水产种质资源与遗传育种、水产养殖病害防控、海洋生物高值化利用等研究领域。经学术委员会评审，最终筛选8个开放课题进行立项研究。

海洋捕捞

【概况】　2022年，福建省海洋与渔业局稳定发展远洋渔业，全省远洋渔业产量 62.5 万吨，运回 48.9 万吨，分别比上年增长 3%、4.6%，继续保持全国前列；福州（连江）国家远洋基地加快建设，全年完成投资 9.7 亿元。

【政策支持】 2022 年，福建省海洋与渔业局出台《福建省渔业安全生产承诺制度（试行）》《关于加强海洋捕捞渔船组织化建设的指导意见》，全面推进渔船组织化建设，全省渔船组织化率 99.4%。以海洋渔业资源养护补贴为引导，推动海洋伏季休渔、负责任捕捞制度落实。

【安全生产专项整治】 2022 年，福建省海洋与渔业局深化渔业安全生产专项整治三年行动、“百日攻坚行动”“商渔共治”等，聚焦事故高发多发市县、海域，全面排查风险隐患，会同海事部门发布福建沿海首批“商渔船碰撞高风险警示区”10 处，划定渔业安全生产事故高发海域，完成全省沿海 546 个三级以上渔港和避风锚地（澳口、避风坞）电子围栏绘制。开展 22 次以强化海域及海上渔船生产安全隐患管控为主的福建海洋“蓝剑”专项执法行动，维护海上渔业正常生产秩序和确保渔民生命财产安全。全年查处违法违规渔船 2003 艘，拆解“三无”船舶 818 艘，渔业安全生产形势总体平稳。

【深远海养殖】 2022 年，福建省改造塑胶渔排 37 万口、塑胶浮球 2.16 万公顷、新建深水抗风浪网箱 794 口。深远海装备养殖有序发展，“定海湾 1 号至 2 号”“泰渔 1 号至 3 号”“乾动 1 号”“振渔 1 号”“福鲍 1 号”等 8 台深远海养殖装备持续开展生产，“闽投 1 号”深远海渔旅平台、“宁德 1 号”大型养殖平台（均为 6 万立方水体）成功下水，“闽投东山 1 号”“闽投秀屿 1 号”“闽投霞浦 1 号”等 3 台深远海养殖装备动工建设。

【首个地级市深远海养殖规划通过评审】 2022 年 11 月 4 日，由福建省水产研究所编制的《泉州市深远海养殖发展规划（2021—2030 年）》通过成果审查。该规划于 2022 年 3 月启动编制，是福建省首个地市级深远海养殖规划，是落实《福建省人民政府关于印发加快建设“海上福建”推进海洋经济高质量发展三年行动方案（2021—2023 年）的通知》《福建省“十四五”海洋强省建设专项规划》《福建省“十四五”渔业发展专项规划》的重要举措，由福建省水产研究所组织实施方案论证、调研和报告编制。

水产品养殖加工

【水产品质量安全监管】 2022 年，福建省省部级产地水产品监督抽查合格率为 99.7%，连续 16 年保持在 97%以上，没有发生大的水产品质量安全事故。印发 2022 年产地水产品质量安全监测工作方案，建成并运营水产苗种产地检疫电子出证系统，出证 59 本，电子出证率为 100%。对大黄鱼、鲈鱼、草鱼、对虾、罗非鱼等主要养殖品种，开展省部级产地水产品和苗种质量安全监督抽查，全年完成监督抽查 5240 批次，开展养殖水产品质量安全风险监测 4939 批次、快检 6310 批次。全省 4141 家生产主体纳入追溯系统监管，生成“养殖、用药、销售”三项记录 40.4 万条，赋码 11.5 万条。开展蛙类养殖违法违规用药、养殖海参用药、养殖泥鳅和食用水产品“治违禁、控药残、促提升”等一系列专项整治工作，检查蛙类养殖生产主体 213 家（次），检查海参养殖生产主体 1516 个，全面排查全省泥鳅养殖单位，全面调查摸底辖区内大黄鱼、大口黑鲈、鳊鱼、乌鳢等 4 个重点治理品种的生产企业、合作社、家庭农场、养殖大户，建立重点治理品种生产主体监管名录库 2261 家。全年开展水产品质量安全执法 2062 次，出动执法人员 7667 人次，检查养殖单位 5209 个，责令整改 130 起，发现违法违规行为 71 起，罚款 38.96 万元，销毁超标水产品 1082.13 千克，打击水产品养殖环节违规用药。

【养殖环境管理】 2022 年，福建省加强养殖环境管理，全年发放养殖证 1.5 万本，发证面积 16.9 万公顷，完成 5938 公顷超规划养殖整改，超规划养殖实现“动态清零”，第二轮中央生态环保督察指出的“水产养殖环境管理问题”完成验收销号，落实养殖水域滩涂规划制度。实施水产健康养殖“五大行动”，全省建立骨干基地 80 个，示范面积 3700 公顷，示范推广水产新品种 12 个，骨干基地生态健康养殖模式实现全覆盖，全省 250 多家规模以上水产养殖主体实现尾水循环利用或达标排放，水产养殖用兽药总使用量比上年下降 6%，抗生素类兽药使用量比上年下降 12%，大黄鱼骨干基地配合饲料替代率在 90% 以上，石斑鱼、大口黑鲈骨干基地实现配合饲料全替代，花鲈骨干基地配合饲料替代率 60%，创建国家级水产健康养殖和生态养殖示范区 6 个。

【水产加工产业建设】 2022 年，福建省提升水产加工能力，引导水产加工龙头企业加强创新研发、加快改造升级、提升品牌质量、带动产业链建设，安排水产品加工生产项目补助资金，全年新建水产品加工生产线 17 条。实施品牌带动战略，新增水产行业省级名牌农产品 7 个，农产品区域公用品牌 1 个。截至 2022 年底，全省水产行业拥有国家级农业产业化重点企业 19 家、省级龙头企业 158 家。

【水产种业振兴行动】 2022 年，福建省启动实施水产种业振兴行动。建成福建水产种业信息化管理平台，建立苗种产地检疫制度，创建省级水产（海带、鲍鱼、福瑞鲤、黄鳍鲷、大口黑鲈、菲律宾蛤子等）良种场 7 家。大黄鱼“富发 1 号”通过国家审定成为水产新品种，选育出皱纹盘鲍“福海 1 号”、大黄鱼“宁抗 1 号”、海参“福参 1 号”等 3 个水产新品系。

技术奖、国家行业科技奖等。

海洋与渔业科技

【科研基地建设】 2022年，福建省海洋与渔业局推进厦门南方海洋研究中心建设，南方海洋创业创新基地初步形成“一个主基地、两个分基地”发展格局，海水养殖生物育种全国重点实验室落地厦门。加快建设自然资源部第三海洋研究所海洋碳中和研究中心，开发“蓝碳”监测技术，建立海水养殖碳汇核算标准，连江、秀屿完成海水养殖、双壳贝类碳汇交易，实现中国海洋渔业碳汇交易领域“零”突破。福建省水生动物疫病综合实验室获国家发展改革委批复立项，完成平面布局设计、仪器设备初步选型。

【科研项目】 2022年，福建省海洋与渔业局面向全省征集海洋与渔业科技创新储备项目76项、渔业关键核心技术攻关需求116项。支持实施54个海洋与渔业关键技术开发与应用项目，征集评定渔业主导品种13个、主推技术16项，“福建特色海洋生物高值化开发技术与产业化应用”等9项成果获省科学技术奖、国家行业科技奖等。

渔业资源保护管理

【渔业捕捞许可制度】 2022年，福建省海洋与渔业局严格船网工具指标审批，严禁制造“拖网、帆张网、三角虎网”等对海洋渔业资源破坏较重的作业渔船。印发《福建省渔业捕捞作业核准规则》，规范福建省渔业捕捞作业的许可核定和渔业捕捞许可证填写。省级办理渔业捕捞许可证936件、渔业船网工具指标审批1118件。

【水生生物救助】 2022年，福建省放流各类水生生物58.55亿单位。全省各地救助海豚、海龟、江豚、大鲵、中国鲎等水生野生保护动物49起244只（头）。

【海洋人工鱼礁建设】 2022年，福清市东瀚海域海洋牧场成功创建国家级海洋牧场示范区，人工鱼礁建设项目（一期）完成投放礁体4.07万空方。连江黄岐半岛人工鱼礁项目完成1026块人工鱼礁制作。

【八闽放鱼日活动】 2022年6月6日，漳州市海洋与渔业局会同芗城区农业农村局在市区江滨公园月溪亭举办2022年漳州市“6·6八闽放鱼日”活动。此次放流活动以“养护水生生物、建设美丽中国”“江河湖海、年年有鱼”为主题，现场放流滤食性苗种鲢鱼、鳙鱼等1万余尾。漳州市海洋与渔业局通过常态化开展水生生物增殖放流活动，引导市民群众参与水生生物资源养护和海洋生态环境保护事业，增强全社会保护生态环境、养护渔业资源的意识，维护全市江河湖海中的水生生物多样性和生态环境平衡；实施一系列的渔业资源修复和生态环境保护措施，保护全市水生生物资源和渔业生态环境。2021—2022年，全市先后投入1500余万元，在东山湾、诏安湾、九龙江口湾等主要海湾增殖放流鱼、虾苗种约14亿尾（粒）。

（黄启韩）

编辑：郑　菜

数字福建

综 述

【政策和规划支持】 2022年，福建省召开省委常委会会议、省政府常务会议、专题会议，研究部署数字福建建设工作。组织实施《福建省“十四五”数字福建专项规划》和2022年度数字福建工作要点等，推动数字福建深度融入经济、社会、文化、生态等各领域。福建省数字福建建设领导小组办公室对照国家关于信息化、数字经济相关规划和深化数字政府建设、构建一体化公共数据体系等指导意见，先后制定《福建省做大做强做优数字经济三年行动计划（2022—2025年）》《福建省数字政府改革和建设总体方案》《福建省公共数据资源开放开发管理办法（试行）》等，加快国家数字经济创新发展试验区、全国电子政务综合试点等建设，推动《数字中国发展报告》项目落实。

【数字政府平台建设】 2022年，福建省数字办开发建设并运用全省经济社会运行和高质量发展监测与绩效管理平台，开展周经济监测分析。建成全省一体化协同办公体系，基本实现省、市、县、乡基于公文传输的协同办公。围绕“福建码”开展“码上办”网上政务服务应用创新。打造营商环境数字化监测、惠企纾困政策汇总平台。全面建立网上办事大厅和“互联网＋监管”系统数据通道，实施食品、药品等重点领域数字化追溯监管。

【数字政府服务能力建设】 2022年，福建省实施全省数字政府改革和建设方案，加强一体化政务服务能力建设，优化提升“中国福建”门户网站和闽政通APP平台功能，与15个省、市达成1600多项政务服务事项跨省通办，更多高频事项实现网上办、掌上办、一次办，全省政务服务事项全程网办比例超80%。

【数字政府安全防护】 2022年，福建省建立健全省级政务信息系统网络安全责任机制，加强检查考核，安全工作责任制有效落实。全面加强云、网、端、应用的安全防护，开展“闽盾2022”网络安全攻防演练和公共数据安全隐患排查整治，确保党的二十大期间“零重大网络事故”“零重大安全事件”。举办国家网络安全宣传周福建省活动，深入社区、企业、农村，普及网络安全知识，通过线上线下共同营造网络安全人人有责、人人参与的氛围。

【对外合作】 2022年，福建省数字办发挥“数字丝路”建设重要枢纽作用，推进“丝路海运”信息化平台建设。先后举办数字经济国际合作交流会、中德数字与绿色经济合作对接会等活动，深化沟通交流和合作对接。

信息基础设施建设

【网络基础设施建设】 2022年，福建省数字办推进“双千兆”网络建设，开展老区苏区、海岛地区、偏远农村光纤和4G除点补盲工作。累计建成5G基站7.1万个，平均每万人17.1个，所有乡镇和68%的行政村实现5G网络覆盖。建成10G－PON端口42.5万个，千兆光网具备覆盖超1600万户家庭的能力，厦门建成国际互联网专用通道。

【物联网建设】 2022年，福建省数字办推动工业互联网标识解析体系建设和规模应用，工业互联网高质量外网延伸覆盖全省所有县（市、区）、末梢延伸覆盖重点工业（产业）园区及骨干企业。物联网连接规模居全国前列。

【算力基础设施布局】 2022年，福建省数字办坚持统筹谋划、适度超前，推进数据中心建设，推进节能减排和绿色化改造。截至年底，全省在用互联网数据中心36个，总机架数7.5万个。年内，福州人工智能计算中心、泉州先进计算中心等先后开工建设，数字福建云计算数据中心入选国家新型数据中心典型案例。

数字经济产业

【数字技术创新】 2022年，福建省数字办实施创新发展战略，实施41个省级工业科技重大项目，推进福州大学、集美大学和中国科学院物构所等承担重大科技项目，集成电路、新型显示、锂电池等关键产品核心技术创新能力大幅提升。高水平创新平台能级有效提升。高质量建设集成电路、光电信息省创新实验室，推动福州科学城、厦门未来科技城、泉州时空科创基地等建设，创新平台加快集聚发展。吸引高层次数字领域人才、团队、机构等创新要素集聚福建。截至年底，全省有数字经济A、B、C类高层次人才近700人，占已认定高层次人才的9.0%。

【数字经济三年行动】 2022年，福建省数字办制定实施做大做强做优数字经济三年行动方案，深化国家数字经济创新试验区建设。数字经济核心产业实现提级增效。多渠道对接引进龙头企业及综合型、区域型、功能型总部，打造5个省级数字经济核心产业集聚区。截至年底，全省有数字领域国家高新技术企业5090家、科技“小巨人”企业1000多家，5家企业入选“2022年中国互联网综合实力百强企业”。打造5个省级数字经济核心产业集聚区，大数据、物联网等产业进入全国第一梯队。产业数字化转型持续深化。

【“上云用数赋智”行动】 2022年，福建省促进产业转型升级，实施“上云用数赋智”行动，有工业互联网领域6个国家级平台、27个省级示范平台、222家标杆企业，超5万家企业“上云”。年内，福建省数字办举办中国跨境电商交易会，累计打造跨境电商综合示范区8个，网络零售额居全国前列。推进数字农业示范工程，累计建设数字农业创新应用基地50个、农业物联网应用基地700个。

【第五届数字中国建设峰会】 2022年7月23—24日，第五届数字中国建设峰会在福州市举办。该届峰会以“创新驱动新变革，数字引领新格局”为主题，由国家互联网信息办公室、国家发展和改革委员会、科技部、工业和信息化部、国务院国有资产监督管理委员会、福建省人民政府共同主办。第五届数字中国建设峰会，展示数据智能对社会经济发展的重要作用。以“数据让产业更智能”为使命，每日互动也将持续发挥自身的技术和能力优势，通过专业、智能的数据智能服务助推行业客户的数字化升级进程，为数字中国的建设和数字经济的发展助力。福建省数字办搭建峰会有效载体，创新展示交流方式，布设“数字中国建设成就”巡礼展，系统梳理回顾展示中共十九大以来数字中国建设成就，并行开展数字中国创新大赛10条赛道，发布248项数字技术创新应用场景，签约数字经济项目565个，总投资2990亿元。

公共数据资源管理

【概况】 2022年，福建省数字办加强公共数据汇聚共享。省、市两级1777个政务信息系统全面接入公共数据汇聚共享平台，深化公共数据“统一汇聚、按需共享”的模式。福建省数字办制定实施省公共数据资源开放开发管理办法，围绕金融、应急、医疗、便民利企等，开展首批12个开发利用示范项目建设。数据交易流通机制初步建立。挂牌成立福建大数据交易所，上线福建大数据交易平台，探索建立数据交易流通机制，构建数据市场运营生态。

【数字民生服务】 2022年，福建省数字办推进数字人民币、身份证电子证照等试点工作，推广应用智慧民政、智慧校园、数字文旅综合服务平台等。推进福州、厦门等国家文旅消费试点城市建设，利用数字技术打造有体验的文化场景和产品，打响福文化品牌，推动线上线下消费融合。深化“三医一张网”（即医疗、医保、医药数据互联互通信息交换平台）建设，上线互联网医院40家，县域远程医疗覆盖率为93.4%，省医保平台覆盖全省3800多万名参保对象。

【数字城乡建设】 2022年，福建省数字办推进城市运行管理服务平台、“CIM”（公共信息模型）平台和“城市大脑”建设，拓展智慧交通、智慧应急等应用场景。深化“智慧检务”“雪亮工程”，推出政法跨部门大数据平台、人民法院在线服务平台、信访云等，加速完善数字治理体系。建立省数字乡村发展统筹协调机制，推进“互联网+”农产品出村进城工程和信息进村入户整省推进示范工程，建成益农信息社1.3万个，助力形成产销一体化农产品电商供应链。

【生态云平台】 2022年，福建省数字办升级生态云平台，织密生态、海洋、水土等感知监测网，推动环境问题全要素“上云落图”，打造生态环境智慧治理新模式。提升省级碳市场综合服务平台服务效能，助力企业绿色低碳转型。

（魏　骁）

编辑：郑　菜

铁　　路

【概况】　2022年，福建省境内铁路主要由合福高速线、杭深高速线、兴泉线、浦梅线、南龙线、福平线、衢宁线、向莆线、鹰厦线、赣龙线、峰福线、福马线、外南线、永嘉线、漳龙线、漳泉线、龙漳线、漳州支线、南平东支线、天湖山支线、龙岩东支线等组成，共设车站267个，由中国铁路南昌局集团有限公司管理。全年，福建境内铁路发送旅客6212.4万人次，比上年下降24.1%；发送货物3963.1万吨，下降4.1%。

【铁路项目规划】　2022年，漳汕高铁、温武吉铁路、温福高铁和龙龙铁路武平至梅州段列入国家《"十四五"现代综合交通运输体系发展规划》和《"十四五"铁路发展规划》，国家相关部委支持并共同争取将昌福厦高铁、渝长厦高铁赣龙厦段纳入《国家中长期铁路网规划修编》，支持衢州—南平—三明高铁、南平（经宁德）至丽水铁路等项目在规划修编中进一步研究。

2022年底，漳汕高铁项目可行性研究报告上报国家发展改革委；温福高铁正式启动前期工作；浙闽赣三省就温武吉铁路的功能定位、建设标准等形成一致意见并联合向国家相关部委致函，请求加快推动前期工作；龙龙铁路武平至梅州段，国铁集团支持加快该项目前期工作。

【铁路建设】　2022年底，兴泉铁路全线正式开通运营，实现福建省铁路运营里程4381千米，其中高、快速铁路1906千米。福厦高铁基本建成、龙龙铁路（龙岩至武平段）加快建设。至年底，全省铁路建设累计完成投资119.5亿元，全额完成国铁集团下达的年度投资计划。福建省初步形成"三纵六横"的铁路网格局（沿海、南龙、浦梅三纵，衢宁、峰福、合福、向莆、兴泉、赣龙厦六横），其中"二纵三横"（沿海、南龙二纵，合福、向莆、赣龙厦三横）为快速铁路网。

【兴泉铁路全线开通运营】　2022年12月30日，兴泉铁路清流至泉州段建成开通，上午8时15分，首发列车T8010次列车从泉州站驶出。兴泉铁路兴国至清流段于2021年9月底开通运营。至2022年，兴泉铁路实现全线开通运营。兴泉（兴国至泉州）铁路于2017年开工建设，正线全长464千米，其中清流至泉州段正线全长290千米，设计时速160千米，全线桥隧比达87.05%，是国家Ⅰ级单线电气化铁路。兴泉铁路途经兴国、于都、宁都、石城、宁化、清流、明溪、三元、永安、大田、德化、永春、安溪、南安，共14个革命老区县，其中永安南、大田北、泉州等3座

2022年12月30日，兴泉铁路全线开通，图为"绿巨人"复兴号动车组列车驶出永安南站　（张海根　摄）

车站办理客运业务，小湖、黄塘等 2 座车站办理货运业务，清流、明溪、三元西、德化、永春、安溪东、南安北等 7 座车站办理客货运业务，其他车站为铁路行车技术作业站。线路全线开通，结束江西宁都、石城和福建宁化、清流、明溪、大田、德化、永春等 8 个革命老区县不通铁路的历史。

【龙龙铁路福建段最长隧道贯通】 2022 年 11 月 10 日，龙岩至龙川铁路福建段最长隧道双髻山隧道贯通，实现龙龙铁路福建境内 23 座隧道全部贯通。龙龙铁路双髻山隧道位于福建省龙岩市上杭县境内，全长 7668.85 米，设计时速 250 千米，为单洞双线隧道，是全线重点控制性工程之一。隧道所处地段地质条件复杂，穿越 9 条断层破碎带，地下及地表水丰富，日涌水量近 5 万立方米。隧道下穿西气东输管道及 G358 国道，爆破控制要求高，下穿西气东输管道时，只能使用机械开挖，隧道施工难度大。南昌局集团公司指导福建铁路建设指挥部，组织参建单位科学调整施工计划，倒排工期，采用大型机械配套施工，实现隧道施工机械化、专业化、智能化。

龙龙铁路是国家《中长期铁路网规划》杭广高铁的重要组成部分，线路起自福建省龙岩市，途经龙岩市上杭县、武平县进入广东省，终到河源市龙川县，正线全长 265 千米，计划 2023 年 12 月开通运营。

【福厦高铁铺轨贯通】 2022 年 8 月 30 日，福厦高铁厦门北站最后一组 500 米长钢轨完成铺设，标志福厦高铁铺轨贯通。福厦高铁全线铺轨有 3 处高难度施工地点，分别为湄洲湾、泉州湾、安海湾 3 座跨海大桥。由于海上水文环境复杂，常年大部分时间处于六级风力以上环境，导致物资调配难度大、一年中可施工时间短、施工安全风险高。建设与施工单位探索科技创新，在铺轨施工环节，采用国内先进的本邻两线铺轨作业设备，实现左右两线长钢轨同时铺设，比传统铺轨机组作业效率提高 60%，每日铺设长轨约 6 千米，该技术应用属国内首次。

福厦高铁是中国“八纵八横”高速铁路网中沿海通道的重要组成部分。福厦高铁北起福州市，途经莆田市、泉州市，南至厦门市和漳州市，北端衔接合福铁路、温福铁路，南端衔接厦深铁路、龙厦铁路，设计时速 350 千米，线路全长 277.42 千米。沿线设福州南、福清西、莆田、泉港、泉州东、泉州南、厦门北、漳州等 8 座客运车站。该线路建成通车后，将实现福州、泉州、厦门“一小时”经济圈、生活圈。

【福建首趟中国至老挝铁路国际货运列车开行】 2022 年 8 月 31 日，福建首趟中国至老挝铁路国际货运列车开行。该列装载 507 吨茶叶、农资产品（均为福建本土生产）的国际货运列车，从福州江阴港站驶出，开往老挝万象。该货运列车途经昆明，从磨憨铁路口岸出境，沿中老铁路抵达终点站老挝万象，全程运行时间约 6 天，里程 3510 千米。

【福州车站疫情防控】 2022 年，福州车站重新公布《福州车站新型冠状病毒感染肺炎疫情防控工作方案》，完善发热人员处置流程、内部职工疫情应急处置等防控机制。落实进出站旅客测温、扫码、身份信息核验，以及中高风险、重点地区、重点人员排查防控工作。在车站进站口安装防疫“一体化”智能闸机 47 台（福州站 33 台、福州南站 14 台），通过人脸识别，实现身份证、健康码、行程码、核酸检测证明、疫苗接种情况、体温等全自动查验，实现无接触、无干扰健康监测，从而实现疫情早发现、早处置。实施从业人员健康动态和自我防护管理，规范执行“口罩、护目镜、手套”防护用品佩戴要求。2022 年 11 月，福州发生本土疫情期间，福州车站组织行车、客运关键岗位人员集中居住管理，做好班次、人员调整；车站成立应急专班，抽调福州南站、机关科室行车业务骨干 4 人，由分管副站长带队进驻信号楼，实行一班制作业，连续值班 13 天，直至其他人员解除隔离恢复正常上班。（曾 进 林锦源）

公　路

【概况】 2022 年，福建省公路建设投资完成 651.53 亿元，比上年增长 1.9%。其中高速公路完成投资 230.50 亿元，增长 0.1%。建成龙岩靖永、东环、漳州漳武等高速公路 112.67 千米，新开工漳诏高速扩容工程等 25 个高速公路项目 325 千米。普通公路完成投资 421.03 亿元，增长 3.0%。开工建设国省干线公路 409 千米，建成 228 千米。福建省推动出台《畅通省际边界节点实施方案》，畅通省际边界节点年度目标任务全面完成；推动出台《加快普通国省道断头路贯通实施方案》，断头路贯通工程建设提速。

截至年底，全省公路通车里程 112878 千米，其中，国道 11207 千米、省道 5796 千米、县道 14947 千米、乡道 41689 千米、专用公路 115 千米、村道 39124 千米；公路密度 92.98 千米/百平方千米，比上年提高 1.52 千米/百平方千米。全省等级公路 100780 千米，占总里程的 89.3%，比上年提高 1.1 个百分点；二级以上高等级公路里程 19380 千米，比上年增加 324 千米。水泥、沥青路面里程 100003 千米，占总里程的 88.6%，比上年提高 1.1 个百分点。

2022年福建省公路里程表一览表

单位：千米

项目	总计	等级公路						等外公路
		合计	高速公路	一级	二级	三级	四级	
年底到达数	112878.371	100780.160	5951.284	1565.294	11863.859	9869.196	71530.527	12098.211
国道	11207.244	11207.244	4069.056	667.859	5360.174	762.924	347.231	
其中：国家高速公路	4062.775	4062.775	4062.775					
省道	5795.649	5795.649	1860.112	348.347	2122.673	899.312	565.205	
县道	14946.919	14378.521	22.116	370.993	2741.234	5116.802	6127.376	568.398
乡道	41689.594	38426.211		176.849	1333.894	2540.782	34374.686	3263.383
专用公路	115.194	109.303			4.941	4.164	100.198	5.891
村道	39123.771	30863.232		1.246	300.943	545.212	30015.831	8260.539

【公路养护】 2022年，福建省持续巩固提升高速公路路容路貌品质，提升2561千米绿化景观示范廊道，推进3439千米绿色长廊建设，形成“四季常绿、四季有花、错落有致、层次分明”的绿色景观。全年全省高速公路道路设施状况保持优良，路面使用性能指数（PQI）95.34，路面优等率99.3%；机电设施完好率超98%，一、二类桥梁占比99.7%；一、二类隧道占比99.6%。全年全省完成普通国省干线路面改造150千米、路面修复养护397千米、预防养护1507千米，普通国省道平均优良路率90.28%。完成普通公路安全精细化提升2020千米。完成普通公路灾害防治工程294千米、危旧桥梁改造14座，全省普通公路一、二类桥隧比例保持98%以上，位列全国第四。2022年底全省建成“司机之家”23个、“共享司机之家”90个。

【农村公路】 2022年，福建省公路建设实施县道晋级、乡道单改双和较大自然村通硬化公路，建设改造农村公路2647千米，实施危桥改造208座、安保工程1831千米，新增1991个较大自然村通硬化路。新增5个“四好农村路”省级示范县，古田县等9个县被确定为全国示范县创建单位。创建美丽农村路1209千米，评选第二批最美乡村“福”路，“串珠成链”工程持续推动农村“路优村美产业旺”。

截至年底，在全省所有乡镇和建制村100%通客车的基础上，全省77个涉农县（市、区）中20个区（市）实现全域通公交；上杭县、武平县等24个条件成熟地区开展农村客运公交化运行，服务模式、通达程度有效提升。农村客运车辆100%纳入省卫星定位监控平台，实现“车轮一动、全程监控”。货运方面，加快建设农村寄递物流体系，打造客货邮融合综合服务站19个、合作线路31条。安溪“多网融合+客货邮融合”获第三批全国农村物流服务品牌称号。

2022年10月1日，宁德林厝收费站开通。林厝服务区在设计上整体以畲族文化为主，与高速公路相融合，在服务区广场、墙面、立柱等地方缀以凤凰、银饰、牌楼、米筛等畲族核心元素，结合中国特色中庭式“廊”“院”架构让旅客沉浸式体验畲族风情　（李长杰　摄）

【城市公交运营】 2022年，福建省城市公交新增、更新新能源公交车1109辆，新增公交线路124条，延长、优化公交线路313条，全省适老化改造公交站台50个，打造敬老爱老公交服务线路14条。至2022年底，全省拥有公交车辆2.09万辆，比上年增长1.5%，其中新能源车占比87.6%；年末全省拥有运营线路2512条，运营线路总长度46023.1千米，比上年增加117条、2620.1千米；年末全省公交专用车道274.7千米。全年完成公交车客运量13.95亿人次，比上年下降12.5%。

【运力结构调整】 至2022年底，福建省拥有营运汽车24.09万辆，比上年下降2.6%。其中，载客汽车1.33万辆、41.38万客位，分别下降2.6%和1.4%，平均座位31.18客位/辆，增长1.3%；班车客运车辆6345辆、13.58万客位，分别下降8.9%和12.9%；旅游包车客车6925辆、27.79万客位，分别增长4.0%和5.4%。高、中级客车占总营运客车辆数的97.4%，比上年提高1.7个百分点。载客汽车中柴油车占客车的比重为80.7%，比上年下降3.5个百分点；纯电动车占比16.4%，比上年提高4.9个百分点。

2022年，全省拥有载货汽车22.76万辆、369.43万吨位，分别比上年下降2.6%和0.8%；单车平均吨位16.23吨位，增长1.9%。其中，厢式载货汽车2.52万辆、26.85万吨位，分别下降5.3%和5.9%；集装箱车3.59万辆、114.20万吨位和6.03万TEU（标准箱），分别增长3.9%、4.3%和3.6%。载货汽车中柴油车14.46万辆，占货车和牵引车的比重99.3%，下降0.3个百分点；纯电动车占比0.23%，提高0.21个百分点。

【公路客货运输】 2022年，福建省完成公路客运量9651.38万人次、旅客周转量68.13亿人千米，分别比上年下降8.3%、8.6%。公路客运量占全省客运总发送量的比重为53.2%，比上年提高5.1个百分点。全年完成公路货运量10.69亿吨、货物周转量1260.62亿吨千米，分别增长−3.5%、2.2%。公路货运量占全省货运总发送量的63.2%，下降3.4个百分点。

【网上服务升级】 自2022年8月起，福建省在原有普通货运车辆年审网上办理的基础上进行服务升级，依托部网上便民运政系统，正式启用普货道路运输证补换发、注销等3项“跨省通办”业务模块。2022年，全省网上办件申请量4万余件，占普通货车道路运输证整体年审办件量的比重实现逐步提升。

【公路通行减负降费】 2022年，福建省交通运输厅落实惠民政策，全年高速公路政策性减免通行费44.1亿元，其中重大节假日小型客车免费通行和“绿色通道”分别免征通行费17亿元、7.7亿元；疫情期间减免租金1622万元。在总结评估原有差异化收费政策的基础上，扩大集装箱运输车辆优惠对象和大中型货运车辆差异化收费路段，全面推进实施新能源小型客车和大型客车差异化收费；执行第四季度货车10%减免优惠政策。

【道路交通安全管理】 2022年，福建省机动车保有量1381.2万辆，机动车驾驶人保有量1538万人；涉及人员伤亡的道路交通事故起数、死亡人数、受伤人数分别比上年减少16.7%、2%、27.2%，未发生重大道路交通事故。实施道路交通事故预防“减量控大”、夏季事故预防“百日行动”、冬季综合整治等专项行动，查处酒（醉）毒驾、涉牌涉证、超员超载等各类严重交通违法行为299.9万起，其中涉酒类8.1万起。推进道路安全隐患治理，完成391处省级为民办实事项目重点路段隐患整治。开展重点运输企业风险评价，企业备案率98.9%。清查“大吨小标”货车1854辆，整治率85.4%。借力各类媒介加强交通安全教育，发布新闻报道3860条，推送安全提示短信2.6亿条。

【多式联运“一单制”试点改革】 2022年，福建省按照“企业主导、行业引导、政府指导”工作原则，各地市探索多式联运“一单制”试点改革。2022年，厦门港务控股集团有限公司等4家试点企业在5条线路上，初步实现多式联运“一单制”模式，累计完成运输量456个标准箱、1万吨货物。厦门港务在“一单制”试点工作基础上，突破提单金融服务应用，实现多式联运服务创新；首发“台湾—厦门—圣彼得堡”海铁联运线路，为中国台湾地区货物发往俄罗斯提供新的物流快捷方案，比全程海运节省近一半的运输时间。福州市、南平市、漳州市会同重点货源企业开展多式联运“一单制”线路摸排等基础工作。

【机动车驾驶员培训】 2022年，福建省加速驾驶员培训和从业资格管理转型升级和创新发展。全省实施出租汽车驾驶员从业资格许可“一件事”集成套餐服务改革，整合出租汽车驾驶员从业资格申请人背景核查环节，实现“一件事一次办”，交通窗口“一窗受理”，交通、公安数据互通，压缩审核时限，减轻从业人员负担。道路运输驾驶员高频事项“跨省通办”服务提质增效，业务办结率达97%以上。推进省驾驶培训监管服务平台应用，优化完善平台功能，人防技防相结合加强学时造假整治，强化驾驶培训过程动态监管，规范驾驶培训经营，保障学员权益。至2022年底，全省有各类驾驶培训机构698家、教学车辆3.38万辆、理论教练员5115人、实操教练员4.05万人。全年参加普通机动车驾驶员培训65.86万人次，合格62.61万人次，分别比上年下降27.6%和26.3%；参加道路运输驾驶员从业资格培训并取得从业资格证5.78万人次，增长26.5%。

（林伟雯　王　烨　郑梅娟　林正航）

城市轨道交通

【福州市轨道交通】 2022年，福州地铁完成建设投资189亿元。截至2022年底，福州地铁在建线路5条，建成线路4条。其中，在建线路分别为福州至长乐机场城际铁路（简称F1线）、福州市轨道交通4号线一期、福州市轨道交通5号线一期末通段、福州市轨道交通2号线东延线一期、福州市轨道交通6号线东调段。建成线路分别为福州市轨道交通1号线、福州市轨道交通2号线、福州市轨道交通5号线一期（首通段）、福州市轨道交通6号线（潘墩—万寿站）。

地铁运营总体情况。2022年，福州地铁进入“四线时代”，线网运营总里程 110.7 千米，运行图兑现率达 99.99%，正点率达 99.99%，总客运量 12101.44 万人次，日均客运量 33.15 万人次，单日最高客运量 67.60 万人次（10 月 1 日）。其中，1 号线运营里程 29.06 千米，运营车站 25 个；运行图兑现率 100%，正点率 99.99%；总客运量 5899.39 万人次，日均客运量 16.16 万人次。2 号线运营里程 29.35 千米，运营车站 22 个；运行图兑现率 99.99%，正点率 99.99%；总客运量 4988.1 万人次，日均客运量 13.67 万人次。5 号线一期（首通段）运营里程 21.54 千米，运营车站 17 个；运行图兑现率 99.99%，正点率 99.99%；总客运量 913.86 万人次，日均客运量 3.7 万人次。6 号线（潘墩—万寿站）运营里程 30.73 千米，运营车站 14 个；运行图兑现率 99.95%，正点率 100%；总客运量 300.09 万人次，日均客运量 2.38 万人次。

服务工作。2022 年，福州地铁通过"星"服务评比、"小茉莉"服务，保障节假日及重大任务期间客运服务优质高效；1 号线 13 个站点配备 AED 急救设施，5 号线、6 号线新增 5 间母婴室，推出"暖心车厢""清净车厢""茉莉馨指引便签"以及"健康码核验秒通关"智慧显示系统。优化列车运行组织，1 号线超高峰时段最短行车间隔从"5 分"时代跃入"4 分"时代。推出地铁公交联票、"新福卡"、"e 福州"茉莉分优惠、敬老卡全线网全时段免费乘车等措施，全年各类地铁公交联票发行超 3 万张。

地铁资源开发。2022 年，地铁智慧产业园动工建设；对南门兜地下空间进行连通改造，打通东街口商圈与南门兜商圈地下通道走廊，同时连通香格里拉二期地下商业。1 号线新店附属用房打造为租赁式住房，于 2022 年 6 月 29 日正式开业，截至 2022 年年底，出租率 97%。全年资源开发收入 2756.73 万元。

（陈　晋）

2022 年 4 月 29 日，由厦门地铁上盖投资发展有限公司开发的湿地公园 TOD 项目开工，该项目打造的是福建省首个 TOD 成片区开发示范样板

（潘介东　摄）

【厦门市轨道交通】 2022 年，厦门轨道工程完成固定资产投资 188.7 亿元，完成年度任务的 135%。地铁 2 号线工程及配套项目获评 2019—2021 年福建省重点建设优胜项目奖，轨道 6 号线林华段实现"洞通"。2022 年，厦门地铁安全运营 5 周年，地铁和 BRT 全年运送乘客近 2.66 亿人次。综合开发竞得 3 个 TOD（公共交通为导向的城市发展）项目。

前期规划。2022 年，厦门轨道交通配合国土空间发展需求，形成新一轮线网规划，于 2022 年 12 月获得市政府正式批复。第三期建设规划主报告及配套专题报告编制形成，着手申报工作。

轨道工程建设。厦门轨道 3 号线南延段于 2022 年 1 月 4 日作为年内全市首批"开门红"项目实现开工，3 月，实现全线开工；轨道 6 号线集美至同安段比原计划提前 3 个月开工。在建工程项目均按计划稳步开展，轨道 4 号线全线 12 座车站有 11 座实现主体结构封顶，软三东至蔡厝段全线贯通；轨道 6 号线林华段实现全线车站主体结构全部封顶、区间全线贯通。

运营管理。厦门轨道交通"地铁＋BRT"公共交通占比 36.5%，共计运送乘客 1.97 亿人次，线网日均客运量 54.03 万人次，比 2021 年下半年增长 8.08%；线网客运强度 0.56 万人次/千米・日，全市公共交通占比 27.1%。

2022 年 12 月 29 日，厦门地铁 6 号线林华段工程实现全线"洞通"。地铁 6 号线是厦门市首条全自动运行线路，其中林华段工程起自海沧林埭西，止于集美华侨大学，全长 18.8 千米，设站 13 座

（林俊琛　摄）

BRT安全运送乘客约6829.24万人次，日均客流18.71万人次，全市公共交通占比9.4%。服务质量评价连续两年获得950分以上。

综合开发。厦门轨道交通新摘得海沧中心、翔安后村、洪塘头等3个TOD项目，土地出让金共计125.3亿元。湿地公园、翔安后村、海沧中心等3个TOD项目先后实现开盘入市，项目占地面积总计约21.31万平方米、总建筑面积约99.43万平方米；年内实现销售签约面积约5.9万平方米，占已取证面积（9.2万平方米）的64%；厦门市TOD综合开发全年销售额超30亿元。克服疫情影响，引入宝龙、新城控股等商业管理头部企业，实现杏锦项目商业、BRT第一码头枢纽站等5个项目招商落地，盘活物业资产。（黄　敏）

民用航空

【概况】 2022年，民航福建监管局通过年度工作会、季度安全联席会、月度安全例会以及专题安委会等，分析研判辖区安全形势和运行动态，明确工作重点，实施督导检查，全年累计开展行政检查18176项，发现问题896项，下发整改通知795项，实施行政处罚6起、行政约见3次，落实责任，实施平稳运行。全年全省民航没有发生运输飞行、航空地面、通用航空和空防安全事故，没有发生责任原因的事故征候，实现安全年的工作目标。

【航空客货运输】 2022年，福建民航各单位克服新冠疫情影响，省内6个运输机场共完成旅客运输吞吐量1982.39万人次、货邮41.13万吨，安全起降航班19.52万架次。民航福建安全监督管理局会同航班起飞地的市级财政部门，审核航空公司提交的补贴申请，配合完善地方补贴资金管理实施细则，推动补贴资金落实到位；组织完成行业“白名单”的申报，缓解中小企业经营压力，纾困解难。

2022年，福州长乐国际机场承担上海国际航班的转场保障任务，增加入境定期客运航班，全年国际旅客吞吐量排名比上年上升6位，名列全国第十。开通国际地区航线货运包机航线航班，打通国际进出港货运渠道，服务省、市经济发展。协同福州航空公司运力回归，争取成都航空、春秋航空投放国内运力，2022年该机场国内客运排名比上年上升2位。泉州晋江国际机场推动市政府成立民航工作专班，助力客货运航班恢复发展。

【民航综合保障】 2022年，民航福建监管局协助辖区民航开展重大基础设施项目前期相关工作，支持工程建设，完善净空审核等相关许可审批流程，为辖区民航的安全发展奠定基础。福州长乐国际机场二期扩建工程加快推进，配套市政工程同步实施。机场飞行程序的调整优化工作取得实质性进展，东山、云和方向的进离场程序得到确认和批复，青州方向的程序调整方案取得军民双方的共识。泉州晋江国际机场扩能改造工程进展顺利，完成国内航站楼扩建区域一期外立面施工，国际航站楼扩建区域封顶，空管工程塔台自动化、甚高频系统通过校验。机场总规修编取得民航批复。民航福建空管分局的福州长乐国际机场二期扩建空管工程正式动工，年内完成塔台灌注桩施工和连江导航台更新工程。

【民航安全教育】 2022年，民航福建监管局组织开展福建民航工匠精神文化建设暨岗位技能竞赛系列活动，以安全教育、手册执行、风险防控、技能培训、作风建设“五到”班组以及班组特色创新项目为目标，打造“5＋N”工匠品质班组，推动班组建设走深走实。全辖区组织岗位技能竞赛230余场，近万名职工参加。（江　辉）

【厦门航空】 2022年，厦门航空有限公司（含厦航本部、河北航及江西航）安全飞行39.5万小时，起降17.45万架次，主要安全指标均控制在年度目标范围内；全年运输总周转量29.75亿吨千米，旅客运输量1811.94万人次，货邮运输量17.86万吨。厦航本部保持连续36年盈利纪录。12月18日，位于厦门两岸金融中心片区的厦门航空新总部正式投入运营。

经营业绩。厦航飞机日利用率居行业第一；国际客运航班量、旅客运输量居行业第二。累计执飞央企接返、重大运输、撤侨包机82班，居行业首位。厦航成为全球唯一实现连续36年盈利的大中型客运航空公司。3月9日上午，厦航MF8002航班接回249名从乌克兰辗转通过波兰华沙回国的中国同胞，完成撤侨航班任务。

品牌服务。厦航航班正常率为94.06%，比上年提升10.52个百分点，排名同比提升11位。厦航连续41季度获评CAPSE服务“最佳航空公司”。厦航牵头编制的《质量管理　文化和机制支撑服务提升指南》国家标准正式发布并实施，填补服务提升类标准在国家质量管理领域的空白。年内，厦航作为唯一中国航空公司受邀加入联合国全球契约组织，并作为创始参与企业启动联合国“GDI for SDG”项目。

安全运行。厦门航空组建安全管理提升专项项目组，启动规章手册、训练培训体系建设，推进安全责任、风险管控、过程控制、安全文化体系建设。深化风险管控，开展中共二十大前问题隐患清零行动；通过第十次IOSA复审；完成737－8恢复运行验证试飞；建立“十大风险航班”每日提示机制，提前制定防范措施；对所有新聘机长开展任前谈话；完善飞行安全技术、重大机械故障和缺陷联防机制，B737、787NG机队可靠性分别为99.88%、99.44%。

改革发展。厦航在国家“十四五”空中丝绸之路实施方案中争取到对福厦枢纽的国际航权支持。推进机制改革，推动本部及6家子公司完善“章程＋议事规则＋事项清单”的治理体系；推进组建新零售公司，推行职业经理人引进、销售分成等市场化机制。探索模式转型，打造“总分共管”管控模式，明确分支机构职能定位；发布29个业务模式优化项目，重塑地面服务保障、服务质量等16项业务和组织模式。

获APEX2023世界级航空公司大奖。2022年10月27日，APEX（世界航空旅客体验协会）第43周年全球年会上，厦航连续3年获五星级国际航空公司，获全场最重磅奖项——世界级航空公司大奖（WORLD CLASS award），该奖项在全球范围内仅颁发给8家航空公司。厦航成为首家通过世界顶尖机构认证、跻身“世界八强”的中国航空公司。

厦航“天枢”系统启用。2022年5月16日下午，厦航天枢飞行计划系统启用。该系统是国内第一套自主研发的支持国际运行的飞行计划系统，也是第一套由航空公司主导研发的国产飞行计划系统，打破欧美国家在该领域的多项垄断。厦航成为中国民航唯一一家实现飞行计划制作关键核心技术自主可控的航空公司。

疫情防控。厦航对国内航班分级分类管理，确保精准防控；对国际航班落实29条远端防控措施，行业首创境外旅客健康管理奖励。厦航国际入境航班境外病例输入率为1.07%，比行业低41%。厦门的病例输入率在全国十五大航空入境口岸中排名第11位。

（唐　超）

水　路

【概况】　截至2022年底，福建省拥有营运船舶1902艘、净载重量1855.10万吨、载客量3.15万客位、集装箱箱位32.80万TEU、功率443.10万千瓦，分别比上年增长0.8%、12.8%、−0.7%、2.9%和7.6%。

从船舶类型看：全省拥有客船326艘、比上年下降4.4%，2.99万客位，比上年增长0.1%；客货船5艘、净载重量6916吨、载客量1618客位，分别比上年下降16.7%、1.8%和10.4%；货船1568艘、净载重量1854.40万吨、集装箱箱位32.77万标准箱，分别增长2.1%、12.8%和2.9%；拖船2艘、2.14万千瓦，与上年持平；驳船1艘、净载重量90吨，基本与上年持平。

从航区看：全省拥有海洋船舶1498艘、净载重量1833.26万吨、集装箱箱位32.80万TEU、载客量2.45万客位，分别增长3.3%、12.9%、2.9%和0.9%。全省拥有内河船舶404艘、净载重量21.84万吨、载客量6963客位，分别比上年下降7.6%、1.4%和5.9%。

【运输生产】　至2022年底，福建省有航运企业431家，比上年增加47家；经营国内航线的有422家（含兼营国际航线及港澳台航线34家），国内船舶管理企业139家，无船承运人企业1790家。全年全省完成水路旅客运输量537.80万人次、5347.89万人千米，分别下降27.5%、34.9%；水上货物运输量完成5.73亿吨、9873.30亿吨千米，分别增长14.2%和13.2%。其中，完成海洋客运量489.36万人次、旅客周转量4368.35万人千米，分别下降27.7%、37.6%；完成海洋货运量5.60亿吨、货物周转量9865.47亿吨千米，分别增长15.6%和13.2%。完成内河客运量48.43万人次、旅客周转量979.54万人千米，分别下降26.2%和19.5%；完成内河货运量1310.80万吨、货物周转量7.83亿吨千米，分别下降25.4%和25.3%。

【丝路海运】　2022年，“丝路海运”联盟成员300家，“丝路海运”命名航线总数94条（省内72条，省外22条）。自2018年“丝路海运”开行至2022年，全国“丝路海运”命名航线累计开行9994艘次，完成集装箱吞吐量1157.41万标准箱，其中厦门港57条“丝路海运”命名航线共开行7714艘次、完成集装箱吞吐量852.89万标准箱。年内，举办2022年“丝路海运”国际合作论坛，发布《“丝路海运”建设蓝皮书（2021—2022）》和第十批“丝路海运”命名航线。“丝路海运”国际航运综合服务平台建设一期工程正式上线试运行，实现货物动态追踪、气象导航等功能。福建丝路海运运营有限公司与交通运输部水运科学研究院等单位建立战略合作关系。制定和推广“丝路海运”服务标准，在发布《“丝路海运”港口服务规范》的基础上，开展“丝路海运”航运服务标准研究工作，为下阶段实现打造港口、航运、通关、海铁联运等多位一体服务的“丝路海运”服务标准体系提供依据。

【闽江航运】　2022年，闽江航运完成建设投资4.28亿元，比上年增长3.1%，建成投产南平港延平新城港区洋坑作业区码头11号泊位，新增港口通过能力36万吨。成立全省首家内河

2022年福建省营运船舶运输量、运力情况表

	运输量				运力		运输量比上年增长（%）				运力比上年增长（%）	
	旅客		货物		载客量	净载重量	旅客		货物			
	万人次	万人千米	万吨	万吨千米	客位	吨位	万人次	万人千米	万吨	万吨千米	客位	吨位
总计	537.80	5347.89	57336.31	98733020.13	31477	18551023	−27.5	−34.9	14.2	13.2	−0.7	12.8
内河	48.43	979.54	1310.80	78316.81	6963	218397	−26.2	−19.5	−25.4	−25.3	−5.9	−1.4
海洋	489.36	4368.35	56025.52	98654703.33	24514	18332626	−27.7	−37.6	15.6	13.2	0.9	12.9

集装箱航运公司，投入运营全省首艘内河集散两用新能源船舶。出台《闽江干流通航管理办法（试行）》和《闽江干流内河交通安全监管方案》，促进通航管理规范化、制度化。全年，闽江流域旅客运输量完成37.13万人次、849.71万人千米，分别下降18.1%、13.1%；货物运输量完成1310.80万吨、7.83亿吨千米，分别下降25.4%、25.3%。

【对台航运】 2022年，闽江航运巩固既有对台滚装、集装箱、散杂货航班航线，做大对台铁矿石中转业务，湄洲湾港连续3年成为大陆对台中转铁矿石最大港口，为台湾中钢等企业对台铁矿石中转超400万吨。全年全省完成对台港口货物吞吐量1750.97万吨，比上年下降2.7%；集装箱吞吐量72.72万标准箱，增长1.0%。闽台海上旅客运输自2020年2月10日台湾方面暂停两岸海上客运航线、航班至2022年底尚未恢复。金门、马祖通桥项目纳入国家公路网规划。

【船检服务】 2022年，福建船检部门持续深化推进海船检验"检管分离"改革试点工作，推进船检服务质量提升。推进船检信息化管理，探索开展检验现场视频取证工作，指导省港设船检公司启动检验管理APP开发工作。加强检验质量督查，建立健全质量监督工作机制，构建质量监督跨部门协作机制。对各分支机构和第三方船检机构，不定期组织现场抽查检查。开展船检技术服务，组织人员深入辖区船舶修造企业，开展专家技术诊断服务，督促船厂落实船舶建造质量主体责任，履行三级检验质量管理制度，共同把关船舶建造质量。2022年，全省完成海船检验868艘次、384.5万载货吨，其中船舶建造检验完成74艘、27.3万载货吨；船舶营运检验完成794艘次、358.1万载货吨。

【内河水上交通安全】 2022年，福建省地方海事系统制定闽江干流内河交通安全监管工作方案，指导福州市创建地方海事"四化"及海事职业道德教育基地，推动泰宁县交通海事部门与交通执法、涉海、司法等单位创建共商共建机制，编印内河非机动排筏排工适任培训规范（试行），完成29个内河渡口渡船更新改造项目建设，完成49艘内河船舶燃油质量省级抽检。15支社会搜救力量获得交通运输部表彰奖励。2022年，福州市发生1起内河船舶触碰桥梁防撞设施的一般事故，造成1人失踪。

（林伟雯 郑翠微）

港 口

【港口建设】 2022年，福建省水运工程完成投资70.52亿元，比上年增长0.1%，超年度目标17.5个百分点。其中，港口码头项目完成投资63.75亿元，增长5.8%，超年度目标19.4个百分点；公共航道及防波堤项目完成投资6.78亿元，超年度目标2.4个百分点。全年新开工福州港江阴港区壁头作业区13A、13B、13C泊位工程，湄洲湾港东吴港区罗屿作业区8号泊位工程等10个项目；完工福州港闽江口内港区泰铭码头工程、福州港松下港区牛头湾作业区12—13号泊位工程等5个项目先后完工；新改扩建码头泊位15个，新增货物通过能力1898.2万吨、98.6万TEU；改善沿海航道31.12千米。至2022年底，全省港口拥有生产用码头泊位458个，比上年增加28个。其中，沿海港口457个、万吨级泊位198个，分别比上年增加27个和8个。

【海岛交通建设】 2022年，福建省完成陆岛交通码头建设工作。全年陆岛交通完成投资16272万元，比上年增长131.3%，超年度目标任务167个百分点。新开工建设陆岛交通码头1座、建成2座。至2022年底，全省建成陆岛交通码头282座。基本实现有居民岛屿建成陆岛交通码头，500人以上岛屿开通班轮、建成码头管理房（候船室），提高陆岛、岛际渡运船舶适航率，改善沿海岛民交通出行条件。

【港口生产】 2022年，福建省沿海港口完成货物吞吐量7.14亿吨，比上年增长3.2%。四大港口生产总体稳健，其中福州港货物吞吐量3.02亿吨，增长10.3%；厦门港货物吞吐量2.19亿吨，下降3.6%，泉州港货物吞吐量0.83亿吨，下降1.1%；湄洲湾港货物吞吐量1.10亿吨，增长2.9%。货种排名前四的是：矿建材料吞吐量17438.90万吨，增长17.3%；煤炭及制品吞吐量12146.70万吨，增长2.2%；金属矿石吞吐量6694.64万吨，增长14.7%；石油、天然气及制品吞吐量5665.74万吨，下降7.8%。

2022年福建省沿海港口货物吞吐量情况表

指标	货物吞吐量（万吨）		比上年增长（%）	
	合计	#外贸	合计	#外贸
合　计	71407.99	25766.46	3.2	−0.7
进　港	39899.02	18003.12	0.1	−4.2
出　港	31508.97	7763.33	7.4	8.2

续表

指标	货物吞吐量（万吨）		比上年增长（%）	
	合计	#外贸	合计	#外贸
福州港	30164.10	7170.51	10.3	−1.0
进　港	15687.80	5787.50	6.3	−1.2
出　港	14476.30	1383.02	14.9	−0.4
厦门港	21939.62	11647.49	−3.6	−0.2
进　港	12574.03	6400.78	−5.6	−8.7
出　港	9365.59	5246.71	−0.7	12.6
泉州港	8265.15	375.52	−1.1	−14.3
进　港	3835.66	191.89	−7.8	−24.3
出　港	4429.49	183.63	5.6	−0.6
湄洲湾港	11039.13	6572.93	2.9	−0.5
进　港	7801.53	5622.96	2.2	−0.8
出　港	3237.60	959.97	4.6	2.3

注：1. 福州港包括原福州港和宁德港，厦门港包括原厦门港和原漳州港。2. 湄洲湾港包括原莆田港和湄洲湾南岸港区；泉州港含泉州湾、围头湾、深沪湾3个港区，不含湄洲湾南岸港区。

2022年福建省沿海港口集装箱吞吐量情况表

指标	集装箱吞吐量（万标准箱）		比上年增长（%）	
	合计	#外贸	合计	#外贸
合　计	1800.21	1106.57	3.1	4.2
进　港	907.41	557.52	4.2	5.7
出　港	892.80	549.05	2.0	2.8
福州港	346.03	161.56	0.4	−1.0
进　港	179.67	83.11	2.5	2.4
出　港	166.37	78.44	−1.7	−4.3
厦门港	1243.47	933.54	3.2	5.0
进　港	621.88	468.98	4.2	6.1
出　港	621.59	464.56	2.2	4.0
泉州港	208.39	10.96	6.6	29.6
进　港	104.65	5.09	7.0	35.3
出　港	103.74	5.87	6.3	25.0
湄洲湾港	2.31	0.51	45.3	−55.8
进　港	1.21	0.34	39.1	−47.5
出　港	1.10	0.17	52.7	−66.2

注：1. 福州港包括原福州港和宁德港，厦门港包括原厦门港和原漳州港。2. 湄洲湾港包括原莆田港和湄洲湾南岸港区；泉州港含泉州湾、围头湾、深沪湾3个港区，不含湄洲湾南岸港区。

【航线】 至2022年底，福建省沿海港口集装箱正常运行航线306条。其中，外贸线191条（国际航线161条、内支线30条）、内贸线115条。航线总数量比上年增加22条，其中外贸航线增加24条（国际航线增加22条，内支线增加2条）、内贸航线减少2条。

【集装箱吞吐量】 2022年，福建省集装箱吞吐量完成1800.21万标准箱，增长3.1%。其中，内贸集装箱吞吐量完成693.64万吨，增长1.3%；外贸集装箱吞吐量完成1106.57万标准箱，增长4.2%，外贸集装箱占全部集装箱吞吐量的61.5%，比上年提高0.7个百分点。

【绿色港口建设】 2022年，福建省推进港口船舶节能减排、污染防治体系建设，绿色港口建设初见成效。泉州港鸿山热电码头获评“四星级绿色港口”。推进港口岸电建设及使用，省交通运输厅联合福建海事局印发实施《关于协同推进船舶靠港使用岸电工作的通知》，制定《港口和船舶岸电安全使用情况记录表》。全省港口岸电设施新建改造36套，港口岸电供电量429万千瓦时，比上年增长92%，船舶靠港接电5.2万艘次。推进港口船舶污染防治，落实船舶污染物接收处置监管联单制，全省沿海港口累计接收船舶垃圾1267吨、生活污水10335吨、含油污水58248吨。推进航道疏浚物综合利用模式，累计约339万立方米航道疏浚物用于临港产业陆域回填综合利用，解决部分航道建设项目疏浚物抛泥难的问题。

【港口腹地拓展】 2022年，福建省港航系统加快推动江西吉安、赣州，以及省内陆地港建设，为内陆企业提供快捷高效的出海通道。推进港口铁路支线和港后铁路通道建设，完善港区铁路装卸场站及配套设施建设，打通铁路进港“最后一千米”。实施漳州港尾铁路支线、连接江阴港和可门港的福州港口货运铁路外绕线，厦门远海码头铁路专用线正式动工，开展对接兴泉铁路港口集疏运通道研究。推动港口部门与铁路部门信息互联互通，全省沿海港口完成海铁联运集装箱11.24万标准箱，比上年增长60.5%；通过海铁联运方式经福建省港口进出的外省大宗货物1171.25万吨、外省集装箱7.71万标准箱，分别增长7.3%、67.2%；通过水水中转进出福建省港口的外省大宗货物1025.39吨，增长17.5%。 （林伟雯 陈晓惠）

邮政业

【概况】 截至2022年底，福建省有邮政普遍服务网点1360个、快递服务许可企业381家、分支机构767个、快递末端网点21854个。2022年，全省邮政行业寄递业务量完成54.09亿件，位列全国第八，比上年增长1.88%。其中，快递业务量完成42.64亿件，位列全国第七，增长2.74%。全省邮政行业业务收入（不包括邮政储蓄银行直接营业收入）完成457.60亿元，位列全国第八，增长8.59%。其中，快递业务收入完成354.84亿元，位列全国第七，增长1.02%。泉州、福州、厦门、晋江等4个城市被评为“中国快递示范城市”，泉州、福州、厦门快递业务量位列全国前50强。

【行业政策保障】 2022年，《福建省邮政条例》修订获省人大常委会全票通过，从7月1日起正式施行。修订后的《福建省邮政条例》新增邮政领域地方政府财政事权支出责任、快递进村、绿色发展、快递员权益保障、末端投递等方面内容，为福建省邮政管理工作提供法治保障。

【行业监管】 2022年，福建省邮政系统先后开通快递业务经营许可和分支机构名录申办寄递服务，实现许可申请“一趟不用跑”全流程在线办理。邮政寄递服务100%进驻全省85个政务服务中心。各地市申报快递业与制造业融合发展项目44个，晋江市申报融合发展试点先行区，福建省快递业融入制造业的工作做法被国家邮政局列入全国“两进一出”（进村、进厂、出海）典型案例。推动15个县获得电子商务进农村补助资金5224.34万元，12个县获得商业体系建设项目申报支持，涉及补助资金3057万元。开展寄递地址编码试点和快递服务站收投服务规范试点。

财政事权划分改革。福建落实邮政领域地方政府财政事权和支出责任划分改革，推动邮政业发展纳入省政府考核奖励范畴。重大项目建设有序推进，行业发展基础更加稳固。

助企惠企政策。福建省成立全省邮政快递业助企纾困工作领导小组，出台《关于落实扎实稳住经济一揽子政策措施涉邮任务的通知》等政策。举办邮政快递业助企纾困政策宣贯培训班，提升惠企政策的知晓度和覆盖面。年内，全省邮政快递企业享受各类减税降费2.4亿元。

【快递进村工程】 2022年，福建省政府出台《福建省加快农村寄递物流体系建设实施方案》，省级相关部门出台农村寄递物流体系建设政策13件。在25个县铺开“6113”全品牌快递进村试点，累计代投进村快件170多万件，“6113”工程推进快递进村被国家邮政局作为优秀做法列入典型案例汇编。推送4个县申报农村电商快递协同发展示范区、10个快递助农项目申报快递服务现代农业示范项目。组织申报一地一品（百万级以上）项目17个、一县一品（十万级以上）项目20个，增加6个。

【快递员群体合法权益保障】 2022年，福建省市两级全覆盖出台快递员群体权益保障方案和从业人员优先参加工伤保险政策。新增参加工伤保险从业人员1.78万人。完成快递收派专项职业能力鉴定考核7745人，申报快递工程职称评审220人。全省累计建立“小蜜蜂”驿站1532个，争取关爱资金及物资折价近300万元，开展慰问活动160场次，覆盖快递员3.2万人次。快递行业1人获评全国邮政行业科技英才、1人获评全国交通技术能手、1人获评省级五一劳动奖章、5人获评省级“金牌工匠”。

【城市末端基础设施建设】 2022年，福州市开展新建住宅小区配建邮政快递基础设施试点，推动地方政府在出让国有建设用地使用权公告及出让合同中，明确要求开发商无偿配建邮政快递用房，邮政管理部门全流程参与配建项目的审批、建设、使用、管理等环节的工作。福州市无偿配建邮政局所7个，总面积1522.31平方米；快递服务用房137个，总面积4704.49平方米。

【快递包装治理】 2022年，福建省实施快递包装治理“9917”工程，全行业新增可循环快递箱（盒）使用量86.69万个，回收复用瓦楞纸箱2610.42万个，采购使用符合标准的包装材料比例达96.32%，按照规范封装操作比例达96.24%。开展快递过度包装和随意包装两个专项治理，实现网点不再使用不可降解塑料袋的目标。

【邮政服务保障】 2022年，福建省开展邮政普遍服务“安全与服务”交叉检查，全省邮政营业网点服务水平全面达到省标要求。加强邮政营业网点规范化管理，委代办局所由69个压降至14个，实现乡镇委托代办局（所）“清零”，全省农村“营投合一”单人局所压降至13处。巩固建制村直接通邮成果，建制村通邮打卡率在99.5%以上，208个建制村投递频次提升到周七班。推进景区邮政设施建设，在全省旅游景区新增邮筒箱27个，在AAAA级景区建成邮政网点4处。宁德福鼎城关邮政支局获批国家级进基层示范点、福州顺丰鼓楼琴亭路营业部获批省级进基层示范点。

【邮政快递行业疫情防控】 2022年，福建省在全国首批建成“邮政快递从业人员疫情防控监测系统”，采集8.4万名从业人员的核酸检测、疫苗接种等信息，实现“线上预警、线下处置”。省政府专题研究行业疫情防控工作，将从业人员纳入优先保障疫苗接种范畴，从业人员加强免疫接种率在97%以上。开展三轮疫情防控大检查，立案查处涉疫违法行为89起，实现寄递品牌全覆盖、省市邮件快件处理场所全覆盖、执法县域全覆盖。

【保通畅工作】 2022年，福建省邮政系统建立行业保通保畅工作机制，出台省级政策文件9份、市级政策文件15份，8家寄递企业列入省级重点产业链供应链企业“白名单”，累计办理车辆通行证10918张。

【“三安”工作】 2022年，福建邮政系统连续第三年开展“三项制度”专项整治，立案查处“三项制度”案件193起。完成43个省级处理场所规范化提升“回头看”和56个市级处理场所规范化提升工作，全省310个处理场所完成“人车分流”“传送带堵缝”两项任务。深化生产作业场地安全隐患排查整治，对发现的46处重大隐患全部挂账销号。开展邮政快递领域个人信息安全专项治理行动，出动执法1108人次，组织培训639场次，协助公安部门侦破侵犯公民个人信息案件4起，抓获犯罪嫌疑人6人。

【科技监管】 2022年，福建省邮政系统完善“福建省寄递业实名收寄验视综合监管平台”，生成涵盖视频监控、安检机联网、疫情防控、预警分析等模块的数据100多亿条，打造“大数据+邮政监管”福建模式。推进“绿盾工程”系统建设，制定《视频监控系统巡查工作制度》《邮政快递企业安检机联网管理办法》，开展视频远程巡查点位1978个，发现并处理问题137个。福建省寄递综合实名率为99.8%、安检机联网358台、视频监控联网在线率为90%。

【快递市场秩序规范】 2022年，福建省邮政系统出台《关于进一步深化快递市场秩序整顿的通知》，约谈淘宝、京东等电商平台，要求电商平台不得以“包邮”等营销手段为由强制快递企业超低价揽收，从源头上加强对快递价格的治理。福州等7个市级邮政管理部门联合市场监管部门开展快递市场整顿行动，泉州等4个市级邮政管理部门加强快递企业的行政指导，维护快递市场秩序。实施对未经许可经营快递业务、超许可范围经营快递业务等行为的执法监督，对全省处理场地合法经营情况进行拉网式大排查，立案查处9起。

（雷正辉）

编辑：郑 莱

信息业

电子信息制造业

【概况】 2022年，福建省信息化工业增加值比上年增长18.8%，销售产值增长13.2%，出口交货值增长14.8%，产销率95.5%；实现营业收入10144.7亿元，比上年增长15.3%。根据工业和信息化部电子信息制造业效益表数据，福建营业收入规模居全国第六位。集成电路和光电产业、计算机和网络通信设备产业、锂离子电池产业等3个产业集群规模超2000亿元。2022年，宁德时代、省电子信息集团、戴尔（中国）、新能源科技、冠捷电子科技、福州京东方、冠捷显示、友达光电、厦门天马微、戴尔（厦门）、中科智谷、宸美光电等12家企业营业收入超百亿元。省电子信息集团、宏发电声、新大陆3家企业入选中国电子信息百强。宏发电声、火炬电子、法拉电子3家企业入选中国电子元件百强。

【集成电路产业】 2022年，福建省集成电路产业主要分布在厦门、泉州等设区市，形成以福州、厦门、泉州、莆田为主的沿海集成电路产业带和以厦门、泉州为核心的"一带双核"集成电路产业格局，产业体系涵盖设计、制造、封测、材料与设备等上下游。厦门火炬高新区被授予"2022年第三代半导体最具竞争力产业园区"称号。重点企业有瑞芯微、三安半导体、联芯、渠梁、士兰、瀚天天成等，其中瑞芯微16次获得"中国芯"优秀市场表现奖等荣誉。

【新型显示产业】 2022年，福建省新型显示产业主要分布在福州、厦门、莆田、龙岩等设区市，形成福清融侨开发区、厦门火炬高新区、龙岩武平新型显示产业园等产业集聚区，产业链涵盖玻璃基板、面板、模组、整机等。厦门火炬高新区作为全省新型显示产业主要集聚地，是全国唯一光电平板显示产业集群试点单位，连续3年被评为国家"五星级"新型工业化产业示范基地。福清融侨开发区聚集以冠捷电子科技、福州京东方、捷星显示等为龙头的上下游企业，莆田、龙岩武平形成一定规模显示产业集聚。重点企业有冠捷电子科技、福州京东方、冠捷显示、友达光电、厦门天马微、宸美光电、宸鸿科技、旭福光电、华佳彩、电气硝子、福州恒美、稻兴电子等。其中，厦门天马微的LTPS及LCD全面屏市场占有率全球第一，福州恒美建成投产全球最大宽幅2.6米8K超高清偏光片产线。福建省成为全国平板显示器、监视器、笔记本电脑和液晶电视等终端产品的主要生产基地之一。

【LED产业】 2022年，福建省LED产业主要分布在厦门、泉州、漳州、龙岩等设区市，形成厦门国家半导体照明产业化基地、漳州长泰光电产业园、安溪光电产业园等产业集聚区，产业链涵盖外延片与芯片制造、封装测试、显示和照明应用等。厦门是全球最大的高端LED球泡灯制造和出口基地之一。重点企业有立达信、太龙照明、三安光电、强力巨彩、华联电子、龙胜达、开发晶等。其中，三安光电芯片市场占有率保持全球第一，华联电子、开发晶在LED封测领域全球领先，立达信的LED照明产品出口排名全国第一。福建省成为全国LED外延芯片实力最强、规模最大、品种最全的生产基地之一。

【锂离子电池产业】 2022年，福建省锂离子电池产业主要分布在宁德、厦门、福州等设区市，产业链包含正极材料、负极材料、隔膜、电解液、铜箔、铝箔、电芯、模组等。宁德建成锂电千亿产业集群，厦门加快建设新能源产业聚集区，福州发展新型储能产业链。重点企业有宁德时代、新能源科技、厦钨新能源、飞毛腿、新能安、中创新航（厦门）、海辰储能等。其中，宁德时代的动力和储能电池能量密度、稳定性、可靠性等性能全球领先，出货量连续多年排名全球第一，新能源科技的聚合物锂电池产量全球第一。

【计算机和网络通信设备产业】 2022年，福建省计算机和网络通信设备产业主要分布在福州、厦门、泉州、漳州等设区市，形成福州经济开发区（马尾）、福清融侨经济技术开发区、厦门火炬高新区等产业集聚区。产业链主要集中在下游。重点企业有戴尔（中国）、戴尔（厦门）、中科智谷、冠睿电子、新大陆、亿联网络、星网锐捷、浪潮（厦门）、汉印电子等。2022年，戴尔是全球最大的计算机和笔记本电脑厂商之一，新大陆的POS机出货量排名全球第二，星网锐捷在传统瘦客户机市场和VDI产品市场份额均排名国内第一，汉印电子的热敏打印机国际领先。

（石春辉）

软件和信息技术服务业

【概况】 2022年，福建省软件和信息技术服务业运行稳健，全年软件业务收入超2700亿元。软件产品和软件服务相互渗透，信息技术服务业务收入占比超60%，产业模式从传统“以产品为中心”向“以服务为中心”转变，产业结构持续优化。产业集聚效应进一步凸显，福州、厦门获“中国软件特色名城”后，收入占比提升，两市在特色产业领域优势互补差异化发展，形成“双子星”产业发展格局。

【软件信息技术重点企业】 2022年，福建省软件和信息技术服务业创新体系基本建立，全省数字经济“独角兽”“瞪羚”创新企业中软件企业的占比为80%；星网锐捷、新大陆、网龙等7家企业进入2022年度中国软件企业综合竞争力百强，累计超过30家骨干企业参与超过150项行业标准制修订工作。在芯片设计、信息安全、电子政务、工业信息化控制、金融科技、电力软件、信息通信等细分领域涌现星网锐捷、新大陆、网龙、瑞芯微、联迪、福昕、亿联等一批具有行业影响力的重点企业。

【专业服务平台】 2022年，福建省在云服务方面，华为云创新中心、阿里云公共服务平台、华为中软国际制造云、厦门超级计算中心等为企业提供云化服务；其中华为云创服务中心服务企业近千家，关联产值超过23亿元，华为云上企业数量超2100家。在知识产权方面，北交所福建工作中心、“知创福建”、厦门知识产权运营公共服务平台等为企业提供一站式知识产权服务。在技术研发方面，围绕卫星导航、IC设计、5G、大数据、软件测试等，搭建北斗卫星综合移动终端应用开发平台、厦门卫星导航应用研发中试基地、集成电路公共设计服务中心等多个技术服务平台。在资本服务方面，厦门古地石基金小镇、福州软件园数字产业基金大厦等项目创新金融服务模式，搭建形成从天使、VC到创投、基金等全生命周期资本服务链条。

【信息技术与制造业融合发展】 2022年，福建省生产设备数字化率52.5%，关键工序数控化率58.6%；培育形成应用标杆企业221家、新一代信息技术与制造业融合发展典型案例119个、“5G＋工业互联网”创新项目90个。厦门市被列入“国家物联网重大应用示范工程区域试点”；马尾区获批全国四大物联网产业基地之一，建成区块链服务网络福建省主干网；摩尔的工业互联网平台累计服务企业超2万家，支撑产业数字化转型，2022年入选工业和信息化部“双跨”平台，成为全省首个入围平台。

【福州软件园】 2022年，福州软件园围绕扶引大龙头、培育大集群、发展大产业，做大做强以软件和信息技术、光电芯片智造和新一代信息技术为核心，以产业创新服务为基础的“3＋1”四大产业集群，全面提升产业创新力和竞争力。园区聚集企业1108家，其中上市企业9家、上市公司分支机构15家、上市后备企业27家、国家级高新技术企业284家、国家级专精特新“小巨人”企业6家、省级专精特新中小企业25家、“未来独角兽”企业7家、瞪羚企业14家、科技型中小企业192家。做到本土企业培育率90%，涌现出瑞芯微、福昕、福晶、顶点等30家全国乃至全球细分领域的单项冠军。福州软件园注重人才聚集，致力构建数字人才高地，将人才作为引领园区发展的关键资源和核心竞争力，2022年园区集聚各类人才4万余人，其中博士学历近百人、硕士学历千余人。

【厦门软件园】 2022年，厦门软件园作为厦门软件与信息服务业千万亿产业链条的关键引擎，厦门软件园跻身全国软件园区第一方阵。吸引超万家企业、13万多名人才安家落户，其中国家高新技术企业756家，“三高”企业722家，营收超亿元企业162家，主板、创业板上市企业10家，“新三板”挂牌企业49家，上市后备企业62家，中国互联网百强企业9家，中国软件百强企业5家，园区企业有知识产权5.3万多个。形成“大数据人工智能、数字创意、电子商务、智慧城市与行业应用、移动互联”五大行业细分领域集群，领先布局云计算、工业互联网、元宇宙、区块链、信创等领域，产业集中度占比和规模以上企业本土培育率均超90%。

（王　鹏）

通　信　业

【概况】 2022年，福建省电信业务收入502.5亿元，比上年增长5.9%，比上年增速高0.5个百分点；电信业务总量538.3亿元，增长19.3%。固定宽带用户2145.3万户，增长8.1%。其中，100M及以上宽带用户2010.3万户，增长9%，占总用户数的93.7%；1000M及以上用户210.4万户，增长239.6%，占比9.8%。电话用户5574.2万户，增长0.8%，其中固定电话用户679.8万户，下降3.9%；移动电话用户4894.4万户，增长1.5%。5G移动电话用户1640.7万户，增长65.5%，占移动电话用户总数的33.5%，占比高于全国平均0.2个百分点，比上年提升13个百分点。实施中小城市云网强基行动，全省固定网络IPv6流量占比14.5%，移动网络IPv6流量占比47.3%，网络基础设施全面完成 IPv6 改造。

【信息化基础设施建设】 2022 年，福建省通信管理局完成新基建投资 121 亿元，总投资和 5G 部分投资分别比上年增长 11% 和 25.1%。开通运营全省首条厦门国际互联网数据专用通道，以 120G 带宽能力快速直达国际通信出入口局。

2022 年，全省光缆线路总长度 174.9 万千米，比上年末净增 6.2 万千米。固定宽带接入端口 3726.2 万个，增长 5.1%。其中，光纤接入（FTTH/O）端口 3456.9 万个，占比 92.8%。建成 10G—PON 端口 42.5 万个，比上年增加 17.4 万个，千兆光网具备覆盖超 1800 万户家庭能力。全省移动电话基站 39.4 万个，超额完成省委、省政府“新建 5G 基站 2 万个”为民办实事项目，建成 5G 基站 7.1 万个，每万人 5G 基站数 17.1 个，实现所有乡镇和 68% 以上行政村 5G 网络覆盖，厦门获评福建省首个千兆城市。

2022 年，福建省实施工业（产业）园区新基建专项行动，建成园区 5G 基站 2539 个，全省 126 个试点园区通信基础设施投资超 6 亿元，建设项目 130 余个，全部实现 5G、千兆光网和移动物联网覆盖，投资 676 万元建设厦门火炬高新区、宁德东侨经开区等 12 个园区边缘计算节点。福州、厦门、泉州工业互联网标识解析二级节点注册量 4.6 亿，比上年增长超 10 倍；累计解析量超 11 亿，接入企业 1450 家。

【网络与信息安全】 2022 年，福建省通信管理局强化通信大数据多元融合应用，加大通信大数据模型算法优化，助力打赢多场疫情防控阻击战。

反诈“断卡行动 2.0”。福建省通信管理局开展“断卡行动 2.0”，组织基础电信企业派员入驻省、市两级公安反诈中心，支持福州、厦门、泉州等重点地市反诈技术手段下沉建设，实现涉诈域名快速封堵、涉诈线索快速打击。全年拦截诈骗呼叫 2.41 亿次，阻断涉诈网址和 APP 访问 289 亿次。

互联网网络安全工作。福建省通信管理局开展工业互联网网络安全威胁监测通报与处置、车联网网络安全防护定级备案，举办全国首场 5G 应用安全创新推广中心研讨工作会、首届车联网安全大赛，强化新型网络安全宣传工作。

基础电信网络安全专项整治。福建省通信管理局开展公共互联网僵木蠕等专项整治，部署行业重要数据和核心数据识别备案，建立健全福建省重点领域数据安全风险信息报送与共享机制，保持基础电信网络安全运行。

【行业管理】 2022 年，福建省通信管理局深化“放管服”改革，全年增值电信企业平均审批时限减少约 12 天，增值电信企业 7178 家，比上年增长 23%。规模以上互联网企业完成互联网业务收入 387.4 亿元，居全国第六位。其中，5 家企业入选 2022 年中国互联网企业综合实力前百家企业，6 家企业入选 2022 年中国互联网成长型前 20 家企业，2 家企业连续 10 年名列中国互联网综合实力企业名单。

福建省通信管理局创新电信市场监管，实施信息通信服务感知提升行动，福建省中小微企业宽带和专线平均资费降幅超 10%，电信用户有效申诉率比上年下降 27.14%、营销宣传类申诉百万用户有效申诉率下降 30.96%。打好安全生产专项整治三年行动收官战。3 个项目入选工信部共建共享典型案例，入选数量居全国第四位。 （吴锦芬）

【中国电信福建分公司】 2022 年，中国电信福建公司实施中国电信云改数转战略，推进网络建设、产品迭代、应用融合、服务提升、安全保障等工作，服务用户 3500 万户。全年营业收入 235 亿元（含福建通服公司）。

数字福建建设服务。中国电信福建公司夯实数字基础设施，新建开通 5G 基站 1.1 万个，累计 3 万个，实现市区和县城 5G 网络基本连续覆盖、乡镇 5G 热点覆盖；率先实现全域千兆光网触达，实现政企 OTN 网络广泛覆盖；天翼云 4.0 正式商用，作为国家云的框架基本成型，在福建省有云数据中心机楼 19 座，出口网络能力 34T，网络与算力深度融合，实现云网边端的智能互联。2022 年，中国电信福建公司着眼福建省数字、海洋、绿色、文旅“四大经济”，赋能千行百业。发挥云网融合优势，推动数字技术与实体经济深度融合，促进产业数字化转型升级。2022 年，公司助力数字福建建设工作，明确升级新基建、共铸国云、引领新动能等三方面重点任务 10 项关键举措，推动数字福建成为数字中国建设样板区。

2022 年 5 月 17 日，中国电信福建公司在福州举办“2022 年世界电信”主题日活动，并与产业链合作伙伴共同发布“智尊·云家”品牌。图为发布会现场

（省电信公司 供图）

中国电信首届云生态大会举办。第五届数字中国建设峰会期间，中国电信福建公司承办“共铸国云、智领未来”为主题的中国电信首届云生态大会。大会搭建6800平方米的“云生态成果展”展区，携手37家云生态合作伙伴，聚焦云技术、云应用、云产品、云终端等473个展项，展示国家云生态发展最新实践成果。

政企合作。第五届数字中国建设峰会期间，中国电信福建公司推动集团公司与福建省政府签署《共同推动云计算产业发展战略合作框架协议》。福建公司与漳州市政府签署共同推动数字经济发展深化数字漳州发展战略合作框架协议；与三明市政府签署支持闽西革命老区高质量发展示范区建设战略合作框架协议，以公开招募和专项引入方式，招募华为、捷创、用友、金蝶等近500家合作伙伴，建立省、市、县三级DICT合作伙伴生态圈，完善技术、应用、渠道、服务四大生态体系。

央企责任落实。中国电信福建公司支付民营企业、中小企业款项71.04亿元；减免房租3107万元，惠及中小微企业1133家。开展“春晓行动”，推广特惠助企云服务包、商户金卡、天翼高清优品会员包等产品，通过数字化手段拉动社会消费升级。落实提速降费政策，推动中小微企业普通宽带及专线（含互联网专线及商务专线）降费10%、免费提速，惠及42.17万家中小微企业用户、让利金额3511万元。夯实网络信息安全管理工作基础，构建纵向到底、横向到边的工作体系。完成中共二十大、北京冬奥会、第五届数字中国建设峰会等重大活动网络和信息安全保障，未发生网络信息安全责任事件；获工信部远程检查和“HW2022”零通报佳绩，被福建省委网信办授予“闽盾—2022”网络安全演练优秀组织奖。

（何其钦）

2022年，福建移动加速覆盖海域5G网络，引领全国海域建网标准。图为正在建设的5G网络基站 （福建移动 供图）

【中国移动福建公司】 2022年，中国移动通信集团福建有限公司推进网络强国、数字中国、智慧社会建设，致力构建“连接+算力+能力”新型信息服务体系，赋能生产方式、生活方式和社会治理方式数智化转型，加快以5G为核心的新基建发展，推动数字经济和实体经济深度融合。

传统业务迭代升级。福建移动把握无线通信代际升级契机，以个人权益、移动云盘、咪咕视频等产品满足用户新需求，推动5G业务发展，保持5G登网率全国领先，实现5G客户数突破1000万户，大众市场业务收入比上年增长2.0%。基于千兆网络，推出“移动高清”、家庭安防、智能组网等服务，丰富家庭场景的信息化解决方案，有线宽带客户规模超930万户，家庭市场业务增长9.9%。

信息服务数智化转型。福建移动融入“四大经济”大局，创新拓展7个“三新”赛道，开辟“云+网+DICT”新蓝海，收入连续3年实现30%以上增长。落地宁德时代5G专网、福清核电5G专网、宝钢德胜5G智慧钢厂等项目，累计建设5G专网数量超400个。其中宁德时代5G+智慧工厂为全国最大的5G专网，实现47个工厂、上千条产线、上万个智能终端的5G全连接，实现生产速率提高17%、质检效率提升80%。

公司经营提质增效。福建移动建立分市场、分产品、分项目、分组织效益评估体系和价值监控体系，低成本高效益运营模式初步形成。推进IPA机器人等数智化工具应用于财务管理、业务稽核、网络运维等领域，推进供应链数智化转型，采购平均用时比上年压降超过10%，数字化管理取得成效。“管战建协同实践”“主动监督体系”管理创新成果分获信息通信业一等奖、三等奖。

“连接服务”数“智”转型。福建移动构筑全省规模最大的移动通信网络和光纤宽带网络，开通4G基站13.4万个、5G基站4.4万个，5G用户渗透率超30%，实现5G网络在乡镇以上区域连续覆盖，成为全国首个实现沿海区域5G网络连续覆盖的运营商，输出《5G智慧海洋网络白皮书》，引领全国海域建网标准。千兆网络覆盖用户超2090万，加快建设高速泛在、天地一体、云网融合、智能敏捷、绿色低碳、安全可控的智能化综合性数字信息基础设施。

算力服务。福建移动完善“2+9+X”算力资源布局，涵盖福州、厦门两大省级数据中心，9个市级中型数据中心，近5000个汇聚机房，投产机架数超1.3万个，省级数据中心获得国标A级（增强型）认证和三级等保认证，核心技术100%国产，吸引腾讯、阿里、兴业银行等龙头用户入驻，保障e福州等平台在疫情期间的需求。

能力服务。福建移动打造网络能力开放平台、S域业务中台，构建“海川”平台，服务政企客户超5000个、行政村约1.3万个。推动政企产品全生命周期纳管，网络产品化运营的探索模式，获得全球电信管理论坛最佳解决方案奖、可持续发展奖，客户体验提升AI创新应用一等奖。拓展5G＋工业互联网全国标杆项目10余个，输出5G＋智慧工厂、5G＋智慧冶金、5G＋智慧电力、5G＋智慧园区、5G＋智慧海洋等20多个细分行业解决方案。

科技创新。福建移动打造公司科创体系，《智能化高效化的防汛救灾应急决策智慧系统》《神经外科手术协同训练系统开发及云应用》获福建省科学技术奖三等奖，《新型工业化数据中心融合建造技术服务》获云计算中心科技奖卓越奖（科技服务类），《福建宁德时代5G＋智慧工厂》获评2022年世界5G大会“十大应用案例”。全年研发投入比上年增长6%，完成深化国企改革三年行动考核指标。

网络信息安全。福建移动依托立体化应急通信保障手段，完成中共二十大、第五届数字中国建设峰会、本地聚集性疫情期间网络保障。推进防范治理电信网络诈骗犯罪工作和“断卡”行动，开展安全风险隐患大起底大排查大整治，保持零安全事故、零失泄密事件和零重大负面舆情事件。

数智赋能乡村振兴。福建移动建成集团内首条数智赋能乡村振兴研学路线，依托“‘1＋3＋X’网络＋乡村振兴”模式，实施数智乡村振兴计划，为农业农村现代化注智赋能。年内完成乡村振兴定量指标和对口帮扶目标。

落实“碳达峰碳中和”。福建移动实施中国移动“C碳三能计划”，推进“三能六绿”发展模式，实现单位电信业务总量综合能耗下降超15%。降低福州、厦门两大省级数据中心能耗比（PUE），助力碳达峰碳中和。（陈　豪）

【中国联通福建省分公司】 2022年，中国联合网络通信有限公司福建省分公司在全省设市分公司9个，县（区）分公司83个。全年完成主营收入73.4亿元，超额完成年度目标；上市利润总额累计完成7.4亿元，盈利能力在中国联通同规模公司中保持领先。2022年，福建联通先后获“福建服务企业100强”“省级劳动关系和谐企业”“中国财经领袖榜2022年度优秀运营商省公司”等称号。

网络基础建设。福建联通投资22.8亿元，开通5G基站3.1万个，实现5G网络所有地市城区、县和乡镇镇区全覆盖。新建NR900基站1.3万站，移动网人口覆盖率为99.8%；建成千兆端口438.6万个，实现100%行政村全覆盖、100%乡镇以上千兆宽带全覆盖；PeOTN节点达到672个，实现全省汇聚区及福州、厦门、泉州、三明城区综合业务区100%覆盖；福州、厦门启动建设2个具备国A级、等保三级的绿色低碳智云数据中心，打造万架机柜能力供给。

服务数字经济。福建联通助力创新型省份建设以及先进制造业强省战略，打造以中国联通（福建）工业互联网研究院、中国联通东南研究院、中国联通网络安全（福建）中心为龙头的“两院、两云、一基地、五大实验室”创新能力体系，与省政府及福州、厦门、泉州、漳州、莆田、三明市政府签订战略协议，服务福建数字经济高质量发展。

中国联通（福建）工业互联网研究院。福建联通推动工信部所属中国工业互联网研究院落地福建，组成工业互联网专家团队200余人，构建工业互联网平台体系，建成省内第四个工业互联网标识二级解析节点，打造福州凯邦锦纶、泉州361°、福州冠捷、宁德大唐火电、龙岩马坑矿业等一批5G＋工业互联网融合标杆案例。5个项目获2022年度“5G绽放杯”奖项、3个项目入选福建省新一代信息技术与制造业融合发展名录，26个项目入选福建省新一代信息技术与制造业融合发展典型案例。

中国联通东南研究院。中国联通东南研究院聚焦数字政府、水利和生态等领域开展自主研发。在数字政府领域，发挥联通大数据能力优势，搭建经济运行监测平台，助力政府辅助决策。在水利和生态方面，打造木兰溪全流域数字化平台和南平金山银山平台，助力智慧水利和生态文明建设。

中国联通网络安全（福建）中心。中国联通网络安全（福建）中心作为中国联通授牌在福建成立的首个省级安全支撑中心，发挥中国联通作为国资委指定网络安全链长单位优势，打造大安全生态圈，2022年成为省级网信系统网络安全技术支撑单位。完成“闽盾—2022”专项演练，获省委网信办颁发的优秀组织奖，为省教育厅、生态环境厅等5家以上厅局单位提供攻防演练服务。

科技创新。福建联通成立科技创新部，率先在福建省、在福建通信行业内成立企业科协。全年支出研发经费近1.3亿元，研发投入强度达到1.73%；累计获得专利12项、软件著作权70项。《基于AI算法的无人机巡河目标检测应

2022年5月14日，福建联通与福建残联共同举办“我为群众办实事、数字助残惠民生”战略合作发布会，图为全新“畅爱”系列AI产品发布现场

（福建联通　供图）

用》获得中国联通集团2022年度科技进步奖优秀奖。联通（福建）产业互联网有限公司入选国有企业“科改示范企业”、福建省未来“独角兽”企业、战略性新兴产业企业100强。

承担央企责任。福建联通完成中共二十大、第五届数字中国建设峰会、福建省苏维埃政府成立90周年、闽商大会等55场重大活动通信保障任务。全面助力乡村振兴，以“八闽数字乡村平台＋‘通信合作社’”农村集体经济模式服务近5000个乡村。深化“我为群众办实事”实践活动，强化数字助残，与省残联战略合作推出“数字助残”系列产品，服务2.5万名听障人士无障碍通话；加速打造千兆宽带精品网，提供全屋光宽带服务，推动群众共享千兆时代智慧生活。（邢晓宇）

无线电管理

【概况】 2022年，福建省工业和信息化厅完成无线电频率行政审批71件，指配频率216个，为省运会筹委会、新闻媒体等17个单位指配临时频率161个，储备应急频率66个。核发电子证照46万余张，全省纳入管理的无线电台（站）47.9万个（不含手机和公众移动通信终端），台站数量和分布密度居全国前列。无线电频率与技术广泛应用于广播电视、公安安全、铁路运输、航空导航、水上交通，应急抢险、气象、地震、公众移动通信等国民经济和社会发展领域。全省累计建成固定监测站272个、可搬移站26个和移动站23个，监测范围最高频段可达26.5GHz，无线电监测网覆盖全省所有县（市、区）。

【公共基站建设】 2022年，福建省工信厅服务5G新基建建设，开通公众移动通信基站绿色审批通道，颁发中广电移动5G基站执照，实现全省基站数据电子交互、专线审批，全年颁发5G基站执照4.2万多张。

【民用对讲机管理】 2022年，福建省工信厅开展“民用对讲机无线电管理策略研究”，针对国内外对讲机频谱规划、型号核准规定、产业发展现状和存在问题，提出对讲机在频率规划、型号核准等方面的管理政策调整建议，规范对讲机管理，加快对讲机“模转数”进程，促进对讲机产业转型升级。

【无线电行政审批】 2022年，福建省工信厅印发《福建省无线电频率台站审批服务指南》（2022版），将平潭综合实验区无线电行政审批和公共服务事项调整至福州市无线电管理局负责办理，规范全省无线电行政许可受理窗口，继续推行不见面审批制度，推进公众移动通信基站电子证照工作，无线电行政许可事项部分数据共享，完成全省无线电行政许可统一受理窗口的试点。

【无线电台站及数据管理】 2022年，福建省工信厅完成基于无线电管理一体化平台的频率台站系统升级，动态对频率台站数据库数据完整性和准确性进行核对，开展台站到期提醒与逾期清理公告工作，联合公安、应急等部门开展无线电频率台站使用情况核查，对37个X频段雷达及11个高空气象探测站的合法合规性开展数据核查与现场核验。

【无线电产业布局】 2022年，福建省工信厅协办2022中国无线电大会“小终端、大未来”对讲机分论坛，邀请工业和信息化部无线电管理局、泉州市政府、国家监测中心检测中心、泉州对讲机协会、国内生产企业等对讲机行业政产学研用各方资深专家，分别从对讲机产业链、市场前景、智能融合、数字化、全球化、高质量发展等多重视角进行经验分享与未来展望，对对讲机行业标准、产业发展与全面应用谋篇布局。承担福建片区（含江西、湖南）无线电发射设备型号核准技术测试工作，贴近服务无线电发射设备生产企业。开展无线电发射设备自检自证试点，推荐的福建飞通通讯科技有限公司入选国家无线电发射设备自检自证试点企业。

【无线电监督检查】 2022年，福建省工信厅立案查处无线电行政执法案件43起，没收违法设备31台（套）、违法所得300元，1起行政处罚案件入选2022年全国无线电行政执法典型案例。组织排查各类无线电干扰40起，保障航空、铁路等重要业务无线电通信安全。配合公安部门查处“黑广播”5起，全省境内“黑广播”活动呈现零星偶发态势，“伪基站”违法犯罪案件实现连续3年动态清零。开展全省督导检查，提升无线电安全保障工作的规范化、专业化水平，完成中共二十大、北京2022年冬奥会、冬残奥会、省运会等重大活动无线电安全保障任务。完成全省公务员考录、高考等17场国家和省级重点考试无线电保障。

【无线电管理法治建设】 2022年，福建省工信厅梳理无线电管理领域轻微不罚、首违不罚等包容审慎监管执法清单，督促落实无线电管理行政执法公示、全过程记录和法制审核制度，查实全省在不明信号监测中发现的无线电违法线索，依法对省公安厅、省广电网络集团等单位违规使用无线电频率台站行为启动行政约谈，督促及时整改违规用频设台行为。

【非法设置、使用无线电台（站）查处】 2022年，福建省工信厅发现并处置无线电违法行为28起。强化对无线电发射设备源头监管，联合海关、市场监管、公安等部门组织开展打击非法入境、销售无线电发射设备专项行动，检查无线电发射设备销售商109家，立案查处违法行为5起。组织开展日常及专项无线电监测，累计监测时长785132小时，排查无线电信号1599个。

【无线电普法宣传】 2022年，福建省工信厅紧扣无线电管理宣传月、打击治理电信网络诈骗犯罪集中宣传月、高考等重要时间节点，加强与职能部门、重要设台单位及主流媒体的互动协作，采用新闻资讯、科普讲座、专题访谈、公益广告等形式，开展无线电管理条例宣传活动。（肖嘉彬　吴　明）

编辑：郑　莱

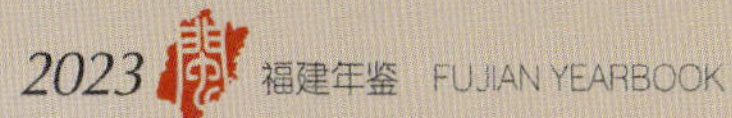

商贸流通服务业

综　述

【社会消费品零售总额】　2022年，福建省社会消费品零售总额21050.12亿元，比上年增长3.3%，增速位居全国第三位。按地域分，城镇18290.71亿元，乡村2759.42亿元。按消费形态分，商品零售额19189.04亿元，餐饮收入额1861.08亿元。

【消费促进】　2022年，福建省商务厅会同工信、农业、文旅等部门，组织以全闽乐购"福见商旅"和"万企百日惠福品"为主线，以"福"品消费为重点，围绕餐饮美食、汽车家电、鞋服、预制食品、名品优品、电商平台、文旅等板块，配套相关主题，策划开展促销活动超万场次。全省发放商贸消费券3.4亿元，参与商户35万户次，补贴汽车3万辆，银行系统、企业、平台减费让利超40亿元，撬动全省消费超过316亿元。以"寻福、送福、造福、享福""福品供全球、全球享福品"为主题，于元旦前夕举办首届福品博览会，线上线下成交总金额超2.6亿元。

【批发销售】　2022年，福建省批发业销售额78179.16亿元，零售业销售额18579.27亿元，分别比上年增长20.8%和8.2%；住宿业营业额381.88亿元，餐饮业营业额2208.94亿元，分别比上年增长3.4%和7.6%。

【疫情物资供应保障】　2022年，省商务厅统筹协调泉州、莆田、宁德、福州疫情期间的市场供应保障工作，紧急支援陕西、上海等省市疫情期间物资供应保障，全程做好近4000名医疗对外支援的救治人员的生活物资保障。

粮食物资储备

【概况】　截至2022年末，福建省地方储备粮规模472万吨（省级储备205万吨、市县储备267万吨）。建立成品粮储备规模11.6万吨、食用油储备规模5.57万吨，可分别满足全省10天、26天的消费需求。应急供应网点实现每个乡镇（街道）全覆盖，应急配送、储运能力有保障，全省建立粮食应急网点1671家、粮食应急加工企业165家（大米142家、小麦粉16家、植物油7家）、应急配送中心123家、应急储运企业103家。全省物资储备按照分级储备、分级管理、无偿使用的原则进行管理。为确保应急救灾物资供应保障，省、市、县三级建立救灾物资储备库87个，储备各类救灾物资116.8万件，其中省级20.2万件、市县96.6万件。

【政策支持】　2022年，福建省成立以省委书记为组长的贯彻落实粮食安全责任制领导小组，推动落实省委和省政府关于粮食安全各项决策部署，出台《福建省地方政府储备粮安全管理办法》，推进《福建省粮食安全保障条例》立法进程，新制定及修订完善配套制度文件14项。

【粮食物资储备管理】　2022年，福建省粮食和物资储备局完善应急保障机制。制定全省粮食供应保障实施方案、全省粮油保供稳价应急工作手册，修订《福建省粮食应急预案》。制定省级大米应急加工重点企业管理办法，评定30家省级大米应急加工重点企业；安排粮食应急专项资金1000万元，支持企业提升应急保障能力。

在春节、国庆、中共二十大召开期间和聚集性疫情发生等重点时期，对粮油市场供应和价格情况实行"一日一报"制度，及时掌握应急加工企业及供应网点粮食加工、供应、库存等情况，组织对粮食批发市场、重点商超、重点粮油加工企业督促检查，保障粮油市场不脱销断档。全年福建省粮储局先后调运应急救灾物资10批次7.2万件，总价值1000多万元。

【粮食储备检查】　2022年，福建省粮储局组织开展全省政策性粮油库存检查，检查仓廒918个、油罐115个，占储存总量的46.75%。省粮储局派出4个检查组，抽查24个收购点，防止压级压价、"打白条"等损害群众利益行为。开展治理"餐桌污染"专项检查，组织开展粮食风险监测；全年抽检粮油样品16260份。组织开展2022年全国粮食安全宣传周活动，以及涉粮法律法规规章宣传活动，全省各地开展宣传活动93场，5000多人参加线上线下宣传活动。

【粮食增储扩容】 2022年，福建省总投资14.65亿元，推进新改扩建7个项目65万吨仓容建设。7个省级粮食储备库全部实现当年规划、当年立项、当年开工。提前完成50万吨增储任务，全省储备规模达到472万吨，超过省政府下达465万吨的任务。坚持制度管粮和技术管粮相结合，推广绿色储粮和信息化管粮技术。成立信息化建设专班，协调推进全省粮食购销领域信息化监管项目建设。截至2022年底，由省大数据公司作为业主单位，组织完成可研、初设、立项和招投标工作。

【粮食产销协作】 2022年，福建省实施储备订单粮食收购直补政策，省、市、县三级每年安排7200多万元；实施省级产粮大县粮食风险基金奖励政策，省级财政每年下拨5000万元，有效保护当地粮源。组织举办第十八届福建粮洽会，会上签订各类粮食购销意向合同286项，数量498万吨，征集到61项粮食行业科技成果、25项粮食企业科技需求，参展参会企业超过1500家，参会代表近4000人。其间与兴业银行签订战略合作协议。全省实施引粮入闽奖励政策，先后从协作省份调入粮食超亿吨。 （陈舒婷）

供销合作商业

【概况】 2022年，福建省供销系统实现购进总额3357.7亿元，销售总额4413.34亿元，分别比上年增长31.3%和12.72%。全省系统社有企业实现营业总收入121.74亿元，增加11.03亿元，增长9.96%。实现利润总额3.54亿元，增加0.47亿元，增长15.49%。年内，农产品购进1504.51亿元，增长7.93%；农产品销售1878.18亿元，增长11.69%。消费品零售总额2210.81亿元，增长16.09%；售给生产用的农业生产资料总额175亿元，增长9.24%；电子商务销售额625.98亿元，增长22.77%；物流业营业额34.61亿元，增长47%。再生资源回收额140.8亿元，增长5.65%；再生资源销售额150.05亿元，增长9.13%。

【供销合作体制机制建设】 2022年，福建省供销合作社召开第五次代表大会，理顺理事会与监事会的关系，规划全省供销社未来5年工作总体要求和目标任务。推动市、县两级供销社逐步建立社资委、合作发展基金，出台成员社对联合社工作评价办法和联合社对成员社资产监管。推动生产、供销、信用“三位一体”综合合作，在8个县级供销社开展试点工作，推出各类“供销贷”金融产品，探索建立良好的合作机制。

【农资供应】 2022年，福建省供销合作社组织成立农资稳价工作专班，开展农资储备、调运、供应和服务工作，全省系统冬储化肥85万吨、农药5047吨和灾储化肥4.6万吨，超额完成年度储备任务。实施“绿色农资”行动，加强新型庄稼医院建设，开展农资科技下乡活动300多场，指导农民科学施肥用药。

【供销基层组织建设】 2022年，福建省供销合作社推进基层社建设提质增效，新改造提升薄弱基层社70个，评选表彰基层社示范社40个。推进供销社乡镇惠农综合服务中心建设，省、市、县社三级新建惠农综合服务中心93个。探索开展“供销铺子”“供销小店”“供销超市”等连锁化经营。开展“党建引领、村社共建”活动，新领办创办农民专业合作社571个，评选表彰农民专业合作社示范社31个，推进基层社与农民专业合作社融合发展。

【乡村振兴供销助力】 2022年，福建省供销合作社组织开展多种形式的农产品产销对接活动，在城镇、高速服务区、旅游景点等建设供销社名特优农产品展示展销中心（专柜），在北京福建大厦设立“福建特色产品北京展示中心”，宣传推广“福”字号农产品。省供销社举办“一县一周”农产品展示展销会5场，举办“闽昌情·供销行”新疆昌吉农产品展销会、“闽宁协作·供销助农”消费帮扶活动。举办第二届“国际茶日·福茶行天下”三茶融合发展大会、第二届“福茶杯”福建省（百姓茶、放心茶）茶叶大赛，参与福茶网建设，助力“三茶”融合发展。

【社有企业经营管理】 2022年，福建省供销合作社组织落实党组织在法人治

2022年5月21日，第二届“国际茶日·福茶行天下”三茶融合发展大会在福州召开 （省供销合作社 供图）

理结构中的法定地位，推进混合所有制改革，全省系统县级以上社有企业公司制改革达70%以上。实施社有资产监管制度建设，逐步健全完善预算、财务、投资、审计、人力资源等规章制度。通过项目合作、开发重建、改造提升等，盘活老旧社有资产，省供销社建设“福供云厨”“福供康养中心”“厦门果壳街区”“漳州蓝田开发区房产综合改造出租项目”等，确保社有资产保值增值。推动系统社有企业联合合作，推进预制菜、冷链物流、农资仓储、再生资源等项目建设。落实稳经济减免租金工作，全省系统为小微企业减免租金4179.1万元，涉及3135个租户。

【供销农业社会化服务】 2022年，福建省供销合作社开展土地托管、配方施肥、统防统治、农机作业、大田托管等农业社会化服务，在建瓯市、连城县开展供销社县域农业社会化服务体系建设试点，全省系统实现农业社会化服务超14.62万公顷次。龙岩市供销社在长汀县河田镇试点开展“供销农场”粮食生产全托管。推进流通服务网络建设，在8个县（市）开展供销社县域流通服务网络强县培育试点工作，推动建设一批农产品集采集配中心、乡镇综合超市和田头保鲜仓设施。（吴　萌）

物流业

【概况】 2022年，福建省物流业业务收入6300.6亿元，实现增加值3108.1亿元，分别比上年增长11.6%和增长5.0%。完成货运量139951.9万吨、增长3.3%，其中，铁路货运完成4815.2万吨，下降5.8%；公路完成货运量10.7万吨，货运周转量1260.6亿吨千米，各下降3.5%、2.2%；水路货运完成57336.3万吨，货物周转量9873.3亿吨千米，分别增长14.2%、13.2%；民航货运完成41.1万吨、下降21.7%。全省沿海港口货物吞吐量7.1亿吨，增长3.2%。其中，外贸货物吞吐量2.6亿吨，下降0.7%；通过水水中转方式经全省港口进出的大宗货物1477万吨，增长6.9%；通过海铁联运方式经全省港口进出的大宗货物2299.6万吨，下降5.4%；集装箱吞吐量1336.5万标准箱、增长2.0%，完成集装箱海铁联运11.2万标准箱、增长60.5%，国际中转集装箱完成111.52万标准箱、增长8.4%；航空货邮吞吐量41.1万吨、下降21.7%。全省物流企业中，492家获评国家A级物流企业，数量居全国第五位；国家级示范物流园区2家、省级示范物流园区33家，进入2022年度中国物流企业50强3家、中国民营物流企业50强2家、全国冷链物流百强企业4家、星级冷链物流企业10家、网络货运省级示范企业6家、国家网络货运平台A级企业6家。

【物流基础设施建设】 至2022年底，福建省高速公路里程突破6000千米，密度位列全国各省第三，“六纵十横”高速公路主骨架基本形成，80%陆域乡镇实现30分钟上高速公路。普通国省干线公路里程1.1万千米；沿海港口生产性泊位457个，其中万吨级以上泊位198个；开通外贸航线161条，通达全球近60个国家140多个港口；铁路运营里程4381千米，其中高、快速铁路1906千米，居全国第十，“三纵六横”铁路网格局加快形成，在全国范围内率先实现市市通高（快）铁；民航机场建成6个，形成以厦门、福州机场为双枢纽、多个机场全面推进的态势，开通国际和港澳台空中线路4379条，通达世界各主要城市，形成多个以机场临空产业园为依托，以航空货运、保税物流、跨境电商以及现代仓储为业务重点的航空物流发展集聚区。全省航空口岸运行国际（地区）货运航线38条，通达美国、澳大利亚、日本、加拿大、法国、新西兰等18个国家和2个地区，内含8个RCEP国家15条货运航线、7个“一带一路”国家8条货运航线、5个东盟国家6条货运航线。年内，闽台交通开通厦门、平潭至高雄的客货滚装航线；福州、厦门、泉州机场实现对台空中直航；沿海港口完成大陆对台湾地区海上客运量的97%，集装箱运量的1/3。“丝路海运”命名航线94条，通达50多个国家和地区的140个港口；开通全国首条“丝路海运”电商快线。国际及港澳台空中航线79条，“丝路飞翔”通达全球部分重要城市；中欧、中亚6条国际班列常态化运营，开通台厦欧海铁联运物流新通道。湄洲湾港对台铁矿石保税中转常态化、多元化，新开辟台湾经厦门到莫斯科海铁联运通道；厦门、南平、泉州、龙岩、福州、宁德等地开行中欧（中亚、中老）班列。年内全省有902个乡镇快递网点全覆盖，14305个建制村四品牌进村全覆盖。有主要邮政快递品牌20个，邮政网点1360个；快递许可企业373家、分支机构745家、末端网点21821个；分拨处理中心99个，其中省级分拨处理中心41个，主要集中在福州、泉州、厦门地区。

【物流业扶持政策】 2022年，福建省工信厅出台多项政策措施，推进现代流通体系建设，省政府印发《福建省贯彻“十四五”冷链物流发展规划实施方案》《福建省积极应对疫情影响进一步帮助市场主体纾困解难的若干措施》等，省直有关部门制定印发《福建省加快农村寄递物流体系建设实施方案》《福建省建设世界一流港口做大做强东南国际航运中心工作方案（2021—2023年）》《福建省交通运输厅关于印发助企纾困支持市场主体发展九条举措的通知》等。福州、厦门、漳州、泉州、南平分别在货运航空、港口生产、城市配送、农村寄递物流、综合交通枢纽、保产业链供应链稳定、港口集装箱业务、市场主体纾困解难等方面出台扶持政策。

（谢秀芳）

专营专卖

【烟草专卖】 2022年，福建省烟草商业系统税利总额197.58亿元，比上年增长43%；上缴财政242.05亿元，增长55.23%。商业增加值209.82亿元，增长4.49%；商业销售额639.48亿元（不含税），增长6.3%。

2022年，福建省收购烟叶10759万公斤，比上年增加1770.5万公斤；烟农售烟总收入38.12亿元，户均收入13.39万元。推进烟叶生产布局调整及烟站整合，全省500万公斤（10万担）以上核心县增加到8个，站均收购量提高到67.5万公斤。推广烟稻轮作，建成百亩以上烟稻双优基地示范片27个，推动抛荒地复垦1066.67万平方米，“以烟促稻、以烟稳粮”基本烟田保护模式得到认可。召开全省烟叶南平现场会，推广“种采烤分”一体化组织模式，“种采烤分”一体化组织模式全省占比为77.75%。试种推广雪茄烟叶，种植86.67公顷，收购1895担，具备规模开发能力。开拓国际市场，出口烟叶类产品1.32万吨，比上年增长14%。

2022年，福建省销售卷烟比上年增加1.26万箱；单箱销售额增加1365元。高价位卷烟销售突破万箱，增长56.8%，增速居全国首位；低价位卷烟销售28.26万箱，完成进度全国第二；国产雪茄烟销售1655万支。完成行业卷烟营销一体化平台试点工作，推进卷烟网络建设，建成243家“海丝新晟”流通品牌核心终端，打造411家农网特色示范终端，现代终端占比为20.36%。零售客户全年户均卷烟销售额32.9万元，户均毛利4.5万元；客户满意度91.75分，比上年提高1.39分，排名全国第九位。启动取消物流公司法人资格改革，物流送货响应时间23.56小时，排名全国第六位。

全年查获各类违法卷烟5.98万件，其中海上渠道查获3.3万件。常态化落实真烟异常流动治理和烟叶精准化监管措施，跨省外流卷烟数量居全国第26位。推进“放管服”改革，加快“互联网+政务服务”建设，实现零售许可布局合理、电子证照共享共用，新增零售许可办结时间从5个工作日缩减到3.5个工作日。“12313”热线平均受理时长2.7天，总体满意率达99.5%。

（傅积恩）

【食盐专卖】 2022年，福建省盐业集团有限责任公司年末总资产、营业收入、利润总额分别比上年增长8.89%、10%和16%。公司小包装食盐销售指标比上年增长4.18%，省内大包装食盐销量比上年增长3%。

2022年，公司开展闽盐品牌VIS系统设计和“盐小福”IP形象开发工作，完成“盐小福”商标及IP形象注册工作，取得“盐小福”商标注册证书；通过春节、中秋、国庆等重要节日期间开展中高端小包装食盐等促销活动，创新性地引入终端二维码返利促销，让利终端，2022年小包装品种结构方面，中高端及以上品种小包装占比37.9%，比上年上升3.8%。

2022年，公司为提高“福盐云商”平台对业务的快速支撑反应能力，通过技术评估，将系统后台升级为基于阿里NACOS微组件架构的面向业务对象的架构方式，将数据库从内外msSQL迁移到移动云平台MySQL数据库，并集成Pinpoint性能监控组件，对平台进行全方位运行监控。升级完成后，“福盐云商”系统全面基于云平台搭建，在后续用户量激增时，可以在5分钟内完成服务器扩容。并将集团产品追溯大数据，从Oracle数据库迁移到云HBase数据库，提前完成国家食盐追溯平台对接。截至12月底，全省采集终端客户信息18万家（含餐饮用户），采集经营品种约57万条。实现巡访率达99%、采集率达99%、下单率达80%。

（盐业公司）

电子商务

【概况】 2022年，福建省实现网络零售额7355.8亿元，位居全国第六；比上年增长8.5%，高于全国增速4.3个百分点，增速在全国前六位中排名第一；实物商品网络零售额6604.5亿元，占福建省网络零售额的比重为89.8%，增长10.1%。全省限额以上实物网络零售额2262.6亿元，增长21.0%。全省结合全国网上年货节、双品网购节暨福建首届福品网购节、“6·18”网络购物节、中秋促消费等系列活动，推进鞋服箱包、家居建材、电子电器、陶瓷工艺、农特产品、医疗健护等福建传统优势产品扩大网络销售。创新举办“2022电商主播大赛”，吸引国内超过5000名电商主播和近1000名大学生参赛，近400个品牌、3000多款产品参加活动，直播带货成交额超20亿元；大赛增设公益阳光赛道，助推一批残障人士就业创业；活动内容全网曝光量超23.6亿次。

【茶产业互联网综合服务平台建设】 2022年，福建省以发展“百姓茶、放心茶”为目标，建设中国（福建）茶产业互联网综合服务平台（福茶网），解决茶企、茶农和消费者关注的痛点、难点问题，统筹发展“茶文化、茶产业、茶科技”。自2021年6月28日上线至2022年底，福茶网全面对接主要产茶县，入驻包括全省头部企业在内的茶企超9500家，注册用户超180万人，上架茶产品超6万款，累计实现交易金额近50亿元。

【跨境电商发展】 2022年，福建省经海关监管的跨境电商出口、进口、进出口规模均实现20%以上增长，高于全国平均增速。制定出台《推动福建省电子商务保稳提质增效若干措施》，在做优综合试验区、完善海关监管场所、优化海外仓布局等方面协同发力。争取宁德、南平获国务院批准设立跨境电商综合试验区，指导推动全省6个跨境电商综合试验区通过商务部考核评估。支持企业海外仓拓展建设，优化重点海外市场网点布局，新建海外仓约30万平方米，全省累计海外仓总面积超180万平方米。与阿里巴巴集团签订《推进福建省跨境电商高质量发展战略合作框架协议》，助力福建企业品牌出口。

【2022中国跨境电商交易会】 2022年6月1日，由福建省商务厅、福州市人民政府指导，商务部外贸发展事务局联合福建省进出口商会、福建荟源国际展览有限公司主办的2022中国跨境电商交易会在福州海峡国际会展中心开幕，展会为期3天。展会以“链接跨境全流域，共建电商新生态”为主题，采用“专题展会+高峰论坛”线上线下相结合的形式。线下展区面积7.2万平方米、设置展位2500个，分设跨境电商供货商展区、跨境电商平台展区、跨境电商综合服务展区、论坛活动区等4个主题展区；60个全国出口型产业带、200多家跨境电商服务企业、2000多家外贸供货企业参展，展示跨境电商智造新品约100万款。展会到场专业采购商5.5万人次，达成意向成交金额超30亿美元，直接拉动福州餐饮住宿消费超5亿元。

【中国（厦门）国际跨境电商展览会】 2022年11月10日，2022中国（厦门）国际跨境电商展览会（以下简称“中跨展”）在厦门国际会议展览中心举办，此次展会由中国国际商会、商务部外贸发展事务局、厦门市贸促会、厦门国际商会共同主办，现场开设跨境选品展区、跨境平台与综合服务商展区、跨境进口展区（国际展区）三大主题展区，汇聚全球上百家服务商及近30个跨境电商主流平台、超千家展商的展品，吸引超9万人次观众参加。省商务厅联合商务部电子商务和国际组织、金砖国家代表、数字经济龙头企业代表等近200人现场参会，在线观看超350万人次。

餐 饮 业

【概况】 2022年，福建省以标准化促进餐饮节约，制止餐饮浪费，宣传贯彻食品安全国家标准《餐饮服务通用卫生规范》。克服疫情影响，开展餐饮业恢复发展扶持政策贯彻落实工作，支持餐饮老字号搭建由以堂食为主转为线上、线下多渠道融合的销售模式，并推进保障食品安全工作。2022年全省餐饮收入累计绝对量1861.08亿元，比上年增长2.3%。

【闽菜宣传推广暨晋闽两省菜品交流活动】 2022年，由福建省商务厅、山西省商务厅共同支持，福建省餐饮烹饪行业协会、山西省烹饪餐饮饭店行业协会联合主办，山西省福建商会、山西会馆共同协办的“闽菜宣传推广暨晋闽两省菜品交流活动”在山西会馆举办。活动结合2022“中国菜”艺术节开展，福建省餐饮烹饪行业协会书记、执行会长翁贵明和山西省烹饪餐饮饭店行业协会会长冯守瑞互赠晋闽两地菜品宣传书籍及视频，向参加活动的山西各界领导、餐饮同仁赠送《中国闽菜精粹》《闽味一百》宣传书籍及光盘。菜品交流环节，由省餐饮烹饪行业协会组织的8名闽菜大师与山西的烹饪大师共同完成品鉴菜品的制作，其中福建省交流菜品为佛跳墙、闽味炸糟虾、传统荔枝肉、白斩河田鸡、翡翠文思大黄鱼、莆田南日鲍、什锦太平燕。

【2022海峡渔业周·国际渔博会举行】 2022年6月10—12日，2022海峡（福州）渔业周·中国（福州）国际渔业博览会在福州海峡国际会展中心举行。2022年是渔业周·渔博会落地福州的第十四年，博览会上，海洋与渔业重点签约项目15个，签约总金额220.91亿元；现场零售额9138万，经贸配对额6.58亿；采购商15362人。展会设置展位1778个，包括预制菜、海鲜食材、远洋渔业纯天然产品、渔业机械设备、水产加工、水产养殖、福州金鱼及休闲海洋渔业、鱼丸展区等八大展区。展会首次为展商开展“1V1特邀买家”供采对接服务，针对100家水产预制菜及进口海产品企业精准邀约淘菜菜、冠超市、鲜喵、朴朴、美菜网等25家大型采购商，并在现场搭建特邀买家专区。“1V1特邀买家”服务进行3天共计精准配对超300家（次），达成意向合作的企业82家，经贸配对额超过3000万元。现场举办重点项目签约仪式、现代水产种业振兴论坛、第四届中国渔业渔村发展振兴论坛、第四届中国·闽台休闲渔业论坛、第三届福建省餐饮创新发展论坛等活动。2022年渔博会为全国首场海洋碳汇领域的大型“零碳”展会，现场举行622吨海洋碳汇捐赠仪式。

【预制菜出口专场对接会】 2022年6月10日，福建省预制菜出口专场对接会在福州海峡国际会展中心举办。活动由福建省商务厅主办，福建省进出口商会承办。40多家福建预制菜供应商和11家美国、加拿大采购商代表等约100人通过“线上+线下”方式参与活动。福建海文铭等6家省内大型预制菜企业代表现场推介，涉及“佛跳墙”等预制菜产品。福建预制菜企业与采购商代表在现场进行“一对一”对接洽谈，寻求合作机会，达成初步合作意向。

【古田服务区“闽菜馆”揭牌】 2022年5月20日，福建省高速公路经营开发有限公司、龙岩市交通运输局、龙岩市供销合作社联合社三方在龙岩古田服务区举行战略合作签约仪式暨古田服务区“闽菜馆”揭牌仪式。“闽菜馆”品牌由福建省商务厅、财政厅重点鼓励在有条件的服务区引进建设。古田服务区“闽菜馆”是福建省在高速服务区挂牌的第一家闽菜馆。闽菜馆内悬挂“闽菜馆”牌匾和红灯笼，悬挂经典闽菜宣传挂画，餐厅提供20余道经典闽菜菜品。梅菜扣肉、煎猪肝、海蛎煎、客家酿豆腐、姜母鸭、石菇老鸭汤、干蒸猪脚、河田鸡等菜品深受旅客青睐。

【福建省烹饪职业技能竞赛】 2022年11月25—26日，福建省烹饪职业技能竞赛在永泰县举行，竞赛评选出“2022年福建省烹饪职业技能竞赛前十名”。12月3—4日，2022年福建省美发美容职业技能竞赛在福州举行，竞赛评选出“2022年福建省美发美容职业技能竞赛美发项目前十名”和“2022年福建省美发美容职业技能竞赛美容项目前十名”。

（省商务厅）

编辑：郑　莱

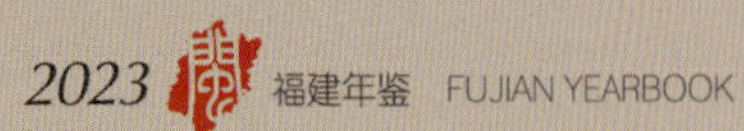

对外及港澳台经济贸易

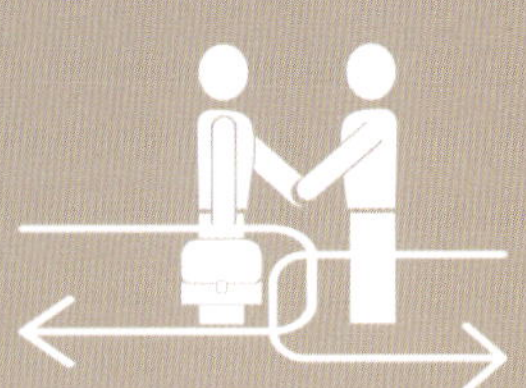

综　　述

【外贸进出口情况】 2022年，福建省进出口总额2975.02亿美元，比上年的2852.50亿美元，增长4.3%，增速全国第七位。其中，出口总额1820.41亿美元，比上年增长8.8%，占全省生产总值的23.1%，占全国出口额的5.1%，居全国第六位；进口总额1154.61亿美元，比上年的1179.09亿美元下降2.1%，居全国第七位。

【对“一带一路”国家进出口】 2022年，福建省对“一带一路”国家进出口额1101.93亿美元，比上年增长10.6%。其中，出口额629.82亿美元，增长11.4%；进口额472.11亿美元，增长9.6%。

福建省对“一带一路”国家主要出口商品为机电产品、纺织纱线织物及其制品、农产品、服装及衣着附件等。其中，机电产品214.61亿美元，纺织纱线织物及其制品67.20亿美元，农产品65.74亿美元，服装及衣着附件59.12亿美元。自“一带一路”国家主要进口商品为原油、煤及褐煤、农产品、机电产品、金属矿及矿砂等。其中，原油94.83亿美元，煤及褐煤75.79亿美元，农产品54.79亿美元，机电产品32.98亿美元，金属矿及矿砂32.72亿美元。

福建省对“一带一路”国家进出口额30亿美元以上国家有10个。其中，与印度尼西亚进出口181.71亿美元，菲律宾127.61亿美元，越南101.07亿美元，沙特阿拉伯94.99亿美元，马来西亚90.49亿美元，泰国75.41亿美元，俄罗斯73.99亿美元，印度46.14亿美元，新加坡40.57亿美元，阿联酋40.30亿美元。

【对RCEP国家进出口】 2022年，福建省对RCEP（即区域全面经济伙伴关系协定）国家进出口额1013.66亿美元，比上年增长2.4%。其中，出口额578.28亿美元，增长7.9%；进口额435.38亿美元，下降4.11%。

福建省对RCEP国家主要出口商品为机电产品、农产品、纺织纱线织物及其制品、服装及衣着附件等。其中，机电产品192.16亿美元，农产品77.36亿美元，纺织纱线织物及其制品50.87亿美元，服装及衣着附件37.27亿美元。自RCEP国家主要进口商品为机电产品、煤及褐煤、农产品、铁合金、基本有机化学品等。其中，机电产品64.38亿美元，煤及褐煤45.06亿美元，农产品53.33亿美元，铁合金16.43亿美元，基本有机化学品10.58亿美元。

福建省对RCEP国家进出口额20亿美元以上国家有10个。其中，与印度尼西亚进出口181.71亿美元，澳大利亚136.25亿美元，菲律宾127.61亿美元，日本124.11亿美元，越南101.07亿美元，韩国93.56亿美元，马来西亚90.49亿美元，泰国75.41亿美元，新加坡40.57亿美元，新西兰24.36亿美元。

出口贸易及港澳台贸易

【概况】 2022年，福建省初级产品出口额144.13亿美元，占出口总额的7.9%；工业制成品出口额1676.28亿美元，占出口总额的92.1%。主要出口市场包括美国、日本、韩国、英国、澳大利亚、印度及东南亚国家联盟、欧洲联盟（不含英国）等国家和地区，主要出口贸易额1282.93亿美元，占出口总额比重的79.6%。

【出口商品结构】 2022年，福建省初级产品出口额144.13亿美元，占出口总额的7.9%；工业制成品出口额1676.28亿美元，占出口总额的92.1%。机电产品出口额697.49亿美元，占出口总额的38.3%；高新技术产品出口额194.96亿美元，占出口总额的10.7%。

【出口市场划分】 2022年，福建省主要出口市场包括美国、日本、韩国、英国、澳大利亚、印度及东南亚国家联盟、欧洲联盟（不含英国）等国家和地区，主要出口贸易额1282.93亿美元，占出口总额比重的70.4%。其中，出口

2022年福建省出口额1亿美元以上商品情况表

金额分类	商品名称	出口金额（亿美元）	占出口总额比重（%）
20亿美元以上（17种）	电工器材、服装及衣着附件、鞋靴、纺织纱线织物及其制品、水产品、塑料制品、自动数据处理设备及其零部件、家具及其零件、钢材、陶瓷产品、电子元件、箱包及类似容器、通用机械设备、汽车零配件、灯具、照明装置及其零件、平板显示模组、木及其制品	1096.13	60.2
10亿～20亿美元（11种）	花岗岩石材及其制品、未锻轧铝及铝材、体育用品及设备、玩具、纸浆纸及其制品、家用电器、初级形状的塑料、玻璃及其制品、基本有机化学品、医疗仪器及器械、机械基础件	169.20	9.3
1亿～10亿美元（38种）	航空器零部件、二极管及类似半导体器件、船舶、摩托车及自行车的零配件、音视频设备及其零件、计量检测分析自控仪器及器具、橡胶轮胎、伞、肥料、手用或机用工具、汽车（包括底盘）、蔬菜及食用菌、金属矿及矿砂、未锻轧铜及铜材、茶叶、罐头、稀土及其制品、干鲜瓜果及坚果、钟表及其零件、医药材及药品、焦炭及半焦炭、眼镜及其零件、集装箱、钨品、美容化妆品及洗护用品、纺织机械及其零件、机床、印刷、装订机械及其零件、纺织原料、电动载人汽车、摩托车、帽类、包装机械、氧化铝、中式成药、酒类及饮料、手机、婴孩车及其零件	175.32	9.6
合计	66种	1440.65	79.1

2022年福建省主要出口市场情况表

国家（地区）	出口金额（亿美元）	占出口总额比重（%）
东南亚国家联盟	395.62	21.7
美国	322.28	17.7
欧洲联盟（不含英国）	314.91	17.3
日本	79.13	4.3
韩国	63.50	3.5
英国	40.82	2.2
澳大利亚	36.13	2.0
印度	30.54	1.7
合计	1282.93	70.4

东南亚国家联盟395.62亿美元，占21.7%；出口美国322.28亿美元，占17.7%；出口欧洲联盟314.91亿美元，占17.3%。

【输出港台市场】 2022年，福建省输出港台地区市场金额165.35亿美元。其中，输出台湾地区93.15亿美元，输出香港72.2亿美元。

进口贸易

【概况】 2022年，福建省主要进口市场包括澳大利亚、沙特阿拉伯、美国、巴西、俄罗斯联邦、日本、智利及欧洲联盟（不含英国）、东南亚国家联盟等国家和地区，进口金额747.44亿美元，占进口总额比重的64.7%。

【进口商品结构】 2022年，福建省初级产品进口额717.09亿美元，占进口总额的62.1%；工业制成品进口额437.52亿美元，占进口总额的37.9%。机电产品进口额174.94亿美元，占进口总额的15.2%；高新技术产品进口额126.43亿美元，占进口总额的11.0%。

2022年福建省进口额1亿美元以上商品情况表

金额分类	商品名称	进口金额（亿美元）	占进口总额比重（%）
20亿美元以上（10种）	金属矿及矿砂、原油、煤及褐煤、粮食、电子元件、大豆、初级形状的塑料、纸浆纸及其制品、铁合金、木及其制品	690.97	59.8
10亿～20亿美元（11种）	航空器零部件、自动数据处理设备及其零部件、水产品、基本有机化学品、乳品、未锻轧铜及铜材、天然气、原木、钢材、肉类（包括杂碎）、平板显示模组	161.95	14.0
1亿～10亿美元（26种）	锯材、纺织纱线织物及其制品、半导体制造设备、食用油、电工器材、汽车零配件、计量检测分析自控仪器及器具、美容化妆品及洗护用品、食用植物油、成品油、塑料制品、天然及合成橡胶（包括胶乳）、玻璃及其制品、未锻轧铝及铝材、酒类及饮料、干鲜瓜果及坚果、机械基础件、通用机械设备、稀土及其制品、汽车（包括底盘）、氧化铝、机床、音视频设备及其零件、焦炭及半焦炭、纺织机械及其零件、服装及衣着附件	112.39	9.7
合计	47种	965.31	83.5

2022年福建省主要进口市场情况表

国家（地区）	进口金额（亿美元）	占进口总额比重（%）
东南亚国家联盟	239.75	20.8
澳大利亚	100.12	8.7
沙特阿拉伯	76.86	6.7
美国	74.80	6.5
巴西	67.03	5.8
欧洲联盟（不含英国）	54.85	4.8
俄罗斯联邦	47.67	4.1
日本	44.98	3.9
智利	41.38	3.6
合计	747.44	64.9

【进口市场划分】 2022年，福建省主要进口市场包括澳大利亚、沙特阿拉伯、美国、巴西、俄罗斯联邦、日本、智利及欧洲联盟（不含英国）、东南亚国家联盟等国家和地区，进口金额747.44亿美元，占进口总额比重的64.9%。其中，从东南亚国家联盟进口239.75亿美元，占20.8%；从澳大利亚进口100.12亿美元，占8.7%；从沙特阿拉伯进口76.86亿美元，占6.7%。

利用外资及港澳台资

【概况】 2022年，福建省新设外商投资企业2733家；实际使用外资49.9亿美元，比上年增长1.8%。从行业看，高技术产业、制造业吸收外资增长显著。高技术产业实际使用外资增长15.1%，其中高技术制造业增长29.3%、高技术服务业增长8.7%。制造业实际使用外资增长51.7%，其中石油化工业增长217.1%、机械装备业增长46.7%、电子信息业增长31.6%。从来源地看，部分国家和地区对闽投资保持较快增长。“一带一路”沿线国家和地区对闽投资增长153%，东盟地区增长129.6%，RCEP成员国增长52.7%。在主要发达国家与地区中，美国到资增长137.5%。另外，台港澳三地实际到资合计占全省的75.1%。从招商载体看，引资成效明显。自贸试验区实际使用外资增长44.1%，其中厦门片区增长95.2%、福州片区增长93.9%。10个国家级经济技术开发区和7个国家级高新技术产业开发区实际使用外资占全省的25.9%。从项目情况看，重点项目进展良好。全省累计到资千万美元以上企业113家，到资金额占全省的80%以上。其中，到资1亿美元以上的企业有10家。

【外资利用】 2022年，部分国家和地区对闽投资保持较快增长。“一带一路”沿线国家和地区对闽投资增长153%，东盟地区增长129.6%，RCEP成员国增长52.7%。在主要发达国家与地区中，美国到资增长137.5%。

【台港澳投资利用】 2022年，台港澳三地实际到资合计占全省投资总额的75.1%。自贸试验区实际使用该部分资金比上年增长44.1%，其中厦门片区增长95.2%、福州片区增长93.9%。10个国家级经济技术开发区和7个国家级高新技术产业开发区实际使用该部分资金占全省25.9%。

对外投资与经济技术合作

【对外及对港澳台直接投资】 2022年，福建省备案和核准非金融类对外投资项目317个，比上年增长21%；中方协议投资额（以下简称“投资额”）26.7亿美元，增长44.5%；实际对外投资额18.6亿美元，下降7.9%，规模居全国第10位。全年新设境外企业165家、分支机构8家，境外企业增资项目66个。

投资额1亿美元以上项目6个，投资额合计17.7亿美元，占全省对外投资总额的66.2%。其中，厦门象盛镍业有限公司5.99亿美元投资印度尼西亚的PT OBSIDIAN STAINLESS STEEL，是投资额最大的单个项目。

从投资主体属地看，厦门对外投资196个项目，投资额15.58亿美元；福州69个项目，投资额2.11亿美元；龙岩7个项目，投资额6.57亿美元；泉州15个项目，投资额1.01亿美元；漳州8个项目，投资额6172万美元；宁德5个项目，投资额5811万美元；莆田11个项目，投资额1393万美元；平潭综合实验区2个项目，投资额979万美元；南平4个项目，346万美元。福州、厦门、平潭等3个自贸片区内企业对外投资项目39个，占全省的12.3%；投资额1.29亿美元，占全省投资额的4.8%。

从投资目的地看，亚洲地区为福建企业对外投资主要目的地，投资项目197个，占全省的62.1%，投资额16.37亿美元，占全省的61.2%。投向其他地区的有南美洲6.78亿美元、北美洲2.48亿美元、欧洲5839万美元、大洋洲4269万美元、非洲900万美元。

从具体国别（地区）来看，投向香港的项目数最多，为100个，投资额4.55亿美元。对“一带一路”沿线国家和地区的投资项目87个，投资额11.57亿美元，比上年增长398.1%。

从投资行业看，投向批发和零售业、制造业及信息传输、软件和信息技术服务业项目数量居前三位，分别为99个、94个和33个，分别占比31.2%、29.7%和10.4%。投资额最大的行业为制造业，投资额16.20亿美元，占比60.6%。

【对外承包工程】 2022年，福建省新签订对外承包工程合同35份，金额11.93亿美元，比上年增长42%；完成营业额11.67亿美元，下降32.8%。对外承包工程项下派出劳务人员287人次，下降88%；年末在外劳务人员2547人，下降31.5%。

对外承包工程业务分布在24个国家和地区，其中在亚洲地区完成营业额5.67亿美元，占48.6%；欧洲地区2.93亿美元，占25.1%；非洲地区2.68亿美元，占23.0%；大洋洲地区0.34亿美元，占2.9%；南美洲地区0.05亿美元，占0.4%。完成营业额前三位的国家（地区）分别为塞尔维亚2.21亿美元、孟加拉国1.91亿美元和菲律宾1.8亿美元。

2022年，全省有对外承包工程实绩的企业16家，其中福州10家、厦门4家、龙岩2家；有4家企业完成营业额超过1亿美元，分别是中国武夷实业股份有限公司、紫金矿业建设有限公司、中国电建集团福建工程有限公司和福建省电力工程承包公司。从完成营业额看，中国武夷实业股份有限公司以2.93亿美元位居全省第一。从新签合同额看，中建海峡建设发展有限公司以3.48亿美元位居全省第一。

【对外劳务合作】 2022年，福建省外派各类劳务人员45545人次（对外承包工程项下派出劳务人员287人次），比上年下降3.6%，居全国第一位。年末在外各类劳务人员61937人，增长2.1%。外派劳务人员全年实际收入10.5亿美元，增长9.2%。新签劳务人员合同工资总额7.3亿美元，下降2%。全年向38个国家和地区派出劳务人员，其中亚洲地区39111人次，占85.9%；欧洲地区2989人次，占6.6%；北美洲地区858人次，占1.9%；非洲地区813人次，占1.9%；拉丁美洲地区749人次，占1.6%；大洋洲地区351人次，占0.8%；其他国家地区674人次，占1.5%。

【对外援助】 2022年，福建省5家援外培训单位共承担实施60个援外培训项目。承担实施5个援外技术项目，分别是福建农林大学承担实施的援卢旺达农业技术示范中心项目，福建正原菌草国际合作有限责任公司承担实施的援中非菌草技术项目、援斐济菌草技术示范中心项目和援巴布亚新几内亚菌草、旱稻技术项目。2家援外成套项目总承包单位未中标项目，5家援外物资项目总承包单位未中标项目。

闽港澳台经贸合作

【港澳经贸合作】 2022年，福建省新设港资企业786家，比上年增长3.8%；合同港资50.9亿美元，实际利用港资34.7亿美元，占全省同期实际利用外资的69.4%。2022年，闽港贸易总额494.8亿元，增长3.4%。备案投向香港的项目100个，增长7.5%，闽方协议投资额4.6亿美元。2022年，澳门依旧是福建省外派劳务最大目的地，7家输澳劳务合作企业全年输澳劳务25733人次，占全省外派劳务总量的56.5%；年末在澳37141人，劳务人员实际收入总额4.97亿美元；新签劳务人员合同工资总额5.23亿美元。全省新设澳资企业114

家，合同澳资2.6亿美元；实际利用澳资8134万美元，增长5.9倍。闽澳交易贸易总额4.1亿元，其中对澳门输出4.04亿元。备案投向澳门的项目1个。

【对港澳招商】 2022年，福建省举办闽港澳经贸交流对接会等多场招商推介活动，推动闽港澳产业链、供应链融合发展，协调推动怡和集团、太古集团等世界500强和港澳知名企业加快在闽增资扩产。推动澳门中企协代表团到闽考察对接，联合举办“澳门福建企业合作签约仪式”，多个合作项目签约。省商务厅组织走访扬腾科技、浩蓝光电、天马集团、汇力兴业、利昌科技等省内重点港澳资企业，指导企业用足用好各类优惠政策措施。

【闽港澳现代服务业合作】 2022年，福建省商务厅组团参加第27届澳门国际贸易投资展览会，举办“福建—澳门—葡语国家经贸交流会”，联络重要经贸机构和重点企业，面对面挖掘闽澳经贸合作商机。邀请港澳特区政府组团参加第22届“9·8”投洽会，设立“香港馆”“澳门馆”，推广港澳优质商品。2022年，香港特区政府在投洽会专门设馆，集中展示回归25周年的发展成就。邀请澳门数字科技联盟组团到闽参加2022年跨交会，并首次设立澳门企业展区。

【服务港澳企业】 2022年，福建省商务厅组织举办福建企业赴港上市暨股权投融资对接交流活动，助力企业拓展境外融资渠道。与香港特区政府驻粤办共同举办闽港商务午餐交流会、闽港经贸合作座谈会，聚焦闽港携手共建“一带一路”，分享最新资讯、开展交流洽谈。赴莆田、宁德、三明等地督导推进省政府重点工作和“两稳一促”商务重点工作，协调解决对港澳招商、融资等难点问题。

【闽台经贸合作】 2022年，福建省新设台资企业1448家，占大陆新设台企户数近1/4。合同台资44.32亿美元，比上年增长44.1%。实际利用台资2.06亿美元，增长3%，占大陆实际利用台资近1/3。若含经维尔京、萨摩亚等第三地转投，实际利用台资约4.5亿美元，增长7%。新设台企户数和实际利用台资金额均居全国首位。闽台贸易额1036.7亿元，其中对台输出635.8亿元，占大陆对台输出的11.7%，增长22.9%，高于大陆对台输出增幅15.7个百分点。莆田对台铁矿石转口贸易出口42.3亿元，增长24.2%。平潭对台贸易突破180亿元，其中对台跨境电商直购输出超70亿元，增长8%，占大陆对台跨境电商输出总额的53%。 （崔 毅）

开发区与保税区建设

【概况】 截至2022年底，福建省有省级以上开发区97家，其中国家级24家（包括经济技术开发区、高新技术开发区、台商投资区、综保区等类型）、省级73家（包括经济开发区、高新园区、工业园区等类型）。2022年，全省开发区实现规模以上工业企业营业收入43076亿元，比上年增长13%，比全省增幅高6.0个百分点，占全省的比重为61.2%；实现税收收入（不含海关）1625亿元，增长3.5%，比全省增幅高8.3个百分点，占全省的比重为39.3%。

【开发区投资】 2022年，全省开发区实现固定资产投资总额10143亿元，比上年增长15.7%，占全省的比重为49.4%。其中，公共基础设施建设投资总额2293亿元，增长20.8%；区内企业固定资产投资总额7850亿元，增长14.3%。全省开发区内营业收入30亿元及以上的制造业企业189家，境内上市企业109家。全省开发区（不含海关特殊监管区域）的户均产业集聚水平为83.8%，比上年提高1个百分点。

【开发区土地集约利用】 截至2022年底，全省开发区土地利用率为43.2%，比上年提高1.6个百分点；综合容积率为1.2，与上年基本持平。工业用地固定资产投入强度598万元/亩，增长9.4%；工业用地产出强度719万元/亩，增长6.7%。2022年，全省开发区实现工业用地地均税收27.12万元/亩；其中24个国家级开发区的地均税收为41.49万元/亩，增长2.0%。

【科技创新能力提升】 截至2022年底，全省开发区有国家级高新技术企业6713家，比上年增加1744家；全省开发区的高新技术企业完成主营业务收入15844亿元，增长27.4%。除综合保税区外的90个开发区拥有省级以上创新研发平台1085家，国家级孵化器、众创空间59个；期末有效发明专利35914件，占全省有效发明专利数的47.8%；户均规模以上工业企业R&D经费占主营业务收入的比重为1.91%，比上年提高0.1个百分点；财政对科技的实际投入额93亿元，增长16.4%。期末7个综保区的高新技术企业104家，比上年增加45家；实现高新技术企业主营业务收入219亿元，增长51.8%。

【开放区经济增速】 2022年，福建省开发区实际使用外资总额190亿元，比上年增长6.7%，比全省增幅高出4.9个百分点，占全省的比重为54.5%；其中高新技术产业实际使用外资69亿元，增长18.3%。全省开发区实现进出口总额11170亿元，增长15.4%，比全省增幅高出7.8个百分点，占全省的比重为56.3%；其中高新技术产品进出口额2555亿元，增长40.3%。

【海关特殊监管区域整合优化】 2022年，福州江阴港综合保税区、厦门海沧港综合保税区一期完成验收工作，获海关总署批复确认验收合格，同意封闭监管、开关运作。厦门象屿保税区与厦门象屿综合保税区经国务院批准合并为新的厦门象屿综合保税区，福州保税区获国务院批准整合为福州长乐国际机场综合保税区。

（省商务厅）

编辑：郑 莱

中国（福建）自由贸易试验区·福州新区

中国（福建）自由贸易试验区福州片区

【概况】 2022年，中国（福建）自由贸易试验区福州片区新增企业2206家，注册资本总额307.98亿元，其中内资企业2185家、注册资本303.07亿元，外资及港澳台资21个、注册资本61.07亿元。全区新批外资、参照外资及港澳台资项目34个，新批外资企业合同外资2.23亿美元；全区港口货物吞吐量6947.73万吨，集装箱吞吐量完成282.82万标准箱。

【体制创新】 2022年，福建自贸试验区福州片区在投资贸易便利化、金融服务创新、对台合作交流、法治保障水平等领域推出77项创新举措，其中21项经省自贸办评估认定，全国首创12项；新增5项创新举措在全省复制推广。在福州台商投资区（罗源片区）、福兴经济开发区、金山工业园区等8个区域创建自贸联动创新发展区，细化17个联动创新发展项目，推动自贸试验区和经济功能区优势互补、协调联动、错位发展。

【重点产业发展】 跨境电子商务。2022年，福建自贸试验区福州自贸片区管委会设立8亿元跨境贸易专项补偿资金池，建立首期跨境电商产业园区，推动新蛋集团落地福州，支持纵腾集团和泛鼎集团在榕新设总部、新建总部大楼。全年跨境电商进出口销售额总额95.73亿元，比上年增长63.93%，其中出口83.16亿元，进口12.57亿元；对台海运快件输出110.32万票，货重4436.9吨，货值4.55亿元整车进口。福州自贸片区管委会制定整车进口口岸高质量发展若干措施、平行进口试点企业动态考核和调整管理办法，平行进口汽车标准符合性整改场所通过验收。全年进口汽车2676辆。

中国（福建）自由贸易试验区福州片区全貌，2022年摄

（福州自贸区管委会 供图）

物联网产业。福州自贸片区管委会参与组织举办第五届数字中国建设峰会物联网分论坛、2022年中国工业互联网安全大赛。新大陆、福州物联网开放实验室入选工信部2021年物联网示范项目名单。星云风光储充测一体化“智慧能源”项目、中央党校“智慧后勤”项目、新大陆数字人民币推广项目等物联网运用场景日渐成熟。截至2022年12月底，区内有物联网企业228家。

金融改革创新。福州自贸试验区管委会制定《自贸试验区福州片区合格境外有限合伙人（QFLP）试点暂行办法》，提升RCEP框架下跨境资本流动便利性，拓宽外资利用渠道。办理全国首笔海外仓跨境直贷通业务，解决企业境外融资难问题。办理科技型上市企业全省首笔全球现金管理业务，满足走出去科技型企业全球财资管理的“可视”需求，创新推出“网络供应链”金融业务，为企业的产业链供应商提供全流程线上融资服务。

【对外贸易往来】 2022年，江阴港新增3条内贸航线、2条外贸航线；先后

福州江阴港综合保税区全貌，2022年摄　（福州自贸区管委会　供图）

开通首条中欧班列和首条中（国）老（挝）班列，打通福州沿海及周边地区直达欧洲、南亚的陆路快捷通道。推动RCEP在自贸区内率先引领，为辖区企业签发全省首份RCEP原产地证书，全年签发RCEP原产地证书3880份。与迪拜杰贝阿里自贸区建立战略合作关系，推动双方在汽车贸易、航运物流等领域开展交流与合作。

【法制监管保障】　2022年，福州自贸片区管委会全国首创破产企业司法行政协同改革，建立府院数据共享渠道和一站式服务模式，实现复杂破产提前攻关、迅速盘活破产重组企业。自贸区台胞权益保障法官工作室创新做法入选2022年最高人民法院“人民法院服务保障自贸区建设十二大亮点举措”；在大陆执业的台胞律师调解建设工程施工合同纠纷案入选2022年最高法“人民法院服务保障自贸区建设十大典型案例”。福州市知识产权公共服务平台正式揭牌运营，新设立“知创福建”（福州经开区）知识产权公共服务平台。率先开展“福建省专利与标准融合机制创新试点”，6项标准获福建省标准贡献奖。

（林仕锋）

中国（福建）自由贸易试验区厦门片区

【概况】　2022年，中国（福建）自由贸易试验区厦门片区地区生产总值1071.66亿元，比上年增长14.5%，约占全市生产总值的13.7%；海关特殊监管区域进出口年均增长21.2%。全年完成进出口1886.68亿元，增长26.34%，约占全市进出口总额的20%。自贸片区税收收入155.92亿元，增长28.1%；地方级税收78.86亿元，增长23.3%；规模以上工业产值745.31亿元，增长38.9%；限额以上批发零售业销售额11601.4亿元，增长22.8%。

【制度改革创新】　2022年，厦门自贸片区新增15项全国首创举措，新增10项厦门经验在全省复制推广。至年底，厦门自贸片区累计推出创新举措553项，其中全国首创126项。国务院6批143项改革试点经验中，厦门经验占21%，推广落实率达98.6%。2022年度145项重点创新试验任务具体措施落实率91%。厦门国际贸易“单一窗口”等5个典型案例成为全国自贸试验区最佳实践案例，占全国的8%。厦门自贸片区“建设绿色低碳国际一站式航空维修基地”等2个案例入选生态环境部《自由贸易试验区加强生态环境保护推动高质量发展案例汇编》。中山大学发布的“2021—2022年度中国自贸试验区制度创新指数”排名中，厦门自贸片区位列参评54个自贸片区第五；“新型离岸国际贸易推动国内国际双循环发展”入选中山大学发布的“2021—2022年度中国自由贸易试验区制度创新十佳案例”。

【综合保税区建设】　2022年，象屿保税物流园、海沧保税港区先后获批升级为综合保税区（以下简称综保区）。在海关总署2021年度综保区发展绩效评估中，象屿保税区质量效益居全国第一，为东部地区、福建省唯一“双A”，象屿保税区、象屿综保区、海沧港综保区位列福建省前三名，综合排名分别为全国第23位、29位、48位。海沧港综保区一期验收，象屿综保区全国首个“零碳排”年内申请设立空港综保区，申报方案上报国务院并批转至海关总署办理。推进报关、非报关货物监管方式改革，上线综保区数字监管综合服务平台。

【工作制度创新】　2022年，厦门自贸区管委会建立自贸试验区与自主创新示范区工作协同机制，推动创新制度、创新资源、创新成果在厦门自贸片区与自主创新示范区的互融互通，探索形成“集成电路保税研发与检测”“生物材料特殊物品出入境公共服务模式”“支持重点产业创新职称评审模式”等11项在全省复制推广的联动举措。

【“一带一路”合作】　2022年，厦门自贸区开通首条中欧安全智能贸易航线试点计划的铁路航线，中欧（厦门）班列累计稳定开行中欧、中亚、中俄等3条国际货运干线，主要通达12个国家和34个城市，形成跨越海峡、横贯欧亚、“海丝”与“陆丝”无缝衔接的国际物流通道。截至2022年12月，中欧（厦门）班列中俄线累计发运34列、3370标准箱，进出口货值8.59亿元，新增厦门—白俄罗斯明斯克中欧班列线路、台湾—厦门—圣彼得堡海铁联运线路，开行省内首列出口冷链国际专列。建设中国首个以航运为主题的“一带一路”国际综合物流服务品牌“丝路海运”平台，累计有100条命名航线，通达43个国家117座港口。

【金砖国家经贸往来】 2022年，厦门对金砖国家跨境电商进出口1.26亿元，比上年增长125%。厦门市外国人才服务站第二个分站在自贸片区落地，建成金砖国家商品服务中心，设立俄罗斯、巴西等金砖国家商品馆和金砖人才孵化中心，阿里巴巴全球速卖通福建商家运营中心落地跨境电商产业园。片区管委会组织举办“金砖中国年”重要配套活动“买在金砖”系列活动。商舟物流货航公司落地。支持国贸股份与巴西企业签订战略合作协议。国贸石化从俄罗斯累计进口原油211万桶，金额1.55亿美元。厦门海关重点梳理关区内与金砖国家贸易往来较多的企业名单，促成2家企业成为AEO企业（海关认证企业）；筛选3家与南非有贸易往来的海关高级认证企业参与AEO互认安排。

【营商环境优化】 海丝中央法务区自贸先行区建设。2022年，厦门自贸区管委会依托厦门自贸片区国际港航、国际商业、跨境物流等临港经济优势，打造海丝中央法务区国际法务运营平台，招引集聚高端法务、泛法务资源，打造具有国际影响力的涉外商事海事争端解决优选地。平台累计引进国际商事争端预防与解决组织（厦门）代表处、中国银联、北京安杰律师事务所、北京隆安律师事务所、北京中闻律师事务所等国际组织、头部企业。平台产业载体国际邮轮母港海上世界初步形成金融、服贸、法务、文化等产业集聚，100余家优质企业、机构协同构建法务、商务生态圈，形成产业生态内循环。参与建设“海丝中央法务区·云平台”，通过“线上云集聚”模式拓展法律服务新业态，打造数字法务区，为群众、企业提供随身法务服务。截至年底，入驻片区法务服务机构累计2000余家。设立海丝中央法务区自贸先行区服务大厅，开展两岸对台、对外经贸、知识产权等板块的法务服务，方便群众、企业“一站式”办理业务。其中，中国贸促会自贸协定（厦门）服务中心和中国贸促会厦门调解中心服务窗口，为企业提供优惠原产地证签发和法律咨询服务，2022年，签发各类优惠原产地证书14385份，增长30%；涉及金额8.6亿美元，增长28%。

知识产权工作。厦门设立自贸区集成电路知识产权基层服务站。建成启用知识产权CBD，厦门知识产权运营公共服务平台线下服务中心、合纵基金管理公司、云尚互联网数字公证服务平台等入驻。知识产权快速维权中全年受理外观设计专利申请75件，获得一次授权63件；配合出具专利侵权举报投诉案件咨询意见书20份。创新知识产权公务服务模式，联合自愿参与海丝中央法务区建设的33家知识产权服务机构，发布《海丝中央法务区自贸先行区知识产权全要素服务链企业名录》，为企业提供“一站式”知识产权全链条服务。

口岸通关环境提升。厦门关区进出口整体通关时间分别为24.34小时和1.09小时，分别比上年压缩20.4%和30.1%，连续4年在“中国十大海运集装箱口岸营商环境评测”中获评最高星级。推出21项港口通关环境优化提升项目，提升通关便利化水平。推出跨境贸易便利化、口岸营商环境优化44项具体举措，形成15个具有厦门特色的成果案例，“降低港口收费”等6项举措获得海关总署、国家口岸办肯定。落地首票基于多式联运“一单制”提单物权凭证功能的金融服务应用。

事中事后监管。厦门自贸区管委会制定包容审慎监管“四张清单”，根据省司法厅《关于推行包容审慎监管执法四张清单制度的通知》要求，制定《一般违法行为从轻处罚事项清单、减轻处罚事项清单及免于行政强制事项清单》和《轻微违法行为不予处罚事项清单》，并在自贸委官网上对外公示。实行跨部门执法检查，协调市、区文旅审批部门，建立自贸片区文化市场通报检查机制。创新信用体系建设，与厦门港口局共同建立健全港航第三方公益性信用评价体系，深化推进港航信易贷2.0方案，为中小港航企业提供精准便利的金融服务，共同推进港航信易贷2.0上线运行。

【重点平台建设】 航空维修平台。2022年，厦门自贸区航空维修行业营收82.8亿元，比上年增长35.7%。深化区外保税维修试点，全省首创区外整机保税维修业务，完成该模式出口17亿美元。厦门航空产业启动区主体施工，累计投资2.5亿元；豪富太古新厂房搬迁项目10月完工。太古发动机竞得CF34-10A发动机维修资质，新科宇航具备V2500发动机能力。联合厦门市财政局、湖里区等修订出台航空维修产业政策。探索构建国产大飞机全球保障体系。

国际贸易“单一窗口”。厦门自贸区新上线非贸一体化运行智能管理平

2022年6月10日，厦门港跨境电商海运快捷通道启动仪式暨“丝路海运”电商快线命名仪式在厦门自贸区举行 （厦门自贸区管委会 供图）

台、海关检疫 E 码通功能、大数据基础平台等 3 个应用系统。金融区块链平台新增企业供应链融资和银行贷款用途跟踪五场景应用，大嶝市场海关监管辅助系统新增支付及库存功能，跨境电商公共服务平台出口模块全面升级。启动数字口岸平台、蓝海智慧服务平台等项目建设。

跨境电商平台。厦门跨境电商进出口约 126.1 亿元，比上年增长 47.5%。其中，出口 117.2 亿元，增长 51.7%；进口 8.9 亿元，增长 9.0%。全国首创跨境电商逆向物流退货业务。元翔、港务、西查等 3 个跨境电商监管中心投入使用。厦金海运快件航班 9 班/周稳定开航，开通厦门至马尼拉跨境电商海运快线。拓展进口保税备货业务，落地大嶝菜鸟仓，促成京东项目与抖音跨境系统对接。

私募基金平台。厦门自贸区构建“引导基金＋联动招商”发展模式，设立规模 30 亿元的自贸区产业引导基金，获评《母基金周刊》“跨境投资力”维度前 10 强和全国（区、县级）政府引导基金前 20 强。在厦门市率先开展外商投资企业资本项目便利化试点，推动合格境外有限合伙人（QFLP）境内投资试点落地。联合打造古地石基金小镇，全年吸引合法登记备案私募基金管理人 163 家，落地中文投基金二期、普洛斯建发新兴产业基金、中金系基金等 418 只基金，基金规模 1440 多亿元。

中欧（厦门）班列。中国首条从自贸试验区开出的国际班列稳定运行厦门—汉堡、阿拉木图、莫斯科等 3 条中欧班列干线，主要通达欧亚大陆 12 个国家及地区、联通 24 个城市，形成一条跨越海峡、横贯亚欧大陆的国家物流新通道。截至 2022 年 12 月底，班列累计发运 1208 列，折合 50274 个 40 尺大柜，进出口货值累计 297.23 亿元。全年发运 101 列，共 4881 个 40 尺大柜，货值 35.52 亿元。

文化贸易平台。厦门自贸区再次蝉联首批国家文化出口基地综合功能区第一名。第六次在泰国、马来西亚等举办东南亚中国图书巡回展、版权输出 3231 项，“东南亚中国图书巡回展”“中国图书版权超市”入选商务部对外文化贸易“千帆出海”行动计划，“国际图书版权超市”入选 2022 年中国服贸会“全球服务实践案例”。海丝艺术品中心入选福建省新时代特色文艺示范基地。

【新兴产业】 2022 年，厦门自贸区管委会支持供应链科创中心搭建“衡链—供应链数字化服务平台”，与海投、信达等共建供应链数字化实验室。新增雨果跨境电商小语种 SaaS、宏鹏发“贸赢贷”供应链金融等数字化平台。上线“企业供应链融资和银行贷款用途跟踪”等 6 个区块链金融场景。联合市商务局评出第二批、20 家市级供应链创新与应用试点企业。12 月 22 日，第三届全国供应链管理年会在厦门举办。

集成电路产业。截至 2022 年底，厦门自贸区有集成电路设计企业 214 家，2022 年实现产值 20.8 亿元，比上年增长 20.4%。涌现一批优秀企业，其中专精特新企业 5 家、国家级科技“小巨人”企业 3 家、国家高新技术企业 19 家、上市后备企业 4 家、厦门市“三高”企业 12 家、厦门市“双百计划”人才企业 15 家。建成集成电路公共服务平台，全年提供芯片测试服务 1717 家次、测试时长 1685 小时，提供封装数量 127.1 万颗。

融资租赁产业。厦门自贸片区平台新引进飞机 8 架、发动机 1 台（累计 153 架/台），完成租赁航空器处置 21 架次（含客改货 4 架，发动机出口 17 台），完成年度计划的 300%。实现首架综保区带租约资产包交易，首架保税租赁飞机客改货落地，飞机租赁带动飞机改装、拆解、航材交易等全产业链发展；特色租赁持续多元化发展。船舶租赁年度新增 8 艘，累计 35 艘；中影华夏租赁除影院设备租赁外新增引入影视拍摄和后期处理器材租赁业务，累计投放近 5 亿元。芯鑫租赁支持当地集成电路企业发展，全年新增投放 27 亿元，累计投放近 80 亿元。

新型离岸国际贸易。截至 2022 年底，厦门有 30 多家企业和 13 家银行开展新型离岸国际贸易业务。新型离岸国际贸易外汇收支 160.19 亿美元、比上年增长 43.1%，累计结算 403.85 亿美元，业务总量居全国前列。厦门市新型离岸国际贸易业务的探索，为国家外汇体制的改革落地和税收体制的改革探索积累经验，为跨国公司在厦门市设立全球供应链结算中心创造有利条件。

【招商引资】 2022 年，厦门自贸区累计新增企业 6439 家、注册资本 718.6 亿元，其中外资企业 232 家、注册资本 103.2 亿元。实有企业 48815 家、注册

2022 年 3 月 29 日，第六次东南亚中国图书巡回展远程指挥中心在厦门自贸区启用　（厦门自贸区管委会　供图）

2022 年 12 月 22 日，第三届全国供应链管理年会在厦门举办

（厦门市自贸区管委会　供图）

资本 8286.7 亿元，其中外资 2287 家、注册资本 1501.1 亿元。完成合同利用外资 9.2 亿美元，完成市下达任务的 118.0%；完成实际利用外资 1.7 亿元、完成市下达任务的 78.8%。

厦门自贸区管委会联动招商、基金招商、校友招商多管齐下，主动与各行政区及火炬高新区建立常态化联席会议，共推高能级联动项目 50 个、总投资 500 亿元；通过合格境外有限合伙人（QFLP）设立美元基金，搭设外商独资经营实体（WFOE）便于快速境外返程投资，拉动基金投资额 5.5 亿美元。新增与各行政区联动招商企业 3.16 万家、注册资本 4771.05 亿元，联动招商数、注册资本分别占自贸片区总量的 71.3%、70.9%；全年与各区及火炬高新区联动高能级项目 24 个，投资额 90.4 亿元。与湖里区、海沧区等联合出台 6 项产业发展扶持政策，支持跨境电商、集成电路、平台经济、基金等发展壮大；与相关区联合打造“海上世界”、航天人才产业园、航空产业园等联动发展载体平台，为全市经济发展提供重要支撑。

项目带动。世界 500 强德信集团海外事业总部设立 5 家关联企业，赛夫集团总部及生态基地设立 20 家关联企业，“海上世界”服务贸易创库入驻国际商事争端预防与解决组织（厦门）代表处、海尔国际细胞库福建中心等近百家企业。加强跨区域协同联动，与南沙自贸片区、昆明自贸片区、龙岩高新区分别签署战略合作协议，整合用好各方资源禀赋优势，形成全方位高质量发展合力。

【数字自贸区】 2022 年，厦门自贸区创新数字化服务载体，打造供应链科创中心，为企业提供数字化转型解决方案和技术支持，建设一批数字化创新实验室。其中，冻品供应链金融实验室通过建立扁平化、信息化、数字化的创新分销网络，提升冷链食材快速分销效率；华禹汽配产业数字化供应链平台实验室围绕行业痛点，打造防伪追溯系统，以数字化推动传统汽配行业贸易模式转变，实现汽配产品的全流程跟踪，撮合上下游企业间交易，实现行业内“1+1＞2”协同效果；信达煤炭加工定制实验室通过整合研发、贸易、加工、物流等各类资源，引入数字化技术进行赋能，实现对客户能源需求的定制化研发、生产和配送。3 月 30 日，位于厦门自贸片区内的厦门科技产业化集团有限公司入选国务院国资委发布的“科改示范企业”名单。

重点平台数字化转型。厦门自贸区以进口酒数字贸易为核心，打造集展示交易、供应链服务和资讯交流于一体的数字酒类公共服务平台——“厦门自贸区数字国际酒平台”，提供数据公开、采购对接和资讯交流等产业服务，供应链金融、物流信息化管理和线上展会等企业服务，文化推广、人才培养和消费指南等公众服务。完成跨境电商公共服务平台升级改造，提升通关申报速度，将跨境电商线下生态资源整合到线上平台，便利跨境电商企业随时随地获取资源。以艺术品领域为重点，结合互联网、新媒体、虚拟现实等先进技术，发展艺术品云鉴赏、云展览、网络拍卖等业态，打造线上、线下艺术品全产业链保税共享平台。建发“纸源网”数字化协同平台，建设“交易流”“金流”“物流”“信息流”为一体的 B2B 交易平台，为纸张行业上下游企业提供更为便捷高效的网上交易服务和综合解决方案，纸

2022 年 9 月 7 日，第四届中国母基金峰会暨第三届鹭江创投论坛项目签约仪式在厦门举行

（厦门自贸区管委会　供图）

2022 年 4 月 21 日，厦门自贸片区数字空间平台与厦门自贸片区企业综合信息基础平台正式上线 （厦门自贸区管委会 供图）

浆经营量位居全国第一。4 月 21 日，厦门自贸片区数字空间平台与厦门自贸片区企业综合信息基础平台正式上线。5 月 12 日，福建省首批公务员和事业单位员工数字人民币代发工资落地厦门自贸片区。

数字基础设施建设。厦门海润传统集装箱码头全智能化改造项目试投产，5G 通信完成组网投入使用，全智能化改造项目进入 IGV 二期实施阶段，38 台设备测试中；厦门远海码头实现“5G＋北斗＋无人集卡智慧港口 2.0”商业化运营，无人集卡实船作业 6692 标准箱。提升厦门集装箱智慧物流平台基础软硬件设施，推广集装箱设备交接单、提货单电子化，实现厦门港海运进出口集装箱的整体物流协同作业电子化、无纸化。建立厦门自贸片区地上地下二三维一体化空间数据底座，构建可视、可查、可用的城市地下管网地理空间信息数据库，形成三维全要素综合数据底图，将数据查询功能细化为区域统计、管线统计、设施统计、排口统计、管理单位统计等。 （郭立群）

中国（福建）自由贸易试验区平潭片区

【概况】 2022 年，中国（福建）自由贸易试验区平潭片区制定《平潭综合实验区 2022 年自贸创新与深化改革工作要点》，围绕构建更高水平开放型自贸区、探索两岸融合发展新路、建设数字平潭、建设营商环境标杆城市等 5 个方面，研究推动 50 项改革创新任务。建立改革创新项目跟踪培育机制和定期评审机制，举办改革创新项目评审会，通过以审促改、以会代训方式，引导部门开展更接地气的改革创新，提升改革实效。优化创新考核机制，制定自贸深改工作绩效考核方案，扩大改革创新考核权重，对获评全国、全省优秀改革创新案例的单位实行一票优秀。建立创新激励机制，开展自贸工作先进集体和先进个人评选表彰。全年首创或参与的 24 项创新举措获评省自贸办第 19 批创新举措，其中全国首创 15 项。总结形成“反洗钱案件线索跨部门协同机制”等 12 项可复制推广改革经验做法，其中“通关全流程状态可视化服务”等 5 项创新举措获评福建自贸试验区第九批可复制推广创新成果，在全省推广应用。

【创新试验成效】 两岸融合。2022 年，平潭自贸片区立足建设两岸共同家园目标定位，重点聚焦货物贸易、服务贸易领域，探索海峡两岸融合发展新路。新开通平潭作为母港直航台湾货运航线，“平潭—台湾—全球”海空联运物流新通道更具竞争力。年内，实现对台主要港口货运航线全覆盖，对台“海运成本，空运速度”口岸品牌初步形成。创新对台海运快件“分组查验、同步装载、同步放行”等覆盖申报、查验、放行全流程的对台通关便利化措施。平潭口岸全年外贸吞吐量 78.07 万吨，集装箱 11.74 万标准箱，进出港货轮 1110 航次，分别比上年增长 3.13%、34.05%和 14.2%。推动福建省人社厅与平潭综合实验区管委会共同设立福建省（平潭）台胞职业资格一体化服务中心，打造全省统一的职业资格采认标准，集成对台职业资格“采信＋考证＋培训＋就业”综合性服务，该项目被写入 2022 年福建省政府工作报告。累计发放 1150 本对台职业资格采信采认证

2022 年 7 月 11 日，台湾海峡首艘大型巡航救助船“海巡 06”轮在平潭正式列编福建海事局。图为停靠在平潭海事监管基地的“海巡 06”轮 （念望舒 摄）

书，帮助215名台胞通过云面试到闽就业。创新涉台司法服务，全国首创聘任台胞担任涉台检察事务助理、司法辅助人员等，建立完善的招录、考核、管理机制，为扩大台湾法律从业人员来大陆就业提供可行路径。全国首创“三调三进”涉台解纷新模式，建立进社区、进企业、进网格机制，设立涉台法官工作室（联系点），发挥台胞身份认同和情感认同优势，强化法律咨询功能。创新台胞服务示范，建设两岸家园数字身份公共服务平台，将数字身份二维码应用于包括台湾同胞在内的两岸居民政务办事、旅游住宿、交通出行等生活场景，实现政务办理、医保购药等7类服务场景“一码通”线上服务。

2022年10月，平潭跨境特惠商品体验中心营业，市民不仅能在线上购买，还能在线下体验店边逛边买。图为西航路上的跨境特惠商品体验中心

（林君斌　摄）

制度改革。平潭自贸区推行“一照通办”审批制度改革，首批推出19个“一照通办”审批事项，实现一照申请、一表填报、多证并联审批。创新实施出口转关自动核销模式、优化“7×24小时”“线上+线下”全天预约通关服务，平潭海关进口通关时间保持福州关区第一。试点本外币合一银行账户体系、境外机构境内外汇账户（NRA账户）等金融政策，跨境人民币资金池业务累计收支突破百亿元。简化航运审批，开展船舶“多证合一”改革，解决沿海航行船舶办理证书多、办证时间长、跑办次数多的问题。突破船舶登记业务法定办理时限，船舶登记业务办埋时限从30个工作日缩短到10个工作日。

创新服务品牌建设。平潭自贸区探索本外币合一银行账户体系、境外机构境内外汇账户（NRA账户）等金融试点政策，跨境人民币资金池业务累计收支突破百亿元。平潭金融港创新“一港多园”区域联动模式，累计入港企业1012家，资产管理规模3063.98亿元。以金融服务助推平潭国际海运业回归，实施国际方便旗船东白名单制度，推动成立平潭国际海运企业协会，促进方便旗航运业务回归。航运运力规模持续增大，全年新增运力51万载重吨，总运力规模581万载重吨，居全省首位。打造以台资企业为核心的平潭特色集成电路设计封装平台，集成电路产业在EDA设计软件国产化试点上取得新进展。2022年实现营收1.53亿元，比上年增长32%。

营商环境优化。平潭自贸区实施政务服务集成办，299个事项纳入“一窗通办”，45个“一件事”主题套餐服务实现“打包”办理。推进高频事项“自助办”“掌上办”，行政许可事项“一趟不用跑”占比为95%，“全程网办”事项占比为80%。推进便民服务“五个办”、高频事项“跨域通办”。121个事项“跨省通办”，119个事项“福州都市圈”通办。在全国首创工程建设项目预审“自报自审”，实现企业工程建设项目预审自助受理、自助审批，节省企业前期审批时间。2022年通过该模式办理213个项目。

2022年7月27日，平潭首个数字人民币体验村在北港村揭牌

（林君斌　摄）

【重点平台建设】　跨境电商基地。2022年，平潭自贸区推进跨境电商物流园智能化转型，实施两岸物流“仓到仓”的“一条龙服务、一站式收费”模式，为企业压缩15%的物流成本。建立关、企、银联动缴税模式，实现企业缴纳跨境电商税款“零跑腿”。平潭跨境电商全年交易规模106亿元，比上午增长20%。其中，跨境电商保税出区3012万票、增长36%，出区货值36亿元、增长46.6%；跨境电商直购出口807万余票、增长1.8%，货值约70亿元、增长9.1%。

2022 年 6 月 1 日，中国跨境电商交易会在福州海峡国际会展中心举行。平潭 9 家企业首次以“中国·平潭跨境电商综试区”组团参加　（林君斌　摄）

两岸“三创”基地。平潭自贸区推动以台湾小镇、台湾创业园、台陆通 APP 等为载体的两岸“三创基地”平台建设，构筑就业创业“助推器”。对台小额商品交易市场从单一商业体向文旅综合体全面转型，综合商场由群租模式向统一经营管理转变，叠加台湾商品免税零售与跨境电商展示体验的模式重新投入运营，累计签约入驻商铺 168 个。台湾创业园“腾笼换鸟”，重点引进台资企业、创新型企业，新增台企 17 家，新增台胞 49 名，累计入驻企业 649 家，其中台资企业 259 家。常态化开展“台湾青年就业创业引领计划”工作，2022 年新设立 1 家省级台湾青年实习实训基地，全年组织 5 期培训班，有 158 名台湾青年到岚考察交流、就业培训。

两岸影视产业合作。平潭自贸区打造影视展会品牌，举办第三届 IM 两岸青年影展，台湾地区参赛作品 121 部。在平潭取景的电视剧《那山那海》，口碑、收视率双丰收。提升影视基础设施，完善平潭竹屿湾影视基地配套设施，年内达到接待中型剧组标准。全年全区新增影视企业 60 家，累计落地影视企业 368 家，引进影视剧组 28 家。

服务集成电路创新。平潭自贸区举办第一届平潭集成电路产业论坛，为平潭集成电路产业汇聚创新智慧。成立平潭集成电路中心，并加挂福建省集成电路设计中心平潭分中心、福州大学微电子学院集成电路人才培养实践基地两块牌子，为集成电路创新提供人才支撑。打造以台资企业为特色的集成电路产业链，涵盖集成电路设计、EDA 软件开发、芯片测试、切割挑粒等领域，全年培育规模以上企业 2 家。注重引导企业加大创新研发投入，申请百余件自主版权专利，培育国家高新技术企业 6 家，省级科技型企业 3 家，省科技小巨人领军企业 2 家，省级专精特新企业 3 家，区级科技型中小企业 25 家。　（杨腊梅）

中国（福建）自由贸易试验区福州新区

【概况】　2022 年，中国（福建）自由贸易试验区福州新区完成地区生产总值 2948.27 亿元，比上年增长 5.3%；固定资产投资增长 7.7%；规模以上工业增加值增长 6.0%；社会消费品零售总额 1046.52 亿元，增长 3.0%。

【体制创新】　2022 年，福州新区管委会印发实施《福州新区管理体制调整实施方案》《福州新区党工委、管委会工作规则（试行）》，福州新区党工委、管委会正式对外挂牌办公，福州新区、自贸区福州片区迁入新址，实行联合挂牌办公。发挥福州新区、平潭综合实验区工作联席会议机制作用，提请省里协调解决资金、政策、用地等发展难题。创新融资模式，多渠道筹措建设资金，落地新区本级专项债 16.63 亿元、一般债 2 亿元，比上年增长 127%；落地全省首笔盘活存量资产贷款 7.4 亿元；落地建设银行建信保债融资首笔募集资金 8 亿元，保障 CBD 输配环项目建设。增设“园区企业代办中心”窗口，实现 94 个省级事项“全区通办”。

【规划编制】　2022 年，福州新区管委会编制完成《福州新区核心区概念规划》，明确福州新区核心区发展蓝图和战略部署。编制完成《福州新区核心区综合交通体系规划》《福州新区核心区海滨文旅带总体规划》《福州长乐滨海国家级旅游度假区总体规划（2022—2035）》《福州新区滨海新城美丽海湾保护建设行动总体规划方案》，推进编制《滨海新城莲花山保护利用规划设计方案》。聚焦片区发展，启动编制《松下—元洪分区概念规划》《机场综合保税区控制性详细规划》，完成修编《福州临空经济区产业布局规划》和《福州新区临空新型显示标准化（国际）园区规划》。编制印发《福州新区“数字新区”规划概要》。

【基础设施建设】　2022 年，福州新区“一闸三线”（是指在大樟溪建设“一闸”——永泰莒口拦河闸，以及闽江竹岐至大樟溪补水线路，大樟溪至福州主城区、闽侯、长乐的输水线路，大樟溪至福清、平潭输水线路等 3 条线路，故名“一闸三线”）工程长乐段正式通水，新区迎来优质水源。东南快速通道（长乐营前至滨海新城万新路复线段）通车，开通运营地铁 6 号线，建成市政道路 19 千米，即将建成国道 G316，加快建设地铁滨海快线、福州机场第二高速、CBD 输配环等项目。

【双创示范基地建设】　2022 年，福州新区管委会研究制定《2022 年福州新区创业带动就业专项行动工作方案》，新区范围内新增创业孵化服务机构面积

2022 年 8 月 26 日，串联起福州主城区和福州新区的地铁 6 号线开放试乘

（陈暖　摄）

8582 平方米，培育科技型企业 1137 家，科研人员、高校师生、海归学者等群体在区域内通过科技成果转移转化，创造一批就业岗位。

【产业升级】　2022 年，福州新区重点推进临空新型显示标准化（国际）园区及生活配套项目建设，投产全球最大宽幅 2.6 米的 8K 超高清偏光片生产线，建设福米贴片、金锐显模组、阿石创二期项目，助推福州市入选 2022 年新型显示增速最快的五大城市。开工建设永荣数智化功能性绿色超纤产业园、东方电气海上风电总部基地项目。引进福建海西新药创制有限公司，建设新区首个生物医药制造业项目。仓山功能区推动出台《关于扶持药品上市许可持有人发展的若干措施》，落地 73 个生物医药项目。加快发展临空临港产业，签约落地福州国际货运枢纽中心、纵腾跨境物流、薛航综保区航空产业园、保罗（元洪）国际大健康食品产业园等项目。

【数字经济】　2022 年，福州新区超算中心运算速度提升至 6000 万亿次每秒，超算中心累计使用 CPU 8011 万核时、GPU 282.5 万卡时。东南大数据产业园新增市场主体 149 家，合计注册资本 63.47 亿元。中国工业互联网研究院福建省分院、福建人工智能计算中心、数字中国服务联盟总部落地，省大数据公司正式落户，福建大数据交易所挂牌运营，均和云谷、芯云产业园建成投用。打造以智能汽车为核心的数字经济集聚区，与华为、百度开展“数字新区”战略合作，马尾片区落地全省首条开放路段智能网联车试验场。举办第五届数字中国建设峰会数据要素与数字生态大会、数字互动论坛、第三届中国短视频大会等会议。

【项目建设】　2022 年，福州新区直管区（含参照直管区）重点项目 319 个，总投资 5517 亿元，年度计划投资 786 亿元，完成投资 817 亿元，超序时进度 3.96 个百分点。建成投用福建中医药大学康复医疗中心、华山附一医院配套公寓等重大项目。

【城市品质提升】　2022 年，在全省城乡建设品质提升样板项目考评中，福州新区滨海新城建设示范项目得分位列全省第一。福州滨海新城综合医院（一期）项目获评中国建设工程鲁班奖，海峡青少年活动中心项目获评国家优质工程。启动建设全省供热管线最长的集中供热项目。新开工装配式建筑项目 12 个，按照三星装配式建筑标准建设福建师大滨海附小，并开展屋面光伏发电试点。在天津大学福州国际校区学术交流中心开展立体绿化试点工作。“规建管”一体化平台投入使用。

【对外合作交流】　2022 年，中印尼“两国双园”成为两国合作新旗舰项目，《关于建设中国—印度尼西亚经贸创新发展示范园区总体方案》上报国务院，推进元洪投资区城市设计方案国际招标工作。举办“两国双园”进出口企业商务洽谈会，印尼海洋渔业中心首个国际渔业基地投产，打造“一带一路”国际合作发展示范区。福州首列中欧班列、福建首列中老班列从江阴港站开行。举办 2022 年中国（福州）跨境电商交易会，承办金砖国家可持续发展高层论坛。

（万　粒）

编辑：郑　莱

2022 年 9 月 27 日，恒美偏光片智造工厂正式投产，偏光片“中国芯”在福州新区诞生　　［中国（福建）自由贸易试验区福州新区管委会　供图］

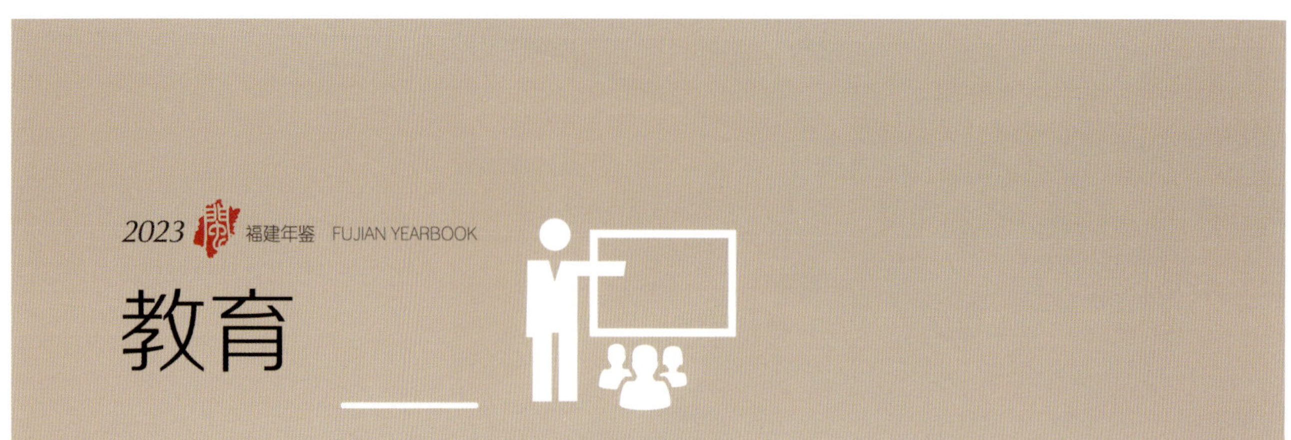

教育

综　述

【概况】　2022 年，福建省有各级各类学校（不含技工学校、职业技术培训机构、成人初等学校，下同）1.58 万所，在校生 925.06 万人，毕业生 224.65 万人，招生 247.04 万人。全省各级各类学校教职工 72.01 万人，其中专任教师 56.79 万人。落实教育优先发展，实现一般公共预算教育支出和按在校学生人数平均的一般公共预算教育支出两个“只增不减”。推进教育改革，推进学前教育普及普惠发展、义务教育优质均衡发展、高中教育多样特色发展，学前三年入园率 99.10%、普惠率 94.34%，九年义务教育巩固率 99.53%，高中阶段毛入学率 97.42%。深化职业教育产教融合校企合作，形成中职、高职、本科相衔接的职业教育人才培养体系。推进高等教育全方位高质量发展，实施“双一流”建设和一流应用型高校建设计划。

【思政教育】　2022 年，福建省教育系统大中小学一体化推进德育和思想政治工作，省委书记、省长等省领导带动各级领导干部走进高校上思政课近 1000 场次。组织“追寻习近平总书记的足迹——闽山闽水物华新”大学生实践活动。全年省委宣传部、省委教育工委、省委讲师团联合开展“‘强国有我’青年说”系列活动，参与学生近百万人次，第一季“强国有我、不负青春”主题宣讲活动相关视频及报道在“学习强国”总平台和福建平台开设专题播发，在中央、省、市主要媒体及宣传、教育、共青团、妇联等系统 100 多个新媒体网端号和 2.6 万个乡村大喇叭同步推出。在全省高校全面开设“习近平新时代中国特色社会主义思想概论”课，在全国率先成立巡回指导组开展全覆盖巡回指导。成立全省大中小学思政课一体化建设指导委员会，设立省级学校“大思政课”实践教学基地 10 个，组织中小学班主任和思政课教师基本功展示交流，14 个中小学思政课示范课案例入选全国先进典型，推进大中小学思政课一体化做法得到教育部肯定推广。推动“一法一条例”贯彻落实，建设一批家庭教育特色学校。福建省入选全国研学实践教育营地、基地数居全国第一。省级获中央彩票支持 1150 万元。全省 36 人获第 15 届宋庆龄奖学金，省教育厅获优秀组织奖。

省教育厅制定教育系统学习贯彻党的二十大精神宣讲工作方案，组建领导干部宣讲团、理论骨干教师宣讲团、青年学生宣讲团等 3 支“百人宣讲团”，举办党的二十大精神融入大中小学思政课研讨会、本硕博一体推进党的二十大精神融入思政课研讨会，开展迎接学习宣传党的二十大主题宣传教育活动。中央教育工作领导小组主办的《教育工作情况》刊发《福建省用活资源深学践悟一体推进学习宣传贯彻党的二十大精神》。

【素质教育】　2022 年，福建省教育厅制定全面加强和改进新时代体育美育实施方案，通过强化师资配备、加大培训力度、搭建展示平台等措施，推动体育、美育教师队伍建设，以督导、考评等为抓手，开齐开足上好体育、美育课程。制定省青少年体育工作联席会议制度，举办第十七届福建省运动会大学生部比赛，全省 82 所院校、8700 余名运动员和教练员、800 余名裁判员参赛。开展美育浸润行动，8 所高校与中小学结对共建，为中小学美育工作提供帮扶，全省中小学开展中华优秀传统文化进校园活动 4000 多场。省委教育工作领导小组出台《关于全面加强新时代大中小学劳动教育的实施方案》，成立福建省新时代大中小学劳动教育指导中心和劳动教育指导委员会，年内，支持建设 3 个“全国中小学劳动教育实验区”，组织编写《大中小学劳动教育实践指导手册》等劳动教育课程，遴选省级第三批中小学劳动教育实践基地 10 个、第四批中小学劳动教育实践特色项目 60 个。

【教育综合改革】　2022 年，福建省教育系统落实部省战略合作协议，推进教育评价改革，推动落实《贯彻落实〈深化新时代教育评价改革总体方案〉工作清单》，开展违反教育评价改革精神事

2022 年 6 月 16 日，福建省教育厅举办 2022 年福建省美育课堂教学观摩研讨活动（福州小学专场）组图　（刘广锋　摄）

项网上监测，推动 3 起国企违规招聘有关事项纠治工作。推进部分省属本科高校管理体制改革，泉州师范学院等 6 所高校由“省市共建、以市为主”调整为“省市共建、以省为主”，财政保障、组织关系等年内实现变更。推荐“三明市基础教育综合改革案例”申报 2022 年福建改革品牌。深化新时代教师队伍建设改革，实施公办普通高校人员控制总量管理改革，健全完善中小学幼儿园教师补充机制，将中职副高级职称评审权下放到设区市。建立健全省、市、县三级政府总督学制度，构建“逐级全覆盖、跨级重抽查、本级促协同”督政制度体系，出台《福建省贯彻落实〈教育督导问责办法〉实施细则（试行）》，配套深化教育督导体制机制改革。

【教师队伍建设】　2022 年，福建省实施高校教师思想政治和师德师风专题网络研修，实现全省高校专任教师全员培训。组织开展省特级教师评选表彰、第三届福建省最美教师寻访活动，在全省评选产生 220 名省特级教师、10 名“福建省最美教师”、20 名“福建省最美教师”提名奖。福州三中原校长陈炜被追授为 2022 年全国“最美教师”“八闽楷模”“福建省杰出人民教师”称号，福建农林大学研究员、国家菌草工程技术研究中心首席科学家林占禧被授予“八闽楷模”称号。

2022 年，省教育厅加强中小学名优教师队伍建设，推进省级职业教育名优教师队伍建设，推荐 16 名教师入选国家级高层次人才项目，为福州大学材料科学与工程学院院长张久俊申请到“一事一议”综合支持资金 1 亿元，建立非师范专业新任教师规范化规培制度，制定出台《福建省非师范毕业中小学幼儿园新任教师规范化培训实施指南》。组织开展省内高校本科师范专业认证，启动专科师范专业认证，全年全省有 25 个师范专业通过二级认证。继续实施省级学前教育、小学教育、特殊教育、复合型硕士层次高中教师公费培养试点，支持莆田、三明、南平、福州实施“本土化”教师定向培养，全年省、市级公费师范生招生 1751 人。2022 年全省公民办中小学招录 1.9 万名教师。

【教材建设与管理】　2022 年，福建省教育厅印发《关于做好党的二十大精神进地方课程教材工作的通知》，推动党的二十大精神进教材、进课堂、进头脑，指导编写出版单位在地方课程教材中落实党的二十大精神，省级完成修订中小学校地方课程教材 10 种 70 册。推进高校“马工程”重点教材的统一使用工作，高校“马工程”重点教材课程覆盖率和使用率居全国前列。开展教材教辅和中小学课外读物排查整改专项行动。印发《福建省大中小学教材委员会办公室关于做好地方课程教材和评议教

2022 年 4 月 29 日，“八闽楷模”陈炜先进事迹发布仪式在福州举行　（刘广锋　摄）

辅排查整改工作的通知》等文件，全面部署排查整改工作。全省排查教材教辅和进校读物4418万余册次。落实《福建省中小学教材管理实施细则》，实施中小学教材选用、使用管理。印发中小学教学用书目录，规范中小学教材教辅征订工作。转发教育部等5部门《关于教材工作责任追究的指导意见》，强化教材管理责任。在全省部署开展教材教辅和进校读物排查整改“回头看”，指导督促各地查缺补漏，完善制度机制。省大中小学教材委员会办公室和省政府教育督导办公室组建5个督查组深入“九市一区”开展专项督查，保障排查整改各项任务落到实处、见到实效。

【学生资助帮扶】 2022年，福建省在全国率先建立事实无人抚养结对帮扶信息系统，打造“向阳花开”助学帮扶活动品牌，全覆盖学生资助体系，下达财政资金25.31亿元、惠及学生70多万人次，创新党组织结对帮扶事实无人抚养儿童6515人。省教育厅组织开展第三届“强国有我·青春荣光”国家奖学金福建省颁奖大会，评出2021—2022学年全省78名博士研究生、553名硕士研究生、1067名本专科、405名中职国家奖学金和27441名国家励志奖学金。举办“强国有我”系列抖音短视频大赛，开展“国寿小画家”公益美术创作宣传，开展高校“99识金”理性金融行为主题微视频评选等活动，话题总阅读量1576.6万次，吸引全省6000多所学校20多万名学生参与。至年底，全省学生资助志愿服务联盟在“志愿中国”平台的志愿者有17.8万人，累计信用时数147.43万小时，其中2022年开展志愿服务活动5844场，15.74万人次参与活动，全年累计信用时数37.54万小时。

【闽港澳台教育交流合作】 2022年，福建省召开全省高校促进闽台教育融合发展推进会，出台8条闽台教育融合发展措施，新增2个闽台高校联合培养人才本科项目，新建5个台湾学生国情教育实践示范基地、7个闽台高校联合培养人才示范项目、9门台湾学生国情教育示范课程。加强引进台湾职教师资，在市级人才引进中，单列引进台湾职教专才；吸引台籍学生到厦门就学，探索符合条件的职校依据台湾学测成绩招收台籍学生，台籍学生在厦门可任选中职学校就读。组织遴选首批4所厦门、台湾职业教育合作交流示范校，探索厦门、台湾职教交流新途径。新增9所港澳台招生资格高校，招收港澳台学生1548人，比上年增长16.5%。

【教育法治化建设】 2022年，福建省教育厅编制《福建省学校权力清单》，明确界定各级各类学校的职责和权限。开展高校法治工作测评，组织召开新一轮高校章程修订工作，全面推进高校法治工作。推动立法进程，基础教育学生禁止携带手机进课堂相关规定于2022年9月1日起实施。规范民办义务教育发展，民办义务教育在校生规模占比降至4.44%。深化教育“放管服”改革，简化自由贸易试验区自考助学民办学校备案手续，下放福州市、厦门市公办中等职业学校设立、变更、终止的审批事项，梳理全省教育系统监管事项清单，25个主项、37个子项进入“互联网+监管”平台监管，实现检查实施清单梳理工作完成率、监管行为涉及的主项覆盖率、监管行为录入合格率“三个100%”。赋予乡镇（街道）行政执法权工作，将民办幼儿园和校外培训机构（学科类）执法权赋予乡镇（街道）行使。统筹推进校园新冠疫情防控和安全稳定工作，科学精准落实疫情防控措施，95.7%的学校达到新一轮“平安校园”等级标准；落实意识形态工作责任制，全省教育系统保持安定稳定。

【教育督导】 2022年，福建省教育厅推进“双减”（减轻义务教育阶段学生过重作业负担和校外培训负担）督导、县域义务教育优质均衡创建督导、县域学前教育普及普惠创建督导。

“双减”督导。省教育厅印发“双减”督导工作方案，部署年度“双减”督导工作。以“对省评价”为契机开展本级督政，研究分析“双减”中存在的问题及对策。将“双减”工作情况及成效纳入“对市督导”、对县“两项督导”重点内容，以“问题清单”和“回头看”为抓手，对市、县两级政府及相关职能部门贯彻落实“双减”工作部署等情况进行重点督导检查，组织督学对任务重、投诉多、工作推动不力的设区市进行实地督查。

县域义务教育优质均衡创建督导。省教育厅将义务教育优质均衡纳入全省基础教育重点工作内容，6月20日至7月15日，选派督导调研组调研6个义务教育优质均衡先行创建县（市、区）国家督导评估31项指标达成情况。

县域学前教育普及普惠创建督导。省教育厅在县级自评、市级复核基础上，对泉州晋江市开展学前“双普”省级督导评估“回头看”，向国务院教育督导办申请国家认定。组织专家对宁德市柘荣县、三明市明溪县、漳州市长泰区、泉州市台商投资区学前“双普”省级督导评估，推动全省学前“双普”工作提质增速。

【学校基础设施建设】 2022年，福建省新建、改扩建公办幼儿园216所、新增学位6.7万个，补充城区义务教育学位13.1万个，改造中小学校近视防控照明教室3.3万间，试点向社会开放学校体育场地654所。全省涉及教育系统重点项目“双一流”高校建设工程项目、应用型高校建设工程项目和省属高职院校办学条件补短板项目3个，年度计划投资10.63亿元，完成投资6.14亿元，完成率57.75%。安排省级及以上专项资金6亿元，规划新开工建设公办园218所，新增学位6.7万个。义务教育薄弱环节改善与能力提升项目计划投入29.73亿元，其中省级及以上5.24亿元，规划建设校舍面积98.3万平方米，新增学位13.11万个。全年全省计划投入11.82亿元实施中小学校舍安全保障长效机制项目，其中省级及以上

5.02亿元，规划建设校舍面积57.36万平方米。编制《福建省校园加装安全防护设施工作技术指引（试行）》，部署大中小学校加装校园建筑防护设施。

【教育信息化建设】　2022年，福建省教育厅推进信息技术管理和应用，开展《福建省教育数字化战略行动方案（2022—2025年）》编制工作，规划建设福建教育专网，初步完成专网建设方案编制。推进网络学习空间普及应用，全省8所学校获教育部网络学习空间应用普及活动优秀学校。加强闽宁“互联网+教育”协作，结对共建开展共同教研、在线同步教学、资源共享等活动。推进义务教育学校课后服务信息化管理，指导各地使用国家管理服务平台或对接自建系统。开展全国中等职业学校管理信息系统的建设部署和应用工作，举办线上系统培训会，所有中职学校完成首轮数据填报。3月，印发《福建省教育厅关于做好当前疫情防控期间中小学教育教学有关工作的通知》，优化线上线下相衔接的教育教学组织模式，全省“一县一策”“一校一案”制定实施应对新冠疫情方案。

2022年4月，福建省被列为国家智慧教育平台整省试点，省教育厅印发《中小学智慧教育平台整省推进工作方案》，确定62所中小学智慧教育试点校，推动建立国家、省、市、县、校五级贯通和联动的中小学智慧教育平台，遴选20所小学作为首批人工智能教育器材捐赠项目学校，加快人工智能知识普及教育。开展“基础教育精品课”遴选推荐工作，600节省级精品课获选。新增职业教育省级在线精品课程357门、省级示范性虚拟仿真实训基地40个，新增专业教学资源库32个。研制福建省职业教育智慧教育试点工作方案，推进省级职业教育智慧教育平台和试点学校建设，提供首批上线课程441门。福建省“24365大学生就业创业服务平台”举办线上专场招聘会310场，参会企业2.11万家，提供岗位5.2万个。推进智慧教育创新示范试点建设，督促指导福州市推进国家“智慧教育示范区”创建工作，初步构建“1+4+N”（1个重点平台+4个重点系统+N个子系统）智慧教育新生态。

基础教育

【概　况】　2022年，福建省有幼儿园8597所，在园幼儿156.71万人；教职工19.64万人，其中专任教师11.02万人。全省有小学5001所，在校生359.09万人；教职工20.38万人，其中专任教师20.42万人。全省有普通初中1262所，在校生156.57万人；专任教师11.61万人。全省有普通高中578所，在校生74.64万人；专任教师5.77万人。全省有特殊教育学校76所（不含幼儿园），在校生2.95万人。

【学前教育】　2022年，福建省教育厅联合省直12个部门印发《福建省“十四五”学前教育发展提升行动方案》，谋划学前教育发展改革方向。扩大普惠占比，继续将普惠性民办园纳入生均公用经费奖补范围。鼓励各地开展各级示范性幼儿园创建工作，组织专家组开展“福建省示范性幼儿园”评估，分设区市印发评估整改方案，最终公布确认15所幼儿园为“福建省示范性幼儿园”。启动第十一个学前教育宣传月活动。

【义务教育】　2022年，福建省教育厅研制《关于进一步促进初中教育内涵发展的通知》，补齐初中教育短板，研究制定义务教育质量评价指南实施方案，推进落实义务教育质量评价改革，扭转不科学的教育评价导向。至年底，全省有义务教育办学集团315个，集团化办学内成员学校1789所。

【普通高中教育】　2022年，福建省教育厅通过开展省示范和达标高中评审工作，打造高品质特色发展样板校，以优质特色发展作为示范建设的重点任务，从首批44所示范建设高中中遴选确认首批30所省级示范性高中，并遴选第二批15所省级示范建设高中。发挥99所课改基地建设学校在特色建设中的“孵化器”作用，以多样化的办学特色满足区域内学生个性化发展需求，在全省遴选培育84个特色示范项目。委托中国教育学会组织专家开展普通高中新课程新教材国家级示范区、示范校和省级示范区实施推进情况调研并形成报告，指导示范区和示范校建设，培育新课程实施典型。

【特殊教育】　2022年，福建省教育厅联合省发改委等7部门印发《福建省“十四五”特殊教育发展提升行动方案》，落实适龄残疾儿童“一人一案”教育安置，2022年秋季全省义务教育阶

2022年5月20日，2022年福建省学前教育宣传月活动启动。图为幼小衔接评价有效性双向调研分会场现场　（刘广锋　摄）

段残疾儿童安置率99.33%。对福州市星语学校等4所特教学校开展特殊教育标准化学校建设指导和评估，全省累计有58所特殊教育学校被确认为标准化学校，占比76%。依托泉州师范学院设立福建省特殊教育资源中心，提升市县特教资源中心专业支撑引领作用。开展特殊教育教师教学基本功展示和融合教育优秀教育教学案例遴选活动，举办特殊教育资源中心巡回指导教师培训班，丰富特殊教育资源库。

【教育教学改革】 2022年，福建省教育厅启动省级基础教育改革实验区遴选工作，支持三明市、龙岩市创建“教育部基础教育综合改革实验区”，形成区域教育改革发展新经验。启动义务教育教改基地校遴选认定工作。组织教研部门研究制定《福建省义务教育阶段学科课堂教学基本要求（试行）》，涵盖教学准备与设计、教学组织与实施、教学研究与反思、资源开发与利用等方面分学科具体要求。组织开展2022年基础教育省级教学成果奖评审，105项获评，安排15个省级教育教学开放活动，共享教育教学改革成果。组织开展中小学学科德育精品项目遴选活动，遴选100个省级精品项目，将中小学德育内容细化落实到各门学科的教学目标中，融入教育教学全过程。遴选学前教育优秀游戏案例132篇，总结推广各地幼儿教育改革实践成果。

【城乡教育均衡发展】 2022年，福建省教育厅推进学前教育“总园+”“镇村一体化”等办学模式改革，提升乡村幼儿园保教水平。推进乡村巡回支教，2021—2022学年省级安排学前教育巡回支教专项资金1304万元，支持17个老区县或原省级扶贫开发重点县设立409个巡回支教点，招募志愿者628人，招收幼儿近1万人，满足边远乡村学前教育需求。

省教育厅组织指导各地创建义务教育优质均衡先行创建县、乡村温馨校园、城乡紧密型教育共同体。全年确定义务教育优质均衡先行创建县12个，遴选24所省级及以上乡村温馨校园建设典型案例，紧密型城乡教育共同体基本覆盖全省所有义务教育乡村学校。继续推进经济较发达县（市、区）对口帮扶欠发达老区苏区县制度，继续实施闽宁教育协作、援藏援疆对口帮扶工作。

省教育厅联合省委编办等6个部门印发《福建省“十四五”县域普通高中发展提升行动方案》，组织示范高中对口帮扶211所薄弱中学，整体提升县域高中办学水平。支持13所县域高中参加达标高中评估，遴选16所县域高中为省级示范高中，遴选38所县域高中创建特色示范项目，向13所县域高中下达办学条件补助资金1400万元。

【中小学招生考试规范管理】 2022年，福建省教育厅指导各地执行义务教育免试就近入学政策，完善公民办中小学同步招生制度，规范高中阶段学校考试招生管理。全省义务教育阶段学校有随迁子女93.39万人，在公办学校就读的占95.62%。全省随迁子女在流入地参加中考和高考报名人数分别为95915人和26673人，实现“应留尽留、应考尽考”。落实教育部、中央军委政治工作部、全国双拥办关于做好军人子女教育优待工作的有关要求，会同省军区政治工作局、省双拥办共同研究制定省级实施意见，完善军人子女教育优待政策。联合省财政厅等9部门印发《福建省“小学入学一件事”集成套餐服务改革实施方案》，推动全省小学入学实现在线联办，减轻群众办事负担。

【青少年科技创新活动】 2022年，福建省教育厅遴选推荐10个项目参加第八届福建省“互联网+”大学生创新创业大赛萌芽赛道国家初赛，6个项目进入国家决赛，其中2个项目获全国创新潜力奖，位居全国第二；与省科协等部门联合举办第37届福建省青少年科技创新大赛。联合省科协、发改委等部门举办“体验科学，快乐成长——2022年福建省青少年科学调查体验活动”。

【“双减”工作】 2022年，福建省教育厅牵头建立由23个部门组成的“双减”工作专门协调机制，加强统筹协调，推动出台非学科类校外培训机构准入标准，推进非学科类校外培训分类审批管理，实现学科类、非学科类校外培训监督一盘棋谋划，推进“双减”各项工作任务落实。建立工作信息常态化报送和宣传报道机制，总结“双减”工作推进过程中形成的经验做法，10个案例被教育部印发全国推广，省级组织遴选推广4批46个典型案例，推广6批24个落实“双减”工作短视频。组织汇编出版《“双减”在行动：福建教育向未来》专辑，推广全省“双减”优秀理论与实践成果。省、市、县三级主流媒体登载“双减”报道超7000条次，保持全国前列。

【作业管理与课后服务】 2022年，福建省教育厅制发《义务教育各学科作业设计与管理指南（试行）》，对作业设计、布置、批改、讲评、辅导等各环节提出具体要求，全省义务教育阶段所有学校均出台作业管理细则。开展2022年全省中小学作业设计大赛，评选并推广1217个优秀作业案例。制定“点题整治”工作方案，拓展优化课后服务内容。印发《关于进一步推进全省中小学课后服务提质增效的指导意见》，规范课后服务管理，丰富课后服务形式与内容，“2+3”（作业辅导和体育活动2项基本服务+3类拓展服务）课后服务模式覆盖94.92%的城区学校。

【校外培训治理】 2022年，福建省教育厅联合12个部门出台《福建省2022年整治校外培训机构不规范问题减轻中小学生课外负担行动方案》，实施多部门协同配合的联动工作机制，组织开展“整治校外培训机构不规范问题”专项行动。义务教育阶段学科类校外培训收费纳入政府指导价管理，培训机构纳入全国校外教育培训监管与服务综合平台管理，校外培训治理工作纳入秋季开学专项督导检查重要内容。全年全省排查机构8697个（次），发现并查处违规问题机构214个。组织开展暑期“监督护苗”专项行动、艺考培训机构专项治理、校外培训材料和从业人员专项排查等11项专项行动。全省义务教育阶段学科类培训机构从2021年底的381家减少至2022年底的318家。全面落实校外培训预收费资金监管，发现并督促311家校外培训机构伪专账整改，涉及资金1300多万元。全省1708家培训机构完成预收费资金监管，资金监管率100%。全省发现并处置“爆雷”校外培训机构189家、“冒烟”校外培训机构72家，防范化解“退费难”“卷钱跑路”等风险。

【教育课题调研】　2022年，福建省教育厅协调推动教育领域重点课题调研。由副省长李德金牵头，省教育厅联合机关省直部门组织开展“加快推进义务教育优质均衡发展对策研究”重点课题调研，形成《加快推进义务教育优质均衡发展对策研究调研报告》。根据《关于实施“提高效率、提升效能、提增效益”行动方案》，牵头开展深化提升“双减”工作、高中多样化特色发展改革试点、基础教育教科研机制构建、深化中考中招改革4个基础教育领域课题调研，分别形成调研报告，开展调研成果转化应用。

职业教育

【概况】　2022年，福建省有高职高专50所，在校生48.86万人，招生18.05万人，毕业生14.38万人；教职工2.65万人，其中专任教师1.93万人。全省有中等职业学校167所，在校生39.52万人，招生14.35万人，毕业生11万人；教职工2.20万人，其中专任教师1.95万人。全省有独立设置的成人高校3所，成人高等学历在校生21.09万人，招生9.47万人，毕业生4.08万人。至年底，全省有省级示范性应用型本科高校9所，全国首批职业教育本科试点院校1所；高职院校49所，其中国家示范骨干高职院校6所、国家“双高计划”建设高职院校5所；具有招生资格的中职学校203所（含技工院校49所）。全省173所学校参与“1＋X”证书制度试点工作，参与试点学生11.74万人。年内，高职院校书记、校长走访企业5649家。全省职业院校开展技术服务项目8000多个，与工业园区共建职业技能提升中心35个、与行业企业共建职工培训中心185个、面向社会培训各类人员100万人次。

【专升本改革】　2022年，福建省教育厅根据教育部本科专业目录及福建省实际，推动制定专升本招考类别及科目调整方案，探索大类报考，压缩专业考试科目，招考类别从20类调整为8类，涉及高职院校全部专业类，明确招考类别对应的本科招生专业类，确定新的考试科目。年内，审核、指导福建幼儿师范高等专科学校、闽江师范高等专科学校分别与福建师范大学开展小学教育专业试点，泉州幼儿师范高等专科学校与泉州师范学院开展小学教育专业试点，漳州卫生职业技术学院与厦门医学院开展中药学专业试点，制定专本贯通转段考核方案，明确考试内容、考试组织方式和转段学生学籍管理要求等内容，推动试点项目规范开展、专本教学有效衔接。

【专业课程建设】　2022年，福建省教育厅在总结2021年试点工作的基础上，抽取77所学校374份专业人才培养方案，委托省职教中心开展评价工作，对不合格的责令限期整改，整改后仍不合格的，暂停该专业次年招生资格。深化“三全育人”（全员育人、全程育人、全方位育人）综合改革，建立健全“思政课程＋课程思政”体系，完善德技并修、工学结合育人机制，形成一批德育特色案例，评选示范课程项目132个、教学研究示范中心31个。组织遴选推荐中职班主任工作室、在线精品课程、产业学院、职教集团（联盟）、高水平专业化产教融合实训基地、规划教材等内涵项目工作，发挥典型示范带动作用。

【办学行为规范】　2022年，福建省教育厅对照《职业学校学生实习管理规定》要求，规范和加强职业院校学生实习管理，动态监管职业院校学生实习情况，形成双周监管记录。重点从跨省实习、实习单位资质审查、心理健康辅导、法治教育和警示教育等方面进行规范管理，首次建立学生实习跨省联动机制。规范“1＋X”证书制度试点管理，组织开展2022年度“1＋X”证书制度试点工作“双随机、一公开”抽查监测。“1＋X”证书制度试点工作办公室对139家培训评价组织的184个职业技能等级证书考核费用进行备案，并向社会发布备案结果。实施高职院校实验室安全检查，排查发现实验室安全隐患626处，完成整改367处，短期内制定整改方案259处。

【办学条件达标工作】　2022年5月，福建省教育厅组织全面摸排全省职业院校办学条件情况。8月26日，在莆田组织召开福建省职业教育高质量发展暨职业院校办学条件达标工作现场推进会，先期部署全省职业院校办学条件达标工作。11月，会同省人社、发改、财政、住建部门部署各地、各主办部门，对照达标要求制订一校一方案达标工作规划。年内，完成国家级“双高计划”中期检查验收，11月初启动省级“双高计划”中期检查。全面检查和实地核查建设方案和任务书的落实情况。

【职业教育重要活动】　2022年5月8—14日，福建省教育厅组织2022年职业教育活动周活动，全省215所职业院校、教师47696人次、学生57.97万人次参与，学生参与覆盖率90%，总参与58.95万人次、观摩体验活动项目2341个。开展职业教育法学习宣传，组织各地各职业院校开展新修订的职业教育法学习活动，举行开放校园、走进社区等活动，利用微信公众号、校园 LED 屏、宣传展板、横幅等渠道宣传普及。

【职业教育竞赛获奖】 2022 年，福建省承办全国职业院校技能大赛高职组“关务技能”和中职组“建筑智能化系统安装与调试”，获一等奖 14 项、二等奖 75 项、三等奖 101 项，共获奖 190 项，比上年增加 106 项，位居全国第五。在首届世界职业院校技能大赛中，福州职业技术学院、福建信息技术职业技术学院分获银奖和铜奖，福建省共获奖 8 项、位居全国第三。在 2022“一带一路”暨金砖国家技能发展与技术创新大赛中，福建省 36 支代表队获奖，其中获一等奖 5 项、二等奖 12 项、三等奖 19 项，获奖总数位居全国第八。在 2022 年全国职业院校教学能力比赛中，福建省获一等奖 1 项、二等奖 10 项、三等奖 19 项；共获奖 30 项，比上年增加 2 项，位居全国第五。在 2022 年全国中等职业学校班主任能力比赛中，福建省获二等奖 4 项、三等奖 7 项；共获奖 11 项，比上年增加 3 项，位居全国第五，福建省获最佳进步奖。49.6 万名师生参加第八届福建省“互联网＋”大学生创新创业大赛职教赛道暨第六届黄炎培海峡职业教育创新创业大赛，参赛作品 7 万个，比上届增长 68%。

高等教育

【概况】 2022 年，福建省有普通高等学校 89 所、在校生 107.61 万人，其中地方高校 87 所、在校生 102.99 万人。全省研究生在校生 8.53 万人，招生 2.86 万人，毕业生 1.87 万人。普通本科生在校生 58.74 万人，招生 16.81 人，毕业生 13.72 万人。普通高等教育教职工 8.26 万人，其中专任教师 5.71 万人；普通本科院校教职工 5.61 万人，其中专任教师 3.78 万人。年内，省教育厅根据《福建省高等教育十年发展规划（2021—2030 年）》，推动编制《福建省高等教育“两区两带两核”建设方案》。推进设立厦门大学福州校区；争取教育部支持，加快筹建福耀科技大学（暂名）；设置福建理工大学、闽江大学等纳入 2022 年全国高等学校设置考察、评议范围；推进部省、省校战略合作；研究制定协调落实制定“一市一校”共建协议工作方案，明确市校共建推进时间表、路线图。

【高校分类建设】 2022 年，福建省教育厅推进“双一流”高校建设，印发《福建省第二轮一流大学和一流学科建设实施方案》，遴选确定第二轮“双一流”建设高校 A 类 5 所、B 类 5 所以及重点建设学科 23 个，引导高校在不同领域和方向争创一流。推进一流应用型高校建设，印发《福建省一流应用型高校建设实施方案》，遴选确定一流应用型建设高校 A 类 5 所、B 类 5 所、培育项目 5 所及重点建设学科 40 个，重点打造一批高水平应用型高校。推动闽南师范大学获得博士学位授予权，泉州职业技术大学获得学士学位授予权。立项建设博士、硕士学位授予单位培育项目 14 个，明确 2023 年、2026 年建设目标任务。推动 7 所高校签订对口帮扶协议，从“双一流”建设高校选派 3 名干部到对口帮扶校挂职帮扶。

2022 年 7 月 21 日，第八届福建省“互联网＋”大学生创新创业大赛职教赛道暨第六届黄炎培海峡职业教育创新创业大赛决赛在福州举行

（刘广锋 摄）

【专业学科建设】 2022 年，福建省教育厅健全学科专业动态调整机制，出台《关于普通本科高校学科专业结构调整优化的指导意见》，分类推进基础、应用型、新兴交叉等学科专业建设。指导高校编制“十四五”时期学科专业建设规划。全年全省高校增设急需、空白的本科专业 39 个，撤销或停招不适应发展需求的本科专业 26 个。新增一流本科专业建设点国家级 104 个、省级 144 个。推进有组织的学科建设，制定《福建省高校学科联盟建设工作方案》，围绕基础学科、应用学科，组建高校学科联盟 11 个。开展高水平学科创新平台建设中期检查，立项建设的 6 个平台获批省级以上科研项目 187 个、科技奖励 9 项、发表科研论文 220 余篇。发挥新工科联盟及新医科、新农科、新文科教育研究中心建设作用，探索多学科交叉融合机制，构建跨学科培养新模式。开展专家库建设和优秀案例征集，举办新闻传播大讲堂、政法实务大讲堂。年内，修订《福建省学士学位授权与授予审核管理办法》，组织对 32 所高校 111 个本科专业进行学士学位授权审核，对其中 17 个专业提出整改要求。2014—2019 年周期性合格评估被认定为“限期整改”的 2 个博士点、3 个硕士点通过国务院学位办复评。开展 2023 年拟申请新增博士、硕士学位授权点摸底工作。

【师资培育】　2022年，福建省教育厅实施“闽江学者奖励计划”，总结2019—2021年闽江学者奖励计划实施情况，研究制定《闽江学者奖励计划实施办法（2022—2025年）》。遴选公布2021年闽江学者139人，其中特聘教授53人、讲座教授86人。推进教师团队建设，实施研究生导师指导能力提升工程，举办研究生导师培训班。验收公布省级本科教学团队146个、省级研究生导师团队96个。举办第二届福建省高校教师教学创新大赛，全省39所高校、858名教师参赛。在第二届全国高校教师教学创新大赛中，福建省一等奖获奖率41.67%、位居全国第二。

【教育教学】　2022年，福建省教育厅遴选60组省级高校课程思政示范课程、教学名师和团队，8个普通高等教育教学研究示范中心。推进课程共建共享，建设省级线上、线上线下、虚拟仿真课程1400余门，在国家高等教育智慧平台首批上线课程1104门，遴选研究生精品课程20门、专业学位研究生教学案例20个。推进福州地区大学城课程跨校互选、学分互认，确定互选课程364门次，选课1.6万人次。推进产教融合，遴选省级产教融合研究生联合培养示范基地20个、省级现代产业学院建设项目21个。厦门大学入选教育部高水平公共卫生学院建设高校。推动创新创业教育，起草《福建省进一步支持大学生创新创业若干措施》，印发《福建省进一步促进中国国际“互联网+”大学生创新创业大赛激励措施》。举办“互联网+”大学生创新创业大赛，在国赛中获金奖5项。获批国家级创新创业学院4个、创新创业教育实践基地4个。强化教育教学研究，出台《福建省本科高校教育教学研究项目管理办法（试行）》，立项4类310个教育教学研究项目。开展本科高校教育教学改革研究项目结题工作，遴选2022年高等教育省级教学成果奖160项。福州大学“材料科学前沿与商业应用课程虚拟教研室”入选第二批教育部虚拟教研室建设试点。

2022年5月，福建省教育厅组织举办第二届福建省高校教师教学创新大赛决赛　（刘广锋　摄）

【政产学研用】　2022年，福建省教育厅牵头联合9部门印发《关于实施高等教育服务“四大经济”高质量发展行动建设政产学研用金联盟的通知》，打造由政府推进、高校牵头，科研院所、行业组织、企业、金融机构等共同参与的数字经济、海洋经济、绿色经济、文旅经济政产学研用金联盟。全省高校获批国家自然科学基金项目813个，占比超过全省总数的85%，省属高校在创新研究群体项目上取得“零”的突破；全省高校获批国家杰青、优青项目共20个。福州大学杨黄浩团队“柔性高分辨X射线成像技术研究”入选“中国高等学校十大科技进展”，为省属高校研究成果首次入选；厦门大学、福州大学、福建师范大学、福建农林大学等高校共获2022年度高等学校科学研究优秀成果奖（科学技术）6项（公示），其中一等奖2项、二等奖4项；厦门大学、福建农林大学各1名青年学者获得第十七届中国青年科技奖；福州大学研制的中国首套“紫外光催化复合消杀机”亮相北京冬奥会；厦门大学、福州大学、福建农林大学、集美大学在《自然》主刊各发表论文1篇。

【中外合作办学】　2022年，福建省新增3所具备招收留学生资格的高校，全年招收外国留学生1537人。承担21所孔子学院和56个孔子课堂的汉语教师志愿者选拔、推荐工作，全年选派汉语教师100多人。新增7所海外华文教育基地，指导高校举办汉语教师在线培训和后疫情时代东南亚中文教育发展论坛等活动。省教育厅对2021年新增的2个高水平中外合作办学项目实施奖补。天津大学与新加坡国立大学合作举办的化学、化工、物理3个硕士研究生项目在福州滨海新城落地招生。参与举办中美、中巴、中澳、中日友好省州视频交流会，全年全省举办各类国际教育学术会议28场次；服务学科建设，全省高校新增与“一带一路”沿线国家高校共建联合实验室25个，海丝国际产学研用合作专业由原来的4个增至6个。年内，全省1个中外合作办学非独立机构、5个中外合作项目获得教育部审批。

【毕业生就业】 2022年，福建省教育厅会同省人社厅召开全省2022届高校毕业生就业创业工作推进会，印发《关于做好2022届普通高校毕业生就业创业工作的通知》，出台6个方面23条具体措施，在拓展就业岗位、技能培训、优化就业指导、家庭经济困难毕业生帮扶等方面联动发力。健全“就业思政”“就业育人”工作体系，持续推送“互联网＋就业指导”公益直播课，举办全省职业规划大赛和师范生技能大赛，推动毕业生提升技能。组织高校书记校长开展访企拓岗促就业专项行动，对接校地、校企人才需求，拓展市场化就业岗位。组织举办校园春季系列网络招聘会及各类小型化行业性校园现场招聘活动3000多场，提供岗位50多万个。稳定机关事业单位招录（聘）高校毕业生的规模，国有企业招聘的新增岗位不低于50％的比例用于招聘应届高校毕业生，年内，开拓政策性岗位7.38万个。开展华为“数通、安全”“一试双证”试点，围绕省内数字经济等重要产业发展，深挖新业态、新模式衍生的就业机会。开发新业态实习岗位，吸纳毕业生就业见习并优先留用；依托省级大学生就业实习基地，搭建校企服务平台，吸纳优质企业参与。

终身教育

【概况】 2022年，福建省有高校老年大学20所，各设区市、县（市、区）有老年开放（互联网）大学70所，新增社区（老年）学校（学习中心）64个。全年开发引进社区教育及老年教育网络课程237门、课件310讲，累计开发课程1.2万门、课件3.02万讲；开展老年教育培训活动，参与14.6万人次。年内，省教育厅印发《福建省终身教育促进委员会关于开展福建省终身教育提质培优项目建设工作（2022—2025年）的通知》，评审2022年省级终身教育提质培优项目，推动项目单位加快项目建设，凝练教育工作典型做法和经验。省级创建终身教育创新基地6个、终身教育实验项目12个、示范性社区（老年）学校（学习中心）21个、社区（老年）教育乡土教材10册、社区（老年）教育课程资源78门、高校老年大学4所、学习型社区（村）19个、终身教育重点研究课题立项15个、终身教育一般研究课题立项83个。

【继续教育规范】 2022年，福建省教育厅按照教育部办公厅规范高等学历继续教育校外教学点设置与管理工作要求，印发《福建省高等学历继续教育校外教学点管理办法（试行）》，开展全省高等学历继续教育校外教学点新增与重新备案工作，开展全省高等学历继续教育专项检查评估，控制全省高等学历继续教育校外教学点数量。印发《福建省教育厅关于开展全省高等学历继续教育专项检查评估的通知》，全面检查评估在闽的261个教学点。根据教育部办公厅对普通高等学校非学历教育对照检查整改要求，组织高校开展非学历教育检查整改工作，49所高校提交整改清单，建立整改台账，制定整改方案。落实《关于加强高等学历继续教育广告发布管理的通知》，省通信管理局排查相关线索51条，并拦截无资质网站备案申请21条。

【学分银行试点】 2022年，福建省扩大学分银行试点规模，全省新增学习账户2万个，新增学习成果3万条，累计学习账户38.2万个、学习成果723.2万条。发挥福建省终身教育学分银行作用，建立农民、农民工和职工学分银行个人账号和终身学习档案。开展“书证融通”试点工作，在省终身教育学分银行管理中心指导下，从福建开放大学选择部分涉农专业，与福建农林大学、福建农业职业技术学院等院校联合开展“书证融通”试点工作，建立学历教育专业课程与非学历教育学习成果的关联机制，制定课程、证书、学习经历相互融通的学历教育专业规则，对非学历教育成果进行认定和转换，推进技能培训与学历教育贯通。12月，福建开放大学的《学分银行服务于学校教育教学改革的案例》被推选为国家开放大学2022年学分银行优秀案例。

【“智慧助老”行动】 2022年，福建省教育厅动员各类院校及社区教育、老年教育、终身教育机构通过线上线下相结合的方式，开展学习贯彻党的二十大精神、重要时事政策等学习活动，以及智能手机应用等教育培训活动。全省开展老年人日常智能技术应用教育培训机构405个，开设教育培训课程343个，线上线下培训老年人24万人次、培训师资2636人次、志愿者2.19万人次。年内，省教育厅推介3批省级“智慧助老”项目193个，其中入选国家级项目35个，入选数居全国第五。

【“能者为师”实践创新项目】 2022年，福建省教育厅开展社区教育“能者为师”特色课程推介共享行动，首批征集省级项目44个，入选全国社区教育“能者为师”实践创新项目29个。6月23日，教育部职业教育与成人教育司发布《关于公布社区教育“能者为师”实践创新项目第二批启动名单的公告》，全省8个项目分别入选家庭教育与阅读表达、乡村振兴、非遗传承、道德与法治、人文艺术、康养健身、生活技艺、社区治理与应急管理等主题社区教育“能者为师”实践创新项目。（郑　锦）

编辑：郑　菜

科学技术

综　　述

【概况】　2022年，福建省科技系统以加快实现科技自立自强为目标，抓科技政策落地，全面落实“十四五”时期科技创新发展专项规划，实施创新驱动发展战略、科教兴省战略、人才强省战略，推出一系列体制机制改革措施。加强科技创新顶层设计，推进与科技部开展新一轮会商。强化战略科技力量，推进省创新实验室、省重点实验室建设，加强重大科技创新平台招引。打造区域创新高地，增强福厦泉自创区集聚效应和增长动力，新增1个省级高新区。推进重点领域科研攻关，启动实施25项省科技重大专项项目，一批关键核心技术取得突破。加强科技型企业培育，国家高新技术企业首次突破1万家，入库登记科技型中小企业超6200家，科技小巨人企业2425家。推进科技体制改革，修订实施《福建省级科技计划项目经费管理办法》，健全科研项目“揭榜挂帅”“赛马”攻关机制，开展科技成果评价改革试点，激发科研人员创新创造活力。加快科技人才队伍建设，开展省科学技术奖励评审工作，优化引才引智计划项目。拓展国际科技合作，发起“海洋负排放”国际大科学计划。加强科技伦理治理和科研诚信建设，印发《福建省科技计划项目科研诚信管理办法（暂行）》。

【部省会商】　2022年8月8日，科技部、福建省人民政府在福州举行2022年部省工作会商会议。科技部党组书记、部长王志刚，福建省委书记、省人大常委会主任尹力出席会议并讲话，福建省委副书记、省长赵龙主持会议。会上，王志刚与赵龙代表部省双方签署《科学技术部、福建省人民政府工作会商制度议定书（2022—2026年）》，争取科技部在优平台、强主体、聚人才、活机制等方面支持福建省科技创新发展，促进更多创新资源向福建汇聚、更多科技成果在福建转化。

【科技奖励】　2022年2月24日，福建省人民政府第104次常务会议审议通过并公布修订后的《福建省科学技术奖励办法》，于5月1日起正式施行。开展2021年度省科学技术奖励评审工作，评审产生2021年度省科技奖获奖项目208项，其中一等奖28项、二等奖65项、三等奖115项。开展第三批省“创业之星”“创新之星”人才遴选工作，遴选产生第三批省“创业之星”“创新之星”人才19名，其中创业之星9名、创新之星10名。　　（周　琼）

发展规划与政策法规

【科技创新政策制定与实施】　2022年，福建省科技厅按照“任务项目化、项目清单化、清单具体化”要求，做好“十四五”时期科技创新发展专项规划厅内外责任分工，完善专项规划运行体系，跟踪推进规划贯彻落实。制定印发《福

2022年8月8日，科技部、福建省人民政府2022年部省工作会商会议在福州举行　　（省科技厅　供图）

建省贯彻落实〈关于完善科技成果评价机制的指导意见〉工作清单》《贯彻科技部、财政部〈企业技术创新能力提升行动方案（2022—2023年）〉责任分工方案》，推动重点改革举措落地执行。组织开展企业研发费用税前加计扣除政策宣讲培训，核定享受科技创新进口税收政策科研机构名单，支持企业、科研机构等创新主体充分享受财税政策红利。全省有12732户企业享受2021年度研发费用加计扣除政策，加计扣除额624.43亿元。

【新型研发机构建设】 2022年，福建省科技厅组织开展第七批省级新型研发机构评估命名，全省新增省级新型研发机构36家，其中企业类31家。开展2022年度省级新型研发机构非财政资金购买科研仪器设备软件后补助项目，立项支持36家（次）单位后补助资金3119.82万元。建立省级新型研发机构绩效测评机制，完成第一批省级新型研发机构中期绩效测评，撤销8家单位省级新型研发机构资格。

【创新战略研究项目】 2022年，福建省科技厅立项支持省创新战略研究项目118项。聚焦数字经济、海洋经济、绿色经济、文旅经济等新经济，新增创新战略研究产业专题项目。联合省科协、省委改革办和省委党校，引入220万元，开展2批次省创新战略研究联合项目立项。以“统筹发展和安全，防范化解重大风险”为主题，联合开展创新战略防风险专题研究。试点实行经费“包干制”，扩大项目经费管理自主权。

【科技安全工作】 2022年，福建省科技厅履行省科技安全工作协调机制组长单位职责，召开3次省科技与生物安全协调机制工作会议，协调解决存在问题。加强科技与生物安全风险评估，牵头会同协调机制其他成员单位围绕科研管理、“卡脖子”技术、生物安全等17个重点领域开展风险点排查，提出防范措施。加强科技安全信息研判，成立专家团队，定向委托重点开展科技与生物安全分析调研。

【科技统计工作】 2022年，福建省科技厅做好2021年度科学研究与技术服务业事业单位统计调查工作和全省地方财政科学技术支出统计调查工作。召开全省科技统计暨年报培训线上会议，深入省创新实验室和科研院所调研，指导做好统计相关工作。定期编发《福建科技统计研究专报》《福建省科技发展主要指标情况月报》。

【健全科技项目攻关机制】 2022年，福建省科技厅印发实施《进一步建立健全省级科技计划项目“揭榜挂帅”“赛马”攻关机制的若干措施（试行）》，建立健全六大机制，以“竞争”为核心，坚持需求导向、结果导向，推进“揭榜挂帅”（“揭榜挂帅”攻关机制：创新不问“出身”，只要谁能为国家做贡献就支持谁。针对福建省内企事业单位提出的自身力量难以解决的难题，通过政府公信力和资金扶持，搭台面向省内外优秀技术团队，借助优势资源共同攻关突破）、“赛马”攻关机制（在项目立项时，择优选择多家主体并行攻关，过程中进行阶段性考核、竞争性淘汰，让真正有能力、干得好的主体脱颖而出，提高攻关的质量和效率）。推动“揭榜挂帅”项目需求征求、调研、咨询论证、发布榜单等相关工作，发布2022年“揭榜挂帅”项目“电子信息产业中试创新服务平台”榜单，凝练全省产业重大科技问题攻关方向“揭榜挂帅”榜单13项。在疫情防控科研攻关中实施“赛马”攻关机制，组织实施物体表面消杀“赛马制”项目5项，安排计划经费100万元，开展第一阶段“赛马”技术攻关相关工作，启动“赛马制”项目第二阶段的评审立项工作。

【省属公益类科研院所改革】 2022年9月28日，福建省科技厅修订《省属公益类科研院所基本科研项目管理办法》，支持省属公益类科研院所开展符合院所章程职能定位、体现前瞻布局的研究工作，对省属公益类科研院所基本科研项目及专项资金的管理和使用进行约定。办法规定资金使用方向、遵循原则、职责分工、项目类别、申报审批、绩效评估、执行与验收等。其中，改革项目资助方式，采取稳定支持与竞争性遴选相结合，激励省属公益类科研院所提升源头创新能力。组织开展新一轮省属公益类科研院所基本科研专项评估，评估结果作为2023—2025年专项资金分配依据。

（周　琼）

科技资源配置与管理

【概况】 2022年，福建省科技厅推进新冠疫情防控相关科研项目，开展“物体表面消杀技术与产品研发”应急攻关项目，助推全省冷链物流新冠病毒消杀科研攻关，在前三阶段项目立项实施的基础上，开展第四阶段疫情应急科研攻关成果验证及推广示范，满足一线疫情防控需求。围绕基础前沿研究，安排科技经费14689万元，支持省自然科学基金项目1967项，组织实施高校联合资金、卫生联合资金、农科联合资金、气象联合资金项目，推动福建省高校、卫生机构、农业和气象科研机构等开展基础研究和科技人才培养。支持省属公益类科研院所基本科研专项项目36项，提升公益类科研院所基础研究和创新能力，安排科技经费3927万元。支持企业为主承担技术开发与应用项目、技术转移项目和平台建设项目等省级科研项目，面向集成电路、物联网、大数据、人工智能、新材料、高端装备制造、现代农业技术等战略性新兴产业领域，组织实施科技重大专项专题项目25项，重点围绕关键核心技术、重大共性技术成果，计划资助经费10600万元。

【国家科技计划立项与实施】 2022年，福建省科技厅完成国家重点研发计划视频评审工作。组织开展国家重点研发计划“新能源汽车”等重点专项申报推荐工作。国家科技管理信息系统公共服务平台数据显示，福建省（含厦门市）2022年度获科技部国家重点研发计划立项支持28个项目，获资助经费34452.6万元。获科技部国家重点研发计划立项支持103个课题，获得资助经费37696.76万元。组织实施国家重点研发计划“海洋农业与淡水渔业科技创新”重点专项2022年度部省联动项目，争取科技部支持。

【科技计划项目立项】 2022年，福建省安排科技计划项目年度经费73833.5万元，支持省级科技计划项目3551项。具体包括：财政资助新上项目1548项，资助经费42185.5万元（含科技创新专项24360.5万元、科技特派员专项经费3470万元、中央引导地方项目经费10500万元、省教育厅经费1900万元、省委组织部经费500万元、省工信厅经费500万元、省农科院经费200万元、省科技厅业务费755万元）；安排结转项目213项、结转经费12368万元；先立项后补助和经费自筹项目259项，其中2021年度临床医学研究中心项目20项、闽台港澳合作基地项目13项；立项自然科学基金联合项目1259项，联合经费9309万元；立项科协联合创新战略研究项目40项，联合经费200万元；立项2021年度科技创新联合资金项目232项，资助经费9771万元。

【企业研发投入补助】 2022年3月，福建省科技厅按照《福建省企业研发经费投入分段补助实施细则（2020—2022年）》的要求，与省财政厅、省统计局启动企业研发经费投入2021年度补助和2022年度预补助申报工作。全年有5207家企业通过研发经费投入分段补助审核，核实企业投入研发总经费483.73亿元，争取补助金额22.61亿元，其中省级财政承担7.12亿元（含省属企业）。

【“科技贷”工作】 2022年，福建省通过省科技厅门户网站4次征集企业融资需求，征集企业132家，资金需求51.12亿元，将需求推送至“科技贷”合作金融机构。与兴业银行、厦门国际银行等金融机构开展工作会议，共同推广落实“科技贷”政策。联合中国人民银行福州中心支行召开“科技贷”政策解读会议。12月20日，在莆田市召开科技金融对接会，10家企业现场签约，获银行授信3.27亿元。依托平台建设“福建省科技型中小微企业数据库”，汇集12930家科技型企业的基础数据，对平台科技型企业的综合风险评价体系进行测试和改进。推动“科技贷”在“福建省金融服务云平台”上线。至年底，全省有24家金融机构签约共同推进新一轮“科技贷”工作，比上年增加8家。2022年，全年发放1739笔“科技贷”，惠及1041家科技型企业，发放总金额74.7亿元。 （周　琼）

基础科技研究与管理

【概况】 2022年，福建省科技厅加大自然科学基金工作力度，打造基础支撑平台，强化科研条件建设，推动全省基础研究和基础支撑能力提升。全年省自然科学基金申请数、立项数、资助经费均创历史新高，至年底，全省拥有10家国家重点实验室、6家省创新实验室、276家省重点实验室、9家省野外观测研究站、3家省应用数学中心。

【省自然科学基金项目立项与实施】 2022年，福建省自然科学基金受理申报3717项，立项1967项（含面上项目1528项、青创项目339项、杰青项目39项、重点项目61项），资助率52.9%，立项总经费14689万元。全年，全省自然科学基金结题验收1006项，项目结题率100%；形成研究成果4700余项，其中授权发明专利636件、软件著作权70件，新增国家及地方行业标准7项，发表论文3902篇（SCI或EI收录论文2687篇）；473人晋升专业技术职称，培养博士及以上人才298人。

【省自然科学基金联合资助项目】 2022年，福建省自然科学基金联合资助项目申请2864项（占总申请项数的77%）；立项1658项（占总立项数的84%）；资助经费12142万元（占总资助经费的83%）。联合资助单位总数49家，涵盖20所高校、27家医院以及省农科院、气象局系统，联合单位每年协议投入经费总额9450万元。

【国家自然科学基金项目立项与实施】 2022年，福建省32家单位获国家自然科学基金各类项目立项943项，资助经费超6亿元，其中福州大学、福建医科大学、集美大学、福建中医药大学、福建工程学院、莆田学院等多所省属高校立项数、资助经费均创历史最佳。全省有10人获国家杰出青年科学基金项目、15人获优秀青年科学基金项目资助。

【国家自然科学基金区域创新发展联合基金项目立项与实施】 2022年，福建省获国家自然科学基金区域创新发展联合基金项目立项26项；直接经费6623万元，比福建省出资联合经费4500万元超出2123万元。年内，福建省提出的区域联合基金研究方向获立项30项，其中省内单位牵头项目25项、占83%，其余5项为省外单位牵头与省内单位联合承担；获其他省研究方向立项1项。在参加区域联合基金的23个省市（区）中，福建省提出的研究方向立项数量排名第七。

【省创新实验室建设】 2022年，福建省科技厅推动由泉州市政府牵头、依托省电子信息集团开展省集成电路创新实验室筹建工作。11月18日，省政府第120次常务会议审议通过新建省集成电路创新实验室建设方案。9月，省委人才办、省委编办、省科技厅等6部门共同印发《关于支持福建省创新实验室人才队伍建设的若干措施》。全年省科技厅组织开展首批4家省创新实验室中期建设成效考评。

【重点实验室、野外观测站建设】2022年，福建省科技厅围绕信息科学、农业海洋环境、装备制造等领域认定建设41家省重点实验室，优化省重点实验室布局。搭建省重点实验室基本信息管理系统，组织开展在建34家省重点实验室的验收、235家实验室2021年度报告等管理工作，对考评优良的41家省重点实验室给予800万元运行费补助。推动全国重点实验室创建。按照科技部通知精神，分类梳理省内10家国家重点实验室，争取推荐指标，在农业领域择优推荐2家实验室、医药领域推荐1家申报全国重点实验室。其中，原大黄鱼育种国家重点实验室联合厦门大学、福建农林大学、集美大学等福建省海水养殖生物育种优势力量，整合组建为“海水养殖生物育种全国重点实验室”并成功纳入全国重点实验室序列。通过中央引导地方科技发展资金项目等方式支持野外观测站建设，2家国家野外观测站新增承担国家级项目25项、项目经费3400万元，发表SCI论文92篇，出版专著3部，获授权发明专利3件，参与制定国家标准1项。

【实验动物许可规范】2022年，福建省科技厅按照《科技部关于印发〈实验动物许可“证照分离”改革工作实施方案〉的通知》精神，研究制定并印发《开展实验动物许可“证照分离”改革工作实施方案》，制定11条改革举措，为企事业单位和个人申请实验动物许可提供优质服务。全年办理实验动物行政许可事项7件、涉及许可证9份；制定《2022年度实验动物许可证年检工作方案》，组织开展实验动物许可证年检工作。至年底，全省拥有有效期内实验动物许可证49份，其中生产许可证7份、使用许可证42份。

【大型科研仪器开放共享】2022年，福建省科技厅组织开展大型科研仪器向社会开放服务绩效评价工作，鼓励非预算管理单位及所属非财政性资金购置、研制的仪器参加评价，并在分配评价指标权重时予以倾斜。全省43家单位1775台仪器设备参加评价，其中15家单位131台仪器获奖励补助经费271万元。在福州市继续开展企业非财政性资金建设、购置的科研设施仪器向社会开放服务补助试点，4家企业59台仪器获补助经费199.8万元。福建省大型仪器设备共享平台新增入网单位11家、仪器1169台。至年底，福建省大型仪器设备共享平台收录向社会提供开放共享服务的30万元以上大型仪器4099台，原值41.34亿元。（周　琼）

高新技术与工业科技

【概况】2022年，福建省高新技术与工业领域安排项目145项，经费12694.64万元。其中，引导性项目63项、高校产学合作项目36项、区域发展项目30项、重大专项专题15项、“揭榜挂帅”平台建设项目1项。2022年，福建省高新技术与工业领域验收项目116项，其中，重大专项4项、区域发展项目23项、高校产学合作28项、引导性项目59项、重大项目1项、重点项目1项。

【关键技术攻坚】2022年，福建省科技厅聚焦“四大经济”强链补链创新需求，抓好数字信息、新能源、新材料和人工智能等领域关键技术凝练及“揭榜挂帅”攻关，安排6000万元，支持宁德时代、福光股份等科技龙头企业会同厦门大学、中国科学院福建物构所等高校院所承担实施“大功率氢燃料电池重卡研发及产业化”“超精密光学元件亚表面缺陷原位测量技术”等13个科技重大专项。福州大学首创研制的常压低温氨分解催化剂，开发出“氨—氢”燃料电池系统，该技术解决“氨—氢”能源转换过程中关键科学技术难题，获紫金矿业投资；研制出通信基站应急电源，在龙岩等地进行应用。

【冷链消杀科研攻关】2022年，福建省科技厅安排2000多万元支持冷链消杀科研攻关。创新科研攻关组织模式，首次以“赛马制”形式启动“物体表面消杀技术与产品研发”应急科研攻关等5个项目。推动物理消杀技术列入国家公布的“冷链食品新冠病毒防控技术指南（第二版）”，根据指南要求，省科技厅、省疾控中心、福夏科技公司制定《紫外线消毒设备冷链物表消毒现场试验方法》，9月底，在省疾控中心实验室完成预实验，10月19日，在福州冷链监管仓开展消毒效果评价。在邮政、学校、医院等重点场景推广应用消杀设备，省科技厅、省工信厅、省发改委等7个部门印发《福建省加快推进疫情防控应急医疗物资产业发展若干措施》，福州市政府办公厅印发《关于紫外线消毒机设备试点应用的实施意见》。

【新一代信息技术攻关】2022年，福建省科技厅围绕创建国家数字经济创新发展试验区（福建），聚焦人工智能、区块链、物联网和工业互联网等数字关键技术需求，安排41个工业科技项目共计3630万元，支持福州大学、集美大学等高校院所和锐捷网络、福建物构所等企业承担实施“面向算力网络的核心路由关键技术研究及应用”等科技重大项目，加强关键器件、智能控制和群体智能等关键技术攻关，推动新一代数字技术在制造、通信、交通和医疗等领域应用示范。

【新能源技术攻关】2022年，福建省科技厅根据光伏、氢能、海上风电等新能源产业创新需求，支持将“光伏—储能—V2G多能互补系统研制及产业化”等新能源产业科技攻关项目列入省科技重大专项给予支持。支持宁德时代、福州大学分别承担“吉瓦时级锂离子电池储能系统技术”“可再生能源电解制氢—低温低压合成氨关键技术及应用”2个国家重点研发计划项目。支持福建龙源海上风力发电有限公司开展省科技重大专项“漂浮式海上风电融合深海养殖关键技术研发与工程示范”研究。

2022 年 9 月 30 日，东方电气（福建）创新研究院在福州高新区落户。图为新成立的东方电气（福建）创新研究院有限公司举办首批科研项目发布暨科技合作项目签署仪式（省科技厅 供图）

【科技创新平台建设】 2022 年，福建省科技厅推进东方电气（福建）创新研究院在福建的落地建设，推动省政府、机械科学总院、三明市政府三方第三轮共建合作。9 月 6 日，2 份共建协议同时签署。东方电气（福建）创新研究院落户福州高新区，并于 9 月 30 日在福州市高新区面向国内外发布首批重大科技攻关项目；与中国科学院物构所、厦门大学、福州大学、集美大学签署科研项目合作协议；与中国电建福建省电力勘测设计院有限公司、信和新材料股份有限公司、厦门海辰储能科技股份有限公司签署产业化合作战略协议。

【培育高新技术企业】 2022 年，福建省科技厅推动实施高新技术企业“双倍增”行动，围绕高新技术企业政策宣传、申报认定和管理机制建设等关键环节，首次采用专家网络评审系统开展认定评审，提高评审的独立、客观、公正性。全年有超过 5000 家企业申报国家高新技术企业认定。至年底，全省有国家高新技术企业 8941 家，比上年增长超过 30%。新认定省级技术先进型服务企业 4 家。

【培育科技“小巨人”企业】 2022 年，福建省科技厅联合省发改委、工信厅和财政厅新遴选科技“小巨人”企业 970 家。继续加大对研发投入的财政支持力度，对其享受研发费用加计扣除政策实际发生的研发费用进行奖励。全年有 185 家科技“小巨人”获得奖励、奖励总额 1 亿元，引导企业研发投入 20 亿元。

【科技型中小企业评价服务】 2022 年，福建省科技厅开展科技型中小企业评价服务工作，在科技部科技型中小企业评价工作系统新增注册 3510 家（不含厦门），总注册数 13185 家，参评企业 6763 家，入库企业 6263 家。入库企业中有 3526 家科技型中小企业享受 2021 年度研发费用加计扣除优惠政策，加计扣除额合计 62.76 亿元。有 2337 家科技型中小企业提前享受 2022 年前三季度研发费用加计扣除优惠政策，加计扣除额合计 38.1 亿元。（周 琼）

区域科技创新

【福厦泉自创区建设】 2022 年，福建省科技厅编制印发《福厦泉国家自主创新示范区发展报告（2016—2021）》。福州片区东南大数据产业园注册企业 816 家，注册总资本 603 亿元；科技成果转化公共服务平台发布科技成果 2467 项，汇聚 35 所在榕高校和 10 所异地高校信息。厦门片区实施未来产业培育工程，遴选推出第三代半导体、先进功能材料等八大未来产业，培育 69 家未来产业骨干企业，组织实施 70 多项重大技术攻关和成果产业化项目。泉州片区半导体高新区累计引进半导体产业项目 66 个，总投资规模 1543 亿元，其中投资额超 10 亿元项目 11 个。

【福厦泉科学城建设】 2022 年，福建省以福厦泉自创区为主体，加快建设中国东南（福建）科学城、厦门科学城、泉州时空科创基地。东南（福建）科学城出台行动方案，明确发展目标和行动任务。制定高新技术企业倍增计划项目工作方案，累计有 468 家企业公示为高新技术企业，40 家企业被认定为 2022 年省科技“小巨人”企业，备案科技型中小企业 551 家。厦门科学城出台推进建设若干措施和支持企业入驻厦门科学城核心区扶持办法。引进落地詹启敏院士“厦门生物医药创新研究院”、王琦院士“厦门九体医学与治未病大数据研究院”等 4 个重大项目，引进中国科学院理化所微球团队等 10 个创新创业团队，落地 16 家科技型企业，科学城 I 号孵化器一期工程加快推进。泉州时空科创基地入驻企业累计 10 家；启动高精度地基授时系统泉州站建设，搭建精度正负 5 纳秒的“泉州时间源”平台；完成“一带一路时空大数据运控中心”建设，开展高精度时间与位置公共服务平台泉州分平台建设及行业应用推广。

【高新技术产业园区建设】 2022 年，福建省科技厅印发实施《福建省国家高新技术产业开发区晋位奖励实施办法》，开展对评价结果好的国家高新区分段给予奖励。经申报和审核，对厦门、莆田、龙岩等 3 个国家高新区给予晋位奖励共计 400 万元。

至 2022 年底，福建省有福州、厦门、泉州、漳州、莆田、龙岩、三明等 7 个国家高新区，在全国国家高新区的排名分别为：厦门高新区第 11 名、福州高新区第 35 名、泉州高新区第 95 名、莆田高新区第 112 名、漳州高新区第 115 名、龙岩高新区第 166 名、三明高新区第 167 名。在南平市、泉州市、

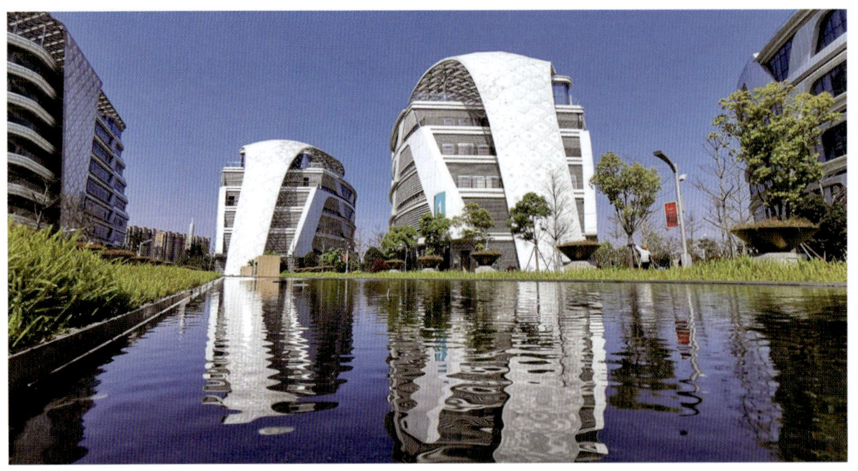

位于福州市滨海新城核心区的中国东南大数据产业园园区规划总面积10.19平方千米，空间布局为“三园一区”，即健康医疗大数据产业园、虚拟现实（VR）产业园、大数据融合产业园和融合创新支撑服务区。图为福州东南大数据产业园实景，2022年摄　（省科技厅　供图）

龙岩市武平县有3个省级半导体产业高新区。年内，省科技厅支持厦门市创建省级海洋高新区、宁德市柘荣县创建省级高新区。

【双创载体建设】 2022年，福建省科技厅修订《福建省科技企业孵化器和众创空间管理办法》，完善孵化器和众创空间评价指标，首次开展双创载体考核评价、火炬创业导师征集和信息登记工作。全省有国家级科技企业孵化器23家（含2家国家大学科技园）、省级科技企业孵化器60家、国家备案众创空间72家、省级众创空间392家。年内，编制印发《福建省科技创业孵化载体发展报告（2016—2021）》。完成双创孵化载体孵化用房补助及科技企业孵化器奖励18项，总金额480万元。新认定国家级科技企业孵化器3家、国家级众创空间9家、省级科技企业孵化器3家和省级众创空间48家。（周　琼）

农业科技

【农业科技计划项目立项与实施】 2022年，福建省首次承担农业领域部省联动国家重点研发计划，组织福建农林大学等单位实施“高抗优质大黄鱼种质创新与新品种培育”项目。围绕促进乡村振兴，在良种选育、高效种养殖、农产品精深加工、农业重大疫病防治等领域立项支持92个农业领域省科技计划项目（含5个科技重大专项），资助科技经费5700万元。

【农业领域关键核心技术攻关】 2022年，福建省科技厅组织实施和验收的农业领域科技计划项目取得专利授权447件（含发明专利授权176件）、软件著作权登记69件，获国家审定新品种18个，省审定新品种24个，制定标准84个，研发新技术新工艺137项、新产品57个，带动新增产值约35亿元，农业示范面积约2700公顷，培养博士、博士后389人，专业技术培训约31万人次，助力农业关键核心技术攻关和种业创新工程实施。通过选派科技特派员和科技计划扶持，圣农集团自主研发白羽肉鸡育种技术，打破白羽肉鸡种源完全依赖进口的“卡脖子”束缚。福建省大黄鱼国家重点实验室、厦门大学等单位联合选育大黄鱼新品种“富发1号”，通过全国水产新品种评审。

【农业科技帮扶】 2022年，福建省科技厅落实挂钩帮扶措施，助力帮扶地区发展。牵头建立挂钩帮扶福安坂中畲族乡联席会议制度，会同有关单位安排经费200万元组织实施“福安坂中畲族乡数字乡村建设与农业特色产业开发”挂钩帮扶项目。选认597名省级科技特派员，面向原省级扶贫开发工作重点县开展技术服务。围绕诏安县产业和乡村振兴发展需要，发挥挂钩帮扶牵头单位作用，统筹协调各帮扶单位集中优质资源开展精准帮扶，资助诏安县科技专项经费2000万元、带动全社会研发投入6.5亿元，指导和推动诏安县企业获评国家高新技术企业13家、获评省级重点实验室1家、国家备案星创天地1家、省级众创空间2家。为省科技厅派驻第一书记的3个行政村协调安排180万元帮扶经费，指导发展乡村特色产业和美丽乡村建设。

【农业科技创新载体和平台建设】 2022年，福建省科技厅加强平台载体建设，指导晋江和福清通过国家首批创新型县（市）验收。依托福建省农科院立项建立“福建省种业研发公共服务平台”，提升全省种业协同创新、资源共享及成果转化应用能力。加强农业科技园区建设，指导推动全省7个国家农业科技园区、10个省级农业科技园区整合各类创新主体和各种要素，促进农业高新技术产业发展，农业科技园区创造生产总值超过500亿元，上缴税额超过12亿元。

【海洋科技创新】 2022年，福建省科技厅指导推动省内涉海高校、科研院所和企业加强全省111个海洋科技创新平台（含国家级6个、部级7个、省级98个）建设发展，推动由厦门大学牵头筹建海洋科学与技术省创新实验室，推动挂牌成立面向海洋能利用及高端装备制造的东方电气福建创新研究院（筹），争取科技部支持厦门大学焦念志院士发起海洋负排放国际大科学计划。强化海洋产业关键技术攻关，围绕海上牧场、海上风电、海洋生物医药、海洋生态综合治理、海上养殖转型升级以及水产良种繁育、海洋绿色养殖、海洋工程装备与新材料等重点领域，立项支持涉海省级科技计划项目254个（含科技重大专项4个），资助经费7016万元；省科技重大专项海上福州“百台万吨”深远海养殖平台首台套“乾动1号”完成下水，助力福建省海上牧场建设。推动海洋科技合作与成果转化，与印度尼西亚有关高校合作共建“福建省—印尼海洋食品联合研发中心”，支持举办6期海洋科技领域的科技援外培训班，海洋领域技术交易合同认定登记71项，合同成交额7000多万元。加强海洋科技人才资源开发使用，选认海洋经济领域的138名省级科技特派员、106个省级团队科技特派员（463名成员），助力海洋经济一、二、三产业创新发展、深度融合。

【茶科技创新】 2022年，福建省科技厅在全省范围内征集和选认首批6个具有较强创新能力和示范带动性的机构作为分中心，立项支持武夷学院与福建省茶科技研究院共同建设福建省茶产业大数据应用与智能化重点实验室。赴省外招引科技创新平台，与中国农科院茶叶研究所、浙江理工大学等高校研所签署共建茶科技创新平台战略合作协议。立项支持涉茶高校、科研院所和企业实施科技计划项目68项，资助经费1594万元；武夷山永生岩茶公司成功研发乌龙茶智能采茶机，满足全省茶叶采摘“机器换人”需求。选认涉茶领域省级科技特派员113名，组建茶产业科技特派员团队93个（475名成员），承办全国首期茶产业骨干科技特派员培训班，开展科技特派员与茶产业高质量发展对接活动，联合泉州安溪县共同举办首届中国茶科技创新大赛，推进茶科技成果落地转化。

【菌草科学与技术】 2022年，福建省科技厅强化菌草科学与技术发展，立项支持福建农林大学建设福建省菌草科学与技术研究院，纳入省级科技创新平台管理。争取科技部支持菌草国家工程技术研究中心转建领域类国家技术创新中心。设立菌草科技专项方案，立项支持菌草关键技术研发科技计划项目6项，资助经费450万元，带动科技投入1455万元。

【星火计划项目立项与实施】 2022年，福建省科技厅围绕区域农业优势特色产业发展，以优良新品种、农产品安全和绿色食品生产、特色产业开发、资源节约型农业等为重点，组织实施省级星火项目68项，示范推广新品种19项、新技术43项，开发新机具新设备2项、新肥料新饲料4项。加强在研项目的过程管理，督促项目实施主管单位抓好项目实施管理，涉及需现场核查指标的项目，在项目执行期间适时对其开展测产工作。全年完成44个项目验收，示范新技术、新工艺、新产品61个，获专利授权49件，建立示范260余公顷，辐射推广7000多公顷，新增产值5.5亿元。

【科技特派员工作】 2022年，福建省科技厅选认省级科技特派员2400名、团队科技特派员712个、法人科技特派员39个。首次组织评选产生50名“福建省最美科技特派员”、150名优秀科技特派员、66个科技特派员工作优秀案例。建立首个全国骨干科技特派员培训基地。在全国首创建立科技特派员利益共同体备案登记保护制度，率先制定《科技特派员服务规范》福建省地方标准，在全国首创推出“科特贷”等科技特派员金融产品。省科技厅“科技特派员服务乡村振兴”项目被中央宣传部列为全国文化科技卫生“三下乡”活动示范项目，科技特派员工作在全省绩效管理改革创新项目评审中获第一名。

【科技特派员后补助项目】 2022年，福建省科技厅加大力度支持科技特派员组团进企入村，聚焦全省区域特色产业发展和企业创新转型需求，开展技术开发与产业化示范，引导科技特派员依托省级星创天地为返乡农民工、大学生、初创企业提供专业化创业服务和技术指导，全年择优遴选省级101个法人（团队）科技特派员项目、11家省级星创天地获后补助支持，下达财政经费3470万元。项目涉及茶产业11项、种业创新14项、海洋经济9项、粮食生产14项、产业转型22项。全年全省有101个省级科技特派员后补助项目，带动科技项目总投资2.5亿元。累计推广新品种244个，新技术、新工艺、新产品139项（次），制定新标准46项，申请（授权）专利420件，项目建立示范基地面积约6000公顷，辐射推广5万余公顷，获得收益6.9亿元，服务2.7万余户农民，培训农民11万人次。

【科技特派员创业平台建设】 2022年，福建省科技厅推动科技特派员创业平台建设，鼓励和引导科技特派员依托星创天地开展创业和技术服务。组织开展福建省星创天地申报与认定工作暨省级星创天地运行状况监测工作，新认定“三状元星创天地”等40家为“福建省星创天地”。省科技厅按照“政府引导、市场运作、社会参与”原则，以农业农村主导产业培育为中心，面向全省农业主体开展省级星创天地认定。至年底，建设省级星创天地170家，涉及茶产业、莲产品、中草药、稻谷、农业旅游开发、水果、食用菌、农产品加工、大果油茶、淮山、蜂业、竹产品、花卉、生物医药、有机农产品等农业领域，形成“科研院所＋星创天地”“农业科技园区（创业园）＋星创天地”“龙头企业＋星创天地”“农民专业合作社＋星创天地”4种运作模式。全省有1023名省级科技特派员参与省级星创天地建设，聚集高校、科研院所及企业科技人员等2049名创业导师到农村开展创业服务，搭建“互联网＋”现代农业线上平台192个，签约入驻企业（团队、创客）3588家，孵化毕业企业（团队、创客）1290家。开展创业、培训活动4112场次，培训大学生、新农人15.14万人次。

（周　琼）

【种业振兴行动实施】 2022年，福建省建设省农业生物种质资源库，3家企业入选国家种业阵型企业，国家级制种大县增加到4个，育成223个农作物新品种，181个粮食作物新品种通过审定或登记，杂交水稻制种面积3.13万公顷、保持全国第一。农作物和畜禽良种覆盖率98.6%。建成福建水产种业信息化管理平台，建立苗种产地检疫制度，创建7家省级水产良种场（海带、鲍鱼、福瑞鲤、黄鳍鲷、大口黑鲈、菲律宾蛤子等）。大黄鱼“富发1号”通过国家审定成为水产新品种，选育出皱纹盘鲍“福海1号”、大黄鱼“宁抗1号”、海参“福参1号”等3个水产新品系。

【数字农业建设】 2022年，福建省实施数字农业建设。创建2个国家级、11个省级数字农业创新应用基地，5G茶园、蛋禽养殖机器人等数字农业应用取得突破。

【农业科技创新推广】 2022年，福建省安排专项资金500万元，推动8个设区市农科院所开展产学研用结合，精准对接需求开展技术研发和成果转化。组织开展农业专家“八闽行”活动，对接项目400多个，推广农业新品种、新技术、新装备、新工艺、新模式500多项，带动4万多人发展生产，辐射带动13.33万公顷。

【数字乡村建设】 2022年，福建省实施福建“农业云131”信息工程（二期）项目，建设省级数字农业创新应用基地70个、农业物联网运用基地800多个。全面实施“互联网+”农产品出村进城工程，开展“益农信息社”与“农村普惠金融服务点”联合运营试点工作，益农信息社覆盖主要建制村。（张 翔）

【福建省农业科学院】 2022年，福建省农业科学院新增科研项目349项，合同经费1.56亿元。其中国家自然科学基金6项、省级以上科研项目276项。8项成果获2021年度省科技进步奖，其中一等奖1项、二等奖2项、三等奖5项；获2019—2021年全国农牧渔业丰收奖二等奖2项。发布行业标准2项、地方标准2项。

科技创新。福建省农科院60个农作物品种通过省级以上品种审定（登记），其中国家审定5个、国家登记9个、省级审定（登记）46个；获植物新品种权21项；完成第三次全国农作物种质资源普查与收集行动，向国家种质资源库（资源圃）提交4377份资源及其相关信息数据；省农业生物种质资源库建设项目通过省发改委批复立项和项目概算，估算总投资1.095亿元，启动项目招标工作和仪器设备采购工作；“国家龙眼枇杷种质资源圃（福州）”“国家红萍种质资源圃（福州）”“国家闽台特色作物种质资源圃（漳州）”等3个资源圃入选第一批国家农作物种质资源库（圃）名单；院士谢华安获得首届“种业科学家奖”。加强农业关键核心技术攻关，揭示重要作物疫病菌致病性变异规律及病害成灾机制，研发作物重要疫病监测预警技术及防控关键新技术，在全国范围推广应用；筛选出10多个具有高产潜力再生稻新品种——高产、优质、抗逆和强再生力水稻品种；自主研发的“番鸭小鹅瘟胶乳凝集抑制试验抗原、致敏胶乳、阳性血清与阴性血清”获国家一类新兽药证书。

支持“三农”发展。2022年，福建省农科院践行科技特派员制度，实现科技特派员与农业技术需求精准对接。15个研究所、122个团队、294名个人被选认为法人、团队、个人科技特派员，在光泽县、明溪县、延平区等地开展科技特派员集团服务试验示范。科技特派员团队被中央宣传部评为全国文化科技卫生“三下乡”活动优秀团队，《“金种子”铺就脱贫路——水稻机械化制种技术助力建宁县打赢脱贫攻坚战》获评第三届全球减贫案例征集活动最佳案例，9名科技特派员被评为福建省“最美科技特派员”，25名科技特派员受到通报表扬，15个项目入选科特派工作优秀案例。加强县域农业发展服务，组建23个乡村振兴科技服务团队，对接服务56个县（市、区），服务约1000家新型农业经营主体，示范推广新品种、新技术约600个，建立示范点和示范基地约240个，示范面积约0.79万公顷，科技助力增收约1.1亿元。服务南平市光泽县全国农业科技现代化先行县建设，建立光泽研究院和科企联合创新中心。建设科技服务平台方面，新成立建瓯圆旺元种业产业研究院等7家产业研究院。截至年底，共建成27家；举办12期农村实用技术远程培训直播，培训约123万人次，组织开展科技开放日活动16场。

对外合作。2022年，福建省农科院1人获国家公派出国留学项目，1人获中德青年农业实用人才交流项目面试资格，1人获援助斯里兰卡项目；遴选3个国际型科技合作团队和15个国际型科技合作人才；组织科技人员参加“第六届南亚东南亚农业科技创新研讨会”“中国—以色列水肥资源高效利用及智慧农业研修班（马沙夫培训）”等国际学术活动。加强东西部协作，科技助力闽宁协作、援疆、援藏、援助万州库区等，组建7个闽宁协作团队、4个援藏团队和2个援疆团队，派出专家60多人次，设立东西部协作科技项目30项，示范推广省农科院科技成果74项。加强省内合作，不断深化院地合作，协同推进南平、莆田、漳州、宁德、龙岩等5个区域分院建设，在项目申报、创新平台建设、成果培育、科研试验基地建设、人才培养等方面开展实质性合作。农业科技创新联盟建设被农业农村部认定为第三批国家农业科技创新联盟。

科研条件改善。2022年，省农科院新增农业农村部“亚热带特色果蔬菌加工重点实验室（部省共建）”、福建省种业研发公共服务平台；“国家土壤质量福安观测实验站”“国家种质资源福州龙眼枇杷圃改扩建”“福建省兽用疫苗工程研究中心建设”等通过验收并投入使用；“福建省农产品质量安全重点实验室”和“福建省蔬菜遗传育种重点实验室”通过验收并授牌；“福建省植物营养与肥料重点实验室”和“福建省畜禽遗传育种重点实验室”通过认定并启动建设。推进院仪器共享与公共服务平台建设，共享仪器150台，共享利用效率不断提升。加强科研试验基地建设，福建省农科院推进南平市建瓯基地二期建设。

人才引育。2022年，福建省农科院招聘硕博士26名，其中引进省级高层次人才3名。柔性引进高层次人才14名。推动福建省农科院纳入省引进生招聘范围。（张伟利）

社会发展科技

【概况】 2022年，福建省科技厅围绕重大疾病防治、创新药研发、先进医疗器械研制、绿色低碳技术和公共安全技术研发，安排经费2500万元，组织实施“脐血干细胞移植治疗新技术和干细胞亚群药物研发”等5项重大专项专题。推动培育一批创新创业领军企业，筛选科技型重点企业25家，其中生物制药、化学制药、中药、医疗器械等领域15家，资源环保领域10家。加大靶向指导与扶持力度，从科技政策宣讲辅导、产学研协同创新项目支持、相关扶持政策落实等方面进行培育。制定《关于加强科技创新支撑平安福建建设的实施方案》，出台《福建省加快生物医药产业高质量发展的实施方案》，推动设立省级生物医药产业发展创新药研发专项资金。2022年，福建省疫情防控科研攻关工作获科技部表彰，省科技厅社会发展科技处等5家单位获评“全国科技系统抗击新冠肺炎疫情先进集体”，厦门大学公共卫生学院吴婷、陈田木等6人获评“全国科技系统抗击新冠肺炎疫情先进个人”。

【社会发展科技计划项目立项与实施】 2022年，福建省科技厅以“揭榜挂帅”“区域发展、高校产学合作、引导性”等科研项目形式，组织实施一批省科技计划项目。在人口健康领域，安排经费1000多万元，支持“ctDNA NGS技术监测基因组演变预测弥漫性大B细胞淋巴瘤复发和预后研究”等重大疾病防治、精准医疗、健康养老领域项目60多项。在生物医药领域，安排经费700多万元，支持“受溶瘤病毒启发的仿生个性化肿瘤疫苗的研究”等创新药研发、医疗器械研发、仿制药质量和疗效一致性评价后补助等20多项。在资源环保领域，安排经费700多万元，先后组织实施资源化利用、环境污染防治等绿色技术创新及装备研发项目约40项，以民生科技专项支持三明、南平等地开展可持续发展实验区示范项目建设；“燃煤锅炉低温烟气高级氧化多污染物协同脱除技术的研究”“燃煤烟气高温除尘脱硝超低排放一体化技术与装备的研发及应用”等2项重大专项专题项目通过验收，均达到预期成效。在公共安全领域，安排400多万元，组织实施“石厝传统民居建筑遗产抗震加固保护成套技术开发及推广应用”和“食品中强致癌物苯并芘智能化快速高灵敏定量检测仪”等14项科技创新支撑平安福建建设项目，为提升福建省应对重大自然灾害、公共安全事件的主动处置和保障能力提供科技支撑。

【领域类国家技术创新中心创建】 2022年，福建省科技厅推动厦门大学“应急防控药物国家工程技术研究中心”联合军事科学院军事医学研究院国家应急防控药物工程技术研究中心创建领域类“国家技术创新中心”，构建具有国际水平的生物安全相关诊断试剂、疫苗、抗体与小分子药物的创新基地和快速应急响应技术平台。至年底，创建工作列入“省部会商”内容。

【生物医药研发公共服务平台建设】 2022年，福建省科技厅按功能分类梳理全省生物医药领域科技创新平台，构建全省研发、孵化、成果转化等全产业链创新服务平台。平台采取省市联动模式，依托厦门产业技术研究院，联合省生物制品科学与技术创新实验室、厦门大学高等级生物安全实验室、厦门医工结合创新平台等重大科技平台力量构建而成。

【科技创新联合资金】 2022年，福建省科技厅与福建医科大学及其附属协和医院、附属第一医院，省肿瘤医院等单位签订新一轮实施联合资金战略框架协议。协议科研经费规模从每年4000余万元增至近1亿元，缓解医疗卫生科技创新投入不足问题。

【临床医学研究中心建设】 2022年，福建省科技厅新布局建设“福建省老年高血压疾病”等临床医学研究中心20

2022年2月10日，在北京冬奥村物流仓库内，国内首款冷链病毒紫外光催化复合消杀机对进入冬奥村内的行李、运动器械等进行消杀。这是全国唯一获准在北京冬奥会使用的大型表面消杀设备，标志着该设备具备保障当今世界最高水平体育赛事的能力
（省科技厅 供图）

家、备案国家分中心2家。至年底，全省有省级临床医学研究中心36家、国家分中心8家；安排经费250万元，支持建设厦门大学P3实验室。

【科技防疫】　2022年，福建省推动物理消毒技术被国务院应对新冠疫情联防联控机制综合组列入《冷链食品生产经营过程新冠病毒防控消毒技术指南（第二版）》。全国首套“紫外光催化复合消杀机”完成北京冬奥会的消杀服务保障任务，福建省助力以紫外光催化复合消杀机为代表的冷链物流消杀科研攻关成果在全国的推广应用。

疫情防控检测试剂、疫苗和药物研发。2022年10月7日，厦门大学牵头研制的全球首个获批进入临床试验的“鼻喷疫苗”海外Ⅲ期临床试验揭盲并启动分析，研究数据显示该疫苗对Omicron株导致的症状性感染有良好的保护效果和极好的安全性；10月12日，向国务院疫苗专班提交紧急使用申请报告；10月25日，向国家药监局CDE提交临床研究报告。新佐剂重组新冠疫苗完成首批试验产品灌装，进行攻毒保护试验和临床前安全性评估。由广生堂药业与药明康德公司合作研发的“广谱抗新冠病毒口服药3CL蛋白酶抑制剂GST－HG171”在临床前研究中显示出优异的抗病毒药效和安全性，具有广谱的抗新冠病毒活性，对新冠病毒原始株和奥密克戎BA.4、BA.5变异株及贝塔、德尔塔变异株均具有高效的病毒抑制活性，9月23日经国家药审中心批准，正式进入临床试验阶段，并完成国内Ⅰ期临床试验，年底启动Ⅱ、Ⅲ期临床试验。年内，厦门致善生物“现场快速检测POCT设备”和美林美邦（厦门）“一站式新型冠状病毒‘急’时诊断系统”仪器均获批国家三类医疗器械注册证；“新冠病毒抗原拉曼快检技术”成果在厦门大学附属第一医院和上海儿童医院进行临床验证；福州大学博士林峻团队开发的一款个人核酸居家自测试剂盒，与福泰康极生物医学（福建）有限公司达成合作，项目落地福州高新区，做中试前的转产准备，同时，福建省推动省内检测试剂上市应用。至年底，全省获批上市抗体检测试剂品种2个（厦门万泰凯瑞、厦门奥德生物）、核酸检测试剂品种1个（泰普生物）、抗原检测试剂品种2个（厦门奥德生物、宝太生物），另有1家抗原检测试剂产品（泰普生物）获批紧急使用。

疫情防控科研成果转移转化。2022年8月，福建省科技厅联合省发改委、省工信厅共同举办“科技抗疫，助力精准防控——2022年福建省疫情防控科技成果推介活动”，以“线上推介、线下路演、现场展示、成册宣传”等方式向省内外推介科研成果52项，在海峡技术转移公共服务平台设立“疫情防控科技成果转化服务平台”专栏，推动全省科研成果尽快落地转化、服务疫情防控、助力经济社会发展。　　（周　琼）

2022年8月23日，福建省科技厅、省发改委、省工信厅共同举办“科技抗疫，助力精准防控——2022年福建省疫情防控科技成果推介活动”

（省科技厅　供图）

科技成果转化

【概况】　2022年，福建省科技厅优化院省合作机制，拓展STS省级子专项，促进更多中国科学院科技成果落地转化。推动全省技术转移体系建设，扶持技术转移机构发展，对技术转移机构按促成技术交易的业绩予以补助，引导技术转移机构主动服务科技成果转移转化。通过增设技术经纪专业职称，开展技术经纪人培训，发展壮大职业化技术经纪人队伍。组织全省高校、科研院所和企业参加展会和对接会，对接省内外科技资源为企业创新服务。探索开展职务科技成果赋权改革试点工作，组织11家高校和科研院所开展为期3年以赋予科研人员职务科技成果所有权或长期使用权试点为核心内容的科技成果转化综合试点工作。

【院省合作】　2022年，福建省与中国科学院信息工程研究所、成都生物研究所、成都有机化学有限公司、昆明植物研究所、地球化学研究所等5家中国科学院研究院（所）签订全面科技合作协议，吸引更多中国科学院创新资源服务福建省企业发展。新推动冶金控股、福州高新区设立STS省级子专项。多级联动共同支持中国科学院成果在福建省落地转化。全年省科技厅立项支持71个福建省中国科学院STS计划配套项目，省级资助经费3000万元。

【培育技术转移机构】　2022年，福建省科技厅修订《福建省技术转移机构管理办法》，制定出台《技术转移机构评价准则》，升级改造福建省级技术转移机构申报评估系统，推进全国技术合同管理与服务新系统试点工作，优化流程、便捷服务、提高效率，促进技术合同认定登记工作，激活技术交易市场。全年全省技术合同登记17324项，成交总金额289.5亿元，分别比上年增长6.2%和35%。给予23家技术转移机构补助916.72万元，给予7家技术合同认定登记机构补助102.45万元，共计补助经费1019.17万元。

【技术经纪人队伍建设】 2022年，福建省科技厅建立符合技术经纪专业人员职业特点的职称制度，印发实施《福建省技术经纪专业技术职务任职资格评审条件》，在自然科学研究职称系列增设技术经纪专业，着重评价技术经纪人提供技术转移转化研究和运营服务能力。开展技术经纪人培训，全年组织6场初、中级技术经纪人培训，800多名技术转移从业人员参训并取得相关培训证书。

【技术供需对接】 2022年，福建省科技厅筹办（参与）世界闽商大会、“6·18”科技展团等活动，征集17项世界闽商大会集中签约项目、28项海创会20周年创新项目。筹办第二十四届深圳高交会和第六届海南健博会以及宁夏展洽会，征集46家单位的65个参展项目，涉及生物医药、防护消杀、智慧防疫、绿色环保等领域。省科技厅与省发改委等部门联合指导举办新材料新技术成果对接会、高分子材料先进制造技术对接会，促进全省先进技术成果转化落地。

【科技成果赋权改革试点】 2022年，福建省科技厅贯彻落实《福建省人民政府关于印发福建省高等院校和科研院所科技成果转化综合试点实施方案的通知》要求，经征集申报、专家评审及部门联合审议，确定厦门大学、福州大学、集美大学、计量科学研究院等11家为试点单位。5月24日，印发《关于公布福建省高等院校和科研院所科技成果转化综合试点单位名单的通知》，要求试点单位完善工作方案，组织开展为期3年以赋予科研人员职务科技成果所有权或长期使用权试点为核心内容的科技成果转化综合试点工作。 （周 琼）

对外科技合作

【国际科技合作项目立项与实施】 2022年，福建省科技厅做好省级科技计划对外合作项目评审立项工作。全年立项支持厦门大学、福州大学、福建农林大学、福建省立医院、三明市毅君机械铸造有限公司等单位与巴基斯坦、日本、匈牙利、德国、澳大利亚、比利时、马来西亚、意大利、巴西、芬兰等国家和地区开展新材料、人工智能、医疗、环保、机械制造等领域科技合作项目23项，资助经费685万元。组织推荐国家重点研发计划“政府间国际科技创新合作/战略性科技创新合作”重点专项2批次，获科技部立项1项、资助经费300万元；向科技部推荐2022年度中日青少年科技交流计划1项和2022年度科技援外培训项目6项，申请资助金额497.8万元。

【国际科技合作交流活动】 2022年，福建省科技厅参与双多边国际科技交流活动，组织全省企事业单位参加“中芬绿色园区论坛暨第四届中芬高技术领域对接会”“2022年第十二届中意创新合作周”“中意碳中和与绿色发展培训班”“第10届中国—东盟技术转移与创新合作大会”“2022年中国—东盟创新创业大赛”等科技合作交流活动，其中在中芬绿色园区论坛暨第四届中芬高技术领域对接会上，由福建省科技厅推荐的集美大学作为智能绿色交通运输与航运领域的中方3家代表之一，就“智慧型浮坞式多能互补海洋能源平台”项目进行技术交流分享。发挥第二十二届中国国际投资贸易洽谈会平台功能，邀请4家外资企业作为客商团组参加第二十二届投洽会，2家企业参加实物展。

【“一带一路”科技创新行动计划】 2022年4月22日，福建省科技厅与福建技术师范学院以线上线下相结合的方式在福清市共同举办福建省“一带一路”对外合作科技创新平台“福建省—印尼海洋食品联合研发中心”揭牌仪式。该研发中心与印度尼西亚茂物农业大学、IPMI国际商学院等印尼高校合作，聚焦海洋食品技术开发和应用，促进全省海洋经济产业协同创新。

2022年2月22日，福建省科技厅与省贸促会共同举办“2022年迪拜世博会中国馆福建活动日”活动。该活动以线上线下结合、全球双语直播的方式，在福州设主会场，连线迪拜世博会中国馆，向世界推介展示新时代新福建。省科技厅就“创新福地、丝路扬帆”为题推介福厦泉国家自主创新示范区发展建设情况。国内外观展超150万人次。

2022年，福建省科技厅支持福建海洋研究所举办实施“发展中国家海洋生物技术及海洋生物多样性培训班”等14期线上援外培训项目，18个发展中国家近597名科技管理人员完成相关培训任务。

2022年，福建省举办第七届金砖国家青年科学家论坛、金砖国家可持续发展高层论坛、第四届金砖国家新工业革命伙伴关系论坛等活动，推动厦门金砖国家新工业革命伙伴关系创新基地建设。

【招引科技创新平台】 2022年，福建省科技厅启动实施招引科技创新平台行动，分2批次征集重点招引科技创新平台近百项，涉及新材料、新能源、电子信息、人工智能、海洋科技、高端装备制造、现代农业等领域。出台《关于招引科技创新平台的工作方案》，省科技厅领导先后到外省开展招引科技创新平台8次，签订8项合作协议，达成9项合作意向。东方电气福建创新研究院（筹）在福州揭牌，推进与涂善东院士共建德尔科技能源研究院。推动福建师范大学泉港石化研究院、龙合智能装备制造有限公司等单位与北京化工大学、中石化宁波新材料研究院有限公司等单位签署科技创新平台共建合作协议，省科技厅与中国科学院信息工程研究所、中国科学院成都生物研究所、中国科学院昆明植物研究所、中国科学院地球化学研究所等签署合作协议。

【闽台科技创新融合】 2022年，福建省科技厅实施一批省级科技计划对台合作项目，立项支持漳州钜宝生物科技有限公司、福州大学、厦门理工学院等单位与台湾东海大学、台湾中原大学等单位实施省级科技计划对台项目4项，资助经费145万元。落实对台惠企科技政策，省科技厅赴平潭台湾创业园、闽台大学生三创基地、科技企业育成中心等单位开展调研座谈，并向在闽台胞台企发放《服务在闽台企惠企科技政策简介》，宣导惠台科技政策；支持福建农林大学与台湾中兴大学、台湾屏东科技大学等高校共同举办“2022年闽台畜牧兽医学术研讨会”，围绕海峡两岸畜牧兽医领域的关键技术开展研讨交流。首次布局设立福建省闽台港澳科技合作基地13家，其中闽台合作基地8家。

【对口支援地区科技合作交流】 2022年，福建省科技厅落实闽宁《“十四五”科技合作框架协议》。8月，省科技厅分管领导带队赴宁夏开展闽宁科技合作工作调研；与宁夏回族自治区科技厅就科技特派员互认、人才培训等工作进行座谈交流；现场调研“宁夏固原特色果树筛选及高效栽培技术研究示范项目”等。立项支持福建省企事业单位与宁夏固原市、新疆昌吉州、西藏昌都市等对口支援地区围绕畜牧、林业、材料加工、食品加工、纺织制造等领域开展对口支援科技合作项目6项，资助经费300万元。推动“闽茶上高原”，创新实施“昌都市高原生态茶种植技术集成与示范推广”项目。

海外专家服务

【海外专家管理服务】 2022年，福建省科技厅制定出台《福建省引才引智项目和经费管理办法》，规范管理省级引才引智项目。组织实施国家外国专家项目和省级引才引智项目，建设国家引才引智示范基地、高校学科创新引智基地等平台。组织142家单位参加第二十届中国国际人才交流大会。实施外国人来华工作许可制度和外国人才签证制度，组织推荐2022年度中国政府友谊奖福建省候选外国专家，邀请20名在闽工作外国专家代表参加2022年福建省外国专家春节团拜会和“迎新春迎冬奥外国专家茶话会”福建分会场活动，组织外国专家参加“魅力中国——外籍人才眼中最具吸引力的中国城市”评选等活动，赠阅《中国日报》《科技日报》英文特刊。

【高层次科技人才引进培育】 2022年，福建省科技厅开展第八批省引进高层次创业创新人才和省级高层次人才认定等工作，通过科技计划项目“一事一议”原则，支持省引才“百人计划”特级人才、院士张久俊专项经费2000万元，推荐上报青年科技人才中长期出国（境）培训专项计划11项、国家建设高水平大学公派研究生项目人选7人、国家公派访问学者项目人选3人，17名工程人才通过福建省第四届IET国际工程师资质认证培训。

【全国外国专家工作会议】 2022年8月9日，全国外国专家工作会议在福州召开。会议全面总结近年外国专家工作的进展和成效，对新时期外专工作开拓创新作出部署。科技部党组书记、部长王志刚出席会议并讲话，科技部党组成员、副部长、国家外国专家局局长李萌主持会议并作工作报告，福建省人民政府省长赵龙出席会议并致辞，副省长康涛出席会议。会议期间，科技部人才与科普司召开外籍“高精尖缺”人才地方认定标准调研座谈。（周 琼）

科学技术普及

【科普品牌建设】 2022年，福建省科技厅重新启动全省科普工作联席会议工作，牵头配合省政府贯彻落实省人大常委会“一法一例”执法检查。年内，评选省级气象科普基地10家，推荐3个基地入选全国首批“大思政课”实践教学基地、1个基地入选第二批国家交通运输科普基地。组织全省优秀科普作品评选活动，对获奖作品进行创作补助，2部作品入选全国优秀科普作品名单。推荐的“福建省科技厅科技特派员服务乡村振兴项目”等3个对象全部入选全国科技文化卫生“三下乡”示范项目、优秀团队和服务标兵。

【科技类校外培训机构准入指导】 2022年，福建省科技厅、教育厅、民政厅、市场监管局联合制发《福建省科技类校外培训机构准入指导意见（试行）》。意见明确由国家机构以外的社会组织、企业或自然人，利用非国家财政性经费，面向义务教育阶段学生开展科技创新活动与科学体验活动（机器人、人工智能、编程、科学实验等）的校外非学科类培训机构所在地县（市、区）级科技行政部门牵头负责审批管理，同级市场监管部门或者民政部门负责登记工作，同级教育部门负责培训课程及师资等涉及教育主管相关内容审核。意见分7个方面的内容，对科技类校外培训机构进行理论界定。该意见有效期1年。（周 琼）

气象科技

【概况】 2022年，福建省气象部门落实省部合作协议，推进市厅合作，争取中央投资取得新突破。《福建省智慧气象保障工程综合能力建设可行性研究报告》获批；落实"十四五"气象省部合作项目省级投资5.12亿元；省政协组织开展气象赋能产业发展调研，形成专项报告报送省委省政府。福建省气象系统全年发表高质量论文38篇，其中SCI论文18篇。获专利21项、软件著作权44项、形成标准1项。新获评正高工6名，总数46名。新增青年英才1名，入选中国气象局"十百千"人才计划达6人。实现"一市一正高"，其中厦门6名，龙岩、南平各3名。

【气象防灾减灾与重大战略保障】 2022年，福建省气象部门与省防汛抗旱指挥部落实以气象预警信息为先导的应急联动启动机制，实施监测预报预警服务。"12379"预警信息正确率100%，发布量居全国第四。基于"知天气"的"台风播报"入驻"闽政通"APP。全省气象灾害综合风险普查风险评估与区划任务全面完成，6822份图件成果完成汇交。开展人工影响天气作业近2000次；首次实施人工消减雨作业，保障第十七届省运会开幕式顺利进行。联合省科技厅认定首批12个气象科普基地。承办的"千乡万村气象科普行·气象科技下乡"活动，获评全国"十大气象科普活动"。

打造数字气象示范。福州、厦门开展"数字城市"气象服务试点建设，气象预警信息融入城市交通、地铁指挥体系和城市网格化管理，下党乡、赤溪村试点建设"数字乡村"气象服务示范，"乡知天气"气象服务平台助力乡村惠农惠民服务行动。强化粮食安全气象保障服务，气象、农业农村部门联合发布农业生产气象风险预警，初步建立建宁水稻制种全生育期气象灾害指标、气候适宜性指标，建成万亩连片示范站点。助推海上福建建设，推进海上大风、雾、风暴潮等影响及风险预报预警业务，建成海上预警综合服务交互系统；厦门打造"港航气象服务"品牌，推出86条"丝路海运"命名航线实时船队监控和气象海况预报服务。赋能绿色、文旅经济发展，新增中国天然氧吧3个，平潭蓝眼泪、德化九仙山云海和霞浦三沙日出日落等3处景观列入首批中国"天气气候景观观赏地"榜单；连续4年认定三大类5批次共100个"清新福建·气候福地"，汇聚成"百福之地"，推动福文化文旅经济发展和乡村振兴发展；加强中国气象局温室气体及碳中和监测评估中心福建分中心建设，编制《福建省2018—2020年碳排放反演评估分析报告》，臭氧探空相关科研成果首次在SCI上发表。举办第十届海峡两岸民生气象论坛、第四届海峡气象青年汇活动等，两岸气象（风工程）标准共通试点项目获批立项。

【气象质量提升年行动】 2022年，福建省气象局采取57项举措实施"质量提升年"行动，基础业务能力持续提高。综合观测业务保持全国领先，5项指标居全国第一。创新质量管理体系工作向全国推广，"数字监管"业务体系建设、助力全省气象探测环境保护能力提升工作，入选全国先进典型成果和高质量发展创新实践特别优秀项目。开展雷达应用能力提升三年行动（2022—2024年），全国首部S波段双偏振相控阵天气雷达试验工作，列入中国气象局雷达观测试验计划；作为全国试点省，卫星直收站数据接入"天擎"；"福建OTS算法"智能网格预报质量名列前茅，暴雨、晴雨24小时网格预报技巧位列全国前三；加强"云＋端"建设，自研66种算法融入国省气象大数据云平台，同时接入全部实时气象数据并投入业务运行。加快天镜本地化建设，16个业务系统纳入天镜监控，建立省、市、县三级联动数据全流程模式，初步实现监控、告警、运维一体无缝对接。完成6个重要业务系统的集约化整合及云化改造。更新274个区域站，升级35个国家天气站，开展连城、永安等5地的大气廓线集成控制系统建设。建立福建省流域气象中心和"五江一溪"（闽江、九龙江、晋江、汀江、赛江、木兰溪）流域气象分中心，构建省、市两级流域气象保障体系。

【气象科研】 2022年，福建省灾害天气重点实验室通过获福建省科学技术厅认定验收，中国气象局海峡灾害天气重点开放实验室落户福建，实现"三年三重室"。年内，成立气象科研学术委员会，健全积聚多方力量共同推进气象科技创新机制。做强以省灾害天气重点实验室为龙头的"1314"（1个创新基地、3个实验室、1个院士工作站、4个试验基地）科创平台体系，获7项国家自然科学基金（主持3项），创历史最高。获省科技进步二等奖1项。联合基金两年累计立项40项，经费支持440多万元。设立数字气象等省气象局科研专项，推动气象业务数字化、智能化转型。开展"暖区暴雨""过岛台风"等省重点实验室重大科技专项课题7项。科技成果《南方特色果树关键气象保障技术研究与应用》获福建省科技进步二等奖。

（陈筱涵）

编辑：郑　茉

社会科学

社会科学规划

【国家社科基金项目管理】 2022年，福建省获得国家社科基金各类项目立项251项，获资助经费6100万元。其中，研究阐释中共十九届六中全会精神国家社科基金重大项目6项、重点项目4项、年度重大项目4项、年度项目185项、冷门绝学专项2项、高校思政课研究专项4项、后期资助重点项目2项、后期资助一般项目41项、优秀博士论文出版项目3项。厦门大学总立项数与清华大学并列全国高校第一。受理国家社科基金年度项目成果鉴定结项114项，全国社科工作办全年审批结项66项，其中优秀6项、良好19项、合格41项；高校思政课研究专项成果鉴定结项5项，全国社科工作办审批结项4项，其中良好3项、合格1项；"一带一路"建设研究专项成果鉴定结项3项，全部合格；后期资助项目成果鉴定结项20项。组织对福建省2020年度立项的142项在研国家社科基金年度项目、青年项目、西部项目进行中期检查，规范项目资金使用。

【省社科基金项目管理】 2022年，福建省社科基金各类项目立项633项，其中重大项目16项、重大特别委托项目1项、重点项目21项、一般项目162项、青年项目102项、西部扶持项目25项、台胞专项扶持项目20项、博士扶持项目80项、基地重大项目67项、"福"文化特别委托项目20项、习近平新时代中国特色社会主义思想系列高端理论研讨会特别委托项目119项，资助经费1803万元，涵盖45个单位。制定下发《关于开展省社科基金项目中期检查工作的通知》，对全省在研的2020年度、2021年度省社科基金项目开展中期检查，线上对52个科研单位的885项项目进行中期检查，线下深入厦门大学、华侨大学、福州大学、福建师范大学、福建社科院等9个科研单位开展实地中期检查177项，引导项目负责人按期拿出高质量研究成果。严把鉴定结项"出口关"，受理省社科基金项目结项鉴定材料430项，其中免鉴定134项、优秀30项、良好189项、合格77项，结项项目没有发现存在意识形态问题。

【省社科研究基地建设】 2022年，福建省加强29个省社科研究基地建设和管理，开展2022年度省社科研究基地重大项目申报评审立项工作，省社科研究基地重大项目立项67项，福建省以马克思主义为指导的哲学社会科学学科基础理论研究基地重大项目立项50项。修订完善出台《福建省社会科学研究基地重大项目管理实施细则》，引导基地围绕研究方向和年度重大主题、重大活动等开展研究，发挥基地项目的示范引导作用。组织撰写《关于加强和改进省社科研究基地管理工作的情况报告》，获得省委常委、宣传部部长、省社科联主席张彦批示肯定。（林　诺）

政策咨询与发展研究

【概况】 2022年，福建省委政研室起草综合文稿300多篇，审核把关新闻稿330多篇，开展省重点课题和专题调研42个。通过《政研专报》《调研文稿》《智库专报》《调研内参》等，向省领导报送调研成果和政策建议227份，获省领导批示220篇次，其中省委主要领导批示38篇。举办9期"屏山正言"讲坛。加强对主办刊物和会议等阵地管控，把好意识形态关。

【综合服务】 2022年，福建省委政研室组织精干力量，全过程参与党的二十大福建省代表团文稿等服务保障工作，开展中共二十大报告会前征集建议、征求意见稿反馈等工作。在中共二十大召开期间，组织人员赴京靠前服务，完成相关文稿起草和简报编发任务。聚焦中共二十大提出的重要思想、重要观点、重大战略、重大举措，做好"内化""转化""深化"3篇文章，结合福建实际，分专题加强理论研究阐释，在内刊平台推出"学习贯彻党的二十大精神系列"研究成果63篇。起草省委十一届二次、三次全会、经济工作会议等重要文稿。服务省委主要领导在省委常委会会议、省委理论学习中心组学习会、省委专题会议等一系列重要会议活动，提供参阅材料；起草省委向到闽中央领导汇报所需材料、省委常委会班子党史学习教育专题民主生活会对照检查材料、省委主要领导相关署名文章等。参与起草全省疫情防控工作视频会议、省委统战工作会议、纪念福建省苏维埃政府成立 90 周年大会、省社科联代表大会、省文联代表大会等重要文稿。起草《关于深入学习宣传贯彻党的二十大精神奋力谱写全面建设社会主义现代化国家福建篇章的决定》等重要文件。

【调查研究和决策咨询服务】 2022 年，福建省委政研室聚焦中央决策部署和省委工作要求，围绕全省发展的全局性、战略性、前瞻性问题和群众关心关注的热点问题，开展调查研究，提升决策咨询质效。全年编发《政研专报》40 期、《调研文稿》80 期、《智库专报》96 期、《调研内参》月刊 12 期。组织实施 17 个省重点课题调研，跟踪督促，推动各有关单位按时有序开展相关课题研究。组织开展 2021 年省重点课题调研成果评审。省委政研室机关确定 25 个调研课题，开展专题调研，建立清单化管理机制，坚持“每月一汇总、每季一督促”，推进落实。2022 年，《深挖我省产业发展潜力促进经济增长和财税增收——基于南平茶产业发展调研的思考》《从摆脱贫困走向乡村振兴的下党实践》等调研报告获省委主要领导表扬；围绕“晋江经验”提出 20 周年，调研剖析民营经济发展的晋江样本，为福建省弘扬“晋江经验”促进民营经济高质量发展大会提供参考。以立项课题的形式推动智库融入决策、服务决策，2022 年立项省新型智库重大课题 11 项、重点课题 33 项。《智库专报》紧扣关系福建未来的传统产业转型、维护产业链安全等主题收集资料，其中，福建省纺织鞋服产业协同发展问题研究、培育发展防疫应急物资产业研究等被纳入省委、省政府文件文稿或进入决策视野。推进高质量文宣互动，组织力量撰写系列评论员文章，在《福建日报》头版连续刊发《提高效率，提升效能，提增效益》《抓工作要提高效率》《优服务要提升效能》《促发展要提增效益》，跟进撰写刊发《效字为要》《稳字当头》《干在实处》。全年组织撰写解读、评论和体会文章 35 篇。

（谢鸿晖）

社会科学研究与成果

【科研成果】 2022 年，福建社会科学院组织研究各级课题 100 余项，出版著作 8 部，发表学术论文、阐释性文章和研究报告 400 余篇。其中，在权威期刊发表论文 10 篇，中央“三报一刊”（《人民日报》《光明日报》《经济日报》以及理论杂志《求是》）发表文章 17 篇，核心期刊发表论文 60 篇，《红旗文稿》《中国社会科学报》《学习时报》《福建日报》等发表 60 余篇。80 余篇研究报告和对策建议被省级以上各类专报件采用，其中 1 篇获中央主要领导批示，4 篇获省部级领导肯定性批示，3 篇获省部级领导综合性批示。福建社会科学院舆情研究中心向中宣部直报点报送 18 篇舆情研究报告，其中 11 篇被综合采用。

【科研工作】 2022 年，福建社会科学院对接福建省习近平新时代中国特色社会主义思想研究中心任务，由院主要领导担任课题组长，设立“习近平新时代中国特色社会主义思想研究阐释（2022）”“十九届六中全会精神研究阐释”和“福建省第十一次党代会精神研究阐释”“‘习近平新时代中国特色社会主义思想探源计划’配套专项”“学习宣传贯彻党的二十大精神研究阐释”等重大专项，集中全院理论骨干进行集中攻关。全年全院发表阐释性理论文章 80 余篇。其中，在中央“三报一刊”发表 17 篇，在《红旗文稿》《中国社会科学报》《学习时报》《福建日报》（理论周刊）等发表 60 余篇。汇编形成《致力探源研究，汲取力量源泉——福建社会科学院配套开展探源研究成果汇编》《高举旗帜，踔厉奋发——2022 年度研究阐释重大专项研究成果汇编》2 本阐释性理论文集。召开省研究中心《福建论坛》杂志社宣传基地建设座谈会，编辑出版《以新思想引领文化发展》《当代马克思主义理论与实践研究》2 本理论著作。

福建社科院协同省委宣传部推动建立首批 10 个研究基地、10 个实践基地、7 个宣传基地，在厦门大学、福建师范大学成立习近平新时代中国特色社会主义思想大学生研习社。推动与中央党校习近平新时代中国特色社会主义思想研究中心签订战略合作协议。拓展合作范围，与生态环境部、中国社科院、国家乡村振兴局、习近平经济思想研究中心、习近平生态文明思想研究中心等开展合作。参与举办“习近平生态文明思想理论与实践”“‘3820’战略工程与习近平新时代中国特色社会主义思想”“《摆脱贫困》出版 30 周年暨乡村振兴”“‘晋江经验’与习近平经济思想”“学习贯彻习近平总书记关于科技特派员制度的重要论述”等 5 场高端理论研讨会，在《人民日报》《光明日报》《经济日报》《学习时报》等中央主流媒体刊发会议综述，推出重磅理论文章近 40 篇。设立“学习宣传贯彻党的二十大精神研究阐释”重大专项，先后策划 2 批选题，以定向委托的方式组织全省理论骨干集中攻关，在《福建日报》等刊发相关理论文章 10 余篇。会同省委宣传部完成 2022 年度省研究中心课题立项评审，立项 155 项课题。加强专业化队伍建设，从全国重点高校引进 6 名博士毕业生。发掘福建社科院内部潜力，以调整设置 4 个研究所为牵引，推动福建社科院加快转型升级。推进制度建设，会同省委宣传部制定印发省研究中心《建设实施方案》《项目管理办法》《基地管理办法》等系列规章制度。

【重点课题研究】 学术研究。2022 年，福建社科院有 82 项国家级、省部级和院级课题立项。3 个国家社科基金项目结项，4 个省社科规划项目和 53 个院级课题完成结题工作。院长张帆《论雅俗之辩》一文在《中国社会科学》发表。实施“纪录小康工程”，编撰出版《全面建成小康社会福建全景录》。落实省委、省政府关于打响“福”文化品牌决策部署，设立专项课题，召开理论研讨会，10余篇理论文章在《福建日报》《学术评论》等发表。

服务决策。福建社科院80余篇研究报告和对策建议被省级以上各类专报件采用，其中1篇获中央主要领导批示，4篇获省部级领导肯定性批示，3篇获省部级领导综合性批示。福建社科院舆情研究中心向中宣部直报点报送18篇舆情研究报告，其中11篇被综合采用。落实省委政法委《挂钩联系建宁县帮扶工作方案》要求，开展智力帮扶，完成建宁“建莲产业发展规划”“发挥红色资源优势，提升红色文化品牌”专项帮扶课题。

国情省情调研。福建社科院设立“在高质量发展中扎实推动我省共同富裕研究”等13项福建社科院国情省情调研课题，取得系列成果。编写出版《2022—2023年福建经济社会发展与预测蓝皮书》和《2021—2022年福建文化发展蓝皮书》。

服务社会研究。福建社科院有“省委和省政府为民办实事项目评估”等18项课题获省、市、县各级党政机关委托研究。（黄莹杰）

学术活动

【省级系列高端理论研讨会】 2022年，福建省社科联参与“习近平生态文明思想理论与实践”“‘3820’战略工程与习近平新时代中国特色社会主义思想”“《摆脱贫困》出版30周年暨乡村振兴”“‘晋江经验’与习近平经济思想”等4场高端理论研讨会，组织发动22所省内高校、党校及社科院近500名专家学者撰文参会，并将119名成果入选理论研讨会论文集的专家学者列为特别委托后期资助项目负责人，纳入省社科基金项目管理，推动一批理论研究成果在“三报一刊”、《福建日报》等刊发。

【省社会科学界学术年会】 2022年，福建省社科联以“迎接、宣传、贯彻党的二十大：奋进新征程、建功新时代”为主题，举办“习近平生态文明思想的历史逻辑”主题论坛，设立“21世纪马克思主义与人类文明新形态”等33个分论坛、青年博士论坛和社科普及论坛，学习贯彻习近平新时代中国特色社会主义思想和党的二十大精神。

【省社科界学习贯彻党的二十大精神座谈会】 2022年10月29日，福建省社科界学习贯彻党的二十大精神座谈会在福州召开。省委常委、宣传部部长、省社科联主席、省习近平新时代中国特色社会主义思想研究中心执行主任张彦出席并讲话。会上，福建农林大学党委书记王建南、福建江夏学院党委书记宋建晓、省委党史方志办主任黄誌、省委党校（福建行政学院）副校（院）长刘大可、福建社会科学院副院长黄茂兴专家学者5人结合工作实际和研究方向做现场交流发言；厦门大学党委副书记徐进功、华侨大学党委书记徐西鹏、宁德师范学院党委书记夏良玉线上参会并作书面发言；福州大学党委书记陈国龙、福建师范大学党委书记潘玉腾、厦门大学马克思主义学院副院长张艳涛、中央马克思主义理论研究和建设工程首席专家郑传芳和大学生研习社代表、厦门大学2022级博士研究生刘羽曦以及福建师范大学2021级博士研究生孙巧真作书面发言。

【福建社科界青年学者论坛】 2022年6月11—12日，省社科联在福州大学举办2022年福建社科界青年学者论坛。论坛收到30多家单位110余篇投稿论文，经评审择优遴选45篇参会论文。吉林大学教授韩喜平、中国人民大学教授杨风城、北京大学教授周良书等专家学者应邀作主旨报告。中共福建省委党校教授李永杰、福州大学教授詹志华、福建农林大学教授刘新玲、福州大学教授舒展应邀为论坛交流点评。福建师范大学教授郑传芳为会议作总结。（林 诺）

【“服务共同富裕的金融创新”研讨会】 2022年12月17日，“服务共同富裕的金融创新”研讨会在福州举行。研讨会以“服务共同富裕：新时代金融创新的使命与任务”为主题，由福建省人民政府发展研究中心主办，兴业银行承办，福建省地方金融监督管理局和中国人民银行福州中心支行为支持单位，《发展研究》杂志社承办。研讨会采用线上、线下相结合的形式，设置问答式演讲、现场互动、专题研讨等单元。邀请中国人民大学原副校长吴晓求、国务院发展研究中心金融所副所长陈道富、兴业银行首席经济学家鲁政委等行业领军人，以及经济学家、金融专家、高校学者和部分县市主官从不同的视角研讨交流，凝聚共识，提出推进金融服务共同富裕的新思路、新途径、新对策。研讨会得到人民网、新华网、“学习强国”和福建卫视、《福建日报》等媒体报道。（林志平）

【研讨交流】 2022年，福建社科院举办“学习贯彻党的二十大精神，传承弘扬八闽优秀传统文化书法篆刻与刻字艺术展”“第二届海峡两岸朱子文化论坛”“‘印太经济框架’下亚太经济合作与两岸关系学术研讨会”等活动，参与主办“2022福建企业100强研究发布大会暨福建企业家大讲坛”。参加新加坡驻厦门总领事馆在厦门举办的新加坡建国57周年国庆招待会等活动。

【学术刊物】 2022年，《福建论坛》（人文社会科学版）出刊12期，其中被中国人民大学《复印报刊资料》全文转载23篇，《新华文摘》全文转载1篇、论点摘编2篇、网刊全文转载6篇，《中国社会科学文摘》全文转载5篇，《高校社科学报文摘》全文转载2篇。《亚太经济》出刊6期，其中被中国人民大学《复印报刊资料》等转载9篇。《现代台湾研究》出刊6期，其中3篇文章被中国人民大学复印报刊资料《台、港、澳研究》全文转载。《学术评论》出刊6期，其中“新思想新实践阐释”栏目刊发新思想新战略宣传阐释文章25篇，占全年发文量的25%。（黄莹杰）

编辑：郑 莱

文化 旅游

公共文化

【公共文化服务体系建设】 2022年，福建省文化和旅游厅落实省委省政府2022年为民办实事工作部署，先后制定印发《关于福州、厦门公共文化场馆试点错时延时开放工作的通知》《关于加强福州厦门60家公共文化场馆试点错时延时开放工作的通知》，开展公共文化场馆错时延时开放试点，强化一馆一方案。截至年底，列入试点的23家公共图书馆总流通约1100万人次，21家文化馆文化服务惠及385万人次。

公共文化新型空间和文化艺术街头展示点建设。福建省文旅厅打造公共文化空间29个、文化艺术街头展示点21个。部署开展2022年乡村公共文化空间设计展示活动和长三角及全国部分省市最美公共文化空间大赛，其中3件作品入围乡村公共文化空间设计展示活动，6件空间类奖项和3件运营单项奖进入最美公共文化空间决赛。

培育公共文化服务高质量发展典型。福建省文旅厅联合省委宣传部、省发改委部署开展公共文化服务高质量发展典型案例遴选工作，组织评审福建省公共文化服务高质量发展“十佳”典型案例，并推荐参加全国公共文化服务高质量发展典型案例遴选。晋江市“24小时城市书房：打造‘不打烊’的市民公共文化空间”案例入选中央宣传部办公厅、文化和旅游部办公厅、国家发展改革委办公厅公布的基层公共文化服务高质量发展典型案例。

公共文化数字化建设。省文旅厅指导支持省图书馆建设智慧图书馆体系、省艺术馆建设公共文化云。南平市文化艺术馆、福州市鼓楼区文化馆的公共文化云建设入选全国公共文化云基层智能服务端2022年首批20个典型应用案例。

文化旅游志愿服务。省文旅厅在全省部署开展2022年度文旅志愿服务工作以及“喜迎二十大，强国复兴有我”——“文化筑梦”青少年文化志愿服务行动；会同省委文明办等单位联合举办2022年全省志愿服务项目大赛。在中央宣传部、中央文明办等组织开展的2021年度全国学雷锋志愿服务“四个100”先进典型宣传推选活动中，福建省艺术馆文化志愿服务队获最佳志愿服务组织；闽侯县文化馆、建宁县图书馆、寿宁县北路戏保护传承中心获中央宣传部、文化和旅游部、中央文明办等单位授予第九届全国服务农民、服务基层文化建设先进集体；厦门市文旅局选送文旅志愿者走进宁夏漆画摄影展暨非遗展示活动获2021年“春雨工程”全国示范性志愿服务项目；福建芳华越剧院志愿者李梦佳入选全国“圆梦工程”优秀志愿者。

乡村文化振兴。省文旅厅挖掘乡村文化故事内涵，编印出版福建乡村文化记忆丛书第六辑《乡音乡趣》，完成《乡训乡约》《乡情乡恋》两辑福建乡村文化记忆丛书编辑。部署开展“中国民间文化艺术之乡”建设典型案例征集活动，德化县选送的传承陶瓷艺术、助燃千年窑火，连江县选送的连江十番古乐的传承与弘扬等3个典型案例上榜文化和旅游部的中国民间文化艺术之乡典型案例名单。组织开展“新生活·新风尚·新年画——我们的小康生活”美术作品展示活动，选送的《国泰民安》等7件作品入围中央宣传部、中央文明办等单位举办的集中展示活动。

【国家公共文化服务示范区（项目）】 截至2022年底，全省有厦门市（2013年）、三明市（2016年）、福州市（2018年）、泉州市（2021年）等4个设区市通过国家验收，获国家公共文化服务体系示范区称号；艺术扶贫机制建设和村级文化协管员队伍建设（2013年），激情广场大家唱活动（2016年），古田县溪山书画院建设、管理、服务模式（2018年）通过国家验收，获国家公共文化服务体系示范项目称号。厦门市、三明市于2022年通过国家复核验收。

【对外文化交流】 2022年，福建省文旅厅举办福建2022年全球新年线上交响音乐会，在9个福建文化海外驿站、9个福建旅游推广中心所在国家以及福建省在海外100多个友好城市播放。中国驻法国大使馆在其官方微信公众号推介，全球点播观看量2065万次。在

2022海丝华文媒体发展论坛媒体见面会、2020年迪拜世博会中国馆福建活动日、福建省与瑞士施维茨州视频连线会议、福建省与越南广宁省结好5周年线上庆祝等活动中，展示福建的山川秀美、厚重人文、全福旅游、茶香食鲜、“福”气满满。2022年6月30日至7月18日，在福建省美术馆举办“一脉传承，花开两邦”——纪念中日邦交正常化50周年黄檗文化展，纪念中日邦交正常化50周年和隐元禅师诞辰430周年，日本驻华公使贵岛善子出席开幕式并致辞。全年接待英国驻广州总领馆副总领事傅珍妮、新加坡驻厦门总领事吴俊明，陪同法国驻广州总领事馆总领事福希玮参加第三届海丝国际茶文化论坛“国际茶日”座谈会，接待韩国驻广州总领事韩在爀参访福建省实验闽剧院，对接省歌舞剧院提供惠安女舞蹈节目《盼》，参与“济州——中国交流城市交流周”等活动。

部省协作。省文旅厅与瑞典斯德哥尔摩中国文化中心开展部省合作，举办“欢乐春节”——2022年福建新春歌舞晚会。晚会作为文化和旅游部2022年“欢乐春节”品牌活动之一，也是2022年福建省与斯德哥尔摩中国文化中心的年度部省合作启动项目，突出“福”文化元素，“云上送福”，晚会全球点播观看量3719万次。举办《美好福建图片展》暨福建精品旅游线路线上推介会（瑞典）。从福建省10条特色主题线路中挑选、拍摄制作世界茶香之旅等5条精品旅游线路宣传片，扩大福建“福”文化在北欧国家的传播面和影响力。

平台建设。9个福建文化海外驿站开展写“福”字、拜年、吃月饼等活动，助力中国春节和中秋习俗文化走出去。福建文旅品牌亮相2022亚洲节暨中日文化交流节，吸引日本前首相福田康夫驻足福建展位品尝福州茉莉花茶。举办《格物致道——福建非遗传统美术、传统技艺类作品展》，以“云展览”的形式在海外线上平台展出一个月。在海外新媒体和社交平台开展“大美中国”视频展播活动、发布传播冬奥宣传片和短视频等。9个福建旅游海外合作推广中心线上推送福建旅游相关资讯，发放福建文化旅游宣传材料、销售旅游产品等，其中宣传折页发放8.17万份。

【闽港澳台文化交流】 2022年9月25日，福建省文旅厅组织省歌舞剧院参加“同声歌祖国——澳门各界庆祝新中国成立七十三周年暨喜迎二十大”文艺晚会。举办“清新福建”港澳社区行活动，开展福建文化和旅游主题图片展及旅游推介。深化闽台乡建乡创合作交流和亲情乡情延续工程，组织举办“两岸一家亲·上元尚团圆”——2022年闽台青年元宵民俗文化研习营、“寻福闽都，情系两岸”——2022年两岸青年中华文化（闽都文化）研学体验营活动、第十届海峡青年节“同沐中华风·共创人生梦”2022年台青创业就业沙龙、非遗进校园——2022年闽台艺术家南音音乐会、2022年两岸（福州）艺术青年钢琴音乐节、第六届海峡两岸书院论坛、漆缘——台湾现当代漆艺术作品线上展览等活动。

【舞台艺术精品创作】 2022年12月，歌仔戏《侨批》获第十六届精神文明建设“五个一工程”奖，福建省七届蝉联该奖项。闽剧《画网巾》入选文化和旅游部“历史题材创作工程”。交响音画《海峡海峡》入选“新时代现实题材创作工程”。原创歌剧《红杜鹃》《鸾峰桥》入选2022—2023年度“中国民族歌剧传承发展工程”重点扶持剧目。越剧《万婴之母》入选第五届中国越剧节参演剧目（全国15台）。高甲戏《连升三级·求亲》、莆仙戏《百花亭》入选全国地方戏精粹展演。杂技《无形——倒立技巧》《乘帆逐浪——抖杠》入选全国杂技展演。南音《文姬归汉》等12个项目入选国家艺术基金2022年度资助项目。

【第十九届群星奖】 2022年，厦门市文旅局选送的戏剧类作品《送枪》、群舞《与妻书》、厦门六中合唱团和三明市文旅局选送的广场舞《再唱山歌给党听》等4个作品（队伍）入围第十九届群星奖决赛，创2015年中国评奖制度改革后福建省作品入围决赛新高，其中厦门六中合唱团获群众合唱类群星奖，系福建省近10年首次获得该奖项。

【莆仙戏《踏伞行》获文华奖】 2022年9月15日，由福建省文化和旅游厅指导、莆田市文化和旅游局出品、福建省莆仙戏剧院有限公司演出的莆仙戏《踏伞行》获第十三届中国艺术节暨第十七届文华奖，是福建省时隔15年后再次获得该奖项。（林　桦）

2022年9月15日，由福建省文化和旅游厅指导、莆田市文化和旅游局出品、福建省莆仙戏剧院有限公司演出的莆仙戏《踏伞行》获第13届中国艺术节暨第17届文华奖。图为《踏伞行》剧照　（省文旅厅　供图）

文学艺术

【文艺创作】 2022年，福建省文联启动实施“福建山乡巨变”原创长篇文学作品扶持和省作协、省文学院签约作品扶持等项目，重点扶持《我们的日月溪》等长篇作品9部。推动申报2022年度中国文联文艺扶持项目、中国作协重点作品扶持项目和福建省文艺发展专项资金项目等19项、作品30余个。扶持文学剧本和重大现实题材影视作品30多个，完成《中国民间文学大系·传说·福建卷》编撰任务。

深扎活动开展。聚焦时代主题和现实题材，组织开展“喜迎二十大·风展红旗如画”武夷山万里茶道起点采风、“福”舞创作采风、“乡村振兴·文化赋能”书法采风作品展等主题性采风活动等60余场次。举办首届中国·霞浦海洋诗会暨新时代海洋诗歌论坛、中国·长乐三溪乡村摄影文化节等创作交流活动20余场次。

学术评论交流。发挥文艺评论在创作中的导向引领作用，开展电视剧《爱拼会赢》《那山那海》等专题评论活动，创作推送评论文章80余篇。组织《乡村造梦记》《相见鸾峰桥》等本土优秀作品分享会、首映式、研讨会20余场次。联办闽粤新三省文艺评论骨干研修班，开展《福建文学》等刊物“文学下基层”改稿交流10余场次，近1000名作家、评论家受益。

评奖推优。组织第三届福建省中长篇小说双年榜、福建省第六届“金钟花奖”声乐比赛、第二十八届福建省摄影展、第四届福建省大学生影像展、第五届福建省曲艺丹桂奖少儿大赛、意之大者——第九届福建省写意画大展、2021年度福建省广播电视艺术奖等全省性赛事展评20余项，开展海峡两岸优秀舞蹈作品征集等征集评选活动60余项，打磨推荐“五个一工程”奖等全国性展演、赛评作品300余件。

【文艺成果】 2022年，网络作家藤萍获第四届茅盾新人奖·网络文学奖，中篇小说《故香》获第二届曹雪芹华语文学大奖，散文《藏锋》获第四届丰子恺散文奖，短篇小说《雪山大士》获第七届华语青年作家奖·短篇小说“双子星”奖。歌曲《一起向未来》《春风十万里》获第十六届“五个一工程”奖。电视剧《爱拼会赢》获第十六届“五个一工程”奖，《山海情》《绝密使命》获第三十一届中国电视“金鹰奖”优秀电视剧。在第二十六届中国少儿戏曲小梅花荟萃活动中，福建省摘得13朵“小梅花”。民间文艺学术著作《两岸客家传统民居装饰艺术》、惠安石雕《同心协力》获第十五届中国民间文艺“山花奖”。电影《谷文昌的故事》《听见光》获第三十五届中国电影“金鸡奖”提名奖。入展“征程——迎接庆祝党的二十大书法大展”、中国书法·年展等60余人次。南帆获第十二届丁玲文学奖文学评论类成就奖，《碎片化时代的逆时针写作》获第七届华语青年作家奖·新批评奖。

【文艺活动】 2022年1月，由福建省委宣传部、省文联主办的“福在八闽”全国征文活动启动，活动评选出一等奖作品5篇、二等奖20篇、三等奖35篇、入围奖40篇，计100篇获奖作品，在“学习强国”、福建作家微信公众号等平台登载，并结集出版优秀作品集。

福建“文艺两新”人才艺术作品系列展。1月1日，由省文联、中国民协中国寿山石文化发展研究中心主办的福建“文艺两新”人才艺术作品系列展在省海峡民间艺术馆启幕。系列展贯穿全年，展示福建“文艺两新”人才在漆艺、石雕、木雕、陶瓷等多个民间艺术门类达到的技艺水平和取得的创作成果。

巾帼异彩——庆祝“三八妇女节”闽台女雕刻家艺术作品展。3月7日，由省文联、省妇联、中国民协中国寿山石文化发展研究中心主办，在省海峡民间艺术馆举行开幕式。展览为期一周，展出名师新秀20多人的百余件作品，涵盖寿山石雕、德化陶瓷、木雕、软木画、惠安影雕等五大类。

“喜迎二十大，主播说乡村·我为乡村献首诗”采风采访创作展播。5月23日，由省乡村振兴局指导，省文联、省广播影视集团联合主办。活动期间，组织文学、电视艺术工作者推出一批反映全省乡村振兴新成效的优秀短视频和文学作品，宣传展示福建乡村振兴新气象新风貌。活动最终评选出优秀短视频佳作奖5件、提名奖10件，优秀诗歌佳作奖3件、提名奖10件、入围奖40件，于12月16日举行颁奖仪式。

纪念延安文艺座谈会召开80周年《古田颂》大型交响演唱会。5月23日晚，在福建大剧院上演。《古田颂》交响组歌由知名词作家何英作词、省音乐家协会副主席李式耀作曲，包含《古田颂》《百年追忆》等16首红色题材歌曲。

“礼赞新时代，奋进新征程”优秀国产电影影评征文评选活动。5—7月，省文联、省电影家协会联合主办，征集到电影评论文章近150篇。最终评选出一等奖2名、二等奖5名、三等奖8名、优秀奖15名。

“福地梨园传薪声”第四届福建省中小学生（少儿）戏剧展演。7月22—26日，由省文联、省教育厅联合主办，在福州、厦门两地依次举行展演终评。展演自2022年3月启动，征集到245部参赛作品，比上届赛事超出3倍；其中108部作品入围终评。

喜迎二十大，振兴我乡村——福建省首届农民书画展。9月22日，由省文旅厅、省文联、省乡村振兴研究会共同主办，在福州画院开展，29件美术作品和103件书法作品参展。

喜迎中共二十大——《习近平书信选集》主题书法创作精品展、喜迎二十大——“守正开新，匠心载福”福建传统工艺精品展。9月23日，在福建省博物院开幕，中共福建省委常委、宣传部部长张彦，副省长李建成，省政协副主席、民盟省委主委阮诗玮等领导及嘉宾出席开幕式。两场展览是由省委宣传部、省文旅厅、省文联联合举办的“喜迎二十大——福建省主题书法、美术、传统工艺、红色文化联展”重要内容。

“福建见福，福建见美”知名作家看福建（泰宁）文学采风。9月27日，由中国作家杂志社、省文联联合主办，活动启动仪式在泰宁举行。活动组织全国知名作家前往泰宁县各地采风，深入探索泰宁文化、旅游、生态等资源项目。

“礼赞新时代·奋进新征程”——喜迎中共二十大福建摄影展。10月9日，在福州开幕。摄影展展出作品200幅（组）。

首届中国·霞浦海洋诗会暨新时代海洋诗歌论坛。11月23日，由中国作家协会、福建省委宣传部、宁德市委共同指导，中国作家协会《诗刊》社、中国诗歌网、福建省文联、宁德市委宣传部、霞浦县委县政府联合主办，在福建霞浦开幕。诗会以“诗歌海岸，蓝色霞浦”为主题，围绕“闽东诗群”海洋诗歌创作特点及时代意义展开研讨交流，研究挖掘和传承弘扬优秀海洋文化，赋能海洋经济高质量发展。

福建省画院建院四十周年优秀美术作品展。12月9日，在省画院美术馆举办，展览以“立足八闽大地，描绘时代新貌”为主题，展出151幅由省画院专业画家创作的美术作品，荟萃省画院在国画、水彩画、漆画、版画、书法等美术门类的创作成果。

第二届“百名曲艺家讲百个福建故事”主题展演。12月19日，由省文联、省曲艺家协会联合主办，在线上举行，6个优秀作品和2个特邀作品参加展演，实现福建各大专业曲艺院团同台展演首秀，集中展示福建“五大曲种”的独特魅力。

省海峡民间艺术馆举行开幕式。省文旅厅组织举办第四届“读中华经典，颂时代华章”全省诵读比赛，全省288家单位3420个作品报名参赛。活动优秀作品在福建省文化和旅游厅“百姓大舞台”展演，颁奖活动通过福建电视台新闻频道、乡村振兴公共频道等电视平台及海博TV、快手等网络新媒体同步展播。线上线下参与700余万人次。

【文艺交流】 第十二届海峡两岸曲艺欢乐汇。2022年6月30日至7月3日，在平潭综合实验区举办。活动分2个会场，台湾会场举办走进台东大学演出和座谈活动；大陆会场由3场展演、1个研讨会和1次采风活动等构成，40余名演员、10个曲种、28个节目轮番上演。

2022年两岸青年文学之旅。7月24—30日，由中国作家协会、福建省委宣传部和省文联主办，在福州举行，由18名海峡两岸的文学青年共同走访文学场馆和历史遗迹，体验中华文脉传承和乡村振兴成果，感受祖国发展成就。

第七届海峡两岸中青年篆刻作品展。8月5日，由西泠印社、福建省文联、省文物局、福州市委宣传部、福州市委统战部等单位主办，在福建博物院开幕。展览以“福泽东方”为主题，展览前期征集到来自全国30余个省、自治区、直辖市及港澳台地区的作品1335件，最终评出130件优秀作品并进行线上线下展览。

丝路画语·“艺”心向党——“一带一路”沿线华人艺术家书画邀请展。8月8日，在福州开展。展览由省文联、省对外文化交流协会和中国名家联合书画艺术院（香港）主办，分别在省画院、沈绍安漆艺博物馆进行线下展示，同时推出线上展厅，展出50个“一带一路”沿线国家和17个“一带一路”相关国家华人艺术家的书画、漆画精品165幅。

2022“中华情·中国梦”中秋展演系列活动。9月6日，在厦门开幕。活动包含美术书法摄影作品展、书画笔会等内容，以“同心向未来”为主题，展出美术书法摄影作品831幅、美术作品224幅、书法作品457幅、摄影作品150幅，其中包括348名台港澳书画摄影家、43名华侨华人书画家的391幅作品。

“建功新时代”闽宁青年文学创作研讨交流系列活动。9月6日，由福建省作协、福建省文学院、宁夏文学艺术院主办，在福州马尾举办，宁夏10名青年作家及福建省各地50多名青年作家参加活动。活动以“闽迹踪寻”为主题，先后举办专家授课、走访创作、文学研修、研讨交流、经典诗文朗诵交流会等系列活动。

第九届海峡两岸青年舞蹈嘉年华——海峡两岸青少年优秀舞蹈作品展演。10月17—29日，由省文联、省舞蹈家协会以线上展播的方式推出，展演活动以“喜庆二十大，同圆舞蹈梦”为主题，展出海峡两岸舞蹈院团的13个优秀节目，形式包括少儿舞蹈、民族民间舞、现代舞等。

“福建福·福天下”全球挥春送福活动。由省文联、省对外文化交流协会、中国名家联合书画艺术院（香港）主办，该活动于2022年11月开始举办，延续至翌年春节。年内先后在印度尼西亚、科威特、美国、柬埔寨、罗马尼亚、阿联酋等国家举办，当地华人艺术家和广大华侨参与，对外讲述“福”故事，向世界弘扬“福”文化。

第三届福建省文艺评论骨干研修班暨闽粤新三省区文艺批评学术交流活动。12月9—11日，线上线下同步举行。活动由中国文艺评论家协会、福建省文联、广东省文联、新疆文联、福建省作协等单位指导，福建省文艺评论家协会、广东省文艺评论家协会、新疆文艺评论家协会主办，闽粤新三省区近100名文艺理论家、批评家和评论骨干参加。

第四届“海上丝绸之路”魔术精品展演。12月15日，由省文联主办、省杂技家协会承办，展演以“礼赞二十大，建功新时代”为主题，在福建文艺网线上上演，北京、浙江、广东、广西等地多名魔术师献技。

【文艺队伍建设】 2022年，福建省文艺文联组织聚焦“做人的工作”职责任务，拓宽文艺人才培训渠道，发挥培训教育主渠道作用，采取线下线上相结合的方式，举办曲艺创演骨干培训班、白描艺术精研班、戏剧教育专业人才培训班等全省性业务培训班20余个、培训1000余人次，组织参加各类网上培训近1000人次。推动中小学生戏剧教育推广计划、舞蹈教师培优计划等，选送优秀文艺人才参加中国文联、中国作协等高层次培训400余人次。

文艺人才孵化阵地搭建。省文联配套扶持资金1000万元，完成首批57个全省特色文艺示范基地建设。推荐申报厦门海丝艺术品中心等3个中国文联"文艺两新"集聚区实践基地，推进福建省首批31个"文艺两新"实践聚集地挂牌建设。推动莆田"中国摄影之乡"、上杭县（古田）"中国摄影创作基地"等申报落地，新增福州台江四小等3个"中华优秀传统文化曲艺传承示范基地"、武夷山等5个摄影目的地、厦门植物园等2个花鸟画写生基地，为文艺人才培养提供学习传承、交流互鉴、宣传展示的平台。

文艺人才培育环境打造。省文联推动实施"十四五"时期"文艺英才计划"，将中青年文艺人才、"文艺两新"统筹纳入会员培训、宣传推介、创作扶持等环节，专题组织"新征程"——福建"文艺两新"人才艺术作品系列展等活动20余场次，开设线上专栏推介文艺新人新秀100余人次。各省级文艺家协会吸收"文艺两新"会员近1000人，"文艺两新"在各省级文艺家协会主席团占比进一步提升。发布《福建省文艺工作者职业道德守则》，做好《海峡文艺名家》栏目，参与文艺领域综合治理，宣扬德艺双馨，培育"爱国、为民、崇德、尚艺"的文艺界核心价值观，推动文艺行风和文艺生态建设。

（高晓峰　林蔚然）

2022年6月6日，省文联举办《闽山闽水物华新——习近平福建足迹》读者见面会

（吴恩儿　摄）

文化产业

【概况】 2022年，福建省3522家规模以上文化企业实现营业收入6749.0亿元，比上年增长9.29%，比全国高出8.39个百分点。省委宣传部出台和落实《关于推动"福"文化资源转化利用打响福建"福"文化品牌的实施方案》《关于推动"福"文化产业化转化利用的指导意见》。创作推出迎接虎年春节的"福虎"卡通形象、"福"文化大使"福狮闽闽"等"福"文化标识。福建"福"文化创意设计大赛征集参赛作品4548件，推动全省各县（市、区）建成80个标志性"福"文化景观。建成"中国第一福街"和"福"文化博物馆，举办首届"福品博览会"和首届"福"文化嘉年华活动。开发"福文创"、发展"福工艺"、创作"福文娱"、拓展"福之味"、打造"福文旅"，推动"福"文化资源产业化转化利用。

【图书出版业】 2022年，海峡出版发行集团出版业务营业收入14.02亿元，比上年增长14.88%。其中，数字出版营业收入1.18亿元，增长31.07%。《闽山闽水物华新——习近平福建足迹》等5个选题入选中宣部重点选题。《八闽文库》全媒体出版工程推出《福建民间契约文书》50册和《林文忠公政书》等重要文献，初步建成《八闽文库》线上平台。推出《让福文化绽放璀璨的时代光芒》《福建传统的福文化》等一批"福"文化重点图书。在图书发行方面，海峡出版发行集团新书2022年畅销书排行榜中，超过10万册的图书有43种。集团所属创智联盟公司海外收入84.5万美元；福建教育出版社"国漫出海"海外收入超过10万美元。

【传统报刊业】 2022年，福建省报刊单位拓展新媒体业务，报纸期刊业往构建全媒体传播体系方向转型。全省出版报纸（不含校报）42种，期刊174种，行业主营收入15.77亿元，广告收入6.93亿元，发行量6.24亿份（册）。

【广播电视产业】 2022年，福建省广播电视实际创收233.66亿元。有线电视实际用户745万户，比上年增长1.45%。广电文艺精品创作《山海情》《绝密使命》《爱拼会赢》获第十六届精神文明建设"五个一工程"奖，《山海情》《绝密使命》获飞天奖、金鹰奖等奖项，4部电视剧在央视黄金时段播出。电视纪录片《柴米油盐之上》获"五个一工程"奖，4部纪录片入选国家广电总局"十四五"时期重点选题规划。30余部网络影视剧上线播出，涌现出《开端》《炽道》《漫长的季节》《我的中国芯》等一批网络剧优秀作品。《血战松毛岭》《开端》入选国家广电总局2022网络视听精品节目。先后举办第十四届海峡影视季活动、第三届中国短视频大会。实施"拍在福建"推广行动，吸引121个影视剧组到闽拍摄制作，投资额27.36亿元。平潭全域最新入选"全国影视指定拍摄景地"候选名录，厦门、平潭、泰宁等影视基地联动发展深入推进。

【电影产业】 2022年，福建企业第一出品的影片公映6部，总票房3199.8万元。扶持推进《扫黑·拨云见日》《中国兵王·绝密任务》《中国乒乓之绝地反击》《检察风云》《狼群》等一批福建出品佳作。福建联合摄制的影片《我和我的祖国》《我和我的父辈》获得第十六届精神文明建设"五个一工程"特别奖。福建第一出品影片《谷文昌的故事》《听见光》获第35届中国电影金鸡奖提名奖。开展以"网红带你看电影"为主题的市场活动，发放电影消费券，全年全省电影票房10.54亿元（含服务费1.13亿元），位列全国第12名。全年放映电影328.81万场次、观影2496.89万人次，平均票价42.21元。启动首批重点影视外景拍摄基地培育工作，发布全省首批20个重点外景拍摄基地。年内，举办金鸡电影节等各项活动，举办第三届"八闽电影巡展""有福电影人之夜""福影·泰宁之夜"等活动。

【文旅产业】 2022年，福建省接待国内旅游3.91亿人次，实现国内旅游收入4306.54亿元，分别恢复到2019年的78.1%和62.3%，比全国平均恢复水平分别高出18.3个和18.6个百分点，居华东地区前列。全省年度重点推进项目209个，总投资额1887.63亿元，福州大东湖温泉度假村、厦门海上世界一期项目、平潭国际演艺中心等重点项目建成并投入运营。全省发放文化和旅游消费券近1.2亿元，直接拉动文旅消费超过20亿元，间接带动消费超百亿元。厦门市中山路步行街、厦门市集美新城核心区、泉州市五店市传统街区、泉州市领秀天地文化创意产业园、漳州市漳州古城、南平市考亭文化和旅游集聚区入选第二批国家级夜间文化和旅游消费集聚区，福建省国家级夜间文化和旅游消费集聚区11处。

【广告行业】 2022年，福建省广告行业企业25743家，比上年25218家增长2.08%，广告整体市场服务水平大幅提升，涌现福建字节跳动、百纳、东方智慧、天之谷、软众数字等一批实力广告企业，在互联网、元宇宙、区块链、企划文创、游戏动漫、创意设计、活动展示、融媒体等方面形成特色发展模式，积累成功经验。

【创意设计业】 2022年，福建省创意设计服务业营业收入898.9亿元，比上年增长40.05%。德艺文化创意集团股份有限公司营业收入6.66亿元，增长13.35%。福建省华一设计有限公司营业收入6300万元，增长5.5%。泉州迪特工业设计公司营业收入2500万元，增长27.7%。从宁德时代"主辅分离"出来、从事工业设计的时代润智软件科技有限公司营业收入39.3亿元，带动宁德文化产业发展增长。

【工艺美术产业】 2022年，福建省工艺美术行业实现营业收入1822.95亿元，比上年增长4.5%。其中，雕塑工艺品874.57亿元，增长8.4%；金属工艺品290.36亿元，下降2.6%；珠宝首饰及有关物品207.42亿元，增长4.9%；漆器工艺品91.89亿元，增长15.2%；花画工艺品16.64亿元，增长6.2%。以藤铁、玉石雕刻等为代表的福州工艺美术产业营业收入规模270亿元；莆田木雕及古典家具产业营业收入规模40亿元，珠宝首饰产业营业收入规模98亿元；泉州惠安石刻木雕产业营业收入规模575亿元，安溪藤铁工艺产业营业收入规模205亿元，德化陶瓷产业营业收入规模450亿元。

【数字文化产业】 2022年，福建省在全国省区市中第一个制定出台地方实施办法《关于推进福建文化数字化战略的实施方案》，建构推进福建文化数字化战略的"四梁八柱"。四三九九网络股份有限公司、厦门吉比特网络技术股份有限公司、福建网龙计算机网络信息技术有限公司等3家游戏企业入选2022年中国互联网企业综合实力前百家企业名单，其中四三九九和网龙连续10年、吉比特连续6年获该荣誉。厦门吉比特网络技术股份有限公司营业收入约51亿元，比上年增长10.87%；四三九九网络股份有限公司营业收入约59亿元；宝宝巴士集团营业收入7.56亿元，其中电商业绩突破2亿元，电商收入增长467%。动漫游戏企业继续加大海外市场开拓力度，2022年中国厂商出海收入榜中，福建省IGG、4399、ONEMT（龙腾简合）分别位列出海收入榜的第10、17、18名。 （李慧宏）

文化场馆

【图书馆】 2022年，福建省县级以上

2022年11月14日，泉州市首家"清新书苑"（晋江市图书馆来旺分馆）揭牌 （省文旅厅 供图）

2022 年 4 月 23 日，第四届福建省"读中华经典，颂时代华章"诵读比赛举行。图为颁奖仪式现场（省文旅厅 供图）

公共图书馆 95 家。其中，省级馆 2 家，副省级馆 2 家，地市级馆 10 家，县级馆 81 家。云霄县图书馆新馆开馆运行。

特色图书馆建设。全省 23 家公共图书馆列入试点范围，各馆坚持需求导向，坚持一馆一方案，策划主题活动，创新服务方式、内容，提供特色化差异化错时延时服务。截至 2022 年 12 月底，23 家试点图书馆总流通约 1100 万人次。各地各级公共图书馆与其他公共文化机构、街道社区、企业、旅游景区等开展合作，融合地方特色，探索新型阅读空间建设新模式，提供高质量的公共文化服务。截至 2022 年底，全省建成"城市书房"等公共文化新型空间约 500 个，莆阳清新书苑、南平巨口古厝清新书苑、晋江来旺清新书苑、平潭云海清新书苑建成开馆，"一书苑一特色"，以文旅融合赋能乡村建设。

开展第七次全国县级以上公共图书馆评估。全省评估实际参评馆 93 个，参评率 98%。各馆以评估为契机，以评促建、以评促管、以评促效能提升，夯实全省公共图书馆高质量发展基础。

【文化馆】 2022 年，福建省有文化馆（艺术馆、群众艺术馆）95 个，其中省级馆 1 个、地市级馆 9 个、县区级馆 85 个。在第五次全国文化馆评估定级中，全省 85 个文化馆评上国家等级馆（达标馆），其中一级馆 40 个、二级馆 30 个、三级馆 15 个。全省文化馆总面积约 40.57 万平方米，全省文化馆从业人员约 858 人。

省文化馆活动。全组织线上线下培训活动 3146 期，培训 45.65 万人次；开展线上线下演出 3894 场次，观看群众 458 万人次；开展线上线下展览 1088 场次，观众 426 万人次。

省艺术馆活动。全省艺术馆组织、策划开展各类群文、非遗活动 137 项，接待服务线上线下群众 1820.32 万人次。其中，22 场百姓大舞台文化惠民演出，参演人员近 1000 人次；22 期群文、非遗专题展览展示；3 期业务培训，培训学员 320 人次。唐卡漆画获国家知识产权发明专利；第十九届群星奖评选中，福建省有 4 个作品入围决赛、1 个作品获奖，是群星奖评奖制度改革以来福建省首次获奖；福建省艺术馆文化志愿服务队入选全国学雷锋志愿服务"四个 100"先进典型；组织参加全国"乡村网红"培育计划，由省艺术馆选送的仁青郎加、黄丽萍获评全国"首批乡村网红优秀人才"；福建省艺术馆获评"全省文化和旅游系统先进集体"。

全省村级文化协管员队伍建设。全省村级文化协管员 14268 人，其中专职 3729 人，年龄在 45 周岁以下 5598 人，特殊技能人员 2890 人。2022 年 6 月，福建省艺术馆开展全省村级文化协管员、综合文化站长暨文化志愿者骨干网络培训班，全省 200 余名基层公共文化业务骨干参加培训。

公共服务质量。全省所有文化馆的设施设备全面免费向群众开放，全省免费开放项目 833 个，73 个文化馆免费开放时间每天超过 8 小时。

【博物馆】 2022 年，福建省有备案博物馆 147 家，其中国有博物馆 104 家、非国有博物馆 43 家。全年新增备案博物馆 2 家，其中国有博物馆 1 家、非国有博物馆 1 家。福州、厦门 12 家博物馆试点错时延时开放被纳入省委省政府年度为民办实事项目；福建博物院等省属博物馆推出"一物一码"智能导览项目；在福建博物院举办"5·18 国际博

2022 年 5 月 18 日，"5·18 国际博物馆日"福建主会场系列活动在福建博物院启动（省文旅厅 供图）

2022年7月23日，省文旅厅在数字中国建设峰会期间举办福建省博物馆数字化成果展示专题展　（省文旅厅　供图）

物馆日”福建主会场活动，推出“福”文化微视频，举行《福建省博物馆概览》《八闽物语——福建馆藏文物精品》的首发式，为获全国核心价值观展览奖的博物馆和全省博物馆、纪念馆讲解大赛获奖讲解员代表颁奖；举办福建省通史展览博物馆联盟大会暨馆长论坛，配套推出“共饮一江水——长江流域青铜文明特展”“且闻鸟鸣，静待花开——福建博物院馆藏花鸟画作品展”及文创、社教、学术讲座、鉴宝等活动；“5·18国际博物馆日”期间，全省举办上百场展览、社教活动；在数字中国建设峰会期间，举办福建省博物馆数字化成果展示专题展区；“福建文物展区”亮相第九届“博博会”；印发规范陈列展览工作以及指导不同时期陈列展览的文件。　（林　桦）

广播影视

【概况】　2022年，福建省有广播电台3座、电视台3座、广播电视台68座、教育电视台1座。播出公共广播节目93套，开办公共电视节目99套。东南卫视、海峡卫视、厦门卫视等3套节目上星。全年制作广播节目时间23.88万小时、播出广播节目时间53.80万小时，制作电视节目时间4.90万小时、播出电视节目时间47.65万小时。广播、电视人口综合覆盖率分别达99.87%、99.90%。有线广播电视覆盖1200.54万户，数字电视覆盖用户1195.44万户；其中，有线电视实际用户730.25万户，有线数字电视实际用户730.25万户。

全省有广播电视从业人员（含社会影视机构）35890人，包括管理人员6755人、专业人员16691人、其他人员12444人。其中，编辑记者5544人、播音员、主持人841人、工程技术人员4866人，艺术人员929人、经营管理人员2042人。

【舆论宣传】　2022年，福建省广电局深化广播电视媒体“头条”建设和网络视听媒体“首页首屏首条”建设，指导推出“沿着总书记的足迹”“领航中国·闽山闽水物华新”“亲切的关怀记心上”等专题专栏和系列报道，组织开展《领航》MV等重点宣传片展播。电视节目《中国正在说》入选国家广电总局喜迎二十大10部重点电视理论节目，《闽宁纪事2022》入选国家广电总局喜迎二十大10部重点纪录片，《习近平与福建文化自然遗产》获评国家广电总局优秀广播电视新闻作品，3部作品获评“中国梦”优秀网络视听作品。

围绕迎接宣传贯彻中共二十大，实施“奋进新征程、建功新时代”重大主题宣传，开设“喜迎二十大”“二十大时光”“二十大代表风采”“数说十年”等专栏，开展党的二十大精神“进万村，天天响”农村广播大联播，推出《太空看福建》等融媒产品、《新时代福建故事》《闽山闽水十年情》等短视频。举办“山海交响·振兴的力量”全省广播大联播，播出专题节目150多期，征集广播剧剧本86部、作品65件，组织党的二十大精神宣讲等4场融媒传播。开展“礼赞新时代，奋进新征程”优秀电视剧、“喜迎二十大，纪录新福建”优秀纪录片、“青春逐梦，强国有我”系列短视频和“村村福·振兴的力量”微广播剧展播等活动，电视剧《山海情》入选中央纪念毛泽东同志在延安文艺座谈会上的讲话发布80周年主题展、中央“奋进新时代”主题成就展，《山海情》《一诺无悔》入选中宣部、国家广电总局“礼赞新时代，奋进新征程”优秀电视剧展播活动，网络电影《围头新娘》入选中宣部喜迎二十大优秀文艺作品展播片单，网络剧《血战松毛岭》入选国家广电总局二十大献礼10部网络剧目。

做好全国两会报道，组织全省各级广电媒体推出各类报道4700多条次。强化“福”文化宣传推广，征集展播“福来福见·一分钟说福建”短视频108件、“虎年福见”拜年短视频200余件、“福建村村美·福虎兆福年”全省广播春节大联播特别节目13期、“品读福文化，奋进新福建”公益广告7件。开展第一季度“开门红”宣传，传统媒体制作播出专题专栏报道3728条次，广电媒体所属新媒体端播发信息1460条次，播发相关公益广告2901条次、1744分钟。

做好疫情防控宣传引导，指导开设“同心抗疫”“直击新闻发布会”等专栏，推出《福州，这样醒来》等新闻专题、特别报道、短视频，播出《如何让孩子上好网课》等节目。加强防汛救灾宣传引导，各级广电媒体播发暴雨警报信息1587条次，指导应急广播云平台设置“防汛公益宣传”专区。统筹做好政法双拥、应急减灾、农业农村、医疗卫生、教育科普、宣传文化、妇女儿童等社会宣传工作。

【精品创作】 2022年，福建省广电局实施全方位推进闽派电视剧高质量发展五年行动计划，发布2021—2025年第二批选题规划片单剧目30部。28部电视剧通过国家广电总局批准立项，数量居全国第五位。10部电视剧完成制作，3部电视剧入选央视黄金时段候播剧目。《浴血荣光》《大道薪火》等落地拍摄，入选中央广播电视总台2023年“大剧看总台”片单。发行许可5部国产电视剧，获批引进13部境外影视剧。5部电视剧在央视黄金时段播出，7部电视剧在省级卫视、重点网络平台播出。《山海情》《绝密使命》《爱拼会赢》获第十六届精神文明建设“五个一工程”奖，获奖数量居全国第一位，成为“五个一工程”奖设立以来福建电视剧获奖数量最多、占比最高的一届。《山海情》《绝密使命》获飞天奖、金鹰奖等奖项，实现年度电视剧奖项全满贯。

修订广播电视节目、纪录片等专项资金申请使用规程，发布福建省第二批37部“十四五”时期纪录片重点选题，开展年度电视纪录片剧本推优，征集长纪录片剧本10部，评出优秀剧本4部。《柴米油盐之上》获“五个一工程”奖。4部纪录片入选国家广电总局“十四五”时期重点选题规划，4部作品获评国家广电总局优秀国产纪录片，省广电局宣传管理处获评优秀纪录片组织机构。《泉州：宋元中国的世界海洋商贸中心》《福安：闽东古城，勇于担当》等在央视播出，《闽宁纪事2022》在东南卫视、宁夏卫视及两省区主要地面频道、新媒体上线。

申请立项网络影视剧1000多部次，新增投资超亿元项目19个，涌现出播放量突破20亿次的网络剧《开端》，播放热度过万的网络剧《与君初相识》《恰似故人归》，全网播放量超50亿次、海外播放量突破20亿次的网络动画片《超级宝贝JOJO》，以及《炽道》等一批优秀作品。《血战松毛岭》《开端》获评国家广电总局2022网络视听精品节目。

出台“讴歌新时代，礼赞新福建”全省电视节目创新三年行动计划，举办第一届全省电视节目创新大赛。《两岸小围炉——2020海峡两岸少儿春节联欢晚会》获第27届全国电视文艺星光奖提名作品奖，3个节目获评国家广电总局年度优秀少儿节目，《今日海峡》获中国新闻奖一等奖，7部作品获国家广电总局动画短片创意扶持。《中国正在说·中国梦十周年》《信仰的力量（第二季）》获评国家广电总局创新创优节目，实现福建电视节目新的突破。

完善广播电视公益广告专家库，修订广播电视公益广告扶持专项资金申请使用规程。组织开展2021年度全省公益广告扶持项目和“品读福文化·奋进新福建”主题公益广告征集评审，扶持21件电视类作品、7件广播类作品、8个播出机构。3部作品获国家广电总局年度综合类二类扶持，5部作品入选全国广电优秀公益广告作品库，2个单位获国家广电总局年度公益广告传播机构，省广电局获国家广电总局年度公益广告优秀组织机构。

【品牌建设】 2022年，福建省广电局组织评选全省学习宣传贯彻中共二十大广电媒体融合传播10个品牌项目，“海峡卫视融合发展事业群”获2022年全国广播电视媒体融合发展典型案例，“看厦门”、海博TV和新闻栏目“新闻三剑客”入选国家广电总局广电媒体融合新品牌。

【智慧广电】 2022年，福建省广电局深化沉浸式高新视频实验室项目建设，省广播影视集团联合福州大学申报的“超高清视频智能处理关键技术研发及产业化”项目获评福建省科学技术进步奖一等奖。

参与全国一网整合，把中心工作、主责主业融入“数字福建”建设，加快广电5G一体化发展，拓宽“爱家驿站”服务领域，打造“互联网融合礼包”一站式视频消费平台，上线全业务统一运营IP平台。6月27日，举办中国广电5G网络服务福建启动仪式。

完成省级应急广播系统建设，对5个项目给予资金补助。建成福建省广播电视节目共享平台，推动省、市、县三级优质广播电视和网络视听节目资源共享。印发《关于开展基层广播电视公共服务网络标准化建设的通知》，推进乡镇广播电视公共服务标准化网点建设，建成省级示范网点26个。对8个乡镇和102个行政村智慧广电乡村工程试点建设项目进行验收，完成智慧广电乡村工程省级平台框架建设。

【实施“拍在福建”推广行动】 2022年，福建省广电局编印《电视剧拍摄服务指南（2022）》《福建故事（第一辑）》，更新上线福建省电视剧拍摄云勘景平台。推进厦门、平潭、泰宁等影视基地联动发展，平潭全域入选“全国影视指定拍摄景地”候选名录。推动福州等地出台影视产业扶持政策，指导上杭县、屏南县等成立官方协拍服务机构。举办第三届中国短视频大会，组织策划的中国电视剧大会获中宣部批准。制定《福建省网络视听产业基地（园区）认定管理暂行办法》，扶持13个广播电视科技创新项目。

【行业管理】 2022年，福建省广电局强化迎接中共二十大广播电视和网络视听宣传管理，落实广播电视宣传和网络视听宣传例会机制，建立市、县宣传通报会制度，规范市、县转播中央台和省台新闻联播节目。加强广播电视内容安全管理，建立和落实逐级约谈制度。组织做好中共二十大等重大直转播工作，对全省广播电视自办节目和网络视听节目进行监听监看，对80余档广播电视栏目、600余条新媒体节目开展评议，编发广播电视及网络视听监管简报57期、网络视听节目服务机构专项宣传报道情况报告18期。

遴选40名广播电视安全播出领域的专家人才，建立广播电视安全播出专家库。推进完善广播电视安全播出技术支撑体系建设，将安全播出监测对象扩大到各县融媒体中心，加大对县级安全播出工作督导。组织开展迎接中共二十大全省广电行业安全播出大检查，督促全省广电系统加强关键岗位和重点部位值班值守，完成中共二十大、北京冬奥会、冬残奥会等重要时间节点和重大活动的直转播工作及安全播出重要保障任务。

巩固文娱领域综合治理成果，执行电视剧管理规范，强化电视剧细节把关，健全闽派电视剧创作生产全流程质量管理体系。联合省委宣传部修订国有影视企业社会效益评价考核实施方案，落实专业频道巡查机制，严格广播电视广告每周巡查制度，开展“灰广播”、非法医药广告播出排查和虚假违法广告专项整治，完成69个省、市频道频率46轮广告巡查。开展网络微短剧和IPTV“清朗视听”专项整治，排查清理未经批准引进的境外纪实节目。配合网上“扫黄打非”工作部署，核查整改网络视听不良信息线索。

【重要活动】 2022年，福建省广电局组织举办第十四届海峡论坛·海峡影视季、第七届海峡两岸青年网络视听优秀作品展，开展“文化·记忆·交融”——两岸青年短视频创作营、海峡两岸影视人才交流与影视文化研究中心挂牌、两岸优秀电视节目展播等系列活动。承办第三届中国短视频大会，以“主阵地、主战场、最前沿”为主题，开展主论坛、8个分论坛及年度盛典、产业推介暨项目对接会等活动，发布2021中国短视频行业发展报告、2021年度全国短视频创新案例推荐以及短视频健康发展与行业自律倡议。举办“逐梦向未来”福建省第一届广播电视播音主持职业技能竞赛，决出金奖2名、银奖3名、铜奖5名以及“十佳广播播音员主持人”“十佳电视播音员主持人”。

（池华全）

新闻出版

【概况】 2022年，福建省新闻出版资产总额约923亿元，实现营业收入约772亿元。其中主营业务收入749亿元，利润总额约30亿元，分别较上年增长5.7%、23.9%、38.2%、−11.8%。全省出版图书5157种，总印数1.68亿册；报纸42种（不含校报），总印数6.31亿份；期刊174种，总印数0.2亿册。

【党的二十大精神出版传播】 2022年，福建省新闻出版局打造“党的二十大书系”主题出版矩阵，推出学习宣传贯彻党的二十大精神的图书13种。全省主流报刊出版单位及所办网络新媒体开设专栏专版，围绕党的二十大等开展主题宣传，全年刊发各类主题宣传报道超2万条。组织《福建日报》等党报参加中宣部新时代党报成就展。开展新思想探源计划，参与开展《习近平谈治国理政》第四卷和《闽山闽水物华新——习近平福建足迹》的出版发行、学习研讨、宣传宣讲等各项工作，截至2022年底，两套读物的全省发行量均超过151万册。

【出版精品创作】 2022年，《闽山闽水物华新——习近平福建足迹》《诗在远方——“闽宁经验”纪事》获第十六届精神文明建设“五个一工程”奖，《小象日记》获第七届“中国科普作家协会优秀科普作品奖”科普图书类银奖，《当代文学的转型与新创——互联网时代的文学史观察》获第八届鲁迅文学奖文学理论评论奖提名，1人入选国家2022年度出版融合发展优秀人才遴选培养计划，7家出版社入选“2022中国图书海外馆藏影响力出版100强”。108个项目入选中宣部、国家出版基金、国家社科基金、国台办等国家重点项目，其中《重卡雄风》等4个选题入选2022年中宣部主题出版重点出版物目录，《中国老学通史》等9个项目入选2022年度国家出版基金资助项目，《中国福建濒危民族音乐》等5个音像项目入选2022年度“中华民族音乐传承出版工程精品出版项目”和“十四五”时期发展规划。《八闽文库·福建民间契约文书》（11卷50册）结集出版，组织力量编辑出版“闽西红色摇篮”系列丛书等。评选出2022年度“闽版好书”10种、提名奖图书10种；评选出省重点出版立项项目70个和优秀出版项目34个；评选出《福建日报》的“屏山君”等2022年福建省报刊十大名栏目。

【出版产业】 2022年，福建省新闻出版局制定出台《福建省关于推进新时代古籍工作的实施意见》《福建省关于推动出版深度融合发展的实施方案》，全年全省出版图书2515种、音像电子产品45种（音像23种、电子22种）。海峡都市报社“智慧海都”产业数字化平台入选中国报业深度融合发展60个创新案例，厦门吉比特网络游戏股份有限公司、福建网龙公司分别获评“中国互联网综合实力前百家企业”。15家印刷企业入选中国印刷包装企业百强榜，厦门合兴包装印刷股份有限公司继续位居榜首，福建省入选总数继续位居全国第一。认定10家省示范印刷企业以及29家省示范实体书店，福建新华发行集团宁德分公司图书城和漳州市芗城区博文图书文化有限公司新华西路店获得“首届全民阅读大会·年度最美书店”称号。组织德化陶瓷产业参加第三届江苏（南京）版权贸易博览会，总结推广“德化经验”；指导海峡出版发行集团开展“区块链+版权”试点工作，探索在区块链技术体系下的全流程版权保护、管理、开发利用。

【公共服务提升】 2022年，福建省广电局全面推行“网上办”“邮寄办”工作机制，全年办理政务服务事项超24.5万件，全程网办超24.4万件，群众对办事满意率100%。组织开展第八届海峡读者节及第十六届“书香八闽”全民读书月活动，举办活动580余项，参与读者270多万人次。组织开展“我的书屋·我的梦”农村少年儿童阅读实践活动，评选出优秀作品383件。编制发布《福建省青少年分级阅读推荐书目》（2022）和《福建省家庭分级阅读推荐书目》（2022），评选出15个全省全民阅读优秀项目和12个优秀入围项目。在全省升级改造近500家红色书屋，认定22家示范书屋，重点打造“新华书屋”“党建书屋”等特色书屋，相关经验被《全国农家书屋工作简报》专版刊载并向全国推广，全年在人民网等主流新媒体平台刊发农家书屋宣传报道80余篇。创新规划省印刷发行业智慧管理服务平台并完成1期建设。完成2022学年春秋季中小学教科书核价以及印制发行工作，发行1.31亿册、码洋9.57亿元，确保“课前到书，人手一册”。组织开展“4·26”世界知识产权日版权宣传活动，在福建少儿出版社《小火炬》杂志上连载版权系列漫画，在“福建版权”抖音号、“海博TV”等平台播放《1分钟普及知识产权》，举办“版权保护进企业·福昕软件在行动”宣传活动，向全省干部群众手机端发送版权宣传短信4700余万条次。开通“福”文化、闽台港澳作品加急版权登记绿色通道，配合省发改委，把作品登记列入各市营商环境考核指标，2022年全省著作权登记数量超28万件，位居全国第四。

【出版市场监管】 2022年，福建省新闻出版局履行重大选题报备制度，全年备案重大选题13件；从严进出口图书管理，全年审查进口图书书目2231批次、27.23万种、593.05万册。加强出版审读和出版物鉴定工作，约谈问题出版物的出版单位。开展“3·15”质检活动，抽查出版产品印制及环保质量269种2067册，涉及34家出版单位和74家印刷企业，合格率100%；对全省新闻机构全覆盖开展“打假治敲”专项行动，核查相关案件9起，行政处罚2起。

【版权执法】 2022年，福建省新闻出版局组织2216家单位、5801人次参加软件正版化工作培训，全省党政机关采购正版软件授权69.27万个，推进1237家国有企业完成软件正版化整改任务。开展“冬奥会版权保护专项行动”，删除涉嫌侵权链接657条，查处微信公众号17个，行政立案查办7起；开展“青少年版权保护季行动”，查处3起侵犯青少年读物著作权案件，删除违规购书链接2600多条，下架155种图书；开展“剑网2022专项行动”，清理无资质网站接入1713个，约谈企业4家。

【扫黄打非】 2022年，福建省新闻出版局出动各类执法人员4.2万人次，检查各类文化企业和经营单位8.3万余家次。新建成扫黄打非工作站285个，总结推广泉州市、省邮政管理系统扫黄打非进基层工作经验。新建“护苗工作站”524个，举办“护苗”网络安全课13198场次，覆盖中小学生417.37万人次。开展“护苗”“绿书签行动”等宣传活动3561场，印发“护苗”宣传海报53.8万份、“绿书签”67.96万张。

【出版合作交流】 2022年，《菌草技术与生态治理》等2个项目入选2022年经典中国国际出版工程项目，《深蓝色的七千米》等3种图书外文版入选丝路书香工程重点项目，《长江中游的人地关系与地域社会》等2个项目入选2022年度国家社科基金中华学术外译项目。第六届东南亚中国图书巡回展在东南亚多国举办，达成图书版权输出合作意向354项，销售图书码洋逾50万元，举办版权对接会132场，深入东南亚各界赠书2000余册。全省3家出版单位的19个项目实现多国家、多语种的版权输出。在厦门举办第十八届海峡两岸图书交易会，会上达成两岸版权交易及相关产业项目合作312项，比上年增长22%，促成两岸图书交易额4020万元。

（李慧宏）

【海峡出版发行集团】 2022年，海峡出版发行集团实现营业收入42.28亿元、利润总额4.39亿元，分别增长7.03%、8.38%，超额完成省委宣传部、省财政厅下达的指标任务和集团年初预订的目标。2022年，海峡出版发行集团被授予福建省习近平新时代中国特色社会主义思想研究中心宣传基地，是唯一连续11年获评福建省文化企业十强的单位。

主题出版。《闽山闽水物华新——习近平福建足迹》出版，全年发行136.7万册。《摆脱贫困》累计推出4个外文语种、2个少数民族语种，在世界100多个国家、地区广为传播。在第十六届精神文明建设“五个一工程”奖中，《闽山闽水物华新——习近平福建足迹》获特别奖，长篇报告文学《诗在远方——“闽宁经验”纪事》获优秀作品奖。5个选题入选中宣部主题出版重点选题。

书香八闽建设。加大政治理论读物宣传发行工作位列全国第一方阵。做好教材教辅发行工作，完成“课前到书、人手一册”政治任务。举办第八届海峡读者节、首届福建新华阅读大会、“喜迎二十大·书香伴我行”图书展陈、主题阅读等活动。开展图书漂读业务，设立漂读点104个。用好“新华·党建空间”“新华·阅读中心”“新华·作家空间”“新华·阅读志愿者联盟”等平台，推进全民阅读“八进”工作，开展线上线下阅读推广2.06万场次。

转型升级。推进国家“区块链+版权”创新应用试点工作，在技术研发、平台建设、场景应用、市场推广等方面逐步展开，全集团数字经济实现营业收入超1.5亿元，比上年增长43.21%。推进海峡出版业务大楼建设。实施印务技改项目，加强与央企、省属单位、重点数字企业战略合作。

对台对外交流。完成第十六届金门书展（台、澎、金、马）巡回展，被国台办列为“2022年对台重点交流项目”。参与承办第十八届海峡两岸图书交易会，集中展示集团新时代10年两岸融合发展相关精品图书。与福建省台湾同胞联谊会联合举办“书香两岸迎新春”活动。参与第十二届全球海外华文书店中国图书联展，举办澳大利亚、西班牙新春书展和新西兰第二十届中国（福建）图书展。在新西兰陶朗加图书馆设立“中文图书角”。抓好“福”文化图书出版，“福”字文创品和“福”文化宣传册送往海外近30个国家和地区。实现版权输出46种，出口码洋近300万元。 （林植群）

历史文化遗产

【物质文化遗产保护】 2022年，福建省文旅厅开展全省世遗遗产点本体保护。审核批复安平桥晋江段桥墩（试验段）保护修缮、顺济桥遗址保护一期工程（抢险、加固）勘察设计、华庆楼修缮工程设计等10项遗产点本体保护修缮方案，实施鼓浪屿廖家别墅（漳州路48号）保护修缮、美国领事馆旧址保护修缮、振成楼耳房修缮等5项遗产点本体保护修缮工程，完成鼓浪屿八卦楼加固及保护修缮、河坑土楼群之阳照楼保护修缮、衍香楼保护修缮等9个遗产点修缮工程的竣工验收工作；探索世界遗产文物建筑数字化保护工程，批复泉州文庙数字化保护方案等2个数字化保护方案。泉州市编制完成并公布实施《“泉州：宋元中国的世界海洋商贸中心”世界遗产保护管理办法》《“泉州：宋元中国的世界海洋商贸中心”系列遗产管理规划（2021—2030年）》。南平市编制并实施《武夷山世界文化与自然遗产保护管理规划（福建部分）》。7月，福建省文旅厅举办2022年全省世界文化遗产保护管理培训班，全省世界文化遗产保护和管理工作者100余人参加培训。

【考古挖掘与科研】 2022年，福建省完成平潭龟山遗址、西营遗址、浦城马道坪遗址、武夷山屏山书院遗址、城村汉城杉树下遗址、安溪青阳冶铁遗址（第四期）等6处主动性发掘工作。完成建阳邵部前遗址和长历岗遗址、福州晋安区明墓、顺昌谢厝后门山窑址等抢救性考古发掘项目。启动实施漳州圣杯屿元代沉船抢救性考古发掘项目。完成川气东送天然气管道工程闽浙支干线（福建段）、福州现代物流城、西三线闽粤支干线与漳州LNG外输管道联通工程等50处基本建设项目文物调查勘探。福建水下考古（平潭）基地正式揭牌成立。将乐考古标本库房开工建设。“考古中国”重大项目——南岛语族起源与扩散研究正式启动。编辑出版《连江浦口窑址》《泉州城遗址考古发掘报告（泉州南外宗正司遗址2020年·泉州市舶司遗址2019—2021年）》《武夷山城村汉城遗址发掘报告1997—2020》《福建抗倭遗产调查与初步研究》等著作。城村汉城考古遗址公园入选第四批国家考古遗址公园名单，南山考古遗址公园、苦寨坑窑遗址考古公园、德化窑考古遗址公园入选第四批国家考古遗址公园立项名单。

陆地和水下考古均重要发现。在平潭西营遗址贝壳堆积中发现新石器时期的人骨，在龟山遗址发现台基、房址等遗迹。在浦城马道坪遗址发现2座新石器时代晚期升焰式圆窑，至2022年底，是福建省内发现、保存最为完整的新石器时代陶窑。富屯溪流域（光泽）考古调查发现先秦时期遗址点62处，其中新发现遗址点29处。在何家潭遗址山脊处发现数段不晚于青铜时代的人工垒墙遗迹以及生活区、墓葬区等较清晰的聚落分区。在武夷山屏山书院遗址考古发掘一组明清时期和宋元时期的建筑及附属遗迹，并出土一批写墨书瓷片。在厦门宝珠屿和鼓浪屿外剑礁水下考古调查发现2处水下遗存，分属于南宋、清末两个时期，系第一次在厦门海域发现南宋时期沉船遗址。漳州圣杯屿元代沉船水下考古发掘采集、发掘出水元代晚期龙泉窑瓷器1500余件（套），为探索海上丝绸之路等提供科学依据和实物资料；漳州古雷半岛周边海域水下考古的沙洲岛元代沉船遗址，出水文物478件，其中竹制航海量天尺为国内发现的唯一一把完整的宋元时期航海量天尺。

【重要陈列展览】 2022年，福建省文旅厅组织举办“福建古代音乐文物展”“福建苏区文物展”“全省非国有博物馆联展”等。毛泽东才溪乡调查纪念馆的“才溪乡调查统计研习专题陈列展”列入国家文物局2022年度“弘扬中华优秀传统文化、培育社会主义核心价值观”主题展览全国推介项目。福建省革命历史纪念馆的“红色福建——新时代、新福建”列入全国重点推介项目。福建博物院社教项目“我是小小策展人”入选由中共中央宣传部志愿服务促进中心、国家文物局博物馆与社会文物司共同主办的“喜迎二十大，强国复兴有我——青少年中华文物我来讲”优秀博物馆志愿服务推介项目。福建博物院引进以三星堆文物为主的青铜文明特展。

福建省古田会议旧址群入选国家文物局编制的《全国革命文物保护利用案

2022年5月18日，“声声慢·心弦动——福建古代音乐文物展”在福建博物院开展 （省文旅厅 供图）

例集（2022）》。该案例集从全国近年300多项革命文物保护利用优秀成果中遴选出18个最具创新性、代表性的案例；古田会议纪念馆、福建省革命历史纪念馆入选教育部办公厅、国家文物局办公室联合设立的中华优秀传统文化、革命文化、社会主义先进文化专题实践教学100个基地名单；古田会议会址和古田会议纪念馆、谷文昌纪念馆入选教育部办公厅、中国关心下一代工作委员会办公室联合设立的党史新中国史教育专题实践教学81个基地名单。

【革命文物普查】 2022年5月，中共福建省委宣传部、福建省文物局共同下达《关于持续开展革命文物名录公布工作的通知》，部署开展第二批革命文物普查工作。10月底完成统计，11月召开专家论证会，并征求中共福建省委宣传部、省委党史和方志办意见，形成第二批革命文物名录，包括不可移动文物174处、可移动文物461件套。9月，省文旅厅部署红色标语普查工作，至年底，完成红色标语统计2000余条。

【全国重点文物保护单位保护】 2022年，福建省先后开展平和县福建土楼——庄上大楼、鼓浪屿近代建筑群、福州市仓山区张经墓、上杭县官田李氏大宗祠本体、永春县苦寨坑窑遗址本体保护加固等64项文物保护修缮工程。先后完成玉井坊郑氏大厝、峡阳民居之大衙土库、水西林建筑群之林应宪宅、铁坑李三娘祖殿、龙滩桥等22项文物保护修缮工程的竣工验收工作。

【海丝文化】 2022年，福建省启动圣杯屿元代沉船遗址水下考古发掘工作，累计出水文物近千件。该项目为国家文物局"十四五"水下考古重点项目。福州市编制《福州市海上丝绸之路文化遗产保护与申遗总体方案》；莆田市完成《莆田市海上丝绸之路史迹保护条例》立法调研报告，继续推进影响历史风貌的现代建筑外立面整治提升工程；漳州市实施南靖东溪窑遗址公园建设。

省文旅厅向文化和旅游部报送4部视频，其中海丝泉州、静心泰宁2部入选中国旅游海外推广网"最美四季"活动展播，永定客家土楼在文化和旅游部2022年中国旅游课程多语种学习平台发布。在新华网、闽声杂志、华人头条APP及委托新华网运营的脸书、推特、Youtube三大国际社交媒体平台上开展福建文化和旅游宣传。亮相2022中国国际旅游交易会、2022中国—东盟博览会旅游展等展会，分别获得最佳组织奖、最佳展台奖和最佳组展奖、最佳创意奖。

【非物质文化遗产保护】 2022年，包含福建省武夷岩茶（大红袍）制作技艺等6个国家级非遗代表性项目的"中国传统制茶技艺及其相关习俗"入选联合国教科文组织非物质文化遗产名录，福建省累计有9个项目入选联合国教科文组织非遗名录（名册）。全省累计有国家级非遗代表性项目145项，位列全国第10位；代表性传承人143人，位列全国第5位。评选公布第七批省级非遗代表性项目，新增省级非遗代表性项目188个，累计705个，保护单位775个。组织开展2021年国家级非遗代表性传承人评估，全省23名国家级非遗代表性传承人被评为优秀。印发实施《福建省省级文化生态保护区管理办法》，举办闽南文化非遗周品牌活动。组织举办2022年春节期间"文化进万家——非遗直播家乡年""文化和自然遗产日"非遗宣传展示活动。参加中国非物质文化遗产博览会、2022年薪传奖传统工艺大展、"新疆是个好地方"对口援疆非遗展等活动。 （林 桦）

档案工作

【概况】 2022年，福建省有档案主管部门（含挂牌单位）94个，含省级1个、设区市9个、平潭综合实验区1个、县（市、区）83个。全省各级各类档案馆117个，其中国家综合档案馆94个、国家专门档案馆16个、部门档案馆2个、企业档案馆1个、事业单位档案馆4个。全省各级机关、团体、企业事业等单位档案室1587个。2022年，全省各级各类档案馆接收纸质档案174.8万卷、174.4万件，电子档案62131.2GB。截至2022年底，全省各级各类档案馆馆藏纸质档案2406.3万卷、1873万件，电子档案593764.1GB；纸质资料19.4万册，电子资料19043.1GB。

2022年，全省各级档案网站15个，2022年总访问量126.6万人次。档案微信公众号29个，2022年推送文章23045篇，"福建档案"夺得副省级以上档案微信公众号排行榜第二名、省级第一名。爱国主义教育基地61个，2022年举办各类档案展览125个、接待参观31.4万人次。公开出版档案资料13种、516.6万字，内部参考资料56种、892.6万字，期刊3种。

【档案管理与服务】 2022年，福建省档案局围绕"喜迎二十大·档案颂辉煌"主题，通过展览、直播、讲座、专栏等形式，开展群众喜闻乐见的宣传活动。档案部门主办的"共同家园、共同记忆——闽台关系档案文献展"，成为第十四届海峡论坛的重要项目之一。省档案局、档案馆参与在京举办的"奋进新时代"主题成就展福建展区工作，出版由中宣部组织的国家重点图书出版规划项目"纪录小康工程"之《全面建成小康社会福建影像记》，联合省档案学会、部分设区市档案馆举办"档案里的辉煌记忆"直播特别节目。

依法管档治档工作。配合出台《福建省红色文化遗存保护条例》，并明确档案主管部门为红色文化遗存管理部门，推进《福建省"迁台记忆"档案文献保护条例》立法和《福建省档案条例》修订。出台《市、县两级档案事业发展检查评估标准（试行）》《机关、团体、企业事业单位档案工作检查评估标准（试行）》，组织对市、县（区）、省直单位、高校、档案服务机构等开展常态化监督检查。印发《福建省侨批档案保护与利用办法》《福建省侨批档案备案登记暂行规定》，联合有关部门印发《福建省退役军人人事档案管理利用办法（试行）》《福建省社区矫正档案管理办法》《关于进一步加强高等学校档案工作的通知》。

档案资源体系建设。“清代民国客家祖地族谱”入选第五批《中国档案文献遗产名录》。推动以省“两办”名义印发《关于进一步加强重特大事件档案工作的通知》，加强重特大事件档案管理。根据机构改革情况，调整省档案馆接收档案单位。审核下拨全省国家重点档案抢救和保护项目资金274万元，组织6个项目申报2022年国家重点档案保护与开发项目并获批资金465万元。推进省委领导重要活动和新闻单位宣传报道档案归集，完成6家省级新闻单位编制文件材料归档范围和档案保管期限表审查。福州、莆田、宁德市完成市级新闻单位宣传报道档案保管期限表审批，三明市制定归集方案模板推进新闻宣传报道档案归集。推动脱贫攻坚、疫情防控档案归集并建立专题数据库。省档案馆和厦门、漳州、泉州、南平市档案馆征集、征购一批涉台档案资料，莆田市推进“援宁援疆援藏”档案归口收集，龙岩市与市融媒体中心共建闽西红色档案“记忆库”，宁德市建成“闽东初心记忆照片”档案库并征集到一批畲族文化及非遗相关档案资料。

经济领域档案工作。省档案局组织对29个省重点建设项目档案进行验收，省交通运输厅加强建设项目档案管理。省档案馆、省水利厅和漳州市档案部门协同筹建“向东渠事迹展示馆”，厦门、泉州、南平市分别指导做好2022两岸企业家峰会年会、纪念郑成功收复台湾360周年纪念大会和省第十七届运动会、第十一届老年人体育健身大会等重大活动档案管理。福州市开展国企改革档案处置规范化管理工作，宁德市印发《宁德市非物质文化遗产档案管理办法（试行）》，南平市强化重点项目档案分级分类管理，三明市深化“档案+社会治理”工作机制，龙岩市规范乡镇档案管理工作。

社会民生档案工作。全省94家综合档案馆接入全国档案查询利用服务平台，开展跨地区开放档案利用共享服务。省档案馆依托人工智能提高开放审核效率，完成120多万件馆藏档案开放审核工作，向社会新增开放3批次馆藏档案共计10个全宗7.8万件，编纂出版《福建省档案馆指南》及全省档案利用服务案例汇编《档案有什么用?》（第二辑）。福州、漳州、三明市与当地政务APP对接，实现民生档案查阅；南平市打造档案利用“一站式”服务；宁德市建设民生档案自助查询出证系统，实现涉外婚姻档案查询出证；平潭借助“12345”平台，实现民生档案信息在线自助查阅。

【档案信息资源开发利用】 2022年，福建省档案局、档案馆联合省台港澳办、省台联开展涉台涉侨档案工作。面向社会公开征集“迁台记忆”档案文献，入选“2022年闽台关系十大新闻”。在厦门市举办“共同家园，共同记忆——闽台关系档案文献展”，助力两岸融合发展。省档案馆承接国家社科基金重大项目“中国侨汇档案整理与研究（1915—1995）”子项目课题，征购一批侨批档案及相关华侨档案文献，建立全省各级档案馆馆藏侨汇档案目录数据库。联合省广播影视集团拍摄纪录片《走近侨批》，分别与新加坡国家文物局以及苏州、泉州市档案馆等共同举办“无限江山笔底收——新加坡早期中文报业与星闽记忆”“海丝情忆——丝绸与侨批档案文献遗产展”等展览。泉州市面向全球华人举办“世界记忆遗产·侨批”主题文学创作大赛，泉州侨批馆接待4万多人次参观。

【档案馆基础业务建设】 2022年，福建省档案局每季度跟踪省档案馆和市级综合档案馆业务建设评价问题整改情况，定期通报工作进展，督促整改落地落实，实施评价整改“后半篇文章”。各设区市和平潭综合实验区综合档案馆业务建设评价发现问题216个，完成整改125个，完成率57.8%。

档案信息化工作。福建省数字档案成果连续六届亮相数字中国建设峰会，出台省地方标准《工程建设项目电子文件归档一体化管理技术要求》，省档案局、档案馆参与起草的国家行业标准《电子档案单套管理一般要求》发布实施。“省直机关电子档案一体化集中管理平台”上线运行。福州、厦门、泉州、宁德等地加快推进电子档案中心或一体化集中管理平台建设，平潭综合实验区公安局和福州市公安局地铁分局数字档案室建成全省首批“福建省示范数字档案室”。省档案馆存量档案数字化率99.8%，福州、泉州、三明市档案馆数字化率达到100%，26家县级档案馆数字化率达到100%。

档案安全管理。继续将“档案安全工作”纳入平安建设考核评价内容，推动将各级档案局列入当地消防安全委员会成员单位，将“档案馆安全管理”纳入各级政府安全生产和消防工作目标责任单列考核。省档案局落实省消安委成员单位职责，常态化部署档案安全工作。省档案馆完成综合安防设施提升改造项目建设。国网福建电力有限公司基于物联网等技术，建成三维立体可视化智能档案库房，实现省公司及多个所属单位档案一体化管理。

【档案馆馆库建设】 2022年，漳州市、南平市和芗城区、长泰区、丰泽区、安溪县、浦城县等一批综合档案馆新馆建成投用，厦门市、泉州市档案馆新馆和平潭综合实验区档案与大数据中心大楼以及长乐区、连江县、龙海区、漳浦县、华安县、东山县、云霄县、洛江区等地档案馆新馆建设取得进展，龙岩市及晋安区、集美区、翔安区等新馆项目加快推进。

【档案科研和学术研究】 2022年，福建省档案局、省档案馆等单位承担的“基于数字档案的人工智能档案开放审核系统实现研究”和“信创环境下基于‘文档一体化’‘馆室一体化’原则的电子文件归档系统与电子档案移交接收系统开发应用研究”两个项目，通过国家档案局验收。省档案局、省档案馆承担的“乡村记忆档案保护与开发研究”项目，获2022年度国家档案局优秀科技成果三等奖。省档案馆承担的“基于分布式对象存储技术的档案数据长期安全保存一体化平台实现研究”项目，获得国家档案局科技项目立项。

【政府信息公开查阅利用】 2022年，

福建省各级各类档案馆开放档案208.8万卷、531万件，开放案卷级档案目录161万条、文件级档案目录1721.2万条。全省累计有政府信息公开查阅场所89个，全年利用政府公开信息1346人次、2323件次，利用资料2698人次、36759册次。（梁伟灿）

旅游业

【概况】 2022年，福建省3522家规模以上文化企业实现营业收入6749.0亿元，比上年增长9.29%，高于全国平均水平8.4个百分点。全年接待国内旅游3.91亿人次，实现国内旅游收入4306.54亿元，分别恢复到2019年的78.1%和62.3%，比全国平均恢复水平分别高出18.3个和18.6个百分点，在华东地区位居前列。

【A级旅游景区】 2022年，福建省新增A级旅游景区43家，其中国家AAAA级景区12家（福州长乐闽江河口国家湿地公园景区、三明明溪滴水岩红色旅游景区、三明泰宁九龙潭景区、南平顺昌洋口红色旅游小镇景区、龙岩长汀汀江国家湿地公园景区、漳州高峰谷景区、泉州溪禾山铁观音文化园、宁化天鹅洞景区、福建三钢工业旅游区、宁德柘荣鸳鸯草场景区、南平松溪梅口埠景区、南平政和中国白茶小镇·石圳湾景区），国家AAA级及以下景区31家。截至2022年底，全省有A级旅游景区462家，其中国家AAAAA级旅游景区10家11处，成为全国第二个实现“市市有5A”的省份；国家AAAA级旅游景区115家，AAA级及以下旅游景区337家。

【省级旅游度假区】 2022年，福建省文旅厅新评定省级旅游度假区4家，分别为泉州八仙过海旅游度假区、连江环马祖澳滨海旅游度假区、永泰葛岭旅游度假区、长乐滨海旅游度假区。

【红色旅游】 2022年，连城县新泉整训红色旅游区、龙岩永定牛牯扑红色景区、龙岩傅连暲将军故居景区等3家红色景区创建为国家AAA级旅游景区。龙岩上杭县古田镇入选全国首批红色旅游融合发展试点单位。

【乡村旅游】 2022年，福建省6个村（三明市霞鹤村、莆田市后黄社区、永泰县大喜村、宁德市东壁村、龙岩市中复村、厦门市澳头社区）入选第四批全国乡村旅游重点村，3个镇（福州市苏平镇、龙岩市湖杭镇、泉州市崇武镇）入选第二批全国乡村旅游重点镇。省级文旅部门开展福建省“全域生态旅游小镇”和“金牌旅游村”遴选培育工作，培育31个福建省“金牌旅游村”，30个福建省“全域生态旅游小镇”。

【国家工业旅游示范基地】 2022年11月14日，文旅部官网发布国家工业旅游示范基地的公示，福建省三钢工业旅游区入选国家工业旅游示范基地。福建三钢工业旅游区位于福建省三明市，旅游区以钢铁工业观光工厂为蓝本，全面展示铁矿石百炼成钢的过程，是一部“钢铁是这样炼成的”标准教科书，也是一部展示新中国钢铁工业历史和传播钢铁文化的专题宣传片。12月，福建省三钢工业旅游区被确定为国家AAAA级旅游景区。

【文旅产业统筹管理】 2022年，福建省委办公厅、省政府办公厅联合印发《福建省推进文旅经济高质量发展行动计划（2022—2025年）》，明确文旅经济高质量发展的总体思路、发展目标和十大行动33项重点任务。成立省旅游产业发展领导小组，印发领导小组《工作规则》《成员单位职责》《办公室工作细则》等制度文件，制定《2022年促进旅游业高质量发展责任单位工作任务》，以制度促管理，以清单促落实。省文旅厅印发《关于促进文旅经济2022年一季度“开门红”工作措施》，引领文旅经济“开门红”；牵头召开省旅游产业发展小组2022年文旅经济工作专题会议，统筹谋划推进文旅经济高质量发展。

文旅新型业态培育。2022年，省级财政安排超过1000万元支持原创音乐创作、旅游演艺提升和精品剧目展演展播，支持各地举办音乐季、民俗节庆、旅游演艺和文创市集等主题活动。福州烟台山《雀起无声》《厦门喜事》、泉州《时空之旅·光明城》、武夷山《相声新势力》等一批沉浸式演艺活动成为市场新亮点。打造“福往福来”海上游项目，开通全省首条跨城跨岛“平潭至莆田湄洲岛”海上旅游路线。武夷山《印象大红袍》第三季度演出195场，观众近27万人次，分别比上年增长110%和121%。研学旅游成为市场恢复热点，以暑期市场为主的第三季度，全省接待学生游客近2500万人次，增长35.4%。

旅游行业恢复发展。省文旅厅联合省发改委、财政厅出台《关于支持文旅行业恢复发展的纾困帮扶措施》，安排省级财政资金3500万元对重点领域企业以奖代补，安排500万元对引客入闽的旅行社兑现奖励。累计暂退1203家旅行社旅游服务质量保证金2.48亿元。会同省财政厅等部门推出文旅专项贷，支持创新性、成长型中小微企业发展。会同中国人民银行福州中心支行印发金融支持文化和旅游行业恢复发展措施7条。联合福建银联推动文旅小微企业（商户）纳入中国银联“红火计划”，累计纳入企业超过6万家，减免企业手续费约145万元。遴选推送第二批230家文旅企业“白名单”，累计325家文旅企业通过“金服云”平台成功申请纾困专项贷，合计授信7.95亿元、放款6.84亿元。支持各地申报地方政府专项债文旅领域项目116个、总金额57.02亿元。实施设备购置与更新改造贷款财政贴息政策，全省成功申报文旅项目10个，贷款规模5.1亿元，发放贷款1.46亿元。

文旅消费。2022年，省文旅厅推进5个国家文化和旅游消费试点城市建设，打造城市特色夜游品牌。指导泉州市出台《泉州市推进国家文化和旅游消费试点城市建设实施方案》。厦门市中山路步行街等6处入选第二批国家级夜间文化和旅游消费集聚区，福建省国家级夜间文化和旅游消费集聚区达11个。联合省商务厅举办“全闽乐购·福见商旅”“全闽乐购·万企百日惠福品”促消费活动，全省发放文化和旅游消费券超1.2亿元，累计带动消费超百亿元。依托移动支付便民工程，推进全省113家景区、街区参与银联支付便利化改造，覆盖商户6339家。联合中国人民银行福州中心支行、省农业农村厅出台《福建省支付服务助力乡村振兴实施方案》，优化提升乡村旅游移动支付环境。

文旅重点项目投资。制定《2022年全省文化和旅游重点推进项目工作方案》《福建省文化和旅游重点项目管理办法（试行）》，提升建设文化和旅游项目信息管理系统。全年全省重点推进在建项目209个，年计划投资195.12亿元，实际完成投资206.12亿元，占年度计划的105.64%。福州大东湖温泉度假村、厦门海上世界一期项目、平潭国际演艺中心、泰宁湖滨静心康养休闲基地等重点项目建成并投入运营。全省累计签约项目194个，总投资超过1400亿元。“311”重大项目有序推进，全省30个重点签约项目，开工建设16个，总投资317.18亿元；100个重点招商项目，签约落地26个，总投资371.96亿元。借助“9·8”投洽会，举办“投资福建·赢在未来”文化和旅游项目专场招商推介；投洽会期间，18个项目签约，其中厦门佩索纳高端酒店项目总投资63亿元。第七届闽商大会上，福清融孚南岭农旅产业综合体列入全省集中签约50个重大产业项目，总投资51.8亿元，该项目年内已开工建设。

【文旅创意营销】 2022年，福建省文旅厅以“福味”为脉，以“沙县小吃”为元素，策划的《来福建·享福味》文旅创意广告片，入选文化和旅游部、国家广电总局举办的第二届全国公益旅游广告，获南方周末年度视频营销案例奖。近200家媒体宣传报道，传播受众超2.57亿人次，登上新浪微博同城热搜第一名、B站全站热门榜第二名、抖音热榜同城榜第三名。

文旅新业态发展。省文旅厅延续“福味”主线，组织指导全省各地举办2000多场文化和旅游主题活动。联合省委网信办、南平市政府，在武夷山共同主办“浪漫武夷，风雅茶韵—享受无与伦比的国家公园”茶文旅活动。联合省委网信办、三明市政府，在沙县举办2022年“中国旅游日”福建分会场主题活动暨“沙县小吃·福味”启动仪式，推动“福”文化植入全国沙县小吃连锁店，首批进驻3000家。举办“2022好吃好玩享福味”福建旅游美食季，组织全省各地推出福建“百碗特色美食”“百个美食街区”“百条美食线路”。和地市政府共同联办宁德世界地质公园文化旅游节、厦门中秋博饼文化旅游节等活动。联合体彩、福彩推出全省首款以世遗“福建土楼”及品牌景区为主题的彩票文旅宣传。组织开展“福往福来海上游”首航、2022年浙皖闽赣国家生态旅游协作区线上推进会、《边走边唱》中国音乐旅行综艺福建行、携程BOSS直播带游、“一起动起来，去游1号滨海风景道”启动仪式、福建品牌景区进高校等多场主题营销活动，推动文旅新业态发展。

央地联动宣传。省文旅厅与中央广播电视总台视听新媒体中心共同启动《乘着大巴看中国——闽山闽水物华新》融媒体直播活动，邀请中央广播电视总台主持人朱迅、尹颂、孟湛东，以及演员戴军、羽毛球世界冠军林丹等嘉宾作为“文旅体验官”，以“山海与美食”为媒介，以“线上征集＋直播节目＋线下打卡”为引擎，立足于福建文化和旅游融合发展，发挥媒体融合传播优势，探索民风民俗、人文历史及独特的旅游风貌。全网观看量逾4139万人次，相关话题累计阅读量超2.3亿次，相关话题冲上热搜5次。央视频客户端、央视频微博、视频号、抖音、快手、B站等新媒体平台同步发力。活动多次被人民网、新华网、光明网、央广网、中国网、中国新闻网等20家央媒、党媒宣传刊发。

旅游产品策划。省文旅厅针对暑期、周末、冬日文旅市场，先后策划推出“4个100”及“八闽有福、冬日游礼”等特色文旅主题活动，实施做热市场的8条措施，策划“欢喜聚福”“非遗集福”“好戏送福”“分享有福”“年味享福”“锦礼派福”六大主题，推出198个网红打卡地，涵盖潮玩、亲子、露营、康养、滨海、美食、文化体验等业态；联动全省出台500余项文旅惠民措施，包括景区优惠联卡、全域旅游卡等，形成文旅惠民政策“大礼包”。全年围绕季节主题推出300多条旅游线路，其中包括56条“周末趣游、每周一线”微旅游线路产品、10条清新赏花线路攻略和涵盖全省的“福”文化主题、四季游、城市游、乡村游、森林步道游等微旅游线路，打造“周末微旅行”。

统筹宣传讲好文旅故事。省文旅厅借助权威媒体平台，连续9年投放央视《新闻联播》前提示收看广告。发挥人民网、新华网等主流媒体资源平台，用好微信、微博、抖音等新媒体，通过专题专版专栏等方式，开展“清新福建”“福文化”品牌宣传。

【数字文旅】 2022年，福建省文旅厅制定《推进数字文旅高质量发展的实施意见》，完善发展全省数字文旅顶层设计。开展省文旅单位智能导览建设专项提升行动。完成数字文旅系统融合与提升一期工程招标，正式启动项目入场建设。指导“一部手机全福游”平台上线“清新艺苑”“博物馆”“微旅游”等板块功能。全年有2个案例入选2022年智慧旅游适老化示范案例。

【文旅标准化培训与修订】 2022年，福建省文旅厅组织举办2场标准化知识培训，邀请省标准化研究院专家进行授课，80多名文旅标准化工作人员参与培训。围绕2022年世界标准日的国际主题“美好世界的共同愿景”和中国主题“数字时代的标准化”，开展“10·14”世界标准日宣传。针对旅游领域部分标准的修订，印发《旅游民宿基本要求与等级划分》《旅游度假区等级划分》《旅游厕所质量要求与评定》《福建省标准化管理办法》等材料。完成福建省地方标准《智慧景区等级划分与评定》的修订工作和旅游行业标准《旅游虚拟现实资源采集、产品制作和网络共享服务技术规范》的制定工作。（林 桦）

编辑：郑 菜

卫生 体育

卫生健康

【概况】 2022年，福建省医疗卫生机构29117个，比上年增加639个。其中，各级各类医院720个，增加9个；社区卫生服务机构731个（含社区卫生服务中心240个、社区卫生服务站491个），增加6个（均为社区卫生服务中心）；乡镇卫生院890个（含中心卫生院223个、乡卫生院657个），增加1个；村卫生室16755个，减少92个；门诊部和诊所9575个，增加573个；疾病预防控制机构101个，增加1个；卫生监督机构85个，减少2个；专科疾病防治机构21个，增加2个；妇幼保健机构94个。全省孕产妇死亡率、婴儿死亡率、5岁以下儿童死亡率分别为8.35/10万、2.17‰、3.21‰。

2022年，全省医疗机构床位232425张，比上年增加8612张，增长3.8%；全省每千人口医疗机构床位5.55张。全省各级各类医疗卫生机构有人员379727人，增加13875人，增长3.79%。其中卫生技术人员308122人，增加13746人，增长4.67%，占卫生人员总数的81.14%。卫生技术人员中，执业（助理）医师116098人，增加5040人，增长4.54%，占卫技人员的37.68%；注册护士136667人，增加6496人，增长4.99%，占卫技人员的44.35%；药剂、检验等其他卫技人员55357人，增加2210人，增长4.16%，占卫技人员的17.97%。全省常住人口每千人拥有卫技人员7.36人、执业（助理）医师2.77人、注册护士3.26人，分别增加0.33人、0.12人和0.15人。乡村医生和卫生员15910人。

医改工作。建立推广三明医改经验、深化医改重点任务台账，实行“季调度、年通报”。公立医院综合改革效果评价连续7年位居全国前列。在2021年度全国三级公立医院绩效考核中总体排名第六位，4家综合医院、2家中医医院分别进入全国前100位，门诊、住院患者、医务人员满意度分别居全国第四位、第五位、第四位。

优质医疗资源布局。全省新增1个国家区域医疗中心项目，在泉州、三明、莆田、龙岩等地启动建设4个省级区域医疗中心，遴选新建9个国家临床重点专科建设项目和140个省级临床重点专科建设项目。34家县级医院纳入国家“千县工程”，59个县域综合医院建设卒中、胸痛、呼吸诊疗、创伤等“四大中心”。县域“六大中心”（心电诊断中心、远程会诊中心、病理检查中心、临床检验中心、医学影像中心、消毒供应中心）基层辐射率超过90%。全省基层医疗卫生机构服务能力达标率70%。

中医药创新发展。《福建省中医药条例》颁布实施。“福建省中医药管理局”获中央编办批复同意挂牌。北京中医药大学东直门医院厦门医院被列入国家区域医疗中心建设单位，成为福建省首个中医类国家区域医疗中心。新增1个国家中医药传承创新中心、1个国家中医疫病防治基地和4个国家中医特色重点医院。实施基层中医药服务能力建设、共享中药房等，实现社区卫生服务中心和乡镇卫生院基层中医馆全覆盖。

重点人群健康服务。省二级及以上综合性医院设立老年医学科比例63.2%，88%综合性医院、康复医院和基层医疗卫生机构成为老年友善医疗机构。至年底，全省有医养结合机构184家，新增35个全国示范性老年友好型社区和1个安宁疗护培训基地。全省孕产妇死亡率、婴儿死亡率和5岁以下儿童死亡率保持稳中有降。在全国率先将尘肺病纳入城乡居民基本医疗保险门诊特殊病种报销范围。脱贫人口大病救治费用自付比例降至1.96%。

省委、省政府为民办实事项目。省卫健委负责的省委、省政府25项为民办实事项目中的5项任务全面完成。基本公共卫生服务人均补贴提高到84元；实施适龄女性人乳头瘤病毒疫苗免费接种项目试点；建设2个全省重大疫情救治基地，在公共场所配置2275台自动体外除颤器，组织群众性应急救护公益培训，完成培训获证救护员22.1万人次；抽调1605名医师下基层服务，覆盖所有社区卫生服务中心和乡镇卫生院；新建237个普惠托育机构，新增

20561个普惠托位。

医疗卫生行风建设。落实省纪委“点题整治”项目，整治不合理的重复检查、医务人员收受“红包”、边远地区和特殊人群“看病难”等问题。医学检查检验结果互认基本实现全省二级以上公立医院全覆盖。243家公立医院加入无“红包”医院创建范围，实现省内二级及以上公立医院全覆盖。

【新冠疫情防控】 2022年，福建省卫健委落实科学精准防控措施，先后处置泉州、宁德、厦门、福州等地聚集性疫情及多起零星散发疫情，较短时间内实现社会面动态清零，未出现疫情外溢。选派1.49万人次医护人员支援上海、海南、西藏、重庆、北京等地和省内疫情处置工作，组建省级中医药专家团队参与抗疫工作。落实入境人员“7＋3”医学观察和核酸检测、高中风险地区到（返）闽人员排查管控和健康管理等工作，实现全过程闭环管理。坚持多病共防，多渠道开展监测、多点触发预警，共享海关、卫健、药监等部门监测信息，综合研判，提高实时预警预测能力。发挥发热门诊、基层医疗卫生机构、诊所、药店等哨点作用，落实医疗机构首诊负责制，强化医务人员早期识别能力。发挥“三公（工）一大”融合协同机制作用，第一时间将入（返）闽人员信息通过重点人群健康信息管理系统推送社区摸排追踪。加强流调队伍建设，建立备勤制度。设置市级定点救治医院17家，床位1.05万张；方舱医院建设床位2.34万张；核酸检测机构355家，日最大核酸检测能力292万管。

“乙类乙管”疫情防控。省级和各设区市财政投入7.045亿元，超额完成国家下达三级公立医院综合ICU和可转换ICU床位占总床位数4%的建设目标。全省二级及以上医院及所有的基层医疗卫生机构设置发热门诊（诊室）1492家。建立全省统一的远程会诊指导平台，完善省、市级重症救治专家组下沉巡诊会诊机制，组建省、市、县级重症医疗机动队，分片包干、机动支援救治力量不足地区。按照集中患者、集中专家、集中资源、集中救治“四集中”原则，对重症患者实行“一人一策”，应用中医药物、制剂、疗法协同治疗。扩大医疗物资储备和供给，协调省工信厅等部门，做好医疗机构药物储备，组织省级专家指导基层医务人员规范使用小分子药物。依托基层医疗卫生机构诊疗监测预警系统等信息化手段，组织乡镇（街道）包保团队，对重点人群实施分级分类管理，完成495.46万名65岁及以上老年人健康状况调查、发放健康包。做好多点触发，强化多渠道监测预警。开展病例（含重症和死亡病例）报告、发热门诊监测、核酸和抗原检测监测、哨点医院监测、病毒变异株监测、社区重点人群监测、城市污水监测和感染情况问卷调查等8个维度监测预警工作，坚持日研判、周分析，动态掌握人群新冠病毒的感染水平，预测疫情发展态势。

新冠病毒疫苗接种。截至12月31日，全省新冠病毒疫苗接种10337万人次，全人群第一剂接种3990万人，接种覆盖率96.06%；完成全程接种3914万人，全程接种率94.23%。其中，80岁以上人群新冠病毒疫苗第一剂接种覆盖率90.82%，全程接种率92.61%，加强免疫接种率88.92%；60～79岁人群全程接种率98.70%，加强免疫接种率93.70%。无严重不良反应发生。

【国省合作】 2022年3月，国家卫生健康委员会、国家中医药管理局先后与福建省政府签订《国家卫生健康委员会 福建省人民政府共同推动福建省卫生健康事业高质量发展超越的合作协议（2022—2025年）》和《国家中医药管理局 福建省人民政府共同推动福建省中医药事业高质量发展超越的合作协议（2022—2025年）》，加强合作联动，形成共建共促机制。福建省重点强化政府投入责任，“十四五”期间加强公共卫生等五大体系17项工程建设；国家卫生健康委和国家中医药管理局加大相关政策和项目倾斜支持并指导落地，重点在推进公共卫生服务体系建设、推动医疗服务水平提升、加强卫生健康人才培养、推进卫生健康科教创新平台和信息化建设、加强对外和闽台港澳卫生健康交流合作、提升中医药服务能力等领域，提供支持和指导。

【医药卫生体制改革】 2022年，福建省卫健委出台《福建省“十四五”深化医药卫生体制改革专项规划》《福建省推动公立医院高质量发展实施方案》等政策文件，提升推广“三明经验”，深化“三医联动”改革。推进公立医院改革发展，召开全省公立医院改革与高质量发展现场推进会，省级遴选25家医院开展高质量发展示范工作，三明市启动实施国家公立医院改革与高质量发展示范项目。深化人事薪酬制度改革，出台卫生系列高级职称任职资格评审实施意见，全员目标年薪制试点扩大到1/3的县域。推动构建有序就医诊疗格局，统筹推进区域医疗中心、县域医共体、省市三级医院帮扶县医院等工作，引导资源下沉共享、医疗服务重心下移，基层诊疗量占比达到54.5%。协同推进“药价保”集成改革，国家、省级和省际联合药品耗材采购政策覆盖396个药品和23类医用耗材；出台药学服务收费政策并在省属医院试点，实现公立医院补偿机制；公立医疗机构按病种收费病种数1498个，DRG/DIP（按疾病诊断相关分组付费/按病种分值付费）改革实现全省覆盖。创新医疗服务模式，扩大“无陪护”病房、家庭病床、共享中药房等改革试点，改善患者就医体验；在三明尤溪县先行开展全民健康管理示范县试点，探索全方位全周期健康保障新机制。

【公共卫生】 2022年，福建省加强疾病预防控制。全省报告甲乙丙类传染病28种22.76万例。以乡镇为单位，免疫规划疫苗接种率继续保持在95%以上。

全年新增麻风病7例，实施规范治疗，现症病人随访到位率100%。新报告HIV/AIDS病例2514例，维持艾滋病疫情控制在低流行水平。福州连续4轮通过全国艾滋病综合防治示范区创建验收，福建省内首个防艾主题公园于11月30日在“闽江之心”青年广场正式开园。全省肺结核报告发病率38.9/10万，死亡率1.25/10万，成功治疗率93.4%，公众结核病防治核心知识知晓率在85%以上。全省在册严重精神障碍患者管理率94.13%，规范管理率90.08%。继续维持血吸虫、疟疾消除状态。在省、市、县级水平上均保持消除碘缺乏病状态，36个病区县（市、区）达到饮水型氟中毒控制标准。

爱国卫生运动。省卫健委联合爱卫会成员单位发起倡导文明健康绿色环保生活方式、第34个爱国卫生月等多项爱国卫生专项活动。全年新增福建省卫生乡镇59个、卫生村542个、卫生社区202个。全省评选出190户“健康家庭”示范户。新增福州、厦门、三明、漳州等4个国家卫生城市作为健康影响评价评估制度建设省级试点。

健康促进工作。推进实施健康知识普及行动，全省城乡居民健康素养水平提升至26.76%。建设健康县（区）22个，13个健康县（区）通过国家或省级考核；建设健康促进医院183家，通过考核验收122家。

妇幼健康。开展妇幼保健机构能力提升建设项目13个、生育全程优质服务县建设5个、妇幼保健机构中医馆建设17个和妇幼保健专科规范化门诊建设42个。下发《福建省卫生健康委员会关于做好2022年妇幼公共卫生服务项目工作的通知》，完成妇幼公共卫生服务项目8项，覆盖240余万人次。实施13～14周岁半女性人乳头瘤病毒疫苗免费接种项目，省级财政补助资金下达6421万元，接种28.5万剂。福建省人类精子库在福建省妇幼保健院试运行。国家“云上妇幼”远程医疗平台（福建省）项目通过国家卫生健康委验收，开展远程会诊指导400余次、远程培训8次。

卫生应急。全省有各级卫生应急队伍382支7103人。省级卫生应急队伍具备至少3天的野外自我保障能力，国家紧急医学救援队（福建队）的野外综合自我保障能力14天，并具备卫星、微波等移动通信功能，市级应急队伍装备达标率100%，县级达标率95%。开展“健康使命—2022”系列卫生应急演练。开展危险化学品安全风险集中治理、自建房专项整治、城镇燃气安全整治“百日行动”等3个专项行动。

卫生综合监督。印发《福建省医疗乱象专项治理行动实施方案》，处理违法违规行为77起，行政处罚医疗机构68家，罚款84.11万元，没收4.34万元，行政处罚3人，移送司法机关2人。全年完成“双随机”监督抽查任务8089个，监督完结率100%，办理案件150件，案件查处率2.21%。开展行政裁量基准动态调整工作，印发《福建省卫生健康行政处罚自由裁量权实施办法》《福建省卫生健康行政处罚自由裁量权细化标准》《福建省卫生健康领域包容审慎监管执法四张清单》等文件。开展2022年抗抑菌制剂类消毒产品专项监督检查和抽检，立案查处生产经营单位54家，罚款103.33万元，没收违法所得15.57万元，吊销消毒产品生产企业卫生许可证1家。

食品安全工作。成立第三届食品安全地方标准审评委员会，发布福建省食品安全地方标准《金线莲》和《佛跳墙》并向国家卫生健康委备案，启动《灵芝》《铁皮石斛》《金花茶花》地标制定工作。联合省市场监管局印发《福建省灵芝、铁皮石斛、西洋参按照传统既是食品又是中药材的物质管理试点工作方案》并确定试点企业，开展为期一年的试点工作。总结分析2017—2021年食物消费量调查结果，涉及53个县（区、市）近2万人，形成617种不同食物类别消费量数据库。完成食品安全风险监测样品1.02万份，其中有食品安全标准的监测样品合格率94%。

【医政管理】　2022年，福建省委组织部等12部门联合制定出台《福建省支持区域医疗中心建设政策清单》，制定37条支持政策清单，保障区域医疗中心建设。7个国家区域医疗中心试点项目落地实施，其中6个项目投入运营；总开放床位4820张，占核定床位总数76.75%；诊疗量、住院患者人次分别较上年增长22.62%、32.82%，医院转外就医减少33.02%；累计开展新技术等199项，填补国内空白6项。北京中医药大学东直门医院厦门医院门诊、病房中药饮片使用率分别为42.21%、72.39%；门诊、病房中医非药物疗法使用率分别为29.30%、88.13%；以中医为主治疗的出院患者比例17.52%。

临床重点专科建设。制定《福建省“十四五”临床专科能力建设规划》，“十四五”期间由省级财政带动地方投入，从省、市、县不同层面分级分类开展临床重点专科建设。新增国家临床重点专科建设项目9个、省级临床重点专科建设项目140个。

“千名医师万人次下基层”为民办实事项目。制定《福建省2022年度“千名医师万人次下基层”对口支援工作方案》，成立项目领导小组，建立月报表制度，各地各单位序时推进工作进度。从县级及以上医院抽调1605名中高级职称医师（含省属医院229人、市属医院559人、县市区属医院817人），服务1115家基层医疗卫生机构，诊疗群众20.9万人次，服务“特殊人群”26711次，送医上门服务2397次，开展业务培训34390人次。大部分支援单位能够发挥医院专科特色优势，结合受援基层医疗卫生机构的需求，选派专科医师。部分县（市、区）选择每月固定日开展下基层支援工作。

“移动医院”巡诊。由省属医院医疗队以及国家紧急医学救援队的门诊车、医技车和移动CT车组成“移动医院”，进入宁德、三明、龙岩等革命老区苏区，为基层群众提供医师咨询、B超和CT等辅助检查、开方取药就诊全程服务。“移动医院”巡诊服务基层群众8501人次，开展业务培训1083人次。

三级医院对口帮扶县级医院。印发《福建省“十四五”时期三级医院对口帮扶县级医院工作方案》，从省市级三级医院选派医师130人对口帮扶25家薄弱县医院。对口帮扶诊疗门急诊患者1.38万人次，住院治疗患者7646人次；开展手术555台次（三级手术195台次、四级手术71台次），手术示教219台次；抢救危重病人236人次，开展疑难病历讨论626人次；为县医院开展业务培训446场次，培训当地医务人员3855人次；开展新适宜技术49个、新项目41项，新技术新项目受益群众697人次。

医疗服务能力建设。结合闽东北和闽西南协同发展规划，在泉州、三明、莆田、龙岩等地启动建设首批4个省级区域医疗中心。全省59个县域综合医院开展卒中中心、胸痛中心、呼吸诊疗中心、创伤中心建设，34家县级医院纳入国家“千县工程”名单。实施医学检查检验结果共享互认，明确医学影像检查项目3类55项、临床检验项目7类73项作为互认项目，234家医院接入平台，基本实现二级以上公立医院全覆盖，累计互认1.4亿项次，覆盖7448.16万就诊人次，节约检查检验费用约67.37亿元，医师端调阅患者检查检验结果数据耗时少于1秒，实现“毫秒级共享”。制定《福建省肿瘤诊疗质量提升行动工作方案》，启动三年专项工作。实施乙型肝炎病毒感染者规范治疗项目试点工作，在福州市鼓楼区、福清市，泉州市丰泽区、鲤城区，三明市沙县区、尤溪县等6个试点县（市、区）推广“应筛尽筛、应管尽管、规范诊疗”的健康管理工作，逐步建立“疾病预防、医疗救治、健康管理”三位一体的乙型病毒性肝炎规范化诊疗模式。

医疗质量监管。制定福建省2022年各专业质控任务落实方案，组建福建省肿瘤质控中心，新增超声诊断、康复医学、临床营养、麻醉及消化内镜诊疗技术等5个专业医疗质量控制指标。371家民营医疗机构首次参与病案首页申报工作，加强对病案首页质量的监管和指导。对54家综合及专科医院开展2021年福建省三级医院及委直属二级医院评价，评价结果（重过程管理）较往年进步明显，与国家三级公立医院绩效考核结果（重管理结果）趋势总体一致。全省医疗机构向国家单病种质量管理与控制平台申报51个单病种情况，开展医疗质量控制数据收集系统（NCIS）抽样调查工作和质量监测系统（HQMS）每月申报工作。完成2022年电子病历系统应用水平分级评价省级审核工作，组织开展智慧服务、智慧医院分级评价自评工作。

护理服务管理。制定《福建省“十四五”护理事业发展规划》，从健全护理服务体系、加强护士队伍建设、推动护理高质量发展、补齐护理短板弱项、推动中医护理发展、强化护理交流合作等6个方面提出“十四五”期间护理事业发展的主要任务。联合省人社厅、财政厅下发《关于做好2022年度医疗护理员规范化培训工作的通知》，委托10个医疗护理员培训中心开展培训，以闽政通电子证照的形式为2698名学员发放培训合格证书。制定《福建省“无陪护”病房试点工作方案》《福建省“无陪护”病房服务规范》，确定“无陪护”试点医院17家、试点病区107个。

血液安全。推动《福建省公民献血条例》修订工作，建立“政府主导、多部门协作、全社会参与”的无偿献血工作格局。

药政管理。制定《福建省抗菌药物临床应用分级管理目录（2022年版）》，加强临床用药质量监管，开展医疗机构药品使用监测和处方抽查数据上报。根据《福建省人民政府关于印发福建省加快生物医药产业高质量发展实施方案的通知》制定分工方案，推进药品临床研究及药品进院相关工作。

【卫生健康规划和重点项目建设】 2022年，福建省政府办公厅印发实施《福建省贯彻落实“十四五”国民健康规划的实施方案》。推进省立医院急危重症诊治能力提升工程、县级医院能力提升工程包、全省疾控中心建设工程包等8个卫生重点项目建设。推进省立医院金山院区（二期）和福建医科大学附属协和医院西院（二期）2个重大疫情救治基地建设。完成主体结构施工，进入装修阶段，按照国家标准设置传染病床位，完成投资3.2亿元，占年度计划的128%。

【信息化建设】 2022年，福建省卫健委联合省医保局等6个部门印发实施《福建省“三医一张网”建设工作方案》。基于闽政通建立“三医”便民统一服务门户，并上线试运行；电子健康码、医保电子凭证等“码上就医”服务覆盖全省465家医院，上线互联网医院40家。全省二级以上公立医院预约诊疗覆盖率96%，县域远程医疗覆盖率93.4%，传染病远程会诊指导平台覆盖省、市、县定点救治医院90家，医学影像资料共享调阅平台在省属公立医院及莆田等4个设区市先行推广。开展医院信息互联互通成熟度测评工作，新增7家医院通过四甲测评。建立全省统一的血液信息联网管理系统，实现异地高危献血人群实时联网屏蔽、异地用血直免报销等功能。在全省推广应用“出生一件事”联动改革，实现出生登记、上户口、办医保“一站式”服务，办理总时限由62天缩短至6天。

【基层卫生工作】 2022年，福建省卫健委会同省医保局联合印发《关于进一步加强紧密型县域医共体医疗服务能力建设的通知》，省卫健委印发《关于加强紧密型县域医共体基本公共卫生服务工作的通知》，推动紧密型县域医共体资源均衡布局和下沉共享，加快补齐医疗服务短板，促进医防融合。开展2021年度县域医共体效果监测。2022年紧密型县域医共体自评均达到国家评判标准。县域“六大中心”基层覆盖率超过90%，为基层医疗卫生机构服务1400.59万人次，较上年增长274.72%。推进长汀县基层卫生健康综合试验区建设，县域医共体实行“一归口、三下放、五统一”运行机制，启动5家县域医疗次中心建设，实施“一乡一品”，打造特色科室。

基层医疗服务能力提升。2022年，福建省卫健委组建全省“优质服务基层行”专家组，分片开展基层服务能力提升培训班，完成1期全省线上培训及福州、莆田、平潭等地线下培训。新增56家基层医疗卫生机构达到推荐标准、261家达到基本标准，基层医疗卫生机构服务能力达标率70%。累计建成社区医院59所，7380个村卫生室达到村级服务能力基本标准。

基本公共卫生服务项目。2022年，福建省卫健委印发《做好2022年度基本公共卫生服务工作的通知》，下达省级（含中央）基本公共卫生服务补助资金21.99亿元，经费标准从人均79元提高至84元。开展2021年度基本公共卫生服务项目省级效果监测，监测范围覆盖9个设区市和平潭综合实验区，抽取28个样本县（市、区）56所样本机构，完成5600个服务对象的电话随访。调查结果显示，居民对国家基本公共卫生服务项目的综合知晓率90.7%，满意率93.2%。获得国家卫生健康委2021年度国家基本公共卫生服务项目绩效评价的考核奖励资金10万元。

家庭医生签约和家庭病床服务。2022年，福建省卫健委会同省财政厅、人社厅、医保局出台《关于推进家庭医生签约服务高质量发展的实施方案》，从4个方面细化21条措施，推进家庭医生签约服务工作。组建9535个家庭医生团队，24613名家庭医生参与签约服务，全省常住人口签约率45.37%，重点人群签约率79.66%，家庭医生团队和家庭医生人数、签约率均呈上升趋势。36个县（市、区）开展家庭病床服务试点，228家医疗卫生机构提供家庭病床服务，3192名医务人员参与家庭病床服务，受理家庭病床申请1417人次。

【中医药工作】 2022年5月27日，福建省第十三届人民代表大会常务委员会第三十三次会议通过《福建省中医药条例》，自10月22日起实施，从中医药服务、中药保护与产业发展、中医药传承与人才培养等方面，规划全省中医药发展路径。省政府办公厅印发《福建省“十四五”中医药健康发展规划》。省卫健委配合省医保局出台《关于医保支持中医药传承创新发展的若干措施》，从4月1日起将中药配方颗粒纳入医保报销范围。

公立中医医院医疗质量和医疗服务。开展2021年度中医医院评价和公立中医医院绩效考核，51家二级公立中医医院参加考核，其中沙县区中医院、厦门市同安区中医医院、罗源县中医院、上杭县中医院、宁化县中医院等5家中医医院进入全国前100名。遴选31个专科纳入省级临床重点专科建设，2所中医医院康复科纳入中医药康复服务能力提升建设。开展2022年度基层中医药服务能力建设项目，遴选项目建设单位12家。开展共享中药房及中药配送服务试点项目建设，确定连江县中医院等10家建设单位，组建“共享中药房”。基层中医馆1054家。

中医药人才队伍建设。联合省人社厅印发《福建省名中医评审办法（2022年修订）》。新增第四届国医大师1名（陈民藩）、第二届全国名中医3名（李灿东、吕绍光、肖定远）。新增岐黄学者1名（苏友新）、第五批全国中医临床优秀人才18名和全国中医护理骨干培养对象22名。新增全国基层名老中医药专家传承工作室26个和全国名老中医药专家传承工作室建设项目24个，新增第七批全国老中医药专家学术经验继承工作指导教师40名和继承人80名。确定省第四批老中医药专家学术经验继承工作指导教师103名和继承人207名，确定省第二批基层老中医药专家师承带徒工作指导教师258名和继承人566名。举办3期中医医术确有专长医师资格考核合格人员岗前培训班，培训全省首批通过考核的中医（专长）医师298人。中医规培年度业务水平平均测试成绩居全国第四位。

中医药文化传播。联合省委宣传部等5部门印发《福建省推进中医药文化传播行动工作方案》，确定第二批中医药文化宣传教育基地建设单位。《闽派中医荟第二季》上线，编撰《当代闽医学派概览》《福建中医药抗疫纪实》《闽医人物辞典（中英双语）》。

【人口监测与家庭发展】 2022年3月30日，福建省人大常委会公布施行《关于修改〈福建省人口与计划生育条例〉的决定》，对落实三孩生育政策，取消社会抚养费，废止相关处罚、处分规定予以明确，确保福建省三孩生育政策实施。5月12日，中共福建省委、福建省人民政府印发《关于优化生育政策促进人口长期均衡发展的实施方案》。协调组织全省各地区各部门清理需要修改或废止的规范性文件194件。建立优化生育政策工作厅际联席会议制度。

婴幼儿照护服务。省委、省政府将3岁以下婴幼儿照护服务纳入2022年为民办实事项目，总投资1.5亿元，建成237个托育机构、20561个普惠性托位，每千人口拥有3岁以下婴幼儿托位3.2个，比上年增加1.62个。开展全国婴幼儿照护服务示范城市和全国爱心托育用人单位创建活动，厦门市被评为第一批全国婴幼儿照护服务示范城市。

计划生育家庭优惠政策。2022年，省级财政（含中央）投入7.34亿元，用于各项计划生育特别扶助制度，约260万人次受益。全额资助计生特殊家庭成员参加城乡居民基本医保，为独生子女死亡伤残家庭及计划生育手术并发症人员代缴不低于50%的最低标准养老保险费。

【乡村振兴助力】 2022年，福建省卫健委建立与医保、民政、乡村振兴等部门数据比对和共享机制，监测到国家重点监测对象4234户12011人（其中脱贫不稳定户4154户11883人、边缘易致贫户1户4人、突发严重困难户79户124人），省定标准扶贫对象142162户393162人，扶贫标准低保户112708户188098人。大病救治费用自付比例降至1.96%。脱贫人口家庭医生签约50.46万人，签约率99.47%。

【医疗系统对口支援】 2022年，福建省继续做好援疆、援藏、援宁以及援万州库区工作。全省22家对口帮扶医院选派援宁支医人员91人；联合宁夏卫健委共同召开帮扶医院和受帮扶医院对接会，组织福建省6家帮扶医院与宁夏5家受帮扶医院共商帮扶需求，选派完成后持续跟踪队员的工作情况，协调解决队员困难。选派24名专业技术干部对口支援昌都市。

【卫生健康科技】 2022年，福建省卫生健康系统获2021年度省科学技术奖30项，其中一等奖7项、二等奖8项、三等奖15项，一等奖获奖数为历年最多，占一等奖总数的近1/3。省卫健委组织实施新冠疫情防控科研攻关项目、第一批重大科研专项及中青年科研重大项目共30项。组织开展2022年省卫生健康科技计划项目评审工作，立项资助科技计划项目367项、第二批重大科研专项8项。3个干细胞临床研究项目通过国家卫生健康委备案。认定第二批省级临床医学研究中心20家（累计认定36家，其中10家被认定为国家临床医学研究中心福建省分中心），新增2个省级重点实验室。印发《福建省卫生健康委员会关于成立福建省临床研究伦理协作审查联盟的通知》，成立福建省临床研究伦理协作审查联盟，指定联盟牵头单位负责组建联盟办公室和制定工作规则。

实验室生物安全监管。2022年，省疾控中心新址生物安全三级实验室通过国家卫生健康委实验活动资格评审，获批开展高致病性病原微生物实验活动9类。省卫健委组织开展2022年度生物安全二级实验室骨干人员培训，遴选培训基地23家，培训生物安全二级实验室骨干人员190名。依法依规审批高致病性病原微生物菌（毒）种或样本省内运输准运证书327件。全省备案管理生物安全实验室2922个，其中一级实验室519个、二级实验室2403个。开展3次实验室生物安全专项检查和年度实验室生物安全大检查，排查样本运输、接收、检测、保存、销毁等全过程风险隐患。

住院医师规范化培训。印发《关于调整住院医师规范化培训专业基地容量的通知》和《关于做好临床、口腔类别住院医师规范化培训基地年度综合评价工作的通知》，加强对培训基地和专业基地的监管，调整部分紧缺专业培训容量。落实住院医师规范化培训“两个同等对待”政策。全省西医住院医师规范化培训结业考核通过率位列全国第八位。招收省内住院医师1617人、专科医师50人开展规范化培训，安排21人赴沪接受住院医师规范化培训。

全科医生培养。省卫健委招收临床类别各类全科培训学员921人。2022年全省每万人口全科医生3.38人，比上年增长21.58%。完成21974名乡村医生规范培训。

继续医学教育。全省获批国家级继续医学教育项目437项、省级继续医学教育项目681项。举办热射病医疗救治视频培训会。接收安排昌吉州42名卫技人员到闽进修。选派22人至北京大学医学部进行为期一年的访学进修，选派11人至复旦大学附属中山医院进修。印发4个疫情防控知识培训方案，制作培训教材、课件，培训党政领导干部、卫生技术人员、疫情防控相关人员超130万人次。

【老龄健康工作】 2022年，《福建省贯彻〈中共中央、国务院关于加强新时代老龄工作的意见〉实施方案》《福建省“十四五”老龄事业发展和养老服务体系规划》《关于进一步推进医养结合发展的实施方案》印发实施。9月28日，福建省第十三届人民代表大会常务委员会第三十五次会议表决通过《福建省养老服务条例》。该条例是福建省内首部养老服务地方性法规，对老年人居家生活服务质量、适老化改造、智慧养老等方面作出指引。全省有医养结合机构184家，医养结合床位49232张，医养签约2721对。在漳州市芗城区、福州市社会福利院创建第一批全国医养结合示范县（市、区）和机构。在福州市第一医院建设福建省安宁疗护培训基地。35个社区被命名为全国示范性老年友好型社区。1301家医疗机构达到老年友善医疗机构创建标准。198名老年医学科等医护人员参加全国老年医学人才培训。

【职业健康】 2022年，福建省卫健委印发《进一步规范医疗机构放射诊疗建设项目审查管理》，将危害一般类放射诊疗建设项目下放设区市级负责审核。开展职业病危害专项治理工作，纳入治理企业7042家，完成“一企一策”的治理企业1688家。推进职业病危害项目申报工作，新增申报企业2586家，开展职业病危害预评价项目2091个，职业病防护设施设计专篇实际开展项目1728个，职业病防护设施竣工验收实际开展项目1253个。南平市疾控中心、宁德市疾控中心和泉州市第一医院等3家单位作为2022年职业病诊断机构能力提升建设项目单位，完成诊断机构备案。建成尘肺病康复中心4个、康复站34个和康复点33个，方便尘肺病患者就近康复治疗。超额完成国家重点职业病监测项目，全年采集职业健康体检个案卡50多万人，其中职业病主动监测7000余人，职业病危害因素监测2182家，放射卫生基本情况调查520家，场所和设备监测119家。完成健康企业创建119家，评选“职业健康达人”137人；举办首届全省职业健康技能竞赛，表彰省五一劳动奖章获得者1人、省级金牌工匠5人、省工人（五一）先锋号3人。全省开展监督执法检查用人单位5572家，下发整改指令1940份，实施经济处罚85起、罚款320万元，提请政府关闭1家。组织全省职业卫生技术培训10班次，培训1500人次，完成为期3个月的全省职业卫生骨干人才培训108人次。

【医疗卫生机构改革】 2022年6月，中央编办批准福建省卫健委加挂“福建省中医药管理局”牌子，推进福建省中医药事业发展。8月，中央编办批复同意设立福建省疾病预防控制局。12月，福建省委研究任命省卫健委党组成员、副主任张国安兼任省疾控局局长。

省属公立医院管理体制改革。2022年1月，福建省政府批复同意福建省立金山医院作为福建省立医院南院（金山院区）。6月，批复同意福建医科大学附属第三医院作为福建医科大学附属协和医院西院区，采取同一法人，实行人、财、物统一管理的模式。

【卫生健康人才队伍建设】 2022年，福建省卫健委实施福建省卫生健康高层次人才队伍建设五年行动计划，截至2022年底，累计评审支持中青年科研重大项目33项，中青年领军人才研修培养项目人选23名，柔性引进医疗卫生人才团队18个（含院士团队4个），新增确认省级高层次人才134名。印发《福建省医疗卫生类引进生管理实施细则》，选拔医疗卫生类引进生194名。实施基层医疗卫生人才队伍建设“三个一批”（公开招聘一批、定向培养一批、培训提升一批）项目，全年为基层招聘医学生705人，定向培养607人，乡村医生执业能力提升线上培训2023人，线下技能培训1740人。

医疗卫生人才临床评价。出台《福建省卫生系列高级专业技术职务任职资格评审实施意见》。组织开展全省卫生职称考试工作，完成全省45795人次卫生中初级和护考工作，完成9470人次卫生系列高级专业技术职务实践技能考试。

【医疗卫生对外交流与合作】 2022年，福建省第16批援博茨瓦纳医疗队和第19批援塞内加尔医疗队诊治病人69775人次。其中，诊治门诊患者29203人次、住院患者12880人次，开展手术4567台次，抢救危重患者1869人次，为中资机构、华侨华人提供健康咨询555人次。援塞内加尔医疗队先后2次深入边远地区开展巡诊，服务当地民众近800人次，捐赠价值约6万元的药品和器械，为在塞中资企业员工义诊约300人次。第16批援博医疗队全体队员获得博茨瓦纳卫生部嘉奖，中国驻塞内加尔大使授予第19批援塞医疗队锦旗。

2022年，福建省立医院与塞内加尔迪亚姆尼亚久儿童医院、博茨瓦纳仰加圭转诊医院建立对口医院合作机制。中塞、中博对口医院合作机制项目联合建议书获得国家卫生健康委评审专家评审通过。11月14日，福建省卫健委与香港共享基金会签署“消除白内障致盲项目”合作备忘录，计划自2023年起，2年内在塞内加尔完成5000～6000例白内障手术。漳州水仙药业等福建中药企业在莫桑比克、东帝汶等国开展风油精、无极膏等药品经销和产品注册工作。

【福州市创建老年友好型城市】 2022年，福州市委、市政府制定出台《福州市加强新时代老龄工作，建设老年友好型城市实施方案》，成立由省委常委、市委书记林宝金任组长的福州市建设老年友好型示范城市领导小组。创建197家老年友善医疗机构，33家二级以上综合医院设置老年医学科。在省内率先启动家庭病床试点工作，115家试点单位累计接受申请960余人次，建床690余人次。12月，人力资源和社会保障部、全国老龄工作委员会授予福州市卫健委（福州市老龄办）“全国老龄系统先进集体”称号。推进安宁疗护试点工作，建成市级试点单位1家、县级试点单位23家，设置安宁疗护床位110张，收治服务患者800多人次，安宁疗护服务实现县级全覆盖。成立全省首个市级医学会安宁疗护分会，在福州市第一医院建成首家省级安宁疗护培训基地。

【三明市建设全国深化医改经验推广基地】 2022年，福建省医改领导小组印发《关于进一步支持三明市深化医药卫生体制改革的意见》，支持三明市在全民健康管理、医防融合、深化“三医联动”改革等方面创新突破。2022年，三明市接待来明医改考察团146批1613人次；承接推广三明医改经验线上线下培训班32期，培训16591人次。入选2021年度“全国深化医改真抓实干成效明显的地方”，获中央财政激励补助1000万元。获批国家公立医院改革与高质量发展示范项目，2022年分两批拨付中央和省级财政专项补助8亿元。三明市第一医院、市中西医结合医院、沙县区总医院被遴选为公立医院高质量发展省级示范医院，10家县总医院强化医防融合，做实慢病管理，县级医院下转住院患者3.44万人次，比上年增长94%。在10家公立医院启动“两师两中心”全民健康管理体系建设，培训健康管理医师、疾病管理医师3期3999人次。三明深化医改中医药试点列入《国家中医药管理局 福建省人民政府共同推动福建省中医药事业高质量发展超越的合作协议（2022—2025年）》重点任务，制定《关于促进三明市革命老区中医药事业高质量发展重点任务》；成立市、县中医药管理局，出台《三明市中医药事业高质量发展行动计划（2022—2025年）》《三明市中医药人才培养工程实施方案》《三明市基层中医药适宜技术培训方案》等政策文件，加强中医药人才培养。福建省中医药科学院开展三明“三医联动”中医药改革经验做法研究，1项课题获2021年度中国中医科学院中药资源普查科学技术三等奖。

【长汀县建设基层卫生健康综合试验区】 2022年，长汀县委、县政府研究制定《长汀县基层卫生健康综合试验区建设实施方案》，构建1家总医院、2家县级医院、5家医疗卫生次中心、13家一般卫生院的新型县域医疗卫生服务体系，打造县域紧密型医共体、分级诊疗、医防协同融合、医养结合、公共卫生管理五大样板。县财政每年给予县总医院100万元运行管理工作经费保障。汀州医院胸痛中心通过国家卫生健康委认证，卒中中心通过福建省卫健委认证；引进南方医科大学珠江医院等6名高层次医学专家，挂牌成立工作站，培养学科带头人和业务技术骨干30余名。县妇幼保健院综合楼建成并投入使用，建立福建省内首家县级妇幼保健院小儿外科。全县18家乡镇卫生院（社区卫生服务中心），其中11家达到“优质服务基层行”基本标准、7家达到推荐标准。推进县、乡两级双向转诊，县级下转患者845人次，基层上转患者2459人次。发展医养结合，县内二级及以上综合医院全部设立老年医学科，15个居家社区养老服务照料中心、220个农村幸福院与村卫生室签订医养结合服务协议。

（林晓倩）

体　育

【群众体育】 2022年，福建省体育局颁布实施《福建省全民健身条例》《福建省全民健身实施计划（2021—2025年）》等政策文件，完善全民健身顶层设计。连续21年把全民健身场地设施建设工程列入省委、省政府为民办实事项目。安排8400万元，在全省新建智慧体育公园20个和游泳池30个。推进体育助力乡村振兴重点工作，安排970万元，建设乡村口袋体育公园和乡村运动角13个、笼式篮球场10个、健身路径30套。社会公共体育场馆和校园体育场馆双向开放推进，实现全省首批630所学校体育场地面向市民群众开放的目标。推进省级全民运动健身模范县（市、区）创建活动，晋江市获评“全国全民运动健身模范县（市、区）”。开展全民健身赛事活动，全年全省举办线上线下全民健身赛事活动3200多场，参与超过160万人次。

2022年6月3—4日，由省体育局主办的2022年福建省青少年乒乓球巡回赛在福州马尾举行　（省体育局　供图）

【竞技体育】 2022年，福建省体育局实施竞技体育优势项目提升工程、短板项目振兴工程、后备人才培养春苗工程等“三大工程”，一体推进杭州亚运会、首届学青会、巴黎奥运会、粤港澳全运会备战工作。福建省运动员在最高水平国际赛事中获得10金、8银、3铜，1人破1项世界纪录；在最高水平国内赛事中获得15金、20银、25铜。推动平潭“体育泡泡”基地建设，完成国家羽毛球队、速滑队等队伍的全封闭隔离和训练任务。“三大球”改革迈出关键步伐，举办全省城市“三大球”联赛，探索“省队市办”模式，与南安市合作成立第一家女子职业足球俱乐部，征战全国女乙联赛取得第七名。福建女排取得全国锦标赛第三名，在全国女子排球超级联赛上取得第四名，创造福建女排在

2022年，福建省首批630所学校体育场地陆续面向市民群众开放。图为市民在学校体育场地运动健身　（省体育局　供图）

主客场制联赛实行 27 年以来的最好成绩。

2022 年 11 月 27 日，福建省第十七届运动会开幕式在南平市体育中心举办
（省体育局　供图）

【青少年体育】 2022 年，福建省为完善青少年体育公共服务体系。省体育局制定出台《福建省深化体教融合促进青少年健康发展实施方案》及《福建省体育类校外培训机构准入指导意见》。联合省教育厅制定新周期福建省体育传统特色学校评定标准和管理办法，形成以省体校为龙头、设区市体校和县区级少体校为骨干的后备人才培养体系。加强省、市、县、校四级纵向和大学、高中、初中、小学四级横向赛事体系建设，打造锦标赛、冠军赛、分站赛和俱乐部赛等多元化的青少年体育竞赛体系。2022 年全省举办省级青少年体育赛事 32 场，参赛超 3 万人次，举办“奔跑吧·少年”主题健身活动，参与超 53 万人次。

【体育产业】 2022 年，福建省体育产业总产出 6008.78 亿元，体育产业增加值占全省地区生产总值 4.14%，对全省经济增长的贡献率 4.3%，拉动地区国民经济增长 0.5 个百分点。举办全国革命老区体育产业发展高峰论坛暨福建省体育产业招商及赛事推介活动，20 项体育产业项目在线上集中签约，总投资 23.52 亿元。全年全省举办规模以上品牌赛事 110 余项，间接带动消费 40 亿元以上。推进福州、厦门、三明国家级体育消费试点城市建设，全省体育消费总规模 889.1 亿元，人均体育消费支出 2123.5 元。2022 年全省体彩销售 103.51 亿元，比上年增长 11.58%；筹集公益金 28.19 亿元，增长 7.78%。

【体育交流】 2022 年，福建省体育局成立福建体育融媒体中心，“福建体育”微信公众号被中央网信办纳入政务公众号信息发布保障名单，跻身福建微信政务影响力排行榜前 20 名。筹建福建体育展览馆，挖掘和整理省内优秀民俗民间体育项目。推进闽台体育交流，举办海峡论坛·海峡两岸跆拳道交流大赛、闽台青少年棒球交流赛等活动，参与超 3000 人次。

2022 年 8 月 16—17 日，第十四届海峡论坛·海峡两岸跆拳道交流大赛在福建平潭举办
（省体育局　供图）

【体育赛事】 2022 年，福建省体育局组织举办第十七届省运会和第十一届老年人体育健身大会。

福建省第十七届运动会。2022 年 11 月 27 日，福建省第十七届运动会开幕式在南平市体育中心举行。本届运动会由福建省人民政府主办、福建省体育局与南平市人民政府承办，主场馆位于武夷新区体育中心，共设置青少年部、社会俱乐部、群众部、行业部、大学生部等 5 个部，计 80 个大项 1307 个小项，参赛规模近 3 万人。先后有 36 人次打破 17 项省纪录，7 个青少年部代表团、21 个行业代表团、79 所高校代表团分别获体育道德风尚奖。

第十一届老年人体育健身大会。2022 年 12 月 11 日，福建省第十一届老年人体育健身大会在南平开幕，省委副书记罗东川致辞并宣布开幕。本届老健会设太极拳（剑）、健身气功、钓鱼、健身球操、健身秧歌、柔力球、网球、地掷球、气排球、乒乓球、门球、台球、健身功气球、棋牌、持杖健走、可乐球等 16 个大项 28 个小项，来自全省各地的 2300 多名运动员参加。

（钟源悦）

编辑：郑　茱

劳动就业管理

【概况】 2022年，福建省城镇新增就业51.97万人，完成全年任务的109.4%。城镇调查失业率全年均值5.1%，控制在5.5%目标以内，低于全国平均水平。失业人员再就业13.19万人，完成年度任务的131.9%。就业困难人员实现就业3.5万人，完成年度任务145.83%。

【就业创业支持】 2022年，福建省人力资源和社会保障厅健全完善稳就业政策体系。出台《关于进一步落实2022年稳岗稳工促"开门红"六条措施的通知》《关于积极应对疫情影响援企稳岗促就业九条措施的通知》《关于特困行业阶段性实施缓缴企业社会保险费政策的通知》《关于做好失业保险稳岗位提技能防失业工作的通知》等系列政策，通过"降、缓、返、补、扩"等政策，助企渡过难关。举办线上线下招聘活动3107场，为2.88万家次企业提供171.8万个岗位信息。保障企业的生产用工需求，引导农民工就近就地过年，建立重点企业用工服务保障机制，开展返岗复工"点对点"服务，通过包车、包列、包机，运输1.88万名务工人员返闽返岗。继续安排创业支持资金5000万元，助力创业带动就业。

高校毕业生就业创业。开展促进高校毕业生就业创业十大专项行动，创新开展书记市长送岗留才进校园活动和人社局局长拓岗行动，为毕业生发掘就业岗位14.6万个。引导鼓励毕业生面向基层就业，省级、市级"三支一扶"分别计划招募派遣毕业生982人、425人，志愿服务欠发达地区计划和服务社区计划各招募派遣300人。加强毕业生就业公共服务，组织举办现场招聘会803场、网络招聘会1256场，累计发布岗位156.9万个；实名登记2022届离校未就业高校毕业生10.3万人，提供就业服务21.3万人次，实现就业9.9万人；省级归集发布各地就业岗位信息超13.7万条，为毕业生在全省范围内求职就业提供便利；汇集2022届毕业生档案转递信息11.7万条，方便毕业生实时查询档案去向。强化困难毕业生就业援助，为4万多名2023届困难毕业生发放求职创业补贴8115.6万元；开展"就业红娘"帮扶行动，帮助2756名困难毕业生实现就业；实施就业见习岗位募集计划，累计发布就业见习岗位1.4万个，组织参加就业见习7886人，其中高校毕业生6743人。支持毕业生创业创新，遴选110个毕业生创业优秀项目，给予资助500万元；组织开展5场线上创业指导直播活动，吸引近12万人次参与观看互动；组织举办第五届"中国创翼"大赛省级选拔赛，选送项目获得全国二等奖2个、三等奖1个、优秀奖2个、"创翼之星"13个，福建省组委会获"优秀组织奖"。

【职业技能培训】 2022年，全省各类补贴性职业技能培训64.46万人次，超额完成全年30万人任务的214.87%。开展"线上+线下"创业培训，培训3069人次，比上年增长384%。选拔3名创业培训教师参加全国马兰花创业培训讲师大赛，均获得相应赛道三等奖，其中1人获全国第十二名，为历年最好成绩。

【流动人员人事档案管理】 2022年，省人社厅全面实施流动人员人事档案管理服务，截至2022年底，实现全省143家档案服务机构经办系统"全覆盖"，366万份流动人员人事档案基础信息"全集中"，如期实现部省平台对接和档案跨省转递通办。开通"福建省流动人员人事档案公共服务平台"，提升流动人员人事档案管理服务工作的信息化、便民化水平。推动全省零工市场建设，建立福建零工市场数据库，推动全省零工市场的信息归集、挂牌。截至2022年底，全省建设零工市场41家。

【脱贫人口就业帮扶】 2022年，福建省人社厅依托脱贫人员实名数据库及动态监测系统，落实"动态清零"工作机制，持续跟踪脱贫人员就业情况，在宏观经济受疫情影响，尚未完全恢复的情况下，保持新增有就业意愿、有培训意愿脱贫人口100%实现就业、培训的双百目标。全年全省劳动年龄段内有劳动能力脱贫劳动力实现就业16.82万人，组织培训7.01万人次，公益性岗位安置1.2万人。《动态监测促精准帮扶——福建省精准就业帮扶案例》入选第三届“全球减贫案例征集活动”最佳减贫案例。续签、新签一批省际劳务协议，全省累计签订省际劳务协议317份，其中省级16份。完善“省际劳务协作对接服务平台”，建立68万名中西部脱贫人口到闽就业的实名台账，发放跨省就业补助资金8291万元，覆盖中西部脱贫人口13.85万人，涉及企业2.46万家。

【劳务品牌建设】 2022年，福建省人社厅组织开展全省劳务品牌建设工作，完成全省劳务品牌征集工作及福建省劳务品牌数据库建设。组织参加第一届全国劳务品牌发展大会，福建省获全国劳务品牌工作赛“全面推动奖”。

【和谐劳动关系创建】 2022年，福建省人社厅实施劳动关系“和谐同行”能力提升三年行动，截至2022年底，全省培育和谐企业842家，服务指导新办企业和重点企业分别为6907家、1863家；选树省级金牌协调劳动关系社会组织6家，金牌劳动关系协调员93名。推进和谐劳动关系创建活动，评选认定149家企业、11个工业园区、22个乡镇（街道）为省级劳动关系和谐企业、工业园区、乡镇（街道）；13家企业、2个工业园区被命名为全国和谐劳动关系创建示范企业、工业园区；组织参加全国和谐劳动关系创建系列征集活动，福建省协调劳动关系三方办公室获优秀组织奖；组织全国和谐劳动关系创建示范企业巡回演讲活动（福建站），在线观看的人数峰值超过30万人次。

【劳动者权益维护】 2022年，省人社厅组织开展维护新就业形态劳动者劳动保障权益“3+2”（“3”即实施平台用工监测管理服务、试点地区试点平台企业灵活就业劳动者“职业伤害保障”、平台劳动者劳动权益保障3个全覆盖，“2”即开展集体协商专项行动、重点任务的权益维护行动2个专项行动）专项行动，并将该项工作列为2022年重点工作，纳入省市级对各地综治考评指标。部署开展以“共商共创、增产增效、助力发展”为主题、以新业态领域集体协商为重点的集体协商“要约行动月”活动，向8.63万家企业发出要约，应约企业7.72万家，应约率89.45%，覆盖职工382.42万人。配合修订《福建省人口与计划生育条例》，推动育儿假从鼓励引导到刚性约束。

【劳动人事争议调解仲裁】 2022年，省人社厅推广实施“仲裁+法援”“仲裁+工会”“仲裁+妇联”等“仲裁+X”调解一站式服务模式，与省总工会等部门联合打造“园区枫桥”机制，推进新就业形态企业劳动争议调解组织建设，构建立体化调解网络。开展积案清理专项行动，对超审限案件进行双周调度管理；建立基层劳动争议“巡回仲裁庭”制度，开通农民工等困难弱势群体绿色通道，实行快立、快调、快结；建立健全裁审衔接机制，落实争议“总对总”在线诉调对接机制；推广仲裁文书集约化送达新模式，改进办案手段，提高办案效率。全面推广使用福建省智慧调解仲裁信息管理系统，推进数字仲裁庭建设，开展“云申请”“云调解”“云庭审”“云普法”等线上调解仲裁服务，打造“全事项智慧服务、全过程数字赋能、全要素智谋研判”数字治理模式。全年全省各级劳动人事争议调解仲裁机构受理争议案件62281件，涉及劳动者76333人次，涉案金额313997万元；调解成功率67.71%，仲裁结案率96.09%。

【劳动保障监察】 2022年，福建省人社厅以全面落实《保障农民工工资支付条例》为主线，推进落实各项工资支付保障制度，出台农民工工资保证金实施办法、根治欠薪工作约谈制度等配套政策。推动劳动监测预警大数据平台覆盖所有工程建设领域，动态监测在建工程项目劳动用工管理和工资支付行为。畅通维权渠道，实施欠薪案件线索“月月清”行动，全省线索按期办结率保持100%，未因欠薪引发重大群体性事件、极端事件。组织开展铁路领域欠薪问题专项整治、欠款欠薪问题“点题整治”、集中整治欠薪问题等专项行动。推进工资支付诚信体系建设，加强欠薪失信联合惩戒，依法向公安机关移送涉嫌拒不支付劳动报酬罪案件。全年全省各级劳动保障监察机构检查用人单位11312户次，督促补签劳动合同5481人，办结协调处理案件27945件，办结立案处理案件613件，为47305名劳动者追发工资等待遇4.71亿元。在国务院2021年度保障农民工工资支付工作考核中，福建省位列全国第二。

【劳动能力鉴定】 2022年，福建省完成劳动能力鉴定29471人，其中因工伤残鉴定28862人；因病或非因工鉴定605人；省级再次鉴定完成1190人，改变市级等级254人，改变率21.34%。出台《福建省人力资源和社会保障厅办公室关于印发福建省劳动能力鉴定工作专项行动实施方案的通知》，加强劳动能力鉴定领域风险防控，提升劳动能力鉴定管理水平。

【劳动工资】 2022年，福建省人社厅实施城镇职工、农民、困难群体、高端人才“四大群体”增收计划，促进城乡居民增收。探索一线技术工人增收新路径，省人社厅、省国资委印发《关于推动国有企业做好技能人才薪酬激励相关工作的通知》，促进技能人才获得技能与待遇“双提升”。2022年，全省居民人均可支配收入43118元，比上年增长6%，增速居全国第七位，居东部10省市第一位。推进国有企业负责人薪酬制度改革和工资决定机制改革，开展2021年度国有企业工资内外收入情况检查。完善最低工资标准正常调整机制，从2022年4月起，调整最低工资标准，各档平均值调增至1865元/月，增长14.59%。健全薪酬调查和信息发布制度，对全省8489户企业开展薪酬调查，涉及劳动者90余万人，公开发布2021年企业薪酬调查信息，向被调查企业

100%提供薪酬数据反馈服务。发布2022年企业工资指导线和省属企业工资指导线（全省企业工资指导线基准线6.5%、下线3%，省属企业工资指导线6.5%，调控水平26.5万元，调控目标3.5%），为政府制定收入分配政策提供数据支撑。推动部级企业人工成本监测试点，按季度完成数据审核上报工作。印制福建省技能人才薪酬分配指引案例和相关政策汇编，开展国有企业技能人才薪酬分配指导服务。（郑婉菁）

人力资源管理

【人才引进与培养】 2022年，福建省加强高层次人才选拔与培养。省人社厅组织遴选第三批“雏鹰计划”青年拔尖人才52人，完成第一批人选中期考核评估。截至2022年底，福建省有“雏鹰计划”青年拔尖人才149人，其中22人获得国家级人才（科技）项目支持。开展国家级、省级博士后创新实践基地建设工作。确定18家新设站点并向人社部提交备案申请，9家新设站点通过确认。新设嘉庚创新实验室等47家博士后创新实践基地，给予每家5万元设站补助经费，指导新设站单位挂牌和博士后招收工作。下发全省在闽22名“两院”院士及101名“百千万人才工程”国家级人选科研补助经费495.6万元。组织国家级和省级高层次人才和青年优秀人才41人参加福建省高级专家国情省情研修班。

人才智力引进。全省新增省级高层次人才（含引进人才及原有人才）2239人，工科青年人才支持对象2149人。推进实施《福建省2021—2022年度紧缺急需人才引进指导目录》，认定省直部门及山区设区市紧缺急需人才630人。组织开展高层次和紧缺急需人才线上线下招聘活动，征集推介企事业单位招聘需求岗位近2200个，需求人数约9698人。举办中国福建人才创业周云上展会，促成人才意向落地福建51人，52个项目与单位达成合作意向，促成收徒落地项目67项。高层次人才猎聘活动收到求职简历3500多份，其中硕博简历超过760份。打造“人才项目赶集日”云平台，形成“师带徒”引凤项目大赛的“永春模式”，参赛项目134项，达成意向落地52项；形成人才项目“揭榜挂帅”赶集日的三明模式，累计举办16场活动，路演项目142项，实现51个项目揭榜落地。实施“海外优秀青年人才来闽学术交流计划”。依托“赴闽网”常态化受理海外青年人才简历，收到简历152份，邀请54名海外优秀青年到闽开展学术交流等活动；举办“福建省2022年海外人才云对接”线上活动。新引进2名留学人员入驻福建留学人员创业园创办企业。

【人才服务】 2022年，福建省人社厅组织举办专家休假活动3期，有专家及家属97人参加。发放高层次人才生活津贴5907人次5899.07万元，发放国务院政府特殊津贴1284人次435.66万元。开展2020—2021年度专家服务基地建设评估工作，评估全省专家服务基地55家，并给予优秀等次基地共计80万元经费补助。发放省级高层次人才证书4145份。推动全省各地创建“人才驿站”560家。

【专家基层帮扶活动】 2022年，福建省实施“智惠八闽”专家服务乡村振兴专项行动，组织14批92人次专家深入全省基层一线开展各项帮扶活动。开展“海归英才八闽行”活动，组织7批30人次留学回国专家走进省内乡村、企事业单位开展帮扶活动。开展中西部对口支援帮扶活动。组织7名福建专家对口支援宁夏灵武市帮扶活动，服务覆盖480余人，达成合作意向8项；组织4名留学回国专家开展支援宁夏贺兰县帮扶活动，达成合作意向4项；组织11名福建专家组成专家服务团，开展线上对口支援新疆昌吉活动，开创对口帮扶新模式。

【技能人才管理】 2022年，福建省组织21.2万人次参加职业技能鉴定及技能等级认定，获证15.49万人次，其中国家职业资格或职业技能等级三级（高级工）以上取证4.37万人次（高级工38773人次、技师3432人次、高级技师1529人次）；全省有15.05万人次参加专项职业能力考核，12.85万人次取得专项职业能力考核证书。全省新增17家企业、19家职业院校（技工院校）、21家社会培训评价组织为职业技能等级认定单位。9名台湾同胞通过直接采认台湾地区职业技能资格取得相应职业技能等级证书。开展全省机关事业单位工勤人员岗位考核工作，有336人取得初级工证书、567人取得中级工证书、495人取得高级工证书、246人取得技师证书、49人取得高级技师资格，另有99人经复核认定取得证书。推动工勤人员岗位继续教育网络学习与岗位考核衔接，组织开展继续教育培训35513人次。

高技能人才队伍建设。全省新增建设省级技能大师工作室60个。在第十六届全国优秀高技能人才表彰中，全省有4名技能人才受到表彰。

职业技能竞赛。组织开展省级职业技能竞赛20场次46个项目，开展中华人民共和国第二届职业技能大赛参赛筹备工作，授予62名优秀选手“福建省技术能手”称号。

技工教育。2022年，全省技工院校招生52840人，完成全年计划的120%。全省技工院校有131名学生获国家奖学金、5名学生获“技能雏鹰”奖学金。福建技师学院与石狮市人民政府签订合作办学战略框架协议，共建福建技师学院石狮校区，联合培养产业技能人才；该校区于当年度正式招生办学。

【专业技术人才管理】 至2022年底，福建省专业技术人才301万人，其中高级专业技术人才30万人。完善职称评审标准。省人社厅会同省科技厅出台《福建省技术经纪专业技术职务任职资格评审条件》，在自然科学系列增设技术经纪专业。会同省教育厅出台《关于特殊教育教师职称评聘有关事项的通知》，完善特殊教育教师职称评聘，在职称评审、岗位聘用等方面向特殊教育教师倾斜。会同省财政厅、卫健委、体育局、文旅厅、广电局修订出台会计、卫生、竞技体育教练员、群众文化、播音主持等5个系列职称评价标准。

职称评审。会同省卫健委、工信厅、住建厅等部门开展卫生、土建等27个系列（专业）职称评审工作，评审通过高级职称任职资格1.06万人。开展第四届特殊人才高级职称认定（评审）工作，高层次特殊人才经认定（评审）取得高级职称35人。会同省工信厅开展首次“考评结合”后高级经济师和首届正高级工程师评审。会同行业主管部门完成中小学教师正高、会计、艺术、工艺美术、农业等系列高级职称评审工作。指导各设区市做好中等职业学校教师系列下放高级职称评审权后的首次评审工作。

全省职称信息系统建设。在工艺美术、审计、冶金、汽车船舶等4个专业开展职称信息系统申报试点，实现网络申报、网络审核、网络评审。新增直接采认台湾地区计量技术人员职业资格，全年全省可直接采认的台湾地区专业技术职业资格11项。在疫情防控常态化下，联合工信、公安、卫健等部门，保障包括一二级建造师、社会工作者、卫生、会计等24项专业技术职业资格考试安全，考生总数超53万人次。会同省住建厅首次组织二级造价工程师考试，探索“纸笔考试＋机考”并行的二级建造师执业资格考试新模式。

专业技术人才培养。印发《福建省专业技术人才知识更新工程实施方案》，组织实施专业技术人才知识更新工程2022年高级研修项目工作，入选国家级研修项目2期；遴选省级研修项目87期，其中省级示范项目10期。中国海峡人才市场入选第十一批国家级专业技术人员继续教育基地，厦门大学入选首批数字技术工程师培育项目培训机构。

【事业单位人事制度改革】 2022年，福建省继续开展省直、中直事业单位招聘工作，全省招聘2254人。指导各地各单位疫情期间加大事业单位公开招聘高校毕业生力度。组织开展2022年福建省面向西藏籍高校毕业生公开招聘工作。严格审批程序，配合有关部门完成地方高校上收省属改革等工作，完成省属事业单位人员调动和人员转隶身份审核7890人次。

事业单位人事管理。推进县以下事业单位管理岗位职员等级晋升制度。根据中办、国办印发《关于县以下事业单位建立管理岗位职员等级晋升制度的意见》和全国事业单位人事管理工作座谈会精神，会同省委组织部指导各地研究制定实施方案并批复实施。至年底，全省88个县（市、区）完成首次职员等级晋升工作，占比97.8%［全省90个县（市、区）纳入工作范围］，涉及1531个事业单位2366人。联合省教育厅制定省属公办高校职称评聘检查方案，指导设区市开展市属高校和民办高校交叉检查。

事业单位工资分配。落实基本工资标准正常调整机制，完成事业单位基本工资标准调整工作。统筹推进事业单位工作人员和机关事业单位退休人员奖励性补贴规范工作。延长常态化疫情防控期间医疗卫生机构临时性工作补助政策期限，制定实施支援异地疫情防控医务人员绩效工资总量核增方案。落实省属事业单位绩效工资总量、省属公立医院工资总额核定工作。调整文物考古事业单位职工野外工作津贴标准。

【公务员考试】 2022年，省人社厅受中组部公务员二局的委托开展命审题工作，命制、审阅《申论》试题9套、《行政职业能力测试》试题3套。在2022年3月、7月举行的两次全国省级公务员四级联考中，为浙江、青海、辽宁等15个省份提供笔试试题。开展疫情防控常态化形势下的面试考务工作，完成福建省2022年公务员四级联考面试的考务组织工作，为省直考区950余名考生提供考务服务。受省委组织部委托，完成福建省省级机关公务员遴选首次集中面试的考务组织工作。（郑婉菁）

社会保障

【企业职工基本养老保险】 截至2022年底，福建省企业职工基本养老保险参保1521.69万人，其中在职参保1342.78万人、退休178.91万人。全年全省企业职工基本养老保险基金收入854.37亿元，其中基本养老保险费收入804.27亿元；福建省企业职工基本养老保险基金支出644.42亿元（不含上解调剂金），其中基本养老金支出607.75亿元；净上解全国统筹调剂资金81.18亿元。贯彻落实企业职工基本养老保险全国统筹制度，稳妥提高缴费基数下限，完成全国统筹信息系统部、省对接并正式上线运行，同步启动全省规范企业职工基本养老保险待遇项目工作。自2022年1月1日起，厦门市企业职工基本养老保险单位缴费费率统一按规定的标准（16%）执行。连续24年为企业退休人员增加养老金，全省有168.56万名企业退休人员受益，月人均增加养老金123.39元。顶格落实阶段性缓缴社会保险费工作部署，全年缓缴社会保险费9.05亿元，惠及企业1.10万家。按照国家部署启动实施个人养老金制度，在全国36个先行城市（地区）试点中，福建省成为唯一一个全省全域纳入试点的省份。

【机关事业单位养老保险】 截至2022年底，福建省机关事业单位养老保险参保152.7万人，其中在职100.23万人、退休52.47万人。2022年，福建省机关事业单位养老保险基金收入366.37亿元，其中基本养老保险费收入220.37亿元；福建省机关事业单位养老保险基金支出370.42亿元，其中基本养老金支出358.27亿元；职业年金累计结余500.3亿元。连续7年与企业退休人员同步同办法调整养老金，50.4万名机关事业单位退休人员受益。机关事业单位养老保险制度改革持续深化，全省改革后“中人”待遇重算工作基本完成，新增退休人员待遇按时核发到位；退役军人养老保险转移接续完成率位居全国前列。

【城乡居民基本养老保险】 截至2022年底，城乡居民基本养老保险参保1598.77万人，比上年增加1.34万人，参保率99.06%；待遇领取517.08万人，全省月人均养老金182.78元。全年全省城乡居民基本养老保险基金收入144.89亿元，其中财政补助资金收入114.98亿元；基金支出114.95亿元；基金当期结余29.94亿元；上解委托投资基金累计104.86亿元；基金累计结余291.53亿元。印发《关于调整提高城乡居民基本养老保险基础养老金省定最低标准的通知》，部署从2022年至2024年，每年1月1日起全省各市、县（区）的城乡居民基本养老保险基础养老金标准每人每月提高10元。落实省委、省政府为民办实事项目，2022年度基础养老金省定最低标准调整后为140元，并于4月调整补发到位。做好困难群体基本养老保险帮扶工作，助力乡村振兴战略。截至2022年底，全省低保对象、特困人员、重度残疾人、返贫致贫人口等四类困难群体参加基本养老保险82.09万人，其中39.56万名劳动年龄段困难群体享受城乡居民基本养老保险政府代缴，代缴金额8052.26万元。制定福建省社保待遇资格认证规则，通过省政务大数据，为全省409.17万名待遇领取人员进行“静默认证”，占比84%。

【失业保险】 截至2022年底，福建省失业保险参保761.34万人，完成全年758万人任务的100.44%；为12.97万名失业人员发放失业保险金10.44亿元，为10.55万名失业人员发放失业补助金2.64亿元。全面落实失业保险稳岗返还政策，全年发放失业保险稳岗返还资金12.48亿元，惠及企业28.40万家。

【工伤保险】 2022年，福建省人社厅巩固工伤保险参保基础，拓展扩面新增长点，推动小微企业、有雇工的个体工商户和快递员群体参加工伤保险，抓好建筑业按项目参保长效机制，推进城乡房屋建筑、市政工程、公路、水利、水运、能源、铁路和机场工程建设领域按项目参加工伤保险。全省工伤保险参保1040万人，比上年增加55.61万人，增长5.65%；全省工伤保险基金收入30.24亿元，其中工伤保险费征收收入27.52亿元；工伤保险基金支出32.97亿元。省人社厅、财政厅共同印发《关于调整全省工伤保险定期待遇的通知》，从2022年1月起统一调整、适当提高全省参保工伤职工伤残津贴、生活护理费、供养亲属抚恤金等三项定期待遇。全省阶段性降低工伤保险费率政策延续实施至2023年4月30日。

【社会保险基金监管】 2022年，福建省人社厅在社保基金管理问题专项整治基础上，健全政策、经办、信息、监督“四位一体”防控体系，开展社保基金管理“提升年”行动，问题整改率、资金追回率均超过90%。落实社保基金行政监督办法，全方位梳理基金管理风险点，出台社保基金举报奖励办法实施细则，从“人防、制防、技防、群防”等4个方面同向发力，严防社保基金“跑、冒、滴、漏”，防范和化解社保基金安全风险。审慎开展基金投资运营，推进社保基金保值增值，强化年金基金监管，全省职业年金资产净值超480亿元。

（郑婉菁）

医疗保障

【概况】 2022年，福建省实施全民参保计划，完善精准参保扩面政策。全省基本医保参保3863万人，其中职工医保972万人、城乡居民医保2891万人。完善医保筹资机制，2022年城乡居民医保财政补助标准提高至不低于610元/人。加强基金运行绩效评价和监测工作，做好基金预算管理和执行，职工医保统筹基金、城乡居民医保基金当期均实现收支平衡，分别结余65亿元、18亿元。职工和居民医保两项基金2021年度绩效评价分别位居全国第五和第九位。

【医疗保障体系构建】 2022年，福建省医保局完善职工医保门诊共济保障机制，统筹推进个人账户改革和门诊待遇提升，普通门诊报销比例从50%提高至75%，门诊特殊病种统一调整为29个。厦门、泉州市推进门诊统筹按费用保障。健全重特大疾病医疗保险和救助制度，出台福建省具体实施意见，实行5类困难群体精准救助，覆盖困难人口230余万人，形成医疗救助长效机制。探索推行政府定制型“惠闽宝”“惠厦保”等补充商业健康保险，并允许职工医保个人账户购买保险，全省参保350万人。

【医保保障目录扩大】 2022年，福建省医保局稳步扩大保障范围，落实新版医保药品目录，医保目录药品数扩大至2860种，一批创新药通过谈判降价纳入医保，97个谈判药品纳入“双通道”管理，48个药品纳入门诊单列结算，并将中药配方颗粒纳入医保支付范围。推进城乡居民保障补短板，完善异地就医报销政策，按病种（DRG）收付费报销比例不低于50%，谈判药品医保支付标准比上年提高5个百分点，并实施医用耗材支付标准精准调整。落实为民办实事项目，困难群众高血压、糖尿病门诊指定用药报销比例提高至100%。应对人口老龄化，将女职工生育三孩费用纳入生育保险待遇支付范围。巩固提升福州市国家长期护理保险试点，探索开展“无陪护”病房医保支持政策，初步实现“老有所护”。职工、居民医保住院政策范围内报销比例分别稳定在85%、65%左右。

【新冠疫情应对】 2022年，福建省医保局继续落实疫情救治和疫苗费用保障政策，将疫情防控用药和治疗费用纳入医保支付范围，累计结算疫情救治和疫苗接种费用约40亿元。建立新冠病毒相关检测试剂及医用耗材动态监测机制，进行挂网采购，保障疫情防控医药物资“随时采、及时配、足量供”。开展新冠病毒相关检测试剂省级集采，连续7轮调低核酸检测价格，核酸检测单人单检收费价格下调至16元，混合检测价格每人次5元，政府组织大规模筛查多人混检不高于每人份3.5元。2022年7—9月实现阶段性缓缴企业医保政策，缓缴保费23.2亿元，惠及企业29.6万家。

【医保重点领域改革】 2022年，福建省医保局完善职工医保基金省级统筹调剂政策，调剂集中比例从30%提高至50%，规范调剂金使用管理，促进地区间医保基金平衡和政策统一。扩大药品耗材集中带量采购覆盖面，在落实国家集采任务的基础上，开展43个药品和5类医用耗材省级集采，探索牵头组织覆盖27个省的心脏介入电生理、15个省的腔镜吻合器两类耗材省际联盟采购，平均降幅50%。累计完成集采品种数396个药品、19类医用耗材。

医保支付方式改革。实施医保支付方式改革三年行动，实现九市一区按疾病诊断相关分组、按病种分值付费改革全覆盖，按病种收付费病种1498个，促进医疗服务供给提质增效降本。

医疗服务价格管理创新。完善医疗服务价格动态调整机制，公布139项新增医疗服务项目价格支持临床医疗新技术运用，在全国首创药学服务模式收费政策，厦门市纳入国家首批医疗服务价格改革试点，福建省医疗服务价格指数居全国第八位。

【医保基金综合监管】 2022年，福建省医保局打击欺诈骗保行为，开展全覆盖检查、专项整治和飞行检查，开展医保监管“点题整治”，打击“假病人、假病情、假票据”欺诈骗保行为。全年，全省现场检查定点医药机构13144家，处理违法违规定点医药机构12340家，追回资金8.59亿元。

【医保便民服务】 2022年，福建省医保局出台福建省优化医保领域便民服务十二条措施，推进医保经办服务县、乡、村一体化，全省所有乡镇（街道）实现设置医保服务窗口全覆盖，近1.2万个村卫生所实现医保“村村通”。推行医保服务“网上办”“掌上办”，异地就医备案等7个医保高频政务服务事项实现“跨省通办”，在全国率先实现省内转移接续与个人账户划转“全网办”“同步走”“秒到账”，推进普通门诊、门诊慢病和住院费用跨省异地就医直接结算全覆盖。3700万人激活医保电子凭证，133家定点医院开通医保移动支付。（郑婉菁）

社会救助

【基本生活救助】 2022年，福建省落实低保工作规范、特困人员认定办法、加强低收入人口动态监测和救助帮扶等政策，开展低保边缘家庭认定，对生活困难的重度残疾人和支出型困难人口、低保边缘家庭中的重病患者、失能失智老年人按单人纳保；落实基本生活救助标准动态调整机制，省民政厅印发《关于做好救助保障标准调整工作的通知》，按照不低于最低工资标准的44%提高低保标准，特困供养标准作相应调整。建成包含101万低收入人口的动态监测信息平台，针对住院支出、残疾状况、死亡数据等10项指标开展动态监测，发现需要帮助的困难群众，分层分类实施救助帮扶。至年底，全省有城乡低保对象57.24万人，比上年度净增2.3万人，增长4%，支出低保金34.36亿元；城乡低保年平均标准9999元，增长16.5%。全省有特困人员6.7万人，支出特困供养金12.47亿元；特困供养年平均标准25044元，增长14.4%。认定低保边缘家庭对象20.07万人。实施临时救助22.27万人次。

【延保渐退政策落实】 2022年，福建省民政厅对脱贫不稳定人口、边缘易致贫人口等再次进行梳理排查，督促落实延保渐退等兜底保障政策措施。至年底，全省有14.57万名脱贫人口和监测帮扶对象纳入社会救助兜底保障，全年累计对2111名脱贫人口和监测帮扶对象落实延保渐退政策。

【疫情临时救助与补贴】 2022年，福建省出台一系列保障困难群众基本生活的政策措施，提出为低保对象、特困人员增发一次性生活补贴，适时启动价格补贴联动机制，取消急难型临时救助户籍地限制，对未参保失业人员、未就业毕业生、临时遇困人员等困难群体加强临时救助等政策措施，加大对受疫情影响困难群众的救助帮扶力度。省民政厅会同省发改委等6单位联合出台《关于阶段性调整价格补贴联动机制加大对困难群众补贴力度的通知》，将低保边缘人口纳入价格补贴联动机制保障范围。至年底，全省各地因疫实施临时救助6.9万人次，支出资金2269万元；全年发放一次性生活补贴6741万元，惠及61.8万人次；发放价格临时补贴12291万元，惠及296万人次。

【社会救助改革创新】 2022年，福建省将发展服务类社会救助作为社会救助改革创新实践的重要内容，印发《关于开展社会救助改革创新试点工作的通知》，围绕发展服务类社会救助，确定11个试点方向，在全省11个县（市、区）开展服务类社会救助试点工作，为困难群众提供照料护理、心理疏导、社会融入、能力提升等救助服务，推动形成“资金+物质+服务”救助模式。完成社会救助“一件事”改革，规范简化民政领域社会救助申办流程，全面取消可以通过各级政务服务平台和核对系统查询的相关证明材料，实现社会救助“一件事”线上线下联动“一次办”。在福建省网上办事大厅、闽政通App上开设社会救助在线申办通道，推动救助事项“掌上办”“指尖办”，全年收到在线申请5319件，均受理办结。

【社会救助政策宣传】 2022年，福建省开展“社会救助政策宣讲进村（社区）”活动，开展政策宣传解读，提高政策知晓率，推动社会救助政策落实落地。建立健全社会救助经办人员培训机制，将村（居）干部纳入培训范围，做到年度必训、新入岗必训，将业务培训延伸至经办服务末端，提高基层社会救助经办人员业务能力和服务水平。全年全省进村（社区）宣讲8921次、媒体宣传报道6391条、发放《社会救助申办指引》等宣传材料55万份，省级举办社会救助业务视频培训班，推动各地举办培训班2589场次，培训县、乡、村经办人员8.6万人次。

【综合监管】 2022年，福建省民政厅将“低收入人口保障水平”作为省对设区市绩效考核的重要指标，督促社会救助“扩面”要求落地落实。结合审计发现问题专项治理、社会救助领域综合治理等专项行动，开展困难群众“漏保”“漏救”点题整治巩固提升工作。省级分析梳理疑似困难群众数据62万条，定点推送县（市、区）进行摸排，各地通过网格化摸排77.06万人次，将符合条件的困难群众纳入社会救助保障范围。加大社会救助资金监管力度，省民政厅印发《2022年福建省困难群众救助工作绩效评价方案》，组织开展第三方评估；深化福建省乡村振兴（扶贫惠民）资金在线监管平台运用，对资金“流向、流量、流速”全程跟踪监督，实现“长期公示、群众可查、社会监督”。

（林 哲）

【流浪乞讨人员救助】 2022年，福建省救助总站救助流浪乞讨人员10762人次，其中未成年人371人次、智障和精神病人628人次。健全体制机制，推动各地建立健全由公安、城管等部门参与的街面联合巡查机制，制定各类特殊受助人员转介处置机制，开展日常性街面巡查巡视。开展主动救助，适时启动“寒冬送温暖”和“炎热送清凉”专项救助行动，对陷入困境、居无定所、流落街头等生活无着人员实施救助，行动期间救助街面流浪乞讨人员2400多人次，劝导进站救助400多人次。加大宣传力度，组织“6·19开放日”活动，开放救助机构和托养机构，宣传救助政策和工作成效，全省邀请人大代表、政协委员、媒体记者以及当地居民等近1200人参与。各地开展联合救助行动，发动社会组织121家，志愿者近1100人，发放各类物资5000多件。提升救助服务水平，各级救助机构加强与公安机关的协调配合，全省寻亲成功411人，护送585名特殊困难人员和未成年人返乡。对无法查明身份信息的长期滞留人员报请公安机关办理户口，将其中符合条件的纳入特困供养范围，由具备相应供养条件和能力的供养服务机构集中供养。截至年底，全省共有1086名滞留超过3个月仍无法查明身份信息的受助人员给予落户。

（周希妍）

居民生活

【城镇居民收入水平】 2022年，福建省城镇居民人均可支配收入53817元，比上年增长5.2%，增幅回落3.2个百分点，扣除价格因素实际增长3.3%，增幅回落4.3个百分点。工资性收入是拉动城镇居民收入增长的最主要动力。全省城镇居民人均工资性收入33491元，增长5.4%，增幅回落3.7个百分点，占城镇居民人均可支配收入的比重为62.2%，拉动城镇居民人均可支配收入增长3.4个百分点，贡献率为64.6%。经营净收入增长最快。全省城镇居民人均经营净收入7136元，增长6.4%，增幅回落5.5个百分点。全省城镇居民人均财产净收入7323元，增长4.8%，增幅回落7.6个百分点。全省城镇居民人均转移净收入5868元，增长3.3%，增幅提高5.8个百分点。

【城镇居民消费水平】 2022年，全省城镇居民人均消费支出35692元，增长5.2%，增幅回落6.1个百分点，扣除价格因素实际增长3.2%，增幅回落7.3个百分点。全省城镇居民人均食品烟酒支出11145元，增长5.0%，增幅回落4.7个百分点，占人均生活消费支出比重为31.2%，居城镇居民消费八大类之首。全省城镇居民人均衣着消费支出1769元，增长1.6%，增幅回落19.0个百分点。全省城镇居民人均居住支出10679元，增长3.2%，增幅回落7.4个百分点，占人均生活消费支出比重为29.9%。全省城镇居民人均生活用品及服务支出为1913元，增长6.7%，增幅回落11.4个百分点。全省城镇居民人均交通通信支出3949元，增长8.0%，增幅提高10.7个百分点。全省城镇居民人均教育文化娱乐支出3376元，增长8.2%，增幅回落27.4个百分点。全省城镇居民人均医疗保健支出2064元，增长6.4%，增幅回落2.9个百分点。全省城镇居民人均其他用品和服务支出797元，增长9.0%，增幅回落0.9个百分点。

（何晓莉）

【农村居民收入水平】 2022年，福建省农村居民人均可支配收入24987元，增长7.6%，增幅回落3.6个百分点，扣除价格因素实际增长5.7%，增幅回落5.2个百分点。工资性收入是农村居民最主要的收入来源，对可支配收入增长贡献最大。全省农村居民人均工资性收入11361元，增长8.0%，增速回落3.7个百分点，占农村居民人均可支配收入比重为45.5%，拉动农村居民人均可支配收入增长3.6个百分点。全省农村居民人均经营净收入9128元，增长6.3%，增幅回落8.0个百分点，占农村居民人均可支配收入比重为36.5%，拉动农村居民人均可支配收入增长2.3个百分点。全省农村居民人均财产净收入519元，增长11.2%，增速居农村居民收入四大项之首，增幅回落7.5个百分点。全省农村居民人均转移净收入3979元，增长8.7%，拉动农村居民可支配收入增长1.4个百分点，增幅提高6.1个百分点。

【农村居民消费水平】 2022年，福建省农村居民人均生活消费支出20467元，增长6.1%，增幅回落12.0个百分点，扣除价格因素实际增长4.2%，增幅回落13.5个百分点。全省农村居民人均食品烟酒支出7061元，增长4.4%，增幅回落3.4个百分点，占人均生活消费支出比重为34.5%。全省农村居民人均衣着消费支出963元，增长4.9%，增幅回落16.8个百分点。全省农村居民人均居住支出5176元，增长5.8%，增幅回落18.3个百分点。全省农村居民人均生活用品及服务支出1034元，增长10.1%，增幅提高2.7个百分点。全省农村居民人均交通通信支出2323元，增长4.1%，增幅回落28.1个百分点。全省农村居民人均教育文化娱乐支出1844元，增长11.0%，增幅回落23.9个百分点。全省农村居民人均医疗保健支出1634元，增长10.1%，增幅回落6.7个百分点。全省农村居民人均其他用品和服务支出433元，增长9.2%，增幅回落22.1个百分点。

（何晓莉）

基层组织建设

【概况】 至2022年底，福建省有城市社区3063个（新增82个、减少4个），其中福州市581个（新增41个），厦门市398个（新增2个），漳州市524个（新增13个），泉州市489个（新增7个），三明市206个（新增2个），莆田市167个，南平市287个（新增3个、减少2个），龙岩市169个（新增10个），宁德市215个（新增4个、减少2个），平潭综合实验区27个。全省有建制村14251个（新增1个、减少2个），其中福州市2196个，厦门市147个，漳州市1556个，泉州市2057个（减少2个），三明市1739个（新增1个），莆田市808个，南平市1636个，龙岩市1786个，宁德市2134个，平潭综合实验区192个。

【基层治理体系建设】 2022年，福建省推动基层治理创新，福州市晋安区、厦门市海沧区、福鼎市完成全国农村社区治理综合实验区验收工作。全省7个自治组织获评全国先进基层群众性自治组织，16名社区工作者获评全国优秀城乡社区工作者。织牢织密社区疫情防控网，对加强城乡社区防控能力建设、关心关爱城乡社区工作者提出具体要求。省民政厅会同省卫健委印发《关于全面推进村（居）民委员会公共卫生委员会建设的通知》，开展社区疫情防控专题授课，基本实现公共卫生委员会全覆盖。

【基层群众性自治组织规范化建设】 2022年，福建省民政厅完成村级组织换届选举，全省1.7万个村（居）完成换届选举工作，村、社区“一肩挑”比例均达到100%。实施新时代基层干部主题培训行动计划，举办省级示范培训班，新一届村（居）委会成员任职培训实现全覆盖。加强基层民主协商，全面建立村（社区）民主协商制度，民主议事厅覆盖率100%。加强和规范村规民约工作，1.3万个村（社区）依法修订完善村规民约（居民公约）。做好村（社区）减负工作，开展“社区万能章”专项清理行动，建立健全基层群众性自治组织出具证明工作的规范化制度和长效机制。

【城乡社区服务】 2022年，福建省健全城乡社区服务体系，省政府办公厅印发实施《福建省“十四五”城乡社区服务体系建设规划》。推进社区服务标准化建设，开展社区服务质量认证工作，制定实施《城乡社区民主协商工作要求》《城市社区服务通用要求》等2个地方标准，形成“标准制定—标准应用—评价认证—持续改进”新模式。全面推行城乡社区近邻服务，开展助幼、助教、助医、助老、助困等近邻“五助”服务，政府公共服务在社区100%实行“一站式服务”“一门式办理”，实现事务办理、家政养老、文体娱乐等服务集中供给。组织实施2022年高校毕业生服务社区计划，全省统一招募300名高校毕业生从事社区工作；发布社区工作者招聘岗位5513个，全部面向高校毕业生开放。促进两岸社区融合交流，鼓励有意愿参加社区管理服务的台湾居民参与村（居）委会、村（居）民小组、业委会等基层群众性组织。

【第九届海峡两岸社区治理论坛】 2022年7月12日，第九届海峡两岸社区治理论坛在厦门市举办，论坛以“近邻服务幸福养老”为主题，凸显本土特色，深化两岸基层社区互动。开展智慧社区试点，联合福建移动公司开展“区块链+智慧社区”国家试点项目。

（蔡祖宝）

社会福利和慈善事业

【养老服务】 2022年，福建省健全养老服务政策体系，省委、省政府出台《福建省“十四五”老龄事业发展和养老服务体系规划》《福建省贯彻〈中共中央　国务院关于加强新时代老龄工作的意见〉实施方案》，省人大常委会出台《福建省养老服务条例》（2023年1月1日起施行），从法律政策层面上为养老服务发展提供保障。夯实设施网络，省级以上财政投入4.3亿元，推动城企普惠养老、公办养老服务等项目建设。厦门市、三明市获批第二批全国居家和社区基本养老服务质量提升项目试点，福州市、厦门市、莆田市推进家庭养老床位试点。全年全省新增养老床位1.6万张，完成困难老年人家庭适老化改造1.22万户。

2022年，省委、省政府为民办实事项目建设86个农村区域性养老服务中心。聚焦老年人助餐服务需求，省民政厅等5部门印发《关于长者食堂建设运营的指导意见》，建成488个示范性长者食堂。常态化抓好养老机构疫情防控。省民政厅印发《福建省养老服务机构备案管理办法（试行）》，细化优化养老服务机构备案工作。制定《福建省养老服务机构等级评定管理办法》，推动养老服务机构等级评定工作规范化、标准化建设，全省新增评定五星级养老服务设施135所。实施养老服务队伍建设，遴选第二批10个养老护理员省级实训基地，全省分级分类开展养老从业人员培养培训3.8万人次。（俞立飏）

【事实无人抚养儿童生活保障】 2022年，福建省机构养育孤儿基本生活保障标准每人每月1800元、社会散居孤儿每人每月1400元，事实无人抚养儿童按照社会散居孤儿标准予以保障。截至年底，全省有2278名孤儿、1.49万名事实无人抚养儿童纳入保障。

【农村留守儿童及困境儿童关爱服务】 2022年，福建省关爱服务农村留守儿童、困境儿童，全面实施“福蕾行动计划”，实施心理辅导、假期关爱、亲情陪护、结对帮扶等关爱服务，省级下达专项补助资金3000万元，全省83个县（市、区）、437个乡镇（街道）开展示范创建活动，各地举办关爱服务活动6500余场次，走访慰问留守儿童2100余人次，关爱2960余名服刑人员未成年子女，3.5万名留守儿童、13.2万名困境儿童受益。

【儿童福利机构转型升级】 2022年，福建省重点将福州、厦门、三明等3个市级儿童福利院打造成为全省样板式区域性儿童福利院，投入800万元支持市级儿童福利机构升级改造。全省有43个县级儿童福利机构经当地编制部门批复转型为相对独立的未成年人救助保护机构，占全省原有县级儿童福利机构总数（58个）的74.1%。

【未成年人保护】 2022年，福建省民政厅组织开展“喜迎二十大，同心护未来”未成年人保护主题宣传月活动，举办活动启动仪式，印制宣传册3万余册，全省各地开展宣传活动2500余场次。福州市长乐区、厦门市思明区、漳州市芗城区和三明市将乐县等4个县（区）获评全国未成年人保护示范县（市、区）。会同省妇联在全国率先出台文件，推进全省村（居）委会设立妇女和儿童工作委员会。全省配备乡镇（街道）儿童督导员1161名、村（居）儿童主任17440名，实现全覆盖。全省设立市、县未成年人救助保护中心92个，乡镇（街道）未成年人保护工作站897个。（连　峰）

【助残服务】 2022年，福建省民政厅联合省残联出台《福建省“福康工程”项目实施办法》，明确项目扶助对象及内容、资金使用范围及标准、责任分工等。落实2022年度“福康工程”项目，从省级彩票公益金中安排500万元，为困难肢体障碍残疾人适配康复辅助器具。支持南安、连江、云霄等3个县（市、区）新建服务场所，全省有42个县（市、区）通过整合资源和政府购买等方式开展精神障碍社区康复服务。三明市开展康复辅助器具产业国家综合创新试点，初步建立“互联网＋养老＋康复辅具”服务网络。省康复辅具技术服务中心参与起草的2项适老辅具国家标准和1项团体标准发布实施。

【残疾人两项补贴制度】 2022年，福建省落实残疾人两项补贴制度，全省困难残疾人生活补贴标准从每人每月92元提高至99元，生活困难的重度残疾人一级、二级护理补贴标准从每人每月115元、92元分别提高至119元、99元。全年发放补助资金11.99亿元，困难残疾人生活补贴惠及36.45万人，重度残疾人护理补贴惠及41.79万人。自5月15日起，残疾人2项补贴资格认定申请实施“全程网办”，残疾人可以通过登录国家政务平台或民政一体化政务服务平台等终端全程在线提交申请、查询、修正残疾人两项补贴证明材料。（周　昊　高凤英）

【慈善事业】 至2022年底，福建省各级登记、认定的慈善组织909家，比上年增长11%。开展财政资金250万元支持10个全省性慈善组织参与社会服务项目活动。省民政厅与省财政厅、省税务局联合审查，确定41家公益性社会组织获得公益性捐赠税前扣除资格。对省级慈善组织负责人、全省慈善总会系统业务负责人共200人分2期开展专题培训。省慈善总会完成换届工作。全省有805家慈善组织按时进行年报，年报率98%。组织开展2022年度全省性慈善组织等级评估工作，有47家慈善组织获得AAA及以上等级。对20家全省性慈善组织和63个福利彩票代销点进行“双随机、一公开”抽查工作。清理“僵尸型”慈善组织，依法将17家慈善组织的有关违法违规线索移送省社会组织管理局处理。

2022年9月5日，福建省第七个“中华慈善日”暨“福建慈善宣传周”活动在福州市举办（省民政厅　供图）

落实慈善表彰制度，向第十二届“中华慈善奖”评选办推荐报送14个候选对象。启动省政府主办、省民政厅承办的首届“福建慈善奖”评比表彰活动，评选出78个表彰对象。开展“慈善手拉手”专项行动，动员慈善组织策划实施项目超2700个，帮扶困难群众逾128万人次。举办第七个“中华慈善日”暨“福建慈善宣传周”活动。在主流媒体设置慈善专版，展示福建省十年慈善发展成果及爱心人士和慈善工作者的精神风貌。（江　泽）

【收养工作】 2022年，福建省贯彻落实《中华人民共和国民法典》和相关收养法规政策，全省收养登记286例，撤销收养登记6例。7月9日，福建省民政厅印发《福建省收养评估实施办法》，对评估内容、评估指标等作细化规定。各地结合实际，规范收养评估工作。（连　峰）

【社会工作和志愿服务】 2022年，福建省社会工作专业人才总量突破8万人，持证社工3.8万人，每万人持证社工数量居全国前列，培育社会工作服务机构超过700家。全面建立社区持有社工证人员专技补贴制度和通过社会工作者职业水平考试一次性奖励制度。启动实施“十四五”期间闽宁协作社会工作“牵手计划”，引导慈善资金支持省内优秀社工机构对口帮扶宁夏国家级乡村振兴重点县社工机构。

基层社会工作服务平台建设。构建“区县—镇街—村居”三级社会工作服务平台，2022年出台社工站标准化建设评估指引。至年底，建成县（区）指导中心64个，建设镇街站点1101个，服务覆盖1400余个城乡社区，整合购买服务资金2.2亿元，通过“送教上门”专业轮训覆盖2300余名驻站社工，规范化、专业化、本土化推进社工队伍建设。

志愿服务制度化、信息化建设。组织实施《福建省志愿服务条例》施行一周年宣传活动，会同省委文明办等单位举办全省志愿服务项目大赛和典型推选活动。开展全省志愿服务记录与证明抽查试点工作，推广应用全国志愿服务信息系统，全省注册志愿者700万人，组建志愿服务队9万余支，在各级民政部门登记注册的志愿服务组织764家。（陈　炜）

老区建设

【概况】 2022年，福建省发改、民政、财政、农业、交通等部门按照“老区优先、适当倾斜”原则，加强革命老区扶建工作，制定扶持老区建设相关政策措施，在政策、技术、项目、资金、人才等方面加大对老区扶持力度。由省民政厅负责分配的3500万元中央财政衔接推进乡村振兴补助资金，全部用于支持革命老区村民生事业和经济发展，全省共补助290个小型公益性基础设施、特色优势产业、人居环境整治项目，并带动各级资金投入4392.66万元。

【政策法规支持】 2022年11月24日，福建省第十三届人大常委会第三十六次会议表决通过《福建省红色文化遗存保护条例》（2023年1月1日起正式施行），对福建红色文化遗存在保护原则、调查认定、保护管理、传承利用等方面作出明确规定。1月27日，省政府出台《关于印发新时代进一步推动福建革命老区振兴发展实施方案的通知》；5月26日，省政府办公厅出台《关于印发〈闽西革命老区高质量发展示范区建设方案〉任务分工方案的通知》；12月7日，省发改委出台《闽西革命老区高质量发展示范区建设发展规划》；省民政厅出台《关于印发贯彻落实新时代进一步推动福建革命老区振兴发展实施方案若干措施的通知》《关于贯彻落实闽西革命老区高质量发展示范区建设方案及我省任务分工方案有关工作的通知》。

【红色文化遗存保护利用】 2022年，福建省民政厅推进未列入革命文物的红色文化遗存保护管理工作，省级安排2000万元资金补助75个未列入革命文物的红色文化遗存项目，带动各级资金投入2086万元。联合省老促会开展红色文化遗存保护利用情况专题调研。莆田市在全省首创设立红色文化遗存管护利用资金，对修缮后的红色文化遗存进行统一管理。

【“五老”人员优待】 2022年，福建省民政厅实施革命“五老”人员及其遗偶优待抚恤。下达2022年革命“五老”人员定期生活补助和医疗补助资金1697.84万元。开展革命“五老”人员定期生活补助提标工作，从8月1日起，补助标准从1720元/月提高至1870元/月。开展元旦、春节“两节”慰问活动，发放慰问金255.43万元，慰问革命“五老”人员及其遗偶和老区困难群众2761人次。

【老区宣传】 2022年，福建省民政厅加强老区红色文化宣传，各级媒体报道福建省老区工作700多篇次。4月22日，中央电视台专题片、新闻联播头条播出福建省老区苏区发展情况。4月，新华社《瞭望》刊发福建省“阳光1＋1”牵手计划典型经验专题报道。

【“阳光1＋1”牵手计划】 2022年，福建省1630家社会组织与1576个老区村签订“阳光1＋1”牵手结对协议，生成各类项目5127个，惠及贫困人口325万人次。省民政厅联合省供销社打造一批老区优势农产品品牌，拓宽老区农产品销售渠道。（陈瑜芳）

婚姻家庭

【结婚登记】 2022年，福建省设立107个婚姻登记机关，其中市级婚姻登记机关3个（福州、厦门、三明）、区县级婚姻登记机关86个、乡镇婚姻登记机关18个。全省结婚登记166215对，离婚登记58303对。其中，涉及台湾居民结婚登记 341 对，离婚登记 45 对；涉及香港居民结婚登记 446 对，离婚登记 36 对；涉及澳门居民结婚登记 74 对，离婚登记 15 对；涉及华侨人员结婚登记 95 对，离婚登记 14 对；涉外结婚登记 441 对，离婚登记 124 对。

【婚姻登记数字化建设】 2022 年，福建省升级改造婚姻登记系统，新增“公民婚育一件事”、为妥善处理冒名顶替或弄虚作假方式办理婚姻登记的撤销婚姻登记等功能。完成与电子证照系统的接口对接，实现婚姻登记电子证照实时签发。福建省被纳入首批民政部电子证照和婚姻登记电子档案应用试点地区，实现与民政部全国婚姻登记档案信息库实时联网交换。

【婚俗改革】 2022 年，福建省婚俗改革试点地区探索婚俗改革新路径，推进移风易俗，促进婚姻幸福、家庭和谐。开展婚前辅导教育服务，举办婚前辅导讲座，常态化开展免费法律咨询、婚姻经营辅导服务。开展婚时教育引导服务，将颁证仪式引入结婚登记流程，实现颁证常态化。武夷山市举办“婚俗改革树新风·集体颁证送祝福——2022 年武夷山市‘山盟海誓·夷见钟情’520 集体颁证仪式”；晋江市联合多部门在晋江梧林传统古村落举办“新时代文明实践——鸾凤和鸣幸福迎·文明新风晋江行”集体婚礼暨省级婚俗改革实验区启动仪式活动；三明市举行“移风易俗倡新风”集体婚礼。开展离婚前纠纷调解服务，全省 89 个县级以上婚姻登记机关有 82 个设立婚姻家庭辅导室，试点地区成立家庭婚姻纠纷调解中心，聘请专职调解员，建立婚姻家庭纠纷专家人才库和志愿者队伍，深入乡镇（街道）参与婚姻家庭纠纷化解。全年全省开展婚姻家庭辅导服务 19109 次，辅导成功 5500 对。

【全省首个公园式婚姻登记处】 2022 年 8 月 18 日，福州市仓山区江心岛婚姻登记处正式揭牌并对外开放，周末、节假日（春节 3 天除外）开放办理婚姻登记业务。江心岛作为“闽江之心”核心区的重要组成部分，是福州人心中浪漫的“爱情之岛”，是福州热门的婚恋交友打卡地，将婚姻登记处建在岛上，回应群众需求，提升婚姻登记的仪式感，增加群众的幸福感和获得感。

【闽台婚姻家庭交流活动】 2022 年 8 月 4 日，福建省民政厅联合南平市委宣传部、南平市委文明办、南平市民政局，在武夷山举办 2022 年海峡两岸婚姻家庭交流暨“朱子仪式”集体婚礼活动。活动邀请 9 对闽台两岸新人和 8 对闽台婚姻家庭父母子女参加。通过举办集体婚礼、体验茶文化、学习朱子文化等活动，搭建两岸婚姻家庭群体沟通交流平台。 （陈 娴 高凤英）

【家教家风建设】 2022 年，福建省妇联与省纪委监委联合开展“家风润心田·福见千万家”家风家教主题宣传，推进“清风传家·福到万家”家庭助廉行动，深化寻找最美家庭、评选五好家庭、推荐文明家庭活动，全省涌现出各级各类家庭典型 6.4 万户，全国最美家庭——诏安县陈晓冬家庭纳入中宣部最美人物系列，首次参加全国妇联在央视举办的“闪亮的名字”发布仪式，省级绿色家庭揭晓首次纳入“六五”环境日福建主场活动。联合省农业农村厅等 8 部门共同开展高价彩礼、大操大办等农村移风易俗重点领域突出问题专项整治，推动武夷山、晋江纳入全国妇联移风易俗试点县，引导妇女群众自觉提倡弘扬文明乡风。

在全国率先印发贯彻落实家庭教育“一法一条例”职责清单。省政府召开全省贯彻落实家庭教育促进法工作推进视频会议、全省家庭教育工作推进会，联合省委文明办等 11 部门出台新一轮家庭教育五年规划。联合省教育厅启动“家教伴成长·福见千万家”家庭教育宣传周活动，开展“亲子共沐书香·福进福见万家”宣传实践活动，举办“家教公益大讲堂”1.5 万场，受益家长 460 多万人次，开展家庭亲子阅读公开课、红色经典活动 3076 场，培育亲子阅读体验基地 319 个，亲子阅读“有声书屋”实现全省社区（村）家长学校 100%覆盖。实施家庭教育社区强基工程，指导 29 个市、县（区）建立联席会议制度，66 个市、县（区）建立综合性指导服务中心，完善家长学校、家庭教育指导服务机构 2 万个，联合省委宣传部、省教育厅举办“永远跟党走·奋斗新征程”第 29 届青少年爱国主义读书教育活动，184.7 万名中小学生参与。

联合省总工会、团省委、省旅发集团开展“青春同行·缘启之旅”青年职工交友等活动 280 场，1.5 万名青年参与，牵手成功 1035 对，引导年轻女性树立健康向上的婚恋观、家庭观。联合省卫健委、人社厅、总工会开展三孩生育意愿、女性平等就业等专题调研，联合省计生协为 10 万户低收入家庭开展营养改善与科学养育促进服务，指导各地开展早教指导师专项培训，推动新的生育政策落地落实。推进“闽姐姐”巾帼家政服务提质扩容，联合省商务厅等举办家政服务职业技能竞赛。深化“春蕾计划—梦想未来”行动，为 5241 名春蕾女童发放助学金 1112.8 万元。实施“困境儿童重大疾病救治”项目，为 55 名困难家庭患儿提供医疗补助 250 万元。开展“把爱带回家——暖童心护成长”寒暑期儿童关爱服务活动 9946 场，走访慰问 4.4 万人。会同省总工会等部门引导 170 多家社会组织为新就业形态劳动者提供“福来福见·福见如愿”暑期子女公益托管班 963 个，受益儿童 2.6 万人次。 （王舒婷）

地名 勘界

【地名管理】 2022 年，福建省推进《地名管理条例》贯彻落实。制定《地名管理条例》宣传贯彻工作方案，将《地名管理条例》宣传贯彻列入普法工作重点，推动健全省地名管理工作联席会议制度，明确部门职责分工，形成民政部门牵头，各部门分工负责、齐抓共管的格局。开展国家地名信息库数据质量建设提升行动，聚焦地名名称或拼写不正确、来历含义沿革不规范、地名类别不准确等突出问题，对地名信息库地名数据开展逐级审核、修改，提升数据质量。开展地名文化宣传活动，举办“有福的地方是我家”福建地名文化展播活动，在福建新闻频道、福建乡村振兴频道、福建新闻广播以及头条、抖音、微博等新媒体矩阵同步直播，全网超过1000万人次在线观看。推进“深化乡村地名服务·点亮美好家园”试点工作。依托国家地名信息库和百度、高德互联网地图平台，采集乡村地名信息并标注上图，推广乡村特色资源，开展乡村地名命名设标。（陈　荔）

【界线管理】 2022年，福建省制定下发年度省、县、乡三级界线联检工作方案和浙闽线联检工作计划，完成1条省级界线浙闽线、18条县级界线和224条乡级界线联检工作任务。宣传界线管理法律法规，健全省、县、乡三级界线界桩管护员队伍和经费保障制度，加强界线界桩管控工作。深化平安边界创建，开展行政区域界线领域风险防范化解活动，组织开展平安边界创建考评。

（江树跃）

殡葬管理

【概况】 2022年，福建省完善安葬设施立项、审批、建设等各环节政策措施，加快建设公益性公墓、殡仪馆、殡仪服务站等公益性殡葬服务设施，确保各类设施的种类、数量、服务能力与当地群众殡葬需求相匹配。新建乡村公益性骨灰楼堂（公墓）230个，累计建设乡村公益性骨灰楼堂6619个。累计建设城市公益性公墓30个，其中2022年新建6个。

【墓地整治】 2022年，福建省民政厅等10部门联合制定印发《巩固和深化“活人墓”等突出问题整治规范工作实施方案》，组织开展“回头看”工作，指导各地查缺补漏，控增量、减存量，着力源头治理，建立监管长效机制。全省排查出活人墓104个，整治104个；排查出硬化大墓、豪华墓557个，整治557个。

【殡葬习俗改革】 2022年，福建省将巩固和深化“活人墓”等突出问题整治工作与推进殡葬移风易俗相结合，推进丧葬礼俗改革，全省火化率稳定在99.8%以上，节地生态安葬率提高至90.5%，均居全国前列。清明节期间，统筹考虑疫情防控和群众祭扫需求，部署安排平安祭扫，推行绿色安全祭扫，全省开通57个网上祭扫平台，141万名群众以网络祭扫方式纪念先人，其中闽政通“清明云上祭”专题服务23.3万人次。举办纪念革命先烈和集体代祭105场，殡葬服务机构完成代祭委托11.98万宗。

【“公民身后一件事”工作】 2022年，福建省推动“互联网＋殡葬服务”，开发建成“福建省殡葬服务管理信息系统”（于12月26日上线运行），实现与民政部殡葬数据的交换对接，上传殡葬数据130万条。省民政厅联合公安、人社、医保、住建、卫健等部门印发《福建省“公民身后一件事”实施方案》，推进各联办单位信息互联互通，梳理完善办事流程，实现“身后一件事”集成套餐服务。（池国才）

社会组织管理

【社会组织管理制度改革】 2022年，福建省民政厅出台《福建省社会团体换届选举办法》，为进一步规范社会团体换届选举工作提供依据；出台《关于推进福建省社区社会组织高质量发展的实施意见》，推动建立党建引领、结构合理、功能完善、作用明显的社区社会组织体系。省民政厅、教育厅、文旅厅、科技厅、体育局等部门分别制定相关门类校外培训机构管理办法，强化校外培训机构监管。巩固行业协会商会改革成果，印发《关于深入推进行业协会商会诚信自律建设的通知》，为促进行业协会商会诚信自律建设提供保障。开展行业协会商会乱收费专项清理整治“回头看”，联合省发改委、市场监管局开展专项督查，全年行业协会商会为企业减负7772.8万元。

【社会组织监管】 2022年，福建省开展社会团体分支（代表）机构专项整治、社会服务机构非营利监管专项行动，结合年报、审计等对社会组织有关情况进行排查。常态化整治“僵尸型”社会组织，全省对963家社会组织作出撤销登记行政处罚，注销社会组织1771家。打击整治非法社会组织，摸排非法社会组织线索60条并依法处理。年内，举办全省社会组织执法业务线上培训班，省、市、县三级社会组织登记管理机关181人参训。

【社会组织服务】 2022年，福建省注重数字赋能，升级社会组织登记、年报系统，提升信息化建设水平。推进社会组织年报提质增效，通过制作操作指南、协调纳入省网上办事大厅便民事项、在线实时答疑等优化年报服务，组织全省2.98万家社会组织参加年报。省民政厅统筹推进全省社会组织评估工作，印发《关于加强社会组织评估工作的通知》，组织对119家全省性社会组织进行评估，其中获评AAA以上等级103家。至年底，全省累计有87家全省性社会组织获评AAAAA等级。推进省级社会组织孵化基地建设，完善硬件设施，出台管理办法，引进第三方服务机构，组织第一批全省性社会组织入驻并开展党建、财务、项目等方面的能力培训。（李锋华）

民族事务

【民族乡村挂钩帮扶】 2022年，福建省民族与宗教事务厅制定《关于推动民族乡村挂钩帮扶工作的通知》，推进少数民族特色村寨优化升级行动、乡村振兴人才培养行动等。年内，各挂钩帮扶单位开展“点对点”精准帮扶，帮助民族乡策划生成落地一批项目，带动资金、人才等要素投入，累计落实到位资金8255万元。省民族宗教厅成立“福建省民族工作专家库”，吸纳产业发展、乡村建设、文化创意等领域专家。组织省内高校与民族乡村结对开展铸牢中华民族共同体意识“百校进百村”专项活动，全省88个高校106支实践队走进162个少数民族村落，开展送技术、送知识、送政策、送服务，帮扶就业创业。举办“2022年民族乡村群众创新创业实用技术线上培训”，邀请知名专家学者讲授“创新创业形势与前景”“商业模式设计”等课程，参加学习学员1174人，覆盖全省民族乡村群众。

【民族特色优势产业融合】 2022年，省民族宗教厅组织培育畲族医药、茶产业、民族文创、乡村文旅等民族特色产业。组织拍摄纪录片《畲族医药发展纪实——振兴之路》，推进青水畲族乡、顺昌县双溪街道下沙村“畲族医药健康旅游项目”试点工作，推动畲族医药与文旅、康养等业态融合发展。支持“福建省畲族医药发展研究中心”开展乌稔树、十二时辰等药理研究、产品研发，推出“畲家乌面”“畲家药膳包”等系列产品。

【金融助力民族乡村发展】 2022年，省民族宗教厅与省农信联社签订共同推动民族乡村高质量发展战略合作框架协议，从助力民族乡村特色产业发展、提升民族乡村金融惠民服务等六大领域着手，深化金融服务助力民族乡村高质量发展。全年完成民族乡村整村授信459个、占民族乡村总数的80%，累计支持民族乡村发展贷款金额6.4亿元，惠及少数民族群众近2000户。

【少数民族资金管理】 2022年，福建省民族宗教厅下达中央少数民族发展任务资金、省级少数民族补助款6917万元，推动实施一批产业项目。采取“线上材料评审+线上现场答辩”形式，开展2023年重点扶持项目评审会。继续实施2022年中央、省级少数民族资金第三方绩效评估工作。 （钟　燕）

【“三月三”畲族文化节活动】 2022年3月31日至4月5日，由国家民委、国台办、福建省政府指导，中华民族团结进步协会、福建省民族宗教厅、省海外联谊会、南平市政府共同主办的中华一家亲·2022海峡两岸各民族欢度“三月三”暨福建省第九届“三月三”畲族文化节活动周在南平顺昌举办。4月13日晚，以海峡卫视制作播出“三月三”特别节目为标志，中华一家亲·2022海峡两岸各民族欢度“三月三”暨福建省第九届“三月三”畲族文化节活动落下帷幕。特别节目直播当晚超过1000万人观看，系列活动全网总传播超过1.5亿人次。 （彭　辉）

【“福籽同心爱中华”主题展】 2022年12月9日，“福籽同心爱中华”主题展在福建省工艺美术大楼正式对外免费展出。展览由省委统战部、省委宣传部指导，省民族宗教厅与中华民族团结进步协会、中央民族大学等单位主办。展览分为“中华民族·多元一体”“中华民族·八闽华章”“中华民族·闽台一家”等3个展区，用千年德化白瓷、厚重史料实物、大量珍贵照片，梳理讲述民族团结进步之魂、民族工作思想之源、多元一体发展之路，奏响福籽同心爱中华时代强音。 （钟　燕）

【《中国少数民族文物图谱·福建省卷》编纂】 2022年，福建省民政厅成立《福建省少数民族文物图谱》编委会和专家委员会，组织专家开展调查摸底。以具有鲜明少数民族特色和重要文化内涵为标准，初步收集各民族交往交流交融的代表性文物920件（套）。先后召开3次文物遴选专家会议，遴选文物306件（套）。 （詹建同）

【第十四届海峡论坛·两岸各民族携手向未来活动】 2022年7月12—14日，由省民族宗教厅指导，省民族团结进步协会、台湾少数民族历届乡镇市区长策进协会共同主办的第十四届海峡论坛·两岸各民族携手向未来活动，以线下和云端相结合的方式在厦门和泉州举办。活动以“传承民族文化·共促民族复兴”为主题，以“走进闽台非遗”为线索，通过“论、演、展、觅”四个维度来展现闽台“非遗”民族文化。福建省民族团结进步协会与台湾少数民族历届

2022年12月，“福籽同心爱中华”主题展在福建省工艺美术大楼展出。图为陶瓷作品“同心圆梦”，结合同心圆、华表、长城、牡丹、梅花等中国元素，展现“中华民族一家亲、同心共圆中国梦”的面貌　（省民族宗教厅　供图）

乡镇市区长策进协会共同签署《两岸民族共好合作框架协议》，双方发表《两岸民族团结合作宣言》。台湾新党主席吴成典以及中华民族团结进步协会、欧洲中华少数民族联谊总会、台湾中华两岸少数民族文化交流协会等10余家团体或个人发贺词贺电，表达对活动的支持。

【福建省第十五个民族团结进步宣传月】 2022年9月21日，福建省第十五个民族团结进步宣传月在漳州华安举办。活动由省委宣传部、省委统战部、省民族宗教厅共同主办，围绕“福籽同心爱中华”主题，加强铸牢中华民族共同体意识宣传教育，推进民族团结进步创建工作，引导各族群众树立“休戚与共、荣辱与共、生死与共、命运与共”的共同体理念。泉州市民族宗教局等5个单位作典型经验介绍。活动现场，由省委统战部、省民族宗教厅、省教育厅、团省委共同主办的“福籽同心爱中华”福建青少年学生主题演讲大赛同步启动。

【2022年福建省各民族共庆中国农民丰收节活动】 2022年9月22日，由省委统战部、省委文明办指导，省民族宗教厅、省农业农村厅、省文旅厅、龙岩市委市政府共同主办，2022年福建省各民族共庆中国农民丰收节活动在龙岩市上杭县举办。活动以“福籽同心爱中华”为主题，采取线上与线下相结合方式，包括开幕式、文艺汇演、民族特色产品互动展示和展演、特色农产品直播带货等内容。大型文艺汇演分为喜庆丰收、团结奋斗、共同富裕、共建家园、牢记使命、歌颂党恩等篇章，立体展现岁稔年丰的欢愉、民风民俗的特色、团结互助的力量、奔向共同富裕的喜悦。活动现场吸引近千名各族群众参加；线上9万余人次同步观看，其中少数民族群众超过1万人次。上架特色农产品全部售罄。 （彭 辉）

2022年9月21日，由省委宣传部、省委统战部、省民族宗教厅共同主办的福建省第十五个民族团结进步宣传月主题活动启动仪式在漳州市华安县举办。图为启动仪式现场 （省民族宗教厅 供图）

宗教事务

【宗教界发展建设】 2022年，福建省道教协会发布崇俭戒奢倡议书，加强教风建设。印制下发《福建省道教协会全面从严治教宣传手册》，规范各类规章制度及管理办法。多地道教协会完成换届工作。7月25—29日，省天主教两会在福州永泰举办全省天主教修女骨干培训班，全省4个教区修女近80人参加培训。12月12—15日，由福建省委统战部、省民族宗教厅联合举办的2022年福建省天主教界人士培训班和省天主教平信徒骨干培训班在福州永泰同时举行，全省4个教区神职人员和平信徒骨干近130人参加培训。

【民间信仰活动场所管理】 2022年，福建省民族宗教厅在三明市首次推行开展“文化型、生态型、公益型”民间信仰活动场所创建试点活动，运用先进典型示范作用，提升全省民间信仰场所管理水平，发挥典型示范场所在展示当代文化价值、促进社会和谐构建方面的作用。 （肖文鸿 戴伟国）

【宗教界文化交流】 2022年5月20日，福建省佛教协会同台湾“中国佛教会”以视频连线方式举办“闽台佛教与民族复兴论坛”，中断近3年的2个协会交流重启。11月20日，慈航·回归——慈航菩萨圣像回归祖庭十五周年纪念活动在福建三明市泰宁县举办。佛教界发掘慈航法师思想与行动中蕴含的坚持佛教中国化的理念与实践，以及勇于创新的精神，从慈航法师佛教教育思想与实践的视角入手，海峡两岸佛教界与学术界共同探讨新时代两岸佛教教育的传承与延续、合作与提升。11月20日，省佛教协会与台湾“中国佛教会”联合举办超荐祈福大法会，祈祷两岸和平、民族复兴以及纪念黑水沟死难同胞。12月23日，由省民族宗教厅、福州市民族宗教局指导，省佛教协会主办，鼓山涌泉寺承办的“复兴圆梦·美美与共”第四届海丝佛教福建论坛·鼓山之光系列活动在鼓山举行。国内闽台两地及国际美国、日本、马来西亚、斯里兰卡等国家的佛教界代表通过视频方式参加会议，论坛从多维度、多层面探讨佛教文化通过海上丝绸之路在东西方文明交融互鉴中所起到的桥梁作用，阐释福建佛教在推进海峡两岸融合发展、服务祖国统一和民族复兴方面的独特优势。 （党晓龙）

2022年5月27日，由福建省道教协会、福州市道教协会联合主办的“三经”中国化讲经交流活动在福州举行。分别以“爱国爱教·尊道贵德”玄门讲经抄经活动、福建省宗教界讲经交流比赛选拔活动和“领悟经典智慧·弘扬正道真谛”为主题，向全省宗教界发起“关于加强宗教界自身建设深入推进宗教中国化福建实践的共同倡议”，号召全省道教界要始终坚持宗教中国化方向，坚持社会主义核心价值观引领，使宗教中国化成为宗教界人士和信教群众自觉追求和行为规范。7月，省道教协会和台湾“中华道教联合总会”联合主办海峡两岸“圆梦祛疫祈福法会”，两岸设立主分会场，共上千家宫庙联动举办。7月，以全国政协民族和宗教委员会、省政协、省委统战部、省民族宗教厅为指导单位，由省道教协会主办，厦门市土地公庙承办，台湾“中华道教联合总会”、省道教协会书院、省海峡翰蓝书画研究院、省汉服文化促进会、福州归云美术馆协办的第十四届海峡论坛·两岸民间宫庙叙缘交流会在厦门举办，两岸主分会场视频连线同步召开，交流会以数字化形式追溯福建民间宫庙祖庭(祖庙)在台湾的分炉分灵历史及发展轨迹，促成两岸200多家民间宫庙“云相会”并签署《两岸千家宫庙宣言》，共同祈愿疫情消退、人民幸福、国家昌泰、世界和平。（肖文鸿）

5月27日，福建省天主教两会在福州市长乐区举办“推进民主办教，促进健康传承”解经讲经用经中国化征文比赛颁奖仪式。天主教界人士约90人参加本次活动。活动面向全省天主教神长教友，征集40余篇文章，评出获奖作品9篇，其中一等奖1篇、二等奖3篇、三等奖5篇。5月23日，福建省基督教两会举办的“办好新时代福建基督教”——解经讲经用经中国化研讨交流会在福州举行。省民族宗教厅有关领导及相关专家学者、友教负责人和基督教界人士约120人出席。研讨交流会主题为“基督教中国化”。10月12日，由福建省宗教中国化研究中心主办的“宗教中国化学术沙龙”系列“福建基督教中国化的实践与经验”活动在福建神学院举办。（戴伟国）

库区移民

【概况】 2022年，福建省有在建和新开工建设的大中型水库（含抽水蓄能电站）28个，涉及搬迁人口5.52万人、生产安置人口2.6万人。实施美丽家园建设、产业转型升级、就业创业能力建设等后期扶持项目771个，推进移民安置区经济社会发展。

【移民搬迁安置】 2022年，福建省移民发展中心按照“搬得出、稳得住、能发展、可致富”的原则，探索移民安置工作新路子。对邵武周源水库、永定光坑水库、九龙江防洪工程龙文段与芗城段等拟建项目移民安置规划报告进行预审，把关移民安置规划报告编制质量，加快移民安置前期工作进度。完成平和官峰水库、邵武周源水库、永定光坑水库、闽江干流防洪提升工程（福州段）建设征地移民安置规划评审，以及永泰抽水蓄能电站工程移民安置规划调整评审；完成顺昌张源水库工程导（截）流阶段移民安置验收，永安溪源水库、连城福地水库、浦城王家洲水库、永泰抽水蓄能电站上水库和下水库、厦门抽水蓄能电站上水库下闸蓄水阶段移民安置验收，推动工程建设与移民安置齐头并进。以白濑水利枢纽工程和罗源霍口水库为重点开展专题调研，进行一对一服务指导。白濑水利枢纽工程实现和谐动迁、平稳移民，安置点全面动工建设，各专项设施复建序时推进。霍口水库完成移民选房协议签订。

【移民后期扶持】 2022年，福建省移民发展中心将山水林田湖草沙系统治理理念融入后期扶持过程，配置资源，建设宜居宜业和美乡村。印发《福建省大中型水库移民后期扶持项目建设指南》，制定水库移民后扶项目管理流程图，升级改造移民后扶项目管理系统，落实项目实施和资金拨付进度月报告、季通报制度，推动水库移民后期扶持项目实施提速增效。立足移民村资源禀赋和特色产业优势，通过实施移民乡村休闲旅游、农业基础设施项目，改善移民生产生活条件，加快移民群众增收致富步伐。开展移民职业技能和实用技术培训，提高移民群众就业创业能力。继续在全省整合资金项目，在有条件的地区通过竞争性立项，建设移民后扶示范区，以点带面助力库区乡村振兴。第一、二批30个省级大中型水库移民后期扶持示范区项目先后完工，第三批14个省级示范区和33个县级示范区按序时进度推进。

【移民资金使用绩效监管】 2022年，福建省水利水电工程移民发展中心将移民资金使用绩效评价结果与移民资金统筹分配、移民后扶示范区申报等挂钩，根据绩效评价成果安排本年度省级库区基金和下一年度中央水库移民扶持资金。2022年，福建省在财政部和水利部组织的移民资金绩效评价中获得91.91分，进入全国“优秀”行列。健全资金台账管理，督促地方采取有效措施加快项目实施和资金拨付。在全省开展2020—2021年度水库移民后期扶持资金管理专项自查，从资金结存、往来款项、项目前期工作、项目监管等方面，规范水库移民后期扶持资金使用管理。全年完成1个在建水库移民安置、10个县（市、区）后扶政策实施情况稽查和5个后扶示范区专项审计，同时建立台账，限期落实监督检查发现问题的整改，补齐项目实施和资金使用中存在的短板。

【库区和谐稳定】 2022年，福建省移民发展中心开展移民信访突出问题专项治理年活动，把尚未化解的移民重复信访和可能影响库区社会安定稳定的事项纳入重点排查治理范围，对账销号，动态清零。与信访相关部门加强沟通，纳入水利部门“三下沉”工作部署，省、市、县、镇（街）和村（居）共同推进风险防范工作，形成信息互通、资源共享、工作联动的态势，为移民群众解疑释惑、排忧解难，在政策范围内解决移民群众急难愁盼问题。（杨彬）

编辑：郑菜

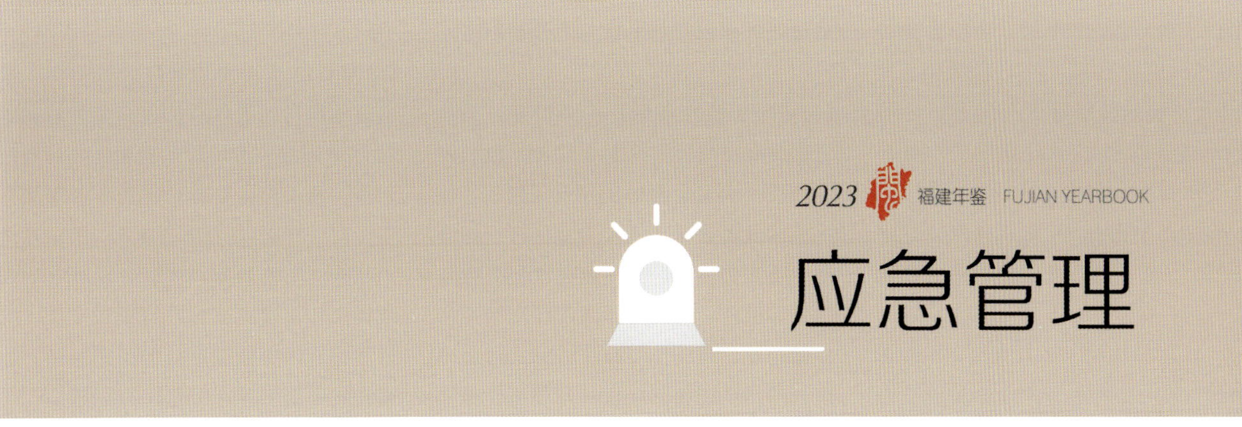

应急管理

综　述

【应急指挥】　2022年，福建省应急管理厅完成“一中心五平台”（应急指挥中心，应急指挥、应急数字支撑、基层应急、自然灾害普查应用和应急保障“五大平台”）建设，投资1.19亿元，实现应急值守、信息接报、监测预警、决策支持、指挥救援和信息发布一体化运作。完善协同联动机制，规范省级19类灾害事故应急处置工作流程，强化与国家综合性消防救援队伍协同联动；与驻地部队建立联动机制，与交通部门建立应急救援力量快速投送体系，与东海救助局建立突发事件应急联络机制，与22家央企建立健全抗洪抢险应急处置协同联动机制。

【风险监测】　2022年，福建省应急管理厅完善风险监测系统，横向汇聚26家省直行业主管部门、纵向汇聚应急管理部和各设区市约28.9亿条数据，覆盖监督管理、监测预警等10个专题23个应用子系统。建成危化品、尾矿库安全生产风险监测预警系统，接入危化品重大危险源企业131家、尾矿库42座。加强灾害监测预警，完善暴雨台风预警“叫应”机制，发布预警和风险消息4.84万条，服务受众107.3亿人次；建立森林火险预警发布工作机制，提升火情监测覆盖率、识别准确率、核查反馈率。

【综合减灾】　2022年，福建省持续推进自然灾害综合风险普查，在应急、气象、水利等9个领域采集1307万项数据，形成1个省级、9个市级、84个县级评估区划报告和图件成果，福建省在全国普查会上作典型发言，国普办在全国转发《福建省自然灾害综合风险评估与区划技术指南（试行）》。出台《关于加强基层应急管理体系和能力建设的意见》，强化基层防汛能力标准化建设，为3550个山洪灾害高风险行政村配备卫星电话。全年全省建成自然灾害避灾点260个，推动建设安全生产和防灾减灾救灾项目工程91个。

【应急救援协调】　2022年，福建省应急管理厅强化预案演练激活，开展县（市、区）基层应急预案体系建设试点12个，修订省级专项应急预案10个、部门预案35个，指导市、县（区）制修订总体预案37个、专项预案1017个、部门预案2352个；组织实施省级应急演练或比武竞赛8场，完善应急预案瞬间激活能力。突出救援能力建设，新增国家危险化学品应急救援古雷队和国家矿山应急救援福建队，拨付289万元支持国家危险化学品应急救援泉州队建设；全省建成重点行业专业应急救援队伍659支20684人，社会应急力量106支9631人。全年下拨救灾救助资金2.95亿元、调拨救灾物资21.06万件；完善政策性农村住房保险工作，将理赔标准从2.5万元提高至4万元；落实农村住房保险政策，实际获赔农户1.59万户，支付理赔款1.04亿元。推进560户受损农房灾后重建。

【应急管理教育训练】　2022年，福建省应急管理厅实施“五个一百”安全应急保障提升工程为民办实事项目，在全省建成应急避灾示范点、应急物资储备站、微型消防站、安全文化主题公园和安全宣教体验场所各100个，总投入1.57亿元，运行以来受众800多万人次，群众满意率99.27%，初步建成连点成网的保障体系。强化安全宣传教育，建立多媒体融合中心，设立联播联控宣教阵地，构建采编播一体的安全应急宣传系统；推进安全宣传“五进”（进企业、进农村、进社区、进学校、进家庭），组织“安全生产月”“全国防灾减灾日”等各类活动4.3万场，参与300多万人次。　（黄宝龙）

防汛抗旱

【概况】　2022年，福建省应对1961年以来历史极值降雨量、暴雨天数及夏秋连旱，抵御松溪流域超百年一遇洪水、5—6月重大洪涝灾害。开展节水宣传，动员全社会参与抗旱节水。

【防汛防台风】　2022年，福建省加强

备汛工作，排查整治隐患5013个，修复水毁工程设施1262处。全年防御暴雨16场、影响台风6个，启动应急响应18次、响应时长超52天，组织会商74次、连线调度23次，派出工作组17次，发出指令调度安砂水库拦洪削峰4次，将沙溪下游超50年一遇洪水削减至20年一遇以内，降低三明市区洪峰水位0.63米。全省下沉干部63.31万人次，转移群众30.38万人次，组织渔船避风1.17万艘次、撤离渔排上人员3.44万人次；强化短临预警，发布预警和风险消息4.84万条，服务受众约107.3亿人次；投入抢险救援8.81万人次、设备1.08万台套。针对松溪"6·18"极端降雨，指挥松溪高效转移和救援，实现人员零伤亡。

【防旱抗旱】 2022年，福建省加强水源调配管理，在保证防洪安全前提下，全省大中型水库阶段性增蓄39.49亿立方米。加快水利工程建设，厦门、泉州等地推动建设水源连通工程，实现水资源互补互济、联合调度、联合保障。强化旱情研判部署，开展人工增雨作业454次，发射火箭弹6245枚、燃烧烟条788根。 （黄宝龙）

抗震救灾

【概况】 2022年，福建及其近海地区发生近震震级（ML）2.0级以上地震40次，其中2.0～2.9级35次，3.0～3.9级5次，最大地震为9月30日福建武平ML3.5级地震。2级以上地震活动频次及强度水平与上年相当。

台湾海峡地区全年发生ML3.0级以上地震3次，其中3.0～3.9级地震3次，最大地震为12月11日台湾海峡中部ML3.2级地震。台湾海峡地区3级以上地震频次和强度与上年相当。

台湾地区全年发生MS5.0级以上地震26次，其中5.0～5.9级21次、6.0～6.9级5次，最大地震为9月18日台湾花莲6.9级地震。台湾地区地震活动频次和强度水平较上年明显上升。

【防震减灾科技创新】 2022年，福建省加强海洋地震研究基地建设，厦门海洋地震科学实验楼建成并投入使用，建成海洋地震观测技术实验室、海洋综合地球物理实验室、海洋地震仪器研发实验室等设施，完成海洋高压环境模拟实验舱建设，完成台湾海峡浮标式海底地震观测站系统联调联试；开展海洋地震研究项目，完成台湾海峡测线总长1100千米的海域探测任务，建立福建及台湾海峡陆海过渡带地壳三维P波速度结构，完成台湾海峡潜在震源区调整方案及区划图预编制工作，初步完成《中国海洋地震观测规划》编制。

推进福建及海峡地震观测网工程建设，完成2个重力台土建和15套地球物理台网仪器的更新及INSAR大地形变观测平台建设，2个海上浮标地震台和水库主动源激发台在建；国家地震预警与烈度速报工程福建子项目的3个单位工程通过专家验收，进入项目试运行阶段；完成"一带一路"地震监测网项目福建子项目设备采购，完成科考船母船变更相关工作，进行科考船改造设计；启动建设岛礁台5个，完成综合台土建4个；完成《福建省"十四五"防震减灾规划》重点项目"地震灾害风险监测服务与保障工程"立项建议，上报省政府并落实协调工作。

完成国家地震烈度速报与预警工程福建子项目并投入内部测试运行，加强全省1.8万多个预警信息发布终端运维管理，确保终端在线率；提升地震预警信息发布服务能力，实现通过省级预警信息平台发布预警信息，与移动通信签订预警信息发布协议，与省广电及闽政通App、新福建App等多个信息发布渠道进行技术对接；联合上海铁路监督管理局、省自然资源厅等单位建立铁路沿线自然灾害监测预警协调机制，为南昌铁路局提供定制化地震预警服务，完成福建高速铁路11个工务站段13个工务调度专用地震预警信息发布终端建设。

【地震应急与安全监管】 2022年，福建省地震局处置台湾花莲6.9级地震等16次对福建省造成较强震感的台湾地区地震，利用构造地球化学观测网观测资料，对9月18日台湾花莲6.9级地震做出较准确短临预测，地震后及时向中国地震局和福建省委省政府报告震情、灾情和舆情，提供震后趋势判定意见，加强涉震舆情引导，回应社会关切。

加强地震安全性评价报告审查，完成重大工程地震安全性评价报告技术审查26项；完成地震灾害风险普查"一省一市""一省一县"试点、全省1∶25万地震构造图、地震危险性区划；推进地震易发区房屋设施加固工程，与住建部门协调建立数据共享机制，开展房屋设施抗震设防信息采集，完成省、市、县三级用户注册1588人，采集提交数据12575个；开展地震灾害风险基础探测工作，完成3条测线总长约915千米、控制全省陆域并深达莫霍面的地震构造深地震反射探测工作，开展10多个重点县域浅层地震勘探和莆田市活断层探测工作；联合省应急厅推进重大基础设施地震灾害风险摸排及评估工作，收集全省涉核工程等8类重大基础设施数据315项；联合应急、水利等相关部门对全省大型水库专用地震监测台网进行行政执法检查。

【防震减灾公共服务】 2022年，福建省地震局联合省科协制定实施《福建省"十四五"防震减灾科普工作方案》，成立由地震、科协、气象、消防救援等部门及有关院校专家组成防震减灾科普专家组，加强防震减灾科普作品的创作和审核；组织开展全省防震减灾科学传播师选拔认定；组织开展防震减灾科普讲解大赛和重要时段主题宣传活动，开展"地震科普，携手同行"主题活动，进学校开展"五个一"系列科普活动；开展防震减灾科普"进企业""进乡村"等"六进"活动，开展防震减灾法律法规、安全常识、地震知识等专题宣传；加强科普宣传阵地建设，开展防震减灾科普教育基地、科普示范学校创建和评选认定；加强融媒体科普作品创作，《“云游”龙岩地震监测中心站》短视频在新华网、光明网、防震减灾融媒体等平台播出并受到好评；创作视频作品《福建古厝有“玄机”》《蟾童说“震”事儿》并上线“学习强国”，短视频《当刘畊宏男孩遇到地震》网络播放量13万次，《福建古厝有“玄机”——三明古民居抗震结构探秘》获应急管理部首届全国防震减灾科普创意大赛金奖；在“国际减灾日”开展探访福建省地震局地震预警速报大厅网络直播活动，总在线观看超100万人次。

（郑小菁　王　林）

安全生产监督管理

【概况】　2022年，福建省应急管理厅聚焦习近平总书记重要指示等重点任务21项，实施“一月一跟进、一季一推动、半年一分析、年底一总评”四项制度，强化“工作清单、台账管理、专题协调、现场督促、对单销号”5项措施。督促督实属地责任，进一步强化责任清单管理，督实基层包保责任，落实各级党政领导干部安全生产责任制。健全完善党政领导干部安全生产“职责清单”，实施安全生产“一票否决”，发出提醒函9份，约谈2次，挂牌督办较大事故6起、重大生产安全事故隐患6处。厘清抓准部门责任，建立新兴交叉行业领域职责明确机制，厘清点播影院、旅游场所设施等监管盲区；对31家省单列考核单位履责情况进行考核。强力压实主体责任，推广泉州市标准化典型做法，一体推进“标准化＋双重预防机制＋监管执法＋信息化监管”全链条管理模式，覆盖全省直接监管企业1.75万家，推动企业完成标准化线上自评3698家；开展工贸行业“百日清零行动”，创新企业主要负责人第一责任人追责问责机制，追究处理39人，移送追究刑事责任6人。

【安全生产整治】　2022年，福建省应急管理厅深化安全生产大检查，聚焦落实安全生产15条硬措施和福建省66条具体措施，排查隐患问题57.8万个、整改率99%，整治重大隐患153处，全省各类事故起数、死亡人数分别比上年下降43.1%、32.1%。对事故多发、风险集中地区和行业实施专项治理，实现10个重点行业领域事故起数或死亡人数持续下降；派出29批次214个工作组，实行“四个清单”（安全生产责任清单、安全生产管理清单、安全生产设备清单、安全生产人员清单）管理。实施“开小灶”整治，针对泉州晋江“一厂多租、一楼多企”、福州长乐印染纺织消防安全和安全培训走过场，以及10个非煤矿山重点县、4个危化品重点县安全监管等突出问题“开小灶”整治，解决顽瘴痼疾。

【安全生产专项整治三年行动巩固提升】　2022年，福建省聚焦安全生产“两个专题”“十个专项”，实施工作要点53项，攻坚重点任务36项，创新机制7项，全省制定具典型、可推广的文件制度653个，形成制度成果在全省推广155个。2020—2022年整治各类安全隐患262.9万项，责令停产整顿单位11606家、关闭取缔单位3975家，罚款9.21亿元。

【安全示范创建】　2022年，福建省应急管理厅推动完成危化品企业自动化控制装备改造升级63家，配备非煤矿山机械化设备138台。在泉港、古雷试点建设“工业互联网＋危化安全生产”，在福清、惠安开展城镇安全风险监测预警平台建设试点，完成122家危化品重大危险源企业双重预防机制数字化建设。销号尾矿库49座，完成化工园区安全风险等级复核25家，提升改造B级至C级企业15家。

【安全生产监督执法】　2022年，福建省开展《福建省安全生产条例》立法预备和《福建省突发事件应对条例》立法调研；修订《福建省安全生产行政处罚裁量基准（2022年版）》，对39部法律、法规和规章及406项违法行为的处罚设定裁量基准。规范行政执法行为，建立行政执法案件审理会议工作制度，采购执法制式服装2623套和执法装备，规范应急管理系统执法行为；组织参加行政执法资格培训考核609人，通过率88.2%。提升监管执法质量，安全生产行政执法次数、处罚次数、罚款金额分别比上年提高11.1%、113.4%、74.8%，行政处罚率增长13.9%；接收举报信息1278件，曝光违法行为249次，报送典型案例679例，完成率、合格率均达100%。推进综合执法改革，推动升格市、县执法队伍23支，在泉州石狮、三明沙县开展乡（镇）、街道安全生产连片联合执法试点，推进基层消防站（所）赋能应急管理工作。

（黄宝龙）

消防救援

【概况】　2022年，福建省发生火灾约2.48万起，死亡57人（不含放火），受伤72人，分别比上年下降3.1%、18.6%和32.1%，造成直接经济损失3.37亿元，比上年上升10.1%。福建省在省级政府安全生产和消防工作考核中位列全国第四名。全年全省各级消防救援队伍接警出动约6.5万次，抢救被困人员6227人，抢救财产价值约10.14亿元，完成福州“5·17”红庙岭污水池爆炸救援、龙岩“5·27”山体滑坡救援、多轮汛情和新冠疫情处置，以及党的二十大、冬奥会等重大活动期间全省安保任务。

【消防队伍体制机制改革】　2022年，福建省消防救援总队开展指战员上挂下派、山海交互挂职、跨支队随岗实战锻炼等活动，实施指战员学历提升工程，开展新生长干部竞争性分配，总结深化“师傅带徒弟”传帮带工作机制，探索尝试干部到地方党政机关交流锻炼。围绕解决以往考评重点不突出、激励作用不明显、指挥棒作用发挥迟等问题，对年度工作目标任务考评体系进行重塑重构，年初即制定下发考评办法，变以往“年终一次考”为“日常季度考”，变过去“一票否决”为“底线目标”，变“限额评先”为“先评级后评先”，鼓励各支队在规定任务以外自主申报自选任务 127 项。

【消防安全治理】 2022 年，福建省消防安全委员会出台《福建省消防安全委员会工作章程》《关于进一步加强城市消防安全工作实施意见》等文件，成立综合协调办，推动各级消安委实体化运行，常态化开展会商研判、考核调度、督导检查、约谈提醒等工作，逐步建立省消安委办、省安委办联合部署、督导检查等协作机制；联合省检察院、住建厅建立公益诉讼、消防审验、监督管理、信息共享等协作联动机制；加强对全省 3000 余处医院、集中隔离点、防疫物资生产企业等涉疫场所“点对点”挂钩服务。省人大常委会将消防“一法一例”执法检查办理情况测评为“满意”。出台消防安全信用管理办法，将相关失信行为信息纳入福建省信用监管体系。严格火灾统计调查，加强对有关部门、设区市的约谈督办。推进“智慧消防”平台立项工作，发布《智慧消防信息平台通用技术要求》地方标准，争取省级专项经费 2010 万元。

【消防救援训练培训】 2022 年，福建省消防救援总队探索实战练兵体系，推进训练体系改革，出台《执勤队站灭火作战能力建设指导意见》，建立能力评估量化模型并研发评估软件，上线运行数字化全员执勤训练生涯数据系统，累计收集指战员训练数据 120 余万条，通过大数据分析明确训练重点。试行《执勤战斗岗位业务训练分级分岗科目大纲》，设立综合指挥、灭火战斗和基础辅助等 7 类共 32 个灭火救援岗位，分等级明确训练内容和标准。开展“业务训练课时学分制”试点改革，初步构建分级分岗实战化考评体系。试点开展“中心站＋卫星站”执勤模式改革，调整队站和力量布局，规范车辆编成和基础作战单元。深化区域灭火救援协作交流机制，举办全省指挥长、安全员和紧急救助小组等岗位培训及山岳水域、地震、化工等专业培训，开设战训大讲堂 7 期、培训 3367 人次，培养省级师资骨干 330 人。

【消防救援指挥优化】 2022 年，福建省消防救援总队优化“一体化”值班体制，建立完善教育培训、会商研判、专家值守、遂行响应等工作机制 9 项，融合运行两级全勤指挥部和指挥中心，指导各地开展支队集中接警，聘请 9 名总队级、25 名支队级灭火救援专家参与值班值守、技术培训，建强专业指挥型机构；成立消防技术服务队，招聘注册制工程师，面向行业部门、基层一线开展消防技术服务和业务指导。开展“一短三快”初战机制和现代化指挥系统装备“两项改革”，按照“分编成，定岗、定位、定车、定班组”，规范队伍初战处置程序。加强智能指挥系统数据管理，完成数据采集 40 余万条，提升警情分析和辅助决策科学性。自主研发职业技能鉴定智能考评系统、灾害现场空中直播软件、消防作战力量部署“一张图”软件等获得国家发明专利或计算机软件著作权的技术革新和发明创造 20 项。

【消防救援队伍建设】 2022 年，福建省 16 个县（市、区）基层消防治理（勤务）中心、1100 个乡镇（街道）设立消防工作站（所）核定专兼职从事消防工作的事业编制人员 2662 人，向 1013 个镇街派驻消防文员 1054 人，初步形成县消防救援大队（消防治理中心）、镇街消防工作站（所）、社区（村）微型消防站三级防控体系。年内，省政府赋予乡镇（街道）部分消防行政处罚权，省消安委联合省司法厅组织执法资格考试，全省 40％消防指战员取得证书。强化与院校合作，将消防员招录纳入“促进青年就业”计划，360 名新队友投入一线执勤。加强城乡消防力量建设，新招收政府专职消防员 1240 人，建成社区（村）微型消防站 5956 个。与社会力量签订联动协议，漳州、泉州等地成立社会综合救援联训中心，对开门开锁、电梯救援、摘除蜂窝、蛇虫处置等非紧急救助警情进行分流。

【消防救援后勤保障】 2022 年，福建省消防救援总队推进战保储备库、训练基地等基础设施建设项目，动工建设队站 21 座、备勤公寓 220 套，改造升级消防救援站 13 座。编制采购计划，出台《总队部门集中采购工作流程》，制定《消防装备采购负面行为三色风险预警清单》《政府采购政策法规汇编》《总队机关采购代理机构监督管理办法》等制度机制。完成各类消防车、抢险救援服、消防水带及各类器材装备验收工作并配发基层；与南昌铁路局、厦航、三明机场及工程车辆机械、装备物资生产、大型物流等企业单位签订战勤保障协议 71 份。升级改造省消防职业健康中心，加强一线消防救援人员“全周期”职业健康保障。强化内部新冠疫情防控，在国家防疫措施进一步优化调整后，结合工作任务、作战编成等对队伍进行 AB 角分组，实行“人员分组、隔离并行”。开展为基层办实事活动，慰问救济遗属和困难指战员，组织指战员和家属疗养 1689 人次，帮助协调消防救援人员子女入学，组织开展基层走访、人员慰问、心理疏导和文体活动，制发优待证和光荣牌。（郭成传）

森林消防

【概况】 2022 年，福建省森林消防总队下发党委1号文件部署抓建工作，召开队伍建设形势分析会2次、抓基层领导小组会6次，结合重点时段派出2批联合工作组蹲点调研帮建。梳理下发关注和把握18个倾向性问题，研究出台抓建直管大队“六项机制”和《基层大队非领导岗位专业技术干部职责》。召开党风廉政建设暨警示教育工作会议，制定印发“党建工作要点”、落实主体责任“任务安排”、加强对主要领导和党委班子监督的“实施意见”。巩固深化巡审一体模式，常规巡察龙岩支队和总队直管大队，完成转制以来总队机关采购档案专项审计、5名领导干部经济责任审计和19个基建项目预决算审计，制定《防范政府采购廉洁风险十条措施》。推进专项督查反馈问题整改，整改完成率94.6%。特勤大队一中队、李楠、张永爱等先进集体和个人获全国“119”消防奖，6个基层党组织被中央和国家机关授予“四强”党支部称号，2个集体、175名指战员获奖励。全年在央视刊播新闻91条、在省部级以上主流媒体刊稿3300余篇，南平支队武夷山大队获评全国应急管理新闻宣传暨学报用报先进单位。

【思想政治建设】 2022年，福建省森林消防总队制定《总队党委会议“第一议题”制度》，跟进学习习近平总书记重要讲话和重要指示批示精神19次，组织党委中心组带机关理论学习3次，开展“感悟领袖思想伟力，争做八闽消防卫士”学习实践活动。统筹推进主题教育试点和经常性思想教育，指导各级与宁德下党乡、宁化长征学院、古田干部学院等建立教育联系点，组织优秀政治教员评比竞赛，开展法律心理服务下基层、宣传和心理骨干培训、“礼赞消防嫂、弘扬家国情”颁奖典礼、“喜迎二十大”文艺汇演、每季度集体过“政治生日”等活动。

【森林防火与救援】 2022年，福建省森林消防总队召开秋冬防战备誓师动员大会，组织赴广东、浙江跨区驻防，出动6000余人次在闽、粤、浙三省重点火险区开展防火专项行动，预置7000余人次前置备勤和靠前驻防，队伍扑救森林火灾任务量比上年下降54%。在防汛防台、防灭火紧要期常态保持二级战备，落实“零秒共享”、联合值班机制。全年出动1.2万余人次，遂行综合救援任务87次，其中完成“5·27”武平山体滑坡、“6·18”松溪特大暴雨、福州市区排涝及“10·17”跨区扑救江西赣州森林大火等任务。

【森林消防演练训练】 2022年，福建省森林消防总队指导各级与驻地防灭火力量联演联训30次，培训扑火队员6000余人次，全员全装全要素开展“驰援·2022”远程机动增援等拉动演练15次。采取课题研究、分项试点、总结推广步骤推进“八种组训模式”，制定训练管理工作16条措施，指导各支队集中开展野外驻训。组织“五长”集训暨教练员、预任骨干培训，完成南方片区新消防员承训任务，依托省内外专业机构培训各类救援骨干508人。在福清、将乐2个场地举办历时5天的“火焰蓝”综合救援技能比武。

【森林消防后勤保障】 2022年，福建省森林消防总队推进装备体系化应用试点，开展叉车操作员、驾驶员、装备维护员等保障专业培训，总队、支队共投入5180万元用于装备购置、训练配套设施建设。开展安全工作大检查、“暑期百日安全竞赛”活动，制定《教育管理重点问题防范33条措施》，部署开展“正规化建设达标创建”，统筹饮酒测查、疫情防控、车辆派遣等经常性安全工作预防。

【森林消防队伍建设】 2022年，福建省森林消防总队巩固深化“我为群众办实事”活动成效，9名借调干部返回基层岗位任职，组织优秀指战员带家属休养，签约驻地院校助力消防员学历升级，6名基层干部同等条件下优先晋升，11名大中队主官在原岗位晋升。突出操作性、应用性组织纲要培训，安排14名机关干部代职锻炼、29名干部赴古田干部学院晋升培训，25篇经验做法被上级转发。持续深化“五个一遍”活动，建立党支部书记与副书记“育苗”培养、选拔资格认定、调整报备审查3项机制。结合“党纪条规学习月”“警示教育月”活动组织廉政党课，指导各级开展“廉课进营区、廉风润大家”“向十种不良风气宣战”“一队一孝廉”等群众性创廉活动。

（省森林消防总队）

编辑：林忠玉

福 州 市

【概况】 福州市位于福建省东部。1949年设立地级市。2022年辖6个区、1个县级市、6个县，土地面积11861.39平方千米（不含平潭），海域面积8200平方千米（不含平潭）。年末户籍人口729.22万人；常住人口844.8万人，其中城镇人口618.98万人。人口自然增长率3.99‰。耕地面积9.88万公顷，粮食种植面积8.67万公顷，粮食产量49.36万吨。林业用地面积73.15万公顷，森林覆盖率51.77%。重要矿产资源有砂、石、土、地热等。重要海洋资源有福州金鱼、琅岐青蟹、长乐漳港海蚌、连江官坞海带等。主要旅游资源有森林、海滩、温泉、园林等，景点有三坊七巷、上下杭、烟台山、鼓山、于山、镇海楼、西湖公园等。地方特色文化有闽都文化、海丝文化、侨乡文化等，形成三坊七巷文化、船政文化、昙石山文化、寿山石文化等四大文化品牌。著名人物有严复、林则徐、沈葆桢、林觉民、冰心、林徽因、陈景润等。2022年，福州市获全国法治政府建设示范市、国家知识产权强市建设试点示范城市、国家综合货运枢纽补链强链首批城市等全国性荣誉称号。

2022年，福州市地区生产总值12308.23亿元，比上年增长4.4%。其中，第一产业增加值683.38亿元，增长3.0%；第二产业增加值4656.90亿元，增长5.2%；第三产业增加值6967.95亿元，增长4.0%。人均地区生产总值145936元，增长3.6%。一般公共预算总收入1059.05亿元，扣除留抵退税因素后下降5.5%；其中地方一般公共预算收入698.52亿元，扣除留抵退税因素后增长1.1%。工业增加值3020.19亿元，增长2.9%。规模以上工业增加值增长3.8%。农林牧渔业总产值1194.75亿元，增长3.2%。固定资产投资（不含平潭）增长6.3%。社会消费品零售总额4679.52亿元，增长2.9%。外贸出口额2563.26亿元，增长16.6%；实际利用外资11.03亿美元，下降5.8%。城镇居民人均可支配收入55638元，增长4.1%；农村居民人均可支配收入26826元，增长6.4%。全社会用电量562.91亿千瓦小时。年末，基本养老保险参保城镇企业职工226.31万人，职工基本医疗保险参保187.5万人，城乡居民基本医疗保险参保500.79万人，城乡居民养老保险人员252.63万人。城镇生活垃圾无害化处理率100%。

【四大经济建设】 2022年，福州市政府做大做强做优四大经济，加快构建现代化产业体系。数字经济方面，举办第五届数字中国建设峰会暨第二届数博会，入选数字人民币试点城市。出台全国首个鸿蒙产业扶持政策，建成全省第一个人工智能算力中心，福米恒美全球最先进的超宽幅偏光片生产线投产。福州位居2022中国数字城市百强榜第20位，居全省第一。海洋经济方面，实施“海上福州”重点项目247个，完成全国首宗海洋渔业碳汇交易，福州（连江）国家远洋渔业基地加快建设，全省首台渔旅结合深远海养殖平台“闽投宏东号”、大型智慧养殖平台“乾动1号”下水。绿色经济方面，实施绿色经济重点项目134项，新增省级绿色工厂12家，全球单机容量最大16兆瓦海上风电机组下线，永泰抽水蓄能电站1～3号机组建成投用。文旅经济方面，发布“有福之州”城市形象标识，举办第三届中国短视频大会，新增AAAA级旅游景区1家、省级旅游度假区3家，接待游客7861.56万人次，实现旅游收入596.4亿元。

【第五届数字中国建设峰会】 2022年7月23—24日，第五届数字中国建设峰会在福州市举办。峰会主题为“创新驱动新变革，数字引领新格局”，主要包括开幕式、主论坛、政策发布、分论坛、成果展览会、数字产品博览会、创新大赛、云生态大会等8个部分。26个部委、29个省份、26家央企、59家世界和中国500强企业参展参会。峰会发布《数字中国发展报告》《国家数据资源调查报告》等13份权威报告，举办

2022年7月23—24日，第五届数字中国建设峰会在福州市举办。图为峰会主会场　（福州市政府办　供图）

5G应用及6G愿景、数字人民币产业发展等21场前沿论坛，组织“有福之州·对话未来”“闽江夜话”等配套活动37场，主论坛、分论坛及各类对话活动参加人数超1.3万人次。吸引227家单位亮相成果展、首展率超50%，线下参观近17万人次。创新大赛设置10个赛道，报名参赛队伍1.4万余支，参赛2.4万余人次，均创历史新高。峰会签约数字经济项目565个，总投资2990亿元；其中福州市签约102个数字经济项目，总投资946.29亿元，项目数和总投资均居全省首位。中国国际数字产品博览会（简称“数博会”）整体纳入数字中国建设峰会。第二届数博会举办专业采购对接会、新品发布会、产品推介会、云直播等20余场配套活动，吸引132家国内外优质企业参展，到场专业采购商超1.3万人，意向成交金额387亿元。同步开设“云上峰会”平台和“云上国际数字产品博览会”平台，观展超760万人次，实现线上线下相结合。

【项目攻坚落实年专项行动】 2022年，福州市政府将重大项目建设与“提高效率、提升效能、提增效益”行动深度融合，开展以招商落地、前期深化、征迁交地、建设提速、技改扩产、出让地块交地“清零”为主要内容的项目攻坚落实年专项行动，推动重大项目加快建设。全市引进高质量产业项目488项，审批前期节点2942个，完成拆迁3.41万户770.47万平方米、交地0.7万公顷，开工建设项目717个、建成投产项目600个，实施重点技改项目198个。240个市管省重点项目完成投资1317.3亿元，超年度计划22.3个百分点，投资完成量和完成率均位列全省第一。1798个市重点项目完成投资5163.2亿元，超年度计划19.9个百分点。

【疫情防控】 2022年1—10月中旬，福州市陆续出现泉州、上海、河北、漳州、西藏等地关联疫情以及进口冷链食品感染疫情，福州市政府落实防控措施，在不封不停不静默的情况下，1个月内实现社会面动态清零。2022年12月，国务院“新十条”措施出台后，迅速完成从“防感染”向“保健康、防重症”的政策转换，第一时间开设发热门诊262个、城市中心发热门诊2个，储备基层医疗机构513个、亚定点救治医院床位7000张，新建综合ICU床位536张、可转换ICU床位486张。开展医疗物资储备和疫苗接种工作，免费向社会发放健康包和急需紧缺药品，保障医疗救治，保供药品生产，保护重点人群。

（黄书盛）

【鼓楼区】 位于福州市主城区西北部，城区辖9个街道1个镇。土地面积35.43平方千米。年末户籍人口62.42万人，常住人口67.5万人。耕地面积6.05公顷。林地面积388.57公顷，森林覆盖率7.52%，乔木林蓄积量28998.59立方米。内河21条，总长32.5千米，从城区西北大腹山、马鞍山起，流经全区10个街镇，分别汇集至白马河、晋安河流入闽江。鼓楼作为闽都文化发祥地，至2022年有2225年历史，辖区鼓屏路—八一七北路始终是福州的中轴线和历史文脉。辖区拥有104个重点文物保护单位，6处A级旅游景区。其中，三坊七巷历史文化街区为国家AAAAA级旅游景区，被誉为“一片三坊七巷，半部中国近现代史”；源脉温泉园、福州西湖、福道、福山郊野公园、屏山公园（镇海楼）为国家AAA级旅游景区，另有西禅古寺、于山风景名胜公园、乌山历史风貌区等旅游景点。2022年，鼓楼区入选全国首批国家知识产权强县建设示范县、位居“中国楼宇经济（总部经济）标杆城区”前10强、全国创新百强区第18位、全国投资潜力百强区第21位。五四路CBD入选“中国商务区综合竞争力”前20强、“鼓楼智脑”入围全国城市数字化转型优秀案例、“一线处置”机制列入“数字中国”1号专题教学案例。

2022年，全区地区生产总值2609.06亿元，比上年增长4.4%。其中，第二产业增加值428.12亿元，增长1.8%；工业增加值114.39亿元，增长0.2%；第三产业增加值2180.94亿元，增长4.8%。人均地区生产总值38.71万元，增长4.0%。规模以上工业总产值112.40亿元，增长1.8%。固定资产投资214.85亿元。社会消费品零售总额1440.09亿元，增长4.6%。外贸出口额497.8亿元，增长13.1%；实际利用外资4256万美元。一般公共预算总收入57.15亿元，增长1.6%；其中地方一般公共预算收入34.92亿元，增长7.0%。城镇居民人均可支配收入65763元，增长4.6%。

海丝中央法务区福州片区正式运营。海丝中央法务区福州片区坐落于福州华润万象城TB楼2、3层，面积约4000平方米，是全国首个实体法务服务中心、首个法务人才实训与服务基地，也是2022年全国法务服务集聚度最高的法务区，于1月正式运营。截至12月底，线上线下入驻各类机构530家，线下服务大厅开设对外服务窗口31个，业务范围覆盖全国24个省份，辐射全球17个国家和地区，可提供180余项法务、泛法务服务。组建全国首家专业法务及泛法务运营管理公司，推动引进两岸法务服务交流中心、涉侨法务共享平台等10个专项法务服务平台，在涉侨、涉台港澳、涉外和金融、知识产权等方面布局特色法务服务，实施涉外法务人才“百人计划”，探索政务法务商务融合发展，打造立足福州、辐射两岸、面向世界的一流法务高地。

新能源科创中心载体交付使用。新能源科创中心选址鼓楼区乌山西路518号正祥西江月综合楼，建筑面积2.1万平方米。鼓楼区落实“双碳”战略，融入福州市科创走廊建设，聚焦新能源产业链差异化切入绿色经济赛道，发挥中国科学院物构所、中国科学院大学福建学院、福州大学催化剂国家工程研究中心等大院大所和高校集聚优势，以及76家新能源上市企业、高新技术企业的技术和应用核心优势，以“数字化控碳”为切入口，聚焦储能系统、智能电网、能源数据服务等领域强链补链。新能源科创中心围绕成果研发转化、龙头企业引育、产业生态构建三大主导方向，加快形成新能源技术研发转化中心、新能源产业总部集聚中心、新能源运营管理中心，打造新能源产业集聚高地新格局。

福州万象城商圈正式运营。2022年6月18日，福州市内首家重奢商场——福州万象城开业。福州万象城选址原洪山科技园旧址，建成楼宇超46万平方米，其中商务办公36.5万平方米、商业9.65万平方米，以打造福州商业地标、时尚高地和福建高端购物中心为定位。万象城商圈主打“国际时尚＋熙街文化”高端品质消费，与东街口商圈“历史文化＋潮流嗨购”文旅商融合特色形成联动互补，标志着鼓楼区东、西双核商圈格局初步形成，满足不同层次消费群体需求。截至年底，吸引国际一线品牌、高端品牌、首店超250家，成为福州“首店首发首秀”集中地。

老旧小区改造政策机制创新。采用“财政＋企业＋金融”方式，破解老旧小区改造资金压力大难题。创新“投融资＋建设＋运营”模式，引导撬动社会资本投入，推进全过程建设及运营维护工作。将运营管理期延长至25年，通过物流快递设施、停车场、道闸广告栏等公共基础设施配套运营取得收入，盘活闲置资产，加快收回投资成本，实现“居民受益、企业获利、政府减压”三方共赢。在全省率先打造老旧小区“共建基金池”，由小区全体业主按房屋面积每平方米最低5元的标准一次性缴存，作为改造工程质保到期后维护费用，实现改造提升和长效管理“无缝衔接”。全年全区230个老旧小区改造项目，涉及2.3万户居民，100%完成共建基金收缴。

责任规划师制度试点工作。2022年6月1日，鼓楼区在全市率先开展第一批责任规划师试点工作。首批4名责任规划师以双向选择方式，分别受聘作为鼓东街道、五凤街道、温泉街道、洪山镇的责任规划师团队领衔专家，相应牵头组建具有规划、设计、景观、交通等专业背景的责任规划师团队，为责任片区提供“全链条、陪伴式”规划服务和技术支持。责任规划师团队聚焦“还权、赋能、归位”，衔接政府行动与居民需求，依托“责任规划师工作访”、居民议事厅等途径，实施问诊把脉、实施把控和跟踪评估，跟踪162个项目，助力中山、怡山、温泉、福屿等4个完整街区示范区建设，推动形成人民城市人民共建共治共享新格局。

（鼓楼区政府办）

【台江区】 位于福州市城区中部。辖10个街道52个社区。2022年末，户籍人口32.33万人，常住人口41.4万人。人口自然增长率下降1.43‰。全区面积17.09平方千米。其中，商业服务用地2.06平方千米，工矿用地0.02平方千米，住宅用地6.13平方千米，公共管理与公共服务用地2.76平方千米，特殊用地0.30平方千米，交通运输用地3.29平方千米，水域及水利设施用地2.43平方千米，其他土地0.09平方千米。台江区拥有闽江12千米黄金岸线，14条内河水系穿境而过，地铁一、二、四号线和滨海快线均在辖区内设置站点，半小时可达福州南、北动车站，40分钟可达长乐国际机场。辖区内的南公园、柔远驿是海上丝绸之路的重要节点，“闽江夜游”入选国内水路旅游客运精品航线，上下杭街区获评首批国家级旅游休闲街区，“闽江之心”“中国第一福街”成为榕城新晋网红打卡点。拥有陈文龙尚书庙、张真君祖殿、琉球馆等一批文物古迹，茶亭十番、洪家茶、冷凝合香等86个非遗代表性项目。台江区作为福建红色文化的聚集地之一，拥有“闽江地下航线”“高家大院永不消逝的电波”等多处红色资源。侯德榜故居获评国家级“2022年度科学家精神教育基地”，“苍霞人家”生活馆成为学习宣传习近平新时代中国特色社会主义思想的重要基地。辖区内有高端商务楼宇61栋，其中税收亿元楼超10座，台江数智港、预制菜产业园、海荣大厦供应链平台经济产业园等一批产业基地建成投用。海西现代金融中心区台江片区纳入福州自贸联动创新发展区范围，落地银行和金融总部29家、金融和类金融机构1000余家，金融业年税收占全省1/4，是全省金融业态最集聚的区域。2022年，台江区获评2021—2025年度第二批全国科普示范县（市、区），台江区人民检察院获评2022年度全国检察宣传先进单位，台江区上下杭历史文化街区获评国家级旅游休闲街区。

2022年，全区地区生产总值679.57亿元，比上年增长4.1%。其中，第三产业增加值619.54亿元，增长4.1%。固定资产投资144.01亿元，增长13.1%。社会消费品零售总额295.55亿元，增长2.9%。实际利用外资2.96亿美元，增长88.1%。一般公共预算总收入21.63亿元，比上年下降9.4%；其中地方一般公共预算收入14.65亿元，下降12.5%。城镇居民人均可支配收入6.05万元，增长3.8%。

闽江之心——滨江步行街正式开放。2022年1月19日，福州“两江四岸”整体品质提升工程重要组成部分闽江之心——滨江步行街正式开放。滨江步行街位于闽江北岸，沿江滨中大道（解放大桥—闽江大桥间）布局，全长近1千米，与青年会前广场、青年广场、仓前公园、江心公园共同组成福州“闽江之心”。

2022年数字经济专场招聘会暨政校企人才对接大会。2022年3月10日，台江区举行“好年华·聚福州”2022年数字经济专场招聘会暨政校企人才对接大会，114家台江数字经济企业提供招聘岗位5196个，涵盖数字经济全专业领域。大会现场，台江区重点推介5条引才政策，大会汇聚厦门大学、福州大学等全省37家高校80多位专家学者与朴朴、来玩互娱等30家台江数字经济龙头企业，政校企三方就人才对接培养、产学研合作等方面，签订多份战略合作协议，一批高校学子与企业签订就业协议。

2022年3月10日，“好年华·聚福州”台江区2022年数字经济专场招聘会暨政校企人才对接大会举行 （叶诚 摄）

“长者食堂”社区全覆盖。2022年8月31日，台江区实现“长者食堂”社区全覆盖，形成“1个中央厨房、5个示范点、52个社区全覆盖”的居家养老助餐体系，总餐位约2000个，日均用餐量超过1300人次。 （刘 勇）

【仓山区】 位于福州南大门，辖整个南台岛，总面积146.24平方千米，下辖8个街道、5个镇，共116个社区、101个行政村，年末户籍人口68.47万人，常住人口118万人。全区耕地171.9公顷，林地面积743.47公顷，森林覆盖率7.29%。森林活立木总蓄积量7.32万立方米，境内湿地总面积158.55公顷。2022年，全区有福州烟台山景区、春伦茉莉花茶文化创意产业园景区等2家国家AAA级旅游景区；有螺洲古镇、林浦古村、阳岐古村、梁厝特色历史文化街区、金山寺、飞凤山公园、花海公园、海峡文化艺术中心等重要旅游资源；怀安窑址、陈靖姑信俗文化等文化资源。获国家知识产权强县建设试点县、省级数字经济核心产业集聚区、福州市营商环境改革创新示范区等称号，完成福州市下达的节能减排降碳任务。

2022年，仓山区地区生产总值1045.07亿元，比上年增长1.1%。一般公共预算总收入31.23亿元，比上年下降12.8%；其中地方一般公共预算收入22.17亿元，下降8.9%。一般公共预算支出39.88亿元，比上年增长13.8%。固定资产投资587.47亿元。社会消费品零售总额561.16亿元，增长2.4%。居民人均可支配收入51526元，增长3.7%。实际利用外资到资3.07亿美元，增长630.95%；全年目标完成率172.3%，排名全市第三。

2022年1月19日，闽江之心——滨江步行街正式开放 （叶诚 摄）

城市品质提升工程。水都社区等10个停车场、894个车位投入使用，马杭洲公园等13千米绿道完成提升改造，15个街头小公园建成开放。完成8个交通治堵项目。烟台山片区花漾街区位列全省品质提升建设样板评选活动第一档，建成区绿化覆盖率45.66%，人均公园绿地面积15.8平方米。“闽江之心”核心区整体提升工作快速推进，用

2022年1月31日至2月15日，仓山区举办“璀璨南台”灯会。图为烟台山灯光秀 （陈建国 摄）

30天全面完成中洲岛1号楼、3号楼1070间商户搬迁工作，基本完成2号楼205间共1.16万平方米的房屋征收工作。启动江心公园新一轮提升改造，全市首个在公园内设立的婚姻登记处——江心岛婚姻登记处揭牌。完成三县洲大桥、梅岭观海等重点区域夜景灯光改造。

（陈 暖）

【晋安区】 位于福州市中心城区的东北部，2022年城区辖4个镇、3个街道、2个乡。土地面积约552平方千米。年末户籍人口46.04万人，常住人口79.8万人。2022年，全区耕地面积2162.67公顷，粮食播种面积585公顷，粮食产量4039吨。森林覆盖率63.95%，活立木蓄积量355.21万立方米。重要矿产资源有叶蜡石（含工艺）、明矾石、高岭土、地热、矿泉水、建筑用砂石。主要旅游景点有鼓山风景区、鼓岭国家级旅游度假区、福州国家森林公园、中国寿山石馆、金鸡山公园、鹤林生态公园、皇帝洞大峡谷景区。2022年，晋安区入选全国投资潜力百强县市、全国义务教育优质均衡先行创建区、全国科普示范区创建单位。晋安区鼓山镇前屿村获评全国民主法治示范村。晋安区学前教育工作案例获评全国基础教育优秀工作案例。

2022年，全区地区生产总值1137.19亿元，比上年增长4.6%。其中，第一产业增加值8.89亿元，增长2.9%；第二产业增加值288.84亿元，增长2.5%；工业增加值159.43亿元，增长4.2%；第三产业增加值839.46亿元，增长5.3%。人均地区生产总值142773元，增长4.0%。规模以上工业总产值782.66亿元，增长6.0%。农林牧渔业总产值14.63亿元，增长3.2%。固定资产投资564.15亿元，增长16.1%。社会消费品零售总额877.66亿元，增长4.5%。外贸出口额282.3万美元，增长18.2%；实际利用外资2894万美元。一般公共预算总收入26.36亿元，其中地方一般公共预算收入17.32亿元。城镇居民人均可支配收入56140元，农村居民人均可支配收入27084元，分别比上年增长3.8%、增长5.5%。

数字虚拟产业园开园。2022年7月19日，福州市首个数字虚拟产业园——晋安数字虚拟产业园正式开园并举行入园签约仪式，40余家企业入驻园区。该产业园位于晋安区三创园内，由晋安区属国企福建数投合创商务秘书有限公司统筹规划设计，目标是建成一个集政务、税务、服务于一体，以互联网、电商、数字为特色的数字虚拟产业园和企业孵化平台，致力于打造跨越地域的虚拟产业集群。

“鼓岭科创会”品牌发布。2022年7月21日，“鼓岭科创会”品牌发布会暨第五届“创响福建”中小企业创新创业大赛光电专题赛启动仪式在福州市晋安区鼓岭柱里景区举行。晋安区相关部门与10家企事业单位签订战略合作协议，在共同推动科技创新、培育优秀创业人才、挖掘优质创业项目、构建创业生态圈等方面开展合作，助力将“鼓岭科创会”打造为兼具人才、项目、金融、科技转化等功能的综合平台。专题赛于7—9月举行，以“聚焦光电前沿，赋能产业升级”为主题，在光电产业主题演讲、论坛活动等基础上，面向全国激光器件与设备、光电能源设备、光电通信设备、高效照明设备、光学设备与关键光电子材料等光电行业领域，征集精英创新创业项目。设置企业组、创客组两类奖项，奖金39万元，从中遴选出优质项目对接产业资源、孵化平台、金融服务等。

乡村振兴鼓岭论坛。2022年9月15日，晋安区对接举办以“新发展格局与乡村振兴战略”为主题的“乡村振兴鼓岭论坛”。论坛由福建省政府发展研究中心、福建省乡村振兴研究会、福州市人民政府共同主办。北京和福建各地从事乡村振兴理论研究、政策制定的专家学者、相关部门以及乡村振兴的一线带头人齐聚榕城，围绕产业发展、数字乡村、乡建乡创、生态宜居以及《2022年福建省乡村振兴热度指数》等内容展开讨论。晋安区乡村振兴热度指数综合排名居全省78个涉农县（市、区）首位。

（陈培蕊）

【马尾区】 位于福州市东南部、闽江下游北岸。2022年下辖4个镇街、4个功能园区。土地面积275.7平方千米。2022年年末，户籍人口19.5万人，常住人口29.6万人。耕地面积922.32公顷，粮食播种面积283.8公顷，粮食产量1512吨。林地面积14739.74公顷，森林覆盖率47.17%，森林蓄积量92.19万立方米。矿产资源8种，其中金属矿有钍矿、钍铌矿、铌钍矿、铁锰矿，非金属矿有高岭土矿、河砂矿、矿泉水、花岗岩石材矿。本辖区海洋功能区划总面积4968公顷（2010—2020年版），岸线长约54.39千米（2008年版），大陆（亭江段）海岸线12.54千米，有居民海岛岸线（琅岐岛）41.85千米。主要旅游景点有罗星塔、船政博物馆、昭忠祠等。

2022年，马尾区获评第六批国家生态文明建设示范区、福建省城市发展“十优”区、省级双拥模范城、省级数字经济核心产业集聚区。大通新材料、飞毛腿电子入选国家级绿色供应链白名单。福光公司获评全国和谐劳动关系创建示范企业，马尾区和谐劳动关系协会获评省、市金牌协调劳动关系社会组织。

2022年，全区实现地区生产总值675.34亿元，比上年增长3.9%，三产结构比例2.1∶57.0∶40.9。社会消费品零售总额206.97亿元，增长1.4%。一般公共预算总收入34.14亿元，增长4.1%；其中地方一般公共预算收入22.75亿元，增长5.4%。一般公共预算支出37.77亿元，增长34.7%。固定资产投资额167.58亿元，增长16.2%。城镇居民人均可支配收入61529元，增长4.3%，农村居民人均可支配收入34620元，增长6.9%。

经济发展。2022年，马尾区开展“项目攻坚落实年”专项行动，9个省级、116个市级重点项目分别完成投资17亿元和190亿元，均超年度计划15个百分点；实施技改项目43个，项目总投资57.1亿元。新增国家级专精特新“小巨人”企业4家、省级专精特新中小企业11家、省科技“小巨人”企业21家。4个项目获得中央科技发展资金，3家企业通过福建省技术创新重点攻关项目认定。福建国航远洋成为福州市首家在北交所上市的企业，马尾区在国内三大证券交易所上市企业14家，位居福州市第二。获评省级数字经济核心产业集聚区。区内82家企业依托华为云创中心开展数字化转型，成为全国首个产品批量完成鸿蒙适配的生态标杆区。

改革开放。2022年，马尾区营商环境持续优化，推出自贸试验区创新举措5项，其中3项为全国首创；行政许可事项全网办、“一趟不用跑”比例分别达91%和94.3%，业务办理平均用时和业务当日办结率均位居福州市第一；“一码通办”提升通行时间95%以上，进出口通关时间压缩比分别为77%和94%。实现跨境电商监管中心“9610”“9810”出口业务与“1210”进口业务全覆盖。全年完成跨境电商进出口业务量788万票，货值21.2亿元。将5家区属企业优化整合为3家，推动国有资本向重要行业和关键领域集中。推动130项“专利融入”（企业标准与专利融合）24项标准。加快台胞台企登陆第一家园建设，落实落细各项惠台政策，新增台资企业11家，台资企业增资扩产3.52亿元，建成全市首个“台企共享职工之家”。

社会事业。2022年，马尾区完成教育重点项目投资4.5亿元，新增小学学位1620个，公办幼儿园学位270个；成立9个教育集团，组建18个城乡紧密型教育共同体，实现区属公办城乡中小学全覆盖。完成马尾区新医院选址规划，区医院与福建医科大学附一医院合作建立马尾分院，提升胸痛中心等重点科室的医疗服务水平。马尾区选送的11名运动员在第十七届省运会上获4项冠军。打造新港、旺岐及滨江3个精品社区，实现社区治理水平和群众满意度双提升。

城乡融合。轨道交通2号线东延线一期工程正式开工；新建改造污水管网25千米、供水管网7千米、供水泵站2个；完成6项道路建设工程。开展环境提升专项工作，完成25项建设内容，打造马尾“一区段一特色”。启动罗建、上岐“城市更新+”等项目，提升改造君竹明居等老旧小区，累计搬迁及改造提升住房面积23.6万平方米，惠及1323户。实施乡村振兴试点项目48个，打造1个省级特色乡镇、10个省市级乡村振兴试点村；支持对口协作资金2800万元，引导7家企业落地，帮助销售农特产品3.16亿元。（高栩婧）

【长乐区】 位于福州市东部，2022年辖5个街道、11个镇、2个乡。土地面积729平方千米。年末户籍人口77.1万人，常住人口81.2万人。耕地面积1.11万公顷，粮食播种面积1.16万公顷，粮食总产量7.08万吨。林业用地面积2.68万公顷，林木蓄积量140.35万立方米，森林覆盖率18.84%。重要矿产资源有金属矿铁、锰、钨、钼，非金属矿花岗石、石英砂、砖瓦用黏土、高岭土、叶蜡石、矿泉水等。重要海洋资源有带鱼、大黄鱼、小黄鱼、蓝园鲹、鲐鱼、马鲛鱼等700种海洋鱼类，省级海蚌资源增殖保护区面积2.07万公顷。主要旅游景点有国家级文物保护单位漳港显应宫、圣寿宝塔、九头马古民居，国家级自然保护区、全国“魅力湿地”闽江河口国家湿地公园，中国历史文化名村琴江满族村，福建省级历史文化名村三溪村、二刘村，省革命基点村南阳村，省文学创作中心、对外文学交流中心与省爱国主义教育示范基地冰心文学馆，梅花古城，猴屿洞天生态旅游景区，下沙海滨度假村等。

2022年，长乐区位列全国综合实力百强区第64位、中国工业百强区第45位、全省城市发展“十优”区第五位，获评全国未成年人保护示范区、省双拥模范城、省级数字乡村试点区、省村庄清洁行动成效突出区、省级滨海旅游度假区，“项目攻坚落实年”行动综合考评全市第二。

2022年，全区地区生产总值1218.08亿元，比上年增长4.4%。其中，第一产业增加值76.10亿元，增长3.1%；第二产业增加值717.91亿元，增长4.3%；工业增加值增长3.4%；第三产业增加值424.07亿元，增长4.6%。规模以上工业总产值3642.55亿元，增长3.6%。农林牧渔业总产值132.81亿元，增长3.4%。

固定资产投资完成 922.2 亿元，增长 16.2%。社会消费品零售总额 209.19 亿元，增长 5.7%。出口总值 122.6 亿元，增长 46.6%。实际利用外资 2685 万美元，完成全年目标 42.6%。一般公共预算总收入 96.22 亿元，增长 1%；其中地方一般公共预算收入 68.05 亿元，增长 13.3%。城镇居民人均可支配收入 57421 元，农村居民人均可支配收入 30551 元，分别比上年增长 4.3%、5.9%。

2022 年 8 月 28 日，福州地铁 6 号线开通运营，长乐进入“地铁时代”
（姜亮　摄）

产业转型。传统产业方面。2022 年，长乐区 89 个“数字·绿色”技改项目完成投资 91 亿元，入选全国重点培育纺织服装百家品牌 7 家、省重点上市后备企业 11 家，纺织企业实现产值突破 2500 亿元，大东海实业、恒申集团、永荣控股入围中国企业 500 强、中国制造业企业 500 强。数字产业方面，承办第五届数字中国建设峰会长乐分会场、第三届中国短视频大会等，东南大数据产业园新入驻企业 144 家，网龙网络连续 10 年入选中国互联网企业综合实力前百家企业，数字福建云计算数据中心入选国家新型数据中心典型案例，新增“上云上平台”企业 120 家，长乐区纺织工业互联网平台入选工信部工业互联网试点示范项目，数字经济规模突破 700 亿元。战略性新兴产业方面，福米恒美偏光片全球首条 8K 超高清生产线正式投产，福米贴片、金锐显模组、阿石创半导体镀膜等重点项目加速推进，新型显示完整产业链条初步形成；雪人股份氢系统用设备亮相北京冬奥会、混凝土冷却设备闪耀卡塔尔世界杯，战略性新兴产业产值占比 38%。第三产业方面，47 个“平台福州”纳统项目实现销售额 925 亿元，开展“全闽乐购·惠聚榕城”促消费活动 432 场，第三产业产值占地区生产总值比重约 35%。

福州地铁 6 号线通车运营。2022 年 8 月 28 日，福州地铁 6 号线开通运营。福州地铁 6 号线始于潘墩站，止于万寿站，共设站 16 座，线路全长约 31.3 千米。线路连接三江口片区、长乐区和滨海新城等重要组团，是福州主城与滨海新城轨道交通联系骨干线。福州地铁 6 号线实现了福州首个同台换乘车站、福州首座高架地铁车站，做到了“零距离”换乘和地铁“上天入地”。福州地铁 6 号线通车运营后，福州即迎来“四线并网”时代。

改革创新。2022 年，国企改革方面，长乐区坚持“财政＋国企＋金融”模式，整合成立区国投、城投、产投、水投四大国企，区国投公司获评“AA＋”信用评级，盘活社会停车位、首占营前新区体育中心等存量资产，累计争取地方政府债券、专项补助、国企融资等各类资金超 90 亿元。创新驱动方面，中国工业互联网研究院福建分院、国家工业互联网大数据中心福建分中心、省大数据集团总部、华为人工智能计算中心等相继落地布局，新增国家级高新技术企业 35 家，获评国家知识产权优势企业 4 家，新增省“独角兽”“未来独角兽”“瞪羚”企业、科技“小巨人”企业、专精特新企业 29 家；引进博士、硕士 238 人，累计吸引 5000 多名数字经济产业人才到长乐就业创业。服务效能方面，出台稳经济、稳增长 32 份政策文件、429 项政策措施，兑现各类企业扶持资金超 21 亿元，减税降费、退税缓税缓费超 18 亿元；深化“放管服”改革和“互联网＋政务服务”，启动数字政府建设，“一趟不用跑”“最多跑一

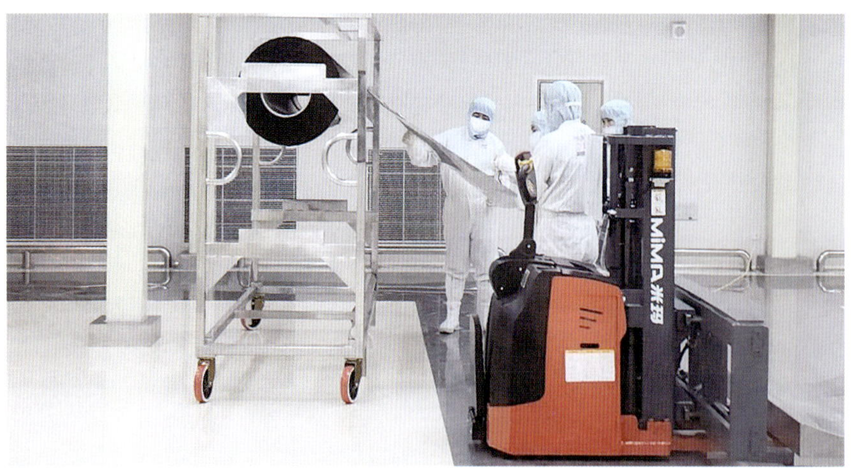

2022 年 9 月 27 日，恒美偏光片智造工厂正式投产，偏光片“中国芯”在长乐区诞生。图为工厂生产车间　（福州新区管委会　供图）

天津大学福州国际校区为天津大学与新加坡国立大学、福州市人民政府、福建省教育厅在福州创设的分校区，校区位于长乐区滨海新城，占地面积约133公顷，建筑面积60余万平方米，包括天津大学—新加坡国立大学福州联合学院及行政办公楼、教学楼、实验楼、图书馆、学生宿舍及食堂等其他配套设施。图为摄于2022年的天津大学福州国际校区 （姜亮 摄）

闽江河口国家湿地公园，位于福州市长乐区潭头镇、梅花镇闽江入海口处，有河口水域、潮间带沙滩、红树林沼泽等7种湿地类型，是候鸟迁徙重要越冬地、水鸟集中分布区、众多珍稀濒危鸟种的栖息地。摄于2022年 （姜亮 摄）

趟”“全程网办”事项占比分别达93.46%、99.84%、89.66%，获评市营商环境改革创新示范区。

生态保护。2022年，长乐区“福建闽江河口湿地”列入世界自然遗产预备清单，闽江河口国家湿地公园获评国家AAAA级旅游景区、入选国家青少年自然教育绿色营地名录，潭头文石村获评省金牌旅游村，率先全区全面完成互花米草除治。全面推行“林长制”，设立林长272人，植树造林81公顷，改造提升松林458.8公顷。整治散乱污企业（场所）185家，全年空气优良率居全市第一；“美丽海湾”滨海新城岸段被生态环境部展示推广，整治入河入海排污口682个，河长制工作居全市第一，水质指标达标率居全市前列；建成垃圾分类屋365个，生活垃圾日处理规模超1500吨。 （陈为凯）

【福清市】 位于福州市南部。2022年辖7个街道、17个镇，陆域面积2430平方千米。年末户籍人口140.36万人，常住人口141.4万人。全市耕地面积2.6万公顷，粮食播种面积1.9万公顷，粮食产量10.85万吨。林地面积6.6万公顷，森林覆盖率29.26%，森林总蓄积量616.83万立方米。海岸线总长度408千米，海域面积911平方千米，其中浅海面积539.2平方千米，滩涂317平方千米，垦区池塘面积54.8平方千米。全市有海岛174个，其中无居民海岛166个、有居民海岛8个。全市水产品总产量57.31万吨。矿产以非金属矿产居多，以建筑用石料、饰面用石材、叶蜡石为主。主要旅游景区景点有石竹山风景区、黄檗山风景区、灵石山国家森林公园、后溪旅游区、瑞岩山景区、东关寨景区、永鸿文化城、罗汉里红色旅游景区等。2022年，福清市在全国县域综合实力、科技创新、绿色发展、新型城镇化百强榜单中分别名列第17位、11位、15位和23位。全国投资竞争力百强县排名上升至第19位。

2022年，福清市地区生产总值1604.42亿元，比上年增长5.7%。其中，第一产业增加值132.67亿元，增长3.0%；第二产业增加值772.18亿元，增长4.9%；第三产业增加值699.57亿元，增长7.0%。规模以上工业增加值增长4.5%。规模以上工业总产值2670.27亿元，增长7.2%。农业总产值238.53亿元，增长3.4%。社会消费品零售总额401.01亿元，增长5.5%。实际利用外资15327万美元。一般公共预算总收入169.12亿元，增长5.0%；其中地方一般公共预算收入117.21亿元，增长18.8%。城镇居民人均可支配收入56680元，农村居民人均可支配收入32000元，分别比上年增长4.4%、7.1%。

福清东百利桥特色历史文化街开街。2022年12月25日，福清东百利桥特色历史文化街正式开街。该街地处福清城关南门，是福州15个特色历史文化街区之一，按国家AAAA级旅游景区、国家级旅游休闲街区创建打造，也是福清城市的核心区。整个街区串联起宋井、黄阁重纶坊、龙首桥、瑞云塔等文物保护单位，以及众多明清、民国时期的传统民居与侨厝，集中体现福清的华侨文化与海丝商贸文化，是福清悠久历史的真实写照。利桥古街为东百集团投资近30亿元，历时3年建成，聚焦旅、宿、商、行、娱五大功能业态，结合文旅属性，是历史文化特色街区和遥感式剧情化体验街区，成为福清“文旅＋商业”新地标。

《中印尼“两国双园”产业合作规划》通过专家评审。2022年，《中印尼“两国双园”产业合作规划》通过专家评审，这是“两国双园”进入实施阶段的第一份发展规划。2021年1月，商务部、福建省人民政府和印度尼西亚海洋与投资统筹部签署了《关于中印尼“两国双园”项目合作备忘录》。中方确定福建省福州市福清元洪投资区为中方园区，规划面积61平方千米。印尼园采取“一园多区”开放模式。中国—印尼“两国双园”计划围绕海洋经济、食品制造、新型建材等重点产业，探索产业互联、设施互通、政策互惠双园结对合作机制，构建中印尼之间产业合作新模式，建设双向贸易投资高效平台。2022年7月，中印尼“两国双园”上升为国家级“一带一路”旗舰项目。（陈　晔）

【闽侯县】 位于福州市西南侧，辖1个街道、8个镇、6个乡，区域面积2136平方千米。末户籍人口72.86万人，常住人口102.4万人。2022年，闽侯县县域经济实力全国百强县排名提升到27位，连续13年入围全省十强县。排名全国工业百强县第53位，全国创新百强县第27位，全国工业互联网推动数字化创新领先县（市）第20位。2022年，闽侯县获评国家生态文明建设示范区、首批国家知识产权强县建设示范县。“项目攻坚落实年”专项行动完成投资432.91亿元，综合考评排名福州市第六。“重大项目招商落地攻坚行动”引进项目265个，总投资591.9亿元，其中福大紫金氢能等亿元以上项目73个。

2022年，闽侯县实现地区生产总值1009.21亿元，首次突破千亿元大关，财政指标保持全省前列。第一产业增加值55.79亿元，第二产业增加值552.75亿元，第三产业增加值400.67亿元，分别比上年增长4.0%、6.8%、1.6%；三次产业结构比例5.5∶54.8∶39.7。一般公共预算总收入143.16亿元，增长3.3%；其中地方一般公共预算收入100.74亿元，增长11.4%。固定资产投资816亿元，增长13.2%。社会消费品零售总额328.39亿元，增长3.2%。城镇居民人均可支配收入5.31万元，比上年增长4.5%；农村居民人均可支配收入2.6万元，增长7.5%。实现农业总产值增长4.4%。新增市级农业龙头企业5家，被列为省级林下经济发展重点县。闽侯金鱼获第五届中国（福州）金鱼大赛全场总冠军，闽侯县入选全省首批数字乡村县，数字乡村“百强县”排名全国第五、全省第一。创新“园区枫桥”机制，青口汽车工业园区获评为全省首批“园区枫桥”示范单位。上街镇侯官村、白沙镇林柄村获评市乡村振兴五星级村，尚干镇后福村、洋里乡梧溪村等22个村获评为市乡村振兴四星级村。

白龙洲大桥建成通车。2022年8月17日，白龙洲大桥建成通车。大桥于2019年6月1日动工建设，总投资22亿元，全长3.54千米。大桥起于竹岐316国道，止于县城甘蔗滨城大道，包括跨江大桥、北岸互通立交、南岸互通，双向设有六车道、非机动车道及人行道，桥型为双塔水滴形斜拉桥，是国内唯一的水滴形桥塔和竖琴索布置的市政景观桥梁，也是国内目前最宽的边主梁式结合梁斜拉桥。

地铁5号线首通段通车运营。2022年4月29日，福州地铁5号线首通段通车运营。5号线采用首通、后通段分段建设及开通的模式，首通段起于荆溪厚屿站，终于螺洲古镇站，全长22.4千米，设17个站点，全部为地下站，途经荆溪新城，设荆溪厚屿站和塔前停车场。随着5号线的开通，闽侯成为全省唯一通双地铁的县。（闽侯县政府办）

【连江县】 位于福州市东面，东临东海，西连晋安区，南达马尾区、扼闽江口，北连罗源县，接闽浙通道，雅称“闽都金凤”。2022年辖19个镇3个乡，县域总面积4280平方千米。年末户籍人口67.57万人，常住人口64.6万人。耕地面积1.13万公顷，粮食播种面积0.72万公顷，粮食产量4.27万吨。林地面积7.19万公顷，森林覆盖率45.61%，活立木蓄积量370.22万立方米。境内有山、江、海、岛、温泉等自然资源和丰富的森林植被。境内海岸线长238千米，有“三湾”（罗源湾、定海湾、黄岐湾）、“三口”（可门口、闽江口、敖江口），水产品总产量跃居全国县级第一，是“中国海带之乡”“中国鲍鱼之乡”“中国鱼丸之乡”。重要海洋资源有鲍鱼，产量约占全国1/4，位列全国县级第一；海带育苗量约占全国40%，位列全国县级第一。主要景点有贵安新天地旅游度假区、溪山休闲旅游度假村、贵安温泉旅游度假村、贝里蟹谷生态园、平流尾地质公园。2022年，连江县入选全国GDP百强县、全国县域发展潜力百强县、全国乡村振兴百强县、县域经济投资潜力百强县。

2022年，全县地区生产总值731.46亿元，比上年增长4.9%。其中，第一产业增加值185.74亿元，增长2.1%；第二产业增加值271.02亿元，增长6.9%；工业增加值196.40亿元，增长6.0%；第三产业增加值274.69亿元，增长4.7%。人均地区生产总值113229元，增长4.4%。规模以上工业总产值810.02亿元，增长19.6%。农林牧渔总产值328.62亿元，增长2.3%。固定资产投资505.26亿元，增长5.3%。社会消费品零售总额154.17亿元，比上年下降13.4%。外贸出口额87.50亿元，增长24.1%。实际利用外资5156万美元。一般公共预算总收入45.41亿元，下降6.3%；其中地方一般公共预算收入33.69亿元，增长9.0%。城镇居民人均可支配收入45046元，农村居民人均可支配收入24520元，分别比上年增长2.7%、6.4%。

数字蓝海新基建项目获得2项大奖。2022年11月，连江县数字蓝海新基建项目获得2022年世界智慧城市大奖中国区经济大奖，并入选全球智慧城市合作与发展大会年度城市数字化转型优秀案例。连江数字蓝海新基建项目是基于连江海洋大县的优势，利用移动700兆频段5G入海和高通量卫星通信系统为多维网络支持，实现近海111千米海域的网络全覆盖，通过大数据、人工智能、数据分析、物联网等新技术新应用，探索智慧海洋城市中的管理、规划、生产等多维度的提升，打造数字海洋领先城市。

福州现代物流城港后方铁路接轨方案正式获批。2022年8月获中国国家铁路集团批复，10月动建。该项目是国铁集团2021年7月印发新接轨管理办法以来全国首条通过审批的地方自建铁路项目。福州港口后方铁路通道杜坞至樟林至透堡段，西起峰福铁路杜坞站，东接福州枢纽樟林编组站，向北与可门港铁路支线贯通，全线72.749千米，总投资约77.23亿元，10月动建。港口后方铁路是实现福州现代物流城大进大出集疏运体系的重要依托，建成后将与可门港铁路支线贯通，实现海铁联运，解决可门港铁路运输瓶颈，打通物流城铁路运输的“最后一千米”。

全国海洋经济高峰论坛暨连江县海洋渔业碳汇建设体系发布会。2022年9月28日在连江举办，活动由福州市科学技术协会、福州市海洋与渔业局及连江县人民政府共同主办，院士专家齐聚连江把脉会诊，助力连江“读好双城记、念好山海经、唱好对台戏”。论坛发布连江县海洋渔业碳汇建设体系，是继2022年1月连江县完成全国首宗海洋渔业碳汇交易后，在海洋渔业碳汇建设体系的又一探索和创新。

“人才福州月”海洋经济人才项目对接会。2022年12月2日，连江县举办2022年“人才福州月”启动仪式分会场——海洋经济人才项目对接会。有省内高校、风险投资机构的专家以及全市部分海洋领域企业、海渔经济相关协会的权威代表参加活动。活动面向社会征集技术难题或重大需求，发布涵盖海洋产业、重点制造、动物疫苗等重点领域“揭榜挂帅”项目榜单13个，设置特别奖1名、领先奖2名、创新奖10名，分别给予发榜企业50万元、20万元、10万元奖励，用于技术攻关、人才引进。另外还设立人才引荐奖，鼓励企业实现人才落地。

“海连江”区域公共品牌发布会。2022年8月19日在连江县苔菉镇平流尾地质公园举行。活动由中共连江县委、连江县人民政府、福州市海洋与渔业局等单位主办。“海连江”区域公共品牌包含连江区域特征、自然人文和产业特色等。通过组建“海连江”企业联盟，形成“更加现代、更加产业、更加系统”品牌效应。至年末，“海连江”区域公共品牌平台入驻10家龙头企业。

（连江县政府办）

【闽清县】　位于福州市西北部，2022年辖11个镇、5个乡，有21个社区、271个行政村。土地面积1494平方千米，年末户籍人口32.1万人，常住人口26.1万人。耕地面积9535.9公顷，粮食播种面积9591.33公顷，粮食产量5.48万吨。种植园用地8604.44公顷，湿地面积94.69公顷，林地面积115818.5公顷，草地面积425.13公顷。重要矿产资源有高岭土、叶蜡石、紫砂土等，已探明资源储量的矿区（床）数15个。地热资源主要分布于梅溪镇、塔庄镇、雄江镇、东桥镇和桔林乡等乡镇。主要旅游景点有号称“天下温泉第一溪”的黄楮林温泉、大明谷库区温泉、七叠高山温泉、全国单座面积最大的古民居宏琳厝等。闽清历史悠久、人才辈出，一县“两宰辅、三状元”，前后有198位进士。有福建省历史上第一位状元许将；北宋年间的音乐理论家陈旸与其兄礼学大家陈祥道被世人称作“一朝双理学”。近代有民主革命家、爱国侨领黄乃裳；现代有肝胆外科专家、2005年度“国家最高科学技术奖”获得者吴孟超院士，百岁茶叶泰斗张天福等。

2022年，闽清县获评“全国信访工作示范县”，连续5年获评全省县域经济发展“十佳县”，获省级双拥模范县、省级平安县等称号，入选省级闽台乡建乡创合作样板县。塔庄镇茶口村获评全国“一村一品”示范村镇，入选全国乡村特色产业超亿元村。云龙乡后垅村入选第六批中国传统村落。

2022年，全县地区生产总值446.26亿元，比上年增长4.3%。其中，第一产业增加值41.27亿元，增长4.0%；第二产业增加值258.19亿元，增长5.2%；第三产业增加值146.8亿元，增长2.9%。三次产业结构比调整为9.2∶57.9∶32.9。公共财政总收入完成30.65亿元。地方财政收入完成18.15亿元，增长1.1%。规模以上工业增加值增长2.4%。农林牧渔业总产值66.38亿元，增长4.4%。固定资产投资157.36亿元，增长14.0%。社会消费品零售总额43.35亿元。出口总额32.6亿元，增长19.5%。实际利用外资580万美元。城镇居民人均可支配收入39993元，农村居民人均可支配收入20304元，分别比上年增长4.3%、6.0%。

城区扩容提质。2022年，闽清县老城品质全面提升，动建南山纵二路，建成城区地下管线综合信息系统，完成翔美楼老旧小区改造等69个项目，提升重要节点景观5处，新增绿道12千米、公园绿地13公顷、停车泊位247个。金品苑、好山名郡、南山一号等安商房项目全面竣工。梅溪滨水自行车栈道（台山桥至赖下桥段）建成开放。梅溪新城加快建设，法院审判技术大楼主体竣工，县公安大楼、工人文化宫相继投入使用，鹿驰支路、鳌峰岭乡村支路建成通车，云溪漫谷一期项目试营业。

乡村振兴。2022年，闽清县126个省级、市级试点镇村项目“比学赶超”，

2022 年 12 月 24 日，第六届中国·福州（闽清）橄榄节在闽清县梅溪镇云溪曼谷开幕 （闽清县政府办 供图）

云上尚德·耕读学堂、下祝茶旅综合体等项目加快建设。农文旅示范区拉开框架，生成重点项目 59 个，完成大通道、梅溪水系提升项目系统设计，提速宏琳厝游客集散中心、洪安文创园等项目建设。整治农村裸房 3670 栋，处置“两违”面积约 9 万平方米。全县乡村振兴“反响度”“获得感”名列全省前十。推进“绿盈乡村”建设，新培育“绿盈乡镇”1 个、中高级版“绿盈乡村”15 个。全面推行“公检法＋林长办”机制，完成植树造林 584.73 公顷、商品林赎买 133.33 公顷，建成投用朱山湿地公园。“河湖长制”“河长日”全面落实，清理整治小水电站 25 座、“散乱污”企业 130 家、河道 25 千米，治理水土流失面积 1100 公顷。全县空气质量优良率 98.9%，饮用水源地水质及国控、省控断面水质达标率保持 100%。

优势产业发展。2022 年，闽清县特色农业稳步提升，完成 1 万公顷水稻功能区划定，新增高标准农田 66.67 公顷。橄榄、粉干、禽蛋、茉莉花茶、智慧食品等农业一二三产融合特色园区多点开花，高山蔬菜、水果、茶叶、食用菌等产业持续巩固。建成省级优质农产品标准化示范基地 4 个，新增省级“一村一品”专业村 3 个、“三品一标”认证产品 5 个。坂东供销社获评省级基层示范社。建筑产业持续壮大，新增一级总承包企业 4 家，产值超亿元企业 70 家，纳税千万元以上企业 14 家，房地产及建筑业入库税收 5.2 亿元，建筑业产值突破 1100 亿元，继续保持全省第一。

第六届中国·福州（闽清）橄榄节。2022 年 12 月 23—24 日，第六届中国·福州（闽清）橄榄节在闽清县云溪漫谷开幕。本届橄榄节旨在进一步推广闽清历史文化，树立“闽清橄榄”等特色农产品品牌，打造农业新国货理念，让闽清的橄榄产业和农产品产业得到更优质的发展，让更多的闽清人走上致富之路。 （杨 帆）

【罗源县】 位于福州市东北部，下辖 6 个镇、5 个乡，有 13 个社区、189 个行政村。土地面积 1187.18 平方千米。年末户籍人口 26.92 万人，常住人口 26 万人。粮食播种面积 6293 公顷，粮食产量 3.50 万吨。林地面积 80305.97 公顷，森林覆盖率 54.26%，活立木蓄积量 450.74 万立方米。重要矿产资源有花岗岩、凝灰岩、辉绿岩、叶蜡石。重要海洋资源有罗源湾天然深水港湾、滩涂、海洋生物资源（海带、紫菜、鲍鱼、大黄鱼等）。主要旅游景点有罗源湾海洋世界、畲山水、陈太尉宫、碧岩寺、圣水寺等。

2022 年，罗源县获评省级双拥模范县、省城乡建设品质提升综合绩效优异县、省第四轮第三批平安县、省林下经济重点县、省笋竹精深加工示范县等。上榜全国县域发展潜力百强县、全国县域经济投资潜力百强县。

2022 年，全县地区生产总值 417.04 亿元，比上年增长 4.7%。其中，第一产业增加值 59.57 亿元，增长 3.3%；第二产业增加值 224.09 亿元，增长 5.2%；第三产业增加值 133.38 亿元，增长 4.4%。规模以上工业总产值 763.6 亿元，增长 12.9%；规模以上工业增加值增速 7.3%。农林牧渔业总产值 105.07 亿元，增长 3.7%。固定资产投资 257.69 亿元，增长 18.2%；工业固定资产投资 187.6 亿元，增长 22.4%。社会消费品零售总额 65.71 亿元，增长 4.6%。进出口总额 42.3 亿元；实际利用外资 859 万美元。一般公共预算总收入 14.82 亿元，增长 15.3%；其中地方一般公共预算收入 11.76 亿元，增长 34.6%。城镇居民人均可支配收入 41401 元，农村居民人均可支配收入 20481 元，分别比上年增长 4.1%、5.6%。 （罗源县政府办）

【永泰县】 位于福州市东南部，下辖 9 个镇、12 个乡，土地面积 2230 平方千米。年末户籍人口 38.2 万人，常住人口 28.6 万人。耕地面积 1.13 万公顷，粮食播种面积 1.73 万公顷，粮食产量 9.8 万吨。林地面积 18.4 万公顷，森林覆盖率 77.37%，活立木蓄积量 1310.4 万立方米。重要矿产资源有金、地热、矿泉水等 3 种。主要旅游景点有青云山、百漈沟、欧乐堡、云顶、天门山等 5 个 AAAA 级景区。

2022 年，永泰县获评国家级传统村落集中连片保护利用示范县。国家级健康促进县通过技术评估。入选首批省级数字乡村试点县。嵩口镇获评省级商务特色镇，梧桐镇入选省级全域生态旅游小镇。大喜村获评中国美丽休闲乡村、第四批全国乡村旅游重点村。永泰绿茶入选农业农村部地理标志农产品保护工程。县委党史和地方志研究室获评“全国党史和文献部门先进集体”。

2022年，全县地区生产总值367.83亿元，比上年增长2.4%。其中，第一产业增加值64.58亿元，增长4.6%；第二产业增加值195.12亿元，增长4.6%；工业增加值20.4亿元；第三产业增加值108.12亿元。人均地区生产总值12.88万元，增长1.7%。规模以上工业总产值57.4亿元。农林牧渔业总产值104.33亿元，增长5.1%。固定资产投资151.23亿元，增长5.9%。社会消费品零售总额36.75亿元。外贸出口额25.2亿元，增长19.1%；实际利用外资1500万美元。一般公共预算总收入16.11亿元；其中地方一般公共预算收入11.43亿元。城镇居民人均可支配收入38657元，增长4.7%；农村居民人均可支配收入19816元，增长6.4%。

深化改革。出台《房票安置使用管理办法》《聚人才惠民生购房补贴政策》。试行"交地即交证""交房即交证"新模式。建立重点项目审批服务"包干代办"制，项目前期审批时限压缩至76个自然日。深化乡村振兴"党建+金融"信用体系建设，"普惠金融平台"累计授信2亿元。成立永阳融资担保公司，担保业务突破1亿元。入选首批省级农村产权流转交易市场建设试点，农村产权流转中心成交额突破5亿元。

环境友好型工业发展。永泰县"浉福仙"白酒产业园、劳德巴赫精酿啤酒小镇开工建设，"青云泉"矿泉水上市销售。晟源纺织智能制造产业园、梧桐生态工业园动建。白云抽水蓄能电站3台机组投产发电。"一闸三线"项目实现供水福清、闽侯、长乐。数字永泰产业园新建楼宇12万平方米、厂房25栋，年产值超160亿元，引进岁金智谷、鑫高全等上下游企业18家。

（永泰县政府办）

厦门市

【概况】 厦门市位于福建省东南端，是中国东南沿海著名的港口风景旅游城市。1980年获批设立厦门经济特区，1988年中央批准实行计划单列市，升格为副省级城市，授予地方立法权。2022年辖思明、湖里、集美、海沧、同安、翔安6个区，土地面积1698.78平方千米（其中城区面积464.77平方千米），海域面积约390平方千米。常住人口530.8万人，户籍人口293.81万人，城镇化率90.19%，人口自然增长率4.16‰。全年农作物总播种面积2.15万公顷，其中粮食播种面积4140公顷，粮食总产量2.57万吨。森林覆盖率29.3%。重要矿产资源有钍、铁、锰、铜、钨、铅、钛、钼、锌等。海域范围内有海洋生物近2000种，其中文昌鱼和中华白海豚为国家一类保护动物，鲎为福建省重点保护的珍奇动物。主要旅游景点有鼓浪屿、中山路、厦门大学、万石植物园、胡里山炮台、南普陀寺、曾厝垵、环岛路等。厦门市市树为凤凰木，市花为三角梅，市鸟为白鹭。南音、高甲戏、歌仔戏、答嘴鼓、漆线雕、讲古、中秋博饼等入选国家级非物质文化遗产。人口以汉族居多，另有满族、壮族、畲族、苗族、高山族等20多个少数民族，是重要侨乡和台胞的主要祖籍地之一，通行闽南方言，形成以红砖古厝、嘉庚建筑、鼓浪屿万国建筑等特色历史建筑风格。最具代表性的"鼓浪屿历史国际社区"作为世界文化遗产于2017年7月被联合国教科文组织列入世界文化遗产名录。历史上曾涌现出苏颂、郑成功、吴夲、林语堂、陈嘉庚等名人。

2022年，厦门市实施"财政政策+金融工具"纾解企业流动性困难、推动外贸稳定和创新发展等6项工作获国务院办公厅通报表扬，获批全国首批内外贸一体化试点和促进跨境贸易便利化专项行动城市；连续3年在全国营商环境评价中名列前茅，厦门口岸营商环境连续3年在国内十大海运集装箱口岸排名第一层级；全域获评国家生态文明建设示范区，空气质量保持全国前列，生活垃圾分类考评连续18个季度全国第一；全市高校27个学科点进入全球ESI排名前1%；北京中医药大学东直门医院厦门医院获批国家区域医疗中心试点；歌仔戏《侨批》、电视剧《山海情》等入选全国"五个一工程"奖；获评国家食品安全示范城市；厦门市和所辖6个区均获省级双拥模范城（区）"五连冠"；厦门非紧急救助服务系统（"12345"）获评全国政务热线服务质量最高等级，厦门市消费者权益保护委员会（"12315"）获评"全国人民满意的公务员集体"。

2022年，全市实现地区生产总值7802.66亿元，比上年增长4.4%，增速位居全国15个同类城市第一。其中，第一产业增加值29.27亿元，增长1.4%；第二产业增加值3233.56亿元，增长3.8%；第三产业增加值4539.83亿元，增长4.7%。一般公共预算总收入1493.76亿元，同口径（下同）增长4.9%；其中地方一般公共预算收入883.77亿元，增长6.6%。规模以上工业增加值增长4.3%。农林牧渔业总产值62.19亿元，增长1.7%。固定资产投资增长10.2%。社会消费品零售总额2665.36亿元，增长3.1%。外贸进出口总值9217.75亿元，增长4.0%。其中，出口总值4655.13亿元，增长8.2%；进口总值4562.63亿元，增长0.1%。实际使用外资22.12亿美元。城镇居民人均可支配收入70467元，农村居民人均可支配收入32323元，分别比上年增长4.9%、8.1%。全市用电总量335.79亿千瓦小时。全市城镇新增就业17.69万人。参加基本养老保险536.91万人，参加工伤保险290.5万人，参加失业保险287.3万人，参加基本医疗保险470.54万人，参加生育保险280.11万人，分别比上年增长10.8%、6.3%、6.3%、2.9%、3.4%。城镇生活污水集中处理率100%，城镇生活垃圾无害化处理率100%。

【现代化产业体系建设】 2022年，厦门市出台《厦门市统筹推进现代产业体系实施方案》，谋划构建“4＋4＋6”现代化产业体系，即做优做强电子信息、机械装备、商贸物流、金融服务四大支柱产业集群，培育壮大生物医药、新材料、新能源、文旅创意等4个战略性新兴产业，超前布局第三代半导体、未来网络、前沿战略材料、氢能与储能、基因与生物技术、深海空天开发等6个未来产业。2022年，电子信息、机械装备、商贸物流、金融服务等支柱产业集群规模分别达到4615亿元、2379亿元、11827亿元和1918亿元；新能源、新材料、生物医药、文旅创意等战略性新兴产业产值（营业收入）分别比上年增长40.7％、16.4％、6.4％和10％，新增3家产值超百亿元企业。

【金砖创新基地建设】 2022年是金砖“中国年”，金砖国家新工业革命伙伴关系创新基地围绕“国家所需、厦门所能、金砖国家所愿”，推进金砖创新基地建设走深走实。先后举办金砖国家工业互联网与数字制造发展论坛、金砖国家青年科学家论坛、金砖国家智库国际研讨会等金砖“中国年”系列活动，在厦门发布《金砖国家制造业数字化转型合作倡议》、金砖国家工业互联网发展指数及数字制造发展指数，新工业革命伙伴关系论坛及大赛永久落户厦门。组建战略咨询委员会，发布第三批40项重点任务清单。组建金砖智库合作联盟，吸纳第二批11家培训基地联盟机构，开展24期金砖人才培训活动，覆盖金砖五国及阿根廷、墨西哥等41个国家83.5万人次。引进中国信通院等4家工信部部属单位在厦门设立分支机构，上线8个新工业革命领域赋能平台，建成国际互联网专用通道、工业互联网标识解析二级节点，推出104个金砖示范项目，签约29个金砖合作项目。对金砖国家进出口总额比上年增长29.9％。

【科技创新引领工程】 2022年，厦门市成立市委科技创新委员会，启动科技创新引领工程，统筹推进国家自主创新示范区、创新型城市和厦门科学城建设，推动创新链产业链资金链人才链深度融合。实施企业技术创新能力提升行动，构建“科技型中小微企业—市级高新技术企业—国家高新技术企业—科技‘小巨人’领军企业”的梯次培育体系，净增国家高新技术企业超800家、总数超3600家，专精特新“小巨人”企业64家、总数143家，新型研发机构11家，规模以上高技术产业增加值占规模以上工业增加值比重42.2％。落实企业研发费用加计扣除、研发费用补助、高新技术企业所得税减免等优惠政策，全社会R&D经费投入强度3.2％，有效发明专利拥有量增长21.9％。加快集聚战略领军人才、青年人才和产业发展人才，累计引进培育市级以上高层次人才1.54万人，蝉联中国年度最佳引才城市。获评国家知识产权强市建设示范城市，创新能力指数居全国创新型城市第14位，科技集群、科技强度首次跻身全球城市百强。

【营商环境建设】 2022年，厦门市推进实施《厦门经济特区优化营商环境条例》，打造国际一流营商环境建设，激发释放高质量发展新动能。推进准入退出便利化改革。先行先试商事主体登记确认制，首创住所经营场所“标准化登记＋申报（告知）承诺制”，推行个体户简易注销线上办理及预检服务。提升办理建筑许可和不动产登记效率。构建工程建设项目审批共享网络，推进全流程在线审批。深化“区域环评＋准入清单”“用地清单制”改革，扩大规划许可告知承诺审批范围和施工图审查豁免范围，简化施工许可办理，提升联合验收效率，审批申报实现“全市通办”。优化办理破产和执行合同。打通审判与政务数据实时共享通道，优选首批12个标准化在线庭审示范点，保障“不延期、不掉线、不出厦门、全国开庭”。简化破产事务解封流程，建立破产企业在建工程竣工验收容缺办理机制。推动便捷纳税。开展全面数字化电子发票试点。实现新办企业申领增值税电子普通发票“秒批”，17个税费种“一张报表、自动计算、数据预填、关联比对”一次性申报。简化用水用电等手续。构建水电气网联席机制，推动39个营业网点“一窗综办”。“网上国网”“i厦门”“e政务”实现线上“一网通办”。出台电力外线延伸投资政策及实施办事指南，实现全容量电力外线“零投资”。提高跨境贸易便利化水平。开展促进跨境贸易便利化专项行动与港口通关环境优化提升工作，累计出台74项优化提升举措。延续货物港务费、引航费降费优惠，为企业减负超9300万元。启动建设数字口岸平台项目，全面推进设备交接单无纸化与提货单电子化。推进海丝中央法务区建设，国际商事争端预防和解决组织在厦门设立全球首个代表处，落地厦门国际商事法庭、厦门涉外海事法庭，集聚800余家法务机构。提升营商环境数字化水平。在全国80个营商环境参评城市中首个出台实施数字化营商环境提升方案。全市46个部门179个在用系统全部接入市政务信息共享协同平台，建成五大基础数据库，汇聚数据超51亿条。优化政务服务，实现审批服务154项“秒批秒办”、111项“一证通办”、515项“免证办”。（李宇辉）

【思明区】 位于厦门市南部（含鼓浪屿全岛），三面临海，与小金门诸岛和漳州隔海相望，下辖10个街道办事处，设有98个社区居委会。土地面积84.28平方千米。年末户籍人口91.3万人，常住人口106.4万人。主要旅游景点有世界文化遗产地鼓浪屿、厦门大学、南普陀寺等。深田社区获评全国民主法治示范社区，镇海社区枢纽型社区社会组织获评全国先进社会组织，“近邻社区”经验获评全国基层治理创新典型案例，莲前派出所获评全国模范公安单位，中山路获评第二批国家级夜间文化和旅游消费集聚区，中华街区获评中国华侨国际文化交流基地，福海、上李社区获评全国最美志愿服务社区，鼓浪屿街道获评第三届中国生态文明奖先进集体，思南、巡司顶社区获评全国示范性老年友好型社区。

2022年，全区完成地区生产总值2503.88亿元，比上年增长5.2%。其中，第二产业增加值412.61亿元，增长5.5%；第三产业增加值2088.27亿元，增长5.1%。规模以上工业总产值479.12亿元，工业增加值增长8.1%。固定资产投资276.84亿元，增长13%。社会消费品零售总额1028.4亿元，增长2.1%。合同利用外资5.05亿美元，实际利用外资5.91亿美元。财政总收入137.07亿元，增长3.6%；其中地方一般公共预算收入73.91亿元，增长5.2%。城镇居民人均可支配收入84931元，增长4.6%。

思明区创新"直播带策""对话论坛"等宣传推介方式，扩大"免申即享"政策清单覆盖面。累计兑现产业扶持与纾困资金15.2亿元，减免租金4400万元，退税减税降费38.5亿元。发放数字人民币消费券500万元，推出"思明 way·文旅商消费卡"，撬动消费7.6亿元。在全省首创"财快贷"金融产品，综合运用贷款贴息、增信基金等手段，为企业提供融资支持15.5亿元。"9·8"投洽会签约690亿元；中国电影金鸡奖期间，签约影视项目17个，投资规模53.2亿元。新增重点金融招商项目145个，永辉彩食鲜等一批实体企业落地。签约《今日头条》信息技术、宁稀生物科技等项目30个，投资总额25.55亿元。45个重点建设项目完成投资194.8亿元，完成年度计划194.4%。策划生成亿元以上项目109个，总投资708.6亿元，增长300%。

开放合作。海丝中央法务区思明示范区引进法务、泛法务、知识产权机构56家，成立厦门国际商事法庭、涉外海事法庭，打造国际商事争端解决优选地。辖区企业拓展国际市场，瑞幸咖啡与金砖国家巴西达成采购战略合作，青瓷游戏自研产品出口日本，华特控股参与非洲肯尼亚等国家基础设施建设。

"近邻社区"经验获评全国基层治理创新典型案例。2022年，思明区推进社区近邻服务省级试点区工作，加快深田等一批条件成熟的试点社区建设，形成深田完整社区、"近邻·敬龄"、"近邻·童梦"等特色品牌。"打造'近邻社区'促进社区共建共治共享"实践经验被民政部评为全国基层治理创新典型案例。

"政银＋惠企"服务新模式在全省推广。2022年，思明区在全省首创政银合作服务新模式，设立"政银＋惠企"服务示范点，实现首批60项高频政务服务事项可在合作银行办理，由银行专员提供企业开办、银行开户、税务服务、社保登记、惠企政策咨询导办等"一站式"审批服务，配置"e政务"自助机等设备推进政务服务自助办理。思明区政务服务政银合作模式被省发改委、省职改办等作为改革经验和案例做法在全省推广。（胡蓝心）

【湖里区】 位于厦门岛北部，南与思明区交界，东、北、西三面临海，分别与翔安区、集美区、海沧区隔海相望，面积72.26平方千米，辖5个街道59个社区。年末户籍人口41.03万人，常住人口99.6万人。林地面积371.5公顷，森林覆盖率8.9%，活立木蓄积量2.2万立方米。重要矿产资源有地热资源，主要旅游景点有惠和石文化园、凌云玉石文化馆、琦丽珊瑚文化馆、五缘湾、仙岳山等。2022年，湖里区获评全国工业百强区、全国义务教育优质均衡先行创建区、福建省平安建设示范区、福建省双拥模范城（区）、福建省城市发展十优区等。

2022年，全区实现地区生产总值1681.94亿元，比上年增长3.3%。一般公共预算总收入95.21亿元，增长0.6%；其中地方一般公共预算收入55.92亿元，增长8.5%。

"城中村"综合治理。出台《湖里区城中村综合治理方案》《湖里区城中村空中缆线整治实施方案》，编制《湖里区城中村更新改造三年行动规划及年度实施计划》，重点推进改造基础设施、改造内部环境、提升服务体系、提升管理体系、提升文旅商融合品牌等"两改三提升"工作。基本完成后浦社缆线整治试点工作，启动后埔、尚忠等16个"城中村"综合治理。

湖里区企业服务中心设立。2022年5月27日，湖里区企业服务中心正式揭牌运营。该中心依托湖里创新园创新驿站场所及运营管理团队实体化运作，旨在构建线上线下一体化服务企业长效机制，全面提升服务企业水平。全年举办企业接待日活动19场，接待企业150家，收集反馈问题及建议318件，办件285件，接听解答24小时热线咨询524人次；开展"线上招聘""直播带策""政银企对接""直播带岗"等活动142场，覆盖企业超7000家，吸引超100万人次参与。

第十四届海峡两岸福德文化节。2022年12月26日，第十四届海峡两岸福德文化节开幕式及祈福颂典活动在湖里区仙岳山土地公庙广场举行，海峡两岸众多信众齐聚一堂祈福颂典。文化节活动包括海峡两岸福德文化论坛、"做客台青基地"交流参访、"青春在鹭上·两岸青年文化 party"、两岸宗亲座谈会暨湖里区五缘文化交流促进会成立大会、台青特色产品进社区等配套活动。

（蔡培育）

【集美区】 位于厦门市西北部。2022年辖2个镇、4个街道。土地面积275.79平方千米。年末户籍人口44.82万人，常住人口109.1万人。

集美区背山面海，各种土地类型自西北向东南呈阶梯状分布。区境山脉属戴云山脉与博平岭的延伸部分，主要山脉相对集中在西北与长泰区、东北与同安区交界处。主要山峰有62座，其中海拔800米以上山峰5座，最高峰为海拔963米的钉顶尾山。集美区海域为厦门西部海域和同安湾海域的一部分，面积约40平方千米。海岸线全长21千米。全区21个村有临海滩涂，总面积3841公顷。境内河流多发源于西部丘陵山地，具有河面狭、河床浅、支流少、流程短的特点。境内多年平均水资源总量2.17亿立方米，其中地表水1.82亿立方米、地下水0.35亿立方米。全区水能资源理论蕴藏量1926千瓦，可开发总装机容量1605千瓦。林业用地104.98平方千米（含国营坂头林场），约占土地面积的37.82%。森林覆盖率38.15%。有国家保护的陆生野生动物穿山甲、小灵猫、白颈长尾雉等。全区挂牌保护的古树名木294株，树龄最长的为540岁。

2022年，全区农作物播种面积2799.07公顷，比上年下降4.5%。其中，粮食作物面积231.47公顷，总产量1399吨，分别比上年增长8.5%和9.9%；蔬菜面积1945.47公顷，总产量4.94万吨，分别下降5.6%和3.9%；水果面积1873.87公顷，总产量2.79万吨；花卉面积476.47公顷，下降4.8%。集美是福建省著名的旅游风景区，厦门四大游览区之一。辖区有4个国家AAAA级景区（鳌园、厦门园博苑、诚毅科技探索中心、厦门老院子景区），2个国家AAA景区（厦门灵玲马戏城、双龙潭景区）。

2022年，集美区入选中国工业百强区；产业引导基金上榜中国政府引导基金50强，是福建省唯一上榜的区（县）级政府引导基金；新城核心区获评第二批国家级夜间文化和旅游消费集聚区；入围全国数字乡村百强县。

2022年，全区生产总值956.58亿元，增长3.0%。其中，第一产业增加值3.11亿元，比上年下降5.0%；第二产业增加值484亿元，增长1.1%；规模以上工业增加值下降2.4%；第三产业增加值469.47亿元，增长5.0%。规模以上工业总产值1243.09亿元，增长1.34%。农林牧渔业总产值7.16亿元，下降2.6%。固定资产投资额下降8.9%。社会消费品零售总额227.72亿元，增长1.2%。实际利用外资2.34万美元，下降20.6%。一般公共预算总收入67.38亿元，增长1.1%；其中地方一般公共预算收入46.07亿元，增长0.8%。城镇居民人均可支配收入63273元，增长5.0%；农村居民人均可支配收入39145元，增长8.1%。

*融合发展改革实践。*集美区围绕“建成台胞台企登陆的第一家园第一站”目标主线，扎实推进两岸融合发展县域集成改革试点工作。成立集成改革领导小组和7个工作专班，研究制定“1+7+2”改革方案，建立10项工作推进机制；成立区级两岸融合发展中心，设立经济发展、福祉保障、人文交流、智库支撑等4个工作平台，调动全区980余家台企、1900余名台胞和15所高校专家学者力量，汇集改革试点“金点子”500多条，成立由台商、台干、台生组成的“苔芯志愿服务队”“高校台籍专家智库”“海芋志愿服务队”等组织，合力推进、联动协作。

2020—2022年，集美区累计为753家次台企减免税费12.29亿元，兑现台企补助资金1479.8万元，为7家台企融资担保1.52亿元，助力40余家台企融资25亿元，新设台资参股基金——华犇基金规模3亿元，培育2家台企上市、4家台企进入重点上市后备企业，217家台企进入两岸股交中心“台资版”。创建海峡两岸（厦门）直播电商产业园，启动海峡两岸青年网红主播大赛。出台鼓励支持台湾影视产业到集美发展办法，吸引5家台企入驻集美集影视文创园。聘请台籍教师组成“台籍专家顾问团”，组织“集炬先锋”人才成长训练营走入台企交流学习，推动集美职业学校与台企共建现代学徒制项目，制定台籍人才就业创业扶持政策，至2022年底，有省、市“百人计划”“双百计划”等台籍人才27名。

集美区出台台籍教师招聘办法、台籍卫技人员就业方案、台湾中小学生奖学金补助办法、台胞困难救助办法等，累计为1853名台胞免费接种新冠疫苗，帮助830名台胞参加医社保，安排535名台胞入住人才公寓，完成11名台胞技术士等级证书认定和换证工作。设立“台胞服务驿站”，累计服务台企520多家次、台胞1577人次；建立台胞警务服务站，实现涉警事务“一站办理”；开通台胞办税绿色通道，实现税务“一窗通办”；推出台胞台企高频办理的26项“一件事一次办”集成服务套餐。吸收10名台胞担任区政协委员、工会委员、妇女委员和文艺家协会会员；在各镇（街）司法所建立涉台纠纷人民调解委员会、涉台公共法律服务工作站等机构，聘请台籍律师担任涉台纠纷人民调解员，累计处理涉台纠纷45起、提供法律援助87次，调处涉台案件19起；推出专门为台胞服务的线上两岸薪资汇出产品“薪速汇”，累计办理台胞汇款421笔3277万元。

集美区创新打造“1+1+N”泛营地研学模式（设立1个研学总部、建立1个中小学社会实践基地、设置N个研学单元）。截至2022年12月，通过采取“线上+线下”模式，吸引两岸研学团队5.7万人次，其中台湾青少年及家长5000多人次；创设线上研学“她说”“鹭岛青年”“青青之约”等新媒体平台，开展活动175场次，制作节目210期，浏览量446万次。举办两岸书法家作品展、海峡论坛创意涂鸦等文化活动；出台扶持台青创业措施，组建“两岸青年协会联盟”“集美台青创基地联盟”，打造1个国家级、3个省级台青创基地，累计吸引台青创团队479支1113人，帮助台青创业项目获得天使投资、创业扶持奖励、创业大赛奖励等共计1279万元，引导优秀项目申请发明专利及其他知识产权286项。（叶　薇）

【海沧区】 位于厦门市西南部。2022年辖4个街道47个村（社区），其中15个建制村、12个“村改居”社区、20个城市社区，及天竺山林场。土地总面积184.73平方千米。年末户籍人口29.63万人，常住人口62万人。全区耕地面积534.52公顷，粮食播种面积78公顷，粮食产量410吨。林地面积5317公顷，森林覆盖率25.19%，活立木蓄积量41.8万立方米。重要矿产资源有地热（温泉）、建筑用花岗岩和饰面用花岗岩3种。重要海洋资源有石斑鱼、鲈鱼、鲢鱼、长毛对虾、斑节对虾、锯缘青蟹、牡蛎、花蛤等。重要植物资源有马尾松、杉木、桃金娘、车桑子、凤眼莲和浮萍、空心莲子草等。主要旅游景点有日月谷温泉主题公园、厦门天竺山森林公园2处国家AAAA级景区。

2022年，海沧区入选中国工业百强区，获评福建省平安建设示范区、全省城市发展十优区。东孚街道过坂社区获评全国“一村一品”示范村，嵩屿街道未来海岸社区获评全国充分就业社区。

2022年，全区完成地区生产总值1067.48亿元，比上年增长4.7%。其中，第一产业增加值1.62亿元，下降4.1%；第二产业增加值664.34亿元，增长5.5%；规模以上工业增加值增长6.2%；第三产业增加值401.51亿元，增长3.3%。人均地区生产总值172871元。规模以上工业总产值2044.71亿元，增长10.5%。农林牧渔业总产值4.25亿元，下降0.2%。固定资产投资增长11.8%。社会消费品零售总额323.79亿元，增长7.6%。实际利用外资1.92亿美元，下降17.4%。一般公共预算总收入158.83亿元，增长16.5%；其中地方一般公共预算收入39.64亿元，增长6.9%。城镇居民人均可支配收入64607元，农村居民人均可支配收入40035元，分别比上年增长4.8%、8.4%。

厦门生物医药港综合竞争力首次进入全国前十。2022年11月3日，科技部中国生物技术发展中心在中国生物技术创新大会上发布《2022中国生物医药产业园区竞争力评价及分析报告》，厦门生物医药港在全国生物医药产业园区综合竞争力榜单中位列第十名，在合作竞争力单项榜单中位列第四名，人才竞争力单项榜单中位列第十名；在差异化特色化发展方面，被列为3家医疗器械具有特色的园区之一。厦门生物医药港位于海沧台商投资区，规划面积658公顷，包括科创中心、中试基地、产业园、协同创新创业中心、五期生物医药园等5个通用厂房园区，以及生产企业自建区、生物医药研发创新园等多个功能性片区，搭建生物医药测试分析平台、体外诊断仪器公共技术平台、化学创新药研发平台等10余个公共服务及技术平台。该排行榜是中国生物技术发展中心一年一度评选发布的权威榜单。调研各园区2019年至2022年在产业现状及成果转移转化、研发投入及技术产出、人才、企业、产品、环境等方面共39项主题的237项数据。全国有211个园区参与，其中国家级高新区109家、国家级经开区84家、省级园区17家、其他园区1家。

中欧班列出口冷链专列首发。2022年10月19日，由厦门发出的首列中欧班列出口冷链专列从厦门海沧东孚站驶出，经由满洲里口岸出境，约15天后抵达俄罗斯莫斯科。该专列装载福建当地的冻鱿鱼片、秋葵等海鲜蔬果906吨，使用先进技术的冷链集装箱，所有集装箱均配备标准量柴油油箱的发电机制冷组，利用卫星导航实现全过程跟踪定位，并可随时在线监测集装箱内实时温度及湿度。

海沧医院入选“国家呼吸医学中心协同医院”。2022年5月19日，厦门市海沧医院入选“国家呼吸医学中心协同医院”，并由中国工程院院士钟南山授牌。5月20日，钟南山前往厦门市海沧医院考察指导慢阻肺规范化管理研究项目。厦门市海沧医院呼吸内科的前身为始建于1898年的鼓浪屿救世医院肺科。2002年，经福建省卫生厅批准设立厦门市呼吸疾病诊治中心，成为厦门市首个市重点学科。2018年，厦门市海沧区成为全国慢性病综合防控十佳特色示范区。2019年，厦门市慢性阻塞性肺疾病专病防治中心落地厦门市海沧医院，并通过国家验收挂牌PCCM科。与钟南山院士团队联合开展慢阻肺早期干预及规范化管理项目。（蔡秋娟）

【同安区】 位于厦门市北部，东与翔安区毗邻，南与湖里区隔海相望，西南与集美区相连，北与泉州南安市、安溪县交界，西北与漳州长泰区接壤。2022年辖7个街道4个镇。土地面积669.05平方千米。年末户籍人口44.7万人，常住人口89.2万人。农用地面积50302.3公顷（其中耕地6262.59公顷、园地10415.42公顷、林地30476.67公顷、其他3147.62公顷），建设用地12971.8公顷，未利用地3630.48公顷。粮食播种面积2189.47公顷，粮食产量1.31万吨。森林覆盖率54.5%。海岸线长16.5千米。地表水资源量3.52亿立方米，地下水资源量1.15亿立方米。水能理论蕴藏量56750千瓦。分布有金毛狗、油杉、刺桫椤等国家重点保护植物和花岗岩、高岭土、钾长石等重要矿产资源。拥有方特梦幻王国、北辰山2家国家AAAA级旅游景区，古龙酱文化园、同安影视城2家国家AAA级旅游景区和五峰德安古堡、丽田园等十大旅游景点。2022年，同安区获评第六批国家生态文明建设示范区，继续保有国家外贸转型升级基地（运动健身器材）、国家级出口健身器材质量安全示范区、国家农业科技园、省级出口食品农产品质量安全示范区等称号。

2022年，同安区实现地区生产总值705.63亿元，比上年增长3.7%。其中，第一产业增加值11.33亿元，增长3.7%；第二产业增加值375.08亿元，增长1.7%；第三产业增加值319.21亿元，增长6.1%。规模以上工业总产值1241.20亿元，增长5.6%。农林牧渔业总产值23.25亿元，增长4.0%。固定资产投资增长35.8%。社会消费品零售总额423.13亿元，增长7.2%。实际利用外资9.87亿元，下降56.0%。一般公共预算总收入47.25亿元，增长4.4%；其中地方一般公共预算收入32.40亿元，增长12.3%。城镇居民人均可支配收入59272元，农村居民人均可支配收入29675元，分别比上年增长5.0%、7.7%。

厦门数字工业计算中心动工建设。2022年11月17日，全省首个大型异构计算超算中心——厦门数字工业计算中心项目正式开工。该项目位于同安区环东海域新城美峰科创公园二期02地块，总投资约60亿元，总建筑面积约17.6万平方米，主要建设3栋数据中心和2

栋配套研发办公楼，计划2025年建成，投产后可布设约9000个数据中心机柜及相关配套设施。

同安区获评第六批国家生态文明建设示范区。2022年11月19日，在江西南昌召开的第十届中国生态文明论坛上，同安区获评第六批国家生态文明建设示范区。同安区推进高质量发展、高水平保护、高标准治理，创新“司法+生态”机制，设立全省首家跨区域集中管辖的生态环境审判庭，建成厦门首个“生态审判碳汇教育实践基地”；建立健全流域综合整治体系，主要流域6个国省控断面一至三类水质比例100%，小流域水环境功能区达标率100%；全面完成水电站退出任务，获评全国第一批深化小型水库管理体制改革样板区；探索建立生态产品价值实现机制，推动全国首个“农业碳汇交易平台创新数字人民币应用场景”落地。先后获评国家生态区、全国百佳生态文明城市与景区、中国最美休闲胜地等。

厦门（同安）苏颂国际文化节暨厦门（同安）朱子国际文化节。2022年12月10日，第十一届厦门（同安）苏颂国际文化节暨第七届厦门（同安）朱子国际文化节在同安区朱子学院举办。活动由厦门市委宣传部、市社科联指导，同安区委宣传部、区社科联主办，首次把同安区打造的苏颂和朱子两大品牌活动合并举办，将同安本土文化资源串点成线，多维展示闽学源头文化特色。活动围绕“历史自信与守正创新”主题，设置专业发布、高峰论坛、文化产品建设三大板块。在开幕式现场，同安文库、闽台民俗文化展示馆、海峡两岸家风家谱研究中心揭牌，新书《咱厝的乡音咱厝的腔调》发布，同安苏颂本草园基地举行授牌仪式。活动期间，同步举办文化论坛，200余名专家学者通过线上线下结合的方式研讨苏颂和朱子文化的精神内核与传承意义；浙江大学人文学院教授束景南以“朱熹首仕同安及当代价值”为题，深入解读朱熹仁政爱民的思想。（蔡　杰）

【翔安区】　位于厦门市东北部。2022年辖2个镇、7个街道。全区陆域总面积415.57平方千米（含滩涂面积62.43平方千米），大陆海岸线长95.8千米，占厦门市大陆海岸线总长的38%。年末户籍人口42.36万人，常住人口64.50万人。耕地面积6790.95公顷，粮食播种面积1639公顷，粮食产量1.08万吨。林地面积9374公顷，森林覆盖率19.28%，乔木蓄积量6.05万立方米。主要旅游景点有香山省级风景名胜区、大宅乡村旅游示范点、大帽山境、大嶝小镇、厦门红珊汽车文化公园、英雄三岛战地观光园、澳头渔港特色小镇、内厝繁星基地、下潭尾湿地公园。

2022年，翔安区获评全国“2022高质量发展十佳城区”、全国工业百强区、百强新城区、国家生态文明建设示范区称号。

2022年，全区地区生产总值887.14亿元，比上年增长6.0%。其中，第一产业生产总值10.20亿元，增长4.0%；第二产业生产总值613.78亿元，增长5.8%；工业生产总值520.71亿元，增长6.4%；第三产业生产总值263.17亿元，增长6.4%。规模以上工业增加值481.30亿元，增长9.0%。农林牧渔业总产值22.51亿元，增长4.5%。固定资产投资865.06亿元，增长12.2%。社会消费品零售总额134.81亿元，增长3.8%。实际利用外资1.23亿元，增长71.1%。一般公共预算总收入98.43亿元，增长23.4%；其中地方一般公共预算收入27.96亿元，增长20.1%。城镇居民人均可支配收入50243元，农村居民人均可支配收入29305元，分别比上年增长5.3%、8.4%。（许晨光）

漳 州 市

【概况】　漳州市位于福建省最南端。1985年设立地级市，辖4个区、7个县和4个开发区、1个国家级高新区。土地面积1.29万平方千米，海域面积1.86万平方千米。年末户籍人口527.28万人，常住人口506.8万人。人口自然增长率0.39‰。漳州山、海、江、平原兼备，福建第二大江九龙江横贯全境，拥有全省最大的平原——九龙江下游冲积平原，是全国有名的鱼米花果之乡。2022年，漳州耕地面积7.45万公顷，粮食总产量42.01万吨，森林覆盖率45.18%。海岸线长715千米，东山、古雷、招银、石码、后石等5个港区被列为国家一类对外开放口岸，建成生产性泊位76个，其中万吨级以上深水泊位25个。漳州自唐垂拱二年（686年）置州，历代才俊荟萃，理学大师朱熹曾任漳州知州，孕育有黄道周、林语堂等文化名人；历史遗存丰富，南靖、华安土楼群被列入世界文化遗产名录，漳州月港是明代中后期海上丝绸之路唯一合法的始发港，中国海上丝绸之路漳州史迹被列入申报世界文化遗产预备名单。片仔癀、八宝印泥、水仙花被誉为“漳州三宝”。2022年，漳州入选全国海绵城市建设示范城市，入选2022年全国农村黑臭水体治理试点城市。培育1个国家级“一村一品”示范村（镇）、28个省级示范村，打造2个全国乡村特色产业十亿元镇，万辰生物、傲农生物、宝智水产入选国家种业振兴企业名单。

2022年，长泰区天柱山欢乐大世界景区获批国家AAA级旅游景区；漳浦海峡花卉集散中心入选国家林业和草原局第二批国家林业产业示范园区名单。漳州市累计拥有A级景区25个，其中AAAAA级景区1个、AAAA级景区13个、AAA级景区11个。全市有省级森林康养基地10家：长泰区天柱山欢乐大世界、漳州东南花都、漳州欢乐岛旅游度假区、南靖县紫云山、华安县光照人、龙海区鹭凯生态园、长泰区十里蓝山、平和县九龙江高峰谷、平和县大芹名峰山、台商投资区龙佳温泉山庄。有国家级森林公园5个、省级森林公园18个、森林人家11个、省属国有林场16个，均完成“一场一景”项目建设并免费向社会开放。漳州“花果飘香喜庆丰收”乡村之旅、“花样漳州人文世遗”文化之旅入选全国乡村旅游精品线路。

2022年，全市地区生产总值5706.58亿元，比上年增长6.9%；规模工业增加值2195.82亿元，增长10.2%；固定资产投资2242.02亿元，增长10.1%；社会消费品零售总额1904.21亿元，增长5.5%；进出口总额1200.9亿元，增长13.9%；实际使用外资3.96亿美元，增长102.0%；一般公共预算总收入341.03亿元，增长8.3%；其中地方一般公共预算收入250.60亿元，增长16.7%；城镇居民人均可支配收入46380元，农村居民人均可支配收入25789元，分别比上年增长7.1%、9.4%。长泰区、龙文区和华安县分别入选2022年度福建省城市发展“十优”区、经济发展“十佳”县。

2022年1月29日，漳州市芝山大桥正式建成试通车。芝山大桥全线设置跨江大桥长981.6米，主塔高69.5米。芝山大桥还是连接漳州中心城区与南山文化生态园的一条重要通道　　（白志强　摄）

【营商环境建设】　2022年，漳州市政府出台应对疫情影响助力市场主体纾困解难30条措施、稳住经济一揽子政策52条措施等政策。开展干部作风问题专项整治。漳州市行政服务中心大楼正式启用。推行“房地分离”“安商一体化”“拿地即开工”，政务服务非常满意率保持全省前列。《漳州市政务服务条例》成为“放管服”改革后福建省设区市第一部专门规范政务服务的地方性法规。“新时代110警务机制改革创新”获评全国法治政府建设示范项目。全国首个全部由台胞组成的调解组织——漳州市台胞人民调解委员会揭牌成立。

【民生事业】　2022年，漳州市加快推进口袋公园、城市菜园、城市餐厅等民生设施建设，市医院总部院区正式开诊，片仔癀名医馆开馆运营。漳浦天福医院正式开业，漳州第一中学古雷分校、漳州市第三中学龙文校区等教育项目开工建设。全年新增幼儿园学位4700个、中小学学位1.1万个，公办幼儿园在园幼儿占比提高到62.5%。建设22个公益性“生命公园”。

【产业发展项目建设攻坚年】　2022年，漳州市开展“产业发展项目建设攻坚年”活动，实施“七比一看”竞赛，即比征地拆迁与耕地保护、比项目招商、比工业攻坚、比项目攻坚、比争取资金、比乡村振兴与生态建设、比新增“四上”企业，看高质量发展成效。出台《漳州市支持食品加工产业集群高质量发展八条措施》。编制《漳州市石化产业规划及布局方案》。推进“千百亿产业培育行动计划”，加快培育9个千亿元级、5个超500亿元产业集群。龙文区石英钟表产业集群通过工信部2022年度中小企业特色产业集群认定。福建省迄今一次性投资最大的中外合资项目——中沙古雷乙烯项目正式开工建设。古雷炼化一体化工程二期项目签约。闽南海上风电基地规划获国家能源局批复。漳州核电二期项目3号、4号机组获国家核准。　　（朱圣平）

【芗城区】　位于漳州市西北部，辖2个镇、8个街道、1个省级经济开发区管委会。土地面积264.59平方千米，年末户籍人口49.98万人，常住人口64.26万人。耕地面积1209.96公顷，粮食播种面积621.6公顷，粮食产量3257吨。林地面积1.04万公顷，森林覆盖率39.40%，活立木蓄积量31.49万立方米。重要矿产资源有地热、矿泉水、建筑用石料、饰面用花岗岩、砖瓦用黏土、耐火黏土、高岭土、泥炭等。主要旅游景点有漳州古城、林语堂文化园、西院湖生态园、威镇阁等。其中，漳州古城于2022年入选国家级夜间文化和旅游消费集聚区。2022年，芗城区浦南镇双溪村获评第二批全国乡村治理示范村。三宝集团股份有限公司获得“2022中国卓越钢铁企业品牌”称号，三次蝉联中国民营企业500强称号。

2022年，芗城区地区生产总值945.21亿元，比上年增长8.0%。其中，第一产业增加值11.95亿元，增长6.3%；第二产业增加值447.22亿元，增长9.1%；工业增加值298.23亿元，增长9.3%；第三产业增加值486.04亿元，增长7.1%。农林牧渔业总产值21.95亿元，增长6.9%。规模以上工业总产值974.03亿元，增长13.2%；规模以上工业增加值增长12.9%。固定资产投资307.64亿元，增长15.1%。社会消费品零售总额331.62亿元，增长5.9%。外贸进出口总额完成110.45亿元，增长2%；实际利用外资完成1306万美元。一般公共预算总收入33.29亿元，增长6.1%；其中地方一般公共预算收入20.20亿元，增长11.9%。全区“七比一看”竞赛以及总分均获全市第一佳绩，市委、市政府授予芗城区委、区政府2022年度“七比一看”赛活动集体二等功。

漳州市招商大会暨项目签约活动。1月10日，漳州市招商大会暨项目签约活动在漳州市宾馆举行。芗城区在主会场签约项目1个，总投资10亿元，在分会场签约项目9个，总投资103.18亿元。其中，三宝电炉技术升级改造等民企项目4个，总投资25亿元；漳州语堂数字经济产业园（一期）B区等央国企项目3个，总投资72亿元；盈科智谷产业园项目等外企项目3个，总投资16.18亿元。

档案馆新馆揭牌。5月25日，芗城区举行档案馆新馆揭牌仪式。芗城区档案馆新馆共3.5层，总投资约3000万元，建筑面积约5000平方米，新馆规划目标为满足未来50年全区档案保管需求，功能定位为“爱国主义教育基地、档案安全保管基地、档案利用服务中心、政府信息公开中心、电子文件管理中心”等“五位一体”。

芗城区青年企业家联合会成立。5月30日，芗城区青年企业家联合会成立大会暨第一次会员大会举行，为青年企业家搭建一个相互沟通、相互学习和资源共享的平台。会议选举产生漳州市芗城区青年企业家联合会第一届理事会、监事会成员。与会领导为芗城区青年企业家联合会揭牌，并为当选人员授牌。芗城区青年企业家联合会与漳州天成人才科技投资集团有限公司、福建漳州农村商业银行股份有限公司古城西支行进行战略签约，助力青年企业家在多个领域开展深层次的交流与合作。

民生项目揭牌投用。10月13日，芗城区一批民生项目揭牌投用，涉及芗城区政务服务中心、3所小学、2个社区办公场所、1个养老服务照料中心。芗城区政务服务中心位于益华路1号，总投资近1000万元，政务大厅共3层，进驻部门29个，设服务窗口66个，进驻事项1352个。当日揭牌的3所学校分别是漳州市实验小学松柏分校、漳州市湖滨小学和漳州市石亭中心小学。

“数字芗城”战略合作框架协议签约。10月23日，芗城区政府与中国联通漳州分公司举行“数字芗城”战略合作框架协议签约仪式。合作计划一体化建设新格局，在5G等新型基础设施建设应用、产业互联网平台、社会治理、智慧城市、数字乡村建设、数据中心和政务云体系等领域实施建成一批数字化典型案例，将芗城区打造成为数字漳州建设示范区。

（林良益　戴智杰　许舒琪）

【龙文区】　位于漳州市中部，辖5个街道、1个镇、1个省级开发区（蓝田经济开发区）。全区总面积125.82平方千米。年末户籍人口21.39万人，常住人口30.67万人。龙文区地处九龙江下游冲积平原，区内水网稠密，南临九龙江西溪，九龙江北溪由西向东、九十九湾由北向南贯穿全境；拥有总面积103.8公顷的碧湖生态公园、全长8.8千米的西溪亲水公园、闽南水乡、湘桥湖、上美湖等生态项目；郭坑镇篁卿地下温泉日出水量1500吨以上，平均水温62摄氏度。文化底蕴深厚，境内拥有素称“闽南第一碑林”的国家AAAA级景区云洞岩、石室岩、承泽楼（小姐楼）、扶摇关帝庙、云洞岩旧石器时代晚期古人类遗址、北宋“仙亭”及南宋仙亭岩寺旧址、始建于元代的崎下桥、国宝中药片仔癀发源地璞山寺遗址等一批文化古迹；理学名山云洞岩还留存着距今近1100年的五代许碏题刻、距今800多年的南宋朱熹题刻等摩崖石刻200多处。

2022年，龙文区工商联入选2020—2021年度全国“五好”县级工商联。蓝田街道福隆社区被国家卫生健康委、全国老龄办命名为“2022年全国示范性老年友好型社区”。碧湖街道“‘五建五抓’助推垃圾分类实践出彩”被国家机关事务管理局评为2021—2022年度公共机构能源资源节约示范案例。

2022年，全区地区生产总值439.15亿元，比上年增长7.0%。其中，第一产业增加值5.42亿元，增长6.2%；第二产业增加值167.99亿元，增长8.7%；工业增加值114.62亿元，增长9.2%；第三产业增加值265.74亿元，增长6.0%。人均地区生产总值14.33万元，增长16.5%。规模以上工业总产值410.63亿元，增长11.6%。农林牧渔业总产值9.27亿元，增长6.8%。固定资产投资261.02亿元，增长10.5%。社会消费品零售总额252.50亿元，增长7.3%。外贸出口额60.97亿元，增长38.43%。实际利用外资1862万美元，增长193.67%。一般公共预算总收入21.82亿元，增长7.1%；其中地方一般公共预算收入16.08亿元，增长18.0%。城镇居民人均可支配收入53051元，农村居民人均可支配收入27732元，分别比上年增长6.5%、9.9%。

漳州跨境电商（数字贸易）孵化园。1月11日，漳州跨境电商（数字贸易）孵化园开园运营。该园位于辖区蓝

2022年1月11日，漳州跨境电商（数字贸易）孵化园开园运营。图为孵化园外景

（龙文区政府办　供图）

2022年4月，九十九湾连通水系入选全国首批“幸福河湖”试点。图为九十九湾连通水系闽南水乡段俯瞰图　　（龙文区政府办　供图）

田经济开发区，占地1.6公顷，主体楼建筑面积8000平方米，总投资5000万元，是中国（漳州）跨境电子商务综合试验区“两平台”（线上公共服务平台、线下产业园）重点建设内容之一，集漳州龙工场跨境电商产业园、跨境电商进出口保税和当地出口商品展示、跨境电商、国内电商、直播、社区电商等业态及综合配套服务为一体。截至年底，孵化园入驻企业97家。

九十九湾连通水系“幸福河湖”项目。4月，九十九湾连通水系入选全国首批“幸福河湖”试点；7月19日，省水利厅批复通过《漳州市九十九湾连通水系幸福河湖建设实施方案》。九十九湾连通水系横贯九龙江西溪、北溪，北起北溪石井村内林头，南至湘桥、东墩与西溪相接，全长17.3千米。项目建设以九十九湾为核心，包括治理防洪排涝薄弱环节、改善水环境质量、保护修复水生态环境、彰显水文化提升水景观、提升河湖管护能力、助力流域发展等建设任务，实施施工项目23个，项目总投资2.02亿元。10月21日，九十九湾连通水系入选省首批河湖文化遗产名录。　（杨伟强　陈华俐　林建全）

【龙海区】　位于漳州市东部。辖9个镇、2个乡、2个场。土地面积979平方千米。年末户籍人口91.46万人，常住人口95.62万人。2022年，龙海区耕地面积7674.53公顷，粮食播种面积6467公顷，粮食产量4.46万吨。林地面积4.01万公顷，森林覆盖率27.24%，活立木蓄积量407.5万立方米。重要矿产资源有地热、铝土矿、长石、高岭土、砖瓦用黏土、耐火黏土、建筑用花岗岩和矿泉水等20个矿种，有168处矿产地。主要旅游景点有隆教乡镇海角、火山口、双第鹭凯生态农庄、榜山龙江文化生态园、石码后港历史文化街区、东园埭美水上古民居等。2022年，龙海区入选全国综合实力百强区。

2022年，龙海区生产总值1432.49亿元，比上年增长6.9%。其中，第一产业增加值75.37亿元，增长1.0%；第二产业增加值909.16亿元，增长8.2%；工业增加值701.41亿元，增长7.7%；第三产业增加值447.96亿元，增长5.5%。规模以上工业总产值879.20亿元，增长9.7%。农林牧渔业总产值141.53亿元，增长3.0%。固定资产投资184.60亿元，增长16.2%。社会消费品零售总额278.10亿元，增长5.2%。实际利用外资262万美元，完成年度目标进度14.4%。一般公共预算总收入40.48亿元，增长11.9%；其中地方一般公共预算收入30.15亿元，增长41.7%。规模以上工业增加值增长9.4%。

龙海区“12·8”企业家活动日设立。2022年12月8日，龙海区企业高质量发展行动暨“12·8”企业家活动日启动仪式举行。仪式现场，龙海区政府宣读龙海区企业家倡议书，并颁布龙海区企业功勋奖、企业荣誉奖、企业贡献奖和龙海区“亩产论英雄”标杆企业奖牌。

龙海后港古街正式开业。2022年10月1日，龙海后港古街开街试营业。国庆期间，古街接待游客超过10万人次，接待报名入驻的商户300家、意向商户100家。兔年春节，后港古街正式开街，接待游客15万人次，商家交易额超1000万元，先后举办活动50场以上。　（郭帝廷　许英杰）

【长泰区】　位于漳州市东北部。辖4个镇、1个乡。土地面积900.09平方千米。年末户籍人口21.13万人，常住人口23.13万人。全区耕地面积5135.66公顷，粮食播种面积0.6万公顷，粮食产量3.92万吨。林地面积5.48万公顷，森林覆盖率54.55%，活立木蓄积量501.02万立方米。重要矿产资源有高岭土、叶蜡石、钾长石、花岗岩等。主要旅游景点有福建天柱山国家森林公园、十里蓝山景区、古山重景区、鼓鸣岩风景区、天成山风景区、吴田山风景区等。2022年，长泰区获评全国休闲农业重点县、全国信访工作示范区。

2022年，全区地区生产总值412.27亿元，比上年增长7.1%。其中，第一产业增加值22.19亿元，增长4.4%；第二产业增加值285亿元，增长8.4%；工业增加值229.54亿元，增长7.9%；第三产业增加值105.07亿元，增长4.4%。人均地区生产总值17.89万元，增长8.8%。规模以上工业总产值753.1亿元，增长10.4%。农林牧渔业总产值43.8亿元，增长5.0%。固定资产投资171.7亿元，增长10.3%。社会消费品零售额105.31亿元，增长6.1%。实际利用外资0.6亿元。一般公共预算总收入23.58亿元，增长14.2%，其中地方一般公共预算收入16.45亿元，增长27.6%。城镇居民人均可支配收入48276元，农村居民人均可支配收入26993元，分别比上年增长6.9%、9.5%。

长泰区首次跻身全省城市发展“十优区”。2022年，长泰区推进“产业发展项目建设攻坚年”活动和“七比一看”竞赛，抽调600多名干部到一线攻坚，向上争取资金5.39亿元，帮助企业解决问题276个，帮助149家中小微企业获得优惠贷款4.15亿元，全年新增市场主体4919户。经济运行稳中向好，实现“三个突破”和“一个跃升”，即地区生产总值突破400亿元、规模工业总产值突破700亿元、社会消费品零售总额突破100亿元、财政总收入跃升至23亿元。吴田山废弃矿山综合治理工程开工建设，城区空气质量优良率100%。11月23日，福建省政府发展研究中心发布2022年度城市发展“十优”区名单，长泰首次跻身上榜。

乡村振兴“大走访”和“七赛”比拼。2022年，长泰区创新乡村振兴“大走访”和“七赛”比拼，举办“村书记绘蓝图”活动，成立全省首个县级新农人协会，促成135家企业与44个村结对共建，累计投入帮扶资金1.82亿元，基本消除既有裸房，成为全省党建引领乡村治理试点单位。重点打造9个样板点、9条样板线、9个样板片，区领导挂钩全区88个村居（社区），实地摸排，群策群力探索“一村一策”建设之道，打造乡村振兴“长泰样板”。

首届春晚全球网络直播。2022年1月28日晚，以“爱长泰、美长泰、兴长泰”为主题的长泰区首届春节联欢晚会在文体中心举行，晚会分为“爱长泰·好所在、美长泰·新时代、兴长泰·向未来”三大篇章，展示长泰“撤县改区”至2022年底发展成果和全区人民干事创业的精气神。晚会全程采用全球网络直播形式，通过中国网App、新华社现场云、央视移动网、爱奇艺、Facebook、YouTube等10多个平台进行网络直播，海内外长泰乡亲通过网络连线向全区人民拜年，并在线观看晚会盛况。网络直播总点击浏览量突破1亿人次。

民营企业发展。2022年，长泰开展促成立达信集团运营总部从厦门迁入长泰，带动1300多名高端人才扎根长泰。9月9日，长泰区召开第二届民营企业发展暨产业招商大会。集中签约项目12个，总投资近38亿元。大会表彰一批“亩产税收英雄榜”和“亩产税收新锐榜”民营企业，聘请19名三大产业中的先进代表作为长泰区人民政府产业发展顾问；厦门大学等3所高校分别向长泰区3家校企共建基地授牌；北京大学等6家高校院所分别与立达信光电子科技等6家在泰发展企业共同签订产学研对接协议；6名省级科技特派员现场与合润包装涂料等6家在泰企业签订服务协议；工商银行等8家在泰金融机构与奋翔新型建材等12家在泰企业签订融资协议。

东南沿海知名文旅康养胜地打造。2022年4月29日，长泰区第二届全域旅游发展大会在林墩半月山温泉小镇召开，献礼撤县设区一周年。当天，长泰区20个文旅康养项目集中开竣工，总投资近30亿元；发布《长泰区加快文化和旅游发展十二条措施》，设立每年850万元专项资金。活动现场为“最具人气热度榜民宿”“十佳美食”“最受游客青睐饭店”授牌，“长泰好礼”网上商城正式上线；大会现场网络直播总点击量5947.9万人次。“花果飘香，喜庆丰收”入选国家级乡村旅游精品线路，旅游区入选省全域生态旅游小镇、省森林康养小镇，天柱山、文庙获评国家AAA级旅游景区。

城区中学推行集团化办学。2022年，长泰区加强顶层设计，推动形成长泰第一中学“1+6”集团办学模式，开设6条赛道，齐头并进，办出特色；成立漳州市第二外国语学校，招收外语特色班学生，9月2日，漳州市第二外国语学校揭牌；长泰区第四实验小学、长泰区第五实验幼儿园等教育项目建成投用，新增学位2250个，筹集教育基金1820万元；打造4个中心城区小学集团；中考优质生源留泰率由48%提高到82.4%。（李　文）

【漳浦县】 位于漳州市南部。辖13个镇、4个乡，行政区域面积（不含古雷）1701.61平方千米。年末户籍1094.85万人，常住人口85.1万人。全县耕地面积1.46万公顷，粮食播种面积1.35万公顷，粮食产量96293吨。林地面积9.99万公顷，森林覆盖率57.24%，活立木蓄积量439万立方米。重要矿产主要有砂、石、土、水等非金属矿种，铝土矿、钨矿、锡矿、铁矿、铅矿、锌矿等金属矿种。重要海洋资源有东山湾、浮头湾、佛昙湾3个海湾，古雷半岛、六鳌半岛、整美半岛3个半岛，县境的海湾有浮游动物50种、大型底栖生物197种、鱼类202种、虾蟹类59种、头足类8种。主要旅游景点有国家AAAA级旅游景区漳州滨海火山国家地质公园、漳浦天福“唐山过台湾”石雕园、漳州东南花都（花博园）景区、漳州天福茶博物院、漳浦县翡翠湾滨海度假区和国家AAA级旅游景区漳浦县龙美湾旅游区。2022年，漳浦县获评省级平安

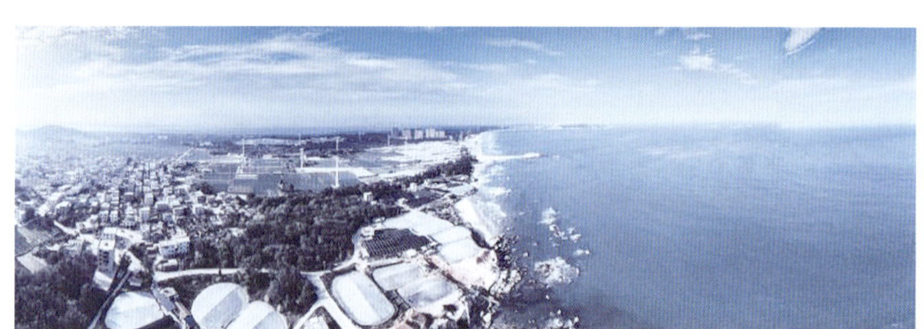

2022年4月27日，漳浦县六鳌镇入选农业农村部办公厅、财政部办公厅公布2022年农业产业融合发展项目创建名单。图为六鳌镇全景

（漳浦县政府办　供图）

县城，六鳌镇获评国家级农业产业强镇，佛昙东坂入选全国“一村一品”示范村、全国乡村特色产业超亿元村。

2022年，全县（不含古雷）实现地区生产总值500.14亿元，比上年增长7.1%。规模工业总产值477.43亿元，增长14.2%；规模工业增加值增长12.3%。固定资产投资166.5亿元，增长16.3%。一般公共预算总收入28.01亿元，增长18.18%；其中地方一般公共预算收入20.76亿元，增长27.7%。社会消费品零售总额209.45亿元，增长5.9%。实际利用外资5034万美元，完成213.1%。城镇居民人均可支配收入47661元、农村居民人均可支配收入28499元，分别增长8.3%、10.4%。

芗剧《一代相国蔡新》入选省舞台艺术精品工程。2022年3月18日，漳浦县廉洁文化题材芗剧《一代相国蔡新》入选福建省文化和旅游厅公布的2022年度福建省舞台艺术精品工程重点剧目名单，全省有24部剧目入选。该剧目由漳浦县委、县政府出品，漳浦县竹马戏（芗剧）传承保护中心创作演出。全年演出6场。（蓝伟毅）

【云霄县】 位于漳州市东南部，辖6个镇、3个乡。全县（含常山）面积1119.67平方千米，其中陆域面积1053.08平方千米（云霄县陆域面积953.44平方千米、常山华侨经济开发区面积99.64平方千米）。年末户籍人口46.80万人（含常山2.16万人），常住人口41.28万人。全县有耕地保有量1.2万公顷，粮食播种面积7120公顷，粮食产量4.90万吨。林地面积6.88万公顷，森林覆盖率67.81%，活立木蓄积量343.8万立方米。重要矿产资源有地热水（海水温泉、淡水温泉）。重要海洋资源有浅海、滩涂。主要旅游景点有将军山旅游风景区、乌山旅游风景区、天地会遗址、漳江口红树林国家级自然保护区、南湖生态公园等。

2022年，云霄县地区生产总值269.70亿元，比上年增长6.8%。其中，第一产业增加值58.02亿元，增长4.9%；第二产业增加104.28亿元，增长9.6%；工业增加值86.13亿元，增长7.7%；第三产业增加值107.41亿元，增长5%。人均地区生产总值65399元。规模以上工业总产值114.35亿元，增长8.4%。农林牧渔业总产值100.40亿元，增长5.3%。固定资产投资160.90亿元，增长16.1%。社会消费品零售总额118.91亿元，增长6.2%。外贸出口额14.47亿元，增长43.9%；实际利用外资1.1亿元，增长649%。一般公共预算总收入12.09亿元，增长15.0%；地方一般公共预算收入9.14亿元，增长20.6%。

云霄县获批筹建国家地理标志产品保护示范区。2022年8月22日，云霄县入选国家知识产权局公布的2022年国家地理标志产品保护示范区筹建名单。国家地理标志产品保护示范区筹建期为3年。

闽粤电力联网工程投产。2022年9月30日，闽粤电力联网工程竣工投产并举行投产大会。闽粤联网工程作为国家“十四五”期间发展规划重点电力项目，总投资32亿元，其建成投运将实现闽粤两省电网异步互联，对落实国家能源安全新战略、提升省际电量余缺互补和紧急事故支援能力、加快构建新型电力系统具有重要意义。

“百位文艺志愿者挂百村”活动启动。2022年7月26日，云霄县“百位文艺志愿者挂百村”活动在和平乡棪树村举行启动仪式。仪式上，县政府宣读“一个文艺家协会助力一个乡镇”活动首次对接名单，并为10支文艺志愿服务队授旗。（徐　捷　吴若阳）

【诏安县】 位于漳州市最南端。辖10个镇、5个乡、1个省级工业园区，共217个行政村、36个社区。土地面积1300.5平方千米。年末户籍人口68.17万人，常住人口55.47万人。人口自然增长率0.73‰。全县耕地面积2.13万公顷，粮食播种面积1.04万公顷。林地面积8.54万公顷，森林覆盖率65.21%。境内河流以东溪为主，还有西溪、庵下溪、金溪、梅洲溪、湖内溪、赤水溪、公子店溪等。重要矿产资源主要有钛锆砂、铅、锌、钨等金属矿产，花岗石、硅砂（标准砂）、建筑用河砂、高岭土等非金属矿产。县境海岸线长88千米，拥有诏安湾、宫口湾和大埕湾3个主要海湾。主要旅游景区景点有乌山红色景区、梅岭滨海景区、九侯山朝圣景区、丹诏古城文化景区等。

2022年，诏安县地区生产总值350.05亿元，比上年增长5%。其中，第一产业增加值60.91亿元，增长3.6%；第二产业增加值176.79亿元，增长5.6%；工业增加值158.16亿元，增长5.2%；第三产业增加值112.35亿元，增长4.7%。人均地区生产总值62766元，增长5.5%。规模以上工业总产值480.05亿元，增长6.7%。农林牧渔业总产值112.46亿元，增长4.1%。固定资产投资77.2亿元，增长15%。社会消费品零售总额117.82亿元，增长8.6%。外贸出口额50.51亿元，增长8.89%；实际利用外资1346万美元，增长115.4%。一般公共预算总收入8.34亿元，比上年下降10.3%；其中地方一般公共预算收入5.85亿元，下降12.2%。

第二届诏商大会暨民营企业投资创业大会举办。2022年12月22日举办。大会现场开展招商推介、项目签约、主题论坛、企业家座谈会、聘任招商大使等活动，诏安县人民政府与厦门市工商联签署战略合作协议。活动现场集中签约项目29个，总投资211.35亿元。

2022福建诏安青梅产业推介会在成都举办。2022年11月9日，由诏安县委、县政府主办的“梅好诏安·常来长寿”2022福建诏安青梅产业成都推介会在四川成都瑞城名人大酒店举办。全国食品工业领域的相关领导、专家及新闻媒体记者近200人参加推介会。诏安县组织10余家青梅企业、百余款产品在现场展示并举行签约仪式，推介会上同时举行诏安青梅酒专家品鉴活动。

（吴超楠）

【东山县】 位于漳州市南部沿海，辖7个镇。土地面积243.46平方千米。年末户籍人口22.29万人，常住人口22.12万人。全县耕地面积2595.1公顷，粮食播种面积1449.5公顷，粮食产量9560吨。林地面积5445万公顷，森林覆盖率28%，活立木蓄积量44.8万立方米。重要矿产资源有硅砂。重要海洋资源有渔场、浅海、滩涂、盐场港道、纳潮沟及围垦区，全县水产养殖面积8080公顷。主要旅游景点有铜山古城、风动石景区、九仙山景区、马銮湾景区、东门屿景区、海湾公园、苏峰山景区、中驰山庄。2022年9月23日，东山县不动产登记中心向厦门引航站颁发采用“立体分层设权”方式确权的海域使用证书。

2022年，东山县地区生产总值249.43亿元，比上年增长8.6%。其中，第一产业增加值49.34亿元，增长3.3%；第二产业增加值98.55亿元，增长13.7%；工业增加值73.70亿元，增长15.3%；第三产业增加值101.53亿元，增长6.8%。人均地区生产总值11.29万元，增长8.3%。规模以上工业总产值254.95亿元，增长21.2%。农林牧渔业总产值104.09亿元，增长4.2%。固定资产投资93.24亿元，增长16.5%。社会消费品零售总额90.72亿元，增长4.7%。外贸出口额126.81亿元，增长18.6%；实际利用外资1159万美元。一般公共预算总收入20.26亿元，增长28.5%；其中地方一般公共预算收入16.27亿元，增长56.1%。

全域旅游拓展。2022年，东山县苏峰山旅游综合体、原味前楼等项目开工建设，开通东山湾及鱼骨沙洲海上旅游航线。成立民宿发展协会，创新开展海上民宿试点，规范民宿和短租房管理。铜陵镇获评福建省全域旅游生态小镇，南门湾夜市成为旅游消费新热点，全年累计接待游客523.16万人次，旅游收入61.85亿元，分别比上年增长8.9%和8.2%。

戏曲电影《谷文昌的故事》首映式在东山启动。2022年5月22日，戏曲电影《谷文昌的故事》首映仪式在东山县谷文昌干部学院举行。省委宣传部（省电影局）电影处、东山县、谷文昌干部学院、市委宣传部、市政府新闻办领导和剧组主创人员代表共同推杆，启动首映式。谷文昌家属代表、谷文昌干部学院学员等参加首映仪式。戏曲电影《谷文昌的故事》由中共福建省委宣传部、中共东山县委宣传部、北京红旗颂文化有限公司、上海万春文化传媒有限公司、福建省森百田文化传媒有限公司、河南电影电视制作集团有限公司等单位联合摄制，作品以豫剧作为表现形式，讲述谷文昌带领东山人民治沙造林，让“荒岛”变“宝岛”，用实际行动赢得百姓爱戴和敬仰的感人故事。影片全部选在谷文昌先进事迹的发祥地——东山县取景拍摄。

为造礁石珊瑚群落投保。2022年6月8日，东山县人民法院与保险公司签订协议，以成本共担的方式为珊瑚礁群落投保。保险协议将东山珊瑚省级自然保护区鸡心屿片区中359公顷海域内的珊瑚礁群落作为保险标的，协议期限3年，保险费每年2万元。东山珊瑚省级自然保护区是中国纬度最高的一处珊瑚保护区，总面积3680公顷，其中8种造礁石珊瑚列入世界濒危保护物种。此次东山为珊瑚“上保险”，在全国尚属首次。

（黄克桐　陈锦生）

【平和县】 位于漳州市西南部。辖10个镇、5个乡、1个国有农场、1个工业园区。土地面积2309.54平方千米。年末户籍人口60.02万人，常住人口45.41万人。全县耕地面积4003.96公顷，粮食播种面积3981.07公顷，粮食产量2.36万吨。第三次全国国土调查数据对接融合前，平和县林地17.9万公顷，森林覆盖率73.02%，森林蓄积量1184.80万立方米。有琯溪蜜柚、白芽奇兰茶等特色资源与优势绿色品牌。

2022年，大溪镇入选省“全域生态旅游小镇”，灵通风景区入选“省级气候康养福地名单”。实施特色乡镇、试点村示范项目97个，完成投资1.8亿元。创建5个省级森林村庄，芦溪镇秀芦村入选第六批“中国传统村落”，国强乡延山村入选全国综合减灾示范社区，小溪镇、心田村等入选中国淘宝镇、淘宝村，高峰谷创建国家AAAA级旅游景区，绳武楼等4个景点入选全国乡村旅游精品线路。

2022年，全县地区生产总值302.89亿元，比上年增长4.8%。其中，第一产业增加值60.25亿元，增长6.1%；第二产业增加值85.59亿元，增长2.6%；工业增加值70.00亿元，增长1.6%；第三产业增加值157.06亿元，增长5.5%。规模以上工业总产值248.91亿元，增长0.5%。农林牧渔业总产值115.42亿元，增长6.7%。固定资产投资104.69亿元，增长9.4%。社会消费品零售总额109.11亿元，增长4.3%。外贸进出口额36524万元，增长31.29%。一般公共预算总收入10.44亿元，增长21.9%；其中地方一般公共预算收入8.02亿元，增长29.3%。

福建省2022年中国农民丰收节平和分会场活动。2022年9月22日，活

平和县城全景。摄于2022年9月　（李润南　摄）

动在五江之源、花山溪畔举行。活动由福建省农业农村厅、漳州市人民政府主办，漳州市农业农村局、平和县人民政府承办。活动以“柚香平和庆丰收、河清海晏迎盛会”为主题，聚焦全面推进乡村振兴、加快农业农村现代化。其间举行“琯溪有点田”App发布、平和优质农产品质量安全追溯平台展示以及农产品全产业链绿色联盟签约、校地战略合作签约、特色现代农业项目及农产品供销合作签约。举行“庆丰收”农特产品展示和直播，集中展销漳州各县（市、区）特色农旅产品；依托农产品电商平台，与新媒体合作，开展柚香奇兰、琯溪蜜柚等农产品直播带货，带动当地柚、茶为主的特色产品销售。活动还举办系列配套活动。

平和县首个学生劳动课程实践田签约认领。2022年12月9日，平和县第五实验小学与平和现代农业发展有限公司在山格镇新陂村举行“琯溪有点田”签约认领和相关揭牌仪式，并组织开展农事体验。仪式中，平和现代农业发展有限公司与第五实验小学签订“琯溪有点田”协议书，并与教育局共同为“平和县第五实验小学劳动实践基地”揭牌，该实践田是平和县首个学生劳动课程实践田。 （刘小珠）

【南靖县】 位于漳州市西北部。辖11个镇、1个国家级高新园区、1个土楼管委会，有185个村（居）（不含划归漳州高新区的18个村）。土地面积1961.97平方千米。年末户籍人口35.09万人，常住人口30.36万人。全县耕地面积1.17万公顷，粮食播种面积0.59万公顷，粮食产量3.82万吨。林地面积14.68万公顷，森林覆盖率73.38%，活立木蓄积量844.6万立方米。重要矿产资源有地热、钼矿、水泥用灰岩、华安玉、饰面石材等。主要旅游景点有福建土楼（南靖）景区、科岭国家AAA级红色旅游景区、云水谣、鹅仙洞、乐土亚热带雨林。2022年，南靖县获评“中国天然氧吧”“全国农产品数字化百强县”“全国数字乡村百强县”“第三批国家农村产业融合发展示范园”“‘四好农村路’全国示范县”创建单位、全国乡村旅游精品线路，入选“国家第二批EOD模式试点”名单。

2022年，南靖县完成地区生产总值421.71亿元，比上年增长6.3%。其中，第一产业增加值86.15亿元，增长5.9%；第二产业增加值198.11亿元，增长7.5%；工业增加值172.86亿元，增长7.6%；第三产业增加值137.44亿元，增长5.1%。规模以上工业总产值511.5亿元，增长10%。农林牧渔业总产值158.67亿元，增长6.7%。固定资产投资101.7亿元，增长11.1%。社会消费品零售总额117.05亿元，增长6.8%。实际利用外资1530万美元。一般公共预算总收入14.08亿元，增长2.5，其中地方一般公共预算收入10.03亿元，增长10.4%。城镇居民人均可支配收入42263元，农村居民人均可支配收入24950元，分别比上年增长7.6%、9.1%。

漳武高速（南靖段）通车运营。2022年4月29日，漳武高速（南靖段）通车运营。漳武高速（南靖段）是《福建省高速公路网规划（2016—2030年）》“六纵十横”的第十横，福建省交通扶贫“双百”高速公路项目。线路全长50.7千米，起于南靖县丰田镇五川，途经山城镇、南坑镇、船场镇，止于南靖县书洋镇的曲江附近，设有南靖东、南靖、南靖南坑、南靖土楼等4处收费站，南靖土楼服务区和书洋加水区各1处。漳武高速（南靖段）建成通车，对加快形成闽西南交通圈、完善南靖土楼与永定土楼区域公路网的发展具有重要意义。 （郑杰林）

【华安县】 位于漳州市北部。辖6个镇、3个乡。土地面积1277.61平方千米。年末户籍人口16.10万人，常住人口13.38万人。全县耕地面积4170.99公顷，粮食播种面积2636.6公顷，粮食产量1.79万吨。林地面积10.1万公顷，森林覆盖率65.11%，活立木蓄积量787.64万立方米。重要矿产资源有地热、铁矿、钨矿、锡矿、石墨、高岭土、矿泉水。主要旅游景点有福建土楼（华安）旅游区、秋千谷景区、福建华安坪水畲寨旅游景区、官畲风景区、高石·云溪谷。2022年，华安县入选全国2022年农村综合性改革试点试验名单。仙都镇大地村入选2022年中国美丽休闲乡村名单，同时被列为农家乐特色村。陈益兰家庭入选“2022年全国最美家庭”。华安县选送的视频《美丽宜居新华安》入选全国农村公共服务建设成果展示优秀小视频名单。

2022年，全县地区生产总值214亿

2022年9月21日，福建省第十五个民族团结进步宣传月主题活动启动仪式在华安县举办。图为漳州农商银行等5家行社对辖区少数民族企业进行现场授信，总金额19亿元 （华安县政府办 供图）

元，比上年增长5.4%。其中，第一产业增加值37.18亿元，增长6.0%；第二产业增加值120.60亿元，增长5.6%；工业增加值108.36亿元，增长5.2%；第三产业增加值56.22亿元，增长4.8%。人均地区生产总值159704元，增长5.5%。规模以上工业总产值346.22亿元，增长7.6%。农林牧渔业总产值62.95亿元，增长6.6%。固定资产投资89.81亿元，增长14.5%。社会消费品零售总额43.48亿元，比上年下降5.2%。外贸出口额11.79亿元，增长6.04%；实际利用外资909.06万美元，完成率102.6%。一般公共预算总收入8.47亿，增长7.9%；其中地方一般公共预算收入6亿元，增长11.8%。城镇居民人均可支配收入42920元，农村居民人均可支配收入24755元，分别比上年增长7.0%、8.8%。

华安抽水蓄能电站建设指挥部揭牌。4月28日，新华（华安）抽水蓄能发电有限公司以及华安抽水蓄能电站建设指挥部举行揭牌仪式。华安抽水蓄能电站项目位于华安县新圩镇华山村，为日调节纯抽水蓄能电站，装机容量140万千瓦（4台单机35万千瓦的单级混流可逆式水泵水轮发电电动机组），枢纽工程主要建筑物由上水库、下水库、输水系统、地下厂房和开关站等组成，工程总投资约100亿元，设计年发电量27亿千瓦小时，是国家抽水蓄能中长期发展规划“十四五”时期重点实施项目。

农村综合性改革试点项目建设。5月9日，华安县上榜财政部公布全国2022年农村综合性改革试点试验名单，是福建省唯一入选的县份。5月26日，华安县召开农村综合性改革试点试验工作专题会议。7月15日，华安县农村综合性改革试点试验项目指挥部举行揭牌仪式。12月9日，华安县举行农村综合性改革试点试验项目签约仪式暨开工仪式，标志着该项目进入正式建设阶段。

中国女排与华安县先锋希望小学结对共建。5月21日，“传承中国女排精神，扣好人生第一粒扣子”中国女排与华安县先锋希望小学少先队员结对共建活动在漳州体育训练基地举行。2005年5月，中国女排捐赠20万元为华安县先锋希望小学援建教学楼，学校正式更名为“中国女排华安县先锋希望小学”。

福建省第十五个民族团结进步宣传月主题活动启动。9月21日，由福建省委宣传部、福建省委统战部、福建省民族与宗教事务厅共同主办的福建省第十五个民族团结进步宣传月主题活动启动仪式在华安县举办。漳州市民族与宗教事务局和福建省农村信用社联合社漳州办事处，以及福建省漳州农村商业银行股份有限公司等5家行社同华安县民族与宗教事务局分别签订战略合作协议；福建省漳州农村商业银行股份有限公司等5家行社还对辖区少数民族企业进行现场授信，总金额19亿元。活动同时举办“福籽同心爱中华”福建青少年学生主题演讲大赛启动仪式。（郑雪慧）

【漳州台商投资区】 位于漳州市东部，2012年1月获国务院批准设立，是漳州中心城区和厦门市环岛“半小时经济圈”、海湾型城市建设重要组成部分。2022年，辖区实行以区带镇管理模式，下辖角美镇及46个村（居、场）。区域总面积1637平方千米，总人口约30万人，其中外来人口约16万人。有白礁慈济宫、江东古桥、林氏义庄、天一总局、番仔楼等5个全国重点文物保护单位，以及16处海上丝绸之路和对台遗址。主要旅游景点有龙佳生态温泉山庄、白礁慈济宫、林氏义庄、天一总局、江东桥、番仔楼等。

2022年，全区实现地区生产总值476.95亿元，比上年增长6.1%。模以上工业总产值完成1051.16亿元，增长9.9%。固定资产投资155.05亿元。一般公共预算总收入23.85亿元，增长1.3%；其中地方一般公共预算收入18.98亿元，增长9.4%。社会消费品零售总额75.58亿元，增长2.4%。城镇居民人均可支配收入4.81万元，农村居民人均可支配收入2.70万元，分别比上年增长7.5%、增长9.4%。角美镇入选2022年度全国综合实力千强镇前40强。

乡村振兴。2022年，漳州台商投资区实施乡村振兴战略，加快23个乡村振兴项目建设，省、市级乡村振兴试点项目完成投资1075.4万元。乡村振兴“串点连线成片”项目完成投资1334.55万元。扶持农业龙头企业发展，新培育市级以上农业产业化龙头企业2家。遏制耕地“非农化”，防止耕地“非粮化”，提高粮食综合生产能力，播种粮食406.33公顷。

服务台商。2022年，漳州台商投资区落实台胞台企“同城待遇”，优化台胞台企服务中心，为台胞提供暖心贴心的“一站式”服务。创新设立台胞台企权益保障法官工作室、台商台胞金融消费纠纷调解室、涉台公共法律服务工作室。深化两岸人文交流，先后举办漳台青年同种“友谊林”、海峡两岸保生大帝“云谒祖”数字文化交流活动、两岸融合发展论坛等。

国贸智谷双碳产业沙龙暨项目合作签约会。2022年8月5日，漳州台商投资区国贸智谷双碳产业沙龙暨项目合作签约会举办，活动以“以产业繁荣推动时代进步”为主题，汇聚多方人才，通过开讲座、设沙龙，探讨产城融合、产教融合，推动双碳产业高质量发展。活动现场，近百位专家、学者及企业家代表围绕双碳产业的发展要点，开展主题演讲和沙龙活动。会上，国贸智谷分别与厦门大学能源学院、海峡股权交易中心等7家单位签订战略合作协议，与合作方就双碳产业发展、人才联合培养、产业金融服务、园区交通配套等达成战略合作共识。（李胜武　黄安庆）

泉州市

【概况】 泉州市位于福建省东南部。1986年设立地级市。2022年，辖鲤城、丰泽、洛江、泉港4个区，晋江、石狮、南安3个市，惠安、安溪、永春、德化、金门（待统一）5个县和泉州经济技术开发区、泉州台商投资区，土地面积11295.57平方千米（市区面积896.42平方千米）。年末户籍人口774万人，常住人口887.9万人。常住人口自然增长率0.45‰。粮食播种面积8.76万公顷，粮食产量50.84万吨。林地面积68.24万公顷，森林覆盖率58.7%。重要矿产资源有煤、地热、铁矿、金矿、铅、锌矿、钼矿、高岭土、陶瓷土、叶蜡石、萤石、水泥用灰岩、玻璃用砂、建筑用石料等。重要海洋资源有渔业、滨海旅游、矿产、海洋能和风能等。全市有54家A级景区，其中国家AAAAA级旅游景区1家（清源山）、国家AAAA级旅游景区14家、国家AAA级旅游景区31家；省级旅游度假区4家；全国乡村旅游重点镇1个（崇武镇）、全国乡村旅游重点村4个、福建“全域生态旅游小镇”9个、福建省金牌旅游村16个；国家级旅游休闲街区2个、省级旅游休闲街区2个；省级观光工厂34家、省级工业旅游示范基地4个。泉州是国务院首批公布的24个国家级历史文化名城之一，首届东亚文化之都。2021年7月25日，“泉州：宋元中国的世界海洋商贸中心”列入《世界遗产名录》。有各级文物保护单位945处，其中全国重点文物保护单位44处、省级文物保护单位104处。世界级非物质文化遗产项目6个、国家级36个、省级128个、市级262个、县级696个。各级非遗代表性传承人1683人，其中国家级53人、省级204人，建有泉州非遗馆等一批非遗展览展示体验场馆和166个市级非遗传习所。2022年，泉州市获评国家卫生城市，入选2022中国活力城市百强榜、2022年国家综合货运枢纽补链强链首批名单、废旧物资循环利用体系建设重点城市名单，获选“2021—2025年中国建筑学会科普教育基地”。

2022年，全市地区生产总值12102.97亿元，比上年增长3.5%。其中，第一产业增加值250.12亿元，增长3.5%；第二产业增加值6882.07亿元，增长3.3%；工业增加值6182.83亿元，增长3.1%；第三产业增加值4970.78亿元，增长3.8%。人均地区生产总值13.65万元，增长3.0%。一般公共预算总收入920.7亿元，扣除留抵退税因素后比上年增长1.9%；其中地方一般公共预算收入526.79亿元，扣除留抵退税因素后增长8.0%。规模以上工业增加值增长3.9%。农林牧渔业总产值454.03亿元，增长3.7%。固定资产投资2840.31亿元，增长10.3%。社会消费品零售总额5982.94亿元，增长2.8%。外贸进出口总额2711.93亿元，增长3.6%；实际利用外资9.73亿美元，增长100%。城镇居民人均可支配收入5.77万元，农村居民人均可支配收入2.76万元，分别比上年增长4.9%、6.4%。

2022年，泉州市全社会用电量605.10亿千瓦小时。年末，参加养老保险613.87万人。其中，参加企业养老保险217.66万人，比上年增加30.32万人；参加机关事业单位养老保险20.66万人（含退休），增加0.18万人；参加城乡居民基本养老保险375.55万人，减少2000人。参加城镇职工基本医疗保险117.43万人，参加城乡居民基本医疗保险603.19万人，基本医保参保人数居全省第一。城镇生活污水集中处理率100%，城镇生活垃圾无害化处理率97.49%。

【“晋江经验”20周年纪念活动】 2022年，泉州市组织开展福建省弘扬“晋江经验”（习近平总书记在福建工作期间，6年7下晋江调研，总结提出以“六个始终坚持”和“正确处理好五大关系”为主要内容的“晋江经验”）促进民营经济高质量发展大会、“晋江经验”与习近平经济思想理论研讨会、福建省传承弘扬“晋江经验”新闻发布会、“晋江经验”20周年招商签约大会、“晋江经验”20周年成就图片展等一系列纪念活动，先后出台《关于传承弘扬“晋江经验”支持泉州建设21世纪“海丝名城”的意见》《关于推动民营经济创新发展的若干措施》《泉州市贯彻落实福建省推动民营经济创新发展若干措施的工作方案》等，赋予更多政策支持和发展机遇。

【泉州获批盘活利用低效用地试点政策】 2022年9月30日，中共中央、国务院赋予泉州盘活利用低效用地试点政策，为传承弘扬“晋江经验”、加快推进新型工业化和新型城镇化创造有利条件和发展空间。泉州市坚持规划引领、全域统筹，采取“一区一策”“一县一策”“一镇一策”，“留、改、转、拆”多措并举，结合推进工业（产业）园区标准化建设，强化用地管控，分批分类处置，做到“减存量、遏增量、控变量”，推动土地集约利用、产业空间拓展、城市功能完善。

【纪念郑成功收复台湾360周年大会】 2022年6月14日，纪念郑成功收复台湾360周年大会在郑成功故里泉州南安举行，海峡两岸各界500余人分别在南安市主会场和台湾嘉义县分会场出席。大会以“弘扬郑成功爱国主义精神，维护国家统一，捍卫民族尊严”为主题，号召两岸同胞共担民族大义、顺应历史大势，共同推动两岸关系和平发展、推进祖国和平统一进程。大会后，由两岸26家民间机构共同举办的郑成功陵园民间拜谒活动在南安市和嘉义县同时举行。

【民营经济研究院筹建】 2022年2月22日，泉州市委、市政府正式成立泉州民营经济研究院筹建工作领导小组，在国内设区市首创“公办民营”的民营经济研究院办院模式，实行理事会领导下的院长负责制，将建设“晋江经验”交流实践基地、民营企业家学习培训平台、对外合作交流中心、民营经济创新发展智库、泉商文化传承研究基地五大平台。以研究院为平台，国内顶尖智库、一流名校资源加速汇聚泉州。

【第八届中国（泉州）海上丝绸之路国际品牌博览会】 2022年11月25日，

第八届中国（泉州）海上丝绸之路国际品牌博览会暨第二届 RCEP 青年侨商创新创业峰会在泉州石狮举行。法国、俄罗斯、意大利、泰国等 30 多个国家和地区的 200 多家企业参展。该次博览会以“共享新机遇、共启新格局、共创新未来”为主题，在常态化展示“海丝”沿线国家和地区产品特色基础上，聚焦“高、新、优、特”消费精品品牌，设有泉州海丝经济特色展区、主宾国国家馆展区、国潮品牌展区、RCEP 青年侨商创业品牌展区等 14 个展区，并在线上开设“东盟 10＋5”等国家视频分会场 22 个。展会期间，同步举办中国国际品牌创新论坛、国潮品牌大会暨丝路品牌侨商对接会等。在 RCEP 青年侨商创新创业峰会上，达成 28 个双向投资贸易签约项目，签约额度超 70 亿元。

【中欧班列（泉州—莫斯科）首发】 2022 年 1 月 18 日，泉州市人民政府会同中国铁路南昌局集团有限公司共同主办中欧班列（泉州—莫斯科）首发仪式活动，泉州—莫斯科中欧班列在漳泉肖铁路泉州东站成功发车。先后开通经满洲里、霍尔果斯、阿拉山口 3 个出境通道。全市全年开行 14 趟中欧班列（泉州—莫斯科），共计 1388 个标箱，货重 7495.77 吨，货值 1.78 亿元，主要货物为泉州及周边地区的婴幼儿用品、背包、鞋服、玩具、健身车、铝制易拉罐等日用产品。（泉州市政府办）

【鲤城区】 位于泉州市区中心城区。辖开元、鲤中、海滨、临江、江南、浮桥、金龙、常泰 8 个街道和泉州高新技术产业园区（江南园）。土地面积 51.83 平方千米。年末户籍人口 29.08 万人，常住人口 43 万人。全区耕地面积 174.09 公顷、种植园用地 427.58 公顷、林地 728.39 公顷、草地 48.39 公顷、城镇村及工矿用地 3322.33 公顷、交通运输用地 158.42 公顷、水域及水利设施用地 244.71 公顷、湿地 66.52 公顷、其他土地 12.53 公顷。鲤城旅游景点、文物数量众多，泉州 22 个遗产点有 8 个分布在古城。鲤城区在世遗典范城市创建中加快旅游规划，定线落图市级以上文物保护单位 81 个，启动实施文物保护单位保护修缮工程 10 个，通天宫、锡兰侨民旧居等完成修缮。拥有各级文物保护单位 73 处，其中全国重点文物保护单位 5 处。有中国现存最早的伊斯兰教清真寺、千年古刹开元寺及东西塔、广受台胞和海外侨胞信众膜拜的天后宫。2022 年，鲤城区被授予“2021 年度全国信访工作示范区”“2021—2025 年度第二批全国科普示范县（市、区）”称号。

2022 年，全区地区生产总值（不含开发区）538.9 亿元，比上年增长 4.6％。其中，第一产业增加值 0.17 亿元，增长 2.4％；第二产业增加值 209.43 亿元，增长 6.3％；工业增加值 174.7 亿元，增长 4.8％；第三产业增加值 329.3 亿元，增长 3.7％。人均地区生产总值 135572 元，增长 4.4％。规模以上工业增加值增长 6.3％。农林牧渔业总值 0.4 亿元，增长 2.8％。全社会固定资产投资 83.7 亿元，增长 12.2％。社会消费品零售额 435.69 亿元，增长 3.8％。外贸出口额 7.5 万美元，增长 3％；实际利用外资 1728 万美元，增长 237.7％。一般公共预算总收入 22.02 亿元，增长 3.9％；其中地方一般公共预算收入 13.92 亿元，增长 7.4％。城镇居民人均可支配收入 5.6 万元，增长 5.2％。

泉州中央创新区打造。鲤城区创新“一办、一局、一中心、一集团”招商格局，成立 10 个产业发展领导小组，全年签约招商项目 135 个、总投资超 600 亿元，其中 20 亿元以上重大项目 12 个、亿元以上项目 98 个。推动中小微企业“小升规”，新增“四上”企业 89 家。企业“上云”新增 35 家，入选第五届数字中国建设峰会签约项目 7 个，获评省新一代信息技术与制造业融合发展标杆企业 3 家，数字经济发展指数居全市第一。落实企业上市“刺桐红”三年行动，佰源智能成功挂牌“新三板”，入选市级上市后备企业 7 家；对接一批优质基金运作企业，推动组建或参股文体旅产业基金等 5 支。

古城保护、新城更新。设立古城保护发展指挥部，推进古城整体保护提升，常态化保护好 8 个遗产点及周边环境。推进古城保护提质，分 8 个片区滚动开展古城综合提升。启动居住环境提升工程，老旧小区改造项目基本完工 130 个；爱国路片区安商房部分封顶。启动江南新区综合开发项目一期工程，总投资近 50 亿元，招引落地中建海峡等一批优质建筑企业，“抓城建提品质”项目超额完成年度计划投资 49 个。南外宗正司片区列入省级城市管理样板工程。通过省级生活垃圾分类示范区考核验收。推进新区城市更新，征收金鲤片区等 8 个项目房屋超 25 万平方米，完成土地“招拍挂”8 宗 54.84 公顷，启动田中里等安商房建设 3 个，金泰花园一期交付使用。实施“聚城畅通”工程，繁荣大道全线渠道结构完工、第一施工段主路面通车，泉州大桥新桥合龙，完成国道旧 301 线等道路节点改造提升 4 处，站前西规划一路开工建设，“三纵四横”路网拉开架势。高新区作为省级试点园区，先行启动示范区 177.33 公顷，首批 9 个项目动工建设，总投资近 47 亿元。

“大部制”协同工作机制。鲤城区在不改变单位机构设置、职能配置、人员编制基础上，按照分管领导统筹、单位管理归口、业务趋同整合等原则，试行“大部制”协同工作创新机制。出台试行方案，分 2 批次将 42 个区直单位整合成 14 个“大部制”协同工作组合，构建起“1＋N”的“大部制”结构，共享行政资源、协同高效办公。（连建平）

【丰泽区】 地处泉州市区中心区域，辖 8 个街道共 84 个社区居委会。全区面积 129.25 平方千米，陆地面积 105.84 平方千米，城市建成区面积 55.54 平方千米，耕地面积 321.83 公顷，粮食播种面积 600 公顷，粮食产量 295 吨，森林面积 3134.32 公顷，水域面积 23.79 平方千米，大陆海岸线长

21.26千米。年末户籍人口32.49万人，常住人口72.6万人。

丰泽区地势西北高，东南较平坦，境内主要有清源山、云谷（大坪）山、桃花山，其中清源山海拔498米。晋江、洛阳江两江如玉带缠腰，两江出海口在境内东南部的泉州湾。丰泽境内最大的河流为晋江，从西北至东南流经境内北峰、清源、泉秀、东海4个街道，在东海街道蟳埔社区出城入海。丰泽区属亚热带海洋性季风气候，雨量充足，四季常青。空气质量功能区为二类区，空气质量状况总体良好。地表水环境质量及饮用水源地水质均能按功能分区稳定达标。境内已探明的矿产以非金属矿产资源（花岗岩、辉绿岩）为主，小矿种有地热、矿泉水等。全区拥有林地面积3134.33公顷，森林覆盖率达30.30%，以杉木、马尾松及阔叶树树木为主，野生动植物资源较为丰富。丰泽区旅游资源丰富，北有国家重点风景名胜区清源山，东有古代海上丝绸之路起点后渚港。有三星级以上酒店8家。全区有国家级重点文物保护单位4处、省级文物保护单位6处、市级文物保护单位等44处。其中有老君岩、弥陀岩、三世佛、灵山圣墓、南少林寺、海印寺、华侨历史博物馆、泉州博物馆、闽台缘博物馆以及南戏、南音、南建筑、南少林武术等珍贵的文化遗产。

2022年，全区地区生产总值850.01亿元，比上年增长3.6%。其中，第一产业增加值1.9亿元，增长2.9%；第二产业增加156.79亿元，增长0.8%；工业增加值97.08亿元，增长0.3%；第三产业增加值691.31亿元，增长4.2%。人均地区生产总值117567元，增长1.8%。城镇居民人均可支配收入67496元，增长4.5%。

中心城区经济建设。实施“强产业、兴城市”双轮驱动，泉州数字经济产业园、建筑服务产业园等园区建成，南埔山、后埔、南滨江、中央商务区等片区开发建设全面提速。重新确认区级重点企业224家，南方路机在上交所成功上市，市级上市和挂牌后备企业增至40家，小微企业“四转”481家，新增市场主体1.9万户。

营商环境优化。协调解决各类问题568个。清单化推动一揽子政策落地，推行“免申即享”，减税降费10.5亿元，兑现惠企资金2.9亿元，减免国有房屋租金5583万元。完善金融服务顾问制度，帮助企业获得纾困贷款授信6.8亿元。

“抓开放招商促项目落地”行动。引进项目201个，总投资1091亿元，为历年最多，履约落地率97.6%，其中超20亿元重大项目16个，总投资660亿元。以招商政策同等待遇谋划增资扩产项目52个，总投资83亿元。引进外资项目56个，合同外资增长239.3%。落实“六个一”机制，88个重点项目完成投资201亿元，机器人产业园等24个项目开工建设，厦门银行泉州分行大厦等27个项目竣工投产。争取专项债券资金12亿元，支出率100%，报批农转用地135公顷，保障重点项目建设。

商务贸易发展。联合商家开展三轮促消费活动，发放消费券1亿元，直接撬动消费超20亿元，新增限额以上商贸企业50家，限额以上批零住餐零售额增长28%，网络零售额增长11.7%。实施出口突围拓展行动，帮助企业申领免费风险保障2.85亿美元，匹克、新时颖等重点企业出口额增长超30%；建设泉州跨境电商综合试验区公共服务平台，东海跨境电商交易额增长35%。

抓创新促应用。全区21个技改项目完成投资15.5亿元，增长13%，新增“上云上平台”企业60家，培育市级服务型制造公共服务平台2个，泉州公共数据资源开发服务平台入选工信部大数据产业发展试点示范项目。国家“双创”示范基地年度评估获优秀等次，“社会服务领域双创带动就业”专项行动考评居全国第三，新增市级以上众创空间5个。实施区级科技项目30个，国家高新技术企业增至213家，新增科技“小巨人”企业10家、企业技术中心4家，技术合同成交额居全市第一。

园区建设。启动盘活利用低效用地试点工作，采取“留改提拆建”模式打造一批特色产业园区。泉州数字经济产业园列入市级首批试点，修规后新增园区用地215公顷、建筑面积316万平方米，完成投资11.3亿元，超序时进度26%，建成标准厂房19万平方米，新签约项目28个、总投资11亿元；建筑服务产业园改造提升楼宇8栋，完成产值35亿元、增长35%，实现税收5500万元；海丝中央法务区泉州片区获批建设，中心园建成投用，泉州市金融纠纷一体化调处中心投入试运营，入驻机构73家；知创产业园新签约项目14个、总投资27亿元，知创大厦开工建设，侨泽园竣工投产；建筑设计与装饰产业园引进企业308家，实现税收3200万元。数字经济领跑泉州市，智慧丰泽云计算中心加速扩容，入选省级数字经济核心产业领域瞪羚企业4家，数字经济占地区生产总值比重提升至62%，居泉州市第一。

城市建设。实施“抓城建提品质”行动，66个城建项目完成投资65亿元。分批次改造提升老旧小区262个，惠及4.8万户。成建制推进征迁交净地项目20个，拆除建筑87万平方米，腾出发展空间150.8公顷，出让土地69.4公顷。加速繁荣泉州中央商务区，新签约项目50个、总投资495亿元，新出租写字楼8万平方米，建成楼宇入驻率增长50%，入驻白领超万人。新建智慧安防小区495个，在泉州市率先实现千兆光纤网络100%覆盖。新增垃圾分类亭100个，新建污水管网11千米。排查处置安全隐患房屋4684栋，拆除“两违”2.5万平方米。打通“断头路”3条，新增停车位1000多个。4个社区入选市级“共建共享”社区治理试点，物业管理矛盾纠纷数下降26%。完成大气治理减排项目5个，空气质量优良天数比例96.2%。创新“河湖长＋”机制，整治北渠沿线排放口17个，东海、城东污水处理厂扩建工程建成投用，国控蟳埔断面水质达三类标准，北水厂集中式饮用水水源地水质达标率100%。清理整治互花米草401.87公顷，综合治理水土流失3.33公顷。加快推进东海城东片区及晋江洛阳江两岸照明提升工程。实施“绿满泉城”行动，新建口袋公园10个，新增绿地11.6公顷。（卢承志）

【洛江区】 位于泉州市中心市区东北部。下辖2个街道、3个镇、1个乡。土地面积374.82平方千米。年末户籍人口21.3万人，常住人口25.6万人。福厦高铁、沈海高速及复线、泉三高速南惠支线穿境而过，泉州高铁站近在咫尺，距离晋江机场20千米，距离国家一类口岸后渚港10千米。耕地面积2848.21公顷，粮食播种面积1887.4公顷，粮食产量1.17万吨。林地面积2.25万公顷，森林覆盖率53.59%，活立木蓄积量149.12万立方米。主要旅游景点有洛阳桥、仙公山、施琅将军陵园、泉州海丝野生动物世界、泉州植物园等。2022年，洛江区获评第六批国家生态文明建设示范区。

2022年，全区地区生产总值355.11亿元，比上年增长3.6%。其中，第一产业增加值5.37亿元，增长6%；第二产业增加值223.38亿元，增长4%；工业增加值193.11亿元，增长3.3%；第三产业增加值126.35亿元，增长2.6%；人均地区生产总值138985元，增长1.9%。农林牧渔总产值11.14亿元，增长6.2%。固定资产投资134.16亿元，增长10.6%。社会消费品零售总额96.28亿元，增长12.7%。外贸出口额85.18亿元，增长17.76%；实际利用外资2085万美元，增长43.1%。一般公共预算总收入27.29亿元，扣除留抵退税因素后增长8.0%；其中地方一般公共预算收入16.44亿元，扣除留抵退税因素后增长9.3%。城镇居民人均可支配收入50599元，农村居民人均可支配收入23826元，分别比上年增长5%、6.7%。

（彭伟雄）

【泉港区】 位于泉州市东北部，辖6个镇、1个街道。面积340.54平方千米。年末户籍人口41.88万人，常住人口36.1万人。全区耕地面积4079.76公顷，粮食播种面积2026.67公顷，粮食产量1.17万吨。林地面积10877.58公顷，森林覆盖率28.36%。水产品产量9.09万吨，主要有牡蛎、鲍鱼、鲈鱼、海带、紫菜等。主要旅游景点有中国历史文化名村后龙镇土坑村、涂岭镇樟脚村，全国文明村涂岭镇黄田村、界山镇东张村、涂岭镇前欧村，中国美丽休闲乡村南埔镇惠屿村，山腰盐场，峰尾古城等。2022年，泉港区入选中国工业百强区，获评福建省平安县（市、区）、省级双拥模范城（县）“六连冠”，泉港石化工业园区综合发展水平位列省级开发区第三。

2022年，泉港区实现地区生产总值696.59亿元，比上年增长2.1%。其中，第一产业增加值13.11亿元，增长2.0%；第二产业增加值516.32亿元，增长0.4%；工业增加值450.95亿元，比上年下降0.9%；第三产业增加值167.16亿元，增长7.8%。农林牧渔业总产值23.38亿元，增长2.2%。固定资产投资（不含农户）134.63亿元，增长20.1%。社会消费品零售总额154.38亿元，增长2.5%。实际使用外资1.34亿美元，增长93.1%。地方一般公共预算收入22.15亿元，下降21.1%（自然增长口径）。城镇居民人均可支配收入44031元，农村居民人均可支配收入26317元，分别比上年增长5.5%、6.0%。

*福建联合石油化工有限公司聚烯烃堆场泉港光伏项目完成建设。*2022年，福建联合石油化工有限公司完成聚烯烃堆场泉港光伏项目建设，第一期正式并网发电。该项目总投资1.23亿元，覆盖面积16万平方米，为福建省在建最大分布式光伏发电项目，建设规划容量21.05兆瓦，设计使用寿命25年，其采用的柔性支架与反吊膜相结合建设模式，为国家能源集团和中石化系统内首创。

*兴通海运在上交所挂牌上市。*2022年3月24日，泉港兴通海运股份有限公司在上交所挂牌上市，发行5000万股，价格为21.52元/股。2012—2022年，兴通海运股份有限公司累计获得沿海省际散装液体化学品船新增运力9.55万载重吨，占同期市场新增运力的22.32%，危化品水路运输能力保持全国前列。

*鲍晓军教授团队获奖。*2022年11月28日，中国化工学会第41次会员代表大会召开，会上公布2022年度中国化工学会科学技术奖获奖名单，清源创新实验室鲍晓军教授团队与福州大学、中国石油大学（北京）、北京化工大学

仙公山风景区位于洛江区马甲镇，方圆13.8平方千米，包括仙公山、仰恩湖、康济宫和亚热带动植物观赏园等。图为摄于2022年的洛江区仙公山风景区

（洛江区政府办 供图）

合作完成的“以天然硅铝矿物为原料的分子筛绿色合成方法”项目，获2022年度中国化工学会科学技术奖“基础研究成果奖”一等奖，研究成果天然硅铝矿物为原料绿色低成本合成高性能分子筛奠定科学基础和提供技术源头。

*石化工业区安全控制区建设启动。*2022年，作为连续10年蝉联中国化工园区20强的泉港石化工业区，其安全控制区专项规划报批成果获泉州市政府批准。该规划综合考虑区域规划、产业发展和延伸、安全生产、空间拓展（地下空间利用）等方面需求，规划远期至2035年，近期至2025年，规划修编范围11.2平方千米，研究范围75平方千米。开展土地连片整理66.67公顷，签约联合石化维保基地、福海粮油烘焙园、福海粮油酵母等项目10个，总投资58亿元。（陈小燕）

【石狮市】 位于泉州市东南部，环泉州湾核心区南端。辖2个街道、7个镇，行政区域面积188.37平方千米。年末户籍人口37.27万人，常住人口69.5万人。全市耕地面积2107公顷，粮食播种面积1126.6公顷，粮食产量5340吨。林地面积1325公顷，森林覆盖率10.87%，活立木蓄积量6.1万立方米。主要旅游资源景点有宝盖山景区、永宁古卫城景区、福建省世茂海上丝绸之路博物馆、石狮十里黄金海岸旅游度假区、石狮湿地公园。2022年，石狮市获评2021年度全国信访工作示范县。

2022年，石狮市地区生产总值1159.68亿元，比上年增长4.2%。其中，第一产业增加值31.56亿元，增长1.7%；第二产业增加值510.37亿元，增长3.4%；工业增加值465.71亿元，增长4.0%；第三产业增加值617.75亿元，增长5.0%。规模以上工业总产值1586.09亿元，增长5.8%。农林牧渔业总产值59.31亿元，增长1.9%。固定资产投资204.69亿元，增长4.8%。社会消费品零售总额641.41亿元，增长3.9%。外贸出口额437.09亿元，比上年下降0.45%；实际利用外资3758万美元，下降44%。一般公共预算总收入58.11亿元，比上年下降2.5%；其中地方一般公共预算收入43.62亿元，增长8.7%。城镇居民人均可支配收入73205元，农村居民人均可支配收入34136元，分别比上年增长4.9%、6.7%。

*“宋元海丝宴”列入全国《地标美食名录》。*2022年6月，石狮市“宋元海丝宴”被列入中国饭店协会发布的《地标名宴》，被列入全国《地标美食名录》。2022年初，石狮市推出“宋元海丝宴”等文化主题宴，把“宋元海丝宴”作为世界遗产的活化项目，讲“世遗”故事，品海丝菜肴，展现宋元时期世界海洋商贸中心独特的美食文化。7月27—28日，首届“宋元海丝宴”暨闽南菜传承创意大赛在石狮市举行，本土的10个餐饮团体近百名厨师参赛。大赛评出团队赛特金奖2名、金奖4名、银奖4名，个人赛特金奖22名、金奖21名、银奖21名。

*2022电商主播大赛总决赛。*2022年7月3日，2022电商主播大赛总决赛在石狮服装城艺术展览中心举行。大赛由商务部电子商务和信息化司指导，福建省商务厅、福建省互联网信息办公室、福建省广播电视局、福建省广播影视集团共同主办，搭建“美、丽、家、乡”四大主题赛道，以福建为中心，吸引湖北、河北、广东、重庆、浙江等全国八大赛区主播近5000人报名。比赛设置阳光赛道、新人赛道和两岸（平潭）赛区展示环节，发布各赛区及福建特色产品、招商引资政策及资源需求，全程线上直播观看661.3万人次。配套举办2022中国（石狮）直播电商资源对接会，100名企业代表参加，设置25个展位的云选好物对接展区，现场促成企业、协会、高校、全国MCN机构签订3项合作协议。

*福建省首份RCEP中韩原产地证书签发。*2022年2月1日，石狮正源水产科技开发有限公司出口韩国的一批货值26.4万美元的冷冻鱼糜，通过国际贸易“单一窗口”直接打印申领到泉州海关驻石狮办事处签发的首份出口韩国的RCEP原产地证书，凭该证书该批商品可获得进口国关税减让约2.4万美元。该证书是福建省首份RCEP中韩原产地证书，标志着《区域全面经济伙伴关系协定》（RCEP）于2月1日对韩国生效，并在泉州关区落地实施。

*全省首个电子商务行业人才评定标准出台。*2022年，石狮市印发《石狮市电子商务行业人才评定与积分管理暂行规定》（简称《规定》），并于5月16日启动电子商务行业人才评定与积分管理工作，该《规定》是全省首个电子商务行业人才评定标准。根据《规定》，电商行业人才可申请参加积分入住、积分入学、积分培训、积分创业等积分服务项目，在石狮从事与电子商务相关岗位满1年的人员或创业人员均可申请。

*泉州开通首条俄罗斯远东外贸集装箱航线。*2022年9月15日，中国泉州—俄罗斯远东航线首航仪式在石狮市石湖港举行，航线沿途挂港顺序为泉州石湖港—广州南沙—海参崴港，单程132小时（5.5天），船期为双周班。

*“名优校+”教育发展共同体建设模式开展。*6月2日，石狮市政府批复同意组建5个小学教育集团，通过实施教育集团化办学，推进教育优质均衡发展，让群众享受“家门口的优质教育”。石狮市第二实验小学、石狮市第三实验小学、石狮市第五实验小学、石狮市第七实验小学、永宁中心小学5个小学教育集团，实行“一校多区、同一法人、统一师资、统一管理”模式，覆盖小学22所，惠及学生1.59万人。创办厦门外国语学校石狮分校教育发展共同体，把永宁中学办为“厦门外国语学校石狮分校永宁校区”，在鹏山实验学校加挂“厦门外国语学校石狮分校合作学校”牌子，推进联盟学校抱团发展；引进泉州第五中学在石狮设立教改基地校。

*石狮光子技术产业园开工。*2022年5月20日，作为福建省重点项目的石狮光子技术产业园一园进入施工阶段。光子产业园一园总投资15.6亿元，总用地面积17.53公顷，总建筑面积41.2万平方米。（林荣荣）

【晋江市】 位于泉州市东南部，辖13个镇、6个街道以及晋江经济开发区和泉州出口加工区。全市土地面积734.03平方千米，海岸线长122千米。年末，户籍人口125万人，常住人口207.6万人。全市耕地面积12791.59公顷，林地面积7362.33公顷。粮食播种面积3587公顷，粮食产量2.44万吨。林地面积7900公顷，森林覆盖率9.17%，活立木蓄积量39.45万立方米。优势矿产主要是饰面用花岗岩、建筑用石材、玻璃用砂和铸型用砂等4种。水生生物资源丰富、种类繁多，海洋捕捞的主要渔获种类有100多种，经济价值较高的有带鱼、鲨鱼、海鳗、鲳、鲷等；浅海滩涂和陆上工厂化养殖的主要贝藻类有牡蛎、缢蛏、花蛤、鲍鱼等；淡水鱼类有青鱼、草鱼、鲢鱼等20多种；海珍品有大黄鱼、石斑鱼、西施舌、鲍鱼、海参、日本对虾、青蟹等10多种。主要旅游景区景点有五店市传统文化旅游区、安平桥（五里桥）景区、围头战地文化渔村、灵源山风景区、七匹狼中国男装博物馆、紫帽山旅游度假区、深沪湾海底古森林遗迹国家级自然保护区、施琅纪念馆、陈埭丁氏宗祠、安海龙山寺、草庵、南天寺、磁灶窑系金交椅山窑址、西资岩、梧林传统古村落、九十九溪流域田园风光等。

2022年，晋江市获批国家进口贸易促进创新示范区、农村综合改革试验区，获评全国工业互联网推动数字化创新领先县（市）。通过首批国家创新型（县）市验收，成为首批国家知识产权强县建设示范县。获评全国首批全民运动健身模范市，蝉联全省城乡建设品质提升综合绩效优异县市。梧林入选中国华侨国际文化交流基地，湖尾村获评国家美丽休闲乡村，五店市获评首批国家旅游休闲街区，南天寺保护修缮获亚太地区文化遗产保护优秀奖。

2022年，全市地区生产总值3207.43亿元，比上年增长4.0%。其中，第一产业增加值22.31亿元，增长2.6%；第二产业增加值1972.91亿元，增长4.3%；工业增加值1907.18亿元，增长4.4%；第三产业增加值1212.21亿元，增长3.4%。规模以上工业增加值增长5.4%。农林牧渔业总产值47.15亿元，增长3.1%。固定资产投资627.48亿元，增长10%。社会消费品零售总额1668.53亿元，增长1.7%。实际利用外资3.25亿美元，增长102.8%。一般公共预算总收入230.95亿元，下降10.1%；其中地方一般公共预算收入150.88亿元，增长3.2%。城镇居民人均可支配收入62055元，农村居民人均可支配收入31916元，分别比上年增长5.1%、5.7%。县域经济基本竞争力保持全国第四，经济实力连续29年居福建省县域首位，跻身Ⅱ型大城市行列。

晋江跻身Ⅱ型大城市。2022年10月，晋江市以常住人口206.16万人、城区人口101.25万人的城市人口规模跻身为国家Ⅱ型大城市（国家根据城区常住人口数量，将城市分为五类七档）。这是晋江经济水平、发展潜力、城市吸引力的综合体现，标志着晋江逐步按照大城市的管理思维实施规划管理。

“晋江经验”20周年纪念活动。2022年8月17日，泉州市委、市政府举行“晋江经验”20周年重大项目开工活动。全市共144个重大项目开工，总投资1837亿元，年度计划投资242亿元。8月19日，福建省弘扬“晋江经验”促进民营经济高质量发展大会举行，大会在福州设主会场、在泉州晋江设分会场。同日，由中共福建省委和人民日报社共同举办的“晋江经验”与习近平经济思想理论研讨会在福州举行。该研讨会在晋江设分会场，专家学者、“晋江经验”亲历者代表等100多人以线上、线下形式参加会议。12月15日，“晋江经验”20周年成就图片展在晋江博物馆正式开展，该次展览全面反映泉州、晋江20年间传承弘扬“晋江经验”的生动历程和系列成就，展现“晋江经验”的时代价值和指导意义。

晋江“全市一区改革”完成。2022年2月11日，晋江经济开发区新塘园区工作正式交接会在新塘园区办举行，晋江“全市一区”改革序幕正式拉开。6月1日，晋江市组织召开“全市一区”园区整合工作部署会，“全市一区”园区整合完成所有园区正式交接。晋江市14个工业园区规划建设、资金投入、经营运作、招商引资、服务配套，均由经济开发区管委会统一负责。开发区联合相关园区属地镇街，构建资源统筹、管理统一、联动发展的“全市一区＋若干专业产业园”发展格局。

福州大学晋江校区正式获批。2022年8月，福州大学晋江科教园正式获省教育厅批复升格为福州大学晋江校区。福州大学与晋江市人民政府于2015年11月签约共建福州大学晋江科教园区。园区总占地面积92公顷，按“两院两园”布局（“两院”即福州大学先进制造学院、福州大学海洋学院，均为全日制教育；“两园”即福州大学国家大学科技园晋江分园、福州大学大学生创业教育园）。2018年4月，首批研究生入驻。2019年，开始本科专业招生，在校生1500人。

三大全国性赛事落地晋江。2022年，中超、NEST、WCBA三大赛事先后落户晋江。2022年10月20日，中超官方宣布晋江市将作为2022赛季中超联赛中立赛区。晋江市足球训练中心体育场、晋江市体育中心体育场将作为中立赛区比赛场地。11月18—20日，2022NEST全国电子竞技大赛年度总决赛在国际级体育场馆晋江市第二体育中心举行。11月30日至12月26日，2022—2023赛季中国女子篮球联赛（简称“WCBA”）第一阶段比赛在晋江市第二体育中心举行。新赛季WCBA17支队伍齐聚晋江，展开角逐。晋江市注重职业赛事扶持，推动篮球、足球等职业赛事发展，成为全国首个拥有顶级联赛男女职篮的县级市，全市有CBA、WCBA、NBL及中乙足球队各1支。

电视连续剧《爱拼会赢》获“五个一工程”奖。2022年12月，中共中央宣传部对第十六届精神文明建设“五个一工程”组织工作先进单位和优秀作品进行表彰。“晋江经验”的现实题材文艺精品力作——35集大型电视连续剧《爱拼会赢》获“优秀作品奖”。《爱拼会赢》是泉州获得“五个一工程”奖的首部电视剧，于2019年9月26日在晋江开机，主要取景于晋江塘东村、安平桥、五店市传统街区等。以两家族、三代人、40年的维度架构，从制鞋、纺织服装、农业食品等多个领域，讲述晋江人白手起家、创业发展的故事。

（林荣国）

【南安市】 位于泉州市西南部。辖3个街道、21个镇、2个乡、2个省级经济开发区。土地面积2031平方千米。年末户籍人口166.34万人，常住人口153.3万人。2022年，全市耕地面积2.29万公顷，粮食播种面积2.59万公顷，粮食产量15.28万吨。林地面积10.94万公顷，森林覆盖率52.7%，活立木蓄积量563万立方米。海岸线长32.8千米。重要矿产资源有铁锰矿、钼矿、钨矿、泥炭、饰面用花岗岩、饰面用闪长岩、工艺用辉绿岩、建筑用花岗岩、叶蜡石等。主要旅游景区景点有九日山风景旅游区、郑成功文化旅游区、蔡氏古民居建筑群、五里桥、凤山寺风景区、灵应寺风景旅游区、天柱山休闲旅游区、雪峰寺、黄巢山自然风景区、山美湖风景区、光前学村等。

2022年，南安市排名全国工业百强第11位、全国投资潜力百强第21位、全国科技创新百强第41位、全国营商环境百强第36位、全国新型城镇化质量百强第35位；获评纸制品省级外贸转型升级基地、国家知识产权强县建设试点县、全国首批水系连通及水美乡村建设试点“优秀”等级、省级生活垃圾分类试点县、省级林下经济重点县、省级保租房重点发展城市、省级双拥模范城、国家首批中医适宜技术防控儿童青少年近视试点县、全省首个“奥运冠军之城”、首批全民运动健身模范县，省级平安县（市）。

2022年，全市地区生产总值1646.05亿元，比上年增长3.7%。其中，第一产业增加值34.68亿元，增长3.3%；第二产业增加值988.31亿元，增长3.7%；第三产业增加值623.06亿元，增长3.9%。农林牧渔业总产值59.5亿元，增长3.7%。固定资产投资496.94亿元，增长11.4%。社会消费品零售总额825.75亿元，增长1.3%。实际利用外资6364万美元，增长61%。一般公共预算总收入100.16亿元，下降2%；其中地方一般公共预算收入68.22亿元，增长16.4%。城镇居民人均可支配收入5.76万元，农村居民人均可支配收入2.95万元，比上年增长5.2%、5.9%。

第18届中国（南安）国际水暖泵阀暨消防器材交易会。8月29—31日，大会在南安市成功国际会展中心举行。交易会设置水暖、泵阀和消防器材三大展区、9个精品展馆、1086个国际标准展位，423家企业参展，展览面积2.5万平方米，展会延续“线上+线下”联动办展模式。交易会首度冠名南安泛家居主题展，围绕顺应“国内国际双循环”发展新趋势，举行7场主题活动。其间，泉州市贸促会与赞比亚华侨华人总会共同发起“走进非洲——赞比亚”推介会；首次设立RCEP跨境电商综合服务区，展示跨境电商相关平台及企业。参展商与3726名采购商、代理商签订意向合同金额32亿元，腾讯家居及展会官方视频号双平台直播“CNPV2022云展会”系列活动，在线观看超过30万人次。

第15届海峡两岸（泉州）农产品采购订货会。9月7—9日，订货会在南安市成功国际会展中心举行。展会采用线上线下相结合的形式举办，设3个线下展馆，展厅面积1.8万平方米、标准展位471个，吸引近300家企业参展。其中，大陆台资企业展位232个、大陆特色农业企业展位215个、“一带一路”沿线国家企业展位24个。订货会设立农旅文创、招商引资、政银企对接等展区，延续“两岸携手、以农为媒、融合发展”的办会主题，展示两岸农业科技、文创、旅游等新元素、新产品、新业态。其间，举办海峡两岸农产品线上云购直播节、南安农旅招商推介对接会暨乡村振兴实地考察之旅、“金融服务两岸融合及乡村振兴”政银企对接会等相关活动。展会达成协议合作意向578笔，意向金额13.8亿元，现场销售4160余万元。

（林雪铌）

【惠安县】 位于泉州市东部，辖12个镇共218个村（社区）。全县陆域总面积573.44平方千米（不含泉州台商投资区，下同），管辖海域面积1725平方千米。年末户籍人口105.81万人，常住人口104.6万人。全县耕地面积13452.01公顷，粮食播种面积9333公顷，粮食产量5.68万吨。林地面积13786.85公顷，林业用地面积1.4万公顷，其中生态公益林面积8477.63公顷，商品林面积5520.08公顷，森林蓄积量91.39万立方米，森林覆盖率22.43%。矿产资源主要以非金属矿产花岗石为主，全县花岗石资源总储量在1亿立方米以上。惠安有众多天然良港，自北至南拥有湄洲湾、大港湾、泉州湾等三大港湾，有条件优越的崇武港、斗尾港、辋川港。斗尾港水深港阔，可供30万吨巨轮自由出入，是全国四大中转港口之一；崇武港是国家级中心渔港。惠安县海洋资源丰富，无居民海岛74个。全县有渔业用海养殖85宗，用海面积298.47公顷，主要养殖品种有牡蛎、鲍鱼、巴菲蛤、对虾、紫菜等。主要旅游景点有集滨海风光、历史文物、风俗民情、雕刻艺术于一体的国家AAAA级旅游景区崇武古城和中国八大最美海岸线之一、有“南方北戴河”之称的崇武海岸。

2022年，惠安县被生态环境部评为2022年度第六批国家生态文明建设示范区。惠安县共青团基层组织改革扩大试点工作被团中央评定为优秀等次，惠安县黄塘溪小流域被水利部评为2022年度国家水土保持示范工程。崇武镇被文化和旅游部评为第二批全国乡村旅游重点镇，被福建省文旅厅评为2022年福建省全域生态旅游小镇，辖区内大岞村、前垵村为省级金牌旅游村。

2022年，惠安县地区生产总值1624.43亿元，比上年增长4.1%，其中第一产业增加值33.33亿元，增长2.3%；第二产业增加值1133.86亿元，增长4.3%；第三产业增加值452.24亿元，增长3.8%。人均地区生产总值15.57万元，增长3.4%。农林牧渔业总产值58.79亿元，增长2.7%。固定资产投资增长16.2%，其中工业投资增长22.6%。社会消费品零售总额575.55亿元，增长2.6%。完成一般公共预算总收入124.47亿元，增长14.5%；其中地方一般公共预算收入43.97亿元，增长7.6%。外贸出口增长8%。实际利用外资16784万美元，增长279.8%。城镇居民人均可支配收入5.48万元，农村居民人均可支配收入2.83万元，全体居民人均可支配收入4.3万元，分别比上年增长5.6%、6.5%、6.1%，居全国百强县第27名、福建省县域经济实力“十强”。

三维招商活动暨“平台赋能产业迭代”发展论坛。2022年12月1日在惠安县举办。活动聚焦“基金+协会+园区”三维招商对接，智库专家、行业领袖、投资大咖齐聚一堂，配套主旨演讲、专业论坛、项目签约、产业考察。活动现场举行惠安县投资环境推介和惠安县“招商引才大使”授牌仪式，聘请牛津大学博士、泉州师范学院光子技术研究中心主任廖廷悌，康奈尔大学博士、福建省绿色环保功能鞋材工程研究中心主任罗水源等多名知名专家学者为惠安县“招商引才大使”。活动设立总规模超60亿元的专项基金，签约行业协会（联盟）16家，5个代表性招商签约项目计划总投资277亿元，驻惠银行机构与园区标准化项目签约总授信52亿元。

惠安乡村讲师团获评全省基层特色宣讲团。2022年，惠安县乡村讲师团被授予“全省基层特色宣讲团”称号，获省级宣传文化事业发展专项资金10万元。讲师团创新打造“1+1+N”理论宣讲工作机制，从理论宣讲、农技宣讲、普法宣讲到文艺宣讲、家风家教宣讲、乡村文明宣讲，从大会场、报告厅到田间地头、农户庭院、渔民渔船、校园课堂，惠安乡村讲师团聚焦“群众聚在哪、阵地就在哪、宣讲讲到哪”，创新宣讲形式，将“沾着泥土、带着露珠、满满烟火气”的理论宣讲送入“寻常百姓家”。（林清泉）

【安溪县】 2022年，安溪县辖15个镇、9个乡。年末户籍人口119.96万人，常住人口99.9万人。全县土地面积2993.79平方千米，耕地面积1.22万公顷，粮食播种面积1.83万公顷，粮食产量9.38万吨。林地面积21.84万公顷，森林覆盖率65.77%，活立木蓄积量949.7万立方米。主要旅游景点有清水岩风景区、凤山风景旅游区、洪恩岩风景区、志闽生态旅游区、国心绿谷生态茶庄园、花千谷景区、溪禾山铁观音文化园等7家A级景区，此外还有李光地故居、云中山、白石岩等旅游景点。2022年，安溪县位列全国经济综合实力百强县市第53位、全国绿色发展百强县市第51位、全国投资潜力百强县市第11位、全国科技创新百强县市第73位，获评福建省经济发展“十佳”县（市）。

2022年，安溪县地区生产总值907.18亿元，比上年增长4.3%。其中，第一产业增加值61.19亿元，增长4.7%；第二产业增加值470.86亿元，增长4.9%；工业增加值395.74亿元，增长5.5%；第三产业增加值375.12亿元，增长3.5%。人均地区生产总值9.07万元，增长4.5%。农林牧渔总产值100.84亿元，增长5.3%。固定资产投资325.12亿元，增长1.1%。社会消费品零售总额683.16亿元，增长6.4%。外贸出口额36.1亿元，下降14.23%。实际利用外资550万美元，下降57.1%。一般公共预算总收入45.87亿元，下降8.5%；其中地方一般公共预算收31.53亿元，比上年下降4.3%。城镇居民人均可支配收入4.05万元，农村居民人均可支配收入2.23万余元，分别比上年增长5.2%、6.8%。

“安溪铁观音一号”卫星成功发射。2022年2月27日11时6分，长征八号遥二运载火箭搭载“安溪铁观音一号”卫星在中国文昌航天发射场发射升空。“安溪铁观音一号”卫星采用轻量化结构设计、高度集成电子学系统、高分辨率超轻量化低成本相机等创新技术，使得整星实现分辨率优于0.75米、成像幅宽大于17千米，重量43千克，具有低成本、低功耗、低重量、高分辨率的特点。“安溪铁观音一号”是安溪县与中科星桥和长光卫星共同合作的一颗遥感卫星，也是安溪县进行数字产业化探索的首个重大举措。

“安溪铁观音二号”卫星成功发射。2022年4月30日11时30分，长征十一号运载火箭将“安溪铁观音二号”卫星在东海海域的海上发射平台送入预定轨道，发射获得成功。“安溪铁观音二号”卫星具备高分辨率、高集成度和智能化特点，在轨道高度535千米，成像宽幅15千米，每天可获取19.6万平方米的全球对地观测数据。“安溪铁观音二号”卫星由安溪县与中科星桥和长光卫星共同合作研制，是福建省首颗分辨率达到0.5米的光学商业遥感卫星。“安溪铁观音二号”卫星与“安溪铁观音一号”卫星一同实现对地组网观测的能力。

“安溪铁观音茶文化系统”列入全球重要农业文化遗产。2022年5月6日，联合国粮食及农业组织（FAO）对安溪铁观音茶文化系统开展线上考察。安溪县为第一个接受线上考察的重要农业文化遗产候选地。5月20日，联合国粮食及农业组织（FAO）公布，“中国福建安溪铁观音茶文化系统”被认定为全球重要农业文化遗产（GIAHS）。

铁观音制作技艺入选世界非遗。2022年11月29日，联合国教科文组织保护非物质文化遗产政府间委员会第17届常会宣布，将“中国传统制茶技艺及其相关习俗”列入人类非物质文化遗产代表作名录。铁观音制作技艺作为“中国传统制茶技艺及其相关习俗”项目之一，列入人类非物质文化遗产代表作名录。

泉州白濑水利枢纽主体工程建设。2022年9月，泉州白濑水利枢纽工程大坝主体工程首仓碾压混凝土开仓浇筑。该仓混凝土浇筑方量8000立方米，大坝主体工程进入碾压混凝土施工阶段。

（苏锦生）

【德化县】 位于泉州市西北部。辖12个镇、6个乡。土地面积2203.74平方千米。年末户籍人口35.39万人，常住人口33.8万人。全县耕地面积13927.76公顷，粮食播种面积9222.4公顷，粮食产量6.13万吨。林地面积18.17万公顷，森林覆盖率73.7%，森林蓄积量2103万立方米。全县年均降水量1769毫米，是省内多雨区之一；全县可供开发的水力资源31.2万千瓦，有水电装机容量28.7万千瓦，位居福建省前列，是国内首批100个农村电气化试点县之一，2004年在全省率先成为全国水电农村电气化县。县内孕育有“三黑三黄”生态安全绿色农产品（“三黑”指黑鸡、黑羊、黑兔，“三黄”指黄花菜、德化梨、茶油），拥有德化黑鸡、德化黑兔、德化淮山、德化黄花菜、十八学士茶花、德化梨、德化黑羊、大铭生姜等8个国家农产品地理标志及1个地理证明商标“赤水掌瓜”，获评中国早熟梨之乡、中国油茶之乡、中国竹子之乡。重要矿产资源有陶瓷土（包括高岭土矿、瓷石矿）、铁、黄金、石灰石、地热水等矿种29个，其中金属矿11种、矿床点38处，非金属矿18种、矿床点139处。已探明资源储量的有铁、金、陶瓷土等18种。主要旅游景点有国家AAAA级景区戴云山国家级自然保护区，九仙山国家AAAA级景区，云龙谷国家AAA级景区，岱仙湖、龙门湖、银瓶湖国家级水利风景区；石牛山国家地质公园、国家森林公园等9块“国字号”生态旅游品牌，位列中国县域全生态百优榜，获评首批国家生态文明建设示范县、国家生态县、国家园林县城、全国绿化模范县，以及中国最佳生态旅游县、国家全域旅游示范区。2022年，德化县获评国家消费品工业“三品”战略示范城市、中国创新百强县，入选2022年度县市电商竞争力百佳样本县。2022年12月30日，“世界陶瓷之都·德化”号动车首发，德化结束不通铁路的历史。

2022年，全县地区生产总值353.44亿元，比上年增长4.7%。其中，第一产业增加值13.43亿元，增长4%；第二产业增加值211.42亿元，增长6%；工业增加值162.98亿元，增长5.1%；第三产业增加值128.59亿元，增长2.8%。人均地区生产总值10.47万元，增长4%。规模以上工业增加值增长7.1%。农林牧渔业总产值25.11亿元，增长4.1%。固定资产投资138.99亿元，增长27.5%。社会消费品零售总额150.8亿元，增长5.7%。一般公共预算总收入22.64亿元，下降1.1%；其中地方一般公共预算收入15.97亿元，增长9.7%。城镇居民人均可支配收入4.27万元，农村居民人均可支配收入2.12万元，分别比上年增长4.4%、6.5%。

德化窑列入国家考古遗址公园立项名单。2022年12月29日，国家文物局公布第四批国家考古遗址公园名单和立项名单，泉州市德化窑考古遗址公园入选第四批国家考古遗址公园立项名单。德化窑考古遗址公园总面积67.4公顷，包括龙浔镇的屈斗宫遗址片区、三班镇的尾林—内坂—大垄口—梅岭遗址片区，公园内涵盖宋、元、明、清各个时期的窑址21处以及瓷土加工区、生产作坊区、瓷帮古道、河流等遗存，系统性、珍贵性和保存的完整性在福建乃至全国都较为少见，整个制瓷业态非常完整。其中，德化窑址（尾林—内坂窑址、屈斗宫窑址）作为“泉州：宋元中国的世界海洋商贸中心”遗产点之一，于2021年7月25日列入《世界遗产名录》，成为全球首批瓷窑类的世界遗产。

（邱巧丽）

德化窑址（屈斗宫）遗址。摄于2022年　（德化县政府办　供图）

【永春县】 位于泉州市西北部。辖18个镇、4个乡。土地面积1455.44平方千米。年末户籍人口59.48万人，常住人口41.9万人。全县有农用地13.1万公顷，粮食播种面积1.45万公顷，粮食产量9万吨。林地面积10.56万公顷，森林覆盖率69.69%，活立木蓄积738.46万立方米。重要矿产资源有煤炭、水泥用灰岩、高岭土等。主要旅游景点有牛姆林、北溪文苑2个国家AAAA级旅游景区，有百丈岩、魁星岩、乌髻岩、仙洞普济寺、雪山旅游区5个国家AAA级旅游景区，以及国家AA级旅游景区5个、全国农业旅游示范点2个；省级观光工厂3个、省级生态旅游示范区3个、省全域生态旅游小镇2个、省“金牌旅游村”4个、省级乡村旅游特色村26个。2022年，永春县获评2022年国家乡村建设评价样本县、2022年度国家水土保持示范县、全国信访工作示范县，列入2022年国家现代农业产业园创建名单。

2022年，全县地区生产总值543.91亿元，比上年下降2.4%。其中，第一产业增加值28.07亿元，增长4.6%；第二产业增加值325.17亿元，下降4.9%；工业增加值295.26亿元，下降5%；第三产业增加值190.67亿元，增长0.9%。人均地区生产总值12.93万元，下降2.0%。规模以上工业总产值889.94亿元，下降3.4%。农林牧渔业总产值50.15亿元，增长5.2%。固定资产投资85.05亿元，增长2.6%。社会消费品零售总额188.78亿元，增长2.0%。外贸出口额（出口商品总值）55725.26万美元，增长6.58%。实际利用外资1592万美元，增长163%。一般公共预算总收入20.3亿元，增长6.8%；其中地方一般公共预算收入13.85亿元，增长9.9%。城镇居民人均可支配收入3.94万元，农村居民人均可支配收入2.18万元，比分别上年增长3.6%、6.9%。

永春县获评福建省经济发展“十佳”县。2022年，永春县实施城镇低效工业用地再开发，国企改革实质性突破，创建国家现代农业产业园和国家农村产业融合发展示范园，启动建设农产品集中加工区，加快推进海峡两岸农文旅融合发展示范区，产业结构调整迈出新步伐。11月，获评福建省经济发展“十佳”县。

“五全”招商。2022年，永春县建立县领导挂钩重点招商项目、分级负责、三级协调、正向激励、联席会议等机制，召开各类招商会180多场次。组织参加市签约活动2场，签约项目53个，总投资361.05亿元；组织县签约活动2场，签约项目17个，总投资167.4亿元。发布全市首个“招商全景地图”，提供可供应地块35个392.33公顷、可用招商空间75.64万平方米，实现客商“云端”考察。摸排全县行政事业单位（含下属国有企业）闲置资产，查清闲置资产110处、面积81.47万平方米。梳理第一批低效用地再开发的企业用地34宗，通过再开发提升方案26宗。至年底，全县签约项目168个，计划投资700.71亿元。其中，正式合同项目143个，占全年任务143%；计划投资563.61亿元，占全年任务112.72%。

农业产业园区创建。2022年4月，永春县现代农业产业园入选2022年国家现代农业产业园创建名单。该产业园规划面积547平方千米，以芦柑产业和农作物种业（柑橘、茶叶）两大优势产业为主导产业，形成一二三产融合发展的芦柑产业链和育繁推一体化的种业产业链，谋划种质资源保护和良种繁育工程、规模化标准化种植基地建设工程等七大工程33个项目、总投资约26.21亿元。至年底，产业园总产值约83.53亿元，主导产业产值约55.71亿元，33个建设项目全部开工，完成投资约123.25亿元。

工业园区产业园标准化建设。2022年，永春县围绕产业提档升级和园区提质增效目标，以园区为载体、以项目为支撑、以招商为抓手，有序推进园区标准化建设。选址县工业园区南星片区作为园区标准化建设试点项目建设智慧陶瓷家居产业园。至年底，永春九牧智慧制造产业园一期项目建成，智慧陶瓷家居产业园试点项目建筑主体封顶，谋划生成新型打印材料产业园、美岭智慧产业园、农产品集中加工区、中小微香企创业园等新项目。 （*颜志嘉*）

【泉州台商投资区】 位于泉州市中心城区东部，辖4个乡（镇），区域面积218平方千米，年末户籍人口22.8万人，常住人口25.5万人。耕地面积3428公顷，粮食播种面积1673公顷，粮食产量0.82万吨。全区林地面积4423公顷，其中生态公益林面积2930公顷，森林覆盖率20.53%，森林蓄积量20.57万立方米。矿产资源以花岗岩为主。海水鱼类主要有鳓鱼、黄鲫、遮目鱼、尖头银鱼、青石斑鱼等。拥有“中国八大最美海岸线”之一的秀涂至崇武海岸线，中国古代四大名桥和泉州世遗点之一的洛阳桥，“福建十大美丽海岛”的大坠岛，福建省级自然保护区洛阳江口红树林湿地，泉州最大江海交汇湖泊的百崎湖，共866.67公顷的三大城市主题公园等自然生态资源，是全国著名的“雕刻之乡”。主要旅游景点有洛阳桥、八仙过海欧乐堡景区、海丝艺术公园、海丝生态公园、玉沙湾、月亮湾、龟山湾、浮石营地、上塘雕艺街等。

2022年，全区地区生产总值401.92亿元，比上年增长4.8%；规模以上工业增加值增长7.8%；第三产业增加值113.61亿元，增长2.5%。社会消费品零售总额103.23亿元，增长5.1%。固定资产投资181.13亿元，增长19.1%。一般公共预算总收入28.89亿元，增长15.2%；其中地方一般公共预算收入18.35亿元，增长9.9%。实际利用外资4048万美元，增长71.6%。

“项目攻坚2022”活动。2022年，泉州台商投资区举办重点项目集中开竣工活动4场、集中开（竣）工项目82个、总投资5356亿元，188个区级、49个市级、15个省级重点项目分别完成投资243亿元、167.7亿元、96.7亿元，完成年度计划的100.5%、121.1%、120.6%。其中，150个区级在建项目、40个市级在建项目、14个省级在建项目分别完成投资238.5亿元、162.7亿元、96.5亿元，完成年度计划的105.1%、123.9%、121.1%。新开工建设科华中盈石墨烯新材料、玖龙智能包装等62个项目，完成年度计划的101.6%；建成（部分建成）中南高科、唯科模塑等41个项目，完成年度计划的105.1%。

第十四届海峡论坛“青春闽台缘·筑梦泉州湾”两岸青年研讨会。2022年7月28日在泉州台商投资区举行。启动仪式上，泉州台商投资区管委会授予泉台人力资源产业园“福建省台湾青年之家”牌匾。现场还分别举行台青创业项目、台青人才交流项目合作签约仪式。台青跨境电商基地项目、台青国际物流平台项目、台青科技人才孵化基地项目分别进行签约。武汉瀚台神农业科技有

限公司、北京外企人力资源服务（福建）有限公司、亚台青创业孵化器经营管理（成都）有限公司等两岸人才交流项目分别与泉台人力资源有限公司签约。研讨会期间，举行创业青年论坛、互联网平台推介、两岸青年主旨演讲、“相约世遗之城，品读海丝文化”参访活动等系列活动。

首艘超5万吨级集装箱船舶“新滨鸿”号吉水仪式。2022年8月5日在江苏省泰州市高港区举行。“新滨鸿”号由福建长安船务有限公司投资，上海船舶研究设计院设计，泰州三福船舶工程有限公司承建。该船长197米，型宽32.2米，型深16.7米，满载载重量5万吨，是泉州台商投资区最大型的集装箱船舶。“新滨鸿”号建造总投资约1.7亿元，是2022年百崎乡签约的长安船务增资扩营的项目。该项目总投资5亿元，后续还有新的主投资建设。

（曾宪镔）

【泉州经济技术开发区】 地处泉州南大门，是泉州南翼新城的重要组成部分，于1996年12月开始开发建设，2010年6月升格为国家级经济技术开发区。经国务院批准纳入国家级开发区范围的面积12.5平方千米（含综合保税区3平方千米）；与晋江市合作开发的泉州特种汽车基地4平方千米；与南安市政府合作开发的官桥园区15平方千米。2022年有商住小区17个，在建楼盘小区2个，常住人口51024人。全区有市场主体1.35万家，规模以上工业企业131家，限额以上企业133家，产值超亿元企业48家；税收超亿元企业2家，超千万元企业14家；上市企业8家，拟上市重点企业3家；拥有中国驰名商标11件，作为主要起草单位参与国家行业标准制定企业9家；国家级工程研究中心等“国字号”科技品牌81家（项），科技“小巨人”领军企业23家，国家高新技术企业75家，省级专精特新中小企业10家、制造业单项冠军企业2家。形成纺织鞋服、电子信息、机械制造、医药食品等4个主导产业。每万人发明专利拥有量96.25件，每万人中拥有高层次人才71人。泉州开发区曾获全国模范劳动关系和谐工业园区，连续2年被工信部评为五星级国家新型工业化产业示范基地，成为全省首个、全国第五个被联合国工发组织授予“绿色开发区”的开发区。在2022年省试点园区标准化评价中，泉州开发区综合评分位列全省第七，获评全省机制创新专项第一名。

2022年，泉州开发区生产总值220.24亿元，比上年增长1.1%；工业增加值160.83亿元，增长0.5%；第三产业增加值57.01亿元，增长2.3%。一般公共预算总收入12.91亿元，比上年下降4.5%；其中地方一般公共预算收入6.14亿元，下降3.2%。全社会固定资产投资13.31亿元，增长12.44%。社会消费品零售总额127.94亿元，增长7.1%；出口商品总值51.84亿元，下降2%。实际利用外资（验资口径）12556万美元，增长319.69%。其中，社会消费品零售总额、实际利用外资增速排在全市前3位。 （徐勤友）

三 明 市

【概况】 三明市位于福建省西部和西北部，1958年成立三明重工业建设委员会开始工业建设，1960年设立省辖三明市，1963年成立三明地区行署，1983年地市合并设立省辖三明市至今。2022年，三明市辖2个区、8个县、1个市，土地面积2.29万平方千米（市区面积2970.45平方千米）。2022年末户籍人口285.61万人，常住人口245.5万人。三明市是福建省主要农作物产区，粮食、水果、笋竹、食用菌和苗木花卉等产量居全省前列，2022年全市耕地面积16.27万公顷，粮食播种面积16.15万公顷、粮食产量95.39万吨，分别比上年增长0.14%、0.19%。全市森林覆盖率77.12%，森林面积177万公顷、约占福建省的1/5，森林蓄积量2.1亿立方米、约占全省的1/4，被誉为“中国绿都”“绿色宝库”。已发现各类矿产79种，在储表登记入册的矿产49种，其中煤储量约占福建省的35%，钨、铁、铅锌、石灰岩、萤石、稀土、重晶石等矿产储量在福建省占有重要位置。全年水资源总量226亿立方米。拥有泰宁世界自然遗产、世界地质公园和全球重要农业文化遗产——尤溪联合梯田等3个世界级品牌及200多处国家级文化旅游资源品牌；拥有国家A级旅游景区73个，数量居福建省首位，其中AAAAA级旅游景区1个、AAAA级景区23个、AAA级景区49个。三明建市时间不久，但历史悠久，是闽江之源，福建的母亲河发源于三明；是闽人之源，在万寿岩发现的古人类遗址，把福建人类活动的历史推向18万年前，习近平总书记在福建工作时专门作出重要批示；是闽学之源，“闽学四贤”中的杨时、罗从彦、朱熹都出生在三明；是闽师之源，三明学院的前身是福建最早的师范学校——全闽师范学堂，开国上将、福建省委原第一书记叶飞专门题赠“闽师之源”。同时，三明是客家祖地，宁化石壁是中国历史上客家人大迁徙的中转站，建有世界唯一的客家公祠，是世界客属寻根谒祖的朝圣中心。三明全域都是中央苏区县，自1927年开始，中国共产党就在宁化、清流、明溪（归化）、建宁、泰宁、将乐、沙县、永安、尤溪、大田等县传播革命思想，进行革命活动。此后，工农武装斗争的星星之火四处点燃。进入20世纪30年代前期，境域内普遍建立工农政权苏维埃政府。习近平总书记所指的福建37个原中央苏区县（市、区）中，三明11个县（市、区）都涵盖在内，是中央苏区的核心区，是中央红军长征的4个出发地之一，是二十年红旗不倒的革命根据地，是伟人革命的重要实践地，毛泽东、朱德、周恩来等老一辈革命家曾在三明从事重要革命实践，为中国革命作出重大贡献和巨大牺牲。毛泽东在三明革命实践时写下“风展红旗如画”的诗句，成为三明中央苏区红色文化品牌的鲜明写照。

2022年，三明市入选国家林业碳汇试点市，获批海峡两岸乡村融合发展试验区，列入国家首批、全省唯一的国家气候投融资试点城市，入选积极应对人口老龄化重点联系城市名单、全国居家和社区基本养老服务提升行动项目地区，被列为中国工程院“全民健康管理工程研究”重大战略咨询项目实证研究基地，“完善生态法治体系，推进生态文明建设”经验获中央依法治国办通报肯定，三明医改第六次受国务院督查激励，基础教育综合改革入选2022年福建省改革试点成果表扬名单。

2022年，全市地区生产总值3110.14亿元，增长3.1%。其中，第一产业增加值339.6亿元，增长4.5%；第二产业增加值1580.92亿元，增长3.3%；工业增加值1148.85亿元，增长2.4%；第三产业增加值1189.62亿元，增长2.3%。人均地区生产总值12.60万元，增长3.8%。一般公共预算总收入158.05亿元，剔除增值税留抵退税因素，下降1.6%，其中地方一般公共预算收入111.35亿元，增长6.3%。规模工业增加值增长3.3%。农林牧渔业总产值573.19亿元，增长4.8%。固定资产投资1216.01亿元，增长9.4%。社会消费品零售总额883.27亿元，增长3.7%。外贸出口额137.90亿元，增长18.3%。实际利用外商直接投资4.19亿元，增长123.8%。城镇居民人均可支配收入44627元，增长5.5%；农村居民人均可支配收入23228元，增长7.5%。城乡居民社会养老保险参保125.16万人；全市城乡居民基本医疗保险参保213.42万人，职工基本医疗保险参保44.82万人。城市生活污水集中处理率96.57%，城镇生活垃圾无害化处理率100%。

【产业转型升级】 2022年，三明市政府制定出台推进种业振兴行动二十条措施，全市整治撂荒耕地2080公顷，粮食总产量95.39万吨；杂交水稻制种面积、产量均保持全国第一，建宁、泰宁、宁化、尤溪4个县列入国家新一轮制种大县名单；232家市级以上农业龙头企业营收超255亿元，增长4.3%；沙县夏茂镇列入国家级农业产业强镇。制定出台重点企业增资扩产促进转型升级方案，强化科技赋能，新增国家高新技术企业67家、专精特新企业16家，展化化工成为三明市首家国家级单项冠军企业。全市高技术产业增加值增长15%、战略性新兴产业增加值增长超8%。新增房建一级资质企业16家，增长54.6%。出台加快服务业发展“1+3”政策，全市新增限额以上商贸企业160家、规模以上服务业企业71家，分别增长180.7%、195.8%，完成“主辅分离”企业30家；建成三钢闽光大数据中心、中国联通工业互联网研究院三明分院，4家企业入选数字经济“独角兽”或“瞪羚”企业，永安、尤溪、大田被授予首批省级数字乡村试点县（市）；上线运营“智慧游三明”App，全市游客接待量超3850万人次，旅游总收入超300亿元。

【区域合作】 2022年3月，国务院印发《关于同意建设赣州、闽西革命老区高质量发展示范区的批复》。5月，国家发展改革委印发《革命老区重点城市对口合作工作方案》等系列文件。宁化应急产业园、明溪原料药绿色生产基地、清流华润绿色高新建材产业园、建宁粮食产业融合发展示范园、“百越专列进泰宁”等项目加快实施，省直单位对口支援实现11个县（市、区）全覆盖。沪明对口合作全面展开，上海市政府和福建省政府印发《上海市与三明市对口合作实施方案（2023—2025年）》，推进开展红色文化交流、农产品销售、文旅及教育卫生事业合作等重点工作。京闽科技合作持续拓展，三明中关村科技园获批省级科技企业孵化器，入驻企业224家，中国机械科学研究总院海西分院开启第三轮三方共建。推进闽西南协同发展区建设，厦明火炬新材料产业园、泉三高端装备产业园新引进产业项目25个、总投资45亿元，16个项目建成投产。明台合作交流持续深化，第十七届林博会、首届海峡两岸（三明）乡村融合发展论坛成功举办，海峡两岸乡村融合发展试验区正式获批。

【特色改革】 2022年，三明成功申报公立医院改革与高质量发展示范项目，7个县级总医院入选国家“千县工程”，95%以上基层医疗卫生机构达到国家基本标准或推荐标准；创建“无陪护”“无红包”医院，出院患者和职工满意度分别居全省第一、第二位；在全省率先完成市、县两级疾病预防控制局和中医药管理局组建挂牌工作。制定进一步推进林业改革发展二十条措施，入选国家林业碳汇试点市，首届全国林草碳汇高峰论坛在三明市举办，福建沙县农村产权交易中心成为全省首家区域性农村综合产权交易平台，并投入运营。三明市“总校制”改革、留守儿童“雏燕”关爱行动入选全国基础教育优秀工作案例，年度新增公办幼儿园和中小学学位2.47万个，学前教育公办率、普惠率居全省前列，课后服务实现全市所有义务教育学校和有需求的学生“两个全覆盖”。推出“福碳贷”等绿色金融产品，三明市列入国家首批、全省唯一的国家气候投融资试点城市，沙溪流域生态治理及资源化一体开发EOD项目入选国家试点，全市绿色信贷余额235亿元，增长28%。推进政务服务减程序、简手续，全面推行“一窗通办”便民举措，“一件事”集成套餐服务事项增至623项，“一趟不用跑”和“最多跑一趟”事项比例提升至99.9%。

【资源整合】 2022年，依托三明经济开发区、三明高新技术产业开发区为主体，三明市分别整合三元区、沙县区相关工业园，年内正式运营。建立全市统一调配的利益分配机制，加强矿产资源全市统筹，推动矿产资源往产业集中、往园区集中、往深加工拓展。推动泰宁、建宁、将乐等地旅游资源整合，打造环大金湖旅游度假区。

【城乡建设】 2022年，三明市政府编制完成“三沙永”融合发展规划，出台支持生态新城加快发展十条措施，市委党校、市疾控中心完成整体搬迁。市区实施老旧小区改造项目82个、直接受益群众2.32万户，儿童公园、户外劳动者“暖心驿站”等一批便民设施建成使用，市区餐厨垃圾、飞灰垃圾处理等项目投入运营，启动实施城市防洪排涝系统能力建设，福建省城市精细化管理研究培训中心落户三明。完成1046个村庄规划编制，培育38条乡村振兴精品示范线，沙县小吃管理服务标准化项目入选国家级试点。全市有7个县进入全省空气质量前10名、5个县进入全省水环境质量前10名，数量均为全省第一。泰宁入选全国水系连通及水美乡村建设县。（潘　烨）

【三元区】　位于三明市中部，辖7个街道、1个乡、4个镇、1个经济开发区。土地面积1151.42平方千米。年末户籍人口30.4万人，常住人口41.05万人。全区耕地面积4400公顷，粮食播种面积3044公顷，粮食产量1.9万吨。林地面积9.19万公顷，森林覆盖率79.83%，活立木蓄积量1109万立方米。重要矿产资源有煤、石灰岩、萤石、建筑用砂石等。主要旅游景点有万寿岩文旅小镇、格氏栲森林公园、三钢工业旅游区、瑞云山风景区、正顺庙。三元区有大中小学校51所，各级绿色学校42所，占比82.35%。创新以林票制模式营造碳中和林102公顷。11月，三钢工业旅游区获评国家工业旅游示范基地、国家AAAA级旅游景区，为福建省唯一一家国家工业旅游示范基地。

2022年，三元区地区生产总值716.05亿元，比上年增长2.8%。其中，第一产业增加值25.59亿元，增长5.3%；第二产业增加值362.77亿元，增长5.0%；工业增加值增长4.0%；第三产业增加值327.69亿元，增长0.3%。人均地区生产总值174773元，增长2.4%。规模以上工业总产值增长9.0%。农林牧渔业总产值43.66亿元，增长5.8%。固定资产投资增长24.2%。社会消费品零售总额209.6亿元，增长4.6%。外贸出口额16.12亿元；实际利用外资4717万元，增长36%。一般公共预算总收入14.62亿元，比上年下降19.6%；其中地方一般公共预算收入10.48亿元，下降2.0%。规模以上工业增加值增长4.4%。

重点项目建设。2022年，三元区生成项目76个，总投资136.2亿元；获批预算内投资项目22个，补助资金7600多万元；争取地方政府专项债券项目11个10亿元、一般债券项目23个1.3亿元。34个省市重点项目完成投资近77.7亿元，60个“百日攻坚大会战”重点项目完成投资74.1亿元。出台“稳经济促发展58条”等助企纾困措施，新增“四上”企业87家。推动技改项目78个，总投资143.7亿元。申报省重点技改项目16个。毅君机械获评国家专精特新“小巨人”企业。全年招商引资完成签约项目125个，总投资额241.95亿元，其中亿元以上项目97个，总投资额224.84亿元；新增招商项目落地开工41个，总投资额77.05亿元，其中亿元以上项目33个。推进三明大坂现代物流园基础设施提升、客家国际大酒店等50个项目建设，全年完成投资47亿元。全闽乐购促消费系列活动带动消费1.5亿元以上。

城乡建设。完成土地征收60多公顷。总投资约4.7亿元，完成徐碧“城中村”改造、陈碧农村公路等省市区为民办实事项目44个。实施老旧小区改造项目22个，涉及小区31个12197户，打造丁香新村、和仁片区作为全市示范样板。城区居民生活垃圾分类基本实现全覆盖。创建乡村振兴省级试点村10个，全区自营性收入10万元以上的村68个。完成高标准农田建设433公顷、撂荒地复垦面积320公顷，粮食播种面积3040公顷、产量1.9万吨。实施“百镇千村”试点项目，建成投产现代农业项目10个，完成投资3.8亿元。建立起百亩商品有机肥示范片和千亩优质稻产销衔接示范片。

沪明对口合作。建立革命老区高质量发展示范区建设、沪明对口合作2个重大专题项目储备库，全年储备项目109个，其中沪明情——文化街区项目（一期）、三明八中教学综合楼重建项目纳入2023年度上海市与革命老区对口合作资金计划安排表。10月，举办三元区沪明科技创新研究院启动仪式暨沪明对口合作项目集中签约活动，其中上海交通大学新农村发展研究院与三元区政府签订乡村振兴框架协议，三元区政府、上海永乐股份有限公司与福建省闽光文化旅游发展有限公司签订文创产业三方协议等签约活动6个。（王培敏）

【沙县区】　位于三明市北部偏东，辖6个镇、4个乡。土地面积1815平方千米。年末户籍人口27万人，常住人口24.9万人。全区耕地面积1.14万公顷，粮食播种面积1.17万公顷，粮食产量7.51万吨。林地面积13.98万公顷，森林覆盖率77.74%，活立木蓄积量1519.82万立方米。沙县非金属矿产比较丰富，亦有部分稀有金属矿产，发现的矿产29种，有无烟煤、泥煤、铁、锰、铜矿等。沙县区有国家AAAA级旅游景区1个（沙县小吃文化城），国家AAA级旅游景区4个（七峰叠翠森林公园、荷山红军遗址、如意湖·湿地公园、俞邦·沙县小吃第一村），国家地质公园1个（三明郊野国家地质公园），省级旅游度假区1个（淘金山旅游度假区），省级风景名胜区1个（七仙洞—淘金山），全国休闲农业与乡村旅游示范点、省级乡村旅游四星级经营单位1个（马岩生态园），全国乡村旅游重点村1处（俞邦村），省级全域生态旅游小镇1个（夏茂镇），省级金牌旅游村2处（俞邦村、水美村），省级森林公园3处（大佑山、罗岩山、天湖），省水乡渔村示范基地4处（马岩生态园、恒德温泉农庄、上官农场、车头农场），旅游休闲集镇1个（富口镇），旅游特色村13个，旅游扶贫村7个，全国重点文物保护单位1处（水美土堡群），国家级非物质文化遗产代表性项目1个（沙县小吃制作技艺）。

2022年，沙县区获“2022年美丽中国·深呼吸小城”称号。沙县区夏茂镇被列入国家级农业产业强镇和全国乡村特色产业超10亿元镇。夏茂镇俞邦村获评2022年中国美丽休闲乡村、全国先进基层群众性自治组织。三官堂小学“书香校园建设”入选中国教育报遴选的全国创新案例。沙县小吃产业作为全省唯一项目入选全国首批小微企业质量管理体系认证行动区域试点名单。沙县区融媒体中心入选全国服务农民、服务基层文化建设先进集体，为全省唯一入选的县级融媒体。

2022年，全区地区生产总值375.79亿元，比上年增长4.0%。其中，第一产业增加值33.93亿元，增长3.9%；第二产业增加值219.27亿元，增长4.4%；工业增加值158.08亿元，增长3.3%；第三产业增加值122.59亿元，增长3.3%。人均地区生产总值15.06万元，增长4.4%。规模以上工业总产值1120.87亿元，增长5.3%。农林牧渔业总产值57.33亿元，增长4.2%。固定资产投资109.93亿元，增长17.4%。社会消费品零售总额109.99亿元，增长5.1%。外贸出口额2.08亿美元，增长12%。实际利用外资562.8万美元，增长217%。一般公共预算总收入14.06亿元，下降10.1%；其中地方一般公共预算收入10.58亿元，增长7.5%。城镇居民人均可支配收入4.55万元，农村居民人均纯收入2.60万元，分别比上年增长5.2%、6.9%。

沙县小吃产业转型升级。2022年，三明市政府引导沙县小吃相关“二产”企业向沙县区聚集；在各县（市、区）打造小吃原材料种养殖基地，完善“一产”链条；推动沙县小吃与文旅康养产业融合发展，带动“三产”提升，引入电商企业，畅通线上销售渠道，提升沙县小吃数字化水平，创新构建现代化的供销管理模式。通过统一行动，整合力量，推进沙县小吃产业全面转型升级。全区新增制定烧麦等5项沙县小吃核心产品团体标准，完成39种口味“沙县酱”研发，全国加盟店3821家；日本、法国等全球66个国家沙县小吃门店174家。

乡村振兴。2022年，沙县区获评省级落实促进乡村产业振兴和改善农村人居环境激励县（区）。推进武夷岩茶优势特色集群项目、南阳乡百万羽蛋鸡养殖项目，中国南方稻种研发展示基地（二期）建设项目竣工验收；夏茂镇被列入国家级农业产业强镇和全国乡村特色产业超10亿元镇。郑湖乡、南霞乡获评省级乡村治理示范乡镇，大洛镇昌荣畲族村获评全省民族团结进步重点单位，古县村等24个村获评省级乡村治理示范村。

医改“六大工程”。2022年，三明医改实施全民健康管护体系完善工程、公立医疗机构薪酬制度完善工程、卫生健康人才培养工程、医疗服务能力提升工程、医防融合提升工程、中医药健康促进工程，推进医改再出发。沙县区打造全国首个区县级国家基本公共卫生质控监测平台，推进乙肝病毒感染者规范治疗项目试点及“优质服务基层行”创建。在三明市县级医院中率先设立肿瘤科，填补学科空白。推进全国基层中医药工作示范区创建工作，成立区中医药管理局，《沙县小吃传统药膳植物调查分析与应用》项目获中国中医科学院中药资源普查科学技术奖三等奖。

林改“五大体系”构建。2022年，沙县区全面推行30立方米以下林木采伐审批告知承诺制，新增“四共一体”（股权共有、经营共管、资本共享、收益共盈）专业化联营1400公顷，新增发行林票2060万元。碳中和系列活动有序开展，竹林碳汇“CCER”项目推进，获评全省林下经济重点县。全省首个区域性农村综合产权交易平台——福建沙县农村产权交易中心正式揭牌运营。在三明市率先成立林长制指挥中心，获评全省唯一2021年度全面推行林长制工作成效明显激励县（区），沙县区林业局获评福建林业改革发展20年突出贡献集体。

文旅消费。2022年，沙县区承办全国和全省青年手球锦标赛、全省全民健身运动会气排球锦标赛等各类国家级、省级赛事15场次。举办2022年“中国旅游日”福建分会场、非遗美食集市等活动，俞邦民宿群投入使用，罗岩福道、沙县小吃主题乐园等新一批网红旅游点相继开放，露营地、古街巷打卡点引爆夜游经济，浙江卫视《奔跑吧》节目组到沙县录制，广电网络“万福千屏”首个超百平8K户外屏落地沙县。开展“福购虬城”等系列线上促消费活动，投入政府性促消费专项资金396万元，带动市场消费8000万元以上。

公共服务事业。2022年，沙县区民生支出21.9亿元，占一般公共预算支出的75%。17项为民办实事项目基本

2022年8月9—17日，2022年全国青年手球锦标赛在沙县举办。图比赛现场
（江本健　摄）

完成，累计新增就业1600人，凤岗街道鼓楼坪社区获评国家级充分就业社区。城乡低保标准提高至每人每月815元，养老保险参保人数突破18.25万人。沙县“农村幸福院＋乐龄学堂＋长者食堂”的“学养结合”模式在全省推广。创新“1＋4＋N”养老服务模式，引进智慧化养老服务中心，全区累计建成长者食堂及老年人助餐点36个、农村幸福院59个、乐龄学堂62个。构建未成年人保护体系，实现区、乡、村（居）未成年人保护平台全覆盖。“虬城文化讲坛”项目获评省2022年“终身学习品牌项目”推介项目，沙县区获评省首批全民运动健身模范县（区）。

（罗丽华）

【永安市】 位于三明市南部，辖8个镇、3个乡、4个街道。土地面积2931平方千米。年末户籍人口32.3万人，常住人口33.93万人。全市耕地面积1.80万公顷，粮食播种面积1.09万公顷，粮食产量6.62万吨。林地面积24.33万公顷，森林覆盖率76.25%，活立木蓄积量2451万立方米。重要矿产资源有石灰石、无烟煤、石墨、重晶石。主要旅游景点有桃源洞—鳞隐石林国家级风景名胜区、天宝岩国家级自然保护区、九龙竹海国家森林公园、安砂龙头国家湿地公园、槐南安贞堡、永安中央红军标语博物馆、小陶甘乳岩·玉带龙泉、霞鹤生态农庄、青水畲寨、吉山抗战文化主题公园。

2022年，永安市获评2022年度福建省县域经济实力十强县（市），被授予全国县域农业农村信息化发展先进县、福建省村庄清洁行动成效突出县。

2022年，永安市地区生产总值511.73亿元，比上年增长3.3%。其中，第一产业增加值36.64亿元，增长4.0%；第二产业增加值302.77亿元，增长3.4%；工业增加值250.74亿元，增长3.3%；第三产业增加值172.32亿元，增长3.1%。人均地区生产总值149672元，增长4.2%。规模以上工业中，机械汽车、纺织、化学、建材、林产五大主导产业增加值增长5.6%。农林牧渔业总产值61.72亿元，增长4.3%。固定资产投资108.01亿元，增长13%。社会消费品零售总额143.66亿元，增长1.9%。实际利用外资1804万元，出口总值16.42亿元。一般公共预算总收入26.54亿元，比上年下降17.4%；其中地方一般公共预算收入20.08亿元，增长5.1%。城镇居民人均可支配收入45563元，农村居民人均可支配收入24281元，分别比上年增长5.3%、7.5%。

小陶镇管理体制改革。2022年，小陶镇与市直相关职能部门签订赋权事项承接确认书，逐步承接经济发达镇和福建省政府下放的行政执法权限276项，涉及市场监管、生态环境、农业农村、交通运输等领域基层管理行政执法事项，依法向社会公布，落实赋权事项对接、培训和跟踪工作。整合小陶镇行政服务中心，由6个部门业务窗口调整为4个综合窗口，设置前台综合窗口和后台分类审批部门，实现办事群众“只进一个门，只跑一个窗”，提升政务服务质量和效率。启动“平安家园·智能天网”，小陶镇35个村（社区）主干道、重点场所实现视频监控全覆盖，与市公安联网系统建立互联互通渠道。整合辖区内公安派出所、司法所、市场监管所等行政执法力量，构建“大队管面、中队管线、队员管点”的三级队伍网络，成立1支100余人的巡防中队，负责治安巡防和突发应急事件处置。

永安抽水蓄能电站项目前期工程开工。2022年，永安抽水蓄能电站项目列入国家《抽水蓄能中长期发展规划（2021—2035年）》“十四五”时期重点实施项目、《福建省“十四五”能源发展专项规划》重点建设项目。项目位于小陶镇牛益村，由福建闽投永安抽水蓄能有限公司负责开发建设，总投资75亿元，总装机容量120万千瓦，安装4台30万千瓦可逆式水泵水轮机组，设计年发电量12.6亿千瓦小时。8月，水电水利规划设计总院专家组及设计单位相关人员组成勘查专家组，实地查勘抽水蓄能电站项目现场，了解上下水库地理位置、水库容量、出水口、枢纽区域、蓄水位置、现场地质条件、钻孔岩芯等具体情况，掌握电站的建设条件。12月7—10日，在三明召开项目可研阶段枢纽布置格局、正常蓄水位选择、施工总布置规划“三大专题”报告审查会议，评审讨论形成审查意见。19日，抽水蓄能电站前期工程开工，举行合资签约及公司揭牌仪式。

韵达（永安）电商产业园智能化快递分拨及供应链仓储中心运营。2022年3月23日，韵达（永安）电商产业园项目一期D地块智能化快递分拨及供应链仓储中心投入运营，日均处理快递20万件。韵达（永安）电子商务产业园位于永安市贡川镇石墨和石墨烯产业园福川片区，占地面积201.33公顷，总投资50.2亿元，分三期建设，其中一期占地32.73公顷、投资6.77亿元。一期分A、B、C、D4个地块，建设智能化快递分拨中心、智能化快运中心、供应链中心、结算中心，实现以永安为节点，辐射闽西北、粤北、赣南物联网中心。

纪念《中国工农红军北上抗日宣言》发布88周年研讨会。2022年7月15日在永安举办。此次研讨会由中共福建省委党史研究和地方志编纂办公室、三明市委宣传部主办，三明市委党史和地方志研究室、永安市委、永安市政府承办。邀请省内外党史、军史专家和红军北上抗日先遣队沿途城市党史部门代表90人参会。华南师范大学特聘研究员、博士生导师蒋建农，国防大学原战略教研室教授罗海曦、原中央党史研究室研究员庞松等10名专家分别发言，回顾中国工农红军北上抗日的历史，从国情、军情、历史、现实、未来多视角多层次阐述红军北上抗日先遣队的组建、作战过程、功过得失与经验教训，研讨红军北上抗日先遣队在长征中的历史地位、积极意义和作用。会上，瑞金、永安、大田等10个北上抗日先遣队沿途县（市、区）代表现场签订发展联盟合作协议，携手打造新时代革命老区跨区域联盟振兴发展的示范样板。与会人员参观抗战文化陈列馆（文庙）、抗战文化公园、红军北上抗日先遣队公园、中央红军标语博物馆等地。会议在永安举办，树立起永安作为北上抗日先遣队集结出发地和宣言发布地的城市红色文化品牌。（邓水燕）

【清流县】 位于三明市西南部，辖7个镇、6个乡。土地面积1806.33平方千米。年末户籍人口15.11万人，常住人口11.46万人。全县耕地面积1.22万公顷，粮食播种面积1.49万公顷，粮食产量8.10万吨。林地面积15.41万公顷，森林覆盖率84%，活立木蓄积量0.15亿立方米。重要矿产资源有无烟煤、钨、铅、锌、萤石、石灰石、辉绿岩、稀土、地热、矿泉水等17种，煤、萤石、铅锌、石灰石、钨、稀土、地热等矿产储量居全市前列。主要旅游景点有1个国家AAAA级旅游景区（天芳悦潭旅游区），4个国家AAA级旅游景区（中华桂花文化园、清流赖坊古镇、清流林畲红色小镇、李家冷泉小镇）。2022年，清流县获得全国信访工作示范县、全国“平安农机”示范县称号，县级财政管理绩效综合评价结果进入全国前200名。

2022年，清流县地区生产总值163.93亿元，比上年增长0.1%。其中，第一产业增加值30.68亿元，增长4.7%；第二产业增加值76.67亿元，比上年下降0.7%；工业增加值31.83亿元，下降6.2%；第三产业增加值56.58亿元，下降1.1%。人均地区生产总值14.21万元，增长1.5%。规模以上工业总产值44.75亿元，增加值下降7.5%。农林牧渔业总产值51.80亿元，增长5.0%。固定资产投资65.59亿元，增长8.4%。社会消费品零售总额52.78亿元，下降0.5%。外贸出口额10.83亿元，增长117.9%。实际利用外资695万元，下降46.2%。一般公共预算总收入7.23亿元，增长12.2%，其中地方一般公共预算收入5.03亿元，增长20.5%。城镇居民人均可支配收入3.88万元，农村居民人均可支配收入2.21万元，比上年增长4.9%、7.1%。

重点项目建设。2022年，清流县谋划实施“一张表抓全年，全年抓一张表”重点项目161个，完成投资61.36亿元。开展“百日攻坚大会战”，成立36个重点项目工作专班，推动重点项目建设，泉南高速桐坑互通、城乡供水一体化等项目加快建设，清流动车站连接线、开元射击训练基地等45个项目竣工或部分竣工投产。一批项目签约落地，新型电解液、云足鞋业等26个项目开工建设。争取国家基础设施投资基金1亿元，地方政府债券资金6.97亿元。

城乡建设。2022年，清流县实施城乡品质提升项目69个，凤翔、长兴等5个片区老旧小区改造完成，城区污水管网改造提升、老年儿童微乐园等竣工启用。实施“环卫一体化”建设，拆除城区“两违”面积6200余平方米，修缮城区市政设施621处，增设交通安全红绿灯3处。加快乡村建设，全国首个华润希望乡村“芬芳石下”、拔里田园综合体等项目建成运营，培育“四村一体”省级乡村振兴精品示范带。

社会事业。2022年，清流县8项22个重点为民办实事项目全面落实。桥下、嵩口幼儿园等竣工投入使用，新增学位2820个，学前普惠性幼儿园覆盖率100%。城乡居民社会养老保险参保率98.33%，基本医疗保险实现全覆盖，普惠医联保全面推广。新增纳入低保324人，全面完成低保提标工作。

生态文明建设。2022年，清流县健全生态修复和执法管护机制，控制空气污染物排放，强化建筑施工、道路运输等领域扬尘管理，全县空气质量保持全省前十。落实河湖长制责任，深化安砂水库库心发现问题整改，开展畜禽水产规范化养殖整治，鳗鱼养殖规模和地下取水量分别缩减30%、81.5%，加快闽江干流防洪提升工程清流段等水生态保护修复项目建设，全县流域水质优良率100%。（马文姗）

【宁化县】 位于三明市西南部，辖11个镇、5个乡。土地面积2407.19平方千米。年末户籍人口36.65万人，常住人口25.57万人。全县耕地面积3.14万公顷，粮食播种面积3.19万公顷，粮食产量17.96万吨。林地面积18.57万公顷，森林覆盖率75.09%，活立木蓄积量0.15亿立方米。重要矿产资源有钨、锡、锌、稀土、萤石等。主要旅游景区景点有天鹅洞群国家地质公园、牙梳山省级自然保护区、长征精神教育基地、北山革命纪念园、客家祖地、蛟湖小镇。

2022年，宁化县被农业农村部认定为国家级制种大县，宁化县总医院被国家卫生健康委办公厅纳入“千县工程”县医院综合能力提升工作县医院名单。宁化县科技馆入选2021—2025年度第一批补充认定的全国科普教育基地。宁化县被中国科协科普部认定为2021—2025年度第二批全国科普示范县。

2022年，宁化县地区生产总值239.14亿元，比上年增长3.2%。其中，第一产业增加值31.13亿元，增长4.2%；第二产业增加值104.42亿元，增长4.8%；工业增加值55.45亿元，增长3.4%；第三产业增加值103.59亿元，增长1.4%。人均地区生产总值92437元，增长4.5%。规模以上工业总产值230.7亿元，增长7.4%。农林牧渔业总产值52.58亿元，增长4.5%。固定资产投资116.01亿元，增长12.9%。社会消费品零售总额69.29亿元，增长5.0%。外贸出口额11.76亿元，增长43.8%；实际利用外资3960万美元，增长197.07%。一般公共预算总收入8.18亿元，比上年下降3.2%；其中地方一般公共预算收入6.4亿元，增长0.5%。规模以上工业增加值1.84亿元，增长3.2%。

重点项目建设。2022年，宁化县开展重点项目“百日攻坚大会战”，建设重点项目167个，其中潮南高速宁化段列入国家高速公路网规划，石板桥水库列入国家水利发展“十四五”时期规划，闽江干流防洪提升工程三明宁化段列入国家150项重大水利工程，推进新型陶瓷产业链、长征国家文化公园（一期）、同位素、光伏发电等35个项目建设，固泰有机硅等6个项目入选全省工业战略性新兴产业重点项目，国道G356线城关段改建、兴泉铁路宁化段“三改”（改水、改路、改沟）等9个基础设施项目竣工投用，小盾钢化玻璃盖、宁兴工业固体废物资源综合利用等31个生产性项目竣工或部分竣工投产。

第28届世界客属石壁祖地祭祖大典。2022年11月22日，由三明市客家联谊会、宁化石壁客家宗亲联谊会、马来西亚居銮客家公会等单位和社团组织共同主办的第28届世界客属石壁祖地祭祖大典暨第10届石壁客家论坛系列活动在宁化县石壁镇举行，客属嘉宾及宁化宗亲代表等300余人参加。祭祖大典遵循古礼，依次开展升祭旗、敬献花篮、行上香礼、行奠帛礼、行奠酒礼、恭颂祭文等祭祀仪式，仪式在诵读祖训、乐舞告祭、祈福发彩中落下帷幕。

（宁化县委史志办）

【建宁县】 位于三明市西北部，武夷山脉中段，辖4个镇、5个乡。区域总面积1716.34平方千米。其中，陆地1685.20平方千米，占98.2%；水域31.14平方千米，占1.8%。年末户籍人口15.25万人，常住人口11.3万人，城镇化率50.5%。全县耕地面积1.90万公顷，粮食播种面积1.40万公顷，粮食产量9.03万吨。林地面积13.69万公顷，森林覆盖率77.73%，林木蓄积量1184.93万立方米。建宁县水资源丰富，境内河流属闽江流域，主要溪河13条，境内河流总长度386.64千米，年径流总量25亿立方米，河流流域面积1704平方千米。濉溪是境内主要河流，也是金溪水系上游的主要河流。重要矿产资源有混合花岗岩带、普遍含独居石、磷钇矿及伴生的锆英石。红色游景点有中央苏区反“围剿”纪念馆、客坊乡水尾村红军村红色教育基地，绿色游景点有金铙山景区、谢马苏梯田莲海、高峰漂流、修竹荷苑、莲海玉家、四季花海游，农家休闲游有上坪古村、建宁贡莲小镇、高峰农家乐。

2022年，建宁县获评首批全国信访工作示范县、国家乡村建设评价样本县、中国天然氧吧、全国农业社会化服务创新试点县，入围2022健康中国·康养旅游百强县名单。先后获评全省平安建设示范县、全省双拥模范县、全省城镇棚户区改造单项工作评价优异县、全省村庄清洁行动成效突出县。

2022年，建宁县地区生产总值161.15亿元，比上年增长4.4%。其中，第一产业增加值21.54亿元，增长4.8%；第二产业增加值90.84亿元，增长5.0%；工业增加值45.72亿元，增长2.9%；第三产业增加值48.76亿元，增长3.3%。农林牧渔业总产值38.53亿元，增长5.2%；规模以上工业增加值增长2.8%。地方一般公共预算收入3.32亿元，增长1.1%。固定资产投资增长15.1%。社会消费品零售总额41.68亿元，增长4.9%。实际利用外资553万元。城镇居民人均可支配收入37435元，农村居民人均可支配收入21908元，比上年增长5.6%、7.7%。全社会工业用电量2.23亿千瓦小时。

谢马苏梯田莲海项目。2022年，建宁县建设完成谢马苏梯田莲海项目，建设地点位于建宁县濉溪镇高峰村、大源村、圳头村，总投资800万元。主要对农房进行立面改造及房前屋后整治，新建栈道、漫水桥、景墙、观景亭、休憩长廊、观景平台、旅游公厕及停车场等。项目背倚“秀起东南第一巅”金铙山，紧邻“中国最美村镇最美康养小镇”香溪花谷、全国唯一以玉石为主题的酒店——莲海玉家和雪山岽反“围剿”战斗遗址群，距县城10千米。依托万亩梯田莲海，以莲荷连片种植区和梯田特色地形地貌等形成特色景观，由单一的生产示范功能转变为兼有休闲、观光、康养等多项功能的农业园区。该项目经2021年7月22日世界纪录认证（WRCA）官方审核确认为“世界最大的梯田莲海”。

澜溪窑址。澜溪窑址位于建宁伊家乡澜溪村汪家铺自然村西100米的窑岭，海拔360米。1985年12月1日，建宁县政府将其公布为第一批县级文物保护单位和保护范围，2020年11月19日，福建省政府将其公布为第十批省级文物保护单位和保护范围。该窑址烧造于宋元时期，分布面积约70万平方米，呈凹形状。澜溪窑所产瓷器由窑边的兰溪河顺流而下，到达闽江口后再转销出海到台湾、东南亚等地区。《八闽通志》记载，“建宁有兰溪窑”。该窑址于1958年第一次文物普查时被发现，窑址文化堆积物十分丰富。1988年第二次文物普查采集有大量的褐釉、影青、青花等宋元时期瓷片和窑具，主要有碗、碟、瓶、壶以及其他瓷工艺品等。2018年进行考古发掘，发掘面积约2100平方米，揭露龙窑窑炉、作坊、废品堆积等一系列较为完整的窑业遗存，出土遗物以青白瓷为主，夹杂少量酱黑釉瓷等。青白瓷产品种类丰富，釉色莹润，胎体轻薄，器形修制规整，代表福建宋代青白瓷烧造的最高水平。（艾玲朝）

【泰宁县】 位于三明市西北部，武夷山脉中段的杉岭支脉东南侧，辖3个镇、6个乡。土地面积1528.82平方千米。年末户籍人口13.62万人，常住人口10.19万人。全县耕地面积11.24万公顷，粮食播种面积9.68万公顷，粮食产量5.83万吨。林地面积12.47万公顷，森林覆盖率78.4%，活立木蓄积量1254万立方米。重要矿产资源有黄金、高岭土、硅石、花岗岩石材等28种。主要旅游景点有大金湖、上清溪、寨下大峡谷、九龙潭、状元岩、猫儿山、泰宁古城和地质博物苑等。

2022年，泰宁县获评全国基层中医药工作先进单位、2021年全国村庄清洁行动先进县，入选国家级制种大县、入选2023—2024年全国水系连通及水美乡村建设县、2022年度“四好农村路”全国示范县创建单位，获批省级历史文化名城。

2022年，泰宁县地区生产总值99.69亿元，比上年下降3.9%。其中，第一产业增加值15.94亿元，增长5.0%；第二产业增加值40.58亿元，下降11.1%；工业增加值17.68亿元，下降25.4%；第三产业增加值43.18亿元，增长0.1%。人均地区生产总值97450元，下降2.5%。规模以上工业总产值下降63.5%。农林牧渔业总产值28.07亿元，增长5.4%。固定资产投资78.81亿元，增长4.2%。社会消费品零售总额29.14亿元，下降3.1%。外贸出口额14881万美元，增长1721.41%；实际利用外资39万美元，下降77.28%。一般公共预算总收入4.33亿元，增长10.7%；其中地方一般公共预算收入3.24亿元，增长14.5%。规模以上工业增加值下降29.8%。

知名作家看福建（泰宁）文学采风活动。2022年9月27日，“福建见福，福建见美”知名作家看福建（泰宁）文学采风活动在泰宁举行。活动由《中国作家》杂志社、福建省文联联合主办，福建省作协、三明市委宣传部、泰宁县委和泰宁县政府共同承办，旨在学习贯彻习近平总书记来闽考察重要讲话精神，打造“知名作家看福建”文学活动品牌，汇聚“闽山闽水物华新牢记嘱托勇前行”奋进力量，推进“新时代山乡巨变文学与你同行”主题活动。中国作协党组成员、副主席、书记处书记，中国作家出版集团管委会主任，鲁迅文学院院长吴义勤；《中国作家》主编程绍武；福建省委宣传部常务副部长、省电影局局长许守尧；省文联党组成员、副主席、书记处书记，省作协主席陈毅达；三明市委常委、宣传部部长陈列平；泰宁县委书记张昌平等领导嘉宾以及省内外知名作家出席启动仪式。

2022年金鸡百花电影节“福影·泰宁之夜”。2022年11月10日晚，由中国金鸡百花电影节组委会、福建省委宣传部指导，福建省电影局、福建省广播影视集团、三明市委宣传部主办，福建电影制片厂、泰宁县委、泰宁县政府、三明市文化和旅游局承办的2022年金鸡百花电影节“福影·泰宁之夜”在厦门举行。福建籍影视业者，各大影视企业代表及媒体记者齐聚一堂，聚焦福建光影十年路，共望影视发展新征程。

（泰宁县委史志办）

【明溪县】 位于三明市中西部，辖4个镇、5个乡。土地面积1730平方千米。年末户籍人口11.52万人，常住人口9.53万人。全县耕地面积1.07万公顷，粮食播种面积1.43万公顷，粮食产量8.08万吨。林地面积15.02万公顷，森林覆盖率81.49%，活立木蓄积量0.2亿立方米。境内探明储量并开采利用的矿产有宝石、石灰石、重晶石、萤石、大理石等，其中宝石尤为独特，有蓝宝石、紫牙乌、锆石、水晶和蛋白石等，矿区覆盖面积800多平方千米，探明储量10亿克拉，为“中国四大蓝宝石产地”之一。主要旅游景点有滴水岩红色旅游景区、夏阳紫云村观鸟基地、夏阳乡御帘红色古村、明溪日出旦上红色旅游景区、翠竹洋火山口地质公园景区、闽学鼻祖杨时的诞生地——龙湖杨时故里、肖家山传统村落生态旅游景区、胡坊红军旧址群（胡坊中央红军村）、南山遗址、瀚仙洋龙村油菜花田、盖洋村头万亩苗木基地、夏坊中溪村观鸟胜地等。明溪县地处全球三大候鸟迁徙重要通道之一，有“中国黄腹角雉之乡”之称，被评为中国候鸟旅居小城，全县记录在册的鸟种300多种，有国家一级保护鸟种黄腹角雉、白颈长尾雉、中华秋沙鸭、东方白鹳、黑脸琵鹭、黄胸鹀、乌雕、海南鳽等8种，国家二级保护鸟种白鹇、领角鸮、灰林鸮、环颈雉等61种。

2022年，全县地区生产总值127.08亿元，比上年增长1.6%。其中，第一产业增加值23.62亿元，增长4.9%；第二产业增加值59.61亿元，增长0.8%；工业增加值40.24亿元，增长2.9%；第三产业增加值43.85亿元，增长1.0%。规模以上工业总产值179.35亿元，增长2.4%。农林牧渔业总产值39.11亿元，增长5.3%。固定资产投资27.31亿元。社会消费品零售总额25.88亿元。实际利用外资41万元。一般公共预算总收入6.08亿元，增长11.7%；其中地方一般公共预算收入3.99亿元，增长15%。城镇居民人均可支配收入3.71万元，农村居民人均可支配收入2.15万元，分别比上年增长4.5%、7.0%。

明溪欧洲进口商品交易中心项目启动。2022年9月28日，明溪县举行明溪欧洲进口商品交易中心示范项目启动仪式，“明溪欧品购”示范店投入运营。明溪县以打造成辐射全省及赣南等周边省区的区域性欧洲进口商品交易中心为契机，实施侨力回归、侨资回流、侨智回援“三侨回归”工程，先后出台《明

明溪县翠竹洋自然村为中国传统村落，是福建省唯一选址火山口居住的村庄，被评为省级火山口地质公园。海拔880米，四周群山环抱、翠竹绵延，聚落构成要素齐全完备。摄于2022年 （明溪县委史志室 供图）

溪县欧洲进口商品交易中心建设方案》《明溪县关于支持欧洲进口商品交易中心建设的若干措施》等配套政策，成立明溪侨乡进口商品贸易协会，欧起航电商直播及供应链基地建设等侨资项目开工建设，公用型保税仓获福州海关批准，培育明溪“欧品购”区域公共品牌，打造明溪特色欧陆风情。

沪明两地鸟类摄影展在上海举办。2022年12月16—25日，以“同在蓝天下，人鸟共家园”为主题的沪明两地鸟类摄影展，在上海图书馆举办。摄影展由上海市老科协、福建省三明市科学技术协会、福建省明溪县政府主办，鸟网（中国）、明溪县归化印象传媒有限公司承办。上海市老科协、上海摄影家协会、三明驻上海办事处代表、三明市上海商会、三明市科协、明溪县政府等领导出席开幕式。现场展出作品150幅，其中各地摄影师2019—2022年在明溪县拍摄的鸟类摄影作品120幅，展示“闽山闽水物华新、明溪溪明百鸟鸣”的人与自然和谐美好场景，以“鸟”诠释明溪生态产品价值实现。

兴泉铁路明溪段正式通车。2022年12月30日，兴泉铁路明溪段正式通车，结束明溪不通铁路的历史。兴泉铁路明溪站位于明溪县胡坊镇奋发村，于2017年3月开工建设。明溪段境内全长15.63千米，至江西兴国站211.47千米，至泉州站250.28千米。站房占地面积8.8万平方米，总建筑面积4997平方米，工程总投资1.01亿元，涵盖站前集散广场、公交停车场、社会停车场3个功能区，附属道路1.21千米。

（邓静倩）

2022年，将乐县粮食播种面积1.21万公顷，粮食总产量7.75万吨。图为将乐县安仁乡泽坊村梯田上逐渐成熟的水稻　（董观生　摄）

【将乐县】 位于三明市西北部，辖8个镇、5个乡。土地面积2241.1平方千米。年末户籍人口18.5万人，常住人口14.21万人。耕地面积1.19万公顷，粮食播种面积1.21万公顷，粮食产量7.75万吨。林地面积19.6万公顷，森林覆盖率81.33%，活立木蓄积量0.24亿立方米。重要矿产资源有煤、铁、钨、铜、银、萤石、石灰岩、方解石、高岭土等。主要旅游景点有国家AAAA级旅游景区玉华洞、天阶山、国家自然保护区龙栖山、文博小镇、高唐镇常青旅游区、常上湖森林康养基地等。2022年，将乐县获评全国未成年人保护示范县、“美丽中国·深呼吸小城”。

2022年，全县地区生产总值194.57亿元，比上年增长5.9%。其中，第一产业增加值22.17亿元，增长4.7%；第二产业增加值95.37亿元，增长5.2%；工业增加值68.65亿元，增长4.2%；第三产业增加值77.03亿元，增长7.2%。人均地区生产总值13.63万元，增长7.0%。规模以上工业总产值305.96亿元，增长12.4%。农林牧渔业总产值36.68亿元，增长5.1%。固定资产投资127.76亿元，增长17.3%。社会消费品零售总额61.67亿元，增长5.9%。外贸出口额18351万美元，增长0.8%。实际利用外资206万美元，增长161%。一般公共预算总收入9.82亿元，增长3.8%；其中地方一般公共预算收入7.14亿元，增长10.8%。城镇居民人均可支配收入4.34万元，农村居民人均纯收入2.37万元，分别比上年增长6.5%、8.6%。

经济运行。2022年，将乐县出台20余份稳经济政策，兑现资金6000多万元。全县地区生产总值增长5.9%，连续4季度保持三明市第一；工业用电扭转连续9个月负增长的局面，增长3.7%，居三明市第二；规模以上工业增加值增长4.5%，居三明市第一；重点企业全年产能利用率超80%，轻合

2022年8月1—8日，全国U系列青少年女子水球锦标赛在将乐举行。图为比赛队伍在体育中心游泳馆竞技　（董观生　摄）

金、精细化工等新兴产业总产值增长20.2%。

生态经济价值转化。2022年，将乐县水美经济、露营经济等新业态方兴未艾，推出首批“十大网红打卡地”和“镛城名宴”，首次举办金溪水上音乐节，举办全国水球比赛等品牌赛事。探索开展天然林收储，金森公司连续两届承接数字中国建设峰会碳中和项目。

民生项目。2022年，将乐县投资12.91亿元，实施一批城市品质提升项目，推动18个小区改造，惠及居民5200户。投入6500万元，实施50个乡村振兴试点示范项目，获评全省乡村振兴热度指数“获得感”前十县。

（林　燕）

【尤溪县】 位于三明市东部，辖11个镇、4个乡。土地面积3463平方千米。年末户籍人口44.42万人，常住人口33.80万人。全县耕地面积2.22万公顷，粮食播种面积2.24万公顷，粮食产量13.65万吨。林地面积28.11万公顷，森林覆盖率78.48%，活立木蓄积量2615.48万立方米。全县流域面积9440平方千米，水电资源理论蕴藏量81.5万千瓦，其中可开发装机72.2万千瓦。拥有水电站209处，装机62.17万千瓦。境内已探明矿种有31种，矿床、矿化点202处，其中中型以上规模的矿床6处，22个矿种得到开发利用。重要矿产资源有黄金矿、铅锌矿、石灰岩、大理岩、白云岩等。主要旅游景点有全球重要农业文化遗产——联合梯田，国家水利风景区——闽湖，侠天下、朱子文化园、桂峰古村落、九阜山生态旅游区、古溪星河休闲旅游度假区5个国家AAAA级旅游景区，闽湖、高春生态旅游区、枕头山省级森林公园、半山三诚文化旅游区、尤溪古银杏林生态旅游区、联合梯田、洋中花天下、京口闽中红军旧址、尤溪口渔乐小镇、久泰小镇生态景区、尚农生态旅游区、书京土堡景区等12个国家AAA级旅游景区，是国家全域旅游示范区、全国休闲农业和乡村旅游示范县、福建省全域旅游试点县。

2022年，尤溪县被国家中医药管理局办公室授予“2021年全国基层中医药工作先进单位”称号；尤溪县新阳中心卫生院被国家卫健委办公厅、国家中医药管理局办公室授予“2021年‘优质服务基层行活动中’表现突出、服务优质机构”称号；尤溪县被农业农村部授予“国家级制种大县”称号；尤溪县看守所被公安部授予“一级看守所”称号；尤溪县被农业农村部办公厅认定为“全国第七批率先基本实现主要农作物生产全程机械化示范县”，被中国气象局授予“中国天然氧吧”称号。

2022年，全县地区生产总值262.65亿元，比上年增长3.9%。其中，第一产业增加值55.10亿元，增长4.5%；第二产业增加值96.23亿元，增长2.0%；第三产业增加值111.32亿元，增长5.3%。农林牧渔业总产值91.27亿元，增长4.9%。固定资产投资（不含农户）增长15.2%。社会消费品零售总额75.17亿元，增长5.3%。实际利用外资3208万元。一般公共预算总收入11.08亿元，增长10.0%；其中地方一般公共预算收入8.79亿元，增长11.5%。城镇居民人均可支配收入4.28万元，农村居民人均可支配收入2.41万元，分别比上年增长6.3%、8.1%。

获评国家级制种大县。2022年3月24日，根据《农业农村部关于公布国家级制种大县和区域性良种繁育基地认定结果的通知》，尤溪县被农业农村部认定为国家级制种大县。尤溪县制种基地稳步拓展，从2020年的673公顷增加到2022年的2233公顷，增长231.7%，制种基地遍及14个乡镇101个村。

（肖玉兰）

【大田县】 位于三明市东南部，辖12个镇、6个乡，辖268个建制村、8个居委会。土地面积2233平方千米。年末户籍人口40.83万人，常住人口29.6万人。全县耕地面积1.61万公顷，粮食播种面积1.66万公顷，粮食产量8.96万吨。林地面积17.4万公顷，森林覆盖率73.43%，活立木蓄积量1607.5万立方米。重要矿产资源有煤、铁、硫、铅、锌、石灰石、瓷土等。主要旅游景区景点有大仙峰·茶美人、灵动济阳、桃源里花海乐园、五龙山生态旅游区、五彩大石、湖美七星湖、张坑古村落等7个国家A级旅游景区。

2022年，大田县被中国铸造协会授予“中国铸造产业集群县”称号，被民政部确定为“深化地名服务、点亮美好家园”乡村地名信息服务试点县，“多彩大田体验之旅”入选2022年中国美丽乡村休闲旅游行（秋季）精品景点线路推介名单。

2022年，全县地区生产总值258.38亿元，比上年增长3.7%。其中，第一产业增加值43.27亿元，增长4.3%；第二产业增加值132.39亿元，增长3.5%；工业增加值117.6亿元，增长3%；第三产业增加值82.72亿元，增长3.7%。农林牧渔业总产值72.43亿元，增长4.6%。固定资产投资增长14.8%。社会消费品零售总额64.42亿元，增长6.2%。实际利用外资3447万元。一般公共预算总收入12.41亿元，增长16.9%；其中地方一般公共预算收入8.75亿元，增长21.6%。城镇居民人均可支配收入4.52万元，农村居民人均可支配收入2.37万元，分别比上年增长5.9%、8.3%。

第三届大田美人茶开茶节举办。2022年5月20日，国际茶日福建省系列活动暨第三届大田美人茶开茶节在大田美人茶文化创意园举办，海峡两岸茶业交流协会授予大田县“2021年全国‘百县·百茶·百人’茶产业助力脱贫攻坚、乡村振兴先进典型”牌匾，三明市海峡茶业交流协会为三明市美人茶培训中心、大田县海峡茶业交流协会、大田县美人茶科学研究所揭牌。活动由福建省农业农村厅、海峡两岸茶业交流协会、三明市政府指导，三明市农业农村局、大田县政府、福建省广播影视集团融媒体资讯中心共同主办，三明市海峡茶业交流协会、大田县海峡茶业交流协会协办，大田县农业农村局、大田县融媒体中心承办。

“章公祖师”肉身坐佛像追索案二审宣判。2022年7月19日，福建省高级人民法院二审公开宣判“章公祖师”肉身坐佛像追索案，维持三明市中级人民法院一审关于奥斯卡应返还章公祖师肉身佛像的判决。二审法院认为，讼争的章公祖师像属于非法出口的被盗文物，兼具人类遗骸、历史文物、供奉信物等多重属性，反映中国闽南地区传统习俗和历史印记，是当地村民长期供奉崇拜的信物，与当地村民存在特殊情感，于法于理于情均应返还，故作出如上判决。中国民间组织在国内起诉追索流失海外文物的第一案，终审落槌。

（林生钟）

莆田市

【概况】 莆田市位于福建沿海中部，1983年设立的地级莆田市。2022年辖4个区、1个县、1个国家旅游度假区、1个经济开发区，土地面积4127.7平方千米。年末户籍人口367.28万人，常住人口319.9万人。常住人口自然增长率下降0.62‰。全市耕地面积4.86万公顷，粮食播种面积3.08万公顷，粮食产量18.77万吨。林地面积23.40万公顷，森林覆盖率60.17%。矿产矿种少，以非金属矿建筑及饰面用石料石材为主。建筑用石料资源丰富，能满足辖区内各项建设要求。饰面用石材主要品种有“华亭青”（石英闪长岩）、“莆禧白”（二长花岗岩）、“月塘黑”（辉长岩）、“平海锈石”（钾长花岗岩）和“大洋红”（凝灰岩）等。金属矿有铅、锌、银、钼等。地下热水储量丰富。境内海洋矿产资源主要有浅海砂矿资源以及相邻的台湾海峡海底油气资源。全市有浅海砂矿区3处，面积295.21公顷，乌蚯屿凹陷油气区位于乌蚯屿东南方约50千米处，初步勘探油气区面积约6000平方千米，生油地层平均厚度0.8～1千米，石油储量2.7亿吨。拥有原盐生产面积1322万平方米，年产食盐13万吨，为福建省三大主要产盐区之一。境内海域面积1.1万平方千米，海洋功能区划面积4098平方千米，从东至南有兴化湾、平海湾、湄洲湾三大海湾。海岸线总长443千米，其中大陆岸线336千米、海岛267个。湾内有南日岛、乌坵岛、湄洲岛等岛屿。位于台湾海峡中部的湄洲港是“中国少有、世界不多”的天然深水良港，北距福州港126海里，南距厦门港96海里，东距台中港72海里，是中国对外开放重点地带和对台往来的交通中枢。湄洲湾水深港阔，10万吨级船舶可自由进出，水深10米以下深水岸线长21.4千米。港湾较多，多处可供建1万吨至30万吨码头泊位。境内滩涂面积281.18平方千米。全市淤泥岸线长177.1千米，占莆田大陆岸线总长的65.21%，拥有海泥土滩涂129.46平方千米和海泥沙土滩涂97.51平方千米。境内沿海风能资源丰富，年有效风能338.2千瓦小时/平方米，年有效风速小时2312小时。兴化湾和湄洲湾两大海湾潮汐能，可开发的装机容量360万千瓦，占全省海洋潮能总容量的36%。境内海洋生物资源丰富，脊椎动物323种、无脊椎动物306种，其中可供养殖的有虾、蟹、贝、螺、蛏、牡蛎、花蛤、泥蚶等38种。兴化湾有769种海洋生物，其中浮游生物225种、底栖生物（包括潮间带）544种，经济种200多种，可供养殖的有数十种。湄洲湾、平海湾、兴化湾渔业品种有350余种，其中主要分布优势鱼类100余种、甲壳动物30余种、藻类10多种。莆田市水产养殖业较为发达，而且品种繁多，贝类主要有海蛎、鲍鱼、缢蛏、花蛤等，海藻主要有海带、紫菜、龙须菜、红毛藻、麒麟菜等，此外还有石斑鱼、海蜇、海参、青蟹等。境内平海湾及南日岛海域是福建省主要水产养殖区和多种经济鱼虾类产卵区、繁殖饵料的优良渔场。

莆田市有国家旅游度假区、国家AAAAA级旅游景区湄洲岛，有国家AAAA级旅游风景区九鲤湖，有世界灌溉工程遗产、全国重点文物保护单位木兰陂，有福建“四大禅林”之一的千年古刹广化寺，有菜溪岩、壶公山、九华山、九龙谷名山等。还有莆田工艺美术城、瑞云山等国家AAAA级旅游景区。“妈祖信俗”于2009年被联合国教科文组织列入《人类非物质文化遗产代表作名录》。莆仙戏是现存的中国最古老而又独特的地方剧种之一，素有“宋元南戏活化石”之称。2022年9月15日，由省文旅厅指导、市文旅局出品、福建省莆仙戏剧院演出的莆仙戏《踏伞行》获得第十七届文华奖。

2022年，莆田市地区生产总值3116.25亿元，增长4%。其中，第一产业增加值146.13亿元，增长2.5%；第二产业增加值1630.81亿元，增长4.0%；第三产业增加值1339.31亿元，增长4.2%。一般公共预算收入218.86亿元，比上年增长3.0%；其中地方一般公共预算收入151.05亿元，增长9.8%。规模以上工业增加值增长4.2%。农林牧渔业总产值273.94亿元，增长2.8%。固定资产投资1986.67亿元，增长6.2%。社会消费品零售总额1804.58亿元，增长3.4%。外贸进出口额675.9亿元，下降1.9%。实际利用外资1.18亿美元，增长10.9%。城镇居民人均可支配收入46595元，农村居民人均可支配收入24718元，分别比上年增长5.7%、8.0%。参加城镇职工养老保险80.45万人，参加城乡居民基本医疗保险322.16万人。

【莆田市新增12项省级非遗项目】 2022年3月，第七批省级非物质文化遗产代表性项目名录公布。莆田市新增项目名录12项，第一批至第六批省级非物质文化遗产代表性项目名录扩展项目2项。新增项目名录分别是：传统音乐类别项目文枕琴，传统体育、游艺与杂技类别项目黄氏南少林鸣鹤拳·械，传统美术类别项目林氏脱胎造像技艺，传统技艺类别项目仙游青瓷传统烧制技艺、黄石浦口宫红橘塔、莆田黄金首饰制作技艺、干咩羊肉制作技艺、红团制作技艺、妈祖筵席烹饪技艺、福建海盐传统晒制技艺、郑宅茶传统制作技艺，民俗类别项目湄洲女头饰服饰。莆田市2项第一批至第六批省级非物质文化遗产代表性项目目录的扩展项目为传统技艺：传统香制作技艺、古琴制作技艺。

【莆田鞋集体商标注册成功】 2022年3月，莆田鞋集体商标（图形）获得国家知识产权局批准注册。该商标注册日期为2022年2月28日，有效期至2032年2月27日；核定使用商品/服务项目包括运动鞋、儿童运动鞋、休闲鞋、轻便胶鞋、足部防护安全鞋、旅游鞋、儿童旅游鞋、皮鞋等。莆田鞋集体商标注册成功，标志着莆田鞋业从“莆田制造”向“莆田创造”转变，进一步促进莆田鞋产业转型升级。

【新建福厦铁路湄洲湾跨海大桥铺轨】 2022年4月15日，中国首座跨海高铁矮塔斜拉桥——新建福厦铁路湄洲湾跨海大桥铺轨，标志国内高铁首次在海域环境下铺轨成功。新建福厦铁路湄洲湾跨海大桥位于莆田市及泉州市境内，全长14.7千米，其中海域施工长度10.8千米，设计时速350千米，是新建福厦铁路全线控制性工程。湄洲湾跨海大桥铺轨使用的是中铁十一局自主设计研发的新型铺轨机组。该铺轨机组可实现“走单线铺双线”跨线铺轨，具有铺轨效率高、安全性能好、工序流程少、适用范围广等特点，填补中国高铁机械化跨线铺轨作业技术空白。

【莆田再获“中国摄影之乡”称号】 2022年4月19日，中国摄影之乡、中国摄影创作基地工作视频会议在中国摄影家协会（北京）召开。有10个摄影之乡、30个创作基地符合继续续约条件，予以重新授牌，莆田市被继续授予“中国摄影之乡”称号，为福建省唯一获该荣誉的市。

【莆田市入选“无废城市”建设名单】 2022年5月，生态环境部公布“十四五”时期“无废城市”建设名单，福建省莆田市、福州市入选。“无废城市”是以创新、协调、绿色、开放、共享的新发展理念为引领，通过推动形成绿色发展方式和生活方式，持续推进固体废物源头减量和资源化利用，最大限度减少填埋量，将固体废物环境影响降至最低的城市发展模式。

【度尾文旦柚入选全国首批名特优新农产品】 2022年5月，农业农村部农产品质量安全中心公布2022年第一批全国名特优新农产品名录，度尾文旦柚入选。度尾文旦柚，也称度尾蜜柚，是莆田市“四大名果”之一，主要分布在仙游县度尾镇、大济镇、盖尾镇、赖店镇等地。2019年获评“福建十大农产品区域公用品牌”；2020年通过农业农村部“农产品地理标志登记”。

【莆田市3个县（区）入选全国“数字乡村百强县”】 2022年7月，北京大学新农村发展研究院联合阿里研究院线上发布《县域数字乡村指数报告》，并公布“数字乡村百强县”榜单，莆田有3个县区上榜，上榜数量并列全省第一。其中，仙游县位列全国第24名、全省第五名，城厢区位列全国第80名、全省第10名，荔城区位列全国第94名、全省第13名。

【江伊婷获飞碟亚锦赛双向混合团体项目金牌】 2022年8月7日，在飞碟射击亚洲锦标赛上，代表中国队出战的莆田籍选手江伊婷与队友郁子卿，收获飞碟双向混合团体金牌。江伊婷2004年8月出生在荔城区西天尾镇，2016年12月入选福建省射击队。2019年4月在全国射击华东区锦标赛上摘得个人银牌，8月在第二届全国青年运动会射击飞碟项目比赛中夺得女子飞碟双向个人金牌、团体银牌。2020在全国射击锦标赛（飞碟项目）上，江伊婷收获女子双向团体及个人季军。

【莆仙戏《踏伞行》获文华奖】 2022年9月15日，由省文旅厅指导、市文旅局出品、福建省莆仙戏剧院演出的莆仙戏《踏伞行》在天津获得第十七届文华大奖。莆仙戏《踏伞行》由国家一级编剧周长赋创作，国家一级导演徐春兰执导，第30届中国戏剧梅花奖获得者黄艳艳和国家一级演员、国务院政府特殊津贴专家吴清华主演。

【电视剧《山海情》获得“飞天奖”】 2022年11月1日晚，第33届电视剧“飞天奖”、第27届电视文艺“星光奖”颁奖典礼在京举行。莆田市参与拍摄的电视剧《山海情》获“飞天奖”优秀电视剧奖。电视剧《山海情》由福建省立项出品，省委宣传部、省广电局、莆田市委宣传部、厦门市委宣传部等联合摄制。该剧于2020年9月1日在莆田木兰陂、新威电子厂、涵江孔庙、荔源高尔夫等地拍摄，展现莆仙话、红团、十音八乐等莆仙元素，还原当年宁夏首批到莆女工的生产生活场景。是年12月，《山海情》入选“五个一工程”优秀作品奖，该作品是莆田市参与拍摄的首部获得全国“五个一工程”奖的电视剧，也是莆田市继歌曲《两岸一家亲》后第二个获得全国“五个一工程”奖的优秀文艺作品。至此，《山海情》收获“白玉兰奖”“飞天奖”“金鹰奖”“五个一工程”奖等4项国家级大奖。

【木兰溪流域考古新发现】 2022年12月，莆田木兰溪流域考古发现山边旧石器时代晚期遗址，把莆田地区有人类生存活动的历史至少提早到距今2万年。新发现史前遗址26处，包括旧石器时代遗址1处、新石器时代遗址7处、青铜时代遗址18处，出土采集标本数百件，完整或可复原器物近百件。遗迹、遗物的发现，为建立木兰溪流域先秦时期考古学文化年代序列和文化谱系提供了坚实基础。

【中国·莆田湄洲妈祖文化旅游节举行】 2022年12月18日，第七届世界妈祖文化论坛暨第二十四届中国·莆田湄洲妈祖文化旅游节在莆田湄洲岛举行。论坛以“大爱和平，文明互鉴”为主题，由文化和旅游部、自然资源部、中国社会科学院、澳门特别行政区政府和福建省人民政府共同主办。活动分为1个主论坛和6个平行论坛，线上线下同步进行。其间举行“妈祖文化传五洲”主题图片展、“湄洲女发髻”表演赛、海峡两岸美食节等系列妈祖文化体验活动。

（陈颖兴）

【仙游县】 位于莆田市西部，辖17个乡镇、1个街道。总面积1835平方千米。东南濒临湄洲湾，海岸线长5千米。年末户籍人口117.64万人，常住人口90.3万人。

2022年，全县地区生产总值626.99亿元，比上年增长6%。规模以上工业增加值255.2亿元，增长8.4%。全社会固定资产投资301.68亿元，增长11.9%。一般公共预算总收入47.23亿元，增长14%；其中地方一般公共预算收入29.65亿元，增长14.9%。实际利用外资2533万美元。外贸出口总额36亿元，增长45.2%。社会消费品零售总额359.48亿元，增长4.6%。农林牧渔业总产值46.77亿元，增长7.5%；居民人均可支配收入2.94万元，增长6.8%。

产业结构调整。2022年，仙游县三次产业结构调整为4.0∶50.7∶45.3。新增“个转企”2696家、“下转上”92家。市场主体总量19.73万户、新增4.5万户。实施技改项目29个、完成投资20亿元。新认证“三品一标”农产品17个。处置批而未供土地99.93公顷，盘活闲置厂房10万平方米、低效用地6.67公顷。出台69条稳住经济一揽子政策措施，兑现惠企资金1.9亿元，累计新增减税降费及退税缓税缓费7.4亿元。新增县级“白名单”企业375家，获得纾困贷4.7亿元、技改贷1.7亿元。

项目攻坚。2022年，仙游县超额完成省、市、县各级重点项目年度投资任务，累计开竣工项目89个。新增对接产业项目111个、总投资1486亿元，实现签约项目38个、总投资489.8亿元。围绕锂电新能源新材料产业微集群，布局引进锂电池三元正极材料产业链，紫京科技、国城三元正极、木兰抽蓄等一批投资超100亿元的重点项目实现签约、开工。瑞博、巨石、禄驰、胜龙等4个项目盘活闲置厂房3.8万平方米，实现当年度对接洽谈、签约落地、建成投产、升规纳统。鑫瑞新材料、南侔生物等项目实现试投产，智胜半导体项目加快建设，瑞声数码、省储备粮公司仙游粮库等项目实现开工。完成征地226.3公顷、拆迁18.46万平方米。获批林地20.53公顷、土地234.3公顷。亚洲开发银行贷款木兰溪流域生态环境综合治理及提升项目落地，成为全市第一个由县级主导实施的国家主权贷款项目。全年争取专项债券资金39.96亿元；统筹23.36亿元用于农村污水管网建设、土地整治开发、县总医院迁建项目。

城市品质提升。2022年，县国土空间总体规划编制形成初步成果，完成“三区三线”划定、中心城区总体概念性城市设计、59个村庄规划编制。推进165个城建项目。全面落实“保交楼”，推进4个楼盘复工建设。商品房销售面积75.74万平方米。纵三线游洋沽山至梧椿段、慈岳中路动工建设，龙泉街、迎勋街改造工程及枫秀西路、法庭路、仙源路竣工通车，新改扩建市政道路10.8千米。新建木兰溪防洪景观工程11千米。推进城市“五化”（净化、绿化、彩化、亮化、美化），设置便民服务摊点125个，整治店外经营、乱摆摊3300多处；在全市率先建成垃圾分类指挥平台，新建垃圾分类屋（亭）145座；新改造公园绿地10公顷、福道6千米，完成主干道绿化景观花化彩化提升3千米；实施路灯节能智能改造1130盏。18个老旧小区完成改造，开工率和改造进度均居全市第一，获评省级单项工作绩效优异县。城市品质提升项目130个、完成投资60亿元，综合排名居全市第一，获评省级城乡建设品质提升综合绩效优异县，仙糖绿色社区样板工程考评居全省第一。

乡村振兴。推进省委统战部挂钩联系的乡村振兴工作。成立由中国人民大学农业与农村发展学院教授温铁军担任名誉院长的乡村振兴研究院，探索乡村振兴新路径。引进省内9所高校与11个乡镇结对，编制村庄规划及产业发展规划，打造乡村振兴校地共建合作新模式。2个镇、30个村入选第二批“省级乡村治理示范村镇”。创成32个“绿盈乡村”。游洋镇兴山村、社硎乡田利村入选“全国第三批红色美丽村庄”。年内，仙游县入选全国乡村建设评价样本县。

改革创新。推行村（居）集体出资成立公司代建小规模工程建设新模式，4个试点乡镇78个村实现村财增收317万元。30个村回乡资本注册企业32家、新增纳税2100万元。综合行政执法改革全面推进，在全市率先开展“一支队伍管执法”工作。“放管服”改革持续深化，“一趟不用跑”“最多跑一趟”事项分别占比75.68%、98.99%。启动县属国有企业重组整合改革，木兰投资集团获评AA级信用国有企业。仙游经济开发区管委会被国家发展改革委、生态环境部列入第一批全国清洁生产审核创新试点项目单位。探索开展公益林、天然林等质押贷款和林地经营权抵押贷款，获评省级林下经济重点县。在全省率先建立“森林110”工作机制。

（仙游县委史志室）

【荔城区】 位于莆田市东部，辖4个镇、2个街道。陆地面积269平方千米，海域面积55.89平方千米。年末户籍人口约62.99万人，常住人口67.16万。耕地面积0.65万公顷，粮食播种面积0.42万公顷，粮食产量2.49万吨。林地面积0.5万公顷，森林覆盖率15.77%，活立木蓄积量32.02亿立方米。荔城北接涵江区，南壤秀屿区，西邻城厢区，东临兴化湾。有福厦铁路、向莆铁路、沈海高速公路及荔港、涵港、城港等疏港通道贯穿全境。区内有壶山兰水、荔林水乡等自然景观，有南少林寺，还有三清殿、古谯楼等国家级、省级文物保护单位，以及梅妃故里、九华叠翠、紫霄怪石等著名景点。

2022年，荔城区“12345”平台获评全国模式革新典范单位；西天尾司法所、拱辰司法所分别被评为全国、全省司法行政系统先进集体；区融媒体中心作品获全国县融媒体中心“爆款创作”优秀案例；阔口社区获评“全国红十字模范单位”；后黄社区获评全国乡村旅游重点村；实现省级双拥模范城“五连冠”；双驰实业获评“福建省循环经济示范单位”、双源鞋业获评“国家级绿色工厂”；豆讯科技有限公司、智康云医疗科技有限公司分别获评省数字经济领域“独角兽”和“瞪羚”创新企业；双驰大批量个性化定制模式入选工信部工业互联网平台创新领航应用案例。

2022年，荔城区实现地区生产总值642亿元，比上年增长1.0%。其中第一产业增加值18.06亿元，增长0.3%；第二产业增加值330.85亿元，下降2.6%；第三产业增加值293.08亿元，增长5.1%。固定资产投资301.47亿元。财政总收入48.68亿元，增长4.7%；其中地方级财政收入32.6亿元；增长10.8%。规模以上工业增加值265.9亿元。社会消费品零售总额516.58亿元，增长2.4%。外贸出口总额119.24亿元，增长30.45%；实际利用外资8219万元。农林牧渔业总产值33.16亿元，增长0.5%。城镇居民人均可支配收入51928元，农村居民人均可支配收入28043元，分别比上年增长5.3%、7.6%。

产业发展。围绕12条重点产业链，实施强产业“八大工程”（教育工程、就业和再就业工程、公共卫生工程、社会保障工程、住房保障工程、农村基础设施建设工程、公益性文化体育设施建设工程、城乡社区服务体系建设工程），全市首家入选省级“服务型制造示范城市”。实施工业用地提质增效工程，鼓励20家存量企业增资扩产，盘活闲置厂房近3万平方米。48家龙头工业企业完成产值492亿元。新增省科技“小巨人”领军企业2家。建立小微工业企业名录库，新增升规入库工业企业45家。出台加快第三产业发展相关扶持政策，三棵树平台、跨境电商云产业园、美莱集团等龙头项目投入运营。众协联供应链平台入驻企业超5000家，累计交易额135.8亿元；23个平台项目新增交易额72.49亿元、开票额68.23亿元。建立行业后备企业库，新增限额以上商贸业和规模以上服务业企业179家。落实服务业领域扶持政策，定向投放消费券1562万元，开展“全闽乐购·约惠荔城”促消费活动24场，带动消费3.3亿元。“一区五园”加快建设，鞋材集中加工区实现5宗10.67公顷工业地块挂牌出让。新增高新技术企业培育对象35家、省市级专精特新中小企业9家，列入省市级重点技改项目38个。新增省级优质农产品标准化示范基地3家。完成68个乡村振兴试点示范项目建设，实施旧村土地复垦项目94.76公顷，建设高标准农田138.67公顷，超额完成全年任务。完成年度粮食种植面积和产量，提前完成新增储备粮6142.9吨。

城乡建设。城市更新步伐加快，兴化府历史文化街区开街亮相，国庆期间接待游客突破40万人次。木兰溪南岸、紫霄片区等城市新区加快建设，完成南梧塘CBD一期、永嘉街等4个项目征迁100多万平方米。新开工房地产项目5个107万平方米，面积全市最多。完成老旧小区改造10个；开工棚户区改造3450套，建成3895套。实施城市建设品质提升市级十大样板项目，打通渭阳配套路网、玉湖路二期等市政道路，建成绿廊“福道”3千米，新增公园绿地10公顷、口袋公园5处、垃圾分类屋（亭）50座。新改建农村公路5.06千米，创建美丽农村路18.8千米，荔城区获批“四好农村路”省级示范县。

深化改革。加强“互联网+”信用监管，优化行政审批、便民服务等领域办事流程，全面深化“一窗受理、集成服务”，行政许可事项“即办件”“一趟不用跑”和“全程网办”覆盖率均居全市各县区前列，网上可办率99.55%，企业群众非常满意率99.96%，政务服务效能持续提升，“12345”诉求办理满意率99.5%。全年新登记内资市场主体2.88万户，增长4.65%，各类市场主体累计16.25万户，其中企业3.7万户。开展对台交流合作，促进荔台产业融合，打造台胞、台企登陆“第一家园”。举办第十六届中国（莆田）海峡工艺品博览会、香文化产业大会等活动，新晋“中国工艺美术大师”2人。

社会事业。财政投入28.5亿元用于民生事业，占本级支出79%，49个为民办实事项目超额完成投资。公共服务扩面提质，发放企业社保补贴、稳岗返还等系列政策资金补贴1903万元，提供就业岗位3.16万个，城镇新增就业7662人、增长15.1%。城乡最低生活保障标准提标到820元/月。持续攻坚安置房、教育、文化体育、医疗卫生等民生项目，实现15个安置房项目、4609户群众回迁，回迁面积约95万平方米；新投用中山中学荔浦校区小学部、荔城区教师进修学校附属小学等教育类项目10个，新增学位9300个；新建体育健身点24个；精神病防治院二期项目实现竣工，“一体化”村卫生所全部实现医保“村村通”，阔口社区获评“全国红十字模范单位”。开展“少拘慎押”试点工作，全省首创刑事速裁“一站式”办案中心，建成全市最大的林则徐禁毒教育基地。

生态改善。建成幸福河湖建设示范点3个、河长制文化公园4个，完成“蓝色海湾”综合治理和互花米草除治任务，治理生态河道33.9千米，新改扩建市政污水管网10千米、供水管网103千米。加快实施农村生活污水治理工程，木兰溪三江口、延寿西溪等流域断面水质分别达到国、省考目标要求。

（翁建伟）

【城厢区】 位于莆田市中部，辖3个街道、4个镇。土地面积509平方千米。年末户籍人口44.91万人，常住人口54.54万人。全区拥有耕地面积2591.2公顷，粮食播种面积1952.73公顷，粮食产量1.14万吨。林地面积21780.48公顷，森林覆盖率33.82%，活立木蓄积量127.30万立方米。重要矿产资源有铁、铬、铜、铅、铅锌、多金属、镍、金等8种金属矿，滑石、蛇纹石、高岭土、叶蜡石、水晶等10种非金属矿，泥煤、地热水2种能源矿。海域面积约3300公顷，大陆海岸线全长24.04千米。海洋资源开发以渔业为主，海洋养殖面积约1666.67公顷。境内有河道66条，湖泊1个。辖区内有水库26座。主要旅游景点有省级文物保护单位石室岩砖塔、延寿桥、林兆恩墓、李富墓、东汾五帝庙5处；九龙谷国家森林公园、省级森林公园天马山公园等2处；国家AAAA级旅游风景区全国农业旅游示范点九龙谷景区、国家AAA级旅游风景区御庄园温泉度假村、省级风景名胜区凤凰山公园。千年古刹广化寺被列为福建“四大禅林”之一，名列福建十佳风景名胜区。

2022年4月，城厢区常太镇被农业农村部办公厅、财政部办公厅评为国家产业强镇。

2022年，全区地区生产总值587.08亿元，比上年增长5.6%。其中，第一产业增加值10.27亿元，下降2.9%；第二产业增加值225.70亿元，增长9.1%；工业增加值158.72亿元，增长5.2%；第三产业增加值351.11亿元，增长3.9%。规模以上工业总产值509.7亿元，增长10%。农林牧渔业总产值20.76亿元，比上年下降3.3%。固定资产投资320.47亿元，增长11.9%。社会消费品零售总额653.89亿元，增长4.2%。外贸出口额13.4亿美元，增长24.64%；实际利用外资2628万美元，增长1312.9%。一般公共预算总收入34.89亿元，增长1.8%；其中地方一般公共预算收入25.41亿元，增长5.1%。城镇居民人均可支配收入53723元；农村居民人均可支配收入27465元，分别比上年增长5.6%、7.9%。

凤凰福道。凤凰福道是莆田市首条环城福道，北起东圳水库，南至木兰陂，其中主线约18千米，城市连接线约17千米，沿途总用地面积约280公顷。项目利用构建的18千米无障碍通行主线与木兰溪十里风光带、绶溪绿心绿道共同构建莆田首条53千米长的环城福道。（方友新　郑美梅）

【涵江区】　位于莆田市中部，辖2个街道、10个乡镇和1个商城管委会。全区土地面积752平方千米。全区有175个建制村、24个社区（居委会）。年末户籍人口45.36万人，常住人口47.7万人。

涵江盛产枇杷、龙眼、荔枝、柿子等四大水果，蘑菇、香菇等食用菌，鳗鱼、牡蛎、海蛏、跳鱼、蚂蟹等水产品，“土笋冻”更是海珍品。海岸线长26千米，可供养殖的滩涂面积1333.33公顷；森林覆盖率67.09%。矿产资源主要有金属类、非金属类和能源矿，开发利用的有铅锌矿、叶蜡石、高岭土、建筑石料、荒料石材、建筑用砂和地热水、矿泉水等。境内旅游资源有白塘湖、雁阵山、瑞云山、夹漈山、永兴岩，还有千年古刹囊山寺、国欢寺，省级森林公园大洋瑞云山森林公园、新县夹漈山森林公园等。

2022年，涵江区地区生产总值684.56亿，比上年增长3.1%。规模以上工业增加值增长3.1%。固定资产投资增长6.6%。农林牧渔业总产值34.72亿元，增长4.2%。社会消费品零售总额158.82亿元，增长1.1%。一般公共预算总收入28.79亿元，增长2.9%；其中地方一般公共预算收入18.65亿元、增长10.3%。外贸出口总额59亿元；实际利用外资2851万美元。居民人均可支配收入4.16万元，增长6.4%。

经济建设。向上争取专项债等各类资金40多亿元，创新融资渠道，国开行贷款授信20多亿元，盘活存量国有资产。113个年度投资超亿元项目完成投资339亿元，建成城北工业园等标准化厂房超36万平方米。落实惠企纾困政策，累计减税降费超20亿元，18.5亿元的留抵退税资金直达231户市场主体。发放各类企业补助、纾困贷款超6亿元，产融对接签约金额超2.7亿元，88家企业享受免费融资担保，制造业投资增长14%。

莆田高新区获评国家级众创空间、科技企业孵化器和省级绿色园区，综合发展水平跃升全国第110位、全省第七位。298家规模以上工业企业完成产值超1300亿元。对接洽谈产业类项目37个、总投资超510亿元。新增“个转企”478家、“小升规”152家，市场主体超9万户。新增高新技术企业26家、省级科技“小巨人”企业6家，培育国家科技型、省级创新型中小企业94家。百威雪津通过增资技改，年产能提升至200万吨，投产全省首个精酿啤酒生产线。国圣食品成为全国最大的即食海带生产基地，云度汽车引入战略合作方，年产销量超2000辆，全新智能座舱车型实现量产。百威东南销售、合力泰等2家企业分别入选全省服务业、制造业、战略性新兴企业百强榜单，6家企业入选省重点上市后备企业名单。威诺数控、全冠机械分别列入全国、省内首台（套），华佳彩、钜能电力等2家企业获评全省数字经济领域“瞪羚”创新企业，山河药业等2家企业技术成果分别获省科技进步奖、专利奖三等奖。引进落地平台项目4个，年交易额突破60亿元。

开展“全闽乐购·品味涵江”促消费、福建省华侨美食风情文化节等系列活动，发放消费补贴420万元，带动消费超2亿元。涵江区获评“2022年中国工业百强区”、省级数字经济核心产业集聚区。

乡村振兴。2022年，涵江区新建高标准农田188.4公顷，建立全省首家中药材科技小院，推进15个省级乡村振兴试点村数字乡村平台建设，举办系列农特产品文化节，打造“五彩萩芦”“我在大洋有亩田”“萍湖”“夹漈先生”等区域公共品牌，58个省级乡村振兴试点示范项目加快推进。推进乡村建设，122个村完成村庄分类，100个村完成村庄规划编制，实施农村人居环境提升工程，严格农村建房审批与建设安全管理，“绿盈乡村”占比92.74%，乡村“五个美丽”建设初见成效。“水上巴士”航线全面贯通，双福村获评中国美丽休闲乡村，梅洋村获评省美丽休闲乡村，大洋乡列入省级“全域生态旅游小镇”名单并入选福建第二批气候康养福地。

莆田高新区科技孵化器通过国家级科技孵化器认定。2022年4月，莆田高新区科技孵化器通过国家级科技孵化器认定。莆田高新区科技企业孵化器是一个政府主导型的公益性质孵化器，总建筑面积12078平方米，分成2个功能小区，其中企业孵化面积8100平方米，公共服务及办公场所2300平方米。全年莆田高新区科技企业孵化器完成投资7420万元。创业服务中心配备专业服务团队，有从业人员16人，全体人员经过专业培训，其中5人取得科技企业孵化器从业人员证书。孵化器入驻孵化企业60家，毕业41家，吸纳创业就业937人，项目获得专利382项，研发投入925万元。参加国家、省、市各级创新创业大赛项目17个，获奖项目9个，获得科技立项、奖励项目5项。成功孵化家联宝、信田农业、惠浦医疗等优秀科技型创业项目。

莆田高新区创客梦工场通过国家级众创空间认定。创客梦工场是莆田高新区科技育成中心的重要组成部分，于2017年6月启动运营，空间面积约5500平方米，引进第三方专业团队（中国创业共同体联盟单位福建易达号公司）运营管理。设有人才交流服务中心、企业管家中心、互联网平台等设施。创客梦工场赋能莆田地区创新创业，为创业项目提供4个免费赋能的服务（创业孵化＋创业教育＋协同创新平台＋天使投资）。至2022年，引进孵化优质项目143个，吸纳创客510多人。创客群体多样，其中青年创业项目32个，台湾青年创业项目6个。6月，莆田高新区创客梦工场通过国家级众创空间认定。

涵江区获评“省级数字经济核心产业集聚区”。2022年，涵江区围绕发展数字经济产业的目标，融合5G新一代通信技术与设备、电子信息、人工智能、智能制造、智能软硬件、智能终端、智能制造新材料、高科技企业孵化等多重先进技术于一体，打造高智能数字产业聚集生态基地。9月，福建省数字福建建设领导小组办公室公布5家2022年省数字经济发展专项资金数字经济核心产业集聚区专项拟扶持项目名单，涵江区数字经济产业集聚区超高清视频产业项目列入2022年福建省数字经济发展专项资金，获补助资金1610万元。至2022年底，落户福联、安特、依吨、德信等电子信息龙头企业，主要生产多层线路板、覆铜板等电子产品。

云度汽车签约战略伙伴。2022年2月18日，均瑶集团与莆田市政府签订战略框架合作协议；4月18日，上海均瑶、福建龙头产业基金、莆田市国投、珠海宇诚等采用线上视频签约方式签订正式投资协议。6月24日，云度公司股权变更工商登记完成，均瑶集团成为云度公司实际控制人，公司日常经营管理全面由均瑶集团选派团队接管。云度公司于7月11日焊装车间恢复生产，7月14日总装车间恢复生产，7月15日涂装恢复生产，7月26日复产后首款车型π1 lite正式下线，10月份智能座舱车型开发完成并实现量产销售。是年度，公司实现新能源汽车产销2000台。

光伏电站项目。2022年，涵江区经过前期选点勘察，创能涵江兴化湾100兆瓦渔光互补光伏电站项目拟在福建省莆田市涵江区三江口镇管辖海域，莆田市涵江临港产业园二期范围内建设。装机规模100兆瓦＋10兆瓦/20兆瓦时储能。初步拟定厂址占地约100公顷，项目预计投资规模50184万元。项目于2022年10月19日获得省发改委的备案批复。

福建莆田华佳彩分布式光伏项目。2022年7月12日，福建莆田华佳彩分布式光伏项目开工建设。该项目屋顶占用面积约12.8万平方米，机组装机总容量约15.19兆瓦，总投资约9228万元。2022年11月24日，莆田供电公司工作人员对光伏发电进行调试检查；12月7日，福建莆田华佳彩分布式光伏发电项目正式并网运行。（范　将）

【秀屿区】　位于莆田市东南部，辖7个镇。土地面积526.31平方千米。年末户籍人口73.3万人，常住人口60万人。全区耕地面积1.41万公顷，粮食播种面积0.72万公顷，粮食产量4.28万吨。林地面积0.87万公顷，森林覆盖率17.76%，森林蓄积量45.10万立方米。重要矿产资源有铁矿、钨矿、铜矿、铅矿、钼矿等金属矿产5种；有矽线石、化肥用蛇纹岩、滑石、长石、脉石英、高岭土、矿泉水、花岗岩（含饰面用和建筑用）等非金属矿产8种。海域面积2800平方千米，海岸线总长301千米，其中大陆岸线176千米、海岛岸线125千米；大小岛屿204个（有居民海岛9个、无居民海岛195个）。重要海洋资源有盐田1845公顷、浅海砂矿区295.21公顷、海洋生物769种及海上风力发电场、南日海洋牧场等。主要旅游景点有国家AAA级旅游景区3个（天云洞风景区、后海渔村、土海湿地景区），国家AA级旅游景区7个（南日九重山、东庄嵩山旅游景区、埭头汀港山、上塘珠宝城、南日镇烈士纪念碑、浮叶村、皇帝山景区）。

2022年，全区地区生产总值575.64亿元，比上年增长5%。其中，第一产业增加值74.57亿元，增长2.2%；第二产业增加值298.18亿元，增长6.5%；工业增加值246.28亿元，增长4.8%；第三产业增加值202.93亿元，增长3.7%。人均地区生产总值95304元，增长5.1%。规模以上工业总产值869.06亿元，增长7.5%。农业总产值98.3亿元，增长2.9%。固定资产投资669.37亿元，增长15.9%。社会消费品零售总额115.81亿元，增长2.7%。外贸出口总额26亿元，增长14%。实际利用外资2017万美元，增长130.5%。财政总收入23.45亿元，下降 7.3%；其中地方财政收入 19.02 亿元，增长 9.2%。城镇居民人均可支配收入 39127 元，农村居民人均可支配收入 25725 元，分别比上年增长 6.1%、8.3%。

全国首例双壳贝类海洋渔业碳汇交易。2022 年 5 月 19 日，秀屿区依托海峡资源环境交易中心完成全国首例双壳贝类海洋渔业碳汇交易。林蚝（福建）水产有限公司、福建华峰新材料有限公司作为买卖双方，在莆田市政府、福建省海洋与渔业局、莆田市海洋与渔业局、自然资源部第三海洋研究所、海峡资源环境交易中心等的共同见证下签订交易合同。

秀屿区鲍鱼科技产业园暨壹路鲜伴海产品生产研发基地项目开工。6 月 25 日，莆田市秀屿区鲍鱼科技产业园暨壹路鲜伴海产品生产研发基地项目开工仪式举行。秀屿区鲍鱼科技产业园项目位于笏石工业园区，总规划建设用地约 13.33 公顷，是以鲍鱼加工为主题，集海洋食品加工、冷链仓储、产品展示、生产观光体验于一体的海洋产品加工示范产业园。

"云上莆田·印象秀屿"直播专场活动。2022 年 6 月 3—5 日，秀屿区政府、莆田市商务局联合在土海生态湿地公园举办"云上莆田·印象秀屿"直播专场活动。活动以"线上活动+线下直播"形式进行。秀屿区特色海产品、金银珠宝、餐饮美食等名特优产品，进行现场集中展销与线上同步直播。线下活动结合端午传统民俗，有机融入端午庙街、主题市集、特色端午入园仪式、做手工、包粽子、玩民俗游戏等传统民俗活动。活动期间，线上线下销售总额 167.82 万元。

秀屿区 2022 年"文化和自然遗产日"非遗宣传展示活动。2022 年 6 月 10 日，由秀屿区委、区政府主办，区委宣传部协办，区文体旅游局承办的秀屿区 2022 年"文化和自然遗产日"非遗宣传展示活动开幕。秀屿有国家和省级、市级非遗保护项目 33 项，区级非遗保护项目 43 项。此次宣传展示活动设置 7 个展区，陈列作品数百件，旨在展示秀屿非遗项目，让更多人走进非遗、了解非遗、传承非遗。

秀屿区与 LYB 品牌合作项目签约。7 月 7 日，秀屿区与 LYB 品牌合作项目签约仪式举行。该合作项目规划投资 3 亿元，总建筑面积约 3 万平方米，主要建设综合办公楼、教学楼、宿舍楼各 1 座，以及田径运动场、综合训练馆，设置羽毛球馆、篮球馆、游泳池、全民健身中心等。

南日镇国鲍荟正式开馆。11 月 21 日，秀屿区南日镇国鲍荟正式开馆。南日镇"国鲍荟"研学中心是海洋经济产业链的补链项目之一，总投资 1000 多万元，总规划建设面积用地约 4000 平方米。项目根据修旧如旧、保护修缮、改造提升原则，主要配套科研、展示、养殖等基础设施，建成集鲍鱼文化、科普教育、研发研学、旅游体验等功能于一体的多功能产学研中心。研学中心有 8 个展厅、3 个平台，具备展览、科普、教学等功能。（陈金呈）

【湄洲湾北岸经济开发区】 位于莆田市东南部，辖山亭镇、东埔镇、忠门镇 3 个镇 39 个村（社区）。土地面积 131.2 平方千米。年末户籍人口 18.43 万人，常住人口 8.4 万人。

北岸经开区海域面积 1250 平方千米，海岸线长约 75 千米，港口规划形成码头岸线总长约 11 千米，规划布置泊位 37 个，其中万吨级以上的深水泊位 36 个，年综合通过能力约 9148 万吨。湄洲湾港是福建省沿海港口布局 11 个重点港区之一。

全区耕地 0.24 万公顷，粮食播种面积 476 公顷，产量 2703 吨；林地面积 770 公顷，森林覆盖率 9.7%，活立木蓄积量 4.7 万立方米。重要矿产资源有饰面用花岗岩、矽线石。海洋资源有养殖品种鲍鱼、牡蛎、花蛤、对虾等，捕捞品种有带鱼、鱿鱼、虾姑、黄鱼、海鳗、海虾等。紫菜和虾姑被评为国家地理标志性产品，养殖面积约 4800 公顷。全年海水养殖产量 15.47 万吨、捕捞产量 1.52 万吨，渔业总产值 27.2 亿元。主要旅游景点有贤良港天后祖祠、妈祖阁、莆禧古城、紫霄洞、东吴石塔等。

2022 年，全区地区生产总值完成 112.34 亿元，比上年增长 5.0%。第一产业增加值 16.88 亿元，增长 3.3%；第二产业增加值 46.16 亿元，增长 10.7%；工业增加值 25.65 亿元，增长 1.2%；建筑业增加值 20.56 亿元，增长 24.2%；第三产业增加值 49.29 亿元，增长 0.8%。规模以上工业增加值 25.02 亿元，增长 1.8%。农林牧渔业总产值 31.07 亿元，增长 3.9%。固定资产投资完成 255.45 亿元，增长 11.0%。外贸出口总额完成 47.52 亿元，增长 22.3%。社会消费品零售总额完成 21.11 亿元，下降 11.4%。一般公共预算总收入 6.58 亿元，比上年下降 48.8%；其中地方一般公共预算收入 5.07 亿元，下降 30.8%。城镇人均可支配收入 39127 元，农村居民人均可支配收入 25725 元，分别比上年增长 6.1%、8.3%。

项目建设。2022 年，实施省市重点项目共 14 个，完成投资 25.1 亿元，全区列入省、市级开工项目 7 个，实现开工或具备开工条件；新增区级开工项目 7 个实现开工。罗屿 8 号、11～12 号泊位工程 9 月正式开工建设。

产业发展。临港产业取得突破。哈纳斯 LNG 项目配套码头工程进入施工准备阶段，海水提钾项目上马在即，湄洲湾火电厂一期 BOT 等容量替代项目正在开展 BOT 谈判工作，三期项目正式签约落地并已取得省发改委新增煤电容量指标支持。金鹰绿色产业园项目子项目莱赛尔项目、生活纸项目完成项目备案，配套热电联产项目完成热电联产专项规划、供热专项规划编制并上报省发改委。罗屿集中选矿区中的五矿集团铁矿石选矿项目已签约落地。两岸生技园已建成标准化厂房 12.28 万平方米，已落地太阳树生物工程（已投产）、宜泰达石墨烯、义齿、牛樟芝、济康医药、金永源、药品包装厂等 10 个项目。

策划推动两岸生技园综合开发项目，加快建设两岸生技园三期工程。“中巴”电商产品加工区项目落地两岸生技园三期。“两体两中心”项目主体封顶并全面装修，年内交付620多户人才公寓，建成后可服务于1000多名产业人才。

文旅产业。协同岛岸一体发展，“一湾一堤一祠一阁一古城，一山一湖一岛一澳一公园”十景连线生态旅游精品路线建成，紫玉湖、妈祖城海堤成新晋网红打卡点。推出“县区委书记谈文旅经济”系列北岸访谈报道，提升文化旅游知名度，全年接待国内旅游人数45.59万人次，国内旅游收入2.82亿元。

城乡建设。加快启动区高端专科医院集聚，新希望集团投资的厚新大健康项目正式开业。妈祖重离子医院项目主体工程、设备安装有序推进，福建医科大学附属协和医院妈祖院区正式签约落地。妈祖健康城医疗教育基地项目一期工程已基本建成。妈祖健康城康城路、荔港大道绿化提升改造等项目稳步推进。蓝色海湾整治项目海岸带生态修复工程、妈祖城海堤生态化加固主体工程全面完成。悦海壹号酒店已完成一期3栋装修交验并投入运营；北岸酒店1号楼主体封顶，并完成装修。策划生成智慧公交车站、公租房、加油站等城市功能配套项目，推进妈祖健康城康养二期商住及酒店、紫玉湖酒店、中央商务区一期（含海水温泉中心）、总部商务区、风情商业街、闽宁产业合作总部、西高温泉小区、移动通信大楼等10大地块出让前期工作。

民生事业。全区新增城镇就业199人。建立困难群体主动发现机制，发放低保、特困、临时救助等补贴1453万元，惠及困难群众2689人次。莆田第十三中学运动场、东埔中学学生宿舍楼、东仙小学幼儿园综合楼3个工程竣工投入使用。“智慧校园”建设不断完善，中小学班班通配备完成率100%。全年度投入培训经费近170万元，培训教师2000余人次。学前三年毛入园率99%，普惠性幼儿园覆盖率达98.5%。新增普通高中学位900个。成立区、镇、村三级奖教助学协会42个，累计筹措捐赠资金1.3亿多元。对忠门镇中心卫生院、38家卫生所进行提升改造。区空气质量达标率97.6%，细颗粒物浓度等6项污染物指标达到国家二级标准。探索“污水零直排区”试点建设，完成3个试点村的创建工作。规划山水林田湖草沙一体化保护和修复工程项目，北岸生态环境治理（EOD）项目已纳入国家“EOD”项目库。策划生成北岸经开区农村污水收集二期工程项目，拟申请中央资金2亿元。（郑 拓）

南平市

【概况】 南平市位于福建省北部。1995年设立地级市。2022年辖2个区、3个县级市、5个县。土地面积2.63万平方千米。年末户籍人口313.57万人；常住人口265.10万人，其中城镇人口161.29万人。全市耕地面积22.35万公顷，粮食播种18.74万公顷，粮食产量118.49万吨；林地面积216.94万公顷，森林覆盖率78.89%。重要矿产资源有148种。主要旅游资源有武夷山国家级风景名胜区等，有A级以上旅游景点61个。南平有4000多年的历史，10个县（市、区）建县都在千年以上，是福建文化的发源地之一，中原文化入闽的主要通道。南平是闽越文化、朱子文化、武夷茶文化、齐天大圣文化、张三丰太极文化的发源地。理学家朱熹在南平“琴书五十载”，闽北因此也被誉为朱子理学的摇篮，为“闽邦邹鲁”“道南理窟”。南平历史上出过2000多位进士和19位宰相，配祀孔庙的13位福建人士中10位属于闽北籍。是抗金英雄李纲、婉约首唱柳永、法医鼻祖宋慈、西昆诗人杨亿的故里，江淹、辛弃疾、陆游、蔡襄、文天祥、海瑞、郑成功等历史文化名人均在南平留下足迹。南平10个县（市、区）都是原中央苏区县。革命战争年代，福建省委曾几度驻在闽北，有“红旗不倒”的赞誉。2022年获批全国生态文明建设示范区和2022年度林业碳汇试点市。

2022年，全市地区生产总值2211.84亿元，比上年增长3.8%。其中，第一产业增加值361.31亿元，增长4.0%；第二产业增加值784.95亿元，增长5.8%；第三产业增加值1065.58，增长2.3%。人均地区生产总值83136元，增长4.4%。一般公共预算总收入147.33亿元，下降5.9%；其中地方一般公共预算收入104.06亿元，增长1.7%。全部工业增加值503.19亿元，增长3.8%。农林牧渔业总产值640.90亿元，增长4.4%。固定资产投资1448.40亿元，增长5.1%。社会消费品零售总额791.12亿元，增长4.0%。外贸出口额151.16亿元，增长3.0%。实际利用外资2644万美元，下降22.5%。城镇居民人均可支配收入41101元，农村居民人均可支配收入21782元，分别比上年增长4.4%、6.6%。

2022年，南平市社会用电量131.04亿千瓦小时。年末从业人员122万人。参加城镇职工基本养老保险77.45万人，参加城镇职工基本医疗保险43.88万人，参加城镇居民基本医疗保险237万人，城镇生活污水集中处理率57.14%。（陆华珍）

【延平区】 位于南平市南部。2022年辖13个镇、2个乡、6个街道。户籍人口48.75万人，常住人口44.8万人。全年地区生产总值455.23亿元，比上年增长2.5%。其中，第一产业增加值40.62亿元，增长6.4%；第二产业增加值165.40亿元，增长1.4%；第三产业增加值249.21亿元，增长2.5%。一般公共预算收入10.82亿元，增长5.1%；其中地方一般公共预算收入8.02亿元，增长16.3%。城镇居民人均可支配收入42165元，农村居民人均可支配收入23794元，分别比上年增长4.6%、7.1%。农林牧渔业总产值77.46亿元，增长7%；规模工业增加值增长1.3%；固定资产投资增长下降

2.9%；社会消费品零售总额114.59亿元，增长3.4%。

工业产业。2022年，延平区新增工业技改项目51项，比上年增加10项。新增国家级专精特新“小巨人”企业1家，省级专精特新中小企业2家、科技“小巨人”企业2家，通过复核的国家级、省级制造业单项冠军产品各1项，省、市知识产权优势企业6家。新培育鑫元竹木等“新建投”企业3家、远拓电气等“小升规”企业10家，电线电缆、林产化工两大重点产业集群实现逆势发展，产值增速分别超35%、20%。

特色农业。2022年，延平区出台稳粮措施十二条，累计投入1284.12万元建设高标准农田333公顷，复耕复种撂荒地583.73公顷，粮食产量5.9万吨。落地全国首个规模化菌草微生物农业生产系统——“菌草家园”；建成生态茶园示范片6个；百合花种植面积800公顷，商品种球规模突破70万粒；累计61个农产品获得绿色食品认证，其中新增13个绿色食品，鸿瑞现代农业产业园建成投产。

三产发展。2022年，延平区新增限额以上商贸企业40家、规模以上服务业企业5家。推出茫荡山避暑康养游、南山地下航线红色游等精品文旅线路6条，举办纪念郑成功收复台湾360周年活动，承办省运会拳击赛等3个项目赛事，实现旅游总收入90亿元，增长4.09%。

重点项目。2022年，延平区出台向上争取资金奖励办法，争取中央、省级预算内项目资金6.5亿元，债券资金4.2亿元。人民医院八仙院区等4个项目列入国家“十四五”时期102项重大项目盘子；元力环保用活性炭等6个闽东北协同发展重点项目加快建设，累计投资11.96亿元。46个省、市重点项目完成投资46.25亿元，新开工9项，新竣工18项。

招商引资。2022年，延平区出台《建立健全“马上就办、真抓实干”工作机制，实施项目化推进、快速化响应、扁平化管理的实施意见》，“一把手”招商2亿元以上项目11个，总投资91.96亿元。其中，勇锋光伏玻璃等3个项目开工建设；新签约落地5000万元以上项目79个，总投资142.11亿元。推动保温、酒店、游乐三大特色产业加速回归，酒店业协会成立，保温产业年产值突破49.5亿元，上缴税收1.84亿元。全年引进建筑企业1家，新增入库资质等级建筑业企业17家。

市场主体活力激发。2022年，延平区出台9个方面41条稳经济一揽子政策措施，累计减免国有房租376户644万元，新增减税降费及退税缓税缓费4.75亿元，新增市场主体1.28万户。在全市率先开展“企业家下午茶、晚餐会”活动，解决市场主体问题82个。推出“政企直通车”服务，19项“免申即享”政策上线运行，“信易贷”授信金额5.82亿元。（叶　宇）

【建阳区】 位于南平市中部，辖8个镇、3个乡、5个街道。面积3383平方千米，户籍人口36.56万人，常住人口34.4万人。公元205年置县，是福建省最早设置的5个县之一，获评中国地名文化遗产“千年古县”。1994年撤县设市，2015年3月撤市设区。建阳区是宋代理学家、教育家、哲学家朱熹的故里，“世界法医学鼻祖”宋慈和程门立雪主人公游酢的家乡。是宋代三大印刷中心之一，享有“图书之府”“建本之乡”美誉，是宋代八大窑之一“建窑建盏”原产地，被授予“中国建窑建盏之都”的称号。南平市行政中心于2020年1月正式迁至建阳，建阳成为闽北的政治、经济、文化中心，是一座能容纳60万人口的闽北新兴中心城市。建阳地处闽北区位中心，与南平市10个县（市、区）中除延平区外的8个县（市）接壤。境内3条高速公路贯穿，京福高铁、横南铁路和规划建设中的温武吉铁路交会，拟迁建武夷山新机场选址在建阳，成为闽、浙、赣3省重要的交通枢纽和物流集散地。建阳作为全省首个国家级生态示范区，是全球同纬度生态环境最好的地方，森林面积18万公顷，森林覆盖率78.24%。建阳是全国商品粮基地、优质果品基地重点县，“建阳橘柚”“建阳白茶”等获国家地理标志产品保护、国家地理标志证明商标。建阳是福建重要的老区县、中央苏区县和“红旗不倒”县。全区耕地面积3.15万公顷，粮食播种面积3.16万公顷，粮食产量20.91万吨。森林面积18万公顷，森林覆盖率78.24%。主要旅游景点有考亭花花世界、考亭古街、建盏文创园、太阳山革命历史纪念园等。

2022年，建阳区获中国直播电商发展示范城市称号，考亭文化和旅游集聚区获评国家级夜间文化和旅游消费集聚区，崇雒村烟叶产能提升及烟后稻制种产业基地被列为国家级烟区综合体示范基地。

2022年，全区地区生产总值278.99亿元，比上年增长4.7%。其中，第一产业增加值46.11亿元，增长3.6%；第二产业增加值108.78亿元，增长11.7%；工业增加值71.01亿元，增长5.9%；第三产业增加值124.1亿元，比上年下降0.6%。人均地区生产总值81220元，增长4.2%。规模以上工业总产值增长9.5%。农林牧渔业总产值78.5亿元，增长4.1%。固定资产投资增长9.4%。社会消费品零售总额100.17亿元，增长4%。外贸出口额15.08亿元，增长9.36%。一般公共预算总收入18.07亿元，增长0.7%；其中地方一般公共预算收入14.03亿元，增长8.6%。城镇居民人均可支配收入42569元，农村居民人均可支配收入22116元，分别比上年增长4.6%、7.2%。（余碧兰）

【邵武市】 位于南平市西部，辖12个镇、3个乡、4个街道。土地面积2859.4平方千米。年末户籍人口29.76万人，常住人口27.1万人。耕地面积2.36万公顷，粮食播种面积3.14万公顷，粮食产量18.24万吨。林地面积243.25万公顷，森林覆盖率78.95%，活立木2500万立方米。重要矿产资源有金、铜、铅、锌、铁、钼、钨、铀等。主要旅游景点有和平古镇、金坑红色旅游景区、天成奇峡、武夷温泉度假区、云灵山峡谷漂流等5个国家AAAA级旅游景区，小隐于竹、卫闽迷宫小镇等4个国家AAA级旅游景区。

2022年，县域经济综合竞争力进入全国300强，邵武市获评国字号“绿水青山就是金山银山”实践创新基地，获得“中国竹家居之都”称号。

2022年，全市地区生产总值273.94亿元，比上年增长5.4%。其中，第一产业增加值35.07亿元，增长4.3%；第二产业增加值116.06亿元，增长8.5%；工业增加值83.66亿元，增长5.8%；第三产业增加值122.81亿元，增长2.8%。人均地区生产总值10.07万元，增长6.0%。规模以上工业总产值增长7.7%。农林牧渔业总产值60.71亿元，增长4.8%。固定资产投资增长10.2%。社会消费品零售总额130.13亿元，增长2.9%。外贸出口额27.34亿元，下降25.3%；实际利用外资285万美元，增长93.8%。一般公共预算总收入16.41亿元，增长8.6%；其中地方一般公共预算收入13亿元，增长11.3%。城镇居民人均可支配收入42415元，农村居民人均可支配收入25282元，分别比上年增长3.1%、7.0%。

项目建设。2022年，邵武市建立健全项目入园专家与部门联审机制，推行交地即颁证、交地即开工，75个省、市重点项目完成投资110亿元，一中新校区、格林生物等27个项目开工，三爱富、福豆新材料、城乡供水一体化等28个项目加快建设，永和新材料、热电联产等20个项目建成投产，温武吉铁路列入国家“十四五”时期现代综合交通运输体系发展规划。全年引进5000万元以上项目50个、总投资108.9亿元，新签约落地科润、永瑞等亿元以上产业项目11个，其中5亿元以上项目7个。金塘工业园区、经济开发区两园合并升格，智慧园区、应急救援中心、景观提升等项目加快推进，综合管廊架、事故应急池、企业职工公寓等项目建成投用。先后与福州大学、西安近代化学研究所等建立战略合作关系，搭建产学研用一体化平台；成立高质量发展人才顾问团，首次设立“人才日”，建成菁创人才园，开通人才政策服务绿色通道，推动人才链和产业链精准对接。落实组合式税费政策，制定出台抗疫助企16条以及推进工业、竹产业、第三产业高质量发展等一揽子措施，全年减免退缓税费9.2亿元，新增企业63家、市场主体5965户；出台政策24项，政务服务全程网办率75.5%，一趟不用跑事项占比80.1%。

美丽城乡建设。2022年，邵武市开展城乡建设品质提升行动，完成拆迁29万平方米；李纲西路、八一中路、五四北路完成“白改黑”；智慧停车一期建成投用，新增公共停车位1027个，新（改）建雨水、污水管网36.5千米；改造提升西门街区和52个老旧小区，惠及居民1.5万户；福山健康漫道、城区总水厂等项目主体工程基本完工。推进乡村建设，新增“四好农村路”32千米，94.7%以上乡镇通达三级以上公路，整治“三房”140栋；新增省级“一村一品”专业村3个、森林村3个、乡村治理示范村（镇）17个，云灵山入选国家级森林康养试点建设基地，拿口千岭湖、水北二都获评省级森林康养基地。全年空气质量优良天数比例100%，主要流域、小流域优良水质比例100%。

社会服务。2022年，邵武市完善社会保障体系，开展“送岗进校园”等线上线下招聘活动，兑现稳就业资金2228万元，新增城镇就业1502人。发放低保、特困等各类救助金5481万元；建成并运营长者食堂23所，养老服务机构增至18家。完成实验幼儿园改造提升，八一希望小学改扩建项目主体竣工，实验幼儿园三分园建成并投入使用，公办幼儿园入园率73.1%；课后服务覆盖率100%，教育质量提升，两项“双减”案例在全国推广。推进市立医院现代医疗能力提升、区域医疗中心能力提升一期等项目建设，与福建医科大学附属第一医院签署医联体共建协议，市立医院入选全国首批“千县工程”。建成熙春书房、古城阅读长廊、三有书屋等公共阅读场所，举办“用阅读点亮城市”“严羽诗歌会”等系列活动；体育中心建成投用，承办第十七届省运会部分赛事；被评为国家体育后备人才基地、省体育产业示范基地。

（吴冰铃　王　娜）

【武夷山市】 位于南平市北部、闽赣交界处，辖10个乡镇（街道）115个行政村。市域面积2813平方千米，年末户籍人口24.74万人，常住人口26.1万人。

2022年，实现地区生产总值233.94亿元，比上年增长2.2%。其中，第一产业增加值32.39亿元，增长4.9%；第二产业增加值74.44亿元，增长1.3%；第三产业增加值127.11亿元，增长2.1%。农林牧渔业总产值54.08亿元，增长5.5%。规模以上工业总产值下降1.3%。固定资产投资下降7.2%。社会消费品零售总额77.18亿元，增长5.4%。一般公共预算总收入13.1亿元，增长3.3%；其中地方一般公共预算收入9.7亿元，增长5.3%。城镇居民人均可支配收入42578元，农村居民人均可支配收入23758元，分别比上年增长4.9%、5.9%。本外币各项存款余额251.31亿元，增长21.9%；本外币各项贷款余额207.52亿元，增长10.8%。接待旅游863.71万人次，下降17.5%，恢复至2019年的60.77%；旅游总收入118.68亿元，下降16.4%。

2022年，武夷岩茶（大红袍）制作技艺入选人类非物质文化遗产代表作名录，武夷山成为唯一“三世遗”城市。城村汉城遗址入选国家考古遗址公园。燕子窠茶园基地列入国家“三茶”统筹综合标准化示范区项目，“无化肥无化学农药”生态茶园建设入选全国绿色发展典型案例。高考实现录取北大清华十年零的突破，“双一流”高校录取117人。获南平市唯一“两项督导”评估“双优”佳绩县市和南平市2021年度政府教育工作优秀县市。武夷山公立总医院获评全国县域医共体建设优秀创新案例。

经济建设。出台助企纾困14条、营商环境12条等一揽子政策措施，兑现留抵退税资金2.01亿元，下达各类直达补助资金6.9亿元，发放助企纾困政策补助资金5409万元，337家企业获“信易贷”平台融资贷款34.86亿元。盘活国有资产，创新林权贷、农地贷、停车场专营权贷等项目，融资9.7亿元。新增市场主体8127户，新增入库企业57家、增长21.3%。工业用电量增长6.52%，公路运输周转量增长2.4%。培育科技型中小企业17家，认定省级科技“小巨人”企业3家。开展首届电商直播大赛，建设武夷山乡村振兴直播基地及农产品展销中心，孵化电商青创企业50余家，打造筑梦前兰、在园野等一批电商直播示范点。中欧班列开行19列，货值4.02亿元。新引进华瑞洲际酒店、凯溢时代包装智造中心等5000万元以上产业项目50个，总投资80.6亿元，岚境岚悦观景度假酒店等一批项目开工建设。42个省、南平市重点项目完成投资67.7亿元，占年度计划109.5%。争取各类政策资金10.22亿元、债券资金21.39亿元。完成土地征收182.13公顷、报批179.8公顷、供地203.4公顷，处置批而未供土地18.79公顷。

文旅经济。创新推出武夷山主景区免门票优惠政策，出台扩大旅游市场消费12条政策措施保市场主体。组建文旅产业发展顾问团、人才库，成立文旅经济研究院。引进3D裸眼、星巴克、室内射击场、鹅岛啤酒等新产品新业态，推出武夷茶宴等百道武夷风味特色菜，打造5处露营地、6个网红观景台、6个大众茶馆、60个共享茶空间。设立主题邮局、特色邮筒，推出国家公园纪念币、纪念邮票等文创产品。盘活改造、提档升级13家民宿酒店。开展“网络名人看武夷”“山盟海誓·恋在武夷”“山水连心·大红闽宁”等系列文旅推介活动。开展文旅“十佳”系列评选活动，出台《民宿服务六规范》《酒店服务八要点》，建立全域旅游数据指标体系、旅游投诉快处先赔等机制。武夷山入选“2022美丽中国·深呼吸小城”“2022健康中国·康养旅游百强县”、省级森林康养城市。武夷宫宋街入选福建省特色步行街，星村镇入选全省全域生态旅游小镇，五一村获评省级金牌旅游村。“文旅茶融合打造消费新地标”入选全国城市旅游优秀案例。

“三茶”统筹发展。武夷岩茶连续6年位列中国茶叶类区域品牌价值第二位。正山小种入选2022年农业品牌精品培育计划。获2022年度茶业助力乡村振兴示范县域、茶业百强县称号。成立茶叶学会，发布《武夷岩茶品质化学与健康养生功能》白皮书，制定斗茶赛、武夷岩茶冲泡与品鉴茶具团体标准。举办“茶和天下·共享非遗”之“福茶香飘”主题活动。正山茶业综合实践区、武夷星智能产品中心、中茶武夷山工厂开业投产；华祥苑茶博城落地开工；中国武夷茶博物馆、“三茶”统筹展示馆、中国茶树种质资源圃等一批项目加快推进。建成绿色生态茶园7333.33公顷，新增“小升规”茶企7家，茶产业创税收1.16亿元，增长9.5%。

文化传承创新。启动武夷岩茶重要农业文化遗产申报。当溪、红旗渠入选首批福建省河湖文化遗产，岚谷熏鹅和竹编技艺列入第七批省级非物质文化遗产。举办赤石暴动胜利80周年、“我在武夷山”演说比赛、首届“武夷茶舞”大赛、第九届福建文创奖·朱子文创设计大赛等系列活动，建成文公山一期，加快推进洋庄红色文化小镇、柳永文化研学基地、瑞岩寺修复等项目。

城市品质提升。实施城市品质提升项目77个，完成投资40.38亿元，占年度计划109.43%。完成崇安街、大同街、兴山路、水厂路、金盘亭路等道路提级改造，加快推进西快线、崇阳溪生态巡护绿道等项目。崇东大桥建成通车，景区轻轨接驳站、工人文化宫投入使用，完成中山路示范段立面改造。实行闽H牌照9座以下一类客车市内高速路段免费通行政策。改造老旧小区59个，惠及2900户。

乡村建设。落实粮食安全双首长责任制，粮食播种面积1.5万公顷、产量9.9万吨。整治撂荒耕地224.43公顷，整改“耕地流出”114.13公顷，新改建高标准农田2133.33公顷。建立粮食作物绿色高质高效示范片29个、300公顷，水稻新品种试验点18个、256公顷。实施乡村品质提升项目16个，完成投资2.79亿元，占年度计划132.86%。推进马城线、西快线、星桐线、五夫翁墩至上梅荷墩公路工程、星村特色小镇等项目建设。完成农村生活污水智慧监管试点。编制村庄规划24个，新建改造管网33千米，建设农村公路36.3千米，改造危桥5座，整治裸房200栋。创新全国数字乡村试点“136N”机制。兴田镇入选省级商务特色镇，6个项目列入全省首批县域商业建设行动。桐木村获评全国“一村一品”示范村、兴贤村上榜中国美丽休闲乡村。选认省级科技特派员44人、团队科技特派员16个，实现茶产业链各环节科技特派员服务全覆盖。创新开展“四百兴村”（在全市115个村分别选派一名科技特派员、一名党建指导员、一名民企助推员、一名政策宣讲员）活动，实现全市115个行政村科技服务全覆盖，促进村财增收900余万元。3名科技特派员获得省级表彰，争取“科特贷”1200万元。（吴佳慧）

【建瓯市】 位于南平市东南，闽江上游，武夷山脉东南侧。辖10个镇、4个乡、4个街道。土地总面积4233平方千米。年末户籍人口53.84万人，常住人口42.7万人。是福建省面积最大、闽北人口最多的县级市；是全国农村产业融合发展试点示范县、中国竹子之乡、中国锥栗之乡、中国根雕之都、国家现代农业示范区、国家有机产品认证示范创建区、中国东南白酒名城。建瓯市属亚热带海洋性季风气候，年平均气温20.1℃、降水量1860.7毫米。全市林业用地35.04万公顷，森林覆盖率79.82%，是全国重点林业县（市）。竹林面积9.79万公顷，年生产竹材5321万根，被评为“建瓯笋竹中国特色农产品优势区”“国家有机笋产品认证示范创建区（市）”；锥栗面积3.3万公顷，年产量3.38万吨，“建瓯锥栗”获得中国驰名商标证明；水果产量22.52万吨，增长3.5%。全年农作物总播种面积5.16公顷，增长0.5%。粮食作物播种面积3.35万公顷，粮食总产量21.19万吨。建瓯河流主要属闽江建溪流域，河流总长936千米，流域面积100平方千米以上的河流15条。建瓯发现的矿种有30种，其中金属矿14种，非金属矿13种，能源矿2种（无烟煤、地热），地下水（矿泉水）1种。探明有资源储量的矿产16种。全市有维管束植物187科682属1697种，自然环境适宜森林动物的栖息繁衍，是福建省野生动物的主要栖息地之一；野生动物资源丰富，列为国家一级保护的有13种、国家二级保护的有68种、省重点保护的有56种。主要旅游景区景点有归宗岩、万木林自然保护区、黄华山公园、坑里公园、云际山公园、省四星级乡村旅游村小松湖头等景区，建宁府孔庙、东岳庙、光孝禅寺、鼓楼、通仙门、中共闽北临委旧址、北苑御茶园摩崖石刻等景点。

2022年，全市完成地区生产总值303.01亿元，比上年增长2.4%。其中，第一产业增加值58.34亿元，增长3.4%；第二产业增加值101.98亿元，增长2.2%（工业增加值76.77亿元，增长3.6%；建筑业增加值25.24亿元，下降2.2%）；第三产业增加值142.69亿元，增长2.2%。三次产业比重为19.2∶33.7∶47.1。153家规模工业完成产值240.52亿元，增长6.4%。农林牧渔业总产值99.93亿元，增长3.9%。社会消费品零售额163.49亿元，增长4.7%。全年完成公共财政总收入14.87亿元，增长0.9%；地方一般公共财政收入11.20亿元，增长5.7%。城镇居民人均可支配收入41085元，农村居民人均可支配收入23048元，分别比上年增长5.1%、6.6%。

城市古城建设。市政府制定完善片区发展规划，明确定位建州新区、柳坑片区、水南片区、城北片区分别为教育产业区、物流产业区、文化休闲区、康养型居住区。古城开发方案编制完成，确定“两个门户、三条街区、五个文化节点”保护开发思路，谋划项目12个、总投资48.5亿元。启动铁井栏—紫芝街历史文化街区等6个保护与活化项目建设，通仙门历史风貌等2个片区开发快速推进，13.5亿元征迁补偿资金全部发放到位。实施城乡建设品质提升项目93个，邮电局宿舍等10个老旧小区、曙光路等6条道路“白改黑”、弓鱼枢纽重要节点等基础设施完成改造提升；画卦路等10条道路缆线下地，水西桥头等5个口袋公园建成，花化彩化绿化1万平方米；新增公共停车位710个。被确定为省城乡历史文化保护传承试点县。

“建州味道”品牌。加强“建州味道”美食品牌建设，成立美食研究院，发布第一批“建州味道”美食标准体系，开设示范店14家。8月7日，举办福建旅游美食季（主会场）及第二届中国（建瓯）美食文化旅游节暨八闽美食嘉年华活动（闽山闽水物华新——2022“好吃好玩享福味”福建旅游美食季主题活动），建瓯市入选美食文化地标城市。

首届福酒峰会。2022年12月18日，建瓯市举办首届福酒高质量发展峰会，发布《建瓯市酱酒生产环境分析白皮书》和《建州酒典》。建瓯市酿酒历史有3000年，自古就有“酒城”美称，其独特的生态对酿酒生态环境研究具有重要科学价值。建瓯是福酒的核心产区，为展示千年酒城风貌，擦亮“中国东南白酒名城”名片，建瓯市工信商务局牵头成立《建州酒典》编委会，着手编写《建州酒典》。

三大新发现。1月21日，在建瓯市徐墩镇山边村发现的宋碑，被证实为淳熙六年（1179年）朱熹撰文《观文殿学士刘公神道碑》。2月11日，福建省古籍保护中心赴闽北三馆开展古籍保护调研暨编目审校工作，发现建瓯市图书馆馆藏宋代朱熹撰、用满汉文刊印的古籍《御制翻译易经》。根据国家相关标准，该书被定为一级古籍，也是截至2022年闽北发现的唯一一部国家一级古籍。4月13日，建瓯市在开展林木种质资源普查过程中，在水源乡横路村发现大戟科大戟属植物新种——修大戟。该植物新种经权威专家确认，并在国际植物分类学权威期刊Systematic Botany上发表。该新种为多年生草本植物，高0.8～1.6米。通常生长在海拔845～1086米的山坡、路旁、灌木丛、开阔空地和森林的边缘。

建瓯市革命历史纪念馆多功能室升级。2022年，建瓯市革命历史纪念馆多功能室的升级修缮完成。多功能室面积42平方米，可召开20人左右的小型会议；配备有2组书柜，可供存放建瓯红色档案；东侧墙体主展板，浓缩展示建瓯党史的10个闪光点；北侧和西侧墙面，将添置入党宣誓背景和视频电视大屏。（薛　颖）

【顺昌县】　位于南平市西南部，辖1个街道、8个镇、3个乡。土地面积1985平方千米，户籍人口22.5万人，常住人口17.5万人。粮食播种面积8013.33公顷，粮食产量4.71万吨，森林覆盖率80.37%。重要矿产资源已探明有色金属、非金属25个矿种，127个矿点，主要有铁、铜、铅锌、钨、锰、石灰石、花岗石、高岭土、铅锌矿、蛇纹石、萤石、瓷土等。主要旅游景点有宝山、华阳山、合掌岩和元坑古镇、洋口红色旅游小镇。

2022年，顺昌县劳动就业中心窗口被人力资源和社会保障部授予“全国人力资源社会保障系统优质服务窗口”称号，县林业局获“全省造林绿化工作先进集体”称号。顺昌县虹润精密仪器有限公司、顺昌县升升木业有限公司入选“国家知识产权优势企业”。顺昌县高阳乡大富村获评福建省气候康养基地。顺昌县洋口红色旅游小镇成功创建国家级

AAAA级旅游景区，并入选福建省全域生态旅游小镇。

2022年，全县生产总值148.02亿元，比上年增长4.8%。其中，第一产业增加值21.41亿元，增长2.7%；第二产业增加值50.67亿元，增长4.7%；工业增加值39.41亿元，增长2.2%；第三产业增加值75.94亿元，增长5.6%。人均地区生产总值83863元，增长6.0%。规模以上工业总产值85.74亿元。规模以上工业增加值增长3.0%。农林牧渔业总产值36.99亿元，增长3.2%。固定资产投资增长12.3%。社会消费品零售总额35.04亿元，增长3.4%。外贸出口额23594万美元，增长9.8%；实际利用外资151万美元，下降26.1%。一般公共预算总收入7.89亿元，增长0.2%；其中地方一般公共预算收入6亿元，增长14.8%。城镇居民人均可支配收入37798元，农村居民人均可支配收入20943元，分别比上年增长4.7%、6.9%。

中华一家亲·2022海峡两岸各民族欢度“三月三”暨福建省第九届“三月三”畲族文化节。2022年4月，由国家民族事务委员会、国台办、福建省人民政府共同指导，中华民族团结进步协会、福建省民族宗教厅、福建省海外联谊会等共同主办。文化节以线上直播的形式在顺昌举办。现场在美食展区展示芦苇粽、竹筒饭、畲家腊肉、糍粑等畲族特色风味小吃。在非遗活态情境展示区，畲族剪纸、刺绣、编织、凤冠梳妆、畲歌对唱展示畲族优秀传统文化。“云上开幕式”晚会在全平台直播总观看人数超2700万人次，系列宣传全网传播量超7098万次。

中国网文化科技数字产业基地和中国网雕塑产业基地落户顺昌。2022年6月18日，由中国互联网新闻中心与福建省顺昌县人民政府主办，中新国京（福建）传媒集团有限公司承办的中国网文化科技数字产业基地和中国网雕塑产业基地成立暨中国网基地项目落地仪式在顺昌举行。社会各界的工商业代表、知名书画家等参加仪式。中国网文化科技数字产业基地和中国网雕塑产业基地扎根顺昌，将借助当地合掌岩雕塑艺术群的资源优势，以传统文化为核心，融合地方特色，用雕塑和科技语言讲述中国的文化故事，展现中国文化魅力，提升国家文化形象。

大圣信俗文化活动周。2022年8月14日，顺昌县委、县政府主办的2022年福建顺昌大圣信俗文化活动周开幕式在顺昌郑坊镇峰岭村举办。活动以“传承大圣文化·共建零碳顺昌”为主题。活动举行祭拜仪式，进行《圣鼓迎宾》《敬茶礼舞》《大圣神威》表演。当日，顺昌县同时推出大圣百家宴、大圣美食展，宣传推介大圣有礼、美岩泡泡、大圣酱酒等8个大圣产业主打产品，推进文化旅游与餐饮深度融合，提升大圣信俗文化和旅游品牌知名度。（陈玉玲）

2022年6月18日，中国网文化科技数字产业基地和中国网雕塑基地成立暨中国网基地项目落地仪式在顺昌县举行（顺昌融媒体中心 供图）

【浦城县】 位于南平市北部，辖2个街道、9个镇、8个乡，1个水库管理处。区域面积3383.02平方千米。年末户籍总人口41.58万人，常住人口29.3万人。

2022年，全区地区生产总值192.37亿元，比上年增长6.0%。其中，第一产业增加值41.18亿元，增长2.4%；第二产业增加值62.41亿元，增长14.6%；第三产业增加值88.78亿元，增长2.4%。一般公共预算收入10.24亿元，增长3.5%；其中地方一般公共预算收入7.57亿元，增长7.6%。实现农林牧渔业总产值77.08亿元，增长1.7%。规模工业增加值增长2.3%。固定资产投资增长9.0%。实现社会消费品零售总额46.96亿元，增长4.3%。城镇居民人均可支配收入38177元，农村居民人均可支配收入19891元，分别比上年增长3.9%、5.7%。

“产业招商年”活动。新引进5000万元以上产业项目60个、总投资112.49亿元，其中2亿元以上新签约并开工项目8个、总投资31.24亿元。全面落实国家留抵退税等减税降费政策，追加工业产业基金2000万元。举办企业家“下午茶、晚餐会”活动17场，协调解决企业生产经营困难238个。投资项目备案事项实现全流程网办，审批时限压减至20%以下，全年完成用地报批191.83公顷，供地90.79公顷。争取地方政府专项债券项目36项、26.71亿元。

项目建设。新谋划亿元以上项目56个、总投资170.8亿元，32个在建省、市重点项目完成投资41.75亿元，超年度计划12.5个百分点。王家洲水库下闸蓄水，生活垃圾焚烧发电厂、浦潭园区热电联产、福能三爱富（浦城）矿业等项目建成投产，城乡供水一体化项目完成管道铺设22千米，东区水厂日供水1.5万吨扩建项目投入使用。温武吉铁路列入《国家“十四五”现代综合交通运输体系发展规划》，衢州至南平高铁列入《福建省综合立体交通规划纲要》。全县实现闽、浙、赣、皖4省边际城市128个事项"跨省通办"。

山海协作。2022年，厦门湖里区对口帮扶资金1600万元，支持浦城县民生基础设施、共建产业园区、乡村振兴产业项目等领域建设。3个总投资26.1亿元的项目在闽商大会、厦门投洽会签约。第18届省粮洽会对接落实2个央企招商项目，总投资18.4亿元。

农村人居环境整治提升五年行动。全县完成74个村庄规划编制，整治裸房246栋，改建农村厕所240户，新建乡镇污水管网25千米，创建"绿盈乡村"234个。建成"四好农村公路"25千米，改造危桥4座，投入5000万元整治提升国、省道沿线"穿村过镇""平交路口"等道路交通安全问题，205国道沿线增设公交停靠站26个。落实生态环保目标责任，城区空气质量优良天数比例99.3%，6项污染物指标达到国家二级标准，县、乡两级集中式饮用水水源地、国控和省控断面水质达标率均100%。森林覆盖率76.99%。落实河湖长制，各级河长累计巡河10.81万次、解决河道问题4152处，浦城县入选国家水土保持示范县。 （柯 华）

【光泽县】 位于南平市西北部，辖3个镇、5个乡，土地面积2240.25平方千米。年末户籍人口15.95万人，常住人口12.7万人。全县耕地面积1.54万公顷，粮食播种面积1.01万公顷，粮食产量6.34万吨。林地面积19.34万公顷，森林覆盖率81.04%。境内森林茂盛，雨量充沛，溪河纵横，水库棋布，水力资源丰富，有大小溪流300多条。全县有效期内矿山2家，其中矿泉水1家、建筑用花岗岩矿1家。境内探明地下矿藏22种，其中金属矿产9种、非金属矿产11种、能源矿产1种、其他矿产1种。有木本植物101科294属735种，国家保护树种13科17个树种。有圣农产业园、乌君山景区、大洲谈判旧址、牛田东路军指挥所旧址、东方县苏维埃政府旧址、光泽县苏维埃政府旧址、杉关景区、商周池湖遗址、武夷天池、崇仁明清古街、神山景区等景点形成的大武夷旅游精品线路。2022年，光泽县获"全国信访工作示范县"称号。

2022年，全县实现地区生产总值125.3亿元，比上年增长4.7%。农林牧渔业总产值91.56亿元，增长4.4%。规模以上工业增加值增长8.7%；一般公共预算总收入6.82亿元，下降8.8%；地方一般公共预算收入5.07亿元，增长10.1%；固定资产投资增长13.7%。实际利用外资增长247.5%。社会消费品零售总额25.35亿元，增长7%。出口总额7.6亿元，增长23.2%；城镇居民人均可支配收入37777元，农村居民人均可支配收入18566元，分别比上年增长5%、6.8%。

圣农千亿元产业集群效应。2022年，光泽县坚持扶引大龙头、培育大集群、发展大产业，绿色产业龙头——光泽县圣农千亿元产业集群效应明显。圣农肉鸡加工六厂提前建成投产，圣农发展品牌价值再破百亿元，圣农集团再次上榜中国民营企业500强；成立白羽肉鸡行业首家国际性研究院，"圣泽901"国内市场份额稳步提高，父母代种鸡雏自用与对外销售600万套；鸡肉产品打入东盟十国、中亚五国等市场，在全省首家获得冷冻禽肉企业"香港通行证"；三大系列预制菜产品优化扩充，累计完成销售额近10亿元；圣新能源进入投产试运营，圣农养殖场屋顶分布式光伏项目实现部分网点并网发电。"产业带村"促乡村振兴，圣农集团等龙头企业产业链延展植入乡村，实现"产业带村"66个，带动村财增收400万元以上。

"圣泽901"获科技成果转化贡献奖。12月8日，南方周末在上海举办2022科创大会，圣农集团凭借"圣泽901"白羽鸡种源项目获"2022年度科技成果转化贡献奖"；圣泽生物获评国家级禽白血病净化场。新获批国家知识产权优势企业2家、省级科技"小巨人"企业2家、省级科技企业孵化器1家。圣农全年推广新品种父母代400多万套。圣农建成2000万套父母代产能。

生态价值实现。2022年，光泽县融入环武夷山国家公园保护发展带建设，武夷山国家公园西大门及综合服务区、杉关生态示范园和富屯溪防洪提升、北溪流域综合治理等项目落地实施，承办"关注森林·探秘武夷——走进光泽"武夷山国家公园生态科考活动。加快畅通省际边界节点，谋划生成"环线"项目6个、规划里程267.74千米，山头村至江西冷水镇公路开工建设，316国道和顺工业园区改线项目有序推进，"一环四通道"建设成势见效。拓宽生态产品价值实现路径，探索"生态资产权益抵押+项目贷"模式，有偿流转国有林场商品林3846.67公顷，发放林下贷款1.88亿元。 （光泽县委史志办）

【松溪县】 位于南平市东北部。辖2个镇、6个乡。土地面积1043平方千米。年末户籍人口16.44万人，常住人口12.9万人。全县耕地面积1.01万公顷，粮食播种面积7959公顷，粮食产量5.12万吨。林地面积8.54万公顷，森林覆盖率75.67%，活立木蓄积量687.84万立方米。重要矿产资源有饰面用花岗岩矿，储量居全市前列。主要旅游景点有湛卢山、白马山、龙头山，国家AAAA级旅游景区梅口埠景区，国家AAA级旅游景区福当山景区、文秀湖健身主题园景区、招沙甲景区、龙源茶庄景区。

2022年，松溪县获评美丽中国·深呼吸小城、健康中国·康养旅游百强县。统筹做好"三茶"工作，获评2022年茶业百强县域、茶业品牌建设示范县域、九龙大白茶核心产区，"松溪九龙大白茶"成功注册国家地理标志证明商标。坚持科技创新引领，闽瑞新合纤被认定为全国专精特新"小巨人"企业。

2022年，全县地区生产总值88.38亿元，比上年增长2.0%。其中，第一产业增加值15.24亿元，增长5.4%；第二产业增加值29.22亿元，下降0.2%；第三产业增加值43.92亿元，增长2.2%。人均地区生产总值68249

松溪县茶平乡因茶而名，全乡有茶园2333公顷，茶叶加工企业76家。图为万亩生态茶园，摄于2022年　　（松溪县委史志室　供图）

元，增长2.7%。农林牧渔业总产值25.74亿元，增长5.8%。固定资产投资增长1.5%。社会消费品零售总额36.88亿元，增长2.3%。外贸出口额5.4亿元，增长26%。实际利用外资228万美元。一般公共预算总收入4.07亿元，增长8.8%；其中地方一般公共预算收入3.01亿元，增长12.8%。城镇居民人均可支配收入36055元，农村居民人均可支配收入16842元，分别比上年增长3.9%、6.5%。

产业发展。培育以闽松纤维为龙头的新型轻纺"一根丝"产业，引进总投资11亿元的涤纶短纤维循环经济产业园建设项目，一期3条生产线投产。吸引和利用外资，签约外资项目6个，实际利用外资228万美元，实现自2015年以来"零"的突破。梅口埠成为松溪第一个国家AAAA级旅游景区。

城市品质提升。聘请福州大学团队作为城乡总规划师，编制《松溪县新型城镇化规划（2022—2035年）》，加快原武装部至财富天下、红旗街片区等棚改项目建设，推动国道353松溪段全线通车，11千米的城区大外环全面形成，拓宽城市框架，缓解城区交通压力。

"6·18"抗洪救灾。2022年6月，松溪县遭遇200年一遇的持续性强降雨，6月18日降水量超历史极值65.5毫米，松溪河干流最高水位193.98米。面对特大洪涝灾害，松溪县紧急转移安置危险区域群众1.9万人次，实现"不伤亡、少损失"目标。灾后3天内基本恢复群众生产生活秩序。至年底，受损农村住房完成建设，71户分散重建户全部于次年元旦前搬入新居。　（兰　泓）

【政和县】 位于南平市东北部，辖1个街道、4个镇、5个乡。年末户籍总人口23.46万人，常住人口17.6万人。全县土地总面积1744.24平方千米。

2022年，政和县获评2022茶文旅融合发展示范区、全国百佳深呼吸小城、茶旅融合特色县域、2022年度茶业百强县、2022白茶产业统筹发展先行县域、三茶统筹先行县域，获中国茶叶高质量出海地区奖金奖。政和县白茶旅游线路获评"春季踏青到茶园"全国茶乡旅游精品线路。

2022年，全县实现地区生产总值112.65亿元，比上年增长5.9%。其中第一产业增加值22.57亿元，增长3.7%；第二产业增加值39.08亿元，增长12.1%；第三产业增加值51亿元，增长2.4%。一般公共预算收入6.26亿元，增长2.9%；其中地方一般公共预算收入4.33亿元，增长10%。城镇居民人均可支配收入36144元，农村居民人均可支配收入17427元，分别比上年增长4.1%、6.3%。实现农林牧渔业总产值38.85亿元，增长4.3%。规模工业增加值增长8.8%。实现社会消费品零售总额61.33亿元，增长3.4%。

产业升级。设立绿色产业发展基金3500万元，扶持产业发展，推动产业升级。推进"五个万亩"现代农业工程、省级现代农业（茶业）产业园、铁山省级农业产业强镇建设，盛庭农场、深山云谷现代农业园投入生产。"政和白茶""政和工夫"区域公用品牌入选中国百强榜单，中国福茶仓（政和仓）、中国白茶城天津服务中心投入运营，"政和白茶"走向全国市场。培育省级农业产业化龙头企业29家、农民专业合作社示范社4家，建立全省首个原生茶树种质资源野外定点观测站。新增规模以上工业14家，全县规模以上工业产值增长21%。实施工业技改项目95个，完成投资41亿元。茶、竹全产业链产值分别突破40亿元、50亿元。祥福工艺有限公司进入中国竹产业品牌企业十强榜单，培育省级专精特新中小企业7家，入选南平市首批绿色企业24家。全年接待游客306.3万人次，增长4.5%。石圳湾创建国家AAAA级景区，洞宫山风景名胜区总体规划完成修编，廖俊波先进事迹传习地、华美达酒店投入运营，洞宫山红河谷生态文明体验区项目完成征迁超80%。举办第二届中国白茶大会、百家旅行商走进政和踩线活动。2022年，政和县入围"健康中国·康养旅游百强县"，杨源乡、稠岭村入选省级全域生态旅游小镇、金牌旅游村名单，洞宫山被评为省级森林康养基地。

项目建设。全年完成固定资产投资110亿元，增长4.2%。实施省、市重点项目32个，完成投资37.8亿元，占年度计划的127%。谋划储备扩内需、补短板亿元以上项目130个，总投资201亿元。新签约落地5000万元以上招商项目48个，总投资51.7亿元，其中罗金山茶旅康养、美科通用设备等2亿元招商项目5个。获得地方政府专项债项目22个，债券资金9.8亿元；争取中央和省级预算内补助1.33亿元，增长67%。完成土地征收78.45公顷。创新政松庆三地"跨省通办"政务服务，"一趟不用跑""最多跑一趟"事项占比达99.9%。实施工业用地"标准地"出让，推行"拿地即开工、交房即交证"服务模式。帮助企业协调解决问题213项，兑现助企纾困政策资金7583万元，落实减税降费1.7亿元，帮助企业获得纾困解难贷款2.78亿元。经济开发区孵化小微企业2家，培育国家级、省级高新技术企业5家，在全省综合排名第37位。

举办第六届"政和杯·国际竹产品设计"大赛。电商创业产业园集聚功能加强，推进中国竹具工艺城、电工电器产业园建设。5个白茶标准化产业园引进企业7家，聘请刘仲华院士等7个团队74名专家入驻白茶科技研究院，与陈坚院士团队、中国科学院上海研究所申报的STS院省合作项目通过省级考核。财政管理绩效综合评价连续两年获财政部正向奖励，国投集团获AA－主体信用等级，东平镇被认定为省级"商务特色镇"，新口村连续两年获评"中国淘宝村"。

生态建设。完成国控坤口水质自动监测站、餐厨垃圾处理站、渗滤液处理站建设，扩建城区污水处理厂（三期），提升改造开发区污水处理厂，完成城乡污水管网铺设15千米，农村污水提升治理项目完成4个村庄。加强念山国家湿地公园开发与保护，推进森林生态系统保护修复、生物多样性保护项目建设，完成七星溪东峰段安全生态水系治理，植树造林653.33公顷，全县森林覆盖率79.6%，县林业局获评全国绿化先进集体，政和连续6年入选全国百佳深呼吸小城名单。

城乡建设与管理。实施城市品质提升工程项目76个，完成投资25亿元。政和新城、南庄新区完成城市设计，工人文化宫、新城路、开发区加油站投入使用，博物馆、林博馆基本建成，中国白茶城二期、白茶博物馆、城区供水引调水工程等加快建设，路网、管网、绿化等配套基础设施同步跟进，政和新城初具雏形。七星溪滨水森林休闲步道投入使用，迎宾大道完成路面改造，环城路铁山至稻香段通过竣工验收，元峰大桥至姜屯连接线建成通车，城区高水高排（一期）、人武部新营区、"三山公园"提升改造等加快推进。东门老旧小区完成改造，城市立面改造9.34万平方米，完成智慧公交站台建设86个、"口袋公园"7个、全域规模化花化彩化8.5万平方米。完成拆迁15万平方米。打造三产融合、文旅康养、高山生态农业3条乡村振兴示范带，建成"长者食堂"90个，发展民宿29家，评选"最美乡村""最美庭院"等6个系列50个最美典型，完成石屯乡村振兴示范区项目建设，入选首批省级数字乡村试点县，获评省村庄清洁行动成效突出县。新建高标准农田466.67公顷。建成寨岭隧道及连接线、澄源乡新康村至寿宁县上党村公路，新建改建村级公路34.4千米，完成农村饮水改造提升项目3个，电网基础设施投资4360万元。

（陈其香）

龙岩市

【概况】 龙岩市位于福建省西部，1997年5月撤地设市。辖2个区、1个市、4个县，总面积1.90万平方千米。年末户籍总人口315.62万人，常住人口271.6万人。常住人口自然增长率0.37‰。龙岩市地势由东北向西南倾斜，呈东高西低状，平均海拔460米，山地丘陵占全市总面积的94.83%。森林资源丰富，是福建省三大林区之一。龙岩市属亚热带海洋性季风气候，年平均气温20.8℃，年日照时数1717.6小时，气候温和，四季分明，冬暖夏凉，空气质量优良。龙岩市是福建三大江——闽江、九龙江、汀江的发源地，拥有3个国家级自然保护区和4个国家级森林公园，森林覆盖率79.39%，居福建第一、全国前茅。年均降雨量1864.4毫米，水资源丰富，全市集水面积大于50平方千米的河流129条，总长度4231.7千米，主要分属汀江和九龙江水系。年径流量188.55亿立方米，水力资源理论蕴藏量245.85万千瓦，可供开发的水能蕴藏量209.56万千瓦。龙岩是福建省重要矿区，发现的矿物种类64种，探明资源储量的有33种。探明资源储量的矿产地539处，有14种矿产探明资源储量占全省第一位。其中，煤炭资源储量8.70亿吨，占全省资源储量的57.92%；锰矿资源储量601.98万吨，占全省63.9%；铁矿资源储量4.98亿吨，占全省71.04%；铜矿（金属量）资源储量436.83万吨，占全省94.55%；金矿（金属量）资源储量324.67吨，占全省7.08%；高岭土原矿资源储量5999.86万吨，占全省30.01%；膨润土资源储量1696.51万吨，为省内唯一产区。

2022年，龙岩市拥有1个世界文化遗产地（福建土楼永定景区）、2个国家AAAAA级旅游景区（福建土楼永定景区、古田景区）、11个国家AAAA级旅游景区、36个国家AAA级旅游景区、1个国家级风景名胜区、1个国家历史文化名城、16处全国重点文物保护单位等，形成红色圣地、客家祖地、养生福地、美食天地、创业宝地等五大旅游品牌。龙岩是闽粤赣边区域性交通枢纽，有7条高速公路、2条高铁、3条普铁、1个机场，县县通高速。龙岩是全国著名革命老区、原中央苏区核心区，是红军的故乡、红军长征的重要出发地之一。

2022年，龙岩市入选首批国家知识产权强市建设试点城市、首批国家"十四五"土壤污染防治先行区、国家林业碳汇试点市、全国基础教育综合改革实验区；首次跻身全省营商环境标杆城市。龙岩市是全国文明城市、国家园林城市、国家森林城市、全国绿化模范城市、全国生态文明建设试点地区。

2022年，龙岩市实现地区生产总值3314.47亿元，比上年增长5%，增速居全省第三位。固定资产投资增长9%。社会消费品零售总额增长3.7%。出口增长4.6%。一般公共预算总收入356.31亿元，增长8.1%。其中地方一般公共预算收入165.46亿元，增长

5.5%。城镇、农村居民人均可支配收入分别比上年增长5%、7.4%。

【闽西南协同发展区建设】 2022年，龙岩市落实闽西南协同发展区会议机制，梳理140个总投资2631亿元的闽西南协同区项目清单，完成投资379亿元，占年度投资的115.5%。在2022年全市新签约的549个招商引资项目中，134个来自闽西南地区，总投资411.5亿元。加强与闽西南集团开展项目合作，共同打造龙岩首个大型文化创意产业园——龙岩洞文创园，龙岩美食城M7集趣街区开街运营并获评夜间经济示范街区。深化环境污染联防联控工作协调机制，与漳州市、厦门市开展流域联合执法，检查企业425家次，立案处罚157家。

【厦门龙岩山海协作】 2022年，《闽西南协同发展区关于深化新时代山海协作的实施方案》落地实施，龙岩与厦门山海协作机制进一步深化，明确两市区县结对帮扶关系，厦门市每年安排不少于300万元的财政资金支持龙岩项目建设，厦门市辖区每年各安排不少于100万元的财政资金支持结对县（市、区），2022年，厦门到位帮扶资金4200万元。设立厦门大学龙岩产教融合研究院、集美大学（龙岩）产业技术研究院等创新平台，厦门高校、科研院所与全市企业签订合作协议80余项，签订科技特派员工作合作协议，厦门每年安排1500万元支持龙岩市科技特派员工作，培育形成科技特派员示范项目4个、示范基地3个、示范工作站19个。开展医疗、教育等民生领域交流合作，厦门第一中学等21所学校与龙岩第一中学等学校常态化开展教学研究等交流互动，厦门大学附属龙岩中医院揭牌，厦门大学附属中山医院、厦门市中医院每年派驻20名医生帮扶龙岩市有关县（市、区）医院。

【对口支援西藏边坝县工作】 2022年，龙岩市财政安排援藏资金805万元，援藏建设项目6个。其中，边坝县培训经费、特色产业培育、医疗卫生提升、文化教育提质增效项目均完成年度建设任务，边坝县乡村振兴示范点边坝镇夏林村第二期工程主体完工。在当地首创大骨节病诊疗点、高压氧舱诊室等补齐医疗短板，龙岩市援藏工作队获边坝县教育、卫健等部门授予的多面锦旗。

【对口支援新疆呼图壁县工作】 2022年，龙岩市财政安排援疆资金2741万元，援疆建设项目14个。8个固定资产投资类项目中，呼图壁县园户村镇农村幸福大院、呼图壁县石梯子乡白杨河村基础设施建设项目、呼图壁县残疾人托养中心配套设施项目、呼图壁县特色文化推广中心建设项目、呼图壁县龙岩小学塑胶运动场建设项目相继完工；五工台镇幸福村美丽乡村、呼图壁县第一中学龙岩楼建设项目、社会消防培训馆消防科普教育基地建设等3个项目均完成年度建设任务。援建的呼图壁县融媒体中心获"全国先进县级融媒体中心和基层广播电视机构"称号；呼图壁县园户村镇农村幸福大院被列为呼图壁县党史学习教育现场观摩点。

【餐桌治理】 2022年，龙岩市开展餐桌污染执法检查1.86万次，查处违法案件1331起。新认证"三品一标"（无公害农产品、绿色食品、有机食品、农产品地理标志）产品90个，获评"福建十大区域公用品牌"1个、"福建名牌农产品"3个；指导连城新泉开展市级食品安全示范街创建工作；市级餐饮服务"明厨亮灶"60家示范单位完成创建；完成1个市级食品加工小作坊示范区创建。"一品一码"追溯体系注册主体覆盖率20%，完成年度目标任务。食品污染物及食品中有害因素监测应采样748份，采样755份，完成率100.8%；食源性疾病病例全年全市应报告6000例，报告6858例，完成率114.3%。

【就业创业】 2022年，龙岩市城镇新增就业2.16万人。组织开展职业技能和专项职业能力培训3.94万人次。实施高素质农民培训1.18万余人次；高素质农民大专学历教育生源组织工作省人力资源和社会保障厅下达任务245人，申报学员279人；组织农村实用技术远程培训12期。开展第五届"中国创翼"创业创新大赛龙岩市选拔赛暨2022年"创业龙岩"大中专毕业生创业市级资助项目评审工作。省、市级"三支一扶"岗位招募275人，均上岗；招募福建省大学生志愿服务欠发达地区计划志愿者59人、社区服务者45人。

【新时代电力工程】 2022年，龙岩市完成15个老旧小区供配电设施升级改造，提高老旧小区供电可靠性，助力城乡建设品质提升，服务城市更新行动。完成46.8万只智能电表安装。新建、改造221个农村配电网台区，农村地区供电可靠性提升至99.95%。新建电动汽车公共充电桩378个（标准桩）、电动自行车集中充电设施55处、充电位608个，加快形成适度超前、快充为主、慢充为辅的公共充电网络，便利群众绿色出行。 （龙岩市委党史方志室）

【新罗区】 位于龙岩市中东部，辖13个镇、7个街道。土地面积2673.1平方千米。年末户籍总人口62.04万人，常住人口85.5万人，粮食播种面积7851公顷，粮食产量50977吨。全区森林覆盖率79.83%，活立木蓄积量2242.8万立方米，自然保护区面积30134.7公顷，湿地保护面积3805公顷。境内植被有常绿阔叶林、落叶阔叶林、常绿针叶林、针阔混交林、竹林、灌丛、草丛等种属，主要乔木29种、常见灌木14种、草本3种、藤本2种。常见兽类22种、鸟类37种、鱼类23种、两栖类6种、爬行类8种、昆虫6种、贝类4种。境内探明矿产60余种，其中无烟煤、铁矿、石灰石、优质高岭土储量均为福建省之最；境内河流广布，绝大部分属于九龙江水系，多年平均径流总量45.97亿立方米，地表水多年平均总量

28.77亿立方米，多年平均地下水资源储存量6.75亿立方米，可开发利用的水能蕴藏量30多万千瓦。主要旅游景区景点有国家AAAA级旅游景区龙硿洞，国家AAA级旅游景区竹贯古村落景区、培斜福海龙乡景区、东肖红色旧址群、中央苏区（闽西）历史博物馆、七彩蓝田生态农业观光园景区、福建紫金山旅游区、富溪大峡谷、江山风景区，以及闽西工农银行旧址、中共红四军前敌委员会旧址新邱厝等革命旧址（遗址）。

2022年，新罗区地区生产总值1182.28亿元，比上年增长4.7%。其中，第一产业增加值53亿元，第二产业增加值557.74亿元，第三产业增加值571.54亿元，分别增长4.4%、6.0%和3.4%。三次产业比重由上年的4.8∶46.7∶48.5调整为4.5∶47.2∶48.3。规模以上工业总产值增长8%。农林牧渔业总产值98.62亿元，增长4.7%。固定资产投资增长0.1%。其中，第一产业投资增长72%，第二产业投资增长21.8%，第三产业投资下降4.7%。社会消费品零售总额519.35亿元，增长4%。实际利用外商直接投资2785万美元，增长4.4%。旅游营业收入125.76亿元，下降5.4%。外贸出口额75.7亿元，增长22.5%。一般公共预算总收入38.68亿元，增长1.1%，其中地方一般公共预算收入27.22亿元，增长12.8%。财政支出45.52亿元，下降14.8%。

2022年，新罗区入选全国综合实力百强区、全国投资潜力百强区、全国创新百强区，获评“省级森林养生城市”，实现省级“双拥模范城（县）”八连冠。2022年，龙岩市中心城区写字楼宇入驻面积超14万平方米，金慧融智等一批总部企业落户发展。支持龙岩大道核心商圈发展首店经济，提升万达金街等3个夜间经济特色街区，中央苏区金融街入选“全国非遗旅游街区”“福建省特色步行街”。龙泰实业等57个工业新增长点稳步增长，实施龙麟、春驰等45个技改项目，总投资48.6亿元。新培育高新技术企业、专精特新中小企业31家。龙净环保数据应用项目入选工信部大数据产业发展试点示范项目。全年新增限额以上商贸企业86家、规模以上服务业企业15家、A级物流企业3家。开展“全闽乐购·福见龙岩”促消费活动，设立1000万元专项资金支持民宿产业高质量发展。富溪大峡谷创建国家AAA级景区，接待游客1176万人次，旅游收入超135.76亿元。出台“帮助市场主体纾困解难30条措施”，留抵退税13.3亿元，占全市的37%。各类市场主体逆势增长2.3万户。完成国企改革三年行动，国企经营建设、四大国企总资产突破325亿元，增长27%。

产城融合。2022年，新罗区未来城47.5万平方米标准化厂房建成投用，双亚、华拓等重点产业项目实现投产，紫阳商贸中心对外运营，博雅高中部、紫阳人才小区、北翼公交场站等公共服务设施建成投用。生物精细化工产业园进入征迁阶段，能源互联网实训基地开工，文旅产业带、银雁小区等一批项目加快推进，推动“产城人”高度融合。能源互联网产业园加快建设，6栋厂房结构封顶，太阳电缆、寅耀新能源等7个重点项目投产，引进厦门成套、福州诚控等项目，能源互联网产业集群效应初显。

现代农业发展。2022年，新罗区全面落实粮食安全责任制，开展粮食生产“三进三增”专项行动，新增市级以上农业产业化龙头企业6家、“三品一标”农产品认证10个，岩山镇莱山村、适中镇仁和村等5个村入选全省“一村一品”专业村，晋龙等3家企业获评省级农业产业化示范联合体。

生态环境建设。2022年，新罗区深化河湖长制、林长制工作，开展水质提升专项行动，主要流域和小流域水质优良比例100%，列入全省首批农村生活污水治理试点县。九龙江流域山水林田湖草沙一体化保护和修复工程项目完成投资3.6亿元。建成全省首个县级智慧林业监管中心，社会化林业碳汇项目签约。空气质量保持全省前列。小池镇入选省级森林康养小镇，东肖镇和万安梅村、白沙小吉、小池赖邦分别上榜“福建省森林城镇”“福建省森林村庄”。

民生福祉改善。2022年，新罗区全体居民人均可支配收入43740元，城镇居民人均可支配收入49695元，农村居民人均可支配收入28541元，分别增长4.5%、3.6%和6.9%。100件为民办实事项目全部完成。落实各类稳就业资金6559万元，新增城镇就业1.2万人。开展根治欠薪专项行动，为劳动者追回薪资3424万元。实施“教育强区”战略，出台教育高质量发展35条措施，苏溪小学、东山中学初中部等5所学校建成投用。全面实施健康新罗行动，深化医药卫生体制改革，新罗中医院主体封顶，银雁分院、北城、东城社区卫生服务中心建成。

（张文强　张海芬　刘可明）

【永定区】 位于龙岩市南部，辖1个街道、17个镇、6个乡。土地面积2226.45平方千米。年末户籍人口46.77万人，常住人口31.7万人。全区耕地面积1.52万公顷，粮食播种面积1.6万公顷，粮食产量10.15万吨。林地面积16.92万公顷，森林覆盖率76%，活立木蓄积量1658.86万立方米。全区有矿产资源36种，其中能源矿产2种（煤和地热）、金属矿产7种（铁、锰、铅、锌、钼、银、铜）、非金属矿产4种（水泥用灰岩、饰面用花岗岩、砂岩、耐火黏土）、水气矿产1种，重要矿产资源有煤炭、地热、水泥灰岩、饰面石材、铁、锰等10种。水力资源丰富，水力资源理论蕴藏量121.7万千瓦，可开发73.1万千瓦，开发70.5万千瓦，占可开发量的96.5%。境内装机容量60万千瓦的棉花滩水电厂为福建省第二大水电厂。流域面积100平方千米以上的河流有汀江、永定河、金丰溪、黄潭河、抚溪、岐岭溪。地热资源居龙岩市前茅，开发利用的温泉有9处，年产热水255万立方米以上（按360天）。涌水量大多0.3～0.5升/秒，矿化度 0.2～0.5 克/升。水质类型为重碳酸钠型水。

永定山川秀美，文化璀璨，在漫长历史中形成独具特色的客家文化、妈祖文化、红色文化、侨乡文化等地域文化，永定土楼是闻名天下的建筑奇迹之一。主要旅游景点有世界文化遗产、国家 AAAAA 级旅游景区福建土楼永定景区，国家 AAAA 级旅游景区永定天子生态旅游区，国家 AAA 级旅游景区 13 处，全国重点文物保护单位有中央红色交通线旧址、西陂天后宫、土楼 3 处，位于培丰镇的福能矿山公园福建省煤矿遗址公园为“国内少有，华东唯一”的井上井下立体式工业遗址特色公园。此外，还有茫荡洋、南华山、紫云山、天子嵊等自然景观，高陂和虎岗红色旧址群等红色景区景点。福建土楼博物馆、胡文虎纪念馆是“中国华侨国际文化交流基地”。

2022 年，永定获批全国首批国家知识产权强县建设试点县（区），获福建省双拥模范城（县）命名；永定区历史遗留废弃煤矿生态修复示范工程入选全国示范工程名单。

2022 年，永定区完成地区生产总值 336.38 亿元，比上年增长 4.2%。其中，第一产业增加值 38.23 亿元，增长 3.3%；第二产业增加值 131.20 亿元，增长 5.2%；第三产业增加值 166.94 亿元，增长 3.7%。全年人均地区生产总值 10.53 万元，增长 5.5%。规模以上工业总产值增长 1.9%。农林牧渔业总产值 67.97 亿元，增长 3.6%。固定资产投资增长 14.2%。社会消费品零售总额 143.83 亿元，增长 1.4%。外贸出口额 4.21 亿元，下降 56.8%。一般公共预算总收入 15.12 亿元，减少 6.5%；其中地方一般公共预算收入 10.56 亿元，增长 0.6%。城镇居民人均可支配收入 4.86 万元，农村居民人均可支配收入 2.52 万元，分别比上年增长 5.4%、6.2%。

永定区医院获评国家 PCCM 规范化建设“优秀单位”。2022 年 1 月 9 日，2022 年度中国呼吸学科发展大会公布国家呼吸与危重症医学科规范化建设项目（PCCM）评审结果，永定区医院呼吸与危重症医学科获评国家 PCCM 规范化建设优秀单位，是龙岩市首批通过国家 PCCM 规范化建设认证并获评优秀单位的二级医疗机构。永定区医院将呼吸科更名为“呼吸与危重症医学科”，成立学科建设领导小组。对照 PCCM 规范化建设考评标准，制订相关实施方案，多次组织专题会议，研究部署 PCCM 规范化建设，提出要高标准、高水平建设呼吸与危重症医学科，抓落实与整改。永定区医院呼吸与危重症医学科于 2021 年 12 月 29 日通过专家线上评审。

靖永高速公路永定段通车。2022 年 1 月 28 日，靖永高速公路永定段（漳武线永定至上杭高速公路永定高头至城区段）正式开通。靖永高速公路永定段路线全长 40.4 千米，项目起于永定区高头镇高东村（与南靖界接漳武线南靖段），止于西溪乡礼田村，并接永杭高速和湖城高速。途经高头、古竹、湖坑、大溪、岐岭（与政永高速相交）、下洋、城郊、凤城等 8 个乡镇（街道）。沿线设永定土楼、永定大溪、永定城郊 3 处落地互通，丰村 1 处枢纽互通，永定 1 处复合互通，以及土楼、大溪 2 对服务区。

永定区历史遗留废弃煤矿生态修复示范工程入选全国示范工程名单。6 月 10 日，永定区历史遗留废弃矿山生态修复示范工程被财政部、自然资源部拟确定为“2022 年历史遗留废弃矿山生态修复示范工程”项目。永定区历史遗留废弃矿山生态修复示范工程总投资 5.48 亿元，除中央专项资金补助 3 亿元外，地方配套资金 2.1 亿元，引入社会资本 4000 万元，工程期限 3 年，计划修复废弃矿山 53 处，修复面积 11.78 平方千米。该示范工程根据永定煤矿区历史遗留废弃矿山分布情况，以永定河上游河段为背景，遵循干支流系统修复、山水林整体保护的原则，划分 4 个修复单元，通过实施煤矸石清理、水土流失治理、水生态修复、土地复垦、植被恢复等五大工程措施，改善项目区及周边生态环境，遏制水土流失，让废弃矿地“变废为宝”，走出一条灾害治理、生态复绿、景观再造、土地复垦利用的矿山综合整治之路。

永定区获评国家知识产权强县建设试点县。8 月 26 日，永定区通过国家知识产权强县建设试点县（区）全部评审，被确定为“国家知识产权强县建设试点县”，试点示范时限自 2022 年 8 月至 2025 年 7 月。这标志着永定区知识产权工作进入国家知识产权强国建设发展的快车道，成为“国字号”工作品牌。永定区是地理标志类的国家知识产权强县建设试点县，截至 2022 年底，有地理标志 19 件、驰名商标 2 件，驰名商标总量位居全市第一，地理标志总量位居全市第三；商标注册 1454 件，增长 13.77%，增幅全市第一；商标有效注册 6329 件，增长 29.88%，增幅全市第一；授权专利 628 件、有效发明专利拥有量 110 件。

永定 25 个村镇被评为第二批省级乡村治理示范村镇。10 月 14 日，经省委农村工作领导小组办公室、省委组织部、省委宣传部、省农业农村厅、省民政厅、省司法厅、省乡村振兴局共同审核，永定区金砂镇、峰市镇被认定为第二批省级乡村治理示范乡镇；高陂镇上洋村、培丰镇东中村、坎市镇清溪村和浛溪村、金砂镇五坑村和上金村、峰市镇河头村和新坑村、抚市镇里兴村、洪山镇西联村、西溪乡礼田村、堂堡镇磜下村、大溪乡坑头村、岐岭镇下山村、下洋镇陈正村、湖山乡杨山村、高头镇高南村、古竹乡瑶下村、湖坑镇南中村和洪坑村、湖雷镇上南村和白岽村、龙潭镇上西村被认定为第二批省级乡村治理示范村。

2022 福建永定土楼马拉松赛。12 月 25 日，2022 福建永定土楼马拉松赛在世界文化遗产福建土楼永定景区鸣枪开赛。比赛分全程马拉松、半程马拉松和土楼风情跑 3 个项目。经过角逐，廖顺虎以 2 小时 24 分 34 秒的成绩夺得全程马拉松男子组冠军，邱莉燕以 3 小时

19分49秒的成绩夺得全程马拉松女子组冠军；颜松斌以1小时15分48秒的成绩获得半程马拉松男子组冠军，黄雪梅以1小时19分59秒的成绩获得半程马拉松女子组冠军。

（陈志霞 江燕源 钟 杰）

【上杭县】 位于龙岩市中部，辖17个镇、4个乡。土地面积2854平方千米。年末户籍人口51.09万人，常住人口37.3万人。

2022年，上杭县粮食播种面积2.44万公顷，粮食产量15.9万吨。林地面积23.02万公顷，森林覆盖率76.83%，活立木蓄积量2262万立方米。重要矿产资源有金、铜、铀、钼、铁、锰、铅、锌、稀土和地热等矿种43个，查明矿点355处。金、铜及稀土资源量在全省具有较大的优势。全县开发利用矿种6个，主要有金矿、铜矿、建筑用花岗岩、建筑用砂岩、制灰用灰岩、萤石等。主要旅游景点有古田会议旧址、毛泽东才溪乡调查旧址、梅花山国家自然保护区、上杭国家森林公园、紫金山国家矿山公园、城区汀江绿道等国家级旅游品牌，先后获“中国优秀旅游县”、全国十大“县域旅游之星”、全国“休闲农业与乡村旅游示范县”等称号。

2022年，上杭县连续7年入选福建省“县域经济实力十强县”，居全省第七位。首次入选全国县域综合竞争力百强县，是全国97个原中央苏区县唯一入选的县。

2022年，全县实现地区生产总值513.29亿元，增长7.3%。其中，第一产业增加值58.58亿元，增长3.5%；第二产业增加值206.66亿元，增长7.2%；工业增加值118.37亿元，增长7.5%；第三产业增加值248.05亿元，增长8.4%；人均地区生产总值13.69万元，增长7.7%。规模以上工业增加值增长10%；农林牧渔业总产值98.99亿元，增长3.7%。固定资产投资195.36亿元，增长11.6%。社会消费品零售总额170.53亿元，增长2.8%。外贸出口额126.7亿元，实际利用外资15万美元。一般公共预算总收入53.02亿元，增长18%；其中地方一般公共预算收入34.06亿元，增长12.3%。城镇居民人均可支配收入5.04万元，农村居民人均可支配收入2.42万元，分别比上年增长5.3%、7.7%。

上杭入选“全国综合竞争力百强县（市）”。11月29日，上杭县首次入选“全国综合竞争力百强县（市）”榜单，位列第96位，成为全国97个原中央苏区县中唯一入选县，这是原中央苏区县首次入选全国综合竞争力百强县（市）。榜单由稷夏智库根据中国社会科学院财经战略研究院《中国县域经济发展报告》指标体系编制而成。

上杭被评为“中国长寿之乡”。8月22日，上杭县被中国老年学和老年医学学会授予“中国长寿之乡”称号。获评前，中国老年学和老年医学学会专家组成员对上杭的生态环境、历史文化、养老保障、医养结合以及经济社会发展等方面实施系统考察，与百岁老人及其家庭进行面对面交流，认为上杭自然环境优越、文化氛围浓厚、经济社会全面发展，符合“长寿之乡”认定标准。

上杭发现罕见正负模保存的恐龙足迹化石。11月16日，上杭县临城镇龙翔村晚白垩世恐龙足迹群东侧，新发现罕见的正负模（对板）保存的恐龙足迹化石。在现场考察的国家古生物化石专家委员会委员、中国科学院古脊椎动物与古人类研究所汪筱林研究员介绍，正负模对板出露的化石标本面积近15平方米，上面保存蜥脚类和兽脚类等多种恐龙足迹，包括恐龙行走时留下的行迹，还有一些清晰的对称波痕构造，代表湖相沉积环境。这么大面积正负模同时保存的恐龙足迹化石在国内甚至国际上其他地方属首次发现。上杭发现的恐龙足迹属于晚白垩世，代表恐龙灭绝前最后阶段的活动遗迹，具有重要的科学价值。化石上集中有6种恐龙的30多个足迹，保存的数量、清晰度也是罕见的，对研究晚白垩世恐龙的生活习性、生存环境等都具有特殊意义。

上杭恐龙足迹群化石于2020年11月首次被发现，是全国发现的多样性最高的晚白垩世恐龙足迹群之一，也是福建省恐龙相关化石的首次发现。年内清理发现多种恐龙足迹类型，并至少发现4个层位，证明恐龙在该地区有较长的生活史。

紫金矿业在世界500强排名再进位。5月12日，《福布斯》全球上市公司2000强发布，紫金矿业位居第325位，在其中上榜的全球黄金企业中居第一位、全球金属矿业企业中居第七位。8月3日，2022《财富》世界500强发布，紫金矿业位列第407位，在《财富》中国500强中居第53位，系中国唯一进入双世界500强的县属国有企业。紫金矿业还拥有“两湖一矿”碳酸锂资源当量超过1300万吨，位列全球第九、全国第三。

上杭德尔科技有限公司获首届全国颠覆性技术创新大赛总决赛优胜奖。3月22—23日，上杭县德尔科技作为福建省唯一晋级全国总决赛的代表队，获科技部首届全国颠覆性技术创新大赛总决赛最高奖——优胜奖。德尔科技参赛项目“国内唯一高端半导体电子级三氟化氯产业化项目”，代表公司在含氟电子气体领域自主研发和科技创新的最高成就，填补国内半导体关键材料领域的空白，科技成果评价达到国际领先水平，使中国成为继日本和美国之后全球第三个成功实现电子级三氟化氯产业化国家，并成功将电子级三氟化氯从中国半导体芯片“卡脖子”材料清单中移除。电子级三氟化氯衍伸出的新型氟金属基含能材料及其新应用，代表可能改变世界规则的颠覆性技术硬科技，其应用效果超具前沿感和震撼力。项目赢得大赛组委会及专家评委的高度评价，并入选科技部颠覆性技术备选库。

（上杭县委史志室）

【武平县】 位于龙岩市西南部，辖1个街道、14个镇、2个乡。土地面积2635.13平方千米。年末户籍人口38.95万人，常住人口27.5万人。耕地面积 1.92 万公顷，粮食播种面积 2.4 万公顷，粮食产量 15.61 万吨。林地面积 21.87 万公顷，森林覆盖率 79.7%，活立木蓄积量 2724 万立方米。蕴藏丰富的金、银、铜、钼、钨等金属矿和白云石、石灰石、萤石矿、钾长石、膨润土、高岭土、稀土、瓷土等非金属矿。拥有梁野山景区、千鹭湖景区和狮岩景区 3 个国家 AAAA 级旅游景区，文博园景区、平桥翠柳森林公园景区、刘亚楼将军故居景区 3 个国家 AAA 级旅游景区，以及梁野山国家森林步道、中山国家历史文化名镇等。

2022 年，武平入选全国科普示范县创建名单，获评全国法治政府建设示范县；武平县公安局获“全国优秀公安局”“全国公安机关执法示范单位”，城区 1、2 路公交线获得全国“工人先锋号”称号。

2022 年，全县实现地区生产总值 306.73 亿元，增长 4.6%，首次突破 300 亿元。其中，第一产业增加值 38.73 亿元，增长 0.9%；第二产业增加值 124.34 亿元，增长 4.7%，工业增加值 74.2 亿元，增长 1.9%；第三产业增加值 143.66 亿元，增长 5.8%。人均地区生产总值 11.09 万元，增长 5.2%。规模以上工业增加值增长 1.8%。农林牧渔业总产值 70.13 亿元，增长 1.0%。固定资产投资 101.47 亿元，增长 3.5%。社会消费品零售总额 159.53 亿元，增长 6.4%。一般公共预算总收入 12.11 亿元，其中地方一般公共预算收入 8.53 亿元。城镇居民人均可支配收入 4.33 万元，农村居民人均可支配收入 2.33 万元，分别比上年增长 4.9%、7.6%。

林改 20 周年。武平县捷文村获评福建林业改革发展 20 年突出贡献集体。武平县在全省林业改革发展会议暨省级总林长会议上作典型经验介绍，讲述武平林改 20 年历程的《我有青山》纪录片入选国史影像馆当代中国史农业系列收藏。林业金融区块链平台获评全国“两山银行”十大优秀案例。建立全省首个低碳社会创建信息管理平台，发行全省首张低碳金融创新产品碳金卡，武平县被列为全省林业碳中和试点单位，签约引进全省首个普惠型林业碳汇项目。

新型显示产业发展。武平县发展壮大新型显示首位产业，新型显示企业总数 109 家，实现主营收入 89.2 亿元。武平县显示模组及材料制造产业集群作为全省五个之一、全市唯一入选国家首批中小企业特色产业集群，新型显示产业集聚区入选福建省五大数字经济核心产业集聚区之一。

“5·27”重大自然灾害灾后重建。5 月 27 日，武平县十方镇中和村遭遇超“百年一遇”和“历史极值”的强降雨引发群发式山体滑坡，造成道路、农林、水利、通信、房屋等设施大面积损毁。灾害发生后，武平县凝聚各方面力量，开展抢险救灾工作，累计投入 5184 万元用于“5·27”重大自然灾害灾后重建，建成“同心园”集中安置小区，开展地灾治理、山洪沟治理、林地植被恢复等工作，以最快速度恢复群众生产生活和生态环境。（钟　鹏）

【长汀县】 位于龙岩市西北部，辖 13 个镇、5 个乡（城区 2 个镇）。土地面积 3104.16 平方千米。年末户籍人口 54.41 万人，常住人口 39.7 万人。耕地面积 2.97 万公顷，粮食播种面积 2.55 万公顷，粮食产量 15.9 万吨。林地面积 26.02 万公顷，森林覆盖率稳定在 79.55%，活立木蓄积量 2180 万立方米。主要矿产资源金属矿有稀土、钨、铁、锡、金、银等，其中稀土储备量居全省之首；非金属矿有黄铁矿、石灰石、白云石、花岗岩、石英砂、硅石等。境内地下水资源和地热资源丰富，河田温泉属国内罕见，温度高达 80℃，日流量 4000 吨以上。长汀县是国家历史文化名城，有全国重点文保单位 4 处 12 个点、省级文保单位 37 处 49 个点、县级文保单位 80 处 81 个点，国家级传统村落 12 个、省级传统村落 2 个，国家级历史文化名村 5 个、省级历史文化名村 2 个，中国历史文化名街 1 条，国家工业遗产 1 处。主要旅游景点有长汀红色旧址群国家 AAAA 级旅游景区，长汀历史文化名城旅游区（包括汀州古城墙、四大历史街区、卧龙书院、汀州八喜馆、大夫第等），汀江源国家自然保护区、汀江国家湿地公园、客家山寨丁屋岭等。

2022 年，长汀县获评全国水土保持项目碳汇核算试点、全国第五批计生基层群众自治示范县、省域经济发展十佳县、省垃圾分类试点县、省第四轮第二批平安县、省级林业碳中和试点县等。

2022 年，全县地区生产总值 343.71 亿元，比上年增长 5.5%。其中，第一产业增加值 41.57 亿元，增长 4.5%；第二产业增加值 139.93 亿元，增长 6.2%；第三产业增加值 162.21 亿元，增长 5.1%。一般公共预算总收入 13.84 亿元，增长 18.1%；其中地方一般公共预算收入 10.1 亿元，增长 21.5%。规模工业增加值增长 5.0%。固定资产投资增长 14.7%。社会消费品零售总额 174.38 亿元，增长 3.5%。城镇居民人均可支配收入 33502 元，农村居民人均可支配收入 22279 元，分别比上年增长 5.5%、8.2%。

福建省苏维埃政府成立 90 周年纪念活动。9 月 16 日，纪念福建省苏维埃政府成立 90 周年大会在龙岩长汀举行。省委书记尹力出席大会并讲话。省委副书记、省长赵龙主持大会。省政协主席崔玉英出席。中央党史和文献研究院学术和编审委员会主任王均伟，龙岩市委书记余红胜，烈士后代代表钟振华，苏区县代表、宁化县县长吴茂生等人在现场或线上作发言。下午，纪念福建省苏维埃政府成立 90 周年理论研讨会在长汀召开。

“天安门广场建党百年庆典百面红旗”第 34 号红旗捐赠仪式。9 月 30 日，“天安门广场建党百年庆典百面红旗”第 34 号红旗捐赠仪式在南山镇中复村观寿公祠门前广场举行。中华人民共和国国史学会理事、北京德艺双馨公益基金会理事长范晓伟，中国红色文化研究会党史教育工作委员会主任、中央广播电视总台著名导演金韬，北京德艺双馨公益基金会党支部书记李杨出席捐赠仪式。长汀县委书记赖进益出席仪式并致辞。长汀县领导熊瑞春、刘荣海、郑文广，县直有关单位、南山镇主要负责人，以及南山镇各村党支部书记、部分企业、群众代表、中小学生代表参加。

《长汀水土保持志》出版发行。12月，由福建省委党史研究和地方志编纂办公室、龙岩市委党史和地方志研究室指导，长汀县委、县政府主编，长汀县委党史方志研究室承编的《长汀水土保持志》，由福建省科学技术出版社出版发行。该志为全国首部公开出版的县域水保专业志书。该志书的出版是贯彻落实中共中央办公厅、国务院办公厅印发《关于加强新时代水土保持工作的意见》的具体举措，为长汀县开展水土保持宣传教育、讲好水土保持的"长汀故事"提供最系统、最详备的文献资料。

（黄倩昱）

【连城县】 位于龙岩市西北部，辖12个镇、5个乡。土地面积2579平方千米。年末户籍人口33.58万人，常住人口24.8万人。耕地面积1.6万公顷，粮食播种面积2万公顷，粮食产量12.94万吨。林地面积21.99万公顷，森林覆盖率81.64%，活立木蓄积量2030万立方米。重要矿产资源有煤、锰、铁、铅、锌、铜、钼、钨等。主要旅游景点有新泉整训旧址群、冠豸山、培田古村落、天一温泉、赖源溶洞、四堡雕版印刷旧址群。2022年获评全国信访工作示范县。

2022年，全县地区生产总值317.23亿元，比上年增长4.7%。其中，第一产业增加值41.61亿元，增长3.2%；第二产业增加值134.29亿元，增长4.8%；工业增加值83.4亿元，增长2.1%；第三产业增加值141.33亿元，增长5.0%。人均地区生产总值12.71万元，增长5.3%。农林牧渔业总产值70.83亿元，增长3.5%。固定资产投资134.7亿元，增长14.2%。社会消费品零售总额142.79亿元，增长5.1%。一般公共预算总收入11.64亿元，增长11.1%；其中地方一般公共预算收入9亿元，增长18.8%。城镇居民人均可支配收入3.96万元，农村居民人均纯收入2.24万元，分别比上年增长5.2%、8.1%。

红四军新泉整训理论研讨会。9月17日，红四军新泉整训理论研讨会在连城县举行。朱德元帅外孙、十二届全国政协委员、解放军某部少将刘建，中央党史和文献研究院第二研究部毛泽东思想与新民主主义革命时期党史研究一处处长、二级巡视员王颖，军事科学院、国防大学、福建省委党史研究和地方志编纂办公室、龙岩市委宣传部、龙岩军分区的领导，地方党史研究和理论研究部门以及古田会议纪念馆等近50名专家学者，围绕"人民军队正规化建设起点——新泉整训"这一主题，对新泉整训的历史地位、重要贡献、时代价值、现实启示等问题进行研讨，交流发言。

连城连史纸非遗工坊入选全国"非遗工坊典型案例"。12月14日，在文化和旅游部非物质文化遗产司公示的全国66个"非遗工坊典型案例"推荐名单中，连城县连史纸非遗工坊名列其中，是福建省唯一入选的"非遗工坊典型案例"。案例名称是《连城宣纸：绘制乡村振兴精彩画卷》。连城连史纸非遗工坊位于客家祖地福建省连城县姑田镇，在明朝嘉靖年间（1522—1566）就是全国闻名的宣纸生产基地。有400多年生产历史的连城连史纸，秉承竹丝天然漂白工艺，产出的手工连史纸久藏不变色，被称为"千年寿纸"，享有"纸中丝绸"美称。连城连史纸非遗工坊始建于20世纪60年代，占地500平方米。2022年有工人18名，其中原建档立卡贫困户4人，年产连史纸6000刀，产值280万元，是龙岩市首批设立的非遗工坊之一。

连城县连续5年获"福建省县域经济发展'十佳'县（市）"。11月23日，省政府发展研究中心发布2022年度福建省"十强""十佳""十优"县（市、区）评价结果，连城县蝉联福建省县域经济发展"十佳"县（市），这是连城县继2018年获评"福建省县域经济发展'十佳'县（市）"后连续5年获评全省"十佳"县（市）。"十佳"县（市）评价主要通过增量指标衡量发展的速度和效益，体现县域经济发展态势。

（连城县委史志室）

【漳平市】 位于龙岩市东部，辖2个街道、11个镇、3个乡。土地面积2956.24平方千米。年末户籍人口28.78万人，常住人口25.1万人。粮食作物播种0.94万公顷，产量6.17万吨。森林蓄积量2449万立方米，森林覆盖率80.59%，林地保有量25.44万公顷。水力资源理论蕴藏量40万千瓦，可供开发的水能蕴藏量36万千瓦。漳平市是福建省重点矿产市（县）之一，唯一的烟煤产地。境内已发现矿产资源26种，主要矿种有煤、铁、钼、锡、钨、铅、硫铁矿、石墨、石灰岩、高岭土、萤石及玉石12种。漳平是全国休闲农业与乡村旅游示范市，有国家AAAA级旅游景区水上茶乡·九鹏溪景区，国家AAA级旅游景区象湖红色革命旧址群、大陆阿里山景区和漳平水乡茶汇景区、国家天台山森林公园、全国休闲农业与乡村旅游示范点永福高山休闲农业旅游区，南洋国家湿地公园，全国重点文物保护单位奇和洞遗址，中国历史文化名村双洋镇东洋村，中国传统村落双洋镇东洋村、西洋村、城内村，象湖镇土坑村、下德安村，新桥镇产盂村，溪南镇东湖村，赤水镇香寮村，全国特色景观旅游名村赤水镇香寮村，省级历史文化名镇双洋镇。漳平现代农业产业园入选国家现代农业产业园创建名单，漳平水仙茶制作技艺列入人类非物质文化遗产代表作名录，南洋镇梧溪村获评全国乡村特色产业亿元村。漳平市台湾农民创业园自2016年起连续6年在国家级台湾农民创业园发展建设考评中位居第一。漳平工业园区2019年起连续3年在省级开发区综合发展水平考评中位居前十。2022年，漳平香菇入选第二批全国名特优新农产品。

2022年，全市地区生产总值314.85亿元，比上年增长3.6%。其中，第一产业增加值39.54亿元，增长4.1%；第二产业增加值125.87亿元，增长4.1%；工业增加值82.98元，增长1.8%；第三产业增加值149.44亿元，增长3.1%。人均地区生产总值12.49万元，增长4.2%。规模以上工业总产值309.27亿元，增长6.2%。规模以上工业增加值增长1.6%。农林牧渔业总产值65.98亿元，增长4.4%。固定资产投资146.42亿元，增长15.5%。社会消费品零售总额117.28亿元，增长1.6%。外贸出口额16.8亿元，比上年下降48.95%。实际利用外资172万美元，增长473.3%。一般公共预算总收入13.64亿元，增长10.1%；其中地方一般公共预算收入10.59亿元，增长23.7%。城镇居民人均可支配收入4.39万元，农村居民人均可支配收入2.43万元，分别比上年增长5.2%、7.1%。

漳平现代农业产业园入选国家现代农业产业园创建名单。2022年4月，《农业农村部办公厅、财政部办公厅关于公布2022年农业产业融合发展项目创建名单的通知》印发，福建省漳平市现代农业产业园列入2022年国家现代农业产业园创建名单。截至2022年底，《漳平市现代农业产业园规划》《漳平市现代农业产业园创建方案》完成编制，确定园区主导产业为乌龙茶，主要包括永福高山茶（台式乌龙茶）、漳平水仙茶两个茶类，创建范围为漳平市永福镇、官田乡、南洋镇、双洋镇4个乡镇60个行政村，规划通过3年建设，建成“产业特色更加鲜明、产业链条更加完整、产品质量更加安全、利益联结更加紧密、产业融合更加协调、对台合作更加紧密”的现代农业产业园。

“海峡两岸南岛语族考古教学实习基地工作站”揭牌。5月18日，“海峡两岸南岛语族考古教学实习基地工作站”在漳平市博物馆揭牌。2022年3月，国台办批复同意在漳平奇和洞遗址设立“海峡两岸南岛语族考古教学实习基地工作站”。奇和洞遗址位于漳平市象湖镇灶头村，于2008年12月第三次全国文物普查洞穴专题调查时发现，是一处旧石器时代末期至新石器时代早期的洞穴遗址。在遗迹中发现保存良好的距今9500年左右的人类头骨，被称为福建版“山顶洞人”，2012年被评为“2011年度全国十大考古新发现”之一，2013年被列为第七批全国重点文物保护单位。

漳平水仙茶制作技艺列入人类非物质文化遗产代表作名录。11月29日，联合国教科文组织保护非物质文化遗产政府间委员会将“中国传统制茶技艺及其相关习俗”列入人类非物质文化遗产代表作名录，是中国第43个列入联合国教科文组织非物质文化遗产名录的项目，其中包括漳平水仙茶制作技艺。漳平水仙茶是漳平茶农创制的传统名茶，属乌龙茶系列，漳平水仙茶饼制作工艺流程：采摘→晒青→晾青→做青（摇青与晾青交替）→杀青→揉捻→造型（含造型与定型）→烘焙。2009年5月，农业部批准对“漳平水仙茶”实施农产品地理标志保护。2021年6月，漳平水仙茶制作技艺入选第五批国家级非物质文化遗产代表性项目名录。

台品茶业公司入选国家级生态农场。12月6日，漳平台品茶业有限公司入选国家级生态农场。台品茶业有限公司是漳平市台湾农民创业园入驻的首家台资高山茶企业，主营业务为高山茶制作、台品樱花茶园项目。截至2022年底，台品茶业公司茶山占地100公顷，年产茶约18万千克，从2000年起先后种植台湾的富士樱、吉野樱、山樱、台湾樱等，由42个品种、10万余株樱花组成樱花茶园，形成“十里樱花、万亩茶园”的浪漫壮观景象。从2012年起每年举办台品樱花节，2019年登上国家地理杂志封面，多次被中央电视台报道，成为网红景点。（杨砚涵）

宁德市

【概况】 宁德俗称闽东，地处福建省东北部。2000年11月撤地设市，下辖1个区、2个市、6个县和1个国家级经济技术开发区，土地面积1.34万平方千米，户籍人口355.21万人，常住人口315.6万人。宁德是习近平总书记工作过的地方，是习近平新时代中国特色社会主义思想的重要萌发地。地处大陆黄金海岸线中段，具备“北承南联、西进东出”的区位优势。沈海高速公路、宁武高速公路、温福铁路临港临城穿越，合福铁路、衢宁铁路穿境而过，全市县县通高速，漳湾作业区正式对外开放。境内海域面积4.45万平方千米，大陆海岸线长1046千米，均约占全省的1/3。坐拥“世界不多、中国仅有”的东方大港——三都澳，澳内海域714平方千米，10米以上的深水水域174平方千米，深水岸线长88千米，主航道水深30～115米、无碍航暗礁，50万吨级巨轮可全天候自由作业，是建设大型物流港、储备港和中转港的理想港址。宁德是全球最大的聚合物锂离子电池生产基地和全球最大的不锈钢生产基地，锂电新能源、不锈钢新材料两大主导产业实现千亿产值。集山、海、川、岛、湖、林、洞于一体，拥有“海上仙都”太姥山、“亲水天堂”白水洋、“全国独有”鸳鸯溪、“名山奇峡”白云山、“海上天湖”三都澳、“华东第一瀑”九龙漈瀑布等一批国家级和省级风景名胜区，境内四季分明，气候宜人，生态环境和空气质量全优，是中国东南沿海休闲度假和生态旅游胜地。

宁德市的红色文化、宗教文化、畲族文化、廊桥文化、海洋文化交相辉映，是中央红军长征前全国革命主要根据地之一和三年游击战争时期南方15块游击区之一。老一辈无产阶级革命家和革命前辈邓子恢、陶铸、叶飞、曾志等都曾在这片红色土地上领导过革命，全市有1.1万名烈士、4万余名群众为革命事业献出生命。宁德是全国最大的畲族聚居地，畲族人口20万人，占全国畲族人口的1/4、全省畲族人口的1/2。

2022年，宁德市地区生产总值

3554.62亿元，比上年增长10.7%，增速居全省第一，12项主要经济指标中6项增幅全省第一。历史性跻身中国百强城市，蕉城挺进全国“百强区”、蝉联全省“十优区”并前进1位，福安蝉联全省“十强县”并前进2位，霞浦、周宁新晋全省“十佳县”，东侨首次进入国家级经济技术开发区30强。全年民生支出297.2亿元，比上年增加28.5亿元，实施补短板项目330个、为民办实事项目37件。实施“走千企访万户促发展”活动和人力资源服务提升专项行动。出台一揽子助企纾困政策，办理减退缓税降费85亿元，发放纾困贷款41亿元，解决企业用工需求5.5万人。全市新增各类市场主体8.23万户，入选福建百强企业4家、百强民营企业4家。围绕深化“三比三赛”活动、创新项目前期“3+N”工作机制，实施筹融资专项行动和主导产业产业链招商专项行动。255个在建省、市重点项目完成投资719亿元，重大项目开工341个、竣工217个，超额完成“双百”任务。获批农用地转用820公顷、林地1033公顷，解决项目融资需求558亿元，签约项目总投资1122亿元。

【宁德港口岸三都澳港区漳湾作业区正式对外开放】 2022年3月29日，经交通运输部授权，福建海事局发布关于宁德港口岸三都澳港区漳湾作业区对国际航行船舶开放范围的通告，标志着三都澳港区漳湾作业区正式开放相关程序完成（开放泊位：漳湾作业区7－10号泊位）。三都澳港区漳湾作业区作为宁德“北承南联、西进东出、通江达海”立体交通集疏运体系中的关键性一环，主要服务于宁德锂电新能源、新能源汽车、不锈钢新材料、铜材料四大主导产业，以及临港工业发展。

【宁德获批设立跨境电子商务综合试验区】 2022年11月25日，宁德市获批设立跨境电子商务综合试验区。宁德市高效便捷的物流大通道成型，锂电新能源、新能源汽车、电机电器等产业集群效应明显，为跨境电商发展创造良好供应链基础。获批后，宁德市相关行业可享受跨境电商零售出口货物按规定免征增值税、消费税和企业所得税核定征收等支持政策，通过跨境电商合规、创新发展，为宁德战略性新兴产业融合集群发展、传统外贸产业转型升级带来机遇。

【闽东原生态音乐“畲族双音”首登央视春晚】 2022年2月1日，中央电视台春晚原生态情景表演《土地的歌》节目中，宁德蕉城“畲族双音”传承人雷美凤、雷清梅以一曲《采茶歌》惊艳亮相，国家级非物质文化遗产“畲族双音”首登央视春晚。“畲族双音”是“畲族民歌”中的一种歌唱形式，由2人用同一歌词演唱，曲调之间形成支声式、模仿式或和音式关系。雷美凤、雷清梅二人投身于“畲族双音”的保护和传承，通过开班教学、新媒体创作等方式传播宁德市原生态音乐“畲族双音”。

【宁德市两个项目作为“中国茶”成员申遗成功】 2022年11月29日，在摩洛哥王国拉巴特召开的联合国教科文组织保护非物质文化遗产政府间委员会第17届常会宣布，将“中国传统制茶技艺及其相关习俗”列入人类非物质文化遗产代表作名录，这是中国第43个列入联合国教科文组织非物质文化遗产名录的项目。该项目包括宁德市的福鼎白茶制作技艺和坦洋工夫茶制作技艺2个国家级非遗代表性项目。

【宁德时代入选全球电池联盟董事会】 2022年11月，宁德时代新能源科技股份有限公司（简称“宁德时代”）入选全球电池联盟董事。全球电池联盟由世界经济论坛（WEF）于2017年成立，是首个全球性质的电池协会。全球电池联盟拥有诸多成员，有行业企业、政府、非政府组织以及学界等领域的典型代表，涵盖全球电池产业链的各个环节的领军人物。宁德时代是唯一入选全球电池联盟董事会的中国公司，也是该联盟监督委员会成员，其任期为2023年4月至2024年12月。 （周小迟）

【蕉城区】 位于宁德市东北部的鹫峰山南麓，辖11个镇、3个乡、2个街道及1个省级开发区（三都澳经济开发区）。土地面积1505.51平方千米，海岸线总长211千米，海域总面积280平方千米。年末户籍人口54.49万人，常住人口64.6万人。全区耕地面积1.37万公顷，粮食播种面积0.53万公顷，粮食产量2.72万吨。林地面积10.27万公顷，森林覆盖率57%，活立木蓄积量656.79万立方米。重要海洋资源有官井洋大黄鱼国家级水产种质资源保护区。主要旅游景区（点）有霍童古镇、洋中古镇、三都澳斗帽岛、上金贝“中华畲家寨”景区等4个国家AAA级旅游景区，赤溪颐兰国学基地景区、霍童桃花溪红色旅游景区等2个国家AA级旅游景区。主要地方产品有天山绿茶、天山红茶、晚熟龙眼、晚熟荔枝、枇杷、草莓等茶果，官井洋大黄鱼、二都蚶、太平洋牡蛎等水产品。2022年，蕉城区入选“中国茶业百强县”；获评省平安建设示范县（市、区）；被授予“双拥模范城（县）”称号，实现省级“双拥模范城”八连冠。

2022年，全区地区生产总值1261.51亿元，比上年增长14.1%。其中，第一产业增加值51.41亿元，增长2.3%；第二产业增加值903.45亿元，增长15.8%；工业增加值817.08亿元，增长18.1%；第三产业增加值306.65亿元，增长11.2%。人均地区生产总值19.74万元，增长12.3%。规模以上工业增加值增长23.4%。农林牧渔业总产值100.52亿元，增长2.6%。固定资产投资下降12%。社会消费品零售总额178.19亿元，增长3.7%。外贸出口额356亿元，增长46%；实际利用外资3492万美元，增长679.46%。一般公共预算总收入60.92亿元，增长19.9%；地方一般公共预算收入30.49亿元，增长15.7%。城镇居民人均可支配收入44463元，农村居民人均可支配收入 23139 元，分别比上年增长 4.2%、8.5%。

车里湾基地建成投产。2022 年，宁德时代车里湾基地历经 16 个月建成投产，蕉城区新增百亿级产业园区。宁德时代新能源车里湾基地规划总产能 59 吉瓦时，总投资约 135 亿元。主要建设电芯厂房 3 栋，以及模组厂房、仓库、宿舍、食堂等配套设施，建筑总面积约 100 万平方米，建成后新增产值约 500 亿元。

大黄鱼文化节暨产业发展高峰论坛举办。11 月 19 日，蕉城区举办大黄鱼文化节暨产业发展高峰论坛。全国水产业界的领导、院士、专家、学者以及当地相关部门代表和养殖户、销售代表等 100 多人，围绕“打造中国大黄鱼品牌，促进行业高质量发展”主题，共同探讨大黄鱼产业的发展前景，为推动大黄鱼产业发展贡献力量。

蕉城区首次跻身全国百强区、全国创新百强区。4 月 6 日，赛迪顾问城市经济研究中心发布 2022 年赛迪创新百强区榜单，蕉城区首次跻身全国百强区，位列第 93 名。2022 年 7 月 27 日，赛迪顾问城市经济研究中心发布 2022 年赛迪百强区榜单，蕉城区首次跻身全国创新百强区，位列第 75 名。

（杨　涛　陈洋洋）

溪塔村位于福安市区西部，北面连接白云山，是纯少数民族村，是福安市社会主义新农村建设试点示范村和全省 6 个农村社区建设实验点之一。图为溪塔村的灯光夜景，摄于 2022 年　　（吴庆堂　摄）

2022 年 5 月 29 日，福安市第十七届“坦洋工夫”杯斗茶赛在福安市坦洋茶场举行　　（吴庆堂　摄）

【福安市】 位于宁德市东北部，辖 18 个乡（镇）、4 个街道及 1 个省级经济开发区。全市总面积 1809.48 平方千米。年末户籍人口 67.29 万人，常住人口 60.5 万人。全市耕地面积 1.65 万公顷，粮食播种面积 1.6 万公顷，粮食产量 7.76 万吨。林地面积 11.33 万公顷，森林覆盖率 54.61%，活立木蓄积量 913.58 万立方米。重要矿产资源有银、金、钼、铜、铅、锌、饰面用石材、叶蜡石、高岭土、脉石英、建筑用砂石等。重要海洋资源有大黄鱼、梅童鱼、凤尾鱼、虾蟹类、贝类苗种等高经济价值水生生物 305 种，建有大黄鱼、红树林保护区和白海豚观测点等。主要旅游景点有世界地质公园、国家 AAAA 级旅游景区白云山，国家 AAA 级旅游景区、中国历史文化名村廉村，国家 AAA 级旅游景区穆云景区，国家 AAA 级旅游景区、“闽东延安”红色旅游基地柏柱洋，刺桫椤省级自然保护区瓜溪，“坦洋工夫”历史文化名村坦洋，以及松罗天池草场、金山大峡谷等自然、人文景观，是海西新兴旅游胜地。

2022 年，福安市获评中国茶业百强县、全国茶业科技助农示范县、国家现代农业全产业链标准化示范基地、国家“一县一业”葡萄标准化示范基地、全国市域社会治理创新城市等。

2022 年，全市地区生产总值 761.11 亿元，比上年增长 6.6%。其中，第一产业增加值 62.29 亿元，增长 4.2%；第二产业增加值 485.82 亿元，增长 6.4%；工业增加值 817.08 亿元，增长 7.3%；第三产业增加值 213.01 亿元，增长 7.5%。人均地区生产总值 125286 元，增长 7.0%。规模以上工业总产值 2156.8 亿元，增长 16.2%。农林牧渔业总产值 107.16 亿元，增长 4.8%。固定资产投资增长 6.9%。社会消费品零售总额 170.81 亿元，增长 4.7%。外贸出口额 82.63 亿元，增长 13.75%。一般公共预算总收入 66 亿元，增长 11.8%；其中地方一般公共预算收入 39.56 亿元，增长 14.5%。城镇居民人均可支配收入 46035 元，农村居民人均可支配收入 23928 元，分别比上年增长 5.2%、7.7%。至 2022 年，福安市连续 2 年获评福建省县域经济实力“十强”县（市）。

湾坞不锈钢新材料产业园获评第十批国家新型工业化产业示范基地。3月15日，工业和信息化部公示第十批国家新型工业化产业示范基地名单，福安湾坞不锈钢新材料产业园入选。

坦洋工夫茶制作技艺入选人类非物质文化遗产代表作名录。11月29日，在摩洛哥王国拉巴特召开的联合国教科文组织保护非物质文化遗产政府间委员会第17届常会宣布，将“中国传统制茶技艺及其相关习俗”列入人类非物质文化遗产代表作名录，福安市坦洋工夫茶制作技艺属于“中国传统茶技艺及其相关习俗”的非遗项目之一。

电动船舶领域取得新突破。3月14日，福建省船舶工业集团电动船研制总装基地落定福宁重工，福安船舶修造行业与锂电新能源产业进行强强融合。国内首批两艘入级中国船级社（CCS）检验的万吨级电力推进沿海自卸砂船“凯航268”和“凯航168”相继在福建省白马船厂顺利下水；8月10日，内河集散两用增程式电动货船在福宁重工顺利下水。（敖荣增　谢先荣）

福鼎市太姥山风景名胜区九鲤湖，2022年3月摄　（李步登　摄）

【福鼎市】 位于宁德市东北部，辖13个乡镇、3个街道、1个龙安开发区。年末户籍人口60.42万人，常住人口56.2万人。全市耕地总面积2.59万公顷，粮食播种面积1.30万公顷，粮食产量6.46万吨。林地面积10.82万公顷，森林面积9.84万公顷，森林蓄积量344.80万立方米，森林覆盖率62.65%，林木绿化率63.85%。福鼎市内流域面积在100平方千米以上的河流有5条、50～100平方千米的河流有4条。福鼎市发现的矿产有铜、铅锌矿、银、镉、铁、稀土、叶蜡石、玄武岩、花岗岩等30余种，矿产地、矿点及矿化点165处，各类异常点40余处，地热异常点2处。探明储量的有铅锌矿、银、铜、镉、硫铁矿、叶蜡石、玄武岩、花岗岩等。境内有野生动物69目239科665属904种，有国家Ⅰ级保护动物11种，境内查明有植物769属1392种。福鼎市有国家Ⅰ级野生植物水松、苏铁及南方红豆杉。福鼎市海域面积1.49万平方千米，适合养殖水域总面积19771.4公顷。海岸线长371.3千米，其中大陆海岸线283.5米、有居民海岛岸线87.8米；有大小港湾41个，大小岛屿158个。福鼎海域水生生物有鱼、虾、贝、藻类和其他生物共700多种。主要旅游景点有世界地质公园、国家AAAAA级旅游景区、国家级风景名胜区太姥山，中国十大最美海岛嵛山岛，国家AAA级旅游景区牛郎岗海滨景区、九鲤溪瀑景区、绿雪芽白茶庄园和柏洋文化旅游区等4处，国家AA级旅游景区绿雪芽白茶庄园和大沁十三坪2处，以及中国体育旅游精品景区九鲤溪，江南最大古民居翠郊古民居，中国扶贫第一村赤溪，福建十大美丽海岛台山岛，省级水乡渔村沙埕小白鹭，还有工业旅游示范点、森林人家、良港、古村、古堡、渔村、茶旅观光、生态农业等。形成以太姥山岳景区为核心，牛郎岗、小白鹭、嵛山岛、赤溪、翠郊古民居等景点和乡村旅游点众星拱月的观光休闲旅游体系。截至2022年，福鼎市有自然景观167处、人文景观（含古建筑、古墓、寺庙、遗迹、历史名人、文化故事等）309处、红色文化资源73处。

2022年，福鼎市获评世界白茶发源地、世界白茶文化产业科技中心、白茶产业统筹发展先行县域、全国课后服务信息化管理试点县、建设国家数字种植业创新应用基地、全国农产品数字化百强县、省级林业执法队伍建设改革试点市、省级义务教育优质均衡先行创建县、省级双拥模范城；水上救护志愿服务队获评全国红十字模范单位；四季柚、槟榔芋入选全国名特优新农产品名录。龙安开发区获评省级循环经济示范园区；渔井村入选省级金牌旅游村；澈城村入选省级美丽休闲乡村；溪美村入选省级乡村振兴实绩突出村。

2022年，全市地区生产总值503.88亿元，比上年增长9.2%。其中，第一产业增加值75.98亿元，增长2.4%；第二产业增加值273.68亿元，增长16.4%；第三产业增加值154.22亿元，增长1.8%。农林牧渔业总产值131.01亿元，增长2.8%。工业增加值253.45亿元，增长21.5%。规模以上工业增加值增长30.4%。固定资产投资增长7.5%。社会消费品零售总额203.35亿元，下降0.6%。批发业商品销售额69.31亿元，增长10.2%；零售业商品销售额188.36亿元，增长4.2%；住宿业营业额3.74亿元，餐饮业营业额25.09亿元，分别比上年增长5.0%、1.5%。一般公共预算总收入36.48亿元，增长8.9%；其中地方一般公共预算收入23.90亿元，增长6.9%。金融机构人民币存款余额404.38亿元，贷款余额627.87亿元，分别比上年增长16.1%、13.7%。城镇居民人均可支配收入45419元，农民人均可支配收入23198元，分别比上年增长5.1%、7.9%。2022年，福鼎市搭建全省首个农村生产要素流转融资平台。截至 2022 年 12 月底，15526 户农村生产经营主体获得授信 39.02 亿元，为全市村集体收入新增 8858.01 万元。

第十一届福鼎白茶开茶节举行。3 月 29 日，以“‘三茶’统筹，共同富裕，福鼎白茶喜迎二十大”为主题的第十一届福鼎白茶开茶节在海拔 800 米的佳阳畲族乡天湖山上以“云直播”形式举行。活动现场，福鼎市向泉州抗疫一线的医务人员捐赠 1000 份总价值 138 万元的福鼎白茶白牡丹茶饼；福鼎白茶与阿里巴巴、京东、顺丰 3 家国内电商和物流龙头企业达成战略合作，现场举行授牌仪式。阿里巴巴集团数字乡村事业部华南区总经理南冥与福鼎市人大常委会主任、茶产业发展领导小组常务副组长蔡梅生现场交接《天猫春茶山河行——福鼎千里茶山卷》，并正式启动新一年福鼎白茶天猫春茶行活动。

福鼎市位列全国农产品数字化百强县第四位。4 月 24 日，农业农村部管理干部学院、阿里研究院联合发布《“数商兴农”：从阿里平台看农产品电商高质量发展》，并公布 2021 年全国“农产品数字化百强县”榜单。福建省安溪、武夷山、福鼎、龙海、仙游、晋江、南靖、古田、霞浦等 9 个县市上榜，其中福鼎市位列全国农产品数字化百强县第四位。

福鼎白茶原料新老品种实验材料搭载神舟十四飞向太空。6 月 5 日上午 10 时 44 分，福鼎白茶原料新老品种实验材料搭载在酒泉卫星发射中心发射的神舟十四飞向太空。搭载的福鼎白茶原料品种由福建省裕荣香茶业有限公司基地提供，品种包括“福鼎大白茶”“早春二月 2 号”“奶香白茶 1 号”等 3 个实验材料。其中，“裕荣香 1 号”“奶香白茶”品种为基地自主培育，在太空云游 180 多天，通过太空高强度辐射产生诱变，对适制白茶品种进行科学试验。

福鼎市沙埕港冷链物流项目动工建设。6 月 23 日，福鼎市沙埕港冷链物流项目正式动工建设。该项目是宁德市重点项目，也是福鼎市“双百”项目，将在沙埕镇中心渔港码头打造一个集冷冻、冷藏、加工、包装、销售为一体的现代冷链物流中心。该项目依托中心渔港码头腹地 3.67 公顷地进行建设，总投资约 2.35 亿元，建设层数 5 层、高度 34.8 米、库容 3 万余吨的冷库仓储中心，并配套建设室外道路广场、绿化景观、综合管网等基础设施工程。

第三届海丝国际茶文化论坛在福鼎市举办。6 月 29 日，以“海丝茶道，福茶飘香”为主题的 2022 年第三届海丝国际茶文化论坛在中国白茶之乡福鼎市举办。省、市、县级领导，茶界专家学者，驻华使节，在闽国际友人、在闽华人华侨以及茶商代表等 250 多人参加活动。论坛在福鼎设主会场，在日本设立分会场，现场连线日本东京分会场。论坛新增落地签约环节，福鼎茶企品品香、绿雪芽、六妙、鼎白与日本、英国、澳大利亚、新西兰等国家的华侨华人代表签订合作协议。活动特聘请“福”文化及“福茶”海外宣传员 8 名，在世界各地宣传“福文化”“茶文化”，助力福鼎茶文化走向世界。

全国首单农业碳汇和红树林蓝碳生态保护保险落地福鼎。8 月 17 日和 9 月 14 日，全国首单农业碳汇保险和全国首单红树林蓝碳生态保护保险先后在福鼎市试点落地，分别为福鼎市特色农业产业提供 300 万元碳汇损失风险保障、为福鼎市红树林保护区提供 1875 万元损失风险保障。

福鼎白茶制作技艺列入人类非物质文化遗产代表作名录。11 月 29 日，在联合国教科文组织保护非物质文化遗产政府间委员会第 17 届常会上，“中国传统制茶技艺及其相关习俗”被列入人类非物质文化遗产代表作名录。福鼎白茶制作技艺是入选的福建 6 个项目之一。

福鼎市被授予“世界白茶发源地”称号。12 月 1—2 日，以“绿色发展，白茶有福，世界共享”为主题的 2022 国际白茶论坛在福鼎市举办。论坛由中国食品土畜进出口商会、国际茶叶委员会主办，邀请俄罗斯、印度、英国、法国、日本、澳大利亚等 10 多个国家的驻华使者、茶业协会代表以及国内外茶人代表参加。会上，国际茶叶委员会授予福鼎市“世界白茶发源地”称号。

（王亦群　张媛钰）

【霞浦县】 位于宁德市东部，辖 3 个街道、12 个乡镇。土地面积 1711.3 平方千米。年末户籍人口 54.83 万人，常住人口 47.9 万人。全县耕地面积 1.41 万公顷，粮食播种面积 0.85 万公顷，粮食产量 4.32 万吨。林地面积 9.93 万公顷，森林覆盖率 51.31%，活立木蓄积量 605 万立方米。霞浦县是全省 10 个渔业重点县之一，海域面积 2.89 万平方千米、海岸线长 511 千米、浅海滩涂 17.67 万公顷、岛屿 442 个，均居福建省沿海县首位。海洋鱼类 700 多种，滩涂生物 300 余种，盛产大黄鱼、海带、紫菜、刺参、鲍鱼等，年水产品总量位居全省前列。享有“中国海带之乡”“中国紫菜之乡”“中国南方海参之乡”“中国海带苗之乡”“中国生态大黄鱼之乡”的美誉。霞浦县有杨家溪、罗汉溪、玉潭樱花谷、建善寺等风景名胜区和道教、佛教等自然人文景观，有大京、高罗等 10 多个沙滩，存有大京、传胪、外浒等 27 座古城堡，海滩摄影独具特色，被誉为中国“十大风光摄影圣地”“中国最美丽的滩涂，荣获“全国摄影创作基地”称号”。

2022 年，霞浦县上榜 2022 年度福建省经济发展“十佳”县（市）；获“中国海带苗之乡”“中国生态大黄鱼之乡”称号；获第六批“四好农村路”省级示范县称号；获评全省第四轮第二批平安县。松港街道东昇社区入选全国示范性老年友好型社区；盐田乡上村村、水门乡茶岗村列入第六批中国传统村落名录；溪南半月里村获省级“金牌旅游村”；三沙镇东壁村设为全国乡村振兴观察点，入选全国乡村旅游重点村；玉潭樱花谷获评省级休闲农业示范点。县信访局获评全国信访系统先进集体；县公安局出入境大队获“全国公安机关爱民模范集体”。福建一嘉海带苗业董志安获“大国农匠”全国农民技能大赛种养能手类“一等奖”。霞浦运动员在省第十七届运动会上获 8 金 7 银 4 铜。

2022 年，全县地区生产总值 353.7 亿元，比上年增长 13.6%。其中，第一产业增加值 85.4 亿元，增长 1.7%；第二产业增加值 127.26 亿元，增长 40.1%；工业增加值 106 亿元，增长

51.6%；第三产业增加值141.03亿元，增长3.2%。人均地区生产总值73995元，增长13.2%。规模以上工业总产值增长85.6%。农林牧渔业总产值159.28亿元，增长2%。固定资产投资增长7.5%。社会消费品零售总额113.82亿元，增长5.3%。外贸出口额58.01亿元，增长49.3%；实际利用外资371万美元，增长30.7%。城镇居民人均可支配收入42774元，农村居民人均可支配收入23786元，分别比上年增长6.1%、9.6%。

时代一汽项目实现年产超百亿。时代一汽项目是宁德时代、中国一汽、东风智新科技、长安新能源基于各自优势携手共创的动力电池合资企业，项目总投资80亿元。2020年9月，时代一汽首条产线投产，历经2年发展，产能实现快速攀升，2022年，时代一汽年产值超百亿大关，成为霞浦县首个取得该项突破的项目。

首届中国·霞浦海洋诗会暨新时代海洋诗歌论坛在霞浦举办。11月23日，首届中国·霞浦海洋诗会暨新时代海洋诗歌论坛在霞浦举办。论坛由《诗刊》社主编李少君主持，全国著名诗歌评论家、诗人、学者、闽东诗群代表诗人等出席活动，分享诗歌成果，交流海洋诗歌创作经验。

时代科士达第30000套储能PACK下线。2022年8月，宁德时代科士达科技有限公司举行三周年庆典暨第30000套储能PACK下线仪式，标志着时代科士达在储能产业上迈上新台阶。

（陈　浩）

【寿宁县】 位于宁德市北部，辖8个镇、6个乡。土地面积1432.96平方千米。年末户籍人口25.77万人，常住人口17.4万人。全县耕地面积1.37万公顷，粮食播种面积1.03万公顷，粮食总产量5.36万吨。林地面积10.29万公顷，森林覆盖率60.69%，乔木林蓄积量628.83万立方米，拥有3.88万公顷富硒土壤资源和4.59万公顷富锌土壤资源。大小径流1700余条，年平均流量22亿立方米，水能蕴藏量50万千瓦，年发电量16亿千瓦时。重要矿产资源有叶蜡石、饰面石材、建筑用石料、白云岩、脉石英、明矾石、硫铁矿、矿泉水等。主要旅游景点有难忘下党红色旅游区，国家AAA级旅游景区犀溪西浦、大安水洋云上花田，以及杨梅洲峡谷国家森林公园、官台山古银硐国家地质公园、黄槐湖景区、三峰公园、省级地质公园南山风景区等。

2022年，寿宁县内北路戏保护传承中心获评第九届全国服务农民、服务基层文化建设先进集体。全国首个双碳教育基地"下党双碳学院"挂牌成立。入选全国2023—2024年水系连通及水美乡村建设县。入选全国100个乡村振兴典型观测县。列入首批省级数字乡村试点县。乡村振兴热度指数评价全省第三，其中获得感全省第一。获评2022年度全国信访工作示范县。下党派出所被公安部评为"全国枫桥式公安派出所""全国优秀公安基层单位"。

2022年9月21日，时代一汽动力电池有限公司"投产两周年暨年产值超百亿贡献奖"颁奖仪式在霞浦县举行　（朱世刚　摄）

2022年，全县地区生产总值111.42亿元，比上年增长4.5%。农林牧渔业总产值32.79亿元，增长5.7%。规模以上工业增加值增长0.1%。服务业增加值增长2.5%。固定资产投资增长10.6%。社会消费品零售总额33.27亿元，增长3.1%。一般公共预算总收入5.84亿元，其中地方一般公共预算收入4.04亿元，分别比上年增长9.2%和18.4%。城镇居民人均可支配收入33407元，农村居民人均可支配收入20315元，分别比上年增长5.3%、9%。

寿宁县北路戏保护传承中心获全国"双服务"先进集体。1月20日，中央宣传部办公厅、文化和旅游部办公厅、国家广播电视总局办公厅联合下发《关于表彰第九届全国服务农民、服务基层文化建设先进集体的决定》，64家单位入选全国先进基层文艺院团，寿宁县北路戏保护传承中心成为福建省唯一入选的单位。北路戏，俗称福建乱弹、横哨戏，是清初以来北方梆子腔、乱弹腔南传后，经安徽、江西、浙江传入闽北，再传入闽东的地方戏剧种，至2022年有300多年的历史。北路戏剧团成立于1960年，是全国唯一的北路戏专业艺术团体，有"天下第一团"之称。北路戏是全国地方戏中稀有的剧种之一，2006年入选第一批国家级非物质文化遗产项目名录。

全国首个双碳教育基地"下党双碳学院"挂牌成立。6月30日，寿宁县政府与北京中创碳投科技有限公司举行设立下党双碳学院签约暨揭牌仪式，标志着全国第一个双碳教育基地诞生。寿宁县委、县政府全面做强做大硒锌康养旅游和高山茶叶、优质水果、食用菌、林

寿宁县坑底乡上东村成熟的水稻田。2022年9月27日摄　（郑永桦　摄）

下经济等“1＋4”绿色高效生态农业，推进一二三产融合，彰显在实现碳达峰、碳中和目标中的主动作为和担当。下党乡以打造“学习小镇”作为全国知名党性教育培训品牌，自然生态环境优良，森林覆盖率79.2%，涌现3个中国传统村落及中国历史文化名村、全国旅游扶贫试点村、中国千千万万乡村旅游品牌村等。

寿宁县入选全国乡村振兴典型观测县。7月，中国人民大学乡村振兴研究院从全国遴选100个左右推进乡村振兴成效显著、有代表性的县，进行长期跟踪研究。寿宁县被列入全国乡村振兴典型观测县。乡村振兴典型观测重大专项为公益性基础研究，旨在为乡村振兴重大政策出台提供中观研究，为全国同类地区实施乡村振兴战略经验提供交流平台，为推进乡村振兴提供科研服务。

寿宁县入选全国2023—2024年水系连通及水美乡村建设县。11月7日，寿宁县入选水利部和财政部联合公布全国2023—2024年水系连通及水美乡村建设县名单，获得1.2亿元的中央财政资金补助。项目总投资4.78亿元，涉及河道9条共47.76千米，主要建设内容包括整治河道12条、水系连通1项、河道清障0.3万立方米、清淤疏浚4.52万立方米、岸坡整治22.9千米、水源涵养与水土保持11项、河湖管护1项、防污控污2项、景观人文3项。项目通过水系治理，将联动青山绿水，构建具有预报、预警、预演、预案功能的智慧水利体系，建设“河道水域岸线一张图”，系统整合岸线生态资源、旅游资源。

（郭杨宇）

【周宁县】　位于宁德市东北部，辖6个镇、3个乡。土地面积1035.49平方千米。年末户籍人口20.99万人，常住人口14.6万人。全县耕地面积6666.23公顷，粮食播种面积4940公顷，粮食产量2.78万吨。林地面积8.22万公顷，森林覆盖率72.96%，活立木蓄积量487.51万立方米。重要矿产资源有铅、锌、铁、高岭土、珍珠岩等。主要旅游景点有九龙漈、鲤鱼溪、陈峭、仙凤山、苏家山、蝙蝠洞等。2022年，周宁县获评“全国村庄清洁行动先进县”“国家水土保持示范县”“中国天然氧吧”。

2022年，全县地区生产总值108.98亿元，比上年增长14.1%。其中，第一产业增加值9.53亿元，增长5.2%；第二产业增加值42.31亿元，增长32.9%；工业增加值34.12亿元，增长64.3%；第三产业增加值57.13亿元，增长6.3%。人均地区生产总值74135元，增长15.6%。规模以上工业总产值47.4亿元，增长96.4%。农林牧渔业总产值17.29亿元，增长5.9%。固定资产投资27.47亿元，下降29.5%。社会消费品零售总额29.75亿元，增长5.2%。外贸出口额440万美元，增长16%；实际利用外资100万美元，增长214.4%。一般公共预算总收入4.11亿元，增长17.1%；其中地方一般公共预算收入3.61亿元，增长25.1%。城镇居民人均可支配收入36993元，农村居民人均可支配收入21543元，分别比上年增长5.8%、9%。

周宁县抽水蓄能电站全面投产发电。8月28日，中国华电福建周宁抽蓄电站4号机组正式投入商业运行，标志着中国华电首座、“十四五”期间福建省首个抽水蓄能电站全面投产发电。电站投产为保障当地电力供应、促进新能源消纳、助力构建新型电力系统发挥重要作用。电站总装机容量120万千瓦，年发电量12亿千瓦小时，年抽水电量16亿千瓦小时。每年可节约标准煤约20.79万吨，减少二氧化碳排放41.58万吨。

周宁在全省首推“垦荒贷”金融产品。开展“金融支持撂荒地复垦，筑牢粮食安全‘压舱石’”之“一县一品、贷动‘闽’生”专项行动，为小微企业、新型农业经营主体、农村集体经济组织等涉农经营主体提供涉粮信贷产品，累计发放贷款308万元，解决参与撂荒地复耕复种的资金需求。

周宁首次上榜全省经济发展“十佳”县。11月23日，2022年度福建省县域经济实力“十强”县（市）、经济发展“十佳”县（市）和城市发展“十优”区评价结果发布，周宁县首次上榜经济发展“十佳”县（市）。　（黄世怀）

【柘荣县】　位于宁德市北部，辖2个镇、7个乡。土地面积538.21平方千米。年末户籍人口11.04万人，常住人口9.2万人。耕地面积4710.53公顷，粮食播种面积4520.2公顷，粮食产量24940吨。森林蓄积量179.63万立方米，森林覆盖率60.67%。重要矿产资源有银、饰面石材、建筑石料、紫砂土。主要旅游景点有鸳鸯草场、东狮山、九龙井、富溪商贸古镇、靴岭尾剪纸文创田园、溪口旧时光风情慢村、“红色土楼·书香洪源”等。

2022年，柘荣县获得全国“茶业百强县域”“茶业最具投资价值县域”等

2022年8月3日，第四届中国·柘荣马仙信俗文化旅游节经典诵读展演在柘荣县天福公园举行　　（柘荣县政府办 供图）

称号，乍洋乡前楼村被国家减灾委等部门评为“2021年度全国综合减灾示范社区”，县教育局被评为全国普法先进单位，清阳观被中央统战部评为“全国宗教界先进集体”。

2022年，全县地区生产总值85.59亿元，比上年增长5.0%。其中，第一产业增加值10.09亿元，增长5.2%；第二产业增加值37.35亿元，增长1.9%；工业增加值24.79亿元，增长2.2%；第三产业增加值38.16亿元，增长7.7%。规模以上工业增加值增长1.0%。农林牧渔业总产值18.01亿元，增长5.8%。固定资产投资增长14.4%。社会消费品零售总额37.38亿元，增长4.7%；实际利用外贸43万美元，下降14.0%，一般公共预算总收入5.72亿元，增长0.2%；其中地方一般公共预算收入3.81亿元，增长12.1%。城镇居民人均可支配收入34359元，农村居民人均可支配收入20440元，分别比上年增长4.3%、8.6%。

首届鸳鸯草场星空露营音乐季活动。7月2日，“中国慢城·长寿柘荣”柘荣县全域旅游推介展暨“闽东之光·爱上柘荣”首届鸳鸯草场星空露营音乐季活动在福州三坊七巷南后街展览馆、鸳鸯草场景区两地举行。其间，宣传展示柘荣文化旅游资源，打响“中国慢城·长寿柘荣”全域旅游品牌，激发市场活力，拓宽柘荣高山白茶、太子参等农特产品的市场销售渠道。

福建首个县级幸福河湖促进会在柘荣成立。7月19日，福建省首个县级幸福河湖促进会——柘荣县幸福河湖促进会成立，标志柘荣县河湖治理保护工作迈入新阶段。柘荣县幸福河湖促进会是由福建省水利投资集团（柘荣）水务有限公司等5家单位共同发起的非营利性社会团体。首批45家会员单位由福建幸福河湖研究咨询、保护管理、调查评价、治理建设等相关领域的重要单位组成；个人会员7名，由从事河湖领域的相关专家人士组成。

柘荣鸳鸯草场获批AAAA级旅游景区。12月29日，福建省旅游资源规划开发质量等级评定委员会发布福建省2022年AAAA级旅游景区和省级旅游度假区名单公告。宁德市柘荣鸳鸯草场景区正式获批准为国家AAAA级旅游景区。

柘荣高山白茶春茗贡品晋京启程。8月20日，“第二十一届八大处中国园林暨首届福建柘荣高山白茶文化周春茗贡品晋京启程仪式”在柘荣县政府大门广场举行。“八大处中国园林文化节”是北京的一项公益性文化品牌，已经举办20届。“春茗贡品晋京启程仪式”是文化周活动的热身环节，有选茶、鉴茶、送茶、护茶等环节，为“柘荣高山白茶”文化增添新亮点。

第四届中国·柘荣马仙信俗文化旅游节举行。8月3日，以“诵读经典诗文·弘扬马仙文化”为主题的第四届中国·柘荣马仙信俗文化旅游节经典诵读展演在天福公园举行。8月4日，第四届中国·柘荣马仙信俗文化旅游节在东狮山风景区宻阳书院举行。马仙是“福建三大女神”之一，被广称为中华平安神。马仙信俗发端于唐，发展于宋，兴于明清，民国时鼎盛，历经千年传承，信众数千万人，遍布海内外。柘荣每年都要以不同方式举行庆祝活动，600年经久不衰，是闽浙边最隆重、保存最完好的民俗活动。　（魏诗泽）

【古田县】　位于宁德市西南部，辖8个镇、4个乡、2个街道。土地面积2372.83平方千米。年末户籍人口41.64万人，常住人口31.5万人。全县耕地面积1.65万公顷，粮食播种面积1.95万公顷，粮食产量11.48万吨。林地面积17.17万公顷，森林覆盖率72.27%，活立木蓄积量1092.81万立方米。拥有福建省最大的人工淡水湖——古田翠屏湖。重要矿产资源有铁、铜、铅、锌、钨、钼、稀土、银、金等金属矿，叶蜡石、花岗石、陶黏土、硅石、泥炭土、高岭土、萤石、黄铁矿、矾灰熔岩、矿泉水、温泉等非金属矿。主要旅游景点有蘑菇部落、金翼之家、翠屏湖景区等3处国家AAA级旅游景区，以及临水宫景区、白溪草场、杉洋“文武古镇”、钱厝钱来山风景区、高岗草场、白岩洞、圆瑛故里、前洋古村、双坑油画。

2022年，古田县获评国家生态文明建设示范区、上榜2022年“四好农村路”全国示范县公示名单、获批创建全国乡村振兴示范县。

2022年，全县地区生产总值242.54亿元，比上年增长6.1%。其中，第一产业增加值54.85亿元，增长4.9%；第二产业增加值78.93亿元，增长10%；第三产业增加值108.75亿元，增长4.4%。规模以上工业增加值增长12.5%。农林牧渔业总产值94.92亿元，增长5.5%。固定资产投资增长15.3%。社会消费品零售总额100.07亿元，增长5.2%。一般公共预算总收入10.94亿元，下降2.2%；其中地方一般公共预算收入8.64亿元，增长10.5%。城镇居民人均可支配收入40692元，农村居民人均纯收入24357

元，分别比上年增长5.6%、8.1%。

闽江沿线经济带高质量发展协作峰会开幕。2月22日，由古田县提出并举办的首届闽江沿线经济带高质量发展协作峰会开幕。会议以“资源共享、基础共建、航道共管、生态共治、产业共兴、区域共荣”为主题，4县（区）政府主要领导签订《闽江沿线经济带高质量发展协作框架协议书》，4县（区）将按照“共建共赢、团结协作、整体提升”的总体思路，依托各自县（区）的生态优势、人文优势、产业优势、资源优势，在基础设施、产业融合、生态环境、文旅产业、绿色农业、乡村振兴等重点领域展开一系列合作，合力打造闽江沿线一体化协调发展示范区、绿色发展引领区和联动发展核心区。

古田县获批创建全国乡村振兴示范县。2022年，古田县根据农业农村部、国家乡村振兴局《关于开展2022年“百县千乡万村”乡村振兴示范创建的通知》文件精神，在立足产业优势的基础上，突出差异性、针对性、实效性，申报国家乡村振兴示范县，走出一条符合古田实际、具有闽东特色的乡村振兴之路，为全国乡村振兴提供可参考、可复制、可推广的“古田模式”。10月14日，古田县正式获批创建全国乡村振兴示范县。

古田县获评国家生态文明建设示范区。11月19日，生态环境部在江西南昌召开第十届中国生态文明论坛，对第六批国家生态文明建设示范区、第六批“绿水青山就是金山银山”实践创新基地进行表彰授牌。古田县获国家生态文明建设示范区称号。

古田县上榜2022年“四好农村路”全国示范县公示名单。2022年，古田县围绕“建好、管好、护好、运营好”4个方面，推进“四好农村路”建设工作。11月10日，交通运输部发布关于拟确定2022年“四好农村路”全国示范县创建单位的公示，古田县入选。

【屏南县】 位于宁德市西部。清雍正十二年（1734年）建县，辖5个镇、6个乡。年末常住人口13.7万人，户籍人口18.73万人。县域面积1487平方千米。全县粮食播种面积7953.33公顷，粮食产量4.74万吨。屏南是福建省26个重点苏区县之一，叶飞等老一辈革命家曾在这里战斗过，被誉为“红旗不倒县”。屏南拥有独特的生态气候优势，平均海拔830米，林地面积12.25万公顷，森林蓄积量923.6万立方米，森林覆盖率76.4%，绿化率92.2%；年平均气温17℃，被列入国家重点生态功能区、省级生态县、省级园林县城、省十佳林业县，是全省少数保持水、大气、生态环境质量均为优良等级的县份之一。屏南拥有世界地质公园、国家级风景名胜区、国家AAAAA级旅游景区白水洋·鸳鸯溪，国家森林公园天星山等一批自然景观，被列入国家东部生态文明旅游区、国家绿色旅游示范基地、国家红色旅游经典景区、国家全域旅游示范区创建名单和省全域化旅游试点县。屏南是中国木拱廊桥文化之乡、中国民间武术文化之乡、中国红粬黄酒文化之乡、中国本草养生文化之乡、中国传统村落文化创意产业发展示范县。木拱桥传统营造技艺被列入世界急需保护的非物质文化遗产名录；千乘桥、百祥桥、漈下建筑群被公布为全国重点文物保护单位，屏南木拱廊桥被授予中国传统建筑文化旅游目的地；四平戏、平讲戏、双溪铁枝、红粬黄酒酿造技艺入选国家级非物质文化遗产代表性项目名录；双溪镇、漈下村、漈头村入选中国历史文化名镇名村；北墘、厦地、棠口、漈头、漈下、双溪古镇等6个镇村被列为中国传统建筑文化旅游目的地；22个村入选中国传统村落。屏南还是福建省26个重点侨乡之一，拥有全国农村改革试验区、全国土地承包经营权抵押贷款试点县、全国民间药膳示范县、全国平安农机示范县和全省新型城镇化试点县、全省农村电子商务示范县等50多个“国字号”。

2022年，全县地区生产总值125.89亿元，比上年增长17.3%。其中，第一产业增加值17.42亿元，增长7.7%；第二产业增加值56.59亿元，增长47.3%；工业增加值49.54亿元，增长65.2%；第三产业增加值51.88亿元，增长1.6%。规模以上工业增加值增长159.7%。农林牧渔业总产值30.42亿元，增长8.7%。社会消费品零售总额44.8亿元，增长9.3%。外贸出口额1538.31万美元，增长1.26%；实际利用外资741万美元，增长32.1%。一般公共预算总收入5.94亿元，增长22.3%，其中地方一般公共预算收入4.95亿元，增长45.7%。城镇居民人均可支配收入35530元，农村居民人均纯收入20831元，分别比上年增长5.9%、8.9%。

“文创推进乡村振兴”研修班。5月11—14日，在屏南县熙岭乡四坪古村举办，屏南乡村振兴研究院院长温铁军等出席。活动吸引全国20余个省份的50余位合作社负责人、农场主、生态农业公司负责人、设计师、建筑师、高校教师、返乡青年和乡建工作者等组成的线下学习学员，以及近100位线上学员。嘉宾与学员围绕“乡村文创与新型城乡关系”“三产融合与新型集体经济”“党建引领与新型社区治理”等展开对话。

院线电影《远方的山》开机仪式举行。2022年7月4日，院线电影《远方的山》开机仪式在宁德市屏南县熙岭乡龙潭村举行。《远方的山》是一部以龙潭网红村为创作题材的主旋律电影，电影以龙潭里开创的“党委政府＋艺术家＋农民＋古村＋互联网”的文创发展之路为背景，通过精彩的故事情节，将屏南悠久的历史文化与民俗民风和山水风光等进行有机结合，以影视视角向广大观众展现屏南乡村风情，助力乡村振兴，更好地宣传屏南。

福建省首届蔬菜种业创新大会在屏南举行。11月18日，由福建省宁德市人民政府、福建省农业农村厅、福建省农业科学院主办，宁德市屏南县人民政府，厦门中厦蔬菜种籽有限公司、福建主播农业科技有限公司等单位承办的福建省首届蔬菜种业创新大会在宁德市屏南县岭下乡海峡现代种业创新园举行。大会以“自主创新育种，振兴民族种业”为主题，吸引来自全国各地150多家种业企业参与，集中展示3000多个蔬菜新优品种。

屏南影视产业基地打造。屏南立足当地特色文化和生态优势资源，打造出龙潭片区、厦地、北墘、前洋等一批不同形态和特点的村落文创基地；出台《屏南县影视产业发展扶持办法（试行）》，致力打造集影视文化企业落户、影视项目（短视频短剧）孵化、影视拍摄、剧本创作、影视文创及衍生产业、服化道租赁及地接服务为一体的屏南影视产业基地。2022年，屏南县重点打造屏南全域乡村影视项目，推出100个影视拍摄点，拍摄100支影视拍摄点宣传视频，吸引各地影视企业到屏取景拍摄。拍摄24集屏南特色短剧样板系列剧《遇见不同的你》、屏南“福”文化主题短剧《传福》。11月25日，2022首届宁德白水洋影视文化周暨屏南县“福”文化影视论坛在屏南县开幕。

（郑传金）

平潭综合实验区

【概况】 平潭综合实验区位于福建省东部，由126个岛屿和702个礁石组成，主岛海坛岛是中国第五大岛、福建省第一大岛。平潭与台湾隔海相望，是祖国大陆距离台湾本岛最近的地方，最近距离68海里。历史上平潭是东南沿海对台贸易和海上通商中转站，是改革开放后全国最早设立台轮停泊点和开展对台小额贸易的地区之一。2009年9月，福州（平潭）综合实验区成立。2010年2月，福州（平潭）综合实验区更名为福建省平潭综合实验区，行政级别为正厅级。行政区划调整后的平潭综合实验区（平潭县）辖金井、海坛、君山、苏平等4个片区，土地面积396.14平方千米。2022年末户籍人口45.33万人，常住人口38.2万人。

平潭历史悠久，岛上遗存有距今6000～5500年的壳丘头遗址群，是迄今福建沿海地区时代最早的新石器时代遗址；地处海上丝绸之路航线，海坛海峡发现有“碗礁一号”等宋元明清时期沉船遗址，被确定为第七批全国重点文物保护单位及福建首批省级考古遗址公园；城关五福庙供奉有“海坛城隍”和“台湾城隍”，形成独特的“一庙两城隍”，见证闽台两地文化交流及清代海坛水师戍台御敌的历史，为两岸信众所推崇。非物质文化遗产有传承自明朝戚继光部队抗击倭寇而操练的“藤牌操”“灯牌蛇”，有获国家地理标志证明商标的“平潭贝雕”。民居建筑独具特色，海岛先民就地取材，利用岛上的花岗岩建造起石头厝，外形简洁美观，冬暖夏凉，其坚固性足可抵挡台风海潮的侵害。特产有“三鲜三宝三贡品”，“三鲜”为丁香鱼、目鱼干、虾米；“三宝”为水仙花、贝雕、草燕；“三贡品”为金蟳、坛紫菜、蝴蝶干。

2022年，平潭综合实验区耕地面积0.64万公顷，粮食播种面积0.369万公顷，粮食产量1.9万吨。林地面积1.24万公顷，森林覆盖率30.06%。重要矿产资源有石英砂、花岗岩，石英砂储量约16亿吨，花岗岩储量约7.7亿立方米。重要海洋资源有海洋生物资源和沙滩资源，平潭是著名的渔业基地，蕴藏着丰富的渔业资源，有锯缘青蟹（俗称金蟳）、坛紫菜、贻贝、中国鲎、中华仙女蛤等鱼、虾、蟹、贝、藻类资源934种；海滨沙滩长约70千米，分布在海坛湾、坛南湾、长江澳、山岐澳等地。海洋新能源有风能、潮汐能、波浪能、潮流能等。平潭四面环海，旅游资源丰富，山、海、湖、滩、澳交错分布，旅游景观极具代表性，有半洋石帆、东海仙境、海坛天神、南寨山等海蚀地貌景观；有海坛湾、坛南湾、长江澳等美丽天成的沙滩海岸，有浮游生物释放荧光的“蓝眼泪”奇观；更有龙凤头海渔广场、南北部滨海生态廊道、68小镇、将军山等热门景点。1994年被列入国家重点风景名胜区，1999年被列入世界遗产预备名单，2006年被列入首批中国国家自然遗产名录。2022年，平潭综合实验区获“福建省双拥模范城”“中国体育旅游十佳目的地”“全国投资潜力百强县市”称号。

2022年，全区地区生产总值367.71亿元，比上年增长3.6%。其中，第一产业增加值42.60亿元，增长1.5%；第二产业增加值92.86亿元，增长8.3%；工业增加值13.27亿元，增长4.5%；第三产业增加值232.25亿元，增长2.2%。人均地区生产总值96262元，增长4.6%。一般公共预算总收入40.33亿元，比上年下降54.2%；其中地方一般公共预算收入23.56亿元，下降50.7%。规模以上工业增加值增长5.1%。农林牧渔业总产值81.42亿元，增长1.6%。固定资产投资202.27亿元，下降4.2%。社会消费品零售总额59.52亿元，下降2.0%。外贸出口额115.6亿元，增长26.1%；实际使用外资470万美元，下降95.3%。城镇居民人均可支配收入48816元，农村居民人均纯收入22277元，分别比上年增长4.2%、6.6%。社会用电量11.54亿千瓦小时。平潭综合实验区参加城镇职工基本养老保险6.74万人；参加城镇职工基本医疗保险5.02万人；参加城乡居民基本医疗保险34.94万人，覆盖率96.26%；参加新型农村社会养老保险20.65万人。城镇生活污水集中处理率98%，城镇生活垃圾无害化处理率100%。

【产业结构升级】 2022年，国家发展改革委研究通过《平潭综合实验区总体发展规划（2022—2035）》，省委、省政府建立福州新区、平潭综合实验区工作联席会议制度。平潭综合实验区探索“资源换产业”，引进中能建合作开发新兴产业园，三五集团“海峡梦之城”项目落地。围绕专项债策划生成项目，26个项目获批额度45.29亿元，超过历年总和。区属国企战略重组完成，投融资能力增强，区城发集团获得“AA＋”信用评级。出台稳住经济大盘一揽子接续措施，新登记市场主体9265户，新增注册资本542亿元。海岛研究中心申报省重点实验室，厦门大学平潭研究院获批设立博士后创新实践基地，平潭集成电路产业中心揭牌成立，新增国家级高新技术企业10家、省级科技“小巨人”企业和科技型中小企业12家。加快重点项目建设，24个省级重点项目完成年度计划投资45.12亿元，新开工平潭外海海上风电场等区重点项目95个，建成并投用区重点项目75个，开展“惠聚岚岛”“开渔直播节”等促消费活动，拉动消费超过3000万元。

【“国际风范、青春时尚”国际旅游岛】2022年，平潭国际旅游岛围绕“国际风范、青春时尚”的建设定位，打造音乐艺术欢乐岛，新增国际演艺中心、龙王头城市音乐会客厅、68小镇黑礁音乐博览馆等体验空间，先后上演舞蹈诗剧《只此青绿》等60多场演出。举办首届“海岛生活节”，发展影视产业，吸引28个影视综艺剧组落地拍摄，比上年增长65%，平潭参与联合摄制的央视热播剧《那山那海》取得口碑、收视双丰收。

打造品牌赛事活力岛，卡丁车场、越野赛道、如意湖国际赛道、全国唯一的综合性奥运备战“泡泡”隔离训练基地建成投入使用。举办平潭国际赛车嘉年华活动，做特风筝冲浪、棒垒球、自行车等品牌赛事，成立全省首支F4国际方程式赛车队、洲际自行车队，组建福建平潭男子排球队。组团参加第十七届省运会并夺取2枚金牌，实现实验区独立组团后在省运会中金牌零的突破。连续6年获评“中国体育旅游十佳目的地”。

打造旅游体验舒心岛，开展全域旅游品质提升攻坚行动，“福往福来”海上游平潭—莆田航线入选国内水路旅游客运精品试点航线，平潭滨海旅游公路获评全国交旅融合创新项目，全省首创消费投诉“先行垫付、代位追偿”协同保护机制，推广“畅游平潭”APP。

【岚台交流】2022年，平潭综合实验区对台货运航线天天有航班，贸易集装箱吞吐量突破10万标准箱，对台贸易额超180亿元，平潭跨境电商保税进口业务量居全省第一，对台海运跨境电商业务量居全国第一。全国首个台胞职业资格一体化服务中心运营，对台职业资格采信“e＋”服务模式在全省推广，两岸家园数字身份公共服务平台实现政务办理、医保购药等7类服务场景“一码通”服务，“台商台胞金融信用证书”“台胞诚信闪贷”业务累计发放贷款近2000万元，新增台资企业111家。增进两岸民间交流，与全国台企联签订战略合作协议，与厦门大学合作成立两岸融合发展研究院，举办第十一届共同家园论坛、海峡两岸工商合作论坛、海峡两岸检察制度研讨会、岚台青年创新创业大赛等50多场交流活动。

【营商环境优化】2022年，平潭综合实验区开展“全面净化政治生态、推进‘提高效率、提升效能、提增效益’专项教育行动”，实施工程建设领域、土地领域、营商环境、违规借贷和违规经商办企业等5个专项治理。接受人大监督、政协监督，办理人大代表建议143件、政协委员提案138件，办结率100%。推出涉案房产“e拍即得”协同执行机制等24项创新举措，其中全国首创15项，入选第三批数字人民币试点城市。开展营商环境专项治理行动，获得电力、招标投标等指标保持全省标杆，推出面向中小微企业的融资服务平台，推行政务服务大厅局长轮值制度，实施全生命周期“一件事”改革，行政许可事项“一网通办”占比80%，即办件提升至65%，位居全省前列。提高贸易通关便利度，平潭海关进口通关时间压缩为5.7个小时，保持福州关区第一；与福州新区开展一体化高质量发展战略合作，119个事项实现“福州都市圈”通办，闽江口水资源配置（一闸三线）平潭段工程完工。举办中国—岛屿国家海洋合作高级别论坛、海外侨胞与平潭国际旅游岛建设学术研讨会，国际知名度和影响力提高。

【宜居环境提升】2022年，平潭综合实验区实施城市更新行动，107个城市建设品质提升项目完成年度投资31.59亿元，28个老旧小区完成改造，新建改造燃气、污水、供水、雨水管网共50千米，出台支持繁荣金井新城实施意见，新建扩建市民广场和如意湖公园，完善生活配套。推动城乡融合发展，与省水投集团合作城乡水务一体化项目，南部水厂二期等12个项目完成投资4.6亿元，78个省级乡村振兴试点示范项目加快实施，苏平镇入选第二批全国乡村旅游重点镇名单，青峰村入选第六批中国传统村落名录，砂美村获评全国“一村一品”示范村。推进君山海洋生态保护修复工程，完成营造林1300公顷，新增绿地38公顷，环境空气质量达标率99.4%，联合省水利厅成立平潭水文中心，完成县域节水型社会达标建设。

【社会幸福指数提升】2022年，平潭综合实验区群众“幸福指数”提升，实验区最低工资、城乡居民基础养老金、城乡低保和特困人员基本生活供养等标准均位列全省中上游水平，居民收入增长与经济增长保持同步。省、区39件为民办实事项目全面完成。就业形势保持平稳，在全省首创“两岸就业创业村居服务站”，将就业创业服务下沉到村居一线，新增城镇就业人口2423人，失业率控制在3.5%目标以内。促进基础教育均衡优质发展，新增公办学位1920个，普惠性幼儿园覆盖率、学前教育入园率、九年义务教育巩固率分别达92%、99%、99.41%，本科上线率64.53%，比全省平均水平高5.23个百分点。医疗养老水平提升，区疾控中心、精神病防治院新院区投入使用，重点人群家庭医生签约服务率、基本公卫服务项目绩效评价居全省前列。启动君山养老服务中心建设，完成601户困难老年人家庭适老化改造，为高龄老人发放补贴近10万人次、累计超1200万元。扫黑除恶斗争常态化开展，刑事案件立案数同比下降5.2%。推进安全生产大检查和专项整治三年行动，加强食品、药品和特种设备监管。

（蔡　菡　游岚钦　胡匡宇）

编辑：郑　莱

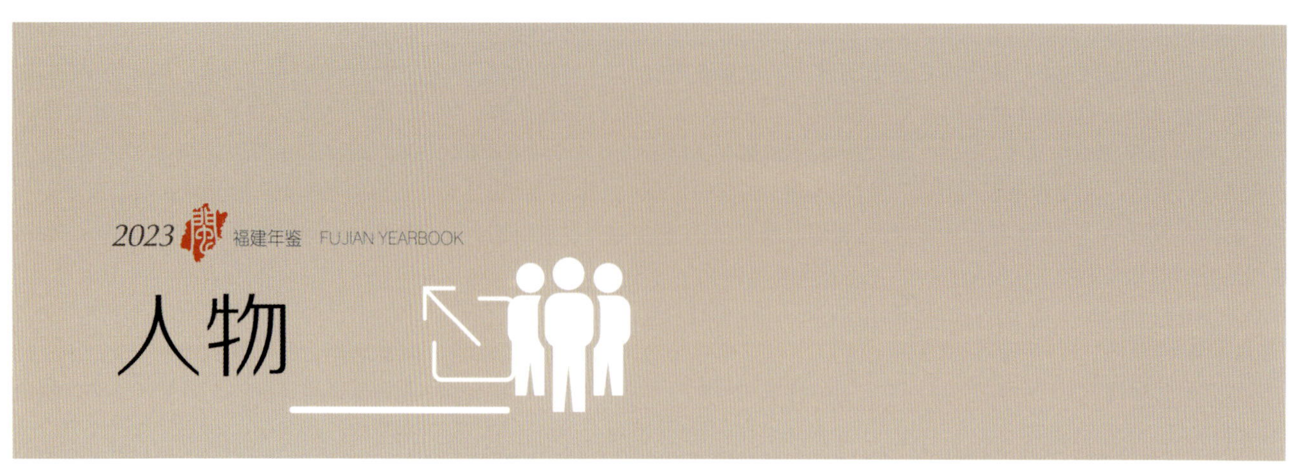

【全国五一劳动奖章】

黄炳锋　福建省福州第三中学理科党支部书记、数学教师、数学教研组组长，正高级教师

王新芳　中建海峡建设发展有限公司纪检监督工作部总经理，高级工程师

宋　辉　福建新大陆自动识别技术有限公司质量部经理，高级工程师

范　虹　厦门航空有限公司客舱经理，高级技师

洪昱斌　三达膜环境技术股份有限公司总工程师，高级工程师

郭晶晶　福建福海创石油化工有限公司行政办公室副主任、工会女职委副主任

田原卿　漳州市第三医院重症医学科护士长，主管护师

张子山　福建火炬电子科技股份有限公司总工程师，高级工程师

戴宽南　闽南科技学院马克思主义学院历史学教师，副教授

兰全盛　德化县立琦瓷艺研究所艺术总监，高级工艺美术师、高级技师

罗　徽　国网福建省电力有限公司三明供电公司变电运维中心龙津运维班班长，工程师、技师

张自霖　福建省三明市东辰机械制造有限责任公司数控班长，中级工

程丽波　双驰实业股份有限公司党支部书记、行政副总裁，人力资源管理师

蒋祖立　国网福建省电力有限公司莆田供电公司变电检修中心变电二次二班技术员，高级工程师、高级技师

兰　毅　福建省南平市第一医院医务部主任、全科医学科科主任，主任医师

谢济兴　福建建阳龙翔科技开发有限公司副总经理、技术中心副主任，福建省轮胎成型设备企业重点实验室副主任，教授级高级工程师

殷世龙　福建省龙岩市第三医院儿童青少年心理科支部书记、科主任，主治医师

闵龙林　福龙马集团股份有限公司焊装车间副主任，高级技师

黄举福　福建龙净环保股份有限公司电除尘与脱硝事业部节能环保处处长，高级工程师、高级技师

邱　健　福鼎市医院中医内科一区科主任，主任医师

张统为　福建鑫磊工贸有限公司设备科科长，初级工

罗永铕　福建省公安厅刑事技术总队四支队副支队长、警务技术三级主任，正高级工程师

【全国五一劳动奖状】

福州地铁集团有限公司

安踏（中国）有限公司

莆田市永丰鞋业有限公司

龙岩市行政服务中心管理委员会

宁德思客琦智能装备有限公司

国网福建省电力有限公司超高压分公司

【全国工人先锋号】

福州市鼓楼区消防救援大队三坊七巷消防救援站

福建华科光电有限公司 OPT 项目抛光组

兆丰华生物科技（福州）有限公司蓝耳活疫苗班组

闽侯县二·七烈士林祥谦陵园管理所

瑞华高科技电子工业园（厦门）有限公司生产部组装组

中国民生银行股份有限公司厦门分行营业部

漳州科华新能源技术有限责任公司技术部

福建福船一帆新能源装备制造有限公司生产调度科

福建省烟草公司漳州市公司卷烟营销中心订单部

卡宾服饰（中国）有限公司公共关系部

南威软件股份有限公司电子政务平台项目组

中建（泉州）城市发展有限公司白沙项目部

国网福建省电力有限公司永安市供电公司运检部变电检修一班

莆田中建建设发展有限公司妈祖重离子医院工程总承包（EPC）项目经理部

福建省高速公路集团有限公司南平管理分公司武夷山管理中心

武平县宏源公共交通有限公司公交车队1、2路公交线
福建鼎信实业有限公司精炼部
国网福建省电力有限公司平潭供电公司东区供电所
福建省中小企业服务中心中小企业公共服务平台
中共福建省委网络安全和信息化委员会办公室福建省互联网舆情中心
福建省特种设备检验研究院电站锅炉检验中心

【福建省五一劳动奖章获得者】

朱超扬　冯永平　袁　俊　向志华
林太光　彭利强　赖国洪　林鸿斌
陈大樑　郁文跃　许　用　张必诚
邓荣华　游爱妹　曾　兵　吴庆利
廖发根　黄雨亭　卓宇枫　侯卓凡
冯　丹　谭　杰　毛维民　陈　玮
王利琴　高翠霞　黄碧华　余能飞
庄珍钦　林章雅　许海英　江莺英
林云芝　刘文瑞　林一文　黄　兴
谢麟麟　郑广成　何耀莉　陈金树
黄秀玲　陈　亮　康清华　陈春红
黄崇武　杨陆容　吴岩松　刘一鸣
于修义　檀庄龙　姚　鹏　陈涛涛
罗振荣　叶国希　许少辉　苏圣奎
雷建彬　林沪荣　王天生　欧阳玲
张明浪　陆伟大　黄子欣　赖伟山
林正极　江兴达　李亚娟　王思涵
贾怀斌　吴静颖　田清华　罗万达
郑文文　林　雄　冯旺木　柯丽娜
谢　强　罗伟强　陈晓菊　曾奕彰
郭智伟　闫明欣　秦双迎　洪忠信
王向荣　洪心愿　杜清辉　曾继平
张丽娥　陈雅斌　李小松　翁景斌
王辉良　林顺建　蔡婉妮　粟　琼
林亚桢　吴扬加　任宏建　吴嫣然
潘进超　叶文城　金　磊　郑雪清
卢世锋　谢泉忠　陈红萍　林进旺
林淑珠　黄燕妮　王志秀　李璋高
林灵月　杨添丁　骆耀东　苏秀真
吴韦力　林天来　陈汎汝　万小英
陈美娥　徐尾珠　吴厚赏　蒋苏延
连晋兴　林增光　陈　萍　黄　莹
陈宇鹏　张光耀　杨欣颖　纪贤灿
范祯现　余欣雯　邱长林　黄春霖
林玉珊　孟凡娜　黄青山　徐天雨
陈国华　俞越林　王爱红　郑伟山
黄雪清　林荣腾　刘春先　黄世举
曾献星　郑一举　凌龙美　陈志强
王新明　陈彩霞　游成雄　黄富鹏
杨庭恒　黄维亮　陆宝英　陈仕雷
许青松　宋典琴　谢文革　陈昌朝
阎晶晶　吴　燕　陈李东　周　慧
吴有元　卢集东　翁夏翔　周云彬
吴勇海　吕清清　蓝晓剑　林　洪
罗雪滨　李翠芳　傅颜洪　苏向阳
黄江勇　黄永辉　陈　顺　高瑞兰
朱莲秀　王柽鑫　蔡敬文　罗绛君
李秀菊　张家炜　陈　佳　程起珍
左允文　陆燕清　周春童　周雅英
刘成敏　李华杰　陈　弟　杨丽霞
陶文秒　陈宝玉　龚传勤　范星源
薛　青　林亦峥　刘永武　王朝新
林　震　高　芳　杨　伦　陈　颖
熊太茂　陈孝丑　高建芸　苏珏宇
林　敏　邓金木　江　曦　黄益光
连荔榕　黄国钦　黄丽萍　张华平
邱文锋　王　伟　洪　娜　孙志田
吴玉陶　程珮珮

【福建省五一劳动奖状】

福州高意通讯有限公司
福建星云电子股份有限公司
永富建工集团有限公司
长乐恒申合纤科技有限公司
厦门国际银行股份有限公司福州分行
福建博思软件股份有限公司
福州市鼓楼区教育局
中共福清市委组织部
中国共产党福州市纪律检查委员会　福州市监察委员会
福州市台江第三中心小学
福建磊鑫（集团）有限公司
厦门和丰利干冰除污设备有限公司
厦门龙胜达照明电器有限公司
厦门市城市管理行政执法局
厦门信息集团有限公司
厦门金龙汽车集团股份有限公司
中国出口信用保险公司厦门分公司
厦门现代码头有限公司
福建福海创石油化工有限公司
联盛纸业（龙海）有限公司
豪氏威马（中国）有限公司
福建省禹澄建设工程有限公司
青蛙王子（中国）日化有限公司
焙之道食品（福建）有限公司
诏安县农村信用合作联社
九牧集团有限公司
泉州市洛江区疾病预防控制中心
福建中保供应链管理有限公司
福建省天骄化学材料有限公司
国能神福（石狮）发电有限公司
向兴（中国）集团有限公司
永春县水利局
福建万龙金刚石工具有限公司
中共福建省纪律检查委员会泉州台商投资区工作委员会　泉州台商投资区监察工作委员会
福建博诺安科医药科技有限公司
宁化行洛坑钨矿有限公司
福建明一生态营养品有限公司
福建省尤溪县红树林木业有限公司
泰宁县人民法院
三明市消防救援支队
福建金森集团有限公司
仙游县龙虎山古典家俱有限公司
莆田市青春之家体育用品有限公司
蛤老大（福建）食品有限公司
福建省天天向上智能供应链有限公司
中国电信股份有限公司莆田涵江区分公司
莆田市公安局
福建省福能新能源有限责任公司
福建武夷交通运输股份有限公司政和分公司
中国电信股份有限公司南平分公司
福建福矛酒业集团
南平市政府和社会资本合作（PPP）管理中心
福建省南平市第二医院
国家税务总局浦城县税务局
福建侨龙应急装备股份有限公司
龙岩市永定区农村信用合作联社
新洲（武平）林化有限公司
龙岩市鸿盾保安服务集团有限公司
福建荣建集团有限公司

福建省龙岩市发展和改革委员会
国家税务总局龙岩市税务局
福建岳海水产食品有限公司
福建省水利投资集团（寿宁）水务有限公司
福安市卫生健康局
国家税务总局柘荣县税务局
福建省天湖茶业有限公司
中核霞浦核电有限公司
平潭综合实验区
平潭综合实验区医院
中国建筑第二工程局有限公司福建分公司
福建省人民政府办公厅电子政务中心
福建省青少年体育学校
福建省交通建设质量安全中心
福建省水利水电勘测设计研究院有限公司
福建省食品药品质量检验研究院
福建卫生职业技术学院
福建省福州格致中学
兴业数字金融服务（上海）股份有限公司
福建省烟草公司南平市公司
中信银行股份有限公司福州分行
中国邮政储蓄银行股份有限公司福建省分行

【福建省工人先锋号】

福州红庙岭垃圾焚烧发电有限公司技术部
福州市仓山区土地开发建设投资集团有限公司工程部
福建福光股份有限公司马尾基地制造部光学一车间
福州市长乐区闽运交通运输有限公司长乐车站查危组
万华化学（福建）有限公司设备管理部
福建福特科光电股份有限公司研发中心
福建礼恩科技有限公司生产制造部
福建省创隆电器科技有限公司技术部
元翔（福州）国际航空港有限公司地勤公司货运站
华能（福建）能源开发有限公司福州分公司检修部电气二班
中国移动通信集团终端有限公司福建分公司零售业务部
福建星网锐捷通讯股份有限公司网络高端产品无铅焊选择性波峰焊生产组
中国平安财产保险股份有限公司福州中心支公司客服理赔部
福建晨曦信息科技集团股份有限公司数字工程咨询（BIM）项目组
中电福富信息科技有限公司天翼云 CDN 运营团队
福建省水利水电建设有限公司福建省防汛抗旱机动抢险第三支队
福州雪品环境科技有限公司信息研发中心
香格里拉酒店（厦门）有限公司工程部
厦门亿联网络技术股份有限公司嵌入式软件三组
厦门科宏眼科医院有限责任公司医辅科
厦门士兰明镓化合物半导体有限公司生产部
厦门盈趣科技股份有限公司制造二部 7—03 组
厦门市安吉利家物业有限公司文滨花园物业管理处
国安达股份有限公司技术中心
厦门绿洁嘉缘环卫园林技术有限公司运营一部
厦门赛尔特电子有限公司 ATCO（径向型）一体机 3.0 生产区
厦门象屿工程咨询管理有限公司造价部招标代理部
中国移动通信集团福建有限公司厦门分公司海沧分公司
厦门四信通信科技有限公司技术部
林德（中国）叉车有限公司工装设备维护车间
厦门市政工程有限公司沥青混合料生产班组
中国人民财产保险股份有限公司厦门市分公司财务会计部
四三九九网络股份有限公司红色卫士审核小组
厦门中药厂有限公司质量保证部
福建三宝钢铁有限公司人力资源部
福建明鑫智能科技股份有限公司夹具组
中国电信股份有限公司龙海分公司石码分局
宏全食品包装（漳州）有限公司制瓶车间
福建舜洋食品有限公司包装车间
云霄县农村信用合作联社马铺信用社
漳州鑫展旺化工有限公司投料组
福建省百得利实业有限公司压延车间
福建省华安县烟草专卖局专卖监督管理办公室
福建古雷石化有限公司生产运行部化工一部
漳州招商局码头有限公司机械部散机队
日春股份公司日春茶业旗舰店
福建烟草机械有限公司生产二车间
西人马联合测控（泉州）科技有限公司功能材料研制中心
福建省百川资源再生科技股份有限公司织造车间
福建省石狮市通达电器有限公司自动化开发应用小组
石狮市新祥华染整发展有限公司精品车间
国网福建省电力有限公司晋江市供电公司电力调度控制中心
舒华体育股份有限公司器材制造中心包装部装二课
中国邮政集团有限公司福建省南安市分公司新华邮政支局
福建南安市顺昌鞋业有限公司成型车间
华辉玻璃（中国）有限公司中空玻璃生产线
惠安县农村信用合作联社营业部
安溪新奥燃气有限公司燃气抢维班
泉州市艺龙建筑材料有限公司兴泉铁路建设项目班组
德化县农村信用合作联社三角街分社
福建华夏金刚科技股份有限公司智能工厂班组
福建太平洋制药有限公司胶囊车间
福建海西联合药业有限公司原料药合成车间制剂班组
三明河龙贡米米业股份有限公司打包车间
福建省建宁大川生物菌业有限公司包装车间
福建三凯建筑材料有限公司超高性能混凝土（UHPC）研发小组

国网福建省电力有限公司将乐县供电公司黄潭镇供电所
福建省将乐三华轴瓦股份有限公司轴瓦新产品研发小组
福建省青山纸业股份有限公司板纸事业部2#机
三明市青杉活性炭有限公司活性炭生产车间
福建省尤溪永丰茂纸业有限公司2100长网纸机车间
中交第二航务工程局有限公司第四分公司莆炎高速三明段YA20施工项目部
福建天华智能装备有限公司订单管理部
福建三钢闽光股份有限公司炼钢厂二炼钢连铸车间行车一班
中国工商银行股份有限公司大田支行营业室
海安橡胶集团股份公司成型车间
福建仙游农村商业银行股份有限公司榜头支行
中国移动通信集团福建有限公司仙游分公司网络部
莆田市来克体育用品有限公司开发部
莆田藏云堂艺术品有限公司创作部
中国建筑第五工程局有限公司莆田城厢区城市更新项目
中科华宇（福建）科技发展有限公司生产组
福建莆田佳通纸制品有限公司4号纸尿裤机组
福建省永盛大工贸有限公司针车课D组
莆田市雨晨鞋服有限公司生产部
赛得利（福建）纤维有限公司公用工程部电厂乙值
中石化森美（福建）石油有限公司莆田分公司龙升加油站
兴业银行股份有限公司莆田秀屿支行会计结算科
南平市延平区金盾城市综合管理有限公司延平夜鹰突击队
赢创嘉联白炭黑（南平）有限公司来舟工厂一期干燥班组
福建武夷烟叶有限公司生产部自动化物流班组
福建顺昌炼石水泥有限公司分析组
福建圣农发展（浦城）有限公司肉鸡加工一厂
仙芝科技（福建）股份有限公司基地部
福建省高速公路集团有限公司南平管理分公司光泽管理中心
国网福建省电力有限公司南平供电公司变电运维中心童游集控站
厦门银行股份有限公司南平分行综合管理部
福建南平南孚电池有限公司第十车间
福建南平太阳电缆股份有限公司财务部
南平交通一卡通有限公司市场部
中国移动通信集团福建有限公司南平分公司建阳分公司
福建省建瓯市汇光发电有限公司玉山水电站运行车间
龙岩市永定区天子温泉开发有限公司客房部
武平金岸物业管理有限公司保安、保洁部
福建荣耀纺织有限公司细纱车间
连城县福农食品有限公司真空倒蒸包装组
天守（福建）超纤科技股份有限公司干法配料车间
紫金矿业集团股份有限公司工会办公室
中国移动通信集团福建有限公司上杭分公司网络部
龙岩市烟草公司长汀分公司濯田烟草站
龙岩市公共交通有限公司市区公交3路车
龙岩水发环境发展有限公司运营管理部
中国移动通信集团福建有限公司连城分公司网络部
福建丰力机械科技有限公司机加工车间
国网福建省电力有限公司龙岩供电公司输电运检中心输电无人机班
宁德时代新能源科技股份有限公司HD－SITE－E1－PL33装配车间
宁德新能源科技有限公司PTO－R2－2F装配车间
福建杉杉科技有限公司生产车间
福建青拓实业股份有限公司精炼部AOD车间
福建惠丰电机有限公司绕嵌车间
福建闽东电力股份有限公司柘荣发电分公司龙溪三级电站运行管理处
福建闽东电力股份有限公司福鼎发电分公司岙里电站运行管理处
福鼎市小蚂蚁物业管理有限公司店下保洁组
福建霞浦福宁医院内一科
福建溢源海洋食品有限公司摊凉车间
耀泰物流股份有限公司操作管理部
国网福建省电力有限公司周宁县供电公司城关供电营业厅
日昌（福建）集团有限公司电力施工班组
周宁刺桐红村镇银行有限公司营业厅
福建闽东电力股份有限公司水电事业部丰源集控中心
福建跨境通电子商务有限公司菜鸟保税1号仓收货组
福建省水利投资集团（平潭）水务有限公司运管部监水测漏组
中国烟草总公司福建省公司卷烟销售管理处
兴业证券股份有限公司福州分公司
福建联合石油化工有限公司公用工程业务团队
中国水利水电第十六工程局有限公司香港国际机场3303合同第三跑道及附属工程项目部
大唐新能源福建公司青林风电场
福建中烟工业有限责任公司市场营销中心浙沪区域
福建省建筑设计研究院有限公司BIM应用中心
福建中闽海上风电有限公司运行检修部
中国石油天然气股份有限公司福建宁德销售分公司站前路加油站
国能（泉州）热电有限公司设备管理部热控专业
福建省交通规划设计院有限公司规划研究院
中国工商银行股份有限公司莆田分行秀屿支行
中国移动通信集团福建有限公司安溪分公司政企部
中国人民人寿保险股份有限公司福建省分公司机关本部

【福建省五一先锋号】

福州市晋安区人力资源和社会保障局“智汇晋安”人才驿站
福州市台江区苍霞街道苍霞新城社区居民委员会
永泰县消防救援大队樟城消防救援站
连江县公安局巡特警反恐大队
国家税务总局连江县税务局税政一股
福建医科大学附属口腔医院仁德路门诊部
福建省福州肺科医院检验科
福州市人力资源和社会保障局引进人才服务中心
福州市公安局情报信息中心
福州市鼓楼区人民检察院办公室
福建省情商研究会家庭教育与心理咨询工作委员会
福州第四中学桔园洲中学教务处
厦门市思明区人民法院滨海法庭
厦门市同安区财政国库集中支付中心国库支付组
中国共产党厦门市翔安区委员会组织部组织科
厦门市公安局法制支队
厦门理工学院马克思主义学院
东山县公安局东山县拘留所
南靖县公安局山城派出所
漳州市民政局驻行政服务中心审批窗口
中国共产党漳州市纪律检查委员会　漳州市监察委员会信访室
国家税务总局漳州市龙文区税务局第一税务分局（办税服务厅）
漳州市自然资源局审核审批科
泉州市第一医院重症医学科
晋江市市场监督管理局执法大队
南安市公安局出入境管理大队窗口接待中队
安溪县市场监督管理局行政审批股
永春县总工会职工服务中心香都工作站
泉州台商投资区总工会职工法律服务一体化基地
中共福建省泉州市纪律检查委员会 泉州市监察委员会宣传部
中共泉州市委组织部干部一科
泉州幼儿师范高等专科学校工会委员会
中国共产党三明市三元区纪律检查委员会 三明市三元区监察委员会办公室
永安市公安局燕东派出所
国家税务总局清流县税务局第二税务分局
三明市公安局交通警察支队直属一大队违法处理窗口
三明医学科技职业学院经济与管理系技能竞赛工作室
福建省三明市人民检察院第七检察部
国家税务总局宁化县税务局第一税务分局（办税服务厅）
莆田第四中学数学组
莆田市涵江区消防救援大队三江口消防救援站
莆田市秀屿区实验小学数学教研组
国家税务总局莆田市城厢区税务局第一税务分局（办税服务厅）
福建省莆田职业技术学校财经商贸教研室
南平市建阳区消防救援大队黄花山消防救援站
建瓯市公安局交通警察大队车辆管理所
国家税务总局政和县税务局社会保险费和非税收入股
南平市住房和城乡建设局城乡建设科
龙岩人民医院肾病学科
福建省龙岩市疾病预防控制中心检验科
福建省龙岩市中级人民法院诉讼服务中心
中国共产党龙岩市纪律检查委员会 龙岩市监察委员会党风政风监督室
古田干部学院 中共龙岩市委党校对外交流与培训部
福建省公安厅交警总队龙岩高速公路支队二大队
龙岩市永定区职工服务中心窗口
国家税务总局屏南县税务局第一税务分局（办税服务厅）
周宁县行政服务中心管理委员会业务科
国家税务总局寿宁县税务局第一税务分局（办税服务厅）
宁德市城市管理综合执法东侨大队二队
福建省锅炉压力容器检验研究院宁德分院检验一室
国家税务总局古田县税务局第一税务分局（办税服务厅）
平潭综合实验区旅游文化服务中心南岛语族起源与扩散课题组
福建省平潭综合实验区气象局气象探测与信息保障中心
中国共产党福建省纪律检查委员会 福建省监察委员会第八纪检监察室
福建省国家安全厅五总队三支队
中共福建省委党校　福建行政学院教务处
福建省人民检察院第六检察部
福建省人力资源和社会保障厅就业促进和失业保险处
福建省档案馆编研开发处
福建省经济信息中心发展研究处
福建省人民政府国有资产监督管理委员会资本运营处
中共福建省委机构编制委员会办公室事业编制处
福建省妇女联合会发展联络部
福建农林大学闽台动物病原生物学福建省高校重点实验室
福建中医药大学附属人民医院西药房
福建省中医药科学院综合门诊部
福建医科大学附属协和医院血液科
福建生物工程职业技术学院健康管理系分工会
闽江学院服装设计与工程团队
福建省南平第一中学数学教研组
福鼎市秦屿中心小学六年段教研组
福建省洋口国有林场杉木育种科研团队
中华人民共和国福建海事局指挥中心
中国民用航空华东地区空中交通管理局福建分局管制运行部

【2022年度“全国五四红旗团委”名单】

福建龙净环保股份有限公司团委
福建省南靖县龙山镇团委
福建省厦门市湖里区湖里街道团工委
共青团福州市长乐区委
福建省市场监督管理局直属机关团委
福建省安溪县中医院团委
福建工程学院团委
福建省霞浦第一中学团委

【2022 年度“福建省五四红旗团委”名单】

共青团福清市委
福州市长乐第一中学团委
厦门医学院团委
中建四局建设发展有限公司团委
漳州技师学院团委
漳浦县前亭镇团委
石狮市宝盖镇团委
黎明职业大学团委
三明医学科技职业学院团委
宁化县第五中学团委
莆田市城厢区南门学校团委
共青团邵武市委
浦城县管厝乡团委
闽西职业技术学院软件工程学院团委
上杭县紫金矿业集团股份有限公司团委
宁德市公安局团委
福安市第六中学团委
平潭综合实验区行政审批局团委
福建省文化和旅游厅直属单位团委
福建省广播影视集团直属单位团委
福建师范大学马克思主义学院团委
福建省高速公路集团有限公司福州管理分公司团委
惠安县农村信用合作联社团委
中国建设银行福建省分行团委
漳州驻京团工委

【第 20 届“福建青年五四奖章集体”名单】

廖红平和蜜柚科技小院团队
厦门厦钨新能源钴酸锂研发团队
福建福清核电有限公司维修三处华龙团队
福建省妇幼保健院中医科
厦门铁路公安处泉州车站派出所
德化县农村信用合作联社
福州格致中学“星火”志愿服务队
泉州市消防救援支队特勤大队
福建省直广厦幼儿园
国家税务总局将乐县税务局第一税务分局（办税服务厅）
第一云家园
厦门市翔安区新圩青年创业促进会
清华大学乡村振兴工作站福鼎站（福建团队）
福州随坪一里建筑设计有限公司
福建艺术职业学院美术与设计学院艺术设计专业群乡村振兴服务中心
福建省铁拓机械股份有限公司青年科研团队
华侨大学精密制造与装备青年科研团队
福建农林大学海洋研究院
厦门大学海洋种业青年科学家团队
福建工程学院先进合金科研团队
福建船政重工“设计猿”攻坚项目组
福州市仓山区消防救援大队
连江县公安局巡特警反恐大队
福州第二医院小儿骨科
漳州市长泰区消防救援大队
建宁县人民法院
武夷山市消防救援大队
南平检察“夷树光”未爱联盟
龙岩市公安局巡特警支队
龙岩市消防救援支队曹溪路特勤站
中国渔政 35001 船
厦门市思明区人民法院立案庭
漳浦未检浦小卫团队
福建省国资保安守押有限公司南平押运分公司邵武押运大队
漳州古雷港经济开发区海盾见义勇为救援队
黎明职业大学军魂社
国家税务总局漳平市税务局第一税务分局（办税服务厅）
福能总医院青年志愿服务突击队
国网龙岩供电公司“让电传递爱”青年志愿服务队
华侨大学“萤火之光”境外生志愿服务队
厦门深田社区“近邻·思民”青年志愿服务队
漳州市城市展示馆
国家税务总局三明市沙县区税务局第一税务分局（办税服务厅）
国网福建省电力有限公司仙游县供电公司榜头镇供电所
周宁县财政预算绩效服务中心
国家税务总局平潭综合实验区税务局第一税务所（办税服务厅）
福建师范大学闽派文化育人团队
福州大学 ACM 协同创新团队
国能（连江）港电有限公司设备管理部热控班组
三明银保监分局农村银行机构监管科

【2022 年度“福建省五四红旗团（总）支部”】

国家税务总局闽清县税务局团支部
福州市台江区鳌峰街道曙光社区团支部
福州屏东中学教工团支部
厦门市公安局指挥情报中心团支部
国家税务总局厦门火炬高技术产业开发区税务局团总支
南靖县梅林镇科岭村团支部
漳州市龙海区紫泥镇绿新（福建）食品有限公司团支部
泉州市洛江区河市镇泉州荣祺食品有限公司团支部
福建医科大学附属第二医院行政妇产团支部
福建三钢闽光股份有限公司炼钢厂制氧车间团支部
莆田市荔城区拱辰街道一鼎（福建）生态园林建设有限公司团支部
政和县澄源乡新康村团支部
龙岩市新罗区红坊镇紫金山社区团支部
福建宁德核电有限公司技术团支部
平潭综合实验区苏平镇上攀村团支部
中共福建省委网络安全和信息化委员会办公室机关团支部
福建省城乡规划设计研究院团支部
福建农林大学计算机与信息学院绿伞团支部
厦门大学新闻传播学院马克思主义新闻观理论研修班先锋团支部
福建医科大学公共卫生学院 2018 级预防医学第一团支部
福州大学经济与管理学院 2019 级财政学 1 班团支部
中闽（福清）风电有限公司团支部
福建海峡银行股份有限公司总行营业部团总支
福建省农村信用社联合社机关第二团支部
莆田市顺丰速运有限公司团支部

【第 20 届“福建青年五四奖章”获得者】

万存灵　方　舟　阮沈滨　李　骁

陈耘嘉 林　翔 卓　荦 施晓健
黄　烯 缪文钦 朱从军 陈文盛
周　青 黄金门 詹伟鹏 蔡垺莹
廖炫辉 熊　强 颜丽芳 魏建森
叶陈勇 祁　第 吴新星 张　进
张舒琪 张璐滢 陆耀坤 陈冬冬
陈宇笙 黄　镇 黄家晖 蒋雪晶
王保成 卢文财 叶一凡 叶祖彪
李　洋 张　磊 张丽娇 陈昊晓
陈宏鑫 林清景 周代乐 侯艳萍
俞丁凌 洪少阳 郭宇虹 邬钦海
李金森 吴　涛 陈妙娜 郑　鸿
胡文颖 徐晓雯 郭丽花 黄诚浩
雷　蕾 熊文哲 王俊清 杨青元
杨　静 杨绿汀 吴雨青 吴定昊
吴毅菲 邱兴烨 张晶晶 张瀚武
陈雷翔 赵雅菲 黄锦龙 蔡欣欣
王　鑫 吴昌强 陈志腾 林丹楠
黄增强 邱泽林 范　霖 郑薇薇
吴佳娇 方振忠 冯　文 李明立
李泽民 李滢颖 郑剑斌 赵志婷
赵呈霁 翁　琳 黄云龙 魏国海
李京机 陈建翔 陈楚翰 林易达
俞　凯 俞婉萱 黄保勋 赖伟通

【2022年度“福建省优秀共青团干部”名单】

丁　虹 尤小兰 文鸿莹 卢铭凤
毕　炜 刘　越 许文瑛 许静菲
苏怡灵 李　明 李海虹 吴叶妍
吴永君 吴丽娇 邹鹏辉 张晓芳
陈　帅 陈　睿 陆雄斌 陈友益
陈田平 陈志帅 陈秋萍 陈彩霞
陈雅静 林　屹 罗瑞明 周娅星
郑　洲 郑　蓉 郑君伟 郑敏娴
胡梅英 钟　扬 洪湘怡 姚力涵
徐珍颖 高鹏威 黄志龙 黄　芳
黄　超 黄　蕾 黄紫璇 章　聪
梁嘉毅 董帝辉 谢亚璇 谢静杨
简海强 薛诗婷

【全国三八红旗手标兵】

刘亚宾 福建省龙岩市公安局情报指挥中心四级高级警长

【全国三八红旗手】

刘　斯 福建省厦门信息学校正高级讲师
高雪冬 福建省安溪佳胜针织服装有限公司总经理
郭　婕 福建省三明市中级人民法院金融与破产庭庭长
曾　鸣 福建省宁德市中级人民法院立案庭庭长
薛玉凤 福建省平潭综合实验区、海坛街道东门社区委员会党委书记、居委会主任
翁秀英 福建省永辉彩食鲜供应链管理有限公司行政总监
张建蓉 福建省泰宁旅游发展有限公司副董事长、总经理
汪少芸 福州大学生物科学与工程学院执行院长，教授、博士生导师

【全国三八红旗集体】

福建省福州市第二医院急诊科
福建省漳州市妇女联合会
福建省莆田市公安局办公室
福建省国家税务总局建瓯市税务局第一税务分局
福建省古田会议纪念馆
中共福建省委党校　福建行政学院图书馆

【福建省三八红旗手标兵】

卓艳华 陶　云 张明理 张银珠
黄艳艳 王　英 陈　桥 林月莲
张丽钦 王　红

【福建省三八红旗手】

刘倩文 吴刘驰 任沐芳 傅晓萍
陈　晶 鲁亚男 陈　文 吴新星
郭文豪 邵盛岚 张燕玲 张水如
郭晓梅 李灵华 俞少奇 黄丽慧
谢惠琳 陈婀娜 曹素华 罗秀凤
杨彦伟 翁　真 林　霞 齐利萍
杨玉琴 庄莹莹 吴雅峰 林满治
谢晓青 许月琼 许春梅 陈亚锦
陈海云 刘　钊 廖家琳 叶敏琦
费霞丽 洪陈洁 张雅芬 赖晓玲
章燕宝 范宝琴 梁小梅 张正根
廖映苹 陈燕治 杨彬珍 林鸿斌
吴小妙 沈杰珍 方雪萍 李庆丽
张雯婷 吕燕雅 游婉瑜 吴春凤
蔡淑丽 范凌燕 杨秀灵 朱淑凤
陈竞芳 张红萍 邵　凡 王玉萍
陈　颖 赖艺艺 房香莲 蔡娃娃
张　丽 庄怀璇 陈青青 李惠琼
陈秀凤 庄丽娟 郑燕萍 王美芳
陈木兰 陈桔雯 李　平 陈明华
杨婷婷 林惠君 王佳惠 吴婉艺
郭　艳 何环珠 黄幼连 陈　晨
张建燕 李丽芳 魏彩平 叶　薇
罗德倩 柯美英 郑艳青 黄榕慧
宋彩凤 艾述蓉 郑玉婷 黄雪珍
王红英 郑青青 林艳青 黄　莹
陈　琴 张丽芬 陈　清 肖丽琴
黄　倩 吴　凡 张雪芳 许　利
武奇静 黄珊珊 郑淑娟 温阿丽
王艳萍 黄静芳 叶　灿 李　静
许　丽 黄正芬 付郁樱 张　颖
张荣丽 朱晓燕 严丽榕 魏　焰
罗伟菜 洪　为 陈柳芬 吕清清
丘金霞 吴兰玉 王秀金 李海珍
兰锦英 杨先金 付珊珊 黄丽平
王夏菁 马双梅 廖素清 魏婉婷
雷美凤 林　彬 陆燕清 胡晓华
许金容 林少云 钟团玉 林喜盈
林如婷 余清华 林沐榅 张　婷
陈惠华 樊丽丽 王尚可 余小燕
郑声华 汪　宁 陈静乐 余连菊
王憋婧 郭少榕 林晓萍 林志鹃
刘　华 郑益昕 郑　懿 张　洁
王增华 郑百灵 吴静怡 高佳丽
潘　越 宋美杰 秦　源 郑　昭
许　超 惠颖娟 李美贞 刘惠琴
刘少华 任永欢 王　颖 李德清
张　琦 邱　榕 李少婷 刘梅梅
魏燕芬 杨美丽 林荔琴 桑小瑶
陈明花 王文之 王　萍 廖湘江
张婷婷 吴晓晖

【福建省三八红旗集体】

福州市台江区洋中街道金斗社区居民委员会

福州市晋安区岳峰镇桂溪社区居民委员会
飞毛腿（福建）电子有限公司
福州市闽侯县甘蔗街道瀛洲社区居民委员会
福州市长乐区营前街道长安村村民委员会
福建福清汇通农村商业银行股份有限公司
中国移动通信集团福建有限公司闽清分公司华侨城营业厅
福州市劳动就业中心
中共福州市罗源县委组织部
福州市第一医院心脏重症监护室
福建省福州第八中学
福州市公安局出入境管理处
厦门市思明区厦港街道巡司顶社区居委会
厦门市湖里实验小学
厦门市湖里区湖里街道怡景社区居委会
厦门市集美区杏滨街道社区卫生服务中心
厦门市海沧区海沧街道石塘社区卫生服务中心
厦门市同安区美林街道金海社区居委会
厦门市翔安区马巷街道舫星社区居委会
国家税务总局厦门市税务局12366纳税缴费服务热线
厦门航空有限公司地面服务保障部地面服务处
漳州市芗城区人民检察院
漳州市龙文区步文街道龙江社区居委会
漳州市长泰宾馆有限责任公司
漳州市漳浦县绥安镇绥南社区居委会
漳州市云霄县机关幼儿园
漳州市诏安县梅岭镇南门哨所
漳州市东山县西埔镇中兴社区居委会
漳州市南靖县船场镇“稻花香”巾帼宣讲队
漳州市华安县华丰镇新村社区居委会
漳州市重点少年儿童业余体育学校
泉州市鲤城区海滨街道东鲁社区居委会
泉州市丰泽区泉秀街道社区卫生服务中心
国家税务总局泉州市洛江区税务局第一税务分局（办税服务厅）
泉州市泉港区第二实验幼儿园
泉州市石狮市疾病预防控制中心
泉州市晋江市行政服务中心管理委员会
泉州市南安市第二幼儿园
泉州市惠安县人民法院民事审判一庭
泉州市安溪县凤城镇城东社区居委会
泉州市永春县岵山镇人民政府
泉州市德化县妇女联合会
泉州市第一医院呼吸与危重症医学科
三明市妇女联合会
三明市沙县区总医院
三明市将乐县总医院
三明市建宁县人民法院
三明市明溪县雪峰镇城南社区
中国工商银行三明三元支行营业部
三明市婚姻家庭纠纷人民调解委员会
国家税务总局三明市三元区税务局第一税务分局（办税服务厅）
莆田市公安局出入境管理支队
晔晨集团（福建）有限公司
莆田市荔城区西天尾镇后黄社区
莆田市凤凰家政服务有限公司
莆田市涵江区双福村
国家税务总局莆田市秀屿区税务局第一税务分局（办税服务厅）
莆田学院附属医院胃肠外一科
福建省高速公路车辆通行费仙游城区征收管理所
福建广电网络集团延平分公司商业城营业厅
南平市建阳区潭城街道西门社区居民委员会
南平市邵武市妇女联合会
福建盈昌竹木生态科技有限公司
南平市浦城县疾病预防控制中心
南平市光泽县闽源保洁服务有限公司
南平市松溪县人民检察院“湛卢青检先锋连”
南平市政和县实验幼儿园
龙岩市新罗区雁石镇益坑村
龙洲集团股份有限公司永定分公司永定汽车站
龙岩市上杭县实验小学
龙岩市武平县百家姓农民专业合作社联合社
龙岩市长汀县人民法院立案庭诉讼服务中心
国家税务总局连城县税务局第一税务分局（办税服务厅）
龙岩市漳平市农业农村局
龙岩海关综合业务科
宁德市蕉城区人民检察院第五检察部
宁德市古田爱心公益联合会
宁德市屏南县妇女联合会
宁德市寿宁县农村信用合作联社
宁德市福安市民族实验小学
中共柘荣县城郊乡靴岭尾村支部委员会
中共福鼎市委组织部
宁德市霞浦县松港街道东昇社区
平潭敖东镇中心幼儿园
国网福建省电力有限公司平潭供电公司营业班
福建省直机关在职职工医疗互助中心
福建省财政厅社会保障处
福建省水土保持试验站
福建省疾病预防控制中心地方病及慢性非传染性疾病防治所
福建省人民政府信访局办公室
福建省档案馆编研开发处
福建省汽车运输集团有限公司福州站务分公司客北站陈萍服务组
福建福海创石油化工有限公司QHSE部化验检测团队PX化验室
厦门金龙联合汽车工业有限公司专用车营销中心
泉州市总工会职工服务中心
平潭城东小学音乐教研组
福建农村信用社联合社集中作业中心
中铁二十四局集团福建铁路建设有限公司财务部
中国人民武装警察部队福建省总队医院
中国人民解放军联勤保障部队第900医院呼吸与危重症医学科

编辑：郑　莱

国民经济和社会发展结构指标

单位：%

项　目	1978	1990	2000	2010	2020	2022
一、人口						
（一）性别结构						
男		51.4	51.5	51.4	51.7	51.8
女		48.6	48.5	48.6	48.3	48.2
（二）城乡结构						
城镇		21.4	42.0	57.1	68.8	70.1
乡村		78.6	58.0	42.9	31.2	29.9
二、就业产业结构						
第一产业	75.1	58.4	46.8	28.4	14.6	13.7
第二产业	13.4	20.5	24.5	36.6	32.6	33.2
第三产业	11.4	21.1	28.7	35.0	52.8	53.1
三、国民经济核算						
地区生产总值产业结构						
第一产业	36.0	28.2	16.4	8.5	6.3	5.8
第二产业	42.5	33.4	43.1	51.3	46.2	47.2
第三产业	21.5	38.4	40.5	40.2	47.5	47.0
四、固定资产投资						
第一产业				0.8	1.7	1.9
第二产业				34.4	30.8	35.3
第三产业				64.8	67.5	62.8
五、能源						
能源消费结构						
#煤炭	63.7	67.0	54.4	55.4	48.3	
石油	12.9	12.1	23.3	24.8	23.6	
天然气				4.2	4.7	
水电	23.4	20.9	22.3	15.2	6.2	
核电					13.9	
六、农业						
（一）农林牧渔业产值结构						
农业	77.7	52.1	40.6	40.4	37.1	37.5
林业	6.4	9.5	7.9	8.5	8.0	7.8
牧业	10.5	22.9	20.1	18.6	23.3	19.4
渔业	5.5	15.6	31.4	28.8	28.0	31.6
农林牧渔服务业				3.7	3.6	3.6
（二）农作物播种面积						
粮食作物	81.9	75.8	65.5	55.3	49.6	48.2
非粮作物	18.1	24.2	34.5	44.7	50.4	51.8
七、工业						
规模以上工业企业资产结构						
大型企业			22.0	23.7	38.5	45.0
中型企业			13.5	40.9	27.0	22.6

续表

项　目	1978	1990	2000	2010	2020	2022
小微企业			64.5	35.4	34.6	32.3
八、建筑业						
建筑业总产值结构						
国有企业	56.8	41.1	48.6	14.6	5.7	5.9
集体企业	39.9	34.7	33.0	2.0	1.3	1.1
港澳台商投资企业				1.1	0.8	0.8
外商投资企业				0.08	0.20	0.22
其他				82.2	92.0	92.0
九、交通运输业						
(一)货运量结构						
铁路	25.9	9.4	8.4	5.7	2.7	2.8
公路	54.8	82.2	77.8	68.9	65.1	63.2
水运	19.3	8.4	13.8	25.4	32.2	33.9
民航			0.02	0.02	0.02	0.01
(二)客运量结构						
铁路	9.1	3.1	3.2	4.7	29.6	35.2
公路	79.3	92.8	94.3	91.7	58.4	53.2
水运	11.7	4.0	1.6	1.9	2.9	3.0
民航	0.01	0.14	0.8	1.8	9.1	8.7
十、国内贸易						
社会消费品零售总额结构						
按销售单位所在地分组						
城镇				86.8	86.9	86.9
乡村				13.2	13.1	13.1
按商品形态分						
餐饮收入额					9.3	8.8
商品零售额					90.7	91.2
十一、海关货物进出口(按美元计价)						
(一)进口货物总额						
初级产品			12.3	27.5	58.0	62.1
工业制成品			87.7	72.5	42.0	37.9
(二)出口货物总额						
初级产品			10.6	7.4	8.2	8.0
工业制成品			89.4	92.6	91.8	92.0
十二、国际旅游						
来华旅游人数结构						
外国人		14.9	30.8	31.3	40.9	43.3
台湾同胞		51.3	29.6	42.6	36.1	32.0
港澳同胞		33.9	39.5	26.1	23.0	24.7
十三、科技						
(一)研究与试验发展经费来源						
＃政府资金			14.6	10.3	9.7	9.7
企业资金			74.5	86.9	89.1	89.1
国外资金			1.7	0.8	0.1	0.1
(二)研究与试验发展经费支出						
基础研究			3.1	2.5	2.8	3.3
应用研究			6.7	5.6	7.0	5.9
试验发展			86.4	92.0	90.2	90.8
十四、居民消费						
(一)城镇居民消费结构						
食品烟酒			44.7	39.3	31.7	31.2
衣着			8.7	8.7	4.7	5.0
居住			9.4	10.9	30.7	29.9
生活用品及服务			8.6	6.6	5.0	5.4
交通通信			8.6	14.9	12.3	11.1
教育文化娱乐服务			10.4	12.1	7.5	9.5
医疗保健			4.7	4.2	5.8	5.8
其他用品及服务			4.9	3.4	2.2	2.2
(二)农村居民消费结构						
食品烟酒			48.7	46.1	38.4	34.5
衣着			4.9	5.6	4.6	4.7
居住			14.6	15.7	24.1	25.3
生活用品及服务			4.6	5.3	5.3	5.0
交通通信			8.6	11.6	10.3	11.3
教育文化娱乐服务			10.6	8.4	7.5	9.0
医疗保健			3.6	4.6	7.8	8.0
其他用品及服务			4.6	2.6	1.8	2.1

国民经济和社会发展总量及速度指标

项目	总量指标						平均增长速度(%)					2022年比上年增长(%)
	1978	1990	2000	2010	2020	2022	1979—2022	1991—2022	2001—2022	2011—2022	2021—2022	
人口与就业												
年末总人口(万人)	2446	3037	3410	3693	4161	4188	1.23	1.01	0.94	1.05	0.32	0.02
#城镇人口		642	1432	2109	2861	2937		4.87	3.32	2.80	1.32	0.64
年末从业人员(万人)	924	1496	1794	2114	2206	2174	1.96	1.17	0.88	0.23	−0.73	−1.05
城镇登记失业人员(万人)	20.82	9.00	9.10	14.49	35.74	28.31	0.70	3.65	5.29	5.74	−11.00	−25.44
城镇单位在岗职工平均工资(元)	567	2162	10584	32647	91072	106977	12.65	12.97	11.09	10.40	8.38	5.38
国民经济核算												
地区生产总值(亿元)	66.37	522.28	3764.54	15002.51	43608.55	53109.85	11.6	11.6	10.2	8.5	6.5	4.7
第一产业	23.93	147.01	616.37	1269.87	2730.81	3076.20	5.1	4.6	3.3	3.5	4.4	3.7
第二产业	28.19	174.47	1622.33	7705.25	20168.43	25078.20	13.8	14.1	11.7	9.0	6.7	5.4
第三产业	14.25	200.80	1525.83	6027.39	20709.31	24955.45	12.1	11.2	10.0	8.6	6.5	4.0
主要行业												
工业	23.85	150.55	1422.34	6532.27	15615.48	19628.83	14.3	14.4	11.8	9.1	7.4	4.9
建筑业	4.34	23.92	206.11	1201.07	4618.99	5518.86	8.4	12.1	11.2	8.8	4.8	7.3
人均地区生产总值(元)	273	1735	11194	40773	105106	126829	10.2	10.4	9.1	7.3	6.0	4.3
固定资产投资												
固定资产投资(亿元)							19.4	18.9	15.3	11.4	6.8	7.5
财政												
一般公共预算总收入(亿元)	15.13	57.06	369.67	2056.01	5158.43	5382.45						
地方一般公共预算收入(亿元)			234.11	1151.49	3079.04	3339.21						
一般公共预算支出(亿元)	15.14	68.45	324.18	1695.09	5216.10	5691.22						
金融												
金融机构人民币各项存款余额(亿元)	25.95	359.45	3114.32	18309.45	55160.49	70859.00	19.7	18.0	15.3	11.9	13.3	17.0
#财政存款			39.59	678.08	1053.15	796.95			14.6	1.4	−13.0	−29.6
金融机构人民币各项贷款余额(亿元)	31.43	381.93	2438.82	15231.36	58589.49	74128.73	19.3	17.9	16.8	14.1	12.5	12.5
#短期贷款			1728.01	6594.50	17843.60	21214.76			12.1	10.2	9.0	9.6
中长期贷款			510.32	8372.64	37789.18	46512.20			22.8	15.4	10.9	9.5
保险公司赔款及给付金额(亿元)			17.76	102.90	393.23	446.89			15.8	13.0	6.6	4.0
价格指数(上年=100)												
居民消费价格指数	100.2	99.3	102.1	103.2	102.2	101.9	4.5	3.5	1.9	2.1	1.3	1.9
工业生产者出厂价格指数			100.5	103.2	98.4	102.9			0.4	0.7	3.9	2.9
工业生产者购进价格指数			112.4	107.7	98.6	105.2			2.5	1.3	7.2	5.2
农业												
农林牧渔业总产值(亿元)	36.33	227.12	1037.27	2226.41	4901.07	5502.56	5.7	5.3	3.5	3.7	4.5	3.9
主要农产品产量(万吨)												
粮食	744.90	879.64	854.68	584.65	502.32	508.70	−0.9	−1.7	−2.3	−1.2	0.6	0.5
油料	13.80	17.66	25.79	22.08	22.73	23.61	1.2	0.9	−0.4	0.6	1.9	1.3
甘蔗	288.03	344.28	82.71	55.69	26.98	28.84	−5.1	−7.5	−4.7	−5.3	3.4	0.2
烤烟	1.23	4.26	9.14	11.52	10.03	12.09	5.3	3.3	1.3	0.4	9.8	15.0
茶叶	2.03	5.82	12.60	25.83	46.14	52.08	7.7	7.1	6.7	6.0	6.2	6.7
园林水果	10.10	75.78	356.44	495.03	717.05	817.31	10.5	7.7	3.8	4.3	6.8	7.1
肉类	24.27	71.83	145.92	192.61	259.39	296.30	5.9	4.5	3.3	3.7	6.9	3.4
禽蛋		12.94	40.69	30.54	53.66	59.83		4.9	1.8	5.8	5.6	7.0

续表

项目	总量指标						平均增长速度(%)					2022年比上年增长(%)
	1978	1990	2000	2010	2020	2022	1979—2022	1991—2022	2001—2022	2011—2022	2021—2022	
奶类	0.93	4.87	9.91	13.24	17.48	22.05	7.5	4.8	3.7	4.3	12.3	10.4
水产品	54.44	145.59	527.89	587.42	832.98	862.35	6.5	5.7	2.3	3.3	1.7	1.1
食用菌		18.24	46.25	76.27	137.88	153.13		6.9	5.6	6.0	5.4	4.9
造林面积(万亩)	292.07	455.87	36.75	44.81	7.34	3.06	−9.8	−14.5	−10.7	−20.0	−35.4	−37.6
工业												
规模以上工业主要产品产量												
原煤(万吨)	423.05	925.37	375.03	2442.73	645.85	443.17						
原盐(万吨)	94.67	67.21	28.37	33.39	26.54	24.54						
罐头(万吨)	4.10	14.41	26.78	203.21	281.80	245.58						
布(亿米)	1.12	2.26	5.59	31.20	74.49	70.04						
纱(万吨)	1.84	5.48	14.36	184.74	543.45	571.66						
机制纸及纸板(万吨)	20.08	52.09	85.07	432.06	798.49	935.30						
农用化肥(万吨)	16.40	43.64	61.38	57.87	86.25	48.16						
烧碱(万吨)	4.32	8.70	15.64	20.11	35.90	26.12						
水泥(万吨)	120.45	540.04	1513.64	5921.20	9686.90	9656.80						
平板玻璃(万重量箱)	43.59	66.06	479.87	2765.35	5361.63	5439.50						
生铁(万吨)	26.57	62.60	149.37	558.81	1106.21	1382.48						
钢材(万吨)	13.82	56.28	283.79	1340.56	3861.65	3505.54						
彩色电视机(万台)		123.14	204.19	903.10	1330.02	1075.90						
微型电子计算机(万台)			88.77	738.27	1493.63	1185.26						
汽车(万辆)	0.09	0.07	2.96	19.50	18.04	33.89						
发电量(亿千瓦小时)	40.69	136.65	403.73	1356.32	2537.12	2882.66						
建筑业												
建筑业企业从业人员(万人)	4.54	30.98	41.37	229.57	483.79	471.04						
建筑业总产值(亿元)	3.31	32.54	271.15	3062.17	14117.80	16850.97						
房屋施工面积(万平方米)	416.57	969.35	4085.40	28406.86	82671.20	85603.78						
房屋竣工面积(万平方米)	183.40	499.30	1729.00	9095.78	18231.74	20254.67						
交通运输邮电												
铁路营业里程(千米)	1009	1021	1454	2110	3774	4230	3.3	4.5	5.0	6.0	5.9	6.2
公路通车里程(千米)	29109	41011	53506	91015	110118	112878	3.1	3.2	3.5	1.8	1.2	1.7
＃高速公路			351	2350	5635	5951			13.7	8.1	2.8	2.4
内河通航里程(千米)	3629	3888	3701	3245	3245	3245	−0.3	−0.6	−0.6	0.0	0.0	0.0
客运量(万人)	7928	39495	44203	77153	25490	18140	1.9	−2.4	−4.0	−11.4	−15.6	−17.1
铁路	718	1234	1428	3640	7539	6378	5.1	5.3	7.0	4.8	−8.0	−23.6
公路	6285	36639	41696	70714	14882	9651	1.0	−4.1	−6.4	−15.3	−19.5	−8.3
水运	924	1567	726	1444	742	538	−1.2	−3.3	−1.4	−7.9	−14.8	−27.5
民航	1	55	353	1356	2327	1572	17.8	11.0	7.0	1.2	−17.8	−31.0
货运量(万吨)	4871	20321	29483	66159	139927	169107	8.4	6.8	8.3	8.1	9.9	1.8
铁路	1261	1902	2475	3765	3750	4815	3.1	2.9	3.1	2.1	13.3	−5.8
公路	2671	16710	22924	45575	91137	106939	8.7	6.0	7.3	7.4	8.3	−3.5
水运	939	1708	4078	16803	45018	57336	9.8	11.6	12.8	10.8	12.9	14.2
民航	0.02	0.83	5.84	15.81	22.80	16.82	16.5	9.9	4.9	0.5	−14.1	−8.2
沿海主要港口货物吞吐量(万吨)	408.13	1496.50	6944.17	32687.01	62132.47	71407.99	12.5	12.8	11.2	6.7	7.2	3.2
邮电业务												
函件(万件)	8790	16228	24163	25198.6	3267.89	2693	−2.7	−5.5	−9.5	−17.0	−9.2	6.5

续表

项 目	总量指标						平均增长速度(%)					2022年比上年增长(%)
	1978	1990	2000	2010	2020	2022	1979—2022	1991—2022	2001—2022	2011—2022	2021—2022	
移动电话年末用户(万户)			441.00	3022.00	4739.28	4894.40			11.6	4.1	1.6	1.5
固定电话年末用户(万户)	5.88	22.82	562.70	1046.00	733.07	679.83	11.4	11.2	0.9	−3.5	−3.7	−3.9
国内贸易												
社会消费品零售总额(亿元)	30.56	207.74	1393.93	6015.22	18626.45	21050.12	16.0	15.5	13.1	11.0	6.3	3.3
进出口												
海关进出口总额(亿美元)	2.03	43.39	212.23	1087.80	2033.17	2972.34	18.0	14.1	12.7	8.7	20.9	4.2
出口总额	1.90	24.49	129.08	714.93	1223.87	1819.26	16.9	14.4	12.8	8.1	21.9	8.7
进口总额	0.13	18.90	83.15	372.87	809.30	1153.08	22.9	13.7	12.7	9.9	19.4	−2.2
旅游												
接待入境游客人数(万人次)		70.79	161.33	368.14	229.67	48.26		−1.2	−5.3	−15.6	−54.2	−25.9
外国人		10.54	49.75	115.27	93.92	20.91		2.2	−3.9	−13.3	−52.8	−32.5
台湾同胞		36.28	47.79	156.92	83.02	15.44		−2.6	−5.0	−17.6	−56.9	−13.0
港澳同胞		23.97	63.80	95.94	52.73	11.90		−2.2	−7.3	−16.0	−52.5	−27.4
国际旅游外汇收入(亿美元)			8.94	29.78	20.69	3.14			−4.6	−17.1	−61.1	−36.2
教育												
在校学生数(万人)												
普通高等学校	2.05	5.56	13.14	64.78	94.72	107.61	9.4	9.7	10.0	4.3	6.6	5.2
普通中等学校	119.98	120.69	269.46	260.22	257.68	283.55	2.0	2.7	0.2	0.7	4.9	4.2
普通小学	370.23	337.08	369.10	238.89	343.61	359.09	−0.1	0.2	−0.1	3.5	2.2	1.8
科技												
技术市场成交额(亿元)		0.44	17.26	38.12	183.86	289.52		22.5	13.7	18.4	25.5	35.0
授权量		276	3003	18063	145929	141536		21.5	19.1	18.7	−1.5	−8.0
发明专利拥有量				3295	50756	75064				29.8	21.6	20.8
文化												
图书出版总印数(万份)	6818	16312	20298	7749	13620	17416	2.2	0.2	−0.7	7.0	13.1	12.6
期刊出版总印数(万份)	388	3157	4463	2940	2017	1960	3.7	−1.5	−3.7	−3.3	−1.4	−2.2
报纸出版总印数(万份)	14784	41455	68897	99982	69515	63878	3.4	1.4	−0.3	−3.7	−4.1	−2.0
电视节目制作时间(小时)			16519	55424	55417	49024			5.1	−1.0	−5.9	−11.5
公共图书馆(座)	23	74	81	86	97	95	3.3	0.8	0.7	0.8	−1.0	−1.0
博物馆(个)	13	58	81	94	132	140	5.6	2.8	2.5	3.4	3.0	0.0
居民生活												
城镇居民人均可支配收入(元)	371	1749	7432	21781	47160	53817	12.0	11.3	9.4	7.8	6.8	5.2
城镇居民人均消费支出(元)	285	1431	5639	14750	30487	35692	11.6	10.6	8.7	7.6	8.2	5.2
城镇居民人均住房建筑面积(平方米)		18.1	28.0	38.5	43.8	44.4		2.8	2.1	1.2	0.7	1.1
农村居民人均可支配(纯)收入(元)	138	764	3230	7427	20880	24987	12.6	11.5	9.7	10.6	9.4	7.6
农村居民人均生活消费支出(元)	113	708	2410	5498	16339	20467	12.5	11.1	10.2	11.6	11.9	6.1
卫生												
卫生机构数(个)	3809	4885	9807	6999	28152	29117	4.7	5.7	5.1	12.6	1.7	1.5
#医院、卫生院	1111	1198	1323	1325	1585	1600	0.8	0.9	0.9	1.6	0.5	0.0
卫生技人员数(人)	54855	86772	97569	140133	278397	308122	4.0	4.0	5.4	6.8	5.2	4.7
医生	22097	35696	41461	55402	105546	116098	3.8	3.8	4.8	6.4	4.9	4.5
卫生机构床位数(张)	51505	68073	90091	112334	216753	232425	3.5	3.9	4.4	6.2	3.6	3.8
#医院、卫生院	45331	60664	82389	103933	202189	218548	3.6	4.1	4.5	6.4	4.0	4.4

主要年份地区生产总值

单位：亿元

年份	地区生产总值	第一产业	第二产业	第三产业	工业	建筑业	人均地区生产总值
1952	12.73	8.39	2.42	1.92	2.17	0.25	102
1957	22.03	12.31	5.20	4.52	4.23	0.97	154
1962	22.12	10.26	5.12	6.74	4.00	1.12	137
1965	28.81	13.48	8.31	7.02	6.55	1.76	166
1970	34.70	15.34	10.64	8.72	8.56	2.08	173
1975	46.48	19.43	17.81	9.24	14.29	3.52	203
1978	66.37	23.93	28.19	14.25	23.85	4.34	273
1979	74.11	27.97	31.37	14.77	26.20	5.17	300
1980	87.06	31.95	35.68	19.43	29.55	6.13	348
1981	105.62	39.30	39.75	26.57	33.16	6.59	416
1982	117.81	44.24	42.92	30.65	35.25	7.67	455
1983	127.76	47.27	46.05	34.44	37.76	8.29	483
1984	157.06	55.72	56.39	44.95	44.47	11.92	583
1985	200.48	68.13	72.56	59.79	62.09	10.47	730
1986	222.54	72.24	82.19	68.11	67.06	15.13	796
1987	279.24	89.24	101.28	88.72	82.69	18.59	981
1988	383.21	118.16	141.82	123.23	120.45	21.37	1321
1989	458.40	135.77	163.82	158.81	142.45	21.37	1550
1990	522.28	147.01	174.47	200.80	150.55	23.92	1735
1991	619.87	168.64	217.74	233.49	188.29	29.45	2027
1992	784.68	188.70	290.56	305.42	241.78	49.82	2533
1993	1114.20	246.25	454.15	413.80	381.95	73.84	3556
1994	1644.39	351.24	718.31	574.84	618.06	102.91	5193
1995	2094.90	449.77	879.12	766.01	748.92	133.42	6536
1996	2484.25	519.84	1022.88	941.53	875.50	151.14	7658
1997	2870.90	556.45	1210.34	1104.11	1039.62	175.19	8775
1998	3159.91	586.99	1330.18	1242.75	1132.79	202.26	9603
1999	3414.19	607.07	1429.01	1378.11	1230.22	204.08	10323
2000	3764.54	616.37	1622.33	1525.83	1422.34	206.11	11194
2001	4072.85	624.15	1796.68	1652.02	1586.48	217.02	11883
2002	4467.55	659.51	2029.19	1778.85	1808.95	228.02	12910
2003	4999.59	682.06	2329.67	1987.86	2059.30	279.24	14330
2004	5712.08	762.85	2738.71	2210.52	2422.22	326.91	16248
2005	6415.47	792.53	3095.92	2527.02	2744.68	363.03	18107
2006	7468.57	828.82	3629.68	3010.07	3189.45	453.94	20915
2007	9325.62	951.22	4521.78	3852.62	3956.44	582.36	25915
2008	10931.80	1096.10	5386.98	4448.72	4676.93	730.16	30153
2009	12418.09	1108.80	6129.07	5180.22	5218.63	932.88	33999
2010	15002.51	1269.87	7705.25	6027.39	6532.27	1201.07	40773
2011	17917.70	1492.20	9316.55	7108.95	7823.21	1526.98	47928
2012	20190.73	1628.94	10527.00	8034.79	8711.23	1853.23	52959
2013	22503.84	1745.17	11805.50	8953.17	9650.19	2196.81	58255
2014	24942.07	1855.85	13165.07	9921.15	10682.19	2528.81	63709
2015	26819.46	1932.84	13735.68	11150.94	11008.70	2774.37	67649
2016	29609.43	2145.10	14683.72	12780.61	11711.98	3022.46	74024
2017	33842.44	2215.12	16290.02	15337.30	12864.85	3481.15	83758
2018	38687.77	2379.02	18847.75	17461.00	14781.03	4131.38	94719
2019	42326.58	2595.53	20065.48	19665.57	15654.00	4482.03	102722
2020	43608.55	2730.81	20168.43	20709.31	15615.48	4618.99	105106
2021	49566.05	2899.91	23319.82	23346.32	18292.82	5097.80	118750
2022	53109.85	3076.20	25078.20	24955.45	19628.83	5518.86	126829

注：1. 本表按当年价格计算。

2. 2022 年数据为初步核算数据，下同。

主要年份地区生产总值指数

单位：以1952年为100

年 份	地区生产总值	第一产业	第二产业	第三产业	工 业	建筑业	人均地区生产总值
1952	100.0	100.0	100.0	100.0	100.0	100.0	100.0
1957	171.9	139.8	230.6	238.0	204.1	460.5	149.3
1962	159.8	90.8	272.7	333.6	202.3	928.6	121.4
1965	215.0	137.6	379.3	363.3	332.4	790.0	152.0
1970	256.0	153.5	503.2	418.6	444.7	1011.2	156.4
1975	331.4	178.4	846.3	441.5	761.1	1572.1	178.3
1978	451.2	195.7	1254.8	723.7	1255.2	1146.2	227.5
1979	476.1	205.2	1376.2	716.3	1342.7	1574.4	236.3
1980	563.7	233.5	1623.6	899.4	1521.9	2438.5	277.0
1981	651.0	253.5	1791.7	1226.5	1739.4	2228.6	315.8
1982	711.6	270.7	1938.7	1400.7	1807.2	2989.2	339.4
1983	755.7	283.5	2080.1	1491.7	1941.3	3190.0	354.4
1984	891.0	311.8	2500.0	1852.4	2440.0	3008.0	412.1
1985	1047.8	327.8	3077.8	2284.2	3032.2	3485.2	473.6
1986	1107.5	334.3	3473.5	2267.7	3144.2	6080.4	494.9
1987	1258.1	369.6	3822.8	2765.7	3726.1	4639.7	553.3
1988	1438.0	378.5	4773.6	3028.4	4992.8	3167.1	623.0
1989	1550.2	415.5	5010.9	3354.7	5459.8	1634.3	661.0
1990	1666.4	422.2	5412.8	3734.4	5991.1	1043.5	692.0
1991	1903.1	460.1	6595.9	4159.0	7403.3	1159.2	770.9
1992	2289.4	486.7	8395.5	5159.5	9320.7	1631.6	909.3
1993	2806.8	532.5	11372.1	6094.9	12964.3	1840.1	1102.2
1994	3376.6	582.0	15056.1	6886.8	17340.2	2244.1	1311.9
1995	3869.5	637.3	17633.5	7857.1	20142.9	2809.0	1485.3
1996	4384.2	693.4	20136.0	8993.6	23171.3	3022.4	1662.6
1997	4998.0	748.8	23350.5	10284.8	26940.6	3428.1	1879.5
1998	5537.8	799.0	26217.7	11387.5	30269.5	3826.4	2070.4
1999	6086.0	844.6	29189.6	12506.7	34031.7	3898.8	2263.7
2000	6652.0	866.5	32398.0	13740.2	38148.8	3916.2	2433.4
2001	7230.7	896.4	35689.0	15013.9	42276.6	4135.9	2595.3
2002	7965.4	920.6	40606.2	16385.4	48661.1	4311.1	2831.8
2003	8881.4	951.0	46959.6	17994.1	56151.5	5072.4	3131.6
2004	9893.9	992.9	54352.9	19552.0	65304.2	5650.8	3462.3
2005	11040.8	1019.4	61045.1	22209.3	73402.1	6306.1	3833.7
2006	12681.2	1027.1	71281.4	25971.3	85249.4	7662.1	4368.8
2007	14590.1	1056.4	84251.6	29738.3	100969.2	8921.7	4988.0
2008	16472.1	1099.8	97024.3	33359.8	116215.6	10313.4	5589.4
2009	18495.3	1135.5	110487.1	37447.1	131556.1	12252.4	6229.6
2010	21070.7	1170.9	130555.6	41412.9	155236.3	14617.1	7045.0
2011	23670.9	1207.1	151887.1	45213.0	181471.4	16561.1	7789.4
2012	26403.0	1252.7	173794.8	49355.2	206695.8	19434.4	8519.8
2013	29298.8	1291.5	196662.9	53959.1	233152.8	22369.1	9330.7
2014	32206.5	1338.2	220116.5	58325.7	261364.4	24829.7	10120.5
2015	35074.2	1380.6	239343.8	64241.8	283580.5	27312.7	10884.0
2016	38037.8	1421.3	256472.7	71305.1	304020.8	29215.0	11698.9
2017	41137.3	1473.8	274906.2	78441.5	328219.1	30424.1	12525.3
2018	44571.8	1524.1	298964.5	85211.4	358471.8	32508.2	13424.9
2019	47892.5	1577.5	315062.9	94086.5	376956.9	34588.8	14299.0
2020	49401.1	1625.8	322509.7	97880.6	382844.6	36548.8	14648.1
2021	53521.4	1706.9	348560.8	106727.3	420762.7	37391.8	15774.8
2022	56014.2	1770.6	367453.2	111037.7	441322.0	40139.1	16456.3

注：本表按不变价格计算。

农林牧渔业总产值和指数

年份	农林牧渔业总产值(亿元)					农林牧渔业总产值指数(1952年=100)				
	总产值	农业	林业	牧业	渔业	总指数	农业	林业	牧业	渔业
1952	11.07	8.44	0.65	1.42	0.56	100.0	100.0	100.0	100.0	100.0
1957	17.05	11.32	2.16	2.35	1.22	143.8	126.6	283.6	165.0	189.6
1962	14.81	11.23	0.63	1.75	1.20	93.6	94.5	91.7	69.8	142.2
1965	18.80	13.50	1.23	2.84	1.23	140.4	130.7	188.5	162.6	175.8
1970	21.12	15.49	1.49	2.66	1.48	153.6	147.4	186.8	152.3	213.3
1975	27.06	20.45	1.86	3.24	1.51	181.6	166.0	249.8	209.6	237.0
1978	36.33	28.22	2.31	3.82	1.98	217.3	204.2	280.3	216.8	282.8
1979	43.11	29.29	3.27	7.00	3.55	232.0	214.5	301.1	257.0	304.1
1980	45.49	31.13	3.41	7.38	3.57	244.0	227.8	313.6	260.3	305.7
1981	56.11	37.93	4.62	8.75	4.81	258.2	239.4	366.3	276.5	312.2
1982	63.73	42.74	4.90	10.38	5.71	277.8	257.5	382.4	300.2	343.6
1983	68.08	44.11	5.57	11.48	6.92	292.0	259.8	447.7	339.8	403.8
1984	80.66	50.81	7.07	14.39	8.39	332.6	286.6	593.6	410.9	447.4
1985	99.05	59.34	9.13	19.62	10.96	360.6	302.9	644.5	478.7	515.5
1986	107.07	60.76	10.29	22.02	14.00	368.7	300.3	642.8	529.3	581.8
1987	132.97	72.08	13.57	27.75	19.57	402.1	324.6	703.0	553.0	722.2
1988	182.00	94.08	17.50	39.65	30.77	433.1	341.2	789.5	609.7	826.0
1989	209.92	108.10	18.41	51.95	31.46	461.4	360.9	834.4	646.9	926.3
1990	227.12	118.31	21.54	51.93	35.34	478.9	368.4	911.6	675.4	991.7
1991	253.51	133.34	25.40	54.36	40.40	517.7	398.6	974.0	722.0	1089.9
1992	295.24	150.64	29.21	61.75	53.63	560.7	424.1	1076.1	784.1	1212.8
1993	386.34	190.28	36.39	74.86	84.82	621.8	453.6	1220.0	838.2	1482.3
1994	574.05	260.69	46.95	113.35	153.06	710.1	493.1	1370.9	950.5	1882.9
1995	738.63	340.48	59.24	144.45	194.47	806.7	547.3	1510.7	1062.7	2288.2
1996	850.67	383.18	66.94	165.50	235.05	893.0	599.8	1654.2	1122.2	2613.1
1997	925.56	391.30	75.80	193.66	264.80	1002.8	645.4	1819.6	1268.1	3138.3
1998	973.37	410.96	78.35	200.18	283.78	1064.0	667.3	1874.2	1373.4	3439.6
1999	1010.82	425.19	80.16	201.99	303.48	1132.1	726.7	1932.3	1421.5	3642.5
2000	1037.27	420.98	82.29	208.18	325.82	1167.6	714.3	2046.2	1499.1	3907.6
2001	1061.61	433.25	82.34	215.50	330.52	1213.7	752.0	2021.9	1556.7	4073.3
2002	1125.29	450.75	78.49	213.08	332.92	1256.2	775.3	2064.4	1623.6	4236.2
2003	1170.54	461.72	79.25	234.54	341.40	1284.4	786.8	2095.5	1691.1	4307.6
2004	1315.10	514.53	86.18	284.86	374.26	1326.3	807.9	2217.0	1773.1	4438.7
2005	1373.01	552.74	96.92	266.81	396.78	1368.8	820.7	2383.3	1874.9	4539.3
2006	1449.78	602.00	105.78	266.75	410.75	1389.6	833.0	2500.1	1891.7	4554.2
2007	1672.67	670.95	120.81	342.47	468.06	1435.6	860.9	2696.7	1878.0	4754.9
2008	1931.36	731.60	150.00	439.87	534.94	1496.3	883.7	2927.6	1990.4	4965.7
2009	1957.62	776.16	162.59	398.00	543.86	1556.9	907.6	3127.5	2098.4	5159.9
2010	2226.41	899.39	190.13	414.49	640.19	1603.7	914.5	3350.6	2210.6	5325.6
2011	2614.57	1025.03	239.00	527.12	733.83	1653.8	938.9	3589.4	2290.9	5443.2
2012	2843.47	1119.42	258.06	533.56	836.57	1713.8	960.0	3703.6	2442.9	5630.8
2013	3057.36	1196.59	296.02	558.67	902.18	1777.1	982.5	3911.8	2573.9	5832.3
2014	3247.11	1307.63	326.31	574.60	926.08	1843.4	1017.5	4136.9	2636.9	6054.3
2015	3399.30	1358.58	317.70	633.83	967.02	1905.9	1051.9	4315.3	2649.0	6324.7
2016	3784.24	1474.49	318.28	768.11	1091.29	1965.6	1068.5	4484.7	2782.5	6540.0
2017	3947.16	1527.00	327.73	750.49	1202.05	2039.3	1110.3	4667.9	2841.9	6827.0
2018	4229.52	1653.45	389.00	718.42	1318.20	2110.9	1162.7	4860.7	2781.0	7173.8
2019	4636.56	1774.77	417.33	914.39	1361.68	2187.1	1209.1	5062.1	2796.3	7485.6
2020	4901.07	1818.18	390.57	1141.12	1373.12	2260.4	1258.0	5226.3	2906.7	7631.1
2021	5200.97	1906.02	424.87	1059.91	1621.51	2376.6	1309.5	5344.7	3212.9	7851.2
2022	5502.56	2065.66	429.92	1066.25	1740.75	2469.3	1378.0	5613.5	3351.0	7987.0

注：1. 2003年起采用国民经济行业分类GB/T 4754—2002，其他年份均采用GB/T 4754—94。

2. 2007—2017年数据根据第三次全国农业普查结果进行了修订。

城镇居民家庭基本情况

年份	平均每户家庭人口（人）	平均每户就业人数（人）	平均每一就业者负担人数（人）	平均每人全年可支配收入（元）	平均每人消费性支出（元）	人均住房建筑面积（平方米）
1952				106	96	
1957				165	131	
1959	4.72	1.40	3.37	206	190	
1962	5.46	1.72	3.17	203	186	
1963	5.40	1.50	3.60	207	189	
1964	5.33	1.53	3.48	211	194	
1965	5.13	1.65	3.12	217	201	
1966	5.00	1.40	3.40	223	186	
1975	4.97	2.05	2.42	333	297	
1978	3.87	2.40	1.61	371	285	
1980	4.53	2.32	1.95	450	392	11.3
1981	4.51	2.40	1.88	452	405	11.7
1982	4.44	2.48	1.79	520	466	12.1
1983	4.36	2.41	1.80	573	504	13.2
1984	4.27	2.37	1.80	582	494	14.3
1985	4.06	2.25	1.81	733	675	15.3
1986	4.00	2.23	1.79	929	790	15.7
1987	3.97	2.25	1.77	1021	893	16.5
1988	3.77	2.10	1.79	1236	1077	17.2
1989	3.70	2.09	1.77	1555	1340	17.6
1990	3.64	2.09	1.74	1749	1431	18.1
1991	3.43	2.00	1.72	1953	1659	19.5
1992	3.39	2.03	1.67	2351	1942	20.9
1993	3.35	2.01	1.67	2923	2418	21.5
1994	3.29	1.92	1.71	3935	3351	24.1
1995	3.27	1.93	1.69	4853	4132	24.3
1996	3.25	1.94	1.68	5574	4568	24.5
1997	3.28	1.96	1.67	6144	4936	25.6
1998	3.23	1.90	1.70	6486	5181	26.8
1999	3.22	1.90	1.69	6860	5267	27.2
2000	3.23	1.80	1.79	7432	5639	28.0
2001	3.20	1.80	1.78	8313	6015	28.2
2002	3.13	1.73	1.81	9189	6632	28.4
2003	3.08	1.72	1.79	10000	7356	29.8
2004	3.05	1.58	1.93	11175	8161	31.1
2005	3.04	1.60	1.90	12321	8794	31.4
2006	3.04	1.64	1.86	13753	9808	32.1
2007	3.01	1.60	1.90	15505	11055	33.5
2008	3.14	1.69	1.86	17961	12501	37.5
2009	3.12	1.72	1.81	19577	13451	37.5
2010	3.08	1.71	1.80	21781	14750	38.5
2011	3.12	1.68	1.86	24907	16661	37.9
2012	3.10	1.68	1.85	28055	18593	38.2
2013	2.97	1.58	1.88	28174	20565	38.7
2014	2.99	1.61	1.86	30722	22204	40.7
2015	3.08	1.59	1.93	33275	23520	42.5
2016	3.13	1.62	1.93	36014	25006	42.7
2017	3.14	1.62	1.94	39001	25980	43.4
2018	2.93	1.53	1.92	42121	28145	43.1
2019	3.08	1.56	1.97	45620	30946	43.5
2020	3.04	1.54	1.97	47160	30487	43.8
2021	3.06	1.59	1.92	51140	33942	43.9
2022	3.06	1.56	1.97	53817	35692	44.4

注：2012年及以前为老口径数据。

农村居民家庭基本情况

年　份	调查户数（户）	平均每户常住人口（人）	平均每户整半劳动力（人）	平均每个劳动力负担人口（人）	农村居民人均住房使用面积（平方米）	农村居民人均住房建筑面积（平方米）	农村居民人均可支配（纯）收入（元）	农村居民人均生活消费支出（元）
1952				2.20			70	68
1957				2.39			112	102
1962				2.38			155	131
1965				2.87			129	114
1970				2.71			121	108
1978		6.50	2.22	2.92			138	113
1979		6.38	2.16	2.88			142	133
1980		6.25	2.06	3.03			172	158
1981		6.23	2.10	2.97	8.30		232	199
1982		6.27	2.27	2.76	7.67		268	231
1983		6.29	2.60	2.42	10.44		302	262
1984	1820	6.19	2.66	2.32	11.73		345	288
1985	1820	5.74	2.95	1.94	14.47		396	351
1986	1820	5.69	2.99	1.90	15.10		419	394
1987	1820	5.51	3.08	1.82	15.86		485	443
1988	1820	5.56	3.09	1.80	16.18		613	571
1989	1820	5.54	3.09	1.79	16.65		697	653
1990	1820	5.50	3.03	1.81	18.47		764	708
1991	1820	5.37	3.03	1.77	19.14		850	747
1992	1820	5.31	3.05	1.74	19.64		984	821
1993	1820	5.24	3.10	1.69	22.38		1211	1070
1994	1820	5.17	3.13	1.65	24.62		1578	1440
1995	1820	4.91	3.02	1.62	22.88		2049	1794
1996	1820	4.87	2.98	1.63	23.37		2492	2034
1997	1820	4.77	2.96	1.61	23.74		2786	2120
1998	1820	4.70	3.00	1.57	24.87		2946	2192
1999	1820	4.62	2.95	1.56	26.40		3091	2252
2000	1820	4.24	2.70	1.57	32.14		3230	2410
2001	1820	4.17	2.68	1.56	33.82		3381	2503
2002	1820	4.07	2.57	1.58	35.68		3539	2583
2003	1820	4.08	2.83	1.44	35.96		3734	2718
2004	1820	4.02	2.71	1.48	38.18		4089	3015
2005	1820	4.05	2.77	1.47	40.15		4450	3293
2006	1820	4.03	2.77	1.45	42.35		4835	3591
2007	1820	4.00	2.77	1.44	44.50		5467	4053
2008	1820	3.98	2.78	1.43	46.13		6196	4662
2009	1820	3.98	2.78	1.43	46.76		6680	5016
2010	1820	3.94	2.77	1.43	47.54		7427	5498
2011	1820	3.84	2.73	1.40	49.82		8779	6541
2012	1820	3.84	2.71	1.41	50.80		9967	7402
2013	1859	3.29	2.22	1.48		63.7	11405	9986
2014	1848	3.25	2.21	1.47		60.8	12650	11056
2015	1883	3.20	2.20	1.45		63.5	13793	11961
2016	1917	3.21	2.24	1.43		66.5	14999	12911
2017	1940	3.17	2.21	1.43		68.0	16335	14003
2018	1690	3.03	2.09	1.45		78.9	17821	14943
2019	1690	3.24	2.17	1.49		76.3	19568	16281
2020	1690	3.04	2.14	1.42		80.7	20880	16339
2021	1690	3.35	2.31	1.45		75.2	23229	19290
2022	1690	3.22	2.26	1.43		77.4	24987	20467

注：2012 年及以前为老口径数据。

2022年居民消费价格指数

单位：以2021年为100

项目	全省	城市	农村
居民消费价格指数	**101.9**	**101.9**	**101.8**
按商品和非商品分			
消费品价格指数	102.6	102.6	102.6
服务项目价格指数	100.7	100.7	100.5
按类别分			
食品烟酒	102.4	102.5	102.1
衣着	100.0	100.3	98.6
居住	100.9	100.8	101.3
生活用品及服务	101.3	101.4	100.9
交通通信	104.9	104.8	105.3
教育文化娱乐	101.4	101.3	101.6
医疗保健	100.3	100.2	100.6
其他用品及服务	101.5	101.4	101.9

主要年份地方一般公共预算收入

单位：万元

项目	2000	2005	2010	2020	2022
收入合计	**2341061**	**4326003**	**11514923**	**30790374**	**33392146**
增值税	353461	731267	1411033	8393601	6757946
营业税	582053	1246076	3197000		
企业所得税	321959	542646	1569118	3684936	4480792
个人所得税	247517	274137	563374	1928130	1372925
资源税	7007	21436	64550	72577	100472
城市维护建设税	97646	185544	431149	1223138	1252493
房产税	95496	169576	317362	817361	1018396
印花税	18309	55267	171193	428873	542790
城镇土地使用税	15746	29400	263343	315993	346055
土地增值税	4326	40785	628057	2296652	2398605
车船税	6055	12662	59863	263037	301168
烟叶税			32896	63595	84090
耕地占用税	13474	32003	181050	124226	152776
契税	55799	209093	770908	2197180	2077326
国有资本经营收入			219530	365457	356124
国有资源(资产)有偿使用收入			414662	3012239	5613916
行政性收费收入	74946	290876	481761	827631	914478
罚没收入	101764	213993	292226	906911	953636
专项收入	64036	120693	352274	3273577	3938062

一般公共预算支出

单位：万元

项　目	2010	2015	2020	2021	2022
支出合计	**16950906**	**40015778**	**52160979**	**52047168**	**56912173**
一般公共服务	2119124	3080207	4675189	4499296	4903286
国防	32680	68544	56193	48772	66358
公共安全	1206017	2252409	3435465	3367596	3572107
教育	3277681	7575096	10315731	10798136	12172631
科学技术	323057	766007	1494377	1551131	1529994
文化旅游体育与传媒	271014	848159	1128752	1048152	1173464
社会保障和就业	1482366	3417705	5723365	5925023	7172262
卫生健康	1175835	3511905	5219588	5336294	6063486
节能环保	397865	955694	1564246	1399660	1226221
城乡社区事务	1076788	3786992	4224147	4105041	4312606
农林水事务	1603355	4418607	4500504	3666140	4103670
交通运输	1252071	3461952	2340639	2770473	2649812
商业服务业等	1044916	4080809	104777	860682	1081763

进出口总额

年　份	进出口总额（亿美元）	出　口	进　口	进出口总额（亿元）	出　口	进　口
1981	6.08	4.01	2.07	10.83	7.14	3.68
1982	5.51	3.70	1.80	10.63	7.15	3.48
1983	5.64	3.70	1.94	11.05	7.25	3.80
1984	6.65	3.92	2.73	18.55	10.93	7.62
1985	9.01	5.57	3.44	26.39	16.33	10.07
1986	13.48	6.86	6.61	50.13	25.54	24.60
1987	18.45	9.04	9.41	68.63	33.63	35.01
1988	28.43	14.16	14.27	105.76	52.68	53.08
1989	34.22	18.28	15.94	161.18	86.10	75.08
1990	43.39	24.49	18.90	226.50	127.84	98.66
1991	57.48	31.47	26.00	311.53	170.91	140.62
1992	80.59	43.87	36.72	463.38	252.23	211.14
1993	100.42	51.59	48.83	581.42	298.69	282.73
1994	121.90	64.30	57.59	1039.77	548.50	491.27
1995	144.46	79.08	65.38	1210.55	662.70	547.85
1996	155.20	83.82	71.37	1288.14	695.74	592.40
1997	179.53	102.56	76.97	1486.13	848.96	637.17
1998	171.61	99.64	71.97	1420.56	824.81	595.75
1999	176.20	103.52	72.68	1458.55	856.93	601.61
2000	212.23	129.08	83.15	1756.87	1068.55	688.32
2001	226.26	139.22	87.04	1872.98	1152.49	720.49
2002	283.99	173.71	110.28	2350.85	1437.96	912.89
2003	353.26	211.32	141.94	2924.25	1749.28	1174.96
2004	475.27	293.95	181.32	3933.81	2433.00	1500.81
2005	544.11	348.42	195.69	4457.21	2854.15	1603.06
2006	626.59	412.62	213.97	4937.55	3251.43	1686.12
2007	744.51	499.40	245.10	5661.24	3797.47	1863.77
2008	848.21	569.92	278.29	5890.90	3958.14	1932.76
2009	796.49	533.19	263.30	5440.85	3642.22	1798.63
2010	1087.80	714.93	372.87	7363.88	4839.73	2524.15
2011	1435.22	928.38	506.85	9269.83	5996.21	3273.62
2012	1559.38	978.33	581.05	9843.58	6175.68	3667.90
2013	1693.22	1064.74	628.47	10486.43	6594.17	3892.26
2014	1774.08	1134.52	639.56	10897.33	6968.92	3928.41
2015	1688.46	1126.80	561.66	10478.39	6991.76	3486.62
2016	1568.19	1036.73	531.47	10344.96	6833.66	3511.30
2017	1710.35	1049.32	661.03	11590.98	7113.92	4477.06
2018	1875.76	1156.85	718.90	12357.29	7624.07	4733.21
2019	1930.86	1201.83	729.03	13307.35	8281.55	5025.81
2020	2033.17	1223.87	809.30	14080.59	8473.17	5607.43
2021	2852.50	1673.41	1179.09	18433.02	10812.07	7620.95
2022	2972.34	1819.26	1153.08	19810.70	12132.43	7678.26

实际利用外商直接投资金额

单元:万美元

年　份	合　计	年　份	合　计
1979	83	2006	718489
1980	363	2007	813093
1981	150	2008	1002556
1982	121	2009	1006481
1983	1438	2010	1031552
1984	4828	2011	1104447
1985	11782	2012	1218541
1986	6149	全口径	
1987	5139	2004	222120
1988	13017	2005	260775
1989	32880	2006	322047
1990	29002	2007	406058
1991	64449	2008	567171
1992	141633	2009	573747
1993	286745	2010	580279
1994	371200	2011	620111
1995	403881	2012	633774
1996	407876	2013	667896
1997	419666	2014	711499
1998	421211	2015	768339
1999	402403	2016	819465
2000	380386	2017	857672
2001	391804	2018	445477
历史可比口径		2019	460953
2002	424995	2020	502347
2003	499329	2021	490543
2004	531802	2022	499364
2005	622984		

注：2005年及以后年份为全口径。

主要年份各类运输总量

年　份	客运量(万人)	旅客周转量(亿人千米)	货运量(万吨)	货物周转量(亿吨千米)
1952	251	1.72	156	1.44
1957	1966	8.81	1553	10.07
1962	2634	16.97	1845	21.65
1965	3226	16.22	2948	39.47
1970	3324	17.59	2862	40.92
1975	5887	28.36	3747	53.73
1978	7928	35.73	4871	74.03
1979	9996	43.71	5149	80.63
1980	16676	62.37	7979	100.34
1981	20013	73.45	8302	103.34
1982	22570	82.01	9077	120.39
1983	24620	91.50	10175	131.78
1984	29155	109.50	11479	151.61
1985	33984	130.33	13317	161.97
1986	34426	137.09	16931	195.48
1987	35693	159.38	18231	225.02
1988	37216	175.91	20131	242.02
1989	39622	173.66	19859	270.06
1990	39495	175.40	20321	272.71
1991	34038	186.70	12124	267.26
1992	36283	205.17	19836	347.28
1993	40465	232.27	25824	434.02
1994	36416	240.56	28447	577.73
1995	40080	247.65	28922	608.61
1996	42956	267.20	30593	590.58
1997	43658	253.15	30496	605.78
1998	42047	279.76	30010	661.61
1999	41413	301.58	28637	746.71
2000	44203	333.97	29483	687.65
2001	47393	372.72	30547	779.92
2002	49134	392.00	31837	827.44
2003	48097	386.19	33422	1223.82
2004	53950	441.40	37279	1401.26
2005	55615	477.82	40400	1576.12
2006	59369	524.99	44304	1904.36
2007	64244	587.90	50500	2083.72
2008	72742	561.77	57254	2401.41
2009	76121	597.75	58231	2477.46
2010	77153	648.76	66159	2983.52
2011	81082	723.83	75272	3404.11
2012	83725	771.93	84417	3877.73
2013	56965	785.01	96718	3943.77
2014	60765	902.36	111779	4783.48
2015	54031	915.21	111063	5450.96
2016	54237	987.52	120379	6074.83
2017	54118	1086.22	132252	6785.16
2018	51435	1153.28	136974	7652.89
2019	49379	1190.02	133693	8296.62
2020	25490	661.97	139927	9020.34
2021	21893	650.89	166131	10164.20
2022	18140	511.82	169107	11344.64

注：2013 年客运量数据因交通运输业统计范围变化有调整。

金融机构人民币各项存款和贷款余额

单位：亿元

年　份	各项存款	＃城乡居民储蓄存款（住户存款）	财政存款	各项贷款	＃短期贷款	中长期贷款
1990	359.45			381.93		
1991	477.45			453.10		
1992	667.01			589.74		
1993	824.37			774.65	554.06	153.33
1994	1101.81			954.73	698.86	180.89
1995	1451.68			1176.63	860.09	221.09
1996	1901.71			1467.79	1060.12	294.42
1997	2192.74		15.40	1750.38	1279.40	329.60
1998	2557.30		28.11	1942.78	1423.39	368.87
1999	2924.61		41.24	2255.50	1612.59	476.85
2000	3114.32		39.59	2438.82	1728.01	510.32
2001	3614.26		45.94	2864.76	1656.70	902.35
2002	4253.07		55.21	3110.05	1809.88	1065.11
2003	5178.29		51.74	3837.51	2039.25	1422.42
2004	5984.32		92.63	4367.05	2213.05	1799.83
2005	7248.40		128.33	5068.68	2366.93	2350.80
2006	8836.26		219.38	6447.72	2956.98	3203.04
2007	10040.15		328.32	8065.67	3555.92	4318.81
2008	11804.40		457.26	9585.92	3895.16	5146.37
2009	14702.34		549.46	12360.32	5215.58	6625.53
2010	18309.45		678.08	15231.36	6594.50	8372.64
2011	21055.49		834.38	18165.19	7836.03	9906.51
2012	24283.68		741.75	21209.82	9451.96	11133.74
2013	28043.82		905.62	24487.53	10752.70	13137.82
2014	30747.61		1450.40	28417.70	11785.72	15861.63
2015	35576.06	13931.21	1169.62	32132.96	12209.64	18530.82
2016	39275.82	15122.76	1230.32	36356.06	12620.98	21631.79
2017	42794.79	16583.08	1361.81	40484.93	14040.45	25317.11
2018	44677.70	18278.38	1305.78	45173.87	14726.54	28439.09
2019	48754.92	20954.92	1017.18	51396.64	16552.98	32205.10
2020	55160.49	24052.60	1053.15	58589.49	17843.60	37789.18
2021	60557.26	26248.19	1132.22	65920.32	19356.43	42475.16
2022	70859.00	31352.39	796.95	74128.73	21214.76	46512.20

注：1.2004 年起含外资银行。

主要年份年末常住人口及人口变动

年　份	常住总人口（万人）	按性别分类		按城乡分		人口出生率（‰）	人口死亡率（‰）	人口自然增长率（‰）	人口密度（人/平方千米）
		男	女	城　镇	农　村				
1952	1270					37.92	13.32	24.60	102
1957	1461					37.56	9.80	27.76	118
1962	1602					41.14	11.65	29.49	129
1965	1759					41.19	7.92	33.27	142
1970	2020					34.23	6.98	27.25	163
1975	2297					29.19	6.58	22.61	185
1978	2446					25.35	6.31	19.04	197
1979	2487					22.91	6.28	16.63	201
1980	2519					18.68	6.27	12.41	203
1981	2563					23.40	6.25	17.15	207
1982	2620					27.91	6.35	21.56	211
1983	2668					24.53	6.31	18.22	215
1984	2720					25.68	6.25	19.43	219
1985	2769					23.88	6.18	17.70	223
1986	2820					24.02	5.85	18.17	227
1987	2875					24.91	5.79	19.21	232
1988	2929					24.34	5.81	18.53	236
1989	2984					24.67	6.10	18.57	241
1990	3037					24.44	6.71	17.73	245
1991	3079					20.03	6.26	13.77	248
1992	3116					18.18	6.02	12.16	251
1993	3150					16.72	5.62	11.10	254
1994	3183					16.24	5.95	10.29	257
1995	3227					15.20	5.90	9.30	261
1996	3261					13.22	5.94	7.28	263
1997	3282					12.41	6.09	6.32	265
1998	3299					11.53	6.20	5.33	266
1999	3316					11.06	5.85	5.21	267
2000	3410	1757	1653	1432	1978	11.60	5.85	5.75	275
2001	3445	1775	1670	1473	1972	11.56	5.52	6.04	278
2002	3476	1790	1686	1587	1889	11.35	5.57	5.78	280
2003	3502	1805	1697	1624	1878	11.43	5.58	5.85	282
2004	3529	1818	1711	1681	1848	11.58	5.62	5.96	285
2005	3557	1793	1764	1758	1799	11.60	5.62	5.98	287
2006	3585	1810	1775	1807	1778	12.00	5.75	6.25	289
2007	3612	1824	1788	1856	1756	12.00	5.90	6.10	291
2008	3639	1830	1809	1929	1710	12.20	5.90	6.30	293
2009	3666	1848	1818	2019	1647	12.20	6.00	6.20	296
2010	3693	1900	1793	2109	1584	11.27	5.16	6.11	298
2011	3784	1945	1839	2199	1585	11.41	5.20	6.21	305
2012	3841	1975	1866	2278	1563	12.74	5.73	7.01	310
2013	3885	1995	1890	2362	1523	12.20	6.01	6.19	313
2014	3945	2007	1938	2446	1499	13.70	6.20	7.50	318
2015	3984	2023	1961	2519	1465	13.90	6.10	7.80	321
2016	4016	2042	1974	2586	1430	14.50	6.20	8.30	324
2017	4065	2076	1989	2674	1391	15.00	6.20	8.80	328
2018	4104	2099	2005	2749	1355	13.20	6.20	7.00	331
2019	4137	2104	2033	2808	1329	12.90	6.10	6.80	334
2020	4161	2151	2010	2861	1300	9.21	6.24	2.97	336
2021	4187	2169	2018	2918	1269	8.26	6.28	1.98	338
2022	4188	2168	2020	2937	1251	7.07	6.52	0.55	338

地区生产总值(2022年)

单位:亿元

地　区	地区生产总值	第一产业	第二产业	第三产业	工　业	建筑业	人均地区生产总值(元)
全　省	**53109.85**	**3076.20**	**25078.20**	**24955.45**	**19628.83**	**5518.86**	**126829**
福州市	**12308.23**	**683.38**	**4656.90**	**6967.95**	**3020.19**	**1656.81**	**145936**
福州市辖区							
鼓楼区	2609.06		428.12	2180.94	114.39	313.81	387100
台江区	679.57		60.02	619.54		60.02	164345
仓山区	1045.07	1.86	410.95	632.25	320.65	91.98	88980
马尾区	675.34	14.29	384.84	276.20	247.83	137.46	228155
晋安区	1137.19	8.89	288.84	839.46	159.43	129.77	142773
长乐区	1218.08	76.10	717.91	424.07	659.25	58.87	150195
福　清　市	1604.42	132.67	772.18	699.57	587.96	184.57	113628
闽　侯　县	1009.21	55.79	552.75	400.67	391.65	161.44	98991
连　江　县	731.46	185.74	271.02	274.69	196.40	87.39	113229
罗　源　县	417.04	59.57	224.09	133.38	197.57	26.87	160709
闽　清　县	446.26	41.27	258.19	146.80	111.41	150.08	171639
永　泰　县	367.83	64.58	195.12	108.12	20.40	174.78	128836
平　潭　县	367.71	42.60	92.86	232.25	13.27	79.76	95262
厦门市	**7802.66**	**29.27**	**3233.56**	**4539.83**	**2454.28**	**809.42**	**147387**
厦门市辖区							
思明区	2503.88	3.00	412.61	2088.27	111.82	301.07	235549
海沧区	1067.48	1.62	664.34	401.51	597.58	67.17	172871
湖里区	1681.94		683.74	998.20	496.10	215.89	166446
集美区	956.58	3.11	484.00	469.47	389.68	95.02	88205
同安区	705.63	11.33	375.08	319.21	338.39	36.96	79195
翔安区	887.14	10.20	613.78	263.17	520.71	93.31	141377
莆田市	**3116.25**	**146.13**	**1630.82**	**1339.31**	**1341.94**	**291.50**	**97095**
莆田市辖区							
城厢区	587.08	10.27	225.70	351.11	158.72	67.29	107288
涵江区	684.56	18.37	457.84	208.35	389.20	69.40	142914
荔城区	642.00	18.06	330.85	293.08	276.58	54.82	95280
秀屿区	575.64	74.53	298.18	202.93	246.28	52.38	95304
仙　游　县	626.99	24.90	318.25	283.84	271.16	47.62	69242
三明市	**3110.14**	**339.60**	**1580.92**	**1189.62**	**1148.85**	**435.30**	**126044**
三明市辖区							
三元区	716.05	25.59	362.77	327.69	283.33	79.73	174773
沙县区	375.79	33.93	219.27	122.59	158.08	62.09	150556
永　安　市	511.73	36.64	302.77	172.32	250.74	52.44	149672
明　溪　县	127.08	23.62	59.61	43.85	40.24	19.44	132372
清　流　县	163.93	30.68	76.67	56.58	31.83	44.95	142051
宁　化　县	239.14	31.13	104.42	103.59	55.45	49.36	92437
大　田　县	258.38	43.27	132.39	82.72	117.60	15.09	86734
尤　溪　县	262.65	55.10	96.23	111.32	79.52	16.96	77228
将　乐　县	194.57	22.17	95.37	77.03	68.65	26.95	136255
泰　宁　县	99.69	15.94	40.58	43.18	17.68	22.95	97450
建　宁　县	161.15	21.54	90.84	48.76	45.72	45.33	142106
泉州市	**12102.97**	**250.12**	**6882.07**	**4970.78**	**6182.83**	**706.71**	**136533**
泉州市辖区							
鲤城区	759.13	0.17	372.66	386.31	335.55	37.19	176748
丰泽区	850.01	1.90	156.79	691.31	97.08	59.82	117567
洛江区	355.11	5.37	223.38	126.35	193.11	30.27	138985
泉港区	696.59	13.11	516.32	167.16	450.95	65.46	193497

续表

地 区	地区生产总值	第一产业	第二产业	第三产业	工 业	建筑业	人均地区生产总值（元）
石狮市	1159.68	31.56	510.37	617.75	465.71	44.80	167584
晋江市	3207.43	22.31	1972.91	1212.21	1907.18	71.71	154762
南安市	1646.05	34.68	988.31	623.06	921.55	67.33	107585
惠安县	1624.43	38.33	1133.86	452.24	957.71	176.42	155671
安溪县	907.18	61.19	470.86	375.12	395.74	75.29	90672
永春县	543.91	28.07	325.17	190.67	295.26	29.97	129349
德化县	353.44	13.43	211.42	128.59	162.98	48.45	104724
漳州市	**5706.58**	**571.50**	**2859.95**	**2275.13**	**2231.98**	**631.99**	**112578**
漳州市辖区							
芗城区	945.21	11.95	447.22	486.04	298.23	149.17	147160
龙文区	439.15	5.42	167.99	265.74	114.62	53.79	143279
龙海区	1432.49	75.37	909.16	447.96	701.41	210.66	149889
长泰区	412.27	22.19	285.00	105.07	229.54	55.63	178549
云霄县	269.70	58.02	104.28	107.41	86.13	18.18	65399
漳浦县	669.67	104.71	266.66	298.30	218.99	47.81	78739
诏安县	350.05	60.91	176.79	112.35	158.16	18.62	62766
东山县	249.43	49.34	98.55	101.53	73.70	24.95	112862
南靖县	421.71	86.15	198.11	137.44	172.86	25.33	138447
平和县	302.89	60.25	85.59	157.06	70.00	15.59	66775
华安县	214.00	37.18	120.60	56.22	108.36	12.25	159704
南平市	**2211.84**	**361.31**	**784.95**	**1065.58**	**503.19**	**281.94**	**83136**
南平市辖区							
延平区	455.23	40.62	165.40	249.21	65.78	99.67	101276
建阳区	278.99	46.11	108.78	124.10	71.01	37.80	81220
邵武市	273.94	35.07	116.06	122.81	83.66	32.43	100713
武夷山市	233.94	32.39	74.44	127.11	50.95	23.50	89634
建瓯市	303.01	58.34	101.98	142.69	76.77	25.24	70632
顺昌县	148.02	21.41	50.67	75.94	39.41	11.27	83863
浦城县	192.37	41.18	62.41	88.78	39.15	23.27	65321
光泽县	125.30	48.38	36.90	40.01	30.15	6.76	97889
松溪县	88.38	15.24	29.22	43.92	17.14	12.08	68249
政和县	112.65	22.57	39.08	51.00	29.16	9.92	63643
龙岩市	**3314.47**	**311.27**	**1420.04**	**1583.16**	**940.13**	**479.91**	**121721**
龙岩市辖区							
新罗区	1182.28	53.00	557.74	571.54	425.18	132.56	138684
永定区	336.38	38.23	131.20	166.94	68.80	62.40	105284
漳平市	314.85	39.54	125.87	149.44	82.98	42.90	124942
长汀县	343.71	41.57	139.93	162.21	87.19	52.74	86359
上杭县	513.29	58.58	206.66	248.05	118.37	88.29	136878
武平县	306.73	38.73	124.34	143.66	74.20	50.13	110931
连城县	317.23	41.61	134.29	141.33	83.40	50.89	127146
宁德市	**3554.62**	**386.41**	**2048.61**	**1119.61**	**1817.79**	**232.55**	**112738**
宁德市辖区							
蕉城区	1261.51	51.41	903.45	306.65	817.08	86.61	197420
福安市	761.11	62.29	485.82	213.01	431.91	54.99	125286
福鼎市	503.88	75.98	273.68	154.22	253.45	20.45	90301
霞浦县	353.70	85.40	127.26	141.03	106.00	21.46	73995
古田县	242.54	54.85	78.93	108.75	63.84	15.10	76150
屏南县	125.89	17.42	56.59	51.88	49.54	7.05	91226
寿宁县	111.42	19.43	43.21	48.78	37.07	6.14	63671
周宁县	108.98	9.53	42.31	57.13	34.12	8.19	74135
柘荣县	85.59	10.09	37.35	38.16	24.79	12.56	93033

地区生产总值指数(2022 年)

单位:以 2021 年为 100

地　区	地区生产总　值	第一产业	第二产业	第三产业	工　业	建筑业	人均地区生产总值(元)
全　省	**104.7**	**103.7**	**105.4**	**104.0**	**104.9**	**107.3**	**104.3**
福州市	**104.4**	**103.0**	**105.2**	**104.0**	**102.9**	**109.7**	**103.6**
福州市辖区							
鼓楼区	104.4		101.8	104.8	100.2	102.0	104.0
台江区	104.1		103.5	104.1		103.5	103.8
仓山区	101.1	100.0	100.6	101.4	100.1	101.8	99.8
马尾区	103.9	103.0	105.1	102.2	103.3	108.8	103.1
晋安区	104.6	102.9	102.5	105.3	104.2	100.4	104.0
长乐区	104.4	103.1	104.3	104.6	103.4	115.3	103.1
福　清　市	105.7	103.0	104.9	107.0	103.6	109.4	104.9
闽　侯　县	104.5	104.0	106.8	101.6	103.3	115.6	102.9
连　江　县	104.9	102.1	106.9	104.7	106.0	108.6	104.4
罗　源　县	104.7	103.3	105.2	104.4	105.7	101.9	103.8
闽　清　县	104.3	104.0	105.2	102.9	100.3	109.7	103.5
永　泰　县	102.4	104.6	104.6	97.8	76.1	109.5	101.7
平　潭　县	103.6	101.5	108.3	102.2	104.5	108.9	104.6
厦门市	**104.4**	**101.4**	**103.8**	**104.7**	**103.3**	**105.5**	**103.1**
厦门市辖区							
思明区	105.2	93.3	105.5	105.1	105.8	105.4	105.6
海沧区	104.7	95.9	105.5	103.3	105.3	107.9	101.8
湖里区	103.3		102.8	103.6	103.2	101.8	105.4
集美区	103.0	95.0	101.1	105.0	98.6	114.1	100.5
同安区	103.7	103.7	101.7	106.1	100.8	110.8	101.7
翔安区	106.0	104.0	105.8	106.4	106.4	102.8	100.7
莆田市	**104.0**	**102.5**	**104.0**	**104.2**	**103.0**	**108.8**	**104.2**
莆田市辖区							
城厢区	105.6	97.1	109.1	103.9	105.2	118.6	105.8
涵江区	103.1	103.7	103.3	102.5	102.1	110.1	103.4
荔城区	101.0	100.3	97.4	105.1	99.0	90.5	101.2
秀屿区	105.0	102.2	106.5	103.7	104.8	115.1	105.1
仙　游　县	106.0	106.4	106.9	105.1	105.8	113.0	106.2
三明市	**103.1**	**104.5**	**103.3**	**102.3**	**102.4**	**105.8**	**103.8**
三明市辖区							
三元区	102.8	105.3	105.0	100.3	104.0	108.3	102.4
沙县区	104.0	103.9	104.4	103.3	103.3	107.0	104.4
永　安　市	103.3	104.0	103.4	103.1	103.3	103.9	104.2
明　溪　县	101.6	104.9	100.8	101.0	102.9	96.8	103.6
清　流　县	100.1	104.7	99.3	98.9	93.8	103.3	101.5
宁　化　县	103.2	104.2	104.8	101.4	103.4	106.4	104.5
大　田　县	103.7	104.3	103.5	103.7	103.0	106.9	104.4
尤　溪　县	103.9	104.5	102.0	105.3	100.7	108.0	104.6
将　乐　县	105.9	104.7	105.2	107.2	104.2	107.7	107.0
泰　宁　县	96.1	105.0	88.9	100.1	74.6	103.4	97.5
建　宁　县	104.4	104.8	105.0	103.3	102.9	107.1	105.3
泉州市	**103.5**	**103.5**	**103.3**	**103.8**	**103.1**	**104.2**	**103.0**
泉州市辖区							
鲤城区	103.6	102.4	103.8	103.5	102.7	114.2	103.4
丰泽区	103.6	102.9	100.8	104.2	100.3	101.6	101.8
洛江区	103.6	106.0	104.0	102.6	103.3	108.9	101.9
泉港区	102.1	102.0	100.4	107.8	99.1	110.0	101.2

续表

地区	地区生产总值	第一产业	第二产业	第三产业	工业	建筑业	人均地区生产总值(元)
石狮市	104.2	101.7	103.4	105.0	104.0	97.2	103.6
晋江市	104.0	102.6	104.3	103.4	104.4	101.2	103.6
南安市	103.7	103.3	103.7	103.9	103.2	110.5	103.3
惠安县	104.1	102.3	104.3	103.8	104.7	102.5	103.4
安溪县	104.3	104.7	104.9	103.5	105.5	101.9	104.5
永春县	97.6	104.6	95.1	100.9	95.0	96.1	98.0
德化县	104.7	104.0	106.0	102.8	105.1	109.1	104.0
漳州市	**106.9**	**104.3**	**108.5**	**105.9**	**107.9**	**110.9**	**106.9**
漳州市辖区							
芗城区	108.0	106.3	109.1	107.1	109.1	109.2	107.7
龙文区	107.0	106.2	108.7	106.0	109.2	107.6	106.6
龙海区	106.9	101.0	108.2	105.5	107.1	112.7	106.7
长泰区	107.1	104.4	108.4	104.4	107.9	111.0	106.6
云霄县	106.8	104.9	109.6	105.0	107.7	119.8	106.5
漳浦县	108.0	103.8	112.4	106.0	112.3	112.8	107.9
诏安县	105.0	103.6	105.6	104.7	105.2	109.8	105.5
东山县	108.6	103.3	113.7	106.8	115.3	109.9	108.3
南靖县	106.3	105.9	107.5	105.1	107.6	107.3	106.6
平和县	104.8	106.1	102.6	105.5	101.6	107.3	104.8
华安县	105.4	106.0	105.6	104.8	105.2	109.2	105.5
南平市	**103.8**	**104.0**	**105.8**	**102.3**	**103.8**	**109.7**	**104.4**
南平市辖区							
延平区	102.5	106.4	101.4	102.5	101.4	101.3	103.2
建阳区	104.7	103.6	111.7	99.4	105.9	125.8	104.2
邵武市	105.4	104.3	108.5	102.8	105.8	117.0	106.0
武夷山市	102.2	104.9	101.3	102.1	101.3	101.2	101.9
建瓯市	102.4	103.4	102.2	102.2	103.6	97.8	103.3
顺昌县	104.8	102.7	104.7	105.6	102.2	115.3	106.0
浦城县	106.0	102.4	114.6	102.4	102.4	146.3	106.9
光泽县	104.7	103.9	106.8	103.6	106.5	108.2	106.0
松溪县	102.0	105.4	99.8	102.2	101.2	97.7	102.7
政和县	105.9	103.7	112.1	102.4	106.7	133.6	106.9
龙岩市	**105.0**	**103.5**	**105.7**	**104.7**	**104.2**	**108.8**	**105.2**
龙岩市辖区							
新罗区	104.7	104.4	106.0	103.4	105.2	108.6	104.2
永定区	104.2	103.3	105.2	103.7	101.9	109.2	105.5
漳平市	103.6	104.1	104.1	103.1	101.8	109.0	104.2
长汀县	105.5	104.5	106.2	105.1	104.1	110.1	105.6
上杭县	107.3	103.5	107.2	108.4	107.5	106.9	107.7
武平县	104.6	100.9	104.7	105.8	101.9	109.2	105.2
连城县	104.7	103.2	104.8	105.0	102.1	109.8	105.3
宁德市	**110.7**	**103.5**	**115.1**	**106.1**	**118.3**	**96.2**	**110.5**
宁德市辖区							
蕉城区	114.1	102.3	115.8	111.2	118.1	96.4	112.3
福安市	106.6	104.2	106.4	107.5	107.3	99.9	107.0
福鼎市	109.2	102.4	116.4	101.8	121.5	89.3	108.3
霞浦县	113.6	101.7	140.1	103.2	151.6	98.4	113.2
古田县	106.1	104.9	110.0	104.4	110.8	107.6	107.6
屏南县	117.3	107.7	147.3	101.6	165.2	81.8	118.6
寿宁县	104.5	105.1	107.2	102.5	111.6	98.2	105.7
周宁县	114.1	105.2	132.9	106.3	164.3	81.5	115.6
柘荣县	105.0	105.2	101.9	107.7	102.2	101.3	105.6

注：1. 本表按不变价格计算。

2.本表为2022年初步核算数。

年末户籍统计人口数(2022年)

单位:万人

地区	年末户籍统计总人口	按性别分	
		男	女
全省	**3961.59**	**2034.08**	**1927.51**
福州市	**729.22**	**370.15**	**359.06**
福州市辖区	305.87	151.64	154.23
鼓楼区	62.42	30.46	31.97
台江区	32.33	15.79	16.54
仓山区	68.47	33.19	35.28
马尾区	19.50	9.61	9.90
晋安区	46.04	22.31	23.73
长乐区	77.10	40.28	36.82
福清市	140.36	72.24	68.12
闽侯县	72.86	36.87	35.99
连江县	67.57	35.04	32.53
罗源县	26.92	14.03	12.89
闽清县	32.10	16.92	15.18
永泰县	38.20	20.34	17.85
平潭县	45.33	23.06	22.27
厦门市	**293.81**	**142.80**	**151.01**
厦门市辖区	293.81	142.80	151.01
思明区	91.28	43.93	47.34
海沧区	29.63	14.16	15.48
湖里区	41.03	20.11	20.92
集美区	44.82	21.54	23.27
同安区	44.70	22.09	22.61
翔安区	42.36	20.97	21.39
莆田市	**367.28**	**187.83**	**179.44**
莆田市辖区	249.63	126.85	122.78
城厢区	44.91	22.43	22.48
涵江区	45.36	22.49	22.88
荔城区	62.99	31.41	31.59
秀屿区	96.37	50.53	45.84
仙游县	117.64	60.98	56.66
三明市	**285.61**	**149.75**	**135.86**
三明市辖区	57.41	28.78	28.62
三元区	30.40	14.90	15.50
沙县区	27.00	13.88	13.13
永安市	32.30	16.59	15.71
明溪县	11.52	6.02	5.50
清流县	15.11	7.97	7.14
宁化县	36.65	19.34	17.30
大田县	40.83	22.39	18.44
尤溪县	44.42	24.07	20.35
将乐县	18.50	9.64	8.86
泰宁县	13.62	7.06	6.56
建宁县	15.25	7.87	7.38
泉州市	**774.00**	**400.57**	**373.43**
泉州市辖区	124.75	62.14	62.61
鲤城区	29.08	13.99	15.09
丰泽区	32.49	15.48	17.01
洛江区	21.30	11.02	10.28
泉港区	41.88	21.66	20.23

续表

地区	年末户籍统计总人口	按性别分	
		男	女
石狮市	37.27	18.68	18.60
晋江市	125.00	63.45	61.55
南安市	166.34	88.04	78.31
惠安县	105.81	53.68	52.12
安溪县	119.96	64.08	55.87
永春县	59.48	31.70	27.78
德化县	35.40	18.81	16.59
漳州市	**527.28**	**270.45**	**256.83**
漳州市辖区	183.95	91.10	92.85
芗城区	49.98	24.23	25.75
龙文区	21.39	10.17	11.22
龙海区	91.46	45.95	45.51
长泰区	21.13	10.76	10.37
云霄县	46.80	24.74	22.07
漳浦县	94.85	48.91	45.94
诏安县	68.17	35.71	32.46
东山县	22.29	11.20	11.09
南靖县	35.09	18.06	17.03
平和县	60.02	32.29	27.73
华安县	16.10	8.43	7.67
南平市	**313.57**	**162.14**	**151.42**
南平市辖区	85.31	43.64	41.67
延平区	48.75	24.98	23.77
建阳区	36.56	18.66	17.90
邵武市	29.76	15.23	14.53
武夷山市	24.74	12.54	12.20
建瓯市	53.84	27.91	25.92
顺昌县	22.50	11.67	10.84
浦城县	41.58	21.53	20.04
光泽县	15.95	8.36	7.59
松溪县	16.44	8.63	7.81
政和县	23.46	12.63	10.82
龙岩市	**315.62**	**164.28**	**151.34**
龙岩市辖区	108.81	55.23	53.57
新罗区	62.04	30.46	31.58
永定区	46.77	24.78	21.99
漳平市	28.78	15.18	13.60
长汀县	54.41	28.96	25.44
上杭县	51.09	26.55	24.54
武平县	38.95	20.38	18.57
连城县	33.58	17.97	15.60
宁德市	**355.21**	**186.10**	**169.11**
宁德市辖区	54.49	27.40	27.09
蕉城区	54.49	27.40	27.09
福安市	67.29	35.47	31.82
福鼎市	60.42	31.28	29.14
霞浦县	54.83	28.82	26.01
古田县	41.64	22.09	19.54
屏南县	18.73	10.04	8.69
寿宁县	25.77	13.90	11.87
周宁县	20.99	11.33	9.66
柘荣县	11.04	5.77	5.28

年末常住人口数(2022年)

单位:万人

地　区	常住人口数	城镇人口	乡村人口	城镇化水平(%)
全　省	**4188.00**	**2937.00**	**1251.00**	**70.1**
福州市	**844.80**	**618.98**	**225.82**	**73.3**
福州市辖区	417.50	382.24	35.26	91.6
鼓楼区	67.50	67.50	0.00	100.0
台江区	41.40	41.40	0.00	100.0
仓山区	118.00	118.00	0.00	100.0
马尾区	29.60	26.11	3.49	88.2
晋安区	79.80	77.81	2.00	97.5
长乐区	81.20	51.43	29.77	63.3
福清市	141.40	76.29	65.11	54.0
闽侯县	102.40	62.11	40.29	60.7
连江县	64.60	32.98	31.62	51.1
罗源县	26.00	18.69	7.31	71.9
闽清县	26.10	11.59	14.51	44.4
永泰县	28.60	12.58	16.02	44.0
平潭县	38.20	22.47	15.73	58.8
厦门市	**530.80**	**478.73**	**52.07**	**90.2**
厦门市辖区	530.80	478.73	52.07	90.2
思明区	106.40	106.40	0.00	100.0
海沧区	62.00	60.57	1.43	97.7
湖里区	99.60	99.60	0.00	100.0
集美区	109.10	98.62	10.48	90.4
同安区	89.20	67.35	21.85	75.5
翔安区	64.50	46.18	18.32	71.6
莆田市	**319.90**	**204.77**	**115.13**	**64.0**
莆田市辖区	229.61	156.19	73.42	68.0
城厢区	54.54	39.49	15.05	72.4
涵江区	47.70	38.07	9.63	79.8
荔城区	67.16	50.45	16.71	75.1
秀屿区	60.20	28.17	32.04	46.8
仙游县	90.30	48.58	41.72	53.8
三明市	**245.50**	**158.08**	**87.42**	**64.4**
三明市辖区	65.95	55.80	10.15	84.6
三元区	41.05	38.15	2.90	92.9
沙县区	24.90	17.65	7.25	70.9
永安市	33.93	24.64	9.29	72.6
明溪县	9.53	5.16	4.37	54.1
清流县	11.46	5.96	5.50	52.0
宁化县	25.57	12.79	12.78	50.0
大田县	29.60	16.21	13.39	54.8
尤溪县	33.80	17.23	16.57	51.0
将乐县	14.21	8.49	5.72	59.7
泰宁县	10.19	6.09	4.10	59.8
建宁县	11.30	5.71	5.59	50.5
泉州市	**887.90**	**621.89**	**266.01**	**70.0**
泉州市辖区	177.30	152.03	25.27	85.7
鲤城区	43.00	43.00	0.00	100.0
丰泽区	72.60	72.60	0.00	100.0
洛江区	25.60	15.84	9.76	61.9
泉港区	36.10	20.58	15.52	57.0

续表

地区	常住人口数	城镇人口	乡村人口	城镇化水平（%）
石狮市	69.50	59.92	9.58	86.2
晋江市	207.60	145.01	62.59	69.9
南安市	153.30	98.11	55.19	64.0
惠安县	104.60	61.45	43.15	58.8
安溪县	99.90	52.74	47.16	52.8
永春县	41.90	26.00	15.90	62.1
德化县	33.80	26.62	7.18	78.8
漳州市	**506.80**	**321.01**	**185.79**	**63.3**
漳州市辖区	213.68	161.34	52.34	75.5
芗城区	64.26	58.28	5.98	90.7
龙文区	30.67	28.17	2.50	91.9
龙海区	95.62	60.59	35.03	63.4
长泰区	23.13	14.29	8.84	61.8
云霄县	41.28	23.12	18.16	56.0
漳浦县	85.10	48.85	36.25	57.4
诏安县	55.47	26.85	28.62	48.4
东山县	22.12	14.76	7.36	66.7
南靖县	30.36	16.79	13.57	55.3
平和县	45.41	22.11	23.30	48.7
华安县	13.38	7.19	6.19	53.7
南平市	**265.10**	**161.29**	**103.81**	**60.8**
南平市辖区	79.20	54.47	24.73	68.8
延平区	44.80	32.75	12.05	73.1
建阳区	34.40	21.72	12.68	63.2
邵武市	27.10	21.79	5.31	80.4
武夷山市	26.10	16.31	9.79	62.5
建瓯市	42.70	22.70	20.00	53.2
顺昌县	17.50	9.20	8.30	52.6
浦城县	29.30	14.41	14.89	49.2
光泽县	12.70	6.54	6.16	51.5
松溪县	12.90	6.51	6.39	50.5
政和县	17.60	9.35	8.25	53.2
龙岩市	**271.60**	**174.23**	**97.37**	**64.2**
龙岩市辖区	117.20	90.44	26.76	77.2
新罗区	85.50	73.47	12.03	85.9
永定区	31.70	16.97	14.73	53.5
漳平市	25.10	14.87	10.23	59.3
长汀县	39.70	21.56	18.14	54.3
上杭县	37.30	19.53	17.77	52.4
武平县	27.50	14.93	12.57	54.3
连城县	24.80	12.89	11.91	52.0
宁德市	**315.60**	**198.42**	**117.18**	**62.9**
宁德市辖区	64.60	45.25	19.35	70.1
蕉城区	64.60	45.25	19.35	70.1
福安市	60.50	40.40	20.10	66.8
福鼎市	56.20	36.61	19.59	65.2
霞浦县	47.90	29.84	18.06	62.3
古田县	31.50	16.36	15.14	51.9
屏南县	13.70	7.06	6.64	51.6
寿宁县	17.40	8.97	8.43	51.6
周宁县	14.60	7.99	6.61	54.7
柘荣县	9.20	5.93	3.27	64.5

城镇非私营单位就业人员平均工资

单位：元

项　　目	就业人员平均工资		在岗职工平均工资	
	2021	2022	2021	2022
总计	**98071**	**103803**	**101516**	**106977**
按三次产业分				
第一产业	69504	77840	78084	89266
第二产业	83251	86073	84118	87058
第三产业	112418	120655	118690	126023
按企事业机关分				
企业	89672	93683	92305	95780
机关和事业	125472	135652	130933	142009
按行业分				
农、林、牧、渔业	69504	77840	78084	89266
采矿业	67457	83510	68482	84578
制造业	86707	90788	86621	90708
电力、热力、燃气及水生产和供应业	134343	141910	141091	147231
建筑业	73221	73178	74031	73961
批发和零售业	97427	103188	99357	104337
交通运输、仓储和邮政业	109125	113836	109988	114751
住宿和餐饮业	50328	52087	54434	55345
信息传输、软件和信息技术服务业	143350	154022	143789	154411
金融业	131573	157538	194404	208319
房地产业	91617	90573	93169	91994
租赁和商务服务业	75274	79344	78186	80209
科学研究和技术服务业	139416	148080	141616	150780
水利、环境和公共设施管理业	69001	69572	71255	71775
居民服务、修理和其他服务业	76355	72596	76927	72870
教育	111035	124756	116760	131143
卫生和社会工作	142942	156258	146461	160260
文化、体育和娱乐业	96891	106939	102990	113548
公共管理、社会保障和社会组织	126864	130557	131321	136330

注：在岗职工为含劳务派遣人员口径。

城乡居民人均可支配收入(2022年)

单位:元

地区	城镇居民人均可支配收入		农村居民人均可支配收入	
	数值	比上年增长(%)	数值	比上年增长(%)
全省	**53817**	**5.2**	**24987**	**7.6**
福州市	**55638**	**4.1**	**26826**	**6.4**
福州市辖区				
鼓楼区	65763	4.6		
台江区	60528	3.8		
仓山区	51526	3.7		
马尾区	61529	4.3	34620	6.9
晋安区	56140	3.8	27084	5.5
长乐区	57421	4.3	30551	5.9
福清市	56680	4.4	32000	7.1
闽侯县	53121	4.5	25987	7.5
连江县	45046	2.7	24520	6.4
罗源县	41401	4.1	20481	5.6
闽清县	39993	4.3	20304	6.0
永泰县	38657	4.7	19816	6.4
平潭县	48816	4.2	22277	6.6
厦门市	**70467**	**4.9**	**32323**	**8.1**
厦门市辖区				
思明区	84931	4.6		
海沧区	64607	4.8	40035	8.4
湖里区	69276	4.6		
集美区	63273	5.0	39145	8.1
同安区	59272	5.0	29675	7.7
翔安区	50243	5.3	29305	8.4
莆田市	**46595**	**5.7**	**24718**	**8.0**
莆田市辖区				
城厢区	53723	5.6	27465	7.9
涵江区	44362	5.7	23640	8.0
荔城区	51928	5.3	28043	7.6
秀屿区	39127	6.1	25725	8.3
仙游县	40098	5.9	22418	8.6
三明市	**44627**	**5.5**	**23228**	**7.5**
三明市辖区				
三元区	49370	4.8	25542	6.6
沙县区	45512	5.2	25983	6.9
永安市	45563	5.3	24281	7.5
明溪县	37064	4.5	21536	7.0
清流县	38829	4.9	22080	7.1
宁化县	36662	6.0	21590	7.2
大田县	45162	5.9	23684	8.3
尤溪县	42848	6.3	24095	8.1
将乐县	43390	6.5	23724	8.6
泰宁县	40734	5.0	21934	7.1
建宁县	37435	5.6	21908	7.7
泉州市	**57724**	**4.9**	**27572**	**6.4**
泉州市辖区				
鲤城区	55977	5.2		
丰泽区	67496	4.5		
洛江区	50599	5.0	23826	6.7
泉港区	44031	5.5	26317	6.0

续表

地　区	城镇居民人均可支配收入		农村居民人均可支配收入	
	数　值	比上年增长(%)	数　值	比上年增长(%)
石 狮 市	73205	4.9	34136	6.7
晋 江 市	62055	5.1	31916	5.7
南 安 市	57597	5.2	29464	5.9
惠 安 县	54800	5.6	28302	6.5
安 溪 县	40472	5.2	22341	6.8
永 春 县	39401	3.6	21784	6.9
德 化 县	42651	4.4	21221	6.5
漳州市	**46380**	**7.1**	**25789**	**9.4**
漳州市辖区				
芗城区	52056	6.8	25721	9.1
龙文区	53051	6.5	27732	9.9
龙海区	48094	7.5	27018	9.4
长泰区	48276	6.9	26993	9.5
云 霄 县	40935	7.0	23684	9.3
漳 浦 县	47661	8.3	28499	10.4
诏 安 县	38582	6.8	23047	8.6
东 山 县	46044	6.8	29862	9.5
南 靖 县	42263	7.6	24950	9.1
平 和 县	39540	7.0	25134	9.3
华 安 县	42920	7.0	24755	8.8
南平市	**41101**	**4.4**	**21782**	**6.6**
南平市辖区				
延平区	42165	4.6	23794	7.1
建阳区	42569	4.6	22116	7.2
邵 武 市	42415	3.1	25282	7.0
武夷山市	42578	4.9	23758	5.9
建 瓯 市	41085	5.1	23048	6.6
顺 昌 县	37798	4.7	20943	6.9
浦 城 县	38177	3.9	19891	5.7
光 泽 县	37777	5.0	18566	6.8
松 溪 县	36055	3.9	16842	6.5
政 和 县	36144	4.1	17427	6.3
龙岩市	**45990**	**5.0**	**24407**	**7.4**
龙岩市辖区				
新罗区	49695	3.6	28541	6.9
永定区	48571	5.4	25222	6.2
漳 平 市	43852	5.2	24264	7.1
长 汀 县	33502	5.5	22279	8.2
上 杭 县	50438	5.3	24177	7.7
武 平 县	43263	4.9	23310	7.6
连 城 县	39574	5.2	22374	8.1
宁德市	**42749**	**5.3**	**23102**	**8.6**
宁德市辖区				
蕉城区	44463	4.2	23139	8.5
福 安 市	46035	5.2	23928	7.7
福 鼎 市	45419	5.1	23198	7.9
霞 浦 县	42774	6.1	23786	9.6
古 田 县	40692	5.6	24357	8.1
屏 南 县	35530	5.9	20831	8.9
寿 宁 县	33407	5.3	20315	9.0
周 宁 县	36993	5.8	21543	9.0
柘 荣 县	34359	4.3	20440	8.6

地方一般公共预算收入(2022年)

单位:万元

地 区	地方一般公共预算收入	#增值税	#企业所得税	#个人所得税
全 省	**33392146**	**6757946**	**4480792**	**1372925**
福州市	**6985234**	**1281919**	**958370**	**345140**
福州市辖区				
鼓楼区	349213	80417	94601	
台江区	146463	31526	25527	
仓山区	221661	39264	34263	
马尾区	227493	45975	43706	1583
晋安区	173233	32889	38306	
长乐区	680510	180095	55879	9718
福清市	1172052	268712	131911	23230
闽侯县	1007441	143433	97623	26662
连江县	336899	77339	17493	7080
罗源县	117647	-2186	12362	9102
闽清县	181514	103415	10767	3130
永泰县	114278	19581	15496	2260
平潭县	235611	34362	46022	39528
厦门市	**8838107**	**1951429**	**1264338**	**623156**
厦门市辖区				
思明区	739055	203285	133046	95231
海沧区	396359	81083	73227	16866
湖里区	559170	126939	106176	51329
集美区	460677	67581	41096	21453
同安区	323996	68019	36119	11751
翔安区	279590	31379	43404	12794
莆田市	**1510519**	**259632**	**167586**	**28482**
莆田市辖区				
城厢区	254052	49376	21439	3406
涵江区	186485	-9109	46604	5716
荔城区	326040	83712	27721	6373
秀屿区	190232	-6185	29514	3283
仙游县	296457	126550	26326	4194
三明市	**1113543**	**214583**	**101190**	**28529**
三明市辖区				
三元区	104840	20377	10935	3011
沙县区	105761	20439	6390	2366
永安市	200770	33566	15278	4485
明溪县	39904	10060	5611	1370
清流县	50259	8513	7237	1442
宁化县	63971	7163	5607	1010
大田县	87455	16837	10523	2275
尤溪县	87929	9715	6704	1315
将乐县	71411	13938	4791	2929
泰宁县	32375	5964	2367	550
建宁县	33221	6236	2328	1816
泉州市	**5267928**	**1320726**	**652460**	**139094**
泉州市辖区				
鲤城区	139234	35504	17626	4126
丰泽区	184268	41166	31434	8977
洛江区	164420	48686	25616	7557
泉港区	221530	63417	25253	6022

续表

地区	地方一般公共预算收入	#增值税	#企业所得税	#个人所得税
石狮市	436207	80702	26135	5900
晋江市	1508800	398272	204119	38766
南安市	682192	193192	53220	14903
惠安县	439703	141625	62065	9973
安溪县	315321	56050	47758	4537
永春县	138451	27566	15896	7112
德化县	159742	38750	12022	4347
漳州市	**2505976**	**236125**	**270386**	**50298**
漳州市辖区				
芗城区	202036	45586	16457	7698
龙文区	160823	26697	16119	2631
龙海区	301459	20838	22054	3855
长泰区	164489	48702	11752	2781
云霄县	91359	14143	6732	2845
漳浦县	181803	−167858	32238	5449
诏安县	58488	9476	7862	1471
东山县	162738	17213	12924	1942
南靖县	100274	25059	7908	2003
平和县	80192	14750	4831	1039
华安县	60008	15469	4695	1187
南平市	**1040611**	**187128**	**96562**	**23174**
南平市辖区				
延平区	80221	11095	7357	1471
建阳区	140270	22987	7349	2013
邵武市	130038	7085	12619	3803
武夷山市	96986	17104	6336	3702
建瓯市	112039	17151	6764	2435
顺昌县	60012	12018	3548	531
浦城县	75731	14632	5633	1615
光泽县	50670	11376	2591	1092
松溪县	30067	6358	2173	396
政和县	43347	11052	4279	766
龙岩市	**1654586**	**344629**	**183702**	**43489**
龙岩市辖区				
新罗区	272166	36335	31278	6161
永定区	105646	19292	11691	5467
漳平市	105902	11723	9081	2779
长汀县	101023	11989	13739	2196
上杭县	340635	83671	57814	11346
武平县	85316	15563	10104	2743
连城县	89966	12682	6048	2500
宁德市	**1674471**	**283201**	**352639**	**91540**
宁德市辖区				
蕉城区	304916	88017	90085	33587
福安市	395648	126801	83056	7091
福鼎市	238986	49899	42329	6058
霞浦县	87431	−101748	10625	3359
古田县	86441	10165	6410	1975
屏南县	49534	2703	3545	1049
寿宁县	40395	10068	3635	990
周宁县	36149	−4136	5179	645
柘荣县	38142	12836	3225	695

一般公共预算支出(2022年)

单位：万元

地　区	地方一般公共预算支出	一般公共服务支出	教育支出	科学技术支出	农林水事务支出
全　省	**56912173**	**4903286**	**12172631**	**1529994**	**4103670**
福州市	**10060892**	**925812**	**2064007**	**251025**	**575682**
福州市辖区					
鼓楼区	361558	47652	94627	14239	3771
台江区	225782	32529	70289	4897	1772
仓山区	388701	53968	118143	11642	5649
马尾区	374837	45321	74031	9125	11563
晋安区	302965	31997	74653	8825	15389
长乐区	866042	66903	183247	33659	52612
福清市	1424632	79051	330171	13782	78725
闽侯县	1173172	116123	217943	27692	50707
连江县	756731	39821	156997	15713	82012
罗源县	285402	33716	62216	2181	44856
闽清县	330405	30191	64922	1144	49040
永泰县	367729	34110	67995	627	60644
平潭县	701939	108132	114850	1096	37466
厦门市	**10887431**	**927892**	**1956311**	**602411**	**264671**
厦门市辖区					
思明区	1194009	81550	288803	42407	1323
海沧区	753088	105613	212382	34262	20557
湖里区	982210	83122	173455	6505	3358
集美区	958290	73807	285378	29146	53516
同安区	837267	52994	244080	9071	49126
翔安区	652159	87770	209840	5010	34070
莆田市	**2769364**	**257601**	**802341**	**26461**	**199744**
莆田市辖区					
城厢区	322210	30415	104215	1565	19797
涵江区	304581	44246	87942	1424	23234
荔城区	377643	36293	135777	2425	25493
秀屿区	432549	42460	146752	2576	38356
仙游县	658378	38327	189996	8488	71588
三明市	**3495690**	**305069**	**784928**	**20715**	**446145**
三明市辖区					
三元区	231072	28126	71050	1461	16182
沙县区	290373	32447	63919	1850	36348
永安市	358738	30576	86179	1500	45606
明溪县	166545	13862	38585	839	29014
清流县	203562	13905	46523	815	31752
宁化县	317640	27765	72189	588	50458
大田县	281378	26450	93406	411	33764
尤溪县	340238	31058	86279	886	46219
将乐县	255984	15444	49161	1487	50385
泰宁县	166058	11353	30739	616	29843
建宁县	192440	14207	34790	1410	38225
泉州市	**8074508**	**579455**	**2051474**	**215447**	**620827**
泉州市辖区					
鲤城区	261043	26519	80918	4624	2772
丰泽区	262935	24296	85332	9076	3904
洛江区	229352	24744	63914	5626	17616
泉港区	360500	27956	86596	3431	16740

续表

地　区	地方一般公共预算支出	一般公共服务支出	教育支出	科学技术支出	农林水事务支出
石 狮 市	620942	41761	124094	20365	50349
晋 江 市	1759976	67864	442076	96494	152133
南 安 市	970105	64506	283662	21139	76871
惠 安 县	649726	51521	162011	11880	41433
安 溪 县	699877	64060	245380	2414	63762
永 春 县	363139	34963	108501	4182	56851
德 化 县	384474	32283	89814	6563	64008
漳州市	**5018618**	**502150**	**1098879**	**36405**	**356859**
漳州市辖区					
芗城区	311228	35719	72321	4269	10419
龙文区	189108	21008	62617	5027	6470
龙海区	505941	50128	109901	4038	36381
长泰区	266157	27928	64252	2976	25775
云 霄 县	314284	36329	91107	1695	37940
漳 浦 县	737817	63067	166070	2131	60281
诏 安 县	292830	28499	73972	860	30187
东 山 县	326877	25390	56024	516	37006
南 靖 县	290903	39525	64017	1295	27521
平 和 县	293529	24225	67718	347	35753
华 安 县	196830	28070	37008	822	18413
南平市	**3443093**	**245212**	**622160**	**30742**	**540498**
南平市辖区					
延平区	273734	20930	56825	3147	50913
建阳区	330460	30695	67364	3705	52067
邵 武 市	355668	19358	68286	4661	72689
武夷山市	323462	20810	54392	2100	47548
建 瓯 市	363708	21453	77356	2240	63723
顺 昌 县	238641	18795	44460	824	44912
浦 城 县	331541	21855	69333	2205	66742
光 泽 县	177858	13329	36360	828	39364
松 溪 县	181364	13571	30915	2033	32974
政 和 县	225116	13129	33841	2271	57207
龙岩市	**3614236**	**361131**	**789243**	**138310**	**391087**
龙岩市辖区					
新罗区	452747	43861	141685	24082	50502
永定区	323975	29469	93853	727	43400
漳 平 市	264390	28335	65065	6445	37015
长 汀 县	433864	39080	102358	15649	74128
上 杭 县	637597	56671	123147	70678	71495
武 平 县	296198	34692	69525	7807	49331
连 城 县	291942	35225	73662	4167	44037
宁德市	**3722515**	**339751**	**819994**	**54143**	**404610**
宁德市辖区					
蕉城区	459989	48639	130053	4211	48339
福 安 市	582073	54795	145663	3406	70531
福 鼎 市	467913	31584	115219	2165	56431
霞 浦 县	371767	32804	98531	547	52737
古 田 县	275455	23004	70127	583	37413
屏 南 县	212981	20805	45205	520	34581
寿 宁 县	200219	22162	43794	433	33713
周 宁 县	196899	8991	35106	2070	26433
柘 荣 县	157202	20471	30281	3475	27245

普通教育专任教师及在校学生数(2022年)

单位:人

地区	专任教师数			在校生数		
	普通高中	普通初中	小学	普通高中	普通初中	小学
全省	**57662**	**116146**	**204204**	**746398**	**1565702**	**3590926**
福州市	**9736**	**20241**	**36496**	**130793**	**285188**	**645997**
福州市辖区	4767	8963	16873	64767	135336	316084
鼓楼区	1532	2035	3378	20764	31197	67839
台江区	470	826	1556	6856	11976	28295
仓山区	1076	2312	5134	14663	37772	93516
马尾区	406	689	1035	4889	8053	18777
晋安区	465	1337	2602	6057	19902	51145
长乐区	818	1764	3168	11538	26436	56512
福清市	1796	3904	7242	25245	55918	117465
闽侯县	773	1898	3638	10102	26482	70686
连江县	855	1939	3082	10899	24963	49053
罗源县	261	687	1223	3274	8766	21587
闽清县	337	855	1471	4286	9549	19114
永泰县	375	840	1118	4806	9887	20094
平潭县	572	1155	1849	7414	14287	31914
厦门市	**5240**	**11184**	**22112**	**69273**	**152849**	**403658**
厦门市辖区	5240	11184	22112	69273	152849	403658
思明区	2208	2836	4927	29632	39393	89256
海沧区	346	1282	2670	4671	16550	49380
湖里区	190	1836	3479	2103	24093	60660
集美区	1020	1953	3796	12328	28201	74684
同安区	1011	2147	4337	13733	29948	79499
翔安区	465	1130	2903	6806	14664	50179
莆田市	**5481**	**9408**	**15774**	**77778**	**134648**	**287557**
莆田市辖区	3869	6627	11246	54433	97184	207252
城厢区	935	1814	2588	11585	23956	48248
涵江区	755	1238	2031	11158	15370	35283
荔城区	1267	1771	3305	17690	29708	68113
秀屿区	912	1804	3322	14000	28150	55608
仙游县	1612	2781	4528	23345	37464	80305
三明市	**4044**	**8034**	**13019**	**49066**	**102423**	**223380**
三明市辖区	1206	2128	3234	16416	27881	58041
三元区	627	1156	1831	8704	14378	34097
沙县区	579	972	1403	7712	13503	23944
永安市	512	1025	1713	5659	12628	28497
明溪县	148	230	520	1213	2622	6204
清流县	170	361	660	2126	5247	10036
宁化县	477	877	1304	5414	12263	22979
大田县	453	1067	1872	5807	14249	35740
尤溪县	532	1133	1696	5913	11885	31332
将乐县	230	537	723	2718	6960	12659
泰宁县	156	330	668	1820	4146	9287
建宁县	160	346	629	1980	4542	8605
泉州市	**12529**	**25648**	**47861**	**166184**	**370690**	**852937**
泉州市辖区	2924	5316	9202	37742	75718	165108
鲤城区	1270	2106	3035	15958	31558	54738
丰泽区	608	1370	2640	8193	19869	49688
洛江区	462	657	1359	7068	9523	24601
泉港区	584	1183	2168	6523	14768	36081

续表

地区	专任教师数			在校生数		
	普通高中	普通初中	小学	普通高中	普通初中	小学
石狮市	983	1898	3763	13257	29558	69307
晋江市	2370	5107	10747	32614	78336	194537
南安市	1942	4167	8206	26087	61659	147684
惠安县	1494	3099	5529	17373	37947	102459
安溪县	1642	3600	6073	24644	56893	102315
永春县	690	1564	2428	8456	18604	36435
德化县	484	897	1913	6011	11975	35092
漳州市	**7659**	**14776**	**23657**	**93627**	**184628**	**434326**
漳州市辖区	3640	6052	10072	44385	81179	187442
芗城区	1514	2151	2801	18787	31820	54459
龙文区	328	579	1701	4067	8584	30760
龙海区	1550	2697	4530	19001	33902	82690
长泰区	248	625	1040	2530	6873	19533
云霄县	614	1282	2086	7939	14866	33928
漳浦县	1026	2585	3563	13800	31982	80191
诏安县	597	1601	2541	7985	21586	48821
东山县	350	540	1008	3015	7043	17867
南靖县	460	816	1267	4767	9070	20874
平和县	664	1492	2379	8331	13671	35221
华安县	308	408	741	3405	5231	9982
南平市	**3891**	**8511**	**13012**	**49453**	**107302**	**189703**
南平市辖区	1090	2435	3873	13904	30555	57977
延平区	617	1478	2189	7797	17671	31876
建阳区	473	957	1684	6107	12884	26101
邵武市	355	823	1195	4246	9737	18938
武夷山市	282	767	1145	3874	9388	18444
建瓯市	554	1415	2133	7772	19619	31528
顺昌县	443	674	851	5442	5624	10387
浦城县	490	1027	1371	6248	13077	17869
光泽县	214	433	784	2608	5037	8500
松溪县	200	390	642	2180	5607	10791
政和县	263	547	1018	3179	8658	15269
龙岩市	**4520**	**8811**	**16021**	**50992**	**100053**	**273751**
龙岩市辖区	1726	3463	6925	20600	41966	117232
新罗区	1114	2184	4841	13736	29092	84750
永定区	612	1279	2084	6864	12874	32482
漳平市	349	861	1477	4728	9409	24423
长汀县	732	1390	2645	9153	17281	45591
上杭县	826	1214	2059	7160	13155	36353
武平县	449	949	1575	4933	9827	26070
连城县	438	934	1340	4418	8415	24082
宁德市	**4562**	**9533**	**16252**	**59232**	**127921**	**279617**
宁德市辖区	950	1869	3365	11695	26324	60624
蕉城区	950	1869	3365	11695	26324	60624
福安市	1043	1908	3255	13793	28099	54234
福鼎市	671	1524	2849	9428	21494	51298
霞浦县	570	1283	2226	8079	19791	46480
古田县	414	1012	1498	4979	10202	23537
屏南县	212	505	811	2431	5527	11056
寿宁县	302	626	919	3963	6552	12303
周宁县	255	514	784	2978	5808	11373
柘荣县	145	292	545	1886	4124	8712

规模以上工业企业主要财务指标(2022年)

单位:亿元

地区	固定资产合计	流动资产合计	利润总额	利税总额
全 省	**13365.74**	**27044.60**	**3698.65**	**5051.94**
福州市	**3389.14**	**4346.64**	**556.49**	**728.62**
福州市辖区				
鼓楼区	370.77	149.23	9.30	19.92
台江区				
仓山区	49.99	362.76	28.84	40.10
马尾区	116.91	462.94	19.61	32.18
晋安区	40.03	135.48	16.81	21.78
长乐区	585.90	923.12	168.48	200.19
福清市	1269.79	1136.58	137.89	182.99
闽侯县	164.26	528.02	77.88	110.89
连江县	334.48	269.86	74.24	82.92
罗源县	226.04	226.28	−3.59	1.00
闽清县	82.09	74.66	23.33	30.98
永泰县	68.67	39.42	0.73	2.04
平潭县	80.21	38.28	2.97	3.62
厦门市	**1687.87**	**5805.62**	**555.79**	**793.86**
厦门市辖区				
思明区	282.67	313.41	31.32	41.63
海沧区	398.51	1521.07	195.03	331.41
湖里区	108.40	941.28	99.12	117.08
集美区	200.65	969.35	102.62	124.93
同安区	241.96	971.26	45.67	70.92
翔安区	455.68	1089.25	82.03	107.87
莆田市	**885.67**	**1148.68**	**173.55**	**218.96**
莆田市辖区				
城厢区	76.96	103.32	20.09	25.76
涵江区	183.08	196.03	50.99	62.50
荔城区	43.01	219.82	10.39	18.46
秀屿区	447.47	403.10	41.92	54.09
仙游县	135.14	226.41	50.16	58.16
三明市	**634.44**	**769.08**	**74.34**	**112.72**
三明市辖区				
三元区	263.16	215.38	20.32	35.30
沙县区	53.15	114.11	13.30	17.58
永安市	101.88	180.89	8.40	13.90
明溪县	15.56	27.51	8.52	9.65
清流县	17.04	18.92	4.23	5.53
宁化县	46.37	27.39	3.59	5.26
大田县	28.80	45.89	3.99	8.01
尤溪县	38.88	73.62	2.67	5.09
将乐县	46.90	42.43	1.50	3.45
泰宁县	8.18	4.45	0.90	1.43
建宁县	14.50	18.50	6.93	7.50
泉州市	**2679.32**	**5379.71**	**1112.16**	**1504.65**
泉州市辖区				
鲤城区	63.83	286.11	40.10	51.47
丰泽区	80.64	106.71	17.09	21.02
洛江区	37.72	141.75	47.87	54.39
泉港区	219.21	450.72	92.92	179.93

续表

地　区	固定资产合计	流动资产合计	利润总额	利税总额
石 狮 市	248.60	390.60	74.20	93.67
晋 江 市	574.46	2157.50	359.39	457.02
南 安 市	350.18	726.12	197.07	237.60
惠 安 县	753.10	761.23	122.32	218.71
安 溪 县	259.18	215.76	94.57	112.65
永 春 县	52.85	99.11	54.13	59.89
德 化 县	39.55	44.11	12.51	18.29
漳州市	**1512.85**	**2424.49**	**302.18**	**453.01**
漳州市辖区				
芗城区	357.62	434.95	45.76	62.66
龙文区	37.81	139.63	23.61	29.60
龙海区	389.85	554.17	92.93	126.88
长泰区	117.65	244.87	35.15	49.04
云 霄 县	27.88	74.02	13.09	17.24
漳 浦 县	418.28	469.60	－19.94	32.36
诏 安 县	30.86	99.30	24.35	29.68
东 山 县	32.42	119.95	10.49	16.26
南 靖 县	41.74	118.45	38.85	44.02
平 和 县	18.67	61.35	17.84	21.06
华 安 县	40.08	108.20	20.05	24.22
南平市	**484.58**	**606.24**	**50.69**	**75.79**
南平市辖区				
延平区	129.02	152.96	16.72	24.12
建阳区	35.93	72.55	0.80	2.90
邵 武 市	92.98	103.80	10.73	14.56
武夷山市	13.74	24.94	2.69	3.73
建 瓯 市	24.64	45.06	1.26	3.18
顺 昌 县	23.92	32.15	5.28	7.59
浦 城 县	58.73	58.78	5.65	9.01
光 泽 县	60.97	67.87	3.32	4.37
松 溪 县	9.43	18.80	1.82	2.78
政 和 县	35.21	29.33	2.42	3.56
龙岩市	**562.36**	**1370.69**	**190.33**	**388.54**
龙岩市辖区				
新罗区	207.09	568.43	64.80	227.01
永定区	52.07	77.86	9.69	13.21
漳 平 市	59.54	85.31	8.51	13.09
长 汀 县	49.58	93.18	13.14	16.46
上 杭 县	118.39	433.84	62.36	81.67
武 平 县	34.50	59.09	16.24	19.03
连 城 县	41.19	52.99	15.59	18.07
宁德市	**1529.51**	**5193.46**	**683.10**	**775.80**
宁德市辖区				
蕉城区	539.56	4011.18	360.56	409.32
福 安 市	209.74	551.89	244.64	263.09
福 鼎 市	565.94	337.97	34.73	40.00
霞 浦 县	72.85	142.91	13.33	21.22
古 田 县	25.31	31.10	8.82	13.51
屏 南 县	26.65	47.99	6.01	7.93
寿 宁 县	15.49	25.38	5.54	7.09
周 宁 县	60.44	20.80	3.85	6.40
柘 荣 县	13.53	24.24	5.62	7.24

社会保险和低保情况(2022年)

单位：万人

地区	期末参加城镇职工基本养老保险职工人数	期末参加城乡居民基本养老保险人数	期末参加基本医疗保险人数	城镇居民最低生活保障人数	农村居民最低生活保障人数
全省	**1443.01**	**1598.77**	**3863.49**	**6.78**	**50.46**
福州市	**240.20**	**252.63**	**688.29**	**0.94**	**6.58**
福州市辖区					
鼓楼区		1.30	64.00	0.05	
台江区		1.29	37.18	0.16	
仓山区		6.05	65.98	0.17	0.11
马尾区	16.34	5.17	22.22	0.07	0.14
晋安区		4.71	45.72	0.09	0.10
长乐区	11.51	37.80	69.06	0.04	0.75
福清市	26.22	70.26	129.37	0.12	1.23
闽侯县	16.48	30.47	73.26	0.03	0.96
连江县	7.39	31.13	56.69	0.03	0.96
罗源县	2.97	11.75	24.24	0.04	0.62
闽清县	4.87	14.82	28.14	0.03	0.54
永泰县	3.59	17.74	32.45	0.06	0.57
平潭县	6.54	20.15	39.96	0.04	0.61
厦门市	**469.40**	**25.19**	**470.54**	**0.87**	**0.46**
厦门市辖区					
思明区	4.28	1.43	130.24	0.22	
海沧区	0.72	2.42	43.17	0.05	0.03
湖里区	1.32	0.82	102.64	0.10	
集美区	1.27	1.42	68.49	0.08	0.04
同安区	1.14	7.60	60.67	0.15	0.30
翔安区	0.70	11.50	41.10	0.26	0.09
莆田市	**70.96**	**173.86**	**322.16**	**0.25**	**5.07**
莆田市辖区					
城厢区	0.77	19.17	36.78	0.03	0.43
涵江区	13.41	22.47	40.92	0.08	0.60
荔城区	0.92	23.00	53.47	0.11	0.50
秀屿区	8.22	39.07	64.49		1.27
仙游县	11.32	57.86	100.87	0.03	2.00
三明市	**58.27**	**125.16**	**258.24**	**0.47**	**4.12**
三明市辖区					
三元区	9.61	4.95	17.26	0.09	0.08
沙县区	6.19	12.11	25.57	0.05	0.34
永安市	9.45	12.02	30.29	0.08	0.29
明溪县	2.06	5.87	10.66	0.03	0.21
清流县	2.57	6.95	13.20	0.02	0.29
宁化县	3.62	17.27	30.44	0.05	0.64
大田县	5.09	19.12	35.14	0.03	0.68
尤溪县	4.82	22.62	38.91	0.03	0.73
将乐县	3.13	9.36	16.66	0.04	0.28
泰宁县	1.94	7.04	12.49	0.03	0.24
建宁县	2.17	7.85	13.61	0.03	0.35
泉州市	**219.54**	**375.55**	**720.62**	**0.91**	**7.65**
泉州市辖区					
鲤城区	12.63	4.35	20.85	0.09	
丰泽区	29.25	6.11	32.23	0.09	
洛江区	7.01	9.20	20.97	0.02	0.20
泉港区	6.18	21.74	36.44	0.11	0.79

续表

地　区	期末参加城镇职工基本养老保险职工人数	期末参加城乡居民基本养老保险人数	期末参加基本医疗保险人数	城镇居民最低生活保障人数	农村居民最低生活保障人数
石狮市	15.61	18.88	37.50	0.18	
晋江市	59.26	61.70	122.10	0.25	0.77
南安市	24.75	88.61	145.53	0.04	1.90
惠安县	13.28	44.56	76.18	0.07	1.13
安溪县	12.47	61.38	100.88	0.03	1.58
永春县	6.62	30.03	51.32	0.02	0.79
德化县	7.82	16.32	32.78	0.02	0.49
漳州市	**126.99**	**225.33**	**479.35**	**1.50**	**8.45**
漳州市辖区					
芗城区	17.85	10.71	39.25	0.41	0.08
龙文区	0.34	7.55	18.58	0.18	0.05
龙海区	21.13	43.67	53.75	0.26	1.42
长泰区	6.47	8.45	20.83	0.03	0.40
云霄县	15.62	19.62	41.57	0.10	0.99
漳浦县	6.19	42.36	63.65	0.15	1.52
诏安县	11.46	27.70	61.19	0.13	1.54
东山县	4.46	9.48	20.49	0.10	0.26
南靖县	6.56	17.31	27.88	0.04	0.59
平和县	5.98	28.65	52.09	0.07	1.25
华安县	3.46	8.75	15.15	0.02	0.31
南平市	**53.88**	**136.51**	**280.87**	**0.81**	**5.36**
南平市辖区					
延平区	7.61	16.96	36.82	0.18	0.62
建阳区	6.90	16.46	32.31	0.07	0.50
邵武市	6.03	12.58	27.45	0.11	0.50
武夷山市	4.38	10.65	22.62	0.06	0.35
建瓯市	5.15	23.91	47.74	0.11	0.90
顺昌县	3.59	10.18	19.73	0.08	0.39
浦城县	5.08	19.62	36.57	0.06	0.84
光泽县	2.85	7.36	14.52	0.06	0.34
松溪县	1.86	7.95	14.03	0.03	0.36
政和县	3.27	10.84	20.11	0.06	0.55
龙岩市	**71.17**	**139.63**	**275.52**	**0.32**	**5.58**
龙岩市辖区					
新罗区	21.14	17.80	48.76	0.07	0.34
永定区	5.86	23.25	38.58	0.01	1.03
漳平市	4.60	14.59	25.75	0.05	0.64
长汀县	8.05	24.78	45.29	0.11	1.00
上杭县	9.70	24.63	44.39	0.04	0.96
武平县	5.69	19.54	32.55	0.02	0.90
连城县	4.36	15.04	27.76	0.02	0.71
宁德市	**91.77**	**144.90**	**328.72**	**0.71**	**7.19**
宁德市辖区					
蕉城区	27.21	18.10	50.81	0.11	0.65
福安市	16.00	27.42	59.91	0.12	1.44
福鼎市	15.56	26.17	57.93	0.11	0.96
霞浦县	6.56	22.06	48.98	0.13	1.05
古田县	4.19	17.71	36.13	0.06	0.63
屏南县	2.08	8.82	16.37	0.01	0.57
寿宁县	3.10	10.18	22.33	0.06	0.89
周宁县	2.10	9.74	17.65	0.02	0.62
柘荣县	2.13	4.70	10.01	0.09	0.38

注：1. 期末参加基本养老保险职工人数及期末参加基本医疗保险人数中，全省总数含省本级。

2. 期末参加基本养老保险职工人数不含离退休。

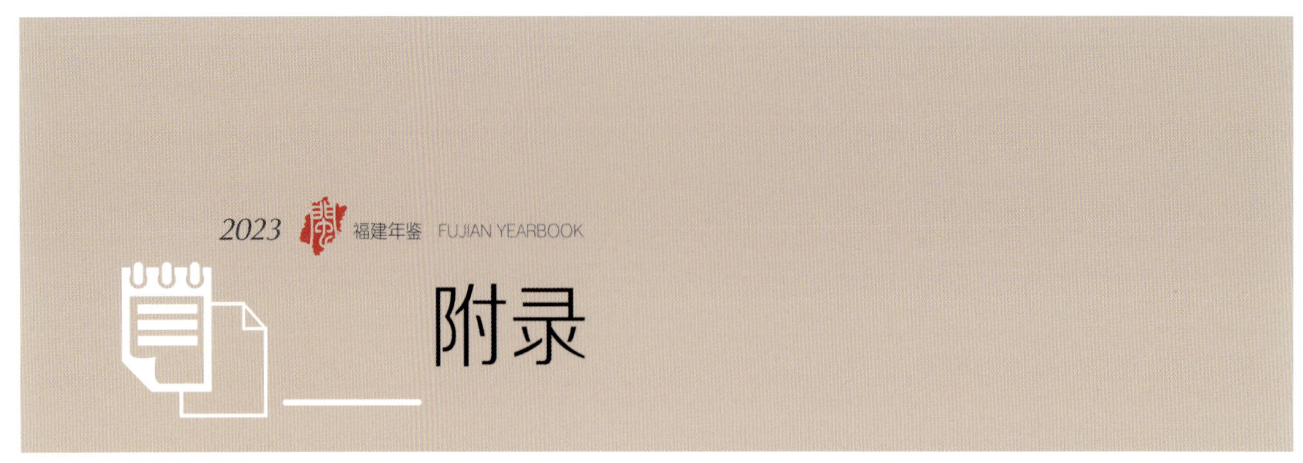

领导机构党派团体及负责人

【中共福建省委书记、副书记、常委、正副秘书长名单】

书　　记：周祖翼
副 书 记：赵　龙　罗东川
常　　委：张　彦　迟耀云
　　　　　邢善萍*　林宝金
　　　　　崔永辉　郭宁宁*
　　　　　吴偕林　宋鸿喜
　　　　　王永礼
秘 书 长：吴偕林
副秘书长：周宽奋　郭国云
　　　　　肖友梅　严　诚

【中共福建省委所属机构负责人名单】

省委办公厅（省档案局）
主　　任：周宽奋
副 主 任：林端宇　朱百里
　　　　　魏　畅*　林奇涵
　　　　　蓝康昌
省档案局局长：
纪检监察组长：陈　琪
厅务会议成员：郭国云　肖友梅
　　　　　卢沛伦　严　诚
　　　　　陈燕喜　王学勇
　　　　　林　斌

省委组织部（省公务员局）
部　　长：邢善萍*
分管日常工作的副部长：冀萌新
副 部 长：林承通　周青松
　　　　　陈炎标　郭学斌
　　　　　陈学平　孙智英*
省公务员局局长：郭学斌
纪检监察组长：沈小明
部务委员：唐俊杰　高宝顺

省委宣传部（省电影局、省新闻出版局〈省版权局〉、省政府新闻办）
部　　长：张　彦
分管日常工作的副部长：许守尧
副 部 长：张　远　叶　燊
　　　　　肖贵新　叶雄彪
　　　　　刘伟泽　陈添贵
　　　　　陈钦灿
省电影局局长：许守尧
省版权局局长：肖贵新
省政府新闻办主任：叶雄彪
纪检监察组长：楚　波
部务会议成员：谢勤亮　李　琦

省委统一战线工作部（省侨办）
部　　长：王永礼
分管日常工作的副部长：黄进发
副 部 长：李家荣　兰明尚
　　　　　肖华鑫　陈　晞
　　　　　李文慎　王　宁
省侨办主任：黄进发
纪检监察组长：陈永文
部务会议成员：章正样　黄　玲*

省委政法委员会
书　　记：罗东川
分管日常工作的副书记：李杰鹏
副 书 记：黄海昆（兼）
　　　　　马必钢　徐　华*
　　　　　严　峻　马旭东
纪检监察组长：
委务会议成员：郑　辉　江敏琛
　　　　　黄克银

省委政策研究室
主　　任：郭国云
副 主 任：谭亚川　苏文光
　　　　　王群勇

省委全面深化改革委员会办公室
主　　任：吴偕林
分管日常工作的副主任：黄建清
副 主 任：陈熙满　林朝阳
　　　　　敖澄华

省委国家安全委员会办公室（略）

省委网络安全和信息化委员会办公室（省互联网信息办）
主　　任：张　远
副 主 任：黄逸群
　　　　　许明峰（兼）
　　　　　杨晓冬　刘建斌
　　　　　吴宏武（兼）

省委机构编制委员会办公室
主　　任：周青松
副 主 任：陈松声　赵志强
　　　　　罗　岩*　付　周

省委军民融合发展委员会办公室（省国防科工办）
主　　任：郭宁宁*
分管日常工作的副主任：邵玉龙
副 主 任：陈煊云　胡世才
　　　　　陈俊强　陈永银

省委（省政府）台港澳工作办公室
主　　任：林文生
副 主 任：刘良辉　钟志刚

省委省直机关工作委员会

书记：吴偕林

分管日常工作的副书记：张源生

副书记：林江铃* 沈燕雄 吴镇江

委员：张文胜 叶贻民 陈雁*

省直机关纪检监察工委书记：叶贻民

省委巡视工作领导小组办公室

主任：王强

副主任：杨义猛 陈晓光 梁建徽

省委老干部局

局长：陈炎标

副局长：张国茂 沈瑞武 李烈青 陈约翰

省委非公企业和社会组织工委

书记：林承通

专职副书记：孙智英*

省委党校（福建行政学院）

校长（院长）：邢善萍*

分管日常工作的副校长（分管日常工作的副院长）：金敏

副校长（副院长）：刘大可 杜丕谦 温敬元 林红* 马郁葱 陈雪梅* 曾汉辉

省委党史研究和地方志编纂办公室

主任：黄誌

副主任：王盛泽 曹宛红* 钟兆云

省档案馆

馆长：

副馆长：黄建峰 马俊凡* 游富明

省社会主义学院

院长：王永礼

党组书记、副院长：章正样

副院长：马建荣 王岩

省委机要局（省密码管理局）★

局长：王学勇

省委保密委员会办公室（省国家保密局）★

主任（局长）：林斌

省专用通信局★

局长：陈燕喜

省委精神文明建设办公室★

主任：李琦

省委讲师团★

团长：谢勤亮

【中共福建省各设区市委领导名单】

中共福州市委

书记：林宝金

副书记：吴贤德 林建

常委：陆菁* 阮孝应 陈云水 周强国 林中麟 蔡亚东 张定锋 叶仁佑

中共厦门市委

书记：崔永辉

副书记：黄文辉

常委：李伟华 陈沈阳 李辉跃 吴子东 游文昌 黄晓舟 王雪敏* 连坤明 严志铭 徐林森

中共漳州市委

书记：张国旺

副书记：王进足 黄水木

常委：张慧德 吴卫红* 张鸿 陈文聪 廖卓文 胡栋良 李宣良 季光明

中共泉州市委

书记：张毅恭

副书记：蔡战胜 宿利南

常委：陈辉宗 卢秀萍* 傅藏荣 黄景春 张文贤 高宏 刘林霜

中共三明市委

书记：黄如欣

副书记：李春* 丘毅

常委：黄冠华 陈列平 刘宝怀 吕国健 杨兴忠 吴国顺 杨国昕 魏小东 王军强（挂职）

中共莆田市委

书记：付朝阳

副书记：林旭阳 季翔峰

常委：练欣 袁素玲* 陈超 陈志强 陈惠黔* 高宇 郑加清 黄珍耀

中共南平市委

书记：林瑞良

副书记：袁超洪 陈涛

常委：刘用通 陈善平 张朝阳 钟文龙 潘冬英* 张翼翔 邱建彬 聂汉勋

中共龙岩市委

书记：余红胜

副书记：胡盛

常委：邓菊芳* 杨溢 黄立峰 陈厦生 袁平华 吴国辉 陈金龙 汤孔忠 王洋（挂职）

中共宁德市委

书记：梁伟新

副书记：张永宁 杨方*

常委：邓伟斌 陈惠* 黄国璋 毛祚松 李彦 徐仁贵

平潭综合实验区党工委

书记：赖军

副书记：黄建波 吴礼源

委员：何杰民 文学林 陈毅坤 黄惠元 郑晓东

【中共福建省各县（市、区）委正职名单】

中共鼓楼区委

书记：黄建新

中共台江区委

书记：梁栋

中共仓山区委

书记：

中共晋安区委

书记：林涛

中共马尾区委

书记：庄永智

中共长乐区委
书　　记：张　帆
中共福清市委
书　　记：叶仁佑
中共闽侯县委
书　　记：赵明正
中共连江县委
书　　记：陈劲松
中共闽清县委
书　　记：孙　利
中共罗源县委
书　　记：张新怿
中共永泰县委
书　　记：雷连鸣
中共思明区委
书　　记：林重阳
中共湖里区委
书　　记：吴新奎
中共集美区委
书　　记：胡旭彬
中共海沧区委
书　　记：游文昌
中共同安区委
书　　记：王跃平
中共翔安区委
书　　记：黄鹤麟
中共芗城区委
书　　记：石振棋
中共龙文区委
书　　记：朱　真*
中共龙海区委
书　　记：黄劲武
中共长泰区委
书　　记：胡　滨
中共漳浦县委
书　　记：黄键鹏
中共东山县委
书　　记：洪泰伟
中共华安县委
书　　记：叶　毓
中共平和县委
书　　记：蔡绿璇*
中共南靖县委
书　　记：李志勇
中共诏安县委
书　　记：李亚容

中共云霄县委
书　　记：蓝良木
中共鲤城区委
书　　记：黄辉灿
中共丰泽区委
书　　记：高金全
中共洛江区委
书　　记：颜丽明*
中共泉港区委
书　　记：杨昌文
中共石狮市委
书　　记：黄春辉
中共晋江市委
书　　记：张文贤
中共南安市委
书　　记：张桂森
中共惠安县委
书　　记：王春雷
中共永春县委
书　　记：吕建成
中共安溪县委
书　　记：吴毓舟
中共德化县委
书　　记：黄文捷
中共三元区委
书　　记：温　毅
中共沙县区委
书　　记：吴健成
中共永安市委
书　　记：傅天宝
中共将乐县委
书　　记：陈　羲
中共尤溪县委
书　　记：周庆裕
中共大田县委
书　　记：刘润宇
中共明溪县委
书　　记：钟　科
中共宁化县委
书　　记：王胜文
中共建宁县委
书　　记：林大茂
中共泰宁县委
书　　记：张昌平
中共清流县委
书　　记：吴钟民

中共荔城区委
书　　记：张福清
中共城厢区委
书　　记：王文才
中共涵江区委
书　　记：连向红*
中共秀屿区委
书　　记：张伯松
中共仙游县委
书　　记：吴文恩
中共延平区委
书　　记：黄桂诚
中共建阳区委
书　　记：魏敦盛
中共邵武市委
书　　记：陈显卿
中共武夷山市委
书　　记：杨青建
中共建瓯市委
书　　记：周　靖
中共顺昌县委
书　　记：赵大建
中共光泽县委
书　　记：陈中民
中共浦城县委
书　　记：沈晓文
中共政和县委
书　　记：黄拔荣
中共松溪县委
书　　记：张行书
中共新罗区委
书　　记：张　锋
中共永定区委
书　　记：李　强
中共漳平市委
书　　记：马桂秋*
中共武平县委
书　　记：张丽华*
中共上杭县委
书　　记：王　波
中共长汀县委
书　　记：赖进益
中共连城县委
书　　记：詹崇仁
中共蕉城区委
书　　记：何必良

中共福安市委

书　　　　记：周祥祺

中共福鼎市委

书　　　　记：林　青

中共霞浦县委

书　　　　记：郭文胜

中共寿宁县委

书　　　　记：周乃松

中共周宁县委

书　　　　记：袁华军

中共柘荣县委

书　　　　记：张晓容

中共古田县委

书　　　　记：张成慧

中共屏南县委

书　　　　记：党　帅

中共平潭县委

书　　　　记：赖　军

【福建省人大常委会正副主任、正副秘书长】

主　　　　任：尹　力

副　主　　任：梁建勇　周联清　庄稼汉　吴洪芹*　檀云坤　袁　毅　严可仕

秘　书　　长：黄新銮

副 秘 书 长：廖世铢　郑国华　翁祖根

【福建省人大法制委员会、财政经济委员会、社会建设委员会、监察和司法委员会】

法制委员会

主 任 委 员：薛云官

副主任委员：李明蓉*　张天明

财政经济委员会

主 任 委 员：林兴禄

副主任委员：（空缺）

社会建设委员会

主 任 委 员：陈善光

副主任委员：丁文清　张炯佳

监察和司法委员会

主 任 委 员：卢厚实

副主任委员：王敏夫

【福建省人大常委会各委、办、室、局】

办公厅

主　　　　任：廖世铢

副　主　　任：黄翠叶*　白　鸿*

研究室

主　　　　任：陈书侨

副　主　　任：郑家红

人事代表工作室

主　　　　任：（空缺）

副　主　　任：张定洲

法制工作委员会

主　　　　任：李明蓉*

副　主　　任：吴黎静*

监察和司法工作委员会

主　　　　任：朱淑芳*

副　主　　任：游美萍*　张彩珍*　陈翔鹰*

农业与农村工作委员会

主　　　　任：（空缺）

副　主　　任：谢小平　陈论生　欧龙光

财政经济工作委员会

主　　　　任：（空缺）

副　主　　任：曹世民　林　郁

教育科学文化卫生工作委员会

主　　　　任：尤猛军

副　主　　任：张宗云　胡志世　冯锦汀

华侨工作委员会（台胞工作委员会）

主　　　　任：（空缺）

副　主　　任：叶勇鹏

环境与城乡建设工作委员会

主　　　　任：朱　华*

副　主　　任：王　芳*

信访局

局　　　　长：邱开养

【福建省纪委、监委派驻省人大常委会机关纪检监察组】

组　　　　长：郭　延*

【各设区市人大常委会正副职、县（市、区）人大常委会正职名单】

福州市人大常委会

主　　　　任：张　忠

副　主　　任：雷成财　郑云春*　陈曾勇　游通铃　陈忠霖

鼓楼区人大常委会

主　　　　任：胡道坦

台江区人大常委会

主　　　　任：何长嘉

仓山区人大常委会

主　　　　任：阮　锋

晋安区人大常委会

主　　　　任：赵　坚

马尾区人大常委会

主　　　　任：郑是平

长乐区人大常委会

主　　　　任：赵　峰

福清市人大常委会

主　　　　任：陈存枫

闽侯县人大常委会

主　　　　任：黄诗杨

连江县人大常委会

主　　　　任：林承祥

闽清县人大常委会

主　　　　任：刘久兴

罗源县人大常委会

主　　　　任：肖永建

永泰县人大常委会

主　　　　任：许以章

厦门市人大常委会

主　　　　任：杨国豪

副　主　　任：孙明忠　陈紫萱*　陈　琛*　郑岳林　王成全

思明区人大常委会

主　　　　任：吕永辉

湖里区人大常委会

主　　　　任：吕参军

集美区人大常委会

主　　　　任：张剑鸣

海沧区人大常委会

主　　　　任：江根云

同安区人大常委会

主　　　　任：叶晓东

翔安区人大常委会

主　　　　任：杜　刚

漳州市人大常委会

主　　　　任：李东河

副　主　　任：林俊德　吴芳华*

方木荣 沈茂欣
李亚树

芗城区人大常委会
主 任：曾勇平

龙文区人大常委会
主 任：戴志嵩

龙海区人大常委会
主 任：蔡国荣

长泰区人大常委会
主 任：周俊雄

漳浦县人大常委会
主 任：刘达文

云霄县人大常委会
主 任：林达祥

诏安县人大常委会
主 任：陈一森

东山县人大常委会
主 任：李 斌

平和县人大常委会
主 任：朱新丰

南靖县人大常委会
主 任：林文生

华安县人大常委会
主 任：赖武平

泉州市人大常委会
主 任：李建辉
副 主 任：吴友才 黄阳春*
樊美清 高向荣
赖清正 李文生

鲤城区人大常委会
主 任：林清泉

丰泽区人大常委会
主 任：刘烨明

洛江区人大常委会
主 任：陈逢生

泉港区人大常委会
主 任：王志安

晋江市人大常委会
主 任：林仁达

南安市人大常委会
主 任：黄景阳

石狮市人大常委会
主 任：李 斌

惠安县人大常委会
主 任：蒋向群

安溪县人大常委会
主 任：梁金良

德化县人大常委会
主 任：王传敬

永春县人大常委会
主 任：林海鸥

三明市人大常委会
主 任：赖碧涛
副 主 任：余建地 王立文
张知通 赵 明
廖丽青*

三元区人大常委会
主 任：林翠玲*

沙县区人大常委会
主 任：吴江潮

永安市人大常委会
主 任：廖艳希*

清流县人大常委会
主 任：张仕权

宁化县人大常委会
主 任：廖祥初

建宁县人大常委会
主 任：黄立辉

泰宁县人大常委会
主 任：黄志远

明溪县人大常委会
主 任：谌良福

将乐县人大常委会
主 任：方 红*

尤溪县人大常委会
主 任：陈章明

大田县人大常委会
主 任：陈剑生

莆田市人大常委会
主 任：苏永革
副 主 任：何金清 蔡国萍*
林清忠 吴宗兴
徐德俊 王世文

仙游县人大常委会
主 任：黄一敏

荔城区人大常委会
主 任：沈堂明

城厢区人大常委会
主 任：肖志雄

涵江区人大常委会
主 任：李文玉

秀屿区人大常委会
主 任：杨玉华

南平市人大常委会
主 任：罗志坚
副 主 任：潘剑才 何光松
潘敏芳* 陈建新
陈 超 兰林和

延平区人大常委会
主 任：黄 春

建阳区人大常委会
主 任：郑立新

邵武市人大常委会
主 任：夏礼平

武夷山市人大常委会
主 任：林 方

建瓯市人大常委会
主 任：杨祖斌

顺昌县人大常委会
主 任：李嘉兴

浦城县人大常委会
主 任：吴 斌

光泽县人大常委会
主 任：刘 雄

松溪县人大常委会
主 任：谢利富

政和县人大常委会
主 任：翁贤忠

龙岩市人大常委会
主 任：詹昌建
副 主 任：阙朝阳 张琼珊*
钟勇强 陈泽亮
苏炎洪 李达武

新罗区人大常委会
主 任：邱清宇

永定区人大常委会
主 任：郑煌泰

上杭县人大常委会
主 任：方 刚

武平县人大常委会
主 任：刘演昌

长汀县人大常委会
主 任：林 勇

连城县人大常委会
主 任：赖小香*

漳平市人大常委会
主 任：吴伯理

宁德市人大常委会

主　　任：王世雄
副 主 任：刘水金　陈　梅*
张　雄　钟乃安
徐光忠　刘正宇

蕉城区人大常委会
主　　任：钟宜国

福安市人大常委会
主　　任：陈昌东

福鼎市人大常委会
主　　任：蔡梅生

霞浦县人大常委会
主　　任：陈　健

寿宁县人大常委会
主　　任：简树铃

周宁县人大常委会
主　　任：周建斌

柘荣县人大常委会
主　　任：陈龙营

古田县人大常委会
主　　任：郑国淑

屏南县人大常委会
主　　任：陆泽干

平潭综合实验区人大工委
主　　任：赖　军
副 主 任：陈诗强　游小峰
陈时雄　谢永生

平潭县人大常委会
主　　任：陈诗强

【福建省人民政府省长、副省长、正副秘书长名单】

省　　长：赵　龙
副 省 长：郭宁宁*　李德金
郑建闽　康　涛
黄海昆　林文斌
秘 书 长：吴南翔
副秘书长：蒋少云　李　斌
魏　东　吴立新
尤思德　李志忠
颜志煌　林长远

【福建省人民政府所属机构、企事业单位负责人名单】

省政府办公厅（参事室）
党组书记：吴南翔
党组副书记、主任：李　斌
党组成员：魏　东　吴立新
尤思德　李志忠
颜志煌　林长远
陈起东
副 主 任：戴清泉　李文哲
郑长清　陈舒予
纪检监察组长：陈章栋
省政府参事室：吴南翔　林晓英*
李文哲　柳　红*
李　强　林　光
翁启勇　李宝银
郑建岚　倪　超*
付贤智　陈　晔*
王宁新*　何　强
赖应辉　李金算
张作兴　陈祥健
兰思仁

省发展和改革委员会
党组书记、主任：孟　芊
副 主 任：张福寿　詹志洁
詹晨辉　侯为东
张文洋　王　忠
王高辉
党组成员：魏明镇　钟昌华
总规划师：张文宪
纪检监察组长：林再生

省教育厅（省委教育工作委员会）
党组书记、厅长：林和平
副 厅 长：刘　健　吴伟平
王　飚　李　绚
陈丽英*
省委教育工委副书记：林　生
纪检监察工委书记、纪检监察组长：陈　仁
专职副总督学：黄建顺

省科学技术厅
党组书记、厅长：陈秋立
党组副书记、副厅长：游建胜
副 厅 长：黄　舒　叶碧海
纪检监察组长：赖土发

省工业和信息化厅（省无线电办）
党组书记、厅长：翁玉耀
副 厅 长：吴添富　郭学军
许永西　陈传芳
郑　伟
纪检监察组长：陈善举
总工程师：施惠财

省民族与宗教事务厅
党组书记、厅长：兰明尚
副 厅 长：宋　哩*　张东晖
张忠发

省公安厅（省打私办）
党委书记、厅长：黄海昆
党委副书记、分管日常工作的副厅长：杜清森
副 厅 长：许耀鹏　郑雷声
黄华安　张　斌
胡　楠
政治部主任：林晓东
纪检监察组长：池家文
党委委员：王亚龙　王锡章

省民政厅（省老区办）
党组书记、厅长：程　强
副 厅 长：赵荣生　陈丽华*
欧阳晓波　林　弘
纪检监察组长：陈兆文

省司法厅
党委书记、厅长：林玫瑰*
党委副书记、副厅长、政治部主任：林安泰
副 厅 长：柯南木　庄天从
林德明　李妙君*
纪检监察组长：高　林
党委委员：陈由顺

省财政厅
党组书记、厅长：余　军
副 厅 长：林贻武　陈　强
黄剑青　谢隆进
刘　洋
纪检监察组长：陈文华
总会计师：李　洁*

省人力资源和社会保障厅
党组书记、厅长：孔繁军
副 厅 长：温惠榕　洪长春
童长峰　陈国銮
纪检监察组长：张永生

省自然资源厅
党组书记、副厅长：陈永共
厅　　长：叶　敏
副 厅 长：翁惠明　郑　鸿
俞文峰
纪检监察组长：林建伟

总工程师：林 辉

总规划师：洪 榕*

省生态环境厅

党组书记、厅长：许碧瑞

党组副书记、副厅长：洪 平

副厅长：杨新坚 徐 威 陈明义 魏良栋

纪检监察组长：陈尚颖

总工程师：郑 彧

核安全总工程师：张玉梅*

监察专员：秦 明 彭国斌

省住房和城乡建设厅

党组书记、厅长：朱子君

副厅长：蒋金明 王明炫 李智勇 陈元豹

纪检监察组长：邱文高

总工程师：陈义雄

总经济师：苏友佺

省交通运输厅

党组书记、厅长：李兴湖

副厅长：王增贤 雷文忠 邱 淮 黄 楠*

纪检监察组长：郝 军

总工程师：寇 军

党组成员：王文胜

省水利厅

党组书记、厅长：刘 琳

副厅长：吴深生 陈水树 余德贵

纪检监察组长：林国闪

总工程师：林 捷

省农业农村厅（省委农办、省乡村振兴局）

党组书记、厅长：陈明旺

副厅长：梁全顺 郭宋玉* 赖诗双 袁忠贤 陈道清

省乡村振兴局局长：陈明旺

纪检监察组长：黄 强

总畜牧兽医师：吴顺意

省商务厅（省口岸办）

厅长：黄河明

副厅长：黄德智 黄娜恩* 钟木达 刘德培 杭 东 陈 靖

纪检监察组长：王庆亮

省文化和旅游厅

党组书记、厅长：王金福

党组副书记、副厅长：林守钦

副厅长：苏庆赐 傅柒生 肖长培 吴新斌

纪检监察组长：郑祥煌

省卫生健康委员会

党组书记、主任：杨闽红

副主任：陈 辉 张国安 黄 昱* 张小舟*

纪检监察组长：黄来渊

省退役军人事务厅（省双拥办）

党组书记、厅长：罗庆春

副厅长：陈建辉 陈 浩 陈永团

省应急管理厅（省安办）

党组书记、厅长：伍 斌

副厅长：欧阳德 姚朝钟 邓 冈 黄德学

纪检监察组长：康文杰

总工程师：邱美辉

党委委员：戴文鹏 高宁宇 杨庆福

省审计厅

党组书记、厅长：杨 红*

副厅长：吴克昌 陈敬辉 许克付 廖德铨

纪检监察组长：王 昕*

总审计师：林建苍

省政府外事办公室

党组书记、主任：陈出新

副主任：黎 林 黄劭蓉* 陈国全

党组成员：罗冠升

省国有资产监督管理委员会

党委书记、主任：黄 莼

党委副书记：修兴高

副主任：左 宇 刘宝和 周金昭 张金霖

纪检监察组长：陈柏生

省林业局

党组书记、局长：王智桢

副局长：刘亚圣 王宜美 林旭东 郑 健 王梅松

省海洋与渔业局

党组书记、局长：林锡能

副局长：林月玲* 邱章泉 翁新平

纪检监察组长：罗长祥

总工程师：罗志涛

省市场监督管理局（省知识产权局）

党组书记、局长：黄培惠

副局长：刘先义 谢再春 许和木 王文生

纪检监察组长：刘小宁

食品安全总监：张剑平

总工程师：张元榕

党组成员：刘征颖*

省广播电视局

党组书记、局长：庄志松

副局长：张明生 张文珍* 陈炎铭

纪检监察组长：林亚贵

省体育局

党组书记、局长：叶得盛

党组副书记、副局长：董劲松

副局长：唐佑明 黄海峡*

纪检监察组长：李振标

省统计局

党组书记、局长：叶飞文

党组副书记、副局长：林英厦

副局长：杨洪春 郭善耘

总统计师：黄向晖

省国防动员办公室（省人防办）

党组书记、主任：詹志洁

省人防办主任：詹志洁

副主任：蔡福勇 张春秋

省医疗保障局

党组书记、局长：林圣魁

副局长：梁步腾 刘家城

省地方金融监督管理局（省金融办）

党组书记、局长：薛鹤峰

副局长：温正斌 谢建潮 吴志勇

纪检监察组长：朱则辉

省委省政府信访局

党组书记、局长：吴立新

副局长：潘弘图 范志平 张 辉

省政府驻北京办事处

党组书记、主任：施宇辉

副　主　任：黄少斌　郑　雄　夏莉燕*

省计划生育协会

党组书记、常务专职副会长：陈　星

专职副会长：陈友茂　刘腾发

省地质矿产勘查开发局

党组书记、局长：林文芳

副　局　长：倪　超　韩康平

总工程师：陈福龙

省供销合作社联合社

党组书记、主任：张作兴

副　主　任：占飞豹　邱志向　林　勤*

纪检组长：

省创新研究院

党委书记、院长：林峭然

副　院　长：潘绣文*　张云峰

纪委书记：詹朝辉

省政府发展研究中心

党组书记、主任：林向东

副　主　任：胡建荣　廖荣天　林坚强

省政府投资项目评审中心（省工程咨询中心）

党组书记、主任：张福寿

副　主　任：陈时儆

省农业科学院

党委书记：肖　铮

院　　长：

副　院　长：汤　浩　黄勤楼　丁中文　魏　辉

纪委书记：陈世奎

福建日报社

社　　长：叶　燊

总　　编：潘贤强

副　总　编：饶新冬　任君翔*　刘见闻

副　社　长：吴孝武

福建社会科学院

院　　长：张　帆

党组书记、副院长：陈祥健

副　院　长：李鸿阶　刘小新　游炎灿　黄茂兴

省广播影视集团

党组书记、董事长：曾祥辉

总　经　理：

副董事长：杨国和　陈加伟　洪　雷

中国海峡人才市场

党组书记、董事长：游诚志

总　经　理：吴小颖

副总经理：叶金山　刘燕贞*　王　文

省政府驻上海办事处★

党组书记、主任：陈福民

省政府驻广州办事处★

党组书记、主任：

省政府驻深圳办事处★

党组书记、主任：翁坤明

省机关事务管理局★

党组书记、局长：陈起东

省数字福建建设领导小组办公室（省大数据管理局）★

主　　任：吴宏武

省粮食和物资储备局★

党组书记、局长：钟昌华

省监狱管理局★

第一政委：林玫瑰*

党委书记、局长：陈由顺

党委副书记、政委：钟火阵

省文物局★

局　　长：傅柒生

省疾病预防控制局★

局　　长：张国安

省药品监督管理局★

党组书记、局长：黄维军

省海洋渔业执法总队★

党委书记、总队长：刘春荣

省水利水电工程移民发展中心★

党组书记、主任：卞宏达

省测绘地理信息发展中心★

党组书记、主任：林孝文

省知识产权发展保护中心★

主　　任：刘征颖*

省水利水电勘测设计院★

党委书记：陈久新

党委副书记、院长：何文兴

省疾病预防控制中心★

党委书记：赖以刚*

主　　任：郑奎城

省教育考试院★

党委书记：林清泉

党委副书记、院长：黄俊兴

省节能中心★

主　　任：陈　亮

省经济信息中心★

主　　任：蔡荣富

中国闽台缘博物馆★

党委书记：王辰虎

馆　　长：陈伟平

省铁路建设发展中心★

主　　任：史原增

省公共资源交易中心★

主　　任：

省煤田地质局★

党委书记、副局长：林　杰

局　　长：伍青云

省投资开发集团有限责任公司

董　事　长：王　非

总　经　理：陈躬仙

党委副书记：郑清华

副总经理：林　崇　叶远航

纪委书记：赖沐祥

总会计师：林兵霞*

省冶金（控股）有限责任公司

董　事　长：郑　震

总　经　理：张　玲*

党委副书记：侯孝亮

副总经理：许继松　周　闽　范建敏　李　翔

纪委书记：林　坚

省能源石化集团有限责任公司

董　事　长：谢荣兴

总　经　理：徐建平

党委副书记：吴　宏

副总经理：刘　强　朱玉武　周朝宝　陈文阶

纪委书记：李寿发

总会计师：卢范经

省港口集团有限责任公司、省交通运输集团有限责任公司

董　事　长：陈志平

总　经　理：陈乐章

党委副书记：黄循钿

副总经理：肖祖建　吴厚生　朱勇进

纪委书记：李建谋

党委委员：蔡立群

省高速公路集团有限公司

董事长：陈岳峰
总经理：潘向阳
党委副书记：
副总经理：蒋建新 陈礼彪
纪委书记：沈觉新
总会计师：黄晞*

中国（福建）对外贸易中心集团有限责任公司

董事长、总经理：游向阳
副总经理：宋福鋈 方炬洋 王向东
纪委书记：吴祥明
总会计师：许文章

厦门航空有限公司

董事长：赵东
总经理：谢兵
副总经理：黄火灶 黄国辉 汤建其 倪良胜 陈立
纪委书记：伊向荣
党委委员：周卫东

省船舶工业集团公司

党委书记：郑震
董事长：赵金杰
总经理：李永忠
副总经理：陈光灿 李振均
纪委书记：郭永兴
总会计师：陈陆芳*

福建炼油化工有限公司

董事长：刘向东
总经理：赵天星
副总经理：张西国 陈飞山 林栩 洪晓江 李吉 丁宏波
纪委书记：杨飞
总会计师：赖水明
董事：徐建平 刘强 吴宏

省轻纺（控股）有限责任公司

总经理：郑书雄
副总经理：陈国樑 黄金镖
纪委书记：潘士颖
总会计师：郑剑军

省旅游发展集团有限责任公司

董事长：刘革生
总经理：林女超*
党委副书记：游克安
副总经理：陈杰 杨利玉
纪委书记：陈占隆
总会计师：余运庄

福建建工集团有限责任公司

董事长：林增忠
总经理：刘晓群
党委副书记：
副总经理：丘亮新 林维*
纪委书记：
总工程师：阮锦发
总会计师：张琪*

省电子信息（集团）有限责任公司

董事长：卢文胜
总经理：卞志航
党委副书记：郑志锋
副总经理：黄爱武
纪委书记：刘松明
总会计师：黄旭晖*

省汽车工业集团有限公司

董事长：陈建业
总经理：谢思瑜
党组副书记：李岩峰
副总经理：陈文豪 陈锋 林源
纪委书记：杨本南
总会计师：高一鹏

省机电（控股）有限责任公司

董事长：
总经理：董飞龙
副总经理：陈伯炜 吴大文
纪委书记：林心鎏

省招标采购集团有限公司

董事长：刘珠雄
总经理：
副总经理：丁宗庭 程立平 张亲议
纪委书记：赵斌
总会计师：周辉芳

省水利投资开发集团公司

董事长：梅长河
总经理：
副总经理：叶辉
纪委书记：翁宇航
总会计师：陈文颖

省大数据集团公司

董事长：钟军
总经理：陈荣辉
纪委书记：林善谋

兴业银行

董事长：吕家进
行长：陶以平
监事长：陈信健
副行长：孙雄鹏 张旻 张霆
纪检监察组长：张国明

省农村信用社联合社

理事长：李卫民
主任：张永良
副主任：刘爱晖* 陈金德 林建东
纪检监察组长：詹生根

省金融投资公司

董事长：万崇伟
总经理：罗恩平
副总经理：郑青* 王凌云* 苏军良
纪委书记：杨猛猛

海峡出版发行集团公司

董事长：林义良
总经理：林彬*
党委副书记：严桂忠
副总经理：何强 谢兴权
纪委书记：孙强
总会计师：

福建广电网络集团公司

董事长：蔡琳
总经理：黄苇洲
副总经理：林剑生 汤玉平
纪委书记：黄善贺
总工程师：刘敏文
总会计师：方友爱

【福建省各设区市人民政府领导人名单】

福州市政府

市长：吴贤德
副市长：林中麟 林治良 兰文 王锡章 孙晓岚* 朱训志 黄建雄

厦门市政府

市　　长：黄文辉

副　市　长：李辉跃　黄晓舟
黄燕添　张志红*
陈育煌　廖华生
庄荣良

漳州市政府

市　　长：王进足

副　市　长：廖卓文　胡栋良
兰万安　潘全胜
郑立敏　余向红*
林少金　肖申华
崔为磊（挂职）

泉州市政府

市　　长：蔡战胜

副　市　长：黄景春　肖进才
陈小辉　汪志红*
蔡天守　苏耿聪

三明市政府

市　　长：李　春*

副　市　长：吕国健　杨兴忠
王军强（挂职）
张元明　郭海阳
林　菁*　廖金辉
柳建忠

莆田市政府

市　　长：林旭阳

副　市　长：陈志强　吴健明
胡国防　陈　枫
陈文荣　林韶雯*
朱正扬　祝海辉

南平市政府

市　　长：袁超洪

副　市　长：张朝阳　余文权
何明星　洪永新
杨新强　林　湫
龚志阳*

龙岩市政府

市　　长：胡　盛

副　市　长：陈厦生
王　洋（挂职）
廖深洪　陈荣水
马　勇　修　洪*
简洪坤　许　佳

宁德市政府

市　　长：张永宁

副　市　长：陈　怡*　叶其发
包江苏　郑忠辉
刘笃凡　吴卫云

平潭综合实验区管委会

主　　任：黄建波

副　主　任：何杰民　文学林
陈训明　方良栋

【福建省各县（市、区）人民政府正职名单】

鼓楼区政府

区　　长：杨　辉

台江区政府

区　　长：刘广辉

仓山区政府

区　　长：刘用全

晋安区政府

区　　长：董敬太

马尾区政府

区　　长：王　刚

长乐区政府

区　　长：廖海军

福清市政府

市　　长：吴永忠

闽侯县政府

县　　长：王建生

连江县政府

县　　长：高双成

闽清县政府

县　　长：赵春荣*

罗源县政府

县　　长：林志斌

永泰县政府

县　　长：陈金友

思明区政府

区　　长：陈通汕

湖里区政府

区　　长：黄　颖*

集美区政府

区　　长：倪　杰

海沧区政府

区　　长：龚建阳

同安区政府

区　　长：陈高润

翔安区政府

区　　长：李　毅

芗城区政府

区　　长：何才成

龙文区政府

区　　长：林晓强

龙海区政府

区　　长：陈艺章

长泰区政府

区　　长：尤宇川

漳浦县政府

县　　长：吴丁顺

东山县政府

县　　长：何　霭

华安县政府

县　　长：陈敏杰*

平和县政府

县　　长：黄永健

南靖县政府

县　　长：蔡铭泉

诏安县政府

县　　长：黄庆华

云霄县政府

县　　长：沈顺来

鲤城区政府

区　　长：王克思

丰泽区政府

区　　长：林清伏

洛江区政府

区　　长：郭　宁

泉港区政府

区　　长：杨凤翔

石狮市政府

市　　长：余志伟

晋江市政府

市　　长：王明元

南安市政府

市　　长：王连赞

惠安县政府

县　　长：庄稼祥

永春县政府

县　　长：张照绿

安溪县政府

县　　长：刘永强

德化县政府

县　　长：方俊钦

三元区政府

区　　长：肖世龙

沙县区政府
区　　　　长：陈晓翔
永安市政府
市　　　　长：温欣传
将乐县政府
县　　　　长：缑泽昆
尤溪县政府
县　　　　长：廖才添
大田县政府
县　　　　长：林金龙
明溪县政府
县　　　　长：陈华伟
宁化县政府
县　　　　长：吴茂生
建宁县政府
县　　　　长：伍小兰*
泰宁县政府
县　　　　长：王怀斌
清流县政府
县　　　　长：莫彩华
荔城区政府
区　　　　长：林坤泉
城厢区政府
区　　　　长：王文晖
涵江区政府
区　　　　长：郑群星
秀屿区政府
区　　　　长：郑松青
仙游县政府
县　　　　长：陈志挺
延平区政府
区　　　　长：叶文平
建阳区政府
区　　　　长：王　冲
邵武市政府
市　　　　长：郭绯红
武夷山市政府
市　　　　长：谢启龙
建瓯市政府
市　　　　长：吴　伟
顺昌县政府
县　　　　长：谷国海
光泽县政府
县　　　　长：王　贵
浦城县政府
县　　　　长：李江平
政和县政府
县　　　　长：王　丰
松溪县政府
县　　　　长：吴英杰
新罗区政府
区　　　　长：邱伟勤
永定区政府
区　　　　长：李宏泰
漳平市政府
市　　　　长：李毓文
武平县政府
县　　　　长：于　海
上杭县政府
县　　　　长：罗　剑
长汀县政府
县　　　　长：吕　莉*
连城县政府
县　　　　长：蔡东阳
蕉城区政府
区　　　　长：陈绍曦
福安市政府
市　　　　长：黄其山
福鼎市政府
市　　　　长：周春海
霞浦县政府
县　　　　长：罗义春
寿宁县政府
县　　　　长：张永森
周宁县政府
县　　　　长：陈文卿*
柘荣县政府
县　　　　长：宋　振
古田县政府
县　　　　长：许　锋
屏南县政府
县　　　　长：柳　岳
平潭县政府
县　　　　长：黄建波

【中央有关部委驻闽直属机构负责人名单】

省国家安全厅
党委书记、厅长：蒋少云
新华社福建分社
社　　　　长：江时强
副　　社　　长：梅永存　顾钱江
纪 检 组 长：陈　峰
党 组 成 员：项开来
中科院福建物质结构研究所
所　　　　长：曹　荣
党 委 书 记：黄艺东
党委副书记、纪委书记：方荣良
副　所　长：林文雄　卢灿忠
　　　　　　陈少华　张　健
　　　　　　郑煜铭
中科院城市环境研究所
所　　　　长：曹　荣
党委书记、副所长：陈少华
党 委 副 书 记：兰国政　白国华
副　所　长：林文雄　卢灿忠
　　　　　　郑煜铭　张　健
国家林业和草原局驻福州森林资源监督专员办事处
党组书记、专员：孟广芹*
党 组 成 员：
副　　专　　员：吴满元　宋师兰*
　　　　　　汶　哲
财政部驻福建监管局
党组书记、局长：梁　勇
副局长、纪检组长：
党 组 成 员：高举亮
国家统计局福建调查总队
党组书记、总队长：刘文峰
副 总 队 长：朱国勇　林嗣杰
　　　　　　王江明　周德同
纪检组组长：张爱光*
国家税务总局福建省税务局
党委书记、局长：杨　勇
副　　局　　长：林茂椿　郑孝真
　　　　　　郑元芳　郝　强
纪检组组长：袁先柏
总 会 计 师：
总 经 济 师：
总 审 计 师：李建功
省气象局
局　　　　长：潘敖大
副　　局　　长：邓　志　冯　玲*
纪 检 组 长：林新富
党 组 成 员：张长安
省地震局
局　　　　长：刘建达
副　　局　　长：朱海燕　谢志招

纪 检 组 长：龙清风

福建海事局

党组书记、局长：徐增福

副　局　长：宋剑华　王华明

吴　蔚

纪 检 组 长：徐庆伟

厦门出入境边防检查总站

党组书记、总站长：涂　林

政 治 委 员：谢继宏

副 总 站 长：魏　刚　林　强

孙亚祥

党 委 委 员：张建民　周春怡*

国家矿监局福建局

党 组 书 记：伍　斌

党组副书记、局长：戴文鹏

副　局　长：

纪 检 组 长：林常青

福州海关

关　　　长：石正进

副　关　长：许　鑫　林光龙

林跃飞　王进喜

政治部主任：王武生

纪 检 组 长：张政武

党 委 委 员：郗俊江　刘文敏

厦门海关

关　　　长：郑巨刚

副　关　长：娄传永　陈　宇

张冬冬　邓光文

政治部主任：张毅东

纪 检 组 长：白　松

党 委 委 员：叶　云*

国网福建省电力有限公司

董　事　长：阮前途

总　经　理：蔡鸿贤

副 总 经 理：郑佩祥　黄惠英*

徐福聪

纪 委 书 记：成宝强

总 工 程 师：

总 会 计 师：林世友

党 委 委 员：邹永增

国家能源集团福建能源有限公司

党委书记、董事长：钟儒耀

副 总 经 理：高武军　张志业

于　健

总 会 计 师：宋　磊

纪 委 书 记：翟　利*

中国华电集团公司福建分公司

党委书记、执行董事：林文彪

总　经　理：杨　焱

副　书　记：陈文新

副 总 经 理：曾庆华　黄彪斌

李小温　黄森炎

总 会 计 师：

纪 委 书 记：牛拥军

中国华能集团公司福建分公司

党委书记、执行董事：蔡永强

总　经　理：王绍民

副 总 经 理：陈　辉　朱金美

赵德远

总 会 计 师：邹治泉

福建福清核电有限公司

党 委 书 记：赵　皓

总　经　理：宋　林

副　书　记：朱鸿伟

副 总 经 理：林传清　陈宇肇

徐金龙　于雪峰

纪 委 书 记：马友谊

总 会 计 师：杨明栋

中国核工业集团福建联络部

主　　　任：何　辉

副　主　任：王秋洪　侯　威*

中国水利水电第十六工程局有限公司

董　事　长：杨　刚

党委副书记、总经理：潘金仁

党委副书记：黄志强

副 总 经 理：杨伟明　王文飞

谢亚章　黄国超

陈良才　林天缙

范玲斌

纪 委 书 记：刘伟才

总 会 计 师：殷正康

副总经理、总工程师：陈祖荣

省邮政管理局★

局　　　长：王文胜

副　局　长：罗树波

纪 检 组 长：刘新莉*

省通信管理局

局　　　长：黄子河

副　局　长：何　强　白学任

党 组 成 员：洪晓旻

中国邮政集团公司福建省分公司

总　经　理：江淞宁

副 总 经 理：叶　军　王旭光

纪 委 书 记：方红雨*

中国电信福建分公司

总　经　理：向　兵

党委副书记、副总经理：

副 总 经 理：宋友重　林晓武

杨　洋　卢　晔

纪 委 书 记：徐大志

中国移动福建分公司

董事长、总经理：栾晓维

副 总 经 理：尹壮志　黄小田

纪 委 书 记：荀光学

中国联通福建分公司

总　经　理：周立松*

副 总 经 理：杨　暐　张　毅

林　凯　余　斌

纪 委 书 记：张　鹏

民航福建安全监督管理局★

局　　　长：潘　军

党委副书记、纪委书记：叶嘉斌

副　局　长：夏国明　张雄光

中国石化福建石油分公司

党委书记、分公司代表：吴庆高

总　经　理：施　雷

纪 委 书 记：于长海

副 总 经 理：王　琴*　林浦生

总 会 计 师：

中国石油福建销售分公司★

党委书记、执行董事：陈正惠

总　经　理：高贤才

副 总 经 理：陈　勇　吕春阳

王克军

总 会 计 师：袁　剑

纪 委 书 记：蔡文浩

中化泉州石化有限公司

党委书记、总经理：钱立新

副书记、副总经理：

纪 委 书 记：

财 务 总 监：马钟峰

副 总 经 理：宋吉峰　胡福磊

王学利　张　涵

中国航空技术进出口福建公司

总　经　理：江　捷*

副 总 经 理：

省烟草专卖局（公司）

局长、总经理：李民灯

副　局　长：
副 总 经 理：林师训　周志攀
纪 检 组 长：纪任德

福建中烟工业有限责任公司

总　经　理：夏开元
副 总 经 理：邱全胜　伍达明
林荣欣　廖材河
吴志文
纪 检 组 长：林建红*

中储粮福建分公司

党委书记、总经理：王　涛
副 总 经 理：卓国锋　张　杰
纪 委 书 记：罗　明

中国冶金地质勘查工程总局二局★

党委书记、副局长：李喜荣
纪 委 书 记：张韶华
副　局　长：张庆鹏
总 会 计 师：刘　伟

中国长江三峡集团福建分公司

总　经　理：雷增卷
副 总 经 理：曾建平　陈新群
刘建平　廖建新

国家电力投资集团福建分公司★

董　事　长：严厚善
总　经　理：薛　峰
副 总 经 理：郑建锋　夏继胜
邢　福
纪 委 书 记：童　毅

中核国电漳州能源有限公司

董　事　长：陈国才
总　经　理：宋丰伟
副 总 经 理：钟健康　高顺龙
纪 委 书 记：付开龙
总 会 计 师：陈文木
工程总经理：邹德麟　肖　波
安监总经理：梅炳云

华能霞浦核电有限公司

总　经　理：万　骥
副 总 经 理：王　煊　苏松龄
燕　伟

中核霞浦核电有限公司

董　事　长：郑砚国
党委副书记、总经理：洪源平
副 总 经 理：乐庆明　王海平
周赛军　王　垣
刘明章

总 会 计 师：杨明栋
总 工 程 师：张东辉
纪 委 书 记：刘弼华

中国电建福建工程有限公司★

党委书记、执行董事：林炳润
党委副书记、总经理：陈开荣
副 总 经 理：蒋文建
总 会 计 师：陈建来
总 工 程 师：谢清文
安 全 总 监：苏永强
纪 委 书 记：史美英*

大唐集团福建分公司

党委书记、总经理：张树臣
纪 委 书 记：王淳忠
副 总 经 理：吴　瑛　吴伟华
李　伟
总 会 计 师：许　振

福建宁德核电有限公司★

总　经　理：田辉宇
党委副书记、副总经理：张和林
副 总 经 理：李树荣　孟晓雄
吴江涛　刘爱东
纪 委 书 记：李付鑫
总 会 计 师：王楚亮
总 审 计 师：李　涌

中交海西投资有限公司

执行董事、经理：齐文忠
党委书记、副总经理：杨慧杰
党委副书记、副总经理：刘永贤
副 总 经 理：洪清填
总 会 计 师：李　振

中铝瑞闽股份有限公司

董　事　长：蔡　峰
党委副书记、总经理：
副 总 经 理：黄旭东　陈国生
纪 委 书 记：刘晓辉

中铜东南铜业有限公司

董　事　长：史谊峰
党委副书记：杨美彦　叶小林
副总经理：
财 务 总 监：张　东
纪 委 书 记：李　伟

银保监会福建监管局

局　　长：丛　林*
副　局　长：梁洁红　汪祺臻
王　勇

纪 委 书 记：申爱华
党 委 委 员：王建魁　黄德强

证监会福建监管局

党委书记、局长：林　林
副　局　长：张　庆　翁国斌
纪 委 书 记：屈　伟*

省消防救援总队

党委副书记、总队长：高宁宇
党委书记、政治委员：赖世雄
副 总 队 长：陈立民　苏作琴
姜宏梁　陈秉安
副政委兼纪委书记：温太阳
政治部主任：陈培志

省森林消防总队

党委副书记、总队长：杨庆福
党委书记、政治委员：彭先富
副 总 队 长：滕伟毅　石晓光
副政治委员兼纪委书记：胡开锋
政治部主任：胡　涛

省公安厅特勤局

党委书记、局长：王亚龙
副　局　长：李志飞　李　静*
赵世钧
政治部主任：李国清
警令部主任：翁增华

中国人民银行福州中心支行

副书记、副行长：张庆昉
行　　长：
副　行　长：于松柏　江　涛
许加银　俞　强
党 委 委 员：周惠钦*

中国工商银行福建省分行

行　　长：李　强
副　行　长：陈建愉　周灿森
张　程　王昌盛
王　玲　崔航宇
纪 委 书 记：何　松

中国农业银行福建省分行

行　　长：冯旭东
党委副书记、副行长：陈展红
副　行　长：王城英　李　岐
郑　斌
纪 委 书 记：梁博富

中国建设银行福建省分行

行　　长：黄惠玲*
副　行　长：黄　汾　杨达远

孙国强　林　毅
纪委书记：谢剑强

中国银行福建省分行

行　　长：黄新斌
副 行 长：林炳政　陈　敏*
黄德根　林振闽
陈小琳*　刘　超
纪委书记：石　磊

中国农业发展银行福建省分行

行　　长：冯　学
副 行 长：况流东　胡良华
王铁夫
纪委书记：石汝杰

国家开发银行福建省分行

行　　长：张雪峰
副 行 长：刘喜荣　郝　玮
吴良云
副行长、纪委书记：荆立俊
党委委员：林学坚

中国进出口银行福建省分行

行　　长：许　波
副 行 长：林育浩

中信银行福州分行

行　　长：姜雨林
副 行 长：林海峰　苏英鹏
林师禹
副行长、纪委书记：李华舒
党委委员：黄　伟

交通银行福建省分行

行　　长：刘　阳
副 行 长：林小晶　郑思南
孙从照　黄恒盛
党委委员：陈喜梅*

长城资产管理公司福州办事处

党委书记、总经理：侯军帮
副总经理：陈昌龙　郑榕玲*
纪委书记：
党委委员：饶应祥

中国信达资产管理公司福建分公司

总 经 理：曾永明
副总经理：王晓洁*
党委委员：陶　源*

华融资产管理公司福建分公司

总 经 理：解瑶琛
纪委书记：林湲沧
党委委员：李　乇　李学鸿*

东方资产管理公司福州办事处

总 经 理：黎蜀宁*
纪委书记：余竑
党委委员：周春生　林　熙

中国人民财产保险公司福建分公司

总 经 理：苏康乐
副总经理：纪　翔　池仕贵
任朝晖
纪委书记：郑明强
党委委员：陈文俊

中国人寿保险公司福建分公司

总 经 理：林守道
副总经理：蒋利成　叶文椿
汤小雄　徐游泳
纪委书记：王立华

中国人民人寿保险公司福建分公司

总 经 理：陈渊博
党委委员：曾　伟

中国人寿财产保险公司福建分公司

总 经 理：陈少榜
副总经理、纪委书记：乔建宾
副总经理：陈　峰　苏新华

中国出口信用保险公司福建分公司

总 经 理：林中清
党委委员：官文峰　宋文清
纪委书记：鲍红艳*

中国人民健康保险公司福建分公司

总 经 理：詹泽松
副总经理：张　力
纪委书记：

【福建省政协主席、副主席、正副秘书长名单】

主　　席：崔玉英*
副 主 席：张兆民　杜源生
洪捷序　薛卫民
王光远　阮诗玮
刘献祥　许维泽
林钟乐
秘 书 长：陆开锦
副秘书长：黄树清
廖小军（8月免）
曾少鸿
高扬增（8月任）
董良瀚（兼）
刘　泓（兼）
王宁新（兼）
（6月免）
林全金（兼）
杨　琳（兼）
吴棉国（兼）
陈美琼*（兼）
（6月免）
柯连妹*（兼）

【福建省政协办公厅、专委会领导名单】

主　　任：黄树清
副 主 任：庄　莉*　袁水华
陈根林（4月任）
纪检监察组组长：李占新
研究室主任：黄国剑
委员工作室主任：
林彩英*（6月免）
省政协提案委主任：董建洲
专职副主任：冯　静*（6月任）
省政协经济委主任：张灿民
专职副主任：邹国辉
省政协农业和农村委主任：
刘宏伟（8月免）
专职副主任：涂书宝
省政协人口资源环境委主任：
曹建平
专职副主任：高扬增（8月免）
林朝明（12月任）
省政协教科卫体委主任：石建平
专职副主任：王素平*（6月任）
省政协社会和法制委主任：洪仕建
专职副主任：高文翠*
（12月任）
省政协民族和宗教委主任：
杨江帆（8月免）
专职副主任：李榕光
省政协港澳台侨和外事委主任：
王　玲*
专职副主任：林金章（6月任）
省政协文化文史和学习委主任：
何国辉
专职副主任：江登峰

【福建各设区市政协正副职领导，各县（市、区）政协正职领导名单】

福州市政协主席：

何静彦*（1月免）
刘卓群（1月任）
副 主 席：鄢 萍*（1月任）
雷成财
（畲族，1月免）
林恒增
郑云春*（1月免）
王绍知（1月免）
林 锋 罗蜀榕
郑章干 林 澄
顾 颀（1月任）
唐 希（1月任）
鼓楼区政协主席：李瑞琨
台江区政协主席：邓万铣
仓山区政协主席：潘仰武
晋安区政协主席：张忠健
马尾区政协主席：张 林*
长乐区政协主席：陈增国
福清市政协主席：翁芳明
闽侯县政协主席：陈祥波
连江县政协主席：冯慧钦*
闽清县政协主席：郑晓春
罗源县政协主席：兰可明（畲族）
永泰县政协主席：王礼灯
厦门市政协主席：魏克良
副 主 席：王雪敏*（兼）
黄国彬 黄世忠
国桂荣 黄培强
王 焱 薛祺安
黄奋强 李钦辉
思明区政协主席：苏德本
湖里区政协主席：王秀珠*
集美区政协主席：蔡冬梅*
海沧区政协主席：黄炳文
同安区政协主席：洪国平
翔安区政协主席：吴旗荣
漳州市政协主席：吴文团
副 主 席：黄井南 周小华
陈跃鸿 何伟燕*
戴鹏飞 卢 力
曹 阳* 蔡兴州
陈仁朝
芗城区政协主席：刘建英*
龙文区政协主席：李华胜
龙海区政协主席：洪海涛
长泰区政协主席：叶水山
漳浦县政协主席：林兆波
云霄县政协主席：林意纯*

诏安县政协主席：林惠溪
东山县政协主席：朱文挺
平和县政协主席：李瑞林
南靖县政协主席：陈群伟
华安县政协主席：林炎山
泉州市政协主席：肖汉辉
副 主 席：周真平*（1月任）
王祖耀 洪川夫
戴仲川 蔡萌芽*
庄灿霞*（1月任）
黄世界（1月任）
肖惠中（1月任）
鲤城区政协主席：陈燕飞
丰泽区政协主席：上官蓝波
洛江区政协主席：李奉恒
泉港区政协主席：彭垂鼎
石狮市政协主席：黄延艺*
晋江市政协主席：许宏程
南安市政协主席：庄国阳
惠安县政协主席：许贞丽*
安溪县政协主席：陈剑宾
永春县政协主席：王文杨
德化县政协主席：陈维启
三明市政协主席：宋志强（1月任）
副 主 席：蒋先东
罗金水（1月任）
许清华 曾明生
陈 欣
张春华（1月任）
张炜琳*（1月任）
黄月珍*（1月任）
包 萍*（1月免）
林俊德（1月免）
李茂胜（1月免）
谢家芹（1月免）
三元区政协主席：李世福
沙县区政协主席：王盛雄（3月免）
黄志平（12月任）
永安市政协主席：范纯文
明溪县政协主席：陈锋毅
清流县政协主席：邹卫东
宁化县政协主席：张运华
建宁县政协主席：钟宏华
泰宁县政协主席：江求荣
将乐县政协主席：江太生
尤溪县政协主席：吴长树
大田县政协主席：吴初增
莆田市政协主席：

沈萌芽*（1月任）
副 主 席：黄 华 林惠中
王少华 赵爱红*
林玉瑞 陈道成
杨朝东 张志宏
仙游县政协主席：林志良
荔城区政协主席：郑占林
城厢区政协主席：陈四海
涵江区政协主席：邹荔平
秀屿区政协主席：
陆建琪（7月免）
主席童荔萍*
（12月任）
南平市政协主席：林 斌*
副 主 席：余建坤 张 皓*
潘丽贞* 黄亚惠*
黄苏福（1月任）
黄艳珠* 江建华
黄美萍*
杨志平（1月任）
延平区政协主席：林华生
建阳区政协主席：方丹青*
邵武市政协主席：蔡忠明
武夷山市政协主席：陈先珍
建瓯市政协主席：陈祥平
顺昌县政协主席：徐小明
浦城县政协主席：郑 辉
光泽县政协主席：陈高宏
松溪县政协主席：虞朝兵
政和县政协主席：倪顺才
龙岩市政协主席：
李桂义（1月任）
黄福清（1月免）
副 主 席：刘友洪 郑玉琳*
张子平 陈晓东
赖双奇 张 凌
郑 洪（1月任）
卢敏云（1月任）
温 永（1月任）
新罗区政协主席：
邱笑玲*（12月任）
陈淮杰（4月免）
永定区政协主席：陈 昌
上杭县政协主席：王尧华
武平县政协主席：王云川
长汀县政协主席：兰思义（畲族）
连城县政协主席：陈荣斌
漳平市政协主席：陈清木

宁德市政协主席：兰斯琦（畲族）
副　主　席：程树平
黄建龙（1月任）
王代忠　刘登健
黄家盛　刘国平
陈美莺*
林岩峰（1月任）
钟梅允*
（畲族，1月任）
林　寿（1月免）
章瑞进（1月免）
刘水金（1月免）
蕉城区政协主席：陈秀莺*
古田县政协主席：林纪建
屏南县政协主席：张德力
周宁县政协主席：陈　梁
寿宁县政协主席：陈信文
福安市政协主席：林志生
柘荣县政协主席：陈　锋
福鼎市政协主席：李绍美
霞浦县政协主席：韦大兴

【福建省高级人民法院】

院　长：金银墙
分管日常工作的副院长：欧岩峰
副　院　长：罗志沙　苏建平
董明亮　王孔坚
李永军　吴丽雪*
纪检监察组长：黄清波
政治部主任：
审判委员会专职委员：
王　珩　董碧仙*

【福建省人民检察院】

检　察　长：霍　敏
分管日常工作的副检察长：施忠华
副检察长：叶燕培　王金文
陈　瑜*
纪检监察组长：兰思忠
政治部主任：陈　镝
检察委员会专职委员：
李　航　黄秀强

【中共福建省纪委书记、副书记、常委、秘书长名单】

书　记：迟耀云
副　书　记：齐凤瑞　游宇飞
陈力达　陈铁晗*
常　委：迟耀云　齐凤瑞
游宇飞　陈力达
陈铁晗*　王　强
方齐苗　王　矗
梁玉华*　郑　翔
张娇兴
秘　书　长：陈志斌

【福建省监委主任、副主任、委员名单】

主　任：迟耀云
副　主　任：齐凤瑞　游宇飞
陈力达　陈铁晗*
委　员：迟耀云　齐凤瑞
游宇飞　陈力达
陈铁晗*　方齐苗
王　矗　梁玉华*
张淑萍*　肖仁辉
陈志斌

【福建省各设区市纪委监委正副职领导及各县、市（区）纪委监委正职领导名单】

福州市纪委书记（监委主任）：
陈云水
副书记（监委副主任）：
肖敦颖　林裕煌
陈绍榕
鼓楼区纪委书记（监委主任）：
郭建刚
台江区纪委书记（监委主任）：
陈自勇
仓山区纪委书记（监委主任）：
林挺秀
晋安区纪委书记（监委主任）：
程　靖
马尾区纪委书记（监委主任）：
赵　勇
长乐区纪委书记（监委主任）：
吴志扬
福清市纪委书记（监委主任）：
张　斌
闽侯县纪委书记（监委主任）：
陈秀香*
连江县纪委书记（监委主任）：
余良发
闽清县纪委书记（监委主任）：
郑　航
罗源县纪委书记（监委主任）：
黄雨涛
永泰县纪委书记（监委主任）：
李开瑞
厦门市纪委书记（监委主任）：
严志铭
副书记（监委副主任）：
柯　军　薛　坚
莫建鹰
思明区纪委书记（监委主任）：
黄晓军
湖里区纪委书记（监委主任）：
叶荣昌
集美区纪委书记（监委主任）：
施耿瑶*
海沧区纪委书记（监委主任）：
邓英志*
同安区纪委书记（监委主任）：
徐少敏*
翔安区纪委书记（监委主任）：
吴鲤鹏*
漳州市纪委书记（监委主任）：
陈文聪
副书记（监委副主任）：
李文兴　林毅峰
赖晓勤
芗城区纪委书记（监委主任）：
黄平源
龙文区纪委书记（监委主任）：
江华泉
龙海区纪委书记（监委主任）：
林　凌
长泰区纪委书记（监委主任）：
郭武俊
漳浦县纪委书记（监委主任）：
方云柏
云霄县纪委书记（监委主任）：
叶　芳*
诏安县纪委书记（监委主任）：
陈家明
东山县纪委书记（监委主任）：
方艺荣
平和县纪委书记（监委主任）：
林炯仁
南靖县纪委书记（监委主任）：
胡继城
华安县纪委书记（监委主任）：
杨增玄
泉州市纪委书记（监委主任）：

傅藏荣
副　书　记：陈金忠　张维劲
许仰东
鲤城区纪委书记（监委主任）：
陈　林
丰泽区纪委书记（监委主任）：
宋占锋
洛江区纪委书记（监委主任）：
蔡崇达
泉港区纪委书记（监委主任）：
郑永璘
石狮市纪委书记（监委主任）：
陈守林
晋江市纪委书记（监委主任）：
庄怀璇*
南安市纪委书记（监委主任）：
陈雄松
惠安县纪委书记（监委主任）：
林育伟
安溪县纪委书记（监委主任）：
曾惠彬
永春县纪委书记（监委主任）：
林金莲*
德化县纪委书记（监委主任）：
洪志愿
三明市纪委书记（监委主任）：
吴国顺
副书记（监委副主任）：
揭卫华　黄斌江
谭细华
三元区纪委书记（监委主任）：
杨通盛
沙县区纪委书记（监委主任）：
徐　文
永安市纪委书记（监委主任）：
戴陈凌
明溪县纪委书记（监委主任）：
黄日福
清流县纪委书记（监委主任）：
胡沈华*
宁化县纪委书记（监委主任）：
胡为民
建宁县纪委书记（监委主任）：
江瑜平
泰宁县纪委书记（监委主任）：
罗水河
将乐县纪委书记（监委主任）：
曾志华

尤溪县纪委书记（监委主任）：
邱　欣
大田县纪委书记（监委主任）：
童作光
莆田市纪委书记（监委主任）：
练　欣
副书记（监委副主任）：
许振枝　柯卫群
郭志诚
仙游县纪委书记（监委主任）：
吴智群
荔城区纪委书记（监委主任）：
胡志坚
城厢区纪委书记（监委主任）：
许琦阳*
涵江区纪委书记（监委主任）：
陈顺国
秀屿区纪委书记（监委主任）：
徐青松
南平市纪委书记（监委主任）：
潘冬英*
副书记（监委副主任）：
余文新　陈清才
林绍昕
延平区纪委书记（监委主任）：
黄洪河
建阳区纪委书记（监委主任）：
陈　旭
邵武市纪委书记（监委主任）：
曾乡伟
武夷山市纪委书记（监委主任）：
叶　强
建瓯市纪委书记（监委主任）：
朱忽翀
顺昌县纪委书记（监委主任）：
吴其福
浦城县纪委书记（监委主任）：
周远韬
光泽县纪委书记（监委主任）：
姜　燕*
松溪县纪委书记（监委主任）：
周　峣
政和县纪委书记（监委主任）：
庄　宏
龙岩市纪委书记（监委代主任）：
吴国辉
副书记（监委副主任）：

张伟明　张前茂
陈龙仁
新罗区纪委书记（监委主任）：
黄佐清
永定区纪委书记（监委主任）：
谢洪才
上杭县纪委书记（监委主任）：
林文奇
武平县纪委书记（监委主任）：
陈俊雄
长汀县纪委书记（监委主任）：
吴军炜
连城县纪委书记（监委主任）：
邱　阳
漳平市纪委书记（监委主任）：
王光志
宁德市纪委书记（监委主任）：
邓伟斌
副书记（监委副主任）：
李　琳*　黄祖峰
陈为忠
蕉城区纪委书记（监委主任）：
林　东
古田县纪委书记（监委主任）：
林　森
屏南县纪委书记（监委主任）：
陈剑峰
周宁县纪委书记（监委主任）：
陈华昌
寿宁县纪委书记（监委主任）：
钟洪乐
福安市纪委书记（监委主任）：
陈为忠
柘荣县纪委书记（监委主任）：
温幼珍
福鼎市纪委书记（监委主任）：
缪生惺
霞浦县纪委书记（监委主任）：
陈　旭
平潭综合实验区纪工委书记（监察工委主任）：黄惠元
副书记（监察工委副主任）：
郑建双　叶　强
平潭县纪委书记（监委主任）：
黄惠元
福州新区纪检监察工委书记：
叶　谊

【各民主党派福建省委和福建省工商联负责人名单】

民革福建省委

主　　委：夏先鹏
副 主 委：董良瀚　林　锋
林惠中　戴鹏飞
程　明*　葛桂录
秦　源*　李　智
秘 书 长：敖　钧*

民盟福建省委

主　　委：阮诗玮
副 主 委：刘　泓　谢良地
赵爱红*　洪南福
姚立纲　谢素原
林群慧*　欧阳松应
周　虹*
秘 书 长：刘丹艳*

民建福建省委

主　　委：吴志明
副 主 委：黄世忠　郭学军
黄卫东　罗蜀榕
曹宛红　韦建刚
张运明（专职）
林向凯

民进福建省委

主　　委：严可仕
副 主 委：郑家建　刘　建
林全金　吴丽冰*
马建荣　温　青
顾　颀

农工党福建省委

主任委员：刘献祥
副主任委员：王　焱
杨　琳（专职）
郭丽珍*　曹　荣
吴健明　林　澄
张玉珍*　彭　军
秘 书 长：田　东*

致公党福建省委

主　　委：罗恩平
副 主 委：叶　敏　吴棉国
张志红*　黄海峡*
叶道明　任义文
宋志刚
秘 书 长：王惠忠

九三学社福建省委

主任委员：王长平
副主任委员：吴小颖　蔡　锋
刘明华　郑宝东
温　永　林修凤
叶　玲

台盟福建省

主　　委：郑建闽
副 主 委：江尔雄*　廖明宏
陈　椿　苏耿聪
许勇铁　方丽云*

福建省工商业联合会（总商会）

主席（会长）：王光远
党组书记、常务副主席（副会长）：
陈　晞
党组成员、副主席（副会长）：
陈　飚
副主席（副会长）：林龙金
党组成员、副主席（副会长）：
余　建　叶善青
党组成员、秘书长：施文彪

【福建省各群众团体省级机构负责人名单】

福建省总工会

主　　席：周联清
党组书记、副主席：祝荣亮

共青团福建省委

书　　记：
副 书 记：李　腾　邵明松
张阿峰
李文捷（兼职）
连占记（兼职）
刘安娟（兼职）

福建省妇联

主　　席：林叶萍*
副 主 席：卓晓銮*　赖前斌*
陈　红*　陈婉萍*

福建省科协

主　　席：郑兰荪
副 主 席：曾能建　林学理
史　斌　鲁伟群
田中群　焦念志
付贤智　徐西鹏
陈立典　杨江帆
江云宝　王长平
兰思仁　陈晓春
李清彪　曹　荣
翁启勇　朱鹏立

福建省社科联

主　　席：张　彦（兼）
党组书记、副主席：林蔚芬*
党组成员、副主席：
陈文章　郑东育
副厅长级干部：王秀丽*

福建省文联

党组书记、副主席、书记处书记：
王秋梅*
党组成员、副主席、书记处书记：
陈毅达　王来文
曾章团　许瑞生
主　　席：张　帆
副 主 席：王秋梅*　陈毅达
王来文　曾章团
王金福　吴新斌
邱守杰　郑春辉
唐晓蕲*　曾学文
鄢　萍*　潘朝阳

福建省侨联

党组书记、主席：陈式海
党组成员、副主席：
翁小杰　张　瑶
党组成员、秘书长：朱根娣

福建省台联

党组书记：刘良辉
党组成员、会长：江尔雄
党组成员、驻会副会长：欧阳迪莎
副 会 长：曾旭晴（兼）
黄　昱（兼）
张劲秋（兼）
方丽云（兼）
苏　悦（兼）
何敏雄（兼）

福建省残联

党组书记、理事长：曾智勇

福建省贸促会

党组书记、会长：徐　敏
党组成员、副会长：
傅　健　谢续华
杨立云（兼秘书长）

福建省中华职教社

主　　任：吴志明
党组书记、副主任：黄　玲*

注：标*为女同志，★为二级单位。

（名单以 2022 年 12 月底在职者为准，相同职务人员做适当归类，不作为排序依据，由省委组织部、省人大、省政协、省纪委、各民主党派福建省委、省工商联、各群众团体省级机构提供）

在纪念福建省苏维埃政府成立90周年大会上的讲话

2022年9月16日

尹 力

今天，我们在龙岩长汀召开大会，隆重纪念福建省苏维埃政府成立90周年，回顾党领导人民创建福建苏区的光辉历程，缅怀革命先辈的丰功伟绩，发扬伟大建党精神，弘扬苏区精神，继往开来走好新的赶考之路，奋力加快新发展阶段新福建建设。

一、永远铭记福建苏区的历史功绩，持续把党的光荣革命传统一代一代传承下去

90多年前，以毛泽东同志为主要代表的中国共产党人，领导人民创建中央革命根据地，并于1931年11月在瑞金成立了中华苏维埃共和国临时中央政府。1932年3月，中共闽粤赣省委在长汀召开福建省第一次工农兵代表大会，选举产生以张鼎丞为主席的福建省苏维埃政府。这是福建历史上第一个全省性的工农民主政权，开创了福建土地革命战争新局面。此后，福建各地相继成立苏维埃政府，开展如火如荼的革命斗争。经中央认定，福建共有69个革命老区县，其中原中央苏区县51个、占全国的42%。福建的红色政权，是我们党在局部地区执政的重要尝试，有力扩大了党和红色政权的影响，也为抗日战争、解放战争时期的根据地建设以及新中国的政权建设，提供了宝贵历史经验，培养了一大批领导骨干和组织、管理人才。

90年风雨兼程，90载砥砺前行。在革命战争年代，福建人民在党和苏维埃政权的领导下，浴血奋战、百折不挠，为中国革命胜利作出了巨大贡献。20多万福建儿女血洒疆场，献出了宝贵生命，全省在册烈士5万多名。参加长征的福建子弟兵3万多人，占总数的三分之一，到达陕北的仅2000余人。仅湘江战役中，主要由福建子弟兵组成的红34师，为了掩护主力红军渡江，6000多人长眠于湘江，他们的业绩彪炳史册，他们的精神光照千秋。人民永远不会忘记他们，历史会始终铭记他们。

新中国成立后，全省干部群众坚定不移听党话、跟党走，推动福建面貌发生了翻天覆地的变化，谱写了社会主义建设的光辉篇章。党的十八大以来，全省上下在以习近平同志为核心的党中央坚强领导下，自信自强、守正创新，经济社会发展取得新成绩。全省地区生产总值连跨3个万亿元台阶、去年达4.88万亿元，全省居民人均可支配收入连跨3个万元台阶、去年超4万元。福建老区苏区与全国同步迈入小康，老区苏区110万贫困人员提前一年全部脱贫，2201个建档立卡贫困村全部退出。全省老区苏区地区生产总值从2012年1.4万亿元提高至2021年3.5万亿元，年均增长8.2%；老区苏区农村居民人均可支配收入从2014年12957元提高至2021年24442元，年均增长9.5%，增速均高于全省平均水平。目前，全省老区苏区都实现市通动车、县通高速、镇通干线、村通客车，所有老区苏区县均是全国义务教育发展基本均衡县，都实现低保、特困供养、临时救助等标准城乡一体化，老区苏区基础设施、社会事业和公共服务水平持续提升，昔日的贫困山村如今变成了幸福美丽乡村。

我们党对先烈先辈的敬仰缅怀、对老区苏区人民的关心关怀始终如一。习近平总书记在福建工作期间，经常深入老区苏区调查研究，关心支持老区苏区发展，倾力改善老区苏区民生，强调“老区苏区的红土地孕育了革命，也孕育了革命老前辈，为中国人民解放事业作出了巨大贡献”。党的十八大以来，习近平总书记作出一系列重要指示，2014年来闽考察时指出“我们永远不要忘记老区，永远不要忘记老区人民”，2019年参加全国两会福建代表团审议时要求“确保老区苏区在全面建成小康社会进程中一个都不掉队”，2021年来闽考察时强调“推进老区苏区全面振兴”“不断探索各具特色的乡村振兴之路”。这些重要指示，为我们弘扬革命传统、做好老区苏区工作，指明了前进方向、提供了根本遵循。

二、从福建苏区创建和发展的生动实践中汲取智慧和力量，加快新发展阶段新福建建设

新时代新征程，我们纪念福建省苏维埃政府成立90周年，就是要以习近平新时代中国特色社会主义思想为指导，传承红色基因、赓续红色血脉，不忘初心、牢记使命，从红色政权创建和发展的生动实践中汲取更大的智慧和力量，把老一辈无产阶级革命家开创的伟大事业不断推向前进。

一要汲取坚定理想信念的力量，坚定拥护“两个确立”、坚决做到“两个维护”。理想信念是中国共产党人的精神支柱和政治灵魂。当年福建红色政权创建时，革命环境极为艰难，斗争形势极为险恶。革命先辈们抛头颅、洒热血，前仆后继、英勇斗争，靠的就是理想信念的支撑。在艰苦卓绝的斗争中，

毛泽东同志抱着中国革命必胜的信念，在福建写下了《星星之火，可以燎原》《才溪乡调查》等光辉著作，提出了“没有调查，没有发言权”“中国革命斗争的胜利要靠中国同志了解中国情况”等系列科学论断，引领全党不断从胜利走向胜利。

这些实践深刻启示我们，党的坚强领导是党和人民各项事业取得胜利的根本保证，理想信念是共产党人的精神之“钙”，思想政治建设是党的基础性、根本性建设，必须用科学理论武装头脑，强化崇高政治理想、高尚政治追求、纯洁政治品质、严明政治纪律。新时代新征程，全省广大党员要始终牢记革命理想高于天，坚定对马克思主义的信仰，对社会主义、共产主义的信念，对实现中华民族伟大复兴的信心；充分发挥福建优势，深学细照笃行习近平新时代中国特色社会主义思想，不断提高政治判断力、政治领悟力、政治执行力，始终在思想上政治上行动上同以习近平同志为核心的党中央保持高度一致。

二要汲取加强经济建设的力量，扎扎实实推动高质量发展。当年面对敌人封锁和物资匮乏，福建省苏维埃政府高度重视经济建设，通过劳动法令、土地问题、经济财政问题等一系列决议，强调经济政策的正确施行与财政问题的正确解决，是发展革命战争、巩固苏维埃区域、改良和提高工农劳苦群众生活的重要条件，这是各级苏维埃政府不容许丝毫忽视的问题。当时的中央苏区，大力组织和发展生产，推动“红色小上海”长汀成为经济文化中心、宁化成为“粮仓”，上杭才溪乡成为政权建设的模范。

这些实践深刻启示我们，经济是上层建筑的基础，经济建设是我们党的中心工作，必须紧抓不放。新时代新征程，我们要始终扭住经济建设不放松，坚持发展是硬道理，打起中央赋予福建的重大使命，把握福建的基本省情，立足新发展阶段，完整、准确、全面贯彻新发展理念，积极服务和深度融入新发展格局，统筹疫情防控和经济社会发展，统筹发展和安全，强化科技创新，做大做强做优数字经济、海洋经济、绿色经济、文旅经济，全方位推进高质量发展。

加快老区苏区发展，是永远不能忘记的历史责任。我们要再接再厉，全面落实国家出台的一系列政策举措，巩固拓展脱贫攻坚成果，衔接推进乡村全面振兴，引导更多资源向老区苏区集聚，倾力支持老区苏区特色产业提升、基础设施建设和公共服务保障，加快建设闽西革命老区高质量发展示范区，打造新时代革命老区振兴发展的样板，努力把老区苏区建设得更好、更美。

三要汲取坚守为民宗旨的力量，着力提高人民生活水平。福建革命战争时期“红旗不倒”的历史，就是 部共产党人践行初心使命、全心全意为人民服务的历史。当时的老区苏区，我们党领导人民打土豪、分田地，实行“婚姻自由”等社会变革，发展文化、教育、卫生等社会事业，帮助群众解决耕牛、种子、资金、粮食、看病、孩子上学、道路桥梁等困难问题。正是由于苏维埃政府真心实意为人民群众谋利益，广大老区苏区群众才倾其所有支持革命，最后一把米交军粮、最后一尺布做军装，构筑起战胜一切艰难险阻的铜墙铁壁。

这些实践深刻启示我们，全心全意为人民服务，是我们党一切行动的根本出发点和落脚点，是我们党区别于其他一切政党的根本标志。新时代新征程，我们要始终坚持以人民为中心，站稳人民立场、走好群众路线、增进民生福祉，着力解决好就业、收入、教育、医疗、社会保障、养老等群众急难愁盼问题，努力在创造高品质生活上实现更大突破，使全省人民朝着共同富裕的目标扎实迈进。

四要汲取发扬优良作风的力量，巩固拓展良好政治生态。当年面对极其残酷的政治环境和极其艰苦的生活环境，广大老区苏区干部艰苦奋斗、顽强拼搏，清正廉洁、忘我奉献，形成了“苏区干部好作风，自带干粮去办公，日着草鞋干革命，夜打灯笼访贫农”的好传统好作风，创造了“第一等的工作”。正是在干部优良作风的感召下，老区苏区群众信赖党、拥护党，在极端条件下共同创建和巩固了红色政权，助力推动了全国革命形势的发展。

这些实践深刻启示我们，党的优良作风是我们党一路走来、发展壮大的重要保证，也是党继往开来、再创辉煌的重要保证。新时代新征程，我们要始终发扬苏区干部好作风，一以贯之推进党的建设和全面从严治党工作，传承弘扬“四下基层”“四个万家”“马上就办、真抓实干”等优良作风，持续纠四风、树新风，一体推进不敢腐、不能腐、不想腐，让新风正气成为福建名片。

三、持续弘扬苏区精神，不断激发新福建建设的强大精神动力

回顾福建省苏维埃政府成立90周年的光辉历程，无数先辈用鲜血和生命探索革命道路，创建、捍卫和发展红色政权，践行了伟大建党精神，铸就了苏区精神。这些精神跨越时空、永不过时。我们要发挥好福建党史事件多、红色资源多、革命先辈多的优势，用好红色资源、讲好红色故事，不断将精神力量转化为全方位推进高质量发展的实际行动。

各级党委政府要加强组织领导，对本地区红色资源进行全面摸排，持续加强红色遗址遗迹遗物的保护开发，深度挖掘和充分展示福建老区苏区历史和苏区精神，推进红色资源利用与文旅经济发展、乡村振兴等全面融合，更好助力经济社会发展。各级宣传部门要用好融媒体资源，通过微视频、文学、影视、戏剧等群众喜闻乐见的形式，让更多的人了解苏区历史、感悟革命精神，营造浓厚社会氛围。党史方志、档案、社科、高校等部门和机构要深入开展革命战争时期老区苏区坚持和加强党的全面领导、推进执政为民、开展双拥工作等研究阐述工作，努力推出有分量有影响的研究成果。

广大党员干部要勇于担当作为，认真学习和深刻把握福建老区苏区的光辉历史和苏区精神的丰富内涵，不断转化为干事创业的强大动力，结合开展提高效率、提升效能、提增

效益行动，推动各项工作提质增效。各级领导干部要发挥示范表率作用，带头传承苏区干部好传统、好作风，扑下身子踏实干、沉到一线抓落实。各级主要领导干部要牢固树立正确的政绩观，以功成不必在我的精神境界和功成必定有我的责任担当，带动干部群众立足岗位、扎实工作，坚定不移推进高质量发展。

社会各界要共同行动起来，积极参与新发展阶段新福建建设和老区苏区振兴发展，汇聚起奋进新征程、建功新时代的强大合力。要探索通过政企联手、市场运作、挂钩帮扶等多种形式，撬动更多社会资本参与红色资源的保护开发和红色文化的传承弘扬，推动更多人才、技术等向老区苏区集聚。广大老区苏区人民群众要秉承优良传统，坚定不移听党话、跟党走，始终自信自强、守正创新，踔厉奋发、勇毅前行，共同用勤劳双手开创老区苏区的美好未来。

伟大事业孕育伟大精神，伟大精神推进伟大事业。我们要在以习近平同志为核心的党中央坚强领导下，大力弘扬党的光荣传统和优良作风，以史为鉴、开创未来，扎扎实实做好福建的事情，全方位推进高质量发展，以实际行动迎接党的二十大胜利召开！

2023年福建省人民政府工作报告

——2023年1月11日在福建省第十四届人民代表大会第一次会议上

福建省人民政府省长 赵 龙

各位代表：

现在，我代表福建省人民政府，向大会报告政府工作，请予审议，并请省政协委员和列席人员提出意见。

一、2022年和过去五年工作回顾

2022年是党和国家历史上极为重要的一年，举世瞩目的党的二十大胜利召开，全面建设社会主义现代化国家新征程迈出坚实步伐，全国上下欢欣鼓舞，八闽儿女意气风发。

一年来，我们深入贯彻党的十九大和十九届历次全会精神，认真学习宣传贯彻党的二十大精神，坚决贯彻落实习近平总书记重要讲话重要指示批示精神和党中央决策部署，全面落实“四个更大”重要要求，在省委领导下，坚持稳中求进工作总基调，全面落实疫情要防住、经济要稳住、发展要安全的要求，着力提高效率、提升效能、提增效益，有力克服超预期因素影响，经济社会发展取得新成效。初步统计，2022年全省地区生产总值5.3万亿元、增长4.7%，一般公共预算总收入5382.3亿元、同口径增长1.9%，地方一般公共预算收入3339亿元、同口径增长5.5%，固定资产投资增长7.5%，社会消费品零售总额增长3.3%，出口增长12.3%，城镇居民、农村居民人均可支配收入分别增长5.2%、7.6%，城镇调查失业率5.1%，居民消费价格上涨1.9%。

我们凝心聚力战疫情，有力保障人民群众生命健康。全力打赢泉州、宁德、福州等地聚集性疫情歼灭战，用最短时间恢复了正常生产生活秩序；建成全省疫情防控一体化服务平台，解决好企业群众合理诉求，常态化疫情防控取得积极成效；因时因势优化调整防控措施，推动平稳有序“压峰”转段。回首三年抗疫，我们坚决贯彻习近平总书记关于疫情防控的重要指示精神，始终坚持人民至上、生命至上，突出快准严实细，有效抗击了多轮聚集性疫情，“三公（工）一大”融合协同机制等在全国复制推广；广大干部群众特别是医务人员、基层工作者以大勇气概逆行出征，以大爱情怀护卫苍生，以大局意识守望相助，战胜了前所未有的困难挑战，生动诠释了伟大抗疫精神。

我们凝心聚力稳增长，有效保证经济运行在合理区间。全面顶格落实国家稳经济政策，出台实施48条一揽子政策和21条接续政策，全年退减降缓税费1146亿元；新增400亿元纾困专项贷款，设立各50亿元额度的制造业中小微企业、纺织鞋服产业纾困融资支持专项，惠及企业1.83万家。全面发挥投资关键作用，用好用足政策性开发性金融工具，发行地方政府专项债券1831亿元；福厦高铁全线贯通，兴泉铁路、靖永高速建成通车，福州地铁5号线、6号线开通运营，闽江南平—福州段复航，霍口水库主体工程完工，周宁、永泰抽水蓄能电站建成投用。全面增强消费基础作用，深入开展“全闽乐购”，举办首届福品博览会，发放4亿元消费券，撬动汽车、家电等大宗消费回升，新能源汽车销售增长78.7%。全面加强运行分析调度，建成全省经济社会运行和高质量发展监测与绩效管理平台，上线运行省工业企业供需对接平台，创新日监测、旬调度、月分析机制，实现了一季度开门红、二季度结果好、三季度态势稳、四季度冲劲足，主要指标位居全国前列。

我们凝心聚力强动能，持续推动产业转型升级。“五大行动”深入实施，全社会研发投入增长15%，10家国家重点实验室、6家省创新实验室有序运转，获批国家企业技术中心8家；5个设区市入选首批国家知识产权强市建设试点示范城市，晋江、福清通过全国首批创新型县（市）验收；在全国首设科技成果转化奖，全球首个“鼻喷疫苗”获批在国内紧急使用。“六大工程”扎实推进，支柱产业持续提升，总投资420亿元的中沙古雷乙烯项目开工建设，厦门天马AMOLED项目点亮投产；传统产业数字化转型、智能化改造提速，投入4584亿元实施省重点技改项目1442项；战略性新兴产业发展壮大，高技术产业增加值增长17.1%，宁德市动力电池集群列入国家先进制造业集群，全球单机容量最大的16兆瓦海上风电机组建成下线；专精特新企业不断涌现，国家高新技术企业突破1万家，新增国家专精特新“小巨人”企业132家、制造业单项冠军10家，5个产业集群入围首批国家中小企业特色产业集群。“四大经济”加快培育，第五届数字中国建设峰会成功举办，新增5G基站2.1万个，数字经济增加值达2.6万亿元；开展100万千瓦海上风电市场化竞争配置试点，首台套渔旅融合深海养殖装备“闽投1号”建成投产；“电动福建”三年行动计划顺利完成，在全国率先开展内河船舶绿色智能发展试点，全国首座标准化“光储充检智能超充站”建成投用，三明、龙岩、南平入选国家林业碳汇试点市；出台实施文旅经济高质量发展行动计划，“福文化”品牌全面打响，全域生态旅游省建设扎实推进。

我们凝心聚力增活力，提速推动改革开放进程。坚持改革不停顿，“放管服”改革持续深化，《福建省优化营商环境条例》正式施行，推出“一件事一次办”改革事项8125个、精简审批环节67.6%，获国务院肯定；要素市场化配置改革加快推进，工业用地“标准地”改革有序实施，省市两级公共数据汇聚共享平台全面建成；公立医院综合改革效果评价连续7年位居全国前列，医保支付方式改革九市一区全覆盖；林业“八大工程”接续实施，“林长+”工作走在全国前列；普惠金融改革成效明显，普惠型小微企业贷款增长27%，龙岩、宁德、晋江、厦门入选中央财政支持普惠金融发展示范区；国企改革三年行动圆满收官，省大数据集团、金投公司组建运营；“晋江经验”进一步传承弘扬，民营经济创新发展若干措施出台实施，成功举办世界闽商大会、民营经济高质量发展大会，民营经济增加值增长5%。坚持开放不止步，第22届投洽会、金砖国家新工业革命伙伴关系论坛等重大活动成功举办；出台高质量实施RCEP的32条措施，签发原产地证书2.57万份、货值103.7亿元；海丝中央法务区建设稳步推进，中欧班列开行113趟，“丝路海运”联盟成员超270家，与“一带一路”沿线国家和地区贸易额增长13.8%；南平、宁德获批国家跨境电商综合试验区，晋江获批国家进口贸易促进创新示范区；闽港闽澳合作不断深化，“侨”的优势有效发挥，国际友城合作取得新进展。

我们凝心聚力探新路，接续推进闽台融合发展。坚持以通促融，对台出口增长22.9%，新设台资企业户数、实际利用台资金额均居全国首位，海峡两岸最大的石化合作项目古雷炼化一体化一期正式投入商业运营，推出两岸标准共通试点项目25项。坚持以惠促融，成立全国首个台胞职业资格一体化服务中心，首创面向台港澳同胞的省级定制医疗保险“八闽保”，台胞医保服务中心在全省推广，创新开展台胞数字人民币缴税业务，台胞就业创业生活更加便利。坚持以情促融，开展特色交流活动200多场，第十四届海峡论坛、第十届海峡青年节、郑成功收复台湾360周年纪念活动、两岸企业家峰会年会等成功举办，三明获批海峡两岸乡村融合发展试验区。

我们凝心聚力惠民生，稳步提高群众生活品质。就业政策提质加力，职业技能提升行动深入开展，重点群体就业稳定，城镇新增就业51.97万人，城镇失业人员再就业13.19万人。社会保障持续用力，城镇职工退休人员基本养老金增长4%，城乡居民基础养老金最低标准提高到140元，城乡居民医保人均财政补助标准提高到610元，城乡低保年均标准提高到9999元。急难愁盼解决有力，25件省委省政府为民办实事项目全面完成，新建农村区域性养老服务中心86个、“长者食堂”488个，新增普惠性托位2万多个，新开工保障性安居工程18.6万套。社会事业协同发力，教育事业取得新成效，新增公办学前教育学位6.7万个、义务教育学位13万个，高等教育毛入学率61%；卫生健康事业取得新进步，公立医院绩效考核位居全国前列，4家医院进入全国百强榜、排名大幅提升，全省新增医疗床位数6000个，职工医保门诊共济保障全面实施，医学检查检验结果互认实现二级以上公立医院全覆盖，28万名适龄女性免费接种HPV疫苗；文化事业取得新突破，6项茶制作技艺列入联合国教科文组织人类非物质文化遗产代表作名录，10部作品获第十六届精神文明建设“五个一工程”奖、数量居全国首位，莆仙戏《踏伞行》获第十七届文华奖，236家公共文化场馆实行错时延时开放；体育事业取得新收获，成功举办第十七届省运会、第十一届老健会，全民健身活动广泛开展。工会、共青团、妇女、儿童、老龄、残疾人、慈善等事业取得新进展，智库、档案、地方志、参事、文史等工作迈出新步伐，民族团结、宗教和顺的良好局面不断巩固。

我们凝心聚力优生态，加快改善城乡环境面貌。践行绿水青山就是金山银山的理念，协同推进降碳、减污、扩绿、增长。强化生态保护修复，科学划定“三区三线”，全省27.5%的国土面积划入生态保护红线；完成互花米草除治13.5万亩，闽江河口等湿地保护修复成效显著。强化污染防治攻坚，着力解决老百姓身边的生态环境问题，九个设区城市空气优良天数比例保持稳定，PM2.5浓度下降至每立方米19微克；主要流域优良水质比例98.7%，近岸海域优良水质比例85.8%。强化城乡品质提升，新建绿色建筑面积超8000万平方米，新建改造提升城市道路870公里、公园绿地1136

公顷、口袋公园577个，城市建成区绿化覆盖率40.8%；市县生活污水处理率97.9%，生活垃圾分类和焚烧处理能力占比位居全国前列；新建农村规模化水厂73处、自来水普及率达89.1%，“百镇千村”试点示范项目顺利推进，完成15.3万栋裸房整治，80%以上行政村成为“绿盈乡村”。

我们凝心聚力保安全，全力维护社会安定稳定。坚持抓早抓小，解矛盾、化积案，防风险、除隐患，为党的二十大胜利召开营造了安全稳定的政治社会环境。全面落实安全生产十五条硬措施，危化品、燃气、自建房、消防、道路交通等重点领域整治有力推进，全省安全生产事故起数、死亡人数分别下降37%、31%。全面夯实粮食能源安全基础，实现粮食总产量508.7万吨，7个省级粮食储备库全部开工建设，增加库容65万吨；闽粤电力联网工程竣工投产，“省内环网、沿海双廊”电网主干网架基本形成，煤油气供应平稳有序。全面防范化解重点领域风险，压实“保交楼、保民生、保稳定”责任，一楼一策有效化解问题楼盘；有力处置金融领域风险，防范和处置非法集资工作居全国第一档；政府债务风险总体可控。全面加强社会治安防控，常态化推进扫黑除恶，有力遏制了电信网络诈骗、跨境赌博、养老诈骗等违法犯罪，群众安全感率达99%以上。

各位代表，本届政府任期即将届满。过去的五年，面对百年变局和世纪疫情交织的复杂局面，我们始终坚持以习近平新时代中国特色社会主义思想为指导，坚定坚决贯彻习近平总书记重要讲话重要指示批示精神，牢记嘱托，感恩奋进，在省委领导下，紧紧围绕建设“机制活、产业优、百姓富、生态美”新福建宏伟蓝图，全面落实“四个更大”重要要求，全方位推进高质量发展，新发展阶段新福建建设迈出了坚实步伐。

这五年，综合实力显著提升，经济社会实现跨越式发展。我们紧紧扭住发展这个第一要务，跑出了高质量发展“加速度”。全省地区生产总值连跨两个万亿元台阶，年均增长6.4%、居东部地区第一位；人均地区生产总值连跨四个万元台阶，突破12万元，跃升至全国第四位，是唯一所有设区市人均地区生产总值都超过全国平均水平的省份；固定资产投资、社会消费品零售总额均跨上2万亿元台阶，出口总额突破1万亿元。基础设施日臻完善，全面建成“两纵三横”综合运输通道，综合交通路网总规模达到11.7万公里，基本建成东南沿海现代化港口群、亿吨大港达3个，机场、水利、能源等建设实现重大突破，5G、数据中心、工业互联网平台等新型基础设施建设取得积极成效。提前完成脱贫攻坚的历史任务，全面建成小康社会，现行标准下45.2万建档立卡贫困人口全部脱贫，2201个建档立卡贫困村全部退出，23个省级扶贫开发工作重点县全部摘帽。如今的福建，经济更具实力、发展支撑有力，站在了新的更高历史起点上。

这五年，创新动能加速释放，现代化产业体系加快构建。我们深入实施创新驱动发展战略，加快推进科技自立自强，创新体系基本形成，创新型省份建设迈出坚实步伐。全社会研发投入翻了一番，发明专利有效量增长1.38倍；战略性新兴产业快速发展，国家级专精特新“小巨人”企业达349家、制造业单项冠军达45家，国家级服务型制造示范企业达33家、居全国第三位；汽车玻璃、动力电池等技术国际领先，白羽肉鸡种源打破国外垄断，大黄鱼育种技术国内领先；科技特派员和技术服务实现乡镇全覆盖、产业全覆盖。制造业综合实力显著提升，工业增加值总量跃升至全国第六位，百亿工业企业达58家，千亿产业集群达21个；现代纺织服装产业最先突破万亿级，电子信息“增芯强屏”步伐加快，先进装备制造迈向智能化高端化，石油化工“两基地一专区”集聚发展。数字经济、海洋经济、绿色经济、文旅经济成为新增长极。现代服务业发展提速提效，服务业增加值占GDP比重达47%；金融“八大工程”深入实施、存贷款余额双双突破7万亿元，境内上市公司达170家、居全国第七位；国家A级物流企业数居全国第五位，厦门、福州、泉州列入国家物流枢纽建设名单。如今的福建，发展动能更加强劲，创新创业创造蔚然成风。

这五年，城乡加快融合发展，区域一体化建设进程提速。我们坚持统筹兼顾，着力破解发展不平衡问题。城市更新行动滚动实施，累计改造老旧小区81.2万户，新建改造各类管网超3万公里，建设提升福道5560公里，设区市建成区黑臭水体基本实现“长制久清”，数字城市建设加快推进，全省城镇化率达70.1%，城市更加宜居、更有韧性、更显智慧。乡村振兴战略深入推进，乡村生活垃圾转运系统全面建成，十大乡村特色产业全产业链总产值达2.3万亿元，多彩闽茶、沙县小吃等富民产业走向全国。老区苏区振兴步伐加快，闽西革命老区高质量发展示范区获批建设，居民收入增速持续高于全省平均水平，上杭成为全国百强县中唯一的原中央苏区县。闽东北、闽西南两大协同发展区齐头并进，福州、泉州双双跨入万亿级城市行列。东西部协作和对口支援工作持续深化，“闽宁模式”成为全国东西部协作的典范，援藏援疆工作获评全国绩效考核先进典型。如今的福建，城乡面貌焕然一新，山海协作同谱新篇。

这五年，改革开放纵深推进，发展潜力空间得到新拓展。我们坚持守正创新，打响改革攻坚战、开放主动战。重点实施76个重大改革方案，“放管服”、财税金融、国资国企、农村集体产权制度等领域改革取得突破性进展，三明医改经验在全国推广，集体林权制度改革成为全国标杆。发挥多区叠加政策优势，自贸试验区推出146项全国首创举措，“丝路海运”等标志性工程影响力不断扩大，与“一带一路”沿线国家和地区经贸合作、人文交流更加紧密，新增国际友城23个；外贸外资量质齐升，进出口总额年均增长11%，66种商品出口规模居全国第一，新设外资企业超1万家，高技术产业吸收外资年均增长12%；成功举办首届中国侨商投资大会，广大侨胞在畅通国内国际双循环中发挥了重要作用。如今的福建，发展活力竞相迸发，开放大门越开越大。

这五年，闽台融合走深走实，第一家园建设取得新成效。我们秉持“两岸一家亲”理念，落实同等待遇，不断深化闽台经济文化交流合作。经贸合作更为密切，62家台湾百大企业在福建直接投资布局，6个国家级台湾农民创业园连续五年包揽国家综合评价前六名。融通路径更加顺畅，研制发布两岸共通标准62项，平潭在大陆率先实现与台湾主要港口直航全覆盖，莆田成为重要的铁矿石等大宗商品中转基地，金门供水工程让“两岸一家亲、共饮一江水”的愿景成为现实。惠台利民更有温度，保障台胞台企合法权益的政策制度、工作机制和服务平台更为完善，直接采认台湾地区专业技术职业资格11项、职业技能资格34项，来闽实习就业创业台湾青年超4万人。交流交往更趋紧密，宗亲、乡亲、姻亲和民间信仰“四条纽带”作用有效发挥，闽台亲情乡情延续工程持续开展，海峡论坛、海峡青年节、世界妈祖文化论坛等品牌效应日益彰显。如今的福建，众多台胞台企台青在这里追梦、筑梦、圆梦，心更近、情更深、意更浓。

这五年，民生福祉持续增进，人民生活品质大幅度提高。我们坚持以人民为中心，超七成财政支出投向民生社会事业。居民收入水平不断提高，人均可支配收入突破4万元、年均增长6.2%；城镇新增就业282万人，104万失业人员实现再就业。社会保障体系更加健全，基本医疗保险参保率稳定在95%左右，医保服务下沉至所有乡镇和1.2万个村卫生所；基本养老保险覆盖3200多万人，每千名老年人拥有养老床位数由30张增加到39张，居家社区养老服务照料中心从无到有、实现街道和中心城区乡镇全覆盖；残疾人“两项补贴”动态提标；160万群众通过保障房、棚改房解决了住房困难。教育优先发展战略深入实施，教育经费投入达6685亿元、年均增长7.9%，在全国率先实现义务教育发展基本均衡县全覆盖。医疗卫生服务水平全面提升，疾控体系改革扎实推进，7家医院纳入国家区域医疗中心项目，人均预期寿命提高至78.85岁，居民主要健康指标保持全国前列。文化强省建设蹄疾步稳，公共文化设施更加完善，第四十四届世界遗产大会成功举办，“泉州：宋元中国的世界海洋商贸中心”列入《世界遗产名录》，福建尤溪联合梯田、安溪铁观音茶文化系统成为全球重要农业文化遗产；金鸡奖长期落户厦门，《山海情》《古田军号》《那山那海》等一批闽派影视精品享誉全国。竞技体育实力显著增强，在东京奥运会、第十四届全运会上，我省金牌数和奖牌总数均创历史新高。如今的福建，老百姓日子越过越红火，幸福梦正一天天照进现实。

这五年，绿水青山“颜”“值”同升，生态省建设交出高分答卷。我们深入学习贯彻习近平生态文明思想，努力建设人与自然和谐共生的现代化。圆满完成国家生态文明试验区重点改革任务，木兰溪治理、生态保护补偿等39项改革举措和经验做法向全国复制推广，河湖长制、林长制全面推行，生态文明指数全国第一。持续打好蓝天、碧水、碧海、净土保卫战，中央生态环境保护督察反馈问题整改有力有效，污染防治攻坚战考核均为优秀。深入实施山水林田湖草沙一体化保护修复，“长汀经验”成为世界生态修复典型，武夷山成为首批国家公园，设立各类保护地358处，生物多样性大幅提升；九市一区全部获评国家森林城市，森林覆盖率65.12%、连续44年保持全国第一。出台碳达峰碳中和《实施意见》和碳达峰《实施方案》，单位GDP能耗累计下降10.3%，四项主要污染物排放强度仅为全国的一半；以约占全国3%的人口、1.3%的土地、2.9%的能耗，创造了全国4.4%的经济总量。如今的福建，天更蓝、山更绿、水更清，“清新福建”更加靓丽。

这五年，社会治理深入推进，公共安全网织得更密更牢。我们统筹发展和安全，加快构建共建共治共享的社会治理格局。市域社会治理现代化扎实推进，“近邻”党建模式全面推广，乡镇（街道）社会工作服务站实现全覆盖，信访态势持续向好。扫黑除恶专项斗争成效显著，群众安全感率逐年提升，平安（综治）建设考评稳居全国前列。应急管理改革发展持续深化，安全生产专项整治三年行动圆满收官，有力防御台风、强降雨等自然灾害。粮食安全和食药品安全保障更加有力，建成高标准农田660万亩，成为杂交水稻制种第一大省；持续治理“餐桌污染”、建设“食品放心工程”，连续3年获评国家食品安全评议考核A级。防范化解风险有力有效，在全国唯一连续4年无高风险金融机构。大力支持国防和部队建设，国防动员、双拥共建、退役军人事务等工作迈出新步伐，是全国唯一所有设区市连续五届获评双拥模范城（县）的省份。如今的福建，社会安定、生活安宁，人民群众更加安心舒心。

这五年，政府建设不断加强，政务服务效能实现新提升。我们坚持和加强党的全面领导，努力建设人民满意的服务型政府。政治机关建设不断加强，扎实开展“不忘初心、牢记使命”主题教育、党史学习教育，忠诚拥护“两个确立”、坚决做到“两个维护”。法治政府建设深入推进，推动出台《福建省法治政府建设实施方案》，加快构建职责明确、依法行政的政府治理体系，累计提请审议地方性法规67件，制定修改废止政府规章35件；认真执行人大及其常委会决定决议，坚持向人大及其常委会报告工作，向人民政协通报情况，积极支持政协开展专题协商，办理人大代表建议和政协提案7942件、办结率100%；有效发挥审计监督、统计监督作用。机关效能建设持续深化，数字化政务服务体系更加智慧便捷，省政府门户网站绩效评估全国第一，12345政务服务便民热线全面归并优化、诉求办理满意率99.9%。党风廉政建设常抓不懈，严格落实中央八项规定及其实施细则精神，形式主义、官僚主义有效遏制，政治生态更加风清气正。如今的福建，“马上就办、真抓实干”成为广大干部的自觉行动，服务企业群众更加积极主动、用心用情。

闽山闽水物华新，饮水思源感恩情。此时此刻，我们更加深切地感受到，福建工作的每一点进步，八闽大地的每一个变化，都凝结着习近平总书记的亲切关怀和殷殷教诲。总书记始终高度重视福建发展，念兹在兹牵挂福建人民，每到关键节点、重要时刻都亲自为福建把脉定向、指路引航，2019年参加十三届全国人大二次会议福建代表团审议，强调要在营造良好发展环境上再创佳绩、在推动两岸融合发展上作出示范；2020年作出重要指示，要求我们全方位推动高质量发展、实现全面超越；2021年来闽考察，明确提出“四个更大”重要要求和四项重点任务；先后多次回信致贺信，对厦门经济特区率先实现社会主义现代化，办好投洽会、世界遗产大会和数字中国建设峰会，推动厦门大学、集美大学、闽江学院高质量发展，走具有闽东特色的乡村振兴之路，促进两岸青年交流交往，学习谷文昌、廖俊波先进事迹等作出一系列重要指示。这些重托和使命，为我们指明了前进方向，系统构成了福建高质量发展的总纲领总遵循。

各位代表，惟知感恩，方能接续奋斗；惟有奋斗，方能创造辉煌。福建发展取得的显著成就、发生的深刻变化，根本在于习近平总书记掌舵领航，在于习近平新时代中国特色社会主义思想科学指引，是党中央、国务院坚强领导的结果，是全省上下团结一心拼出来、干出来、奋斗出来的。我代表省人民政府，向全省人民，向人大代表、政协委员、各民主党派、工商联和无党派人士、各人民团体和社会各界人士，向中央驻闽单位、驻闽人民解放军、武警部队官兵、公安干警和消防救援队伍，向所有长期关心支持福建发展的台港澳同胞、海外乡亲和国际友人，表示衷心的感谢！

我们深切体会到，做好政府工作：必须把忠诚拥护“两个确立”、坚决做到“两个维护”作为最高政治原则，坚持不懈用习近平新时代中国特色社会主义思想凝心铸魂，坚决贯彻落实习近平总书记重要讲话重要指示批示精神，大力传承弘扬习近平总书记在福建工作期间开创的重要理念和重大实践，自觉在思想上政治上行动上同以习近平同志为核心的党中央保持高度一致。必须把全方位推进高质量发展作为最紧要任务，深刻认识新发展理念和高质量发展是内在统一的、高质量发展就是体现新发展理念的发展，越是经济处在调整的时期，越是调整优化结构的时机，越要苦练内功、抢占先机，推动经济发展质量变革、效率变革、动力变革，努力实现更高质量、更有效率、更加公平、更可持续、更为安全的发展。必须把为民造福作为最重要政绩，站稳人民立场、把握人民愿望、尊重人民创造、集中人民智慧，在发展中保障和改善民生，扎实推进共同富裕，让现代化建设成果更多更公平惠及全省人民。必须把敢于斗争善于斗争作为最鲜明品格，发扬斗争精神，增强斗争本领，以自我革命增活力，以“放管服”改革提效能，在机遇面前主动出击，在困难面前迎难而上，在风险面前积极应对，不断战胜前进道路上的一切艰难险阻。必须把全面从严治党作为最坚强保障，坚持和加强党的全面领导，深入推进新时代党的建设新的伟大工程，抓党建转作风、抓作风促工作，以高质量党建引领保障经济社会高质量发展。

我们清醒地看到，当前我省统筹疫情防控和经济社会发展、统筹发展和安全仍面临不少困难挑战。主要是：国际经济环境更趋复杂严峻，外部需求不足将对我省产生更大影响；经济恢复基础尚不牢固，下行惯性仍然存在；稳增长、稳就业、稳物价压力较大，产业链供应链堵点有待疏解；高质量发展态势尚未完全形成，科技创新亟待加强，产业结构亟需优化，发展竞争力亟待提高，城乡区域差距亟待缩小；土地、环境、碳排放、能耗等约束趋紧，部分领域风险需要加强防范；高素质人才短缺，少数干部作风能力跟不上现代化建设要求等。对此，我们已经采取了针对性措施，必须继续加大工作力度，推动尽快解决。

二、全面贯彻落实党的二十大精神，奋力谱写全面建设社会主义现代化国家福建篇章

党的二十大提出了新时代新征程中国共产党的使命任务，描绘了全面建设社会主义现代化国家的宏伟蓝图，吹响了向第二个百年奋斗目标进军的时代号角。习近平总书记作为党中央核心、全党核心、人民领袖、军队统帅，继续掌舵领航中国特色社会主义巍巍巨轮，是党心所向、民心所盼、众望所归，是国家之幸、民族之幸、人民之幸。福建是习近平新时代中国特色社会主义思想的重要孕育地和实践地，福建人民发自内心爱戴总书记、信赖总书记、追随总书记。响应习近平总书记伟大号召，在以中国式现代化全面推进中华民族伟大复兴中彰显福建担当、展现福建作为、贡献福建力量，是4100多万福建人民的崇高使命、历史责任、迫切愿望。

我们要在深刻领悟“两个确立”的决定性意义中铸牢忠诚之魂。增强“四个意识”、坚定“四个自信”、做到“两个维护”，不断提高政治判断力、政治领悟力、政治执行力，以最纯粹的党性绝对忠诚核心、以最坚定的态度始终信赖核心、以最真挚的感情衷心拥戴核心、以最有力的行动坚决维护核心。自觉把学习贯彻党的二十大精神与学习贯彻习近平总书记对福建工作的一系列重要讲话重要指示批示精神结合起来，与传承弘扬习近平总书记在福建工作期间开创的重要理念和重大实践结合起来，切实把对习近平总书记的深厚爱戴之情转化为干事创业的强大动力，坚定不移沿着习近平总书记指引的方向奋勇前进，坚定不移把习近平总书记亲自为我们擘画的宏伟蓝图变成美好现实。

我们要在以中国式现代化全面推进中华民族伟大复兴中扛起担当之责。牢牢把握中国式现代化中国特色、本质要求、重大原则和战略部署，把新福建建设放在全国大局中去考量、去推动，加强前瞻性思考、全局性谋划、整体性推进。发挥比较优势，突出福建特色，先行先试、勇闯新路，走在前列、勇挑大梁，努力在加快建设现代化经济体系上取得更大进步，在服务和融入新发展格局上展现更大作为，在探索海峡两岸

融合发展新路上迈出更大步伐，在创造高品质生活上实现更大突破，让中国式现代化在八闽大地绽放蓬勃生机、展现独特魅力。

我们要在守正创新团结奋斗中走好新的赶考之路。坚定对马克思主义的信仰，坚定对中国特色社会主义的信念，坚定对实现中华民族伟大复兴中国梦的信心。始终坚持用习近平新时代中国特色社会主义思想武装头脑、指导实践、推动工作，始终坚持全心全意为人民服务的根本宗旨，始终在党的旗帜下团结成"一块坚硬的钢铁"。保持敢为人先、爱拼会赢的奋斗姿态，保持敢于斗争、善于斗争的顽强意志，咬定青山不放松，风雨无阻向前行，以涓涓细流汇入中华民族伟大复兴的时代长河，以一砖一瓦共筑中国特色社会主义的宏伟大厦。

做好今后五年政府工作，要坚持以习近平新时代中国特色社会主义思想为指导，全面学习贯彻党的二十大精神，深入贯彻习近平总书记重要讲话重要指示批示精神，坚持和加强党的全面领导，弘扬伟大建党精神，围绕统筹推进"五位一体"总体布局、协调推进"四个全面"战略布局，立足新发展阶段、贯彻新发展理念、服务和融入新发展格局，紧扣"四个更大"重要要求，突出强化科技创新、优化产业结构、增加居民收入，突出深化具有福建特点的改革、打造海上丝绸之路核心区，突出加快乡村振兴、老区苏区发展，突出加强数字福建、海上福建和生态省建设，突出探索海峡两岸融合发展新路，全方位推进高质量发展，奋力谱写全面建设社会主义现代化国家福建篇章。

（一）加快建设现代化经济体系，奋力打造富强福建。经济体系现代化是中国式现代化的重要支撑，是实现高质量发展的必由之路。坚持以推动高质量发展为主题，加快建设现代化产业体系，保证产业体系自主可控和安全可靠。坚定不移把发展经济的着力点放在实体经济上，持续做强万亿级支柱产业，培育壮大战略性新兴产业，改造提升传统优势产业，加快发展现代服务业；全力推动消费扩容提质；全面加强交通、能源、水利等网络型基础设施建设，加快建设世界一流港口和干支结合的机场群，着力构建面向未来的新型基础设施体系，全力打造先进制造业强省、质量强省、交通强省。坚定不移做优做强做大"四大经济"，加快培育更具竞争力的数字经济核心产业体系，加快打造海洋优势产业集聚区和新兴产业集群，加快发展绿色低碳产业，加快建设全域生态旅游省。坚定不移统筹城乡区域发展，全面实施新型城镇化战略，促进大中小城市和小城镇协调发展，落实常住地提供基本公共服务制度，提高农业转移人口市民化质量；全面实施乡村振兴战略，持续开展乡村振兴示范创建，推动老区苏区全面振兴发展，建设宜居宜业和美乡村；全面实施新时代山海协作，高水平打造福州都市圈、厦漳泉都市圈，带动闽东北、闽西南协同发展区建设。坚定不移落实"两个毫不动摇"，传承弘扬、创新发展"晋江经验"，实施新时代民营经济强省战略，从政策和舆论上鼓励支持民营经济和民营企业发展壮大，让民营企业家大胆创新、放心创业、放手创造。

（二）深入实施科教兴省战略，奋力打造创新福建。科技为人类文明进步插上了腾飞翅膀，未来高质量发展的关键仍然在于科技创新。坚持科技是第一生产力、人才是第一资源、创新是第一动力，加快建设高水平创新型省份。以更高标准办好人民满意的教育，全面贯彻党的教育方针，为党育人、为国育才，深化教育领域综合改革，加快建设高质量教育体系，建设全民终身学习的学习型社会；实施职业教育质量提升计划，推动职普融通、产教融合、科教融汇，增强教育服务经济社会发展能力。以更大力度打造科技创新体系，深化科技体制改革，完善多元化科技投入机制；加快建设海峡科技创新中心，建好省创新实验室、省重点实验室、工程研究中心、企业技术中心，推进省属院所优化整合；加大知识产权保护力度，强化原创性引领性科技攻关，增强自主创新能力。以更实举措强化现代化建设人才支撑，深化人才发展体制机制改革，营造识才爱才敬才用才良好环境，精准引进急需紧缺人才，大胆使用青年人才，着力造就拔尖创新人才，让福建成就人才、人才成就福建。

（三）积极服务和融入新发展格局，奋力打造活力福建。福建今天的发展和成绩得益于改革开放，福建未来的前途和希望也一定靠改革开放。坚持以改革促进高水平开放、以开放倒逼深层次改革，加快建设国内国际双循环的重要节点、重要通道。持续深化系统集成改革，协同高效推进"放管服"、要素市场化配置、医改、林改等重点领域和关键环节改革，形成更多具有福建特点的改革成果。持续深化制度型开放，高质量建设海丝核心区，高标准打造金砖创新基地，高水平推进自贸试验区扩区提质，积极探索实施部分自由贸易港政策，提升贸易投资合作水平，加快建设开放强省、贸易强省、引资大省。持续深化闽台融合发展，始终尊重、关爱、造福台湾同胞，建好海峡两岸融合发展示范区，打造台胞台企登陆的第一家园，促进祖国统一大业。持续深化闽港闽澳合作，深入实施回归工程，引侨资、聚侨力、汇侨智，吸引更多海外侨胞投身家乡建设。

（四）扎实推进共同富裕，奋力打造幸福福建。一枝独秀不是春，百花齐放才能春满园。多行利民之举，办好惠民实事，不断实现人民对美好生活的向往。健全与经济增长相适应的居民收入增长机制，增加低收入者收入，扩大中等收入群体，保护合法收入，调节过高收入，取缔非法收入。健全就业公共服务体系，促进重点群体就业，帮扶困难群体就业，支持创业带动就业、多渠道灵活就业，稳定和扩大就业容量。健全多层次社会保障体系，扩大社会保险覆盖面，完善基本养老、基本医疗保险筹资和待遇调整机制，加强分层分类社会救助，提高养老托育、社会优抚、医疗卫生、住房保障等服务供给质量。健全生育支持政策及配套措施，实施好妇女、儿童发展纲要，推进儿童友好城市、青年发展型城市创建，加强未成年人保护，发展早期教育，落实渐进式延迟法定退休年龄政策，积极应对人口老龄化少子化。健全现代公共文化服务体系，繁荣发展文化事业和文化产业；广泛践行社会主义核心价值观，统筹推动文明培育、文明实践、文明创建。

（五）全面深化生态文明建设，奋力打造美丽福建。绿色是福建发展的鲜明底色，也是福建人民引以为傲的亮丽名片。坚持尊重自然、顺应自然、保护自然，持续协同推进降碳、减污、扩绿、增长，建设美丽中国示范省，让绿水青山永远成为福建的骄傲。全力推动绿色低碳循环发展，落实全面节约战略，落实碳排放总量和强度“双控”制度，分步骤分领域分行业推进碳达峰行动。全力打好污染防治攻坚战，保持力度、延伸深度、拓宽广度，建设美丽城市、美丽乡村、美丽河湖、美丽海湾、美丽园区。全力抓好山水林田湖草沙一体化保护和系统治理，完善以国家公园为主体的自然保护地体系，提升生态系统多样性、稳定性、持续性。全力推进生态文明治理体系改革创新，探索完善生态产品价值实现机制，深化生态保护补偿等制度改革。

（六）着力提升社会治理效能，奋力打造平安福建。治理好则社会稳，社会稳则发展兴。坚持以新安全格局保障新发展格局，加快构建高水平法治和安全体系，全力以赴防风险、保安全、护稳定、促发展。全面贯彻总体国家安全观，坚决维护国家政权安全、制度安全、意识形态安全，确保粮食、能源资源、金融、网络、重要产业链供应链安全。全面加强重大疫情防控救治体系和应急管理体系建设，推动公共安全治理模式向事前预防转变，坚决遏制重特大事故，提高防灾减灾救灾和重大突发公共事件处置保障能力，防范化解重大风险。全面建设法治强省，一体建设法治福建、法治政府、法治社会，加快推进科学立法、严格执法、公正司法、全民守法，积极营造办事依法、遇事找法、解决问题用法、化解矛盾靠法的法治环境。全面加快市域社会治理现代化，完善网格化管理、精细化服务、信息化支撑，建设人人有责、人人尽责、人人享有的社会治理共同体。

三、敢拼会赢、真抓实干，全力做好 2023 年工作

2023 年是全面贯彻落实党的二十大精神的开局之年，是实施“十四五”规划承上启下的关键一年。我们要以习近平新时代中国特色社会主义思想为指导，全面贯彻落实党的二十大精神和中央经济工作会议部署，按照省第十一次党代会、省委十一届三次全会和省委经济工作会议要求，紧扣“四个更大”重要要求，坚持稳中求进工作总基调，完整、准确、全面贯彻新发展理念，加快构建新发展格局，全方位推进高质量发展，更好统筹疫情防控和经济社会发展，更好统筹发展和安全，全面深化改革开放，促进闽台融合发展，大力提振市场信心，把实施扩大内需战略与深化供给侧结构性改革有机结合起来，突出做好稳增长、稳就业、稳物价工作，有效防范化解重大风险，推动经济运行整体好转，实现质的有效提升和量的合理增长，为在推进中国式现代化中展现福建作为、谱写福建篇章开好局、起好步。

今年经济社会发展的主要预期目标是：全省地区生产总值增长 6%左右，一般公共预算总收入增长 6%左右，地方一般公共预算收入增长 5.5%左右，固定资产投资增长 6%，社会消费品零售总额增长 10%，出口增长 7%，城镇居民、农村居民人均可支配收入分别增长 7%、7.5%，城镇调查失业率 5.5%左右，居民消费价格涨幅 3%左右，粮食总产量稳定在 507 万吨以上。

实现上述目标，必须坚持党对经济工作的全面领导，把牢“五大宏观政策”导向，落实“六个更好统筹”重要要求，紧紧抓住纲举目张的“五个重大问题”，聚焦“八个突出”重点任务，坚定信心、保持定力，使劲加力、跳起摸高，创造更好结果。要防疫情，新冠病毒感染实施“乙类乙管”，重点是强化服务和保障，我们要始终坚持人民至上、生命至上，着力保健康、防重症，同舟共济，共克时艰，确保人民群众平稳有序渡过疫情流行期，奋力夺取抗击疫情全面胜利。要拼经济，疫情防控措施优化调整带来正向刺激，经济复苏将按下快进键，曙光在前，未来可期，我们要紧盯宏观形势发展变化，强化经济运行分析调度，政策服务齐努力，投资消费出口同发力，政府市场相互联动，供给需求相互促进，国内国际双循环加快构建，想在一起、干在一起、赢在一起，拼出个高质量发展的新天地。要惠民生，让老百姓过上更好日子，始终是一切工作的出发点和落脚点，我们要坚持以人民为中心的发展思想，把为民办实事作为关键抓手，继续加大投入，增进民生福祉，补齐民生短板，关心弱势群体，解决急难愁盼，形成经济发展与民生改善的良性循环。要保安全，后疫情时期，企业生产、生活消费、交往出行活动重新活跃，各类风险隐患也在积累，我们要强化时时放心不下的责任意识，善于一叶知秋、见微知著，下好先手棋，打好主动仗，牢牢守住不发生重特大安全事故的底线，高度警惕“黑天鹅”事件，有效防范“灰犀牛”事件，以高水平安全保障高质量发展。

（一）奋力推动经济高质量发展

提升“四大经济”质量。这是我省实现经济高质量发展的优势所在。深化数字福建建设，办好第六届数字中国建设峰会；实施新型基础设施“强基”行动，支持福州、泉州等建设千兆城市，培育跨行业跨领域工业互联网平台，推动中国土楼云谷数据、厦门数字工业计算中心等争创国家新型数据中心；布局人工智能、量子科技、元宇宙等未来产业，打造大数据、物联网、卫星应用等千亿产业集群，实现数字经济增加值 2.9 万亿元以上。深耕“海上福建”，发挥福州、厦门国家海洋经济发展示范区带动作用，实施海洋渔船“宽带入海”工程，培育壮大海工装备、海上风电、深海养殖、海洋生物医药等产业，海洋生产总值继续保持全国前列。深入推进绿色经济发展行动计划，加快“电动福建”建设，培育

壮大节能环保、清洁生产、清洁能源等产业。深入实施文旅经济高质量发展十大行动，依托世界文化和自然遗产打造世界级旅游景区，支持平潭打造国际旅游岛；推动旅游业加快恢复，大力发展红色、生态、工业、乡村、海洋、康养等文旅新业态，高标准建设“1号滨海风景道”，丰富全域生态旅游产品供给，提升旅游服务品质，让“清新福建”不负“诗与远方”。

提升制造业竞争力。这是推动实体经济高质量发展的重中之重。聚焦高端化智能化绿色化，加快电子信息、先进装备制造、石油化工、现代纺织服装等支柱产业提质增效，促进食品、冶金、建材、工艺美术等传统产业提档升级，推进新材料、新能源、生物与新医药等战略性新兴产业融合集群发展，支持宁德打造世界级动力电池产业集群、办好2023年世界储能大会。聚焦强链延链补链，完善大抓工业协调机制，加强产业专班力量；大力推进工业园区标准化建设，积极引进制造业高端项目，组织实施省重点技改项目1000项以上。聚焦质量品牌建设，引导企业以高标准引领高质量，以高质量创建名品牌。

提升服务业规模质效。这是打造经济高质量发展新引擎的重要抓手。突出“引”，接续实施“引金入闽”工程，推动优质金融资源集聚，加大对小微企业、科技创新、绿色发展等领域支持力度。突出“畅”，推动现代流通体系建设，大力发展公铁联运、海铁联运、海空联运，加快“一带一路”物流通道、国家物流枢纽城市建设，提高福州国家骨干冷链物流基地辐射带动能力，壮大厦门集装箱枢纽港。突出“融”，积极推动现代服务业同先进制造业、现代农业深度融合，加快发展工业设计、科技服务等生产性服务业，大力培育个性化定制、共享制造、供应链管理、总集成总承包等新业态新模式。突出“加”，以“数字+”“智能+”赋能教育、医疗、文娱等生活性服务业，更好满足人民群众多层次、多样化需求。

提升内需驱动力。这是增强经济高质量发展后劲的关键之策。强化优先恢复和扩大消费，深化“全闽乐购”，支持住房改善、新能源汽车、养老服务等消费，增加家电家具家装等大宗消费，扩大升级信息、绿色等热点消费，发展远程定制、体验分享等新模式；深化“三品”专项行动，持续开展纺织鞋服、食品、医药等行业“手拉手”活动，加强供需对接，促进“福建造”产品推广应用；深化城乡消费提升行动，加快打造区域消费中心，加强县域商业体系建设，促进农特产品“进城”、高质量消费品“下乡”。强化政府投资和政策激励，围绕经济发展和民生急需，加大政策性金融对符合国家发展规划重大项目的融资支持，鼓励和吸引更多民间资本参与国家重大工程和补短板项目，加快实施“十四五”重大工程，适度超前布局一批稳基础、优结构、利长远的项目，切实扩大有效投资；加快综合立体交通网络建设，全面建成福厦高铁、厦门第二东通道、泉南高速改扩建等，全力推动福州机场二期扩建、厦门新机场建设、泉州晋江机场改扩建、厦福泉国家综合货运枢纽补链强链，开工建设漳汕高铁、龙龙铁路武平至梅州段，提速温福高铁、温武吉铁路、厦门港后方通道等前期工作；加快沿海港口码头泊位建设，振兴发展闽江航运；加快新型能源体系规划建设，推进漳州核电1—4号机组、福厦特高压、智能配电网、抽水蓄能电站等项目；加快重大水利工程建设，推进木兰溪下游水生态修复与治理、九龙江调水、闽江干流防洪、白濑水库等项目，开工宁德上白石水利枢纽、金门供水水源保障等项目，做好闽西南、闽东等水资源配置工程前期论证，努力从根本上解决水资源分布不均和配置能力不足问题。

提升市场主体活力。这是蓄积经济高质量发展基本力量的必然要求。突出保护民营企业产权和企业家权益，大力弘扬企业家精神，鼓励企业心无旁骛做实业、一心一意创品牌。突出培育龙头企业、专精特新企业，新增专精特新中小企业300家以上、“小巨人”企业100家以上。突出科学精准招商，鼓励现有主体增资扩产，完善招商工作统筹机制，紧盯产业链缺失环节、紧盯龙头企业、紧盯高新领域，锲而不舍引进更多大项目好项目。突出加强反垄断和反不正当竞争，依法规范和引导资本健康发展，支持平台企业大显身手。突出构建亲清政商关系，健全政企会商、干部挂钩联系服务企业等制度，亲而有度守底线，清而有为敢担当。

（二）着力增强创新竞争力

坚持教育优先发展。全面落实立德树人根本任务，加快建设教育强省，打牢创新基石。统筹优化基础教育资源配置，大力推广集团化办学，实施学前教育发展提升行动，改造城区和城乡接合部公办幼儿园150所，促进普及普惠、安全优质；实施义务教育薄弱环节改善与能力提升项目，新增公办义务教育学位5万个，促进优质均衡发展和城乡一体化，缓解学区房、“择校热”等现象；实施县域普通高中发展提升行动，促进高中阶段学校优质特色发展，推进特殊教育全纳融合发展，完善覆盖全学段学生资助体系。统筹推进职业教育、高等教育协同创新、融合发展，实施高等教育十年规划、新一轮“双一流”和一流应用型高校建设方案；调整优化高校专业结构设置，促进内涵式发展，支持福耀科技大学建设；实施职业教育“双高”计划，加大政策供给和投入力度，推动中职、高职、本科一体化贯通培养改革试点，完善技工教育和职业技能培训公共服务体系，培养更多高素质技术技能人才、能工巧匠、大国工匠。统筹完善学校管理和教育评价体系，加强师德师风建设，加强教材建设和管理，在法治轨道上推进“双减”工作，引导规范民办教育发展，深化校外培训机构治理，让学生成才、家长放心、社会满意。

坚持科技自立自强。全面落实创新驱动发展战略，优化科技创新生态，完善科技创新体系。突出发挥福厦泉国家自主创新示范区集聚效应，继续建好中国东南（福建）科学城、厦门科学城、泉州时空科创基地、三明中关村科技园和省创新研究院，支持现有平台建实建强、早出成果、多出成果；新建海洋、集成电路等领域省创新实验室，争取能源、海洋领域国家实验室落户我省。突出企业科技创新主体地位，实施高新技术企业“双倍增”行动，落实企业研发费用税前加计扣除、分段补助等政策，全社会研发投入增长18%以上。突出转变政府科技管理职能，探索对高校、科研机构和高层次领军人才的长期稳定支持机制，持续深化科技成果使用权、处置权和收益权改革，加快建设知识产权强省，推动“科技一产业一金融”良性循环。突出关键核心技术攻关，聚焦光电信息、先进材料等领域，推行“揭榜挂帅”“赛马”等新型管理制度，实施一批具有前瞻性引领性的重大科技项目。

坚持人才引领驱动。全面落实新时代人才强省战略，构建更加积极、开放、有效的人才政策体系，夯实创新人才支撑。强化人才战略布局，支持福州建设数字经济人才基地、厦门建设海峡两岸创新创业领军人才基地、泉州建设先进制造业人才基地，鼓励各地探索建设富有特色的人才平台，推动形成人才发展“雁阵”格局。强化高端人才培养引进，造就更多特级人才、科技领军人才、高水平创新团队、青年拔尖人才、卓越工程师、高技能人才，更加精准、更大规模引进海内外高端人才、专业人才、青年人才。强化人才发展体制机制建设，健全新时代科技特派员机制，以6家省创新实验室为试点，向用人主体充分授权，加大科研经费管理、编制管理、人才交流等方面松绑力度。强化人才环境营造，完善薪酬、住房、医疗、配偶安置、子女教育等精准服务体系，徙木立信，展现最大的诚意全力打造求贤若渴的浓厚氛围，让人才心有所向、身有所归、业有所成。

（三）大力促进城乡区域共建共享

全面推进乡村振兴。坚持农业农村优先发展，走具有福建特色的乡村振兴之路。完善防止返贫监测和帮扶机制，巩固拓展脱贫攻坚成果，坚决守住不发生规模性返贫的底线。完善现代农业产业体系，加快创建国家现代农业产业园、优势特色产业集群、国家农业产业强镇；实施农业保险保费补贴政策，培育壮大新型农业经营主体；持续推进“一村一品”建设，打响“福农优品”品牌，提升农业质量效益和竞争力。完善乡土人才培育机制，引导各类能人回归，培养更多高素质农民。完善乡村文化设施，建设一批乡村戏台、农民文化公园，打造“百姓大舞台”等特色公共文化服务品牌。完善农村人居环境整治措施，大力实施乡村建设行动，接续推进农村建设品质提升五大工程，深入开展乡村“五个美丽”建设，打造100条乡村振兴精品示范线路。完善乡村治理体系，发挥村规民约作用，推进移风易俗，建设文明乡风，推动实现自治、法治、德治相结合。

着力提高区域联动发展水平。坚持区域协调发展，完善发达地区对相对不发达地区结对帮扶机制，推动闽东北、闽西南两大协同发展区建设取得更大进展，构建优势互补、高质量发展的区域经济布局。加快建设福州都市圈，深入实施强省会战略，推进福州新区、平潭综合实验区一体化高质量发展，支持莆田建设绿色高质量发展先行市，支持南平加快全方位绿色高质量发展。加快建设厦漳泉都市圈，支持厦门打造高质量发展引领示范区、泉州建设21世纪“海丝名城”。加快建设闽西革命老区高质量发展示范区，完善老区优先、适当倾斜的政策体系，支持龙岩与广州、三明与上海对口合作。加快推进区域合作，主动对接长江经济带发展、粤港澳大湾区建设；深化东西部协作和对口支援，抓好援藏、援疆项目落地实施，持续推动闽宁合作再上新水平、共续“山海情”。

稳步提升新型城镇化质量。坚持以人为核心的新型城镇化，优化城镇化空间布局和形态。深入推进以县城为重要载体的城镇化建设，发挥10个国家县城新型城镇化示范县（市）带动作用，促进县城人口集聚、产业集中和功能集成。深入推进城市更新行动，改造提升2580个老旧小区，积极推动完整社区建设试点。深入推进宜居、韧性、智慧城市建设，因地制宜建设地下综合管廊，提升生活垃圾分类水平，精细化整治背街小巷环境，新增公共停车泊位2万个，新建一批郊野公园、福道、城市公园，让环境更友好、生活更美好。

（四）扎实推动改革攻坚新突破

推进重点领域改革。坚定以改革为先导、向改革要动力。深化要素市场化配置改革，落实落细加快建设全国统一大市场23项分工任务，支持泉州开展盘活利用低效用地试点。深化新阶段农村改革，巩固和完善农村基本经营制度，发展新型农村集体经济；推进农村集体产权制度改革，稳步实施农村承包地“三权分置”，稳慎开展农村宅基地制度改革试点，稳妥推进农村集体经营性建设用地入市试点。深化区域金融改革创新，大力支持开展数字人民币试点，加快打造普惠金融改革、绿色金融改革示范区。深化国资国企改革，处理好国企经济责任和社会责任关系，推动省属企业战略性重组和专业化整合，完善中国特色国有企业现代公司治理。深化“三医”协同发展和治理，巩固提升三明医改成果，加快“药价保”集成改革、分级诊疗制度建设和医共体体制机制创新，完善大病保险和医疗救助制度，推进长期护理保险制度试点。深化集体林权制度改革，完善林权流转、多式联营、价值实现、多元服务四项机制，推动林权规范有序流转200万亩。

强化数字化改革引领。以信息化建设为支撑，加快推动数字政府智治化、数字社会智慧化、数据要素价值化。着力打造协同高效的数字政府，建好省域一体化数字执法平台，用好经济社会运行和高质量发展监测与绩效管理平台、公共数据汇聚共享平台，提高政务服务“一网通办”、省域治理“一网统管”、政府运行“一网协同”水平。着力建设共治共享的数字社会，创新公共服务供给方式，提升公共服务品质，在教育、医疗、养老、抚幼、就业、助残等方面推动数字化服务普惠应用。着力构建富集多元的数据供给体系，培育壮大公平公开开放的数据要素市场，丰富数据应用场景，发挥数据价值效应，实现数字赋能、激发市场活力。

打造一流营商环境。聚焦提高市场化、法治化、国际化、便利化水平，实施营商环境创新改革行动计划，打造能办事、好办事、办成事的“便利福建”。以“改”优服务，优化和再造政务服务流程，深化“一业一证”“一照多址”等改革和办电“零投资”服务，深入推进社会投资项目“用地清单制”“多测合一”、联合验收“一口受理”、高频事项“一站式”通办等，推动更多事项“跨省通办”“免申即办”“掌上办”。以“联”促便利，推广多式联运“一单制”试点，拓展“单一窗口+”服务，探索开展厦门与金砖国家、RCEP国家跨境贸易相关单证互联互通、信息共享与联网核查，支持平潭稳妥实施“一线放开、二线管住”。以“信”树形象，提高监管执法规范性和透明度，推广信用承诺制，健全信用修复机制，强化信用信息共享，恪守契约精神，建设诚信福建。

（五）深入推进高水平对外开放

更大力度稳定和扩大出口。积极推动工贸结合，加强外贸产业链招商，培育外贸领域名企名牌名品，发展数字贸易，推动外贸稳规模、优结构。积极培育国际营销公共平台，政策支持企业运用RCEP优惠关税等规则开拓市场、抢抓订单，推动“福品卖全球、全球买闽货”。积极发展市场采购、跨境电商、海外仓等外贸新业态，协同推进服务业开放与服务贸易发展，扩大先进技术、重要设备、能源资源等产品进口，建好国家进口贸易促进创新示范区，支持厦门争创国家服务贸易创新发展示范区。积极拓宽中小微外贸企业融资渠道，优化出口信保扶持政策，鼓励企业运用我省首创的汇率避险产品支持措施降低汇兑损失。积极完善重点外贸企业服务保障机制，制定实施新一轮稳外贸政策措施，强化监测分析和跟踪服务，全力促生产、保通畅、育主体。

更大力度吸引和利用外资。深入实施外商投资准入负面清单，落实国家新版鼓励外商投资产业目录，加大现代服务业领域开放力度，促进外资稳存量、扩增量。深入落实外资企业国民待遇，保障外资企业依法平等参与政府采购、招投标、标准制定，为外商来闽提供最大程度的便利。深入开展外资招商活动，抓住全球产业链重组带来的机遇，把更多重大外资项目吸引进来；积极支持中沙古雷乙烯等重大外资项目建设，加快外资“双百项目”转化升级，带动省内产业链整体提升。深入推进对外开放平台建设，扎实推进自贸试验区建设提升，争取更多先行先试政策，加强投资、贸易、金融等领域制度集成创新，促进创新成果向更大范围复制推广；办好第23届投洽会。深入拓展国际友城交流，扩大闽港闽澳各领域交流合作，以侨为桥，以侨引侨、以侨引外。

更大力度释放多区叠加效应。扎实推进海丝核心区建设，深入实施“丝路海运”等工程和“丝路伙伴”计划，加快海丝中央法务区建设；加强与共建“一带一路”国家和地区产业对接，推动中印尼、中菲“两国双园”建设方案尽快获批；优化整合全省港口资源，积极拓展与RCEP国家的近洋航线，提升“中欧班列”规模效益，推进“海丝”“陆丝”无缝对接、联动发展。扎实推进厦门经济特区改革开放，建好金砖创新基地，办好金砖国家新工业革命伙伴关系论坛等活动，引进更多头部企业，打造一批标志性合作项目。

（六）加快建设海峡两岸融合发展示范区

打造往来便捷、合作紧密的第一家园。深入推进闽台电子信息、石油化工、精密机械、生物科技、现代服务业、现代农业等产业合作，高质量建设台商投资区、台湾农民创业园等涉台经济合作园区。深入推进闽台优势企业产业链供应链价值链融合，支持在闽优质台企在大陆上市，加快区域性股权市场“台资板”建设。深入推进闽台合作平台建设，加快打造两岸能源资源中转平台和对台功能性经贸平台，支持福州、平潭等地建设对台跨境电商集散枢纽，支持平潭探索建设两岸共同市场先行区域。深入推进与金马地区通水通电通气通桥，加快建设厦金共同生活圈、福马共同家园。

打造政策开放、服务贴心的第一家园。完善台胞在闽就医、住房、社保、养老、子女就学等制度保障，深化两岸标准共通，推动扩大台湾地区职业资格采认范围，扎实推进基本公共服务均等化普惠化便捷化。完善台商台企权益保障协调联动机制，依法保障台湾同胞权益。完善台湾青年来闽就业创业政策支持和服务体系，鼓励支持台湾教师来闽全职从教，支持台湾青年参与生态环保、乡村振兴、社区营造、志愿服务等基层融合实践，不断扩大闽台青年共同“朋友圈”和“事业圈”。

打造心灵契合、情感融洽的第一家园。持续开展寻根谒祖、族谱档案对接、信俗交流等活动，加强涉台文物保护，支持非遗文化、民间曲艺入岛，推动闽台共同传承中华优秀传统文化。持续深化闽台教育融合，支持两岸合编教材、共写史书、联创作品。持续推动闽台基层和青少年交流，精心筹办第十五届海峡论坛、第十一届海峡青年节，架好海峡“连心桥”、共画两岸“同心圆”。

（七）全面发展民生和社会事业

提高居民收入水平。落实落细就业优先政策，把促进青年特别是高校毕业生就业工作摆在更加突出的位置，多措并举保障农村转移劳动力、退役军人等重点群体就业，继续帮扶困难群体就业，加快建设零工市场，加大欠薪治理力度，全年城镇新增就业50万人以上。落实落细“四大群体”增收计划，加大税收、社会保障、转移支付等调节力度，全面“提低”、加快“扩中”、合理“调高”；完善最低工资标准正常调整机制，深化公立医院薪酬制度改革，健全中小学教师工资长效联动机制。落实落细第三次分配制度安排，引导、支持有意愿有能力的企业、社会组织和个人积极参与公益慈善事业。

建强社会保障体系。积极发展养老事业和养老产业，培育银发经济，推动智慧健康养老，优化孤寡老人与失能老人服务；加强公共环境适老化改造和无障碍环境建设，新增300个长者食堂、50个嵌入式养老服务机构，打造“福见康养”

品牌。积极落实企业职工基本养老保险全国统筹制度，鼓励发展个人养老金，进一步完善基本医疗保险、失业保险、工伤保险省级统筹；深入实施全民参保计划，稳步提高社会保险待遇水平，促进政府定制型商业健康保险发展。积极做好社会救助，加强低收入人口救助帮扶，兜准兜牢民生底线。积极支持刚性和改善性购房需求，坚持“房住不炒”，解决好新市民、青年人等住房问题，探索长租房市场建设，推动房地产业尽快走出困境、向新发展模式平稳过渡。

加快健康福建建设。着力健全公共卫生体系，提升重大疫情防控、救治体系和应急能力建设水平，高度重视心理健康和精神卫生；深入开展爱国卫生运动，有效遏制重大传染性疾病传播。着力促进优质医疗资源扩容和均衡布局，持续推进公立医院高质量发展，加快建设国家、省级区域医疗中心。着力提升基层医疗机构服务能力，把更多医疗资源向基层下沉，继续实施“千名医师下基层”活动，接续实施基层医疗卫生人才“三个一批”项目，稳定乡村医生队伍。着力加快“三医一张网”建设，加强全民健康信息互联互通和业务协同，优化双向诊疗协同服务。着力推动中医药深度融入医改，加强闽派中医药特色方药挖掘、特色技术传承，培育壮大中医药特色专科，打响福建中医药品牌。着力降低生育、养育、教育成本，促进人口长期均衡发展。

推进文化强省建设。加强社会主义核心价值观教育，发展社会主义先进文化，弘扬革命文化，传承中华优秀传统文化，推动“福”文化、朱子文化、船政文化等创造性转化、创新性发展，构建“海洋文化看福建”品牌，打造福建文化标识体系。加强公民道德建设，深化新时代文明实践中心建设，全面推进全国文明城市创建，完善志愿服务制度和工作体系。加强文物和文化遗产保护利用，支持泉州创建世遗保护利用典范城市，积极推进莆田、厦门申报国家级历史文化名城，全面开展南岛语族考古研究和开发利用；基本完成长征国家文化公园（福建段）建设，加快建设福建省美术馆、大数据文物保护平台。加强闽派文艺精品创作，深入实施文艺作品质量提升、文化惠民等工程，打造“视听福建”海外播映品牌，办好第36届金鸡奖、第10届丝绸之路国际电影节、中国电视剧大会等活动。加强新型智库建设，繁荣发展哲学社会科学、档案、地方志、参事、文史等事业。加强全民健身工作，协调发展群众体育、竞技体育、体育产业，新建改建一批智慧体育公园、社区“运动角”，做优学校和公共体育场馆双向开放服务，加快建设体育强省。

（八）更高起点建设生态强省

加快推动绿色低碳转型。坚持以降碳为“牛鼻子”，促进经济社会发展绿色化、低碳化，当产业项目、经济增长速度与生态环境发生冲突时，宁可放弃项目，宁可速度降下来一些，也要保护好生态环境。积极调整优化产业结构、能源结构、交通运输结构，强化绿色低碳技术攻关，推动钢铁、有色、建材、石化等重点领域节能降碳，推进资源循环利用。积极开展低碳城市、园区、社区试点，加大新能源汽车、装配式建筑等推广应用力度，推动建筑垃圾等固体废物循环利用，营造绿色生产生活新时尚。积极拓宽“两山”转化路径，深化国家生态文明试验区建设，加快发展碳排放权交易，巩固提升林业、海洋系统、生态农业碳汇能力，促进生态产业化、产业绿色化，种好“试验田”、结出“生态果”。

深入推进环境污染防治。坚持精准治污、科学治污、依法治污，加快中央生态环境保护督察反馈问题整改，深化省级生态环境保护例行督察，分类整治流域性、区域性、行业性污染。打好蓝天保卫战，开展细颗粒物和臭氧污染协同防治、柴油货车污染治理攻坚行动，强化钢铁、水泥、电解铝、平板玻璃等非电行业超低排放改造和挥发性有机物综合治理，推进城市扬尘污染管控，细化实化联合防治和污染天气应急联动措施，让蓝天白云、繁星闪烁常在。打好碧水保卫战，持续推动水源地规范化建设，加大入河排污口排查整治力度，加快省级以上工业园区“污水零直排区”建设，改善提升重点流域水质，消除县级市建成区60%黑臭水体，推进农村生活污水治理，打造美丽河湖“福建样本”，让清水绿岸、鱼翔浅底常在。打好碧海保卫战，加强重点海湾综合治理，加快海上养殖转型升级，推进入海排污口和海漂垃圾综合治理，让碧海银滩、海豚逐浪常在。打好净土保卫战，持续推动受污染耕地安全利用、化肥农药减量增效、畜禽粪污资源化利用，深入排查整治重金属行业企业，加快医废处置扩能提质，推进“无废城市”建设，开展新污染物治理，让田园相依、百姓安居常在。

统筹推进生态系统保护修复。坚持人与自然和谐共生，像保护眼睛一样保护自然和生态环境。加强“三线一单”生态环境分区管控，协同推进生态保护红线、自然保护地优化整合和勘界定标，高质量建设武夷山国家公园，构建基本生态保护空间格局。加强各类湿地保护，支持闽江河口湿地申报世界自然遗产，巩固闽江流域生态保护修复成效，推进九龙江一体化保护和修复。加强生物安全管理，实施生物多样性保护重大工程，深入开展互花米草除治攻坚行动，防治外来物种入侵和动植物疫情。加强重点区域林分林相改善，精准提升森林质量290万亩，继续推动竹产业高质量发展。加强国家园林城市创建，让群众推窗见绿、出门进园、行路享荫、四季赏花。

（九）全力维护安全稳定新局面

确保粮食和能源安全。坚持耕地保护和粮食安全党政同责，严守耕地保护红线，持续夯实农村水利基础，加强高标准农田建设，有序推动抛荒山垅田复垦、退茶退果退林还粮，确保粮食播种面积稳定在1253万亩以上；强化农业科技和装备支撑，实施种业振兴行动，推进三明“中国稻种基地”和省农业生物种质资源库项目建设；完善储粮基础设施，加快建设7个省级粮库。坚持大食物观，构建多元化食物供给体系，促进实现蔬菜周年均衡供应，能繁母猪存栏稳定在90万头以上，确保重要农产品供应充足、价格平稳；深入开展粮食节约行动，推动粮食生产、加工、流通、消费、储备等全链条减损。坚持食品药品安全问题“零容忍”，深化治理“餐桌污染”、建设“食品放心工程”，健全药品追溯体系。坚持完善能源产供储销体系，建立健全能源安全应急响应机制，加快煤炭储备基地、油气储备设施建设，协调推动煤炭、天然气等中长协合同签约，扎实做好电力保供工作。

守牢安全生产底线。时刻以战战兢兢、如履薄冰的态度，拧紧安全生产的责任链条，强化危化品、燃气、自建房、消防、道路交通、水上运输和渔业船舶等重点领域隐患排查整治，持续加强监管执法，推进安全生产标准化建设。强化应急物资、队伍、装备等保障，实施“五个一百”公共安全保障提升工程，加快应急广播体系建设，用好自然灾害风险普查成果，增强全灾种救援能力和急难险重任务处置能力，有效防范应对暴雨、洪涝、台风、干旱、森林火灾等自然灾害。

防范化解重大风险。严厉打击各种渗透、破坏、颠覆、分裂活动，坚决维护政治安全、社会安定、人民安宁。严格落实意识形态工作责任制，唱响主旋律、弘扬正能量。严守不发生系统性风险的底线，有效防范化解房地产、金融风险，确保政府债务风险可控。严防新技术新应用带来的风险，维护网络安全、信息安全、数据安全等非传统安全。

提升社会治理现代化水平。深入实施“八五”普法规划，深化司法体制综合配套改革，推进多层次、多领域依法治理。坚持和发展新时代“枫桥经验”，畅通群众诉求渠道，强化信访矛盾纠纷排查化解。深化“近邻”党建模式，抓好“区块链＋智慧社区”国家创新试点，推动社会治理重心向基层下移。加强社会治安综合治理，完善立体化信息化社会治安防控体系，推进扫黑除恶常态化，依法严惩群众反映强烈的各类违法犯罪活动。保障妇女儿童合法权益，促进残疾人事业全面发展，发挥好工会、共青团、妇联等群团组织作用，做好关心下一代、老体协等工作。加快建设中华民族团结进步窗口，积极推进宗教中国化的福建实践。加强军人军属荣誉激励和权益保障，做好国防教育、国防动员、军民融合、双拥共建、退役军人服务保障等工作；支持驻闽部队建设，解决好官兵后路、后院、后代问题，巩固和发展“爱我人民爱我军”“军民团结如一人”的大好局面。

四、坚持党的全面领导，全力建设让人民更加满意的政府

新时代新征程，新使命新担当。各级政府各部门要紧紧围绕党的中心任务，在党中央的坚强领导下，全面加强自身建设，以新气象新作为推动高质量发展取得新成效。

坚持忠诚为政。始终牢记政府机关首先是政治机关，坚持以党的旗帜为旗帜，以党的方向为方向，以党的意志为意志，坚决做到对总书记忠诚、对党中央忠诚。把准政治方向，深刻把握“两个确立”的理论逻辑、历史逻辑、实践逻辑，进一步强化忠诚拥护“两个确立”、坚决做到“两个维护”的高度政治自觉、思想自觉、行动自觉。强化理论武装，深刻领会习近平新时代中国特色社会主义思想的世界观和方法论，自觉同党的理论方针政策对标对表，及时校准偏差。严守纪律规矩，严格请示报告制度，坚持民主集中制，严肃党内政治生活，持续巩固风清气正的政治生态。

坚持为民施政。始终牢记政府前面“人民”二字，积极践行以人民为中心的发展思想，想人民之所想，行人民之所嘱。走好群众路线，到群众中去，问政于民、问计于民、问需于民，时刻同人民站在一起、想在一起、干在一起。干好利民之事，尽力而为、量力而行，采取更多惠民生、暖民心举措，努力为全省人民添福造福，不折不扣完成29项为民办实事项目。接受群众监督，莫陶醉于顺耳话，要真心听逆耳言，多请人民群众提出批评意见；改进工作评价体系，政府的决策部署让群众来评价，政府的工作成效让群众来打分。

坚持依法行政。始终牢记法定职责必须为、法无授权不可为，切实把习近平法治思想贯彻落实到政府工作全过程。深化法治政府建设示范创建活动，加快推动重点领域、新兴领域、特色领域立法，规范重大行政决策程序，正确处理依法行政和改革创新的关系。深化行政执法体制改革，全面推进跨领域跨部门综合执法和基层“一支队伍管执法”，严格规范公正文明执法。深化全过程人民民主探索实践，加强政府协商，广泛听取民意，认真办理人大代表建议和政协提案，自觉接受人大监督、民主监督、监察监督、舆论监督，进一步加强审计、财会、统计监督，坚决防范和惩治统计造假、弄虚作假，扎实开展第五次全国经济普查。

坚持务实勤政。始终牢记空谈误国、实干兴邦，大力发扬斗争精神、专业精神、实干精神、团结精神，让干部敢为、基层敢闯、企业敢干、群众敢首创。传承弘扬“四下基层”“四个万家”的优良作风，放下身段、扑下身子、沉到一线，跟企业家交朋友，跟劳动者多谈心，点对点问需纾难解困，实打实推动高质量发展。传承弘扬“马上就办、真抓实干”的优良作风，打造效能政府，雷厉风行、紧抓快办，今天的事不拖到明天。传承弘扬“滴水穿石”“久久为功”的优良作风，一件事一件事去做，一年接着一年去干，积小胜为大胜。敢于挺膺负责，敢于攻坚克难，多行排雷拔刺、为当下解忧、为后来铺路的务实举措，多做有益于人民群众的实事、社会满意的好事、经得起历史检验的正确的事。

坚持廉洁从政。始终牢记自我革命永远在路上，强化权力集中、资金密集、资源富集领域廉政风险防控，坚决破除特权思想和特权行为，不断提高不敢腐、不能腐、不想腐的综合功效。锲而不舍落实中央八项规定及其实施细则精神，以钉钉子精神纠治“四风”，重点纠治形式主义、官僚主义，科学精准问责，为担当者担当，推动为基层减负走深走实。一以贯之发扬勤俭节约精神，坚决压减非刚性、非重点、非

急需支出，把更多资源和财力用在推动发展、改善民生、基层“三保”上，真正用政府的“紧日子”换来老百姓的好日子。

各位代表，伟大思想引领伟大时代，伟大时代呼唤伟大奋斗。我们要更加紧密地团结在以习近平同志为核心的党中央周围，高举中国特色社会主义伟大旗帜，全面贯彻习近平新时代中国特色社会主义思想，在省委领导下，自信自强、守正创新，踔厉奋发、勇毅前行，奋力谱写全面建设社会主义现代化国家福建篇章，为全面推进中华民族伟大复兴作出更大贡献！

关于福建省2022年国民经济和社会发展计划执行情况及2023年国民经济和社会发展计划草案的报告

——2023年1月11日在福建省第十四届人民代表大会第一次会议上

福建省发展和改革委员会

各位代表：

受福建省人民政府委托，现将福建省2022年国民经济和社会发展计划执行情况及2023年国民经济和社会发展计划草案提请省十四届人大一次会议审议，并请省政协各位委员和其他列席人员提出意见。

一、2022年国民经济和社会发展计划执行情况

2022年，全省各级各部门坚持以习近平新时代中国特色社会主义思想为指导，深入贯彻党的十九大和十九届历次全会精神，认真学习宣传贯彻党的二十大精神，坚决贯彻落实习近平总书记重要讲话重要指示批示精神和党中央国务院决策部署，全面落实“四个更大”重要要求，在省委领导下，坚持稳中求进工作总基调，全面落实“疫情要防住、经济要稳住、发展要安全”重要要求，高效统筹疫情防控和经济社会发展，统筹发展和安全，认真执行省十三届人大六次会议审议批准的《政府工作报告》和2022年国民经济和社会发展计划，着力提高效率、提升效能、提增效益，传承弘扬“马上就办、真抓实干”的优良作风，扎实做好“六稳”“六保”工作，全力以赴稳增长、稳市场主体、保就业、防风险，有力克服超预期因素影响，推动全省发展稳中有进、稳中向好，社会大局安定稳定。初步统计，全省地区生产总值突破5万亿元，增长4.7%；一般公共预算总收入同口径增长1.9%，地方一般公共预算收入同口径增长5.5%；固定资产投资增长7.5%；社会消费品零售总额增长3.3%；出口增长12.3%；居民消费价格上涨1.9%；城镇调查失业率5.1%；城镇居民人均可支配收入增长5.2%，农村居民人均可支配收入增长7.6%。

一年来国民经济和社会发展成效主要体现在九个方面：

（一）集中力量打好重点地区疫情歼灭战，统筹疫情防控和经济社会发展取得积极成果

新冠疫情防控有序有效。坚定不移坚持人民至上、生命至上，严格执行国家各项疫情防控措施，毫不放松做好常态化疫情防控，按照统一部署要求及时调整优化；全力打赢泉州、宁德、福州等地聚集性疫情歼灭战，保障人民生命安全和身体健康；抓好新阶段疫情防控重点任务，推动平稳有序“压峰”转段。推进新冠病毒疫苗接种，至12月底，全省累计接种10337万人次，全过程接种覆盖率超过94.2%。强化疫情防控能力，建成全省统一高效的疫情防控一体化服务平台，全面升级福建健康码功能，实现疫情防控全业务、全流程信息化覆盖。加强重点人群健康管理和重点场所疫情防控，全面提升核酸检测能力。发挥省重点产业链供应链“白名单”企业省级联系服务保障机制和省物流保通保畅工作机制作用，持续畅通交通物流，切实保障产业链供应链安全稳定。

稳增长政策措施有力有效。着力稳市场主体、保就业，及时出台实施五批次政策措施，提前制定实施一季度“开门红”工作方案，省级出台稳投资、促生产、保用工、促消费等36份政策文件；3—4月，应对疫情冲击影响，率先制定帮扶市场主体33条及工业稳增长68条政策措施；5月，全面顶格落实国务院稳经济一揽子政策，出台我省贯彻措施48条；9月，加力巩固经济恢复发展基础，落实国务院稳经济一揽子政策的接续措施，出台我省贯彻措施21条；12月，制定出台进一步帮助市场主体纾困解难补充措施14条。对福州、泉州、宁德等受疫情冲击影响较大的地区，及时研究出台专项扶持政策。推动政策“闭环落实”，上线运行省疫情防控惠企政策平台，对营商环境惠企政策、稳增长政策落实等开展专题“飞行检查”，开展政策实施效果评估。全省退减降缓税费1150亿元。新增4期共400亿元中小微企业纾困增产增效贷款，新设各50亿元制造业中小微企业融资支持专项贷款和纺织鞋服产业纾困专项贷款，惠及企业1.83万家。全面落实各项援企稳岗政策，各项稳就业政策支出24亿元，惠及企业38.5万家、职工640.1万人。落实住房公积金阶段性缓缴相关政策，全省累计缓交金额11726万元，惠及职工1.95万余

人。落实国有房屋租金减免政策，共减免房屋租金23.6亿元，减免户数7.8万余户。建成全省经济社会运行和高质量发展监测与绩效管理平台，强化数字化监测分析调度。

（二）加快科技创新步伐，产业结构持续优化

科技创新能力进一步提高。获批8家国家企业技术中心，数量居全国前列。新增省级工程研究中心8家，省级以上工程研究中心（工程实验室）累计达128家。推动光电信息、能源材料等6家省创新实验室加快建设。成功举办第二十届中国·海峡创新项目成果交易会。5个设区市入选首批国家知识产权强市建设试点示范城市，晋江、福清通过全国首批创新型县（市）验收，首个“全国骨干科特派培训基地”落地南平。国家高新技术企业突破1万家。30项专利获评中国专利奖，创历年新高。

制造业竞争优势进一步增强。全省规模以上工业增加值增长5.7%，其中高技术产业增加值增长17.1%。设立石化—化纤—纺织—鞋服、集成电路、新能源汽车、锂电新能源新材料、生物医药等5个省级重点产业专项协调小组，建立“一产业一专班”专项协调工作机制，出台实施湄洲湾（泉港、泉惠）石化基地总体发展规划（2020—2030年），制定促进石化化工高质量发展加快打造万亿支柱产业、进一步支持漳州古雷石化基地加快开发建设、加快生物医药产业高质量发展、氢能产业发展三年行动计划等政策。梯次培育战略性新兴产业集群，厦门市战略性新兴产业集群获国务院督查激励。宁德市动力电池集群列入国家先进制造业集群。21家企业入围“2022中国制造业企业500强”榜单，新认定省专精特新中小企业384家，新增国家专精特新“小巨人”企业132家，新培育10个国家级制造业单项冠军企业（产品）、认定52个省级制造业单项冠军企业（产品）。“电动福建”三年行动计划顺利完成，累计推广应用新能源汽车标准车62.9万辆，我省被列入全国电动船舶产业发展重点地区先行先试。

现代服务业发展水平进一步提升。现代运输体系加快构建，新开通外贸集装箱班轮航线7条，3家试点企业在4条线路上实现了公水联运“一单制”模式。泉州入选2022年国家物流枢纽建设名单。出台我省贯彻“十四五”冷链物流发展规划实施方案，推进现代冷链物流体系加快构建。12月末全省金融机构本外币各项存、贷款余额分别增长17.5%、11%，优质金融资源加快集聚，新增上市和过会企业20家。福州、厦门、平潭获批全国数字人民币试点城市。成功举办全国电子竞技大赛。

农业农村现代化基础进一步夯实。粮食再获丰收，实现粮食总产量508.7万吨。新增建成高标准农田129万亩。全省农作物良种覆盖率达98.7%。深入实施特色现代农业高质量发展“3212”工程，新创建闽西禽蛋国家优势特色产业集群、漳平市和永春县2个国家现代农业产业园以及7个国家农业产业强镇。乡村特色产业全产业链产值超百亿元强县达12个、超十亿元强镇达103个、亿元强村达206个。新认证“三品一标”农产品573个。

（三）持续壮大新动能，“四大经济”发展势头良好

数字经济加快发展。高标准建设国家数字经济创新发展试验区，全省数字经济增加值预计达2.6万亿元，对经济增长的贡献进一步加大。举办第五届数字中国建设峰会、数字经济创新发展大会等系列活动。深入实施“上云用数赋智”行动，纵深推进制造业数字化转型，形成6个国家级平台、27个省级工业互联网示范平台、222家标杆企业。优化提升网络基础设施，“千兆到户”实现县级以上区域全覆盖，5G网络实现所有乡镇全覆盖。制定实施公共数据资源开放开发管理办法，上线公共数据资源开发服务平台，推进公共数据资源化价值化进程。

海洋经济做大做强。实施加快建设“海上福建”推进海洋经济高质量发展行动。海洋生产总值预计超1.2万亿元，继续位居全国前列。339个海洋经济重点项目年度投资超过900亿元。深海装备养殖、海工装备、海洋生物医药、海洋新能源等海洋新兴产业取得新进展，全球单机容量最大的16兆瓦海上风电机组建成下线，全国首台套渔旅融合深海养殖装备“闽投1号”建成投产。

绿色经济培育壮大。印发实施生态省建设专项规划，出台绿色经济发展行动计划，总规模200亿元的绿色产业发展基金设立运行。持续构建绿色制造体系，推进节能减排十大重点工程，实施绿色产业指导目录。新增省级绿色工厂、绿色园区、绿色供应链138个。完善支持绿色发展的金融、投资等政策，推动绿色电力参与市场交易，累计交易电量3.21亿千瓦时，达成“绿证”1.7万张，“绿电”供需市场初步形成。

文旅经济持续回暖。实施文旅经济高质量发展行动计划，累计接待国内游客3.8亿人次，实现国内旅游收入4160亿元。举办各类群众文化活动2.9万余场。全省新增AAAA级景区12个，露营游、乡村游、研学游、红色游、美食游成为游客新选择。拓展省内游精品路线，开通“平潭—莆田湄洲岛”航线。

（四）着力扩消费促投资，内需潜力进一步释放

消费市场总体向好。持续打响“全闽乐购”品牌，推出“福见商旅”“万企百日惠福品”系列促消费活动，累计发放消费券4亿元，有效撬动居民消费。打造“福茶”“福酒”“万福”“闽菜馆”等公共消费品牌，成功举办首届福品博览会。积极培育新兴消费，鼓励发展预制菜等新业态，推进夜间经济、露营经济、网红经济、直播经济等，限额以上网络零售额增长21%。支持扩大新能源汽车、绿色智能家电消费。以福州、厦门为重点培育建设国际消费中心城市，推进商圈、步行街、一刻钟便民生活圈建设。福州入选全国供应链创新与应用示范城市。加快发展农村电商，农村网络零售额规模居全国第3位。

投资结构持续优化。固定资产投资总量再上新台阶，突破2万亿元。组建省推进有效投资重要项目协调机制，推动政策性开发性金融工具相关工作，落实基础设施投资基金项目105个、总投资3113亿元。全年争取新增地方政府专项债务限额1472亿元、利用专项债务限额空间发行新增专项债券额度359亿元、争取中央预算内投资98.2亿元支持项目建设，发挥政府投资引导带动作用。国内首批、福建首单保障性租赁住房“中金厦门安居REIT”成功上市。省级预算内投资重点投向重大基础设施、民生社会事业、数字福建等领域，支持一批重大项目加快实施。1587个省重点项目累计完成投资7250亿元，超额完成年度计划。

招商引资成效明显。建立全省重大活动集中签约项目联合推进工作机制和招商项目全生命周期管理机制，省政府与中国船舶集团、东方电气集团、国家能源投资集团等15家央企签订合作协议，当年签约央企家数为历年最多。数字中国建设峰会、中国国际投资贸易洽谈会、闽商大会、央企深化合作座谈会、金融资本福建创新发展大会等重大招商活动成效显著，集中签约866个项目，投资额9175亿元。

（五）全面实施乡村振兴战略，城乡区域协调发展

乡村振兴全面推进。乡村振兴“十大行动”116项重点任务有序推进，打造乡村振兴试点示范“串点连线成片”精品线路100条，宁德古田县、南平浦城县、龙岩上杭县入选2022年国家乡村振兴示范县创建名单。建设农村供水管网8487公里、乡镇污水配套管网1287公里、安全生态水系300公里。推进500个村庄开展农村生活污水治理，80%以上行政村成为“绿盈乡村”；新建改造农村公路2447公里；新改建农村卫生厕所10709户；村庄规划编制累计批复6398个。做好脱贫攻坚后续帮扶，以工代赈专项支持实施61个农村产业配套及基础设施项目建设。

区域协作展开新篇章。全面深化新时代山海协作，研究制定进一步做深做实新时代山海协作推动区域协调发展的意见。推进闽东北、闽西南协同发展区建设，持续深化公共资源共享、产业配套协作、生态保护协同、社会治理联动，推进423个区域协作项目。实施福州都市圈高质量发展行动计划，落实强省会战略，推进福州新区和平潭综合实验区联动发展。支持厦门加快建设高质量发展引领示范区、漳州建设古雷世界一流石化产业基地、泉州建设21世纪“海丝名城”。推动三明、龙岩革命老区高质量发展示范区建设。支持莆田践行木兰溪治理理念推进绿色高质量发展、武夷新区建设加快南平全方位绿色高质量发展、宁德打造新能源新材料产业重要增长极。加强跨省区域合作，与云南省签订全面深化区域合作框架协议。

新型城镇化深入推进。出台促进人口增长与经济社会发展良性互动若干措施，统筹优化人口和公共资源空间布局。推行身份证首次申领“全国通办”试点等便民服务事项，在全省范围开展出生申报、婚姻变更项目登记及迁移户口登记“一件事”套餐，推动厦门市优化户口迁移政策。全省吸纳农业转移人口落户49.8万人，增长36.4%，下达农业转移人口市民化奖励14.35亿元，增长12.2%。有序推进城市更新，开工棚户区改造5万套，开工保障性租赁住房12.9万套，超额完成年度目标任务。我省生活垃圾分类工作走在全国前列。漳州市成功申报全国第二批系统化全域推进海绵城市建设示范城市。

老区苏区加快振兴。国家印发实施闽西革命老区高质量发展示范区建设方案，支持三明、龙岩打造新时代革命老区振兴发展样板。出台革命老区振兴发展的实施方案、老区苏区振兴发展专项规划、闽西革命老区高质量发展示范区建设发展规划等系列政策文件。我省所有老区苏区县全部成为全国义务教育发展基本均衡县，全部实现低保、特困供养、临时救助等标准城乡一体化。成功举办纪念福建省苏维埃政府成立90周年活动。支持三明与上海、龙岩与广州对口合作。

（六）推进绿色低碳发展，生态环境保持优良

生态文明建设步伐加快。出台推进生态环境治理项目产业化、促进绿水青山转化为金山银山若干措施，举办生态环境项目成果发布会。莆田木兰溪绶溪片区、三明市沙溪流域、漳州市南靖县等3个生态环境导向的开发模式项目（EOD）入选国家试点项目。举办习近平生态文明思想理论与实践研讨会。组织实施综合性生态保护补偿方案，39项改革成果入选《建设美丽中国的探索实践》，居全国首位。厦门、南平等9个市县获评国家生态文明建设示范区，莆田市木兰溪流域、南平市邵武市被命名为“绿水青山就是金山银山”实践创新基地。按照耕地和永久基本农田、生态保护红线、城镇开发边界的优先序，统筹划定落实三条控制线。鼓励和支持社会资本参与生态保护修复，自然资源资产产权制度改革有序推进，探索全民所有自然资源资产所有权委托代理机制试点，印发试点实施总体方案和自然资源清单。河湖长制工作走在全国前列，福建成为全国唯一连续五年获得国家督查激励的省份。

碳达峰碳中和工作有序推进。出台我省碳达峰碳中和工作实施意见和碳达峰实施方案，加快完善“1＋N”政策体系。“双碳”综合管理平台上线运行。加快重点领域节能降碳改造升级，规模以上工业万元增加值能耗下降1.9%。持续深化资源环境权益交易机制，碳排放权累计成交3997.8万吨，成交金额达10.6亿元，其中林业碳汇成交量与成交额均居全国前列。厦门打造全国首个农业、海洋碳汇交易平台，连江发布全国首个海洋渔业碳汇建设体系，三明市入选首批国家气候投融资试点名单。三明、龙岩、南平入选国家林业碳汇试点市。执行首例运用林业碳汇赔偿机制的刑事案件、首例渔业领域“蓝碳”赔偿案。

污染防治攻坚战持续深化。一体推进两轮中央生态环境保护督察整改，完成第二轮省级督察全覆盖。出台我省深入打好污染防治攻坚战实施方案、深化生态省建设打造美丽福建行动纲要（2021—2035年），实施蓝天、碧水、碧海、净土

“四大工程”，聚焦钢铁、水泥、锅炉炉窑等十大重点领域推进氮氧化物和挥发性有机物协同减排、精准治理；组织实施41个闽江、九龙江流域山水林田湖草沙保护修复水污染治理项目和6个矿山及周边环境生态保护修复项目，加快打造一批美丽河湖；“一湾一策”实施重点海湾水质提升工程，深化入海排污口分类治理、海漂垃圾综合治理，重点岸段海漂垃圾密度比整治前下降57%；开展土壤环境先行调查试点，推动71.5万亩受污染耕地落实安全利用和严格管控措施，推进福州、莆田“无废城市”建设，全省医疗废物和危险废物集中处置能力分别提升至238吨/日、201万吨/年。主要流域国控断面Ⅰ～Ⅲ类水质比例98.1%，市县饮用水源地水质均达标；9个设区城市空气质量优良天数比例97.6%，PM2.5浓度为19微克/立方米；近岸海域优良水质比例85.8%，生态环境质量保持优良并持续居全国前列。

（七）深化改革优化环境，市场主体活力进一步激发

重点领域改革蹄疾步稳。国企改革三年行动重点任务全面完成，省大数据集团、金投公司、能化集团、水投集团等组建运营。林业改革迈出新步伐，出台持续推进林业改革发展的意见。深化“三医联动”改革，常态化推进药品耗材集中带量采购，医保支付方式改革九市一区全覆盖。全面推进要素市场化配置改革，省级将土地征收成片开发方案和中心城区以外的批次用地报件授权或委托福州市、厦门市政府审批；龙岩、宁德、晋江、厦门入选中央财政支持普惠金融发展示范区；全面建成省市两级公共数据汇聚共享平台，挂牌成立省大数据交易所。全面落实《市场准入负面清单（2022年版）》，开展市场准入效能评估试点。有序推进增量配电业务改革。

营商环境持续优化。《福建省优化营商环境条例》正式施行，将优化营商环境工作纳入法治化规范化轨道。出台实施营商环境创新改革行动计划，创新实施营商环境数字化监测督导机制。全年新登记市场主体114万户，实有市场主体总数近712万户。推进社会信用体系建设法治化规范化，持续开展信用措施清理规范。加强信用信息共享应用，建设全国中小微企业融资信用综合服务平台省级节点，累计发放贷款近5000亿元，其中信用贷款超过2800亿元。聚焦交通物流、水电气等领域开展涉企违规收费专项整治行动，切实减轻企业负担。

“放管服”改革继续深化。印发全省行政许可事项清单(2022年版)，发布行政许可事项705项。修订印发全省定价目录。出台加快推进政务服务标准化规范化便利化实施方案，提升政务服务“马上就办”成效。在国家公布的评估报告中我省省级政府一体化政务服务能力水平达到“非常高”，全省全程网办事项超83%；157项高频政务服务事项实现“跨省通办”；全省“好差评”数据量1.25亿条，满意率99.2%。

民营经济活力进一步增强。大力传承弘扬“晋江经验”，成功举办弘扬“晋江经验”促进民营经济高质量发展大会、“晋江经验”与习近平经济思想理论研讨会，制定支持泉州建设21世纪“海丝名城”指导意见，出台推动民营经济创新发展若干措施。15家民营企业入选“2022中国民营企业500强”榜单。

（八）稳住外贸外资基本盘，对外开放水平不断提高

外贸外资量稳质升。进出口总额1.98万亿元，增长7.6%；其中出口1.21万亿元，增长12.3%。成功举办第二届中国跨境电商交易会，成为目前国内规模最大的跨境电商行业国家级品牌展会，跨境电商海外仓总面积超180万平方米，居全国前列。南平、宁德获批设立国家跨境电商综合试验区。石狮、晋江市场采购贸易试点实现全省共享。易货贸易首票成功通关。福建省纺织服装、服饰业获评国家首批外经贸提质增效示范项目，晋江获批国家进口贸易促进创新示范区，新认定5家省级外贸转型升级基地。自贸试验区改革再添新成果，新推出48项创新举措，其中全国首创28项；推动海关特殊监管区域与自贸试验区统筹发展。漳州中沙古雷乙烯项目通过国家“储转规”并开工建设，成为我省迄今一次性投资最大的中外合资项目。成功举办第二十二届中国国际投资贸易洽谈会。境外投资重大项目成效凸显，累计备案对外投资项目316个，中方协议投资额26.7亿美元，增长44.5%。中印尼、中菲“两国双园”建设稳步推进。

服务双循环重要通道持续畅通。“丝路海运”影响力不断扩大，成功举办第四届“丝路海运”国际合作论坛，联盟成员单位达271家，命名航线94条，新开通RCEP航线和“丝路海运”电商快线，建设“丝路海运”国际航运综合服务平台。新开行福州、泉州、龙岩中欧班列，首次开通“台湾—厦门—圣彼得堡”海铁联运线路，跨越台湾海峡、横跨欧亚的铁水联运物流新通道逐步构建。制定“丝路投资”支持政策，引导支持实力较强的企业积极拓展海外布局，参与国际产业链供应链合作。海丝中央法务区加快建设，国际商事争端预防与解决组织全球首个代表处正式运营，知识产权CBD正式揭牌。金砖国家工业互联网与数字制造发展论坛、金砖国家新工业革命伙伴关系论坛、金砖国家可持续发展论坛等成功举办。

积极探索海峡两岸融合发展新路。做好“通”“惠”“情”文章，推动国亨丙烷脱氢等项目加快建设、奇美化工等一批大项目增资扩产、古雷石化一期项目全面竣工投产。畅通两岸贸易往来，闽台贸易额1036.7亿元。组织实施“台企快服贷”，筹备设立台商基金、闽台产业发展基金。推出两岸标准共通试点项目25项，发布两岸共通标准62项。落实同等待遇，开展台湾地区计量技术人员职业资格直接采认工作。海峡两岸乡村融合发展试验区在三明设立。成功举办第十四届海峡论坛、第十届海峡青年节、郑成功收复台湾360周年纪念活动、两岸企业家峰会年会等，开展“迁台记忆”文献档案征集活动。

闽港澳侨合作交流水平进一步提升。持续开展“福建品牌港澳行”等活动，携手港澳拓展“一带一路”等海外市场。加强与香港贸发局、中国香港（地区）商会等机构协作，举办闽港产业对接交流等精准招商活动，推动生成一批投资合作项目。澳门继续成为我省第一大对外劳务合作市场。支持福建企业赴港澳上市发债融资。深化与澳门贸促局合作，共同创新发展新模式新平台。大力实施引进侨资侨智侨力工程，鼓励和支持广大侨胞来闽投资兴业、创新创业、交流合作。

（九）着力保障和改善民生，社会保持安定稳定

城乡居民收入稳步增长。深入实施“四大群体”增收计划，建立居民增收工作调度保障机制，深化企业工资收入分配制度改革，着力增加一线劳动者劳动报酬，促进技能人才技能与待遇“双提升”。最低工资标准各档平均值调增至1865元/月。完善国有企业市场化薪酬分配机制，发布2022年我省企业工资指导线和省属企业工资指导线。

就业形势总体稳定。建立重点企业用工调度保障机制，搭建人力资源供需对接平台。不断加大高校毕业生、就业困难人员、退役军人等重点群体帮扶和就业服务力度。持续开展技能提升行动，全面提升劳动者职业技能水平和就业创业能力。城镇新增就业51.97万人，失业人员再就业13.19万人，就业困难人员实现就业3.5万人，在闽务工的省内外农民工、脱贫劳动力就业规模保持稳定，高校毕业生毕业去向落实率超过90%。

公共服务保障水平持续提升。民生投入持续加大，全省民生支出4343.3亿元，增长10.1%，占一般公共预算支出的76.2%，25件省委省政府为民办实事全面完成。实施福建省基本公共服务标准，推动公共服务普惠均等发展。推进公办幼儿园和义务教育薄弱环节改善与能力提升项目建设，预计新增公办幼儿园学位6.7万个、义务教育学位13万个。持续开展“双减”工作，规范课后服务管理，义务教育管理标准化学校占比超过70%。纳入中央“十四五”教育强国院校项目建设有序推进，每十万人口高等教育平均在校生数3150人。国家区域医疗中心累计开展新技术、新项目、新服务192项，其中国内首次5项，医院转外就医患者数减少36.3%。职工医保门诊共济保障全面实施，医学检查检验结果互认实现二级以上公立医院全覆盖，免费为28万适龄女性接种HPV疫苗。调整完善生育政策，出台三孩生育配套支持政策。实施市级“一老一小”整体解决方案。福州市列入国家儿童友好城市建设试点。城乡全民健身场地设施明显改善，人均体育场地面积达2.58平方米。启动建设福建省革命军事馆。退役军人服务工作更加有力。全面落实住房保障政策，支持住房租赁企业专业化、规模化运营。

确保粮食安全。全方位夯实粮食安全根基，落实粮食安全党政同责，严格耕地保护和粮食安全责任制考核。出台实施《福建省地方政府储备粮安全管理办法》。提升粮食储备能力，规划新建65万吨省级粮库，推动落实50万吨粮食增储计划。推进全省地方储备粮承储库点（含代储库点）智能化升级改造。深入推进优质粮食工程，拓展粮食产销合作渠道，成功举办第十八届福建粮洽会。

强化能源供应保障。适度超前推进重大能源项目规划建设，全省电力装机达7526万千瓦，全年发电量增长4.9%，确保能源供应稳定。电网网架稳定性进一步增强，闽粤联网项目投产实现跨区域余缺互济。天然气基础设施持续完善。加快完善海上风电资源配置制度体系，推动深远海风电资源开发。

全力做好保供稳价、安全生产、风险防范等工作。阶段性调整社会救助和保障标准与物价上涨挂钩联动机制，加大对困难群众物价补贴力度。及时启动平价商店，减轻群众的“米袋子”“菜篮子”负担。深化安全生产大检查，开展“百日行动”，巩固提升“三年行动”，安全生产和消防工作在国家考核中获评优秀。各类安全生产事故起数、死亡人数分别下降38%、32.3%，未发生重大以上事故。有力有效应对暴雨、洪涝、台风、干旱、森林火灾等自然灾害，切实维护人民群众生命财产安全。扎实做好保交楼稳民生工作，有效防范化解优质头部房企风险。牢牢守住不发生系统性金融风险底线，全省不良贷款率低于全国平均水平。建设“食品放心工程”，连续3年获评国家食品安全评议考核A级，厦门获评国家食品安全示范城市。常态化推进扫黑除恶斗争，有力遏制了电信网络诈骗、跨境赌博、养老诈骗等违法犯罪，有效化解各类矛盾纠纷和风险隐患，人民群众安全感不断增强。

总的看，经省十三届人大六次会议审议通过的国民经济和社会发展计划主要指标处在合理区间，为全国大局作出福建贡献。同时我们也清醒看到，当前经济社会发展还面临不少困难和问题，主要是：一是受诸多超预期因素影响，地区生产总值、社会消费品零售总额、城镇和农村居民人均可支配收入等指标未能完成年度预期目标。二是实体经济持续承压，中小微企业和个体工商户生产经营压力加大、困难增多，住宿、餐饮、旅游等聚集型接触型消费行业恢复未及预期。三是发展动力亟待加强，科技创新能力不强、人才支撑不足等深层次矛盾仍然突出，市场预期偏弱，大项目好项目投资接续不足。四是民生领域还有不少短板，房地产、金融等重点领域风险仍需关注，等等。面对这些困难和问题，我们要高度重视，采取有力措施积极应对。

回顾过去五年，全省各级各部门始终坚持以习近平新时代中国特色社会主义思想为指导，全面落实党中央国务院各项决策部署和省委工作要求，认真执行省十三届人大历次会议审议批准的年度国民经济和社会发展计划，坚持以新发展理念引领推动各项工作，坚决打赢疫情防控的人民战争、总体战、阻击战，全方位推进高质量发展，各年度经济社会发展主要目标任务较好完成，计划执行情况总体良好。经济综合实力显著增强，全省地区生产总值连跨4万亿元、5万亿元两个台阶，年均增长6.4%，人均地区生产总值突破12万元。推进创新型省份加快建设，现代化产业体系加快构建，产值超千亿产业集群达21个，数字经济增加值超过2万亿元，海洋生产总值突破1万亿元，绿色经济、文旅经济加快发展。落实生态省建设战略，污染防治攻坚战取得重要成效，全省生态环境质量保持全优，主要流域优良水质比例、城市空气质量优良天数比例位居全国前列。人民生活水平稳步提高，坚持以人民为中心，民生支出占一般公共预算支出比重持续保持在七成以上，居民收入保持增长，所有县达到义务教育发展基本均衡要求，高等教育加快发展，三明医改经验在全国推广，社会保障覆盖面进一步扩大。从五年的计划执行情况看，由于外部环境变化、新冠肺炎疫情突发等因素影响，有些年度个别指标完成情况与目标存在差距。我们要做好与规划衔接，加大计划执行力度，攻坚克难，力争完成“十四五”规划目标任务。

二、2023年国民经济和社会发展主要预期目标和任务

政府工作报告提出2023年全省经济社会发展工作的总体要求是：以习近平新时代中国特色社会主义思想为指导，全面贯彻落实党的二十大精神和中央经济工作会议部署，按照省第十一次党代会、省委十一届三次全会和省委经济工作会议要求，紧扣“四个更大”重要要求，坚持稳中求进工作总基调，完整、准确、全面贯彻新发展理念，加快构建新发展格局，全方位推进高质量发展，更好统筹疫情防控和经济社会发展，更好统筹发展和安全，全面深化改革开放，促进闽台融合发展，大力提振市场信心，把实施扩大内需战略与深化供给侧结构性改革有机结合起来，突出做好稳增长、稳就业、稳物价工作，有效防范化解重大风险，推动经济运行整体好转，实现质的有效提升和量的合理增长，为在推进中国式现代化中展现福建作为、谱写福建篇章开好局、起好步。

2023年经济社会发展的主要预期目标：

一是加快高质量发展。坚持稳字当头、稳中求进，把实施扩大内需战略与深化供给侧结构性改革有机结合起来，加快建设现代化经济体系，全力打造先进制造业强省、质量强省、交通强省，发挥比较优势，发展壮大民营经济，大力发展数字经济、海洋经济、绿色经济、文旅经济，推动经济实现整体好转、风险得到有效控制、社会大局保持稳定。预期全省地区生产总值增长6%左右；固定资产投资增长6%，社会消费品零售总额增长10%，出口增长7%，实际使用外资增长8%；一般公共预算总收入增长6%左右，地方一般公共预算收入增长5.5%左右。

二是推动高动能创新。坚持科技是第一生产力、人才是第一资源、创新是第一动力，坚持教育优先发展、科技自立自强、人才引领驱动，完善科技创新体系，加快实施创新驱动发展战略，加快建设教育强省、科技强省、人才强省。预期研发经费投入增长18%以上，每十万人口高等教育在校生数达到3300人。

三是创造高品质生活。坚持在发展中保障和改善民生，着力解决好人民群众急难愁盼问题，健全基本公共服务体系，扎实推进共同富裕。预期城镇居民人均可支配收入增长7%、农村居民人均可支配收入增长7.5%；城镇调查失业率5.5%左右；居民消费价格涨幅3%左右；每千人口拥有执业（助理）医师数达到2.84人，每千人口医疗机构床位数达到5.73张。

四是保持高颜值生态。牢固树立和践行绿水青山就是金山银山的理念，推进美丽福建建设，促进生态优先、节约集约、绿色低碳发展。生态环境质量保持优良，化学需氧量、氨氮、挥发性有机物、氮氧化物重点工程减排量完成国家下达的指标，地级及以上城市空气质量优良天数比率、地表水达到或好于Ⅲ类水体比例保持高水平。

五是实现高水平安全。以新安全格局保障新发展格局，提高防范化解重大经济金融风险能力，严密防范系统性安全风险，确保粮食、能源资源、重要产业链供应链安全，粮食总产量稳定在507万吨以上，防止重特大事故发生。

重点要组织实施好十个方面工作：

（一）落实新阶段疫情防控各项举措

确保疫情防控平稳转段和社会秩序稳定。坚持人民至上、生命至上，平稳有序实施新型冠状病毒感染“乙类乙管”，以“保健康、防重症”为重点，强化应急处置措施，有力有效应对好可能出现的各种风险和挑战，最大程度保护人民生命和身体健康，最大限度减少疫情对经济社会发展的影响。

强化疫情防控救治能力建设。着力加强院前急救服务保障、急诊接诊管理和重症患者医疗救治，强化分级分层分流救治引导和居家患者健康指导，保证中药、西药及相关医疗设备等供应，全力推进医疗物资达产增产，强化价格和质量监管，保障群众基本用药需求。

加强重点场所重点人群防控。强化学校、医院、养老院等重点场所疫情防控，做好老年人、儿童、孕产妇、残疾人、慢性病患者等重点人群服务保障。加快推进老年人新冠病毒疫苗接种工作。全面加强农村地区疫情防控。加强健康知识科普宣传。

（二）深入实施扩大内需战略

着力恢复和扩大消费。完善促消费政策措施，多渠道增加城乡居民收入，提高居民消费能力。深化“全闽乐购”活动，打造传统节假消费旺季，培育特定群体节日消费热点，进一步弘扬福文化，促进福品消费。稳定和扩大汽车、家电等大宗消费，鼓励开展新能源汽车、智能家电、绿色建材等下乡行动。合理增加消费信贷，支持住房改善、养老服务、教育医疗文化体育服务等消费。壮大新兴消费，创新消费场景，培育新零售，推进会展业高质量发展。继续办好电商主播大赛、第二届福品博览会等。完善县域商业体系，推进乡镇商贸中心功能完善，支持农产品交易市场数字化改造提升。

积极扩大有效投资。扩大科技和产业投资，围绕全面加强基础设施建设、“十四五”重大工程、高质量发展、绿色转

型等适度超前布局一批稳基础、优结构、利长远的项目。积极争取中央预算内投资、地方政府专项债券、基础设施投资基金、制造业中长期贷款等资金，安排省级预算内投资支持项目建设。统筹做好全省招商引资工作，健全高效协同招商机制。鼓励采用基础设施领域不动产投资信托基金（REITs）等方式盘活存量资产，形成投资良性循环。放宽民间投资市场准入，鼓励和吸引更多民间资本参与重大工程和补短板项目建设。设立高质量发展融资专项，引导银行等金融机构加大配套融资支持。高质量高效率推进项目建设，健全储备、签约、审批、招标、开工、竣工到评价的全生命周期项目管理体系，优化项目服务保障。

（三）实施科教兴省战略

建设高质量教育体系。坚持以人民为中心发展教育，下好发展教育事业“先手棋”，促进教育公平。推动实施城镇公办幼儿园结构优化与质量提升工程，加大普惠性幼儿园扶持力度。继续实施义务教育薄弱环节改善与能力提升项目，扩大城区公办义务教育学校学位数，推进集团化办学、义务教育管理标准化建设和城乡紧密型教育共同体建设。实施县域普通高中发展提升行动。完善特殊教育保障机制，实施“一人一案”教育安置。加快培育创新型人才和高素质劳动者，着力增强职业教育适应性，推动职业院校产教融合发展。支持省部共建厦门市职业教育创新发展高地、泉州市创建国家产教融合试点城市。健全学科专业动态调整机制，抓好高水平学科创新平台建设。推进完善政产学研用金联盟建设，促进高校成果与产业需求常态化精准对接转化。

深入实施创新驱动发展战略。打好推进科技创新“组合拳”，充分发挥福厦泉国家自主创新示范区集聚效应，加快建设中国东南（福建）科学城、厦门科学城、泉州时空科创基地、三明中关村科技园等，打造海峡科技创新中心。提升创新载体平台能级，加快建设省创新研究院，新建一批省创新实验室、工程研究中心等，积极争取在能源、海洋领域建设国家实验室福建基地，全力推动我省国家工程研究中心建设。推进基础研究能力提升计划，深化与大院大所合作。组织实施10项以上省级科技重大专项，落实“揭榜挂帅”“赛马”等机制，强化跨部门、跨行业重大科技攻关，构建高效强大共性技术供给体系。办好第二十一届中国·海峡创新项目成果交易会。大力实施高新技术企业“双倍增”和龙头企业“培优扶强”专项行动。加快建设知识产权强省，提升知识产权创造、运用、保护、管理和服务水平，加强知识产权法治保障。

加快建设人才强省。牵住引才聚才用才“牛鼻子”，深入实施新时代人才强省战略，继续大力实施引才“百人计划”“八闽英才”等重大人才计划，遴选支持不少于120名高层次人才（团队），推进高端外国专家集聚工程。深化人才发展体制机制改革，建立健全人才培养、使用、评价、服务、支持、激励等制度机制，支持科研人员在高校、科研院所和企业之间双向流动，支持事业单位科研人员离岗创业，激发人才创新创造活力。加强高技能产业工人队伍建设，不断壮大技能人才规模。鼓励企业采用年薪工资、协议工资、项目工资等方式聘任创新人才。开展特殊贡献人才职称评审。健全新时代科技特派员机制，鼓励引导科技特派员围绕乡村振兴和产业转型开展全产业链条服务。

（四）加快产业体系升级发展

做大做强做优先进制造业。完善大抓工业协调机制，发挥重点产业专班机制作用，深入实施“强链补链延链”工程，力争培育形成产值超3000亿元以上产业集群7个。强化重点产业“卡脖子”技术装备攻关，落实好国产首台套政策。实施“增芯强屏”工程，推动三安系列投资、天马第6代柔性AMOLED生产线和8.6代新型显示面板生产线、士兰集科、士兰明镓等重大项目建设。加快推动古雷炼化一体化二期、中化泉州150万吨/年乙烯项目前期工作，推进漳州中沙古雷乙烯、国亨化学PP及PDH、万华化学年产80万吨PVC等重大项目实施。实施新一轮省级战略性新兴产业集群发展工程，争取再推动集成电路、新能源、新材料等一批省级集群纳入国家集群发展工程，推动战略性新兴产业融合集群发展。有序推动低于能效基准水平的存量项目节能化改造、转型提升，组织实施省重点技改项目1000项以上。加快中小微企业梯度培育，推动“个转企”“小升规”“规改股”“股上市”，梯度培育300家以上专精特新中小企业和100家以上专精特新“小巨人”企业。深入实施国防科技工业军民融合创新工程，推进与军工央企合作共建，推动建设一批军民融合高技术产业基地（示范园区），在自主可控计算机及信息安全、人工智能及传感器、北斗等军民两用领域实施一批重大示范项目。联动实施质量、标准、品牌强省战略，深入推进质量提升行动，做强做精福建品牌。

推动服务业优质高效发展。推进生产性服务业加快发展，以国家级新区、产业园区等为载体，大力培育智能工厂建设、工业互联网创新应用、柔性化定制等融合发展新业态新模式。加快“一带一路”物流通道、国家物流枢纽城市和国家骨干冷链物流基地建设，推进实施福州、厦门、泉州国家综合货运枢纽补链强链工程，深入推进多式联运“一单制”试点，搭建“丝路海运”现代物流体系。推动生活性服务业补短板上水平，加快养老服务设施和养老服务队伍建设，推进长期照护服务试点工作，推进一批示范性长者食堂项目建设。持续实施“引金入闽”等工程，加快发展数字金融、绿色金融、普惠金融，进一步增强金融服务实体经济能力。

加快数字经济创新发展。推动数字经济核心产业龙头企业壮大规模，培育一批具有全国竞争力的数字产业集群。纵深推进产业数字化转型，培育引进专业型、综合性优秀数字化解决方案服务商，布局数字化转型促进中心。持续推进数字经济应用场景培育工程，加快各领域应用场景开放开发和示范推广。大力引进数字经济领域急需人才。制定实施全省一体化公共数据体系建设方案，全领域开展公共数据场景式开发利用，深化省大数据交易所运营管理，培育优质的数据供应、应用标杆单位。办好第六届数字中国建设峰会，加快数字经济项目签约落地。

深化发展海洋经济。深化福州、厦门国家海洋经济发展示范区建设，继续推进省海洋产业发展示范县项目，支持优势海洋产业集聚发展和海洋特色园区建设。加快电动船舶研发制造基地建设，带动全产业链发展。推进福州海上风电产业园建设。继续推动海水养殖向深海型、集约型、高端型转变。重点支持开发海洋创新药物，加快发展特殊医学用途食品和功能性食品。继续实施海洋渔船“宽带入海”工程，打造一批“5G+智慧海洋”示范应用工程。持续打造“水乡渔村”休闲渔业示范基地。着力推进重点港区连片开发。

大力培育绿色经济。落实绿色经济发展行动计划，围绕生产绿色化、生态产业化、能源清洁化、生活低碳化、绿色生态体系实施一批绿色经济重大工程。完善绿色金融标准体系，推动绿色经济领域投融资对接，服务绿色产业项目建设。完善生态产品交易平台，持续推进生态产品价值实现机制试点工作，强化“武夷山水”“红古田”“下乡的味道”等区域生态公用品牌培育和推广。

加快推动文旅经济发展。实施文旅经济高质量发展十大行动，积极培育发展旅游演艺、音乐产业等新业态。加快“1号滨海风景道”、长征国家文化公园（福建段）、环武夷山国家公园保护发展带等建设。加快自驾车旅居车营地、旅游服务中心建设，完善旅游公共服务设施网络。推进厦门植物园、连城冠豸山、福州鼓山创建AAAAA级景区和永定创建国家旅游度假区工作。以创建全国乡村旅游重点村（镇）和认定福建全域生态旅游小镇、金牌旅游村为抓手，推动乡村旅游全面提升。

（五）全面推进乡村振兴和促进区域协调发展

接续推进乡村振兴。促进现代农业高质量发展，深入实施特色现代农业高质量发展“3212”工程。实施种业创新与产业化工程，育成具有自主知识产权的农作物新品种35个以上，新培育“三品一标”农产品240个以上，全省杂交水稻制种面积稳定在36万亩以上，积极培育“育繁推”一体化种业企业。加快提升农业科技和装备水平，建设高标准农田90万亩，提升全省农作物耕种收综合机械化率。建设一批省级数字农业创新应用基地和农业物联网应用基地，持续开展农产品产地冷藏保鲜设施建设。实施乡村振兴“十大行动”，深入开展乡村“五个美丽”建设，提升宜居宜业和美乡村建设水平。创建一批国家乡村振兴示范县和全省乡村振兴示范乡镇、示范村。扎实推进“串点连线成片”，继续提升打造100条精品示范线路。推进应急广播体系建设，继续实施智慧广电乡村工程。

持续优化区域协调发展格局。全面深化新时代山海协作和对口帮扶，推动山海产业联动融合发展、创新资源开放共享、基础设施互联互通、民生事业协同共建、公共服务均衡发展。深入实施区域协调发展战略，实施一批区域协作项目，打造闽东北、闽西南区域协同发展的新格局。推动福州都市圈和厦漳泉都市圈建设，深入实施强省会战略，支持厦门打造高质量发展引领示范区、泉州建设21世纪“海丝名城”。深化拓展福州新区、平潭综合实验区协作领域和政策效应，加快形成湾区联动、岛区协作的一体化发展格局。巩固提升易地搬迁脱贫质量，推动搬迁安置区后续产业可持续发展，组织实施以工代赈项目，继续开展消费帮扶，促进更多脱贫人口实现就地就近就业增收。全面融入国家区域发展战略，加强同长三角、粤港澳、长江经济带等对接合作。进一步做好闽宁协作和援疆援藏等对口支援工作。

加快老区苏区振兴发展。倾力支持老区苏区特色产业提升、基础设施建设和公共服务保障，推动龙岩与广州、三明与上海深化对口合作，支持对口合作园区建设，全力打造革命老区振兴发展样板城市。有效实施中央国家机关及有关单位对口支援等政策举措。持续落实省领导挂钩联系、省直部门挂钩帮扶、经济较发达县（市、区）对口帮扶乡村振兴重点县及欠发达老区苏区县制度，引导更多资源向老区苏区集聚。

深入实施新型城镇化战略。推进以县城为重要载体的城镇化建设，提高人口服务管理水平，着力降低生育、养育、教育成本，促进人口长期均衡发展。开展宜居建设、绿色人文、交通通达、安全韧性、智慧管理等五大城市建设品质提升工程建设，力争完成年度投资4700亿元，加快10个国家县城新型城镇化示范县（市）建设。深入推进城市更新行动，改造提升2580个老旧小区，加强公共环境适老化改造和无障碍设施建设，积极推动完整社区建设试点。推进海绵城市建设，因地制宜地建设地下综合管廊。实施城市交通设施提升工程，新增公共停车泊位2万个，不断完善城市功能。推进儿童友好城市、青年发展型城市创建。推动城市绿化建设，建设一批郊野公园、福道、城市公园等绿化项目。推进城乡融合发展，全面推进73个县（市、区）城乡供水一体化建设，新建扩建规模化水厂60处，铺设管网7200公里，力争农村自来水普及率达到89.5%以上。

（六）持续促改革优环境

切实落实“两个毫不动摇”。推动实施新时代民营经济强省战略，着力营造好的政策和制度环境，完善领导干部联系企业家制度，帮助解决实际困难，让国企敢干、民企敢闯、外企敢投。传承弘扬和创新发展“晋江经验”，依法保护民营企业产权和企业家合法权益，鼓励和引导民营企业心无旁骛做实业、一心一意创品牌，促进民营经济发展壮大。推动国企改革三年行动成果制度化、长效化，以提高核心竞争力和增强核心功能为重点，创新以管资本为主的国有资产管理体制和监督机制，开展新一轮深化国有企业改革，实施八闽国企综合改革专项行动，打造一批新的国企改革样板。

深化重点领域改革。深化农村集体产权制度改革，推进农村集体产权交易市场建设，稳步实施农村承包地“三权分置”，稳慎开展农村宅基地制度改革试点，稳妥推进农村集体经营性建设用地入市试点。持续深化集体林权制度改革，推动林权规范有序流转200万亩以上。促进“三医”协同发展和治理，推动优质医疗资源扩容和区域均衡布局。深化区域金融改革创新，持续推进数字人民币试点。完善教育领域收费制度，持续推动农业水价综合改革，深化输配电价改革。进一步开展清费减负工作，降低制度性交易成本。

建设高标准市场体系。加快清理废除妨碍全国统一大市场的政策规定，健全完善统一的知识产权保护、市场准入退出、公平竞争、公正监管等制度。创新要素市场化配置方式，推进福州、厦门、泉州要素市场化配置综合改革试点。全面开展电力市场建设。建立培育世界一流企业工作机制。

大力推进数字政府建设。着力升级重塑数字政府的技术架构、业务模型和数据资源体系，建设政务网络一张网、一朵云、三大一体化平台、一个综合门户的“1131”基础平台，推进省网上办事大厅、闽政通、12345政务服务便民热线平台、中国福建门户网站集群建设，优化政务服务“一网通办”。推进省域治理“一网统管”，构建一体化监管体系，加强智能化经济监测研判与调节。提升政府运行“一网协同”，全面实现省市县乡四级协同办公。

打造一流营商环境。聚焦市场有效、政府有为、企业有力、群众有感，对标先进、改革创新，打造市场化、法治化、国际化、便利化营商环境。健全数字化监测督导机制，建设全省统一的网上和掌上服务端，打造对内对外的营商环境数字化闭环。推行政策精准推送、“免申即享”。推进法治化营商环境示范区建设。提高监管执法规范性和透明度，推广信用承诺制，健全信用修复机制，强化信用信息共享，建设诚信福建。

（七）着力推进高水平对外开放

持续拓展推动“海丝”核心区建设。大力推进市场采购、跨境电商、数字贸易、海外仓等外贸新业态新模式发展，继续组织“福品卖全球、全球买闽货”活动，用好RCEP规则和各类展会平台，鼓励企业多元化拓展市场。推动外贸企业转型升级，加快技术改造，提高出口产品国际竞争力。促进服务外包转型升级，支持厦门争创国家服务贸易创新发展示范区。扩大先进技术、重要设备等优质产品和服务进口，推进国家进口贸易促进创新示范区建设。实施“丝路伙伴计划”，持续扩大“丝路海运”品牌影响，加快“丝路海运”国际航运综合服务平台建设，提升港航物流整体效率。提升“中欧班列”规模效益，促进“丝路海运”“中欧班列”联动发展。扎实推进自贸试验区建设提升。加快中印尼、中菲等“两国双园”建设，推动更多资源要素在福建聚集。

加大吸引和利用外资力度。围绕我省重点发展产业及新开放领域，加强外贸产业链招商，大力招引贸易型（区域）总部来闽落地。持续开展“促增资扩产能”专项行动，推动外资标志性项目开工建设。办好第二十三届中国国际投资贸易洽谈会。扎实推进金砖创新基地建设，办好金砖国家新工业革命伙伴关系论坛等活动，拓展“金砖＋”，引进更多头部企业入驻。

用好用足对外开放重要力量。深化闽港澳经贸合作，持续开展福建品牌港澳行，加强与港澳投资促进机构合作，推进“并船出海”，助力福品开拓港澳及海外市场。大力引进侨资侨智侨力，持续建设高水平侨务交流平台，拓展与闽籍新华侨华人、海外留学人员和华商新生代联络渠道，推动侨资侨智深度融入我省产业链、创新链、资金链、服务链，打造全球闽商经贸协作网络。

加快建设海峡两岸融合发展示范区。强化闽台电子信息、石油化工、精密机械、生物科技、医疗健康、现代服务业等产业合作，打造两岸共同市场福建样板。深入推进闽台农业融合发展，引导台胞台企参与乡村振兴。推进对台功能性经贸平台建设，支持福州、平潭等地打造对台跨境电商集散枢纽，支持莆田等地建设两岸能源资源中转平台。推进落实同等待遇，完善台胞在闽就业、就医、住房、社保、养老、子女就学等制度保障。努力在更多行业的两岸标准共通实践上取得突破，推动台湾地区职业资格“能认尽认”“直接采认”。办好第十五届海峡论坛、第十一届海峡青年节，不断扩大闽台青年共同“朋友圈”和“事业圈”。开展闽台族谱对接、寻根谒祖等活动，加强民间信仰以及体育、艺术等领域交流。加快推进与金马地区通水通电通气通桥，支持平潭综合实验区加快打造台胞“第二生活圈”。

（八）聚力办实事惠民生

落实就业优先战略。完善就业增收机制，注重投资带动、消费拉动、产业撬动、区域联动对就业的支持引导，增强市场主体吸纳就业能力。统筹做好高校毕业生、农村转移劳动力、退役军人等重点群体就业工作，加强困难群体就业兜底帮扶。深入实施“技能福建”行动，共建共享一批公共实训基地，提升劳动者职业技能。加强灵活就业和新就业形态劳动者权益保障。

完善社会保障体系。凝心聚力办好省委省政府为民办实事项目，加快补齐就业、教育、医疗、养老等民生社会事业短板。继续全面实施全民参保计划，稳步提高基本养老保险待遇水平，健全职工医保门诊共济保障机制，完善大病保险和医疗救助制度，巩固提升医保待遇水平。制定并实施基本养老服务清单，推动示范性居家社区养老服务网络建设，构建城区“一刻钟”养老服务圈。大力发展多元普惠托育服务，鼓励各级机关、企业事业单位、社会力量向本单位职工提供婴幼儿照护服务。加快建设省退役军人事务一体化平台，加强军休服务管理机构、优抚医院、光荣院、军供站、烈士纪念设施保护单位等服务保障机构建设。持续开展“福蕾行动计划”，加快县市级儿童福利机构转型升级。强化住房保障，规范公租房管理，支持刚性和改善性购房需求，激活二手房和租赁市场，因城施策促进房地产行业健康发展和良性循环，推动房地产业尽快走出困境，向新发展模式平稳过渡。持续做好保供稳价，压实“菜篮子”市长责任制，满足市场多样化需求。落实基本生活救助标准动态调整机制，兜牢兜实民生底线。

加快健康福建建设。深入开展爱国卫生运动，不断提升人民群众文明健康素养和健康水平。全面落实公立医院高质量发展实施方案，加强分级诊疗制度建设。推进复旦华山福建医院等7个国家级、4个省级区域医疗中心试点项目建设，推进三级医院对口帮扶县级医院、二三级医院对口支援基层医疗卫生机构、省属医院“移动医院”巡诊，完善资源梯度下沉与精准帮扶机制。优化县域医共体内资源配置，健全乡村医疗卫生体系。细化完善患者基层首诊、双向转诊等工作机制。序时推进中医类国家区域医疗中心、中医特色重点医院等重点项目建设。推进疾控体系改革，开展全民健康管理试点工作。推动群众体育、竞技体育、体育产业等协调发展。

繁荣发展文化事业。围绕宣传贯彻党的二十大主题，积极创作一批精品文艺作品，组织开展形式多样的文艺演出活动。实施优秀传统文化传承发展工程，推动“福”文化、朱子文化等特色文化创造性转化、创新性发展。抓好第十五届福建音乐舞蹈节、街头文化展示、读中华经典颂时代华章全省诵读比赛等全省性群众文化活动。加强公民道德建设，注重家庭家教家风建设，全面推进全国文明城市创建。支持国家重点文物保护和考古挖掘工作，建设一批兼具文物储存、修复、研究等功能的设施。办好海上丝绸之路国际艺术节、世界妈祖文化论坛等重要节庆活动。深入打造“视听福建”海外播映品牌，讲好福建故事，传播福建声音。

（九）深入推进生态文明试验区建设

不断创新生态文明机制。健全“三线一单”生态环境分区管控体系。推进武夷山国家公园建设，加快南平全方位绿色高质量发展，完善自然保护地体系。推进综合性生态保护补偿，持续实施重点流域生态保护补偿和汀江—韩江跨省流域上下游横向生态保护补偿。落实“四水四定”原则，支持莆田建设绿色高质量发展先行市。推进排污权、用能权、碳排放权、水权等资源环境权益交易市场建设。推广电力绿色贷、碳中和债等绿色金融产品。深入开展自然资源资产产权制度改革，加快完善自然资源价格形成机制，完善耕地园地江河休养生息机制。强化正向激励机制，鼓励基层开展首创性、差异化改革探索，激发生态文明领域改革创新活力和潜能。

积极稳妥推进碳达峰碳中和。完善我省碳达峰碳中和政策体系。推进能源绿色低碳转型，加强煤炭清洁高效利用，大力推动煤电节能降碳改造、灵活性改造、供热改造“三改联动”。持续推进重点行业节能降碳改造升级，全面推行清洁生产，加强节能监察能力建设。着力构建绿色制造体系，加快工业领域低碳工艺革新。深化低碳城市、低碳园区、低碳社区试点。接续实施林业“八大工程”，着力提高森林质量、生态稳定性和固碳中和能力。进一步建好用好碳达峰碳中和综合管理平台。积极参与全国碳市场交易，完善福建碳市场建设。

深入打好污染防治攻坚战。分类整治流域性、区域性、行业性污染，加快解决突出生态环境问题。坚决打赢“蓝天保卫战”，削减废气污染物排放，加快机动车船、沿海港口货运车船电气化，提高油品产储运销体系油气回收水平，全面推进工业炉窑实施脱硫脱硝改造提升。坚决打赢“碧水保卫战”，推进提高废水污染治理水平，实施开发区、工业园区雨污全分流和污水全收集、全处理、全达标工程，推广“污水零直排区”建设，推进城市污水处理提质增效和黑臭水体治理、农村污水收集处理提升工程。规范畜禽养殖废水预处理、资源化利用设施建设和管理。坚决打赢“碧海保卫战”，持续推进水清滩净治理，全面排查、分步实施、分类整治入河入海排污（排放）口，推进海上养殖转型升级和岸上、滩涂养殖场尾水综合治理，全面推进35个海湾建设国家级、省级美丽海湾。坚决打赢“净土保卫战”，强化全过程土壤污染防治，严格农用地和建设用地监管，深入开展农用地土壤镉等重金属污染源头防治行动，实施医废处置“扩能提质”工程和补短板项目，开展新污染物治理，加快建设一批“无废城市”。持续推进生活垃圾分类工作，促进再生资源回收利用和环卫系统“两网融合”。

（十）切实防风险保安全

保障粮食安全。严格落实耕地保护和粮食安全党政同责，确保粮食播种面积稳定在1253万亩以上、粮食总产量稳定在507万吨以上。加快省市县三级新增50万吨粮食储备任务落实和新一轮省级粮库建设进度。实施优质粮食提升行动，加快建设全省粮食购销领域监管信息化“一张网”。精心办好第十九届福建粮洽会。深入治理“餐桌污染”、持续建设“食品放心工程”，守护人民群众“舌尖上的安全”。

保障能源安全。持续优化能源供应结构，充分发挥煤电的基础性支撑性调节作用，做好现有各类电源有序替代更新工作。持续优化电力运行调度，扎实做好电力迎峰度夏、度冬工作。加强与国内产煤大省、重要能源央企的对接合作。建立健全电力供需等预警机制，优化应急保障电源配置。

扎实做好重点领域风险防范化解、安全生产等工作。全力维护政治安全，切实维护网络安全、信息安全、数据安全等非传统安全。强化金融稳定保障体系，及时有效防范化解金融风险隐患，防止形成区域性、系统性金融风险。提升市域社会治理能力，完善网格化管理、精细化服务、信息化支撑的基层治理平台，健全城乡社区治理体系。加强生物安全管理，着力防范化解生态资源安全风险，实施互花米草除治攻坚等行动。推进军地联动，大力实施海防城网融合工程，强化经济动员应急能力建设。完善产业链供应链风险动态监测机制，进一步提升风险监测和处置能力。深入开展危化品、燃气、自建房、消防、道路交通、水上运输和渔业船舶等重点领域安全整治，坚决守住不发生重特大事故的底线，亿元生产总值生产安全事故死亡人数0.009人以内，较上年进一步下降。提高防灾减灾能力，坚持防减救助，推进千个自然灾害避灾点提升建设工程，提升建设不少于200个避灾点。加强基层应急管理体系和能力建设，继续推进“五个一百”公共安全保障提升工程，筑牢基层安全屏障。

各位代表，做好2023年经济社会发展工作意义重大、任务艰巨、使命光荣。我们要更加紧密地团结在以习近平同志为核心的党中央周围，以习近平新时代中国特色社会主义思想为指导，深刻领悟“两个确立”的决定性意义，增强“四个意识”、坚定“四个自信”、做到“两个维护”，切实把思想和行动统一到党的二十大精神上来，不折不扣贯彻落实党中央国务院各项决策部署，认真落实省委十一届三次全会和省委经济工作会议要求，落实省十四届人大一次会议决议，自觉接受省人大的监督，认真听取省政协的意见和建议，踔厉奋发、勇毅前行、团结奋斗，扎扎实实办好福建的事情，全方位推进高质量发展，在推进中国式现代化中彰显福建担当、展现福建作为，奋力谱写全面建设社会主义现代化国家福建篇章！

关于福建省2022年预算执行情况及2023年预算草案的报告

——2023年1月11日在福建省第十四届人民代表大会第一次会议上

福建省财政厅

各位代表：

受福建省人民政府委托，现将福建省2022年预算执行情况及2023年预算草案提请省十四届人大一次会议审议，并请省政协各位委员和其他列席人员提出意见。

一、2022年预算执行情况

2022年是党和国家历史上极为重要的一年。全省各级各部门坚持以习近平新时代中国特色社会主义思想为指导，深入贯彻党的十九大和十九届历次全会精神，认真学习宣传贯彻党的二十大精神，坚决贯彻落实习近平总书记重要讲话重要指示批示精神，全面落实“四个更大”重要要求，认真落实党中央、国务院决策部署和省委、省政府工作要求，严格执行省十三届人大六次会议审查批准的预算，全面落实疫情要防住、经济要稳住、发展要安全的要求，高效统筹疫情防控和经济社会发展，统筹发展和安全，全力以赴稳住经济大盘，积极稳妥防范化解重大风险，不断提高效率、提升效能、提增效益，保持经济运行在合理区间和社会大局稳定，推动我省经济社会发展取得新成效。

回顾过去一年，受疫情反复、国际局势变化和长时间持续降雨自然灾害等超预期因素影响，我省经济运行承受着增长回落的压力；同时，我省不折不扣落实中央组合式税费支持政策，并在中央赋予的税收权限范围内，顶格出台税收优惠地方举措，政策效应叠加释放，市场主体减负规模为历年之最，全省财政收支矛盾加剧，做好财政工作难度很大。面对困难和挑战，全省各级财政部门牢固树立“以政领财、以财辅政”意识，坚持积极的财政政策要提升效能，更加注重精准、可持续，深入落实稳经济一揽子政策和接续措施，主动作为、应变克难，先后出台15条统筹疫情防控和经济社会发展政策措施、43条支持稳经济财税政策，努力增收节支、挖潜增效，财政改革发展各项工作有序推进，财政收支运行总体平稳，为有效应对超预期因素冲击，推动福建发展稳中有进、稳中向好作出应有贡献。

（一）2022年预算收支情况

1. 一般公共预算

据快报统计，全省一般公共预算总收入5382.30亿元，按财政部统一要求，剔除增值税留抵退税因素后，同口径增长1.9%，其中，地方一般公共预算收入3339.06亿元，剔除增值税留抵退税因素后，同口径增长5.5%。全省一般公共预算支出5702.93亿元（含中央补助收入、上年结转和一般债券安排的支出），增长9.6%。

省本级地方一般公共预算收入280亿元，下降8.1%。省本级一般公共预算支出591.38亿元（含中央补助收入、上年结转和一般债券安排的支出），增长3.3%。

2. 政府性基金预算

全省政府性基金预算收入2631.32亿元，下降21.3%，主要是国有土地使用权出让收入下降影响。全省政府性基金预算支出4206.52亿元（含中央补助收入、上年结转和专项债券安排的支出），增长1.2%。

省本级政府性基金预算收入21.89亿元，增长1.9%。省本级政府性基金预算支出59.56亿元（含中央补助收入、上年结转和专项债券安排的支出），增长70.4%，主要是新增专项债券支出拉动。

3.国有资本经营预算

全省国有资本经营预算收入173.3亿元，增长55.0%，主要是国有企业2021年可分配利润增长，相应增加2022年上缴收入。全省国有资本经营预算支出108.11亿元，下降19.0%，主要是2021年安排省属金融企业增资扩股支出，基数较高。

省本级国有资本经营预算收入62.88亿元，增长16.4%，主要是省属国有企业2021年可分配利润增长，相应增加2022年上缴收入。省本级国有资本经营预算支出50.36亿元，下降49.0%，主要是2021年安排省属金融企业增资扩股支出，基数较高。

4.社会保险基金预算

全省社会保险基金收入2210.37亿元，增长3.3%。全省社会保险基金支出1947.21亿元，下降4.1%，主要是按国家新出台的企业职工基本养老保险全国统筹调剂办法，省级社保基金中企业职工基本养老保险基金需上解中央的调剂金支出减少227.12亿元。

省级社会保险基金收入952.30亿元，下降4.1%。省级社会保险基金支出830.33亿元，下降16.1%。主要是按新办法企业职工基本养老保险基金中央调剂金补助收入减少167.47亿元，需上解中央的调剂金支出减少227.12亿元。

5.地方政府债务情况

2022年，全省发行政府债券2575.91亿元。其中：发行新增债券1998.21亿元（财政部下达新增限额1640亿元，扣除无需发行的外债转贷资金0.79亿元，加上利用结存限额发行359亿元），主要用于市政和产业园区、交通、社会事业、保障性安居工程、农林水利、生态环保等公益性项目建设；发行再融资债券577.7亿元，用于偿还到期政府债券。全省共偿还政府债务本金764.65亿元。截至2022年12月底，全省政府债务余额11901.72亿元（一般债务3562.54亿元、专项债务8339.18亿元），严格控制在中央核定的限额12857.2亿元之内，政府债务风险总体可控。

2022年，省本级发行政府债券49.26亿元。其中：发行新增债券47.26亿元，主要用于水利、交通、教育等领域；发行再融资债券2亿元。省本级共偿还政府债务本金13.24亿元。截至2022年12月底，省本级政府债务余额217.65亿元（一般债务79.78亿元、专项债务137.87亿元）。

以上快报数在决算编制中可能还会有所变动，决算编成后再按规定报省人大常委会审批。

（二）主要财税政策落实和重点财政工作情况

按照预算法及其实施条例、人大预算审查监督重点向支出预算和政策拓展的有关规定，以及省人大预算决议和省人大常委会有关审议意见的要求，加强预算收支管理，深化财税体制改革，持续保障和改善民生，有效防范财政运行风险，有力推动经济社会平稳发展。

1.精准施策，扎实稳住经济大盘

一是不折不扣落实组合式税费支持政策。严格落实小微企业和制造业等十三类行业留抵退税、对小规模纳税人阶段性免征增值税、缓缴制造业中小微企业税费等政策，顶格出台减免小微企业“六税两费”、给予退役士兵等重点群体创业就业税收优惠等五项地方举措。推出“闽捷办”智慧税务平台，优化退税等政策办理流程，提升政策直达精准度与便捷性，充分激发市场主体活力。全省退税减税降费及缓税缓费共计1146亿元，其中，留抵退税705亿元，约为2021年退税规模的3倍，用“真金白银”帮助市场主体纾困减负。在实现省定涉企行政事业性收费项目“零收费”基础上，实行收费清单“一张网”管理，组织开展涉企乱收费整治，确保各项税费支持政策落地见效。

二是全力以赴支持市场主体渡过难关。新增四期共400亿元规模中小微企业纾困增产增效专项贷款，先后设立各50亿元额度的制造业中小微企业融资支持专项贷款、纺织鞋服产业纾困专项贷款，共惠及1.83万家企业。从中小微企业纾困贷中切块100亿元支持泉州、福州等地企业复工复产。加大政府采购对中小微企业支持力度，中小微企业获得采购合同金额占比近60%。对符合条件的市场主体承租行政事业单位国有房屋阶段性减免租金5.99亿元。提高失业保险稳岗返还比例，返还企业10.75亿元。缓缴养老等三项保险费政策实施范围由5个特困行业扩大至22个行业，对中小微企业和符合条件的个体工商户缓缴单位缴费部分职工医保费（含生育保险），共缓缴32.5亿元。

三是积极发挥财政稳投资作用。发行新增专项债券1831亿元，增长25.7%，共支持1317个项目建设，优先保障水利、教育、卫生、养老等重点领域，有效发挥债券资金带动扩大有效投资的重要作用。多渠道筹措资金146.46亿元，加快推进铁路、公路、港口、民航机场等交通基础设施建设。统筹预算内投资119.64亿元，支持重大基础设施、自然灾害防治、公共管理等领域重大项目建设。支持厦门、福州、泉州入围2022年国家综合货运枢纽补链强链首批城市。推进PPP项目规范高质量发展，全省落地项目14个，总投资114.71亿元。组建100亿元规模省级政府投资母基金，推广运用“基金云”平台，撬动更多社会资本投资。

四是助力助推稳外贸稳外资促消费。下达16.14亿元，支持稳外贸稳外资促消费政策，将政策精准落实到市场主体。对符合条件的企业领取“单一窗口＋出口信保”保单予以全额补助，保费费率降幅超30%。加大出口信贷扶持，继续实施“商贸贷”“外贸贷”，创新推出“台企快服贷”。推广运用汇率避险工具，惠及1469家企业。支持各地通过包机、组团、代参展等形式开拓市场。用好外资到资奖励政策，重点支持引进先进制造业、高新技术企业、技术先进型服务企业。支持发放“全闽乐购·福见商旅”活动消费券，促进汽车消费，推进县域商业体系建设。

2. 突出重点，不断增强发展动能

一是支持科技自立自强。下达7.3亿元，支持高标准建设6家省创新实验室，推动筹建集成电路、海洋领域省创新实验室，支持省创新研究院建设，推进沿福厦泉轴线科技创新走廊建设。下达6.33亿元，用于自然科学基金、对外合作等“从0到1”基础研究。围绕企业“卡脖子”关键核心技术靶向施策，持续推动科技重大专项“揭榜挂帅”。继续实施企业技改项目融资贷款贴息政策，支持232个项目，实际投放贷款125.84亿元，带动社会资本投资1098亿元。下达19.12亿元，实施技改奖补、企业研发分段补助、科技小巨人领军企业研发奖励、专精特新企业奖补等政策。下达10亿元，深入实施新时代人才强省战略。下达1亿元，支持选认2150名省级科技特派员、741个团队（法人）科技特派员。深化财政科技管理体制改革，创新出台经费“包干制”政策，支持实施高校科研院所科技成果转化综合试点，赋予科研人员更大自主权。

二是推动“四大经济”做大做强。支持打造数字经济新引擎，下达6.04亿元，支持数字经济核心产业集聚区建设及电竞产业发展等；下达13.34亿元，支持数字政府建设。支持拓展海洋经济新空间，下达2.7亿元，支持渔业产业发展、海洋安全设施和科技装备建设等；下达26亿元，支持渔港建设、海上养殖升级改造、远洋渔业发展等。支持壮大绿色经济新优势，下达7.02亿元，支持加速推进“电动福建”、新能源充电基础设施建设，加大对电动船舶、新能源汽车等支持力度；下达1.74亿元，支持循环经济试点示范项目建设，加快推进工业节能降碳和资源综合利用；下达2.87亿元，支持林业经济发展。支持打响文旅经济新品牌，下达4.13亿元，支持文旅融合及新业态发展、“清新福建”“福文化”品牌宣传推广等，促进全域旅游、生态旅游、红色旅游以及闽派文化精品打造。推动数字、绿色、海洋等产业基金启动组建。

三是支持生态省建设持续深化。下达35.57亿元，支持提升森林碳汇能力。下达23.43亿元，并设立9亿元正向激励资金，深入推进九龙江流域山水林田湖草沙一体化保护和修复工程。闽江流域山水林田湖草生态保护修复项目在财政部绩效评价中获得全国唯一优秀等次。下达7.35亿元，支持国家公园连片系统建设，实施环武夷山国家生态保护修复治理，推进国家公园文化遗产保护、智慧公园等项目建设。建立综合性生态保护补偿长效机制，下达5亿元，用于重大生态保护修复项目以及重点生态功能区、生态文明建设示范区的生态保护治理。下达2.53亿元，支持沿海市县开展互花米草除治和生态修复，维护我省滨海湿地生物多样性和生态系统安全。下达16.87亿元，用于农村生活垃圾治理、城市生活污水管网新建改造等。充分利用我省生态优势，积极参与中央竞争性资金分配，共争取到10个生态项目获得中央财政支持，总额达32.4亿元。争取亚洲开发银行贷款用于木兰溪流域生态环境综合治理及提升项目。

四是推进区域协调发展。全面推进乡村振兴，按照“四个不摘”要求，保持衔接推进乡村振兴财政投入力度不减，下达13.7亿元，持续加大对脱贫户、老区苏区县和23个脱贫县支持力度。下达15.47亿元，加大特色优势产业支持力度，推进乡村一二三产融合发展。支持打造乡村产业振兴示范村108个。推动城乡建设品质不断提升，下达35.83亿元，支持棚户区改造、老旧小区改造，建设公共租赁住房、保障性租赁住房以及发放租赁补贴。下达24.3亿元，推动乡村建设行动，支持农村道路、农村公益事业建设等。下达34.82亿元，支持耕地保护、高标准农田建设、种业振兴、农机购置补贴等。统筹13.98亿元，做好粮食等领域保供，支持省级储备粮库建设。持续加大对老区苏区倾斜支持力度，下达19.3亿元，支持改善基本公共服务和急需的社会民生事业项目建设，并对中央和省新出台的重大民生政策在补助标准等方面给予倾斜支持。支持深化东西部协作和对口支援机制，做好闽宁协作和援藏援疆工作。

3. 加大投入，持续增进民生福祉

一是民生投入持续加大。坚持以人民为中心的发展思想，提高公共服务水平，着力解决好人民群众急难愁盼问题。全省民生支出4343.28亿元，增长10.1%，占一般公共预算支出的76.2%，持续保持在七成以上。其中：教育支出1222.27亿元，增长13.2%；社会保障和就业支出709.84亿元，增长19.8%；卫生健康支出611.05亿元，增长14.5%；文化旅游体育与传媒支出117.52亿元，增长12.1%；粮油物资储备支出25.83亿元，增长37.9%。省委和省政府25项为民办实事项目省级相关资金下达123.91亿元，为年初计划总额的113.8%。

二是社保体系更加健全。完善就业公共服务体系，下达9.28亿元，支持高校毕业生、农村转移劳动力、退役军人等重点群体就业创业，健全灵活就业、新就业形态劳动用工和社会保障政策。对受疫情影响的参保企业，发放一次性留工培训补助。强化社会保险基金管理，连续第24年调整提高企业退休人员养老金，将城乡居民基础养老金省定标准从每人每月130元提高到140元，提高职工医保、工伤保险省级统筹调剂集中比例。完善基本医疗保障体系，下达106.8亿元，将城乡居民医保年人均财政补助标准从580元提高到610元，资助困难群众参加基本医疗保险、开展医疗救助。下达31.15亿元，做好困难群众救助补助资金保障，将省定低保最低标准由4400元提高到4750元。加快补齐养老短板，支持养老及救助工作政府购买服务、农村区域性养老服务中心、长者食堂等项目建设。连续第21次提高部分优抚对象抚恤和生活补助标准，连续第26次提高革命“五老”人员定期生活补助标准。下达8.53亿元，促进残疾人事业发展，支持提高残疾人生活和护理两项补贴标准。

三是健康卫生有效保障。全省各级财政投入130.43亿元，用于疫情处置和防控能力提升、核酸检测、疫苗及接种费用补助等支出，有力保障各地疫情防控资金需求。医保基金全额承担新冠病毒疫苗购置及接种费用，支持全民免费接种，市县财政按30%比例补助医保基金，省级统筹中央资金对市县财政负担部分补助60%。下达4.99亿元，提升省市县三级重症救治能力，支持省级重大疫情救治基地建设和省市县医院综合ICU床位建设。健全公共卫生体系，将基本公共卫生服务人均财政补助标准从79元提高到84元，推进卫生健康事业发展，支持省属医疗卫生机构项目、新一轮医疗“创双高”、县域医共体能力提升项目建设，推动卫生健康高层次及基层卫生等人才队伍建设，促进中医药服务能力提升。支持“无陪护”病房、乙肝感染者规范化治疗、适龄女性HPV疫苗免费接种等试点项目。三明市入选中央公立医院改革与高质量发展示范项目。

四是教育文体稳步发展。坚持教育优先发展，下达教育领域项目资金104.46亿元，支持新建、改扩建公办幼儿园216所，助推城区义务教育学位增补和高中质量提升计划，支持职业教育国家和省级“双高计划”建设，深化高校管理体制改革，加快推动“双一流”和应用型高校建设。下达16亿元，健全从学前教育到研究生教育阶段、家庭经济困难学生全覆盖的学生资助政策体系，保障困难学生不失学。下达10.96亿元，继续实施公共文化设施升级完善和文化场馆免费开放政策，促进公共文化场馆错时延时开放，推进漳州海域水下考古挖掘，支持推广试点“文物＋保险＋服务”项目，支持打造闽派特色文化精品佳作。下达9.56亿元，支持全民健身国家战略，推进智慧体育公园等建设，支持南平办好第十七届省运会。

4.注重效能，有效提升财政治理水平

一是财政法治建设不断加强。认真落实省人大及其常委会关于福建省2022年预算和省级预算调整方案等决议，依法向省人大及其常委会报告预算执行、决算、地方政府债务管理、国有资产管理等情况。着力提升服务代表委员水平，共承办省人大代表建议176件、省政协委员提案76件，均在规定的时间内办结，做到沟通率、答复率、满意率100%。建立健全审计问题台账，分类整改，逐项销号，确保审计整改到位。编制非税收入项目目录清单，从源头上规范收入收缴。硬化预算约束，严禁超预算、无预算安排支出，规范预算调剂事项。首次编制全省合并行政区划政府综合财务报告，全面准确反映政府财务状况和运行情况。

二是财税体制改革深入推进。深化预算管理制度改革，在全省全面实施零基预算，稳步推进预算支出标准体系和资产盘活长效机制建设。持续推进预算绩效管理，首次对所有省级专项资金实施事中绩效评价，评价结果直接应用于2023年度预算编制。不断提升市县财政管理水平，14个县2021年度财政管理绩效综合评价进入全国前200名，其中，5个县进入全国前20名，周宁县排名全国第1。进一步扩大预决算公开范围，全省各级部门所属单位预决算公开实现全覆盖。扎实推进税制改革，建立落实增值税留抵退税资金分担机制和政策会商机制。稳步推进省以下财政体制改革，对市县财力状况分档进行调整完善，推动提高区域间均衡度和转移支付精准度。推动省与市县财政事权和支出责任划分改革，制定出台国防领域改革实施方案。将省直部门所属企业纳入国有资本经营预算编制范围。健全国有金融资本管理制度体系，组建省金融投资有限责任公司，促进我省金融机构做强做优做大。

三是财政服务监管水平持续提升。扎实推进财政“放管服”改革，政府采购活动实现供应商无纸化投标、远程参与开标、专家异地评审。推进注册会计师、资产评估业务线上办理。推动电子凭证会计数据标准试点工作，实现全流程无纸化。非税收入收缴电子化和财政电子票据管理改革位居全国前列，改革实施单位超2万家。推进智慧财审系统建设，实现评审全流程线上办理。持续加强财政资金监管，乡村振兴（扶贫惠民）资金在线监管平台监管项目从40项增至48项，累计监管资金超442亿元，惠及群众812.8万人，实现乡村振兴重点领域资金监管全覆盖。扩大财政资金直达机制范围，全省直达资金829.14亿元，增长40.6%，实现资金和监管同步“一竿子插到底”。预算管理一体化系统全面上线运行，实现预算全流程信息化管理。严肃财经纪律，严控“三公”经费和其他一般性支出，开展地方财经秩序专项整治行动。财政资金监管相关做法在省政府第五次廉政工作会议上作经验交流。

四是保障基层财政平稳运行。加大转移支付力度，下达县级基本财力保障补助、均衡性转移支付等资金609.79亿元。实行县级“三保”预算事前审核全覆盖，加强统一监测预警，完善应急处置机制，确保基层“三保”不出现问题。按日监测各地库款情况，统筹做好库款调度，加大对受疫情影响地区资金调度和留抵退税资金保障力度。完善政府债务管理，建立政府债券穿透式监测、支出进度通报预警、违规使用处理处罚等制度。压实政府债务偿还责任，全省到期地方政府债券全部按期足额偿还。积极稳妥、依法合规化解隐性债务存量，坚决遏制隐性债务增量。

过去的五年，全省各级财政部门坚决贯彻落实党中央、国务院决策部署和省委、省政府工作要求，牢记嘱托、砥砺前行，有效发挥财政职能作用，财政“十三五”规划圆满完成，“十四五”规划顺利实施，为全面加快新发展阶段新福建建设提供坚强的财力保障。

五年来，财政综合实力不断壮大。坚持把做大“蛋糕”作为财政发展的基础，持之以恒，久久为功，深入推进财源建设，充分发挥财政在国家治理中的基础和重要支柱作用。全省财政收入迈上新台阶，全省一般公共预算总收入突破5000亿元，2022年达到5382.30亿元，年均增长4.8%；地方一般公共预算收入突破3000亿元，2022年达到3339.06亿元，年均增长5.3%。保持必要财政支出强度，全省一般公共预算支出总量从2018年的4832.69亿元增加到2022年的5702.93亿元，累计2.6万亿元，有力保障各项政策措施落地见效。同时，我省作为全国八个净上缴省份之一，2018—2022年，累计净上缴中央超过3200亿元，为全国发展大局作出积极贡献。

五年来，重大战略任务保障有力。坚持围绕中心、服务大局，加大财政资源统筹力度，优化财政支出结构，支持大力发展“四大经济”，有效增强省委和省政府重大战略任务财力保障，促进经济社会高质量发展。着力推进地区间公共服务均等化，完善县级基本财力保障制度，不断增强区域发展的协调性和均衡性。坚持教育支出“两个只增不减”，2018年以来财政教育预算支出占一般公共预算支出的比重均居全国前3位，五年累计支出3996亿元，成为我省第一大民生支出。深入落实创新驱动发展战略，把科技作为财政支出的重点领域予以优先保障，财政支出年均增长6.8%。大力支持实施人才强省战略，构建较为完整的人才引进与跟踪培育政策支持体系，财政支出年均增长22.1%。有效推动实施乡村振兴战略，完善涉农资金统筹整合长效机制，确保农业农村投入只增不减。扎实推进美丽福建建设，率先出台国家公园生态补偿机制，加快建设首个国家生态文明试验区，闽江流域山水林田湖草生态保护修复工程试点在全国率先完成项目整体验收，九龙江流域山水林田湖草沙一体化保护修复工程和环武夷山国家公园生态保护修复治理项目等顺利实施。

五年来，积极财政政策持续有效。持续实施积极的财政政策，相机抉择、开准药方，有力支持经济实现质的有效提升和量的合理增长。推动优化税制结构，不折不扣落实减税降费各项措施，五年累计减轻企业税费负担约3000亿元，逐步实现“放水养鱼”“水多鱼多”良性循环。用好用足地方政府债务限额，五年累计发行新增政府债券7011.9亿元，年均增长28.7%，有效发挥债券资金稳投资促发展惠民生作用。加快推进财政金融协同发展，从2020年起先后设立八期共800亿元规模中小微企业纾困贷款，惠及2.36万家企业，企业负担的实际贷款平均年利率为3.25%；推动政策、企业、金融上线上云，入驻“金服云”平台企业超过25.55万家，解决融资需求2106.06亿元。

五年来，基本民生保障更加到位。始终坚持在发展中保障和改善民生，全省民生支出从2018年的3505.44亿元增加到2022年的4343.28亿元，民生支出占一般公共预算支出比重持续保持在七成以上，不断增强人民群众的获得感、幸福感、安全感。2018年以来，我省共计实施省委和省政府为民办实事项目136项，省级财政投入达到583.86亿元，解决了一批人民群众最关心最直接最现实的问题。支持我省提前一年打赢脱贫攻坚战，全力巩固拓展脱贫攻坚成果同乡村振兴有效衔接，五年累计投入相关资金383.6亿元。实施积极就业政策，推动实现更高质量和更充分就业。加强社会保障体系建设，推动兜底线、织密网、建机制。建立并常态化实施财政资金直达机制，确保民生补助资金直达基层、直接惠企利民。坚持“三保”支出在财政支出中的优先地位，严禁挤占挪用“三保”支出，坚决防范基层“三保”风险，我省县级财力得到有力保障，基层财政运行总体平稳。

五年来，财税体制改革纵深推进。围绕建立现代财政制度，加快推进重点领域改革。财政体制改革稳步推进，出台外交、国防、交通运输等8个领域省与市县财政事权和支出责任划分改革实施方案，建立健全省对市县均衡性转移支付、县级基本财力保障补助稳定增长机制。预算管理改革持续深化，全面推行零基预算改革、资产盘活长效机制、支出标准体系建设等，省、市、县三级基本建成全方位、全过程、全覆盖的预算绩效管理体系，顺利完成全面实施预算绩效管理各项改革任务。税收制度改革不断发力，根据税法授权相继制定我省环境保护税、耕地占用税、资源税、契税、城市维护建设税具体适用税率（额）及减免税办法，在全国率先实施个人养老金递延纳税优惠政策，积极推进非税收入划转税务部门征收。国资、国企、金融等领域改革加快推进，严格按要求向省人大常委会报告国有资产管理等情况，完成全部75家国有企业股权划转充实社保基金工作。

五年来，依法理财水平不断提升。全面贯彻落实习近平法治思想，将法治建设贯穿财政改革发展全过程，地方财政制度规范体系、财政法治监督、财政法治保障等不断完善。健全依法决策机制，将公众参与、专家论证、风险评估、合法性审查、集体讨论决定等，作为财政重大行政决策法定程序固定下来、形成常态。深入开展特色财政法治宣传教育，广泛开展宪法和预算法等财政普法宣传，积极营造依法行政、依法理财良好氛围。依托信息化提升财政管理科学化精细化水平，实现一体化系统全域上线、全流程贯通、全业务覆盖。主动接受社会监督，省、市、县三级政府预决算、部门预决算均按规定公开，政府采购透明度评估连续4年位列全国前4名。统筹发展和安全，完善政府债务“借、用、管、还”全链条闭环管理体系，全省债务风险总体可控。严肃财经纪律，强化财会监督，加强财政内控建设，财政治理水平稳步提升，我省财政资金监管相关做法在国务院廉政工作会议上作经验交流。

五年来财政工作取得的成绩，根本在于习近平新时代中国特色社会主义思想科学指引，是坚决贯彻落实党中央、国务院决策部署的结果，得益于省委和省政府的科学施策、正确领导，得益于省人大、省政协的依法监督、有力指导，得益于全省各级各部门以及全省人民的团结奋斗、艰苦努力。同时，我们也清醒看到，财政工作还存在一些不足，财政运行仍面临一些困难和问题，主要是：全省财政收入持续增长基础尚不牢固，财政资金使用效益有待进一步提高，少数县（市、区）防范化解债务风险和有效保障基层“三保”压力较大。我们高度重视这些问题，今后还将认真听取各位代表、各位委员的意见和建议，加大工作力度、采取有力措施加以解决。

二、2023年预算草案

2023年是全面贯彻落实党的二十大精神的开局之年，是实施“十四五”规划承上启下的关键一年。预算编制和财政工作要以习近平新时代中国特色社会主义思想为指导，全面贯彻落实党的二十大精神和中央经济工作会议部署，按照省第十一次党代会、省委十一届三次全会和省委经济工作会议要求，紧扣“四个更大”重要要求，坚持稳中求进工作总基调，完整、准确、全面贯彻新发展理念，加快构建新发展格局，全方位推进高质量发展，更好统筹疫情防控和经济社会发展，更好统筹发展和安全，坚持积极的财政政策要加力提效，进一步健全现代预算制度，在有效支持高质量发展中保障财政可持续和地方政府债务风险可控，推动经济运行整体好转，实现质的有效提升和量的合理增长，为谱写中国式现代化福建篇章开好局起好步提供坚实财力保障。

预算编制遵循以下原则：一是服务中心、保障重点。围绕省委和省政府中心工作，聚焦省委经济工作会议提出的“八个突出”，优化支出结构，保持必要的财政支出强度，增强我省重大战略任务和基本民生财力保障，并为全国大局多作贡献。二是合理预测、统筹平衡。坚持收入预算与经济社会发展水平相协调，与积极的财政政策要加力提效相衔接，实事求是、积极稳妥编制收入预算。加强财政资源统筹，坚持有保有压，做好收支平衡。三是勤俭节约、过紧日子。坚持艰苦奋斗，节俭办一切事业，党政机关带头过紧日子，进一步压减非重点非刚性支出，省直部门一般性支出总体上按5%比例压减。四是强化管理、讲求绩效。坚持预算法定，强化预算约束和绩效管理，加强绩效评价结果和审计发现问题的应用，提升资金效益和政策效能。五是兜牢底线、防范风险。加大转移支付调节力度，筑牢兜实基层“三保”底线。用好地方政府债券，充分发挥拉动有效投资作用。防范化解地方政府债务风险，坚决遏制隐性债务增量、化解存量。

（一）2023年全省代编和省级一般公共预算

1. 全省代编一般公共预算

全省代编一般公共预算总收入预计增长6%左右，按6%编制，全省一般公共预算总收入为5705.23亿元；地方一般公共预算收入预计增长5.5%左右，按5.5%编制，地方一般公共预算收入为3522.71亿元。

地方一般公共预算收入加上中央补助1499.5亿元、动用预算稳定调节基金372.1亿元、调入资金441.59亿元、中央提前下达新增一般债务限额101亿元，剔除上解中央70亿元，全省收入合计5866.9亿元。按照收支平衡原则，相应安排全省一般公共预算支出5866.9亿元，增长8.2%。

2. 省级一般公共预算

省本级一般公共预算收入预计增长3%左右，按3%编制，省本级一般公共预算收入为288.38亿元，加上中央财政补助收入1387.81亿元、市县财政上解收入322.86亿元、调入资金7.92亿元、动用预算稳定调节基金180亿元、中央提前下达新增一般债务限额87亿元，省级收入合计2273.97亿元。

按照收支平衡原则，相应安排省级支出2273.97亿元，增长8.9%，扣除应上解中央支出43.73亿元、补助市县支出1538亿元、一般债务还本支出14.36亿元、债务转贷市县支出87亿元，省本级支出590.88亿元，增长3%。

（二）政府性基金预算

全省政府性基金预算收入预计增长3%左右，按3%编制，全省政府性基金预算收入为2710.25亿元，加上中央补助收入15.84亿元、中央提前下达新增专项债务限额933亿元，全省收入合计3659.09亿元。按照以收定支原则，相应安排支出3659.09亿元。

省本级政府性基金预算收入预计下降3.3%左右，主要是国家重大水利工程建设基金和彩票公益金收入预计减少。按−3.3%编制，省本级政府性基金预算收入为21.17亿元，加上中央补助收入15.63亿元、按规定调入专项债券还本付息资金6.25亿元、市县财政上解政府性基金7.5亿元、中央提前下达新增专项债务限额755亿元，省级收入合计805.55亿元。按照以收定支原则，相应安排省级政府性基金预算支出805.55亿元，扣除补助市县支出31.58亿元、专项债务还本支出1.4亿元、债务转贷市县支出740亿元，安排省本级支出32.57亿元。

（三）国有资本经营预算

全省国有资本经营预算收入预计下降16.3%左右，主要是国有企业2022年可分配利润预计下降，相应减少2023年上缴收入。按−16.3%编制，全省国有资本经营预算收入为145亿元，加上中央补助收入0.2亿元、上年结转28.62亿元，全省收入合计173.82亿元。根据国有资本经营预算管理相关规定，扣除按规定调入一般公共预算55亿元，相应安排支出118.82亿元。

省本级国有资本经营预算收入预计下降23.6%左右，主要是省国资委预计其监管企业2022年可分配利润下降，相应减少2023年上缴收入。按−23.6%编制，省本级国有资本经营预算收入为48.03亿元，其中，省国资委监管企业国有资本经营预算收入6.29亿元，省级金融企业国有资本经营预算收入41.16亿元，其他行政事业单位所属企业国有资本经营预算收入0.58亿元。省本级国有资本经营预算收入加上中央财政补助收入0.18亿元、上年结转收入2.36亿元，省级收入合计50.57亿元。按照国有资本经营预算管理相关规定，扣除按规定调入一般公共预算3.05亿元、补助市县支出0.18亿元后，安排省本级支出47.34亿元。

（四）社会保险基金预算

全省社会保险基金预算收入预计增长6.9%左右，按6.9%编制，全省社会保险基金预算收入为2362.79亿元。按照精算平衡原则，安排全省社会保险基金预算支出2099.91亿元，增长7.8%。当年收支结余262.88亿元。

省级编制的5项社会保险基金收入预计增长5.4%，按5.4%编制，省级社会保险基金收入为1043.53亿元，其中，企业职工基本养老保险基金收入896.03亿元、机关事业单位基本养老保险基金收入53.88亿元、职工基本医疗保险基金收入48.53亿元、工伤保险基金收入9.16亿元、失业保险基金收入35.93亿元。按照精算平衡原则，安排省级社会保险基金支出927.11亿元，增长7%。当年收支结余116.42亿元，年末滚存结余999.29亿元。（下转第六版）（上接第五版）

（五）2023年省级四本预算支出安排

省级四本预算安排支出共计4054.15亿元，扣除债务转贷市县支出827亿元后（其中：一般债务87亿元，专项债务740亿元），省级四本预算支出3227.15亿元，其中，一般公共预算支出2186.97亿元、政府性基金预算支出65.55亿元、国有资本经营预算支出47.52亿元（不含调入一般公共预算）、社会保险基金预算支出927.11亿元。除保运转等支出外，全力保障省委十一届三次全会和省委经济工作会议提出的各项工作任务。聚焦“八个突出”，对照《政府工作报告》部署内容，重点做好以下九个方面的支出保障：

1. 有效支持推动经济高质量发展。深化数字福建建设，统筹用好数字经济发展等专项资金，支持实施数字信息基础设施“强基”行动，培育跨行业跨领域工业互联网平台，加快推进数字产业化、产业数字化。加快发展海洋经济，用好促进海洋与渔业产业高质量发展等专项资金，培育壮大海工装备、海上风电、海洋生物医药等产业，构建具有国际竞争力的现代海洋产业基地。培育壮大绿色经济，持续发挥循环经济、“电动福建”建设等专项资金作用，支持大力发展节能环保产业，深化“电动福建”建设，着力构建绿色制造体系和服务体系，支持开展省级以上园区循环化改造。支持实施文旅经济高质量发展十大行动，统筹文旅融合发展、文化产业发展等专项资金，支持大力发展红色、生态、工业、乡村、海洋等文旅新业态。用好工业增产增效正向激励、制造业单项冠军奖励、标准化补助等奖补政策，支持持续实施“六大工程”、龙头企业培优扶强工程等，支持实施质量、标准、品牌强省战略，推进提升制造业竞争力。发挥省级服务业发展引导资金带动作用，支持加快推进我省现代流通体系建设，培育制造业和服务业融合发展的服务型制造新业态新模式。用好省级政策性优惠贷款风险分担资金池，加大普惠金融重点领域供给。优化地方政府专项债投向，支持适度超前布局一批稳基础、优结构、利长远的项目，积极扩大有效投资。发挥商务发展资金撬动作用，深化“全闽乐购”活动，增加汽车、家电等大宗消费，深化城乡消费提升行动，加快打造区域消费中心，加强县域商业体系建设，促进农特产品“进城”、高质量消费品“下乡”。

2. 有效支持提升创新竞争力。统筹用好扩大学前教育资源、基础教育质量提升等专项资金，支持实施学前教育发展提升行动，全面提升保教水平。加快义务教育优质均衡发展和城乡一体化，推进义务教育薄弱环节改善与能力提升，完善全学段学生资助体系。持续加大高等教育投入，支持实施职业技能提升行动和职业教育“双高”计划，支持推进新一轮“双一流”和应用型高校建设。深入实施创新驱动发展战略，优化财政科技投入稳定增长机制，提升科技投入效能。用好福厦泉自主创新示范区建设专项资金，打造海峡科技创新中心。做好高水平科研平台经费保障，加快建设省创新研究院和海洋、集成电路等领域省创新实验室。发挥研发费用分段补助、加计扣除等财税政策作用，支持实施高新技术企业“双倍增”行动，激励企业加大研发投入。深化财政科技经费分配使用机制改革，推进科研经费“包干制”，推行“揭榜挂帅”“赛马”等新型管理制度，深化新时代科技特派员机制，完善科技特派员扶持激励政策。持续加大人才专项相关资金投入力度，深入实施新时代人才强省战略，落实人才育引计划。

3. 有效支持促进城乡区域共建共享。深入实施区域协调发展战略，推进闽东北、闽西南两大协同发展区建设，支持实施强省会战略，推进福州新区、平潭综合实验区一体化发展，加快建设福州都市圈、厦漳泉都市圈、厦门高质量发展引领示范区、泉州21世纪“海丝名城”。加大财政转移支付倾斜支持，建设闽西革命老区高质量发展示范区。持续做好东西部协作和对口支援，支持援藏援疆、闽宁协作不断深化。支持加快推动新型城镇化，加强对吸纳农业转移人口较多地区的资金支持，推动农业转移人口与当地户籍人口同等享受基本公共服务。用好国土空间生态修复等资金，支持加快建设国土空间规划“一张图”，促进县城人口集聚、产业集中和功能集成。充分发挥城乡人居环境建设资金效益，持续推进海绵城市、韧性城市建设，因地制宜建设地下综合管廊，大力实施城市更新行动和乡村建设行动，持续提升城乡建设品质。全面推进乡村振兴，持续加大“三农”投入，确保财政投入与乡村振兴目标任务相适应。认真落实惠农政策，大力支持粮食生产，促进重要农产品稳产保供。全力做好巩固拓展脱贫攻坚成果同乡村振兴有效衔接，持续保持衔接资金投入力度不减，坚决防止出现规模性返贫。完善现代农业产业体系，实施农业保险保费补贴政策，用好特色现代农业发展专项资金，支持发展“一县一业”“一村一品”，打响“福农优品”品牌。支持高素质农民培训和学历提升以及乡村产业带头人培育，引导各类能人回归。支持打造特色公共文化服务品牌，丰富乡村文化生活。

4. 有效支持推动改革攻坚。加强重点领域改革资金保障，支持深化要素市场化配置改革、农村集体产权制度改革、区域金融改革创新、集体林权制度改革和县域集成改革试点等，落细落实我省加快建设全国统一大市场分工任务。深化“三医”联动改革，巩固提升三明医改成果，加快推进分级诊疗制度建设和医共体体制机制创新，完善大病保险和医疗救助制度。深化国资国企改革，做好国有资产综合报告工作，加快国有经济布局优化和结构调整，支持加快省属企业战略性重组和专业化整合。探索建立地方国有金融资本管理绩效评价工作机制和评价体系，实行金融机构重大事项清单管理，支持省属金融企业做强做优做大。支持扎实开展第五次全国经济普查。用好数字福建专项资金，支持打造数字政府、建设数字社会，加快建设全省一体化公共数据平台，培育壮大数据要素市场，实现数字赋能、激发市场活力。进一步加大城乡社区公共服务、基本养老服务、就业公共服务、教育公共服务等重点领域政府购买服务改革力度。持之以恒推进“放管服”改革，支持打造一流营商环境。

5. 有效支持推进高水平对外开放。推动外贸保稳提质，大力发展市场采购、跨境电商、海外仓等外贸新业态，支持企业开拓市场、抢抓订单，加大对企业建设和使用海外仓支持力度，推进“福品销全球”。优化出口信保扶持政策，支持“单一窗口＋出口信保”降费扩面，加强对中小微外贸企业倾斜支持。支持海关通关便利化建设，扎实推进自贸试验区建设提升，推进特色优势产业平台做大规模。建立健全重点外贸企业服务保障制度，深化“助力万企成长”行动。完善全省招商工作统筹机制，用好外资到资奖励机制，落实外商“两清单一目录”，推动外资“双百项目”转化升级、落地投产。支持实施侨资侨智侨力引进工程。支持办好第二十三届投洽会，扩大高新技术领域利用外资，打造吸引外资新高地。支持“两国双园”建设，深化闽港闽澳合作，扎实推进海丝核心区、海丝中央法务区建设，提升双向投资和开放合作水平。

6. 有效支持建设海峡两岸融合发展示范区。深化闽台产业合作，支持福州、平潭建设对台跨境电商集散枢纽，推动打造两岸能源资源中转平台和对台功能性经贸平台，支持平潭综合实验区打造海关监管特殊区域。统筹闽台农业合作等资金，支持高质量建设台湾农民创业园和闽台农业融合发展产业园，推进闽台优势企业产业链供应链价值链融合，提升闽台农业交流合作水平。扎实推进同等待遇落实，完善台胞在闽就业、就医、住房、社保、养老、子女就学等制度保障，吸引更多台胞来闽就业创业和学习生活。落实台湾青年来闽实习就业创业政策措施，加强海峡两岸青年就业基地和示范点建设。支持厦金、福马率先融合发展，深入推进与金马地区通水通电通气通桥，推动基本公共服务均等化普惠化便捷化，不断增进台湾同胞福祉。促进闽台基层交流交往，加强闽台科技教育、文化体育交流，加大力度引进台湾建筑师团队开展乡建乡创陪伴式服务，支持涉台文物保护工程，统筹做好第十五届海峡论坛、第十一届海峡青年节经费保障。

7. 有效支持全面发展民生和社会事业。落实落细就业优先政策，用好就业补助、失业保险等资金，促进高校毕业生、农村转移劳动力、退役军人等重点群体就业。健全中小学教师工资长效联动机制。引导、支持公益慈善事业发展。进一步健全养老服务体系，支持大力发展银发经济，优化养老服务供给，推动智慧健康养老，支持打造“福见康养”品牌。健全基本养老、基本医疗保险筹资和待遇调整机制，进一步完善基本医疗保险、失业保险、工伤保险省级统筹。健全分层分类的社会救助体系，落实省定低保标准增长机制，加强困难群众救助帮扶，保障好因疫因灾遇困群众和老弱病残等特殊群体的基本生活。统筹用好城镇保障性安居工程补助资金，大力支持棚户区、老旧小区改造和公共租赁住房、保障性租赁住房建设，规范公租房管理，加快建立多主体供给、多渠道保障、租购并举的住房制度。加快健康福建建设，健全公共卫生体系，深化医药卫生体制改革，加强重大疫情防控救治体系和应急能力建设保障，提升医疗服务能力。推动优质医疗资源扩容和均衡布局，推进分级诊疗体系建设，加快建设国家、省级区域医疗中心，深化公立医院薪酬制度改革，持续推进公立医院高质量发展。支持加强基层医疗卫生建设，保障群众及时就地就近看病就医。加大投入力度，促进中医药传承创新发展。推进文化强省建设，统筹省文化产业发展等资金，支持实施优秀传统文化传承发展，加强文物和文化遗产保护利用，健全公共文化服务体系，推进广播影视事业发展。支持繁荣发展哲学社会科学、参事、文史、档案、地方志等事业，提升新型智库建设水平。统筹体育发展相关资金，支持发展群众体育、竞技体育、体育产业，加快推进体育强省建设。

8. 有效支持生态强省建设。完善支持绿色发展的财政政策，深化国家生态文明试验区建设。加快推动绿色低碳转型，支持开展低碳城市、园区、社区试点，推进钢铁、有色等重点领域节能降碳，推动资源循环利用，发展绿色低碳产业。统筹用好生态环境、林业、国家公园生态保护等相关资金，深入推进环境污染防治，支持深入打好蓝天、碧水、碧海、净土保卫战，实施生物多样性保护重大工程，高质量推进武夷山国家公园建设，深入开展互花米草除治攻坚行动。巩固闽江流域生态保护修复成效，持续推进九龙江流域山水林田湖草沙一体化保护和修复工程，提升综合治理效能。落实综合性生态保护补偿实施方案，持续实施汀江—韩江跨省流域上下游横向生态保护补偿，支持建立健全生态产品价值实现机制，拓宽“两山”转化路径。

9. 有效支持维护社会安全稳定。严守耕地保护红线，加强高标准农田建设，实施现代种业创新工程，充分发挥地方粮食风险基金作用，支持加快省级粮库建设，确保粮食安全。统筹做好食品药品、市场监管经费保障，深入治理“餐桌污染”、建设“食品放心工程”，对食品药品安全问题“零容忍”。支持完善能源产供储销体系，加快煤炭储备基地、油气储备设施建设，确保能源安全。支持应急管理体系建设，用好安全生产、安全应急保障提升工程等专项资金，强化应急物资、队伍、装备、设施等保障，增强全灾种救援能力和急难险重任务处置能力。高度警惕房地产、金融等领域风险，防范化解政府债务风险，守住不发生系统性风险底线。深入实施“八五”普法规划，加强社会治理经费保障，健全城乡社区治理体系，强化社会治安整体防控，推进常态化扫黑除恶。优化财政投入，发挥好工会、共青团、妇联等群团组织作用，促进妇女、儿童、残疾人、老体协等事业发展。积极做好统一战线经费保障工作，扎实推进民族宗教工作高质量发展，扶持少数民族和民族地区发展经济和社会事业。做好国防领域经费保障，支持深化全民国防教育，落实人民防空等国防动员地方支出责任，积极开展双拥共建，做好退役军人服务保障，巩固提高军民一体化国家战略体系和能力。

三、扎实做好2023年财政改革发展工作

围绕上述指导思想和预算安排，深入贯彻预算法及其实施条例，全面落实省十四届人大一次会议决议要求，敢于担当、善于作为，扎实做好财政各项改革发展工作，确保全年预算目标顺利完成，以新气象新作为推动高质量发展取得新成效。

（一）注重政策协同，推动经济运行整体好转。坚持稳字当头、稳中求进，加力提效实施积极的财政政策，注重精准、更可持续，全力服务全省发展大局。优化财政投融资机制，加强财政与金融、产业、科技、社会等政策协调配合，保持政策预期的稳定和一致性，更好发挥财政资金引导与撬动作用，形成共促高质量发展合力。落实减税降费政策，着力纾解企业困难。用好用足财政贴息、融资担保、政府投资基金等政策工具，引导金融机构更好服务实体经济。支持把恢复和扩大消费摆在优先位置，做好基本消费品保供稳价，培育壮大智慧产品和服务等“智慧＋”消费，扩大汽车等重点领域消费。用好地方政府债券等扩大投资政策，统筹把握债券发行节奏，适当提高资金使用集中度，加快专项债券支出进度，支持“两新一重”等基础设施建设，推动尽快形成实物工作量，促进带动扩大有效投资。坚持“两个毫不动摇”，鼓励支持民营经济和民营企业发展壮大，提升市场主体活力。

（二）强化资源统筹，增强重大战略任务财力保障。努力培植财源，优化收入结构，盘活低效闲置资产，积极向上争取转移支付资金和新增债务限额，依法依规组织收入，进一步加强非税收入管理，持续做大财政收入“蛋糕”，发挥好服务经济社会发展的作用。把过紧日子作为常态化思维方式和纪律要求，精打细算，严格压减非急需非刚性支出，严控“三公”经费预算，做到只减不增，坚决杜绝浪费现象，将更多的财政资金用于支持经济社会发展和基本民生保障。加强四本预算统筹衔接，保持必要的财政支出强度，优化财政支出结构，增强财政资源统筹能力，提高财政资源配置效率。完善支持高质量发展的财政政策和标准体系，积极支持“四大经济”、科教兴省、生态省建设、基本民生、乡村振兴等重大发展战略。

（三）聚焦民生福祉，稳步提高保障和改善民生水平。坚持在发展中保障和改善民生，尽力而为、量力而行，统筹需要和可能，促进民生支出与经济发展相协调、与财力状况相匹配。健全民生领域投入保障机制，把更多的财力、最大的增量投入民生事业，确保民生投入持续保持在七成以上。扎实推进共同富裕，增强均衡性和可及性，推动现代化建设成果更多更公平惠及全体人民。落实好省委和省政府为民办实事项目资金保障，持之以恒办好民生实事。加大税收、社会保障、转移支付等调节力度，推进公共服务优质共享，支持建设高质量教育体系，促进提高医疗卫生服务能力，健全社会保障体系，持续改善生态环境质量，有效保障落实新阶段疫情防控各项举措，兜牢基本民生底线。

（四）深化财税改革，健全现代预算制度。全面落实税收法定原则，积极落实中央有关税制改革的工作部署。坚持预算法定，完善预算执行管理体系，全面启动实施财政预算指标核算管理改革。推进全面实施预算绩效管理，逐步建立成本预算绩效管理制度体系，强化评价结果应用。加强财会监督和财政内控建设，加快构建全省财会监督综合管理平台，强化重大财税政策落实情况监督检查和转移支付全链条监督管理。进一步运用预算管理一体化系统，全流程办理预算管理业务。完善常态化财政资金直达机制，优化分配审核流程，健全全过程监管机制，做到快拨快用快见效。按照与财政事权和支出责任划分相适应的原则，完善财政转移支付体系，严格转移支付设立程序，健全定期评估和退出机制，提升转移支付管理的科学性。

（五）更好统筹发展和安全，牢牢守住不发生系统性风险的底线。建立健全财政承受能力评估机制，在出台重大政策和实施重大投资项目前，开展财政承受能力评估，增强财政政策针对性、有效性。兼顾当前和长远，加强跨年度预算平衡，增强财政可持续性。规范举债融资机制，加强全过程穿透式监测，强化债务风险评估预警，分类推进债务高风险地区降低风险等级，积极稳妥化解隐性债务存量，坚决遏制隐性债务增量，确保地方政府债务风险可控。严格落实“三保”主体责任，督促各地足额安排基层“三保”支出；省级继续实行“三保”预算事前审核全覆盖，强化动态监测预警，推动财力下沉，健全县级财力长效保障机制，筑牢兜实基层“三保”底线。

各位代表、各位委员，新的一年我们要更加紧密地团结在以习近平同志为核心的党中央周围，全面贯彻习近平新时代中国特色社会主义思想，坚定拥护“两个确立”、坚决做到“两个维护”，在省委和省政府的领导下，自觉接受省人大监督，虚心听取省政协意见建议，勠力同心、勇毅前行，团结奋斗、开拓创新，更好发挥财政职能作用，扎实推进财政改革发展各项工作，为全面加快新发展阶段新福建建设，奋力谱写全面建设社会主义现代化国家福建篇章作出新的更大贡献。

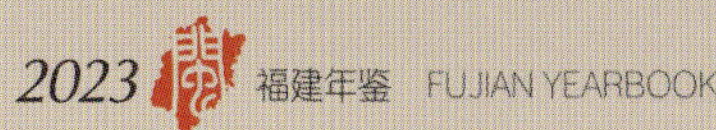

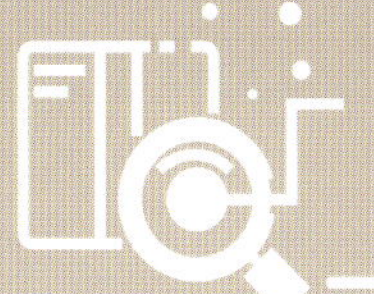

索引

说　　明

一、本索引为内容分析索引。

二、本索引按汉语拼音字母（同音字按声调）顺序排列。

三、每一词条后的数字表示该词条所在页码；页数后字母 A、B、C 分别表示所在页码的左、中、右栏。

四、本卷中“特载”“八闽关注”“大事记”“统计资料”“附录”，不列入本索引检索范围。

1～9

A

B

E

F

M